古城煤矿志

（1992～2018）

（上卷）

《古城煤矿志》编纂委员会　编

山东大学出版社
·济南·

图书在版编目（CIP）数据

古城煤矿志：1992–2018 /《古城煤矿志》编委会编．
—济南：山东大学出版社，2021.6
ISBN 978-7-5607-7067-3

Ⅰ.①古… Ⅱ.①古… Ⅲ.①煤矿—工业—兖州—
1992–2018 Ⅳ.①F426.21

中国版本图书馆CIP数据核字（2021）第111243号

策划编辑 李孝德
责任编辑 李孝德 李艳玲
封面设计 张 荔

出版发行 山东大学出版社
社　　址 山东省济南市山大南路20号
邮政编码 250100
印　　刷 济南乾丰印刷有限公司
规　　格 787毫米×1092毫米 1/16
　　　　 彩插4.5印张 52印张 1167千字
版　　次 2021年6月第1版
印　　次 2021年6月第1次印刷
定　　价 260.00元

《古城煤矿志》编纂委员会

《古城煤矿志》编纂机构

《古城煤矿志》审稿组

（一）古城煤矿审稿组

组　长：伦庆忠

副组长：董忠科

成　员：徐国华　李宗珠　张铁刚　李允生　刘　辉　孟庆科

（二）临矿集团评审组成员

何祥成　汪　宏　孙卓龙　王学兵　尉　光　李安平

李宪寅　田　凯　闫陶章　翟健飞　陈广印　张海涛

齐宝华　张俊宝　董忠科　李德志　任小红　徐晓华

郑培永　杨永霞　董立霞　孙运兆　刘九周

古城煤矿鸟瞰图（2020 年 6 月摄）

历任主要领导

潘元庭 1992 年 8 月至 1993 年 4 月，任古城矿井筹建处主任；1993 年 5 月至 1998 年 5 月，任临沂矿务局副局长兼中共古城矿井筹建处党总支书记、主任。

刘恩功 1996 年 9 月至 1998 年 5 月，任古城矿井筹建处副主任（正处级）；1998 年 6 月至 2000 年 11 月，任古城矿井筹建处主任。

刘成录 2000年11月至2001年3月，任山东古城煤炭开发有限责任公司经理；2001年4月至2002年11月，任中共古城煤矿党委书记、矿长、综合利用电厂筹建处主任。

王洪忠 2002年11月至2003年9月，任中共古城煤矿党委书记、矿长；2003年10月至2005年7月，任中共古城煤矿党委委员、矿长、安培中心主任。

刘厚福　2005 年 7 月至 2006 年 2 月，任中共古城煤矿党委委员、矿长、安培中心主任；2006 年 3 月至 2008 年 8 月，任中共古城煤矿党委书记、矿长、安培中心主任。

陈家忠　2008 年 8 月至 2010 年 11 月，任中共古城煤矿党委书记、矿长、安培中心主任。

张传毅 2010 年 11 月至 2011 年 10 月，任中共古城煤矿党委书记、矿长、安培中心主任；2011 年 11 月至 2013 年 4 月，任中共古城煤矿党委书记、矿长。

管清向 2013 年 4 月至 2015 年 12 月，任中共古城煤矿党委书记、矿长。

鲁守明　2015 年 12 月至 2017 年 3 月，任中共古城煤矿党委书记、矿长；2017 年 4 月至 2018 年 8 月，中共临矿集团党委委员、中共古城煤矿党委书记、矿长。

伦庆忠　2018 年 8 月至今，任中共古城煤矿党委书记、矿长。

古城煤矿领导班子成员合影。（2018 年 9 月摄）

左起：安全总监、副矿长李乐成，党委委员、副矿长安明成，党委委员、副矿长诸葛祥华，党委书记、矿长伦庆忠，党委副书记、工会主席贾安强，党委委员、副矿长李宗珠，党委委员、纪委书记董忠科，总工程师王桂利。

勇于开拓　甘于奉献

1991 年 4 月，曲阜矿井工业场地。

1993 年 10 月 13 日，兖州市副市长朱绪寅（后排右三）主持召开曲阜矿井建设座谈会。

1994 年 1 月 11 日，山东煤炭工业管理局财务处处长张国华（左六）到工地检查指导。

古城矿井主井、副井检查孔钻塔。（1994 年 3 月摄）

1994年3月，山东煤炭工业管理局副局长刘振翮（左二）检查指导矿井建设。

1994年3月19日，古城矿井筹建处与枣庄中兴综合注浆公司签订《古城矿井井筒地面预注浆合同》。

1994 年 5 月，聘请乌克兰专家达扬女士（右四）、哈兰斯先生（右五）在筹建处举办综合注浆法技术培训班。

1994 年 7 月 8 日，国家开发银行煤炭石油贷款管理局局长葛广森（右二）在临沂矿务局局长崔宝德（右三）陪同下到古城矿井检查指导工作。

主井井筒施工井架。（1996 年 1 月摄）

1996 年 5 月 1 日，临沂矿务局在古城矿井举行主井井筒开工仪式，临沂矿务局党委书记赵荣思（前排左三）、局长崔宝德（前排左四）、副局长潘元庭（前排左五）出席仪式。

2000 年 9 月 18 日，古城矿井铁路专用线开工建设。

2001 年 1 月 10 日，山东煤矿安全监察局局长公茂泉（左三）到古城矿井检查指导工作。

2001 年 1 月 12 日，山东省煤炭工业局总工程师韩芳岐（主席台前右一）、临沂矿务局局长崔宝德（主席台前左一）为山东古城煤炭开发有限责任公司揭牌。

2001 年 1 月 12 日，临沂矿务局古城矿井试生产暨移交生产管理大会召开。临沂矿务局安全监察局局长、山东古城煤炭开发有限责任公司经理刘成录讲话。

2001 年 1 月 12 日，参加临沂矿务局古城矿井试生产暨移交生产管理大会领导合影。矿务局局长崔宝德（前排左七）、山东省煤炭工业局总工程师韩芳岐（左八）出席。

2002 年 4 月 10 日，古城煤矿铁路专用线通车运营剪彩仪式。

领导关怀　跨越发展

2001 年 3 月 16 日，临沂矿务局局长李义文（左一）到矿检查指导工作。

2003 年 6 月 25 日，兖州市人大常委会副主任岳宪峰（前排右一）、副市长刘伟华（女）（前排右二）到矿检查指导工作。

2004年春节，兖州市副市长张玉华（右一）到矿走访慰问。

2005年9月20日，临沂矿务局局长李义文（右一）到矿检查指导工作。

2006 年 9 月 20 日，全国政协常委张宝明（前排左二）到矿检查指导工作，山东省煤炭工业局局长王宝山(前排右二)和中共临矿集团党委书记、董事长李义文(前排右一)陪同。

2008 年 1 月 18 日，山东省煤炭工业局局长卜昌森（左二）到矿调研指导工作。

2008 年 9 月 30 日，临矿集团监事会主席梁金久（前排右二）、总经理宿洪涛（前排左二）、副总经理刘成录（前排左一）、副总经理于德亮（后排右二）到矿调研指导工作。

2008 年 10 月 31 日，中共兖州市委副书记、市长张胜明（前排左四）矿井下检查工作。

2009年1月10日，古城煤矿第一套架空乘人装置系统在−505米水平北翼投入使用，临矿集团副总经理刘成录（左三）剪彩。

2009年9月29日，济宁市副市长周宏（前排左一）到矿检查工作，山东煤矿安全监察局鲁西监察分局局长杨成超（前左三）陪同。

2010年5月18日，中共山东省委常委、省人民政府副省长、党组副书记王军民（左二）到矿指导工作，中共临矿集团党委副书记、总经理宿洪涛（左一）陪同。

临矿集团第二届青工创新工作法命名表彰大会在古城煤矿召开。（2010 年 5 月摄）

2011年1月27日，中共兖州市市委常委、副市长陈秋生（左二）到古城煤矿综合利用电厂检查指导工作。

2011年5月6日，中共兖州市委书记田志峰（右一）到矿检查指导工作。

2011年7月8日，中共临矿集团党委副书记、总经理张希诚（左一）到矿检查指导工作。

2011年9月15日，中共临矿集团党委书记、董事长刘成录（左一）到矿检查指导工作。

2011 年 11 月 19 日，临矿集团“千万百亿”庆典仪式在古城煤矿举行。

2011 年 11 月 19 日，参加集团公司“千万百亿”庆典活动的领导合影。左起：山东能源集团调研员李义文，中共山东能源集团党委委员、工会主席宿洪涛，原临沂矿务局局长高广田，中共山东能源集团党委副书记、董事长、总经理卜昌森，原临沂矿务局局长崔宝德，中共临矿集团党委书记、董事长刘成录，中共古城煤矿党委书记、矿长张传毅。

2012 年 2 月 7 日，中共山东能源集团党委副书记、董事长、总经理卜昌森（左三）到矿检查指导工作。

2013 年 11 月 19 日，澳大利亚客人杰森·莫尔特里（左二）到矿考察。

2015 年 2 月 13 日，中共济宁市市委常委、宣传部部长王次忠（中）到矿检查指导工作。

2015 年 3 月 12 日，山东省煤炭工业局副局长王立亭（左一）到矿检查指导工作。

2015 年 4 月 9 日，山东能源集团董事、党委副书记、总经理李位民（左二）到矿检查指导工作，中共临矿集团党委书记、董事长张希诚（左一）陪同。

2016年1月29日，中共济宁市兖州区委副书记、区长王骁（左一）到矿检查指导工作。

2016年4月13日，中共山东煤矿安全监察局党组书记、局长王端武（右二）到矿检查指导工作，中共临矿集团党委书记、董事长刘孝孔（左二），党委副书记、总经理张圣国（左三），中共古城煤矿党委书记、矿长鲁守明（右一）陪同。

2016 年 5 月 12 日，中共临矿集团党委副书记、总经理张圣国（左一）到矿检查指导工作。

2017 年 6 月 6 日，中共山东能源集团党委副书记王勇（前排左一）到古城煤矿采煤一工区检查党建工作，中共临矿集团党委书记、董事长刘孝孔（前排左二）和党委副书记提文科（前排左三）陪同。

2017 年 7 月 13 日，中共临矿集团党委书记、董事长刘孝孔（前排右一）到矿检查指导工作。

2018 年 10 月 30 日，中共山东能源集团党委常委、董事、工会主席宿洪涛（右一）到矿检查指导工作，中共临矿集团党委副书记、总经理侯宇刚（右二）陪同。

智能智慧 "云"上古煤

古城煤矿创新成果获表彰。（2018 年 7 月摄）

自动化控制中心。（2011 年摄）

单轨吊。（2010 年摄）

综掘机。（2012 年摄）

采煤机。（2012 年 12 月摄）

遥控卸压钻车。（2018 年 4 月摄）

现代化百万吨综采工作面。（2002 年 5 月摄）

主井提升机。（2011 年 12 月摄）

选煤厂主洗车间叠筛，属山东首家推广使用。（2020 年 8 月摄）

副井提升机。（2010 年 3 月摄）

技能大赛表彰会合影。（2018 年 1 月摄）

锚固剂自动生产线。（2020 年 10 月摄）

综合利用电厂主控室。（2016 年 7 月摄）

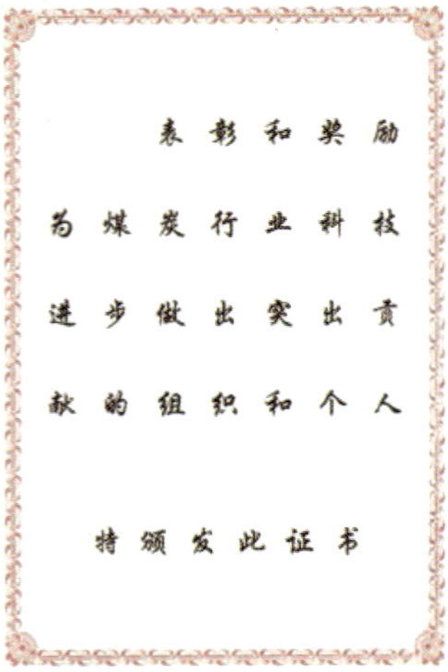

表彰和奖励

为煤炭行业科技

进步做出突出贡

献的组织和个人

特颁发此证书

中国煤炭工业科学技术奖

获奖证书

证书编号：2012-2102-R05

获奖项目：深部沿空综放工作面动力灾害防治技术研究

获奖等级：二等奖

获 奖 者：王桂利

发证机构：中国煤炭工业协会

中国煤炭学会

荣誉证书

全国煤矿支护技术创新成果奖

表彰和奖励为煤矿支护科技进步做出杰出贡献的组织和个人，特颁发此证书。

项目名称：预应力全长锚固锚杆锚索支护技术

获奖等级：二等奖

获奖单位：山东能源临沂矿业集团东山古城煤矿

证书编号：ZHJ2015-214

2015年12月

NO.lmkj1325206

2013年山东省煤炭科学技术奖励证书

为表彰在山东省煤炭科技工作中做出突出贡献的科技人员，特发此证，以资鼓励。

获奖项目：煤矿纤维混凝土锚喷网壳支护研究与应用

获奖等级：二等奖

获 奖 者：尹成鑫(第六位完成人)

山东省煤炭科学技术奖励委员会

二〇一[illegible]年六月[illegible]十六日

证书号第2831110号

发明专利证书

发 明 名 称：一种螺旋钻杆及其生产方法

发　明　人：鲁守明；伦庆忠；赵燕军；魏兴民；王统海；胡乃川；王桂利
王东京；付欣；张欣荣；童培伟；王学欣

专　利　号：ZL 2016 1 0777448.3

专利申请日：2016年08月31日

专 利 权 人：山东东山古城煤矿有限公司

授权公告日：2018年02月27日

本发明经过本局依照中华人民共和国专利法进行审查，决定授予专利权，颁发本证书并在专利登记簿上予以登记。专利权自授权公告之日起生效。

本专利的专利权期限为二十年，自申请日起算。专利权人应当依照专利法及其实施细则规定缴纳年费。本专利的年费应当在每年08月31日前缴纳。未按照规定缴纳年费的，专利权自应当缴纳年费期满之日起终止。

专利证书记载专利权登记时的法律状况。专利权的转移、质押、无效、终止、恢复和专利权人的姓名或名称、国籍、地址变更等事项记载在专利登记簿上。

局长
申长雨

中华人民共和国国家知识产权局
2018年02月27日

第1页（共1页）

证书号第6573923号

实用新型专利证书

实用新型名称：一种滚筒圆弧式皮带机清扫器

发　明　人：鲁守明；王统海；赵燕军；管宜峰；胡乃川；王学欣；田洪波
童培伟；卜祥锋

专　利　号：ZL 2017 2 0245147.6

专利申请日：2017年03月14日

专 利 权 人：山东东山古城煤矿有限公司

授权公告日：2017年10月31日

本实用新型经过本局依照中华人民共和国专利法进行初步审查，决定授予专利权，颁发本证书并在专利登记簿上予以登记。专利权自授权公告日起生效。

本专利的专利权期限为十年，自申请日起算。专利权人应当依照专利法及其实施细则规定缴纳年费。本专利的年费应当在每年03月14日前缴纳。未按照规定缴纳年费的，专利权自应当缴纳年费期满之日起终止。

专利证书记载专利权登记时的法律状况。专利权的转移、质押、无效、终止、恢复和专利权人的姓名或名称、国籍、地址变更等事项记载在专利登记簿上。

局长
申长雨

中华人民共和国国家知识产权局
2017年10月31日

第1页（共1页）

活力幸福　阳光文化

举办纪念五四运动八十周年演讲会。（1999 年 5 月摄）

举办庆“五一”劳动节职工排球赛。（2001 年 5 月摄）

2006 年 5 月 1 日，举办首届青年集体婚礼。

2006 年 7 月 1 日，古城煤矿领导班子成员与优秀共产党员合影。

军事训练女子方队。（2007 年 5 月摄）

2008 年 2 月 5 日，首次租赁大巴车送职工回家过春节。

举办元宵节焰火晚会。（2010 年 2 月摄）

举办汽车展。（2009 年 4 月摄）

2010 年 10 月 1 日，举办首届秋季职工运动会。

奉献爱心。（2010 年 5 月摄）

荣获“全国五一巾帼标兵岗”的主井提升组。（2014 年 7 月）

2012 年 9 月 2 日，古城煤矿与肥矿集团梁宝寺公司缔结友好矿井。

2012 年 10 月 1 日，举办第三届秋季职工运动会。

2013 年 5 月 5 日，《大众日报》采访团记者参观女工才艺展。

2017 年 2 月 8 日，女工到井下采煤工作面慰问。

矿领导春节慰问老干部。（2018 年 2 月摄）

2018 年 4 月 2 日，组织孝亲活动。

2018 年 12 月 25 日，中共古城煤矿党委书记、矿长伦庆忠（左五）与退休职工合影

组织党务人员到枣矿集团柴里煤矿学习交流。（2017 年 8 月摄）

志愿者在党群服务中心提供便民服务。（2017 年 4 月摄）

职工停车场。（2012 年 10 月摄）

2016 年 7 月 1 日，举行重温入党誓词仪式。

职工 24 小时书吧。（2017 年 10 月摄）

举办纪念建党 90 周年红歌会。（2011 年 7 月摄）

组织党员赴革命圣地延安接受红色教育。（2011 年 7 月摄）

举办“女性健康知识”培训班。（2015 年 9 月摄）

春节送福。（2018 年 2 月摄）

“阳光志愿者”在社区发放倡议书。（2017 年 3 月摄）

“安全小卫士”在井口送平安。（2011 年 6 月摄）

2018 年 10 月 1 日，古城煤矿举行庆国庆升国旗仪式。

2018 年 9 月 12 日，举行《古城煤矿志》编纂工作启动仪式。

2019 年 11 月 15 日，全国煤炭企业修志工作座谈会在矿召开。

荣誉彰显历史　成就铸造辉煌

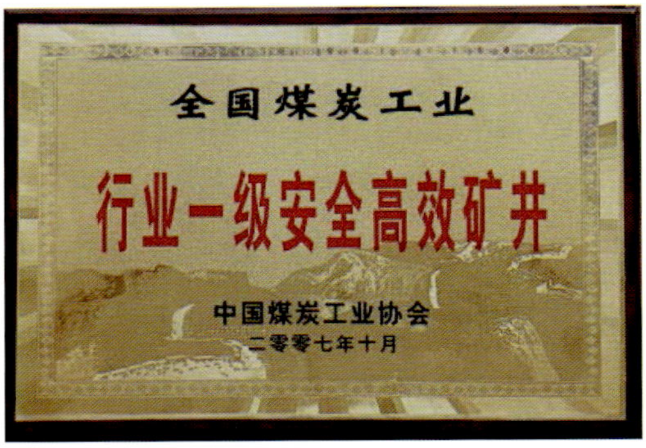
全国煤炭工业
行业一级安全高效矿井
中国煤炭工业协会
二零零七年十月

省管企业信访稳定工作
先进单位
山东省人民政府
国有资产监督管理委员会
二OO七年六月

山东省国有企业创建“四好”领导班子
先进集体
中共山东省委组织部 山东省国资委党委
2007年1月

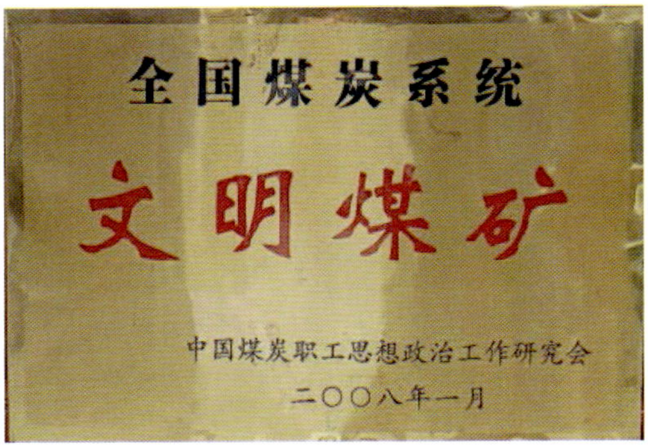
全国煤炭系统
文明煤矿
中国煤炭职工思想政治工作研究会
二〇〇八年一月

防治水安全
示范矿井
山东煤矿安全监察局
二OO七年度

煤矿安全程度评估
A级矿井
山东煤矿安全监察局
二OO七年度

振兴沂蒙劳动奖状
临沂市总工会
二OO八年四月

安全质量标准化
一级矿井
山东省煤炭工业局
二OO八年三月

安全生产"双基"建设
先进单位
山东省煤炭工业局
二〇〇八年三月

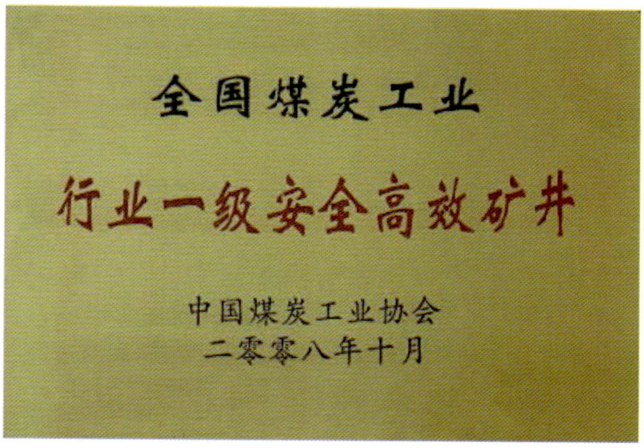
全国煤炭工业
行业一级安全高效矿井
中国煤炭工业协会
二零零八年十月

山东省煤炭企业思想政治工作
优秀企业
山东省煤炭职工思想政治工作研究会
二〇〇八年七月

全国青年安全生产
示范岗
共青团中央　国家安全监管总局
二〇〇八年五月

煤炭工业节能减排
先进单位
中国煤炭工业协会
中国煤炭加工利用协会
二〇〇九年十一月

"兖矿杯"第三届全国煤炭行业职业技能竞赛
优秀组织奖

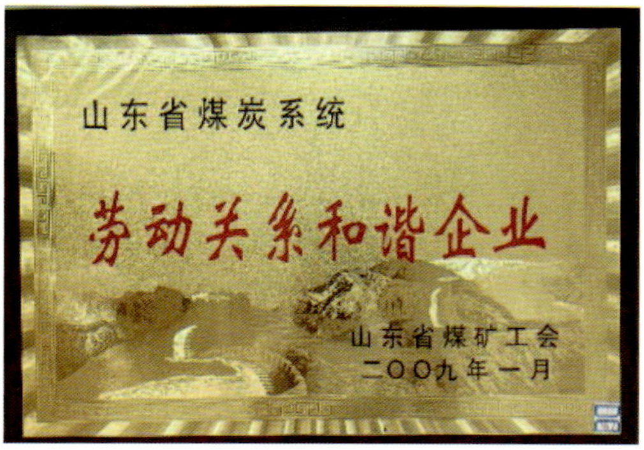
山东省煤炭系统
劳动关系和谐企业
山东省煤矿工会
二〇〇九年一月

授予
模范职工之家
中华全国总工会
二〇一〇年四月

煤矿安全程度评估
A级矿井
山东煤矿安全监察局
二〇〇九年度

二〇〇八年职工代表大会
★★★
优秀星单位
山东省总工会
二〇〇九年十二月

山东省职业卫生
示范企业
山东省卫生厅　山东省安全生产监督管理局
山东省总工会　山东省人力资源和社会保障厅
山东煤矿安全监察局
二〇一〇年十月

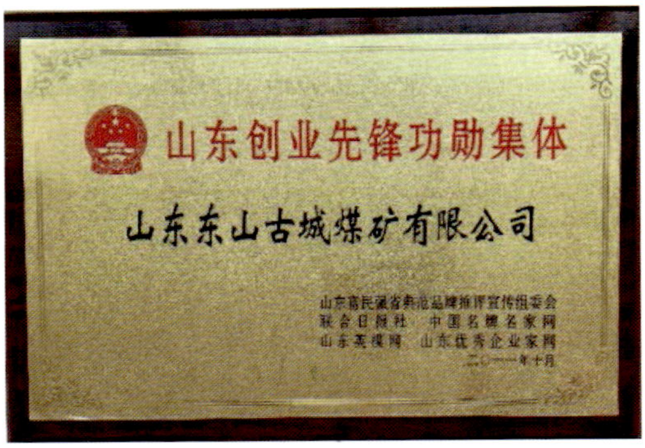
山东创业先锋功勋集体
山东东山古城煤矿有限公司
联合日报社　中国名牌名家网
山东英模网　山东优秀企业家网
二〇一一年十月

山东煤矿安全文化建设
示范企业
山东煤矿安全监察局
二〇一一年度

全国五一巾帼标兵岗
中华全国总工会
2011年2月

全国能源化学系统
工人先锋号
中国能源化学工会全国委员会

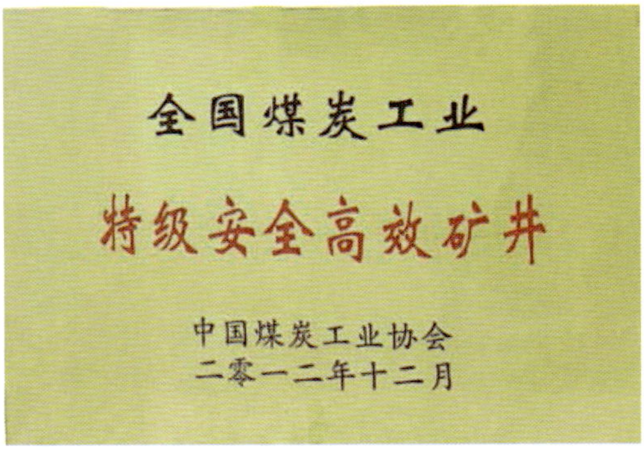
全国煤炭工业
特级安全高效矿井
中国煤炭工业协会
二零一二年十二月

全国安全文化建设
示范企业
国家安全生产监督管理总局
二〇一三年四月

先进基层党组织
中共临沂市委市直机关工作委员会
二〇一二年六月

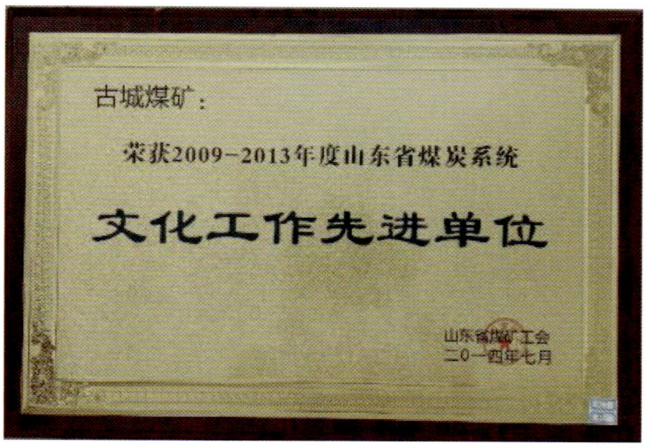
古城煤矿：
荣获2009-2013年度山东省煤炭系统
文化工作先进单位
山东省煤矿工会
二〇一四年七月

模范职工之家
临沂矿业集团公司工会
二〇一四年三月

模范职工之家
山东能源集团有限公司工会
二〇一四年二月

山东省职业危害防治
示范煤矿
山东煤矿安全监察局
二〇一五年五月

煤炭工业
先进煤矿
中国煤炭工业协会
二〇一五年三月

煤矿安全与职业卫生评估
A级矿井
山东煤矿安全监察局
二〇一四年度

山东能源临矿集团第三届职工文艺展演
优秀组织奖
山东能源临矿集团公司工会
二〇一七年四月

授予：古城煤矿团委
五四红旗团委
共青团临沂矿业集团有限责任公司委员会
二〇一七年四月

五四红旗团支部
共青团山东能源集团有限公司委员会
二〇一七年四月

安全生产先进集体
山东能源集团有限公司
二〇一八年一月

2017年中国技能大赛—“同煤杯”
第七届全国煤炭行业职业技能竞赛
优秀组织奖
全国煤炭行业职业技能竞赛组委会
二〇一七年九月

先进基层党组织
中共山东能源集团有限公司委员会
二〇一七年七月

授予：2017年度
女职工建功立业示范岗
山东能源临矿集团公司工会
二〇一八年三月

模范职工之家
山东能源集团有限公司工会
二〇一八年二月

授予：2017年度
先进单位
二〇一八年一月

2016～2018年度
科技创新先进单位
山东能源临矿集团
2019年1月

临矿集团第五届职业技能竞赛
优秀组织奖
临沂矿业集团有限责任公司
临沂矿业集团有限责任公司工会
二〇一八年十月

全国煤炭工业
2016-2017年度
文明煤矿
中国煤炭职工思想政治工作研究会
二〇一八年四月

五四红旗团委
共青团山东能源集团有限公司委员会
二〇一九年四月

山东能源临矿集团古城煤矿
二〇一八年度
企业文化建设先进单位
中国企业文化建设峰会组委会
二〇一八年十一月

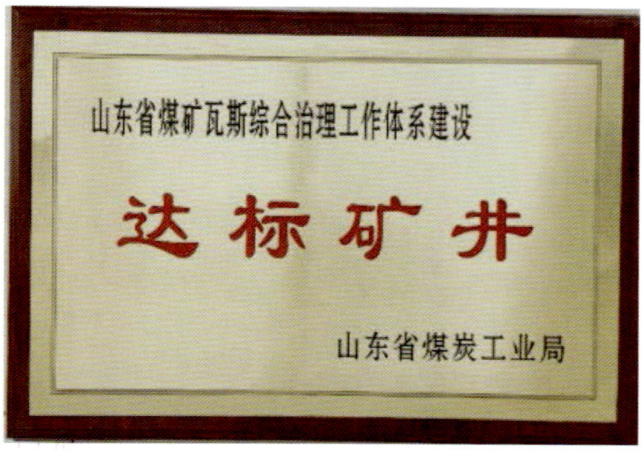
山东省煤矿瓦斯综合治理工作体系建设
达标矿井
山东省煤炭工业局

省级
文明单位
山东省精神文明建设委员会

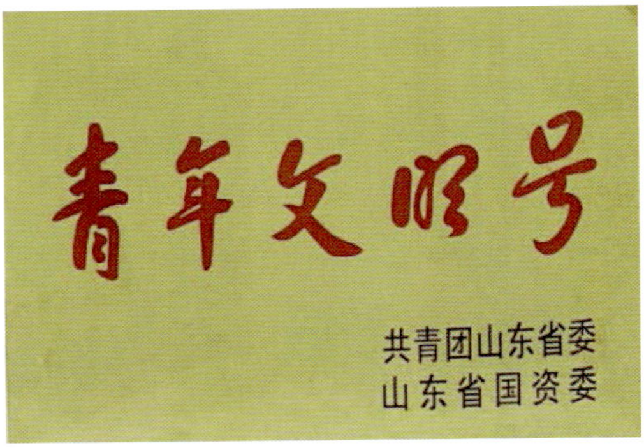
青年文明号
共青团山东省委
山东省国资委

安全生产“双基”建设
先进单位
山东省煤炭工业局

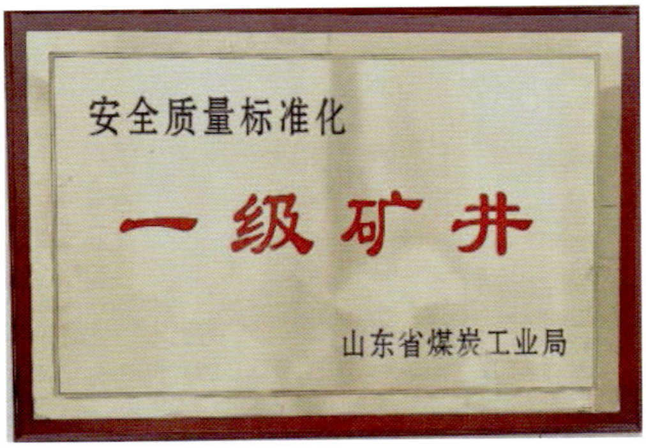
安全质量标准化
一级矿井
山东省煤炭工业局

A级
纳税信誉纳税人
济宁市国家税务局

序

在即将迎来中国共产党成立100周年之际，《古城煤矿志（1992～2018）》编纂完成，令人欣喜。该志书全面、客观地记述了古城煤矿经历的峥嵘岁月与取得的重大成就，是古城煤矿盛世修志的重要成果，是惠及当代和启迪未来的一件大好事，意义重大而深远。

千年的儒风在历史上演绎着灿烂的文明，在这片热土上，1992年8月，有着优良革命传统的红色企业——临沂矿务局于1992年8月走出沂蒙革命老区，在济宁地区开发建设临沂矿务局第一座现代化矿井。全局干部职工克服投资到位不及时等诸多困难，不负重托、不辱使命，弘扬自强不息、艰苦奋斗的精神，为矿井建设贡献出智慧和力量。2001年1月1日，古城矿井正式移交试生产管理。古城矿井的建成，为临沂矿务局脱贫解困、走向振兴、行稳致远奠定了坚实的基础，为西部大开发建设提供了丰富的管理经验和强大的技术、人才支撑，也成就了一代代沂蒙矿工再创辉煌的梦想，具有划时代的里程碑意义。

古城煤矿坚持以安全生产为前提，以经济效益为中心，以科技进步为依托，加大投入，全面开启智能化、智慧化矿井建设。积极推进“4D归零”重大工程，实现了主进风巷人员运输、供电系统、供排水系统、充灯房等系统的无人值守。引进新技术、新工艺和新装备，改进复杂地质条件下的作业方式。大力开展双重预防体系建设，进一步完善五级隐患排查治理体系，并根据现场实际及时调整风险管控措施，实现了风险隐患源头治理。总结出一套“大采深、高应力、强冲击矿井高效巷修技术”，使巷道扩修周期得到延长。成功克服了困扰矿井安全生产的高地压、高地温、强冲击、构造多、深部开采等各类难题，形成了复杂条件下用人少、效率高、系统优、产出多、效益好的安全高效生产模式。矿井综合实力逐步增强，人均工效、人均产值、人均利润均居省内同类矿井先进水平。先后荣获“山东省国有企业创建四好领导班子先进集体”“山东省文明单位”“全国煤炭系统文明单位”“全国煤炭工业行业级高产高效矿井”“全国安全文化建设示范企业”“全国模范职工之家”“国家一级安全生产标准化煤矿”等荣誉称号。

坚持围绕中心不动摇，融入中心有作为，充分发挥党委领导核心作用，筑牢党建工作基础，实施过硬党支部建设，加强“十星党支部”考核，完善“十星党支部”“星级党小组”“党员先锋”三级联动考核体系，发掘党建优秀案例，提炼党建品牌内涵，融入安全、嵌入管理，打造富有古城煤矿特色的党建文化，营造风清气正的干事创业环境，全方位激活党建大动力。

古城煤矿持续深化“活力·幸福”矿区建设，把“活力·幸福”建设和企业文化建设有机地结合起来，积极倡导“以人为本、和谐发展”理念，帮扶救助，全方位地解除职工工作、学习、生活等方面的后顾之忧；选贤举能，畅通各类人才成长发展路径，实现职工与矿井和合共赢，使每一名职工都能够共享改革发展成果，都具有幸福感、成就感、自豪感，做一个有尊严的古煤人。

编史修志是一项浩繁的工程。《古城煤矿志（1992～2018）》的编纂，得到了临矿集团领导和相关单位的关心和帮助，凝结着古城煤矿全体干部职工的心血和汗水。编纂人员以强烈的责任感、事业心，以辩证的观点和方法，以科学严谨的工作态度，克服人员少、时间紧、经验缺乏等困难，广泛收集资料，严格筛选取舍，较为充分地反映和体现了古城煤矿的实际和特色。

谨此，向关心、支持古城煤矿建设和发展的上级领导、地方各级党委、政府和社会各界人士表示衷心的感谢，向为古城煤矿改革发展做出贡献的老领导、老同志和各级管理人员、广大职工表示崇高的敬意，向全体编纂人员表示亲切的慰问，对志书的出版表示热烈的祝贺。

展望未来，任重道远。古城煤矿将以更大的责任担当、使命驱动，奏响高质量、可持续发展的时代强音，为山东能源集团和临矿集团的未来发展做出更大的贡献！

中共古城煤矿党委书记、矿长

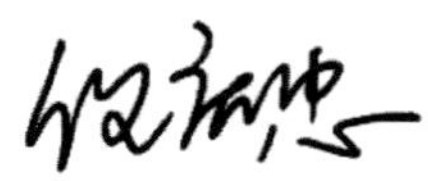

2021 年 5 月 1 日

凡　例

一、《古城煤矿志（1992～2018）》坚持以马克思列宁主义、毛泽东思想、邓小平理论、“三个代表”重要思想、科学发展观、习近平新时代中国特色社会主义思想为指导，坚持辩证唯物主义和历史唯物主义的观点，遵循存真求实的原则，客观真实地记述了矿井基本建设、生产经营、党的建设、改革发展、科技创新、职工队伍建设的历程，力求做到真实性、客观性、科学性、思想性和资料性的统一。突出企业特色、行业特色、时代特色，为推动古城煤矿安全稳定、高产高效发展服务。

二、本志书所记时间上限至1992年8月，下限至2018年12月。为体现叙事的完整性，部分内容适当上溯或下延。比如，“大事记”和“人物与荣誉”部分存在此种情况。

三、本志书采用述、记、志、表、录、图六种体裁，以志为主，图、表随文设置，与文字互为补充。大事记采用编年体编写，兼以纪事本末体。

四、本志书采用语体文，简化字，标点断句，直书其事，述而不论。力求语言准确、简明、通俗，文风严谨、朴实、鲜明。

五、本志书结构分为篇、章、节、目四个层次，横排门类，纵叙发展。前冠概述、大事记，中设专志，后殿人物、附录、编后记。

六、本志书人物称谓、单位名称一律采用第三人称。凡人物直书其名，必要时冠以职务，地名、单位名均用现行标准的名称，因机构改革等原因有改变的在不同时间点给予不同表述。地名、单位名称一般以事件发生时为准，如后有变动，加注今名。机构、团体、会议名称等首次出现时用全称，括注简称，其后重复出现时均用简称。企业名称根据改制时间有所不同。2001年1月之前，临沂矿务局古城（曲阜）矿井筹建处简称“筹建处”；2001年1月之后，临沂矿务局古城煤矿简称“古城煤矿”或者“矿”。2006年8月之前，临沂矿务局简称“矿务局”；2006年8月之后，山东能源临沂矿业集团有限责任公司简称“临矿集团”，山东省煤炭工业局简称“省煤炭局”。山东煤矿安全监察局简称“山东煤监局”，山东能源集团公司简称“山东能源”。

七、本志书中所用专业名词、简化字、标点符号、纪年、数字、计量单位，均采用国家现行统一标准；专业技术术语按照全国煤炭行业有关规定执行。

八、本志书收录为古城矿井建设和发展做出重大贡献和有重大影响的人物，采用简介、表等形式进行记述，不加褒贬。领导以到任时间为序，先模人物以获得荣誉时间为序。

九、本志书坚持事以类从、以类系事，各专业按事物性质分篇、章、节，不受归属关系和管理的限制。相关数据，采用财务、生产、销售、统计、调度等部门编发的资料。

十、本志书资料源自临矿集团档案室、古城煤矿档案室及古城煤矿所属单位提供的文字和数据，同时参考有关文献、报刊、书籍、文件，均经考证核实后才录入志中。图片均为古城煤矿编印的画册、报刊宣传所采用的照片。

目　录

上　卷

下 卷

概　述

一

古城煤矿所在地——兖州，素有“军事重镇”“九省通衢”“齐鲁咽喉”等美誉，京沪、新石铁路及京福、日东高速公路交汇于此，327国道与泗河纵横相交于井田内，交通条件极为优越。古城煤矿就坐落在兖州区境内的东郊，位于泗河西岸，东邻“东方圣城”——曲阜，西距京杭大运河30千米，南距兖州火车站2.6千米，北依五岳之尊——泰山。矿区地貌为冲积平原，地势平坦，海拔标高+48.77～+61.82米，一般高程+50.0米。井田地跨兖州、曲阜两区市，井田面积16.66平方千米，东西走向长6.5千米，南北倾斜宽1.5～7.5千米，共有可采煤层7层（$2_{上}$、3、6、$10_{下}$、$15_{上}$、$16_{上}$、17），总厚度12.95米，其中主采煤层为二迭系山西组3号煤层，平均厚度为8.58米。矿井地质储量为15766.8万吨，工业储量12311万吨，煤炭产品具有低灰、低磷、低硫、高发热量特点，平均发热量5300大卡以上，是优质的动力用煤、炼焦配煤和化工用煤。

矿区内主河流有泗水河、沂水河。泗水河发源于山东省新泰市太平顶山的西部，全长142千米，为全年性河流，洪峰期流量为4020立方千米/秒；沂水河发源于山东省邹城市尼山，属泗水河支流，洪峰期流量为445立方千米/秒。

矿区气候温和，属温带季风区，年平均降水量671.7毫米（1982～1995年），最大降雨量1137.9毫米（1990年）。年平均相对温度67.7%，绝对湿度12.7豪巴，年平均气温13.5度，最高气温零上41度，最低气温零下19.3度。本区地震烈度为7度。兖州、曲阜历史上曾发生过5.5～5.6级地震。

二

古城煤矿是临沂矿务局走出沂蒙老区之后，在济宁地区建设的第一座现代化矿井。1990年4月3日，中国统配煤矿总公司经国家计委同意，以〔1990〕中煤总计第147号文批准将曲阜井田划归临沂矿务局开发，矿井设计生产能力为年产90万吨，总投资6.5亿元。1992年8月26日，临沂矿务局成立曲阜矿井筹建处，拉开了西部开发建设的序幕。1993年10月25日，曲阜矿井筹建处更名为“古城矿井筹建处”。1995年12月，完成征地、四通一平、永久供电、供水系统、主副井地面注浆工程。

1996年5月1日，主井井筒掘砌工程开工，标志着古城矿井建设正式开始。

1996～2000年五年间，完成投资55472万元，完成全部投资的85.34%；完成井巷工程14780.6米，完成设计的97.26%；完成土建工程30583平方米，完成设计的100%；完成安装工程46项，完成设计的80.35%，主要生产系统和生活福利设施全部建成。

2001年1月1日，矿井完成提升、运输、通风、排水、供电、首采区设备、地面原煤运输等主要生产系统和生活福利设施基本建设任务。临沂矿务局发展史上第一座现代化矿井建成，移交试生产管理。

2003年10月，核定2002年生产能力为年产180万吨；2005年，核定生产能力为年产220万吨；2018年，重新核定为年产180万吨。矿井建有配套的铁路专用线、装机容量24兆瓦的综合利用电厂、年入洗能力180万吨精煤的选煤厂。

三

2001年，是古城煤矿蝶变发展的起始之年。是年1月1日，古城矿井正式移交试生产管理。投产初期，面对矿井地质构造复杂、开采深度大、煤层倾角大、各系统尚不完善、职工技术素质参差不齐等重重困难，古城煤矿广大干部职工紧紧围绕建设一流现代化矿井奋斗目标，以生产建设为中心，以经济效益为目标，不断深化企业改革，大力实施“生产上规模、效益创水平、安全争一流”的发展战略。投产当年，煤炭产量达到84.4万吨，完成销售收入13856万元，实现当年投产、当年达产、当年盈利的历史性新跨越，创造了临沂矿务局发展史上的奇迹。

古城煤矿始终坚持“以煤为主，多元发展”的思路，不断延长煤炭产业链条，积极培育新的经济增长点，大力发展绿色循环经济，有力地增强了企业发展后劲。

2002年，投资建成2组6兆瓦煤泥矸石热电项目。2004年8月，投资扩建12兆瓦机组，建成总装机容量24兆瓦、年发电量1.8亿千瓦时的综合利用电厂，实现矸石、煤泥的综合利用。2004年9月，投资800万元，敷设兖州城区东南部集中供热主蒸汽管道，实施对兖州城区集中供热；截至2018年末，供热面积达到110万平方米。

2005年，投入资金2300万元，对选煤厂进行技术改造，年入洗能力达到180万吨；后期又建成精煤浮选车间、烘干车间等，提高洗选效益。

2002～2011年，是古城煤矿发展史上的“黄金十年”。2003年，开展“创建百万吨工作面”“掘进创水平，创建年单进5000米快速综掘队”活动。2105年综采工作面全年产煤102万吨，成功创建临沂矿务局历史上首个百万吨综采工作面。原煤产量达178.55万吨；5月，综掘工区完成月单进427.2米，顺利实现月度目标。“黄金十年”古城煤矿累计实现利润74亿元，各项指标和综合能力位于山东能源集团第4位，为临矿集团的跨越发展提供坚强支撑。

2011年11月19日，临矿集团实现“千万百亿”庆祝大会在古城煤矿隆重召开。

2012～2017年，古城煤矿面对煤炭行业发展的新常态，坚持从科技创新、节支降耗、系统优化、装备升级等方面下功夫，不断破解发展瓶颈，稳步提高生产效率，实现管理模式由“产量效益型”向“质量效益型”的转变。实施装备升级，先后投入使用EBZ230型综掘机、ZF12000kN液压支架、挖掘式装载机、侧卸式装岩机、凿岩台车、单元支架、大扭矩卸压钻车等先进装备。对通风系统、提升系统进行优化改造，生产效率、生产环境得到极大提升，矿井内涵发展模式初步成型。

2017年，全矿职工人均年工资首次突破10万元。

2018年，实现利润4.85亿元，人均18.61万元；其中，煤炭利润4.54亿元，电厂利润3069万元，支护材料厂利润53万元。全矿职工人均工资达到10.50万元，实现职工收入增长与企业发展同步，职工与企业共同富裕的目标。

2001～2018年，累计实现利润116亿元。

四

在保持矿井高速、高质量发展的同时，古城煤矿始终将安全生产工作当作头等大事来抓，认真贯彻落实“安全第一、预防为主、综合治理”的安全生产方针，把安全生产标准化建设作为安全工作的总抓手，坚持“培训、管理、装备”三并重原则。在安全培训上全覆盖。2001年8月10日，成立古城煤矿安培中心。

每年制定全员安全培训计划，采取封闭式集中培训形式，分批次开展全员集中脱产培训，统一考核。开展转岗、特殊工种、班组长、“三项”人员培训，强化全员业务知识学习，实行“每月一考”制度，提升全员业务素质。

坚持“党政同责、一岗双责、齐抓共管、失职追责”原则，切实将“关口前移、重心下移、预防为主”的安全工作措施落到实处，制定《古城煤矿安全生产管理制度》《古城煤矿安全质量标准化工作实施意见》《安全质量标准化检查验收奖惩办法》，安全生产标准化水平得到持续加强和巩固，现场保持安全生产动态达标。2018年5月，古城煤矿顺利通过国家一级安全生产标准化矿井验收。

加大装备投入，实现信息化管控。先后投资建设调度指挥中心、综合自动化控制中心，建立井下无线通信广播、安全监测监控、人员定位等30多个系统，实现矿井通风、运输、排水等所有信息精细化采集、网络化传输、可视化展现。建立“E矿山”智能手机终端平台，为加速“两化融合”在矿井安全生产、经营管理中的应用奠定基础。在能源集团率先建设基于四维地理信息技术的安全预警与应急救援指挥系统，使矿井灾害预警与应急保障能力进一步提高。大力推广应用数字化在关键技术领域中的成果，采用工业以太环网、PLC智能控制及视频监视系统，实现对矿井提升、运输、通风、排水等系统及设备的智能化集中监控，实现各主要系统自动化远程控制、无人值守，为矿井安全生产提供有力支撑。

冲击地压是困扰古城煤矿安全生产的主要灾害。2004年，首次有冲击地压显现，特别是随着近年来开采的进行，矿井采深大、应力高，加之地质结构复杂，采场布置较为集中，给冲击地压防治造成困难。为此，矿井不断加大防冲科研力度和资金投入，探索形成以“强卸压、强支护、强监测、强监督”为核心的“四强”防冲体系，并通过使用大扭矩液压钻车提高卸压施工效率和效果；引进SOS微震监测、KJ550应力在线监测等监测监控系统，并开展“动态与静态多参数冲击地压预警技术研究”，有效提高矿井冲击地压预警水平，最大限度地降低冲击地压危害，实现矿井安全生产。古城煤矿先后荣获“山东省双基建设先进单位”“山东省安全质量标准化一级矿井”“全国安全生产标准化一级矿井”“全国煤炭工业行业特级安全高效矿井”“全国安全文化建设示范企业”等荣誉称号。

五

古城煤矿积极推进“绿色矿山”建设，着力打造“环境友好型、资源节约型”矿井，制定《古城煤矿大气污染物治理管理规定》《古城煤矿环保验收考核管理办法》等管理制度。2016～2018年，投资达9000余万元，完成对矿井水处理系统和电厂烟尘处理系统等升级改造。污水处理达标率达到100%；建成井下矿井水处理系统，生产过程中产生的废水全部在井下处理后循环使用，不再排放至地面。

2016年，启动矸石充填开采，利用井下原生矸石置换浅部煤炭资源，实现矸石不升井；投资近500万元，实施地面矸石山搬迁和土地复垦工程。投资1800万元，建成封闭式煤场3个，分别用于精煤、煤泥、矸石的存储，总占地面积15700平方米；投资18.3万元，安装煤场智能喷淋管理系统、排污系统及防风抑尘网；投入46万元，安装PM10监测系统，上传数据至济宁市煤炭局，实行全天候粉尘浓度监测，确保煤场及运煤通道无扬尘环境达标，有效改善矿区空气质量。投资1000万元，对主运输皮带机驱动方式进行改造，采用永磁电机变频控制技术，节能效果显著，年累计节约电量79万度。对地面35千伏变电所及井下各采区变电所的自动无功补偿装置进行不定期检查，减少变压器空载损耗电量，全年累计节约损耗电量近46万度。投资200多万元，综合利用空压机冷却水、电厂冷却水，满足职工洗浴与地面生产生活供暖需要，实现了能源循环利用，有效减少二氧化碳、二氧化硫及氮化合物排放。截至2018年末，矿区绿化累计投资900余万元，种植各类树木4000余棵、品种60余种，矿井绿化总面积达4.5万平方米，绿化面积为可绿化面积的100%。

2017年，矿井已通过绿色矿山第三方评估，进入国家级绿色矿山遴选名单。

六

按照临矿集团“发展是硬道理，挣钱是真本事，党建是大动力”的工作部署，古城煤矿坚持“以党建为引领，打造活力幸福矿区”。

随着企业综合实力的提升，古城煤矿更加注重为职工提供更多的人文关怀和发展平台。坚持发展为了职工，把实现好、维护好、发展好职工利益作为各项工作的出发点和落脚点，积极开展“活力幸福”矿区建设。2002年，新建1栋建筑面积3000平方米的6层职工宿舍楼，改善住宿环境。2004年，为宿舍安装有线电视，丰富职工文化生活。2007年，为宿舍安装壁挂式空调机，让职工住得更舒心。2009～2012年，新建1栋宿舍、探亲楼和1座钢结构食堂，改善职工居住、生活条件，高标准改造装饰更衣室和澡堂，更换智能吊篮。投资400余万元，为轿车、自行车停车场加装膜结构车棚，安装洗车机免费洗车。对4栋职工宿舍楼进行改造装修，走廊铺地板和墙裙，改造卫生设施，更换门窗、单人床，密封阳台，安装热水器；每层楼设1名服务员，为职工提供卫生清理、送热水等服务，职工宿舍实行宾馆化管理。2018年，宿舍区实现无线网络全覆盖，提高职工福利待遇。2016年，成立党群服务中心，为职工提供订火车票等后勤服务，以解除职工的后顾之忧。2017年，对文体中心进行升级改造，增设健身房、24小时书吧等，形成集学习、休闲、健身、娱乐于一体的多功能虚拟社区；同时，完成女职工澡堂和职工一食堂的改造。2018年，投资300余万元，建成古城煤矿科创中心。2016～2018年，在井下高温迎头安设制冷风机，解决高温问题；安装架空乘人装置、单轨吊人员运输系统，解决远距离人员行走问题。

截至2018年12月31日，古城煤矿在册职工2258人，其中，管理人员159人，专业技术人员312人。中共古城煤矿党委下设14个党支部委员会， 现有在职和退休党员382名。工会下设14个车间工会，共有工会会员2258名。古城煤矿团委设有团支部14个，有团员92人。

古城煤矿坚持以安全生产为前提、以党建工作为引领、以经济效益为中心、以科技进步为依托，从建设到生产，实现了跨越式、超常规发展，人均工效、人均产值、人均利润等指标不断实现新突破，形成了复杂条件下用人少、效率高、系统优、产出多、效益好的安全高效生产模式。

古城煤矿的建设者、开拓者秉承光荣创业传统，以建设一流的现代化矿井为奋斗目标，以改革发展为突破口，实现企业效益最大化，在困境中崛起，在发展中做强，在临矿集团改革发展史上留下了辉煌足迹。

20年风雨历程，承载着奋斗与收获。回顾过去，豪情满怀，无怨无悔。展望未来，激情燃烧，心潮澎湃。古城煤矿正站在新的历史起点上，勇敢地担当起新时代赋予的新使命。进一步增加安全意识，脚踏实地抓安全，实现矿井的长治久安。增加发展意识，科学组织生产，实现矿井可持续发展。增加以人为本意识，维护职工权益要，凝心聚力、砥砺奋进，再创辉煌，迎接更加美好的明天。

大事记

1983 年

7 月　煤炭工业部 119 煤田地质队、地球物理勘探队提交《山东省兖州煤田曲阜井田精查地质报告》。

1985 年

7 月 31 日　山东省煤炭工业管理局以《关于印发山东省兖州煤田曲阜井田精查地质报告审查决议书的通知》（〔1985〕鲁煤基字第 609 号），审查批准《山东省兖州煤田曲阜井田精查地质报告》。

1990 年

3 月 3 日　山东省煤炭工业管理局向中国统配煤矿总公司提出《关于将曲阜矿井划归临沂矿务局开发并纳入“八五”建设计划的报告》（〔1990〕鲁煤管计字第 168 号），建议将曲阜矿井井型初步设计为年产 90 万～ 120 万吨，济南煤矿设计研究院作预可行性研究报告。

4 月 3 日　中国统配煤矿总公司下发《关于同意将曲阜井田划归临沂矿务局开发的批复》（〔1990〕中煤总计第 147 号），同意将曲阜井田由兖州矿务局划归临沂矿务局开发建设，公布曲阜井田坐标点。原下发的《关于曲阜井田划归兖州矿务局统一开发的批复》（〔1989〕中煤总计字第 215 号）同时作废。5 月 30 日，临沂矿务局和兖州矿务局签订《关于曲阜井田移交给临沂矿务局开发的协议书》。

5 月 1 日　临沂矿务局和煤炭工业部济南煤矿设计研究院签订《〈曲阜矿井可行性研究〉设计合同》。

5 月 5 日　临沂矿务局向济南煤矿设计院发出《关于委托曲阜矿井预可行性研究报告的函》，由济南煤矿设计研究院对生产规模、开拓方式、采煤方法、技术装备、煤炭加工、建设周期等进行深入的技术经济论证，提出曲阜井田开发的最佳方案。

10 月 10 日　临沂矿务局向济南铁路局提交曲阜矿井铁路专用线接轨申请。

10 月　煤炭工业部济南煤矿设计研究院向临沂矿务局提交《山东省临沂矿务局曲阜矿井可行性研究报告》。

1991 年

2 月 20 日　中国统配煤矿总公司印发《临沂曲阜矿井设计工作安排的通知》，

明确曲阜矿井的设计由武汉、济南煤炭设计研究院承担，以武汉院为主。

4月20日　临沂矿务局按照中国统配煤矿总公司和山东煤炭工业管理局要求，委托武汉煤炭设计研究院编制曲阜矿井初步设计、选煤厂方案设计和铁路专用线专项设计。

6月13日　中国统配煤矿总公司安排江苏煤矿设计研究院承担曲阜矿井选煤厂的设计工作，济南煤矿设计研究院提供咨询。

6月20日　武汉煤炭设计研究院完成《山东省临沂矿务局曲阜矿井初步设计》。

6月25日，临沂矿务局组织专业人员对曲阜矿井初步设计进行审查并上报山东煤炭工业管理局。

7月16～18日　国家能源投资公司、山东省煤炭工业管理局、临沂矿务局、武汉煤炭设计院等单位28名领导和专家，在山东枣庄对武汉煤矿设计院编制的《临沂矿务局曲阜矿井初步设计》进行审查。同意设计划定的井田境界、矿井能力为90万吨/年、选定的井口及工业场地位置，原则上同意设计确定的开采方式，并对矿井设计提出修改意见。

9月10～14日　临沂矿务局与江苏省第一工业设计院签订《曲阜矿井选煤厂设计合同》。

10月10日　中国统配煤矿总公司认定曲阜矿井选煤厂的设计工作（含铁路专用线）由江苏煤矿设计研究院承担。

10月18日　临沂矿务局和武汉煤炭设计研究院签订勘察设计合同，设计内容包括生产、生活福利设施、居住区、35千伏输电线路、公路及施工组织设计。

1992年

1月22～23日　山东省煤炭工业管理局、临沂矿务局在江苏省第一工业设计院，对曲阜矿井及选煤厂可行性研究和矿井铁路专用线设计进行论证。

2月27日　临沂矿务局与兖州县人民政府就曲阜矿井选址和压煤村庄搬迁问题达成意向性协议，兖州县人民政府同意将曲阜矿区设在兖州县境内。双方同意矿井生产期内按计划组织搬迁。

4月16日　国家能源投资公司下发《关于曲阜矿井初步设计的批复》，同意武汉煤炭设计研究院编制的《临沂矿务局曲阜矿井初步设计》，同意矿井划定的井田境界。

4月　江苏省第一工业设计院向临沂矿务局提交《曲阜矿井选煤厂可行性研究报告》。

7月22日　山东省煤炭工业管理局同意组建临沂矿务局曲阜矿井筹建处。

8月10日　经临沂矿务局批准，曲阜矿井筹建处由工程处负责组建。工程处处长潘元庭为筹建处负责人，从办公室、财务科、工程科、施工科、通风科共抽调8人，矿务局小车班派出1名驾驶员，共10人组成曲阜矿井筹建处工作机构。

8月16日　筹建人员入驻兖州市（1992年8月1日，撤县设市），租赁兖州市人民政府机关第一招待所4层西侧9个房间用作临时办公和居住。

8月26日　山东省计委颁发投资许可证，许可证编号为A920837280080，计划总投资额为22754万元。临沂矿务局印发《关于组建临沂矿务局曲阜矿井筹建处的通知》（临煤干字〔1992〕212号），组建曲阜矿井筹建处，即日启用“临沂矿务局曲阜矿井筹建处”印章。

8月27日　临沂矿务局任命潘元庭为曲阜矿井筹建处主任。

9月20日　临沂矿务局委托江苏省煤矿设计院（江苏第一工业设计院）编制《曲阜矿井铁路专用线初步设计》。

10月1日　曲阜矿井筹建处与河北煤炭建筑工程学院施工组织研究所签订《曲阜矿井施工组织设计合同》。

10月10日　临沂矿务局委托兖州煤矿设计院编制《曲阜矿井环境影响评估》。

10月12日　临沂矿务局与兖州市人民政府在市机关第一招待所召开曲阜矿井建设第一次工作会议，市政府办公室副主任白凤岭主持，兖州市副市长徐学来、市政府秘书于恒彬，城乡建设委员会科长贾道伟、工程师刘传英，土地局副局长孙民水、科长闫宗业，电业局局长刘景林、工程师何增恩，城郊乡政府副乡长田远江，山东省煤炭工业管理局基本建设处副处长李振文，临沂矿务局副局长叶泰、筹建处主任潘元庭、筹建处办公室主任王家德、工程师曲焕庆、经济师李祥金参加会议。与会人员现场勘察了工业广场及工人村选址，会议对矿井总体布置进行了讨论，就工业广场征地、实施“四通一平”工程、临时供电方案、排矸场地和工人村位置、水源地设置等问题达成一致意见。

10月16日　兖州市人民政府致函临沂矿务局，对新建矿井设计方案提出意见：考虑到矿区在兖州市城郊乡古城村附近，“曲阜矿井”宜命名为“古城矿井”；家属居住区（工人新村）宜调整到兖州市大安镇五圣堂村南兖州市住宅开发区内；矸石山宜安排在矿区东北方泗河西岸。矿务局采纳意见，调整设计。

11月20日　国家能源投资公司同意曲阜矿井矸石山和居住区在不增加投资和占地面积的前提下移地建设。确定矸石山位置放在古城村以北，居住区位置放在五圣堂村以南。

12月10日　曲阜矿井筹建处与兖州市土地管理局签订征地协议，首次征地552.05亩。支付土地补偿费、安置补助费、青苗补偿费、地面附属设施补偿费2111.684万元。

12月18日　山东省土地管理局同意曲阜矿井筹建处征用兖州市土地426.81亩。

12月18日　兖州市工商局颁发矿井筹建许可证（兖工商筹字第002号）。

12月30日　兖州市人民政府颁发《建设用地批准书》，批准用地面积426.81亩。

1993年

3月15日　临沂矿务局任命曲焕庆为曲阜矿井筹建处总工程师。

3月22日　能源部统配煤矿建设工程质量监督中心总站批准，成立能源部统配煤矿曲阜矿区工程质量监督站，业务隶属于能源部统配煤矿山东省工程质量监督中心站，对曲阜矿井工程质量进行监督。

3月26日　曲阜矿井国家能源投资公司会同中国煤田地质总公司，完成对矿井达产采区补做的地震勘探设计审查。

3月31日　曲阜矿井筹建处制定《曲阜矿井筹建处工程造价管理试行办法》《曲阜矿井筹建处经济合同管理试行办法》，加强工程造价和经济合同管理。

4月23日　山东省煤炭工业管理局批准潘元庭任临沂矿务局副局长。

5月18日　煤炭工业部批准《选煤厂可行性研究报告》，同意选煤厂设计入洗能力为90万吨/年，采用跳汰主洗、煤泥浮选、尾煤压滤回收的联合工艺流程。

5月22日　临沂矿务局在曲阜矿井筹建处召开曲阜矿井及选煤厂设计协调会，武汉煤炭设计研究院、山东省煤炭工业管理局、曲阜矿井筹建处领导出席会议，就矿井建设及相关设计问题达成一致意见。

5月25日　国家能源投资公司批复曲阜矿井铁路专用线初步设计，同意推荐的运营管理模式，行车作业委托铁路部门管理，养路维修由矿井管理。

6月6日　曲阜矿井筹建处与兖州市城乡建设委员会签订《城市基础设施配套补助协议》，配套费收取标准为15元/平方米，总额为454.49万元。

6月14日　曲阜矿井筹建处制定《曲阜矿井土建工程质量管理处罚条例》《关于加强土建工程质量管理的意见》。

6月29日　煤炭工业部批准曲阜矿井施工组织设计。

7月1日　曲阜矿井筹建处从兖州市机关第一招待所搬迁到建设工地办公。

7月17日　曲阜矿井筹建处委托兖州矿务局第六工程处进行立井井筒冻结施工设计。

7月24日　国家开发银行信贷局山东处处长周立群、山东省煤炭工业管理局高级工程师蒋孟晋到曲阜矿井筹建处检查指导工作。

8月6日　曲阜矿井筹建处取得《取水许可证》。

8月7日　济宁电业局批准矿井供电方案。

8月18日　曲阜矿井筹建处与河北煤炭建筑工程学院施工组织研究所签订《副井井筒施工组织设计合同》。

9月9日　国家能源投资公司下发《关于曲阜矿井主、副井井筒地面预注浆施工议标结果的批复意见》（能投煤项〔1993〕759号），同意曲阜矿井主、副井井筒地面预注浆由中兴综合注浆公司承包施工，采用粘土泥浆综合注浆。

10月6日　曲阜矿井筹建处与兖州市博物馆签订《临沂矿务局曲阜矿区文物勘探协议书》。

10月13日　兖州市政府副市长朱绪寅在市机关第一招待所南二层会议室主持召开矿井建设座谈会，市政府办公室副主任姜玉生主持会议，兖州市计委、建委、土地局、公安局、交通局、供电局、工商局、税务局、环保局、邮电局、市建行、市自来水公司、兖州镇政府、城郊乡政府、谷村镇政府负责人参加会议，会议就土地、施工队伍、矿区治安、矿井供电、供水、排水、道路、邮电、环保等问题达成一致意见。

10 月 14 日　临沂矿务局下发《关于印发临沂、曲阜矿区工程质量监督实施细则的通知》（临煤工监字〔1993〕第 247 号），加强对曲阜矿井矿建、土建、安装三类工程的质量监督。

10 月 22 日　中共临沂矿务局党委研究决定，建立曲阜矿井筹建处党支部。

10 月 25 日　临沂矿务局下发《关于将山东临沂矿务局曲阜矿井更名为临沂矿务局古城矿井的通知》（临煤干字〔1993〕269 号）。根据地方政府的意见，经研究并报上级有关领导机关同意，确定从即日起将曲阜矿井更名为"古城矿井"。

同日　临沂矿务局聘副局长潘元庭兼任筹建处主任，徐宏远任筹建处副主任（正处级），李祥金任筹建处副主任（副处级），曲焕庆任筹建处总工程师。

同日　经临沂矿务局同意，古城矿井筹建处机构设置为党政办公室、工程技术科、经济管理科、供销科、生活服务公司、临沂矿务局公安处驻古城矿井公安科。

10 月 26 日　筹建处与中国煤田地质总局物测队签订《古城（曲阜）矿井达产采区地震勘探合同》。勘探范围为 11、21 两个达产采区和工业广场，面积约 4 平方千米。

11 月　江苏省第一工业设计院提交《山东临沂矿务局古城（曲阜）矿井选煤厂初步设计》。

12 月 11 日　职工宿舍 1 号楼、2 号楼开工建设，分别于 1995 年 5 月 26 日、12 日竣工；建筑结构为钢筋砼条形基础砖混结构，双面 6 层（局部 7 层）楼房。

12 月 12 日　居住区围墙、大门、门卫室工程开工建设，由兖州市北关建筑公司施工，1993 年 6 月 20 日竣工。

12 月 16 日　国家能源公司项目处处长耿文茂到古城矿井筹建处检查指导工作。

12 月 26 日　居住区 1 号住宅楼开工建设，该楼为砖混 6 层，由兖州市北关建筑公司施工，1996 年 6 月 8 日竣工。

12 月 30 日　临沂矿务局建立古城矿井建设管理委员会，主任为崔宝德，副主任为潘元庭、漆光壁，成员有卿垂友、李效言、刘顺侠、秦明、孙友钧、公茂强、张汉卿、徐宏远、陈猛。

1994 年

1 月 7 日　中国煤田地质总局物勘队对首采区增加 6 条地震测线，确保首采区勘探精度。

1 月 11 日　山东煤炭工业管理局财务处处长张国华，副处长赵丽峰、肖东义到古城矿井筹建处考察指导，临沂矿务局副局长李加夫陪同。

1 月 16 日　临沂矿务局总工程师漆光壁在古城矿井筹建处主持召开古城矿井主井井筒冻结深度研究确定会，确定主井井筒冻结深度为 250 米，主井地面预注浆上限为 235 米，冻结与注浆交错长度为 15 米。临沂矿务局、古城矿井筹建处、枣庄中兴综合注浆公司、兖州矿务局第六工程处、临沂矿务局地质公司相关人员参加会议。

1月29日　主井井筒地面预注浆工程开工。

1月　古城矿井筹建处制定《临沂矿务局古城矿井筹建处管理制度》，包含科室岗位责任制、工种岗位责任制、管理办法3部分45项。

3月12日　完成主井、副井井筒掘砌工程施工单位的议标和邀请招标工作。主井施工议标被邀单位为临沂矿务局工程公司、新汶矿务局工程公司。副井施工被邀单位为新汶矿务局工程公司、中煤建设开发总公司第三十一工程处、江苏省煤炭基建公司。

3月17日　筹建处组织专题会议，确定副井井筒冻结深度为256米，地面预注浆上限为235米，冻结与注浆交错长度为21米。

4月13日　国家能源投资公司批准选煤厂初步设计方案，同意采用跳汰主洗煤泥浮选工艺，批准投资8909.13万元。

5月4日　兖州市土地局、兖州镇、城郊乡、谷村乡领导及部门负责人在筹建处召开古城矿井已征用土地管理座谈会，同意对已征用土地于麦收后全部移交古城矿井筹建处管理。

5月13日　古城矿井筹建处团支部成立。

5月16日　主井第一组注浆孔全部钻至终孔位置。18～20日，临沂矿务局组织有关单位进行现场验收，具备终孔注浆条件。

5月22日　中国煤炭科学研究院组织的综合注浆法技术培训班开学典礼在古城矿井筹建处举行，邀请乌克兰专家达扬女士和哈兰斯先生现场讲授综合注浆技术。在1个月的时间里，学员系统学习粘土注浆的基础知识和检测仪器的使用。

5月23日　临沂矿务局承包集团和古城矿井建设管委会联合现场办公，专题研究已征土地的管理、采矿许可证的办理、供电方案的实施、多种经营等工作。

5月24日　山东煤炭工业管理局副局长刘振翩、副总工程师姚大礼、处长季伟祥、副主任工程师杜连本到古城矿井筹建处检查指导工作。

6月14日　经临沂矿区工会同意，成立古城矿井筹建处工会委员会，王家德任筹建处第一届工会委员会主席。

6月22日　古城矿井主井井筒井壁结构图纸审查会议在临沂矿务局招待所召开，临沂矿务局、武汉设计研究院、古城矿井筹建处，临沂矿务局工程公司等单位相关人员参加审查。

7月8日　国家开发银行煤炭石油贷款局局长葛广森、处长耿文茂和王忠敏，山东煤炭管理局副局长刘振翩、计划处处长楚明章、高级工程师蒋孟晋到古城矿井筹建处检查指导工作，临沂矿务局局长崔宝德、党委书记赵荣思、副局长潘元庭、总工程师漆光壁、副局级调研员叶泰及古城矿井筹建处领导陪同。

7月12日　筹建处党支部制定《古城矿井筹建处党员干部廉洁自律的若干规定》《古城矿井筹建人员廉洁勤政守则》。

8月11日　古城矿井管委会召开第四次会议，对主、副井冻结方案等8项工作进行具体安排布置。

8 月 31 日　《古城矿井铁路专用线在兖州北站接轨方案的可行性研究报告》完成。该报告由铁道部第三勘测设计院负责设计，铁路专用线全长 2291.28 米，投资 3808.3 万元。

9 月 20 日　古城矿井筹建处与煤炭工业部兖州煤矿设计研究院签订《临沂矿务局古城矿井及选煤厂环境影响报告书设计合同》，为矿井开工建设做准备。

9 月 25 ～ 30 日　古城矿井经济效益评估获得国家开发银行审查通过，评估总投资 62781.18 万元，内部收益率为 14.71%，借款偿还期 14.5 年。

9 月 28 日　古城矿井筹建处成立工资制度改革、推行岗位技能工资制领导小组和办事机构，负责定编定岗定员和岗位测评、划岗分类、综合评价、工资制度改革等工作。

10 月 4 日　临沂矿务局聘周启昆为古城矿井筹建处副主任。

10 月　国家计委将古城矿井列为国家固定资产投资煤炭大中型（单项）预备项目。

11 月 28 日　主井井筒地面预注浆工程竣工，注浆深度 682.80 米，中兴综合注浆公司施工。

12 月 12 日　山东煤炭工业管理局聘请专家对主井井筒地面预注浆工程进行了竣工验收评议，专家组认为，注浆施工符合设计要求，堵水效果明显，达到预期目的，可以结束注浆。副井井筒地面预注浆工程开工，1995 年 8 月 29 日竣工，注浆深度 705 米，注浆后井筒预计涌水量为每小时 6.836 立方米，达到设计要求。

1995 年

1 月 18 日　古城矿井筹建处与兖州矿务局第六工程处签订古城矿井主副井冻结工程合同。

2 月 17 日　成立古城矿井筹建处档案管理领导小组，设立档案室，隶属办公室管理。

3 月 23 日　临沂矿务局调整古城矿井建设委员会，崔宝德任主任，潘元庭、漆光壁任副主任，卿垂友、刘顺侠、李效言、曹吉庆、尹致舜、公茂强、徐宏远、陈猛为成员。

4 月 13 日　古城矿井筹建处成立财务科、计划预算科，撤销经济管理科。

6 月 16 日　煤炭工业部规划发展司批复同意古城矿井主井、副井井筒掘砌和冻结工程施工的招标方式为邀请议标。同意参加掘砌投标的施工单位为临沂矿务局工程公司、新汶矿务局工程公司，参加冻结投标单位为兖州矿务局六处、中煤特殊工程公司。

8 月 28 日　古城矿井筹建处成立售房领导小组，按临沂矿务局新的房改政策出售新建家属住宅 1 号楼。

9 月 20 日　兖州红庙变电所至古城煤矿 35 千伏 /6 千伏永久双回路供电系统建成并开始供电。

9月25日　国家审计署驻济南特派员办事处完成对古城矿井基本建设项目开工前的审计，认为古城矿井建设项目符合国家产业政策、资金来源正当、具备开工条件，同意报请有关部门审批开工。

10月5日　成立古城矿区治安综合治理领导小组。

10月6日　山东煤炭工业管理局上报煤炭工业部批准，古城矿井筹建处聘请江苏兴达建设监理咨询公司对矿井实施工程建设监理。

11月13日　兖州市城乡建设委员会颁发古城矿井建设工程规划许可证。

12月19日　山东省环境保护局批准由煤炭工业部兖州设计研究院编制的《古城矿井及选煤厂环境影响报告书》。

1996年

1月13日　煤炭工业部副部长张宝明一行到古城矿井筹建处调研，兖州矿务局局长赵经彻、临沂矿务局局长崔宝德等陪同。

5月1日　主井井筒掘砌工程开始施工，标志着古城矿井正式开工建设。主井井筒净直径5.5米，掘砌工程量557.37米（含临时锁口4.31米）。临沂矿务局工程公司施工，1997年5月18日竣工。

9月8日　副井井筒掘砌工程开挖，设计井筒直径6米，深度581.6米。新汶矿务局工程公司施工，1997年11月20日竣工。

9月21日　临沂矿务局聘刘恩功为古城矿井筹建处副主任（正处级）。

9月28日　古城矿井获得地质矿产部颁发的采矿许可证，有效期40年。

10月11日　成立生产辅助车间，实现矿井建设管理、生产服务、生活服务三条线管理格局。

11月14日　增补刘恩功、周启昆为古城矿井筹建处党支部委员。

11月16日　古城矿井筹建处党支部举办党员干部培训班，全体党员和副科级以上管理人员参加培训。

1997年

3月12日　排矸公路开工建设，混凝土路面1693.12米，总投资为126.34万元，兖州市北关建筑工程公司施工，同年9月16日竣工。

5月4日　职工食堂开工建设，建筑面积1730平方米，临沂矿务局工程公司施工，1998年6月4日竣工。

5月16日　临沂矿务局副局长潘元庭组织古城矿井首采区采煤方法论证会，临沂矿务局总工程师漆光壁、计划处处长李效言，武汉设计院高级工程师梅浦定等参加。

7月23日　主井井筒改绞工作完成，试运转成功。

9月20日　煤炭科学研究总院北京开采研究所完成了《临沂矿务局古城矿井首采区建筑物下采煤方法论证》及补充说明。

9月23日　临沂矿务局制定了《古城矿井工程煤销售管理暂行办法》，古城矿井生产的工程煤统一由局运销公司负责销售和管理。

9 月 26 日　临沂矿务局成立古城煤矿金利包装制品厂，撤销岐山煤矿建制，划归古城煤矿筹建处管理，聘崔守芬为金利包装制品厂厂长（保留正处级）。

10月1日　金利包装制品厂下设办公室、生产技术科、财劳科、供销科、保卫科、卫生所。

10 月 2 日　成立古城矿井筹建处销售科。

10 月 6 日　宿舍区污水处理站投入使用。

10 月 10 日　临沂矿务局党委成立古城矿井筹建处党总支，撤销古城矿井筹建处党支部。同日，撤销中共临沂矿务局岐山煤矿委员会，所属 86 名党员关系转入古城矿井筹建处党总支管理。

11 月 17 日　煤炭工业部武汉设计研究院完成《山东省临沂矿务局古城矿井首采区建筑物下采煤方法及巷道布置方案设计》。

11 月 21 ～ 22 日　山东煤炭工业管理局在济南主持召开古城矿井首采区建筑物下采煤方法评审会议，同意由北京开采研究所编制的《临沂矿务局古城矿井首采区建筑物下采煤方法论证》和由武汉设计研究院编制的《山东省临沂矿务局古城矿井首采区建筑物下采煤方法及巷道布置设计方案说明书》。

11 月　主井、副井顺利贯通。

12月2日　筹建处印发《临沂矿务局古城矿区治安管理秩序处罚（试行）规定》。

12 月 5 日　副井井筒装备工程开工，主要包括 576 米罐道安装、梯子间、井壁固定托架、排水、供风管道安装等，合同价款 256.8 万元。新汶矿务局工程公司施工，1998 年 4 月 10 日竣工。

12 月 10 日　古城矿井筹建处机关党支部、金利包装制品厂党支部成立。

12 月 15 日　副井提升机房工程开工建设，该工程为砖混结构，建筑体积 3503.92 立方米，合同价款 57.8 万元。临沂矿务局工程公司施工，1998 年 11 月 9 日竣工。

1998 年

1 月 21 日　山东煤炭工业管理局批准《山东省临沂矿务局古城矿井首采区建筑物下采煤方法及巷道布置方案设计》，采用条带式采煤工艺开采。

2 月　–505 米水平运输大巷竣工，设计断面 12.8 平方米。

4 月 13 日　成立共青团古城矿井筹建处总支委员会。

4 月 23 日　副井井架安装工程开工建设，江苏省煤炭基本建设公司第五工程处承建，合同价款 63.9 万元；副井井架为钢结构，高度为 33.71 米，设三层平台，净重 158.6 吨。临沂矿务局机械厂加工制造，同年 6 月 11 日竣工。

5 月 15 日　中共古城矿井筹建处委员会成立，崔守芬任党委书记，刘恩功、王家德、李祥金、周启昆任党委委员；王家德任中共古城矿井筹建处纪律检查委员会书记；撤销中共古城矿井筹建处总支部委员会。

5 月 18 日　临沂矿务局聘刘恩功为筹建处主任，解信德、李祥金、周启昆、赵喜庆为副主任，夏宇君为总工程师，吴士其为总会计师，曲焕庆为副处级调研员。

6 月 5 日　古城矿井筹建处聘宋兰武为金利包装制品厂厂长（副处级）。

6 月 18 日　副井井口房工程开工建设，工程为钢筋混凝土排架结构，建筑体积 7973 立方米，合同价款 117.96 万元。临沂矿务局工程公司施工，同年 12 月 30 日竣工。

8 月 20 日　成立采煤工区、机电运输工区。

8 月 26 日　成立采煤工区党支部、机电运输工区党支部。

10 月 4 日　临沂矿务局聘宋有耀为临沂矿务局安全监察局驻古城矿井筹建处安全监察处处长（副处级）。

1999 年

1 月 6 日　主井井塔桩基工程开工建设，徐州桩基工程公司施工，同年 1 月 26 日竣工。

2 月 5 日　主井井塔工程开工建设，钢筋混凝土箱形筒壁带壁柱结构，高度为 53.4 米。临沂矿务局工程公司施工，同年 12 月 6 日竣工。

3 月 10 日　经山东煤炭工业管理局批准，成立山东古城煤炭开发有限责任公司，注册资本 3660 万元。

5 月 8 日　职工宿舍 3 号楼开工建设，2000 年 3 月 10 日竣工。

6 月 25 日　山东省矿产资源委员会批准《山东省兖州煤田临沂矿务局古城矿井储量报告》，全矿井总探明储量 21014.8 万吨，为气煤。

7 月 18 日　成立财产清查小组，为矿井移交生产做准备。

8 月 29 日　设立法律顾问。

9 月 10 ～ 13 日　铁道部工程设计院鉴定中心、运输局在济南对临沂矿务局古城矿井铁路专用线在兖州北站接轨工程初步设计进行审查，通过接轨方案。

9 月　实施厂务公开制度，制定实施意见、细则、考核办法。

10 月 11 日　成立矿井环保领导小组。

10 月 29 日　临沂矿务局组织对《古城矿井建设地质报告》进行初审并形成意见。

11 月 3 日　山东煤炭工业管理局同意将原岐山煤矿的采矿权转让给平邑县岐山镇梅家沟村。

12 月 12 日　经山东煤炭工业管理局、临沂矿务局批准，结束江苏兴达建设监理咨询公司在古城矿井的施工监理工作。

12 月 30 日　启用井下爆破器材库，日储炸药量不超过 3000 千克，雷管不超过 30000 发。

2000 年

1 月 1 日　临沂矿务局局长崔宝德到古城矿井召开座谈会，临沂矿务局副局长孙廷华、古城矿井筹建处主任刘恩功以及参建单位负责人、古城矿井筹建处副科级以上管理人员参加。

1月11日　主井井塔密闭墙工程竣工，曲阜远大装饰有限公司施工。

1月17日　山东煤炭工业管理局，为古城矿井颁发煤炭生产许可证，许可证编号为G150802004，有效期自1999年10月至2036年9月。

1月25日　山东煤炭工业管理局批准古城矿井铁路专用线初步设计和接轨方案。

2月27日　山东古城煤炭开发有限公司与临沂矿务局煤炭运销公司签订《古城煤炭包销协议》。

3月9日　成立生产技术科、机电科、通防科（工区）、采煤一工区、采煤二工区、运输工区、机电工区；撤销工程科、采煤工区、机运工区。

3月21日　山东煤炭工业管理局副总工程师于仁运在古城矿井筹建处主持召开古城矿井煤层综合防灭火方案会议。

3月23日　山东煤炭工业管理局规划建设处处长李振文在古城矿井筹建处主持召开古城矿井11021工作面煤层自然发火治理及矿井综合防灭火问题专门会议，采取对11021工作面立即进行封闭等工作措施，确保工作面安全。兖矿集团南屯煤矿专家、临沂矿务局分管领导及专业人员参加会议。

3月31日　济宁市安全生产委员会授予古城煤矿安全生产工作先进单位。

4月7日　山东煤炭工业管理局审查通过《古城矿井建设地质报告》。

4月10日　联合福利楼改扩建工程开工，11月23日竣工。作为古城煤矿的办公楼使用；该楼由原来2层增加到3层，改扩建建筑面积1740平方米。

4月16日　临沂矿务局与济南铁路局签订铁路专用线技术协议。

4月29日　古城矿井筹建处与铁道部第三勘测设计院工程承包公司签订古城矿井铁路专用线建设工程施工总承包合同，铁路专用线技术正式开工。

8月6日　从早班开始执行班中餐制度，由职工食堂提供食品和水，不再计发班中餐费。

9月18日　古城煤矿铁路专用线开工建设，2002年4月10日投入运营，以济南铁路局代管方式运营管理。该工程由铁道部第三勘测设计院设计，占地面积68亩，走线铺轨长度8.7千米，投资3808.3万元。

11月8日　古城矿井筹建处与济南铁路局建设项目管理中心签订《菏日线增二线古城煤矿专用线引入兖州北站相关工程委托建设合同》，属于铁路专用线配套工程。

11月20日　刘成录任山东古城煤炭开发有限责任公司经理。

2001年

1月5日　山东煤矿安全监察局、济宁办事处，根据《煤炭法》《矿山安全法》《煤矿安全监察条例》《煤矿安全规程》等有关法律法规的规定，对古城煤矿安全设施和条件进行初步验收，认定古城煤矿设计建设按基建程序进行，安全设施和条件完善，基本具备试生产条件，同意投入试生产。

1月10～11日　山东省煤炭工业局对古城矿井进行综合验收，认为古城矿井设计合理，矿井提升、运输、通风、排水、供电、首采区设备、地面原煤生产系统全部形成，经联合试运转，各主要系统运转正常，同意古城矿井投入试生产并移交生产管理。

1月12日　临沂矿务局在古城煤矿办公楼三楼大会议室，召开古城煤矿试生产暨移交生产管理大会，标志着古城矿井基本建设结束，正式移交试生产管理。同日，为山东古城煤炭开发有限责任公司举行揭牌仪式。

1月19日　山东省煤炭工业局批准古城矿井投入试生产并移交生产管理。

2月16日　山东古城煤炭开发有限责任公司完成机构设置、定岗定员实施方案。机构设置为“六部一室三公司”，即党群工作部、劳动工资保险部、财务管理部、生产技术部、机电运输部、武装保卫部、行政办公室、煤炭运销公司、后勤服务公司、物资供应公司；设立6个生产和辅助工区，即采煤一工区、采煤二工区、掘进工区、机电工区、运输工区、通防工区。

3月6日　成立中共临沂矿务局古城煤矿委员会，刘成录任古城煤矿党委书记，张传毅任党委副书记、纪委书记、工会主席，聂瑞明、吴士其、解信德任党委委员。

同日　临沂矿务局聘刘成录为古城煤矿矿长。同意矿长提名，聘聂瑞明、吴士其、赵喜庆为副矿长，解信德为总工程师，宋有耀为安全监察处处长；聘崔守芬为处级调研员，王家德为副处级调研员。

4月4日　临沂矿务局撤销古城矿井筹建处。

5月14日　成立古城煤矿卫生所。

5月26日　山东煤矿安全监察局局长公茂泉到古城煤矿调研，临沂矿务局安监局局长、古城煤矿党委书记、矿长刘成录陪同。

6月1日　临沂矿务局救护队驻勤古城煤矿。

6月7日　临沂矿务局副局长孙廷华到古城煤矿调研指导工作，临沂矿务局安监局总工程师杜洪宾陪同。

6月14日　临沂矿务局局长李义文到古城煤矿检查工作，临沂矿务局副局长潘元庭、办公室主任王荣宝、财务部部长张廷玉、规划部部长李效言以及古城煤矿党委书记、矿长刘成录陪同。

6月19日　山东省煤炭工业局到古城煤矿进行通风专业检查，临沂矿务局副局长孙廷华，古城煤矿党委书记、矿长刘成录陪同。

同日　成立古城煤矿热电厂筹建处，刘成录兼任古城煤矿热电厂筹建处主任，王存策任副主任（副处级）。

6月20日　临沂矿区工会主席赵学仁到古城煤矿检查指导工作，古城煤矿党委书记、矿长刘成录陪同。

7月1日　古城煤矿党委召开“七一”表彰大会，表彰3个先进党支部、26名优秀共产党员。

同日　举行“中国共产党临沂矿务局古城煤矿委员会”暨“临沂矿务局古城煤矿”揭牌仪式，古城煤矿班子成员和部分职工代表参加。

同日　山东省煤炭工业局生产许可证年审团到古城煤矿实地考察，临沂矿务局副局长孙廷华及生产、机电部室负责人等陪同。

7月2日　山东煤矿安全监察局济宁煤矿安全监察办事处到古城煤矿检查安全工作。

7月11日　临沂矿务局副局长孙廷华到古城煤矿检查指导工作，生产处总工程师尹焕军等陪同。

7月15日　临沂矿务局总会计师于德亮、财务部部长张廷玉率财务检查团到古城煤矿进行财务检查。

7月17日　临沂矿务局局长李义文、副局长孙廷华到古城煤矿调研。

7月20日　临沂矿务局局长李义文在古城煤矿召开工作动员会，就矿井生产和新区建设工作进行部署。临沂矿务局副局长孙廷华、潘元庭，古城煤矿党委书记、矿长刘成录以及领导班子成员、科室、工区管理人员参加。

7月26日　古城煤矿与古城村签订排矸协议。

8月10日　成立安全技术培训中心。

8月13日　山东省经济贸易委员会批准煤泥矸石热电项目立项。

8月15日　临沂矿务局总工程师曹庆伦到古城煤矿检查工作，通风处处长刘恩功等陪同。

同日　国家开发银行领导到古城煤矿考察。

8月20日　临沂矿务局批准矿卫生所为局内定点医疗机构。

8月27日　山东煤矿安全监察局济宁煤矿安全监察办事处主任卜庆林一行3人到古城煤矿检查工作。

8月30日　临沂矿务局副局长孙廷华到古城煤矿调研，安监局总工程师杜洪宾陪同。

同日　临沂矿务局同意古城煤矿矿长提名，聘王立才为古城煤矿副矿长，解聘聂瑞明古城煤矿副矿长职务。

9月2日　加拿大客人到古城煤矿考察投资事宜，临沂矿务局规划部副部长赵树权，古城煤矿党委书记、矿长刘成录等参加会见。

9月19日　临沂矿务局局长李义文到古城煤矿调研，总会计师于德亮、总工程师曹庆伦、办公室主任王荣宝等陪同。

同日　兖州市副市长刘文华到古城煤矿检查环保工作。

9月20日　临沂矿务局局长李义文在古城煤矿主持召开电厂设计评审会。济南设计院相关领导，临沂矿务局副局长陈猛、总工程师曹庆伦，古城煤矿党委书记、矿长刘成录，古城煤矿电厂筹建处副主任王存策等有关人员参加会议。

10月3日　兖州市副市长岳宪峰到古城煤矿检查指导工作。

11月1日　全局决战四季度工作汇报会在古城煤矿召开，临沂矿务局领导、各单位主要负责人共70余人参加。

11月7日　临沂矿务局原局长崔宝德到古城煤矿参观指导。

11月9日　临沂矿务局纪委书记杨跃林到古城煤矿调研，古城煤矿党委书记、矿长刘成录，党委副书记、纪委书记张传毅陪同。

11月16日　古城煤矿进行第一次反风演习，从12时30分开始至14时30分结束；临沂矿务局副局长孙廷华、总工程师曹庆伦到场指导演习。

12月1日　成立矿金利包装制品厂留守处，管理原岐山煤矿部分资产。

12月10日　临沂矿务局局长李义文到古城煤矿调研，临沂矿务局办公室副主任李泉、企管处处长李庆春、质监站站长主硕元等陪同。

12月21日　山东省经贸委批准《古城煤矿煤泥矸石热电项目可行性报告》。

2002年

1月11日　临沂矿务局纪委书记杨跃林带领党风廉政建设检查团到古城煤矿检查工作。

1月18日　古城煤矿第一届职工代表大会暨第一届工会会员代表大会在办公楼三楼大会议室召开，临沂矿区工会主席赵学仁到会指导并讲话。大会选举产生古城煤矿工会第一届委员会，选举张传毅为古城煤矿工会第一届委员会主席。

1月28日　古城煤矿组织30家用煤大户召开座谈会。

1月31日　临沂矿务局党委同意古城煤矿第一届工会委员会第一次全体会议选举结果，张传毅任古城煤矿工会第一届委员会主席（副处级）。

2月10日　临沂矿务局副局长孙廷华到古城煤矿检查春节期间安全生产工作。

3月8日　中共兖州市委、兖州市人民政府授予古城煤矿“2001年度经济社会发展功勋企业”“2001年度安全文明单位”称号，授予党委书记、矿长刘成录“优秀企业家”称号。

3月19日　临沂矿务局局长李义文到古城煤矿调研，临沂矿务局总工程师曹庆伦、办公室副主任李泉等陪同。

3月21日　兖州市国土资源局就陈村土地出现斑裂问题在古城煤矿召开协商会，陈村村民代表和古城煤矿有关人员参加。

3月28日　古城煤矿改制为临沂矿务局子公司，成立临沂矿务局古城煤矿。

4月28日　古城煤矿副矿长王立才荣获山东省总工会颁发的“山东省富民兴鲁劳动奖章”。

4月30日　古城煤矿召开劳模座谈会。

5月7日　临沂矿务局局长李义文到古城煤矿调研，临沂矿务局办公室主任王荣宝，古城煤矿党委书记、矿长刘成录等陪同。

5月15日　山东省人民政府压煤村庄搬迁办公室批准《古城煤矿21采区村庄下开采方案》。

5月21日　古城煤矿工区办公楼工程开工建设，框架结构、单面3层，建筑面积1496.21平方米。临沂矿务局工程公司施工，9月16日竣工。

6月25日　临沂矿务局财务工作会议在古城煤矿召开，临沂矿务局总会计师于德亮、财务部部长张廷玉及全局24个单位的财务负责人参加。

6月30日　古城煤矿党委召开“七一”表彰会。

7月17日　山东煤矿安全监察局人事处、山东煤矿安全监察局济宁煤矿安全监察办事处领导到古城煤矿安培中心开展认证工作。

8月1日　临沂矿务局局长李义文到古城煤矿调研电厂筹建情况，临沂矿务局办公室主任王荣宝等陪同。

9月3日　电厂1号、2号机组开工建设，2003年7月1日并网发电。

9月6日　回风下山JKZ54A架空乘人装置开始安装，11月6日投入运行。兖矿集团机械制修厂设计制造，设计输送距离1059米，运行速度1.2米/秒，乘人间距17米，人员输送量254人/小时。

9月9日　成立古城煤矿安全教育培训中心。

9月13日　古城煤矿工会持股会第一届会员代表大会召开。

9月26日　山东煤矿安全监察局局长公茂泉到古城煤矿检查指导安全生产工作。山东煤矿安全监察局济宁煤矿安全监察办事处主任卜庆林，临沂矿务局总工程师曹庆伦等陪同。

9月27日　经山东省煤炭工业局批准，临沂矿务局古城煤矿采矿权转让给山东东山矿业有限责任公司。

10月1日　古城煤矿卫生所驻古城小区门诊部开业。

10月19日　临沂矿务局组织26名离退休老干部到古城煤矿参观，观摩临沂矿务局第一座现代化矿井的矿容矿貌、设备设施。

10月23日　古城煤矿与兖州市国土资源局签订《收回土地协议书》，山东东山矿业有限责任公司与兖州市国土资源局签订《国有土地使用权出让合同》，将矿土地转让给山东东山矿业有限责任公司。本次共转让土地393075平方米，价值1459.46万元。

10月　临沂矿务局古城煤矿改制为山东东山矿业有限责任公司古城煤矿。

11月3日　临沂矿务局局长李义文、副局长孙廷华到古城煤矿调研。

11月6日　古城煤矿举行第二次反风演习，从13时开始至15时结束。

11月12日　山东煤矿安全监察局济宁煤矿安全监察办事处一行14人到古城煤矿开展安全程度评价，临沂矿务局总工程师曹庆伦等陪同。

11月15日　山东煤矿安全监察局职业病防治中心到古城煤矿检查职业病防治工作开展情况。

11月18日　王洪忠任中共古城煤矿党委书记，增补王立才为中共古城煤矿党委委员。同日，山东东山矿业有限责任公司聘王洪忠为古城煤矿矿长。

11月　《古煤通讯》创刊。

12月12日　山东省煤炭工业局副局长卜昌森到古城煤矿调研，临沂矿务局副局长孙廷华等陪同。

12月15日　临沂矿区工会主席赵学仁到古城煤矿检查指导工作，临沂矿务局工会办公室主任王开超等陪同。

12月16日　临沂矿务局局长李义文到热电厂、4号宿舍楼施工现场检查指导工作，临沂矿务局副局长、安监局局长刘成录、办公室主任王荣宝等陪同。

2003年

1月28日　中共兖州市委副书记、市长于建民一行5人到古城煤矿走访慰问，临沂矿务局副局长潘元庭、刘成录等参加会见。

同日　临沂矿务局副局长潘元庭、刘成录到古城煤矿看望慰问节日期间坚持在生产一线的职工，临沂矿务局安监局副局长杨再军、生产技术处处长刘恩功，古城煤矿党委书记、矿长王洪忠等陪同。

2月7日　山东东山矿业有限责任公司聘王存策为古城煤矿副矿长。

3月2日　在古城煤矿职工俱乐部召开创建百万吨工作面动员大会。

3月25日　山东省煤矿工会授予古城煤矿“2003年度‘创优杯’竞赛优胜单位”称号。

4月2日　古城煤矿救护队成立。

4月12日　山东东山有限责任公司古城煤矿矸石热电厂成立，副矿长王存策兼任厂长，撤销山东东山有限责任公司古城煤矿矸石热电厂筹建处。

同日　成立组宣科（内设组织科、干部科、宣传科、职工教育科），撤销党群工作部。

4月25日　山东省煤炭工业局授予古城煤矿“山东省煤炭工业先进单位”称号；授予党委委员、副矿长赵喜庆“山东省煤炭工业劳动模范”称号。

5月2日　古城小区规划设计方案通过济宁市建委专家论证，取得规划许可证。

5月12日　山东电力集团、济宁供电公司批准矿矸石热电厂机组接入系统方案。

5月　成立以党委书记、矿长为组长的防治“非典”工作领导小组。

5月　古城煤矿“掘进创水平，创建年单进5000米快速综掘队”活动启动。综掘工区完成月单进427.2米，实现“创建年单进5000米快速综掘队”月度目标。

6月18日　陈村部分房屋出现斑裂，附着物受损，古城煤矿发生首次补偿，补偿总费用94.71万元。

6月23日　山东省煤炭工业局省属企业落实省委工作会议座谈会在古城煤矿召开，局长王宝山出席会议。

7月1日　中共古城煤矿党委在职工俱乐部举办庆“七一”歌咏比赛，临沂矿务局党委书记张军、副局长刘成录、组织部部长陆云高等到场观看比赛。

7月1日　山东东山矿业有限责任公司聘柳俊仓为古城煤矿总工程师。

8月6日　取得取用地下水《取水许可证》。

8月9日　成立古城煤矿铁路运输公司。

8月10日　成立古城煤矿工资集体协商委员会。

8月18日　山东东山矿业有限责任公司聘焦士荣为古城煤矿副矿长。

8月19日　山东东山矿业有限责任公司聘王存策为古城煤矿综合利用电厂厂长。

8月25日　电厂1×12兆瓦煤泥矸石热电二期工程（3号机组）获山东省经贸委批准。

同日　电厂2×6兆瓦发电机组通过济宁市环境保护局、兖州市公安局消防大队的验收，准予投入运行。

9月2日　成立山东东山矿业有限责任公司古城煤矿综合利用电厂，为山东东山矿业有限责任公司分支机构。

9月3日　古城煤矿综合利用电厂通过济宁市组织的电厂职业病危害控制效果评价。

9月15日　临沂矿务局党委任命孟繁勤为古城煤矿党委书记，增补焦士荣为古城煤矿党委委员，免去王洪忠的古城煤矿党委书记职务。

9月23日　经山东省物价局、山东电力集团公司核准，古城煤矿电厂上网电价暂定为每千千瓦时330元。

10月30日　经山东省煤炭工业局核定，古城煤矿2002年度生产能力为180万吨/年。

11月10日　山东东山矿业有限责任公司批准古城煤矿购买山东省鲁南地质工程勘察院基地所属资产，其中土地46215平方米，地面建筑物22423平方米。

12月11日　电厂2×6兆瓦机组被山东省经贸委、山东省国家税务局、山东省地方税务局认定为资源综合利用电厂（机组），享受国家减免税收优惠政策。

12月　济宁市环境保护局、济宁市经济贸易委员会授予古城煤矿“全市环境保护优秀企业”称号。

是年　采煤二工区2105工作面全年产煤102万吨，实现创建百万吨工作目标。

是年　矿缴纳利税26668万元，列济宁市第7位。

2004年

2月13日　成立山东东山矿业有限责任公司古城煤矿铁路运输分公司，为山东东山矿业有限责任公司分支机构。

2月21日　2102工作面日产原煤7003吨，创建矿以来单面日产最好水平。

2月26日　古城煤矿第一届职工代表大会第二次会议召开。

2月29日　济宁市经济贸易委员会授予古城煤矿“环境保护优先企业”称号。

3月1日　煤炭工业技术委员会授予古城煤矿“2003年度煤炭工业科技进步双十佳矿井”称号。

3月23日　中共兖州市委、兖州市人民政府授予古城煤矿“2003年度经济发展特殊贡献二等奖”称号，授予古城煤矿矿长王洪忠“优秀企业家”称号。

3月25日　山东省煤矿工会授予古城煤矿“2003年度‘创优杯’竞赛优胜单位”称号。

4月16日　山东省人事厅、山东省煤炭工业局授予古城煤矿安监处处长宋有耀

“全省煤炭系统安全生产先进个人（三等功）”称号。

4月28日　山东省总工会授予古城煤矿矿长王洪忠“山东省富民兴鲁劳动奖章”。

4月29日　济宁市环保局批复《古城煤矿电厂二期扩建工程环境影响报告》。

5月22日至6月2日　古城煤矿举行第一次全员军事化训练。

6月24日　古城煤矿全员军事化训练成果汇报表演在久久平安广场举行，中共兖州市委武装部、公安局有关领导到场指导。

6月5日　中国煤炭工业协会授予古城煤矿“全国煤炭环境保护优秀单位”称号。

6月15日　中国煤炭工业协会授予古城煤矿“2003年度全国煤炭工业行业级高产高效矿井”称号。

7月1日　《古煤信报》创刊。

8月13日　古城煤矿团委与兖州广场商厦团委联合举办“秋之韵”文艺晚会。

10月15日　山东省煤炭工业局授予古城煤矿“全省煤炭工业‘科技兴煤’优秀矿井”称号，授予陈广印“优秀工作者”称号。

10月19日　古城煤矿被国家统计局工业交通统计司、中国信息报社、中国行业企业信息发布中心评选为“全国工业重点行业效益十佳企业”。

10月　古城煤矿装备瓦斯巡检智能化管理系统。

11月3日　古城煤矿将原临沂矿务局岐山煤矿的房产证、土地使用证移交给平邑县仲村镇人民政府。

11月5日　古城煤矿与相邻的山东裕隆矿业集团单家村煤矿签订边界调整协议，双方确认2个共同边界点。

11月24日　2106综放工作面首次出现顶板瞬间来压现象，之后多次来压。经山东省煤炭工业局预防冲击地压专家组鉴定，定性为冲击地压现象。

11月30日　古城煤矿综合利用电厂开始向兖州城区东南部集中供热，实现热电联产，当年供热面积近50万平方米。供热主管道由古城煤矿投资860万元建设，全长约4200米。

12月2日　山东省煤炭工业局局长王宝山到古城煤矿检查指导工作。

12月6日　临沂矿务局印发《临沂矿务局煤炭运销体制改革方案》，临沂矿务局运销公司在兖州设立煤炭运销分公司，对古城、田庄、新驿三个矿的煤炭产品实行全面收购。

12月6日　成立“临沂矿务局古城煤矿安全技术培训中心”，隶属矿务局，委托古城煤矿管理；聘任王洪忠为古城煤矿安全技术培训中心主任（兼），韩跃民、庄树武为古城煤矿安全技术培训中心副主任（副处级）。

12月9日　山东煤矿安全监察局济宁煤矿安全监察办事处在古城煤矿召开煤矿企业安全生产许可证评审会议，评审认为，古城煤矿符合《煤矿企业安全生产许可证实施办法》要求，准予颁发相关证书。

12月14日　成立古城煤矿电视台。

12月14日　成立煤质管理科，撤销煤炭运销公司，撤销金利包装制品厂留守处。

12月19日　内蒙古鄂托克前旗旗长于新芳一行5人，就与临沂矿务局联合开发矿产资源事宜到古城煤矿进行实地考察。临沂矿务局副局长孙廷华、刘成录、吴洪军，古城煤矿矿长王洪忠、党委书记孟繁勤等参加会见。

2005年

1月1日　古城煤矿电视台开播。

1月6日　久久平安广场主体雕塑“盛世腾飞”落成。

1月20日　山东煤矿安全监察局通防处、济宁煤矿安全监察办事处一行4人，对古城煤矿“通防安全示范化矿井”建设进行检查验收，矿井以97.5分的成绩达到“通防安全示范矿井”标准。

2月2日　经山东煤矿安全监察局、鲁西监察分局联合检查验收，古城煤矿安全技术培训中心达到三级培训机构标准，准予开班培训。

2月16日　古城煤矿保持共产党员先进性教育活动动员大会在职工俱乐部召开。

2月20日　古城煤矿启动选煤厂改造工程，于当年10月10日完成改造，投入试运行。

3月8日　古城煤矿党委组织251名党员和14名入党积极分子爱心捐款。

3月16日　古城煤矿荣获“全省煤矿一通三防安全科技示范矿井”称号。

3月5～11日　完成矿井2号主扇风机更换。

3月21～25日　完成1号主扇风机更换，由原来的BDKA-8-N22型对旋式地面扇风机更换为BDJ-8-N24型对旋式防爆轴流主扇风机。

3月　KJ66井下人员定位系统装备完成并投入使用。

4月1日　临沂矿务局古城煤矿安全技术培训中心第一期特种作业人员培训班开班。临沂矿务局局长李义文、副局长刘成录，山东煤矿安全监察局鲁西监察分局副局长刘柏元，古城煤矿矿长兼安培中心主任王洪忠等出席培训班开学典礼；来自古城煤矿、新驿煤矿、田庄煤矿的116名班组长参加培训。

4月16日　古城煤矿首届科技表彰大会在职工俱乐部召开，对2004年度评选出的35项优秀科技成果进行表彰奖励。

4月29日　临沂矿务局争创精品掘进工程竞赛活动启动仪式在古城煤矿举行。

5月16日　成立古城煤矿冲击地压综合防治工作领导小组。

6月20日　中国煤炭工业协会授予古城煤矿“全国煤炭工业行业级高产高效矿井”称号。

6月30日　中共山东省国资委委员会授予中共古城煤矿党委“省管企业先进基层党组织”称号。

7月25日　刘厚福任中共古城煤矿党委委员。同时，山东东山矿业有限责任公司聘刘厚福为古城煤矿矿长，聘李钊为古城煤矿总会计师。

8月2日　山东煤矿安全监察局鲁西监察分局授予古城煤矿安全技术培训中心“先进煤矿安全培训机构”称号。

9月2日　电厂3号（1×12兆瓦）机组并网发电，总装机容量达到24兆瓦。该工程于2004年8月16日开工扩建。

10月1日　古城煤矿举办全矿岗位技术比武练兵暨岗位技术能手评选活动，成立采煤、掘进、机电、运输、通风5个专业考评小组，采取现场实际操作、理论考试、民主评议的方式，按30%的比例评选出458名岗位技术能手。

10月9日　临沂市审计局副局长徐忠烈带队对古城煤矿进行财务收支审计。临沂矿务局副局长吴洪军、财务处处长吴士其等陪同。

10月24日　山东省煤炭工业局纪检组组长张英学及省直机关工委宣传部、铁路局、审计局等一行7人到古城煤矿参观交流。

12月13日　山东煤矿安全监察局人事培训处组成评估组，对临沂矿务局古城煤矿安培中心进行全面检查和评估认证，各项指标符合三级培训机构标准，评估结果为优秀。

12月17日　古城煤矿举行2005年度反风演习，13时开始，15时结束。

12月18日　“送温暖、献爱心”捐款捐物活动启动，全矿共捐款72080元，捐赠棉衣、棉被等物品300多件。

12月29日　电厂3号（1×12兆瓦）机组被山东省经贸委认定为资源综合利用电厂（机组）。

是年　矿缴纳税金1.33亿元，列济宁市第5位。

2006年

1月1日　连接矿区工业广场与职工宿舍区的行人天桥建成使用。

同日　实施职工安全诚信档案管理、安全结构工资制。

2月10日　山东东山矿业有限责任公司聘杨星魁为古城煤矿副矿长（挂职，任期1年）。

2月13日　山东省煤炭工业局局长王宝山一行4人到古城煤矿检查指导工作。临沂矿务局党委书记、局长李义文，副局长刘成录、吴洪军，局长助理、安全监察局局长王洪忠，组干处处长陆云高等陪同。

2月16日　成立古城煤矿创建“平安矿区”领导小组。

2月17日　刘厚福任中共古城煤矿党委书记，何祥成任中共古城煤矿党委副书记、纪委书记，焦士荣、赵喜庆、王存策任中共古城煤矿党委委员。免去孟繁勤的中共古城煤矿党委书记、党委委员职务，任正处级调研员。

3月1日　成立古城煤矿困难职工帮扶中心。

3月8日　中共临沂矿务局党委同意古城煤矿第一届工会委员会第三次全体会议选举结果，何祥成任古城煤矿第一届工会委员会主席。

3月11日　兖州市副市长彭德举及兖州市执法局、国土局、新兖镇政府有关领导在古城煤矿召开古城村农贸市场建设协调会。

3月26日　山东省煤炭工业局工程质量监督站对古城煤矿“双基”建设和矿

井质量标准化进行检查验收，矿井双基建设得分96.3分，质量标准化验收综合得分96.4分，达到国家一级标准；矿井安全程度达到A级标准。

3月28日　成立选煤厂党支部。

5月1日　安全管理“安全隐患市场化”模式在全矿正式实施。

5月1日　古城煤矿首届青年职工集体婚礼在久久平安广场举行，临沂矿务局政工处、团委领导到古城煤矿参加活动。

5月29日　古城煤矿第二次全员军事化训练成果汇报表演在久久平安广场举行。

6月6日　古城煤矿电厂3号锅炉煤泥管道输送系统工程投入运行。

6月27～28日　临沂矿务局财务总监申传东到古城煤矿检查指导工作，临沂矿务局财务处处长吴士其等陪同。

7月5～12日　古城煤矿聘请中国矿业大学教授在职工俱乐部举办为期8天的企业文化培训讲座，系统阐释古城煤矿企业精神、GB15安全管理模式、1236安全文化理念及领导管理艺术、精细化管理等内容。

8月1日　中国煤炭工业协会授予古城煤矿“2005年度煤炭工业安全高效矿井”称号。

8月5日　临沂矿务局改制为临沂矿业集团有限责任公司。

8月10日　中共临矿集团党委巡视组进驻古城煤矿，进行为期7天的巡视工作。

同日　临矿集团副总经理于德亮到古城煤矿调研。

8月　山东省煤炭工业局授予古城煤矿“安全生产双基建设省级先进单位”称号；中国煤炭工业协会授予古城煤矿“全国煤炭工业行业级安全高效矿井”称号。

9月20日　全国政协常务委员、人资环委副主任、原煤炭工业部副部长、煤炭总公司总经理张宝明一行4人到古城煤矿视察工作，山东省煤炭工业局局长王宝山、副局长乔乃琛，中共临矿集团党委书记、董事长李义文，临矿集团常务副总经理刘成录，临矿集团办公室主任王荣宝等陪同。

10月23日　山东省煤炭工业局办公室副主任汤先仪一行3人对古城煤矿档案管理工作进行考核，临矿集团办公室副主任李泉等陪同。

11月21日　临矿集团青年安全监督岗推进会在古城煤矿召开。

12月5日　济宁市建设委员会向古城煤矿电厂颁发供热经营许可证。

2007年

1月26日　古城煤矿选煤厂二期改造工程开工，总投资4000万元；10月1日，竣工并试运转。改造后，洗选能力达到180万吨/年，选煤方法为不分级跳汰工艺。

1月　中共山东省委组织部、山东省国资委党委授予古城煤矿领导班子“山东省国有企业创建四好领导班子先进集体”称号。

2月2日　山东省煤炭工业局局长王宝山一行3人到古城煤矿检查指导工作，中共临矿集团党委书记、董事长李义文，总经理孙廷华，副总经理刘成录等陪同。

2月　党委书记、矿长刘厚福荣获全国煤炭工业“双十佳矿长”称号。

3月5日　山东省煤炭工业局副局长卜昌森一行5人到古城煤矿检查指导工作，中共临矿集团党委副书记、总经理孙廷华，副总经理刘成录等陪同。

3月26日　古城煤矿第二届职工代表大会第一次会议在职工俱乐部召开，103名职工代表出席。

4月1日　古城煤矿第三次全员军事训练活动启动仪式在久久平安广场举行。5月1日，举行第三次职工全员军事训练汇报表演。

4月2日　古城煤矿群监会被山东省煤矿工会评为“优胜单位”，张可修被评为“山东省煤炭系统优秀群监员”。

4月4日　山东煤矿安全监察局人事培训处处长肖云河一行4人，对古城煤矿安培中心进行专项检查。

4月9日　临矿集团副总经理张廷玉到古城煤矿检查指导工作。

5月6日　设立矿长接待日。

5月10日　制定《古城煤矿修志工作方案》，第一轮修志工作启动。

5月18日　内蒙古鄂托克前旗副旗长贺晋一行3人到古城煤矿就与临矿集团联合办学事宜进行实地考察。临矿集团劳资社保处处长刘守明、山东省煤炭高级技工学校校长张瑞清等陪同。

5月25日　山东省煤炭运销协会授予古城煤矿选煤厂“山东省第二届（2006年度）全省十佳选煤厂”称号。

6月12日　临矿集团外部董事温燕来、赵政民，外部董事、财务总监申传东到古城煤矿检查指导工作，中共临矿集团党委副书记、总经理孙廷华等陪同。

6月14日　中国烟草投资管理公司事业发展部主任沈云龙一行3人到古城煤矿考察工作，临矿集团副总经理吴洪军，内蒙古矿区建设指挥部资源开发办公室主任何法元，中共古城煤矿党委书记、矿长刘厚福等参加会见。

6月29日　中共山东省国资委党委授予中共古城煤矿党委“省管企业先进基层党组织”称号。

8月1日　山东省煤矿工会副主席董长连到古城煤矿检查指导工作，临矿集团工会副主席张传毅等陪同。

8月7日　中共临矿集团党委副书记、总经理孙廷华到古城煤矿督导工作，临矿集团副总经理刘成录、副总工程师解信德、生产处处长尹焕军、机电处处长吴家胜等陪同。

8月23日　山东煤矿安全监察局鲁西监察分局授予古城煤矿安培中心“先进煤矿安全培训机构”称号。

9月7～9日　山东省人民政府压煤村庄搬迁办公室组织有关专家，就古城煤矿开采对陈家村、古城村部分房屋斑裂影响进行技术鉴定。鉴定认为，陈家村、古城村区域的地表移动已到达稳定，古城煤矿应对产生斑裂的民房按有关政策和规定进行相应的赔偿。

10月9日　山东省煤炭行业协会授予中共古城煤矿党委书记、矿长刘厚福“第七届（2006年度）全省煤炭行业十佳矿长”称号。

10月11日 中共临矿集团党委副书记、总经理孙廷华在古城煤矿主持召开西部矿区工作汇报交流会。古城煤矿、新驿煤矿、田庄煤矿、王楼煤矿、王楼二号井筹建处、亿金公司、运销公司及临矿集团有关处室负责人参加会议。

10月25日 临矿集团工会主席雷其春一行3人到古城煤矿检查“安康杯”竞赛活动开展情况。

11月16日 山东省人民政府国有资产监督管理委员会同意山东东山矿业公司出资设立山东东山古城煤矿有限公司。

11月18日 国土资源部批复，古城煤矿矿区范围的开采深度变更为54米标高至-1500米标高。

12月5日 中共临矿集团党委书记、董事长李义文到古城煤矿检查指导工作，中共临矿集团党委副书记、总经理孙廷华，副总经理刘成录，办公室主任王荣宝等陪同。

12月20日 中共临沂市委宣传部、总工会、文明办、经贸委、临沂市人民政府纠风办授予中共古城煤矿党委书记、矿长刘厚福“临沂市第十一届职业道德十佳标兵”称号。

2008年

1月18日 山东省煤炭工业局副局长卜昌森一行8人到古城煤矿检查指导工作，临矿集团副总经理刘成录陪同。

1月20日 中国烟草实业总公司总经理许志龙到古城煤矿考察，中共临矿集团党委副书记、总经理孙廷华，副总经理吴洪军、办公室主任王荣宝，上海庙矿业公司办公室主任贾安刚陪同。

1月20日 山东煤矿安全监察局授予古城煤矿“安全程度A级矿井”称号。

1月24日 中国煤炭职工思想政治工作研究会授予古城煤矿全国煤炭系统“文明煤矿”称号。

1月 综合自动化排矸系统投入运行。

2月5日 古城煤矿工会首次租赁30辆客车送1500多名职工回家过春节。

2月26日 中共山东省国资委委员会授予古城煤矿纪委“省管企业纪检监察工作先进单位”称号。

3月20日 中共临矿集团党委副书记、总经理孙廷华到古城煤矿检查指导工作，副总经理刘成录、副总工程师解信德等陪同。

3月25日 山东煤矿安全监察局授予古城煤矿“2007年度防治水安全示范矿井”“一通三防安全示范矿井”称号。

3月29日 CMJ17HT煤矿用全液压掘进钻车在-1030北翼轨道大巷一次性试运转成功。

3月 -505米水平北翼充填系统形成，5号充填巷正式投入生产，日充填矸石约400吨，实现井下矸石不升井。

4月1日　山东东山矿业有限责任公司古城煤矿变更为“山东东山古城煤矿有限公司”，公司类型为有限责任公司（法人独资），注册资本1亿元，股东为山东东山矿业有限责任公司。

4月2日　古城煤矿第二届职工代表大会第二次会议在职工俱乐部召开，共有101名代表出席会议。

4月12日　古城煤矿安培中心被山东煤矿安全监察局评为“全省煤矿安全培训先进单位”。

4月13日　中国煤炭工业协会授予古城煤矿“2007年度煤炭工业一级安全高效矿井”称号，授予中共古城煤矿党委书记、矿长刘厚福全国“优秀矿长”称号。

5月14日　中共临矿集团党委副书记、总经理孙廷华到古城煤矿就选煤厂二期扩建工程进行专题调研，临矿集团副总经理于德亮等陪同。

5月16日　古城煤矿举行为汶川地震灾区献爱心捐款活动，当日收到捐款20余万元。

5月20日　中共临矿集团党委书记、董事长李义文，党委副书记、总经理孙廷华到古城煤矿检查指导工作，副总经理刘成录、办公室主任王荣宝等陪同。

5月21日　古城煤矿党委组织279名党员为四川地震灾区共缴纳“特殊党费”43800元。

5月27日　古城煤矿向济宁市慈善总会捐赠人民币100万元。

5月28日　古城煤矿工会被评为“全国煤炭系统群众安全先进单位”，代夫平、张步欣被评为“全国煤炭系统优秀群监员”，许崇新被评为“全国煤炭系统优秀劳动保护干部”。

5月29日　古城煤矿团委组织714名团员青年共缴纳特殊团费14280元。

5月　引进郑州煤机厂生产的ZT35500/20/38型和泰安煤机厂生产的ZCZ7600/20/35NF型支撑掩护式液压支架，分别应用于轨道顺槽和皮带顺槽，以改进上、下两端头及超前段支护工艺。

6月4日　古城煤矿选煤厂入选全省“十佳选煤厂”。

6月27日　山东煤矿安全监察局副局长韩芳岐一行4人到古城煤矿检查指导工作。

7月4日　兖州市人大常委会副主任张元岐率检查组到古城煤矿就《中华人民共和国消防法》贯彻落实情况进行专项检查。

7月20日　古城煤矿印发《关于开展“奋战五年，二次创业，打造临矿百年基业我该怎么办”大讨论活动的实施意见》。

7月　职工宿舍楼共480个房间安装壁挂式空调机。

8月19日　陈家忠任中共古城煤矿党委书记。同日，临矿集团聘任陈家忠为古城煤矿矿长兼安培中心主任，何祥成为古城煤矿安培中心副主任（兼）。

8月21日　古城煤矿井田内泗河下采煤沉陷段治理工程结束，该工程历时20天，采用灌浆法累计加固河堤 1990 米。

8 月 18 ～ 21 日　根据山东省国土资源厅要求，古城煤矿分别与相邻的山东裕隆矿业集团单家村煤矿、山东省天安矿业有限公司星村煤矿签订《依法办矿协议书》，要求双方：加强关系协调，实现信息共享；留足井田边界隔离煤柱，消除违法开采诱发的安全隐患，承担相应的法律责任等。协议书有效期同矿山服务年限。

9 月 5 日　济宁市泗水县常务副县长许修航、民政局局长宋学京在兖州市政协副主席邱印水、民政局局长秦佑斌的陪同下到古城煤矿交流工作。

9 月 30 日　临矿集团监事会主席梁金久，党委副书记、总经理宿洪涛到古城煤矿调研，副总经理刘成录、于德亮等陪同。

10 月 10 日　–505 米水平北翼架空乘人装置开工建设，2009 年 1 月 10 日投入使用。

10 月 31 日　中共兖州市委副书记、市长张胜明，中共市委政法委书记李志红，市政协副主席邱印水到古城煤矿调研企业运行情况。

11 月 7 日　临矿集团副总经理刘成录到古城煤矿调研，机电处处长吴家胜等陪同。

11 月 8 日　山东煤炭行业协会授予古城煤矿“全省煤炭行业（2007 年度）十佳煤矿”称号。

12 月 1 日　中共临矿集团党委书记、董事长李义文，监事会主席梁金久，党委副书记、总经理宿洪涛，副总经理刘成录、于德亮等到古城煤矿调研，临矿集团办公室、财务处、压煤办和运销公司负责人等陪同。

12 月 31 日　由山东省煤炭工业局、山东省煤矿工会和煤矿文化体育协会联合主办的“煤海放歌——山东省煤炭行业纪念改革开放 30 周年巡回文艺演出”在古城煤矿演出。

12 月　中国煤炭工业协会授予古城煤矿“2007 年度国家行业一级安全高效矿井”称号。

是年　古城煤矿缴纳税金 47736 万元，列兖州市第三位。

2009 年

1 月 14 日　矿井水与生活污水处理站改造项目通过临矿集团联合验收。

1 月 16 日　中共兖州市委常委、宣传部部长陈秋生，市人大副主任董瑞山、孙连干，副市长李连习到古城煤矿走访慰问。

2 月 1 日　职工更衣室、更衣柜被改造为吊篮。

2 月 22 日　古城煤矿第一期“全员素质教育”培训班在安培中心举办。

3 月 10 日　临矿集团监事会主席梁金久到古城煤矿调研，中共古城煤矿党委书记、矿长陈家忠等陪同。

3 月 14 日　中共古城煤矿党委制定《深入学习实践科学发展观活动实施方案》。

3 月 26 日　古城煤矿第二届职工代表大会第三次会议在职工俱乐部召开，共 94

名代表出席会议。

4月1日　停车场一期工程竣工并投入使用，设有停车位216个。

4月15日　古城煤矿召开科技工作大会。

4月17日　山东省煤炭工业局局长卜昌森到古城煤矿调研，中共临矿集团党委副书记、总经理宿洪涛，副总经理刘成录等陪同。

4月25日　举办古城煤矿首届汽车展销会。

5月1日　古城煤矿第二届青年集体婚礼在久久平安广场举行。

5月4日　山东百灵鸟歌舞团到古城煤矿进行专场演出。

5月26日　古城煤矿举行灾害性天气撤人避灾演习。

6月1日　古城煤矿在久久平安广场举行2009年“安全生产月”启动仪式。

6月2日　临矿集团副总经理刘成录到古城煤矿调研。

6月13日　古城煤矿举办党员干部党风廉政教育学习培训班。

7月11日　古城煤矿举办哲学理论研修班开班典礼，山东曲阜师范大学经济学院院长刘冠军，中共古城煤矿党委书记、矿长陈家忠及300多名干部职工参加。

7月21日　山东省经济和信息化委员会认定，古城煤矿电厂为国家鼓励的资源综合利用型电厂。

7月26日　临矿集团与山东科技大学技术交流会在古城煤矿召开，山东科技大学副校长何国平、科研处处长韩作振，临矿集团总工程师曹庆伦、技术中心副主任崔希国、内蒙古矿区相关工程技术人员参加会议。

7月28日　中共临矿集团党委副书记、总经理宿洪涛，副总经理刘成录到古城煤矿调研。

8月　2201综采工作面成功实施长距离“转采”。

9月3日　临矿集团监事会主席梁金久到古城煤矿调研。

9月7日　山东省煤炭行业协会授予古城煤矿采煤一工区区长孙善强“山东省煤炭行业2008年度双十佳采煤队（区）长”称号。

9月17日　山东煤矿安全监察局党组书记、局长王子奇，山东煤矿安全监察局鲁西监察分局局长杨成超到古城煤矿检查指导工作。中共临矿集团党委副书记、总经理宿洪涛，副总经理刘成录等陪同。

9月29日　济宁市副市长周洪、济宁市煤炭局局长于海燕、山东省煤炭工业局副局长任衷平、山东煤矿安全监察局鲁西监察分局局长杨成超、中共兖州市委书记田志峰、市长张玉华到古城煤矿督导国庆期间安全工作。中共临矿集团党委副书记、总经理宿洪涛，副总经理石富山等陪同。

10月1日　新建成的调度指挥中心启用。该中心总投资1300万元，监控大屏长16.69米，宽5.91米。

10月10日　山东省煤炭工业局办公室副主任刘雪荣、档案科科长赵成英等对古城煤矿档案管理工作进行考核验收，临矿集团办公室副主任李泉等陪同。

10月19日　山东东山矿业有限责任公司决定，注销山东东山矿业有限责任公司古城煤矿综合利用电厂、山东东山矿业有限责任公司古城煤矿铁路运输分公司，其债权债务均由古城煤矿承担。

10月30日　中央电视台《百科探秘》栏目负责人郭宝通、导演赵明，国务院新闻办公室图片库艺术总监焦波，北京《俺爹俺娘》文化传播有限公司总经理焦新等来矿采风，了解煤矿生产、矿工生活情况。临矿集团董事、工会主席雷其春，临矿集团纪委办公室主任田国志等陪同。

11月5日　中国煤炭工业协会、中国煤炭加工利用协会授予古城煤矿“2008年度煤炭工业节能减排先进单位”称号。

11月13日　临矿集团副总经理石富山到古城煤矿检查指导工作。

12月1日　临矿集团西部矿区通勤车正式开通。

12月　中共古城煤矿党委书记、矿长陈家忠被山东省“建国六十周年”宣传组委会授予“建国六十周年·最具影响力的山东优秀企业家”称号。

2010年

1月1日　古城煤矿与兖州市豫剧团等单位联合举办戏曲联欢晚会。

1月　山东煤矿安全监察局授予古城煤矿“安全程度评估A级矿井”称号，授予中共古城煤矿党委书记、矿长陈家忠“安全生产优秀矿长”称号。

同月　古城农贸市场投入使用，该市场位于古城煤矿宿舍区以北、古城村以南，占地面积4600平方米，建有餐馆、超市、卫生室、移动营业厅等。

2月1日　注册成立山东东山古城煤矿有限公司综合利用电厂，为山东东山古城煤矿有限公司分公司，经营范围主要为火力发电、供热等。

2月6日　临矿集团副总经理石富山走访慰问古城煤矿困难职工。

2月19日　古城煤矿地面无尘化系统投入使用，设1个车辆冲洗站、13个WS80型喷枪，配洒水车1辆。

3月1日　李泉任中共古城煤矿党委副书记、纪委书记。3月4日，临矿集团聘任李泉为安培中心副主任（兼）。

3月12日　临矿集团董事、工会主席雷其春到古城煤矿调研。

3月21日　古城煤矿职工二食堂开工建设，6月1日竣工并投入使用。

3月27日　古城煤矿工会第二届全体委员会第四次会议召开，选举李泉为古城煤矿工会主席。同日，古城煤矿第二届职工代表大会第四次会议在职工俱乐部召开，共有103名代表出席会议。

3月30日　中共临矿集团党委巡视组到古城煤矿开展为期5天的巡视工作。

3月　古城煤矿采煤一工区采煤班班长赵雷被评为“2009年度山东省煤炭工业系统金牌班组长”，赵雷班组被授予“金牌班组”称号。

4月10日　古城煤矿拓展训练基地建成并投入使用，属安全技术培训中心配套设施，面积18739平方米，配有5条塑胶跑道和20余套训练设施。

4月12～13日　临矿集团第二届青工创新工作法评审会议在古城煤矿召开。

4月17日　古城煤矿被授予“山东省煤矿安全培训工作先进单位”称号。

4月19～20日　古城煤矿通过山东省职业卫生示范企业检查验收。

4月26日　中共临矿集团党委同意李泉任古城煤矿第二届工会委员会主席。

4月30日　中共古城煤矿党委书记、矿长陈家忠被山东省总工会授予“山东省富民兴鲁劳动奖章”称号。

4月　中华全国总工会授予古城煤矿工会“全国模范职工之家”称号。

5月1日　古城煤矿为9对新人举行“相约古城·情定一生”集体婚礼。

5月1日　古城煤矿职工洗浴中心改造工程竣工。

5月5日　临矿集团纪念“五四”运动91周年暨第二届青工创新工作法命名表彰大会在古城煤矿召开，大会对20项青工创新工作法进行命名表彰。

5月12日　山东省煤矿工会主席刘宁一行到古城煤矿检查指导工作，临矿集团工会主席雷其春等陪同。

5月13日　古城煤矿举行“情系玉树”抗震救灾捐款活动。

5月18日　中共山东省委常委、副省长王军民到古城煤矿考察调研，并题词“以人为本，安全发展”。山东省政府办公厅副主任李世瑛，中共山东省煤炭工业局党组书记、局长卜昌森，山东煤矿安全监察局副局长韩芳岐，中共济宁市委副书记、代市长张振川，中共兖州市委副书记、组织部部长王志泉，中共临矿集团党委书记、董事长李义文，监事会主席梁金久，中共党委副书记、总经理宿洪涛等陪同。

6月8日　临矿集团全面预算管理培训会议在古城煤矿召开。中共临矿集团党委副书记、总经理宿洪涛主持，山东省国资委企业改革处处长尹卫军，兖矿集团兴隆庄煤矿总会计师田忠索，临矿集团副总经理于德亮、财务总监荣刚、副总会计师吴士其、预算处处长王春霞以及古城煤矿等16个权属单位人员参加。

7月1日　古城煤矿开展三水平系统掘进会战活动。

7月1日　《古煤文苑》创刊。

7月3日　临矿集团授予古城煤矿“‘四好’领导班子”称号。

7月3日　中共临矿集团党委书记、董事长李义文到古城煤矿调研。

7月10日　临矿集团安全工作会议在古城煤矿召开，安全生产处室负责人及古城煤矿等14个单位的生产、安全、机电副矿长等参加会议，临矿集团副总经理石富山讲话，总工程师曹庆伦主持会议。

7月17日　古城煤矿与济宁如意集团举办“如意古城·盛夏友约”青工联谊会。

7～8月　古城煤矿举办“哲学理论”培训班，聘请曲阜师范大学教授讲课，矿领导班子、区队班子、机关管理人员、新分配大学生参加培训。

8月2日　临沂市第三届“劳动之星”煤炭系统采煤机司机职业技能竞赛在古城煤矿安培中心开幕。

8月27日　临矿集团董事、工会主席雷其春与中共古城煤矿党委书记、矿长陈家忠共同为职工洗衣中心揭牌。

8月31日　临矿集团2010年度职工篮球选拔赛在古城煤矿举行。9月3日闭幕，古城煤矿、新驿煤矿、莱芜煤机公司分别获冠军、亚军、季军。临矿集团董事、工会主席雷其春，政工部部长张书军，工会办公室主任李宝刚等参加活动。

9月10日　在古城煤矿安培中心召开教师节座谈会，庆祝第26个教师节。

9月18日　古城煤矿通过2009年度国家行业一级安全高效矿井验收。

9月24日　由山东能源集团筹建办公室组织、北京捷盟咨询副总裁付立红率队的企业文化调研组一行9人到古城煤矿开展企业文化建设专项调研。中共临矿集团党委副书记、纪委书记刘孝孔，工会主席雷其春，副总经理石富山等陪同。

10月1日　古城煤矿举办以“展示矿工风采，促进全面发展”为主题的首届秋季职工运动会。

10月1日　古城煤矿物资供应中心井口超市投入使用。

11月16日　山东省卫生厅、安全生产监督管理局、总工会、人力资源和社会保障厅、山东煤矿安全监察局授予古城煤矿“山东省职业卫生示范企业”称号。

11月19日　临矿集团首届职业技能竞赛总结表彰大会在古城煤矿召开。

11月21日　张传毅任中共古城煤矿党委书记，增补李连华为中共古城煤矿党委委员。同日，临矿集团聘张传毅为古城煤矿矿长兼安培中心主任，李连华为古城煤矿副矿长。

11月26日　古城煤矿电厂炉外脱硫工程投入试运行，二氧化硫排放浓度等指标符合国家标准要求。

11月　古城煤矿掘进三工区区长张连国荣获“山东省煤炭行业双十佳掘进队（区）长”称号。

12月10日　古城煤矿选煤厂浮选车间竣工。

12月16日　古城煤矿通过山东省煤矿安全监察局组织的安全质量标准化一级矿井检查验收。

12月22日　山东煤矿安全监察局鲁西监察分局局长杨成超在古城煤矿主持召开廉政监督员座谈会，辖区内的兖矿集团、临矿集团所属煤矿负责人参加会议。

12月24日　山东省精神文明建设委员会授予古城煤矿“2010年度省级文明单位”称号。

12月28日　古城煤矿调度指挥中心工程被中国煤炭建设协会、煤炭工业建设工程质量监督总站评为“2009年度煤炭行业优质工程”。

12月30日　山东煤矿安全监察局授予古城煤矿“2006～2010连续五年煤矿安全程度评估A级矿井”称号，授予中共古城煤矿党委书记、矿长张传毅“安全生产优秀矿长”称号。

2011年

1月12日　古城煤矿第二届职工代表大会第五次会议在职工俱乐部召开，有103名代表出席会议。

同日　古城煤矿举办庆祝矿井投产十周年歌舞晚会。

1月25日　中共临矿集团党委书记、董事长李义文在古城煤矿召开西部矿区各单位负责人座谈会，中共临矿集团党委副书记、总经理刘成录，临矿集团副总经理郭修杰，临矿集团办公室主任王荣宝，中共古城煤矿党委书记、矿长张传毅，中共田庄煤矿党委书记、矿长何法元，中共新驿煤矿党委书记、矿长管清向，中共军城煤矿党委书记、矿长林英良，中共王楼煤矿党委书记、矿长肖庆华，运销公司总经理袁勇，亿金公司总经理李庆春参加会议。

1月30日　中共兖州市委书记田志峰，副书记、市长张玉华等到古城煤矿走访慰问，中共古城煤矿党委书记、矿长张传毅及班子成员参加会见。

2月28日　古城煤矿选煤厂精煤储装运系统工程竣工，该工程包括1座容量为3500吨的矸石仓以及皮带走廊、装车仓，总投资272.86万元。

2月　中华全国总工会授予古城煤矿主井提升组"全国五一巾帼标兵岗"称号。

3月4日　中共临矿集团党委副书记、总经理刘成录在古城煤矿会见中共兖州市委副书记、市长张玉华，副市长刘晓林等，中共古城煤矿党委书记、矿长张传毅参加会见。

3月16日　古城煤矿自动化控制中心投入使用。

3月19日　古城煤矿选煤厂10万吨煤泥浮选项目投入运行。

3月25日　临矿集团创先争优活动推进会暨党内对标活动部署会在古城煤矿三楼多媒体会议室召开。

3月　古城煤矿为全体在册职工发放"省级文明单位"奖，标准为地面职工每人1000元，井下职工每人2000元。

4月14日　中共临矿集团党委副书记、总经理刘成录到古城煤矿调研，安监局总工程师尹焕军等陪同。

4月23日　中共兖州市委授予古城煤矿副矿长、安监处长陈维水"2010年度全市安全生产工作先进个人"称号。

4月　古城煤矿采煤一工区区长孙善强荣获"全国煤炭工业百名优秀青年矿工"称号。

6月12日　济宁市人民政府授予古城煤矿"济宁市城区2010年冬季供热工作先进单位"称号。

6月27日　中共山东省国资委委员会授予古城煤矿党委"2011年度先进基层党组织"称号。

6月27日　山东煤矿安全监察局授予古城煤矿"全省煤矿安全宣传工作先进单位"称号。

7月4日　中共古城煤矿党委组织45名优秀共产党员赴延安接受红色教育。

7月11日　兖州市副市长刘晓林率兖州市安委会有关人员到古城煤矿进行安全专项督查工作。

7月16日　古城煤矿职工停车场安装钢构架拉膜，面积4872平方米，工程投资约300万元，当年10月18日工程竣工。

8月16～17日　山东能源集团安全生产督导组到古城煤矿进行督导检查。

8月21日　中共临矿集团党委书记、董事长记刘成录，党委副书记、总经理张希诚到古城煤矿调研。

8月　古城煤矿被山东省企业创新评优办公室和山东省企业经营管理学会授予山东省第一届“员工参与管理先进企业”荣誉称号，党委书记、矿长张传毅被授予“最具凝聚力当家人”，党委副书记、纪委书记、工会主席李泉被授予“推进员工参与管理先进个人”称号。

8月　古城煤矿被中国煤炭工业协会命名为“2010～2011年度行业特级安全高效矿井”。

9月1日　古城煤矿三水平首采区3205综采工作面完全具备生产条件，标志着三水平延深工程全面完成。该工程于2008年1月正式开工建设，总投资25695万元，为古城煤矿自行设计、自行施工。

10月11日　临矿集团将原委托古城煤矿管理的“临沂矿业集团有限责任公司古城煤矿安全技术培训中心”改为委托山东煤炭技师学院进行管理。

10月20日　中共临矿集团党委书记、董事长刘成录到古城煤矿调研。

11月14日　中共兖州市委书记田志锋一行7人到古城煤矿综合利用电厂检查冬季供暖前期准备工作。

11月19日　临矿集团“煤炭产量超千万，销售收入过百亿”庆典仪式在古城煤矿职工俱乐部举行。山东能源集团董事长、总经理卜昌森出席并讲话，山东能源集团党委委员、工会主席宿洪涛，调研员李义文，以及临矿集团领导班子成员、董事会、监事会、部分离退休老领导等260余人出席。

12月16日　中共古城煤矿党委书记、矿长张传毅当选为兖州市第十七届人民代表大会代表。

12月17日　古城煤矿被中国煤炭工业协会命名为“2010～2011年度煤炭工业安全高效矿井”。

2012年

1月4日　山东省煤炭工业局授予古城煤矿采煤二工区一班“金牌班组”称号，授予古城煤矿掘进二工区“优秀班组”称号，授予贾章才“金牌班组长”称号，授予杨帮岩“优秀班组长”称号。

1月5日　古城煤矿第二届职工代表大会第六次会议在职工俱乐部召开，共有103名代表出席会议。

1月11日　兖州市地方税务局授予古城煤矿“2011年度纳税先进单位”称号。

1月15日　中共兖州市委书记张玉华等到古城煤矿走访慰问。

2月7日　中共山东能源集团公司党委书记、董事长、总经理卜昌森到古城煤矿检查指导工作。

2月9日　山东省煤炭工业局授予古城煤矿“调度质量标准化一级调度室（矿井）”称号。

2月15日　山东能源肥矿集团总经理朱立新到古城煤矿访问。

2月15日　成立古城煤矿防冲队，隶属防冲办公室管理。

2月20日　中共临矿集团党委副书记、总经理张希诚到古城煤矿调研，副总经理郭修杰及生产处、机动处、财务处、预算处相关人员陪同。

2月29日　柬埔寨王国人民党主席亲身顾问、秘书、外交官安·本那伦，柬埔寨太平洋绿能公司董事长林清等一行7人到古城煤矿考察。山东能源集团战略规划部副部长彭业廷，中共临矿集团党委副书记、总经理张希诚，临矿集团财务总监荣刚，中共古城煤矿党委书记、矿长张传毅等参加会见。

同日　内蒙古鄂托克前旗常委、常务副旗长刘树禄率团到古城煤矿参观考察，盛鲁能化、临矿集团副总经理陈家忠，上海庙矿业公司副总经理夏宇君以及古城煤矿、田庄煤矿有关领导参加会见。

3月8日　中共山东省国资委纪委副书记陆清梓一行到古城煤矿检查指导纪检监察工作。中共临矿集团党委副书记、纪委书记刘孝孔和纪委副书记李守举等陪同。

3月9日　临矿集团聘高清水为古城煤矿副矿长。

3月13日　中共山东煤矿安全监察局党组书记、局长王端武，党组成员、副局长杨成超等一行7人到古城煤矿督察指导工作。中共临矿集团党委书记、董事长刘成录，党委副书记、总经理张希诚等陪同。

3月20日　中共山东省国资委委员会授予古城煤矿“2010～2011年度省管企业思想政治工作优秀企业”称号。

3月　中共兖州市精神文明建设委员会授予古城煤矿保卫科孙华先兖州市“第三届道德模范——助人为乐模范”称号，授予古城煤矿运搬工区高小军兖州市“第三届道德模范——孝老爱亲模范”称号。

4月8日　中共山东省国资委纪委领导到古城煤矿检查廉洁风险防控工作。中共临矿集团纪委副书记田国志等有关人员陪同。

4月20日　国家安全生产监督管理局、国家煤矿安全监察局授予古城煤矿“全国实现安全生产1000天以上煤矿”称号。

4月24日　国家安全生产监督管理局、国家煤矿安全监察局授予古城煤矿“2011年度国家级安全质量标准化煤矿”称号。

5月5日　古城煤矿与相邻的山东裕隆矿业集团有限公司单家村煤矿签订依法办矿协议书。

6月14日　临矿集团慰问演出团到古城煤矿慰问演出。

6月26日　古城煤矿通过2011年度国家行业特级安全高效矿井验收。

6月26日　中共山东省国资委委员会授予中共古城煤矿党委“省管企业齐鲁创业先锋基层党组织”称号。

6月28日　中共临沂市委市直机关工作委员会授予中共古城煤矿党委“市直机

关先进基层党组织”称号。

7月20日　古城煤矿运煤通道立交桥、引道、通道工程竣工。10月12日，通过济南铁路局、兖州工务段等单位竣工验收。

8月8日　古城煤矿成立“防治冲击地压大学生创业团队”和“精煤浮选大学生创业团队”两个大学生创业团队。

8月22日　临矿集团机电运输专业专题工作会议在古城煤矿召开，副总经理郭修杰、石富山，副总工程师吴家胜等出席。古城煤矿、新驿煤矿、王楼煤矿、榆树井煤矿等11座矿井相关人员参加会议。

9月2日　临矿集团古城煤矿与肥矿集团梁宝寺公司缔结友好矿井签约仪式在古城煤矿举行。中共临矿集团党委书记、董事长刘成录，党委副书记、总经理张希诚，党委副书记、纪委书记刘孝孔等领导班子成员以及各相关处室和省内生产经营单位负责人，中共肥矿集团党委书记、董事长孙廷华，副董事长陈勇国，总经理朱立新，以及梁宝寺公司领导班子成员参加。

9月20日　山东煤矿安全监察局副局长杨成超、山东煤矿安全监察局鲁西监察分局局长李大普一行3人到古城煤矿检查工作。

10月1日　以“展示矿工风采，促进全面发展”为主题的古城煤矿第二届秋季职工运动会在拓展训练中心开幕。

10月24日　中共临矿集团党委副书记、纪委书记刘孝孔到古城煤矿调研。

10月31日　捷克芬瑞特有限公司客人到古城煤矿参观考察，临矿集团副总经理张廷玉陪同。

10月　由选煤厂至电厂的煤泥远距离管道建成投入使用，该管道全长1030米，总投资575万元，为当时全国首套最长距离煤泥管道输送系统。

11月1日　国家安全生产监督管理总局办公厅副主任汪崇鲜率督察组到古城煤矿督察“安全生产和打非治违”工作开展情况，山东煤矿安全监察局党组成员、副局长杨成超，山东省煤炭工业局党组成员、副局长任衷平，济宁市安全生产监督管理局局长周光全，山东煤矿安全监察局鲁西监察分局局长李大普，中共临矿集团党委书记、董事长刘成录和副总经理郭修杰等陪同。

11月2日　国家安全生产监督管理总局政策法规司宣传处处长李豪文、山东煤矿安全监察局副局长杨成超等一行4人来矿调研企业文化建设工作。

11月6日　中共山东省煤炭工业局党组书记、局长乔乃琛一行到9人到古城煤矿督查十八大期间安全生产工作。中共临矿集团党委副书记、总经理张希诚，副总经理石富山等陪同。

11月18日　古城煤矿档案管理工作通过省一级标准化验收。

12月8日　古城煤矿与山东泰安煤矿机械有限公司签订《古城煤矿避险硐室避险装备协议》，订购2套100人永久避险硐室、2套20人临时避险硐室装备。

12月12日　中共临矿集团党委副书记、总经理张希诚，副总经理郭修杰、张廷玉、总工程师曹庆伦到古城煤矿调研。

12月14日　临矿集团信息中心、财务处、机电运输处等部门联合组成设备管理考核评级验收组，对古城煤矿设备管理进行考核验收，综合得分96分，被评定为一级。

12月17日　中国煤炭工业协会授予古城煤矿“2010～2012年度煤炭工业安全高效矿井”称号。

12月19日　山东能源集团有限公司委员会、山东能源集团有限公司、山东能源集团公司工会授予古城煤矿“山东能源集团2012年度先进单位”称号，授予中共古城煤矿党委书记、矿长张传毅“山东能源集团2012年度劳动模范”称号。

12月22日　综合利用电厂通过安全标准化三级企业评审。

12月25日　中共山东省委宣传部讲师团副团长孙春山到古城煤矿开展基层调研工作，中共古城煤矿党委副书记、纪委书记、工会主席李泉等陪同。

12月28日　古城煤矿向曲阜市国土局提交《关于专用回风井征地问题的申请》，拟在曲阜市时庄镇伊家村西北方向200米适当位置，新建一座回风立井，形成中央边界通风方式。

同日　山东科技大学泰安校区23名采矿工程专业学生到古城煤矿实习。

是年　古城煤矿实现原煤产量、销售收入、利润三项指标的突破，跨入“山东能源十大生产矿井”行列。

2013年

1月6日　古城煤矿第二届职工代表大会第七次会议在职工俱乐部召开，共有103名代表出席会议。

1月18日　古城煤矿与中国矿业大学签订《古城煤矿建筑压煤膏体充填开采技术研究与试验》技术开发合同。

1月21日　中共兖州市委副书记、市长董波率市政府班子成员到古城煤矿走访慰问。

1月23日　山东煤矿安全监察局授予古城煤矿“煤矿安全与职业卫生评估连续4年A级矿井”称号。

1月　古城煤矿实现掌上调度智能化管理。

2月6日　山东省煤炭工业局授予古城煤矿“2012年度全省煤矿安全生产先进单位”“安全质量标准化一级矿井”“2012年安全生产双基建设省级先进单位”称号，中共古城煤矿授予党委书记、矿长张传毅“2012年度全省煤矿安全生产先进个人”称号。

2月8日　中共兖州市委书记张玉华到综合利用电厂督导春节期间城市供热安全运行情况。

2月8日　古城煤矿矿井水及直饮水处理系统投入运行。

2月26日　山东省煤炭工业局授予古城煤矿“调度质量标准化一级矿井”称号。

3月7日　中共临矿集团党委副书记、总经理张希诚到古城煤矿调研。

3 月 14 日　山东煤矿安全监察局副局长杨成超到古城煤矿督查“两会”期间的安全生产工作情况。

3 月　古城煤矿 –850 平巷架空乘人装置投入运行。

4 月 18 日　管清向任中共古城煤矿党委书记，增补魏兴民为中共古城煤矿党委委员。同日，临矿集团聘任管清向为古城煤矿矿长，魏兴民为古城煤矿副矿长。

4 月 27 日　兖矿集团、肥矿集团、临矿集团等单位的冲击地压防治专家，对《古城煤矿 3202、3206、3207 工作面冲击地压危险性评估及防治技术研究》进行评审。

5 月 2 日　国家安全生产监督管理局授予古城煤矿“全国安全文化建设示范企业”称号。

5 月 20 日　国家安全生产监督管理总局、国家煤矿安全监督局授予古城煤矿“2012 年度国家级安全质量标准化煤矿”称号。

5 月 28 日　原临沂矿务局局长崔宝德在临矿集团老干部处处长刘新海等陪同下到古城煤矿考察参观。

5 月 28 日　山东省人民政府压煤村庄搬迁办公室组织专家对曲阜市时庄街道办事处西房岭村房屋斑裂情况进行技术鉴定。专家组认为，房屋斑裂原因是采动影响，也有房屋结构及施工质量等方面的因素影响。

5 月　古城煤矿被授予“全国安全文化建设示范企业”荣誉称号。

6 月 3 日　中共临矿集团党委副书记、总经理刘孝孔到古城煤矿调研，副总经理郭修杰，董事会秘书、办公室主任王荣宝等陪同。

6 月 6 日　古城煤矿成立兼职矿山救护队，下设两个小分队，共有队员 26 人。

6 月 17 日　古城煤矿组织“慈善一日捐”活动。

6 月 18 日　中共临矿集团党委书记、董事长张希诚，党委副书记、总经理刘孝孔到古城煤矿调研，副总经理郭修杰，董事会秘书、办公室主任王荣宝，压煤搬迁办公室主任陈立海等陪同。中共古城煤矿党委书记、矿长管清向，中共新驿煤矿党委书记、矿长李连华，兖州煤机公司总经理朱英海等参加会议。

6 月 25 日　临矿集团工会组织文艺工作者在古城煤矿副井口为下井职工表演文艺节目、赠送毛巾和水壶。

7 月 13 日　贾安强任中共古城煤矿党委副书记、纪委书记。

7 月 15 日　山东煤矿安全监察局授予中共古城煤矿“2012 年省级煤矿安全生产诚信建设示范矿井”称号。

同日　临矿集团聘任柳俊仓为古城煤矿资深高级工程师，聘任王存策为古城煤矿副处级调研员。

7 月 29 日　中共古城煤矿党委召开党的群众路线教育实践活动动员大会，全面安排部署党的群众路线教育实践活动相关工作。

7 月 30 日　中共临矿集团党委、工会批复，同意贾安强任古城煤矿第二届工会委员会主席。

7 月　开展 3205、2103 工作面安装、回撤大会战。

8月2日　临矿集团安全生产工作会在古城煤矿召开，临矿集团副总经理郭修杰，副总经理、安监局局长石富山出席会议并讲话。

8月7日　中共临矿集团党委书记、董事长张希诚，党委副书记、总经理刘孝孔到古城煤矿调研，临矿集团压煤搬迁办公室主任陈立海，中共军城煤矿党委书记、矿长林英良，中共古城煤矿党委书记、矿长管清向等参加会议。

10月8日　中国煤炭加工利用协会授予古城煤矿选煤厂“2011～2012年度优质高效选煤厂”称号。

10月18日　山东能源贵州矿业公司财务总监刘延彬一行4人到古城煤矿交流工作。

10月24日　中共兖州市委副书记、市长董波到古城煤矿综合利用电厂督导冬季供暖准备工作。

10月27日　水利部批准古城煤矿扩建工程水土保持方案。

同日　临矿集团为“柳俊仓防治冲击地压工程技术研究室”授牌。

10月　中共古城煤矿党委书记、矿长管清向被山东富民强省典范品牌推评组委会授予“山东富民强省品牌与创新发展领军人物”称号。

11月7日　中共临矿集团党委书记、董事长张希诚到古城煤矿调研。

11月19日　澳大利亚国际煤业有限公司常务董事戴仁和、莫尔特里公司CEO杰森·莫尔特里一行3人到古城煤矿考察交流。临矿集团澳大利亚有限公司管理理事尹焕军、综合开发处处长刘守连，中共古城煤矿党委书记、矿长管清向等有关人员参加会见。

11月20日　中国煤炭学会理事、山东煤炭学会副理事长张希平等到古城煤矿调研，临矿集团副总经理郭修杰等陪同。

11月28日　中共兖州市委常委、副市长曹广州到古城煤矿调研。

11月29日　设立济宁市兖州区，以原兖州市行政区域为兖州区行政区域；撤销兖州市。

12月13日　山东省煤炭工业局副局长任衷平及专家共8人到古城煤矿督查指导工作，临矿集团副总经理石富山等陪同。

12月16日　山东省煤炭工业局授予古城煤矿“安全质量标准化一级矿井”“2013年度双基省级先进单位”称号。

2014年

1月2日　中共古城煤矿党委书记、矿长管清向当选济宁市兖州区第十七届人大代表大会代表。

1月8日　古城煤矿第三届职工代表大会第一次会议在职工俱乐部召开，共有105名代表出席会议。

1月21日　中共济宁市兖州区委书记张玉华、人大主任孙连干一行5人到古城煤矿走访慰问。

2月11日　临矿集团对古城煤矿矿井水处理站等工程进行竣工验收和质量认证。济宁兴业监理公司、山东嘉豪环保工程有限责任公司等10家公司有关人员参加验收。

2月14日　临矿集团聘任安明成为古城煤矿副矿长。

2月21日　中国煤炭职工思想政治工作研究会会长臧文贵等一行3人到古城煤矿调研，山东能源集团工会主席宿洪涛，中共临矿集团党委副书记、总经理刘孝孔，中共古城煤矿党委书记、矿长管清向等参加会见。

2月27日　古城煤矿被山东省煤矿培训中心确认为现场培训基地。

2月　古城煤矿首次引进瑞典ABB公司生产的液压闸控系统。

3月2日　中共临矿集团党委书记、董事长张希诚到古城煤矿调研，临矿集团副总经理张廷玉以及相关处室负责人等陪同。

3月24日　临矿集团与山东微湖集团湖西煤矿篮球、乒乓球友谊赛在古城煤矿举行，中共临矿集团党委书记、董事长张希诚出席。

3月31日　古城煤矿建成并投入使用国内煤炭行业首座集物料储存、输送、计量、搅拌于一体的综合现代化工程搅拌站。

4月1日　临矿集团“三优、三提、三降”活动现场会在古城煤矿召开，中共临矿集团党委副书记、总经理刘孝孔，副总经理郭修杰，总工程师曹庆伦以及有关处室负责人等参加会议。

4月2日　古城煤矿煤泥干燥工程通过竣工验收。

4月28日　山东省非煤矿山安全生产攻坚克难现场会第四组一行24人到古城煤矿检查指导工作。临矿集团副总经理郭修杰等相关人员陪同。

5月5日　中国能源化学工会全国委员会授予古城煤矿全国能源化学系统“工人先锋号”称号。

6月4日　临矿集团聘柳俊仓为冲击地压防治专家。

6月15日　中共临矿集团党委书记、董事长张希诚，党委副书记、总经理刘孝孔在古城煤矿会见济宁市煤炭局局长于海燕。

6月23日　《大众日报》刊发古城煤矿机电工区主提升组《14年，零失误、零隐患、零事故》的事迹。

7月5日　中共古城煤矿党委授予机电工区主井提升组“建功立业特殊贡献奖”，发放奖金1万元。

7月　古城煤矿完成矿井通风系统优化工程，成功攻克深水平高阻矿井通风系统优化难题，基本解决巷道阻力大、风速超限、长距离供风、温湿度偏高等问题。

9月12日　临沂市第七届“劳动之星”暨临矿集团第三届职业技能竞赛在古城煤矿开幕。

10月27日　水利部批准《古城煤矿扩建工程水土保持方案报告书》。

11月7日　中共济宁市兖州区委副书记、区长董波到综合利用电厂督导冬季供暖准备工作。

11月　古城煤矿实现生产信息化、数字化管理。

12 月 28 日　中共临矿集团党委书记、董事长张希诚到古城煤矿调研。

2015 年

1 月 8 日　山东能源集团总工程师翟明华在古城煤矿主持召开技术降本专题座谈会，临矿集团总工程师曹庆伦及相关处室人员参加会议。

1 月 8 日　临矿集团聘任伦庆忠为古城煤矿副矿长兼总工程师，柳俊仓为“柳俊仓防治冲击地压工程技术研究室”主任（享受技术专家待遇）。

1 月 10 日　古城煤矿第三届职工代表大会第二次会议在职工俱乐部召开，有 104 名代表出席会议。

1 月 12 日　山东能源集团在古城煤矿召开电视台长、骨干通讯员会议，山东能源集团宣传部副部长赵军出席会议并讲话。

1 月 20 日　山东煤矿安全监察局授予古城煤矿“2014 年度煤矿安全与职业卫生评估 6A 级矿井”称号，授予中共古城煤矿党委书记、矿长管清向“2014 年度优秀矿长”称号。

1 月 25 日　古城煤矿在全矿职工中开展以感恩汇款、感恩电话、感恩家书为主要内容的“感恩父母”主题教育活动。

1 月　古城煤矿启动“活力幸福”矿区创建工程，提出“本质安全、智慧党建、矿山工匠、活力幸福、阳光国企、德育职工”六大品牌建设。

2 月 3 日　山东煤矿安全监察局鲁西监察分局授予古城煤矿“安全与职业卫生评估 6A 级矿井”称号，授予中共古城煤矿党委书记、矿长管清向“优秀矿长”称号。

2 月 10 日　中共济宁市兖州区委副书记、区长董波率区政府班子成员到古城煤矿走访慰问。

2 月 12 日　古城煤矿制定《关于全面深入推进六大攻坚战的实施意见》，全面落实“三保、三压、三增”攻坚目标。

2 月 16 日　中共济宁市兖州区委、济宁市兖州区人民政府授予古城煤矿“2014 年度经济发展贡献特等奖”，授予中共古城煤矿党委书记、矿长管清向“优秀企业家”称号。

3 月 3 日　济宁市兖州区人民政府授予古城煤矿“2014 年度全区安全生产工作先进企业”称号。

3 月 11 日　山东能源集团有限公司委员会、山东能源集团有限公司授予中共古城煤矿党委书记、矿长管清向“劳动模范”称号。

3 月 15 日　古城煤矿在新疆乌鲁木齐市大北矿业公司与该公司签订《井下工作面回采及掘进工程托管合同》，这是古城煤矿落实临矿集团“走出去”战略，第一次组织专业队伍外出托管工程。

5 月 28 日　山东煤矿安全监察局授予古城煤矿“山东省职业危害防治示范煤矿”称号。

5 月　古城煤矿与济宁市兖州区签订 2015 年城市防汛责任书。

6月5日　国家安全生产监督管理局、国家煤矿安全监察局授予古城煤矿“全国连续安全生产1000天以上煤矿”称号，古城煤矿实现连续安全生产2132天。

6月30日　古城煤矿在职工俱乐部举行“三严三实”专题教育启动仪式，党委书记、矿长管清向主讲“三严三实”专题党课，300多名党员干部、职工参加。

6月　古城煤矿首次引进使用防冲单元支架。

7月17日　临矿集团半年安全生产工作会在古城煤矿召开，副总经理石富山主持，副总经理郭修杰讲话，副总工程师、相关处室及生产矿井等有关负责人参加。

7月30日　古城煤矿机关实行大部室制改革，成立生产管理部、机电运输部、经营管理部、后勤保障部、党群部工作部、安全监察处、办公室。

10月21日　中共临矿集团党委副书记、总经理刘孝孔到古城煤矿调研。

10月22日　山东省省管企业精神文明建设委员会授予古城煤矿选煤厂技术员王丽芳为“第三届山东省省管企业道德模范—孝老爱亲模范”称号。

11月29日　古城煤矿命名“金牌大学生”10人、“品牌大学生”8人、“优秀大学生”6人，每人每月分别发放800元、500元、300元津贴，奖励时限为2015年11月至2016年11月。

12月8日　鲁守明任中共古城煤矿党委书记，王统海任中共古城煤矿党委委员。同日，临矿集团聘鲁守明为古城煤矿矿长，王统海为古城煤矿副矿长。

12月16日　中共临矿集团党委书记、董事长张希诚到古城煤矿调研。

12月25日　山东省煤炭工业局对冲击地压矿井生产能力进行重新核定，古城煤矿核定生产能力为180万吨/年。

12月25日　临沂市平邑县玉荣商贸有限公司石膏矿发生坍塌事故，根据临矿集团安排，古城煤矿于当日23时组成救援小组参加救援，救援小组由副矿长魏兴民带队，共31人。救援工作历时36天，于2016年1月29日22时救出最后4名矿工。古城煤矿救援小组被中共临沂市委、市政府通报表扬，临矿集团奖励古城煤矿救援小组5万元。本次事故救援，创造了矿山事故救援的奇迹，成为国内首例、世界第三例大口径钻孔救援成功案例。

2016年

1月19日　古城煤矿与田庄煤矿在古城小区举行交接仪式，签订《古城小区物业移交协议书》，将古城小区物业管理工作移交田庄煤矿明昊物业公司管理。中共古城煤矿党委书记、矿长鲁守明，中共田庄煤矿党委书记、矿长白景志等有关领导出席仪式。

同日　成立煤炭营销公司、古城煤矿力新支护材料分公司，撤销选煤厂、煤炭管理科。

1月22日　古城煤矿第三届职工代表大会第三次会议在职工俱乐部召开，共有103名代表出席会议。

1月29日　中共济宁市兖州区委副书记、区长王骁到古城煤矿走访慰问。

2月3日　山东省煤炭工业局授予古城煤矿“2015年度安全质量标准化矿井”称号。

2月19日　中共济宁市兖州区委、济宁市兖州区人民政府授予古城煤矿“2015年度经济发展特殊贡献企业”称号，授予中共古城煤矿党委书记、矿长鲁守明“优秀企业家”称号。

3月1日　中共临矿集团党委副书记、总经理刘孝孔在古城煤矿会见中共济宁市兖州区委副书记、区长王骁，临矿集团副总经理石富山、财务总监王军，古城煤矿、新驿煤矿主要负责人参加会见。

3月2日　中共临矿集团党委副书记、总经理刘孝孔在古城煤矿会见中共曲阜市委副书记、市长刘东波，临矿集团副总经理石富山、压煤搬迁办公室主任朱玉清，中共古城煤矿党委书记、矿长鲁守明等参加会见。

3月7日　山东煤矿安全监察局鲁西监察分局局长李大普到古城煤矿开展安全检查。

3月8日　古城煤矿首届“班组长论坛”在职工俱乐部举办，党委书记、矿长鲁守明出席论坛并讲话。

3月16日　大唐集团煤炭产业部副主任牛立冬一行4人到古城煤矿考察交流工作，中共临矿集团党委常委、副总经理张廷玉，资本运营处、生产处负责人，中共古城煤矿党委书记、矿长鲁守明等参加会见。

3月20日　古城煤矿首次以公开竞聘的方式对调度室主任、防冲办主任、总务科科长等科级管理岗位人才进行公开选拔。

4月6日　中共临矿集团党委书记、董事长刘孝孔，党委常委、董事、总经理张圣国，总工程师赵仁乐等一行7人到古城煤矿调研。

4月11日　中共山东煤矿安全监察局党组书记、局长王端武率督察组到古城煤矿督查指导安全工作。山东能源集团副总经理孙春江，中共临矿集团党委书记、董事长刘孝孔，党委常委、董事、总经理张圣国，副总经理、安监局长石富山，中共古城煤矿党委书记、矿长鲁守明等陪同。

4月26日　古城煤矿首次开通集装箱运煤专列。

4月27日　临矿集团第七届青工创新工作法评审会议召开，副总经理石富山、总工程师赵仁乐及有关处室负责人、各专业组评委、各单位项目申报人共120多人参加。

5月20日　中共古城煤矿党委召开“两学一做”学习教育动员会，对“两学一做”学习教育进行动员部署。

5月20日　古城煤矿微信公众平台订阅号正式开通。

5月29日　古城煤矿与山东裕隆矿业集团有限公司签订煤炭资源置换转让协议。

6月1日　古城煤矿与郑州速达煤炭机械服务股份有限公司在河南省郑州市正式签订《共建液压支架区域维修中心合作框架协议书》。

6月3日　临矿集团在古城煤矿举办“安全生产月”活动启动仪式。临矿集团副总经理石富山主持仪式，安监局副局长焦士荣，副局长、主任工程师刘恩功，安全生产处室有关人员，古城煤矿、菏泽煤电公司、会宝岭铁矿、山东玻纤公司分管安全负责人及古城煤矿部分职工参加启动仪式。

6月13日　古城煤矿自行设计、安装的矸石充填系统在12采区试运成功。

6月21日　临矿集团在古城煤矿试行“新型学徒制”教学模式。

6月27日　临矿集团聘任伦庆忠为防治冲击地压工程技术研究室主任（兼）。

7月　中共古城煤矿党委完成各党支部换届选举工作。

8月13日　临沂矿业集团公司古城煤矿第一次代表大会在职工俱乐部召开，大会选举产生古城煤矿第一届委员会和古城煤矿第一届纪律检查委员会；鲁守明当选党委书记，贾安强当选党委副书记、纪委书记。

8月　古城小区“三供一业”电力改造工程完成。

10月　古城煤矿地面乳化液自动配比系统建成。

11月10日　山东煤矿安全监察局鲁西监察分局局长李大普一行5人到古城煤矿检查指导安全生产工作，并召开专题座谈会。

11月24日　中共临矿集团党委书记、董事长刘孝孔到古城煤矿调研。

11月　古城煤矿首次引进PFC50气动联网机，改变了传统联网模式，实现了联网机械化。

12月5日　济宁市经济和信息化委员会、济宁市人民政府节约能源办公室授予古城煤矿综合利用电厂“资源综合利用示范企业”称号。

12月13日　中共济宁市兖州区委书记王宏伟一行9人到古城煤矿调研。

12月14日　古城煤矿举办首届科技创新成果颁奖典礼，对2015～2016年度评选出的22项科技创新成果进行公开展示和表彰，对7项科技成果、论著，6项实用新型专利，以及科技工作先进单位、先进个人、创新工作室和职业技能竞赛获奖者进行表彰。

12月16日　中共济宁市兖州区委副书记、区长王骁到古城煤矿综合利用电厂进行专项调研。

12月27日　山东省人民政府授予古城煤矿综合利用电厂“全省资源综合利用先进单位”称号。

2017年

1月22日　古城煤矿第三届职工代表大会第四次会议在职工俱乐部召开。

1月23日　中共临矿集团党委副书记、总经理张圣国，中共古城煤矿党委书记、矿长鲁守明为“伦庆忠高技能人才创新工作室”揭牌。

1月　对–505米水平南、北翼上仓、下山3条皮带机、2个给煤机实施自动化远程控制技术改造，实现无人值守自动化运行。

2月3日　古城煤矿印发《技师、高级技师、首席技师聘任管理办法》，推进“科技强企、人才兴企”战略。

2 月 4 日　中共济宁市兖州区委、济宁市兖州区人民政府授予古城煤矿“2016 年度经济发展特殊贡献企业”“2016 年度全区安全生产工作先进单位”称号，授予中共古城煤矿党委书记、矿长鲁守明“2016 年度优秀企业家”称号。

2 月 20 日　中共山东能源集团有限公司委员会、山东能源集团有限公司授予古城煤矿“先进集体”称号，授予古城煤矿采煤二工区采煤班长李涛“劳动模范”称号。

2 月 21 日　古城煤矿对专业技术人员实施职称补贴制度，标准为初级职称 200 元 / 月、中级职称 400 元 / 月、高级职称 600 元 / 月。

3 月 20 日　李宗珠任中共古城煤矿党委委员。同日，临矿集团聘李宗珠为古城煤矿副矿长。

4 月　完成原煤生产 220 万吨扩能环评手续。

5 月　古城煤矿启动通风系统改造工程，由 4 支掘进队伍同时施工。主进风巷由 –505 米水平直达 –1030 米水平，上下井单程时间缩短约 30 分钟。

7 月 14 日　开展“书香计划”读书活动，加强新时期职工队伍建设，践行社会主义核心价值观。

8 月 8 日　成立皮带工区。

8 月 10 日　将古城安全培训中心拓展训练基地改造为职工停车场，缓解职工停车难问题。

8 月 14 日　临矿集团聘陈维水为古城煤矿安全总监。

8 月 16 日　共青团临沂矿业集团公司古城煤矿代表大会在职工俱乐部召开。

10 月 20 日　临矿集团学习《习近平的七年知青岁月》青年论坛在古城煤矿举办。

10 月 23 日　古城煤矿首届青工技能大赛开幕。

10 月 30 日　中共古城煤矿党委全面部署学习宣传贯彻党的十九大精神和新党章工作，把思想和行动高度统一到党的十九大精神上来。

11 月 1 日　临矿集团第二届职工代表大会第五次会议代表团（组）长联席会议在古城煤矿召开，中共临矿集团党委常委、工会主席曹庆伦出席并讲话，工会副主席刘厚福主持会议。

11 月 11 日　中共济宁市兖州区委副书记、区长王骁率队到古城煤矿综合利用电厂督导冬季供暖工作。

11 月　古城煤矿建立全矿标杆管理体系，梳理标准工作流程 1288 个、标准检修流程 186 个，编制了矿生产环节、管理环节、附属产业《标杆流程指导书》。

12 月 5 日　济宁市兖州区副区长周相华带领区压煤村庄搬迁办公室、住建局、酒仙桥办事处和新驿镇等单位负责人等到古城煤矿调研。

12 月 8 日　中共临矿集团党委书记、董事长刘孝孔到古城煤矿调研，并为职工“24 小时书吧”揭牌。

12 月 10 日　济宁市兖州区副区长、公安局局长张修斌到古城煤矿现场督导安全生产工作。

12 月 18 日　临矿集团聘翁洪周为古城煤矿副矿长、安全总监，聘陈维水为古城煤矿副处级调研员。

12月20日　古城煤矿井下水处理系统建成并投入运行，处理后作为生产用水重复利用，不再排至地面。

12月23日　临矿集团古城煤矿第一届代表大会第二次会议在职工俱乐部召开。

是年　古城煤矿职工人均收入突破10万元。

2018年

1月1日　印发《古城煤矿技能人员补贴管理办法》，从2018年1月开始对技能人员实施补贴，标准为初级工100元/月、中级工150元/月、高级工200元/月、技师400元/月、高级技师800元/月。

1月24日　古城煤矿第一届工会会员代表大会第二次会议在职工俱乐部召开。

1月28日　中共济宁市兖州区委书记王宏伟，区委副书记、区长王骁等四大班子领导成员，区委、区政府办公室，工业和信息化局、应急管理局、酒仙桥街道办事处、压煤村庄搬迁服务中心等单位负责人等一行13人到古城煤矿走访慰问。

2月　古城煤矿安装全国第一部永磁电机驱动的主井定量装载系统。

3月20日　临矿集团班清班结、标杆管理建设推进会在古城煤矿召开，推广古城煤矿先进经验。

3月29日　中共济宁市兖州区委常委、副区长唐军就古城小区“三供一业”分离移交工作到古城煤矿调研指导，中共济宁市兖州区酒仙桥街道办事处党工委副书记、办事处主任郑辉等陪同。

3月31日　古城煤矿实现矿区无线网络全覆盖。

3月　中共古城煤矿党委在全矿党员管理人员中开展纪律作风集中整治活动。

4月9日　古城煤矿“爱心超市”投入运营，临矿集团工会副主席刘厚福，中共古城煤矿党委书记、矿长鲁守明共同为“爱心超市”揭牌。

4月24日　古城煤矿荣获“全国煤炭工业文明煤矿”荣誉称号。

同日　共青团山东省委副书记李梦遥到古城煤矿调研，共青团济宁市兖州区委书记徐晋、副书记袁克文，中共济宁市兖州区酒仙桥街道办事处党工委副书记、办事处主任郑辉等陪同。

5月1日　古城煤矿通过国家一级安全生产标准化考核验收。

5月12日 临矿集团“临矿情·劳动美”巡回慰问演出团到古城煤矿演出，1000余名干部职工家属在久久平安广场观看演出。

5月14日　董忠科任中共古城煤矿党委委员、纪委书记。

5月30日　中共古城煤矿党委印发《古城煤矿区队、科室“微腐败”专项整治活动实施方案》，在全矿范围内开展“微腐败”专项治理活动。

6月10日　中共济宁市兖州区委书记王宏伟对古城煤矿安全生产及应急值守工作进行监督检查，确保青岛上合组织峰会期间的安全生产。

6月20日　古城煤矿举办全员技能大赛，48个工种的861名职工参加竞赛，

171 名选手受到表彰奖励，并入选矿技能人才库，共发放奖金 57.6 万元。

7 月 5 日　临矿集团新旧动能转换重大工程现场推进会参会领导到古城煤矿现场参观，中共临矿集团党委副书记、总经理张圣国，党委副书记提文科，党委常委、工会主席曹庆伦，党委常委、纪委书记祁方坤，党委委员、总工程师赵仁乐，党委委员、副总经理管清向，集团公司机关有关部室及各权属单位主要负责人参加会议。

7 月 9 日　临矿集团聘王桂利为古城煤矿总工程师。

7 月 26 日　中共临矿集团党委书记、董事长刘孝孔到古城煤矿调研指导新旧动能转换、工业 3.0+ 升级改造等创新发展工作，党委委员、副总经理管清向等陪同。

8 月 6 日　古城煤矿清水、污水分流及生活污水改造工程投入运行。

8 月 19 日　伦庆忠任中共古城煤矿党委书记，诸葛祥华任中共古城煤矿党委委员。同日，临矿集团聘伦庆忠为古城煤矿矿长，诸葛祥华任古城煤矿副矿长。

8 月 21 日　山东煤矿安全监察局党组成员、总工程师田学起，鲁东监察分局局长刘洪波等一行 5 人到古城煤矿调研设备管理平台工作。中共临矿集团党委委员、副总经理鲁守明等陪同调研。

9 月 6 日　中国煤炭工业协会安全高效矿井验收专家组一行 6 人对古城煤矿进行 2016 ～ 2017 年度特级安全高效矿井验收，专家组由吉煤集团副总工程师王立君带队。山东能源集团调度指挥中心主任霍磊，临矿集团生产处、安监局、机电处、财务部、人力资源部等有关人员陪同。

9 月 10 日　临矿集团聘李乐成为古城煤矿副矿长、安全总监。

9 月 10 日　成立选煤厂、煤炭管理科，撤销煤炭营销公司。

9 月 13 日　山东省煤炭工业局人事教育处处长、职业技能鉴定主任盖文仁一行 5 人到古城煤矿开展煤矿安全培训整治专项督察活动，临矿集团首席安全专家、安全监察局副局长刘恩功等陪同。

9 月 10 日　成立充填工区。

9 月 16 日　中共济宁市兖州区委常委、副区长唐军率区安监局及专家到古城煤矿督导安全生产工作。

9 月 18 日　古城煤矿在职工俱乐部举行技能职务聘任仪式，党委书记、矿长伦庆忠向首批被聘任为主管技师、技师、高级工的 17 名技能型人才颁发聘书。

10 月 1 日　古城煤矿在久久平安广场举行“迎国庆 · 升国旗”仪式。

10 月 5 日　古城煤矿主进风巷全线贯通，实现一水平到三水平通风、供电、供水、人员运输的直通直连。

10 月 18 日　济宁市人力资源和社会保障局组织 10 名齐鲁首席技师到古城煤矿开展技术交流活动。

10 月 21 日　中共临矿集团党委书记、董事长刘孝孔，党委委员、副总经理鲁守明、管清向，董事会秘书、办公室主任尉光到古城煤矿督导冲击地压防治工作。

10 月 30 日　古城煤矿封闭式煤仓投入使用。

11 月 4 日　古城煤矿荣获“2018 年度中国企业文化建设先进单位”称号。

11 月 20 日　临矿集团第五届职业技能竞赛总结表彰会议在古城煤矿举行。临矿集团党委常委、工会主席曹庆伦出席会议并讲话，中共临矿集团党委宣传部、人力资源处、工会，古城煤矿、山东煤炭技师学院有关负责人及各单位劳资社保科科长、职业技能竞赛获奖选手代表参加会议。

11 月 21 日　临矿集团同意矿对古城小区 15 套房产进行处置。

12 月　山东能源集团有限公司工会在古城煤矿设立“伦庆忠金牌高技能人才创新工作室”。

12 月　临矿集团授予古城煤矿“2016 ～ 2018 年度科技创新先进单位”称号。

2019 年

3 月 18 日　徐国华任中共古城煤矿党委委员、副矿长。

5 月 7 日　临矿集团聘李允生为古城煤矿副矿长、安全总监。

9 月 29 日　临矿集团聘刘辉为古城煤矿总工程师。

2020 年

4 月 7 日　张铁刚任中共古城煤矿党委委员、副矿长。

4 月 20 日　董忠科任中共古城煤矿党委副书记、工会主席。

第一篇

管理体制

1992年8月26日，临沂矿务局成立曲阜矿井筹建处，为矿务局正处级派出机构。1993年10月22日，中共临沂矿务局委员会研究决定，建立古城矿井筹建处党支部，筹建处主任兼任党支部书记。同年10月25日，曲阜矿井筹建处更名为“古城矿井筹建处”。1997年10月10日，成立古城矿井筹建处党总支。1998年5月15日，成立筹建处党委，党委书记设专人担任，筹建处主任不再兼任，党政领导机制形成，管理机构和管理制度逐步完善。1999年3月10日，经山东煤炭工业、管理局批准，成立山东古城煤炭开发有限责任公司，注册资本3660万元。2001年1月1日，矿井移交试生产管理，按照现代企业管理模式，设立党群工作部等6部1室3公司。2001年3月6日，经中共临沂矿务局党委批准，成立中共古城煤矿党委。

古城煤矿坚持党对一切工作的领导的原则，充分发挥企业党组织领导核心作用、党委政治核心作用、基层党组织战斗堡垒作用和党员先锋模范作用，建立党、政领导班子分工明确的管理体制。制定《党政联席会议制度》《矿长办公会议制度》《党政议事规则》等，完善矿井重大问题决策的程序和工作机制，矿井发展战略、安全管理、经营管理、机构设置、重大投资、事项决策、人事任免、重要政策的制定、涉及职工切身利益的重大问题等由党委会集体研究决定。推进企业决策的民主化、科学化，完善职工代表大会制度，发挥工人阶级主人翁作用，促进企业的改革发展行稳致远。

第一章　领导体制

第一节　党委会议

一、参加人员

党委委员，根据议题需要，也可安排有关人员列席。

二、议定事项

1. 贯彻党的路线、方针、政策和上级党组织的指示、会议精神、工作部署。

2. 年度及阶段性工作总结，对矿井重大问题进行研究，作出决策。主要包括生产规划、安全管理、经营策略、技术改造、工资福利以及职工培训方案等方面的问题。

3. 党建工作和反腐倡廉工作的重大问题。

4. 思想政治工作、精神文明建设规划和实施方案。

5. 机构设置及人员定编方案、干部管理制度及其他工作重大制度的制定。

6. 党委对中层干部的任免、奖惩。

7. 党代会的议程、议题、报告、决议和有关事宜的建议。

8. 工会、共青团等群众组织工作中的重大问题。

9. 党委的纪检、治安保卫、保密、信访等工作中的重大事项。

10. 向上级党委请示报告的重大问题，其他必须由党委会讨论决定的重大问题。

三、表决方式

1. 讨论、决定重大问题时，必须执行少数服从多数的原则。对于少数人的不同意见，应当认真考虑，如对重要问题发生争论，双方人数接近，除了在紧急情况下必须按多数意见执行外，应当暂缓作出决定，通过进一步调查研究，统一思想，提交下次会议决定。

2. 会议作出决定后，必须无条件执行。

四、执行落实

1. 讨论通过的重大问题，形成书面决定或会议纪要，作为贯彻执行的依据。

2. 作出的决定，由分管领导负责落实和实施。党委书记负责督促检查各项决定的落实情况，听取工作汇报。

3. 在贯彻执行决定或决议的过程中，发现有不妥之处时，应及时提出修改意见并经党委会集体复议作出修改决定。

五、保密纪律

参会人员必须严格执行保密纪律，对会议讨论决定的内容在没有公开宣传贯彻前，任何人不得以任何方式向外泄露。对于违犯者要进行批评教育，造成负面影响的，视情节轻重予以党纪政纪处分。

第二节　矿长负责制

2001 年 1 月，古城矿井移交生产管理，实行党委领导下的矿长负责制。矿长是企业法人代表，是矿井安全生产的第一责任人，对全矿的生产经营和行政管理工作，统一领导、全面负责。履行以下主要职责：

1. 贯彻执行党的路线、方针、政策和国家法律法规。

2. 主持召开矿长办公会，研究制定矿井的发展规划、技术改造方案、经营策略、管理制度、考核办法。同时，全面实施，严格考核。

3. 落实安全生产管理制度，明确各级管理人员的安全责任，抓好职工安全技术培训，确保矿井安全生产、稳定发展。

4. 发挥古城煤矿骨干作用，完成集团公司下达的生产任务、各项经营和考核指标。

5. 坚持以人为本发展理念，强化思想政治工作，提高职工队伍的政治和业务素质。

6. 严格执行“三重一大”决策制度，在机构设置、人事任免、资金使用、工程管理、工资改革、职工福利等管理工作中，坚持民主集中制原则，行使决策权。

7. 关心职工物质生活和文化生活，支持工会、共青团等群众组织工作，积极创造条件，丰富矿区文化生活。

8. 落实“一岗双责”责任制，加强党风廉政建设，廉洁自律，带头执行党委会作出的各项决议、决定。

9. 定期向党委会、职工代表大会报告工作，自觉接受党组织和职工群众的监督。

第三节　联席会议

一、参加人员

参加人员有党委委员、正矿长、副矿长、总工程师。根据议题需要，也可安排有关人员列席。

二、会议召集

联席会议召集由党委书记或矿长提出。党政副职提交领导班子联席会研究决定的事项，应分别向正职提出建议，由党委书记或矿长提交会议讨论。

三、会议议题

涉及改革、重要制度修订、重要技术改造、新项目开发等需要进行论证的事项时，在会议的前 3 日将议题的方案、可行性报告等文本送达会议参加人员。

四、议事范围

1. 贯彻执行党和国家方针、政策的方案和实施意见。

2. 提交职代会审议的行政年度工作总结与计划、经营管理方针、发展规划、重大技术改造和技术引进等。

3. 重大改革方案和举措、重要管理制度的制定和修改、涉及职工切身利益的重大事项。

4. 大额资金使用以及资产重组和资本运营中的重大问题。

5. 向上级请示、报告的行政重大问题。

6. 职工奖金、工资分配方案。

7. 其他需要由领导班子联席会讨论解决的重大问题。

五、会议主持

精神文明建设、群团工作、干部工作等，由党委书记主持。党委书记根据多数人的意见对讨论的问题作出决定。讨论研究改革、生产经营、技术改造、企业管理重要事项等方面的问题，由矿长主持并作出决定。

六、决策形成

1. 领导班子联席会不实行投票或举手表决制，由会议主持人在充分发扬民主，并考虑各方面意见的基础上作出决策。

2. 领导班子联席会作出的决定或决策，要有完整、准确的记录，以备查询。

3. 会议决定或决策的事项，由分管领导负责落实。矿长（经理）和党委书记督促检查落实情况。

第四节 职工代表大会制

一、组织形式

2002 年 1 月，通过民主选举，经代表资格审查委员会审查，产生职工代表 95 人。1 月 18 日，矿召开第一届职工代表大会，选举产生第一届工会委员会及主席、副主席候选人，并将选举结果上报中共临沂矿务局党委和临沂矿区工会。

工会委员会是职工代表大会的工作机构，负责职代会的日常工作。

工会主席的任命由中共临沂矿务局党委和临沂矿区工会根据选举结果批准。

二、组织制度

1. 职代会每届任期 3 年或 5 年，与工会会员代表大会同时进行，遇有特殊情况，可报请同级党组织和上级工会同意，提前或延期换届，延期期限不能超过 1 年。

2. 职工代表大会每年召开 1 次，每次会议必须有 2/3 以上的职工代表出席。

3. 职代会的代表人数，原则上按职工人数的 6% 左右确定。具体比例为：工人代表占代表总数的 50% 以上，科技人员代表占代表总数的 11% 左右，工会代表占代表总数的 12% 左右，管理人员代表占代表总数的 10% 左右，各级领导班子领导代表占代表总数的 17% 左右，女职工、青年职工的代表占适当比例，职工代表实行常任制和替补制。

4. 职代会作出的决议、决定必须获得应到会职工代表过半数同意方可有效。

三、职代会职权

1. 对重大决策事项的审议建议权（包括业务招待费的使用，职工养老金、公积金、医疗保险金、失业金等缴纳情况）。

2. 对涉及职工切身利益的重大事项的审查同意或否决权。

3. 对职工生活福利等重大事项的审议决定权。

4. 对领导干部的评议监督权。

5. 对经营者、职工董事监事、集体协商（谈判）代表、劳动争议调解委员会中职工代表等的选举权。

6. 需要经职工代表大会审议或决定的其他事项。

第二章　管理机构

第一节　古城（曲阜）矿井筹建处

一、沿革

古城（曲阜）矿井是经国家计划委员会批准建设的大型现代化矿井，是临沂矿务局在济宁地区开发建设的第一座矿井。总投资6.5亿元，由煤炭工业部武汉煤炭设计研究院、济南煤炭设计研究院设计，属兖州煤田曲阜井田，主采煤层为二迭系山西组3层煤，平均厚度8.58米，地质储量15766.8万吨，工业储量12311万吨。设计生产能力90万吨/年，服务年限52年。矿井采用立井、暗斜井多水平开拓方式以及中央并列式和机械抽出式通风方法，副井进风，主井回风。采煤方法为综采放顶煤工艺，自然冒落法管理顶板。开采方式为条带开采。

1990年4月3日，中国统配煤矿总公司下发《关于同意将曲阜井田划归临沂矿务局开发的批复》（〔1990〕中煤总计第147号），将曲阜矿井由兖州矿务局划归临沂矿务局开发建设，公布了曲阜井田坐标点。5月30日，临沂矿务局和兖州矿务局签订《关于曲阜井田移交给临沂矿务局开发的协议书》。

1992年7月22日，山东省煤炭工业管理局同意组建临沂矿务局曲阜矿井筹建处（因开发曲阜井田，故命名为“曲阜矿井筹建处”）。8月10日，临沂矿务局批准曲阜矿井筹建处由临沂矿务局工程处负责组建。从办公室、财务科、工程科、施工科、通风科抽调8人，矿务局小车班派驾驶员1人，共9人组成曲阜矿井筹建处工作机构。8月16日，筹建人员入驻兖州市，租赁兖州市人民政府机关第一招待所4层西侧9个房间，作为临时办公和居住的地方。8月26日，临沂矿务局印发《关于组建临沂矿务局曲阜矿井筹建处的通知》（临煤干字〔1992〕212号），组建曲阜矿井筹建处。同日，取得山东省计划委员会颁发的投资许可证，许可证编号为A920837280080。8月27日，临沂矿务局任命潘元庭为曲阜矿井筹建处主任。管理机构设置办公室、工程管理科、经济管理科。12月10日，完成首次征地552.05亩。18日，兖州市工商行政管理局颁发矿井筹建许可证，编号为兖工商筹字第002号。

1993年3月15日，矿务局批准设总工程师。5月1日，成立临沂矿务局公安处驻古城矿井公安科。10月25日，临沂矿务局下发《关于将山东临沂矿务局曲阜矿井更名为临沂矿务局古城矿井的通知》（临煤干字〔1993〕269号）。根据地方政府的意见，经研究并报上级有关领导机关同意，确定从即日起将曲阜矿井更名为“古城矿井”（因北邻兖州市古城村，故名）。

1996 年 5 月 1 日，主井井筒施工，标志着古城矿井正式开工建设。9 月 28 日，获得中华人民共和国地质矿产部颁发的采矿许可证。

2000 年 1 月 17 日，取得煤炭生产许可证，许可证编号为 G150802004，有效期自 1999 年 10 月至 2036 年 9 月。

2001 年 1 月 1 日，临沂矿务局批准古城矿井移交生产管理。4 月 4 日，临沂矿务局决定撤销古城矿井筹建处建制。

二、管理机构

1992 年 8 月 26 日，临沂矿务局成立曲阜矿井筹建处，为矿务局直属正处级单位，任命潘元庭为筹建处主任。

1993 年 4 月 23 日，山东省煤炭工业管理局以鲁煤管干字〔1993〕85 号文件批准，潘元庭任临沂矿务局副局长。临沂矿务局研究决定，潘元庭兼任筹建处主任。

1993 年 10 月 22 日，中共临沂矿务局委员会研究决定，建立古城矿井筹建处党支部，任命潘元庭为党支部书记、王家德任党支部副书记（副处级）。

1993 年 10 月 25 日，临沂矿务局建立筹建处行政领导班子，聘潘元庭兼任古城矿井筹建处主任，徐宏远任古城矿井筹建处副主任（正处级），李祥金任古城矿井筹建处副主任（副处级），曲焕庆任古城矿井筹建处总工程师。同意筹建处机构设置为党政办公室、工程技术科、经济科、供销科、生活服务公司、临沂矿务局公安处驻古城矿井公安科。

1993 年 12 月 30 日，建立古城矿井建设管理委员会。1994 年 6 月 14 日，经临沂矿区工会同意，成立古城矿井筹建处工会委员会。

1995 年 4 月 23 日，成立财务科（设内部审计）、计划预算科，撤销经济科。

1997 年 9 月 26 日，临沂矿务局撤销岐山煤矿建制，成立古城煤矿金利包装制品厂，聘崔守芬为金利包装制品厂厂长（保留正处级），划归古城矿井筹建处管理。10 月 1 日，筹建处成立金利包装制品厂办公室、生产技术科、财劳科、供销科、保卫科、卫生所；同时，成立矿务局物资供应公司古城物资经销部。10 月 2 日，筹建处成立销售科。10 月 10 日，成立古城矿井筹建处党总支，撤销古城矿井筹建处党支部。

1998 年 5 月 15 日，成立中共古城矿井筹建处委员会。8 月 20 日，成立采煤工区、机电运输工区。10 月 4 日，成立临沂矿务局安全监察局驻古城矿井筹建处安全监察处，聘宋有耀为安全监察处处长（副处级）。

1999 年 3 月 10 日，成立山东古城煤炭开发有限责任公司。

2000 年 3 月 9 日，成立生产技术科、机电科、通防科（区）、采煤一工区、采煤二工区、运输工区、机电工区，撤销工程科、采煤工区、机运工区，为移交试生产管理做准备。

2000 年 12 月古城矿井筹建处组织结构如图 1–2–1 所示。

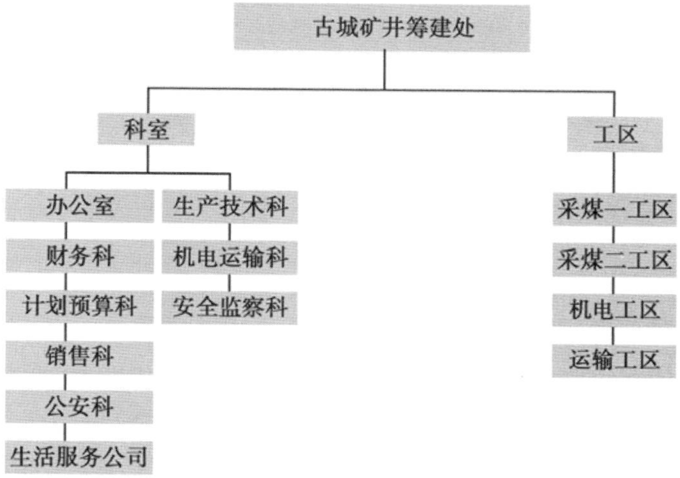

图 1-2-1 2000 年 12 月古城矿井筹建处管理机构

第二节 山东古城煤炭开发有限责任公司

1999 年 3 月 10 日，临沂矿务局按照国家开发银行贷款要求，根据煤炭部《关于实行建设项目法人责任制的试行办法》《中华人民共和国公司法》有关规定，经山东煤炭工业管理局批准，组建山东古城煤炭开发有限责任公司，公司实行项目法人责任制。注册资本 3660 万元，其中，临沂矿务局出资 3600 万元，临沂矿务局工程公司、供应公司、煤炭运销公司 3 个法人单位共出资 60 万元。公司组织机构由股东会、执行董事、监事组成，崔宝德为执行董事。公司讨论制定《山东古城煤炭开发有限责任公司章程》。

2000 年 11 月 20 日，山东古城煤炭开发有限责任公司执行董事崔宝德聘刘成录为山东古城煤炭开发有限责任公司经理。

2001 年 1 月 1 日，古城矿井移交给山东古城煤炭开发有限责任公司管理，标志着古城矿井跨入新的发展时期，按照公司制、现代企业管理制度和市场经济的要求，实施全面改革发展。1 月 19 日，山东省煤炭工业局同意古城矿井投入试生产并移交生产管理。2 月 16 日，山东古城煤炭开发有限责任公司完成机构设置、定岗定员实施方案（见表 1-2-1）。

表 1-2-1 2001 年 山东古城煤炭开发有限责任公司管理人员配置情况

单位	定员	备注
行政办公室	6	

续表

单位	定员	备注
党群工作部	6	
劳动工资保险部	6	
财务管理部	7	
生产技术部	21	
机电运输部	5	
武装保卫部	3	
煤炭运销公司	4	
物资供应公司	4	
后勤服务公司	3	
采煤一工区	5	区长兼书记 1 人，副区长 4 人 （1 人兼技术员，1 人兼车间工会主席）
采煤二工区	5	区长 1 人，支部书记副区长 1 人，副区长 3 人 （1 人兼技术员，1 人兼车间工会主席）
采煤三工区	5	区长 1 人，支部书记兼副区长 1 人，副区长 3 人 （1 人兼技术员，1 人兼车间工会主席）
掘进工区	5	区长 1 人，支部书记兼副区长 1 人，副区长 3 人 （1 人兼技术员，1 人兼车间工会主席）

一、管理机构

（一）机构设置

机关设置行政办公室、党群工作部、劳动工资保险部、财务管理部、生产技术部、机电运输部、武装保卫部、煤炭运销公司、物资供应公司、后勤服务公司。生产工区设采煤一工区、采煤二工区、采煤三工区、掘进工区、机电工区、运输工区、通防工区。

（二）工作职责

1. 行政办公室，负责上情下达、对外接待，车辆管理，法律事务、文字起草、机要通讯、档案管理、文件收发及其他公共事务。

2. 党群工作部，负责党务、组织、宣传、纪委、监察、工会、团委等机构管理人员的考察和专业技术人员管理，机关党支部工作，计划生育和女工管理、电视、广播和图书阅览室管理。

3. 劳动工资保险部，负责劳动定额管理、工资计算与管理、劳保用品管理、劳动调配和统计、职工培训、工人档案管理，保险（养老、医疗、待业、工伤）和住房公积金收缴与管理、职工考核。

4. 财务管理部，负责固定资产管理、成本预算、工程核算以及记账、出纳、审计。

5. 生产技术部，负责采掘技术管理、调度、地测、计划统计以及调度通讯监测管理、生产材料管理、通防管理、信息科技管理。

6. 机电运输部，负责机电管理、运输管理、供电管理、节能环保。

7. 武装保卫部，负责治安管理、安全要害部位管理、火工品管理、户籍管理、消防管理及其他武装保卫部范围内的工作。

8. 煤炭运销公司，负责煤炭加工、销售、运输以及煤质化验、煤场管理、计量、收款、货款回收。

9. 物资供应公司，负责各种矿用物资材料的购进和仓储、物资发放管理、车辆管理、自制加工。

10. 后勤服务公司，负责“二堂一舍”的物业管理、办公用品购进与发放、工广绿化美化、室内外照明、行政电话、土建工程管理。

（三）定员设置

机关部室原则上推行单一首长负责制，对于个别业务范围广、工作量大、管理分散的部室可以增设副职。

（四）聘任办法

1. 对部室负责人、工区区长、书记的聘任，实行竞聘上岗，由民主测评后，公司领导研究确定。

2. 一般管理人员的选聘，由负责人面向全公司进行组阁，人选必须报公司开会研究确定后方可聘用。

3. 对聘任上岗的管理人员实行动态管理，建立考评和淘汰机制。

二、主要工作

1. 完成矿建、土建、安装尾工 64 项，矿井生产系统更加完善。

2. 制定建设“效益、质量、管理、现象”四个一流现代化矿井的目标。

3. 完成了一季度起步、二季度调整、三季度发展、四季度提高的工作任务。生产原煤 84 万吨，占全局原煤产量的 56%，完成掘进进尺 12050 米，超额完成计划。

4. 在岗职工人均收入达到 1.1 万元。

5. 实现利润 3635 万元，为矿井高速高效发展奠定基础。

第三节　古城煤矿

2001 年 3 月 6 日，成立中共临沂矿务局古城煤矿委员会。5 月 14 日，成立古城煤矿卫生所。6 月 19 日，成立古城煤矿热电厂筹建处。7 月 22 日，成立古城煤矿综掘工区、机修车间。8 月 10 日，成立古城煤矿安全技术培训中心。12 月 1 日，成立古城煤矿金利包装制品厂留守处。

2002年3月28日，山东古城煤炭开发有限责任公司改制成为临沂矿务局的子公司，成立临沂矿务局古城煤矿。

2002年10月，临沂矿务局古城煤矿改制为山东东山矿业有限责任公司古城煤矿。

2003年4月2日，成立救护队。4月开始，逐步恢复机关科室设置，撤销部和公司建制。

2003年4月12日，成立山东东山有限责任公司古城煤矿矸石热电厂，撤销山东东山有限责任公司古城煤矿矸石热电厂筹建处；成立党政办公室、组宣科（内设组织科、干部科、宣传科、职工教育科）、生产技术科、机电科、武装保卫科、物资供应科。撤销行政办公室、党群工作部、生产技术部、机电运输部、武装保卫部、物资供应公司。

2003年7月3日，成立财务审计科，撤销财务管理部。8月2日，成立劳资社保科，撤消劳动工资保险部；成立总务科，撤销后勤服务公司。8月9日，成立铁路运输公司。9月2日，成立山东东山矿业有限责任公司古城煤矿综合利用电厂，为山东东山矿业有限责任公司分支机构。

2004年2月13日，成立山东东山矿业有限责任公司古城煤矿铁路运输分公司，为山东东山矿业有限责任公司分支机构。5月1日，成立房产开发办公室、监察科以及开拓工区。12月6日，矿务局决定成立临沂矿务局古城煤矿安全技术培训中心（以下简称“安培中心”），下设办公室、教务科、学员管理科、总务科。安培中心隶属临沂矿务局，委托古城煤矿管理。12月14日，成立煤炭管理科，撤销古城煤矿煤炭运销公司。

2006年3月28日，成立地测科、调度室，将地测科、调度室从生产技术科分离出来，将通防科（区）分为通防科和通防工区。8月8日，成立党群工作部，撤销组宣科。

2007年6月29日，设纪委副书记岗位（正科级）。

2007年11月16日，山东省人民政府国有资产监督管理委员会同意山东东山矿业公司出资设立山东东山古城煤矿有限公司。

2008年4月1日，根据山东省国资委的批复，在山东省工商行政管理局注册成立山东东山古城煤矿有限公司。公司类型为有限责任公司（法人独资），注册资本1亿元，股东为山东东山矿业有限责任公司。同时，注销“山东东山矿业有限责任公司古城煤矿”。4月9日，成立防治冲击地压办公室。7月29日，成立预算科，并从财务科分离出来。11月14日，成立材料管理办公室，隶属生产技术科管理；成立设备管理办公室，隶属机电科管理。

2010年8月11日，成立职业卫生科。11月17日，成立信息自动化控制室。

2011年5月5日，成立审计科，与纪委监察科合署办公。12月14日，成立古城小区物业管理中心，隶属总务科管理

2012年7月2日，成立配煤中心筹建办公室。19日，成立防冲队。2015年3月20日，成立防冲工区，撤销防冲队。7月30日，成立巷修工区。8月29日，成立皮带工区。

2014年1月，成立内部市场化办公室，隶属劳资社保科管理。

2015年7月30日，根据临矿集团要求，矿机关实行大部室制，成立五部一处一室，分别是生产管理部（包括生产技术科、地测科、调度室、防冲办公室）、机电运输部、经营管理部（包括财务科、劳资社保科、预算科）、后勤保障部（包括总务科、保卫科、卫生所、职业卫生科）、党群工作部、安全监察处、办公室。

2016年1月19日，注册成立力源支护材料公司。同时，成立煤炭营销公司，撤销选煤厂、煤炭管理科机构设置。

2017年3月7日，成立科技科。8月29日，成立外事协调办公室、皮带工区。9月17日，成立充填队。

2018年9月10日，成立选煤厂、煤炭管理科，撤销煤炭营销公司。10月5日，成立科创中心。

2018年年底，全矿从业人员2797人，在册人员2258人。其中，矿级领导班子成员7人。党委下设15个党支部、14个团支部、14个车间工会，管理机构设办公室、生产技术科等17个机关科室；生产机构设2个采煤工区、1个充填工区、3个掘进工区，6个辅助工区及支护材料公司（见图1-2-2）。建有配套的铁路专用线、装机容量为24兆瓦的综合利用电厂、年入洗量为180万吨精煤的选煤厂。

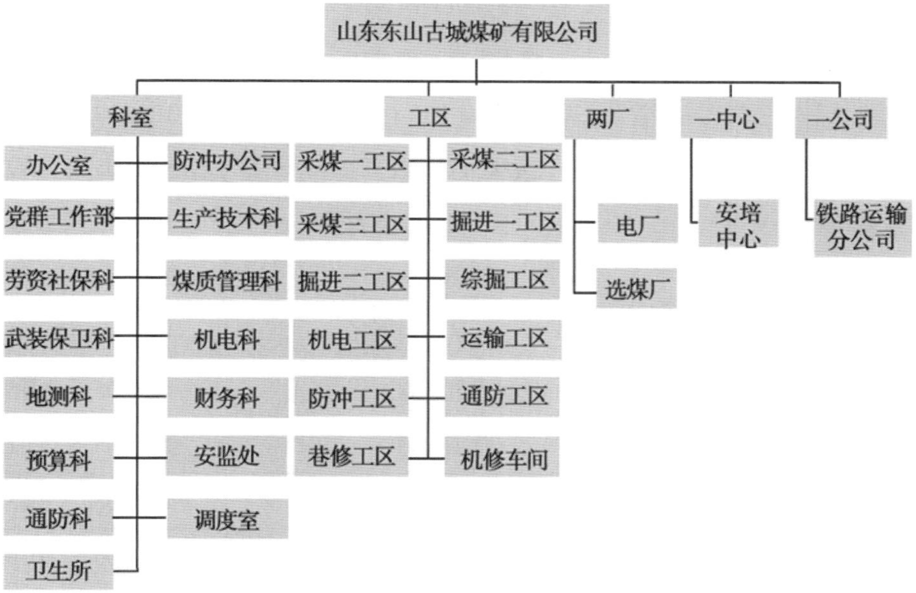

图1-2-2　2020年12月山东东山古城煤矿有限公司管理机构

第四节　领导成员更迭

一、筹建时期

1992年8月至2001年4月，为矿井筹建时期（党政领导任职情况见表1-2-2）。

1993年10月22日，建立古城矿井筹建处党支部，筹建处主任兼任党支部书记。1997年10月10日，成立古城矿井筹建处党总支。1998年5月15日，成立筹建处党委，党委书记设专人担任。1998年5月至2000年11月，对行政领导进行2次调整。

表1-2-2　　1992～2001年筹建时期党政领导任职情况

姓名	性别	职务	任职时间
潘元庭	男	党支部书记、主任	1992.08～1993.10
潘元庭	男	党支部书记、主任	1993.10～1998.05
曲焕庆	男	党委委员、总工程师	1993.03～2001.03
曲焕庆	男	副处级调研员	2001.03～2015.12
徐宏远	男	党委委员、副主任（正处级）	1993.10～1996.09
李祥金	男	党委委员、副主任	1993.10～2001.03
王家德	男	党委副书记、纪委书记、工会主席	1993.10～2001.03
王家德	男	副处级调研员	2001.03～2006.08
周启坤	男	党委委员、副主任	1994.10～2001.03
刘恩功	男	党委委员、副主任（正处级）	1996.09～1998.05
刘恩功	男	党委委员、主任	1998.05～2000.11
崔守芬	男	厂长（正处级）、党委书记	1997.09～2001.03
崔守芬	男	正处级调研员	2001.03～2005.10
解信德	男	党委委员、副主任	1998.05～2003.07
赵喜庆	男	党委委员、副主任	1998.05～2015.12
夏宇君	男	总工程师	1998.05～2001.03
吴士其	男	党委委员、总会计师	1998.05～2005.07
宋兰武	男	厂长、副处级调研员	1998.06～2010.06
宋有耀	男	安全监察处处长	1998.10～2001.03
刘成录	男	经理	2000.11～2001.03

二、生产时期

2001年1月至2018年12月，为矿井生产时期。临矿集团（矿务局）对矿主要领导进行8次调整，矿历任党委书记、矿长分别为刘成录、王洪忠、刘厚福、陈家忠、张传毅、管清向、鲁守明、伦庆忠（见表1-2-3）。

2003年9月至2006年11月，孟繁勤任党委书记。

表 1-2-3　　2001 ～ 2020 年古城煤矿党政领导任职情况

姓名	性别	职务	任职时间
刘成录	男	党委书记、矿长、电厂筹建处主任	2001.03 ～ 2002.11
张传毅	男	党委副书记、纪委书记、工会主席	2001.03 ～ 2004.03
张传毅	男	党委书记、矿长、安培中心主任	2010.11 ～ 2011.10
张传毅	男	党委书记、矿长	2011.10 ～ 2013.04
聂瑞明	男	党委委员、副矿长	2001.03 ～ 2001.08
吴士其	男	党委委员、副矿长	2001.03 ～ 2005.07
赵喜庆	男	党委委员、副矿长	2001.03 ～ 2015.12
解信德	男	总工程师	2001.03 ～ 2003.07
宋有耀	男	安监处处长	2001.03 ～ 2006.02
王存策	男	电厂筹建处副主任	2001.06 ～ 2003.02
王存策	男	党委委员、副矿长、电厂厂长	2003.02 ～ 2013.07
王存策	男	调研员	2013.07 ～ 2015.07
王立才	男	党委委员、副矿长	2001.08 ～ 2003.08
王洪忠	男	党委书记、矿长	2002.11 ～ 2003.09
王洪忠	男	党委委员、矿长、安培中心主任	2003.09 ～ 2005.07
柳俊仓	男	总工程师	2003.07 ～ 2015.01
柳俊仓	男	调研员	2015.01 ～ 2016.01
焦士荣	男	党委委员、副矿长	2003.08 ～ 2007.01
孟繁勤	男	党委书记	2003.09 ～ 2006.11
韩跃民	男	副主任	2004.12 ～ 2008.08
庄树武	男	副主任	2004.12 ～ 2011.10
刘厚福	男	党委委员、矿长、安培中心主任	2005.07 ～ 2006.02
刘厚福	男	党委书记、矿长、安培中心主任	2006.02 ～ 2008.08
李　钊	男	总会计师	2005.07 ～ 2006.02
李　钊	男	副矿长	2006.02 ～ 2012.03
杨星魁	男	副矿长	2006.02 ～ 2007.02
何祥成	男	党委副书记、纪委书记、工会主席	2006.02 ～ 2010.03

续表

姓名	性别	职务	任职时间
何祥成	男	党委副书记、纪委书记、工会主席、安培中心副主任	2008.09～2010.03
陈维水	男	副矿长、安监处长、安全总监	2006.02～2017.12
陈维水	男	调研员	2017.12～
苏学明	男	安培中心副主任	2006.02～2011.10
管清向	男	党委委员、副矿长	2007.01～2010.11
管清向	男	党委书记、矿长	2013.04～2015.12
陈家忠	男	党委书记、矿长、安培中心主任	2008.08～2010.11
李　泉	男	党委副书记、纪委书记、工会主席 安培中心副主任	2010.03～2011.10
李　泉	男	党委副书记、纪委书记、工会主席	2011.10～2013.07
李连华	男	党委委员、副矿长	2010.11～2013.04
高清水	男	党委委员、副矿长	2012.03～2014.02
魏兴民	男	党委委员、副矿长	2013.04～2018.08
贾安强	男	党委副书记、纪委书记、工会主席	2013.07～2018.05
贾安强	男	党委副书记、工会主席	2018.05～2020.05
安明成	男	党委委员、副矿长	2014.02～2020.05
伦庆忠	男	副矿长、总工程师	2015.01～2018.08
伦庆忠	男	党委书记、矿长	2018.08～
鲁守明	男	党委书记、矿长	2015.12～2018.08
王统海	男	党委委员、副矿长	2015.12～2017.03
李宗珠	男	党委委员、副矿长	2017.03～
翁洪周	男	副矿长、安全总监	2017.12～2018.09
董忠科	男	纪委书记	2018.05～2020.05
董忠科	男	党委副书记、工会主席	2020.05～
王桂利	男	总工程师	2018.07～2019.09
诸葛祥华	男	党委委员、副矿长	2018.08～2019.03

续表

姓名	性别	职务	任职时间
李乐成	男	副矿长、安全总监	2018.09 ～ 2019.05
徐国华	男	党委委员、副矿长	2019.03 ～
李允生	男	副矿长、安全总监	2019.05 ～
刘　辉	男	总工程师	2019.09 ～
张铁刚	男	党委委员、副矿长	2020.04 ～

第二篇

地质与勘探

古城矿井属兖州煤田曲阜井田，东西走向长 6.5 千米，南北倾斜宽 1.5 ～ 7.5 千米，总面积 16.66 平方千米，地势平坦，为冲积平原，海拔标高 +48.77 ～ +61.82 米，一般高程 +50.0 米。矿区气候温和，属温带季风区，年平均气温 13.5 度。

井田地层为全掩盖区，自下到上为奥陶系马家沟群、石炭系本溪群、石炭系～二叠系太原组、二叠系山西组、二叠系石盒子群、侏罗～白垩纪三台组、古近系、第四系。其中，主采煤层为二叠系山西组 3 层煤，平均厚度 8.58 米，地质储量 15766.8 万吨，工业储量 12311 万吨。煤炭产品具有低灰、低磷、低硫、高发热量特点，平均发热量 5300 大卡以上，是优质的动力用煤、化工用煤和炼焦配煤。

第一章　煤田地质

第一节　位置与交通

古城煤矿位于山东省济宁市兖州区境内，行政区域划归兖州区酒仙桥街道办事处管辖。距泗河西岸200米，距兖州火车站2.5千米，东距曲阜12千米。京沪、新(乡)菏（泽）、兖（州）石（臼）3条铁路交会于此，北距泰安80千米、济南162千米，西南距济宁31千米，南至徐州161千米，东距临沂182千米、京沪高铁曲阜东站20千米、日照港210千米，西距京杭大运河30千米，京福、京沪、日兰高速在境内通联，327国道在矿南侧经过，形成极其便利的交通网络。

第二节　矿井布局

工业广场位于兖州区东郊，属兖州区酒仙桥街道办事处辖区，京沪铁路以东，泗河西岸，327国道以北，自然地形平缓，标高在+51.00至+53.00米之间。工业广场主要分生产区、辅助生产区、办公生活区三大功能区。

一、主要生产区

主要生产区，布置在工业广场的中部偏东，有主井、副井两个立井，设主井井塔，井塔上部安装提升机，承担原煤提升任务；设副井井架及绞车房，承担人员、设备、材料输送和矸石提升任务。

二、辅助生产区

辅助生产区布置在主、副井西部至西北部，主要有副井口轨道运输系统，压风、供风系统，污水处理站，煤仓、皮带栈桥等原煤储运系统、矸石分拣系统，永久变电所，锅炉房、选煤厂及煤泥烘干、浮选系统，铁路专用线及运煤通道，方便生产。储煤场及储煤仓，仓库、机修车间，布置在原矿区西门两侧，便于运煤汽车、维修设备的出入以及采购物资入库，不影响办公及日常生活。

机关办公楼在副井以东，与副井口连通，方便职工上、下井时取放矿灯、自救器以及更衣、洗浴等。

矸石山在矿区以北，二者相距约1.3千米。2017年，将矸石山整体清理，用于修路和泗河护堤工程。

2003年建成综合利用电厂，该厂位于矿区东南部。

三、办公及生活区

（一）办公区

工区办公楼位于机关办公楼以北约 60 米处，为三层框架结构单面楼房，东西走向，采煤、掘进、机电、运输、通风等工区在此办公。

机修工区办公楼位于工业广场西南侧，为砖混 2 层单面楼房。一层为古城煤矿销售公司办公室和会议室，二层为机修车间办公室和会议室。2007 年新增一层钢结构会议室，2009 年拆除并恢复原状。2018 年年底，机修工区、充填工区在此办公。

供应、销售公司办公楼位于古城煤矿西大门西侧的仓库院内，南北走向，砖混结构 2 层单面楼房。一层为临矿集团（矿务局）亿金公司驻古城煤矿供应公司、古城煤矿仓库管理人员的办公室，二层为销售公司办公室。2018 年年底，一层北部是机电科设备小组办公室，南部是生产科物管办公室；二层有武装保卫科经警人员训练室、古城煤矿救护队等多个单位在此办公。

调度指挥中心位于办公楼北侧，是独立建筑。一层为职工文体中心、党群服务中心及调度室设备间，二层为调度指挥中心。调度指挥中心与南面的办公楼二、三层以楼梯连接。

选煤厂办公楼位于选煤厂主洗车间西侧，南北走向，2 层单面楼房。一层楼梯以北是女职工澡堂和更衣室，楼梯以南是会议学习室；二层设办公室、接待室、会议室。

煤管科办公楼位于铁路专用线东侧、地磅房西侧，兼顾煤场管理和铁路管理，为 3 层单面楼房，南北走向。一层楼梯以北是煤质化验室，以南为兖州火车站北站工作人员办公室；二层为煤管科、临矿集团煤质处驻矿办公室。

矿区警务室办公楼位于古城煤矿原西大门西侧，南临 327 国道，1998 年 3 月建成并交付兖州市公安局使用。2003 年 5 月，警务区搬出并转借给兖州区交通局驻矿交管所使用。2014 年，交还矿武装保卫科管理使用。2015 年，作为亿金公司古城配送站的办公地点。

卫生所、安培中心，位于工业广场以北，为 3 层双面砖混结构。一层为卫生所，二、三层为安培中心办公室、教室、计算机室等。

电厂没有独立的办公楼，办公场所设在监控室、高压配电室综合楼的三层南侧，2003 年 6 月正式发电时启用。

（二）生活区

古城小区位于矿区西部兖州区育才路 2 号，距离矿区约 3 千米；安培中心家属区位于工业广场北侧的安培中心院内。

宿舍区有 2 处：1 处位于工业广场东侧，有 4 栋 6 层双面楼，职工通过人行天桥进入生产、办公区；1 处位于安培中心，有 1 栋 5 层双面楼。

办公、生活区（联合福利）区（2007 年 8 月摄）

第三节　井田范围

一、概况

（一）地理坐标

西以京沪铁路东侧煤柱线及兖州县城煤柱线为界，东以 F33 断层为界，北以 F18 断层及煤层 -600 米底板等高线与单家村煤矿为界，南以 31 勘探线加 -1200 米煤层底板等高线为界。地理坐标为东经 116° 50′ 12 ″～ 116° 54′ 00″ ，北纬 35° 33′ 12″ ～ 35° 36′ 10″ 。井田东西走向长 6.5 千米，南北倾斜宽 1.5 ～ 5.7 千米，井田面积 16.66 平方千米（见图 2-1-1）。

（二）地貌

井田地势平坦，为冲积平原，地面标高 +48.77 ～ +61.82 米，平均 +50 米，地势东高西低。泗水河、沂水河流经该井田。泗水河发源于山东新泰市太平顶山西部，全长 142 千米，为全年性河流，洪峰期流量 4020 立方千米 / 秒。沂水河发源于山东邹城尼山，属泗水河支流，全长 60 千米，洪峰期流量为 445 立方千米 / 秒。

（三）气候

矿区气候温和，属温带季风区，四季分明。年平均降水量 671.7 毫米，最大降雨量 1137.9 毫米（1990 年），雷雨一般出现在 3 ～ 10 月，雨量多集中于 7 ～ 9 月，降雨量约占全年的 61%。年平均蒸发量为 80%，年平均相对湿度 67.7%，年平均气温 13.5 度，最高气温 41 度，最低气温 -19.3 度。年平均风速 2.9 米 / 秒，最大风速 24 米 / 秒。最大风速的风向多为偏北风，风向随季节变化，一般春季多南风，夏季多东南风，冬季多东北风。冻结期由每年的 11 月起到次年 3 月，最大冻土厚度 45 厘米，降雪期大约在 12 月开始至次年 3 月结束，最大积雪厚度 19 厘米。

（四）地震烈度

根据 GB18306 – 2015《中国地震动参数区划图》，本区所属地震动峰值加速度分区为0.05g，地震烈度属Ⅵ度区。兖州、曲阜历史上曾发生过5.5～5.6级地震，最近一次是2017年9月10日22时41分，在兖州区（北纬35.59度，东经116.85度）发生3.6级地震，震源深度约18千米。

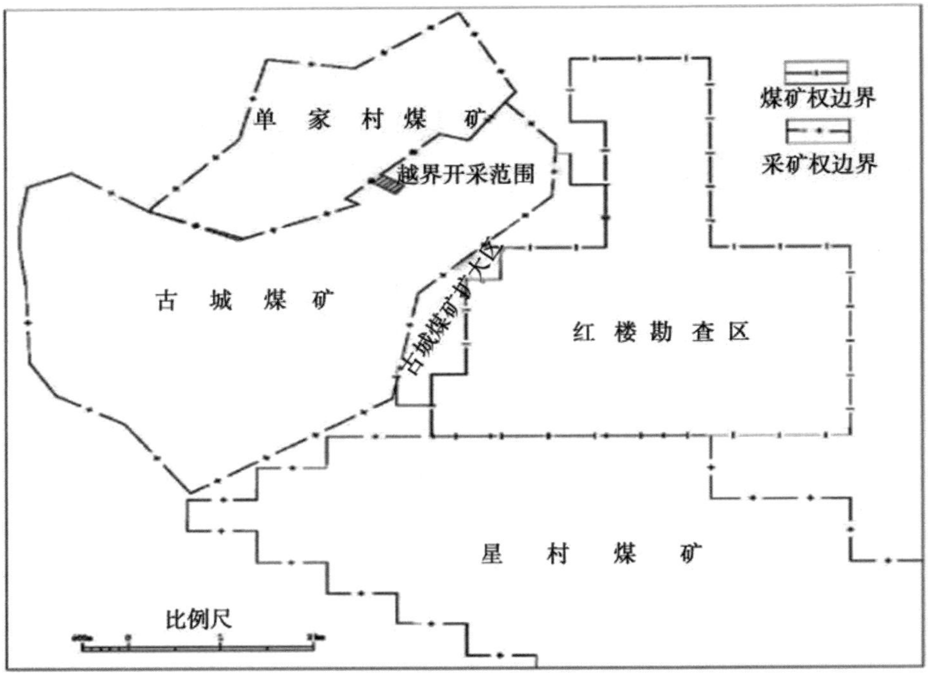

图2-1-1　古城煤矿周边矿井位置

二、古城井田

1957～1960年，华东区地质队在该区域进行地质普查勘探，施工钻孔50个，工程量17202.07米。1960年6月提交《曲阜煤田第一勘探区普查报告》。

1975～1977年，山东省煤田地质勘探公司第二勘探队进入本区施工，共施工钻孔53个，工程量30858.22米。

1978年11月至1983年5月，煤炭部119煤炭地质勘探队在本区施工钻孔135个，工程量101061.46米（包括12个水文孔6503.79米），圈定煤田范围。1984年提交《山东省兖州煤田曲阜井田精查地质报告》。

1993年12月至1994年1月，中国煤田地质总局物探测量队对古城矿井达产采区（即11采区和21采区）进行二纬地震勘探工作，基本勘探网距150米×250米，共完成测线44条，测线长度75.71千米，物理点3459个。1994年9月，中国煤田地质总局批准《山东省临沂矿务局古城（曲阜）矿井达产采区补充勘探报告》。

1999年6月，山东省矿产资源委员会审查批准《山东省兖州煤田临沂矿务局古城矿井储量报告》，将古城矿井与山东曲阜市单家村矿井储量进行分割，重新划分两个矿井的边界范围，兖州煤田古城井田随即形成。

2001年4月27日至5月，中国煤炭地质总局物测队完成古城矿21采区三维地震勘探设计的优化及编制工作，6 月 17 日至 7 月 7 日完成野外采集工作，10 月完成报告的编制工作。勘探区范围北以 F14 断层为界，南至原 F5 断层，西以 3 煤底板 -850 米水平为界，往东至深部控制到 3 煤底板 -1000 米水平，南北长 2.1 千米，东西宽 1.4 千米，面积 2.5 平方千米。

2002 年 12 月 29 日至 2003 年 1 月 17 日，中国煤炭地质总局物测队完成了 13、22、23、24 等采区三维地震勘探野外数据采集工作。2003 年 1 月 18 ～ 22 日完成瞬变电磁勘探野外数据采集工作，7 月完成报告编制工作，勘探区面积 5.9 平方千米。

三、井田划分

1990 年 4 月 3 日，经国家计委批准，中国统配煤矿总公司下发《关于同意将曲阜井田划归临沂矿务局开发的批复》（〔1990〕中煤总计第 147 号文），同意将曲阜井田由兖州矿务局划归临沂矿务局开发建设，并公布曲阜井田坐标点。

1999 年 6 月，山东省矿产资源委员会审查批准《山东省兖州煤田临沂矿务局古城矿井储量报告》后，兖州煤田古城井田得以形成。

四、矿业权设置

1999 年，古城井田首次设立采矿权，由山东省国土资源厅颁发采矿许可证，证号为 3700009940456，开采标高 -400 ～ 1000 米，面积 16.11 平方千米。2003 年换发采矿许可证，矿区面积扩大至 16.66 平方千米。

2007 年，以《古城煤矿划定深部矿区范围的批复》（国土资矿〔2007〕043 号），开采标高变更为 54 ～ -1500 米。

2011 年 4 月 17 日，国土资源部换发采矿许可证，证号为 C1000002009071120026377，平面范围由 23 个拐点圈定，东经 116° 50′ 03″ ～ 116° 53′ 54″，北纬 35° 33′ 05″ ～ 35° 36′ 11″，面积 16.6621 平方千米，开采标高 +54 ～ -1500 米，有效期限为 2009 年 6 月 24 日至 2039 年 6 月 24 日。

第四节　地　层

一、区域地层

奥陶系（O_{1+2}）厚 450 ～ 750 米，由厚层状灰岩组成，间夹薄层泥灰岩及白云质灰岩，偶夹薄层角砾状灰岩、豹皮状灰岩。

石炭系（C_{2+3}）厚 153 ～ 286 米，平均 210 米，包括太原群（C_3）和本溪群（C_2）。太原群主要由灰岩、泥岩、砂岩、煤组成，含煤十余层，其中可采者 4 ～ 5 层，灰岩 9 ～ 10 层，2 ～ 3 层灰岩稳定，太原群厚 137 ～ 202 米，平均 170 米。本溪群由杂色铁铝质泥岩和砂岩、石灰岩组成，含薄煤 1 ～ 2 层，不可采。灰岩 2 ～ 3 层，本溪群厚 16 ～ 84 米，平均 40 米，向南西方向厚度增大，与下伏地层为假整合接触。

下二叠系（P_1^2 ～ P_1^1）厚度 105 ～ 178 米，平均 130 米，上部由灰绿色略带紫红斑状的泥岩、砂质泥岩、砂岩组成，偶夹煤线，厚 30 ～ 40 米，称“黑山段”。

下部为山西组，由泥岩、砂岩和煤组成，含煤 2～3 层，3 号煤为主要可采煤层，与下伏地层为整合接触。上二叠系（P_1^{1-2}～P_2^{1-1}）厚 200～360 米，上部为厚层状中砂岩，中部为杂色泥岩、砂质泥岩夹多层砂岩，下部为带紫红斑的泥岩，具有鲕状结构。中部及下部均夹 1～2 层铝质或粘土质泥岩，与下伏地层整合接触。

上侏罗系（J_3）厚 0～795 米，上部为灰绿色细砂岩夹泥岩，下部为砖红色和猪肝紫色细砂岩，但以砖红色为主，与下伏地层不整合接触。

下第三系统（E）厚 0～680 米，由红色碎屑岩、黏土岩、砂砾岩组成，砾石成分为石灰岩，与下伏地层不整合接触。

第四系（Q）厚度 16～284 米，以冲积、洪积、河湖相堆积为主，由亚粘土、亚沙土、砂砾等组成，与下伏地层不整合接触。

二、井田地层

奥陶系中统马家沟组（O_2），厚度 640～660 米，上部为灰色、棕灰色厚层状灰岩，夹白云质灰岩及泥灰岩和角砾状灰岩。中部以深灰色灰岩为主，夹黄灰色白云质灰岩及灰质白云岩；中下部为灰绿色泥灰岩及角砾状灰岩；下部以褐灰色厚层状灰岩、花斑状灰岩为主，夹白云质灰岩、角砾状灰岩及泥灰岩薄层，与下伏地层整合接触。

本溪群（C_2）厚度 16.05～47.55 米，平均厚度 27.21 米。

本群地层假整合于中奥陶系马家沟组灰岩之上，底部为一层褐红色含铁很高的铁铝质泥岩，与华北地区标准剖面中的山西式铁矿层相当。本群地层为一套滨海相铁铝质沉积，由深灰色泥岩，浅灰色或灰绿色夹紫红色粘土、粉砂岩、铝土岩、2～3 层石灰岩及薄煤层组成。本群的石灰岩均为浅灰色或乳白色中厚层状隐晶质灰岩，自下而上依次编号为十四灰、十三灰、十二灰。含煤 1～2 层，自下而上依次编号为 20 号煤、19 号煤，均不可采。化石仅见于石灰岩中，有小纺锤等科化石及腕足类、珊瑚类、海百合茎等。

太原群（C_3）厚度 143.40～193.50 米，平均厚度 173.37 米。一般残厚为 30～70 米。中部厚度较大，多为 180 米左右。本群地层由灰色、深灰色、灰黑色的细砂岩、粉砂岩、砂质泥岩、泥岩、绿灰色黏土岩、灰白色石灰岩及油页岩和煤组成。其中，石灰岩有 11 层，自上而下依次为二灰、三灰、四灰、五灰、六灰、七灰、八灰、九灰、十$_{上}$灰、十$_{下}$灰、十一灰，多数为中厚层状，少数为薄层状或厚层状，是地层对比的重要标志，尤以三灰、五灰、十$_{下}$灰最稳定，全区发育，是可靠的标志层。本群含煤可达 19 层，自上而下依次编号为 5 煤、$6_{上}$煤、6 煤、$8_{上}$煤、$8_{下}$煤、$10_{上}$煤、$10_{下}$煤、$12_{上}$煤、12 煤、13 煤、14 煤、$15_{上}$煤、$15_{下}$煤、$16_{上}$煤、$16_{下}$煤、17 煤、$18_{上}$煤、18 煤、$18_{下}$煤。其中可采或局部可采煤层五层（6、$10_{下}$、$15_{上}$、$16_{上}$、17），其余均为不可采煤层。本群地层的所有石灰岩均发现有海相动物化石，如太原石燕、小边板介、带科达、卵脉羊齿、芦木、瓣轮叶、假星轮叶。底界以本溪群顶部 12 灰顶面作为与本群的分界线，二者为整合接触。

山西组（P_1^1）为本区最主要含煤地层，厚度 56.7～97.8 米。平均厚度 76.12 米。20 勘探线以东剥蚀严重，无山西组地层赋存。本组地层整合于太原群之上。岩层主要由灰色至灰黑色的细砂岩、中砂岩、粉砂岩夹砂质泥岩、泥岩和含砾砂岩组成，粒度明显粗于下伏的太原群和上覆的石盒子组，细砂岩段多见，总体面貌的差别较明显。该组砂岩的成熟度较低（长石、岩屑、炭屑等其他碎屑成份含量可达35%），而且分选性差，滚圆度差，多数呈棱角状。$2_上$煤上部和$2_上$煤至3煤之间，砂岩的胶结物多为钙质胶结，具有辅助标志作用。泥岩常出现于煤层上下，并局部含鲕粒。与太原群相比，山西组泥岩或砂质泥岩中常见植物化石，不仅数量多而且种属也多于太原群，但菱铁矿结核和条带却明显减少。

山西组含煤2～4层，自下而上依次编号为3、$3_上$（个别孔有此层）、2、$2_上$，其中可采层$2_上$和3煤两层，分别位于本组地层的中部和下部，3煤平均厚度8.49米，煤层结构简单，为全区主采煤层，单层储量超过其他各层的总和。

山西组中的层理类型极丰富，水平层理、波状层理、透镜状层理、单向斜层理、槽形层理（交错斜层理）混浊层理及生物遗迹均有发现，表明山西组地层是在水动力条件较强且多变的过渡相或陆相环境中形成的。

山西组所见全部是植物化石，并集中于煤层的顶底板中，现发现的种属有：座延羊齿、花边栉羊齿（相似种）、轮生楔叶、楔羊齿、带羊齿、多脉带羊齿（相似种）、栉羊齿、中国瓣轮叶、枝脉蕨、东方栉羊齿、瓣轮叶、卵脉羊齿。底界为3煤下部发育着一层厚度较大的细砂岩，其下是厚度较大的海相泥岩，砂岩宏观特征以具生物通道遗迹和混浊层理特别显著，测井曲线特征也很明显，位于上层的细砂岩相对于下层的泥岩具有较高的视电阻率值、明显的自然电位负异常和较低的自然伽码值，故以此层细砂岩的底面作为山西组与太原群的分界线。

顶界由山西组和石盒子组连续沉积而成。石盒子组地层是在干燥的氧化环境中形成的，由于Fe^{+3}的含量较高，而呈暗紫红色或者夹大量紫红色斑。考虑到由于沉积环境的截然不同而表现出的岩石学上的差异，将具有紫红色斑而层位居于底部的一层中细砂岩作为石盒子组的底界。

二叠系石盒子组为一套陆相碎屑岩，厚度东北薄、西南厚，一般厚度280～320米，依其岩性的不同分为三段。下石盒子组（P_1^2）由灰绿色、浅灰白色砂岩和灰绿色带紫红色斑块的砂质泥岩、泥岩组成，全区一般厚度在30～40米，平均厚度53米，与下伏地层山西组为整合接触，植物化石有猫眼鳞木、轮生楔叶、椭圆斜羽叶；上石盒子组一段（$P_2^{1\sim1}$）由杂色泥岩、铝土质泥岩、砂岩组成。一般在240～250米，平均厚度229米，总的特征是以含粘土质具杂色斑块的泥岩为主。与下石盒子组为连续沉积；上石盒子组二段（$P_2^{1\sim2}$）由浅灰略带红色和灰白色砂岩组成，间夹薄层紫红色泥岩、砂质泥岩，特征以石英砂岩为主、硅质胶结、分选性较差，一般厚度40～50米，平均残留厚度47.53米，与上石盒子组一般为连续沉积。

侏罗系上统蒙阴组（J_3），分布于18勘探线以西及西南部，为砖红色、灰绿色的陆相碎屑岩沉积，厚度变化大，最薄处25.90米（8-8孔），最厚564.90米（27-6孔）。

下第三系（E），分布于14勘探线以东，为断陷盆地沉积，与下伏地层呈不整合接触，厚度变化大，为 0 ～ 680.2 米，依岩性特征可与官庄组相当。

第四系（Q）由亚黏土、亚沙土以及沙层组成。厚度 107.9 ～ 254.5 米，平均厚 175 米，由东北向西南逐渐变薄，按沉积物组合特征可分为上、中、下三组。下组（$Q_{下}$）由灰绿色黏土、亚黏土及沙组成，距底界 30 米处有一层钙质层，呈似层状赋存，层位较稳定，含沙 3 ～ 8 层，稳定者 2 ～ 3 层，沙层含黏土质较高且呈半固结状态，黏土类占 60%、沙类占 35% 为其特征，厚度 55.42 ～ 84.33 米，平均厚度 70 米；中组（$Q_{中}$）由黄褐色夹灰绿色斑块的黏土、亚黏土及沙砾层组成，黏土中含铁锰质结核，中至粗沙 2 ～ 6 层，特征含铁锰质结核，沙类占优势，沙占 65%、黏土类占 35%，厚度 40.42 ～ 98.01 米，平均厚度 58.82 米；上组（$Q_{上}$）由亚黏土、亚沙土及沙组成，在 8 ～ 13 米处有一层厚 2 ～ 5 米的灰黑色淤泥层，层位较稳定，含沙 1 ～ 3 层，黏土类占 80%、沙类占 20% 为其特征，厚度 41.9 ～ 55.6 米，一般厚度 48.83 米。

三、含煤地层的控制及其研究程度

北部以 500 ～ 1500 米的线距、250 ～ 500 米的孔距控制浅部煤系地层的赋存范围及其他主要煤层的露头位置。

南部凭借 500 ～ 1000 米的地震测网，辅以 1000 ～ 2000 米的稀疏钻孔，可以了解并基本查明深部含煤地层的变化与含煤性和赋存形态。

西部采用钻探手段，以 700 ～ 1700 米的线孔距，基本查明 F1 断层产状，从而起到控制含煤地层西界的作用。

东部凭借 500 米的正交地震测网和 500 米的线孔距，基本查明边界断层及其组合关系，较好地控制煤系地层在东部的缺失和剥蚀边界。

全井田进行了三维地震勘探，进一步查明和控制含煤地层的赋存形态。全井田无论含煤地层的北、东、西赋存边界，还是南部延深的形态均已查明，都达到了规范要求，为研究含煤地层的特征及含煤性、煤层发育情况及稳定性，煤质特征、岩性、岩相、成因标志与沉积环境，岩煤层对比等都提供了可靠的论据，为矿井设计与开拓和生产提供了可靠的地质资料。

第五节　构　造

一、区域构造特征

本区大地构造单元属于华北板块（Ⅰ），鲁西隆起区Ⅱ（Ⅱ），鲁西南潜隆起区$Ⅱ_{b}$（Ⅲ），菏泽—兖州潜断隆$Ⅱ_{b1}$（Ⅳ），兖州潜凸起$Ⅱ_{b1}^{6}$（Ⅴ）。

兖州煤田为一向北东倾伏、轴向北东－南西向的向斜构造，煤岩层倾角较为平缓，一般小于 10 度。北东向的褶皱构造，北西、北东东和近南北向的断裂形成了兖州煤田构造格架。从整体上看，煤田内大中型断裂不甚发育，主体向斜内部次级断裂亦较少（见图 2–1–2）。

尽管兖州煤田大中型断裂构造不甚发育，但煤田内有限的大中型断裂构造的出现影响了煤田内部煤系的赋存条件和矿井设计。据勘探探明，煤田内主要存在三组断裂构造，影响了井田划分。

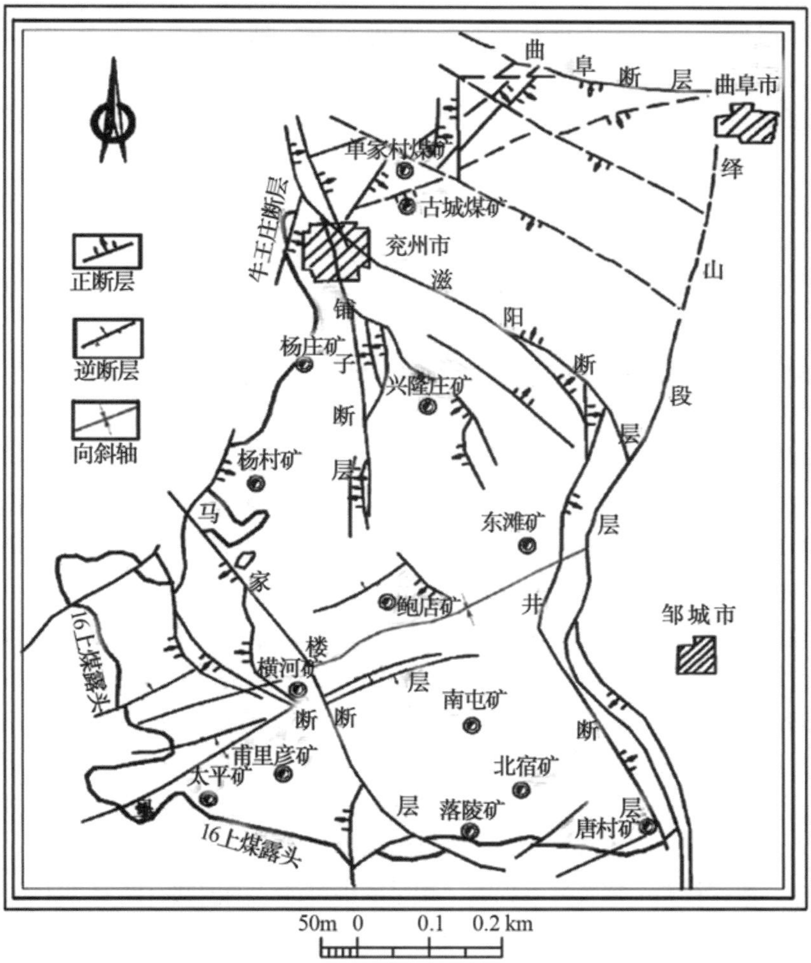

图 2-1-2　古城煤矿地质构造纲要

二、矿井构造特征

矿井位于兖州向斜的东北翼，以断裂构造为主，褶曲不发育，仅在矿井中部、东南部发育几个短轴褶曲。

矿井地层走向 NNE ～ NE，倾向 SEE ～ SE，西部边界处地层走向转为近 NS，因而，本井田的总体形态为一个轴向 SEE 的向斜，呈簸箕形向东南敞开。地层倾角北部陡，南翼缓，矿井东北部倾角较大。地层倾角有一定变化，倾角一般为 10 ～ 15 度，局部倾角达到 30 度。

三、褶曲

矿井东南部 -1000 米以深，发育 7 个短轴褶曲，现分述如下：

1. 古柳村向斜，位于 9 ～ 10 勘探线之间，轴向北西，延展长度 850 米，褶曲幅度10米。

2. 古 –1 号孔背斜，位于10勘探线以东，古 –1、古 –2 号孔以西，轴向北西，延展长度850米，褶曲幅度30米。

3. 伊家村向斜，位于伊家村东南，轴向北西～近东西，延展长度1200米，褶曲幅度25米。

4. 单家新村背斜，位于12～14勘探线之间，轴向北西，延展长度550米，褶曲幅度5米。

5. 单家新村向斜，位于14勘探线南断，轴向北西，矿井内延展长度550米，褶曲幅度30米。

6. 陈家村向斜，位于 F_{14} 断层上盘一侧，轴向北西，延展长度800米，褶曲幅度40米。

7. 马家村向斜：位 F_{14-0} 断层上盘一侧，轴向北西，延展长度700米，褶曲幅度20米。

四、断层

古城煤矿断层发育较好，除边界断层外，井田内落差较大断层的分布比较密集，断层多以北西向与近南北向为主，全为正断层。按断层相互切割的复杂程度，本矿井分为三个构造区：

1. 构造复杂区。F_{19}、F_{19-5} 断层以东，特别是 F_{25} 断层以东，大断层发育，且有相互交切现象，地层倾角大。

2. 构造中等区。F_{19}、F_{19-5} 断层以西与 F_{14}、F_{14-0} 断层以东，大断层少，展布方向均为北西向，但小断层发育。

3. 构造相对简单区。F_{14}、F_{14-0} 断层以西，除靠近大断层有派生断层外，本区段间断层相对较少，小断层展布也有一定的规律性。

经勘探、地震补充勘探及井巷揭露，现采矿许可证范围内共有断层282条，其中，落差 $H \geq 100$ 米的断层7条，30米≤落差 $H < 100$ 米的断层32条，5米≤落差 $H < 30$ 米的断层113条，落差 $H < 5$ 米的断层130条。

扩大区范围内共有断层21条，其中，30米≤落差 $H < 100$ 米的断层5条，落差5米≤ $H < 30$ 米的断层11条，落差 $H < 5$ 米的断层5条。

五、岩浆岩

矿井内未发现岩浆岩。

第六节　煤　层

一、概述

本井田含煤地层为太原群和山西组，含煤地层总厚249米。区内共含煤24～26层，煤层平均总厚19.82米，含煤系数7.9%。区内可采煤层（煤厚≥0.60米以上）共7层，厚度为12.95米。其中，山西组3号煤层为主要可采煤层，平均厚8.49米，占区内可采煤层总厚的65.5%，含煤面积大，储量丰富；其余各层厚度均不超过2米。山西组厚56.7～97.8米，含煤4层，自上而下为$2_{上}$、2、$3_{上}$、3号等，煤厚9.93米，含煤系数为13%。其中，$2_{上}$号、3号煤层为可采煤层，可采厚度9.1米，3煤占93%，为全区主要可采煤层；$2_{上}$号煤层局部可采。太原群一般厚143.00～193.50米，含煤20～22层，自上而下分别为5、$6_{上}$、6、$8_{上}$、$8_{下}$、9、$10_{上}$、$10_{下}$、11、$12_{上}$、12、13、14、$15_{上}$、15、$16_{上}$、$16_{下}$、17、$18_{上}$、18、$18_{下}$号等，煤层总厚9.89米，含煤系数为5.7%。6、$10_{下}$号煤层为局部可采；$15_{上}$号煤层为局部可采煤层；$16_{上}$号、17号煤全区大部分可采。

二、煤层稳定性

古城井田范围内可采、局部可采煤层共7层，分别为$2_{上}$、3、6、$10_{下}$、$15_{上}$、$16_{上}$、17层。$2_{上}$号煤层位于山西组中上部，煤厚0.07米，平均厚度0.61米，全区有119孔穿过本层。其中，55孔达到可采厚度，22孔沉陷，厚度变化较大，变异系数为15.4%，可采系数为60.5%，未发现有夹石；结构简单，表内储量为514.4万吨，按《矿井地质规程》规定应定为部分可采的不稳定煤层。3号煤层为井田最重要的可采煤层，位于山西组的下部，全区有123孔穿过，两极厚度5.33～11.45米，平均厚8.49米，层位稳定，孔厚度变化不大，变异系数为5.1%；结构简单，全井田共有7孔（16、16～1、12～2、4～5、13、26～2、35）发现夹石，为全区可采的稳定煤层，表内储量14299.8万吨。其他5层煤由于硫成分大于3%，其储量已划分为表外储量，不参与矿井煤层稳定性评价。综上所述，古城矿井煤层以3号煤层为主，其储量占井田储量的96.5%；煤层稳定性评价以3煤为准，评定结果为Ⅰd。

三、可采煤层

$2_{上}$号煤层位于山西组中部，下距3号煤层32米，煤厚0～1.07米，平均厚0.60米，可采点多分布在3线以南及13线至16线之间，未发现有夹石，厚度变化较大，变异系数为15.4%，可采系数为60.5%，直接顶板常为厚3～5米的砂质泥岩，老顶为灰白色中粒砂岩。底板多为厚4～6米的砂质泥岩，有时相变为黏土岩和细砂岩，属简单结构，是部分可采的不稳定煤层。

3号煤位于山西组下部，是本区最重要的可采煤层，距山西组底界10米左右，距三灰50米左右。全区有123个孔穿过，两极厚度5.33～11.45米，平均厚8.49米，层位稳定，厚度变化不大，变异系数5.1%，全区可采。直接顶为深灰色、厚3米左右的砂质泥岩，有少数孔为泥岩，老顶是灰白色含黑色矿物较多的中粒砂岩；底板为5～7米的具有清楚波状层理及生物扰动构造的砂岩，常相变为灰黑色的砂质泥岩，有时为泥岩。3号煤层属于结构简单、全区可采的稳定煤层（见图2-1-3）。

6号煤层位于太原群上部，属薄煤层，厚0～1.15米，平均厚0.72米，可采系数68.4%，可采点主要分布在F_{19}断层西南、F_{19}与F_{21}断层间南部，厚度变化大，变异系数26.14%。6号煤顶板多为深灰色的砂质泥岩，9线至4线间多为中、细砂岩；底板往往相变为细砂岩和粉砂岩。6号煤层上距3号煤层40米左右，下距三灰10米左右，为结构简单、部分可采的较稳定煤层。

10$_{\text{下}}$号煤层位于太原群中部，上距五灰和三灰各为10米及34米左右，煤厚0～1.10米，平均厚0.67米，属薄煤层，厚度变化较大，变异系数11.97%，可采系数63.2%，可采点主要分布在15勘探线至F5断层之间。10$_{\text{下}}$煤顶板多为厚3米左右的深灰色砂质泥岩、泥岩，有时相变为粉砂岩；底板多为深灰色的细砂岩成中砂岩，有时递变成砂质泥岩，厚约为3.5米。10$_{\text{下}}$煤属结构简单、部分可采的较稳定煤层。

15$_{\text{上}}$号煤层位于太原群中下部，属薄煤层，煤厚0～1.46米，平均厚0.76米，厚度变化较大，变异系数12.64%，可采系数39%，可采点主要分布于9线至14线间-800米水平以浅和4线以南。26线以南深部多数钻孔未达层位或受构造破坏而断失，因而煤层控制程度较差。煤层的顶板为一薄层的泥灰岩（九灰），厚0～1.82米，往往为砂质泥岩所代替，底板为比较厚的灰色细、中砂岩，厚10米左右，含炭屑和植物化石。下距10$_{\text{下}}$灰岩28米左右，为简单结构、局部可采的不稳定煤层。

16$_{\text{上}}$号煤层位于太原群下部，属薄煤层，煤厚0～1.61米，平均厚0.80米，变异系数10.08%，全区大部分可采，可采系数85%，不可采点主要分布在15线以东、26线以南。-1000米以深的钻孔多未达层位，控制程度差。直接顶为10$_{\text{下}}$灰岩，上距3号煤层160米左右，底板多为厚2米左右的灰黑色含铝土质的泥岩，其局部变成深灰色的砂质泥岩，为结构较复杂的较稳定煤层。

17号煤层位于太原群下部，上距10$_{\text{下}}$灰岩14米左右，层位稳定，间距变化不大，全区大部分可采，可采系数88.9%。煤层厚0.28～1.30米，平均厚0.9米，变异系数为11.08%。14线以东由于构造复杂，煤层常被断薄，26线以南及-1000米以深钻孔多未达层位，控制程度差。顶板11灰岩为薄层灰岩，厚1米左右，不稳定，相变为粉砂岩或泥岩，底板为浅灰色具鲕状结构的泥岩。17号煤属结构较复杂、大部分可采的较稳定—不稳定煤层。

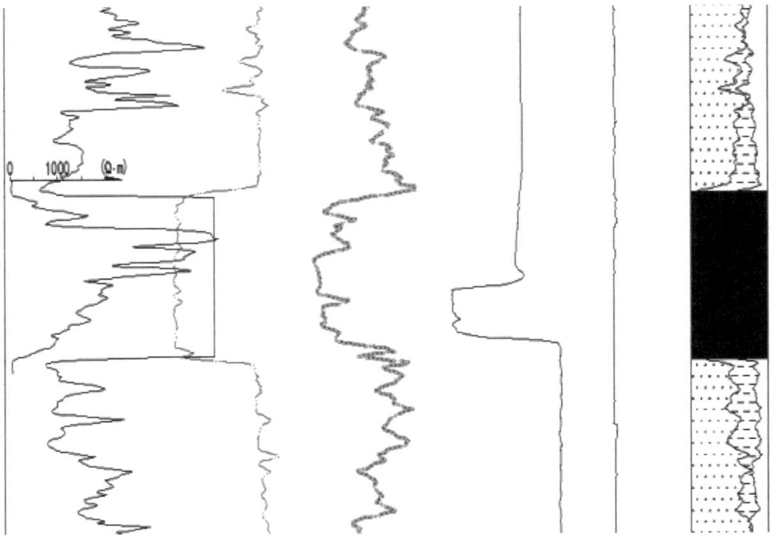

图2-1-3　古城井田3煤形态及层位特征

第七节　储　量

一、矿井储量

古城矿区位于兖州煤田曲阜井田，曲阜井田包括单家村矿及古城矿两部分。1984 年，煤炭部 119 勘探队在大量钻探的基础上提交《山东省兖州煤田曲阜井田精查地质报告》。1985 年 7 月，山东省煤炭工业总公司以鲁煤基字〔1985〕第 609 号文件批准，提交全井田 –1200 米以浅地质储量 43058 万吨。

1999 年 6 月，山东省矿产资源委员会以鲁资审〔1999〕3 号文审查批准《山东省兖州煤田临沂矿务局古城矿井储量报告》，将古城矿井与单家村矿井储量进行分割，批准古城矿井 –1000 米以浅能利用储量 15766.8 万吨，暂不能利用储量（–1000 ～ –1200 米及全部的 0.60 ～ 0.69 米煤厚储量）5248 万吨。全矿井总探明储量 A+B+C+D 级为 21014.8 万吨。

1999 年 10 月，在首采区二维地震勘探及大量巷道揭露基础上，古城矿井编写《古城矿井建井地质报告》，根据《山东省临沂矿务局古城（曲阜）矿井达产采区地震补充勘探报告》及矿井开拓实际揭露情况，对煤层底板等高线进行修改，对矿井储量进行重算。山东省煤炭工业局以鲁煤管规〔2000〕93 号文件批复。截至 1999 年 9 月底，全井田总地质储量为 22694.2 万吨，包括：–1000 米水平以浅总地质储量为 14424.2 万吨，其中，能利用储量（A+B+C+D）为 9590.5 万吨，工业储量（A+B+C）为 9149.1 万吨，可采储量为 5251.6 万吨，暂不能利用储量为 4833.7 万吨；–1000 米以深地质储量 8270 万吨（全为暂不能利用储量）。

2002 年 8 月，山东省地矿建设工程集团有限公司编制《山东省临沂矿务局古城煤矿资源储量复核报告》；9 月 19 日，国土资源部以国土资认储字〔2002〕244 号文件予以批准认定。截至 2002 年 6 月 30 日，矿井可采储量（111）1625.5 万吨，探明的（可研）经济基础储量（111b）2031.9 万吨，推断的内蕴经济资源量（333）441.4 万吨，探明的（可研）次边际经济资源量（2S11）5256.8 万吨，控制的次边际经济资源量（2S22）5989.0 万吨，以上为批准的 –1000 米水平以浅资源储量，保有资源储量 13719.1 万吨，累计查明资源储量 14357.7 万吨，煤厚 0.6 ～ 0.69 米的资源储量 444 万吨。另外，–1000 ～ –1200 米水平资源量（2S22）8269.9 万吨未予以认定，其中煤厚 0.6 ～ 0.69 米的资源储量 104.5 万吨。–1200 米以深资源量未统计。

2007 年 11 月，由山东省煤田地质局第二勘探队编制的《山东省兖州煤田古城煤矿及扩大区资源储量核实报告》获批。截至 2006 年 12 月 31 日，保有资源储量 22449.3 万吨，其中，资源储量类型（111）为 4066.1 万吨，资源储量类型（122）为 373.6 万吨，资源储量类型（111b）为 8807.7 万吨，资源储量类型（122b）为 606.9 万吨，资源储量类型（331）为 2381.7 万吨，资源储量类型（332）为 105.5 万吨，资源储量类型（333）为 10547.5 万吨（–1000 米以上地质储量 10522.0 万吨，可采储量 1918.7 万吨；-1000 米以深地质储量 11037.5 万吨，可采储量 2147.4 万吨）；累计查明资源储量 25975.8 万吨，其中，资源储量类型（111）为 4113.4 万吨，资源储量类型（122）为 373.6 万吨，资源储量类型（111b）为 12334.20 万吨，资源储量类型（122b）为 606.90 万吨，资源储量类型（331）为 2381.70 万吨，资源储量类型（332）为 105.50 万吨，资源储量类型（333）10547.50 万吨。

2013 年 12 月，山东省国土资源厅下发《关于对〈山东省兖州煤田古城煤矿资源储量核实报告〉矿产资源储量评审备案的函》（鲁国土资字〔2013〕1648 号），核实基准日为 2012 年 12 月 31 日。截至 2012 年年末，核实后的保有总资源储量为 19368.90 万吨，累计查明资源储量为 26281.70 万吨，其中资源储量类型（111b）为 11481.80 万吨，资源储量类型（122b）为 489.50 万吨，资源储量类型（331）为 3142.80 万吨，资源储量类型（332）为 88.00 万吨，资源储量类型（333）为 11079.60 万吨。

二、储量分类

截至 2018 年 12 月 31 日，累计查明资源储量为 26207.5 万吨，均为气煤，其中，资源储量类型（111）为 4392.7 万吨，资源储量类型（122）为 229.1 万吨，资源储量类型（111b）为 11750.4 万吨，资源储量类型（122b）为 448.7 万吨，资源储量类型（331）为 3206.5 万吨，资源储量类型（332）为 88.0 万吨，资源储量类型（333）为 10713.9 万吨。

表 2-1-1　2018 年年底分煤层分水平储量统计

单位：万吨

水平	煤层							
	$2_上$	3	6	$10_下$	$15_上$	16	17	合计
-1000 米以浅	615.6	5462.6	589.8	587.5	302.1	506.9	702.1	8766.6
-1000 米以深	401.0	4261.3	363.3	807.1	770.6	1170.1	1282.1	9055.5
合计	1061.6	9723.9	953.1	1394.6	1072.7	1677.0	1984.2	17822.1

表 2-1-2　2018 年年底主采 3 号煤层水平、资源储量类型统计

单位：万吨

水平	分类型							
	111b	122b	331	332	333	合计	111	122
-1000 米以浅	1618.0		2171.8		1672.8	5462.6	664.9	
-1000 米以深	1747.0	448.7	467.2	88.0	1510.4	4261.3	622.3	229.1
合计	3365.0	448.7	2639.0	88.0	3183.2	17998.6	1287.2	229.1

1999年6月，山东省矿产资源委员会以鲁资审〔1999〕3号文件正式审查批准古城矿井总探明储量为21014.8万吨。经2007年、2013年两次储量核实，历年生产采掘后，截至2018年末，矿井剩余总资源量为17822.1万吨，累计探明储量为26207.5万吨。按新的资源储量标准划分，探明的经济基础储量（111b）为3365.0万吨控制的经济基础储量（122b）为448.7万吨，探明的内蕴经济资源量（331）为3206.5万吨，控制的内蕴经济资源量（332）为88.0万吨，推断的内蕴经济资源量（333）为10713.9万吨。

表2-1-3　　1998～2018年古城矿井3号煤层储量动用情况统计

单位：万吨

年度	采出量	损失量	动用储量
1998	0.9	0.2	1.1
1999	10.2	2.4	12.6
2000	57.8	113.1	170.9
2001	77.6	168.5	246.1
2002	119.9	301.6	421.5
2003	186.8	354.7	541.5
2004	204.5	710.4	914.9
2005	198.1	413.5	611.6
2006	196.9	409.4	606.3
2007	179.7	405.3	585.0
2008	176.8	327.6	504.4
2009	183.5	399.4	582.9
2010	183.3	384.2	567.5
2011	185.5	377.4	562.9
2012	184.1	399.5	583.6
2013	185.1	374.7	559.8
2014	181.3	56.3	237.6
2015	170.0	28.7	198.7
2016	144.8	19.4	164.2
2017	138.2	17.4	155.6
2018	140.5	16.2	156.7
合计	3105.5	5279.9	8385.4

2005年8月，取得深部扩大区（即原曲阜井田的深部）的探矿权，扩大区位于黄家村附近，实际面积2.124平方千米，先后进行二维地震勘探1次，同时施工补勘钻孔4个，钻探工程量5172米，基本查明煤层的赋存规律及构造形态。2006年年底，提交扩大区勘探报告，扩大区范围内总资源量（331、332、333）为2626.9万吨，另有预测的资源量（334）185万吨。

2012年8月，因探矿权在申请过程中的数据衔接及经纬度转换误差等问题，造成探矿权与星村煤矿采矿权之间存在孤立块段（区块I）；另外因探矿权坐标的直线连接问题，又与古城煤矿采矿权之间造成孤立块段（区块II、III、IV），4个孤立块段的总面积为0.5462平方千米。为优化生产布局、合理利用煤炭资源、减少边界煤柱损失，根据《关于委托做好山东东山古城煤矿有限公司孤立块段煤炭资源采矿权出让前期工作的函》（鲁国土资字〔2012〕785号）和《关于做好孤立块段煤炭资源采矿权出让相关工作的通知》（济国土资字〔2012〕232号）的要求，古城煤矿委托山东省煤田地质局第二勘探队编制古城煤矿扩界区（包括扩大区及孤立块段I、II、III、IV）资源储量核实报告《山东省兖州煤田古城煤矿扩界区资源储量核实报告》，作为其办理矿业权登记、缴纳矿产资源价款的地质依据。矿扩界区保有资源储量3528.2万吨，全部为气煤（扩大区探矿权为2804.0万吨，孤立块段内为724.2万吨），其中，资源储量类型（111）为312.6万吨，资源储量类型（122）为398.0万吨；资源储量类型（111b）为625.1万吨，资源储量类型（122b）为795.9万吨，资源储量类型（331）为66.2万吨，资源储量类型（332）为776.3万吨，资源储量类型（333）为1264.7万吨。

2016年5月29日，山东东山古城煤矿有限公司与山东裕隆矿业集团有限公司签订《临矿集团古城煤矿与裕隆集团煤炭资源置换转让协议》，转让探矿权面积4.36平方千米，已完成经常勘探。2010年11月，山东省煤炭地质局第二勘探队编制完成《山东省兖州煤田红楼矿区勘探报告》，山东省国土资源厅以鲁国土资字〔2011〕349号文件予以批准备案，批准新增资源量3823.6万吨（均为气煤），其中资源储量类型（331）为1934.9万吨、资源储量类型（332）为964.8万吨、资源储量类型（333）923.9万吨；本区另有-1500米以深的资源量5648.7万吨，未经评审备案。按煤层划分$2_{上}$号煤层326.1万吨，3号煤层3202.1万吨。

表2-1-4　　古城矿井2号煤层、3号煤层储量分布表

单位：万吨

煤层	水平	资源量类别					
		111b	122b	331	332	333	小计
2号煤层	-1200米以浅	–	–	39.9	120.8	23.2	183.9
	-1200～-1500米	–	–	26.3	–	115.9	142.2
	小计	–	–	66.2	120.8	139.1	326.1

续表

煤层	水平	资源量类别					
		111b	122b	331	332	333	小计
3 号煤层	-1200 米以浅	369.3	519.3	-	511.5	216.1	1616.2
	-1200 ～ -1500 米	255.8	276.6	-	144.0	909.5	1585.9
	小计	625.1	795.9	-	655.5	1125.6	3202.1
合计		625.1	795.9	66.2	776.3	1264.7	3528.2

三、可采储量及服务年限

可采及局部可采煤层 7 层，分别为 $2_{上}$、3、6、$10_{下}$、$15_{上}$、$16_{上}$、17 号煤层，主采煤层为二叠系山西组 3 号煤层（其余 6 层煤因高灰分、高硫份、受水威胁等原因，设计为暂不能利用储量，划分为内蕴经济资源量），截至 2018 年年末，全矿井保有资源储量 17822.1 万吨，可采储量 1516.3 万吨，按生产能力 180 万吨 / 年计算，可供开采 8.4 年。

扩界区累计查明保有资源储量 3528.2 万吨，全部为气煤，其中，可采及预可采储量 710.6 万吨，基础储量 1421.0 万吨，资源量 2107.2 万吨。按生产能力 220 万吨 / 年计算，可采及预可采储量可供开采 3.9 年；资源量中尚有 32 采区以外未纳入开采设计的村庄块段 1253.7 万吨，按备用系数 1.4 计算，可供开采 4.9 年；二者合计可为古城煤矿延长服务年限约 8.8 年。

红楼探矿区资源量 3823.6 万吨以及 -1500 米以深未经评审备案的 5648.7 万吨资源量，作为古城煤矿的后备资源量，将再延长矿井服务年限 10 年以上。

第八节 煤 质

一、物理性质及煤质特征

1. 物理性质。山西组 $2_{上}$、3 号煤层，褐黑至黑色，条痕色为褐黑色，呈沥青及弱玻璃光泽，条带状结构；太原群 6、$10_{下}$、$15_{上}$、$16_{上}$、17 号煤层多为黑色，条痕为褐黑色，以玻璃光泽为主，线理及条带状结构，含黄铁矿结核，内外生裂隙发育，充填物为方解石及黄铁矿（见表 2-1-5）。

2. 煤岩特征。（1）宏观煤岩特征：山西组煤层 $2_{上}$、3 号煤层多属半暗型煤；条带状结构，层理不明显；3 号煤层肉眼可见丝炭透镜体，具丝绢光泽，太原统煤层以半亮型煤为主，层理分界不明显，在层理面及裂隙中常见方解石及黄铁矿薄膜。（2）显微煤岩特征：根据原报告镜下鉴定结果，本区各可采煤层变质程度较低，多为Ⅰ阶段，只有少数样品刚刚进入Ⅱ阶段；纵观全区各煤层，大致有凝胶化组分自上而下逐渐增高、丝炭化组分逐渐降低的规律。

表 2-1-5　　全区各主要可采煤层的物理性质一览表

<table>
<tr><th rowspan="2">煤层</th><th colspan="6">煤的物理性质</th></tr>
<tr><th>颜色</th><th>条痕</th><th>光泽</th><th>断口</th><th>裂隙</th><th>结构</th></tr>
<tr><td rowspan="2">$2_{\text{上}}$</td><td rowspan="2">黑色</td><td rowspan="2">褐黑色</td><td rowspan="2">沥青、弱玻璃</td><td rowspan="2">平坦、贝壳</td><td rowspan="2">内外生裂隙较发育</td><td>条带状</td></tr>
<tr><td>线理状</td></tr>
<tr><td rowspan="2">3</td><td>褐黑色</td><td>褐黑色</td><td rowspan="2">沥青、丝绢、玻璃</td><td rowspan="2">平坦、贝壳</td><td rowspan="2">内外生裂隙较发育</td><td>条带状</td></tr>
<tr><td>黑色</td><td>黑色</td><td>线理状</td></tr>
<tr><td rowspan="2">6</td><td>褐黑色</td><td>褐黑色</td><td>丝绢</td><td>不规则</td><td>外生裂隙</td><td rowspan="2">条带线理透镜</td></tr>
<tr><td>黑色</td><td>黑　色</td><td>弱玻璃</td><td>贝壳</td><td>发育</td></tr>
<tr><td rowspan="2">$10_{\text{下}}$</td><td>褐黑色</td><td>褐黑色</td><td rowspan="2">玻璃</td><td rowspan="2">平坦</td><td>内生裂隙</td><td>均一</td></tr>
<tr><td>黑色</td><td>黑色</td><td>发育</td><td>线理</td></tr>
<tr><td rowspan="2">$15_{\text{上}}$</td><td rowspan="2">黑色</td><td rowspan="2">褐黑色</td><td rowspan="2">玻璃</td><td rowspan="2">参差阶梯贝壳</td><td>内生裂隙</td><td rowspan="2">条带</td></tr>
<tr><td>发育</td></tr>
<tr><td rowspan="2">$16_{\text{上}}$</td><td rowspan="2">黑色</td><td rowspan="2">褐黑色</td><td rowspan="2">玻璃</td><td>不规则</td><td>内生裂隙</td><td rowspan="2">条带</td></tr>
<tr><td>阶梯</td><td>发育</td></tr>
<tr><td rowspan="2">17</td><td rowspan="2">深黑</td><td>褐黑色</td><td rowspan="2">强玻璃似金属</td><td rowspan="2">不规则阶梯眼球</td><td>内生裂隙</td><td rowspan="2">条带</td></tr>
<tr><td>黑色</td><td>发育</td></tr>
</table>

二、有害组分及其含量

1. 灰分。矿井各可采煤层灰分比较接近，原煤多在 15% 左右，在低灰至中灰之间变化，洗选后精煤灰分平均降至 5%～8%。实际生产过程中，煤层伪顶及夹矸（< 0.05 米）往往混入煤中并增加煤中灰分。各煤层的灰分组成主要是 SiO_2、Al_2O_3 及 Fe_2O_3 为主的酸性谷物，一般不自溶，非炼焦用煤的焦渣特征和动力用煤的炉渣特征属酸性渣。

2. 硫及磷。山西组煤层硫分含量除个别点大于 1% 外，普遍较低，属特低硫煤。太原群煤层原煤硫份较高，均属富硫煤。经洗选后，精煤全硫含量 $2_{\text{上}}$号、3 号煤层小于 1%，6 号煤层可降到 1.5% 以下，$10_{\text{下}}$、$15_{\text{上}}$、$16_{\text{上}}$、17 号煤层可降到 2.5% 以下。各煤层磷含量均属低—特低磷煤。作为炼焦用煤，磷的含量规定不超过 0.01%。全区各煤层的磷经洗选后，虽有不同程度降低，但 3 号煤层及 6 号煤层、$10_{\text{下}}$精煤层磷含量仍略高于冶金焦标准。

3. 砷含量。我国酿造和食品加工用煤规定砷含量不得超过 8PP 米。经取样化验，3 号煤层砷含量为 2.99PP 米，符合要求。其他煤层未做试验。

三、风氧化带

古城矿区为全掩盖式煤田，无法系统采取风氧化带煤样。以 3 煤层为例，距第四系最近的 14 ～ 5、10 ～ 1、5 ～ 1、3 ～ 6 孔的煤样的各项主要煤质指标正常值无明显差异，故风氧化带界线仍依据旧有资料推定；各煤层的风氧化带深度以第四系底界面下推垂深 20 米为界。

四、工业用途

古城矿区各煤层为多用途煤种，既可作为炼焦配煤，又可作为各种动力及民用燃料用煤。$2_{上}$煤层为中灰、特低硫、特低磷、高发热量、高熔灰份煤，其精煤为特低灰煤，煤种为 1 号气煤。3 号煤层为低灰（精煤为特低灰）、特低硫、低磷、低砷、高发热量、高熔灰份煤，是易洗选、优等回收率的 2 号气煤，其精煤可做冶金炼焦配煤，中煤及尾煤可供电厂及其他工业做动力燃料用煤。太原群所属煤层为低灰、富硫、高发热量煤，精煤灰分均在 10% 以下；粘结性较强，但灰溶点较低。太原群煤层精煤也可与低硫煤做配焦煤。

第九节　伴生资源

一、稀有和放射性元素

资源勘探时，对矿区内各煤层稀有元素和放射性元素进行了测定，其品位均达不到工业品位要求。

二、铝土质泥岩

本井田石盒子组与本溪群为铝土质泥岩。根据原报告试验结果，氧化铝、二氧化硅含量为 10.41% ～ 26.61%，未达工业品位要求；铝硅比均小于 1，不能列入铝土矿；而作为软质粘土 Fe_2O_3 含量均高，耐火度较低。

三、油页岩

太原群地层下距 14 号煤层约 2.5 米，赋存 1 层含油页岩，层位与层厚不稳至较稳定，厚度为 0.4 ～ 1.55 米。该油页岩灰分高，发热量高，可以直接燃烧用做制陶器、砖瓦的燃料。但由于厚度变化大，不宜专门开采，故不计算其储量。

第十节　开采技术条件

一、开采方法与顶底板条件

1. 开采方法。矿井开采的对象为全区发育、煤厚稳定的上组煤 3 号煤层。其结构简单，煤层中硬，可放性中等，采用走向或倾向长壁式综采放顶煤开采。由于古城井田紧邻兖州市区，地面村庄众多，327 国道及泗水河穿越整个井田。根据山东煤炭工业局下发的《关于古城煤矿首采区建筑物下采煤方法及巷道布置方案设计的批复》（鲁煤管规〔1998〕23号）和山东省人民政府村庄压煤搬迁办公室下发的《关于对临沂矿务局古城煤矿21采区村庄下开采的批复》（鲁政搬〔2002〕8号）精神，同意采用条带开采。–700米水平以上采宽50米、留宽80米，–700～–850米水平采宽60米、留宽90米，–850米水平以下采宽85～110米、留宽不小于110米。

2. 煤层顶底板特征。3号煤老顶为中粒砂岩常相变为粉砂岩与中—细纱岩互层，厚度4米左右。直接顶主要由粉砂岩构成，厚度2～6米，但变化较大，上部常出现细砂岩或粉砂岩互层，下部渐变为细粉砂岩。伪顶厚度0.05～1.01米，以砂质泥岩和炭质泥岩为主。砂质泥岩及粉砂岩的抗岩强度为562～967千克／平方厘米，孔隙率1.9%～4.5%，泥岩的抗压度为491千克／平方厘米。属中等稳定—稳定顶板。3号煤底板岩性以泥岩、砂质泥岩为主，空隙2.3%～3.8%，泥岩厚度1米左右。据邻近生产矿井资料，底鼓可能性较小。$16_{上}$煤顶板为$10_{下}$灰，抗压强度为1000千克／平方厘米，厚度2.21～11.36米，平均厚约5.71米，底面呈“蛤蟆顶”状，属不完全顶板。发育两组互相切割的裂隙，孔隙率0.4%～1.9%，属中等稳定—稳定顶板。17号煤顶板，岩性不稳定，厚度2米的11灰常和常粉砂岩呈东西向条带状交替分布，往往相变成细砂岩、砂质岩和泥岩，但煤层顶板面异常平整，灰岩的抗压强度为975～1189千克／平方厘米，空隙率2.6%～3.7%，砂岩的抗压强度217～566千克／平方厘米，属中等稳定—定顶板。$16_{上}$、17煤底板为泥岩及粘土泥岩，厚度1～3米，抗压强度$16_{上}$煤为182～240千克／平方厘米，17号煤为261～566千克／平方厘米。根据附近生产矿井资料，因受巷道静压力作用，易产生突水，导致底板的粘土岩遇水膨胀，造成底鼓现象而影响开采和运输。

二、瓦斯、煤尘和煤自燃

1. 瓦斯。矿井为低瓦斯、低二氧化碳矿井。在开采过程中，如通风管理得当，不会给安全生产带来很大影响。随矿井不断延伸和产量的增加，矿井瓦斯含量可能略有增高。

2. 煤尘。本区煤种属气煤大类，挥发分较高，煤尘爆炸可能性大，爆炸指数均大于15%，有爆炸危险性。

3. 煤的自燃。矿井煤层自燃发火倾向，投产实际揭露煤层最短自燃发火期为48天，为首采区11021工作面推进过程发火。2007年初，重庆煤科院鉴定为III类有可能自然发火倾向性煤层。

三、开采地质条件

3煤老顶为中粒砂岩或中—细砂岩互层，厚度4米左右；直接顶为粉沙岩或细砂与粉砂互层，厚度2～6米；伪顶为炭质泥岩或薄层炭质粉砂岩，易随跨落，给顶板管理造成一定困难。2煤直接底为炭质泥岩，棕灰色黏土岩，具可塑性，厚度为0.1～0.3米，无底鼓；顶底板发育完整，裂隙不发育，除局部有凸凹外，整体较平整，综合评定为Ⅰc。

煤层倾角在8～32度范围内变化，浅部大、深部小，平均22度，为Ⅱf。在其他特殊条件下，瓦斯、煤尘、煤层自燃均对矿井开采有一定影响，属正常范围，地温至目前尚未发现热害。但是，当顶板砂岩水遇有断裂时，会随着工作面的推进给煤炭运输造成困难，当属Ⅱg。综上分析，矿井地质条件为Ⅲ～Ⅲa、Ⅰd、Ⅱfg。

四、地温

本区平均地温梯度为 1.2 度 /100 米，属“地温正常区”。地温一般随深度的加深而增高，地热增温率为垂向深 77 米，地温增加 1 度，且非煤系和煤系地层的地热增量率稍有差异。从 3 煤底板地温等值线可以看出，其与煤层底板等高线近似平行趋势。3 煤 –850 米标高，一般为 21 ～ 31.9 度，平均为 25 度。

第二章　水文地质

第一节　区域水文

曲阜井田位于渊源泉水文地质单元的北补给区。单元边界北起长沟断层和郓城断层，南至凫山断层，东至峄山断层，西到孙氏店断层，南北长约 55 千米，东西宽约 26 千米，面积约 1400 平方千米。区域构造对岩溶水起着明显的控制作用，控制了含水构造的形成和水文地质单元的划分。单元内具有独立的补给、径流和排泄区，补给区全部为覆盖型，大气降水渗入第四系地层后向下补给奥陶系灰岩，地下水流向南西，穿过滋阳断层转向南流（见图 2–2–1）。

图 2–2–1　区域水文地质图

古城矿区内主河流有泗水河、沂水河，泗水河由北向南流入矿区；在第8勘探线以东，沿17煤露头线以外向南流入南阳湖；沂水河属泗水河的支流。泗河发源于山东新泰市太平顶山的西部，全长142千米，流域面积2750平方千米。该河为全年性河流，主要补给水源为山东泗水县的泉村、石缝两泉，河水洪峰期流量为4020立方米/秒。沂水河发源于曲阜市尼山，在山东兖州城东的粉店村汇入泗河，属泗河支流，全长60千米，流域面积620平方千米，洪峰期流量445立方米/秒。

古城矿区内第四系厚度一般为170～180米，最厚可达284米，赋存稳定砂层6～8层，为松散孔隙含水层组。上组富水性强，中组属于隔水层段，下组富水性中等，是下伏各含水层的补给水源，对煤层开采无直接影响。上侏罗系、二叠系石盒子组和山西组砂岩构成区内裂隙含水层，富水性均弱。其中，山西组3层煤顶板砂岩厚度为17.46米，是上组煤顶板直接充水含水层，单位涌水量0.00465～0.197升/秒·米，多小于0.02升/秒·米，对煤层开采无大的威胁。

岩溶裂隙含水层由石炭系薄层灰岩及奥陶系厚层组成，前者地表无露头，含水层厚度不大。第三层石灰岩、第$10_{下}$层石灰岩层位稳定，但单层厚度多在10米以内，露头呈狭长条带稳伏于第四系之下，补给面积有限，导水性好而富水性弱，矿井开采时可以疏干；后者含水层厚度大，构成煤系基底的底鼓突水含水层。区域奥陶系厚度为621.29～870.73米，划分为7段。其中，顶部第6段厚约110米，富水性中等—强，单位涌水量0.00289～1.855升/秒·米，上距17层煤垂直间距平均46.49米，将来下组煤开采时有突水的可能，需要采取疏降措施。根据《矿井地质规程》有关规定，古城矿开采3煤层的井田水文地质条件属于中等类型。

第二节　含水层

一、第四系砂砾层松散孔隙含水层组

第四系主要由黏 土、亚黏土、亚砂土及砂砾层组成，属冲积、湖积相沉积。厚度为107.90～254.50米，平均180.05米，其厚度变化从东北向西南逐渐变薄。主要含水层为砂砾层，上部为黄褐色，结构松散，透水性好；下部为灰绿色，结构紧密，透水性较差。第四系底部与基岩接触之处为一层厚度不等黏土层，对第四系向基岩渗透起一定的阻水作用。

根据第四系的岩性变化及含水性差异，分为上、中、下三组。上组（$Q_{上}$）由灰黄色、黄褐色砂质粘土及砂层组成，厚度为41.90～55.60米，平均48.83米。含松散细、中粒砂层1～4层，其中层位稳定者1～2层，砂层占本组厚度的23.67%。本组透水性好，富水性强，水位年变幅2～3米。据区域资料，钻孔抽水单位涌水量2.011升/秒·米，地下水水化学类型为HCO3-Ca型，矿化度为0.213克/升。由于埋藏浅，易于污染，只能作为农田供水及临时性水源。中组（$Q_{中}$）由黄褐色夹灰绿色花斑的砂质黏土、黏土及砂层组成，厚度为40.42～98.01米，

平均厚度为58.09米，含松散中—粗粒砂层2～8层，其中层位稳定者2层，砂层占本组厚度的56.7%。本组砂层厚度大，粒度粗，富水性强，兖州市及兖州站铁路机车供水水源均取自该层，钻孔单位涌水量7.14升/秒·米，属HCO_3–Ca型水，矿化度0.212克/升。下组（$Q_{下}$）厚度为55.42～84.33米，平均63.00米，上部以黏土为主，夹1～2层薄层砂层，构成隔水段，与区域中组相当。该组下部以灰绿色、黄褐色的黏土、砂质黏土及砂层为主，砂层占本组厚度的37.5%，夹有中—粗粒砂层2～10层，稳定者2～3层。本组地层内大多呈半固结状态，7～6号孔抽水试验，钻孔单位涌水量为0.204～0.220升/秒·米，属富水性中等含水层组，地下水水化学类型为HCO_3–K+Na·Ca型，矿化度为0.391克/升，属孔隙承压含水层，富水性较上组、中组弱。

二、上组煤直接充水含水层

（一）山西组3层煤顶板砂岩裂隙水含水层

厚0.92～39.69米，平均17.77米，底板砂岩厚约10米，属于上组煤直接充水含水层。砂岩裂隙不发育，根据精查阶段3～3、3～7、7～6三个钻孔抽水资料：水位标高为+41.61～+44.45米，单位涌水量为0.000465～0.00117升/秒·米，地下水水化学类型为HCO3–K+Na～HCO_3·Cl～Ca·K+Na型，矿化度为0.372～0.562克/升，其富水性较弱。

在建井及矿井生产期间，3煤层顶底板砂岩井下出水共计24次。其中，顶板砂岩出水19次，最大出水量20.06立方米/小时，最小出水量仅表现为淋水；底板砂岩出水5次，最大出水量29立方米/小时。从出水点位置看，主要是巷道开拓时出水，工作面出水仅1次；浅部出水次数多，但水量较小；深部出水次数明显减少，但出水量大（见表2–2–1）。

3煤层顶底板砂岩富水性差异较大，其补给条件较差，主要为静储量。

表2–2–1　古城煤矿井下3煤层顶底板砂岩出水情况一览表

编号	地点	出水点标高（米）	突水时间	含水层名称	最大涌水量（立方米/小时）	备注
1	–505米水平大巷	–505.0	1997.09.05	3煤底砂岩	1.50	淋水区长度12米
2	总回风巷	–483.0	1997.09.30	3煤顶砂岩	7.50	
3	总回风巷	–483.0	1997.10.17			
4	总回风巷	–483.0	1997.10.20			
5	总回风巷	–483.0	1997.11.15			
6	–505米水平泵房	–505.0	1997.10.20	3煤底砂岩	0.05	

续表

编号	地　点	出水点标高（米）	突水时间	含水层名称	最大涌水量（立方米/小时）	备　注
7	井下调度室	–504.0	1997.11.12	3 煤底砂岩	0.05	
8	上仓带式输送机斜巷	–499.0	1998.03.05	3 煤顶砂岩		淋水
9	上仓带式输送机斜巷	–427.0	1998.10.02	3 煤顶砂岩	1.50	淋水区面积 3 米 ×5 米
10	–505 米南大巷	–505.0	1998.03.26	3 煤顶砂岩	8.00	已疏干
11	11011 运巷	–483.0	1998.05.12	3 煤顶砂岩	6.00	现无水
12	–505 米水平井下炸药库	–560.0	1998.08.20	3 煤顶砂岩	4.00	现为 1 立方米 / 小时
14	总回风平巷	–505.0	1998.11.02	3 煤顶砂岩	5.27	
15	–560 回风平巷	–618.0	1998.12.20	3 煤顶砂岩	2.00	现无水
16	–593 车场	–557.0	1999.02.20	3 煤顶砂岩	3.00	现无水
17	1105 回风巷	–560.0	1999.03.18	3 煤顶砂岩	3.00	现无水
18	–593 回风顺槽	–593.0	1999.06.20	3 煤顶砂岩	4.00	现 2.5 立方米 / 小时
19	2105 工作面	–913.0	2002.09	3 煤顶砂岩	5.00	
20	–850 米水平北大巷轨道下山上部车场	–850.0	2006.9.12	3 煤顶砂岩	20.06	已疏干
21	–1030 米水平行人下山	–933.0	2007.06.03	3 煤底砂岩	4.00	
22	2201 轨道顺槽	–958.0	2007.06.25	3 煤顶砂岩	3.00	
23	2201 皮带顺槽	–955.0	2007.06.26	3 煤顶砂岩	3.00	
24	3312 上皮带顺槽	–855.7	2012.12.31	3 煤底砂岩	29.00	

（二）太原组第三层石灰岩岩溶裂隙含水层

厚 4.36 ～ 5.68 米，平均 4.85 米，上距 6 层煤 5.36 ～ 20.33 米，平均 12 米；上距 3 层煤 39.80 ～ 65.65 米，平均 52 米，是开采上煤组的直接充水含水层。深灰色—灰黑色，隐晶质结构，层位稳定，全区发育，局部具裂隙，岩溶不发育，漏水钻孔 5 个，漏水孔率 7%，充水空间不发育。精查期间进行了 4 次（含单家村煤矿 3 ～ 6 孔）单孔抽水试验，1 次群孔抽水试验。水位标高为 +36.51 ～ +45.71 米，单位涌水量为 0.00251 ～ 0.0382 升 / 秒 · 米，地下水水化学类型为 HCO_3–K+Na—HCO_3 · Cl–Ca · K+Na 型，矿化度为 0.387 ～ 0.694 克 / 升，富水性弱。矿扩界区勘探时，在矿井深部的古 –1 号孔进行 1 次抽水试验，水位标高为 +31.174 米，单位涌水量为 0.00158 升 / 秒 · 米，地下水水化学类型为 HCO_3–Mg · Ca 型，矿化度为 1.875 克 / 升，其富水性弱。钻孔抽水试验成果见表 2–2–2。

精查阶段 3 ～ 3 与 3 ～ 6 孔进行群孔抽水过程中，主孔 3 ～ 3 降深 58.20 米，相距 1163 米的 3 ～ 6 孔水位下降 49.41 米，观测孔同步下降，恢复水位时间长达 167 天，水位年变化幅度 1.46 米。在建井及矿井生产期间三灰井下突水共计 9 次，详细情况见表 2–2–3。

–505 米水平炸药库三灰含水层突水发生在 1998 年 9 月 4 日，最大涌水量为 58.86 立方米 / 小时，3 个月以后减少并疏干；–1030 米主进风三灰含水层突水发生在 2017 年 7 月 20 日，最大涌水量为 28 立方米 / 小时，水量呈逐渐减少的趋势，涌水量为 15 立方米 / 小时。–590 米皮带巷揭露 F_{14} 断层，发生突水，突水量为 21.0 立方米 / 小时。采取水样分析，其水质与三灰水质基本一致，并且巷道揭露断层点距三灰垂直距离约 6 米，经分析，三灰水沿断层带突出，水量在一个半月以后减少至 3 立方米 / 小时。从上述资料可以看出，三灰含水层以静储量为主，补给来源有限，易于疏干。

表 2–2–2　　古城煤矿钻孔抽水试验结果一览表

孔号	水位标高（米）	单位涌水量（升 / 秒 · 米）	渗透系数（米 / 天）	矿化度（克 / 升）	地下水水化学类型
3–3	+37.210	0.03820	0.8470	0.694	HCO_3–K+Na
3–6	+36.510	0.02050	0.5730	0.483	HCO_3–K+Na
7–6	+45.710	0.00251	0.0727	0.387	HCO_3 · Cl–Ca · K+Na
8–10	+41.080	0.00979	0.5030	0.391	HCO_3 · Cl–Ca · K+Na
3–3（群）	+37.070	0.02150	1.4920	0.691	HCO_3–K+Na
古 –1	+31.174	0.00158	0.0252	1.875	HCO_3–Mg · Ca

表 2–2–3　　古城煤矿井下三灰突水情况一览表

编号	地 点	突水点标高（米）	突水时间	含水层名称	最大涌水量（立方米 / 小时）
1	–505 米水平井下炸药库	–505.0	1998.09.04	三灰	58.86
2	–850 米水平水仓	–852.0	2001.01.18	三灰	36.00

续表

编号	地 点	突水点标高（米）	突水时间	含水层名称	最大涌水量（立方米/小时）
3	-590 皮带巷	-590.0	2005.11.15	三灰	21.00
4	-1030 米水平轨道下山	-985.4	2007.08.12	三灰	7.80
5	-1030 米水平皮带下山	-997.6	2007.11.06	三灰	25.00
6	-1030 米水平轨道下山	-1030.0	2008.01.26	三灰	7.00
7	3203 皮带顺槽	-1100.0	2011.05.29	三灰	5.00
8	-1030 南皮带顺槽	-1011.0	2012.02.29	三灰	3.00
9	-1030 南皮带顺槽	-1011.0	2012.12.29	三灰	2.00

矿井开采过程中长期排水降压，奥陶系灰岩水通过断层侧向补给构成三灰的主要补给水源。F_{14} 断层浅部约 1 千米范围内，三灰水位每降低 1 米，单位长度奥灰侧向补给量为 2 ～ 5 立方米 / 天。

三、下组煤直接充水含水层

（一）太原组 $10_下$层石灰岩岩溶裂隙含水层

太原组 $10_下$层石灰岩，厚度为 2.21 ～ 11.36 米，平均 5.71 米，为 16 层煤的直接顶板，位于 17 层煤的冒落裂隙带内，是下组煤直接充水含水层。全矿井无漏水钻孔，充水空间不发育。根据抽水试验资料，水位标高为 +34.02 ～ +37.80 米，单位涌水量为 0.0000687 ～ 0.0273 升 / 秒 · 米，渗透系数为 0.00155 ～ 0.713 米 / 天，地下水水化学类型为 HC ～ O_3K+Na · Ca · Mg ～ HCO3 - Ca · Mg 型，矿化度为 0.199 ～ 0.380 克 / 升，富水性弱（见表 2-2-4）。

表 2-2-4　　古城煤矿十灰抽水试验结果一览表

孔号	水位标高（米）	单位涌水量（升 / 秒 · 米）	渗透系数（米 / 天）	矿化度（克 / 升）	地下水水化学类型
4-4	+35.93	0.0000687	0.00155	0.199	HCO_3—K+Na · Ca · Mg
11-1	+38.05	0.0273000	0.71300	0.380	HCO_3—Ca · Mg

（二）本溪组第 14 层石灰岩岩溶裂隙含水层

十四灰厚度为 0.43 ～ 13.10 米，平均 4.95 米，岩性较纯，因埋藏较深，岩溶不发育，全区漏水孔 2 个，充水空间不发育。据精查阶段 3-7 号孔十三、十四灰混合抽水试验资料，水位标高为 +41.32 米，单位涌水量为 0.000426 升 / 秒 · 米，渗透系数为 0.00711 米/天，地下水水化学类型为 HCO_3-K+Na·Ca 型，矿化度为 0.375 克/升。

四、中奥陶系石灰岩岩溶裂隙含水层

奥陶系石灰岩是煤系的基底，矿井及边界附近有 27 个钻孔揭露奥灰，其中有 3 个孔漏水，全部集中在矿井西北部，漏水孔率 11.1%。在原曲阜井田范围内，穿过奥灰 70 个孔，12 个孔漏水，漏水孔率为 17.1%，充水空间较发育。从揭露奥灰岩性看，裂隙较发育，岩溶不发育。在 12 个漏水钻孔中，揭露奥灰 15 米范围内，仅有 4～4、4～5 两个孔漏水，其余 10 个均在揭露奥灰厚度大于 15 米才漏水，说明奥灰顶部 15 米富水性弱（见表 2-2-5）。

表 2-2-5　　古城煤矿奥灰漏水情况统计表

孔号	揭露厚度（米）	开始漏水揭露厚度（米）	孔号	揭露厚度（米）	开始漏水揭露厚度（米）
24-1	34.46	34.46	5-1	66.18	30.20
23-1	24.86	24.86	4-5	12.53	6.34
21-2	24.45	24.45	4-4	9.73	9.73
18-2	53.20	44.62	2-5	36.28	36.18
13-4	46.39	46.19	26-1	20.64	20.47
6-6	37.91	37.91	3-5	22.08	19.35

根据钻孔抽水试验资料，奥灰水位标高为 +37.32～+39.31 米，单位涌水量为 0.00289～0.950 升/秒·米，地下水水化学类型为 HCO_3-Ca—HCO_3-Ca·Mg 型水，富水性弱 - 中等。（见表 2-2-6）

表 2-2-6　　古城煤矿奥灰抽水试验结果一览表

孔号	水位标高（米）	单位涌水量（升/秒·米）	渗透系数（米/天）	矿化度（克/升）	地下水水化学类型
5-1	+37.84	0.10100	5.5400	0.200	HCO_3-Ca
7-6	+37.55	0.06410	0.3250	0.228	HCO_3-Ca·Mg
8-6	+37.90	0.01680	0.4130	0.337	HCO_3-Ca·Mg
11-1	+38.33	0.00289	0.0444	0.241	HCO_3-Ca·Mg
18-2	+39.31	0.95000	11.5300	0.220	HCO_3-Ca

通过上述分析可以看出，奥灰富水性主要取决于裂隙岩溶发育程度，富水性在水平、垂直方向上表现出极不均一性。矿井内在假整合面 15 米以下富水性强，平面分布上主要富水区段为矿井西部和北部奥灰埋藏较浅地段以及东部构造复杂区。

十四灰上距 $10_{下}$灰平均间距 47.5 米，下距奥灰顶界平均约 10 米，在构造附近三者之间可发生水力联系，所以在 $16_{上}$、17 煤层开采过程中应加强底板岩层的探测分析，预防在断层附近或隔水岩层变薄区奥灰突水。

第三节　水文物探

一、采空区积水探测

2016 年开始，矿井主要的采掘活动均集中在 −1030 米水平及其以下。由于采深较大，受奥灰承压水及单家村空区积水威胁，所以为了矿井的安全生产，在采掘活动中，对各生产地点均利用瞬变电磁对水文异常区进行探测。2017 年 11 月，委托临沂兴宇工程设计有限责任公司对 3105 工作面切眼、3310 工作面进行井下瞬变电磁探测。3105 工作面切眼布置测线 1 条，共计 150 米，布置物理测点 16 个，每个物理测点采集 3 个数据，共采集数据点 48 个。共圈定相对富水异常区 1 处，相对富水性评价为中等。对 3310 工作面进行井下瞬变电磁探测，共布置测线 1 条，共计 490 米，布置物理测点 50 个，每个物理测点采集 3 个数据，共采集数据点 150 个。共圈定相对富水异常区 1 处，相对富水性评价为弱。

2018 年 10 月，对 2110 工作面进行井下瞬变电磁探测布置测线两条，共计 380 米，布置物理测点 40 个，每个物理测点采集 3 个数据，共采集数据点 120 个。圈定相对富水异常区 3 处，Ⅰ号、Ⅱ号相对富水异常区，相对富水性评价为弱等；Ⅲ号相对富水异常区，相对富水性评价均为中等。古城煤矿超前探查异常区无水。11 月，对 3103 皮带顺槽迎头进行瞬变电磁探测，共测量 3 个物理测点，每个物理测点探测 3 个探测方向，本次超前探测总计采集 9 个数据测量点。共圈定相对低阻异常区 4 处，其中相对富水异常区 2 处：Ⅰ号相对富水异常区，相对富水性评价为中等；Ⅱ号相对富水异常区，相对富水性评价为中等。古城煤矿超前探查异常区无水。

二、针对构造影响的超前探测

2016 年 4 月，委托临矿集团物探队对 31 采区集中轨道巷迎头进行矿井瞬变电磁超前探测，共测量 9 测点，每个物理测点探测 3 个探测方向，总计采集 27 个数据测量点。共圈定相对异常区 6 处，其中相对富水异常区 1 处，相对富水性评价为中等。是年 11 月，对 3310 轨道顺槽迎头进行矿井瞬变电磁超前探测，共测量 9 个物理测点，每个物理测点探测 3 个探测方向，总计采集 27 个数据测量点，共圈定相对异常区 7 处，其中相对富水异常区 3 处：Ⅰ号相对富水异常区，相对富水性评价为强；Ⅱ号、Ⅲ号相对富水异常区，相对富水性评价均为中等。

2017 年 11 月，委托临沂兴宇工程设计有限责任公司对 3105 工作面进行井下线电波坑道透视探测，探测点间距设定为 10 米，发射点间距为 50 米，每个发射点对应 11 个接收点，共布置 198 个测点、42 个发射点，共圈定 3 处构造异常区。

2018年11月，对3310工作面进行井下瞬变电磁探测，共布置测线1条，共计170米，布置物理测点18个，每个物理测点采集2个数据，共采集数据点36个，共圈定相对富水异常区1处，相对富水性评价弱等。古城煤矿超前探查异常区无水。另外，针对-1030米以深受奥灰承压水威胁的采掘地点，巷道每掘进100米均委托集团公司物测队对迎头前方的水文异常区进行超前探测，保证矿井安全生产。

第四节　涌水量

一、涌水量观测

矿井筹建初期在首采区、石门硐室设涌水量观测点10个，逐条巷道定期观测。正常情况下，每月对采掘工作面新的突水点或涌水量较大的观测点观测1次，视情况加密观测，主要采用流速仪和浮标法观测，基本控制了矿井涌水量动态。

1997年8月，矿井开始涌水，初见水量为每小时28.7立方米；为副井掘凿至549.6米时，冻结段解冻第四系含水砂层裂隙涌水；井壁注浆后，减至每小时3.97立方米；转入平巷施工后，随巷道施工长度的增加，揭露含水层增多或同一个含水层突破点增多，矿井涌水量逐渐增大。

1998年9月4日，在井下爆破材料库雷管库之巷道的施工中，因放炮震开裂缝而导致出水。水源为下部地层三灰含水层的岩溶水，初期涌水每小时58.86立方米，且逐渐减少。为保证工程的正常施工及爆破材料的干燥，修建炸药库水闸墙；11月，炸药库水闸墙施工完成，矿井涌水量减至每小时33.77立方米（已疏干）。

2001年1月18日，在-850米水仓的施工中断层导入三灰水，水量42.0立方米/小时，在2011年水仓清挖时发现该出水点不再出水。

2005年初，在-850米水平、-505米水平水仓口及南、北大巷设7处测水站。

2006年9月23日，在掘进-850米北大巷三水平上车场时，因揭露3煤层老顶中砂岩而出现突水，最大突水量为20.1立方米/小时，后逐渐变小并消失。

2008年初，在-1030米水平水仓口设两处测水站。

2017年7月20日，-1030米水平主进风巷施工至30米时揭露三灰水，初始水量28立方米/小时，后逐渐减小，保持在15立方米/小时。

2017年8月，在-1030米主进风联络巷设1处观测站，定期对矿井的涌水量进行观测，主要采用堰板进行观测，对矿井的涌水量有了可靠的控制。

二、涌水规律

矿井建设初期，矿井水主要来自巷道掘进，掘进长度与矿井涌水量没有完全呈正相关关系，这主要是由揭露含水层的富水性不均造成的。突水点多数发生在断层附近裂隙发育区、为巷道揭露涌水时，各含水层突水涌水量不大，最大量仅58.86立方米/小时（三灰），3煤顶底板砂岩突水点最大时为8立方米/小时，突水后涌水量很快达到最大，易于疏干，原突水点现基本无水。

矿井为隐伏含煤区，第四系上组、中组含水层虽发育，但含水层间均隔有较厚的黏土层，并且第四系下组顶部为稳定的隔水层，可有效地阻隔地表水及大气降水向基岩的渗漏。从矿井涌水量与降水量关系看，也与地表水体、降水量关系较小。

三、涌水量统计

矿井投产后，直接充水含水层仍为3层煤顶底板砂岩和三灰。虽然初期回采工作面涌水量大，但由于含水层富水性不好，补给条件不良，以静储量为主，涌水量一般不超过300立方米/小时（见表2-2-7）。

表2-2-7　古城煤矿矿井涌水量与掘进进尺统计表

年度	年平均涌水量（立方米/小时）	年进尺（米）
2001	45.98	8737
2002	38.14	15839
2003	33.31	10585
2004	40.28	10553
2005	48.23	10399
2006	51.88	10923
2007	64.45	16540
2008	64.80	12100
2009	68.30	11000
2010	70.60	11660
2011	66.70	9686
2012	78.50	11196
2013	98.70	13746
2014	123.90	12343
2015	143.22	10448
2016	252.53	10886
2017	178.07	8634
2018	153.70	3723

第三章　勘探与测量

第一节　煤田勘查

曲阜井田发现于1957年，为山东省兖州煤田曲阜井田的一部分。1983年，煤炭工业部119煤炭地质勘探队和物探队提交《山东省兖州煤田曲阜井田精查地质报告》。1985年，山东省煤炭工业总公司以〔1985〕鲁煤基字第609号文审查批准。

一、勘查工作

1. 普查找煤阶段。1957～1960年，华东区地质队在曲阜井田区进行地质普查勘探工作，在本矿井范围内及周边施工3个钻孔，工程量为1568.98米；1960年6月，提交《曲阜煤田第一勘探区普查报告》；1962年，经山东省储委复查后降为普查找煤报告。

2. 详查阶段。主要从地质钻探和地面物探两个方面展开。

（1）地质钻探。1975～1977年，山东省煤田地质勘探公司第二勘探队进入曲阜井田施工，工程量为7981.83米，共施工钻孔53个，其中10个钻孔位于矿井范围内及周边，10个钻孔均穿过煤系地层，钻探质量较好，1个甲级、6个乙级、3个丙级。

（2）地面物探。1977年10月至1978年4月，山东省煤田地质勘探公司物探队一分队，施工地震勘探线45条，取得合格物理点3050个，测线网距为350米×400米。1980年6月，提交《山东省兖州煤田曲阜勘探区地震勘探详查报告》。

二、精查阶段

1. 地质钻探。1978年11月至1983年5月，煤炭部119煤炭地质勘探队在曲阜井田开展精查勘探，在本矿井及周边施工钻孔77个，总工程量为65729.85米。其中，6个钻孔未穿过煤系而在山西组以上层位终孔，穿过全煤系的43个，穿过山西组的28个，钻探质量较好，29个甲级、30个乙级、18个丙级。1983年7月，提交《山东省兖州煤田曲阜井田精查地质报告》。1984年，山东省煤炭工业总公司以〔1984〕鲁煤基字第609号文件批准该报告。

2. 地面物探。1981年10月至1982年2月，煤炭部第一勘探公司三分队在该地区配合119煤炭地质勘探队精查勘探，施工6次迭加勘探线23条，获合格物理点3459个，有效剖面长度68.15公里，做微地震测井点21个，速度测井3口。1982年9月，提交《山东省兖州煤田曲阜井田勘探区地震补充勘探成果》。1983年，为配合精查报告的提交，编制《T3波to等时线图》《T3波标准层构造图》，对煤田构造形态作了详细的控制。

3. 采区地震勘探。1993 年 12 月至 1994 年 1 月，中国煤田地质总局物探测量队对古城矿井达产采区 11 采区和 21 采区进行二维地震勘探，基本勘探网距 150 米 ×250 米，共完成测线 44 条，测线长度 75.71 千米，物理点 3459 个，其中包括试验点 388 个、低速带调查点 136 个。1994 年 9 月，中国煤田地质总局批准《山东省临沂矿务局古城（曲阜）矿井达产采区补充勘探报告》（煤地发〔1994〕226 号）。

三、补充勘探

1. 井筒检查钻孔。为满足井筒设计和施工的需要，临沂矿务局地质公司施工井筒检查钻孔 2 个，主井井筒检查孔深 577.26 米，副井井筒检查孔深 586.33 米，总工程量 1163.59 米。施工结束后，用水泥砂浆对钻孔进行全封闭。

2. 矿井深部勘探。2006 年，山东省煤田地质局第二勘探队开展古城煤矿扩大区勘探时，共施工 4 个钻孔：有 2 个钻孔位于本矿井范围内，工程量 2675.23 米，其中水文钻孔 1 个，工程量 1300.18 米，进行抽水试验 2 次（包括 3 砂水位观测）；另外 2 个孔位于矿井边界附近。4 个钻孔的总工程量为 5172.27 米，提高了矿井深部的控制程度。2006 年 11 月，提交《古城煤矿扩大区勘探报告》，经山东省矿产资源储量评审中心评审通过。

3. 井下钻探工程。为探明落差较大断层位置及断层的导水性，在生产期间利用井巷工程对落差较大的层施工 9 个钻孔，总工程量 960.06 米（见表 2–3–1）。

表 2–3–1　　历年井下地质钻探工程一览表

时间	工程量（米 / 孔数）	钻孔位置	地质成果
2001.06	77.00/1	1201 皮带顺槽	探明 F_{14} 断层，此处断层位置、落差无变化，不含水
2004.08	65.00/1	2100 轨道顺槽	探明 F_5 断层，此处断层位置、落差无变化，不含水
2005.09	202.62/2	–590 皮带巷	探明 F_{14} 断层，此处断层位置向西南偏移 6 ～ 8 米，落差无变化，不含水
2007.01	75.46/1	三水平上车场	探明 F_{18} 断层，此处断层位置向西南偏移 50 米，落差无变化，不含水
2009.08	159.40/1	1316 面中间联络巷	探明 F_{18} 断层位置，此处位置不导水
2009.11	96.18/1	1316 面切眼	探明 F_{18} 断层位置，此处位置不导水
2010.08	95.40/1	1316 面轨道顺槽	终孔位置未见 F18 断层
2013.06	166.00/1	3312 切眼	探明 F_{19} 断层位置向南摆动 40 米，此处断层不导水
2013.11	23.0/1	3313 探巷	探明 F_{19} 断层位置向南摆动 40 米，此处断层不导水

第二节　地震勘查

2001 年 4 月 27 日，古城煤矿委托中国煤炭地质总局物测队对矿井的 21 采区进行三维地震勘探，完成地震线束 9 条、物理点 1518 个，勘探区范围北以 F14 断层为界，南至原 F_5 断层，西以 3 煤底板 -850 米水平为界，往东至深部控制到 3 煤底板 -1000 米水平，控制面积达 3.42 平方千米。10 月，提交《山东省临沂矿务局古城煤矿 21 采区三维地震勘探报告》，查明区内落差不小于 5 米的断层 31 条，解释出落差大于 5 米的断层 34 条，新发现断层 54 条，修改原断层 11 条，否定原南部边界断层 1 条。

2002 年 12 月至 2003 年 1 月，中国煤炭地质总局物测队完成 13、22、23、24 等采区三维地震勘探野外数据采集工作。2003 年 1 月 18 ～ 22 日，完成瞬变电磁勘探野外数据采集工作；7 月，完成报告的编制工作，勘探区面积 5.9 平方千米。

2002 年 12 月至 2003 年 1 月，中国煤田地质总局物探测量队对矿井 -1000 米水平以浅区块进行三维地震勘探，勘探面积 4.912 平方千米，三维地震线束 14 条，线束总长度为 36.50 千米，施工物理点 2628 个。在三维地震勘探的同时，进行瞬变电磁勘探，完成瞬变电磁测深剖面 3 条，深剖面总长度为 2.9 千米，物理点 62 个。另外完成试验物理点 1 个、检查点 2 个，合计物理点 65 个。7 月，提交《临沂矿务局古城煤矿 22 等采区三维地震、电法勘探报告》，查明区内落差 5 米的断层 106 条，基本查明落差 5 ～ 3 米的断层 27 条。新发现断层 121 条，修改原断层 16 条，查明 F4 断层的含、导水性。

2005 年 2 月，委托河北省煤田地质局物测地质队对矿井的 -1000 米以深区段进三维地震勘探，完成地震线束 20 条、物理点 2422 个，资料解释面积达 37 平方千米。9 月，提交《山东东山矿业有限责任公司古城煤矿 -1000 米以深区段三维地震物报告》，查明区内落差 5 米的断层 39 条，基本查明了落差 5 ～ 3 米的断层 11 条，新发现断层 52 条，修改原断层 9 条，否定原断层 2 条，查明区内无直径大于 30 米的陷落。

2010 年 9 月，委托江苏煤炭地质物测队对矿井的扩大区进行三维地震勘探，完成地震线束 21 条、物理点 1533 个，资料解释面积达 3.07 平方千米。2011 年 2 月，提交《古城煤矿扩大区三维地震勘探报告》。

2016 年 1 月 7 日，古城煤矿委托福州华虹智能科技股份有限公司利用 3106 轨道顺槽对 F_{14} 断层延展情况进行探查，并提交《3106 轨道顺槽矿井震波探测报告》，精确地控制 F_{14} 断层的发展方向，为 3106 工作面布置、留设断层煤柱提供可靠的依据。3 月 30 日，分别利用 3313 轨道顺槽和 3106 轨道顺槽对 F_{19} 断层的延展情况和 3106 工作面内部构造发育情况进行探查，并提交《3313 轨道顺槽、3106 轨道顺槽矿井震波探测报告》，较好地对 F19 断层位置及 3106 工作面内部构造发育情况进行控制。11 月，委托山东省煤田地质局物探测量队，对古城煤矿 31 采区进行地面维地震勘探，完成地震测线 6 条、物理点 843 个，地震施工面积 5.2 平方千米，控制面积 1.6 平方千米。2017 年 12 月，提交《31 采区三维地震勘探报告》。

第三节 矿山测量

一、机构设置

1992 ～ 2004 年，有地测工作人员 10 名，隶属生产科管理。

2004 年 5 月 26 日，成立地测科，负责矿井的地质、测量及工作面回采率考核等工作，设副科长 2 人、测量人员 4 名、地质工作人员 4 名。

2006 年，地测科设科长 1 人、副科长 1 人、测量人员 4 名、地质工作人员 4 名。

2018 年末，在册人员 14 人，其中，副总工程师兼科长 1 人，副科长 2 人，地质技术人员 5 人，测量技术人员 6 人。

二、地面控制测量

1997 年 7 月，筹建处委托兖煤金业地测咨询公司以凉水井水塔、兖州宾馆、棉麻水塔 3 个三等三角点为基点，在 1 号单身宿舍楼测出 1 个四等近井点，然后加密 5 毫米小三角，共 4 个点。测角中误差为 2.8 毫米，近井点—兖州宾馆边长中误差为 20.4 毫米，方位角中误差为 1.8 毫米。近井点点位中误差 M_x=22.9 毫米，M_y=22.3 毫米。为将来便于处理相邻矿井相互关系，古城煤矿坐标套改为新 54 系平移后的兖州矿区坐标系统。

1999 年 5 月，因测绘首采区地形图，沿兖州市东环城公路、泗河大堤布设一条环型闭合导线，控制面积 8 平方千米。

2005 年 6 月，古城煤矿委托安徽煤田地质局物探测量队测绘二院，测绘 21、22、23、24、31、32 采区地形图，共布设了 12 个一级 GPS 测量点，控制面积 10 平方千米。在精度方面，同步环坐标分量相对闭合差为 8.0 毫米，环线全长相对闭合差为 12 毫米，最弱边相对精度为 1/22000，形成了矿区地面控制网。高程自变电所为起始点共布 1 条四等闭合环，环闭合差为 + 0.001 米，每千米高差误差为 ± 0.27 毫米。

三、地形测量

1999 年 5 月，工程技术科测量组以兖州矿区坐标系统测绘 1 ∶ 2000 首采区地形图。测图采用日本拓普康公司生产的 GTS-311 全站仪测量点坐标、展点器配合小平板仪绘制草图；室内清绘后，利用光面聚酯薄膜绘制成底图。

为满足矿井生产建设和深部扩界区地质勘探的需要，2005 年 6 月，古城煤矿委托安徽煤田地质局物探测量队测绘二院测绘深部采区 1 ∶ 2000 数字化地形图 10 平方千米。测区内以国家三等三角点兖州宾馆、棉麻水塔作为 GPS 网的起始点，首级控制采用一级 GPS 测量，布设成网图形，图根点在一级 GPS 点的基础上采用动态 RTK 技术；高程控制采用四等水准连测，起算点采用变电所 5 毫米点，组成闭合路线。使用 TOPCON2 全站仪观测，现场绘制草图，将采集数据输入计算机以生成数据文件，再利用南方测绘软件成图，将首采区地形图数字化后合成完整电子版井田区域地形图。

2012 年 6 月，矿委托山东科技大学测绘学院，测绘井田范围 1 ∶ 2000 及 1 ∶ 5000

比例尺的数字化地形图 20 平方千米。测区内以国家三等三角点兖州宾馆、棉麻水塔作为 GPS 网的起始点，首级控制采用一级 GPS 测量，布设成网图形，图根点在一级 GPS 点的基础上采用动态 RTK 技术；高程控制采用四等水准连测，起算点采用变电所 5″ 点，组成闭合路线。使用 TOPCON2″ 全站仪观测，现场绘制草图，将采集数据输入计算机以生成数据文件，再利用 CAD 及南方测绘软件成图，将整个井田区域地形图数字化后绘制完整电子版井田区域地形图。

四、联系测量及导线测量

1994 年 12 月，完成古城矿井主井十字中心测量。实测井中心坐标与设计主井中心坐标差，其中，△ x=14 毫米，△ y=50 毫米，符合《测量规程》要求。1997 年 7 月，委托兖煤金业地测咨询公司，对近井点及部分十字基桩进行恢复，并采用钢丝投点、陀螺定向、钢尺传递标高等方法，通过联系测量将最新施测的地面控制成果传递到井下，完成矿井陀螺定向工作。

2002 年 3 月 9 日，邀请兖矿地测信息中心在 –850 米水平车场进行 2 次陀螺定向，定向结果（TS_1—TN_1=28° 31′ 11.5″ ）与矿井基本控制导线测量成果（TS_1—TN_1=28° 30′ 08″)相差 67.5″ 。同时,对井下 –850 米水平经纬仪导线及时进行调整，以满足矿井生产需要。

五、井下贯通测量

古城煤矿共完成大型重要贯通工程 10 余次，主要的有以下几次：

2000 年 7 月，首采区轨道下山贯通测量。轨道下山的工程进度，由单向掘进改为全断面一次成巷相向掘进。贯通导线全长 1253 米，其中平巷 207 米、斜巷 1046 米。工程贯通后，进行导线闭合测量（△ x= ± 98 毫米，△ y= ± 52 毫米，△ z= ± 60 毫米），贯通点的点位误差为 111 毫米，导线相对闭合差为 1/11288。

2005 年 2 月，2100 上轨道顺槽贯通测量，6 月 2 日贯通。从 –850 米水平南大巷、–750 米皮带巷同时施工相向贯通，贯通导线全长 4000 米，采用 SET5F Ⅱ全站仪观测。实测坐标闭合差（△ x=–65 毫米，△ y=–158 毫米），贯通点的点位误差为 171 毫米，导线相对闭合差为 1/23400；方位角闭合差为△ α =89″ ，达到 ± 7″ 级导线要求。

2005 年 10 月，对 13 采区总回风下山进行贯通测量。2006 年 8 月 11 日，该下山贯通。在 –600 米水平、–850 米水平同时施工，全断面锚网喷一次成巷相向贯通。本次贯通工程，纵贯 –505 米水平至 850 米水平，全长 5000 米，高差 345 米，沿 –505 米水平南北轨道运输巷、13 采区皮带下山、–590 米皮带运输巷、首采区轨道下山、–850 米水平北翼轨道运输巷布设为起始于同一条边的闭合导线。采用 2″ 级全站仪，用测回法观测水平角，测距前输入棱镜常数、温度、气压等各项改正值。实测坐标闭合差（△ x= ± 99 毫米，△ y= ± 150 毫米，△ z= ± 50 毫米），贯通点的点位误差为 180 毫米，导线相对闭合差为 1/27778，方位角闭合差△ α =70″ ，达到 ± 7″ 级导线要求。

2017 年 5 月 25 日，主进风巷贯通测量；2018 年 10 月 8 日，全线顺利贯通。为缓解提升运输压力、改善矿井通风条件、缩短职工上下井时间，决定在 –505 米水

平向 –1030 米水平施工一条进风下山。为加快施工进度，在 –505 米水平、–850 米水平（上、下）、–1030 米水平分四个掘进迎头同时施工，全断面锚网喷 1 次成巷相向贯通。本工程纵贯 –505 米水平、–850 米水平、–1030 米水平，贯通导线全长 7500 米，高差 525 米，沿 –505 米水平南翼轨道巷、–505 米水平井底车场、–505 米水平北翼轨道巷、13 采区轨道下山、–600 米轨道运输巷、13 采区集中进风下山、四部猴车道、三水平进风下山、–1030 米水平北翼轨道巷布设为起始于同一条边的闭合导线。采用 2″ 级全站仪，用测回法观测水平角，测距前输入棱镜常数、温度、气压等各项改正值。实测坐标闭合差（△ x=+140 毫米，△ y=–88 毫米，△ z=–34 毫米），贯通点的点位误差为 150 毫米，导线相对闭合差为 1/32894；方位角闭合差：△ α =74″ ，达到 ± 7″ 级导线要求。

六、地表与岩石移动观测

1999 年 5 月，在 11 采区 11011、11051 工作面地面布置三条岩移观测线，其中走向长 1260 米，倾斜长 540 米，共埋设观测点 68 个。观测成果是：煤厚 8.4 米、倾角 25 度、垂深 500 米时，地面最大下沉值为 327 毫米。当时因兖州市修路，观测点被破坏，没有观测水平移动。

2003 年 10 月，在 21 采区 2106 工作面地面布置两条走向与倾向对应的岩移观测线，其走向长 1345 米，倾斜长 462 米，因受地面地形影响，倾向方向只设半个方向，共埋设观测点 36 个。按照《煤矿测量规程》要求，每季度进行 1 次全面观测，观测结果是：煤厚 8.2 米、倾角 8 度、垂深 960 米时，地面最大下沉值为 1070 毫米，水平移动 172 毫米。

2005 年起，古城煤矿开始和山东科技大学测绘学院合作，使用 GPS、全站仪、水准仪等仪器对地表进行岩移观测研究。其中，22 采区的观测结果是：平均煤厚 8.5 米，平均埋深 980 米，地面最大下沉值为 1100 毫米、水平移动 360 毫米。32 采区的观测结果是：平均煤厚 8.6 米，地面最大下沉值为 1260 毫米、水平移动 309 毫米，平均埋深 1100 米。31 采区及 33 采区目前正在进行岩移沉降观测中。

根据实测岩移观测数据分析，确定古城煤矿条带开采岩移观测参数为：下沉系数 0.15，水平移动系数 0.25，主要影响角正切 2.0，拐点偏移距 100 米，开采影响传播角 86 度。

七、矿图绘制

建井初期，矿图绘制采用光面聚酯薄膜绘制成底图，用铅字盖印注记的技术，绘制首采区 3 煤采掘工程平面图（1 ： 2000）、首采区井田区域地形图（1 ： 2000）、基岩地质地形图(1 ： 10000)、井上下对照图(1 ： 5000)、井底车场平面图(1 ： 500)、工业广场平面图（1 ： 1000）、3 煤保护煤柱平面图（1 ： 2000）、21 采区井上下对照图（1 ： 2000）、井筒断面图（1 ： 500）。1999 年 8 月，修编建井地质报告，完成 3 煤底板及储量计算图（1 ： 5000、1 ： 10000）、$2_{上}$煤底板及储量计算图（1 ： 5000）、矿井充水性图（1 ： 2000）、–505 米水平切面图（1 ： 2000）。

2001 年 6 月，购买北京龙软科技发展有限公司开发的地测空间管理信息系统

（RGIS2.0），对聚酯薄膜底图进行矢量化处理，建立地质、测量数据库，实现地测资料数据化管理以及网络数据库和图形系统间的动态交流，图例、线型、字体均符合《煤矿地质测量图例》要求，处理图形的工作效率和绘图质量、精度得到提高。

2012 年，为建设数字化矿山，购买蓝光地测地理信息系统，地测技术人员利用该软件丰富了地质、测量数据库，建立层状、块状、储层、断层等构造，直接利用三维轮廓点进行储量圈定以及复杂管网、复杂巷道和井下硐室等工程，实现三维矿图建设、数据网络传输等功能。此项目由马强、赵昌强、魏茂运共同完成，且进行相应图纸绘制及数据库完善维护。

2018 年 3 月，为落实临矿集团大数据系统建设工作要求，组织技术人员将北京龙软科技发展有限公司开发的地测空间管理信息系统（GIS3.2）软件以及“一张图”安全生产共享平台应用到古城煤矿大数据建设当中。其中，地测空间管理信息系统（GIS3.2）的应用，不仅提高了地质建模能力，而且还提高了空间数据管理、空间数据分析以及空间信息集成、发布与共享的能力，使数字化矿山向智慧化矿山转变。

第四节　测量设备

一、防治水及地质构造探测

1. 井下防探水钻探。先后购置石家庄中煤机械厂生产的钻探距离 75 米的 TXU—75A 型、100 米的 KZ—100 型、150 米的全液压 ZDY—660 型井下钻机，以满足超长钻探距离的要求。从镇江煤矿专用设备厂购置钻探距离 300 米的 MYZ—300 型井下钻机。同时，配备镇江安达机械有限公司生产的流量 200 升 / 分钟、最高压力 40 兆帕的 TBW-200 型注浆泵。

2. 地质构造探测。购买福建华虹仪器厂生产的 KDZ1114-3 型便携式矿井地质构造探测仪，主要运用于掘进期间的超前探测。同时，配置河北邢台同城矿业有限责任公司生产的 WKT-A 型工作面电磁 CT 成像仪。该仪器接收机灵敏度高，数据采集量大，观测方式灵活，能准确查清工作面内部的地质构造，为工作面的回采提供可靠的地质资料。2004 年后，随着三维地震勘探技术的广泛应用，为更好地对三维数据体进行分析，从河北省涿州市计算机技术服务部引进“三维地震解释系统”。该系统配置美国 SUN 公司的 Ultra60 高速图形工作站，能通过生产过程中实际揭露的煤层底板标高，自动修改三维地震勘探的煤层底板等高线，为指导下一步的生产提供可靠保障。

3. 地面与井下的水文资料观测。购买了上海气象仪器厂生产的 ST 型虹吸式雨量计，实现降雨量全天候的自动观测、自动记录。同时，将测量的精度提高到小数点后两位。在井上配备陕西欣源科技有限公司制造的 XY—Ⅱ水文多参数遥测系统，通过 GSM 无线通讯方式，无人值守全天候自动观测与记录第四系的水位、水温变化情况。

4. 井下涌水量观测。购买煤科院西安分院生产的 CDY-1 磁流量仪，该仪器能够准确测量井下水的流速。

二、矿井测量仪器

截至 2018 年末，有日本拓普康仪器制造有限公司生产的 S1 型、S3 型水准仪各 1 台。全站仪 3 台，分别为日本康尼公司生产的测角精度 2 毫米的 Nivo 1.c 全站仪、Nivo 2.m 全站仪、NPL-322+ 全站仪。所有测量仪器均有防爆合格证及煤安证书，并定期检校。

第五节　地测新技术

1992 ～ 2000 年，矿井生产勘探以钻探为主，曾进行过二维地震勘探，精度低，控制面积小；测量测角方法采用测回法，用经过比长的钢尺悬空丈量边长。主要大巷用 J2 级经纬仪测角控制，次要巷道用 J6 级经纬仪测量导线，因为人力拉尺丈量边长，工作量大、人为因素多、误差大。

2000 年，将 GPS 定位仪、光电测距仪应用到现场，为生产勘探、地质构造的精确定位提供保障。截至 2018 年年末，配有水准仪 2 台、全站仪 3 台，其中自带编程功能的全站仪有 3 台。

古城矿井地质构造复杂，处于滋阳断层在兖州煤田的分叉合并区。为满足矿井地质构造及水文地质探测要求，古城煤矿在地质物探方面有淮南理工大学研制的 KDZ1114-3 型构造探测仪，水文方面有煤科院西安分院生产的 CDY-1 型磁流量仪。另外，还与河北物测队采用可控源音频大地电磁法，对井田所有落差大于 100 米的断层进行含水性探测；与中国煤炭地质总局物测队合作分 3 次对全井田进行三维地震勘探。加强地面气象资料收集，购置上海气象仪器厂生产的 ST 型虹吸式降雨量自动观测仪，设立地面泗河洪水位观测站。同时，每年投入 30 万元，与中国矿业大学合作，对井下新出现的水文异常区进行瞬变电磁探水，防止矿井水害的发生。

2002 ～ 2018 年，分别与河北物探队、山东科技大学、中国矿业大学、福建华虹智能科技股份有限公司、临沂兴宇工程设计有限责任公司等科研单位合作进行水文地质勘探。推广应用新技术，引进新设备，改变过去以钻探、点覆盖为主的勘探方式，建成全井田、立体式面覆盖为主的二维、三维地震勘探技术，提高井田的勘探程度和精度。

第三篇 矿井建设

古城矿井是原临沂矿务局实施建设西部矿区战略时在济宁地区建设的第一座现代化矿井，位于山东省济宁市兖州区酒仙桥街道办事处古城村以南。古城煤矿地理位置得天独厚，东至“东方圣城”曲阜12千米、京沪高铁曲阜东站20余千米；西南至济宁市及京杭大运河30千米。京沪铁路、京福高速公路、日东高速公路交汇于此，327国道与泗河纵横相交于井田内，形成发达的交通运输网络。

1990年4月3日，中国统配煤矿总公司报国家计划委员会批复同意，将曲阜井田划归临沂矿务局开发建设，以解决临沂矿区无接续后备资源问题。1991年2月20日，中国统配煤矿总公司批准，矿井的设计工作由煤炭工业部武汉、济南煤炭设计研究院承担，以武汉院为主。1992年8月26日，临沂矿务局成立曲阜矿井筹建处，矿井筹建工作正式开始。1996年5月1日，主井立井井筒开挖，标志着矿井进入建设时期。2001年1月1日，矿井移交试生产管理。

矿井设主井、副井。主井用于煤炭提升，井筒净直径5.5米，深度557.37米；1996年5月1日开工，1997年5月18日竣工，临沂矿务局工程公司施工。副井装备1对1吨双层4车罐笼，一宽一窄，用于人员上下、设备材料、矸石及掘进煤提升；井筒净直径6米，深度581.6米；1996年9月8日开工，1997年11月20日竣工，实现主、副井井底贯通，新汶矿务局工程公司施工。主井、副井井筒掘砌采用冻结工程施工，兖州矿务局六处、中煤特殊工程公司施工。

矿井采用立井、暗斜井多水平开拓方式，中央并列式通风方式，机械抽出式通风方法，副井进风，主井回风。分 −505 米、−850 米、−1030 米三个水平开采。采煤方法为综采放顶煤工艺，自然冒落法管理顶板，开采方式为条带开采。

第一章　矿井设计

第一节　初步设计

1990 年 5 月 5 日，按照煤炭工业部山东煤炭工业管理局（以下简称“山东煤管局”）要求，临沂矿务局向煤炭工业部济南煤矿设计研究院（以下简称济南设计院）发出《关于委托曲阜矿井预可行性研究报告的函》。10 月，《临沂矿务局曲阜矿井可行性研究报告》完成，确定地质总储量 25536 万吨，设计利用储量 12463 万吨（–1000 米以浅），其中 3 煤层 10048 万吨，其他煤层 2415 万吨。矿井设计为全采，井田可采储量 8005 万吨，其中 3 煤层 6406 万吨，其他煤层 1599 万吨，设计生产能力为年产 90 万吨，服务年限 64 年，建设工期 65 个月。风氧化带及其防水煤柱，各煤层露头线垂深 20 米处圈出风氧化带界线，垂深 70 米处划出防水煤柱界线。落差大于 30 的断层两侧各留出 50 米煤柱，并列入暂不能利用储量。

1991 年 2 月 20 日，中国统配煤矿总公司向山东公司下发《关于临沂曲阜矿井设计工作安排的通知》（〔1991〕中煤总基经便字第 108 号），提出曲阜矿井的设计工作由煤炭工业部武汉煤炭设计研究院（以下简称“武汉设计院”）、济南设计院承担，以武汉设计院为主，依据计划任务书的批复原则编制初步设计。

4 月 20 日，临沂矿务局向武汉设计院发出《关于委托编制曲阜矿井初步设计的函》，要求武汉设计院于 6 月底前提交关于曲阜矿井的全套完整的符合审批要求的初步设计文件，包括矿井铁路专用线专项设计和适用编制计划任务书的选煤厂方案设计。

7 月 16~18 日，国家能源投资公司、山东煤管局、武汉设计院、临沂矿务局在山东枣庄市薛城区对《临沂矿务局曲阜矿井初步设计》进行审查，同意设计划定的井田境界，西以京沪铁路煤柱线及兖州县城煤柱线为界，东以 F33 断层为界，北以 F13 断层及各煤层 –600 米底板等高线与单家村煤矿为界，南以 F31 勘探线及 –1200 米煤层底板等高线为界；井田东西长 6.8 千米，南北宽 1.5 ~ 7.5 千米，面积 28 平方千米；矿井设计能力为年产 90 万吨，矿井服务年限为 54.4 年；井口位于泗河以西、327 国道以北、山东第三地质水文队以南。10 月 18 日，临沂矿务局与武汉设计院签订设计合同，增加矿井工业广场生产、生活福利设施、居住区、场外 35 千伏输电线路、公路及施工组织设计。

1992 年 8 月，武汉设计院完成《曲阜矿井初步设计（部分修改）》，对井田拐点坐标进行确定，共由 12 个拐点坐标圈定，井田面积约 28 平方千米。对单家村矿井境界储量、古城矿井储量、京沪铁路保护煤柱储量均进行详细的计算。地质总储量 21441 万吨，设计利用储量 12119 万吨（–1000 米以浅），其中，3 煤层 9868 万吨，其他煤层 2251 万吨。矿井设计仍为全采，井田可采储量 6855 万吨，其中，3 煤层 5680 万吨，其他煤层 1175 万吨，设计生产能力为年产 90 万吨，服务年限 54 年。煤柱的留设方面与上次设计相比，重新计算矿井工广煤柱及大桥煤柱，其他煤柱留设未变，建井工期 65 个月。

10 月 16 日，兖州市人民政府致函临沂矿务局，建议调整矿区工业广场设计，将排矸场（矸石山）向南跨越 327 国道，调整到原工业广场东北方向，即古城村以北、泗河西岸，将工人村（现古城小区）由原来的位于工业广场以北调整到五圣堂村南的兖州市住宅开发区内。临沂矿务局和武汉设计院采纳兖州市政府的建议，对设计方案进行调整。

1995 年 8 月，根据煤田地质总局物探队提交的《古城（曲阜）矿井达产采区地震补充勘探报告》和国家开发行对评估报告的评审意见，编制《古城矿井修改初步设计》。

1996 年 9 月，根据煤炭部《对临沂矿务局古城矿井设计优化方案的审查意见》（煤基设字〔1996〕第 86 号），编制完成《古城矿井（修改）初步设计》，主要内容包括：对原地质报告储量重新进行计算，地质总储量 21014.8 万吨，设计利用储量 11692.8 万吨（–1000 米以浅），其中，3 煤层 9441.8 万吨，其他煤层 2251 万吨。矿井设计仍为全采，井田可采储量 6535.4 万吨，其中，3 煤层 5360.4 万吨，其他煤层 1175 万吨，设计生产能力 90 万吨 / 年，服务年限 51.9 年。矿井开拓设计采用立井暗斜井开拓，即初期以一对立井开拓（主井兼回风井），后期采用立井暗斜井（为初期下山）的开拓方式。

1999 年 4 月，筹建处编制《古城矿井储量报告》，该报告第一次精确测定矿井井田面积为 16.66 平方千米，井田总地质储量 21014.8 万吨。山东省矿产资源委员会以鲁资审〔1999〕3 号文件批准该报告。该报告与 1995 年 8 月初步设计不同之处是：将下组煤列为暂不能利用储量，设计可采储量 6534 万吨，为下一步开采设计提供依据。

由于古城矿井范围内村庄、工厂、医院、学校、公路、桥梁、河堤等建（构）筑物较多，矿井大部分区域为建筑物下采煤。为充分利用煤炭资源，安全、经济地进行建筑物下采煤，多次委托北京天地科技股份有限公司开采所进行建筑物下开采方法论证，并确定采用条带式长壁开采方法。

第二节　环评设计

1992 年 10 月 10 日，曲阜矿井筹建处与煤炭工业部兖州设计研究院签订《临沂矿务局曲阜矿井及选煤厂环境影响报告书设计合同》。1994 年 9 月 12 日，双方签订补充合同。1995 年 6 月，完成环评设计，形成《临沂矿务局古城矿井及选煤厂环境影响报告书》，包括矿井水处理、生活污水处理、锅炉烟尘、噪声、煤矸石等治理。1995 年 12 月 19 日，山东省环境保护局以鲁环管工〔1995〕155 号文件批准。

第二章　矿井施工

第一节　工程招标

一、招标管理

1992 年 8 月至 1997 年 11 月，筹建处招标管理工作由 1 名副主任分管，由经济科负责招标管理。一般性工程施工项目招标，由筹建处负责组织。大型的工程招标工作由临沂矿务局组织。设备、材料采购执行设计文件，由临沂矿务局物资供应公司负责。

1993 年 3 月 31 日，筹建处印发《曲阜矿井筹建处工程造价管理试行办法》《曲阜矿井筹建处经济合同管理办法》。

1997 年 11 月 1 日，筹建处印发《古城矿井工程招标管理办法》，成立招标工作领导小组，筹建处主任任组长，副主任、监理负责人任副组长。相关部门负责人为成员。成立招标办公室，负责制定招标文件、邀请投标单位、组织招标会议、聘请专家、评标、开标等事宜。

1992 年 8 月至 2001 年 4 月，共组织工程招标 210 项，其中矿建工程 62 项、土建工程 83 项、安装工程 65 项。

二、主要项目招标

1. 注浆工程议标。由临沂矿务局组织招标，上报山东煤管局。1993 年 9 月 9 日，山东煤管局上报国家能源投资公司。11 月 4 日，国家能源投资公司下发《关于古城（曲阜）矿井主、副井井筒地面预注浆施工议标结果的批复意见》（能投煤项〔1993〕759 号），同意临沂矿务局的邀请议标结果，注浆工程由枣庄中兴综合注浆公司总承包，临沂矿务局地质公司分包副井千米钻固管段和注浆段的造孔工程；投资由设计概算的 1236.78 万元核减为 1123.10 万元，并将其作为最后定标的标底，其中，主井为 537.02 万元，副井为 586.08 万元；包干使用并调入曲阜矿井概算。1993 年，临沂矿务局与枣庄中兴综合注浆公司签订合同，工期均为 8 个月，井筒注浆后其涌水量不得超过 10 立方米 / 小时。主井注浆深度 682.8 米，1994 年 11 月 28 日竣工，涌水量预计为 2.95 立方米 / 小时。副井注浆深度 705 米，1995 年 8 月 29 日竣工，涌水量为 6.836 立方米 / 小时。山东煤管局组织验收，两项工程均满足设计和合同要求。

2. 主井、副井井筒、相关硐室巷道掘砌、井筒冻结工程招标。1995 年 3 月，矿务局拟将该工程招标采用邀请议标的方式进行，上报山东煤管局和煤炭工业部规划发展司；6 月 16 日，煤炭工业部规划发展司批准，同意招标方式采用邀请议标形式，参加投标单位为临沂矿务局工程公司、新汶矿务局工程公司、兖州矿务局第六工程处、中煤特殊工程公司。招标领导小组组长单位为煤炭工业部规划发展司，成员单位为山东煤管局、国家开发银行煤油局、山东省建委、临沂矿务局。标底按煤炭工业部最新出台的新政策编制，经煤炭工业部核准降低 3% 作为承包价。确认临沂矿务局工程公司中标主井井筒掘砌工程，合同价款 1935.02 万元；新汶矿务局工程公司中标副井井筒掘砌工程，合同价款 2296.81 万元。主井、副井冻结工程由兖州矿务局第六工程处中标，合同价款为 1780 万元。

3. 主井井塔、主井井筒装备安装、主井提升绞车安装工程招标。1999 年 1 月 20 日，经山东煤管局批准，临沂矿务局对 3 项工程实施邀请议标。邀请议标单位分别为：主井井塔、主井井筒装备安装为临沂矿务局工程公司、中煤第五建设公司第五工程处；主井提升绞车安装为中煤建设集团第五建设公司第五工程处、兖州矿业集团新陆公司。26 日，组织招标，临沂矿务局工程公司中标主井井塔工程，合同价款 448.73 万元。中煤建设集团第五建设公司第五工程处中标主井提升绞车安装工程，合同价款 22.8 万元。

4. 主井箕斗装载硐室设备安装。中煤建设集团第五建设公司第五工程处中标，合同价款为 178 万元。

第二节　工程施工

根据矿井设计要求，截至 2000 年年末，矿建单位工程为 62 个，竣工 55 个，完成井巷工程量 16044 米，完成设计计划的 88.71%；土建单位工程为 83 个，竣工 71 个，竣工面积 28002 平方米，完成设计计划的 85.54%；安装单位工程为 65 个，竣工 45 个，完成设计计划的 69.23%。选煤厂及配套的铁路专用线开工建设。矿井主要生产系统和技术经济指标均达到设计要求，满足移交试生产条件。

一、主井、副井井筒地面预注浆工程（以副井为例）

1994 年 1 月 30 日开工，1995 年 8 月 29 日竣工，历时 576 天。枣庄中兴综合注浆公司总承包，承包总价为 1123.10 万元。临沂矿务局地质公司分包地面预注浆造孔，煤炭科学研究总院北京建井研究所负责技术咨询。

预注浆的材料选用粘土水泥浆，采用综合注浆法自上而下分段注浆，上部为固管段，下部为基岩注浆段。副井注浆深度为 705 米，其中，固管段 235 井筒米，注浆段 470 井筒米。冻结段采用壁间注浆，基岩段采用壁后注浆。布置 3 台钻机，施工 6 个钻孔（分两组施工），在第一组孔注浆施工结束后，变更第二组孔注浆施工方案，将第二组孔 3 个钻孔的位置挪到冻结孔外圈圈径上，做到一孔两用，即注浆孔固管段兼冻结孔。完成造孔工程量 4253.26 米，其中，固管段 1411.29 米，注浆段总长 2841.97 米，岩帽段（235 ～ 488 米）；注入单液水泥浆 284.5 立方米，注浆段注入黏土水泥浆 8168 立方米。总注浆量 8452.5 立方米，水泥用量 1459.75 吨，水玻璃用量 198.54 立方米，注浆质量检查孔按设计要求分 3 段做抽水试验工作，应用终检孔 6 号孔注前抽水试验资料，预计全井筒（235 ～ 705 米）在前 5 个钻孔注浆后，剩余涌水量为 6.886 立方米 / 小时，堵水率达 94.89%。

主要材料黏土取自古城矿区内，水泥采用曲阜水泥厂生产的 425 号普通硅酸盐水泥，水玻璃采用滕州城头泡花碱厂生产的液体纳质水玻璃。黏土水泥浆的基本性能包括粘度、比重、塑性强度、析水率、抗渗性及耐久性等。

由于注浆钻孔分布在井口周围的落点均匀，注浆参数合理，浆液性能稳定可靠，裂隙被浆液充填密实饱满，达到注浆堵水目的。

二、冻结工程

古城矿井地处兖州城市水源井基地，兖州自来水厂距矿区约 300 米，水厂周围有 12 眼水源井，每日供水量 28000 立方米 / 小时；水文地质条件极其复杂，地下水水平流速为 23.66 ～ 40.08 米 / 天，垂直流速为 3.36 米 / 分。为解决地下水高流速冻结问题，决定采用强化冻结法，临沂矿务局委托兖州矿务局第六工程处编制《古城矿井冻结施工组织设计》，委托枣庄矿务局中兴综合注浆公司编制《古城矿井主井井筒冻结钻孔施工组织设计》。

主井、副井冻结工程由兖州矿务局第六工程处总承包，1995 年 1 月 18 日签订施工合同，合同价款 1780 万元。

施工时选用表土段冻结、基岩段地面预注浆的特殊施工方法。工艺采用短段掘砌单行作业方式。冻结段采用双层钢筋砼复合井壁支护形式。井壁分内外两层，均为钢筋砼结构，外壁与井帮之间敷设一层聚苯乙烯泡沫板，以缓冲冻结井壁变形和冻土膨胀产生的冻结压力。井筒冻结深度 250 米，采用差异法，对井筒从 235 米开始进行地面预注浆。

1994 年 5 月，筹建处委托中煤建设开发总公司北京康迪监理咨询公司编制《古城矿井高流速地下水中冻结工程设计咨询报告》；6 月 1 日，山东煤管局审核批准该报告。经煤炭部科技司批准，山东煤管局转批设立古城矿井地下水高流速下强化冻结技术科研项目，由临沂矿务局组织煤炭科学研究总院北京建井研究所、兖州矿务局第六工程处成立 3 方科研小组进行攻关。1995 年 9 月 1 日，3 方签订合同。

（一）主井井筒冻结、装备

1996 年 5 月 1 日，主井井筒开挖；1997 年 5 月 18 日，竣工。净直径 5.5 米，设计工程量 558.56 米，实际工程量 557.37 米。采用液压滑升模板套壁工艺施工。其中，冻结工程冻结深度 250 米，冻结段采用内外层钢筋砼复合井壁，基岩段为素砼井壁。

井筒装备 1 对 9 吨箕斗及钢梁钢罐道，设玻璃钢梯子间，兼作安全出口，担负矿井煤炭提升和回风任务。提升机为塔式四绳摩擦轮提升机。临沂矿务局工程公司施工。

（二）副井井筒冻结、装备

1996 年 9 月 8 日开工，1997 年 11 月 20 日竣工。采用液压滑升模板套壁工艺施工。副井锁口标高为 +53.6 米，设计井筒净直径 6 米、深度 581.6 米，净断面面积为 28.27 平方米，表土段采用冻结法施工，基岩段采用上冻下注、先注后冻法施工，冻结段采用掘砌混合作业方式，第四系冲击层段采用人工与风镐挖掘，基岩风化段采用钻爆法施工。垂深 247.81 米以上段为冻结段，井壁结构为双层钢筋砼复合井壁，内壁 500 毫米，加强段 700 毫米，外壁 400 毫米，砼标号分别为 C30、C35、C40、C50；垂涤 247.81 米以下为基岩段，采用素砼支护，砼标号 C30。合同价款 2296.81 万元。

井筒装备 1 对 1 吨双层 4 车一宽一窄四绳罐笼。装备钢梁钢罐道，设玻璃钢梯子间，担负矿井的人员、材料、设备的升降及矸石的排出。提升机为落地式四绳摩擦轮提升机。井筒作为矿井的进风井及安全出口，由新汶矿务局工程公司施工。

主井施工井架（1996 年 5 月摄）

三、矿建工程

（一）箕斗装载硐室

1997 年 3 月 28 日开工，同年 4 月 30 日竣工。由装载室、控制室及皮带机巷三部分组成，长度 22.7 米，支护方式为二次支护，外层挂网锚喷，内层钢筋砼砌碹，半圆拱形。临沂矿务局工程公司施工。

（二）井下主变电所

1997 年 9 月 3 日开工，同年 10 月 5 日竣工。主要由硐室、密闭门及通道三部分组成，总长 67.72 米，砌碹砼 C25、喷砼 C15。临沂矿务局工程公司施工。

（三）内环水仓

1997 年 9 月 5 日开工，同年 10 月 20 日竣工。该工程全长 132 米，为半圆拱形巷道，挂网锚喷支护。巷道净宽 2.8 米，墙高 1.0 米，采用直径 43 米 ×1600 米管缝式锚杆。临沂矿务局工程公司施工。

（四）副井井底车场连接处

1997年10月2日工程开工，1998年6月20日竣工，工程全长49.8米（不包括井筒及井底车场水窝）。南马头门高5.38米，北马头门高4.97米，出车侧摇台基础坑宽6.1米，推车机基础坑宽6.3米。新汶矿务局工程公司施工。

（五）井下主排水泵房

1997年10月6日开工，同年11月20日竣工。工程由泵房主体、泵房通道、配吸水井、配水巷组成，工程总量127.1米，净断面积24.3立方米，支护方式均为二次支护，外层挂网锚喷，内层砼砌碹。配吸水井（泵房底板以下部分）及配水巷由临沂矿务局五寺庄掘进队负责施工；泵房主体、泵房通道由临沂矿务局工程公司施工。

（六）总回风巷

1997年10月15日开工，1998年11月16日竣工。工程采用钢架喷射砼、锚喷支护和砌碹3种支护，钢架喷射砼巷道共长202.2米，其中岩斜巷长8.05米，煤平巷长186.45米，半煤岩平巷长7.7米，加密23架钢支架。锚喷巷道长249.825米；总回风巷开口为4米砌碹巷道。临沂矿务局工程公司施工。

（七）−505米水平井底车场巷道

1997年10月20日开工，1998年6月7日竣工。工程实际认证365.316米，其中，砌碹15米，其余为锚喷支护；工程结构分别为挂网锚喷支护和外层挂网锚喷内层砼砌碹。临沂矿务局工程公司施工68.196米，临沂矿务局五寺庄矿施工队施工397.12米。

（八）副井管子道

1997年11月22日开工，同年12月25日竣工。由下平台、斜巷、上平台、绞车房组成，巷道全长42.6米，掘进体积742.7立方米。临沂矿务局工程公司施工。

（九）副井调车线、重车线及回车线

1997年11月15日开工，1998年4月13日竣工。由1号、2号、3号交岔点、调车线、重车线回车线、地沟四部分工程组成。副井调车线长40.4米，掘进断面15.6平方米，净断面12.8平方米，重车线长40米。回车线全长209.6米，均为2次支护，外层支护为100毫米锚喷支护，内层支护为100毫米喷砼支护。临沂矿务局工程公司施工。

（十）副井马头门

1998年4月20日开工，同年6月20日竣工。该工程全长84.6米，掘进体积3105.2立方米，1次支护喷砼，2次支护砼砌碹，巷道断面为直墙半圆拱。临沂矿务局工程公司施工。

（十一）井下调度室

1997年11月6日开工，1998年11月20日竣工。工程全长6米，采用锚喷联合支护，断面形式为切圆拱，采用直径43米×1600米管缝式锚杆，喷射砼标号为C20，铺底砼标号为C15。临沂矿务局工程公司施工。

（十二）−560回风巷

1998年8月16日开工，同年11月9日竣工。工程全长189.58米，其中双轨巷长 20.05 米，架棚长 44.75 米，其他为单轨。普通巷道采用锚喷支护形式，为全断面锚网；架棚巷采用 12 号工字钢棚，棚间距 1000 毫米。临沂矿务局工程公司施工。

（十三）首采区

第一个走向工作面 11021，走向长 650 米，工作面长 50 米，可采储量 25.70 万吨；第二个走向工作面 11041，走向长 680 米，工作面长 50 米，可采储量 31.20 万吨。临沂矿务局工程公司、五寺庄煤矿施工。

四、土建工程

（一）联合福利楼（办公楼）

1995 年 3 月 16 日开工，1996 年 4 月 10 日竣工，位于工业广场中心。框架结构 2 层楼房，设计为前楼、后楼布置，两楼南北间距 22 米。前楼长 90 米，宽 19 米，建筑面积 1710 平方米，设更衣室、充灯房、理发师等功能区。后楼长 40 米，宽 19 米，建筑面积 760 平方米，一层西侧为职工澡堂、东侧为外宾澡堂，二层西侧为男更衣室、东侧为女澡堂。前后楼中间设连廊。

2000 年，古城矿井即将投产，为节省投资，矿井设计中没有办公楼。经临沂矿务局批准，将联合福利室前楼增加一层，设正面门厅（原设计是内楼梯）。作为古城煤矿的办公楼。2000 年 4 月 24 日开工，同年 11 月 6 日竣工。面积 1740 平方米（包括门厅），合同价款 100 万元。临沂矿务局工程公司施工。

2009 ～ 2010 年，对办公楼进行改造，将两栋楼东部中间空闲部分封闭，面积 210 平方米。二层设职工便利店；一层安放按摩椅、藤桌藤椅，作为职工的休闲场所。南北各设楼梯，方便职工出入更衣室。

（二）原煤仓

1997 年 7 月 23 日开工，同年 12 月 26 日竣工。位于工业广场西北部，施工工艺采用滑模施工。基础为钢筋砼预制桩，规格为 400 毫米 ×400 毫米 ×12000 毫米，数量为 114 根。主体筒高为 34.04 米，内径长 15 米，壁厚 250 毫米。建筑体积为 6336 立方米，工程总投资约 251.95 万元。临沂矿务局工程公司施工。

（三）块煤装车仓

1998 年 5 月 15 日开工，同年 12 月 26 日竣工。位于工业广场西北部，由 2 个 6 米 ×6 米方仓组成，14 米平台以下为钢筋砼结构，14 米平台以上为砖混结构，仓内漏斗耐磨层为超高分子聚乙烯板材；建筑面积为 72 平方米，容量为 500 吨，建筑体积为 1552 立方米，工程总投资约 89.7 万元。临沂矿务局工程公司施工。

（四）锅炉房

1998 年 9 月 2 日开工，1999 年 2 月 28 日竣工。位于工业广场西侧，由锅炉间、水处理间、电控室、压风机及充灰沉淀池、烟囱组成。在建筑结构方面，锅炉房为钢筋砼框架结构，建筑面积为 825.87 平方米；水处理间、电控室为砖混结构，建筑面积 427 平方米；压风机房为砖混结构，建筑面积为 100.35 平方米，充灰沉淀池钢砼结构，容积为 505 立方米；烟囱为砖混结构，高度为 60 米，工程总投资约 100 余万元。临沂矿务局工程公司施工。

（五）排矸系统

1998 年 11 月开工，2000 年 3 月竣工。由矸石翻笼、皮带走廊、矸石仓、临时矸石栈桥组成。临沂矿务局工程公司施工。

（六）主井井塔

1999 年 2 月 5 日开工，7 月 1 日竣工。位于工业广场东北侧。主体工程由矿务局工程公司施工，桩基工程由徐州桩基工程公司施工，密闭工程由曲阜远大装饰有限公司施工。主体工程为钢筋混凝土箱型筒壁带柱结构，井塔平面尺寸为 12.68 米 ×14.6 米，壁厚 300 毫米，内侧有 10 个壁柱，南北两侧的外侧各有 2 个壁柱，在绞车大厅控制室外局部外挑 2 米；共分 7 层、井塔总高 54 米，建筑体积为 9978 立方米，在井塔西南角安装电梯 1 部，合同价款 448.73 万元。主体工程施工工艺为滑模施工。

桩基工程基础部分为预制静压桩地基、条型基础，共打入规格为 400 毫米 ×400 毫米 ×1200 毫米的混凝土预制桩 106 根。

密闭工程结构为轻钢、轻质板混合结构，建筑面积为 928 平方米，布横向龙骨，聚苯乙烯密度达到每立方米 16 公斤，负压达到每平方米 300 公斤。

五、安装工程

（一）副井井架

1998 年 4 月 23 日开工，1998 年 6 月 11 日竣工。钢结构箱型永久井架，由立架、斜架两部分组成，立架部分为桁架钢结构，斜架部分为斜双柱框架式钢结构，设 3 层平台，高度 33.71 米，总重量 158.6 吨。临沂矿务局机械厂加工制作。江苏省煤炭基本建设公司第五工程处安装。

（二）副井提升绞车

1998 年 5 月 5 日开工，同年 8 月 26 日竣工。主要包括绞车、罐笼本体、悬挂装置、提升绳、平衡绳等。兖州矿务局新陆冻结安装有限责任公司施工。

第三节　质量监督和工程监理

1993 年 3 月 22 日，根据临沂矿务局要求，经能源部统配煤矿建设工程质量监督总站批准，成立能源部统配煤矿曲阜矿区工程质量监督站，业务隶属于能源部统配煤矿山东省工程质量监督中心站，实施对曲阜矿井建设工程的质量监督和认证，筹建处在工程管理科设 1 名专职质量监督员。6 月 14 日，印发《曲阜矿井土建工程质量处罚条例》《关于加强矿井土建工程质量管理的意见》，明确工作职责、工作流程、经济处罚标准等。10 月 14 日，矿务局下发《关于印发临沂、曲阜矿区工程质量监督实施细则的通知》，要求曲阜矿井矿建、土建、安装三类工程的质量监督、认证，由筹建处、煤炭工业部曲阜矿区质量监督站共同负责。

1995 年 10 月，经煤炭部、山东煤管局批准，聘请江苏兴达建设监理咨询公司对古城矿井实施工程监理。1996 年 2 月 28 日，为协调建设单位和施工单位的工作关系、发挥工程监理作用，筹建处选派4名工作人员参加江苏兴达建设监理咨询公司工作。1999年12月20日，临沂矿务局向江苏兴达建设监理咨询公司发出《关于结束古城矿井施工监理工作的函》，终止双方的监理合同。

1993～2000年，共验收认证单项工程171个（矿建工程55项、土建工程71项、安装工程45项）。其中，合格品171个，合格率达到100%；优良品102个，优良品率达到59.65%。

第四节　矿井验收

2001年1月5日，山东煤矿安全监察局济宁煤矿安全监察办事处根据《煤炭法》《矿山安全法》《煤矿安全监察条例》《煤矿安全规程》等有关法律法规规定，对安全设施和条件进行初步验收。8日，山东煤矿安全监察局组织有关人员，对矿井的提升、供电、排水、运输、通防、采掘工程、安全监测监控等系统以及相关图纸、资料、安全制度、培训情况进行复查。14日，山东煤矿安全监察局下发《关于临沂矿务局古城煤矿安全设施和条件专项验收的意见》（鲁煤安技装〔2001〕16号），同意山东煤矿安全监察局济宁煤矿安全监察办事处的验收意见，古城矿井设计建设按基建程序进行，安全设施和条件比较完善，基本具备试生产条件，同意按有关规定程序验收后投入试生产。

2001年1月10～11日，山东省煤炭工业局对古城矿井进行综合验收，认为古城矿井设计合理，矿井提升、运输、通风、排水、供电、首采区设备、地面原煤生产系统全部形成，经联合试运转，各主要系统运转正常，同意古城矿井投入试生产并移交生产管理。1月19日，山东省煤炭工业局下发《关于临沂矿务局古城矿井试生产并移交生产管理的批复》（鲁煤规发〔2001〕21号），同意古城矿井投入试生产并移交生产管理。

第四篇 煤炭生产

古城煤矿设计能力为年产90万吨，2003年10月核定2002年度生产能力为年产180万吨，2005年核定生产能力为年产220万吨，2015年核定生产能力为年产180万吨。

掘进工程以自建和外包方式施工。2001～2006年，部分掘进工程外委临沂华建工程公司；2002年，临沂矿务局工程公司改制为临沂华建工程有限公司（以下简称临沂华建工程公司）。2007～2018年，临沂华建工程公司施工人员由古城煤矿管理。2016年，增加济宁隆昌劳务公司参加掘进工程施工，确保矿井生产接续。

1998年8月，筹建处成立1个采煤工区；2000年3月，成立2个采煤工区。2001年2月，古城煤矿组建3个采煤工区，煤炭生产进入规范循环作业。

2003年，采煤二工区在2105工作面产煤105万吨，实现临沂矿务局创建百万吨工作面目标。

2003年，综掘工区实现年单进5000米，实现历史性突破。先后投入使用EBZ230型综掘机、ZF12000kN液压支架、挖掘式装载机、侧卸式装岩机、凿岩台车等掘进设备。准备巷道以及回采巷道主要采取锚网或锚网索支护，开拓巷道采取锚网喷支护。

2004年，进入-850米水平，采用ZF6200/16.5/26.5型综采液压支架，采煤机型号为MG250/591-QWD，前、后部刮板输送机型号为SGZ730/400，转载机型号为SZZ764/132，顺槽可伸缩胶带输送机型号为DSL1000/60/2×185，破碎机型号为PCM110。

2013年4月，在3206工作面首次装备ZF12000/18.5/35型综采液压支架和MG400/940-WD型采煤机，前、后部刮板输送机型号为SGZ800/1400，转载机型号为SZZ800/250。

2018年，加大综采工作面设备装机功率，3105工作面液压支架仍然为ZF12000/18.5/35型综采液压支架，采用MG500/1130-WD型双滚筒采煤机，采高2.0～3.8米，滚筒直径2000毫米，截深800毫米，牵引速度0～8.3米/分钟，最大牵引力为680/410千牛，电压为3300伏，总装机功率为1130千瓦。前、后部刮板输送机型号为SGZ800/1050，使用转载机型号为SZZ-800/250，使用破碎机型号为PCM160，顺槽可伸缩胶带输送机型号为DSL100/100/2×250。

2017年2月，在12采区首次采用原生矸石充填方法对条带煤柱进行回收，工作面采空区矸石充填率高达80%以上。2018年5月，回采结束。后期通过岩移观测，地表下沉值、地面建（构）筑物变形程度均在Ⅰ级变形范围内。

古城矿井属于低瓦斯矿井，通风方式为中央并列抽出式通风，副井进风，主井回风。新鲜风流由副井底进入，流经井底车场、采掘工作面、硐室等工作地点，经辅助扇风机压入主井后排出。2003年6月，装备KJ66安全监控系统；2005年，安装瓦斯检查智能化管理系统；2012年，完善安全监测监控KJ70N系统；2017年12月，投入使用KJ70X安全监控系统，实施对井下有害气体的监测和治理。

矿井供电有3路供电电源，其中，有两路来自兖州区红庙110千伏变电站，第3路电源来自古城煤矿自备电厂。

矿井供风系统中，总装机容量为1030千瓦，额定排气压力0.8兆帕，总产气量为180立方米/分钟。

矿井主排水系统为-505米水平、-850米水平、-1030米水平3级排水。

第一章　生产管理

第一节　机构设置

1992 年 8 月 26 日，成立曲阜矿井筹建处工程管理科。

1993 年 10 月 25 日，成立工程技术科，撤销工程管理科。

2001 年 2 月 26 日，成立生产技术部（又称生产科），撤销工程技术科。

2003 年 4 月 12 日，成立生产技术科，撤销生产技术部。

2006 年 3 月，将地测、调度、通防从生产技术科中分离。

2015 年 7 月 30 日，成立生产管理部（包括生产科、地测科、调度室、通防科、防冲办）。

第二节　管理制度

一、采煤生产技术管理制度

1. 根据《煤矿安全规程》编制采煤工作面作业规程和安全技术措施，以书面形式下达给采煤工区。

2. 采煤工作面安全技术措施如下：

（1）工作面初放、收尾、过联络巷、过老巷、过硐室、过地质构造带、过顶底板破碎松软带、过煤柱、过冒顶区、过压力集中带等。

（2）工作面条件发生变化，作业规程不适应时，必须及时编制补充完善措施，工作面采用新技术、新工艺、新方法、新材料。

（3）综采工作面运送、安装和拆除液压支架时，处理液压支架上方冒顶时，处理倒架、歪架、压架以及更换支架和拆修顶梁、支柱、座箱等大型部件时，工作面爆破时，工作面上下顺槽变形严重时，支架不能正常推进。

3. 加强采煤工作面初采初放、收尾搬家、过老巷、过各种推动硐室、过断层、褶曲及其他各种地质构造带、过顶底板及煤体松软破碎带、过煤柱、过冒顶区、过压力集中带，采煤工作面封闭等重点工作的管理。

4. 深入现场，监督检查作业规程、安全措施执行情况，及时补充完善。

5. 对关键技术管理过程建立记录台账，写出技术总结报告，报有关领导审阅。

二、掘进生产技术管理制度

1. 严格执行国家《安全生产法》《煤矿安全生产监察条例》和煤炭行业巷道掘

进及临矿集团安全生产、技术管理有关规定。

2. 各类巷道施工作业前，必须有经过审查、批准的施工图设计和作业规程、安全技术措施、开工通知单。施工巷道贯通，经过断层、老空区、集中应力带、冒落带、巷道开口地带等事故多发地段时，必须专门编制施工组织设计或安全技术措施、事故应急救援预案和矿井通风系统调整方案等。

3. 编制掘进工作面作业规程或安全技术措施的主要依据涉及以下几个方面：

（1）矿总工程师签发的工作面作业规程或安全技术措施编制计划通知书（或矿技术计划）。

（2）经过审批的开拓延深设计、采区设计或单项工程设计等。

（3）制定板控制实施细则、交接班制度、工程质量验收制度、巷道维修制度以及通风、瓦斯、煤尘、放炮管理规定等。

（4）矿井灾害预防和处理计划。

（5）地质测量部门提供的地质说明书、探放水设计方案、临近地区或相同围岩的矿压观测资料以及顶底板和两帮移近量、移近速度、收缩率等。

4. 执行"先停后开"的原则。发现水文地质、瓦斯、煤（岩）层、老空、断层等异常情况时，必须立即停止作业。在未制定安全技术措施且未经主管安全生产的副矿长、总工程师等领导研究决定前，不得擅自决定复工。因停电、停风等原因造成巷道停工的，复工前必须按矿井机电、运输、通风、瓦斯等方面的管理规定和制度进行检查、检测，达到施工要求后方可复工。

5. 执行已批准的《掘进工作面作业规程》，任何人不得擅自更改作业工艺和工序。

三、巷道贯通技术管理规定

1. 地测科在炮掘巷道与贯通巷道相距20米、综合机械化掘进巷道相距50米前，必须下发《巷道贯通预报》，预报贯通点附近的地质条件、岩性、地质构造、顶底板稳定性以及水文地质等情况。《巷道贯通预报》由生产技术科测量组负责发给相关科室和施工（外委）单位。

2. 通防工区保证两端巷道内有足够的有效风量，确保瓦斯不超限、不积聚。绘制贯通巷道两端附近的通风系统图，图中标明风流方向、风量和瓦斯涌出量，并预计巷道贯通后的风流方向、风量和瓦斯涌出量的变化情况。

3. 安监处安排巷道贯通期间跟班人员，调度室负责贯通巷道进度记录。

4. 贯通时，炮掘工作面每次爆破前，检查工作面及其回风流中的瓦斯浓度，工作面入口必须设置栅栏和专人警戒。

5. 巷道进入贯通期，地测科每天必须进行剩余巷道收尺工作，确保贯通剩余距离准确，同时在贯通示意图上标出剩余距离；经总工程师签字确认后，下发到各生产职能科室及通防工区。

6. 重要贯通测量完成后，还应进行精度分析，作出总结并与设计书和全部内业、外业资料一起保存。

四、顶板管理制度

1. 管理范围包括：临时支护管理，掘进工作面顶板管理，其他巷道顶板管理，回采工作面顶板管理，回柱放顶，初、末采顶板管理，工作面顶板管理。

2. 在巷道支护设计时应采用工程类比法。

3. 加强雨季和采、掘工作面地质构造期间构造区域的顶板监测。

4. 各采掘工作面要配备足够数量的支护器材和工具，包括单体支柱、坑木、锚杆、锚索、钢带、垫片、工字钢、金属网、升柱器和铁锹、镐、大锤、撬棍、千斤顶等救援具。

5. 掘进工作面顶板管理：

（1）掘进工作面必须使用临时支护，严禁空顶作业。

（2）巷道遇断层、陷落柱等地质构造及巷道开口、切巷刷大、整巷、扩巷、处理较大范围的冒顶以及其他特殊情况时，制定专项安全技术措施。

6. 其他巷道顶板管理：

（1）穿煤层或遇地质构造时，应采用可收缩性拱形支架支护，并进行喷浆封闭。

（2）金属支架间至少有 3 根拉杆和 2 根撑木，每根棚腿上方 2/3 处设置一根拉杆，每根棚梁中部设置 1 根拉杆。

（3）水平大巷和采区准备巷的煤巷部分必须进行喷浆封闭，喷射混凝土强度不低于 C20。

（4）刷大或维修整巷时，必须保证有人员能撤退的出口。独头巷道，必须由外向里逐排进行。

7. 回采工作面顶板管理：

（1）采煤工作面上下顺槽，必须保证规定的断面和高度，距工作面 20 米范围内必须加强支护，确保安全出口巷道高度达到 1.8 米以上。

（2）支护方式、支护密度必须符合作业规程的规定。

（3）明确端头支护的距离、形式、密度规格和材质等。

8. 回柱放顶：

（1）加强两端头退锚管理，确保顶板及时垮落。

（2）凡顺槽采用锚杆、锚索（网）支护的回采工作面，如因锚索变形造成不能退锚时，必须将顶网剪开。

（3）退锚必须在进回风巷回关门柱之前进行，退锚放顶工作不得与移转载机、推移机头机尾、拉移端头架平行作业。

（4）退锚和顶锚杆卸压前，在所退锚索（锚杆）20 ～ 30 厘米处，至少支设 1 根单体柱。

9. 初、末采顶板管理：

（1）工作面初采时，必要时在落山支设木垛、密柱或戗棚，支设要迎山有力。

（2）初采阶段超前支护不少于 20 米。

（3）工作面初、末采若发生冒顶事故，按规定进行顶板维护，严禁人员在无支护的空间下违章作业。

10. 工作面顶板管理：

（1）乳化液泵站压力必须达到30兆帕以上，单体液压支柱严禁在浮煤、浮矸上支设。

（2）过空巷等特殊情况时，采取煤体加固、打锚杆、锚索等。

（3）应用高分子聚合材料加固破碎煤岩体和充填巷道高冒区，最大限度地杜绝顶板事故的发生。

五、作业规程及安全技术措施管理制度

1. 规程、措施管理规定：

（1）作业规程的编制必须结合工作面的特点，要有针对性。坚持“一工程、一规程、一变化、一措施”，做到层次清晰、内容精练、用语规范、数据无误、图表齐全、图文清晰、文图一致。

（2）作业规程必须在工程开工前3天签批完毕。

（3）机电科提供机电设备的品种、规格、数量、基础尺寸等有关参数。

（4）地测科提供回采、掘进地质说明书。

2. 规程、措施的审批：

（1）所有规程、措施都必须坚持会审制度。由矿总工程师或委托副总工程师组织有关技术业务部门进行会审主持，会审要有详细记录。

（2）坚持“谁会审、谁签字、谁负责”原则。

①工区区长对规程措施的整体内容审查负责。

②生产技术科对设计计算、图纸、标注、数据负责。

③调度室对劳动组织、循环作业图表及相关内容负责。

④安监处对安全技术措施内容负责。

⑤地测科对地质、防治水内容负责。

⑥机电科对机电运输内容负责。

⑦通防科及通防工区对“一通三防”内容负责。

⑧煤质科对煤质管理内容负责。

⑨物管科对材料消耗定额内容负责。

⑩主管采掘副总工程师对规程措施整体内容负责。

总工程师对规程措施的审批负责。

（3）分别报采掘副总工程师、分管矿长、安全总监、总工程师审批签字。

3. 规程、措施学习落实：

（1）所有参与工程施工的人员必须参加措施及相关法规、文件的学习和考试，否则不准上岗作业。

（2）学习规程要有详细记录，所有人员均要签名。

（3）作业规程每月组织学习1次，《煤矿安全规程》《安全技术操作规程》每3个月学习1次，学习率要达到100%。

（4）生产技术科、主管副总、总工程师负责规程、措施的贯彻执行，利用安全质量标准化检查活动，对规程进行对号检查，并提出规程落实和整改意见。

4. 考核：

（1）无规程、措施擅自开工的，除按“三违”处罚办法追究区队责任外，对区长处罚款 500 元，对技术员罚款 300 元。

（2）违反《煤矿安全规程》《煤炭生产技术管理规定》及上级的安全指令和有关技术文件规定，每出现 1 次，对编制人罚款 200 元。

（3）出现 1 处错误或内容缺项，处罚技术员 50 元。

（4）出现相关专业技术事故和安全责任问题，给予会审签字区队技术负责人 300 元、队长 500 元罚款，对相关职能科室技术负责人罚款 200 元。出现严重违背《煤矿安全规程》和有关技术规范，并造成重大失误的，由相关专业会审人员负责，依据情节轻重处以 500 ～ 1000 元罚款。参学率达不到 100%，每低 1 个百分点罚区队书记 200 元，技术负责人、技术员各罚 100 元。在现场作业过程中，出现不按规程措施作业或规程措施在现场执行滞后的，根据造成的后果，对区队进行 2000 ～ 10000 元的罚款，情节严重的按照事故进行处理。

古城煤矿每年进行 1 次作业规程评优活动，对获得优秀作业规程第 1 名的单位负责人和技术负责人各奖 1000 元，第 2 名各奖 800 元，被评为末名作业规程的单位负责人和技术负责人各罚 200 元。在临矿集团评比中获奖的作业规程，古城煤矿进行同等金额嘉奖。

第三节　生产调度

一、机构沿革

1996 年 5 月 2 日，筹建处设调度室机构，隶属工程技术科。工程技术科科长兼任调度室主任。

2000 年 3 月 9 日，成立生产技术科，设生产科调度主任（正科级），撤销工程技术科。

2003 年 2 月 22 日，设生产技术部调度室副主任（副科级）。

2008 年 4 月 28 日，成立调度室，设调度室主任（正科级）。

截至 2018 年年底，在册 23 人。

二、制度建设

（一）调度制度

矿调度室按照《山东省煤矿安全生产调度质量标准化标准及考核评级办法》的要求，以预防安全生产事故、提高安全管理水平为总抓手，加强调度基层、基础工作，提高调度管理水平。

1. 加强基础建设。建立数据档案，对原煤产量、掘进进尺、回采率、煤质化验、煤炭洗选、销售、能耗等建立台账、报表和工作记录，及时存档，为领导决策和调度指挥提供依据，促进矿井安全生产管理工作。

2. 做好信息处置，发挥调度职能作用。做好安全生产信息的上传、下达和调度协调工作，明确信息报送时限和报送内容以及职责和信息处置原则，按时转发上级下达的调度通知、通报并记录存档。对矿井排查出的隐患问题和影响安全生产的主要问题如实上报，关注巷道贯通、采煤面的安、撤等重点问题，及时追踪调度工作进展情况，解决生产中所存在的各种问题。利用多媒体调度会议室，每天在调度会上播放领导安排工作的进展情况和管理人员对安全隐患的查处以及对三违人员的处置和罚款情况，对工作面的煤质和回采率完成情况进行公示，提供最快的工作动态。每月向临矿集团调度室做好专题汇报。

调度指挥中心（2009 年 10 月摄）

3. 注重协调处理好影响安全生产的环节。深入现场参与采掘工作面的旬检查、月验收工作，了解现场状况，熟悉生产情况，掌握各地点安全生产动态。配合有关单位搞好考核指标的控制和分解，做好各项考核统计工作，对年度、月度原煤产量、掘进进尺及安全隐患进行落实，做到科学组织生产、合理调配产量，及时解决安全生产过程中出现的各种问题，保证考核控制目标的顺利完成。

4. 加强调度信息化建设。完善计算机网络系统，建立井下无线通信和广播、安全监测监控、人员定位、微震监测、综合自动化、工业电视及大屏幕显示等系统，在井口安装 LED 显示屏，使职工第一时间了解气象预警信息和井下领导带班人员情况。

每天向临矿集团汇报工作情况，可通过视频会议与上级领导面对面地交流，实现监控图像、安全监测、财务、销售、物资采购、调度统计等数据的远程传输，形成畅通的信息支撑体系，做到信息化、工业化的有机结合，使办公更加快捷、准确，初步实现全矿的整体数字化、系统机构网络化、系统管理智能化、过程控制自动化、生产集约高效化的目标，打造安全、高效矿井，提供便捷的工作平台，达到省一级调度室的标准。

5. 强化应急救援，提高综合预警能力。贯彻落实上级有关加强煤矿应急救援建设的有关要求，迅速、有序、妥善地做好突发性事故的应急救援工作，按照“统一指挥、反应快捷、运转高效”的指导思想，构建三级调度值班管理体系，完善应急救援管理制度。

履行矿长授予的十项应急处置权，可随时启动应急撤人系统，下达调度指令，指挥现场人员迅速、有序、安全撤出。

调度人员春节送福（2018 年春节摄）

（二）调度权限

1. 在生产副矿长领导下，负责全矿的日常生产组织和指挥，按生产经营计划和有关会议决定均衡组织生产，完成矿井各项生产任务。

2. 负责组织召开生产会及生产平衡会，积极督促落实会议的各项决定，及时平衡协调解决生产中出现的问题，督促检查领导安排的各项工作完成情况，对影响安全生产的问题行使调度职权，下达调度命令，组织有关单位及时进行处理。

3. 负责调度、通知通报（矿井及上级各项指示、指令）的上传下达。

4. 根据领导指示和安全生产要求，随时调动人力、物力和车辆，特殊情况时根据安全生产急需，可以签发领料单，落实有关材料的装运。

5. 调度人员有权对矿井作业场所、施工地点进行检查，发现不安全隐患时有权令其停止作业，落实整改。对“三违”人员和妨碍正常安全生产工作的单位和个人，根据规定进行处罚。

6. 各单位必须无条件服从调度室的统一调度指挥。

（三）调度职责

1. 全面负责调度工作，上传下达安全生产指令。

2. 协助领导，督促解决安全生产问题。

3. 合理分解生产计划，保持均衡生产。

4. 了解生产接续，掌握生产动态。

5. 协调各部门工作关系。

6. 负责矿井避灾演习调度。

7. 处置应急问题时，行使调度职权。

（四）调度会议

1. 调度会议时间为每天早晨 7 ： 00（星期六、星期天正常）。

2. 调度会议地点为办公楼二楼调度会议室。

3. 参加人员包括矿领导班子成员、科室副科级及以上管理人员、生产业务科室科员、工区（选煤厂、电厂）主要负责人或值班人员、临矿集团亿金公司驻矿负责人以及劳务单位负责人。每周一的安全办公会，工区书记、副书记必须参加，并提前到达会场。

4. 调度会议由生产副矿长主持，生产副矿长不在家时，由机电或者安全副矿长主持。

5. 会议纪律主要涉及以下几个方面:（1）考勤制度。调度室负责每天的会议考勤，对无故不参会人员进行通报批评并按规定处罚。（2）请假制度。各单位负责人因出差、学习等原因不能参加调度会议的，必须安排本单位其他副职参加，同时填写统一格式的请假条，经矿领导批准并报调度室备案；上夜班和早班人员，必须在井下值班室或所在工作地点用电话向调度室请假。（3）会场纪律。会议期间严禁随意发言、交头接耳、接打手机，违反会场纪律者按规定处罚。

6. 汇报程序如下：主持人宣布开始开会，依次为生产值班人员汇报当日生产情况；安全值班人员汇报当日安全情况及带班、薄弱人物排查、三违处罚、小分队上岗情况；机电值班人员汇报机电设备运行情况；防冲专业汇报卸压孔施工及微震监测、应力集中情况；营销中心汇报煤质情况（井下抽查情况、外购煤、化验结果）；地测科汇报采煤工区的回采率情况；调度汇报全矿物料装运情况；各工区汇报现场生产存在问题及需协调解决事项；分管领导安排工作，矿长作总结性工作安排。

7. 从 2016 年开始，实行调度会工作认领确认制度，即矿领导所安排工作的责任部门负责人按顺序确认。会议结束时，主持人宣布开始确认，确认时须起立，右手食指指着自己头部右侧，大声重复领导安排的工作内容。

8. 对领导安排的重要工作，实行认领制度，必须在规定的时间内，保质保量地完成。不论是否完成，在规定的时间节点，均应将完成或未完成情况以书面的形式报送调度室汇总存档，由调度室在调度会上通报。

9. 调度室负责会议的记录和参会单位及人员的签到点名工作，对会议安排工作进行逐条落实，并在调度会上汇报落实情况。

（五）调度值班

1. 值班人员包括矿级领导 1 名、业务科室管理人员 1 名、调度员 1 名，实行 24 小时值班制度，负责处理生产、安全、煤质等管理工作。

2. 各工区每班调度汇报不少于 2 次，如实汇报现场情况及存在的问题，值班人员按规定填写生产值班记录；凡出现不按规定汇报，记录填写内容不详者，按规定处罚。

3. 值班记录内容齐全、完整详实，能及时全面地反映现实实际情况；台账数字准确，字迹工整，账面整洁；记录簿记录准确及时，条理清楚，字迹工整、清晰并妥善保存。

4. 值班纪律规定：生产值班人员除下井外一律在调度室值守，不得外出；值班期间严禁喝酒。

（六）值班职责

1. 调度值班员应提前到岗，办好交接班手续。把上一班已办、待办事项和下一班应注意的问题交接清晰、详细。

2. 按规定核对各区队、班组当班作业计划、任务，统计好各班组的当班作业计划和出勤人数，了解各班组任务落实情况和各辅助单位接班后的准备情况，明确当班的重点、关键，写明上班未完成事项。

3. 班中定时调度各工区生产完成情况及存在问题，解决好生产、安全上出现的问题，做好记录；重大问题及时向值班领导或有关领导汇报请示，及时作出妥善处理。

4. 及时调度每个小班的生产汇报，做好记录，并协助值班领导汇总下一班的生产计划和安全生产注意事项。

5. 做好 3 个小班的生产指标数据汇总，填写调度日志，向集团公司调度室汇报，并作好 3 个小班的生产安全情况分析，编写日报材料。

调度室（2017 年 8 月摄）

（七）生产事故分析考核管理办法

1. 事故处置

发生生产事故后，调度室应及时通知有关人员并履行调度职责，合理组织生产，对不服从生产调度指挥的予以处罚，造成严重后果的，从严追究责任。

发生主提升系统中断（非正常）生产事故时，立即通知机电值班人员、机电工区、选煤厂；超过10分钟，通知机电科科长、相关工区区长；超过30分钟，通知机电矿长。机电矿长、机电科科长、调度主任、当日生产调度值班人员、机电工区区长、分管副区长接到通知后立即到现场进行处理，否则，对责任人予以处罚。

井上、井下主供电系统发生故障停电影响生产的，立即通知当日生产调度值班人员；超过10分钟，通知机电科科长、机电工区区长、分管副区长；机电科科长、机电工区区长、分管副区长接到调度通知后立即前往现场进行处理，否则，对责任人予以处罚；超过30分钟，调度员必须通知机电矿长指挥处理。

井上、井下主系统皮带发生事故时立即通知当日生产调度值班人员；中断生产超过10分钟，通知责任单位负责人、分管责任人；中断生产超过30分钟，通知机电科科长。被通知者接到通知后立即前往现场进行处理，否则，对责任人予以处罚。

–1030米水平南北翼运输系统出现影响生产超过30分钟的生产事故，机电科科长、运搬工区区长、分管副区长、当日生产调度值班人员接到通知后立即前往现场进行处理，否则，对责任人予以处罚。

采煤工作面出现影响生产超过30分钟的生产事故，调度室及时通知矿当日生产或机电值班人员，接通知后相关人员立即前往现场进行处理，否则，对责任人予以处罚。

采掘工作面探测到或出现落差4.0米及以上断层，生产副总组织地测科、分管采掘技术人员、采掘工区区长、技术员、调度室、防冲办、安全监察处等相关人员8小时内赶到现场进行“会诊”、采取安全技术措施，否则，对责任人予以处罚。

采掘工作面施工过程中出现巷道顶、底板有出水预兆、冒顶、局部瓦斯超限、局部冲击显现等安全事故时，调度室通知总工程师及分管副总、施工单位区长、技术员、生产技术科、调度室、安全监察处分管人员8小时内到达现场进行处理，写出分析报告，否则，对责任人予以处罚。

2. 事故分析

坚持“一事故一分析一处理”的原则，对发生的各类生产事故，由调度室组织矿当日生产值班人员分专业进行分析，并写出书面分析报告，于次日早会通报。对当日不能分析的，由调度室做好记录，第2天分析，次日调度会上通报，否则，对所有当日生产值班人员予以处罚。

井下主要生产系统（主副井提升系统、主皮带运输系统、供水系统、供电系统、主扇、主排水系统、压风系统）发生影响生产30分钟以上的生产事故，采掘工作面发生的影响生产2小时以上的机电事故，机电矿长、机电科长参加分析，其他人员按通知要求参加，接通知后不按时参加分析的，对责任人予以处罚。

各单位每日检修必须严格遵守检修时间，提高检修质量，严禁超时检修（特殊情况汇报调度室，并经分管领导同意的除外）。否则，按上条规定内容执行。

事故分析由事故相关专业人员及事故单位有关人员参加，分析时必须查清事故原因，找出责任单位及责任人，并拿出处理意见及防范措施等。对在事故分析中提供假情况、说假话、影响正常生产的，每次罚款200元，严重者交矿处理。

3. 责任追究

各单位发生的所有生产事故必须及时向调度室汇报，否则，每次对责任者和工区主要负责人罚款100元。

对生产期间由辅助单位造成的影响主副井提升超过10分钟的生产事故，每影响10分钟罚责任工区区长50元，分管副区长40元，依次累加。超过1小时的，对影响的矿井产量进行核算后，由影响责任单位承担利润的20%；因采掘工区自身原因影响矿井产量的，同样进行处罚，并严格按照主副井提升办法进行考核。

各重要岗位机台，必须严格执行现场交接班制度，严格遵守劳动纪律，凡因不按时交接班或交接班不清而影响正常生产的，每次罚责任者200元，连带单位负责人100元，并进行通报。

未经调度室批准，严禁在生产时间内随意停风、水、电、皮带、绞车和其他生产设备；否则，按生产事故进行分析处理，对违反规定者除按本办法（第二项第2条）执行外，每次对责任人加罚100元。调度室建立责任追究台账，月底严格考核兑现。

三、设施建设

（一）调度指挥中心

2009年10月1日，投入使用，总投资1300万元，设调度指挥中心、调度会议室、贵宾接待室、应急指挥部。其中，调度指挥中心室内面积234平方米。位于办公楼北侧，与办公楼二层有通道相连。临矿集团设计院设计、临沂华建工程有限公司施工、山东盛顺装饰有限公司负责装饰工程。

2010年12月28日，调度指挥中心工程被中国煤炭建设协会、煤炭工业建设工程质量监督总站评为“2009年度煤炭行业优质工程”。

（二）大屏幕显示系统

2009年10月1日，调度指挥中心大屏幕显示系统投入使用。该显示系统由台达电子公司生产，中达电通山东分公司负责安装调试，中间核心为24块67寸DLP显示屏幕组成的33.46平方米的综合显示屏幕、采用4∶3模式显示，单屏及整体分辨率为1024×768。两侧为由48个42寸的工业级监视器组成的33.8平方米的视频显示墙，顶部为双基色LED条形屏（其中，有11平方米用来显示值班信息）。当时被称作“山能第一屏”。

2018年1月，对调度大屏幕显示系统进行升级改造。在原有的设计基础上更换激光机24套及视频综合平台一套，升级的光机采用全新Delta Laser纯激光光源机芯（Laser为高效率固态光源，功耗低于LED光源，且在发光过程中不会产生大量热量，Laser光源使用寿命可达8万小时），视频综合平台具有高集成度、高可靠性、强兼容性等特点，支持 DVI、VGA、IP 视音频输入，支持 DVI 视频输出；支持 H265 协议，兼容 H264。集数据传输、安全监测、工况控制、远程管理、调度指挥、多媒体会议于一体的调度指挥中心，实现数据、图像、音频三网合一的矿井管控一体化，实现对井下排水、供电、提升等主要系统的集中控制和监控。

（三）调度会议室

调度会议室位于调度大厅南侧，室内面积 165 平方米，配有长方形会议桌一张，桌面布设 22 个显示器，可召开多媒体会议、远程视频会议、学术讨论、宣传报告、新闻发布等重要商务、视像联动、办公会议等。主要包括数字化音响扩声系统、数字会议系统、大屏幕显示系统、智能中央控制系统。

第四节　信息建设

一、机构沿革

2010 年 11 月 17 日，古城煤矿成立信息自动化控制中心（以下简称“信息中心”），隶属于调度室。调度室主任兼任信息中心主任，负责信息化建设及管理。

2017 年 10 月，成立大数据、信息化工作领导小组。矿长任组长，副矿长任副组长，各单位主要负责人为成员。具体负责五大平台、大数据项目建设具体事宜，与临矿集团各项目组进行对接工作。

截至 2018 年末，信息中心在册 13 人，其中，网络管理人员 3 人，统计维护人员 1 人，信息系统管理人员 2 人，通信联络系统维修维护及人员位置监测系统维护人员 7 人。

二、主要职责

1. 负责矿井通信系统、调度有线系统、无线通信系统、应急广播通信系统、信息数据网络系统等安全生产通信系统管理。

2. 负责运销系统、财务系统、安全监控系统等五大共享平台检测、生产经营数据信息系统运行状况。

3. 负责矿区通信、网络建设、自动化技术升级、办公自动化设备、设施的维护、维修和技术改造。

4. 负责编制信息化建设技术规程和技术措施。

三、调度系统

古城煤矿先后对生产调度系统各子系统进行 4 次技术升级改造，可以通过视频面对面汇报工作。通过远程传输，向上级领导和业务部门汇报各种监测数据、监控图像，传输煤炭洗选销售、设备物资采购、经营报表和调度统计等数据工作，形成畅通的信息支撑体系，达到调度信息无纸化办公和信息共享。

建立四维灾害预警与应急调度指挥系统，通过对时间和空间的管理，结合数字矿山系统平台，建成矿井灾害预警和应急救援指挥系统。建立“E 矿山”系统，通过中国移动网络平台，发送到手机终端，实现用手机远程掌握矿井“产、运、销”等环节的信息，率先与山东能源和临矿集团建立SAP系统、ERP系统。通过整合财务、销售和供应系统，提高信息质量，优化流程，加强成本管控，缩短结算周期，实现业务一体化，提升管控能力。

2018年，完成临矿集团“五大平台”之安全生产共享平台矿端系统建设，实现安全生产调度一体化管控。

四、通信系统

（一）行政通信系统

1992年8月18日至1993年6月30日，曲阜矿井筹建处租赁兖州县人民政府第一招待所办公，使用招待所内部电话，号码为3701。1993年上半年，招待所通讯技术升级，原电话号码前加区号0537，加升级号341便可形成直拨电话，完整的直拨电话号码为0537—3413701。这个号码注册为古城煤矿的的直拨电话号码，一直使用至今。

1993年6月18日，兖州市邮电局同意古城矿井筹建处矿井通讯申请，保留在兖州市政府第一招待时所使用的原电话号码，再增加1条对外通讯号码（0537—3480899），形成2条对外直拨电话线网。内部通讯设1台模拟程控小交换机，容量为50门，与兖州电信局采用模拟中继方式入网。

2000年9月20日，临沂矿务局科技信息计算中心拟对古城煤矿矿区通讯进行升级改造。古城煤矿通信由兖州联通公司提供，共装机58部，主要安装于地面各业务科室、生产工区和重要生产场所。其中，行政办公室、调度室、电厂、供应科、培训中心配备传真机。承担着矿上与外部的通信和交流，为矿井的生产、经营提供通信保障。

（二）调度通信系统

1998年2月，古城煤矿安装多媒体调度系统。

2009年10月，对原有的调度交换机进行升级改造，由原先深圳迪牌设备有限公司DMI-1程控调度交换机升级为DMI-8程控调度交换机。该系统增加了全呼功能。

2018年10月，根据国家质量标准化一级矿井验收标准，对原调度交换机系统升级改造为KT214型数字程控调度机（见图4-1-1）。该调度交换机支持多网融合，实现有线与无线、安全监控与有线调度、应急广播与有线调度、视频监控与有线调度等有机融合，为实现智能化矿井、无人化工作面、无人化皮带运输系统提供通信支持。

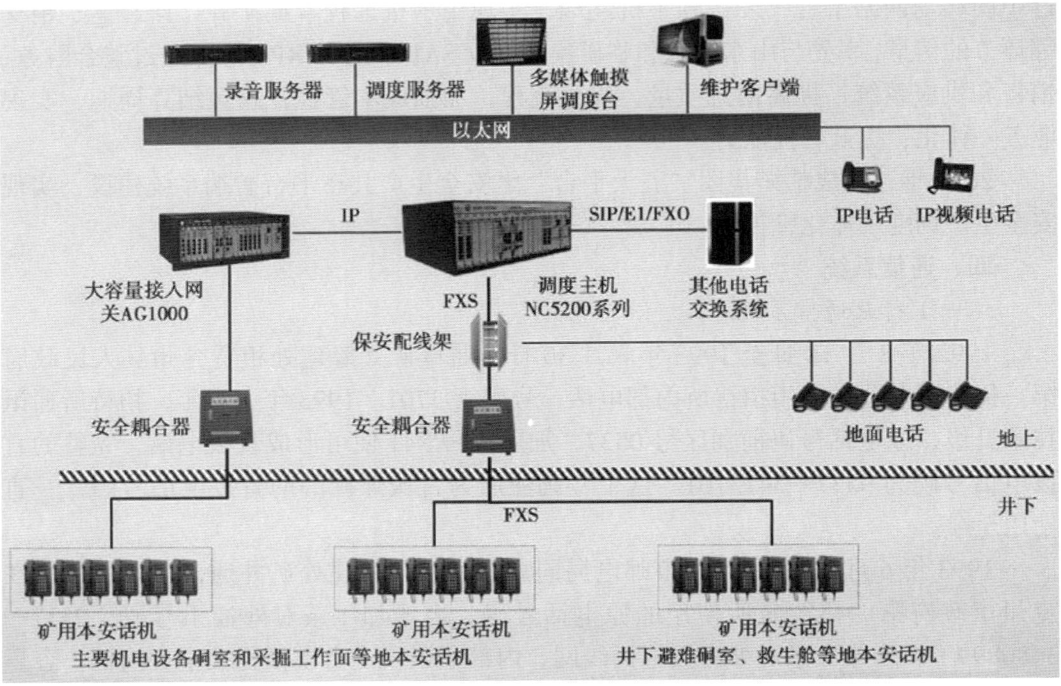

图 4-1-1　古城煤矿 KT214 型数字程控调度机拓扑图

KT214 型数字程控调度机调度台具备录音、监听、强插、强拆、多方通话、组呼、全呼等功能。调度交换机配备后备 UPS 电源，在停电时能自动切换到后备电源，保证停电时的正常通信；调度交换机内部还装配 128 路耦合器，井下调度电话通过耦合器、防雷保安单元、井口避雷端子排与井下各场点本安型电话机相联。调度交换机现容量为 384 部，井上共安装调度电话 256 部，安装于地面各业务科室、生产工区和重要生产场所。井下各变电所、车场、绞车房、各皮带转载点、煤仓、掘进迎头、采煤工作面均安装调度电话。

（三）无线通信系统

2008 年，根据山东省安全生产监督管理局、煤炭工业局、安全监察局联合下发的鲁安监发〔2007〕126 号文件要求和《煤矿安全规程》的有关规定，安装 KT23 无线通信系统，建成井下无线通信系统，为井下各级管理人员、井下特种作业人员配备无线通信工具，实现井下无线通信。

根据国家关于小灵通信道退出的政策，古城煤矿于 2013 年对井下无线通信进行升级改造。通过招标，确定安装天地（常州）自动化股份有限公司 KT28B 型矿用 3G 无线通信系统，由地面大功率室外基站 2 台、井下防爆基站 26 台、手持机 200 余部组成。2013 年年底完成。

2018 年年底，安装上海山源电子科技股份有限公司生产的 KT154 无线通信系统，实现井下无线 WiFi 全覆盖。以 WiFi 无线网络技术为基础，以太环网为主干传输平台，通过井下安装的 70 台无线基站，实现井下各采掘工作面、皮带巷、轨道巷、变电所等地点的无线信号全覆盖，实现语音、视频、数据的“三网合一”，信息漫游无死角，为无线通信、物料智能配送、设备智能巡检、移动隐患排查、无线监控、无线感知等物联网技术的应用铺设了“信息高速公路”。

（四）应急广播系统

2011 年初，安装天地（常州）自动化股份有限公司生产的 KXT23 型矿用 IP 网络广播系统。由网络广播控制主机（音频服务器）、KXT23.1 矿用 IP 网络广播终端、KXT23.2 矿用 IP 网络广播接口及电源、电缆、光缆等组成（见图 4–1–2）。具有曲目编辑下载、自动播放、对讲、紧急广播、监听、录音、巡检等功能。2018 年，共安装 35 套。

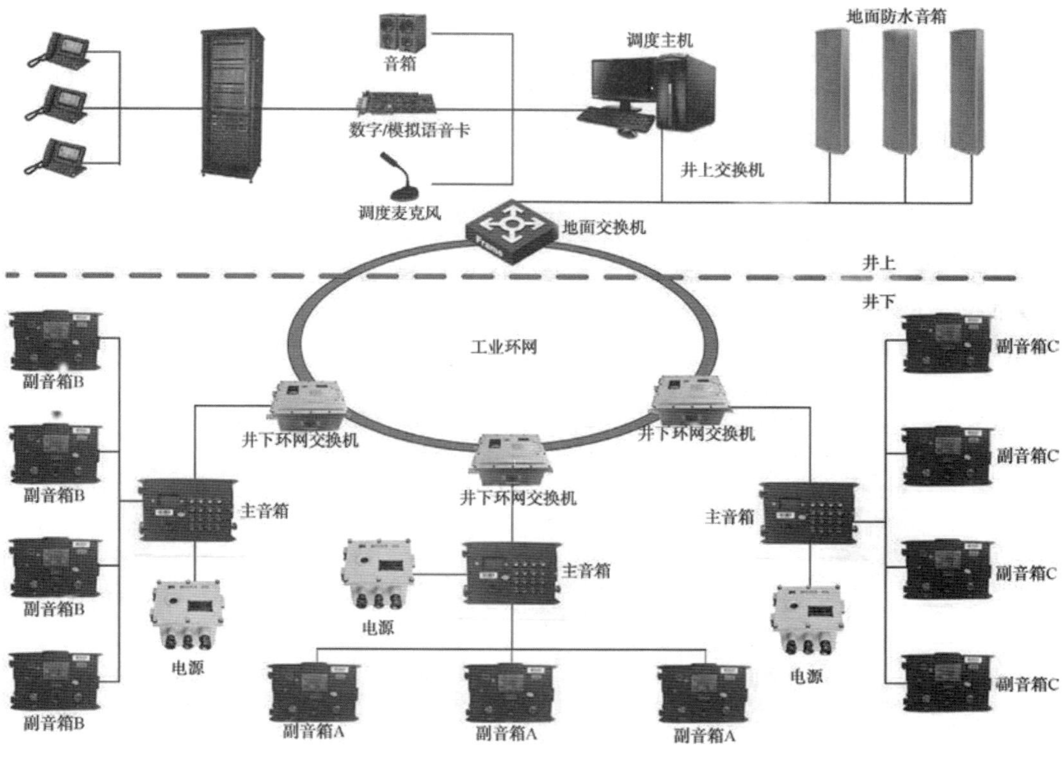

图 4–1–2　古城煤矿应急广播系统接线图

KT214 型数字程控调度机调度台能满足录音、监听、强插、强拆、改造的需要，在回采掘进工作面同时安装了 KT425 矿用调度广播系统终端 8 套。对矿井掘进、回采工作面、皮带系统实现应急广播系统的全覆盖。系统通过矿用千兆环网交换机，将应急广播终端与应急广播接口有机结合，组成矿井的应急广播系统。

五、信息系统

（一）人员位置监测系统

2006 年，古城煤矿安装中煤科工集团重庆煤科院生产的 KJ251A 型人员定位系统。

2009年，对该系统进行升级改造。该系统主备服务器、核心交换机、中心站及软件安装在信息机房内，其他分站、读卡器等设备安装在各作业场所。采用2台IBMx3650型服务器作为数据库及中心站软件管理机器，主备服务器具有双机热备功能，备机转换能在5分钟内启动；系统具有网络接口，配备赫斯曼MS4128型网络交换机，网络内部采用天融信防火墙作为安全设备，保护系统数据安全，能够通过网络实时传输至临矿集团，实现数据共享。在调度室安装系统声光报警器，实现系统故障实时报警（见图4-1-3）。系统主要是由分站、读卡器、标识卡、服务器、中心站及软件组成。井上、井下共安装KJ251-F8型分站20台及KJF-210B型目标识别器96台，配备KJ251A-K型双向标示卡1711张（上级领导29人，外来人员16人，本矿所有下井人员1666人），装订到矿灯上，其中预留备用标示卡300张。

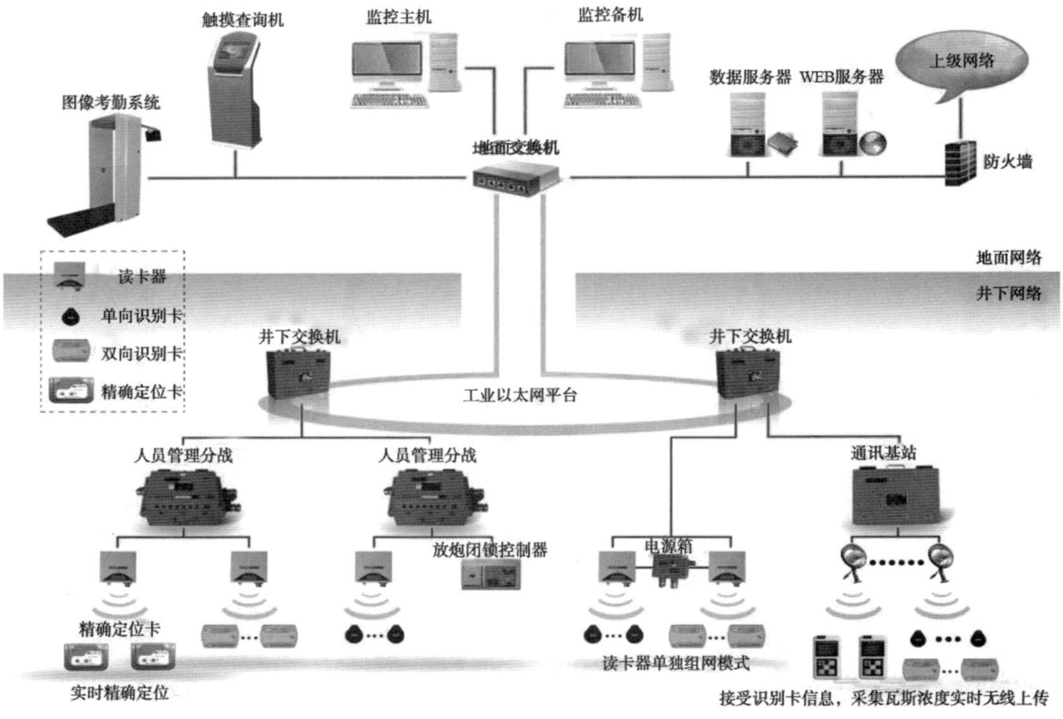

图4-1-3　古城煤矿人员位置监测系统拓扑图

井口设立检卡LED大屏幕设备，用于职工校对标示卡入井前的运行情况。同时，安装KJ251A-WY1型而唯一性监测装置（见图4-1-4）。主干线路采用千兆工业以太环网，部分主从通讯线缆采用MHYV 1×4×7/0.52，设备之间的连接采用宁波龙亿电子科技有限公司生的产JHH-2/3型矿用本安接线盒。分站供电采用KDW660/24（B）型矿用本安型电源箱，并能够保持断电后2小时不间断供电；分站、读卡器严格按照井下紧急避险6大系统的要求安装，入井前严格按照说明书要求调试好设备，并对设备进行防爆检查，合格后贴合格证、入井许可证等方可入井，以保证入井设备完好、可靠。设备主要分布在人员出入井口、出入重点区域、出入限制区域及避险硐室内，覆盖矿井采煤工作面两顺槽、各掘进工作面以及各运输皮带大巷等地点，设备安装地点周围环境良好，无淋水和杂物、围岩稳定、信号通讯良好。配备 SDY50 型移动式读卡器，随时对井下携卡人员进行搜索，保证在紧急情况下及时准确搜索人员动态情况。安装范围及设备分布、标示卡配备满足矿井安全生产需要。

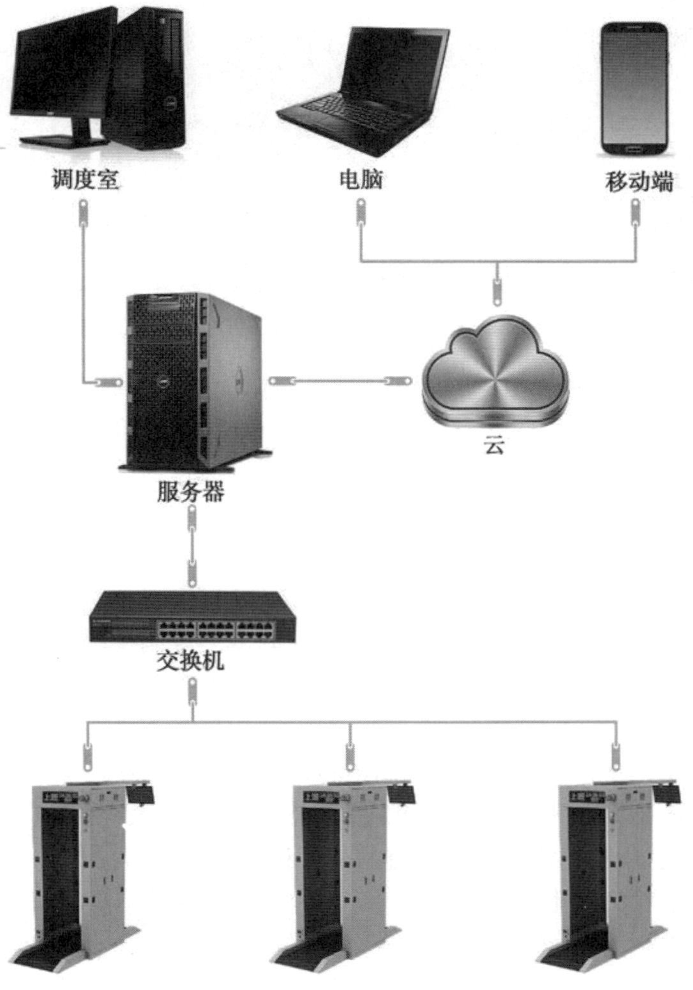

图 4-1-4　古城煤矿监测系统模拟图

（二）工业视频监控系统

古城煤矿工业视频监控系统采用浙江宇视公司生产的VM9500-E宇视监控平台，调度工业视频监视系统将井上、井下的主要生产环节、绞车房、中央变电所泵房、胶带输送机转载点、采煤工作面等重要设备及关键场所的实时图像传送到矿调度指挥中心，使调度值班人员和矿领导能够直观、快捷地了解生产一线情况，提高科学调度指挥和管理水平。截至 2018 年年底，共安装 IP 数字视频摄像机 348 台（图 4-1-5）。

图 4-1-5　工业视频监控系统（2018 年 6 月摄）

（三）视频会议系统

主要由 POLYCOM HDX 8000 型会议终端、LED 大屏幕、扩音设备组成。采用网络传输，可以点对点，也可以点对多进行会议；通过与临矿集团本部及其他兄弟矿组成完整的视频会议系统。

六、信息化建设

2009 年，根据临矿集团要求，安装山东蓝光电子科技有限公司开发的数字化矿山平台，印发《古城煤矿数字化矿山系统管理制度》等制度措施。邀请有关专家和专业技术人员到古城煤矿进行数字矿山平台建设专题培训，组织 4 期培训，累计 191 人参加。

2010 年 10 月，成立信息自动化控制中心，负责全矿信息化、自动化、数字化建设。通过专业技术培训以及到其他矿井、院校、公司调研学习，提高专业技术和解决现场问题能力，信息中心已成为技术一流的信息化建设团队。

2011 年，成立信息化工作领导小组，制定并实施各种信息化制度、规范、标准，形成一整套完善的信息化建设支撑体系和良好运行机制。信息化建设资金投入逐年增加，确保系统项目有序、有效、稳定运行。

2012 年，建设井上、井下千兆工业以太环网和千兆视频网，初步实现三网融合，实现关键业务与非关键业务、办公网与工业网的有效隔离，确保关键业务及生产控制的安全性。通过租用专线、微波等方式建立与临矿集团之间的联系，实现与临矿集团总部和所属二级单位的互联互通。将无线通信技术广泛应用到系统建设方面。

2013 年，对矿区网络进行升级改造，建成统一网络平台，形成局域网、视频监控网及千兆工业环网为主的信息及网络平台，拥有光纤通信、数据通信、无线通信和微波通信等多种接入技术的大容量、高速率、宽带化的现代通信网络。

2014 年，将通讯、视频、计算机三网融合，全面建设“数字古城”。将 3G 网络引入井下，实现井上、井下网络一体化。建立涵盖视频会议、OA 办公、安全监测监控、生产调度指挥、煤炭运销、企业网站等的信息化运行平台。形成“千兆到矿，百兆到平台”全矿区的宽带网络，并与公用互联网互通。

2015 年，建设“E 矿山系统”，引入电信拓展业务，将矿井安全监测监控、人员定位、视频监控等信息实时传输到各级管理人员和安全生产人员的手机上，解决井下通信存在的通话容量小、质量差、功能少的问题。相关人员在全国各地可以随时使用手机监控安全情况。安装矿用多通道光网综合接入系统，可提供多业务信息系统接入，并对全网重要设备进行备份，实现维护图形化、远程化，从而提高系统的安全性。

2016年，通过井下LED电子显示屏，建立应急救援信息发布平台，通过数据分析、分类，将各种信息，发布至井下各个信息终端。提供地面与井下信息沟通的渠道，形成全矿井安全、环境、生产情况、井下人员信息分布等各种简报，提供逃生引导。矿井安全生产、设备共享、财务共享、人力资源等大数据平台广泛应用，全部实现信息化集中管控和数据共享。

2017 年，完成矿井基于三维 GIS 的安全监控系统平台的搭建，实现在同一平台下对监测监控、人员定位等多系统监控及报警信息整合显示，并可进行关联分析及监管；完成 KJ550 冲击地压监测预警系统项目，该系统是基于“当量钻屑法”的基本原理和“多因素耦合的冲击地压危险性确定方法”所开发，能够实现准确、连续地监测和实时报警冲击地压危险性和危险程度。

2018 年，实施矿区地面无线网络覆盖建设项目，对矿区各办公、工作场所实现 WiFi 信号覆盖。矿区内部用户只要使用支持 WIFI 接入的笔记本、PAD、手机等智能终端并将其接入到 WLAN 中，就能高速访问互联网，实现企业和用户随时随地上网和资料查询等工作。

第五节　生产能力

1990 年 10 月，济南煤矿设计研究院完成《曲阜矿井可行性研究报告》编制。1991 年 6 月 20 日，武汉煤炭设计研究院完成《曲阜矿井初步设计》，根据赋存条件、可采储量、采煤方法及国家需求等因素，提出设计年生产能力 60 万吨、90 万吨、120 万吨三个方案。最后，经技术经济比较和论证，推荐设计年生产能力 90 万吨方案。报经中国煤炭总公司批准，矿井年设计能力为 90 万吨。1992 年，国家能源投资公司以能投煤技〔1992〕68 号文件批准《曲阜矿井初步设计》，以能投技〔1992〕211 号文件下达施工准备计划。

2003 年 10 月，山东省煤炭工业局核定，2002 年度生产能力为 180 万吨。2005 年，核定年生产能力为 220 万吨。2018 年，核定年生产能力为 180 万吨。

第六节　原煤生产

一、采区划分

按井田构造特点断层形成的自然构造单元，将全井田3煤划分为8个采区。下煤组可采部分与3煤相对应划分采区，对于超出3煤露头外部分及局部可采块段单独划分采区。设1个滑移支架分层机采工作面与1个滑移支架放顶煤机采工作面，保证矿井生产能力。采区的开采按先浅后深、先东翼后西翼的顺序进行，煤层的开采按先上后下的顺序进行。

二、产能形成

1998年7月，古城矿井井下排水、供电、供水、通风系统形成，8月20日，成立采煤工区、机电运输工区。8月底，首采工作面11011上分层工作面贯通。9月，完成安装，10月，采用炮采方式开始试生产，当年生产工程煤2.1494万吨。

1999年，使用悬移支架炮采放顶煤。2000年3月，成立采煤二工区，实现两个工作面同时回采。

2001年1月1日，矿井开始试生产，2月，成立采煤三工区，形成3个面生产；10月，装备1个轻放工作面。2001年，矿井生产原煤84.4万吨。基本实现投产即达产。

2002年，原煤产量达到140.87万吨，超出设计能力1.5倍。2003年，创出矿务局第一个百万吨工作面。

三、技术装备

2001年1月，在11041工作面装备ZF2400/16/24BH型轻放支架、3MG200W2型双滚筒采煤机和SGD630/110型刮板输送机，采用轻放回采工艺。该工作面是第1个机械化工作面。2003年，装备1套综采设备；2004年、2005年，相继安装2套综采设备，生产能力进一步提高。2007年8月，购买3套型号为ZT3500/20/38的端头支架。2007年2月、2010年10月，购买型号为MG250/601-WD的交流电牵引煤机。2013年6月、2014年4月，购买型号为MG400/940-WD的交流电牵引采煤机。2017年，购买MG450/1040-WD的交流电牵引采煤机。自此，采煤工作面的支架、煤机等设备都得到更新换代。2008年4月、2009年11月、2010年12月，相继购买3套由鸡西煤矿机械有限公司生产的型号为ZF6200/16.5/26.5的液压支架。

随着矿井开采水平的不断延深，矿山原岩应力越来越大；同时，深部水平断层多，地质构造复杂，构造应力也越来越强。巷道及工作面受两者的叠加影响，变形严重。为此，矿井进一步加大装备升级，分别在2013年5月、12月和2014年10月，购买由郑州煤矿机械有限公司和三一重型装备有限公司制造的型号为ZF12000/18.5/35的液压支架。2015年10月、2016年4月和11月购买型号为ZQ4000/20.6/45的防冲单元支架，用于采煤面两顺槽的超前支护，确保矿井在千米以下水平的安全开采。

四、原煤生产记录

2003 年 4 月，在 1112 悬放工作面，采煤三工区创出悬移支架放顶煤工作面月生产原煤 2 万吨的最高纪录。

2004 年 1 月，在 1209 轻放工作面，采煤一工区创出轻型综采支架放顶煤工作面月生产原煤 9.4 万吨最高纪录。

2003 ～ 2004 年，采煤二工区在 2105 工作面、2102 工作面连续 2 年创出百万吨水平，成为全局第一个百万吨采煤队。在 2102 工作面创出单面日产原煤 7002 吨、单面月产原煤 111973 吨的最高纪录。

2010 年，采煤一工区在 2201 面创出综采支架放顶煤单面月产 134130 吨的最高纪录。2011 年，采煤一工区在 2202 面创出单面月产 153870 吨的最高纪录。

2013 年，采煤三工区在 3205 工作面创出单面月产 156328 吨的最高纪录。

2015 年，采煤一工区在 3202 工作面创出单面月产 187800 吨的最高纪录、单面日产 7200 吨的纪录。

2015 年，随着矿井的连续开采，冲击地压的危险更为严重，矿井产能核减到年产 180 万吨；同时，随着国家质量标准化以及相关文件关于月产量的规定，矿井未打破以前的月产量和日产量的纪录。

五、原煤产量

2001 ～ 2018 年古城煤矿原煤产量如表 4-1-1 所示。

表 4-1-1　　2001 ～ 2018 年古城煤矿原煤产量统计表

单位：万吨

年度	产量
2001	84.40
2002	137.59
2003	178.55
2004	179.46
2005	220.00
2006	216.00
2007	218.18
2008	219.18
2009	219.82
2010	219.83
2011	219.85

续表

年度	产量
2012	219.86
2013	219.68
2014	214.66
2015	219.68
2016	179.82
2017	177.20
2018	160.81
合计	3504.57

第七节 膏体充填

2016 年，为提高矿井煤炭资源采出率、延长矿井服务年限，古城煤矿提出利用膏体充填开采技术回收矿井条带煤柱。以煤矸石为主要骨料，拌和粉煤灰、水泥及矿井水制作成膏体。膏体由地面充填站经管道输送至井下回采工作面采空区，代替煤柱支撑顶底板，保证地表不变形，实现煤炭资源安全回采。全矿共规划 14 个膏体充填工作面，可置换煤量 300 万吨。

2018 年 10 月，根据《临沂矿业集团有限公司关于古城煤矿膏体充填开采项目的批复》，古城煤矿完成膏体充填项目建设立项工作。项目投资概算 1.2 亿元，主要分为地面充填站和井下充填系统两部分。地面充填站建设主要包括 9 个皮带廊、1 个粗破车间、1 个细破车间、1 个筛分车间、1 个充填车间、1 个中控办公楼、1 个配电室、4 个矸石仓、4 个粉煤灰仓、2 个水泥仓及相应设备安装。井下充填系统建设主要包括工作面的准备、设备安装、管路安装及智能控制系统的安装。

2016 年，施工井下 –590 手选系统、–505 米水平翻矸系统工程和 12 采区两个充填面工程。

2018 年 8 月，完成首个充填面的充填工作。

2020 年 5 月，地面膏体充填站建成投入使用，正式启动膏体充填开采。根据对全矿充填工作面的设计规划，预计充填可回采煤量为 356 万吨。

第二章 开拓掘进

第一节 开 拓

一、矿井开拓

矿井采用立井、暗斜井开拓，即初期以 1 对立井开拓（主井兼回风井）、后期采用立井暗斜井（为初期下山）开拓方式。1996 年 5 月 1 日，主井井筒开挖；9 月，副井井筒开挖；1997 年 11 月，主井、副井贯通。

2001 年，在 –505 米水平南翼布置轨道运输大巷、上仓输送机巷、总回风道，3 条巷道均穿岩层布置。

2007 年 12 月，矿井开拓出 –505 米、–850 米、–1030 米水平，在 –760 米设一辅助水平。

2013 年，在 –1030 米水平南翼大巷施工两条下山，开拓 31 采区。

二、水平开拓

一水平以 –850 米水平为开采下限，浅部以矿井开采上限为界，分为 11、12、13 三个采区。11 采区是古城煤矿首采区，由武汉设计院设计，共分为 5 个区段，其中 –505 米、–560 米、–760 米水平的工作面采用伪倾斜长壁布置，–593 ～ –650 米水平及北翼采用走向长臂布置。12 采区由临沂矿务局设计院于 2001 年 5 月设计，位于古城矿 –505 米水平的北翼，南以工业广场煤柱为界，北以 F14 断层为界与 13 采区毗邻，东以 3 煤 –600 米底板等高线为界，走向平均长 450 米，倾斜平均宽 680 米，采用条带式开采，采 50 米留 80 米。13 采区为井田浅部采区，也是矿接续 11 采区生产的辅助采区。该采区位于 12 采区以北、F14–0、F18 断层之间，上部至 –180 米、下限为 –850 米水平。由于地面村庄密集，该采区采用条带开采。

二水平以 –850 米水平为开采上限，深部到 –1000 米水平，划分为 21、22 两个采区。21 采区是古城煤矿 2002 年自行设计，山东省人民政府压煤搬迁办 2002 年以鲁政搬〔2002〕8 号文批准。2003 年，开始回采。21 采区为矿井深部采区，位于工业广场东南部，北以 F14 断层与 22 采区为界，南至井田边界。该采区共分为 10 个工作面，工作面采用倾斜长壁布置。–850 米水平运输大巷、–840 皮带运输巷在采区上部穿过，工作面采用仰斜开采。22 采区南与 21 采区相邻，北邻三水平三条延伸下山，划分为 2201 和 2202 两个工作面，工作面均采用伪倾斜长臂仰斜开采的布置方式。

三水平北至矿区边界，东、南部至矿区边界和扩大区边界，西部与 21、22 采区相邻，西南至 F5–1 断层。三水平面积约为 9.99 平方千米，采用暗斜井的方式进行开拓，自南向北依次为行人进风暗斜井、轨道暗斜井及胶带机暗斜井，其间距均为30米。其中，胶带机暗斜井、轨道暗斜井布置在煤层底板岩石中，行人进风暗斜井沿煤层底板布置在煤层中。2006年11月17日，三水平进风行人下山开工掘进；12月8日，三水平轨道下山开工掘进。2007年1月30日，三水平皮带下山开工掘进；2007年年底，完成3条下山的掘进工程，转入硐室及水平大巷的开拓。三水平标高为-1030米水平，设计生产能力为220万吨/年，采区按单一倾斜长壁采煤工作面布置。三水平自南向北划分为6个采区，即31、32、33、34、35、36采区。采区的开采顺序按照先近后远、先易后难的原则进行。前期首先开采距井底车场较近且开采条件较好的32采区，然后随着开拓巷道的前进，逐步完成后续采区的开采。其中34、35、36采区由于地质构造和相邻单家村煤矿越界开采的缘故，一直未进行开拓。

截至2018年末，主采区为31采区。31采区两条集中巷道需要继续开拓，为此布置3103工作面、3102工作面和3101工作面。

三、煤量

2018年12月，开拓煤量为831.4万吨，可采期3年；准备煤量480.1万吨，可采期1.7年；回采煤量273.2万吨，可采期11.7个月。

自主研发的锚杆钻机（2018年11月摄）

第二节　掘　进

1998年有耙装机9台，凿岩机具为YT-24型风钻和MSZ-1.2（2.4）型煤电钻。

2000年，矿井购进第1台MQT-85型锚杆钻机和ZQS-50/300型手持式气动帮锚杆钻机。2006 年，已全部淘汰煤电钻。YG-8.3 型风镐在矿井挑顶、刷帮等零星工程施工方面正常使用。截至 2006 年年底，矿井在册耙装机 14 台，其中，PB-90 型耙装机 3 台、PB-60 型耙装机 6 台、PB-30 型耙装机 5 台。PB-30 型耙装机均已被改造成桥式耙装机，骑在 SGB620/40T 型刮板运输机上，与之配套使用。

2001 年 6 月，购进第 1 台佳木斯煤矿机械厂生产的 EBZ100 型掘进机。同年 8 月，购进第 2 台同型号掘进机。2006 年年底，三水平开拓进入下山施工阶段。为加快施工进度，矿井新购进 2 台 PB-90 型耙装机。截至 2006 年年底，矿井掘进机保有量 4 台，其中正常使用 3 台，两台为 EBZ150 型，1 台为 EBZ100 型掘进机，另外 1 台 EBZ100 型掘进机在安培中心做教学用。2007 年，矿井实施置换开采，将 1 台 EBZ100 型掘进机改造成抛矸机并新购进 2 台 EBZ150 型掘进机，进一步提高矿井掘进机械化水平。随着采深的增加，为保证掘进期间的防冲安全需求，掘进巷道需破地板岩石掘进，对掘进机的功率有更高的要求，为此，矿井在 2011 年以后，相继又购买佳木斯煤矿机械有限公司和三一重型装备有限公司制造的型号为 EBZ200 的掘进机和 EBZ230/160 型号的掘进机，大功率掘进机保证矿井掘进效率，使矿井生产接续得以保证。

在全岩锚网喷巷道的掘进方面，使用石家庄煤矿机械有限公司制造的型号为 ZCY60R 的全液压侧卸式装岩机、青岛达邦钻机有限公司制造的型号为 CMJZ-15 的煤矿用液压掘进钻车。此套设备取代传统使用的手持式钻机和耙装机，使矿井全岩工效提高 50%，其中主进风巷（上）迎头，在断面积达到 23.6 平方米的条件下，创造了月进尺 97.5 米的新高纪录。

先进的掘进设备（2011 年 7 月摄）

第三节　巷道支护

2010年以后，购买由张家口宣化华泰机械制造有限公司制造的型号为WPZ-37/600的煤矿用巷道修复机、河北铸成工矿机械有限公司制造的型号为2ZBQ10/10的气动注浆机、山东胜沃液压机械有限公司制造的型号为JPTS7—L的推链式混凝土喷射机组。

矿开采三煤，煤厚平均8.5米，地质构造复杂，断层多，深部矿山压力大，准备巷道以及回采巷道主要采取锚网或锚网索支护，开拓巷道采取锚网喷支护。支护方式的发展主要体现在：随着开采深度、巷道断面规格逐步加大，支护材料的规格逐步提档升级，支护密度逐步加大。

现以矿井水平分段为例，分别选取全煤回采顺槽和全岩开拓巷道的断面规格和支护方式来展现矿井支护方式发展变化过程。

一、-560米以上水平

1. 全煤回采巷道（以11011轨道顺槽为例，见图4-2-1）

（1）巷道断面。断面为矩形，净宽3.2米，净高2.6米，面积为8.3平方米。

（2）支护方式。采用架棚支护，棚距1米。

（3）支护材料。架棚采用14号工字钢。

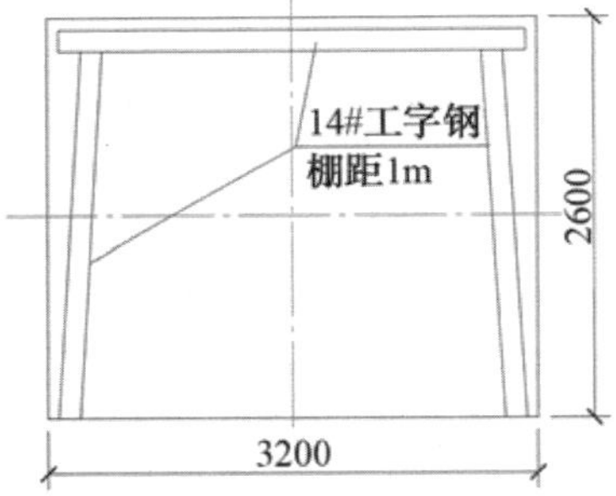

图4-2-1　古城煤矿11011轨道顺槽断面支护图

2. 全岩开拓巷道（以-505北大巷双轨道段为例，见图4-2-2）

（1）巷道断面。断面形状为直墙半圆拱，净宽4米，墙高1.5米，净高3.5米，面积为12.3平方米。

（2）支护方式。采用锚网喷支护。顶部使用树脂锚杆，帮部使用管缝锚杆，间排距为800毫米×800毫米。每根树脂锚杆配1块树脂锚固剂。顶及两帮均挂金属网，搭接长度60毫米，用16号铁丝双排扣菱形连接，间距120毫米。另外，巷道拱部使用钢梯配合支护。

（3）支护材料。①锚杆及锚固剂：树脂锚杆为等强度螺纹钢树脂锚杆，规格为直径18毫米×2000毫米；管缝锚杆直径43毫米×1800毫米；树脂锚固剂型号为

CK2370。

②金属网，采用 8 号冷拔丝制作的经纬网，网格尺寸为 60 毫米 ×60 毫米。

③钢梯，用直径 10 圆钢加工制作。

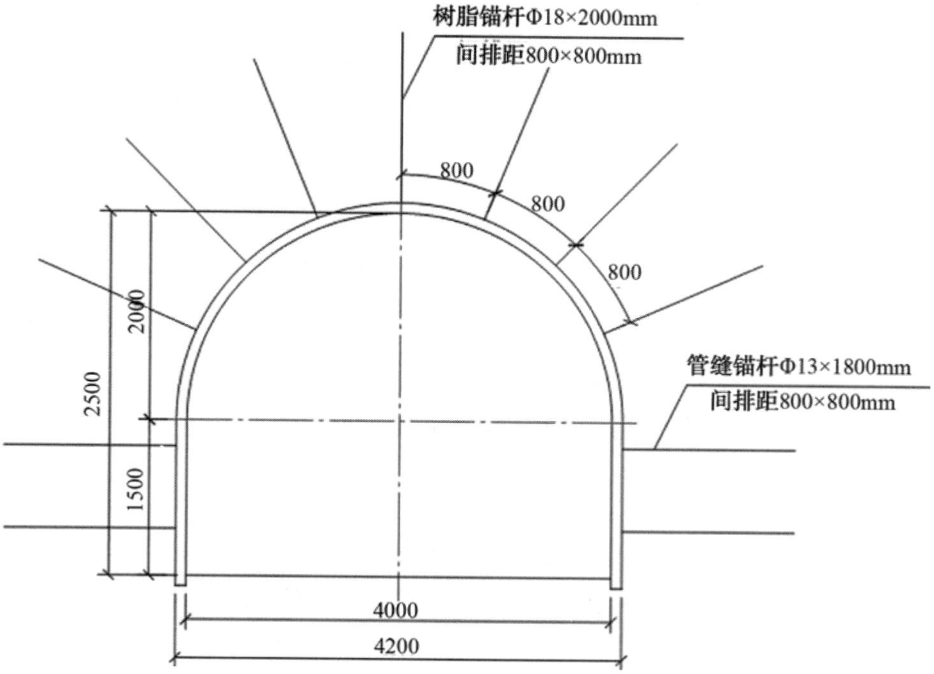

图 4-2-2 古城煤矿 -505 米水平北大巷断面支护图

二、-560 ～ 850 米水平

1. 全煤回采巷道（以 1116 皮带顺槽为例，见图 4-2-3）

（1）巷道断面。断面为直墙三心拱，净宽 3.5 米，墙高 2 米，净高 2.8 米，面积为 8 平方米。

（2）支护方式。采用锚网支护。顶部及帮部均使用树脂锚杆，间排距为 800 毫米 ×800 毫米。每根树脂锚杆配 1 块树脂锚固剂。顶及两帮均挂金属网，搭接长度 60 毫米，用 16 号铁丝双排扣菱形连接，扣间距 120 毫米。另外，巷道拱部使用钢梯配合支护。

（3）支护材料。①树脂锚杆及锚固剂，前者为等强度螺纹钢树脂锚杆，规格为直径 20 毫米 ×2200 毫米；后者型号为 CK2370。

②金属网，采用 8 号冷拔丝制作的经纬网，网格尺寸为 60 毫米 ×60 毫米。

③钢梯，用直径 10 圆钢加工制作。

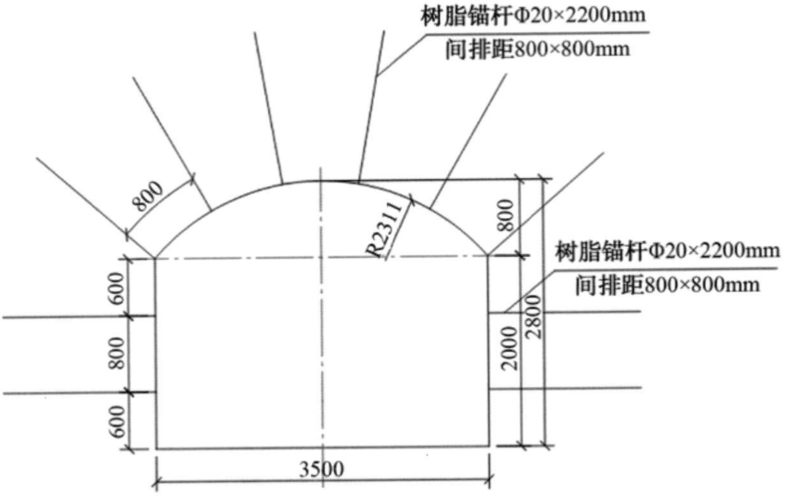

图 4-2-3　古城煤矿 1116 皮带顺槽断面支护图

2. 全岩开拓巷道（以 -505 皮带下山 760 段为例）

（1）巷道断面。断面形状为直墙半圆拱，净宽 4 米，墙高 1.5 米，净高 3.5 米，面积为 12 平方米。

（2）支护方式。采用锚网喷支护。顶部及帮部均使用树脂锚杆，间排距为 800 毫米 ×800 毫米。每根树脂锚杆配 1 块树脂锚固剂。顶及两帮均挂金属网，搭接长度 60 毫米，用 16 号铁丝双排扣菱形连接，间距 120 毫米。另外，巷道拱部使用钢梯配合支护。

（3）支护材料。①树脂锚杆及锚固剂，前者为等强度螺纹钢树脂锚杆，规格为直径 18 毫米 ×2200 毫米；树脂锚固剂型号为 CK2370。

②经纬网采用 8 号冷拔丝制作，网格尺寸为 60×60 毫米。③钢梯，用直径 10 毫米圆钢加工制作；④喷砼标号为 C20。

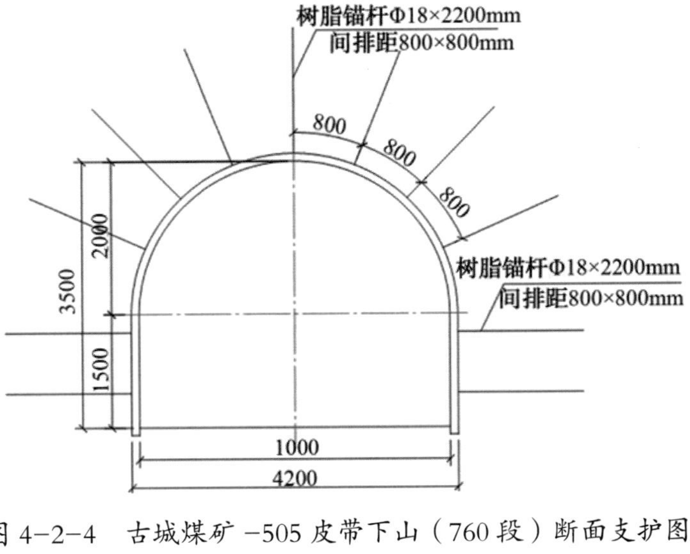

图 4-2-4　古城煤矿 -505 皮带下山（760 段）断面支护图

三、-850 ～ 1030 米水平

1. 全煤回采巷道（以 2203 皮带顺槽为例，见图 4-2-5）

（1）巷道断面。断面为直墙半圆拱，净宽 4.2 米，墙高 1.8 米，净高 3.8 米，面积为 14 平方米。

（2）支护方式。采用锚网索支护。顶部使用树脂锚杆，间排距为 700 毫米 ×800 毫米，两肩及帮部使用螺纹锚杆，间排距为 800 毫米 ×800 毫米，每根锚杆配 1 块树脂锚固剂。顶部施工 2 根锚索加强支护，间排距为 1600 毫米 ×2400 毫米，每根锚索配 2 块树脂锚固剂。金属网搭接长度 80 毫米，用 14 号镀锌铁丝双排扣菱形连接，扣间距不大于 120 毫米。另外，巷道拱部使用钢梯配合支护。

（3）支护材料。①锚杆及锚固剂。其中，树脂锚杆规格均为直径 20 毫米 ×2500 毫米。螺纹锚杆规格为直径 20 毫米 ×2200 毫米，树脂锚固剂型号为 CK2370。②锚索为直径 18 毫米 ×8000 毫米的低松弛钢绞线。③金属网，采用 8 号冷拔丝制作的 40 毫米 ×40 毫米经纬网。④钢梯，12 毫米圆钢加工制作而成。

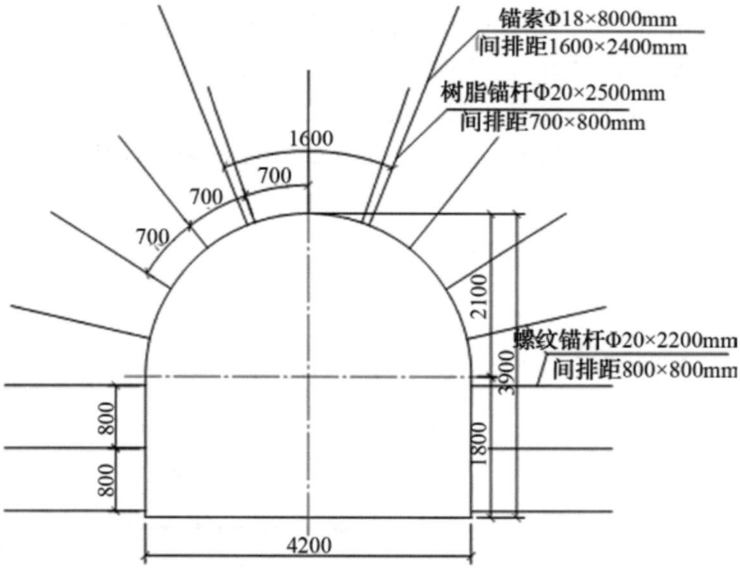

图 4-2-5　古城煤矿 2203 皮带顺槽断面支护图

2. 全岩开拓巷道（以三水平皮带下山为例）

（1）巷道断面。断面形状为直墙半圆拱，净宽 4.2 米，墙高 1.6 米，净高 4.0 米，面积为 13.6 平方米。

（2）支护方式。采用锚网索喷支护。顶部及帮部均使用高强高预应力让压锚杆，间排距均为 700 毫米 ×700 毫米。此外，顶部施工 2 根锚索加强支护，每根树脂锚杆配 2 块树脂锚固剂。金属网搭接长度 80 毫米，用 16 号铁丝双排扣菱形连接，扣间距不大于 160 毫米。另外，巷道拱部使用钢梯配合支护。

（3）支护材料。①锚杆及锚固剂。其中，顶部锚杆为直径 22 毫米 ×2400 毫米的高强高预应力让压锚杆，帮部为直径 22 毫米 ×2200 毫米高强高预应力让压锚杆，树脂锚固剂型号为 CK2370。②锚索为直径 18 毫米 ×5000 毫米的低松弛钢绞线。③其他：采用直径 6 盘圆编织的钢筋网，网格尺寸为 80×80 毫米。钢梯，用直径 12 圆钢加工制作。喷砼标号为 C20。

四、-1030 米水平以下

1. 全煤回采巷道（以 3106 皮带顺槽为例，见图 4-2-6）

（1）巷道断面。巷道形状为直墙半圆拱形，巷道净宽度为 4600 毫米，墙高为 1800 毫米，净高度 4100 毫米，断面积 16 平方米。

（2）支护方式。采用锚网索支护。顶部布置等强树脂锚杆，两肩及帮部布置右旋全螺纹锚杆，间排距均为 800 毫米 ×800 毫米。每根锚杆配 1 卷 MSCK2570 树脂锚固剂，巷道拱部使用直径 12 毫米圆钢加工而成的钢梯。锚索布置在两排钢梯之间，第一排布置 8 根，第二排 5 根，依次循环。

（3）支护材料。①锚索，规格为 Φ21.8（19 股）×7000 毫米（保证入岩 2 米）的低松弛钢绞线。②等强树脂锚杆，规格直径 22 毫米 ×2500 毫米，材质为等强螺纹钢，抗拉强度为 566MPa。③全螺纹锚杆，规格为直径 22 毫米 ×3300 毫米，材质为无纵肋螺纹钢，抗拉强度为 560MPa。④钢梯，拱部采用直径 12 毫米圆钢加工而成的钢梯。⑤金属网，顶部采用直径 6 毫米盘圆编制的网孔为 80 毫米 ×80 毫米钢筋网 + 塑料网，帮部使用 8 号冷拔丝编制的网孔为 40 毫米 ×40 毫米的防锈经纬网。

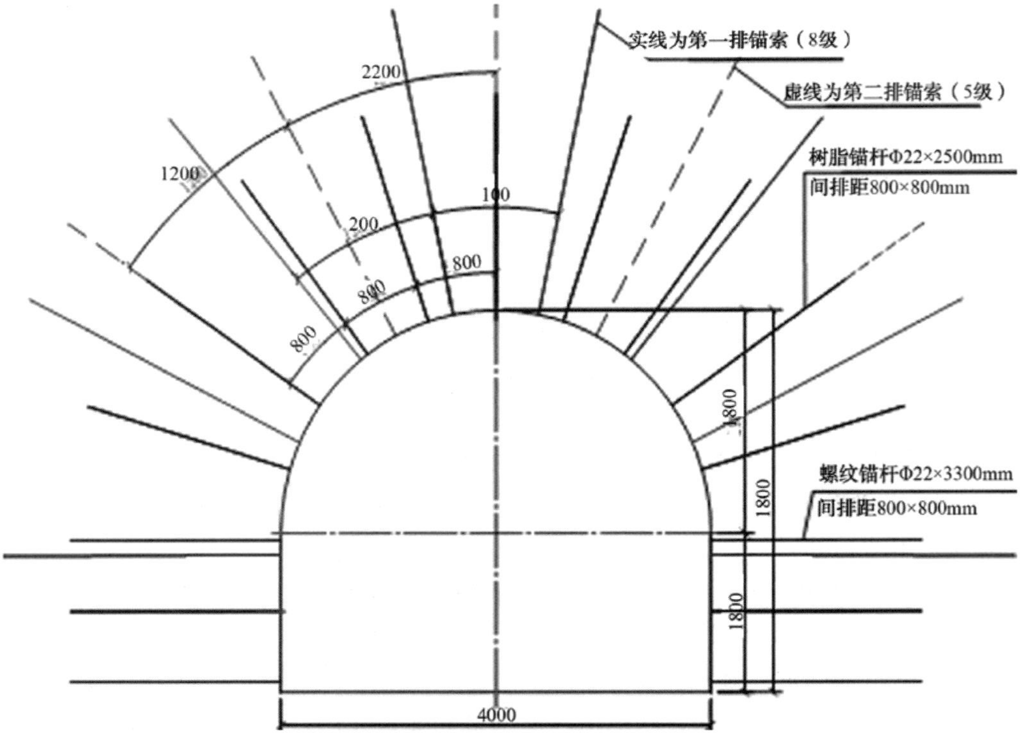

图 4-2-6　古城煤矿 3106 皮带顺槽断面支护图

2. 全岩开拓巷道

（1）巷道断面。巷道形状为直墙半圆拱形，巷道净宽度为 4800 毫米，墙高为 1800 毫米，净高度 4200 毫米，断面积 17.7 平方米。

（2）支护方式。采用锚网索喷支护，锚杆与锚索间隔均匀布置，间排距为 850 毫米 ×900 毫米，并配合使用直径 12 毫米圆钢加工而成的钢梯，金属网采用网孔为 80 毫米 ×80 毫米的钢筋网。

（3）支护材料。①锚索，规格为 Φ21.6（7 股）×5000 毫米的低松弛钢绞线。②高强树脂锚杆，规格为 Φ22×2800 毫米。③钢梯，采用直径 12 毫米圆钢加工而成。④金属网，采用直径 6 毫米盘圆编制的网孔 80 毫米 ×80 毫米钢筋网。⑤锚固剂，规格 MSCK2570，锚杆使用 1 根，锚索使用 2 根。⑥喷砼标号为 C20。

第三章 采 煤

第一节 采煤队伍

1998年11月，筹建处成立采煤工区，设区长、书记（副书记），配副区长3～5人，工区定员控制在135人之内。2000年3月，撤销采煤工区，成立采煤一工区、采煤二工区，配区长、书记等管理人员5人，工区定员130人之内。2001年，矿井移交试生产，成立采煤三工区，编制130人。

截至2018年年末，古城煤矿有2个采煤工区，工区管理人员增加至7人，设区长、书记（副书记）、副区长、技术员（或者副区长兼任技术员）。每个工区采煤人员控制在120～135人，采煤工效为人均15～20吨。

第二节 采煤装备

1998年10月，回采采用炮采工艺，使用单体液压支柱和铰接顶梁支护顶板，工作面和顺槽运输均采用SGB620/40T型刮板输送机。

1999年初，使用悬移支架进行放顶煤回采。

2000年1月，在11021工作面运输顺槽开始采用SSJ800/40/2×45型可伸缩带式输送机运输。12月，安装第1个机械化采煤工作面（11041），配备ZF2400/16/26BH型轻型放顶煤液压支架、3MG200-W2型双滚筒采煤机、SGD630型刮板输送机，顺槽使用SGB620/40T型刮板输送机和SSJ800/40/2×45型可伸缩带式输送机运输。

2002年年底，购进1套综采设备并安装在2105工作面。综采液压支架型号为ZF4600/16.5/26.5，采煤机型号为MG150/375-W，前、后部刮板输送机型号为SGZ630/264（运输能力为450吨/时），转载机型号为SZZ764/132（运输能力为700吨/时），顺槽可伸缩胶带输送机型号为SSJ1000/2×185（带宽1000毫米、运量600吨/时），破碎机型号为PCM110（破碎能力为1000吨/时）。

2003年3月，淘汰悬移支架。

2004年，随着矿井采掘活动进入-850米水平，矿井使用更大工作阻力的液压支架。采用ZF6200/16.5/26.5型综采液压支架，采煤机型号为MG250/591-QWD，前、后部刮板输送机型号为SGZ730/400（运输能力为700吨/时），转载机型号为 SZZ764/132（运输能力为 900 吨 / 时），顺槽可伸缩胶带输送机型号为 DSL1000/60/2×185（带宽 1000 毫米、运量 600 吨 / 时），破碎机型号为 PCM110（破碎能力为 1200 吨 / 时）。

2013 年 4 月，矿井生产进入 -1030 米水平，采深达到 1100 米，在 3206 工作面首次装备 ZF12000/18.5/35 型综采液压支架和 MG400/940-WD 型采煤机，前、后部刮板输送机型号为 SGZ800/1400（运输能力 1600 吨 / 时），转载机型号为 SZZ800/250（运输能力 1800 吨 / 时）。

2018 年，矿井进一步加大综采工作面设备装机功率，3105 工作面液压支架仍然为 ZF12000/18.5/35 型综采液压支架，使用 MG500/1130-WD 型双滚筒采煤机。该采煤机采高 2.0 ～ 3.8 米，滚筒直径 2000 毫米、截深 800 毫米，牵引速度 0 ～ 8.3 米 / 分钟，最大牵引力 680/410 千牛，电压 3300 伏，总装机功率 1130 千瓦。前、后部刮板输送机型号为 SGZ800/1050（运输能力为 1600 吨 / 时、链速 1.25 米 / 秒、电机功率 2×700 千瓦）；转载机型号为 SZZ-800/250（运输能力为 1800 吨 / 时）；破碎机型号为 PCM160（破碎能力为 1000 吨 / 时、最大入口尺寸 724 毫米 ×920 毫米）；顺槽可伸缩胶带输送机型号为 DSL100/100/2×250（带宽 1000 毫米、运量 1000 吨 / 时、带速 3 米 / 秒、电机功率 2×250 千瓦）。

采区标准化建设（2018 年 11 月摄）

第三节 采煤方法

矿采动范围内的地面建（构）筑物密集，种类多、数量大、分布广，有普通农村村庄、城镇居民楼、工业厂房、桥梁、堤坝等。地面建筑物及设施的抗采动变形能力为《三下采煤规程》规定的Ⅰ级破坏等级。为减少地表沉陷、有效地保护地面建（构）

筑物，采用条带式开采。根据北京天地科技股份有限公司的论证，-700 米以上采宽 50 米，留宽 80 米；-700 米～ -850 米段采宽 60 米，留 90 米；-850 米～ -1000 米段采宽 85 ～ 110 米，留宽不小于 110 米。先后采用了分层开采（先采顶分层，铺金属网做人工假顶，后采底分层，放中间煤）、一次采全高放顶煤开采方法。

1998 年 1 月 21 日，山东煤炭工业管理局对《古城矿井首采区建筑物下采煤方法及巷道布置方案设计》进行批复（鲁煤管规〔1998〕23 号）。同意在 -600 米水平以上采用高档炮采，在 -600 ～ -700 米水平采用高档普采。7 月 15 日，分别在 -560 米辅助水平的 11011、11031 工作面进行回采，采用高档炮采工艺进行分层开采。其支护形式为单体支柱配合铰接顶梁。

1999 年 4 月 16 日，山东煤炭工业管理局在古城矿井主持召开古城矿井首采区采煤方法研讨会。临沂矿务局按照会议精神组织有关人员对条带一次采（放）全高地表移动变形最大值进行计算，认为条带 1 次采全高与条带分层开采而最终下沉盆地内的地表移动及变形量相近，对地面建（构）筑物破坏等级（保护等级）基本不超过Ⅰ级。5 月 4 日，在征求北京开采研究所意见的基础上，临沂矿务局向山东煤炭工业管理局呈报。6 月 18 日，山东煤炭工业管理局对《古城矿井变更首采区采煤方法》进行批复（鲁煤管规〔1999〕167 号），同意在 -600 米以上选一高档炮采条带分 2 层做开采试验，先采上分层，间隔 4 ～ 6 个月再利用放顶煤方法采底分层。随后，古城煤矿在 11011、11031 工作面进行分 2 层开采，支护形式为自移式悬移支架。

2001 年 4 月 27 日，根据地面岩移观测数据，进行分两层开采地表岩移沉降移动分析，摸清地表沉降规律。古城煤矿向临沂矿务局请示，临沂矿务局以临局生函〔2001〕38 号文件进行审批，同意在首采区进行一次放全高采煤方法的试验。随后，古城煤矿分别在 11021、11041、1201 工作面进行了悬移支架炮采和轻型支架综采放顶煤一次放全高开采试验，支护形式分别为悬移支架和轻型支架支护控制顶板。

2002 年，经过近 1 年的观测，地表下沉值、水平变形值以及倾斜变形值均小于理论变形值，地面建（构）筑物变形程度均在Ⅰ级变形范围内，工作面回收率达到 85% 以上，根据临局生函〔2002〕114 号文件批准，古城煤矿在以后的工作面布置中均按 1 次放全高采煤方法进行布置。

技术管理人员研究图纸（2017 年 6 月摄）

2017 年 2 月，在 12 采区首次采用原生矸石充填的方法对条带煤柱进行回收，工作面采空区矸石充填率高达 80% 以上。2018 年 5 月，回采结束后期通过岩移观测，地表下沉值、地面建（构）筑物变形程度均在 I 级变形范围内。

2018 年，按照临矿集团要求，古城煤矿对膏体充填法条带煤柱高效回收进行调研。10 月，通过一体化论证，将其列为 2019 年重点项目。

第四节　采煤工艺

1998 年 10 月，回采采用炮采工艺，爆破落煤，人工攉煤，工作面及顺槽使用刮板输送机运煤。

1999 年，回采采用悬移支架放顶煤工艺，工作面使用 40 吨刮板输送机运煤，顺槽多数使用 40 吨刮板输送机运煤，少数使用可伸缩皮带运输。

2001 年，回采使用 ZF2400/16/24 型轻型支架放顶煤工艺，使用 3MG200W2 型双滚筒采煤机落煤，工作面使用两部 SGD630/110 型刮板输送机运煤，顺槽使用 40 吨刮板输送机搭接可伸缩皮带运输。

2003 年，回采采用综采支架放顶煤工艺。工作面有 2 种配置：一种配置 ZFS4600/16.5/26.5 型低位放顶煤液压支架、MG150/375-W 型双滚筒采煤机、SGZ630/264 型刮板输送机、SZZ764/132 型转载机、PCM110 型破碎机等；另一种配置 ZF6200/16.5/26.5 型低位放顶煤液压支架、MG250/591-QWD 型双滚筒采煤机、SGZ730/400 型刮板输送机、SZZ764/132 型转载机、PCM110 型破碎机等。

2013 年，工作面采用 ZF12000/18.5/35 型综采支架。2017 年，全矿淘汰 ZF6200/16.5/26.5 型低位放顶煤液压支架。前、后部刮板输送机型号为 SGZ800/1400，转载机型号为 SZZ800/250，顺槽可伸缩胶带输送机型号为 DSJ100/100/2 × 185，破碎机型号为 PCM110。

2003 ～ 2018 年，采煤工艺一直沿用综采支架放顶煤工艺。

采煤工作面（2018 年 4 月摄）

第五节　顶板管理

一、工作面顶板管理

1998 年 10 月，高档炮采工作面支架规格型号为 DZ25 - 25/100 外注式单体支柱，配合使用 HDJB-1000 型金属铰接顶梁支护。2000 年，将其淘汰。

1999 年，分层开采回采工作面使用 KC-2 型悬移支架支护顶板。

2000 年 2 月，1 次采全高工作面使用 KC-2 型悬移支架支护顶板。2003 年 5 月，将其淘汰。

2001 年 1 月，采用 ZF2400/16/24BH 轻型放顶煤液压支架控制顶板。

2003 年 1 月，采用 ZF4600/16.5/26.5 支撑掩护式低位放顶煤液压支架、1 次采全高综采放顶煤工艺。

2004 年 1 月，采用 ZF6200/16.5/26.5 支撑掩护式低位放顶煤液压支架、1 次采全高综采放顶煤工艺。

2013 年，采用 ZF12000/18.5/35 型综采支架。

2017 年，全矿淘汰 ZF6200/16.5/26.5 型低位放顶煤液压支架。

二、工作面端头、两顺槽超前支护顶板管理

1998 年 10 月，开始在采煤工作面两端头和两顺槽超前支护使用外注式单体支柱配合单梁、双梁或长梁的架棚支护，棚间距为 0.8 米或 1 米。

2016 年，单元式超前支护在 3201 皮带顺槽试用成功。2017 年，将单元式超前支护在 3106 轨道顺槽推广应用。

2017 年，在 3310 工作面安装跨转载机尾整体式端头支架，取代以往工作面端头支柱支护及切顶支柱支护，提高支护强度，解决综放工作面下端头支护的难题。

三、老空区顶板管理

1998 年 10 月开始，工作面的老空区顶板管理采用全部垮落法。

2017 年 2 月，在 12 采区首次采用原生矸石充填的方法对条带煤柱进行回收，工作面采空区矸石充填率高达 80% 以上，采用原生矸石充填法管理顶板。

2018 年，调研“膏体充填法管理顶板”课题。

采煤区域支护（2010 年 2 月摄）

第四章　机电运输

第一节　机构设置

一、机构沿革

1992 年 8 月，成立曲阜矿井筹建处工程管理科，兼管机电管理。

1995 年 4 月 23 日，工程技术科设副科长 1 人，负责机电管理工作。

2000 年 3 月 9 日，成立机电科，设科长 1 人、副科长 1 人。

2001 年 2 月 26 日，成立机电运输部，分管副矿长兼任机电运输部部长，设副部长 1 人，撤销机电科。

2003 年 4 月 12 日，成立机电科，设科长 1 人，撤销机电运输部。

2004 年 10 月 1 日，设科长 1 人、副科长 1 人。

2008 年 4 月 28 日，设机电副总兼机电科科长 1 人、副科长 1 人。

2015 年 7 月 30 日，设机电运输部。

2018 年 11 月，设主管工程师 1 人。

二、机构及职责

机电运输机构设机电科、机电工区、运输工区、皮带工区、机修厂，各采掘工区设分管机电副区长 1 名。

主要职责：落实安全生产方针，抓好矿井主提升系统、供电系统、排水系统、主通风机系统、主压风机系统安全运行工作，强化机电运输系统的预防性定期检查、检测和检修工作，使技术档案齐全、规范，使设备参数齐全、完整，使技术资料准确、条理，加强固定资产、技术改造等工作，确保机电运输系统的安全运行。

第二节　制度建设

一、机电管理制度

为保证提升运输安全，古城煤矿制定多项提升运输安全管理制度，逐年修改完善并汇编成册。

主要管理制度包括:《机电安全活动制度》《设备包机制度》《设备巡回检查制度》《干部上岗检查制度》《要害场所管理制度》《机电专业隐患排查制度》《油脂管理制度》《钢丝绳管理制度》《防爆检查制度》《设备定期检修制度》《供电管理

制度》《古城煤矿机电运输系统管理制度》等。

二、机电质量标准化管理

为深化机电运输质量标准化建设，创建“以质为本、安全高效”的机电运输系统，实现矿井稳产高产，古城煤矿编制并印发一系列机电运输质量管理文件。

2009 年 2 月，印发《古城煤矿 2009 年机电运输专业质量标准化会战实施意见》，各机房硐室、采区变电所，按照质量标准要求进行整改，达到精细化标准，逐步更新改造故障率高的机电设备与安全保护设施，实现设备高效、安全运转。

2010 年 9 月，机电科成立设备、电气、电缆、防爆检查、小型电器、配件、油脂、胶带 8 个机电专业化管理小组。印发《关于成立机电专业化管理小组的通知》，加强机电质量标准化建设，对机电设备进行有效管理、使用和维护，使设备保持良好状态，满足生产要求。

2011 年 1 月，制定《古城煤矿设备材料吊装运输管理规定》。

2012 年 8 月，制定《古城煤矿建筑安装工程施工质量、安全管理办法》，施工单位必须按照国家有关规程、规范、验收标准、施工图设计（变更、会议纪要）、批准审查的施工组织设计（方案）、施工技术措施进行施工，违反规定，视情节轻重，每次罚款 500 ～ 2000 元。各施工单位在开工前，必须编制施工组织设计或施工方案、施工技术措施，报有关单位进行审批，审查后方可施工。违反规定，罚款 1000 ～ 5000 元。

2013 年 2 月，制定《古城煤矿机电运输质量标准化综合管理考核实施办法》，规定提升运输安全设施及安全保护装置应装设齐全，动作灵敏可靠、正常使用，每天进行检查、试验，每缺 1 项或不合格罚款 200 元，不按规定定期试验罚款 200 元。在用设备必须设置设备运转日志、设备检修记录。

2014 年 2 月，制定《古城煤矿机电运输质量标准化管理考核办法》，要求主要运输大巷、皮带巷及采、掘工作面两顺槽等，按照“皮带一条线、管路一条线、轨道一条线、电缆一条线、照明一条线”标准进行整改，设备安装使用、维修维护、完好程度达到标准要求。

2015 年 5 月，发放《关于进一步加强采煤工作面机电设备日常检修管理的通知》，要求每天安排专人对皮带接头进行检查、编号管理、填写检查记录。跟班副区长应加强对机电设备和当班机电维修工的管理，做好日常班检维护工作。

2016 年 11 月，制定《古城煤矿回采工区机电设备管理特别规定》，要求各单位严格按照《古城煤矿油脂管理办法》《乳化液集中配比使用管理规定》，及时加油、换油，正常使用乳化液，确保回采设备高效、正常运行。

2017 年 2 月，发放《关于开展 2017 年机电专业技术比武活动的通知》，考试分为采煤、掘进、辅助 3 大专业，其中采煤机电和辅助机电又分为电工考试、维修工考试、综合考试 3 小类。通过比武，提高机电专业技术人员的业务水平、工作能力和技术素质。

2018 年 1 月，制定《古城煤矿机电运输质量标准化管理考核办法》《古城煤矿设备、材料吊装运输管理考核办法》，实行月度百分制考核办法，每月15～22日集中考评。

第三节 供电系统

一、电源

古城煤矿有3路供电电源，其中2路来自兖州区红庙110千伏变电站不同母线段，分别为古城I线和古城II线，接入矿35千伏变电所35千伏高压室2653、2654开关柜。第3路电源来自矿自备电厂，接入矿35千伏变电所6千伏高压6137、6236开关柜。

古城煤矿35千伏高压室配电柜（2018年12月摄）

来自红庙110千伏变电站双回路电源、供电电压35千伏，2路架空线采用共杆架设；1～16号塔杆为钢管杆，采用LGJ-180型钢芯铝绞线；17～26号塔杆为铁塔，采用LGJ-150型钢芯铝绞线，GJ-35型避雷线架空引入，铁塔架空敷设，单回路供电距离均为3.7千米；在矿区工业广场北侧建设35千伏变电所1座，担负着矿井的全部供电任务。地面供电电压等级主要有6千伏、380伏、220伏，井下供电电压等级有6千伏、3300伏、1140伏、660伏、127伏。

2003年7月1日，古城煤矿热电厂一期工程建成并网发电，装备QFW-7-2型7000千瓦发电机组2台。2005年9月2日，热电厂二期工程建成并网发电，装备QF（N）-15-2型15000千瓦发电机组1台。热电厂I路经ZR-YJU-6/6型500平方毫米高压电力电缆接至35千伏变电所6K千伏II段母线，电厂II路经ZR-YJU-6/6型500平方毫米高压电力电缆接至2号主变低侧，电厂III路升压至35千伏经ZR-YJU-35型240平方毫米高压电力电缆接至古城I线。正常运行方式：古城煤矿热电厂I号发电机组与2号、3号发电机组分列运行，1号机组发电供矿井负荷，剩余电量经 1 号主变与古城 II 线并网。2 号、3 号发电机组并列运行，经电厂主变升压至 35 千伏，在本变电所与古城 I 线并网运行。

井下 –505 米水平设置中央变电所 1 个，担负着井下负荷的全部供配电任务；–850 米水平设置中央变电所 1 个，担负着 –850 米水平及以下的供配电任务；–1030 米水平将设置中央变电所 1 个，担负着 –1030 米水平的供配电任务。

2018 年 1 ～ 7 月，对地面 35 千伏变电所、井下 –505 米水平中央变电所、–850 米水平变电所、–1030 米水平变电所等 14 个变电所进行无人值守自动化改造，能够对供电高低压电气设备、供电线路和用电负荷全面安全保护、运行、监测、计量和远程操作控制，实现电力运行管理、实时用电计量管理、实时设备温度监测；故障定位管理、视频监控管理及选择性漏电保护、防越级跳闸等功能。

二、地面供电

（一）35 千伏架空线路

兖州区红庙变电站至古城煤矿变电所，全长 3.7 千米。矿井两路架空线路来自红庙 110 千伏变电站，供电电压 35 千伏。1 ～ 16 号塔杆为钢管杆，采用 LGJ–180 型钢芯铝绞线；17 ～ 26 号塔杆为铁塔，采用 LGJ–150 型钢芯铝绞线，GJ–35 型避雷线架空引入，铁塔架空敷设。

1995 年 1 月 17 日，由兖州电力实业总公司开工建设，1995 年 11 月 14 日竣工。该线路结构为共塔双回路，铁塔 21 基，全线敷设 GJ–35 架空地线。

2020 年 1 月 1 日，济宁圣地电业集团公司对古城煤矿 35 千伏古城 I、II 线 1 ～ 12 号塔线路进行迁改，拆除 1 ～ 12 号铁塔及导线，新线路沿嘉里路与益海路敷设至旧线路 13 号塔，并与旧线路进行连接。新线路采用钢管杆架空敷设，2020 年 4 月 28 日竣工。

（二）35 千伏变电所

35 千伏变电所由武汉煤炭设计院设计，兖州电业局实业公司施工，曲阜矿区工程质量监督站、兖州电力实业总公司实施质量监督。

1995 年 7 月 1 日，安装工程开始。11 月 1 日竣工。该变电所共安装济宁开关厂、山东新泰开关厂生产的 JYN1–35 型 35KV 高压开关柜 11 面，滕州市电器厂、山东森源电器厂、山东鲁能智能有限公司生产的 GG–1A 型、XHK–11 型 6 千伏高压开关柜 33 面，山东兖州开关厂生产的 PGL 型低压配电屏 8 面，泰安变压器厂、盐城变压器厂生产的 SF7、SF9 型主变 2 台和 S9 型配电变压器 2 台，济宁圣龙数控设备有限公司生产 GZDW33–220VDC/100HA 型直流屏 2 面、米 PS4000 型微机控制保护屏 6 面。

2006 年 6 ～ 9 月，机电工区负责施工对 35 千伏变电所继电保护进行改造，原电磁继电保护装置更新为米 PS4000 系列微机保护系统，主控室更换控制保护屏 6 面，直流屏 2 面。

2013 年 5 ～ 7 月，古城煤矿组织煤炭设计院、临矿集团机电处对古城煤矿 35 千伏变电所 6 千伏系统进行优化设计，对 6 千伏系统运行方式进行优化设计，对 6 千伏系统开关柜进行更换（无锡军工智能电气股份有限公司生产的 JYN28A–12 型高压开关柜 38 面），对变电所微机保护系统进行升级改造，增加 6 千伏系统选择性漏电保护系统，实现 35 千伏变电所 6 千伏母线能够分段运行；2 台 8000 千伏安主变互为备用，电厂两路 6 千伏进线互为备用，实现 6 千伏系统选择性漏电保护。

2013 年 10 月，机电工区负责施工对 35 千伏变电所 6 千伏系统电容器进行高压动态无功补偿装置（SVG）改造，更换 3 米 Var6 千伏无功补偿装置（SVG）2 台。

截至 2018 年年末，35 千伏变电所现有配置为 2 台变压器（型号分别为 SF7-8000/35/6.3、SF9-8000/35/6.3）、JYN1-35 高压柜 11 面、KYN28A-12 高压真空开关柜 38 面，S9-800/6/0.4 低压变压器 2 台，KYDZ-1 低压开关柜 9 面，分别向地面和井下高低压负荷供电，主、副井提升机、主扇风机、空压机都实现双回路供电。

三、井下供电

（一）供电电缆

矿井在 -505 米、-850 米、-1030 米水平分别设置中央变电所，下井电缆 6 路，其中 3 路米 YJV42-3×95 平方毫米：1 路米 YJV42-3×150 平方毫米铜芯交联聚乙烯护套粗钢丝铠装阻燃电缆至 -505 米水平中央变电所，长度均为 0.95 千米；2 路米 YJV42-3×150 平方毫米铜芯交联聚乙烯护套粗钢丝铠装阻燃电缆直供 -1030 米水平水泵中央变电所（最远端变电所），长度均为 4.55 千米。自然功率因数为 0.80，经无功补偿后系统功率因数达到 0.90 以上。

（二）-505 米水平

-505 米水平中央变电所布置在副井底车场，变电所设备由临沂矿务局工程公司负责安装施工。1998年5月开工，7月竣工。共安装 KYGC-Z 型 6 千伏高压开关柜 20 面、KYX-2 型 660 伏低压开关柜 6 面、GQA-100A/600VKY 型整流柜 2 面、KBSG-200/6 型干式变压器 2 台。3 路进线来自地面 35 千伏变电所，3 趟 YJV42-6/6 3×95 平方毫米电力电缆沿副井筒敷设，全长 950 米。

2008 年 8 月，更换无锡军工电力电气有限公司生产的 KYGC-Z 型 6 千伏高压开关柜 6 面。

2009 年 4 月，安装唐山开诚厂家制造的 QKRG-300/6K 型高压软起动控制器 2 台。

2010 年 3 月，更换由无锡军工电力电气有限公司制造的 KYDZ-1 型低压开关柜 5 面。

2016 年 2 月，更换并安装无锡军工电力电气有限公司制造的 KYGC-Z 型 6 千伏高压开关柜 22 面。-505 米水平中央变电所配置：KYGC-Z 6 千伏高压真空开关柜 27 面、QKRG1 软启动柜 2 面、KYDZ-1 低压开关柜 5 面、GQA-100A/600VKY 整流柜 2 面，低压变压器 KBSG-200/6/0.69 2 台，分别向 -505 米水平北翼变电所、首采区变电所、-505 米水平南翼上仓变电所、-505 米水平泵房水泵等高压负荷及 -505 米水平充电机、副井操车控制、副井底绞车、电动闸阀等低压负荷供电。

-505 米水平共设置首采区变电所、-505 米水平北翼变电所、上仓变电所 3 个永久变配电点，各采掘工作面根据负荷需要设置临时变配电点。首采区变电所主要担负着 -505 米水平绞车房、下山皮带的供电；-505 米水平北翼变电所担负着 12 采区及北翼上仓皮带的供电；上仓变电所担负着南、北翼上仓皮带、主井底装载硐室及下山皮带的低压供电。各变配电点高压选用 BGP9L-6AK 型高压真空配电装置，低压馈电选用 KBZ 及 KBZ69 系列真空馈电开关，变压器选用 KBSG 型干式变压器 KBSGZY 型移动变电站。

（三）-850 米水平

-850 米水平中央变电所布置在轨道下山下车场，设备安装主要有：KYGC-Z 型 6 千伏高压开关柜 18 面、KYX-2 型 660 伏低压开关柜 6 面、GQA-100A/600V KY 型整流柜 2 面、KBSG-200/6 型干式变压器 2 台。2 路进线来自 -505 米水平中央变电所，2 趟 YJV22-6/6 3×150 平方毫米电力电缆原沿总回风下山敷设，全长 1600 米。临沂矿务局工程公司安装。2001 年 12 月 1 日开工，2002 年 2 月 8 日竣工。2007 年 8 月，进行改造，改为沿轨道下山敷设，全长 1730 米。

2009 年 6 月，安装唐山开诚厂家制造的 QKRG-300/6K 型高压软起动控制器 2 台。

2010 年 5 月，更换由无锡军工电力电气有限公司生产的 KYDZ-1 型低压开关柜 5 面。

2017 年 4 月，更换由兖州东方机电有限公司生产的 ZBK1-G/6 型高压开关柜 16 面。-850 米水平中央变电所配置 KYGC-Z 6 千伏高压真空开关柜 18 面、低压变压器 KBSG-200/6/0.69 两台、KYDZ-1 低压开关柜 5 面，分别向 -850 米水平北翼变电所、-850 米水平南翼配电点、三水平上车场变电所、-850 米水平泵房水泵等高压负荷及电动闸阀、-860 给煤机、泵房消防泵等低压负荷供电。

-850 米水平设置南翼配电点、北翼变电所、三水平上车场变电所 3 个永久变配电点，各采掘工作面在就近地点设置临时变配电点，回采工作面在距工作面 100 米处设置移动变电站。-850 米水平南翼配电点担负着 -840 米水平皮带机的供电，-850 米水平北翼变电所担负着 -840 米水平皮带机及三水平上车场的供电，三水平上车场变电所担负着轨道下山绞车及三水平皮带机的供电。各变配电点高压选用 BGP9L-6AK 型高压真空配电装置，低压馈电选用 KBZ 及 KBZ69 系列真空馈电开关，变压器选用 KBSG 型干式变压器或 KBSGZY 型移动变电站。

井下变电所（2018 年 11 月摄）

（四）-1030 米水平供电

-1030 米水平设置中央变电所 1 个，布置在轨道下山下车场，三回路电源 YJV22-6/6kV 3×150 平方毫米电缆，两路来自地面 35 千伏变电所，一路来自 -505 中央变电所。中央变电所内安装 KYGC-Z 型 6 千伏高压真空开关柜 34 面、干式变压器 KBSG-200/6 两台、KYDZ-1 低压开关柜 5 面，分别向采掘工作面配电点、串车，向 -1030 米水平泵房水泵等高压负荷及电动闸阀、充电机、泵房消防泵等低压负荷供电。2009 年 11 月 1 日开工，2010 年 1 月 5 日竣工。临沂华建工程公司安装。

第四节　提升系统

矿井主要提升系统包括4部分:（1）主井提升系统，担负着矿井的原煤提升任务。（2）副井提升系统，担负着矿井的煤矸石、材料、设备及人员的提升任务。（3）-505 米水平轨道下山暗斜井提升系统，担负着 -850 米水平、第三水平的辅助提升任务。（4）南翼架空乘人装置（俗称“猴车”），担负着 -850 米水平及以下人员的运输任务。

一、主井提升系统

1999 年 6 月 20 日至 9 月 4 日，完成绞车设备及设施安装。9 月 8 日，完成立井井筒装备安装，主井直径 5.5 米，上口绝对标高为 +54.790 米，井筒有玻璃钢罐道 150 根、楔形罐道 4 根、罐道梁 176 根、托架 692 个、玻璃钢托架 270 个、梯子间 88 层等。11 月 30 日，完成配套的绞车、井上、下装卸载、提升设备、信号工程；12 月 29 日，进行联合试运转，一次性成功。主井提升机采用河南洛阳矿山机械厂生产的塔式提升机，电控系统采用甘肃省天水电控研究所生产的直流电控，安装山东泰安煤矿机械厂生产的 JDG-110×4/9 型 1 对 9 吨箕斗。

2002 年 12 月，经过调研论证，更换箕斗，卸载方式变为上开式弧形门曲轨卸载，甩掉原有卸载曲轨，重新安装后置卸载曲轨，解决扇形门自行打开的隐患。

2003 年 8 月，对定量装载系统进行改造。将定量装载系统采用的 6 极 55 千瓦电机卸载更换为 4 极 75 千瓦电机，卸载速度提升了 33%；将原来舌板开启、关闭装置设为常开，提升循环装载时间比原来缩短 15 秒。

2004 年 3 月，对电控系统系数进行改造。调整井筒加速点，缩短提升循环时间。原设计加速点、减速点距卸载曲轨分别为 10 米、36 米，减速后爬行距离为 7.5 米，爬行时间过长。将加速点、减速点距卸载曲轨位置分别调整为 4 米、30 米，爬行距离为 1.5 米，提升循环时间缩短 14 秒。提升能力增加后，经武汉设计院重新对整个系统验算，各项系数满足《煤矿安全规程》及设计要求。

2009 年 1 月，主井电控设备更新改造项目，将原来调速装置 6RA24 更换成 4 台 6R70 扩容调速系统，通过升级改造后降低设备故障率，更好地保证绞车安全平稳运行。

2018 年 1 月，对定量装载系统进行改造。将定量装载系统采用的 4 极 75 千瓦电机卸载更换为TBVF-315/40YC（1140矿用隔爆型三相永磁同步变频调速电动机），安装矿用隔爆兼本质安全型低压交流变频器。通过变频调速控制装载时间，提高装煤量精确度。将古城煤矿主井绞车提速，101S变为98S，每天增提9勾煤炭，为矿节能创造条件。主井提升机技术参数见表4-4-1。

表4-4-1　　主井提升机技术参数表

名称	技术参数	名称	技术参数
提升机型号	JK米-2.8×4（Ⅲ）	导向轮直径	2800毫米
主导轮直径	2800毫米	钢丝绳根数	4
钢丝绳最大直径	有导轮时28毫米	钢丝绳最大静张力差	100千牛
钢丝绳最大静张力	有导轮时335千牛	最大提升速度	8.37米/秒
衬垫摩擦系数	u=0.25	电动机最大功率	1250千瓦
电动机转速	57转/分钟	机器变位重量	8500千克
导向轮变位重量	2500千克	出厂编号	99-11
出厂日期	1999.4	生产厂	洛阳矿山机器厂
配套电机技术参数			
直流电动机型号	ZKTD215/56-P	额定功率	1250千瓦
额定电压	DC800伏	额定电流	1810安
额定转速	57转/分钟	绝缘等级	F
工作制式	S1	提升绳长度	640米
励磁方式	他励	励磁电流	DC129/258A
额定电压	DC110/55v	防护等级	T米5710
风压降	△p0.77kpa	风量	qv12立方米/分钟
转动惯量	JM8475千克/平方米	重量	42400千克
出厂日期	1998	生产厂	上海电机厂
提升高度	539.5米		
首绳	6×31-28-1770-Ⅰ-镀左/右捻各2根		
尾绳	6×37-44-1670-镀		

2019年1月，完成主井绞车电控系统的升级改造工作，新电控系统由4台6RA70调速系统升级为2台西门子6RA8098-4DV62系列直流调速装置，配置1台6/12脉动装置切换柜，组成串联12脉动调速系统。操作控制系统采用2套西门子

S7-1500，形成双 PLC 双线制控制，配网络化控制操作台。上位机监控系统采用西门子 IPC3000 系列 6AG4010 工控机，实现绞车运行状态动态显示。

二、副井提升系统

1997 年 12 月 5 日至 1998 年 4 月 8 日，完成副井井筒装备安装，新汶矿务局工程公司施工。

副井井筒直径 6 米，深度 560 米（不含井底水窝），井口进出车轨面标高 +54.790 米，井底进出车轨面标高 -505 米。井筒主要装备有 4 条 180 米 ×180 米冷弯方钢罐道计 2188.9 米；井口至井底敷设 2 趟直径 325 米 ×13（8）米排水管路计 1168 米；安装敷设一趟直径 159 毫米洒水管路计 561 米，1 趟直径 125 毫米压风管路计 596 米；安装敷设井筒通讯信号电缆 4 条、动力电缆 3 条、电缆支架 210 个、树脂锚杆及方垫卷 4684 套；安装玻璃钢梯子间 93 层，计井筒梯子梁 93 根，梯子托架 588 套、梯子 93 节；安装井下金属支持结构四角稳罐道、楔形木罐道、井底望板、防墩罐尾绳保护装置各 1 套。

1998 年 6 月 12 日，完成副井井架安装。副井井架由临沂矿务局机械厂加工制作、中煤五公司五处施工。8 月 20 日，完成副井口、井底设备安装，临沂矿务局工程公司施工；26 日，完成副井绞车设备及提升设施安装，兖矿新陆冻结公司施工。10 月 1 日，副井提升系统配套设备设施安装全部完成。10 月 6 日，古城矿井筹建处对该系统进行联合试运转，整个系统运转正常。

2010 年 2 月，副井电控设备更新改造项目，将原来调速装置 6RA24 更换成两台 6R70 调速系统，降低设备故障率，更好地保证绞车安全、平稳运行。

2014 年 2 月，将原来闸控系统升级改造成 ABB 液压闸控，保证绞车刹车平稳，闸控与电控相互闭锁，起到安全防控效果。

2016 年 2 月，完成副井绞车电控系统的升级改造工作，新电控系统由 2 台 6RA70 调速系统升级为 2 台西门子 6RA8098-4DV62 系列直流调速装置，改造后消除了绞车因装置故障影响开车的现象。

副井提升机采用 JK 米 D-3.5×4（Ⅰ）E 型多绳摩擦轮落地式提升机，河南洛阳矿山机械厂生产。副井提升机技术参数见表 4-4-2。

表 4-4-2　　副井提升机技术参数表

名称	技术参数	名称	技术参数
摩擦式提升机型号	JK 米 D-3.5×4（Ⅰ）E	滚筒直径	3500 毫米
天轮直径	3500 毫米	传动速比	11.2
钢丝绳直径	34.5 毫米	钢丝绳最大静张力	515.025 千牛
衬垫摩擦系数	u=0.25	钢丝绳最大静张力差	137.34 千牛
出厂编号	99-22	生产厂	洛阳矿山机器厂

续表

名称	技术参数	名称	技术参数
配套电机技术参数			
直流电动机型号	Z560-3AP	额定功率	800 千瓦
额定电压	DC660V	额定电流	DC1302A
额定转速	496 转 / 分钟	绝缘等级	F
工作制式	S1	提升绳长度	640 米
励磁方式	他励	励磁电流	35.6
励磁电压	DC220	防护等级	IP44
风压降	1.7 千帕	风量	3.8 立方米 / 秒
转动惯量	151 千克 / 平方米	重量	7100 千克
安装形式	IM001	生产厂	上海电机厂
标准	JB/JQ3162	冷却方式	IC37
首绳	6V × 37S-34.5-1670- 特 - 镀		
尾绳	6 × 37-56-1570- Ⅰ - 镀		
减速机技术参数			
型号	XP1120（2）Ⅲ	速比	11.2
输入转速	750 转 / 分钟	输出转矩	250 牛 · 米
质量	16000 千克	出厂编号	97-04
制造日期	1997.12	生产厂	洛阳矿山机器厂

第五节 运输系统

一、煤炭运输

采用胶带输送机运输，各采区经主运输胶带机将煤炭运至主井底煤仓，由主井箕斗提升至地面。

1999 年 7 ～ 12 月，完成 -505 米水平南翼上仓胶带输送机安装。该胶带机为 DTII 型带式输送机，总装机容量 355 千瓦，长度 503.5 米，承担矿井南翼开采的全部运输任务。兖州煤矿机械厂生产，临沂矿务局机械厂安装。2018 年 2 ～ 4 月，进行提效改造，在中部联络巷处安装上海精基生产的 TBVF-315/40YC（1140）永磁电动机驱动装置、底盘、变频器及冷却系统、配套盘式制动器和逆止器各1套。控制方式改为变频起动，将带速提高至3.15米/秒。

地面生产运输系统（2011年7月摄）

1999年7月20日至1999年12月5日，完成-505米水平南翼下山胶带输送机安装，担负着-850米水平以下的主要运输任务。采用SSJ1000/2×500S型大倾角上运带式输送机，总装机容量1000千瓦，长度850米。煤炭科学研究总院上海分院生产，临沂矿务局机械厂安装。2018年9～11月，进行提效改造，更换机尾给料机，将给料能力提高到800～1500吨/小时。将下山皮带在-700米位置中间处断开，改为两条皮带接力。改造后，-700米水平以上为第一条皮带，仍保持2×500千瓦不变，皮带原配置保持不变；在-700米水平新布置驱动机室1处，安装卸载滚筒及卸载架1套、驱动滚筒2个和驱动架1套、2×315千瓦永磁驱动2套、变频器2台及制动系统1套。使用原皮带架和胶带，控制方式为变频起动，带速为3.55米/秒。

以下各地点胶带输送机均由临沂矿务局机械厂（2001年改制，更名为临沂亚龙机械有限公司）生产，古城煤矿机修工区安装。

1999年12月，-505米北翼上仓胶带输送机安装，型号为TD75型带式输送机。2009年5～7月，提效改造后，装机容量355千瓦，长度362.5米，担负着矿井北翼各采区的主要运输任务。

2001年10月，-590皮带巷胶带输送机安装，型号为DTL100/60/2×110型固定带式输送机。2011年12月，提效改造后，总装机容量220千瓦，长度660米，担负着矿井北翼各采区的主要运输任务。

2001年11月，13采区回风下山第一条胶带输送机安装，型号为DTL100/60/2×355。2012年8月，提速改造后，总装机容量710千瓦，长度440米，担负着矿井北翼各采区的主要运输任务。

2002年5～7月，13采区皮带下山胶带输送机安装，型号为DTL100/60/2×110

型固定带式输送机。2011 年 12 月，提效改造后，总装机容量 220 千瓦，长度 285 米，担负着矿井北翼各采区的主要运输任务。13 采区回风下山第二条胶带输送机安装，型号为 DTL100/60/2×355 型固定带式输送机。2012 年 8 月，提效改造后，总装机容量 710 千瓦，长度 460 米，担负着矿井北翼各采区的主要运输任务。

2004 年 7 月，–840 米北翼第一条胶带输送机安装，型号为 DTL100/60/2×110 型固定带式输送机。总装机容量 220 千瓦，长度 670 米，担负着 –850 米水平及 –1030 水平的各采区主要运输任务。2005 年 11 月，提效改造后，总装机容量 220 千瓦，长度 1050 米，担负着 –850 水平及 –1030 水平的主要运输任务。2018 年 8 月，进行 –840 北翼第一条胶带输送机提效改造，施工方案为已安装的皮带架不再更换，更换为 1 套 2×250 千瓦永磁驱动装置，改造后带速提高到 3.15 米 / 秒。–840 米水平北翼第二条胶带输送机型号为 DTL100/60/2×110 型固定带式输送机。2018 年 8 月，进行 –840 北翼第二条胶带输送机提效改造，施工方案为已保留皮带架，更换 –840 皮带尾两部给料机，给料能力提高到 800 ～ 1500 吨 / 小时，更换 1 套 2×250 千瓦永磁驱动装置（–840 皮带同时兼顾转运矸石工作，所以一用一备配置，能提高可靠性），改造后带速提高到 2.8 米 / 秒。

2005 年 11 月，三水平下山胶带输送机安装，型号为 DTL100/60/3×355 型固定带式输送机，总装机容量 1065 千瓦，长度 692 米，担负着 –1030 米水平的主要运输任务。

2018 年 8 月，进行三水平下山胶带输送机提效改造，施工方案为原有驱动架和卸载架保持不变，分别更换 1 号、3 号驱动滚筒，分别安装 TBVF–315/40YC（1140）永磁驱动 1 套，功率为 3×315 千瓦，电压等级为 1140 伏，将 2 号和 4 号驱动滚筒更换为双伸轴式，2 号驱动滚筒安装在原驱动机位置，另一侧安装逆止器，4 号驱动滚筒两侧分别安装装盘闸和逆止器。更换三水平皮带尾两部给料机，给料能力提高到 800 ～ 1500 吨 / 小时，改造后带速提高到 3.2 米 / 秒。

2005 年 11 月，–1030 米水平北翼胶带输送机安装，型号为 DTL120/100/2×355 型固定带式输送机，总装机容量 710 千瓦，长度 1000 米，担负着 –1030 米水平北翼 33 采区的主要运输任务。

2005 年 11 月，–1030 水平南翼胶带输送机安装，型号为 DTL120/100/2×355 型固定带式输送机，总装机容量 710 千瓦，长度 1300 米，担负着 –1030 米水平南翼 31 采区的主要运输任务。

2005 年 11 月，31 采区下山胶带输送机安装，型号为 DSJ120/100/2×315 型固定带式输送机，总装机容量 630 千瓦，长度 680 米，担负着 31 采区各头的主要运输任务。2018 年，提效改造，施工方案为原有驱动架和卸载架保持不变，在 2 号驱动滚筒外侧加装 3 号驱动电机。

2005 年 11 月，31 采区集中安装胶带输送机，型号为 DSJ120/100/2×315 型固定带式输送机，总装机容量 630 千瓦，担负着 31 采区各头的主要运输任务。31 采区集中皮带胶带输送机技术特征见表 4–4–3。

表 4-4-3　　31 采区集中皮带胶带输送机技术特征表

序号	项目		单位	数值	备注
1	输送量		吨 / 小时	1000	
2	输送长度		米	450	
3	胶带宽度		毫米	1200	
4	胶带型号			PVG2000S	
5	胶带速度		米 / 秒	2.8	
6	传动滚筒直径		毫米	ϕ1000	
7	改向滚筒直径		毫米	ϕ400，ϕ630	
8	托辊直径		毫米	Φ159	
10	电机	型号		YBBP355L2-4	
		功率 / 电压		315 千瓦 /1140 伏	
11	减速机	型号		B3SH12A/C	
		速比		25	

二、辅助运输系统

（一）水平运输大巷

古城煤矿 3 个水平大巷轨道线路单线长度达 4000 米，-505 米水平、-850 米水平、-1030 米水平大巷均采用 CTL8/6P 防爆型蓄电池机车运输，其中 -505 米水平 2 台、-850 米水平 2 台、-1030 米水平 2 台，采用 1 吨标准矿车或 5 吨、10 吨、20 吨、30 吨型平板车串联运输，分别担负各水平矸石、物料、设备运输任务，轨道均为 30 公斤 / 米钢轨。

（二）轨道下山

1.-505 米水平至 -850 米水平下山长度 900 米，倾角 24 度，采用中信重型机械公司生产的 2JK-2.5×1.5/20E 单绳缠绕式矿井提升机（该机技术参数见表 4-4-4），双钩串车提升，轨道均为 30 千克 / 米钢轨。

表 4-4- 4　　2JK-2.5×1.5/20E 型矿井提升机技术参数表

型号		2JK-2.5×1.5/20E			
卷筒	个数	2	钢丝绳	最大静张力	90 千牛
	直径	2.5 米		最大静张力差	55 千牛
	宽度	1.5 米		直径	26 毫米

续表

型号		2JK-2.5×1.5/20E			
卷筒	卷筒中心高	700 米	钢丝绳	最大节距	33.5 毫米
	两卷筒中心距	1290 米		破断拉力总和	608.5 千牛
缠绳长度	一层	310	最大提升速度		4.8 米 / 秒
	二层	710	最大件尺寸		ϕ29×49
	三层	1090	最大件重量		21300 千克
减速器	型号	ZZL710.20	旋转部分变位重量（除电动机及天轮）		13695 千克
	速比	20	机器外形尺寸		145×93×29
电动机	型号	YR450-8	定子	电压	6000 伏
	功率	355 千瓦		电流	45 安
	功率因数	0.817	转子	电压	613 伏
	转速	733 转 / 分钟		电流	357.6 安
生产厂家		中信重型机械公司	机器重量		43468 千克

2.-850 米水平至 -1030 米水平下山长度 550 米，倾角 22 度，采用中信重型机械公司生产的 2JKB-2.5×1.2P 单绳缠绕式矿井提升机（该机技术参数见表 4-4-5），双钩串车提升，轨道均为 30 千克 / 米钢轨。

表 4-4-5　　2JKB-2.5×1.2P 型矿井提升机技术参数表

型号		2JKB-2.5×1.2P			
卷筒	个数	2	钢丝绳	最大静张力	90 千牛
	直径	2.5 米		最大静张力差	55 千牛
	宽度	1.2 米		直径	28 毫米
	卷筒中心高	700 米		最大节距	33.5 毫米
卷筒	两卷筒中心距	1290 米	钢丝绳	破断拉力总和	608.5 千牛
缠绳长度	一层	310	最大提升速度		4.8 米 / 秒
	二层	710	最大件尺寸		ϕ29×49
	三层	1090	最大件重量		21300 千克

续表

<table>
<tr><td colspan="2">型号</td><td colspan="4">2JKB–2.5 × 1.2P</td></tr>
<tr><td rowspan="2">减速器</td><td>型号</td><td>ZZL710.20</td><td colspan="2">旋转部分变位重量（除电动机及天轮）</td><td>13695 千克</td></tr>
<tr><td>速比</td><td>20</td><td colspan="2">机器外形尺寸</td><td>145 × 93 × 29</td></tr>
<tr><td rowspan="4">电动机</td><td>型号</td><td>YBPT–400–8</td><td rowspan="2">定子</td><td>电压</td><td>6000 伏</td></tr>
<tr><td>功率</td><td>355 千瓦</td><td>电流</td><td>45 安</td></tr>
<tr><td>功率因数</td><td>0.817</td><td rowspan="2">转子</td><td>电压</td><td>613 伏</td></tr>
<tr><td>转速</td><td>733 转 / 分钟</td><td>电流</td><td>357.6 安</td></tr>
<tr><td colspan="2">生产厂家</td><td>中信重型机械公司</td><td colspan="2">机器重量</td><td>43468 千克</td></tr>
</table>

3. 采掘顺槽。采用泰安芬瑞特捷克产 DLZ110F– Ⅱ –180–7 柴油单轨吊机车（该吊车机车技术参数见表 4–4–6），负责各采掘工作面设备、材料运输。

表 4–4–6　LZ110F– Ⅱ –180–7 矿用柴油动力单轨吊机车技术参数表

序号	项目	参数
1	牵引力	140 千牛
2	运行速度	7.2k 米 / 小时
3	运输巷道倾角	≤ ±25 度
4	曲率半径	水平 4 米，垂直 8 米
5	发电机型号	ZETOR 1404– 涡轮增压器
6	发电机功率	81 千瓦
7	气缸数量	7
8	额定转速	2300 转 / 分钟
10	燃料消耗	255g/ 千瓦时
12	厂家	泰安芬瑞特捷克产

4. 人员运送。2009 年 3 月，在 13 采区轨道下山安装完成第一部架空乘人装置。截至 2018 年年末，共安装 8 部架空乘人装置，其中 6 部安装自动化控制系统，实现无人化自动运行。

架空乘人装置（见表 4–4–7 至表 4–4–14）通过电动机带动减速机上的摩擦轮作为驱动装置，采用架空的无极循环钢丝绳作为牵引承载。主要由驱动装置、托绳装置、尾轮装置、张紧装置、安全保护装置及电控装置、乘人器等组成。钢丝绳主要靠尾部张紧装置进行张紧，沿途依托绳轮支撑，以维持钢丝绳在托轮间的挠度和张力。保护装置设置机头机尾越位保护、重锤上下限位保护装置、全巷道沿线拉线急停保护、上下坡掉绳保护装置、上下人到站语音提示、过速保护、欠速度保护、制动器失效保护、断绳保护、减速机温度油位、断轴保护等安全装置。

架空乘人装置（2010 年 5 月摄）

表 4-4-7　　　　古城煤矿架空乘人装置安装统计表

序号	架空乘人装置								
	型号	速度（米/秒）	运输长度（米）	倾角（度）	传动轮直径（毫米）	配用钢丝绳型号	制造厂家	使用状态（在用或闲置）	安装（存放）地点
1	RJHY185-18/3500P	2750	1.7	9	1800	30	湘潭恒欣实业有限公司	在用	主进风巷
2	RTY37-22/911	300	1.2	23	1400	22	湘潭市恒欣实业有限公司	备用	13 采区进风下山
3	RJKY37-23/852		1.2		1400	22	湘潭市恒欣实业有限公司	在用	-560 辅助下山
4	RJKY75-26/3000（A）	911	1.2	19	1600	26	湘潭市恒欣实业有限公司	备用	13 采区集中进风下山
5	RJY37-35/1000	782	1.2	0	1600	22	湘潭市恒欣实业有限公司	备用	1123 辅助运输

续表

序号	架空乘人装置								
	型号	速度（米/秒）	运输长度（米）	倾角（度）	传动轮直径（毫米）	配用钢丝绳型号	制造厂家	使用状态（在用或闲置）	安装（存放）地点
6	RJY45-35/1800（A）	825	1.2	18	1600	22	湘潭市恒欣实业有限公司	备用	三水平行人下山
7	RJY45-30/1500	279	1.2	16	1500	22	枣庄新远大装备制造有限公司	在用	三水平行人联络巷
8	RJY37-35/1000（A）	975	1.2	0	1600	22	湘潭恒欣实业有限公司	在用	-1030 南翼轨道运输巷
9	RJDKY45-25/1500（A）	700	1.07	22	1500	22	枣庄新远大装备制造有限公司	在用	31 采区轨道下山
10	RJDKY45-25/1500（A）	200	1.07	13	1500	19	枣庄新远大装备制造有限公司	在用	31 采区集中轨道

表 4-4-8　　架空乘人装置技术参数表（1）

架空乘人装置	规格型号	RJY37-32/1300（A）	煤安标志	MCF070038
	驱动轮/尾轮直径（毫米）	1600/1600	输送能力（人/小时）	400
	乘人装置类别	固定抱索器	乘人上下车方式	动态
	运行速度(米/秒）	1.2	输送距离（米）	650
	额定牵引力（kN）	8.0	最大适用坡度（度）	22
	驱动方式	机械驱动	工作制动方式	电力液压制动器
	出厂日期	2007 年	安全制动方式	电力液压轮边制动器
	出厂编号	07132	张紧装置方式	重锤张紧
	生产厂家	湘潭市恒欣实业有限公司		

续表

电动机	型号	YBK2-250M-6	转速（转 / 分钟）	985
	功率（千瓦）	37	煤安标志	200702699
	额定电压	660/1140	出厂编号	8D4040-2
	额定电流	40.8/23.6	出厂日期	2008 年 4 月
	生产厂家	南阳防爆集团股份有限公司		
减速器	型号	MC3RVSF07	速比	1 ： 61.8833
	出厂编号	25.10028611.02.0001.08.82	出厂日期	–
	生产厂家	SEW- 传动设备（天津）有限公司		
液压站	规格型号	YZL-12	最大工作压力（兆帕）	12
	出厂编号	Y11-0805	最大输出量（升 / 分钟）	3.5
	生产厂家	湘潭市恒欣实业有限公司		
钢丝绳	型号	6×25Fi+NF	煤安标志号	–
	最粗钢丝直径（毫米）	1.62	破断拉力总和（千牛）	335.11
	钢丝绳直径（毫米）	22	钢丝绳重量（千克 / 米）	1.83
	插接长度（米）	22	悬挂日期	2017 年 6 月
电控系统	规格型号	TH12（A）	出厂编号	–
	生产厂家	韶山恒旺电气有限公司	出厂日期	2017 年 6 月
	控制方式	变频	型号	BJP200/660

表 4-4-9　　架空乘人装置技术参数表（2）

架空乘人装置	规格型号	RJY37-35/1000（A）	煤安标志	MCF070041
	驱动轮 / 尾轮直径（毫米）	1600/1600	输送能力（人 / 小时）	430
	乘人装置类别	固定抱索器	乘人上下车方式	动态
	运行速度（米 / 秒）	1.2	输送距离（米）	1100
	额定牵引力（kN）	13.6	最大适用坡度（度）	0
	驱动方式	机械驱动	工作制动方式	电力液压制动器

续表

架空乘人装置	出厂日期	2007 年	安全制动方式	电力液压轮边制动器
	出厂编号	07133	张紧装置方式	重锤张紧
	生产厂家	湘潭市恒欣实业有限公司		
电动机	型号	YBK2-250M-6	转速（转 / 分钟）	985
	功率（千瓦）	37	煤安标志	MAI100389
	额定电压	660/1140	出厂编号	–
	额定电流	41.0/23.7	出厂日期	2008 年 4 月
	生产厂家	南阳防爆集团股份有限公司		
减速器	型号	MC3RVSF07	速比	1:61.8833
	出厂编号	–	出厂日期	–
	生产厂家	SEW- 传动设备（天津）有限公司		
液压站	规格型号	YZL-12	最大工作压力（米 pa）	12
	出厂编号	Y11-0805	最大输出量升 L/ 分钟）	3.5
	生产厂家	湘潭市恒欣实业有限公司		
钢丝绳	型号	6×25Fi+NF	煤安标志号	–
	最粗钢丝直径（毫米）	1.61	破断拉力总和（千牛）	358.14
	钢丝绳直径（毫米）	22	钢丝绳重量（千克 / 米）	1.83
	插接长度（米）	22	悬挂日期	2018 年 4 月
电控系统	规格型号	TH12（A）	出厂编号	–
	生产厂家	韶山恒旺电气有限公司	出厂日期	2015 年 6 月
	控制方式	变频	型号	TH12

表 4-4-10　　架空乘人装置技术参数表（3）

架空乘人装置	规格型号	RJY75-26/3000（A）	煤安标志	MCF070040
	驱动轮 / 尾轮直径（毫米）	1600/1600	输送能力（人 / 小时）	510
	乘人装置类别	固定抱索器	乘人上下车方式	动态
	运行速度（米 / 秒）	1.2	输送距离（米）	2080
	额定牵引力（千牛）	30.7	最大适用坡度（度）	22
	驱动方式	机械驱动	工作制动方式	电力液压制动器
	出厂日期	2016 年 1 月	安全制动方式	电力液压轮边制动器
	出厂编号	11026	张紧装置方式	重锤张紧
	生产厂家	湘潭市恒欣实业有限公司		
电动机	型号	YBBP315M-8	转速（转 / 分钟）	–
	功率（千瓦）	75	煤安标志	MAI101067
	额定电压	660/1140	出厂编号	16A0632AN000-1
	额定电流	86.6/50.2	出厂日期	2016 年 1 月
	生产厂家	南阳防爆集团股份有限公司		
减速器	型号	MC3RVHF09	速比	1:48.15
	输入转数	750	输出转速	16
	生产厂家	SEW- 传动设备（天津）有限公司		
液压站	规格型号	YZL-12-S	最大工作压力（兆帕）	12
	出厂编号	Y13-0807	最大输出量（升 / 分钟）	3.5
	生产厂家	湘潭市恒欣实业有限公司		
钢丝绳	型号	6×31WS+FC	煤安标志号	–
	最粗钢丝直径（毫米）	–	破断拉力总和（千牛）	524.32
	钢丝绳直径（毫米）	26	钢丝绳重量（千克 / 米）	1.83
	插接长度（米）	22	悬挂日期	2016 年 2 月

续表

电控系统	规格型号	TH12（A）	出厂编号	-
	生产厂家	韶山恒旺电气有限公司	出厂日期	2015年6月
	控制方式	变频	型号	BPJ3-250/660

表 4-4-11　　架空乘人装置技术参数表（4）

架空乘人装置	规格型号	RJY75-35/1000	煤安标志	MCF070041
	驱动轮/尾轮直径（毫米）	1600/1600	输送能力（人/小时）	430
	乘人装置类别	固定抱索器	乘人上下车方式	动态
	运行速度（米/秒）	1.2	输送距离（米）	1520
	额定牵引力（千牛）	19.74	最大适用坡度（度）	5
架空乘人装置	驱动方式	机械驱动	工作制动方式	电力液压制动器
	出厂日期	2007年	安全制动方式	电力液压轮边制动器
	出厂编号	07131	张紧装置方式	重锤张紧
	生产厂家	湘潭市恒欣实业有限公司		
电动机	型号	YBK2-250M-6	转速（转/分钟）	985
	功率（千瓦）	37	煤安标志	2007072699
	额定电压	660/1140	出厂编号	8D4040-3
	额定电流	40.8/23.6	出厂日期	2008年4月
	生产厂家	南阳防爆集团股份有限公司		
减速器	型号	MC3RVSF07	速比	1 ： 61.8833
	输入转数	-	输出转速	-
	生产厂家	SEW-传动设备（天津）有限公司		
液压站	规格型号	-	最大工作压力（兆帕）	-
	出厂编号	-	最大输出量（升/分钟）	-
	生产厂家	湘潭市恒欣实业有限公司		

续表

钢丝绳	型号	6×25Fi+NF	煤安标志号	MCJ120097
	最粗钢丝直径（毫米）	1.68	破断拉力总和（千牛）	350.72
	钢丝绳直径（毫米）	22	钢丝绳重量（千克/米）	1.78
	插接长度（米）	22	悬挂日期	2016年2月
电控系统	规格型号	TH12（A）	出厂编号	–
	生产厂家	韶山恒旺电气有限公司	出厂日期	2015年6月
	控制方式	变频	型号	BPJ1–75/600F

表 4–4–12 架空乘人装置技术参数表（5）

架空乘人装置	规格型号	RJY37–35/1000	煤安标志	MCF100041
	驱动轮/尾轮直径（毫米）	1400/1400	输送能力（人/小时）	460
	乘人装置类别	固定抱索器	乘人上下车方式	动态
	运行速度（米/秒）	1.2	输送距离（米）	300
	额定牵引力（kN）	6.9	最大适用坡度（度）	35
	驱动方式	机械驱动	工作制动方式	电力液压制动器
	出厂日期	2016年1月	安全制动方式	电力液压轮边制动器
	出厂编号	–	张紧装置方式	重锤张紧
	生产厂家	湘潭市恒欣实业有限公司		
电动机	型号	YBK2–250M–6	转速（转/分钟）	985
	功率（千瓦）	37	煤安标志	00702699
	额定电压	660/1140	出厂编号	–
	额定电流	40.8/36	出厂日期	2008年1月
	生产厂家	南阳防爆集团股份有限公司		
减速器	型号	MC3RVHF08	速比	1 ： 63.41
	输入转数	–	输出转速	–
	生产厂家	SEW–传动设备（天津）有限公司		

续表

液压站	规格型号	-	最大工作压力（兆帕）	-
	出厂编号	-	最大输出量（升/分钟）	-
	生产厂家	湘潭市恒欣实业有限公司		
钢丝绳	型号	6×25Fi+NF	煤安标志号	-
	最粗钢丝直径（毫米）	1.61	破断拉力总和（千牛）	358.14
	钢丝绳直径（毫米）	22	钢丝绳重量（千克/米）	1.89
	插接长度（米）	22	悬挂日期	2018 年 4 月
电控系统	规格型号	TH12	出厂编号	-
	生产厂家	韶山恒旺电气有限公司	出厂日期	2016 年 3 月
	控制方式	变频	型号	KXJ-03./660F

表 4-4-13　架空乘人装置技术参数表（6）

架空乘人装置	规格型号	RJY37-35/1000（A）	煤安标志	-
	驱动轮/尾轮直径（毫米）	1600/1600	输送能力（人/小时）	420
	乘人装置类别	固定抱索器	乘人上下车方式	动态
	运行速度（米/秒）	1.13	输送距离（米）	1900
	额定牵引力（kN）	3.6	最大适用坡度（度）	35
	驱动方式	机械驱动	工作制动方式	电力液压制动器
	出厂日期	2017 年 9 月	安全制动方式	电力液压轮边制动器
	出厂编号	-	张紧装置方式	重锤张紧
	生产厂家	湘潭市恒欣实业有限公司		
电动机	型号	YBBP250M-6	转速（转/分钟）	985
	功率（千瓦）	37	煤安标志	-
	额定电压	660/1140	出厂编号	-
	额定电流	41.1/23.8	出厂日期	2017 年 8 月
	生产厂家	南阳防爆集团股份有限公司		

续表

减速器	型号	MC3RVHF07	速比	1 ： 70.77
	输入转数	–	输出转速	–
	生产厂家	SEW– 传动设备（天津）有限公司		
液压站	规格型号	YZL–12– Ⅱ	最大工作压力（兆帕）	12
	出厂编号	Y17–0605	最大输出量（升 / 分钟）	3.5
	生产厂家	湘潭市恒欣实业有限公司		
钢丝绳	型号	6×25Fi+NF	煤安标志号	–
	最粗钢丝直径（毫米）	1.61	破断拉力总和（千牛）	358.14
	钢丝绳直径（毫米）	22	钢丝绳重量（千克 / 米）	1.89
	插接长度（米）	22	悬挂日期	2018 年 4 月
电控系统	规格型号	TH12	出厂编号	–
	生产厂家	韶山恒旺电气有限公司	出厂日期	2017 年 6 月
	控制方式	变频	型号	BPJ3–250/660

表 4–4–14　　架空乘人装置技术参数表（7）

1	型号	RJY45–35/1400	
2	长度	600 米	
3	最大工作坡度	9 度	
4	运行速度	1.0 米 / 秒	
5	乘人间距	12 米	
6	每小时乘人数量	430 人	
7	驱动轮直径	1600 毫米	
8	主传动钢丝绳型号	6×25Fi+NF	
9	防爆电动机	型号	YBPT–280S–6
		功率	45 千瓦
		转速	980 转 / 分钟

续表

9	防爆电动机	电压	660、1140V
10	减速器	型号	MC3RLHF07
		速比	61.88

为建设矿井快速人员运输系统，设计在主进风 -505 米水平至 -1030 水平建主进风巷，安装 RJHY-185 型架空乘人装置 1 套。2018 年 9 月，主进风巷全线贯通；11 月，由运输工区负责安装；12 月，投入生产使用。-505 米水平至 -1030 米水平 1 部主进风猴车取代现有 6 部架空乘人装置，初步设计速度 1.7 米 / 秒，每班次上下井时间比原来缩短用时 60 分钟，打造快速运人圈（见表 4-4-15）。

表 4-4-15　　主进风巷架空乘人装置技术参数表

1	型号	RJHY-185	
2	长度	3000 米	
3	最大工作坡度	14 度	
4	运行速度	0 ～ 1.7 米 / 秒	
5	乘人间距	16 米	
6	每小时乘人数量	363 人	
7	驱动轮直径	1800 毫米	
8	迂回轮直径	1800 毫米	
9	主传动钢丝绳型号	30NAT6×31WS+FC-1670ZZ（无油）	
10	防爆电动机	型号	YBBP-355M1-6
		功率	185 千瓦
		转速	980 转 / 分钟
		电压	660 ～ 1140 伏
11	减速器	型号	YQP120-C208A
		速比	i=50
12	安全（低速端轮边）制动器	型号	YQP120-C208A
		制动力	120 千牛
13	工作（高速端）制动器	型号	BYWZ4B-500/201
		制定力矩	3600 牛·米
14	厂家	湖南湘潭恒欣公司	

第六节 排水系统

古城煤矿主排水系统为 −505 米水平、−850 米水平、−1030 米水平 3 级排水，在 −505 米、−850 米、−1030 米水平各布置 1 个中央泵房。采用多级接力排水方式，在 −505 米水平、−850 米水平、−1030 米水平设水仓、泵房，井下涌水由 −1030 米水仓排至 −850 米水仓，由 −850 米泵房排至 −505 米水仓，再由 −505 米泵房排至地面矿井水处理站。

一、−505 米水平中央泵房

−505 米水平中央泵房（该泵房技术参数见表 4−4−16）位于副井底车场北侧，泵房面积 180 平方米，安装米 D500−57×11 型多级离心泵 3 台，每台排水量 500 立方米 / 小时，扬程 627 米，配 YBJC5601−4 型，电压 6 千伏，功率 1250 千瓦电动机，1 台工作、1 台备用、1 台检修。排水管路为 2 趟直径 325 毫米 ×13 毫米的无缝钢管。设内、外环水仓，内环水仓有效容量 1300 立方米，外环水仓有效容量 1600 立方米，总有效容量 2900 立方米，担负着矿井的全部排水任务，每年雨季前对内、外环水仓淤泥进行 1 次清挖。

表 4−4−16　　−505 米水平中央水泵技术参数表

名称	多级离心泵		型号	MD500−57×11	
流量	立方米 / 小时	500	扬程	米	627
	升 / 分钟	139	转数	转 / 分钟	1480
功率	轴功率	1054	效率	%	81
	电机功率	1250	必须汽蚀余量	米	5
允许吸上真空高度	米	5.5	泵重量	千克	7855
厂家		上海第一水泵厂			
电动机	型号	Y500−4	电压	伏	6000
	功率	1250 千瓦	电流	安	141.6
	转速	1493 转 / 分钟	重量	千克	4500
厂家		上海电机厂			

二、−850 米水平中央泵房

−850 米水平中央泵房（该泵房技术参数见表 4−4−17）布置在轨道下车场，泵房面积 150 平方米，泵房设备由临沂矿务局工程公司负责安装，2002 年 3 月竣工。

泵房安装 MD500-57×7 型多级离心泵 3 台，每台排水量 500 立方米 / 小时，扬程 399 米，配 YBJC5601-4 型，电压 6 千伏，900 千瓦电动机，1 台工作、1 台备用、1 台检修。排水管路为两趟直径 325 毫米 ×10 毫米的无缝钢管。设内、外环水仓，内环水仓有效容量 1870 立方米，外环水仓有效容量 1430 立方米，总有效容量 3300 立方米，担负着 -850 米水平及以下的排水任务，每年雨季前对内、外环水仓淤泥进行一次清挖。

表 4-4-17　　-850 米水平中央水泵技术参数表

名称	多级离心泵		型号	MD500-57×7	
流量	立方米 / 小时	500	扬程	米	399
	升 / 分钟	139	转数	转 / 分钟	1480
功率	轴功率	671	效率	%	81
	电机功率	900	必须汽蚀余量	米	5
允许吸上真空高度	米	5.5	泵重量	千克	6100
厂家		上海第一水泵厂			
电动机	型号	Y4504-4	电压	伏	6000
	功率	900	电流	安	104.6
	转速	1493 转 / 分钟	重量	千克	
厂家		上海电机厂			

三、-1030 米水平中央泵房

-1030 米水平中央泵房（该泵房技术参数见表 4-4-18）布置在 -1030 轨道下车场，泵房面积 150 平方米，2009 年 11 月投入使用。泵房安装 3 台米 D500-57×7 耐磨泵，电机为 YB2-4503-4 型，功率 710 千瓦，扬程 285 米，排水能力 500 立方米 / 小时，1 台工作、1 台备用、1 台检修。排水管路沿进风行人下山敷设至 -850 米水平大巷，排水管路为两趟直径 325 毫米 ×12 毫米的无缝钢管。设内、外环水仓，内环水仓有效容量 1330 立方米，外环水仓有效容量 2820 立方米，总有效容量 4150 立方米，担负着 -1030 米水平及以下的排水任务，每年雨季前对内、外环水仓淤泥进行一次清挖。（见图 4-4-1）

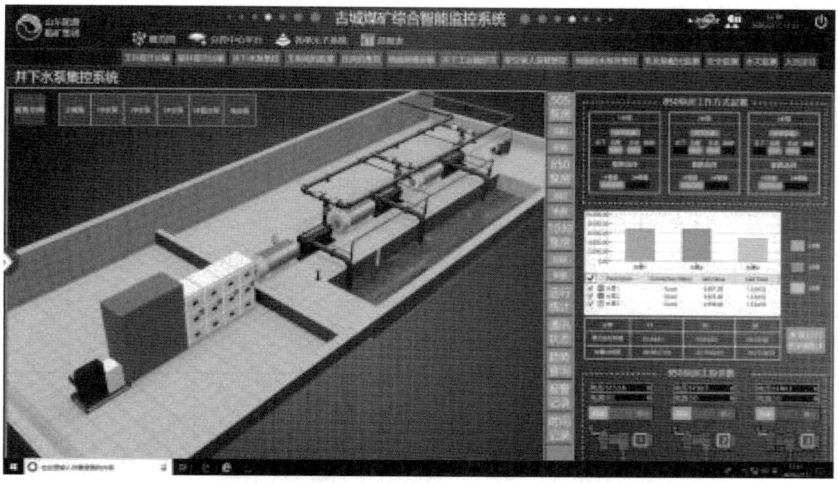

图 4-4-1　古城煤矿井下水泵集控模拟图

第七节　压　风

一、压风管路

矿井在地面主井南侧安设压风机房 1 座，建筑面积约 160 平方米。2019 年 5 月，对矿井压风系统进行改造，安装 1 台离心式空压机及余热利用一体机，与 3 台螺杆式空压机互为备用，总装机容量 1332 千瓦，额定排气压力 0.8 兆帕，总产气量为 120 立方米/分钟。供风系统中，地面压风管路采用直径 219 毫米 ×8 毫米型无缝钢管，经副井井筒与井下主供风管路连接；主供风管路采用直径 219 毫米和直径 159 毫米无缝钢管，分两路经行人下山及轨道下山至各采掘地点。

采掘工作面管路采用直径 108 毫米和直径 75 毫米无缝钢管，采掘工作面和皮带回风巷每隔 50 米设置 1 个球阀作为取风阀门，每隔 100 米设置 1 个闸阀便于检修、维护和回采后撤。其他巷道根据需要设置球阀，球阀距离满足要求，矿井压风自救系统符合各项安全规定。

二、压风设备

2013 年，安装 3 台螺杆式压缩机，型号为 SA220W-8-6K 型，额定排气量 40 立方米/分钟，额定功率 220 千瓦，均为北京复盛机电有限公司生产。机房配备辅机为 5 吨的手动单梁起重机 1 台、冷却水泵 2 台、冷却塔 3 台、GG-1ZF 高压开关柜 4 面。

2019 年，新安装 C70041 米 X3EHD 型离心式空压机 1 台及余热利用一体机 1 套，额定排气量 120 立方米/分钟，额定功率 672 千瓦，额定排气压力 0.8 兆帕，配套 1 台 ZSSGQH-1000/6 型高压固态软起动装置及 1 台 KYN28A-12 型铠装型移开中置式交流金属封闭式开关，离心式空压机为主用风机，3 台螺杆式空压机为备用。古城煤矿地面压风机性能见表 4-4-18。

表 4-4-18　　古城煤矿地面压风机性能统计表

安装地点	型号	数量	功率（千瓦）	排气压力（兆帕）	排气量（立方米/兆帕）	供电电压（伏）	排气温度（度）	冷却方式
压风机房	SA220W-8-6K	3	220	0.8	40	6000	＜ 40	水冷
压风机房	C70041MX3EHD	1	672	0.8	120	6000		水冷

第八节　矿灯充电室

一、智能充电

2001～2018 年，对充电架进行 3 次更新换代。2007 年之前为铅酸式矿灯充电架，2007 年 8 月更换为 CL102JZ（F）充电架，充电架由机架、电源系统、充电智能控制模块、灯头专用充电接入装置组成。机架采用冷轧薄板加工，表面喷塑，美观防腐。充电智能控制模块实现恒流限压充电方式，具有过充电保护、过电流保护、短路保护、充电状态即时显示等功能，整个充电过程自动控制，充电效率高。充电架工作电压为交流输入 AC380 伏，频率 50 赫兹，直流输出 5.5 伏，每组充电架能满足于 102 盏矿灯同时充电，充电电源稳定可靠。

2018 年 12 月，更换 20 组型号 KJZD-100（B）智能柜式矿灯充电架。充电柜为双面分层储物柜式结构，材料为冷轧钢板材质，质地牢固、美观耐用。每组充电柜能满足 100 盏矿灯同时充电。每个灯位具备独立空间，该灯位空间内能同时容纳锂电矿灯充电、压缩氧自救器的存放。充电柜工作电压为交流输入 AC220±10%，频率 50 赫兹，直流输出 5～7 伏（电压可调），充电电源稳定可靠，工作效率不小于 85%，具有过充电、过压、过流、欠压、短路、反放电、防电涌等多种齐全的保护及报警功能。充电柜适用于锂电池矿灯充电，具有分路管理模式，当一路供电出现故障时，不影响其他矿灯正常充电、监控及上位机软件的运行。每个灯位柜门上部安装液晶屏，可显示姓名、工号、部门及矿灯实时状态和充电电压、电流值等，每台架体上方安装双面 LED 单色显示屏，动态显示充电盏数、充满盏数、取走盏数等内容。充电室值班员根据相关信息对各系统进行操控，实现监、管、控一体化。充电室由机电工区负责管理，充电室人员经过专门技术培训，考试合格后持证上岗。值班人员对矿灯和充电架日常巡检和维修，负责对矿灯使用做好管理登记工作。

智能化充灯房（2020 年 10 月摄）

二、矿灯定位系统

在现有无线 Wi-Fi 系统基础上对矿灯定位系统进行升级改造，投资建设 1 套现代化、数字化、高标准的矿灯井下人员精确定位系统，实现井下无线 Wi-Fi 系统和精确定位系统融合。系统静态定位精度能够达到 0.3 米，采煤工作面及顺槽、掘进工作面人员定位精度达到 1 米。

系统支持多系统联动功能。紧急情况下，携带定位矿灯人员通过定位矿灯可向地面中心站发送求救信号，地面中心站可向指定或全部携带定位矿灯人员发送提示信息，与安全监控、应急广播等系统实现融合联动。地面中心站实时展示井下各水平、各采区、各工作面人员、设备的位置信息，采用具有精确三维坐标 GIS 平台，展现上述精确位置信息。

第九节　设备管理

一、组织领导

古城煤矿成立设备管理领导小组。机电矿长任组长，机电副总工程师、机电科科长、设备办副主任为副组长，采掘、机电、运搬、通防、机修工区等单位的机电设备管理负责人及机电科工作人员为成员，办公室设在机电科，机电科科长兼办公室主任。

主要负责设备选型，验收、出库、调配，建立台账和档案，制定设备改造、报废计划。

二、管理范围

构成固定资产的设备以及不作为固定资产管理的小型电器、电力电缆等。

三、管理制度

印发《古城煤矿机电设备综合管理制度汇编》，规范设备选型采购、验收、使用、调拨、维修、报废处置等管理。

主要制度：（1）采购制度。机电科负责采购计划审查，签订设备招标技术协议。单台价值超过 10 万元的设备，设备管理领导小组必须参与调研等。特殊高精度或价值超过 50 万元单台设备的采购计划，上报临矿集团进行技术审查。审批报送亿金公司采购，亿金公司批复的自购材料部分，根据职责，履行合同签订程序进行采购。（2）验收制度。机电科组织物管中心、财务科、使用单位、供货单位、亿金公司驻古城供应站联合验收，填写《古城煤矿机电设备（配件）到货验收单》。（3）使用制度。办理出库手续，机电科负责检查技术资料，开具设备出库单，经分管领导签字，办理出库，财务科凭单进行财务登记。（4）维修制度。外委维修，机电科及相关专业人员共同鉴定，报矿领导批准；内部维修，除外委维修的设备，所有设备维修任务由机修工区承担。（5）报废制度。机电科提出处理方案，报矿领导审核，上报临矿集团批准。机电科将报废核准单据分别交财务科和机电科进行注销和存档。

四、主要维修项目

采煤机、综掘机、扒装机、转载机、破碎机、单轨吊、挖掘式装岩车、SEW 减速机、喷浆机、乳化泵、绞车、液压站、液压支架、单体支柱、反井钻机、风动泵、风动工具、皮带减速机、皮带滚筒、皮带托辊、移动变电站、组合开关、集控箱、单轨吊、综掘机电控、采煤机电控、1～300 千瓦电机、潜水泵、风机、地面电焊机、非标配件、“五小”设备等。

五、设备状况

截至 2018 年年末，矿大型设备在籍台数 269 台，完好台数 269 台，使用台数 269 台，完好率 100%，使用率 100%（见表 4-4-19）。

表 4-4-20　　古城煤矿主要大型设备统计表

序号	设备名称	在籍台数	完好台数	使用台数
1	主井绞车	1	1	1
2	副井绞车	1	1	1
3	2.5 米提升绞车	2	2	2
4	主排水泵	9	9	9
5	压风机	5	5	5
6	主扇风机	2	2	2
7	固定皮带机	13	13	13
8	真空高压开关柜	160	160	160
9	真空高压防爆开关	74	74	74
10	变压器	2	2	2
11	合　计	269	269	269

第五章　通　风

第一节　管理机构

一、委托管理

1996 年 5 ～ 9 月，古城矿井主井、副井两对立井相继施工，因筹建处管理机构尚不健全，经临沂矿务局批准，将通风管理工作委托给承担施工的临沂矿务局工程公司和新汶矿务局工程公司的专业机构管理，筹建处、监理公司负责监督管理。

二、机构沿革

1998 年，筹建处成立通防专业组，负责矿井“一通三防”的管理工作。

2000 年 3 月 9 日，成立通防科（工区）。设主持工作副科长 1 人、副区长 1 人。

2006 年 3 月 28 日，成立通防科，设通防副总工程师兼通防科长 1 人、副科长 1 人。

2018 年 10 月 27 日，设通防科副科长兼救护队队长（副科级）1 人。

截至 2018 年年末，通防科在册职工 4 人。通防副总兼任科长 1 人，工程技术管理人员 3 人。通风工区有职工 93 人，其中区长 1 人、党支部书记 1 人、副区长 2 人、技术员 1 人、职工 88 人。

三、主要职责

1. 负责矿井通风、瓦斯治理、综合防尘、防治自然发火、安全监测监控、紧急避险、火工品及爆破安全管理。

2. 开展“一通三防”全面标准化建设，定期评比检查，保证矿井一通三防、紧急避险、爆破安全等工作有序开展。

3. 制定矿井通风系统优化方案，开展矿井风量调节、巷道贯通通风系统调整、通防设施和设备安全运行等工作，落实矿井瓦斯、粉尘、自然发火、爆破管理、紧急避险等措施。

4. 组织年度瓦斯鉴定、通风能力核定、反风演习、救灾演习等工作。

5. 组织编制年度“一通三防”安全技术措施工程计划和“一通三防”科技创新，推广应用新技术、新工艺、新设备，提高矿井装备水平和抗灾能力。

第二节　通风管理

一、主、副井筒掘砌期间

1996 年 5 月，主、副井开工建设，分别在地面安设 2 台 JBT–28KW 局扇配合玻璃钢风筒作压入式通风，1 台运转、1 台备用，供风量在 300 立方米 / 分钟以上。随着井筒向下掘进，玻璃钢风筒用专用卡栏固定牢固后，再固定在 2 根钢丝绳上，通过地面安设的专用稳车牵引玻璃钢风筒做上下移动，以满足井筒掘砌过程中通风安全生产的需要。

二、主、副井贯通后

1998 年 1 月，主、副井贯通。贯通后，利用主、副井之间形成的自然风流（实际测定自然风量 600 ～ 900 立方米 / 分钟），配合局部通风机满足井底车场、–505 米水平水仓、–505 米水平南大巷、–505 米水平南翼总回风巷等巷道施工的通风管理需要。风流由副井进入，经 –505 米水平井底车场、主副井联络巷（–505 米水平中央变电所南通道），由主井排出。

1998 年 8 月，–505 米水平南大巷、–505 米水平南翼总回风巷、–505 米水平水仓等巷道的施工分别由安设在井底车场进风流中的局部通风机自做压入式通风。在 –505 米水平南翼总回风巷安设 3 台湘潭风机厂生产的 3 × 30 千瓦轴流式防爆对旋式风机作为辅助扇风机，2 台运转、1 台备用，供风量为 1500 立方米 / 分钟。其间，在辅扇的作用下，新鲜风流由副井底进入，流经 –505 米水平井底车场、–505 米水平南大巷、–505 米水平南翼总回风巷，经辅助扇风机压入主井后排出，以满足主、副井贯通后期及主、副井改绞期间的通风安全生产需要。

三、矿井通风方式

1999 年 11 月 7 日，地面 2 台 BDK65A–8–NO22 型对旋防爆轴流式主通风机完成安装调试，配用电机功率为 2 × 110 千瓦，1 台运转、1 台备用，中央并列式通风形成。通风方式为抽出式，副井进风，主井提升兼回风。矿井总进风量为 4900 立方米 / 分钟，总排风量为 5350 立方米 / 分钟，矿井有效风量为 4617 立方米 / 分钟，有效风量率为 86.3%，矿井等级孔 2.1 平方米。

四、局部通风

井下采用 FBD 和 DSF 系列对旋防爆轴流式局部通风机配合直径 500 厘米、直径 700 厘米胶质柔性阻燃风筒做压入式通风。

第三节　通风系统

2005 年 3 月，更换地面主通风机，型号为 BDK–8–NO24，配用电机为佳木斯电机厂生产的 YBF450–8P、电机功率为 2×280 千瓦、高压 6 千伏双回路供电。叶轮叶片根据井下风量可在 250 ～ 450 之间任意调节。风机叶片运行角度初次设置为Ⅰ级 37.50、Ⅱ级 32.50，矿井总进风量为 5953 立方米 / 分钟，总排风量为 6370 立方米 / 分钟，有效风量率 86.2%，负压 1784 兆帕，井下漏风率 8.6%，地面漏风率 5.2%，每人平均供风量 13.7 立方米 / 分钟，等积孔 3.0 平方米。主通风机更换后，风机的备用能力较大。2006 年，通风能力核定通过山东省煤管局检查验收，矿井通风能力满足 3 个综放面、1 个备用面、12 个掘进工作面、5 个独立通风机电硐室的要求。

2012 年 7 月，矿井采掘作业地点转入 –1030 米水平，通风流程增至 16 千米，部分主要回风道受压变形，断面缩小，通风阻力急剧升高，矿井风量严重不足。矿井委托煤炭工业济南设计研究院对通风系统改造进行可行性研究，确定主导方案：新掘回风井，井筒位于 –850 米水平轨道巷中部靠近 1317 工作面附近，原主井改为进风井，新掘总回风巷，–1030 米水平以上原进、回风巷道均改为进风。

2012 年 8 月，《古城煤矿关于上报矿井通风系统改造可行性研究报告的请示》获得临矿集团批复。2013 年 1 月 15 日，古城煤矿分别向济宁市国土资源局和曲阜市人民政府上报《山东东山古城煤矿有限公司关于专用回风井征地问题的请示》（古煤字〔2013〕9 号），但因土地资源紧张，未获批准。2013 年 6 月 11 日，古城煤矿向济宁市为企业排忧解难服务活动领导小组办公室提交《山东东山古城煤矿有限公司关于专用回风井征地问题的请示》（古煤字〔2013〕64 号）。14 日，古城煤矿安排人员到兖矿集团通防处调研更换地面主通风机事宜。7 月 15 日，济宁市为企业排忧解难服务活动领导小组办公室下发《关于尽快解决古城煤矿征地问题的督导通知》（济企排忧办字〔2013〕2 号），向曲阜市人民政府提出督办，曲阜市及单家村矿向济宁排忧解难办公室提出村庄房屋斑裂赔偿及资源置换。2013 年 7 月 16 日，单家村煤矿向曲阜市人民政府上报《关于解决裕隆集团单家村煤矿与临矿集团古城煤矿资源置换的请示》（鲁裕发〔2013〕36 号）。古城煤矿多次派人交涉均无结果。

2013 年 12 月，在征地困难的情况下，古城煤矿扩修已失修的主要回风道（断面不小于 12 平方米），补打二水平至三水平回风下山、–840 米水平北翼回风巷和新打 –850 米水平南翼回风下山至 –505 米水平（断面不小于 16 平方米），同时更换地面主通风机，自 –1030 米水平至 –505 米水平形成“二进二回”的矿井通风系统。

2014 年 6 月，FBCDZ–8–No30/2×710 千瓦主通风机更换完毕后投入使用，矿井进风量能达到 7500 立方米 / 分钟，满足井下风量要求。

2017 年 6 月底，完成主井底风硐改造，设计工程量约为 66 米。开门位置位于矿井北翼专用回风巷和 –505 米水平北翼回风巷汇合点处，开门后直接按 30 度起坡，施工约 66 米后与主井井筒壁贯通。

2017 年 7 月 5 日，古城煤矿提出《古城煤矿关于呈报通风系统技术改造可行性研究报告的请示》。7 月 20 日，得到临矿集团批复。2018 年 2 月，完成地面风硐改造工程。在现有风硐东侧加设一道长度为 22 米矩形钢制通风管道，断面为 2.8 米 ×2.8 米。

2018 年 10 月，主进风巷全面贯通，长度 3000 米。主进风巷贯穿 –505 米水平～-1030米水平，贯通后风量增加1020立方米/分钟，负压降低440兆帕，各巷道风速满足安全规程要求。

第四节　反风演习

根据《煤矿安全规程》规定，古城煤矿每年进行一次反风演习，以检验矿井通风系统的稳定性、可靠性，提高矿井抗灾能力。

2001年11月16日，古城煤矿进行第一次反风演习，临沂矿务局副局长孙廷华带领生产处室有关人员参加。从12时30分开始至14时30分结束，历时2小时，127人参加。

2002～2018年，古城煤矿在每年的11月或12月进行一次反风演习（见表4-5-1）。矿长任总指挥，通防科组织实施，临矿集团（矿务局）相关处室、古城煤矿相关科室、工区参加。

表4-5-1　　古城煤矿历次反风演习统计表

序号	时间	参加人数
1	2002年11月27日	129
2	2003年11月29日	120
3	2004年11月24日	131
4	2005年11月23日	127
5	2006年11月30日	133
6	2007年11月26日	134
7	2008年11月25日	135
8	2009年11月23日	133
9	2010年11月20日	139
10	2011年12月7日	146
11	2012年12月20日	155
12	2013年11月10日	160
13	2014年12月12日	158
14	2015年12月12日	147
15	2016年12月10日	150

续表

序号	时间	参加人数
16	2017 年 12 月 12 日	117
17	2018 年 12 月 15 日	105

反风演习指挥现场（2009 年 11 月摄）

第五节 矿井瓦斯

一、瓦斯鉴定

1999 年 7 月，对矿井瓦斯进行鉴定，古城矿井鉴定为低瓦斯、低二氧化碳矿井。实测矿井总回风道最大瓦斯相对涌出量为 0.65 立方米 / 分钟，最大二氧化碳相对涌出量为 1.2 立方米 / 分钟。根据 2011 年 10 月 14 日国家安全生产监督管理总局、国家发展和改革委员会、国家能源局、国家煤矿安全监察局下发的《煤矿瓦斯等级鉴定暂行办法》，古城煤矿每 2 年进行 1 次瓦斯等级鉴定，鉴定结果上报临矿集团。2001 ～ 2018 年古城矿井瓦斯签定情况见表 4–5–2。

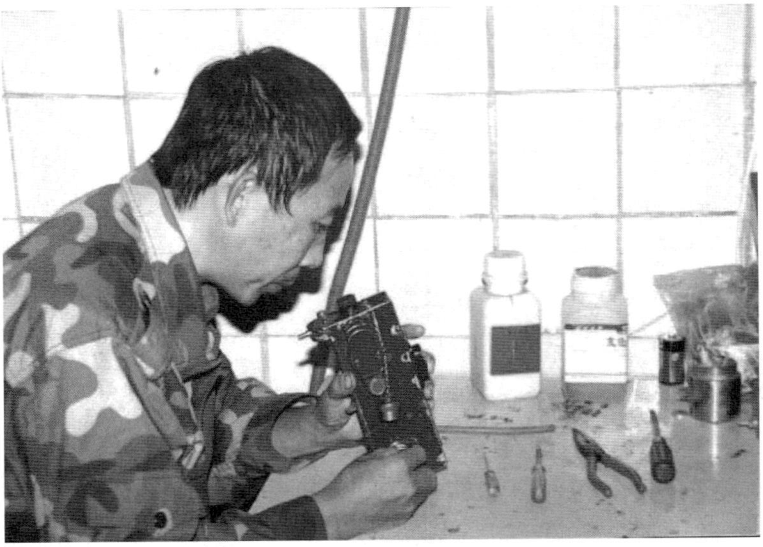

维护仪器（2006年9月摄）

表4-5-2　　2001～2018年古城矿井瓦斯鉴定情况

年份	矿井瓦斯等级	相对瓦斯涌出量（立方米/吨吨）	绝对瓦斯涌出量（立方米/分钟）	相对二氧化碳涌出量（立方米/吨）	绝对二氧化碳涌出量（立方米/分钟）
2001	低瓦斯矿井	0.61	2.60	0.80	3.43
2002	低瓦斯矿井	0.65	2.60	0.86	3.50
2003	低瓦斯矿井	0.63	2.68	0.81	3.54
2004	低瓦斯矿井	0.66	2.67	0.82	3.60
2005	低瓦斯矿井	0.68	2.60	0.80	3.78
2006	低瓦斯矿井	0.69	2.63	0.84	3.79
2007	低瓦斯矿井	0.71	2.64	0.88	3.81
2008	低瓦斯矿井	0.70	2.70	0.85	3.80
2009	低瓦斯矿井	0.72	2.85	0.89	3.84
2010	低瓦斯矿井	0.73	2.90	0.88	3.80
2011	低瓦斯矿井	0.69	2.83	0.90	3.82
2012	瓦斯矿井	0.70	2.90	0.91	3.80
2014	瓦斯矿井	0.79	3.28	0.98	4.10
2016	低瓦斯矿井	0.68	3.07	0.87	3.91
2018	低瓦斯矿井	0.78	2.67	1.04	3.58

二、瓦斯管理

2000年3月，成立通风工区，负责瓦斯检查管理，完善瓦斯检查和瓦斯防治措施，对测风测尘员和仪器管理员进行培训。建立防瓦斯措施，瓦检员必须按规定时间和路线进行巡回检查，每班检查2次，间隔时间3～5小时，做到牌板、手册、日报表“三对口”，严禁空班漏检。每天填写《瓦斯日报》，送筹建处主任和总工程师批阅。合理调整矿井通风系统，消灭串联通风和扩散通风，确保矿井通风有效风量率在86%以上。如遇瓦斯超限，不得擅自排放，必须由总工程师组织，制定瓦斯排放措施，由救护队参加，专门进行排放。独头巷道和无风地点设置栅栏并挂警示牌，禁止人员入内，超过24小时予以封闭（见表4–5–3）。

表4–5–3　古城煤矿各部门瓦斯防治工作职责

部门	职责
通防副总工程师	在总工程师的领导下，具体负责矿井瓦斯防治技术工作；贯彻落实上级下发的各项技术政策、指令、规定、措施等；负责组织审查瓦斯防治各项安全技术措施和瓦斯防治工程，并检查落实情况；负责组织瓦斯防治专项工程、设施的竣工验收，对存在的问题要及时组织复查。
机电副总工程师	负责贯彻执行国家有关机电管理的各项规定，严格按照瓦斯矿井的要求对机电设备进行选型；组织编制、审查机电方面的瓦斯防治规划、计划、措施，并贯彻落实；对井下机电安装工程的电气设备防爆性能，电缆、器材等耐压、绝缘性能，皮带等非金属制品的阻燃性能等进行把关。
生产副总工程师	在总工程师领导下，对分管范围内的瓦斯防治技术工作负责参与编制、审查生产方面的瓦斯防治规划、计划、措施，并组织实施；负责组织编制、审批采掘工作面作业规程和安全技术措施，并严格把好审查关；在安排生产、接续任务时，必须做到布局合理、生产均衡，抓好井巷工程质量，并充分考虑到瓦斯综合防治的工程和工期安排，确保施工期间的瓦斯防治安全。
防治水副总工程师	对分管范围内的瓦斯防治技术工作负责；负责组织编制、审批地质报告、说明书和安全技术措施，并严格把好审查关；负责组织研究矿井瓦斯地质工作，为矿井瓦斯超前管理提供依据。
防冲副总工程师	对分管范围内的瓦斯防治技术工作负责；主要参与编制、审查防冲方面的瓦斯防治规划、计划、措施，并组织实施；必须做到布局合理、生产均衡，搞好井巷工程质量，并充分考虑到瓦斯综合治理的工程和工期安排，确保施工期间的瓦斯治理安全。
通防科	在总工程师的领导下，具体负责矿井瓦斯防治管理工作，负责编制瓦斯防治中、长期防治规划，并组织实施；负责组织矿井瓦斯等级鉴定、煤层自然倾向性和煤尘爆炸性鉴定；负责组织并参与矿井通风阻力测定、主要通风机性能鉴定和矿井火灾救灾演习等工作；负责审查矿井瓦斯检查点的设置审查。
机电科职责	负责对矿机电工区所承担的瓦斯防治责任执行情况进行监督检查和技术指导；负责矿井安全供电，预防并控制无计划停电造成的瓦斯超限事故，负责确保井下选用的机电设备有煤安标志，保证入井电气设备防爆性能完好。

续表

部门	职责
安监处职责	负责对上级有关瓦斯防治的法规、指令、决定等执行情况进行监督，并经常对井下各作业场所瓦斯防治安全组织监督检查；负责对各单位所承担的瓦斯防治责任制的落实情况进行监督检查；对各单位执行瓦斯防治各项制度情况实施监督检查，并进行具体指导和监督。
生产技术科	合理安排矿井生产，优化采场布局，避免生产过于集中；在审查矿井、采区、采掘工作面设计时，要按照《煤矿安全规程》规定，优先考虑瓦斯防治的需要；在采掘过程中，严格执行通风、瓦斯抽放、防火、防尘等安全措施和管理规定。
地测科	负责搜集煤层瓦斯含量、压力、地温等地质勘探资料，为开发水平延深、采区设计中的瓦斯防治设计提供依据；负责组织研究矿井瓦斯地质工作，为矿井瓦斯超前管理提供依据。
防冲办	负责在卸压施工过程中对遇到的瓦斯涌出进行防治；在审查相关规程、措施时，要配合瓦斯防治工作，严格执行通风、瓦斯等安全和管理规定。

三、瓦斯设备及人员

2003 年 6 月，矿井装备 KJ66 安全监控系统，在井下各掘进工作面、回采工作面回风顺槽距离工作面 10 米范围内。采区回风巷，总回风巷等地点按设瓦斯传感探头，并入 KJ66 安全监控系统进行在线监测，如遇到瓦斯超限传感探头、监控主机（调度室）、监控终端（通风工区监测队）同时发出声光报警，通防人员立即对超限地点进行处理。通风工区气体检测人员每 7 天对井下密闭检查 1 次，每天对回采隅角取样色谱分析 1 次，每 7 天对机电硐室手工检查 1 次，并负责监控报表的打印及整理归档工作。

2005 年 5 月，根据通防安全示范矿井建设标准要求，投资 15 万装备瓦斯检查智能化管理系统。通过在各采掘地点设置条型密码，利用掌上电脑录入检查数据以及条型密码确认，彻底杜绝瓦斯检查的空岗漏检现象。

2006 年 1 月，配有 28 名专职瓦检员，负责井下采掘等地点的瓦斯巡回检查工作。设有 4 名专职气体检测人员，对井下密闭、机电硐室、回采隅角、高冒点等地点定期进行气体检测，由放炮员利用瓦斯便携仪对放炮地点进行“一炮三检”。

2012 年，矿井投入 80 万元，完善安全监测监控 KJ70N 系统，装备分站 30 台、瓦斯等传感器 240 个。该系统检测瓦斯、一氧化碳等气体，实现瓦斯超限断电。

2017 年 7 月 18 日，安全监控系统升级改造方案由山东省煤矿安全监察局组织进行审核并立项备案。10 月，与江苏三恒科技股份有限公司签订安全监控系统升级改造技术协议，并开始组织实施。12 月 31 日，由江苏三恒科技股份有限公司开发的 KJ70X 安全监控系统投入使用。2018 年 3 月 3 日，临矿集团组织验收。

截至 2018 年年末，安装 50 台监控分站，低浓度甲烷传感器 62 台、激光甲烷传感器 33 台安装在采掘工作面、采区煤仓等处，此外还安装了一氧化碳传感器 53 台、温度传感器 46 台、风速传感器 14 台、氧气传感器 5 台、烟雾传感器 44 台、粉尘传感器 9 台、风筒开关传感器 6 台、二氧化碳传感器 3 台、局部扇风机 16 台。

四、自救器

1. 种类。2001 ～ 2018 年，古城煤矿使用过 3 种类型的自救器，分别是 ZH30C 型隔离式化学氧、ZH30D 型隔离式化学氧、ZYX30（A）隔绝式压缩氧自救器。化学氧自救器、隔绝式压缩氧自救器使用年限为 3 年。使用时间均维持在 30 分钟。

2013 年 3 月，购置 ZH30C 型隔离式化学氧自救器 600 个；2014 年 2 月，购置 ZH30D 型隔离式化学氧自救器 1000 个；2016 年 11 月，购置 ZH30D 型隔离式化学氧自救器 700 个；2017 年 1 月，购置 ZH30C 型隔离式化学氧自救器 900 个；2018 年 1 月，购置 ZH30C 型隔离式化学氧自救器 1500 个。

截至 2018 年，古城煤矿在用 ZH30C 型隔离式化学氧自救器、ZYX30（A）隔绝式压缩氧自救器 2100 个。

2. 使用管理。古城煤矿入井人员必须随身携带自救器。自救器由矿通防部门统一编号管理，建立台账，实行专人专用。通防工区定期检查，每季度进行 1 次气密性检查，做好记录，凡是气密破坏的必须报废。

2014 年 2 月，完善《古城煤矿自救器使用管理规定》。自救器由充灯房管理人员统一编号管理，使用人要按照编号和规定顺序，在指定充电架上存放、加锁，并保持整洁完好使用。自救器在使用过程中要轻拿轻放，严禁摔打碰撞，以防漏气失效，发现密封条损坏、漏气等情况及时处理。

3. 检测维护。通防工区每季度组织 1 次称重和气密检查，使用 ZJQM-2 型气密检查仪器进行负压气密检查，要求在 6000 帕压力以上保持 15 秒、压力下降值不大于 300 帕为合格。隔绝式压缩氧自救器，每季度检查压力表示值不得低于 18 兆帕，氧气瓶充填压力为 19 ～ 21 兆帕，6 个月更换二氧化碳吸收剂。

4. 操作方法。下井时将自救器挂在背部腰带上，使用时将自救器转至腹前，左手托底右手拉下保护罩，去掉外壳，将头带套在脖子上，拔出口具塞，拉开启动装置，把口具放入口中，牙齿咬紧牙垫，用鼻夹夹住鼻子，用嘴从其囊中呼吸。

第六章　煤炭洗选

第一节　机构沿革

一、管理机构

2001～2005 年 1 月，选煤厂建成但未投入运行，暂由煤管科管理。

2005 年 2～11 月，选煤厂实施改造，由机电科管理。11 月 16 日，成立选煤厂管理机构。

2016 年 3 月 14 日，成立古城煤矿煤炭营销公司，撤销选煤厂机构设置。

2018 年 9 月 10 日，恢复原选煤厂建制，撤销煤炭营销公司。

二、管理人员

2005 年 11 月 16 日，成立选煤厂，设厂长 1 人（正科级）、副厂长 1 人（副科级）。

2006 年 3 月 28 日，成立选煤厂党支部，设党支部书记 1 人、委员 2 人。增设副厂长至 3 人、技术员 1 人，管理人员共 6 人。

2016 年 3 月 14 日，成立煤炭营销公司，设经理 1 人（正科级）、副经理 7 人。

2018 年 9 月 10 日，恢复原选煤厂建制，设厂长 1 人、副厂长 4 人。

截至 2018 年年末，选煤厂设置动筛车间、主选车间、尾煤泥水处理车间、机电维修车间，在册职工 122 人。

第二节　选煤厂设计

一、设计

1991 年 6 月 13 日，中国统配煤矿总公司印发《关于临沂矿务局曲阜矿井洗煤厂设计工作安排的通知》，指定江苏煤矿设计研究院（以下简称“江苏设计院”）承担曲阜矿井选煤厂的设计工作，济南设计院提供技术咨询。9 月 10 日，临沂矿务局向江苏设计院发委托函。14 日，临沂矿务局和江苏设计院签订《选煤厂可行性研究、初步设计合同》。21 日，江苏设计院组织设计人员到兖州地区进行实地踏勘，搜集兖州矿区部分矿井的煤质资料和兖州矿务局兴隆庄煤矿选煤厂的实际生产综合煤质资料，对洗煤产品的流向等进行调查。

1992 年 4 月，江苏设计院提交《山东临沂矿务局曲阜矿井选（洗）煤厂可行性研究报告》。

1993年11月，江苏设计院提交《山东临沂矿务局古城（曲阜）矿井选煤厂初步设计》，选煤厂年洗选能力90万吨，服务年限54.4年，原煤灰分19.18%，原煤可选性易选，精煤产出率74.65%，在籍人数239人，全员效率16吨/工，建设工期27个月。设计范围从主井受煤仓下原煤胶带输送机起至选后产品装车外运，全部生产工艺系统及相应的辅助生产车间，包括原煤准备车间、原煤储存仓、主厂房、装车煤仓、煤泥水浓缩车间、压滤车间、各部胶带输送机栈桥、铁路站场、化验室、材料库棚、销售煤样室、浮选药剂库、维修工具房、推土机及汽车车库、供电供水系统、公共设施等。

二、环评

1991年4月20日，临沂矿务局按照中国统配煤矿总公司和山东省煤炭工业管理局要求，委托煤炭工业部武汉设计研究院编制选煤厂设计方案。6月13日，中国统配煤矿总公司安排江苏煤矿设计研究院承担曲阜矿井选煤厂的设计工作，济南煤矿设计研究院提供咨询。

1992年4月，江苏省第一工业设计院向矿务局提交《曲阜矿井选煤厂可行性研究报告》。

1993年5月18日，煤炭工业部批准选煤厂可行性研究报告，同意选煤厂年入洗能力为90万吨，采用跳汰主洗、煤泥浮选、尾煤压滤回收的联合工艺流程。

1993年11月，江苏省第一工业设计院提交《山东临沂矿务局古城（曲阜）矿井选煤厂初步设计》。

1994年3月9日，山东省环境保护局下发《关于曲阜矿井及选煤厂环境影响评价实施方案的批复》（鲁环管二〔1994〕23号），同意煤炭工业部兖州煤炭设计研究院编制的《曲阜矿井及选煤厂环境影响评价实施方案》。

1994年4月13日，国家能源投资公司批准古城矿井选煤厂初步设计，同意采用跳汰主洗煤泥浮选工艺，批准投资8909.13万元。

1995年12月19日，山东省环境保护局下发《关于曲阜矿井及选煤厂环境影响报告书的批复》，同意煤炭工业部兖州煤炭设计研究院编制的《曲阜矿井及选煤厂环境影响报告书》。

2000年，筹建处委托江苏煤炭第一工业设计院设计，对选煤厂进行初步设计，设计能力为年入洗90万吨动力煤选煤厂，入选原料煤经分级筛（筛孔尺寸为直径13毫米）分级后，对+13毫米原煤进行入洗，分出精煤、中煤、矸石和少量煤泥，将矸石外排后，与精煤、中煤、煤泥和–13毫米原煤掺合，作为产品进行销售。

第三节 生产系统

一、原煤准备系统

原煤准备系统主要包括手选大矸和动筛大块洗选系统。矿井原煤先用70毫米分级筛分级，粒级大于70毫米煤矸经大块洗选动筛跳汰分选，排出大块矸石；洗选块煤经破碎后，与原煤分级筛筛下的末煤混合进入主洗系统。动筛系统主要装备为ZDM1740型圆振动分级筛1台（用于70毫米分级）、TDY1.5/3.0型液压动筛跳汰机1台（用于300毫米～50毫米块煤排矸）、2PGL-500×1500型双齿辊强力破碎机1台（用于块煤破碎）。

二、主洗系统

主洗系统采用70～0.5毫米跳汰分选、0.5～0.2毫米干扰床分选和粗煤泥高频筛回收生产工艺。原煤经跳汰机分选出精煤、中煤和矸石，3种产品分别经设备脱水后运输入仓。粗煤泥分选使用FBS分选机，回收粗精煤泥和粗中煤泥。主要装备为DMST型复振型筛下空气室跳汰机2套（用于原煤分选）、精煤脱水筛ZKB2148型和ZKK2875型直线振动筛各1台（用于精煤脱水分级）、FBS2400型干扰床分选机1台（用于粗煤泥分选）、FC1200粗煤泥离心机1台（用于粗煤泥脱水）。

三、浮选系统

浮选系统主要采用浮选柱对煤泥中的精煤进行回收。主洗车间旋流器的溢流、高频筛的筛下水进入浮选车间后，加入浮选药剂，经FCMC旋流微泡浮选柱分选出精矿和尾矿，精矿使用压滤机压滤脱水后掺入主洗精煤，尾矿进入高效浓缩机处理。主要设备有FCMC4500型浮选柱2台（用于煤泥浮选）、KZG340/1500×2000-U形厢式隔膜压滤机3台（用于浮选精煤脱水）。2016年3月，浮选系统因精煤掺配不均匀影响精煤产品质量而停产。

四、煤泥水处理系统

压滤系统主要使用耙式浓缩机和快开式压滤机处理煤泥水、回收煤泥产品。煤泥水先经耙式浓缩机浓缩分级，底流使用快开式压滤机压滤回收煤泥，滤液和浓缩机溢流作为洗煤生产循环用水。压滤系统主要设备为NT30型耙式浓缩机2台（用于煤泥水浓缩分级）、KZG320/2000-U形高效节能快速压滤机4台（用于尾煤泥脱水回收）。

选煤厂鸟瞰图（2011年7月摄）

第四节　技术改造

一、初期改造

2001 年 2 月，选煤厂建设工程竣工，设计入洗能力 90 万吨 / 年，选煤工艺为跳汰洗煤，主要入洗粒级为 13 毫米以上的原煤，13 毫米以下的原煤直接进仓与精煤混合，产品为灰分 12% ～ 13% 的动力煤。

2003 年，矿井原煤生产能力逐步提高，地面原煤运输系统制约销售，对尚未运行的选煤厂进行简易改造，在原煤入洗皮带走廊下建一地销汽车仓，将入洗分级筛筛板拆除作为溜槽，将原煤经过选煤厂运输系统，直接运入铁路产品仓销售原煤。

2005 年 2 月，古城煤矿成立选煤厂改造启动小组，矿长任组长，经营和机电副矿长为副组长，选煤厂管理人员为成员。主要改造项目分两部分：一是将原煤销售及运输、储存系统从选煤厂生产系统分离出来，二是将动力煤选煤厂技改为冶炼精煤选煤厂。6 月，经过充分调研论证后实施改造，总投资约 2300 万元。

1. 工艺流程改造。去掉入洗分级筛，将分级入洗改为全级入洗，分选设备使用原 SKT–14 跳汰机，分选出 3 种产品。精煤直径为 8 毫米的脱水筛分级后，筛上物直接进入精煤皮带，筛下物进入斗子捞坑，大于 0.5 毫米的经 TLL900A 的离心机脱水后进入精煤皮带，与块精煤共同进入精煤仓销售；中煤经斗式提升机脱水后，进入混煤皮带，因中煤采用落地销售方式，水分较高，影响了煤场环境，后将技改时去掉的分级筛进行改造安装，对中煤进行 2 次脱水，达到预期效果。

2. 选煤厂处理能力和矿井生产能力匹配改造。在 5 股铁道东侧建 2 个库存能力 3500 吨的储煤仓，与原煤装车系统合并，实现装车自动化。在新建仓的输送皮带廊下建汽车仓，使地销原煤系统与选煤厂生产线分离开。新建皮带走廊连接入洗缓冲仓，在原煤上仓皮带与精混煤皮带走廊安装原煤转载皮带，实现原煤灵活装仓。

3. 煤泥水系统的处理能力改造。增加 2 台电磁高频筛：1 台作为精煤筛，主要回收 0.2 毫米以上的精煤泥，灰分在 8% ～ 9% 之间；1 台作为中煤筛，入料为精煤筛的筛下水，主要回收粒度为 0.125 ～ 0.2 毫米的煤泥，灰分在 13% 左右，使煤泥压滤煤泥的含量降低了 50%，满足系统要求，提高精煤的回收率。

通过技术改造、理顺生产环节，保证矿井和选煤厂正常生产。2005 年，入洗原煤 80 万吨，洗出精煤 50 多万吨，创造利润 3000 余万元。

改造工程由选煤厂组织实施，土建工程由临沂华建公司三公司施工，济宁兴业监理公司监理。

二、扩能、智能改造

2007 ～ 2009 年，为进一步优化资源配置、提高经济效益，对主洗车间、动筛车间、压滤车间，进行扩能改造。

2007 年 1 月 26 日至 10 月 1 日，完成改造和联合试运转，总投资 4000 万元，使年入洗能力达到180万吨。改造后，分别满足大于50毫米级、0～50毫米级、小于0.5毫米级的原煤洗选，各系统既独立又相互关联，运行方便，操作灵活。矿井提升的煤经过直径70毫米的振动筛后，筛上物首先手选拣出大于300毫米大块煤，50～300毫米的进入动筛车间进行分选，核心设备是TDY-15液压动筛跳汰机。分选后的产品主要为块精煤和块矸，块精煤主要用于销售或破碎后进入主洗系统调节煤质，块矸直接销售，小于50毫米的原煤进入主洗系统。扩能改造是在原厂房的南侧增加1跨，工艺依然采用跳汏洗选，核心设备为SKT-20跳汰机，脱水设备由DZK2875分级脱水筛直接代替斗子捞坑，简化工艺，提高脱水效率。粗煤泥回收工艺是脱水筛的筛下水、离心机的离心液经旋流器分级后，通过电磁高频筛进行回收。由于煤泥量增加，需要扩大煤泥处理系统能力，增加4台隔膜压滤机，实现清水洗煤。同时，对降尘、降噪进行改造，在设备车间安装吸声材料、隔音罩、消声器，使工业噪声控制在规定的范围内。厂区建立自动立体化喷洒及交叉固定喷洒系统，实施“无尘化”综合防尘，定时对厂区进行洒水降尘。

2018年，粗煤泥系统改造。原有粗煤泥回收工艺存在分选机有效分选区间较小、编织筛网存在较严重的跑粗现象，由于缺少预脱水环节，出现了脱水效果不理想等问题。为此，选用2台ZKJ1007-D5型叠层高频振动细筛取代原有的1台分选机、3台电磁高频筛、4台高频振动筛。煤泥水经旋流器浓缩分级后，其底流直接进入叠层筛分级，筛上物料直接进入精煤产品，筛下水进入尾煤泥压滤系统。ZKJ1007-D5型叠层高频振动细筛采用先进的叠层设计，可实现五路并联给料，占地面积小，处理量大，是目前国际最先进的湿式细物料筛分设备。叠层筛所有过流部位均进行耐磨处理，筛网采用德瑞克柔性聚氨酯防堵筛网，开孔率高，使用寿命可达1年以上。振源采用美国进口马丁振动电机，设备整机维护量极低。通过优化改造，粗精煤灰分由10%～12%降低至9%以内，稳定了精煤产品指标。尾煤泥发热量由4000大卡降至3800大卡，煤泥中0.15毫米粒度级以上含量由18.84%降至约12%，提高精煤回收率，提高洗选经济效益。

2018年，智能化选煤厂改造。投资约237万元，购置5台煤质快速检测一体机和6台电子皮带秤，完善选煤厂的计质计量系统。电子皮带秤用于混煤、入洗原煤及4种产品的计量；煤质快速检测一体机主要检测入洗原煤、精煤以及混煤等品种的灰分、水分、发热量指标。

三、扩建工程

2010年，投资550万元建成浮选车间，解决煤泥含量急剧增长的问题，提升煤炭附加值。由于入浮煤泥粒度较细，真密度低，浮选精煤经快开压滤机脱水后，滤饼水分在25%，滤饼大小在10毫米左右，掺入到精煤中，成团现象严重，造成总精煤的质量受到影响。2011年，投资1600万元，建设浮选二期和干燥系统。浮选工艺采用2台型号为FCMC4500旋流微泡浮选柱，浮选的精煤经干燥后掺入到主洗精煤中销售，混合后的水分控制在10%以下，灰分在9%以下。按年入选180万吨计算，每年创造经济效益约4000万元，成为矿井新的经济增长点。

2013年12月，投资1797万元建成煤泥干燥车间，年干燥煤泥25万吨。工艺流程为湿煤泥滤饼经铲车送入缓冲给料机，然后通过刮板输送机进入滚筒干燥机用火力使之干燥。同时，外界冷空气经鼓风机进入热风炉，经炉膛加热后产生的高温气体也进入滚筒干燥机内，与湿煤泥滤饼完成热交换后，得到的干燥煤泥产品由滚筒干燥机排料口排出，经皮带转载运至干煤泥产品库。滚筒干燥机内热交换后产生的尾气经旋风除尘器、引风机、湿式除尘器、烟囱排至大气。湿式除尘器内的水及水雾层分别捕集和吸附含尘气流中的粗细颗粒后变成污水进入集水池；集水池下设2台泵：1台打溢流供湿式除尘器循环用水，1台打底流至浓缩池。热风炉的燃料煤来自主洗车间的洗混煤。

第五节　智能化选煤

一、集控系统

选煤厂综合自动化系统由控制系统、工业视频监控系统及网络传输系统组成，生产运输集中控制系统由三菱FX2n及Q系列PLC组成，在集控室里实现位机控制，控制软件采用北京三维力控公司的力控6.0组态软件，运行平台为Microsoft Windows XP操作系统，系统的所有控制均由力控6.0组态完成，工业以太环网控制。下设1个PLC主站和10个分站。

二、主洗车间控制室

集中控制室设在矿井自动化控制中心，可以控制全厂参与集中控制的设备，同时监视、调度生产作业。在机械排矸车间、压滤车间、浮选车间、浮选干燥车间、煤泥干燥车间设立现场控制室,配备电脑上位机,对本车间设备进行集中控制及监视。在主洗车间配电室、机械排矸车间配电室、压滤车间配电室、联合泵房配电室、浮选车间配电室、浮选干燥车间配电室、煤泥干燥车间配电室、原煤仓顶配电点、产品仓上配电点、原煤装车配电点设立远程I/O分站，与PLC主站组成RI/O网络，各PLC分站之间组成MB网，PLC主站与上位机组成以太网。现场I/O负责设备的启停和生产信息的采集，PLC主站负责逻辑运算和信息的处理，上位机负责设备状态的监控和操作。

在主洗车间集中控制室设有工业监视大屏，通过现场26台网络高清摄像机对全厂监控设备进行监控。动筛车间、压滤车间、精煤干燥车间、煤泥干燥车间分别设有监视器，对本车间监控设备进行监控，通过矩阵切换主机可在监视大屏、监视器上显示或调出某个摄像机的现场画面，及时监控设备运行情况。视频信号与矿井工业监控网络联网上传，调度室查看选煤厂管理信息非常方便。

三、控制范围及环节

1. 主洗系统：原煤入洗皮带，原煤上仓皮带，精、混煤皮带，精煤转载皮带，矸石及转载皮带，中煤皮带；矸石、中煤斗式提升机，刮板输送机，给煤机，脱水筛，离心脱水机，罗茨鼓风机，循环水泵，煤仓煤位物料计等，参控设备42台。

2.机械排矸系统：来煤入洗皮带，动筛跳汰机给煤机，高频电磁脱水筛，末煤皮带，矸石皮带，块煤皮带，循环水泵，块煤、矸石仓煤位物料计等，受控设备11台。

3.尾煤泥处理（压滤）系统：压滤机、入料泵、刮板输送机、煤泥皮带、搅拌装置、入料泵、集水泵、压风机，受控设备24台。

4.浮选、干燥系统：主循环泵、入料泵、搅拌装置、干燥精煤皮带、刮板输送机、料位计、干燥机、引风机、上料装置、烟道阀门控制器、水池液位计、压力传感器、温度传感器等，受控设备20台。

5.煤泥干燥系统：煤泥入料刮板、燃料煤给煤装置、滚筒干燥剂、运输皮带、引风机、皮带犁式分煤器、烟道阀门控制器、压力传感器、温度传感器等，受控设备13台。

第五篇

煤矿安全

古城煤矿认真贯彻执行“安全第一、预防为主、综合治理”的安全生产方针。坚持 “管理、装备、培训”三并重的原则。坚持党政同责、一岗双责以及党、政、工、团齐抓共管，把“安全高于一切、重于一切、先于一切、影响一切”的安全理念灌输给每个单位、每名职工。采用横向分工、纵向分级的安全管理模式。围绕“智能智慧化矿山”建设主线，深化“安全生产双重预防机制、安全生产标准化、安全生产文化教育、安全生产监督检查、安全生产应急救援、安全生产责任追究”六大体系。实施科技兴安战略、职业安全健康和安全生产“双基”建设、“一卡一表一手册”等措施，全面夯实安全生产工作基础，确保矿井安全发展。

建立以矿长为第一责任人的安全管理体系，成立安全生产委员会；根据《中华人民共和国安全生产法》《煤矿安全规程》《山东省安全生产条例》等法律法规要求，制定《古城煤矿安全管理制度》《古城煤矿安全奖惩实施暂行办法》《古城煤矿安全生产岗位责任制》等管理制度。加大对顶板、冲击地压、煤尘、自然发火、瓦斯、水害等矿井灾害的治理投入，建成安全监控系统、人员位置监测系统、紧急避险系统、压风自救系统、供水施救系统、通信联络系统等六大系统。扎实开展“安全生产月”和安全知识竞赛活动，提升职工安全生产意识。实施“双基”建设，落实“严、细、实”工作要求和“六化”标准，实施科技战略，为创建本质安全型矿井打下坚实基础。大力弘扬沂蒙精神，精心培育“以人为本、安全发展”为核心的“1236”安全文化。2018 年，形成具有古城煤矿特色的“2311”创新工作法，创建以人、机、物、环、管为要素的“五线”安全文化孵化模型。建立“培训中心—古城煤矿—基层区队”三级培训管理体系。组织开展一周一题、一月一考、一季一评的“三个一”安全教育学习活动，有效地提高了职工的安全操作技能、增强职工风险辨识能力。

2009 ～ 2018 年，古城煤矿杜绝重伤以上人身事故和非人身事故，实现安全生产。古城煤矿先后被授予“全国煤炭行业级高产高效矿井”“煤炭工业先进煤矿”“全国煤炭行业特级安全高效矿井”“全国安全文化建设示范企业”“科技进步十佳矿井”等称号。

第一章　管理机构

第一节　机构沿革

一、机构

1992 年 8 月 26 日，成立曲阜矿井筹建处工程管理科，负责矿井筹建初期的安全监督管理工作。

1996 年 5 月 1 日，主井井筒、副井井筒开始施工，矿建工程正式开工建设，安全管理工作由各施工单位自主管理，筹建处负责监督。

1998 年 1 月 9 日，成立安全管理机构，设顶板管理小组、机运管理小组、通防管理小组、火工品管理小组、地面施工管理小组、多种经营场点管理小组。10 月 4 日，临沂矿务局批准，成立临沂矿务局安全监察局驻古城矿井安全监察处。安全监察处下设采掘监察室、通防监察室 2 个专业监察室，配备管理人员 17 人，其中安全监察处处长 1 人（副处级）、主任工程师 1 人（正科级）、采掘室主任 1 人、通防室主任 1 人、专业技术人员 3 人、安全监察员（以下简称“安监员”）10 人。

1999 年 2 月 25 日，设兼职安监员 20 人，其中采煤跟班安监员 4 人、机电提升运输跟班安监员 4 人、通防跟班安监员 3 人、井口检身工 9 人，掘进跟班安监员由各施工单位跟班专职安监员兼任。6 月 9 日，设安监处机电运输科。

2001 年 5 月 24 日，设安全监察处信息办公室。8 月 10 日，设安全技术培训中心。

2006 年 1 月 1 日，成立职工安全诚信档案管理办公室。3 月 28 日，设立机运室，撤销安全监察处机电运输科。

2017 年 7 月 24 日，成立“双防”办公室。

2018 年 9 月，安全监察处设主管工程师 1 人、主任工程师 1 人、主管技术员 1 人。

截至 2018 年末，安全监察处在册人员 87 名，其中管理技术人员 17 人，安监员 70 人（见表 5-1-1）。

表 5-1-1　　1998 ～ 2018 年安全监察处管理人员任职表

历任负责人	任职时间	工作人员配置	安监员配置	备注
文士高	1998.10 ～ 2003.05	7	10	
庄又军	2003.05 ～ 2004.07	9	20	
林相亮	2004.07 ～ 2005.06	10	26	

续表

历任负责人	任职时间	工作人员配置	安监员配置	备注
张传法	2005.06 ～ 2006.06	12	36	
张善选	2006.06 ～ 2008.04	10	60	
李乐成	2008.04 ～ 2017.11	11	56	
卢立波	2017.11 ～ 2018.05	14	68	
谢洪路	2018.05-	17	70	

二、职责

1. 严格执行党的安全工作路线、方针、政策。负责全矿安全管理、安全检查、双重预防机制的监督监察和考核工作，保证煤矿在生产、建设过程中遵守国家有关安全生产的法律、法规、规章、标准和技术规范等规定。

2. 组织制定各岗位安全生产、职业病危害防治责任制和各项管理制度，按规定进行考核。

3. 参与制订年度职业病防治计划与方案，监督具体实施情况，保证经费的落实和使用。检查各部门职业病防治工作开展情况，对查出的问题及时研究，制定整改措施，落实责任部门按期解决。

4. 组织学习安全风险分级管控和隐患排查治理等相关知识。增强治理能力，预防安全风险的发生。

5. 监督施工单位在安全技术措施、工程施工中安全资金的使用，同时参加安全技措工程竣工验收，确保工程质量。

6. 开展职工安全教育、安全培训等工作。

7. 参与矿井灾害预防与处理计划的编制、审查、实施。

8. 按时召开有关安全生产的会议，做好安全例会的会议记录、存档管理；负责对“三违”人员进行相应的处罚和管理；参与事故调查、分析、处理。

第二节　管理体系

一、安全方针

严格落实“安全第一、预防为主、综合治理”的安全生产方针，坚持“管理、装备、培训”并重原则，坚持党政同责、一岗双责以及党、政、工、团齐抓共管原则，将“关口前移、重心下移”的安全工作措施落到实处，确保矿井安全形势持续、稳定、健康发展。

二、管理体系

建立以矿长为第一责任人的安全管理体系（见图 5-1-1），成立安全生产委员会。

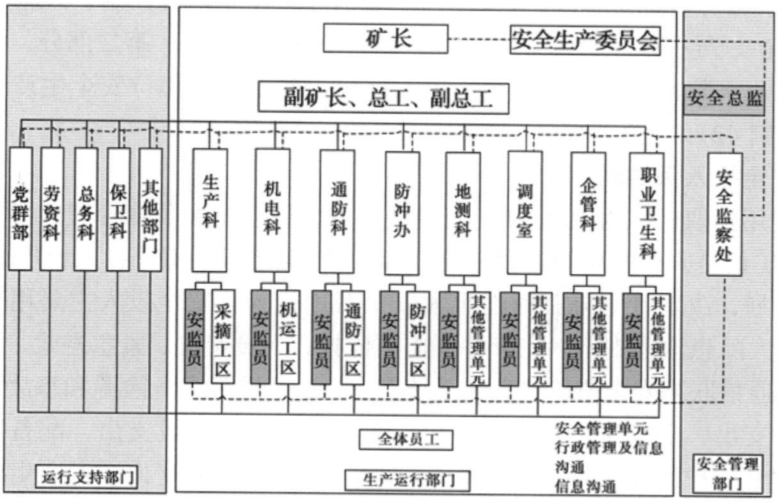

图 5-1-1　古城煤矿安全管理框架

第三节　管理制度

2001 ～ 2017 年，根据《中华人民共和国安全生产法》《煤矿安全规程》《山东省安全生产条例》等有关的法律法规要求，先后制定印发《古城煤矿安全管理制度》《古城煤矿安全奖惩实施暂行办法》《古城煤矿安全生产岗位责任制》等管理制度。2018 年，根据新《安全生产法》《煤矿安全规程》《煤矿安全生产标准化评分办法》《职业危害防治规定》等法律法规，对上述制度进行重新修订完善。

一、安全目标管理制度

2001 年开始，矿井不断深化安全目标管理，逐年制定印发《加强年度安全生产工作的意见》《安全考核奖惩办法》《责任事故追究办法》等安全目标文件和配套考核文件，明确安全生产、安全质量标准化建设、“双基”建设、安全教育培训、职业健康、环境安全等年度安全工作目标。《古城煤矿安全生产管理制度汇编》包括 11 章 193 项管理制度。第一章，安全综合管理制度 33 项；第二章，地质测量管理制度 6 项；第三章，冲击地压防治管理制度 21 项；第四章，开采及顶板管理制度 11 项；第五章，“一通三防”管理制度 22 项；第六章，爆炸物品和井下爆破管理制度 4 项；第七章，机电、提升运输管理制度 30 项；第八章，职业病危害防治管理制度 13 项；第九章，工区管理制度 13 项；第十章，调度、应急管理制度 27 项；第十一章，地面设施管理制度 13 项。

二、安全生产责任制度

按照“安全第一、预防为主”的方针和“一岗双责、党政同责、失职追责”“谁主管谁负责，谁分管谁负责”的原则，修订矿井《安全生产责任制》，共4章385项。第一部分，矿领导安全生产与职业病危害防治责任制17项；第二部分，机关科室安全生产与职业病防治责任制159项；第三部分，井下生产单位安全生产与职业病危害防治责任制42项；第四部分167项。

三、安全投入保障制度

安全费用提取标准为30元/吨。资金使用纳入企业全面预算管理范围，编制年度、月度预算。矿长是安全费用管理第一责任者，需保证资金到位、投入合规、使用适当，负责签署计划，决定计划外临时性重大安全费用投入。安全投入主要用于：安全生产改造和重大隐患治理支出，完善井下监测监控、人员定位、紧急避险、压风自救、供水施救和通信联络安全避险“六大系统”支出，开展重大危险源和事故隐患评估、监控和整改支出，安全生产检查、评价、咨询、标准化建设支出，配备和更新现场作业人员安全防护用品支出，安全生产宣传、教育、培训支出，安全生产适用新技术、新标准、新工艺、新装备的推广应用支出，安全设施及特种设备检测检验支出，其他与安全生产直接相关的支出。

四、安全生产标准化管理验收制度

成立安全生产标准化管理委员会，管理委员会下设验收办公室。验收办公室设在生产科，负责验收考核工作。由验收办公室抓好相关验收考核，每月逐头、逐面对各工区安全生产标准化达标情况进行旬检查和月验收，检查结果发至工区，并对查出的问题制定处理意见，进行评分定级，月底对各工区进行全面考核。

采掘工程质量、文明生产、机电、通防专业每月验收3次，内业资料每月验收1次。以《安全生产标准化考核及考核评分办法》为主要依据，结合班评估得分，实行月度大检查、旬检查、验收办公室验收相结合的考核办法，对采、掘、机、运、通等相关部门的工程质量及文明施工进行全面验收，综合考评得分。

五、安全教育与培训制度

安全教育培训工作坚持党、政、工、团齐抓共管，全方位落实。坚持“统一规划、分类指导、分级实施、教考分离”的原则，明确1名分管领导负责安全教育培训工作。安全教育培训经费足额提取并严格管理，做到专款专用。职工上岗前，必须进行安全教育、培训，未经安全教育培训的不得上岗作业。新入矿的井下作业人员必须接受不得少于72小时的安全教育培训，经考核合格后方可上岗作业。每年必须对全矿所有作业人员进行1次在职安全教育培训，培训时间不得少于20小时。对轮岗、换岗和采用新工艺作业的人员，必须进行重新培训，培训时间不得少于40小时，经考核合格颁发上岗证后方可上岗作业。

六、安全风险分级管控管理制度

安全监察处为安全风险分级管控工作的管理部门。各级人员明确分工和具体职责，各专业组定期上报全风险分级管控相关资料。依据《安全生产风险分级管控体系通则》和国家相关法律、法规、标准和其他要求。开展年度辨识、专项辨识，制定管控措施和工作方案，将辨识评估结果应用于：确定下一年度安全生产工作重点，指导和完善下一年度生产计划、灾害预防和处理计划、应急救援预案及完善设计方案；指导生产工艺选择、生产系统布置、设备选型、劳动组织确定等。

七、矿井主要灾害预防制度

由总工程师负责组织通防、机电、生产、地质、安监、调度、防冲等部门编制《年度矿井灾害预防与处理计划》，并于每年的12月编制完成下一年度的《年度矿井灾害预防与处理计划》。每个季度初前15日内，由总工程师负责组织通防、机电、生产、地质、安监、调度、防冲等部门根据矿井的实际生产变化情况和矿井的自然条件，对《年度矿井灾害预防与处理计划》及时进行修改和补充，各单位必须全文传达到每一名井下职工。矿长为矿井灾害与预防的主要责任人，是本单位安全生产的第一责任者。业务相关科室要对分管专业的灾害预防负有技术管理和监督责任。古城煤矿每年组织机电、生产、安监、地质、调度、防冲等部门对岗位各工种的风险进行辨识，并有针对性地制定和落实相关安全防范措施。《年度矿井灾害预防与处理计划》的编制由调度室或生产技术科负责。

八、事故应急救援制度

矿井安全生产事故应急救援指挥部是突发事故应急管理工作的领导指挥机构。在主要负责人领导下，负责突发事故的应急管理工作，发挥运转枢纽的作用。矿总工程师负责组织安全监察处、调度室、卫生所、通防科、机电科、物管科、总务科等部门编制矿井年度重大事故应急救援预案。每半年必须至少组织1次救灾演习，演习期间必须有救护队协助工作。其程序是发生事故后，事故现场人员必须立即汇报矿调度室、安全监察处。调度室值班人员接到伤亡事故的报告后，必须立即报告矿主要负责人，主要负责人接到报告后1小时内汇报临矿集团调度室和煤矿安全监察机构。事故发生后应迅速成立应急救援指挥部，同时要划分应急救援小组，并明确职责；应急救援指挥部及应急救援小组必须及时根据事故性质、发生地点、波及范围、人员分布等因素来确定救灾的人力和物力，并积极调动各类物资、设备和人员，配合救护人员进行抢救。事故救援期间，配合上级部门进行事故调查分析工作，同时做好伤亡人员的善后及安抚工作。

九、入井人员检身与出入井人员清点制度

由专人负责入、升井人员的检身和清点。井口检身人员必须严格检查每个入、升井人员，严禁超员乘罐。入井人员必须接受井口检身人员的检查，井口检身人员有权制止不符合规定的任何人员入井。入井人员必须穿胶靴，佩戴安全帽、自救器、矿灯、定位卡和必备的劳动用品，否则不准入井。入井人员一律不准带烟草和点火物品，严禁穿化纤衣服，入井前严禁喝酒，否则一律不准入井。对非本单位入井人员应到安全监察处填写外来人员下井审批单，由安全监察处值班人员告知外来人员入井细则，再由分管领导及调度室值班人员签字确认。矿灯房及更衣室才能为其提供工作服和矿灯及自救器，入井前必须到井口信息办公室签到，方准予入井。

十、矿领导下井带班制度

由安监处编制《月度领导带班下井安排表》，经矿长签字确认后下发到所有带班人员。带班人员严格按照排定的班次进行带班。如遇特殊情况不能带班时，必须提前与其他带班人员协商调换，并通知调度室值班领导，严禁私自调换，确保每班至少有1名领导带班。月度带班完成情况，在井口宣传栏进行公示，接受群众监督。带班人员必须掌握当班的安全生产状况，即人员到岗情况、设备情况、生产（作业环境）安全情况、生产任务（产量）完成情况等，对当班的安全生产负领导责任。必须做到与工人同下同上，做到发现隐患和不安全行为不放过、对安全隐患找不出原因不放过、安全隐患得不到处理不放过。加强对重点掘进工作面、关键的施工环节的监督检查。及时发现并组织消除事故隐患和险情，及时制止违章、违纪行为，严禁违章指挥，不具备安全施工条件的工作面严禁施工。认真检查各作业点的工作人员是否按操作规程执行，有无违章作业现象，协调区队之间、各环节的关系，维护安全生产秩序。带班矿领导及带班人员要跟踪重大安全风险管控措施落实情况，对于发现的问题根据问题情况，组织现场整改或提交分管领导研究整改措施，监督落实。做好交接班记录，将本班安全生产情况、存在的问题及处理情况以及对下一班的检查重点等填写在交接班记录簿中，同时在带班记录上如实填写本班的安全生产现场情况。

十一、薄弱人物排查管理制度

成立矿、工区两级薄弱人物排查管理小组。矿级薄弱人物排查管理小组由安全监察处处长任组长，安全监察处副处长、工会群监会及安全监察处各专业科室负责人为成员。工区薄弱人物排查管理小组由区长任组长，副区长、技术员和班组长为成员。矿、工区两级薄弱人物排查管理小组组长、成员为具体落实帮教措施的责任人。矿级薄弱人物排查管理小组负责监督检查区队薄弱人物排查治理各项工作的开展情况，同时负责对A类重点薄弱人物的帮教；工区区长、书记（副书记）、副区长、技术员、班组长做好对薄弱人物的日常排查，并负责对B类、C类薄弱人物的帮教；值班人员负责班前排查，带班区（对）长负责入井排查和现场排查。薄弱人物排查重点放在职工的身体状况、性格、心理、行为、作业技能、劳动纪律、思想观念、安全意识等方面。薄弱人物按危害程度划分为A、B、C三类。A类重点薄弱人物由矿薄弱人物排查管理小组具体负责帮教，B类、C类一般薄弱人物由区队薄弱人物排查管理小组具体负责帮教。建立个人、班组、区队、矿四级排查管理体系，组织开展对A、B、C三类危害程度13种薄弱类型的薄弱人物的排查工作，并采取针对性的帮教措施，落实帮教责任人，审查薄弱人物帮教效果，形成薄弱人物排查治理闭合管理。

十二、劳动定员管理制度

优化矿井生产布局和劳动组织。严格控制重大危险区域作业人数，严防超强度、超能力、超定员生产。在一个采区内同一煤层的一翼最多只能布置1个回采工作面和2个掘进工作面同时作业。一个采区内同一煤层双翼开采或多煤层开采的，该采区最多只能布置2个回采工作面和4个掘进工作面同时作业。每个采区每小班同时作业的采掘人员不超过100人。根据采掘工艺不同，控制采掘工作面每班实际出勤人数：综采工作面每小班出勤人数不得超过16人，综掘工作面每小班出勤人数不得超过9人。井下实行“定员挂牌”，做到“定员挂牌”管理与劳动定员管理紧密结合。对于井下作业人数最多的班次，跟班安监员跟踪加强管理，严禁两班交叉作业，有效监控交接班期间出现的井下人流高峰。采掘工作面除带班人员、要害岗位、特殊工种人员必须在现场交接班以外，严禁其他人员在定员区域内交接班。

十三、职工安全互保、联保制度

在劳动过程中对安全工作互相监督、互相提醒、互相帮助，形成互保、联保的安全管理有效机制。采取2人一组，组成联保对子，形成互保、联保。单人操作或岗位工可以与现场班组长互保、联保。辅助工区下井人员较少的情况下可以直接与跟班管理人员互保、联保，现场班队长和跟班管理人员可以同时与多人互保、联保。互相监督，照顾对方，按照本岗位安全技术操作规程操作，严格遵守相关规章制度。互相督促对方按照规定穿戴好劳动保护用品。发现不安全隐患，互相提醒采取防范措施，防止伤害事故发生。互相检查设备是否完好，备件、工具、物料码放是否符合安全规定，环境是否符合安全要求。出现事故时，除按相关规定处罚外，互保人员连带处罚。

十四、安全办公会议制度

每周一召开安全办公会议，由矿长主持（或委托分管生产的副矿长主持），矿领导、安全生产业务科室管理人员、非生产业务科室副科级以上人员，如各工区区长、书记、副书记及电厂和选煤厂厂长、书记参加。各工区（厂）、业务科室汇报上周安全办公会议上安排问题的整改落实情况以及本单位、本专业、本周安全工作重点及需要古城煤矿或有关部门协调安全问题。矿分管领导安排分管范围内的安全工作重点及采取的措施。安全监察处处长通报一周安全工作开展情况、各项考核指标完成情况，提出本周安全管理的工作重点。矿长传达贯彻落实上级安全会议、指示精神，对上周安全工作进行总结，并对本次会议提出的问题进行落实与安排，对本周矿井安全工作进行安排部署。

第四节　安全考核

一、奖惩机制

2003年，推行全员安全风险抵押奖惩制约机制，按照不同的权重缴纳风险抵押金。当月杜绝轻伤以上事故，按所缴纳的50%奖励。否则，同等数额处罚。

2006年，推行安全隐患市场化运行模式，建立安全隐患价格体系。将月度个人交易与工资收入挂钩，形成管理人员积极查处隐患、单位整改隐患迅速的工作作风，达到现场零隐患的目的。制定领导干部带班下井管理制度，规定矿井主要负责人每月下井不得少于6个，其中下井8小时带班不少于5个；分管安全生产负责人下井不少于12个，其中下井8小时带班不少于8个；分管技术负责人下井不少于10个，其中下井8小时带班不少于6个；其他班子成员下井巡查不少于6个；副总工程师下井不少于12个，其中下井8小时带班不少于9个。

2009年，实行管理人员安全风险抵押金考核奖惩、“双基”建设和安全质量标准化考核奖惩、季度安全效益奖考核奖惩、职工月度安全奖考核奖惩制度。月度实现安全生产，个人完成考核指标，对管理人员按个人交纳安全抵押金的基数进行奖励。全年实现安全生产，按交纳抵押金基数加倍奖励。

2011年，在13个重要岗位推行“手指口述、安全确认”操作法，规范岗位操作行为。推行跟班区长带队入井、升井管理制度，入井前跟班工区管理人员带队在井口进行安全确认和安全宣誓后依次排队乘罐入井，提高职工安全意识。

2013年，开展“安全星级单位”创建活动。全年共创建107个星级单位，奖励107万元，处罚37万元。开展“三无”班组创建、优秀班组长评选活动，全年表彰“三无”班组21个，发放奖金13.02万元；评出优秀班组长84人，发放奖金8.24万元；班组长抵押金考核奖励327.4万元，处罚7.08万元。

2014年，贯彻落实《煤矿矿长保护矿工生命安全七条规定》，按照国家总局第58号令要求，对照“七个必须”和“七个严禁”，制定贯彻落实意见。创新推行以“三违”仲裁、日分析、月帮教三项制度。以“三违”指标管控、周对比和月考核三项考核机制为内容的“三三”管理机制。严格“三违”奖惩考核，实行“三违”、事故挂钩考核机制，月底单位实现安全生产，个人月度内未出现2次“三违”现象，无行为违章，月度考核不再进行扣罚。全矿“三违”免罚239.8万元，扣罚34.9万元。严格隐患逐级追究考核。现场建立“安全隐患排查记录本”。凡是现场发现隐患却未记录整改的，对跟班管理人员、班组长以及安监员进行追究处罚；机关管理干部到现场未能查处隐患的，上一级领导对其进行追究，层层落实安全责任。全年隐患责任追究1398人次，处罚27.95万元。

2015年，实施“一表一卡一手册”管理法。开展以“完善检查标准、规范岗位操作、抽签互检促进”为核心内容的安全主题活动；编制完善了50个岗位工种操作安全提示卡和操作过程安全注意事项，在井下各岗位配置《安全单元检查表》，为每名职工发放《职工安全学习手册》。推行“1236”安全管理模式（1个核心，即生命至高无上、安全责任为天；2个主体，即领导干部积极引领、全体职工踊跃参与，即3大作风：严、细、实；6大体系，即严格的规章制度体系、标准的行为规范体系、严谨的教育培训体系、温馨的思想感化体系、丰富的舆论宣传体系、和谐的工作氛围体系）。全年管理人员处罚不合格2476人，处罚12.38万元，有力地促进了现场安全管理。

2016年，实行“三违”日分析和单位“三违”周对比、月考核奖惩机制。单位每天对“三违”进行分析，次日调度会汇报分析情况。对各单位外部罚款实行罚款金额周对比、月考评兑现的办法。考核以本单位上月外部罚款总额为基数进行对比，

"三违"降低的，对单位管理人员每人奖励 800 元；"三违"增加的，每人罚款 600 元。实行隐患责任追究和"三违"处罚返还奖惩制度。季度末，所有罚款进行 100% 再分配返还奖惩，根据各单位外部罚款数额除以在册人数排定名次，按名次按比例奖惩。

2018 年，实行安全小分队监督检查机制。加大井下、地面安全小分队监督检查力度，采取跑片全覆盖检查的方式，重点对薄弱人物、薄弱地点、薄弱环节实行 24 小时不间断检查。全年共计上岗 4403 人次，查处"三违"287 人次，罚款 19 万余元。

开展"亲情助安"活动（2017 年 9 月摄）

二、考核

2001 年 5 月 20 日，采煤一工区在 11041 综放面发生 1 起运输事故，造成 1 人死亡、1 人轻伤。本次事故认定为责任事故，对矿长、副矿长、总工程师、安全监察处处长扣罚安全风险抵押金 13000 元；对采煤一工区区长、副区长、分管领导、事故直接责任人，分别给予工资降 2 档、为期 1 年的处罚，扣罚安全风险抵押金 4200 元。

2002 年 4 月 17 日，机修车间在 -505 米水平北大巷双轨车场发生 1 起运输事故，造成 1 人死亡。本次事故认定为责任事故，分别给予机电副矿长、机电科科长行政警告处分，给予机修车间主任职务解聘和党内警告处分。按照《古城煤矿事故责任处理暂行办法》第 11 条规定，对机修车间罚款 2 万元，对事故单位和参加安全考评人员扣罚当季度安全奖。

2003 年 6 月 2 日，在主井底 2 号煤仓发生 1 起吊盘坠落事故，造成临沂华建工程公司六公司 1 人死亡、1 人重伤。本次事故认定为责任事故，给予临沂华建工程公司副经理兼总工程师行政记过处分，给予临沂华建工程公司六公司经理行政撤职、党内严重警告处分，给予临沂华建工程公司六公司副经理留用察看一年、党内严重警告处分，给予临沂华建工程公司六公司跟班队长行政撤职、党内严重警告处分，给予古城煤矿总工程师行政警告处分，给予古城煤矿生产副矿长行政警告处分。

2004年2月27日，综掘工区在2106皮带顺槽迎头发生1起综掘机事故，造成1人死亡。本次事故认定为责任事故，给予古城煤矿生产副矿长行政记过处分，给予安监处长行政警告处分，给予综掘工区区长兼党支部书记、跟班副区长行政撤职、党内严重警告处分，给予综掘工区跟班队长留用察看一年处分；副班长违反《刑法》134条规定，移交司法机关处理。此次事故共扣罚各级管理人员安全风险抵押金42000万元。

2005年8月22日，运输工区在–505米水平南翼皮带下山发生1起安全事故，造成1人死亡。事故调查组认为，没有发现古城煤矿在安全管理方面存在能导致该次事故发生的缺陷，该事故应为非责任事故。根据矿有关规定，取消当月所有奖励，取消兑现安全风险抵押金，并给予所交安全风险金两倍数额扣发；对运输工区罚款20000元；取消单位全部人员抵押金，按照同等额度进行处罚。

举办事故案例展（2017年6月摄）

2008年6月16日，采煤二工区在2101面皮带顺槽发生1起机电事故，造成1人死亡、1人轻伤，直接经济损失30万元。本次事故认定为责任事故，分别给予古城煤矿生产副矿长、机电副矿长行政记过处分，给予采二工区区长行政记大过处分，给予采二工区党支部副书记党内严重警告处分，给予采二工区跟班副区长、技术员行政撤职处分，给予跟班安监员开除矿籍、留用察看1年处分并调离岗位，给予采煤二工区当班班长开除矿籍、留用察看1年处分。

2009年2月28日，掘进一工区在2103面皮带顺槽延长段施工时发生1起矿震事故，造成1人死亡、5人轻伤。此次事故被认定为自然灾害事故，未列入责任事故考核。

第二章　安全管理

第一节　“六大”系统

一、安全监控系统

2007 年，配备由江苏三恒科技集团生产的 KJ70X 安全监控系统，中心站采用树形结构，调度室配 2 台监控主机（互为备用），当工作主机发生故障时，备份主机能在 5 分钟内自动投入工作。配置分站 42 台，各类监测传感器 292 个，用于监测甲烷浓度、一氧化碳浓度、风速、温度、烟雾、馈电状态、风门开关、风筒状态、主通风机开停、局部通风机开停，并实现甲烷超限声光报警断电控制功能。

截至 2018 年年末，已在 –505 米水平南回风巷、–505 米水平中央泵房、–505 米水平北冀变电所、–505 米水平煤仓、–850 米水平泵房、1 号膏体充填面运煤巷、扇风机房、–850 米水平第三联络巷、31 采区集中回风巷、–1030 米水平行人联络巷、–1030 米水平煤仓变电所、–850 米水平回风巷、三水平回风巷、三水平上车场变电所、–600 米分站、3103 皮带巷、三水平上部煤仓口、1 号膏体充填面变电所、–850 米水平北变电所、–1030 米水平北第一联络巷、–505 米水平北翼回风、3105 变电所、三水平南翼回风巷、1312 进风巷、–505 米水平南大巷、–1030 米水平北第二联络巷、31 采区第一联络巷、3315 进风联络巷、–600 米变电所、–850 米水平水仓、–840 米水平二皮、–505 米水平北大巷、31 采区第一联络巷、8 部乘人装置尾部、–1030 米水平避险硐室、–1030 米水平避险硐室、3103 变电所等处设置监控分站。

二、人员位置监测系统

2006 年，安装使用重庆煤科院生产的 KJ251A 型人员位置监测系统；2009 年，对该系统进行了升级。该系统由本安型位置监测分站、本安型定位读卡器、识别卡等构成，实现对下井人员的动态情况进行实时监测、实时轨迹显示下井人员数量和人员分布区域、下井历史记录、禁入区域告警、定位卡双向呼叫、识别卡唯一性检测等功能。在各大巷、重点区域出入口、各采掘工作面、出入口井下泵房变电所等位置，安装监测分矿用隔爆本安型不间断电源、监控主机和数据服务器、监测传输分站、本安型读卡器等，实现对井下人员实时数据采集和调度监控功能。

三、紧急避险系统

下井人员均配备 ZH30 型隔绝式化学氧自救器，在井下设置自救器补给站，在井下作业地点均设置火灾、瓦斯爆炸、煤尘爆炸、水灾事故避灾路线图，巷道交叉口均设置避灾路线标识。井下紧急避险系统矿建工程于 2013 年 2 月建成，7 月通过山东省煤炭工业局验收。

2018年末，古城煤矿在-1030米水平3201工作面下部车场处建设容量为100人的永久避险硐室。

四、压风自救系统

矿井采用地面压风机集中供风，压风机房共安装5台空压机。SA220W-8-6K型螺杆式水冷空压机3台，电压6千伏，额定排气量为每分钟40立方米，额定排气压力0.8兆帕，另外两台为MLG-30.4/8-185G型螺杆式风冷空压机，电压10千伏，额定排气量为每分钟30.4立方米，额定排气压力为0.8兆帕。

地面主压风管路采用直径219毫米 ×8毫米型无缝钢管沿副井井筒敷设至井下，井下主管路采用直径219毫米 ×8毫米和直径159米 ×6米无缝钢管，各采掘施工地点、避灾路线、避难硐室分接管路支管选用直径108毫米 ×4.5毫米和直径75毫米 ×4毫米无缝钢管供迎头用风。压风管路进入避难硐室前20米应采取保护措施。

各采掘施工地点、避灾路线上的压风管路每50米设1个三通，每100米设1个截门，压风自救阀门统一固定并挂牌管理。在采掘工作面进风巷、回风巷各设置1组压风自救装置，距工作面上安全出口以外25～40米范围内设置一组压风自救装置，每组压风自救装置8个气袋，保证每人每分钟供气量不少于0.1立方米，随采掘推进及时挪移。

五、供水施救系统

供水水源引自地面供水泵房，供水泵房建有容量200立方米消防水池2座，地面供水经副井井筒入井，经副井底调压室调压后供全矿井下用水。主供水管路为直径108毫米和直径159毫米管路，在副井底分支，一路经13采区进风下山与-850米水平大巷主供水管合茬后，经轨道、皮带、回风下山三路至-1030米水平；另一路经-505米水平南翼运输巷提供南翼各工作场所供水，并在-850米水平大巷与主管路合茬，主供水管路全长约9000米。主要采区运输大巷及各采掘施工地点分接管路采用直径108毫米供迎头用水。在超过100米的联络巷或其他巷道均敷设防尘管路，各皮带运输巷每50米安设1个三通阀门和支管，其他巷道每100米安设1个三通阀门和支管。井下设置完善的消防、防尘供水系统。管路采用消防、洒水合一的系统，利用枝状管网送至井下各工作面和用水点。矿井供水系统水量、水质满足供水自救的要求。

六、通信联络系统

（一）通信系统

为行政交换机和调度交换机各1台。

行政交换机由兖州市联通公司提供，装机57部，主要安装于地面各业务科室、生产工区和重要生产场所。行政办公室、调度室、电厂、供应科配传真机，地面35千伏变电所安装1部可与上一级变电所联系的外线电话。

调度交换机为深圳震有科技股份有限公司生产的KT214型数字程控调度机，装配128路耦合器，井下调度电话通过耦合器、防雷保安单元、井口避雷端子排与井下各场点本安型电话机相联。调度交换机现容量为384部，安装在地面各业务科室、生产工区和重要生产场所调度电话256部，井下主要变电所、车场、绞车房、各皮带转载点、煤仓、掘进迎头、采煤工作面均安装调度电话75部，满足矿井安全生产需要。调度电话具备直呼功能，各地点电话摘机5秒后自动联通调度室。同时，通过联通的2M线已基本实现临矿集团内线通话，该系统已与安全监测系统实现应急联动功能。

（二）井下无线通信系统

井下无线通信系统为天地（常州）股份有限公司生产的KTB28无线系统。地面安装大功率室外基站2台，井下安装防爆基站26台（手持机200余部）。井下各基站带后备电源，每台后备电源可持续工作2小时以上。无线基站主要覆盖–505米水平轨道运输巷、–850米水平下车场、–1030米水平上下车场、–1030米水平米轨道运输巷、猴车道（架空乘人装置）等地点，系统通过井上、下的以太网进行传输，完成井上、下的基站控制器与核心服务器相连，实现无线通信。无线通信系统与矿调度机联网，达到无线与有线通信的无缝连接。

（三）应急广播系统

应急广播系统为天地（常州）股份有限公司生产的KXT23矿用1P网络广播系统和常州三恒有限公司生产的KT425型矿用1P网络应急广播终端，系统安装广播终端29台，应急广播接口12台，分别安装在–505米水平、–850米水平、–1030米水平三个水平轨道运输巷、皮带巷及各采掘工作面等地点，实现应急广播系统全覆盖。该系统能够实现基于TCP/IP网络的数字化音频的广播、直播、点播，系统自带自主交换功能，可以实现由调度室发起的全矿井广播。

第二节　培训宣传

一、全员培训

2004年，古城煤矿下发《关于加强职工安全教育学习的规定》，在全矿组织开展一周一题、一月一考、一季一评的“三个一”安全教育学习活动。安全技术培训中心会同群监会、青安岗等组织利用黑板报、广播稿、安全标语、播放安全电视录像、电影等形式进行宣传。按照《安全技术培训计划》《安全培训制度》，分工种、分专业组织全员培训，培训率达到100%；对新入矿职工进行培训，考试不合格的不予录用。2005年8月5日，古城煤矿被山东煤矿安全监察局鲁西监察分局（以下简称鲁西分局）评为“2005年度安全培训先进单位”。

安全培训（2006年6月摄）

2006年，利用职工休班时间，分岗位、工种，组织全员脱产培训班9期，培训1726人。组织特殊工种20期28个工种、885人进行初复训；组织7期新入矿及转岗人员培训，培训693人。

2007年，组织全员脱产培训班9期，参培1926人，参加特殊工种技术培训班826人。

2009年4月，进行为期5天的全员封闭式训练；7～8月，举办管理人员哲学理论研修班；分8期对全矿管理人员、历届大学生进行集中培训，组织学习、考试。实行考试成绩与奖惩、绩效考核挂钩，提高管理人员理论素养和安全意识。

2010年，实施“每月一考、每月一评”考评办法。全年组织抽考12次，共计2533人参加，及格率为91.9%；组织管理人员培训93人，特殊工种965人，班组长70人；井下小分队99人参加考试，不及格6人；地面小分队16人参加考试，不及格4人。对不及格的取消小分队上岗资格。

2011年，强化业务知识学习，每月按工区在册人数10%的比例随机抽考。分采煤、掘进、辅助3个专业及选煤厂、电厂进行名次考核兑现。

2013年，举办全员集中培训班10期，参训总数为2280人；全年组织抽考3209人，奖励547人，处罚236人；加强主要负责人、安全生产管理人员和特种作业人员“三项岗位”人员培训；组织管理人员培训101人，其中副总以上人员培训13人，副总以下管理人员培训88人，班组长91人，特殊工种608人。

2014年，举办全员集中培训班10期，参训总数为1984人；全年组织抽考2167人，奖励466人，处罚185人；加强“三项岗位”人员培训，组织管理人员培训110人，其中副总以上人员培训13人，副总以下管理人员培训97人，班组长89人，特殊工种423人。

2015 年，举办全员集中培训班 10 期，参训总数为 1817 人。实行“每月一考”奖惩办法，全年共组织抽考 2159 人，奖励 475 人，处罚 266 人，停班 23 人；加强“三项岗位”人员培训，组织管理人员培训 105 人，其中副总以上人员培训 9 人，副总以下管理人员培训 96 人，班组长 81 人，特殊工种 414 人。

2016 年，举办全员集中培训班 10 期，参训总数为 1907 人。实行“每月一考”奖惩办法，全年共组织抽考 2708 人，奖励 602 人，处罚 407 人，停班 46 人；加强“三项岗位”人员培训，组织管理人员培训 87 人，其中副总以上人员培训 11 人，副总以下管理人员培训 76 人，班组长 72 人，特殊工种 378 人。

2017 年，组织开展“三项”岗位人员培训、全员集中安全培训、“每月一考”等活动。逐步提高全员职工业务素质，全矿持证上岗率达到 100%。利用广播、电视、微信、文化长廊等媒体阵地，大力开展以警示教育、亲情文化、诚信文化、人文关怀、凝心聚力为主的安全文化建设。

2018 年，建立了“培训中心—古城煤矿—基层区队”三级培训管理体系。严格按照规定提取安全培训经费，全年各类培训费用共投入 323 万元。共组织特殊工种培训 396 人，管理人员培训 93 人，分 12 期开展全员脱产培训。每月定期在职工俱乐部组织开展 1 次全矿范围内的职工集中警示教育，通过专业知识传授、案例剖析、“三违”人员现身说法、领导点评等方式，帮助员工吸取事故教训、增强安全意识。牢牢抓住全员职工安全意识、按章操作、业务技能三条主线，开展全员素质大提升、“安全大讨论”活动，提高安全操作技能，增强职工风险辨识能力，推动安全生产持续健康发展。

二、安全宣传

2003 年，全面启动安全教育“五个一”工程，即在采掘工作面至运输大巷建立 3 个安全文化宣传站，形成安全教育“一条线”；在井口建起高标准的安全画廊和大型电视屏幕，形成安全教育“一个面”；在地面广场设置 46 块安全标语和安全理念宣传画、灯箱、牌板，形成安全教育“一条街”；在各工区会议室设立职工生活园地、安全生产竞赛、安全生产宣传、“全家福”、安全誓词五大牌板，要求职工下井前面对“全家福”进行安全宣誓，形成安全教育“一园地”；为 14 个工区、电厂、选煤厂新建 16 个大型安全活动板报，古城煤矿《古煤信报》、电视台、广播站分别开办安全专题栏目，每周播放两次安全视频，形成以广播电视、板报、报刊为主的宣传“一阵地”。使职工随时随地置身于浓厚的安全生产氛围中，在潜移默化中增强安全生产意识和自主保安意识。

2001 ～ 2018 年，在临矿集团内部媒体及省级以上各类报刊网站上发表安全宣传稿件 653 篇。

三、安全活动

（一）安全活动日

安全活动日时间为每周二，分上下午进行，以各工区、电厂、选煤厂、力新支护材料公司为单位。工区区长（厂长、经理）或值班人员主持，传达学习古城煤矿或上级有关的文件、安全办公会精神；总结上周安全情况，找出存在的问题；通报本单位发生的“三违”；选择煤炭系统发生的安全事故或交通、火灾等案例进行案例分析，起到警示作用；安排本周的生产任务和安全重点。

2015年，实行机关包挂工区责任制，包挂人员到工区参加安全活动，由安全监察处对安全活动质量进行监督检查和评比，对评出的前3名和后3名在调度会上通报。

安全知识竞赛（2011年6月摄）

（二）安全生产月

2002～2018年，成立以党委书记、矿长任组长的安全生产月活动领导小组。党委书记、矿长主持“安全生产月”活动启动仪式并做动员讲话；围绕活动主题，结合安全管理的重点工作，制订实施方案，举办千人签字活动；工会、安全监察处组织开展安全知识竞赛、安全知识演讲、安全咨询日、应急预案演练周、以安全生产月为主题的书画展等活动；矿团委、群监会、女工协管会组织开展安全进工区、进家庭宣讲团等一系列活动。

2007年6月，举办《生命之歌》大型安全教育文艺晚会，组织“人人争做安全员”安全知识擂台赛以及安全事故案例展。

2018年，举办安全知识竞赛、安全宣传咨询、安全生产微视频征集等9项活动。落实《薄弱人物排查管理办法》，针对夏季高温，对全矿在岗职工进行健康摸底调查，针对“三高症”患者重点排查，列出重点人员管理台账，指定专人结对安全联保，发现异常情况的严禁上岗作业。

（三）安全竞赛活动

2005～2010年，开展“星级区队”竞赛活动。为增强基层区队集体重视安全的思想意识，坚持在采掘、辅助工区中，开展“星级区队”竞赛活动，采二工区、掘一工区、运搬工区、机电工区绞车维护班等获得竞赛“星级区队”荣誉称号。

2011～2018年，广泛开展技术练兵、技术比武、知识竞赛活动，鼓励职工“一专多能、精一门、会两门、懂三门”，成为复合型人才。开展“岗位技术练兵”活动，在竞赛中发掘专业技术人才。有800多名职工被授予“岗位技术能手”称号，每月享受技术津贴。每年召开表彰大会，发放奖金百万元重奖人才，激发各类人才科技创新的积极性，为临矿集团的发展壮大培养输送大批业务技术骨干。

（四）“安全体检”活动

2017年，对照《山东省煤矿全面安全“体检”专项工作方案》，建立健全安全生产责任清单、安全生产管理制度和安全技术操作规程。设置安全管理机构，保证安全管理体系运行有效、安全管理模式满足煤矿安全生产需要。矿井对生产过程中存在的顶板、冲击地压、火灾、水害、湿热等主要危险、有害因素采取有效措施，并得到预防和控制；制定重大危险源检测、评估和监控措施及事故应急预案；各生产系统和辅助系统、生产工艺、安全设施、安全资金投入、安全管理、职业危害防治等均符合有关安全法律、法规和《煤矿安全规程》等规定，促进安全生产工作全面升级。

（五）安全检查活动

安全检查分为矿级检查、专业级检查、区队级检查、岗位（班组）级检查、日常性检查、季节性检查、节假日前后检查和不定期检查。各类检查的频率依据风险等级确定。检查的范围包括人的不安全行为、物的不安全状态、管理的缺陷和环境的不安全因素。

1. 矿级检查。由矿领导带队，各专业管理人员参与检查，每月检查1次。检查出的安全隐患由安全监察处负责汇总，分别提交有关部门定人、定责、限期整改，并对整改情况跟踪落实。

2. 专业级检查。由各专业负责人带队，组织本专业管理人员参与检查，每旬检查1次。检查出的隐患由安全监察处负责汇总，分别提交有关部门定人、定责、限期整改，并对整改情况跟踪落实。

3. 区队级检查：由各区队负责人带队，组织本单位管理、技术人员参与检查。检查结果报安全监察处备案，查出的隐患按照“五落实”进行整改，每周检查1次。

4. 岗位（班组）级检查。由班组长组织本班工人在各自工作范围内，根据《岗位隐患排查登记本》进行班前检查，严格履行交接班制度，每班检查1次；根据《薄弱人物排查管理规定》班前进行薄弱人物排查，发现薄弱人物按程序处置，同时在作业过程中严格监控作业人员行为，杜绝“三违”。

5. 日常性检查。重点检查特种作业人员是否持证上岗；安全活动是否认真开展，各种记录资料是否齐全；安全生产的各项制度、各工种安全技术操作规程的执行情况；有无违章指挥、不按操作程序动作标准执行、违章作业现象；有无脱岗、串岗、睡岗等违纪情况；各工艺操作是否按规定操作，原始记录是否如实记录；安全文明生产、标志是否齐全，是否做到照明充足，安全防护设施是否齐全、可靠，安全标志是否醒目；现场有无安全生产隐患等。

6. 季节性安全检查。“雨季三防”安全检查，以防洪、防排水、防雷电为重点检查内容；“冬季四防”安全检查，以防火、防冻、防滑、防毒为重点检查内容。以上两项均由机电科组织，相关技术人员、安全员和各工区负责人参加。

7. 节假日、特殊时期安全检查。重要节假日（如元旦、春节、劳动节、国庆节等）和特殊时期（如“两会”、重大政治事件等）前夕，进行安全检查。由安全监察处组织技术人员、安监员进行自查并做好记录。

第三节　安全文化

秉承“明德立新、包容超越”的核心价值观，铭记“奉献绿色能源、创造人本价值”的企业使命，坚持“以人为本、精干高效”的宗旨，在吸收沂蒙精神和儒家文化的基础上，培育、总结、提炼具有古城煤矿特色的“创新、超越、安康、和谐”企业精神。“GB15 宝葫芦”创新管理模式，形成一套“以人为本、安全发展”的安全生产核心理念。构建古城煤矿的 1236 安全文化。在职工安全教育方面，成功总结安全教育“十六法”；在“双基”建设方面，提出“严、细、实”工作要求和“六化”标准，实施科技战略。推行准军事化管理，在矿区营造浓厚的平安和谐安全文化氛围，为创建本质安全型矿井打下坚实基础。

一、管理模式

（一）“GB15 宝葫芦”管理模式

针对矿井安全文化的现状、发展趋势和企业发展战略的要求，2003 年制定《古城煤矿企业安全文化战略规划实施意见》，对矿企业文化进行重塑和定位。明晰矿的发展愿景和企业战略，以愿景凝聚人心，以愿景激活人心。同时，对矿的价值观进行精心提炼，确定矿的核心价值观，实现员工对企业安全文化的广泛认同。

2006 年开始，古城煤矿坚持“以人为本”的理念。大力实施安全文化建设工程，构建 GB15 宝葫芦安全管理模式。“GB”是汉语拼音（GuBao）的缩写，表示“古宝”，代表古城宝葫芦创新管理创模式。“1”即一个核心，就是“生命第一”的理念；“5”即五大支点，就是古煤文化、规范管理、教练团队、标杆互动、自我超越。系统整合，完善机制，创新思路，打造强势安全文化体系，形成以安全塑文化、用文化保安全的大循环格局，有力地推动矿井安全发展。

升华理念，突出古城特色。在吸收儒家文化和沂蒙精神的基础上，经过长期的生产经营实践和自上而下的总结、升华、提炼，形成比较系统全面的企业精神和独具特色的安全文化理念。

（二）“1236”安全文化理念

“1”即“一个核心”：以人为本，安全发展。“2”即“两个一切”：一切服从于安全，一切服务于生产。“3”即“三大作风”：严、细、实。具体来说，“严”就是严作风、严制度、严措施、严管理、严落实、严奖惩；“细”就是细管理、细流程、细考核，在安全管理每个细节上精益求精；“实”就是做人诚实、做事踏实、求真务实、重实效，各项措施落到实处。“6”即“六化标准”：装备机械化、操作自动化、管理信息化、监测数字化、员工专业化、行为规范化。

（三）“2311”安全创新工作法

2018 年，创新安全管理新模式，构建“2311”安全工作法，进一步筑牢安全生产根基，确保安全形势持续稳定。“2”是指明确安全生产主体责任和安全生产监督责任。“3”是指抓住 3 条主线：安全意识、业务技能、按章操作。第一个“1”是指夯实 1 个基础：安全生产标准化。第二个“1”是指实现 1 个目标：实现安全生产。

通过落实 2 个责任、抓好 3 条主线、夯实 1 个基础，促进人、机、物、环、管“五要素”和谐运转，使生产过程中潜在的各种事故风险和伤害因素始终处于有效控制状态，最终实现安全生产的目标。

签下我的心愿（2018 年 1 月摄）

（四）“五线”安全文化孵化模型

在现代安全管理五要素“人、机、物、环、管”基础上，借鉴美国杜邦公司“十大”安全理念以及中国传统文化形成的一套系统的、辩证的、类比的安全管理方法，构建“五线”安全文化系统运行的“六大”体系。2018 年，该安全管理创新成果荣获临矿集团“临矿之最”新旧动能转换创新成果奖。

1. 要素体系。在“五线”安全文化模型框架中，将“人、法、标、道、培”确定为五个核心要素。通过各要素间的相互关系的运作，形成一个动态的、稳定的、平衡的安全管理体系，“五线”和谐与否直关整个系统运行状态。

2. 理论体系。人（核心），为安全文化之剑。“五线”安全文化中的“人”是指安全生产的实践者，是生产过程中最活跃的要素。人在安全文化建设中起到核心作用。法（制度），为安全文化之础。“五线”安全文化中的“法”是指安全管理制度、技术操作规程和安全生产责任制等法规。在企业安全管理中，“法”是一套刚性纪律。标（标准），为安全文化之本。“五线”安全文化中的“标”是指安全生产标准和安全质量要求。在企业安全管理中，标准是安全的基础，对于安全生产来说是一个硬性约束条件。道（理念），为安全文化之魂。“五线”安全文化中的“道”是指全体员工的安全理念、安全意识和对安全生产工作的认同。在安全管理中，安全理念是一种无形的思想支撑体系。培（培训），为安全文化之基。“五线”安全文化中的“培”是指员工的安全技能培训。安全操作技能承载安全生产全过程。

3. 五线体系。人（事故线），用黄色标识，通过一个阶段时间内发生的人身事故、机械事故、各类灾害事故来展现。法（三违线），用蓝色标识，通过制止人的不安全行为来展现。标（隐患线），用绿色标识，通过现场查处的各类安全隐患、工程质量罚款来展现。道（诚信线），用红色标识，通过个人发生的伤害事故、安全诚信得分来展现。培（技能线），用黑色标识，通过全员安全培训、安全操作技能来展现。

4. 理念体系。“六大”安全理念是指导企业做好安全管理工作的方针和基本原则。

（1）预防为主——一切事故都是可以预防和避免的。

（2）责任至上——各级管理层对各自的安全负责。

（3）行为控制——违章就是事故。

（4）以人为本——全员参与安全管理。

（5）培训并重——员工必须经过严格的安全培训。

（6）安全价值——安全就是效益。

5. 支点体系。“六大”法则与定律，构成了支点体系。

（1）海因法则（安全意识）。任何一件事情，如果客观存在着发生某种事故的可能性，不管这个可能性有多小，如果重复去做时，事故总会在某一时刻发生。必须采取积极的预防方法、手段和措施，消除不希望发生的事件。

（2）蝴蝶效应（安全隐患）。一件表面上看来毫无关系、非常微小的事情，可能带来巨大的改变。必须严格加强安全风险管控和事故隐患排查治理，将有可能酿成事故的苗头及时消灭在萌芽状态。

（3）21次法则（规范操作）。一个人21天重复去做一件事情，会形成习惯；重复90天，就会形成稳定的习惯。采取“卡表册”管理法，将各岗位的工作流程、安全注意事项，制作成卡、表、手册的形式，强化岗位工“知、行”合一能力的训练，通过操作前安全单元检查，操作后确认，重在养成良好行为习惯。

（4）吸引力法则（全员参与）。人的思想集中在某一领域的时候，跟这个领域相关的人、事、物就会被他吸引而来。“五线”安全文化运行中离不开全员的参与，采取“安全K线”管理法，将企业每月所发生的事故，以K线的形式进行展现，通过全员安全结构工资数额运作，年终一次兑现，全员思想就会集中统一到总体目标上来，个人安全意识明显增强。

（5）酒与污水定律（行为控制）。一匙酒倒进一桶污水，得到的是一桶污水；把一匙污水倒进一桶酒里，得到的还是一桶污水。在企业安全工作中，往往存在极少数的“三违”人员，这部分人弱化了安全管理方案和措施的有效落实。在可视范围里，要把60%的眼光放在10%的人身上，对“三违”人员采取超常规措施加以严厉惩戒，以及举报“三违”有奖、月度管理人员制止“三违”抽奖活动等。

（6）大树理论（安全纠偏）。俗话说：“树大招风”，“树不修不成材”。一棵树随着不断成长壮大，如果不适时对旁支加以修剪，就会给大树健康成长带来负担（隐患），造成根基不牢，甚至连根拔起。同样，企业在安全管理工作中，应建立这种调节和运行机制，不断完善相应的纠偏措施，并强化安全过程动态监督与考核，对危险源进行不定期辨识和评价，以期达成控制事故的目的，确保企业长治久安，达成固本强基、根深叶茂的管理绩效。

6. 目标体系。该体系通过五个阶段来实现。

第一阶段，被动管理。员工安全意识淡薄，操作随意性大，员工处于从属和被动的服从管理状态。

第二阶段，制度管理。企业没有重视对员工安全意识的培养，员工执行制度没有自觉性，仍依靠严格的监督管理。

第三阶段，自主管理。企业已具有良好的安全管理及其体系，安全获得各级管理层的承诺，各级管理层和全体员工具备良好的安全管理技巧、能力以及安全意识，基本能够实现自主管理。

第四阶段，互助管理。员工将安全作为一项集体荣誉，安全已融入企业组织内部的每个角落，实现经验分享，互助保安意识增强，进入安全管理的至高境界。

第五阶段，文化自信。上下同欲，目标一致，企业安全文化深得人心，安全已成为全员的共同愿景，安全理念升华为安全文化。

临矿集团工会主席雷其春（前左五）慰问三无班组（2010年3月16日摄）

二、安全文化支撑体系

安全文化建设由制度建设体系、组织保障体系、安全信息工程体系、安全技术保障体系、激励考核体系、宣传教育体系、安全培训体系、应急救援八个支撑体系构成。

（一）制度建设体系

依照安全生产法律法规、安全规程等规定，建立各项安全管理制度和各级人员安全生产责任制，本着实事求是的原则，既以政策法规为依据，又注重矿井特色，使制度保持稳定性、连续性、配套性、严肃性和权威性。

（二）组织保障体系

构建由党群工作部、安全监察处、劳资社保科、财务科、科技科（科创中心）、卫生等部门构成的组织保障体系，各司其职，密切配合，形成合力，共同完成安全文化建设这项系统工程。

（三）安全信息工程体系

建立以井口安全信息站、保卫科、党群工作部等部门为主的执行体系，为安全文化的健康、有序发展提供可靠保障。利用安全信息工程体系，通过对安全文化建设信息的反馈，及时发现和纠正运行中的不足，从而更快、更好地解决现场实际问题。

（四）安全技术保障体系

将安全技术保障体系作为安全文化建设的基础，始终把走科技兴矿战略作为安全文化建设的灵魂，通过安全技术保障体系的建立，保障矿井安全技术措施计划、安全科技发展计划的落实。不断改善作业环境和条件，更有力地保证安全生产。

（五）激励考核体系

通过制订以工作实绩为主的奖惩办法，各项考核指标的定性、定量都坚持科学依据，既要高标准，又要符合事实，形成多层次、广覆盖、实效强的激励机制，使工作逐步走上科学化、规范化轨道。

（六）宣传教育体系

通过系统性、针对性、有效性手段宣传教育，对安全文化建设起着引导和督促作用。

（七）安全培训体系

通过安全培训，传授安全科技知识、文化知识、操作技能，增强全员安全技术、安全文化素质，提高安全意识，保证安全生产。

（八）应急救援体系

通过完善的事故应急救援体系建设，增强矿井的防灾、抗灾应急能力，使安全事故降至最低损失。这也是“以人为本、安全发展”安全文化建设核心安全价值观的具体体现。

第四节　标准化建设

一、建设内容

1. 建设目标。矿井安全质量标准化达到国家一级标准，实现动态达标。

2. 工作任务。突出通风专项整治，突出防治水专项整治，强化现场文明施工专项整治，强化内业资料专项整治。

3. 考核奖惩。安全质量标准化进行月度动态考核和季度考核奖励，通过单位自查、解剖检查、现场推进会等形式，推进安全质量标准化工作。

二、建设活动

2004年，开展“矿井质量标准化会战、创建闪光点工程暨掘进工程质量技术比武竞赛”活动。结合《生产矿井质量标准化达标工作标准》，制定《关于搞好二〇〇四年矿井质量标准化达标工作的决定》《古城煤矿采、掘工作面综合管理实施办法》等一系列文件。实行安全质量直接与各级管理人员、职工工资收入挂钩。坚持动态检查、旬检查、月验收制度，严格考评，重奖重罚，逐步提高现场工程质量水平，优良品率达到85%以上；推广应用全岩掘进“三小”技术，提高巷道支护质量和掘进速度，最高月单进尺达到93米。

2006年，根据上级评估办法新要求，组织制定《古城煤矿矿井安全程度评估实施意见》，狠抓现场存在问题的整改落实，以95.65分成绩顺利通过鲁西分局的评估。同时，修编《安全质量评估标准执行说明》。

2008～2016年，根据国家安全监管总局印发的《国家级安全质量标准化煤矿考核办法（试行）》的要求，逐年修订印发《关于加强安全质量标准化建设的实施意见》，严格按照安全质量标准化标准开展各项工作。

2010年，开展质量标准化会战活动。重点对-1030米水平开拓大巷、架空乘人装置等候室开展精品工程竞赛。全年创出优质采煤工作面3个、精品掘进迎头6个。开展“小改小革”创新活动，全年申报“小改小革”项目172项，表彰97项，奖励30余万元。利用调度微机指挥系统、KJ70N井下安全监控系统、KJ-251井下人员定位系统、KT-23井下无线通讯系统、语音广播、SOS冲击地压微震监测和在线监测系统等现代化装备优势，保证现场安全生产。完善矿井综合自动化系统建设，实现-505米水平、-850米水平、-1030米水平泵房以及地面35千伏变电所、扇风机房远程自动化控制。

2015年，荣获“国家一级安全质量标准化矿井”和“省级‘双基’建设先进单位”称号。

2017年，根据《煤矿安全生产标准化基本要求及评分方法（试行）》，制定安全管理制度和操作规程。排查治理隐患和监控重大危险源，建立预防机制，规范生产行为，使各生产环节符合有关安全生产法律法规和标准规范的要求。人、机、物、环处于良好的生产状态，并持续改进。包含采、掘、机、运、通、安全风险分级管控、事故隐患排查治理、地质灾害防治与测量、职业卫生、安全培训和应急管理、调度和地面设施 11 个方面。对照安全生产标准化工作进行自查自改，顺利通过山东省煤炭工业局组织的一级矿井初审验收。

2018 年，为促进生产现场管理科学化、规范化、制度化、文明化，实现安全文明生产，提高经济效益，实行设备、材料“定置化”验收，采用与管理人员奖惩考核、评估优良率与单位工资挂钩的考核法，有效提高矿井标准化建设和文明生产水平，确保安全生产动态达标。5 月 1 日，顺利地通过了国家煤矿安全监察局组织的审查验收。

安全大检查贯彻落实会（2018 年 3 月摄）

第五节 “双基”建设

一、基层建设主要内容

1. 建立健全以党委书记、矿长为首的安全管理指挥中心，每季度召开 1 次“双基”建设会议，研究部署相关工作。分管领导要各司其职，分口把关，对所辖范围的安全工作及时进行总结、安排。

2. 专业管理人员解决影响安全生产的实际问题。落实下井带班、跟班制度。

3. 将班组长纳入管理干部进行考核。坚持每月召开班组长例会制度，为每位班组长建立动态管理档案，作为年底班组长的绩效考核和评选优秀班组长的依据。

4. 落实“双基”建设领导小组的考核工作。

5. 开展自保、互保、联保活动，杜绝“三违”，做好帮教工作，规范员工安全行为。

二、基础建设主要内容

1. 建立以工业广场、文化走廊安全宣传栏、井上下安全文化长廊、井口安全宣传视频为中心的宣传教育覆盖网，以区队班组为中心的安全知识学习网，以强化责任追究为中心的管理干部工作作风监督网，以职工家属协管为中心的亲情网。

2. 推行“岗位风险辨识卡”，形成人人有标准、事事有标准、处处有标准、时时有标准，避免操作失误，减少事故。

3. 推行“一表一卡一手册”管理法，逐步形成较规范的管理体系。

三、“双基”建设活动

确定地面达到“公园化”，井下主要大巷、硐室达到“工厂化”的目标，印发《关于深入开展煤矿安全生产基层和基础建设的实施意见》《古城煤矿“双基”建设考核验收细则》，各位编制安全生产“双基”建设规划和月度具体工作计划。

全局安全生产“双基”建设会议在古城煤矿召开（2004年5月8日摄）

2006年，开展“双基”建设和季度达标工作。以实现区队自主、班组自治、岗位自控、个人自律为突破口，鼓励创新管理、建设高效能、个性化管理模式，打造安全生产管理示范区队和班组。通过安全群监员协查、党团员结对子、家属帮教等形式抓好安全工作，收集、听取员工意见建议，建立纵横交织的安全网络。

2010年，开展全员拓展素质训练活动。对35岁以下的青年进行1次封闭式训练，共1395人参加，通过感恩教育、团队训练、安全心理教育、创新思维培训、法制教育等素质训练，使职工锻炼了沟通和团队协作能力。实行跟班区长带队入井、升井、在井口进行安全确认和安全宣誓制度。增强区队管理人员的责任心，规范职工行为，避免工作延点。推行“手指口述”、单元检查管理法，在13个重要岗位推行“手指口述、安全确认”操作法，在井下各岗位实行“单元检查表”工作法。

2011 年，开展“安全星级单位”创建活动，每月进行一次考评兑现，全年共创建 103 个，奖励 51.5 万元，处罚 9 万元。

2014 年，推行“1236”安全管理模式，把安全生产牢固建立在职工自觉行动的基础之上。同年，矿井获得“国家级安全文化示范企业”荣誉称号。

2015 年，举行矿井灾害性天气停产撤人演练，撤出井下人员 331 人，共用时 86 分钟。加强矿井“六大系统”建设，制定《古城煤矿“六大系统”规划建设整体设计方案》《古城煤矿井下紧急避险系统设计方案》。

2017 年，推进安全风险分级管控体系建设，按照《煤矿安全风险预控管理体系规范》《煤矿安全风险分级管控标准化》新要求，在全矿范围内开展安全风险危险源辨识活动，全方位、全过程地辨识生产工艺、设备设施、作业环境、人员行为和管理体系等方面存在的安全风险，严格界定防范区域。制定《安全风险分级管控清单》及管控措施。排查辨识重大安全风险 10 条、较大安全风险 198 条、一般安全风险 2159 条、低安全风险 2751 条。

2018 年，持续推进双重预防机制建设。印发《古城煤矿双重预防机制工作制度》，明确辨识评估方法及流程；建立安全风险分级管控责任体系，制作《双重预防机制运行流程图》，要求新工作面设计前、设施设备发生重大变化或排放瓦斯等高危作业前，组织开展专项辨识，建立岗位、班组、区队、科室、矿井五级监督排查体系，实行矿长每月、分管负责人每旬、区队每天、班组岗位每班排查事故隐患制度。运用双重预防信息管理系统，实现对安全风险记录、跟踪、统计、分析、上报以及对事故隐患的录入、整改、验收、统计、过程跟踪、逾期报警、信息上报的全过程进行信息化管理。

第六节　应急管理

一、应急管理原则

强化基础，预防为主，快速反应，科学实用。

二、应急管理机构

矿长任总指挥，副总指挥由领导班子副职担任，副总工程师、各专业主要负责人为应急管理机构成员。

古城煤矿生产安全事故应急相应流程详见图 5–2–1。

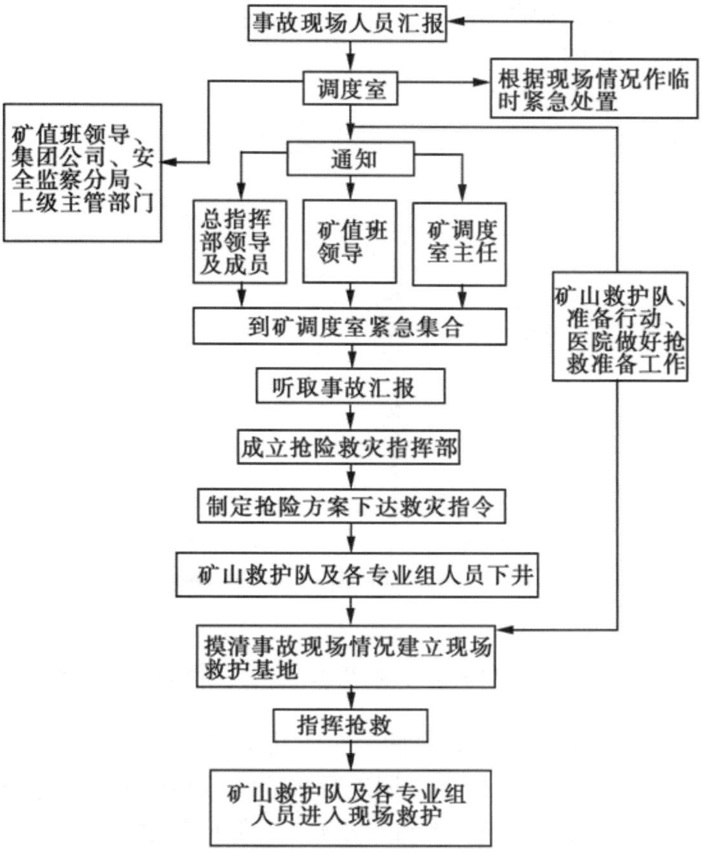

图 5-2-1　古城煤矿生产安全事故应急响应流程

三、应急投入

1. 矿财务科每年划拨安全生产专项资金，设专用账户，并保证资金到位。必要时，使用临矿集团生产安全费用预留资金或上缴省财政的安全风险抵押金。

2. 应急救援费用由临矿集团纪委和财务部门监督使用。

四、资源保障

（一）通信与信息保障

1. 调度室负责矿井通信、信息网络系统的建立，健全重大危险源和救援力量信息数据库；搞好调度有线电话、无线电话、应急广播等通信系统的维护，保证应急响应期间各有关方面的通信联络畅通。

2. 每季度对应急救援的信息系统、通信能力进行一次评价，保障应急通信能力。

3. 古城煤矿所属各单位值班电话 24 小时有人值守。

4. 各专业组负责本专业相关信息收集、分析和处理，并按要求报送，实现信息共享。

（二）应急队伍保障

1. 临矿集团矿山救护大队的 1 个中队驻扎兖州，距离古城煤矿近 6 千米。救护大队与矿签订救护协议，中队现有3个小队，共35人，按照矿山救护规程规定，配备充足的救护器材（见图5-2-2）。

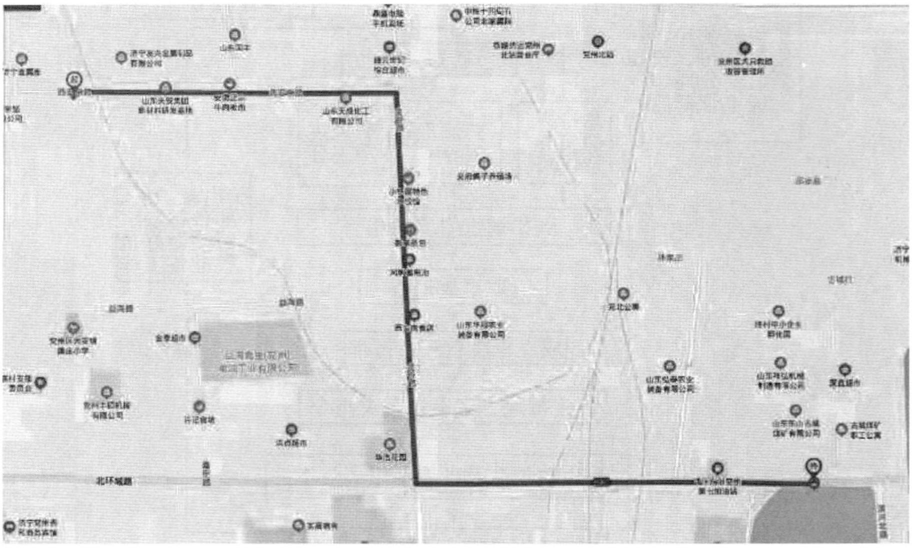

图5-2-2　临矿集团救护大队至古城煤矿交通图

2. 矿救护队为兼职救援队伍，有两个小队共18人，按规定配备救援装备。实行24小时值班制度，根据训练计划，定期进行实战演习和培训，熟悉掌握本矿通风系统图和避灾路线图，定期进行图纸更新，为矿井开展应急救援技术培训和指导服务，确保完成救援任务。

3. 设立抗洪抢险队6支，共350人；常备队3支，共150人；预备队4支，共200人，队长由各单位支部书记担任，队员由本单位人员组成。其中，保卫科是地面火灾应急救援的兼职队伍。每年制订训练计划，定期进行演习，训练演习时间7天以上。训练和演习由古城煤矿保卫科和机电科负责，古城煤矿安全监察处、调度室负责监督指导。

（三）物资装备保障

由生产科、机电科、通防科、地测科和防冲办负责，主要储备机电运输和排水设备等应急物资，建立事故应急救援物资和设备档案，设专人管理台账档案，形成信息网络，以保障救援物资足额储备。根据救援需要，由指挥部随时调用。储备资源不能满足救灾需求，需征用社会物资时，指挥部及时请求上级主管部门或地方政府支援。

（四）经费保障

应急救援费用按国家规定标准提取，从生产安全费用中据实列支，做到专款专用。必要时，使用临矿集团生产安全费用预留资金或上缴省财政的安全风险抵押金。

（五）交通运输保障

1. 办公室小车班为矿井应急运输保障的主要部门，应急期间由救援指挥部统一调动，保证紧急情况下应急交通工具的优先安排、优先调度。

2. 建立紧急情况交通运输工具的调用程序，备有所在地交通地理位置图，应急救援和医疗救援车辆配用专用警灯或警笛。

3. 驻矿物资供应站建立物资运输信息网络，运输力量不能满足需要时，由指挥部向临矿集团或地方政府提出支援申请。

4. 保卫科协调地方政府交通部门进行交通管制和警戒，开设应急救援特别通道，最大限度地赢得救援时间，保证应急救援人员、装备、物资和人员等及时调运。

5. 保持应急运输储备车辆处于良好的技术状况，并强化应急运输车辆的日常养护与保养工作。

6. 实行 24 小时值班制度，随时与应急小组保持联系或电话畅通，确保在紧急情况下车辆调度及时到位。

（六）治安保障

保卫科为主要力量，配备甩棍、橡皮棍、盾牌等器械，负责对事故现场治安警戒和治安管理，加强对重点地区、重点场所、重大人群、重点物质设备等的防范保护，维护好现场秩序，及时疏散群众。协调地方政府交通部门进行交通管制和警戒，开设应急救援特别通道，保证应急救援人员、装备、物质等及时调运。应急期间保卫人员不能满足需要，需动用临矿集团保卫人员或地方公安部门、武警部队人员时，由指挥部向临矿集团或地方人民政府提出支援申请。

（七）技术保障

积极与有关科研单位合作，开展事故预防和应急救援技术、装备等研究和开发，提高应急救援技术和装备水平，并建立矿重大危险源、重大事故隐患分布和基本情况台账，为应急救援提供基础数据和信息。同时，设立事故应急救援专家组，负责研究制定抢险救灾技术方案和措施，解决事故抢救过程中遇到的技术难题。必要时，指挥部请求上级主管部门或地方政府委派技术专家支援。

古城煤矿应急演练（2011 年 5 月摄）

（八）后勤保障

由经营矿长、矿工会主席、劳资社保科、总务科、工会等部门负责人组成善后处置和后勤保障组，负责伤亡人员家属安抚、抚恤、理赔、食宿接待、车辆调度等善后处理工作。古城煤矿设有食堂、招待所，应急期间以食堂、招待所为主要接待力量，以距离较近的兖州皇城宾馆、富平宾馆为辅助力量；接待力量不能满足要求时，由指挥部请求临矿集团或地方政府有关部门协助。

（九）医疗救护保障

矿内设置有医院，配有12名医护人员，副井口设有医疗保健站，储备医疗器械、药品等物品。兖州区九一医院为主要医疗救治力量。该院为二级甲等综合医院，设有床位500张。其中主任医师11名，副主任医师24名。医院设备先进齐全，性能优越，有螺旋CT机、伽马刀、多功能数字剪影机仪、超声波治疗仪、彩超、腹腔镜、高密度颅脑立体定向仪、血液透析机、全自动生化分析仪等大型医疗设备，医院以创伤急救为特色。与济宁市附属医院、兖州人民医院建立医疗协作关系，

五、应急处置

按照“紧急处置、妥善避难、安全撤退、救人优先”的原则，在发生险情或事故征兆时，现场带班人员、班组长、安监员、瓦检员及调度人员有直接处置权和指挥权，可立即下达停产撤人命令，组织现场人员及时、有序撤离到安全地点。

制定顶板事故、水灾事故、火灾事故、瓦斯（煤尘）爆炸事故、提升运输事故、供电事故、爆炸物品事故、冲击地压事故、特种设备事故、主要通风机停止运转事故、灾害性天气等11项应急处置措施。发生事故，调度室应迅速了解事故的发生位置、波及范围及人员伤亡情况。根据事故情况下达受灾区域撤人指令，通知救护队和医院。按事故汇报流程汇报古城煤矿相关领导，通知井口设警戒。监测监控部门对监测数据进行分析，如变化异常要及时汇报。及时安排应急物资和设备。应急指挥部积极研究制订救援方案。救护队按照救援方案携带相关装备入井救援，及时将应急处置进展情况汇报应急指挥部。在抢救处理过程中必须有专人检查和监护现场情况，防止发生二次事故。应急处置结束，积极恢复生产。

六、应急演练

每年都根据实际情况编制《应急预案》，组织专项应急预案演练和现场处置方案演练。

在演练过程中，邀请专职应急救援队伍和熟悉危险设施的职工、安全管理人员一起参加，邀请临矿集团安监局及上级管理机构作为观察员监督演练。每次演练后，主要检查：通信系统、人员定位系统是否运作，职工是否安全撤离，急救服务机构能否及时参与，是否有效控制事故进一步扩大。要依据演练中暴露的问题进行修订，保持应急预案的持续改进（见图5-2-3）。

2016～2018年，累计组织应急演练17次，共4008人参加（见表5-2-1）。

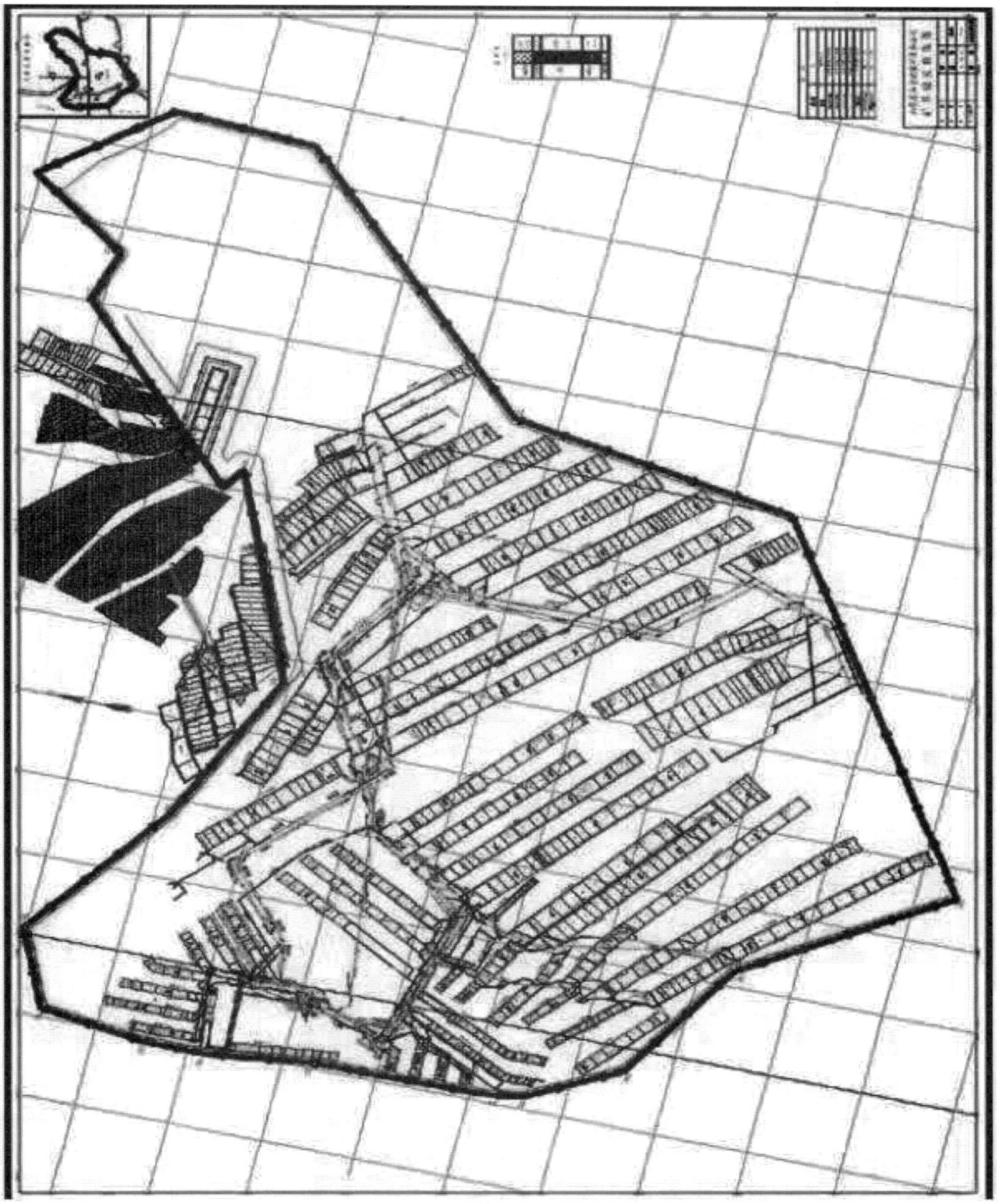

图 5-2-3 古城煤矿生产安全事故避灾路线示意图

表 5-2-1　2016～2018 年古城煤矿生产安全事故应急预案演练汇总表

年度	演练预案名称	生产能力（万吨/年）	开采深度（米）	原煤生产人数	最远撤人距离（米）	演练形式	演练类别	演练时间	参演人数	经费预算（万元）
2016	灾害性天气专项应急处置预案	220	1000 米以上	1351	6000 米以上	现场演练	专项应急预案演练	5 月 21 日	980	1.2
	顶板事故现场处置预案	220	1000 米以上	1351	6000 米以上	现场演练	现场处置方案演练	6 月 15 日	27	0.5
	冲击地压事故现场处置方案	220	1000 米以上	1351	2000 米以下	现场演练	现场处置方案演练	9 月 22 日	320	0.6
	压力容器爆炸事故现场处置方案	220	1000 米以上	1351	1000 米以下	现场演练	现场处置方案演练	10 月 21 日	29	0.5
	火灾事故现场处置方案	220	1000 米以上	1351	2000 米以下	现场演练	现场处置方案演练	12 月 23 日	320	0.7
2017	主通风机停止运转事故现场处置方案	220	1000 米以上	1351	1000 米以下	现场演练	现场处置方案演练	5 月 31 日	980	0.5
	供电事故现场处置方案	220	1000 米以上	1351	6000 米以上	现场演练	专项应急预案演练	3 月 26 日	32	0.3
	瓦斯事故现场处置方案	220	1000 米以上	1351	2000 米以下	现场演练	现场处置方案演练	8 月 12 日	35	0.5
	安全避险六大系统演练	220	1000 米以上	1351	2000 米以下	现场演练	现场处置方案演练	8 月 17 日	97	2
	火工品爆炸事故现场处置方案	220	1000 米以上	1351	6000 米以上	现场演练	现场处置方案演练	11 月 14 日	406	0.7

续表

年度	演练预案名称	生产能力（万吨/年）	开采深度（米）	原煤生产人数	最远撤人距离（米）	演练形式	演练类别	演练时间	参演人数	经费预算（万元）
2018	矿井水灾事故现场处置方案	176	1000 米以上	1351	6000 米以上	现场演练	现场处置方案演练	3 月 25 日	52	0.5
	矿井灾害性天气专项应急预案	176	1000 米以上	1351	6000 米以上	现场演练	专项应急预案演练	5 月 31 日	635	1.2
	冲击地压事故专项应急预案	176	1000 米以上	1351	4000～6000 米	现场演练	专项应急预案演练	8 月 4 日	30	0.6
	矿井煤尘爆炸事故现场处置方案	176	1000 米以上	1351	4000～6000 米	现场演练	现场处置方案演练	8 月 13 日	37	0.6
	矿井提升运输事故现场处置方案	176	1000 米以上	1351	1000 米以下	现场演练	现场处置方案演练	12 月 28 日	16	0.3

第七节　安培中心

一、机构人员

2001年8月10日，古城煤矿成立安全技术培训中心，隶属安全监察处。宋有耀为古城煤矿安培中心主任（兼），尹作海、文士高为副主任（兼），寻明传为专职教师，副总工程师柳俊仓和桓希传、机电科副科长李宗珠、生产科副科长陈广印、通防工区副区长王永宝为兼职教师。

2002年9月9日，寻明传为安培中心副主任（正科级）

2004年12月6日，临沂矿务局批准以古城煤矿安全技术培训中心为基础，成立临沂矿务局古城煤矿安全技术培训中心（以下简称安培中心），为正处级单位。2004年12月至2011年10月，古城煤矿历任矿长王洪忠、刘厚福、陈家忠、张传毅均兼任安培中心主任；2004年11月至2008年8月，韩耀民任常务副主任。2008年9月至2010年3月，何祥成任常务副主任。2010年3月至2011年10月，李泉任常务副主任。2004年11月至2011年10月，庄树武、苏学明任副主任。下设综合办公室、学员管理科、教务科、教研室、财务劳资科、总务科、卫生所7个职能部门。

2005年2月2日，经山东煤矿安全监察局和鲁西分局检查验收，达到三级培训机构标准。3月2日，成立安全技术培训中心党支部，韩耀民任党支部书记。

12月13日，经山东煤矿安全监察局评估组认证，达到三级培训机构优秀标准。

2006年11月9日，古城安培中心通过鲁西分局的检查验收；30日，通过山东煤矿安全监察局培训机构专项检查。

2007年4月26日，经临矿集团批准，增设采掘通防教研室和机电运输教研室。

古城煤矿安全技术培训中心（2010年5月摄）

二、教师队伍

截至2011年10月，安培中心有教职工38人，其中专职管理人员9人。专、兼职教师17名，其中高级职称3人，中级职称9名，注册安全工程师3名；有12名教师取得安全培训教师合格证书，所有专兼职教师均为大学本科以上学历。

三、制度建设

安培中心制定一套完善的管理制度并汇编成册。安培中心针对新形势下安全培训工作的特点，不断完善各种管理制度，先后制定《部门负责人考核办法》《教职工考核办法》《考试点管理规定》《教务学管早会制度》等，形成监督制约机制，实现培训工作的制度化、规范化。2006年11月30日，安培中心被山东煤矿安全监察局评为优秀培训机构。

四、教学设施

1.基础设施。安培中心位于矿正北方，占地面积30000平方米，教学楼建筑面积达到2500平方米，集教室、微机室、图书室、多媒体教室、卫生所于一体。教室总面积700多平方米，各项设施齐全。投资50万元建设阶梯教室，能容纳250名学员；各教室配备电视、音响、功放、暖气、空调等设施，设有两个微机室，装备微机54台，安装煤矿安全培训机构管理系统和全国统一的机考系统；设有图书室，配备安全类、文艺类图书。配有专用计算机房阅览室和图书室藏书4000余册，煤矿生产及安全科技类图书3400余册。安全实验室8间，面积达320平方米；安全实验室下设采、掘安全实验室、通风安全实验室、矿井环境安全监测实验室、提升运输安全实验室。装备了现场急救复苏智能模拟人以及现场急救包扎、搬运器材等，能够满足现场实验操作教学。装备煤矿井下电气作业、煤矿井下爆破作业、煤矿安全监测监控作业、煤矿瓦斯检查作业、煤矿安全检查作业、煤矿提升机操作作业、采煤机操作作业、掘进机操作作业、煤矿探放水作业等9个类别培训实训设备。设有安全教育展室，配有安全教育影碟、录像带等60余部，收存临矿集团西部各矿的典型事故案例。建有实习车间，装备综采机、综掘机、小绞车、信把系统、电气设备、金属焊接和爆破模拟现场等。

2.配套设施。学员公寓配有3人间50间，还有4～6人间，一次能容纳近300人住宿。房间内配有电视、空调、衣橱、床头柜、桌椅等，并有专门的服务人员。学员食堂建筑面积500平方米，配有空调、暖气，一次能容纳300余人就餐。卫生所配有专职医生和护理人员，配有常规药品、设备，医护人员24小时值班。拓展训练场配有各种训练实施20余类，可供学员们课余时间进行体能训练。对安培中心环境进行绿化、美化和场地硬化。

五、安全实验室

1.采掘安全实验室。装备综采生产安全系统演示装置、掘进通风与安全演示装置、矿山压力分布演示装置、掘进工作面炮眼布置及装药联线演示装置，能完成放炮性能检查及正确操作，煤电钻、风镐、风钻等有关采掘方面的实物。

2.1号通风安全实验室。装备现代化矿井通风系统与安全演示装置，多种组合通风形式演示装置，智能型瓦斯、煤尘爆炸实验装置，自救器、灭火器及其他安全检测随身携带仪器仪表。

3. 2 号通风安全实验室。装备灾变风流逆转实验装置、五大自然灾害演示牌板。

4. 矿井环境安全监测实验室。装备矿井环境安全监测监控系统实验装置，能模拟井下各采掘工作面气体情况及各运转设备的运行情况。

5. 1 号提升运输安全实验室。装备皮带运输安全演示装置、斜井提升安全演示装置。

6. 2 号提升运输安全实验室。装备立井罐笼提升安全演示装置。

7. 电气安全实验室。装备电气防隔爆示教及操作，教板、信号照明综合保护演示与操作装置，煤电钻综合保护演示与操作装置。

8. 现场急救训练室。装备现场急救复苏智能模拟人以及现场急救包扎、搬运器材等。

9. 安全教育展室。展示临矿集团新区各矿的安全生产情况、典型事故案例、事故防治知识、新技术和新装备等内容，并设有声电光演示。

六、培训情况

安培中心按照山东煤矿安全监察局鲁西监察分局下达的年度培训计划和集团公司的要求，开展培训教育工作。

1. 办学范围。临矿集团所属古城煤矿、田庄煤矿、新驿煤矿、王楼煤矿、军城煤矿、马坊煤矿、邱集煤矿、株柏煤矿 8 个煤矿的安全生产管理人员、班组长、特种作业人员、全员培训、新工人岗前培训及附近其他矿山所需的煤矿安全培训工作，上级政府主管部门指定的矿山企业。

2. 培训专业。培训煤矿安全生产形势及法律法规、煤矿安全生产管理、煤矿地质与安全、露天煤矿开采安全、地下煤矿开采安全、地下煤矿“一通三防”安全管理、煤矿爆破安全、煤矿机电运输提升安全、煤矿事故应急管理、煤矿职业卫生、煤矿安全生产管理能力。同时接受社会各单位委托，组织集体培训。派遣专业教师到学员单位现场培训。提供技能培训和技术咨询服务等。

3. 培训。2005 年 2 月 19 ～ 21 日，古城煤矿第一期职工全员安全培训开学典礼在职工俱乐部举行，有 1332 名职工参加。4 月 1 ～ 11 日，安培中心成立后第一期特种作业人员培训班开班。临沂矿务局局长李义文、副局长刘成录、古城煤矿矿长兼培训中心主任王洪忠、鲁西监察分局副局长刘柏元等领导出席培训班开学典礼。来自古城煤矿、新驿煤矿、田庄煤矿的采煤、掘进、运输、机电班组长 116 人参加培训。其中，采掘班组长 63 人，运输班组长 23 人，机电班组长 30 人。

2005 年，计划培训特种作业人员 1408 人，实际培训特种作业人员 16 期 58 个班次 12 个工种 1773 人次，完成计划的 125.9%；新工人岗前培训 2 期 289 人；洗煤厂工人岗前培训 68 人；新入矿大学生培训 12 人；新入矿复转军人培训 32 人；技校实习生岗前培训 138 人；鲁西辖区安全检测监控工培训班 4 期 331 人；古城煤矿全员不脱产培训班 2 期 1725 人；全员脱产培训班 9 期 1718 人。全年累计培训各类人员 6086 人次。

2006 年，计划培训特种作业人员 2665 人次，实际培训特种作业人员 47 期培训 5004 人次，完成计划的 187.77%。其中，完成鲁西辖区安全检查员强化培训 13 期 622 人，完成鲁西辖区爆破工强化培训 12 期 1102 人。同时，完成古城煤矿全员培训 9 期 1726 人，古城煤矿班组长强化培训 4 期 135 人，技校生新入矿岗前培训 388 人，技校实习生培训 2 期 549 人，新入矿大学生培训 21 人，新入矿大学生岗前培训 8 人，复转军人入矿培训 16 人，草埠煤矿工人入矿培训 12 人，草埠煤矿转岗培训 176 人，洗煤厂全员培训 151 人。全员培训合计 3193 人，全年累计培训各类人员 8197 人次。

2007 年，培训特种作业人员 23 期 36 个工种 5453 人次，完成古城煤矿全员脱产培训 9 期 1983 人次。培训新入矿技校生 2 期 221 人，培训新入矿大学生 1 期 11 人，复转军人入矿培训 1 期 11 人，转岗人员培训 3 期 35 人，其他人员培训 136 人。累计培训各类人员 7835 人次。

2008 年，培训特种作业人员 5999 人，完成古城煤矿全员脱产培训 9 期 2355 人，技校生实习培训 103 人，技校生新入矿岗前培训 113 人，大学生实习培训 21 人，大学生新入矿岗前培训 19 人，复转军人入矿岗前培训 11 人，拣煤工培训 22 人，转岗人员培训 44 人。

2009 年，计划培训特种作业人员 3134 人，实际培训 21 期 4361 人，其中初训 2276 人，复训 2085 人。计划培训班组长 138 人，实际培训 3 期 105 人，报到率为 76%。完成古城煤矿全员脱产培训 23 期 2375 人，群监员培训 5 期 117 人，技校生新入矿岗前培训 236 人，入矿大学生岗前培训 37 人，其他培训 167 人。

2010 年，计划培训特种作业人员 3495 人，实际培训 4722 人，超计划 1227 人；其中计划外培训 955 人。班组长计划培训 563 人，实际培训 467 人。古城煤矿全员培训 2018 人，转岗及新工人培训 240 人。

2011 年，特种作业人员计划培训 2170 人，实际培训 2431 人，班组长计划培训 369 人，实际培训 253 人，古城煤矿全员脱产培训 2181 人。

七、变更委托

2011 年 10 月 11 日，临矿集团研究决定，原委托古城煤矿管理的“临沂矿业集团有限责任公司古城煤矿安全技术培训中心”，改为委托山东煤炭技师学院进行管理。改变委托管理体制后，古城安培中心名称及隶属关系暂时不变，人员及职能维持现状不变，其租赁古城煤矿资产进行经营的方式维持不变。同日，解聘张传毅的安培中心主任职务、李泉的安培中心副主任职务。

第三章　矿井灾害防治

第一节　顶板管理

3 煤层顶板砂岩特征明显，一般为浅灰—灰白色中、细砂岩。3 煤层底板砂岩较发育，多为细砂岩、粉砂岩互层，到山西组底界处以发育脉状、透镜状及波状层理组合的潮汐层理为特征。

3 煤层直接顶砂质泥岩及粉砂岩的抗压强度为 55.10 ～ 94.80 兆帕，孔隙率 1.9% ～ 4.5%，泥岩的抗压度为 48.14 兆帕，属较稳定—稳定顶板。3 煤底板岩性以泥岩、粉砂岩为主，厚度 1 米左右，抗压强度为 48.60 兆帕，属较稳定底板。

古城煤矿依据《煤矿安全规程》《煤矿安全生产标准化基本要求及评分方法》及上级有关要求等，制定顶板管理制度。制度中明确分工，对掘进工作面顶板管理与回采面工作面做出详细规定；同时，严格执行敲帮问顶制度与矿压观测制度，确保顶板安全。

第二节　防治冲击地压

2003 年，古城煤矿委托煤炭科学研究总院北京开采研究所作《古城煤矿二水平煤层及顶底板岩层冲击倾向性鉴定报告》。2011 年，委托北京科技大学作《古城煤矿三水平煤层及顶底板岩层冲击倾向性鉴定报告》，鉴定结论均为 3 煤具有强冲击倾向性，其顶底板岩石为弱冲击倾向性。

根据《防治煤矿冲击地压细则》第十一条“煤层冲击倾向性鉴定按照《冲击地压测定、监测与防治方法第 2 部分：煤的冲击倾向性分类及指数的测定方法》（GB/T25217.2）进行”，2019 年 2 月，委托山东科技大学对一水平煤层及顶底板岩层进行冲击倾向性鉴定，鉴定结果为：古城煤矿一水平 3 煤层具有弱冲击倾向性，一水平 3 煤层顶板岩层具有弱冲击倾向性，底板岩层无冲击倾向性。

2019 年 5 月，委托山东科技大学对矿二水平、三水平 3 煤层及顶底板岩层重新进行冲击倾向性鉴定，鉴定结果为：古城煤矿二水平 3 煤层、三水平 3 煤层均具有强冲击倾向性，顶板岩层具有弱冲击倾向性，底板岩层无冲击倾向性。影响矿井冲击地压危险的因素主要有煤岩物理力学特性、开采深度、顶板岩层结构特征、地质构造、煤柱、采空区、底煤等。

2007 年，引进波兰“SOS”微震监测系统 1 套。2009 年 11 月，引进安装 KJ550 冲击地压在线实时监测系统 3 套，与中国矿业大学合作创建冲击地压风险判识及综合监测预警平台。根据监测预警及现场多因素耦合法制定卸压解危措施，每天进行冲击危险分析研判，每周进行防冲周例会分析研判，每旬进行风险管控措施落实情况及隐患排查治理情况分析研判，每月做 2 次震动波 CT 反演，进行 1 次冲击隐患大排查，制定应对措施并下发隐患告知单。根据冲击地压影响因素，每增加 1 个影响因素就进行 1 次加密卸压措施，形成科学系统的冲击地压研判机制。制定《避免冲击地压产生火花造成煤尘、瓦斯爆炸事故专项措施》，有效地避免了冲击地压引发复合灾害事故。

第三节　防　尘

古城煤矿 3 煤煤尘具有爆炸性，火焰长度大于 400 毫米，3 煤爆炸指数为 37.98%。

防治措施为：在主要进风巷道、回风巷道、皮带运输巷道、采煤工作面及两顺槽、掘进巷道、输送机转载点等处均设置防尘水管，皮带巷及掘进煤巷防尘管路每隔 50 米设置一个供水阀门，其他巷道每隔 100 米设置 1 个供水阀门。主要进风大巷及掘进工作面安装净化水幕，采煤工作面距上下出口不超过 50 米，距掘进工作面迎头不超过 50 米。放煤前必须开启，水幕应封锁巷道全断面。合理分配风量，岩巷掘进时巷内风速不得低于 0.15 米 / 秒，不得超过 4 米 / 秒；煤巷掘进时回风流风速不得低于 0.25 米 / 秒，不得超过 4 米 / 秒；运输机巷、采区进、回风巷风速不得低于 0.25 米 / 秒，不得超过 6 米 / 秒；其他巷道内的风速符合规程要求。安装隔爆设施，安装的地点、数量、水量符合规范要求，水袋棚用水鲁为主要隔爆水袋 400 升 / 平方米，辅助隔爆水 200 升 / 平方米。采掘工作面采用湿式打眼，炮眼封泥必须使用水炮泥，爆破前后放炮地点 20 米内必须洒水灭尘。

第四节　防火灾

古城煤所采煤层为二叠系山西组三煤，煤层倾角为 0 ～ 29 度，深部倾角变小。平均厚度为 8.49 米。煤层具有自燃发火倾向性，属Ⅱ类自燃发火煤层，发火期 3 ～ 6 个月，实际揭露煤层最短自燃发火期为 48 天。利用分层开采，共有 11021、11051、11071、11031、11011 等 5 个回采工作面，其中 11021、11051、11071 等 3 个工作面发生煤炭自燃，回采工作面发火率达到 60%，影响矿井安全生产和正常采掘接续。

1999 年下半年，投资 170 万元，装备温州瑞气公司生产的 JXZD-400 型移动制氮机 1 台，分别对 11021、11051、11071 实施注氮防灭火，同时对沿空掘进的采空区进行预防性注氮，防止采空区出现自燃发火隐患。2000 年上半年，投资 30 万元，装备淄博祥龙公司生产的 KSS-2000 型束管色谱检测系统 1 套，对回采工作面回风流实施在线监测，对工作面回风隅角、高冒区、采空区密闭等区域进行人工取样，送入束管色谱系统化验分析,随时掌握井下煤炭自燃发火指标气体的变化情况。2003 年，装备北京仙岛生产的 KJ66 安全监控系统，井下主要回风巷道、采区回风巷以及各回采工作面回风巷等地点均按规定设立 CO 传感探头，并入 KJ66 安全监控系统，实施 24 小时不间断在线监测，随时掌握井下各回风地点 CO 变化情况，为矿井防灭火创造了良好条件。2004～2018 年，先后装备移动注浆系统，推广使用罗克休、艾格劳尼、MCA 高分子凝胶等新产品、新技术。

古城煤矿综合防灭火做到“监测监控到位、治理手段齐全”，杜绝煤炭自然发火事故，实现通防安全。

第五节　防瓦斯

2001～2012 年，每年进行 1 次瓦斯鉴定。2012 年之后，每 2 年进行 1 次鉴定，分别于 2014、2016、2018 年进行 3 次鉴定，共进行 15 次瓦斯鉴定，鉴定结果均为低瓦斯、低二氧化碳矿井。

2003 年，矿井装备 KJ66 安全监控系统，在井下各掘进工作面、回采工作面回风顺槽距离工作面 10 米范围内，采区回风巷，总回风巷等地点安装瓦斯传感探头，并入 KJ66 安全监控系统进行在线监测，如遇到瓦斯超限传感探头、监控主机（调度室）、监控终端（通风工区监测队）同时发出声光报警，通防人员将立即对超限地点进行处理。通风工区气体检测人员每 7 天对井下密闭检查 1 次，每天对回采隅角取样色谱分析 1 次，每 7 天对机电硐室手工检查 1 次，并负责监控板表的打印及整理归档工作。

2005 年 4 月，根据通防安全示范矿井建设标准要求，投资 15 万元装备瓦斯检查智能化管理系统。通过在各采掘地点设置条型密码，利用掌上电脑录入检查数据，进行条型密码确认，杜绝瓦斯检查的空岗漏检现象。放炮员利用瓦斯便携仪，进行采掘工作面爆破作业；装药前、爆破前、爆破后分别由瓦斯检查员检查爆破地点附近风流中的瓦斯浓度。

截至 2018 年年末，配有 28 名专职瓦检员、4 名专职气体检测人员，对井下密闭、机电硐室、回采隅角、高冒点等地点定期进行气体检测。

1996 年 5 月 1 日至 2018 年 12 月 31 日，古城煤矿没有发生瓦斯事故。

第六节　防水害

古城煤矿采掘工作面主要受3煤层顶底板砂岩裂隙水以及三灰水、老空水，断层水、封闭不良断层水、矿井陷落柱水等水害影响。

防治措施为：采用物探、钻探化探的技术手段，对各类水害进行超前探测。健全和完善井上、下水动态观测网，加强水文动态实时监测。对于顶底板砂岩水及三水含水层，采取物探先行、钻探验证的防水措施。对于老空区水，要及时掌握周边相邻矿井采空区积水位置、范围、积水量等动态变化情况，对于老空水，执行井下探放水“两探”要求，超前探放老空水。对于断层水害，先进行瞬变电磁超前探查明断层的富水性情况，再布置钻孔探查。开展隐蔽致灾地质因素普查，确定造成水害的地质因素9项，即本矿井及相邻单家村煤矿的采空区、封闭不良钻孔，断层和褶曲、陷落柱、瓦斯富集区、导水裂隙带和地下含水体、井下火区、地温热害、冲击地压等。根据水文地质类型划分报告，矿井水文地质类型中等，正常涌水量为154立方米/小时，最大涌水量为227立方米/小时。

第四章　双防建设

第一节　组织机构

一、领导小组

2016年7月，成立双重预防体系建设领导小组，党委书记、矿长任组长，党委副书记、生产副矿长、总工程师、机电副矿长、安全总监、经营副矿长为副组长，各专业副总工程师、各单位负责人为成员。领导小组下设双防办公室，办公室设在安全监察处，办公室设双防主任1名、专职管理人员2名。

领导小组负责领导、组织、跟踪双重预防机制实施情况，双防办公室具体负责双重预防机制运行的日常工作。

二、专业管理小组

（一）一通三防组

总工程师任组长，通防副总工程师任副组长，通防专业管理人员为组员，负责火、瓦斯、煤尘、通风系统相关的双重预防机制工作。

（二）地测防治水组

总工程师任组长，防治水副总工程师任副组长，地质测量专业管理人员为组员，负责地测防治水相关的双重预防机制工作。

（三）采煤、掘进组

生产副矿长任组长，采掘副总工程师任副组长，采煤、掘进专业管理人员为组员，负责顶板、生产系统、生产工艺，新技术、新材料推广应用等相关的双重预防机制工作。

（四）机电、运输、地面设施组

机电副矿长任组长，机电副总工程师任副组长，机电运输专业管理人员及地面设施专业管理人员为组员，负责机电、提升运输系统、主要设施设备、地面场所相关的双重预防机制工作。

（五）冲击地压防治组

总工程师任组长，防冲副总工程师任副组长，防治冲击地压专业管理人员为组员，负责冲击地压防治相关的双重预防机制工作。

（六）安全管理组

安全总监任组长，安全副总工程师任副组长，安全管理专业管理人员为组员，负责双重预防机制工作监督检查、跟踪考核以及职业卫生、安全培训、宣传教育相关的双重预防机制工作。

（七）调度和应急管理组

生产副矿长任组长，调度室主任任副组长，调度室与应急管理专业管理人员为组员，负责应急救援、调度专业相关的双重预防机制工作。

双防预警讲座（2017 年 11 月摄）

第二节　运行管理

一、机制运行

（一）年度辨识

每年年末，矿长组织各分管负责人和相关业务科室、区队进行年度安全风险辨识，围绕矿井生产系统及经营活动区域以及下年度生产作业计划所涉及头面开展辨识。编制《年度安全风险辨识评估报告》，建立可能引发重特大事故的重大安全风险清单，制定相应的管控措施。将辨识评估结果应用于指导和完善下年度生产计划、灾害预防和处理计划、应急救援预案（见图 5-4-1）。

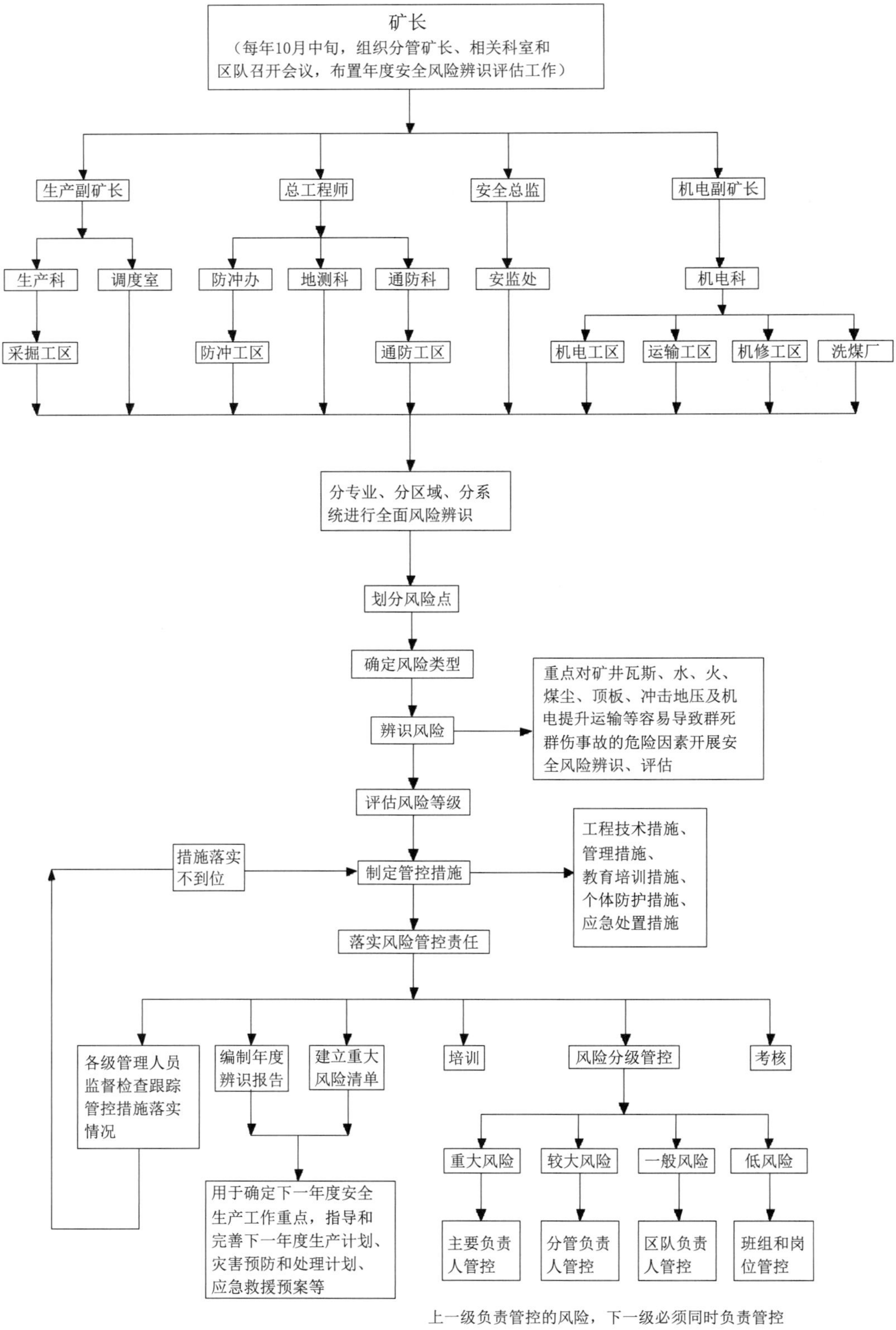

图 5-4-1　古城煤矿年度安全风险辨识评估流程

（二）专项辨识

1. 煤矿建设项目在可行性研究阶段和投入生产前，或本矿发生死亡事故或较大涉险事故、出现重大隐患或本省行业内发生重特大事故后，由矿长组织分管负责人和业务科室开展 1 次专项辨识。

2. 新水平、新采（盘）区、新工作面设计和投入生产前，由总工程师组织有关业务科室开展 1 次专项辨识。

3. 生产系统、生产工艺、主要设施设备等发生重大变化前，灾害因素发生重大变化时，启封火区、排放瓦斯、突出矿井过构造带及石门揭煤等高危作业实施前，新材料、新设备、新技术、新工艺试验或推广应用前，连续停工停产 1 个月以上复工复产前，由分管负责人组织有关业务科室、生产组织单位（区队）开展 1 次专项辨识（见图 5-4-2）。

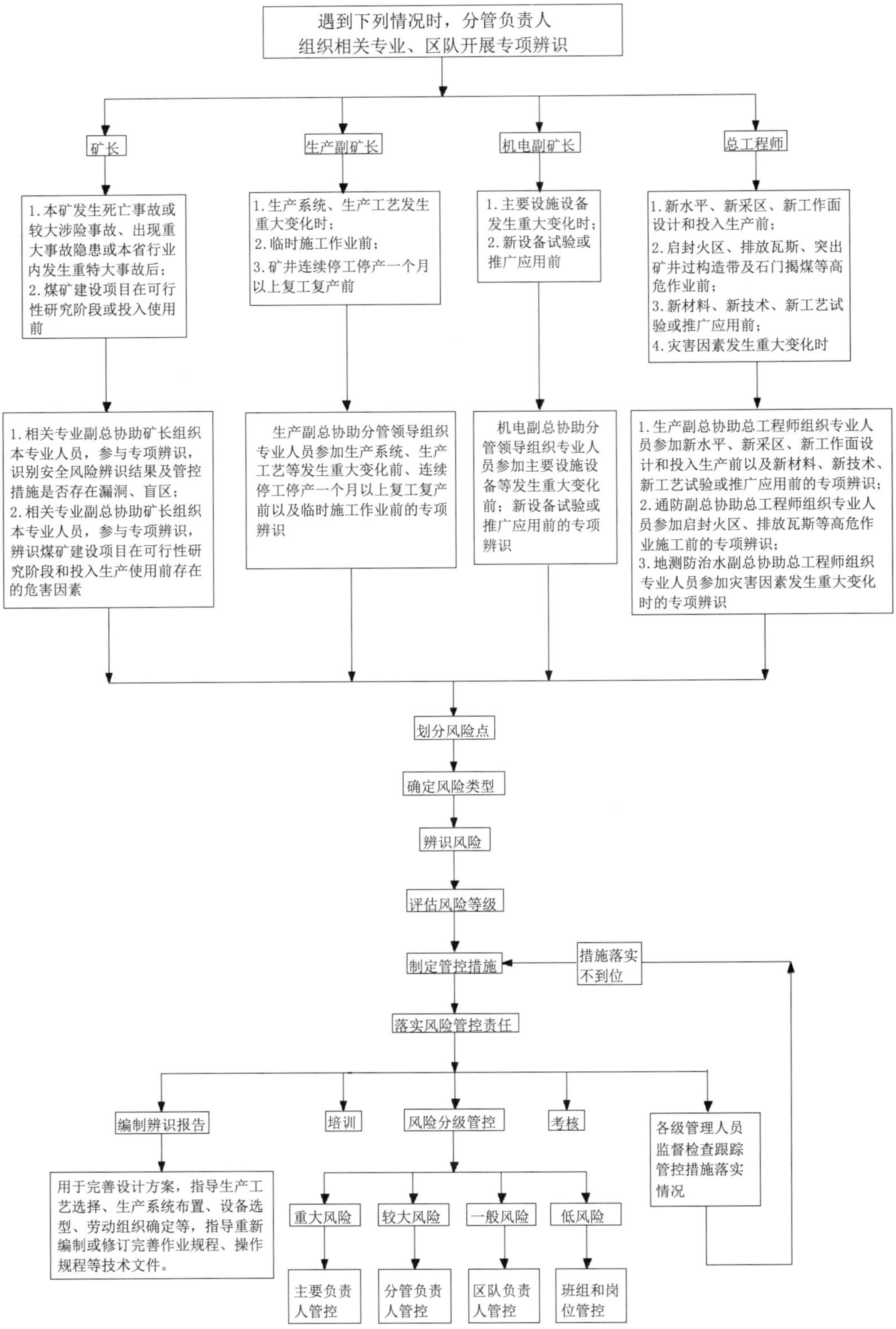

上一级负责管控的风险，下一级必须同时负责管控

图 5-4-2　古城煤矿专项安全风险辨识评估流程

（三）分级管控

1. 每月月底，矿长组织 1 次综合安全检查活动，检查矿井安全风险管控措施落实情况，开展隐患排查；召开双重预防机制工作会议，对重大安全风险管控措施落实情况和管控效果进行 1 次检查分析研判，针对管控过程中出现的问题，调整完善管控措施，补充完善风险清单，并结合年度和专项安全风险辨识评估结果，布置月度安全风险管控重点，明确责任分工。双防办负责整理《月度风险管控分析报告》（见图 5–4–1）。

2. 各专业分管负责人每旬组织 1 次安全检查活动，检查分析各专业的安全风险管控措施落实情况，开展隐患排查；召开旬度双重预防机制工作会议，改进完善管控措施。各专业在会议召开后 2 日内将分析报告报双防办存档。

3. 按照《煤矿领导带班下井及安全监督检查规定》，执行煤矿领导带班制度，跟踪重大安全风险管控措施落实情况，开展隐患排查，对排查中发现的安全问题及事故隐患，能够立即解决的问题就安排人员立即治理消除，难以解决的则制定整改方案、限期整改。安全监察处负责矿领导带班记录的整理及存档工作。

4. 生产期间，每天安排管理、技术和安检人员进行巡查，对作业区域开展安全检查，检查风险管控措施落实情况，排查治理隐患；不能立即整改的隐患及时上报，危及人身安全时停止作业，按程序处置；对新增风险采取临时风险管控措施，并及时上报。管理、技术和安检人员升井后在信息办及时登记，形成闭环管理。

5. 区队每天开展安全检查，检查风险管控措施落实情况，排查治理隐患；不能立即整改的隐患及时上报，危及人身安全时停止作业，按程序处置；对新增风险采取临时风险管控措施，并及时上报双防办。

6. 班组长每班组织对作业环境和重点工序进行安全检查，检查风险管控措施落实情况，排查治理隐患，并做好现场记录填写；不能立即整改的隐患及时上报，危及人身安全时停止作业，按程序处置；对新增风险采取临时风险管控措施，并及时汇报工区值班人员。

7. 作业人员在作业过程中随时对岗位作业条件进行安全检查，依照岗位风险落实风险管控措施，排查治理隐患，并做好现场记录填写；检查结果及时汇报，危及人身安全时停止作业，发现新增风险及时汇报工区值班人员。

二、改进更新制度

安监处对本单位机制运行每年至少组织 1 次系统性评审。当相应法律法规标准变化时、煤矿组织机构发生重大调整时以及其他需要更新的情况发生时，应及时更新。

三、信息系统管理制度

采用信息化管理手段，实现对安全风险记录、跟踪、统计、分析、上报等全过程的信息化管理。

（一）系统登录管理

系统账号即个人的 ID 号，登陆后可点击界面，在显示账号的位置自行修改密码。登录系统时必须使用本人的账号，账号专人专用。

（二）风险分级管控模块管理

1. 需开展风险辨识，利用风险分级管控模块，发起风险辨识任务，并及时通知参与辨识人员，按要求开展辨识工作，辨识完成后及时生成辨识报告，签字后报双防办存档。

2. 年度辨识由双防办负责，专项辨识由相关专业科室负责。

（三）隐患排查治理模块管理

1. 月度综合管控在开展完综合排查后，2 日内由双防办负责录入系统。

2. 各专业旬管控由专业副总指定专职负责人负责，在开展旬排查后于 2 日内录入系统。

3. 矿领导带班和日常检查的隐患信息由双防办负责录入系统，各专业副总带班查出的隐患由本人于 2 日内录入系统。

4. 小分队下井人员查出的隐患由本人于 2 日内录入系统，每人录入隐患不少于 1 条。

5. 上级领导检查隐患，通报后当日由双防办负责录入系统。

6. 工区管理人员日常检查中查出的隐患信息，当日自行录入系统，每日录入隐患不少于 1 条。

7. 隐患责任单位负责在隐患闭环管理中完成隐患整改录入，安监员于工区隐患整改完成后进行复查，并于 3 日内完成隐患复查系统录入，实现隐患闭环管理。

8. 对于因客观条件无法按期整改的隐患，责任单位应将隐患的“检查日期、检查人、内容、限期整改日期、班次”形成书面报告，经检查人签字确认，报送双防办进行延期处理。

四、文件管理制度

1. 双重预防机制运行的记录资料由双防办负责，实行分类建档管理，包括：安全风险管控清单、年度和专项评估文件等，旬、月检查记录，隐患台账、重大隐患治理方案等，隐患治理、验收、销号记录。

2. 年度和专项评估报告至少保存 2 年，重大风险和重大隐患销号后保存 2 年，其他风险和隐患销号后保存 1 年。

2016 年 7 月至 2018 年 12 月，矿井已形成完善的双重预防体系运行模式。

五、考核及奖惩

1. 年度辨识质量差、错误多、上交不及时，对科室负责人和责任人每次各扣发奖金 500 元。

2. 各专业未按规定开展专项安全风险辨识评估，对业务科室负责人和责任人每次各扣发奖金 500 元。专项安全风险辨识不认真，填报不及时、辨识内容不清晰、有应付现象的，对业务科室负责人、责任人每次分别扣发奖金 200 元。

3. 月度综合管控、旬管控查出隐患却未及时录入双防系统的，对相关专业科室负责人、责任人每次各扣发奖金 200 元。

4. 小分队入井人员未录入隐患的，对相关责任人每次扣发奖金 200 元。

5. 矿领导带班和日常检查的隐患以及上级领导检查隐患未及时录入系统的，对双防办责任人每次扣发奖金 200 元；副总带班隐患未及时录入系统的对相关责任人每次扣发奖金 200 元。

6. 区队日排查未录入隐患的，每次扣发奖金 200 元；不按期整改和销号的，每条扣发奖金 200 元，以上扣款由工区区长和技术员共同承担 50%，剩余扣款由其他班子成员承担；隐患整改弄虚作假的，每条扣发奖金 500 元，由责任人承担。

7. 安监员未按期对隐患复查销号的，每条扣发奖金 200 元。

8. 因填报内容不符合要求，被上级通报的，对责任人每次扣发奖金 500 元；被上级处罚的，由相关责任人自行承担，并全矿通报批评。

9. 季度实现风险管控目标，重大风险在可控范围之内，对各专业负责人和各专业参与风险辨识工作人员分别奖励 1000 元、800 元；季度未实现风险管控目标，对各专业负责人和各专业参与风险辨识工作人员分别扣发奖金 600 元、400 元。

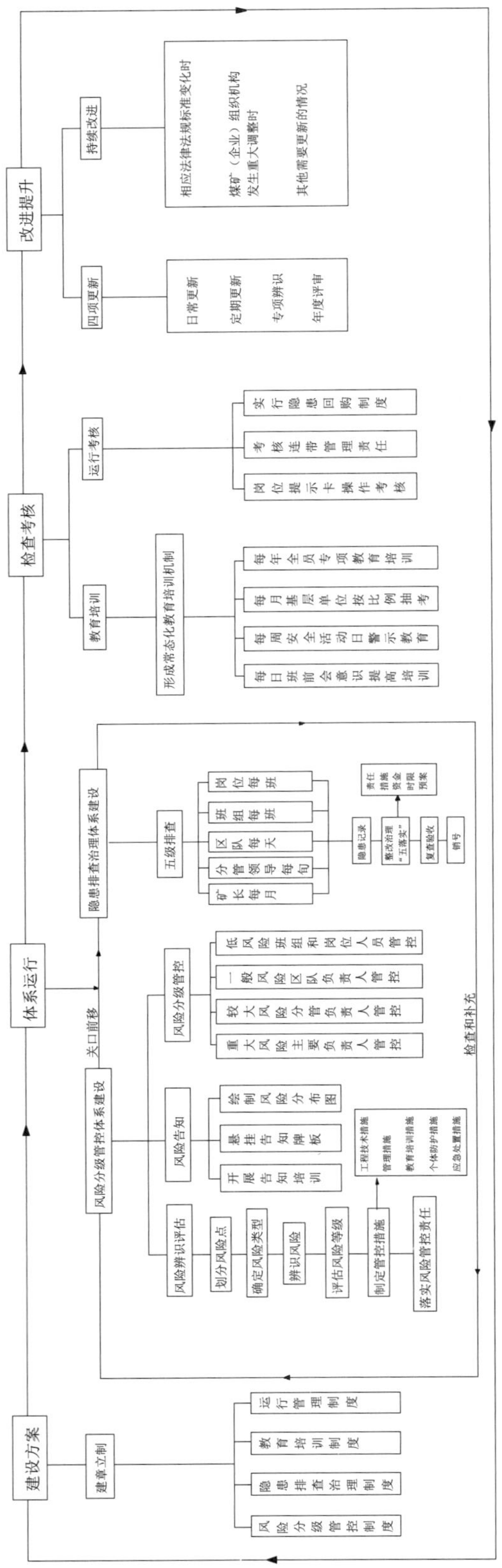

图5-4-3 古城煤矿双重预防体系运行流程

第三节 风险分级管控

一、风险辨识范围

矿井通风、机电、运输、排水等各大生产系统，采掘工作面范围，避难硐室、变电所、炸药库等室，覆盖全生产及服务活动的全过程，以及矿井地面35千伏变电所、主副井、主通风机房、洗煤厂、机修车间、两堂一舍等设施。

二、风险辨识方法

1. 设备设施危害因素辨识采用安全检查表分析法。

2. 作业活动危害因素辨识采用作业危害分析法。

3. 对于复杂的工艺采用事故树分析法等方法进行危害因素辨识。

三、风险评估方法

根据矿井实际情况，采用风险矩阵分析法，对辨识出的安全风险进行逐项评估（见表5-4-3）。

1. 风险矩阵分析法是根据危险事件发生的可能性及其可能造成的后果的乘积来衡量风险的大小，其计算公式是：风险值 R=L×S。式中，“R”表示风险度，“L”表示危险事件发生可能性，“S”表示危险事件可能造成的损失。风险值 1 ～ 8 分为低风险，9 ～ 16 分为一般风险，18 ～ 25 分为较大风险，30 ～ 36 分为重大风险。

2. 风险等级从高到低划分为重大风险、较大风险、一般风险和低风险，分别用红、橙、黄、蓝 4 种颜色标示。

3. 风险点的等级按风险点内风险的最高级别确定。

表 5-4-1　　古城煤矿风险等级划分表

风险矩阵		一般风险（Ⅲ级）	较大风险（Ⅱ级）		重大风险（Ⅰ级）		有效类别	赋值	损失	
									人员伤害程度及范围	由于伤害估算的损失
低风险（Ⅳ级）	6	12	18	24	[illegible]	[illegible]	A	6	多人死亡	500万以上
	5	10	15	20	25	[illegible]	B	5	一人死亡	100万到500万之间
	4	8	12	16	20	24	C	4	多人受严重伤害	4万到100万
	3	6	9	12	15	18	D	3	一人受严重伤害	1万到4万
	2	4	6	8	10	12	E	2	一人受到伤害，需急救；或多人受轻微伤害	2000到1万
	1	2	3	4	5	6	F	1	一人受轻微伤害	0到2000
	L	K	J	I	H	G	有效类别			
	1	2	3	4	5	6	赋值			
	不可能	很少	低可能	可能发生	能发生	有时发生	发生的可能性			
	估计从不发生	10年以上可能发生一次	10年内可能发生一次	5年内可能发生一次	每年可能发生一次	1年内能发生10次或以上	发生可能性的衡量（发生频率）			
	1/100年	1/40年	1/10年	1/5年	1/1年	≥10/1年	发生频率量化			

风险值	风险等级	说明
[illegible]	Ⅰ级	重大风险
18——25	Ⅱ级	较大风险
9——16	Ⅲ级	一般风险
1——8	Ⅳ级	低风险

第五章　矿山救护

第一节　机构与职责

一、委托机构

1996 年 5 月 1 日，与兖矿集团救护大队签订《矿山救护协议》，委托兖矿集团救护大队承担古城矿井的矿山救护任务。

2001 年 6 月 1 日，临沂矿务局救护大队接管古城煤矿的矿山救护工作，终止与兖矿集团救护大队承担矿井的救护协议。临沂矿务局救护中队轮流派 1 个救护小队（9 人）驻古城煤矿，为矿井抢险救灾提供服务。2010 年 6 月，临矿集团救护大队二中队驻矿救护小队迁出古城煤矿，新址距矿约 6 千米。

二、辅助机构

2005 年 6 月 1 日，根据上级要求和临沂矿务局救护大队安排，古城煤矿成立矿山辅助救护队，由 9 人组成，其中设队长 1 名、副队长兼技术员 1 名、救护队员 7 名，编制为临沂矿务局救护大队派驻古城煤矿救护小队，隶属矿务局救护队二中队管理。

2013 年 6 月 6 日，成立古城煤矿兼职矿山救护队，通防工区区长兼任救护队队长，武装保卫科科长兼任副队长，设技术员 1 人、设备管理员 2 人。救护队共 18 人，下设两个小队，每小队 9 人。

2018 年 1 月 1 日，调整兼职矿山救护队管理人员，聘通防工区副区长兼任救护队队长。

三、职责及制度

（一）职责

配合临矿集团（矿务局）救护大队对矿井的五大灾害和其他事故进行抢险救灾；对矿井各种有害气体进行监测检查；对井下工作地点有害气体超过规定时及时进行处理；经常深入井下现场，做好矿井预防性检查；负责瓦斯等有害气体的排放工作；负责火区的启封工作。做好矿山事故的预防工作，控制和处理初期事故。

（二）制度

建立值班制度、交接班制度、技术装备维修保养制度、学习和训练制度、考勤制度、战后总结讲评制度、预防检查制度、内务卫生管理制度、材料装备库房管理制度、车辆管理使用制度、计划与财务管理制度、会议制度、评比检查制度和奖惩制度。

第二节　训练与救护

一、培训

2005年，经过临沂矿务局救护队45天救护知识培训和考试，成立矿山辅助救护队。每年由正、副队长带队，分批次参加临矿集团（临沂矿务局）救护大队的培训学习，均取得安全资格证。

二、训练

按照准军事化管理要求，加强体能锻炼，主要有2000米负重跑、10000米拉练、单杆、双杆、攀爬等科目的训练，每月至少进行1次佩戴氧气呼吸器的训练，每次佩戴氧气呼吸器的时间不少于3小时。每季进行1次高温浓烟训练。严格按矿井的灾害类型制定预处理方案，进行训练演习。平时按规定要求下井、熟悉巷道和救、避灾线路。

三、救护

截至2018年年末，共参加本矿救护1次，启封密闭排放瓦斯16次，参加煤仓封堵5次。

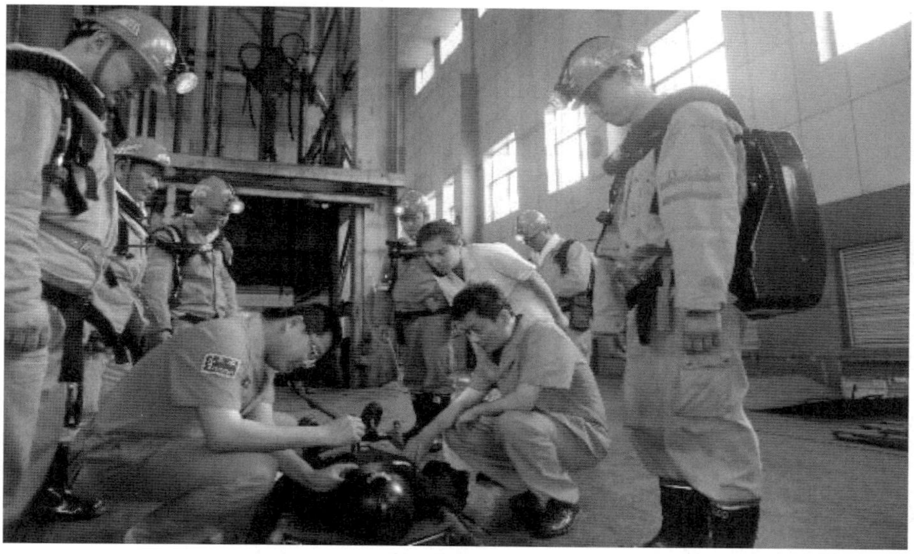

矿山救护队演习（2017年8月摄）

第三节　设施与装备

一、设施

救护小队配有值班室、办公室、学习室、会议室、装备室、修理室、氧气充填室、战备器材库、演习训练设施、运动场地及体能训练设施、宿舍等。

二、装备

辅助救护队装备有 2 小时呼吸器 2 台、苏生器 2 台、氧气充填泵 1 台、呼吸器校验仪 2 台、灾区电话 1 套、备用 2 升氧气瓶 9 台、备用 1 升氧气瓶 9 台、红外线测温仪 1 台、多种气体检测便携仪 1 台、10% 瓦斯鉴定器 2 台、100% 瓦斯鉴定器 1 台、一氧化碳便携仪 1 台、氧气便携仪 1 台、其他抢救工具、学习训练用具等；个人装备有 4 小时呼吸器 1 台、压缩氧自救器 1 台、过滤式自救器 1 台（见表 5–5–1、表 5–5–2、表 5–5–3）。

表 5–5–1　　　　矿山辅助救护队装备表

类别	装备名称	要求	单位	数量	备注	合计（万元）
个人装备	呼吸器	–	台	9	4 小时正压氧	18.0
	自救器	–	台	10	压缩氧	0.70
	自救器	–	台	10	过滤式	0.06
	标准服装	–	套	9	–	2.34
小队装备	呼吸器	–	台	2	2 小时正压氧	2.00
	苏生器	–	台	2	–	3.00
	呼吸器校验仪	–	台	2	–	1.30
	氧气充填泵	–	台	1	–	3.00
	灾区电话	–	套	1	引路线 1000 米	0.30
	备用氧气瓶	–	个	9	2 升	3.60
	备用氧气瓶	–	个	9	1 升	0.40
	风　障	–	块	1	4 米 ×4 米	0.04
	保温毯	–	条	1	–	0.01
	担　架	–	副	1	–	0.15
	药　品	–	吨	0.5	–	0.20

续表

类别	装备名称	要求	单位	数量	备注	合计（万元）
小队装备	红外线测温仪	–	台	1	–	0.60
	瓦斯鉴定器	10%	台	2	–	0.20
	瓦斯鉴定器	100%	台	1	–	0.10
	CO 鉴定器	便携式	台	1	–	0.80
	氧气鉴定器	便携式	台	1	–	0.50
	液压起重器	–	套	1	–	3.00
	圆盘电锯	–	个	1	–	0.10
	液压剪刀	–	个	1	–	0.60
	两用锹	–	个	1	–	0.02
	无线通讯机	–	块	2	灾区电话	1.60
	电　话	–	部	2	外线、事故电话	0.10
	灭火装备	–	台	10	–	0.20
合 计（万元）						42.92

表 5–5–2　　　　兼职矿山救护小队基本装备配备标准表

类别	装备名称	要求及说明	单位	数量
通信器材	灾区电话	–	套	2.0
	引路线	电话线可以代替	米	2000.0
个人防护	正压氧气呼吸器	4 小时正压氧气呼吸器，1 台 / 人	台	备用 2 台
		2 小时正压氧气呼吸器	台	2.0
	自救器	–	台	20.0
	自动苏生器	–	台	2.0
灭火装备	干粉灭火器	–	只	20.0
	风　障	–	块	2.0
监测仪器	呼吸器校检仪	–	台	2.0
	一氧化碳检定器	–	台	2.0

续表

类别	装备名称	要求及说明	单位	数量
监测仪器	瓦斯检定器	10%1 台、100%2 台	台	3.0
	氧气检定器	–	台	1.0
	温度计	–	支	2.0
装备工具	采气样工具	包括球胆 4 个	套	1.0
	防爆工具	锤、钎、锹、镐等	套	2.0
	两用锹	–	把	2.0
	氧气充填泵	–	台	1.0
	氧气瓶	40 升	个	5.0
		4 小时	个	20.0
		2 小时	个	5.0
	救生索	长 30 米，抗拉强度 3000 公斤	条	1.0
	担　架	含一副负压担架	副	2.0
	保温毯	棉织	条	2.0
	绝缘手套	–	双	1.0
	铜钉斧	–	把	2.0
	矿工斧	–	把	2.0
	刀锯	–	把	2.0
	起钉器	–	把	2.0
	手表	指挥员 1 块 / 人	块	
	电工工具	–	套	1.0
药剂	氢氧化钙	–	t	0.5

表 5–5–3　　兼职矿山救护队个人基本装备配备标准表

类别	装备名称	要求	单位	数量
个人防护	正压氧气呼吸器	4 小时	台	1
	自救器	–	台	1

续表

类别	装备名称	要求	单位	数量
个人防护	战斗服	带反光标志	套	1
	胶靴	–	双	1
	毛巾	–	条	1
	安全帽	–	顶	1
	矿灯	双光源、便携	盏	1
检测仪器	温度计	–	支	2
装备工具	手套	布手套、线手套各 1 副	副	2
	灯带	–	条	1
	背包	装战斗服	个	1
	联络绳	长 2 米	根	1
	氧气呼吸器工具	–	套	1
	粉笔	–	支	2

第六章　冲击地压防治

第一节　机构职责

一、防冲机构

2008 年 4 月 9 日，成立防治冲击地压办公室（以下简称“防冲办”）和冲击地压微震监测室，设专职防冲副总工程师 1 人、微震监测室配工作人员 4 人。

2012 年 2 月 15 日，组建防冲队，定员 30 人，其中管理人员 5 人，钻孔卸压工 23 人，卸压钻具维修工 1 人，材料员 1 人。

2015 年 3 月 30 日，成立由党委书记、矿长任组长的防治冲击地压工作领导小组；同日，成立防冲工区，设区长 1 人、副区长 4 人，撤销防冲队。

截至 2018 年年末，防冲机构有 68 人。其中，防冲副总工程师 1 人，主任 1 人，副主任 1 人，防冲技术人员 3 人；微震监测室 4 人；防冲工区在册职工 58 人，包括管理人员 6 人、钻孔卸压工 45 人、井下防冲监测系统维修工 3 人、卸压钻具维修工 2 人、核算员 1 人、材料员 1 人。

二、工作职责

防冲压办对防冲工区实行垂直管理，根据各采掘工作面冲击危险评价评估、防冲监测情况等安排防冲卸压工作。制定考核制度，对防冲工程进行考核和验收，确保工程施工质量和效率（见图 5-6-1）。

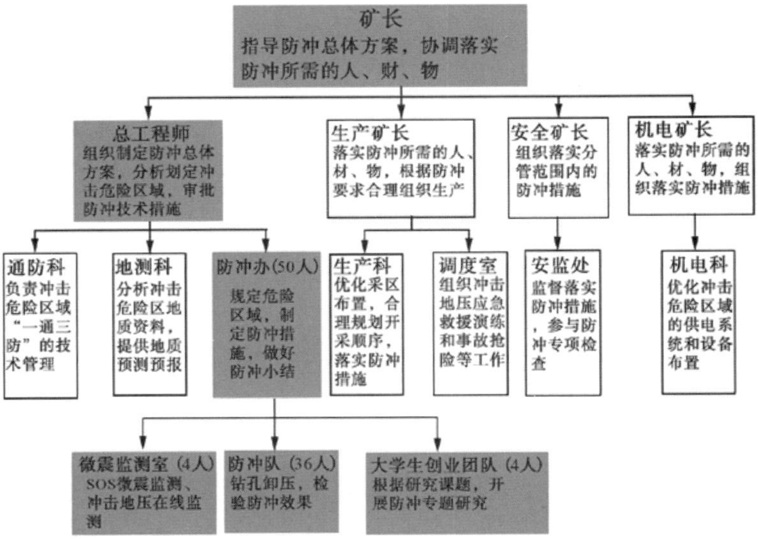

图 5-6-1　古城煤矿防冲管理机构

防冲工区主要负责冲击危险区域大直径钻孔卸压、回采工作面初采前断顶卸压、钻屑法检测、防冲监测系统的安装与维护等工作。

第二节 冲击地压发生机理

古城矿井采用立井、暗斜井多水平开拓方式，采用建（构）筑物下条带式综采放顶煤回采。井田整体为单斜构造，倾角为 10 ～ 29 度，一般为 15 度左右，以断层构造为主。主要含煤地层为华北型石二叠系，太原群和山西组含煤建造，矿井主采 3 煤。2013 年，已回采至 -1000 米水平。2004 年 11 月 25 日，发生首次冲击地压，被列为受冲击地压威胁的矿井。

综合分析矿现场矿压显现特征并结合矿井地质条件，将矿冲击地压归为两种类型：大采深高应力作用下的自发型冲击地压（也称“蠕变型冲击”“静压加载型冲击”）和高位坚硬厚岩层断裂引起的矿震诱发型冲击地压（也称“动静加载型冲击”）。

一、大采深高应力作用下自发型冲击地压

2013 年开始，矿井采场全部位于三水平，采深远超过冲击地压发生的临界深度，外加断层构造应力、采空区侧向支承压力和采动超前应力等因素叠加作用的影响下，应力重新分布，在集中程度高的区域，冲击危险性程度大大增高。

二、厚坚硬岩层运动引起矿震而诱发的冲击地压

一方面，随着工作面的推进，老顶周期性出现悬顶—失稳的过程，老顶在失稳断裂的瞬间就会对前方煤体产生冲击，极易引起冲击事件。

另一方面，由于大面积开采，上覆关键层在破断和失稳垮落的过程中，一方面会引起下方煤岩体应力明显增高，另外破断产生的强烈震动会以应力波的形式对煤岩体施加动载荷，从而导致处于极限应力状态的煤岩体系统失稳破坏，以致聚集在煤岩体中的弹性能与关键层断裂破坏释放的震动能相互叠加，从而引起大规模的矿震或冲击地压等动力灾害。通过对钻孔资料分析来看，距 3 煤 360 米以上有一层 60 ～ 80 米厚的侏罗系红色细粒砂岩，440 米以上有一层 70 ～ 114 米厚的中粒砂岩，经专家分析，巨厚坚硬岩层的弯曲、断裂是形成矿震的根源。

第三节 防冲体系与理念

冲击地压具有机理及发生的复杂性，影响因素众多，很多国家对比进行研究和探索，但是至今未完全了解和掌握冲击地压的发生规律和机理，冲击地压已成为国际上岩石力学和采矿工程中最困难的研究课题之一。经过 10 余年的研究和现场防治，古城煤矿形成适用于矿现场实际的一套行之有效的防冲体系，即“强卸压、强支护、强监测、强监督”的理论体系，明确“低密度、低应力”的防冲理念。

一、防冲体系

以强卸压、强支护作为冲击地压防治的核心工作，以强监测、强监督作为冲击地压防治的辅助手段，构建古城煤矿体系。

1. 强卸压作为冲击地压防治核心，起到主动防范作用。冲击地压发生的根本原因是巷道围岩高应力集中，故采取大直径钻孔卸压、爆破卸压、顶底板预裂等手段措施，将巷道围岩周边高应力降低并向深部转移，即通过强卸压手段解决根本原因。

2. 强支护作为冲击地压防治核心，起到被动防范作用。由于地质因素复杂，卸压工程局部执行困难，卸压周期较长，卸压后的巷道可能应力再次积聚，再加上未探明的隐伏断层构造等原因，发生冲击显现不能完全避免。通过强支护，包括增强加密巷道锚杆（索）的主动支护、增强工作面支架阻力、使用超前单元式防冲支架来增强超前支护等来抵御巷道冲击造成的破坏。

3. 强监测作为冲击地压防治的辅助手段，起到确定危险区域和危险等级划分的作用。通过微震监测、应力在线监测、钻屑法等监测预警手段对矿井冲击危险进行分区分级，确定重点区域和范围，对局部危险区域进行实时监测预警和检验，指导卸压区域和卸压强度，从而保证高应力区域及时解危。

4. 强监督作为冲击地压防治的辅助手段，起到保障卸压工程质量的作用。为加强卸压工程施工管理，创建良好的安全生产环境，建立由安监员现场验收、工区内部检查验收以及防冲办不定期抽查、旬检查、月验收三级综合验收管理制度，确保卸压工程的施工质量，使卸压工程有效可靠。

二、防冲理念

2015 年，古城煤矿副矿长、总工程师伦庆忠提出“低密度、低应力”的防冲理念。低密度的理念是指：同等体积的煤体由于抽出大量煤粉，煤体破碎，均匀度减少，而使密度减小，通过降低煤体密度来破坏煤体结构，从而改变煤体物理力学性质，降低煤体冲击倾向性。低应力的理念是指：在巷道的两帮施工卸压孔，使应力向巷道深部转移，深部煤体承受更大的应力，巷道周围形成低应力区，从而减少对巷道的直接破坏；同时，低应力区又是一个保护带，这个保护带足够强、足够宽时，深部煤层冲击冲出的能量就会被保护带吸收，而不至于破坏巷道。

主要防治措施是煤层爆破卸压与大直径钻孔卸压，通过在巷道两帮爆破卸压后再打大直径卸压孔以抽出煤粉，使巷道煤壁至 20 米范围内的煤体由脆硬的高密度、高应力区，变为松软的低密度、低应力区。

1. 降低冲击倾向性作用。通过爆破破碎煤体，大直径钻孔卸压抽出煤粉，改变煤体的物理力学性质，使煤体由高密度脆硬变为低密度松软，而低密度松软的煤体已不具备发生强冲击的物理条件，从而降低煤体发生强冲击的可能性，使巷道周围 20 米范围内的煤体由强冲击倾向性变为弱冲击倾向性，释放弹性能，缩减局部煤体体积，等效巷道大变形。

2. 降低应力、转移应力作用。通过破坏煤体结构，将硬煤变软煤，降低了巷道周边的应力集中程度，降低应力峰后曲线的斜率，向深部转移应力峰值，扩大塑性区，使煤体不能积聚弹性能或达不到威胁安全的程度。

3. 低密度吸能保护作用。在巷道两帮打大直径卸压孔，通过钻孔卸压过程中抽出大量的煤粉，使原来高密度脆硬的煤体变为低密度松软的煤体，形成低密度保护带，起到动载释放、缓冲矿震来压作用。即巷道围岩以外发生动载冲击，在震动波传播过程中，遇到低密度松软的煤体，耗散震动波能量，使其作用于巷道围岩的能量大大降低，起到保护巷道作用。

监测监控（2017 年 6 月摄）

第四节　防冲治理措施

一、冲击倾向性鉴定

2003 年，古城煤矿委托煤炭科学院北京开采所对矿井的煤岩层进行冲击倾向性鉴定：所采 3 煤层在煤层冲击倾向性中属于 3 类，为强冲击倾向性煤层；3 煤层顶板在岩层冲击倾向性中属于 2 类，为弱冲击倾向性岩层。根据《防治煤矿冲击地压细则》规定，2019 年，委托山东科技大学对矿井煤层进行冲击倾向性鉴定，经鉴定，一水平 3 煤具有弱冲击倾向性，顶板岩层具有弱冲击的倾向性，底板岩层无冲击倾向性；二水平、三水平 3 煤均具有强冲击倾向性，顶板岩层具有弱冲击倾向性，底板岩层无冲击倾向性。

二、冲击危险性评价及防冲设计

矿井、水平、3 煤层、采区均编制冲击危险性评价及防冲设计；矿井严格按照《防治煤矿冲击地压细则》规定，实行“一面一评价一设计”，采掘工作面编制冲击危险性评价及防冲设计，全部通过专家评审和临矿集团批复。

三、制度建设

根据《防治煤矿冲击地压细则》《山东省煤矿冲击地压防治办法》等相关规定，制定《冲击地压防治安全技术管理制度》《冲击地压防治岗位安全责任制》《冲击地压防治培训制度》《冲击地压危险性综合技术分析制度》《冲击地压事件分析报告制度》《冲击地压危险性监测装备安装管理维护制度》《冲击地压危险实时预警、处置及结果反馈制度》《古城煤矿防治冲击地压实施意见》《古城煤矿防治冲击地压综合管理制度》《钻屑法检验制度》《防冲知识手册》等，明确各级人员的防冲安全岗位责任，规范监测预警、处置及反馈程序，强化监测系统安装、运行及维护管理。

四、巷道支护

通过加密锚索，使用大托盘、高强度钢带等增加护表面积、加长锚固长度的方式增强支护强度，形成“强弱让”的支护理论体系，进一步增强巷道支护强度；回采工作面两顺槽超前范围采用液压单元支架进行被动补强支护，增强巷道抗冲击能力。

五、卸压治理

卸压是冲击地压防治的核心工作，也是根本性防治措施。古城煤矿经过多年现场防治摸索，已形成一套行之有效的防冲卸压体系。根据古城煤矿总工程师伦庆忠提出的“低密度、低应力”的防冲理念，构建矿卸压体系，编制《卸压孔施工手册》，明确了操作规范。

卸压体系包括基本卸压、补强卸压、解危卸压三部分。基本卸压是常规性卸压措施，是要求采掘工作面必须实施的措施，通过主动预防性措施，能基本保障采掘工作面安全；补强卸压是评估性的卸压措施，通过巷道布置、地质构造、采掘等影响因素，排查冲击区域，采取加密卸压措施，能基本保障采掘工作面及后路巷道安全；解危卸压是针对性的卸压措施，通过监测系统预警的区域，采取强化卸压措施，能根本保障采掘巷道安全（见图 5-6-2、图 5-6-3）。

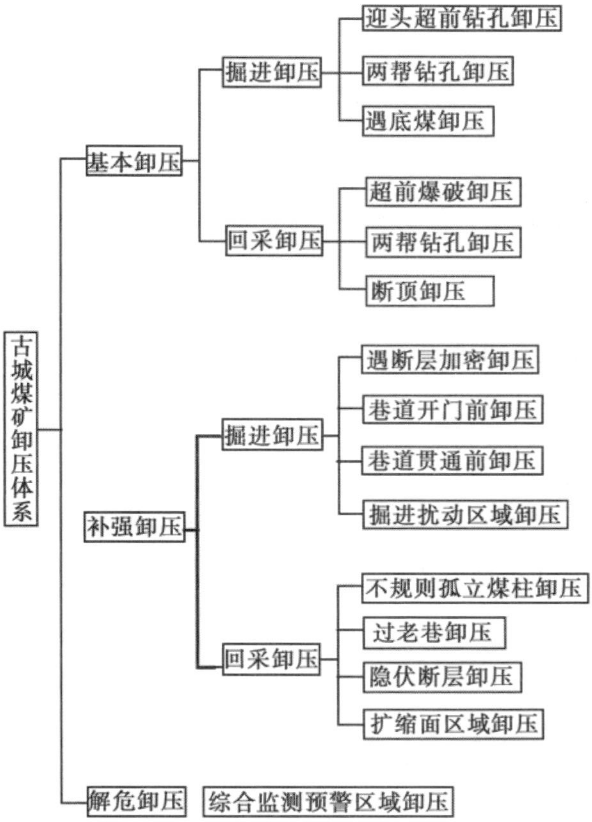

图 5-6-2　古城煤矿卸压体系构建

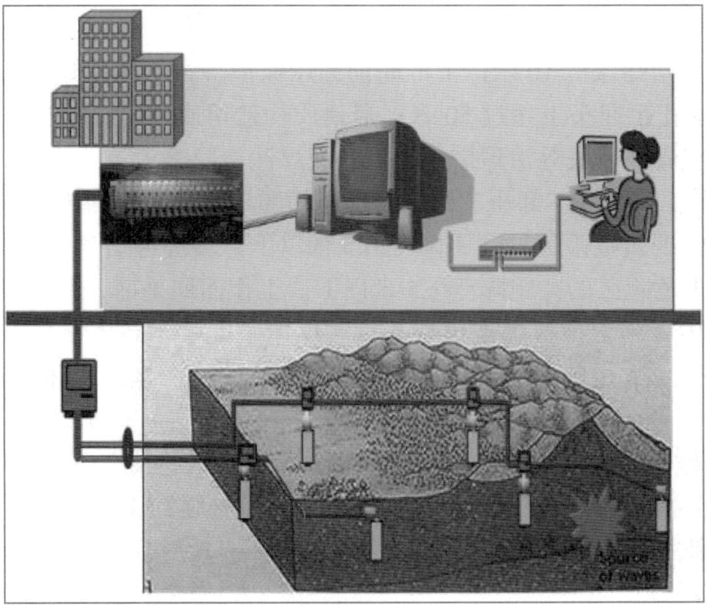

图 5-6-3　操作系统模拟图

六、有效手段

（一）开拓布局方面

优化采掘布局，合理安排采掘顺序，从源头上避免形成应力集中区。省内外多起冲击地压事故证实，在布局不合理的应力集中区进行采掘活动，极易发生冲击事故。古城矿井通过优化采掘设计，精确计算工作面采宽和留宽，巷道布置在应力集中区以外，并合理安排采掘顺序，避免相向作业，同向推进的工作面保持一定的错距等，有效降低防冲难度。

（二）监测方面

微震监测系统通过对采掘活动微震事件的定位，宏观划定危险区域，冲击地压在线监测系统有效监测工作面两顺槽超前一定范围的应力变化，再利用钻孔进行验证，基本摸清应力集中区域和集中程度。

（三）治理方面

钻孔卸压使应力集中区域向巷道深部转移，避免冲出式灾害的发生，保护巷道人员、设备的安全；冲击危险区域进一步增加支护强度，掘进巷道加大主动支护强度，回采工作面两顺槽采取悬浮式支柱、加大超前支护长度、支柱联锁防歪斜等措施，增强巷道抵御冲击的能力。

（四）管理方面

对材料、设备、串车进行专门固定，对重点危险区域限制行人，对重点岗位采取个体防护等。

（五）卸压方面

1. 基本卸压

（1）掘进工作面基本卸压。对于全煤及半煤岩掘进巷道全部“先卸压、后掘进”，凡是煤巷采用两掘一卸的掘进方式，每天一个小班停头对迎头进行充分卸压松动，掘进工作面迎头始终保持10米以上的超前卸压保护带，帮部预卸压孔距迎头不超过8米，补强卸压孔距迎头不超过50米；遇地质构造留底煤时，根据底煤不同厚度采取一次性清除或爆破断底等治理措施，消除底煤冲击隐患。

（2）回采工作面基本卸压。回采工作面两顺槽超前工作面煤壁施工多轮煤层补强卸压孔，将强冲击危险区的孔距降至0.5米以下、中等冲击危险区的孔距降至1.0米以下、弱冲击危险区的孔距降至1.5米以下。工作面回采前，在切眼及初次来压、“见方”范围内，施工顶板爆破预裂孔。对煤体硬度大、卸压钻孔不塌孔的区域采用1次钻孔卸压、2次爆破松动、3次钻孔抽粉的工艺，充分消除煤体内积聚的弹性能。

2. 补强卸压

在回采工作面初次来压、“见方”、过断层、过联络巷及掘进工作面临近采空区、过断层、贯通、立交、后路老旧巷道等特殊地点进行补强卸压，每增加1种影响因素，加密施工1遍补强卸压孔。

3. 解危卸压

区域监测采用SOS微震监测系统，覆盖所有具有冲击地压危险的采掘工作面，能够全面监测矿井采掘范围内的震动事件；局部监测采用 KJ550 冲击地压在线实时监测系统与钻屑法检测。当监测值超过预警指标时，制定处置方案进行卸压、解危。

七、监测预警

主要采用 SOS 微震监测进行区域监测，采用 KJ550 应力在线监测系统，结合钻屑法检测进行局部监测，同时运用与中国矿业大学合作研发的古城煤矿冲击矿压风险判识及综合监测预警平台进行综合预警（见表 5-6-1）。

表 5-6-1　　古城煤矿防冲监测设备统计表

名称	时间	研发合作单位	主要功能
“SOS”微震监测系统	2007 年	波兰矿山研究总院采矿地震研究所	SOS 微震监测系统由 DLM-SO 信号采集站、记录仪、分析仪、DLM2001 拾震传感器等组成。可实现对矿井矿震信号进行远距离（最大 10 千米）、实时、动态、自动监测，准确计算出能量大于 100J 的矿震的发生时间、能量及空间三维坐标，给出矿震信号的完全波形，确定出每次震动的震动类型，判断出矿震发生力源。能监测出矿井上覆岩层的断裂信息，确定出断裂层位，描述空间岩层结构运动和应力场的迁移演化规律。该监测系统的主要特点：采用 0.1 ～ 600Hz 带嵌入式信号传输模块的震动速度型矿震拾震器，通过独立的干线式数据传输系统，进行双向控制传输。
KJ550 煤矿冲击地压监测系统	2009 年	北京安科兴业科技有限公司	监测系统包括三个主要组成部分：地面监测主站、井下监测分站（包括一个供电电源）、压力传感系统。此外，还包括接线盒、电缆、光缆等本质安全型连接部件以及相应的软件组成。适用于煤矿的矿震、冲击地压（岩爆）、煤与瓦斯突出等矿山灾害的预警和监测。监测系统实时监测工作面和巷道周围的煤体和岩体的应力，并诊断和预报发生冲击地压及煤与瓦斯突出危险区域和危险程度。
冲击地压风险判识及综合预警平台	2018 年	中国矿业大学	对古城煤矿研发的冲击矿压风险智能辨识技术、震动波 CT 反演技术、冲击变形能时空预警指标和多参量综合预警技术，实现工作面空间尺度上的冲击载体区域识别和时间尺度上的冲击危险性时序化跟踪监测，依此为基础，借助互联网和云计算技术，建设包含网络、数据库、软件、服务等内容的冲击矿压危险时空综合预警平台，提高矿井冲击矿压预警能力。

（一）SOS 微震监测

2007 年，引进波兰产 SOS 微震监测系统（见图 5-6-4），共安设 17 台拾震器，对全矿井的微震事件情况进行动态监测。微震监测网络覆盖全部采掘区域。2007 ～ 2018 年，委托中国矿业大学专业人员定期对监测站设置情况进行修正。

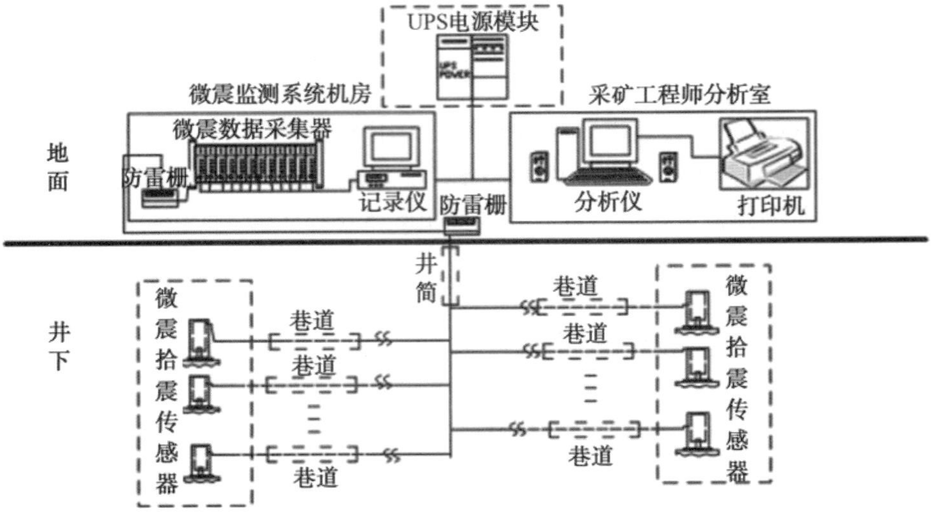

图 5-6-4　古城煤矿 SOS 微震监测系统示意

（二）KJ550 应力在线监测

2009 年，购买 3 套 KJ550 冲击地压实时监测预警系统，实现回采工作面冲击地压危险区域和危险程度的实时在线监测预警。2017 年，对 KJ550 冲击地压实时监测预警系统进行升级改造（见图 5-6-5）。安装在采掘工作面及后路全煤巷道，实现冲击地压危险区域和危险程度的实时在线监测预警（见图 5-6-6）。

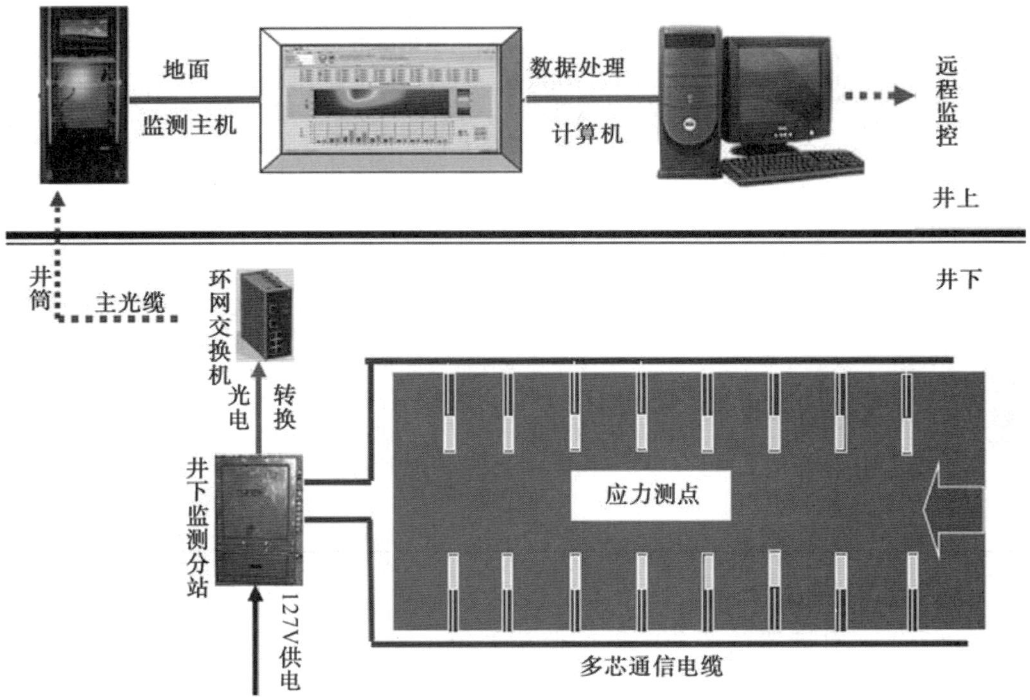

图 5-6-5　古城煤矿 KJ550 煤矿冲击地压监测系统结构

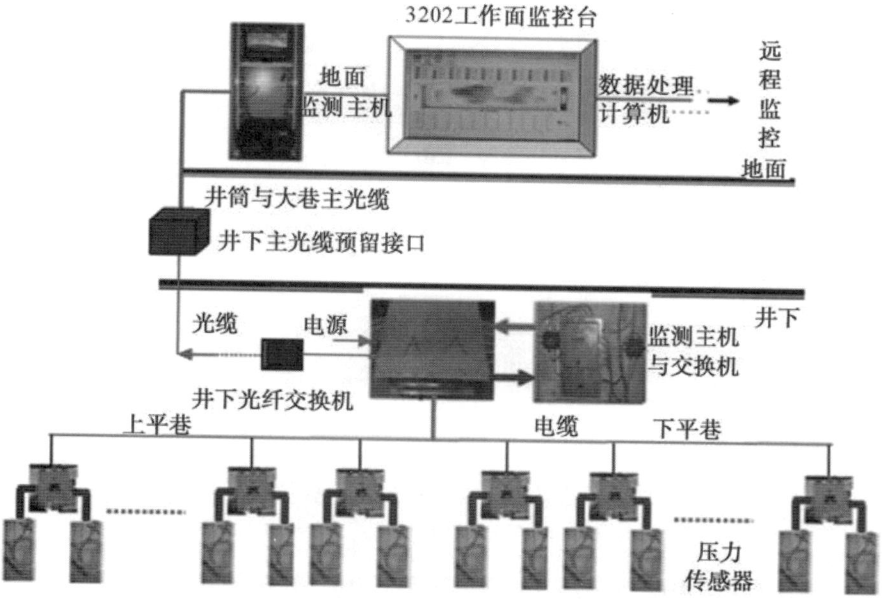

图 5-6-6 古城煤矿应力在线监测系统结构示意

（三）钻屑法检测

钻屑法检验是确定现场应力集中程度最直观、准确的检验办法，采用 ZQSJ-140 手持式气动钻机，孔径 42 毫米，孔深 15 米，称量每米煤粉量，并在施工记录单上详细记录动力现象及煤粉量。

（四）预警平台

2018 年，与中国矿业大学开展合作，共同研发矿冲击矿压风险判识及综合监测预警平台建设研究项目。对微震监测系统进行升级改造，由 18 通道升级为 26 通道，加大微震监测系统的监测强度，结合应力在线监测、现场钻屑法检测等监测情况进行综合预警。在微震监测室装备 1 套监测预警平台，能够直观、全面地显示各类防冲监测数据，实时预警、及时响应、系统全面地分析冲击危险因素（见图 5-6-7、图 5-6-8）。

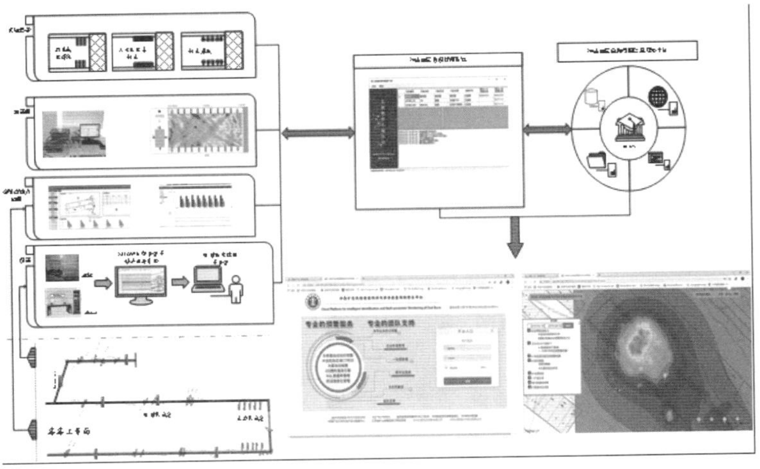

图 5-6-7　古城煤矿冲击地压多参量预警平台

图 5-6-8　古城煤矿冲击地压多参量预警平台

八、监督检查

矿井高度重视防冲隐蔽工程的监督管理，制定《古城煤矿防冲隐蔽工程施工与验收规定》，购置执法记录仪，对卸压孔、钻屑孔等防冲隐蔽工程进行现场录像，采取"现场验收、区队检查、专业抽查、领导督查、群众监督"等手段，有效地防止造假行为，确保防冲隐蔽工程施工质量。

九、装备升级

古城煤矿与泰安祥德机电有限公司开展技术合作，研制扭矩大、体型紧凑的ZDY1200LPS、ZDY4200LPS 型全液压履带坑道钻机，代替原有气动钻机，优化卸压孔参数，孔径由 110 毫米增加至 150 毫米，增强卸压效果，提高卸压效率。

截至 2018 年年末，防冲设备有液压钻车 17 台、架柱式气动钻机 18 台、手持式气动钻机 37 台。

十、安全防护

全煤、半煤岩巷道内的设备、物料、管线等必须采取防冲固定措施。设备、物料及风水管路使用直径不小于12.5毫米的钢丝绳或40吨链条防冲固定，电缆使用直径不小于8毫米的钢丝绳固定。

制定回采面危险区域、危险时段的“双危”限行制度，工作面割煤、移架期间及停止工作后30分钟内，两顺槽距面100米范围内严禁人员通行，转载机司机利用摄像头远程监控，避开危险区域。拉转载机、挪移支柱等工作全部在检修班完成，生产期间超前支护内无人作业。

人员在进入评定的采掘严重冲击危险区域必须穿戴防冲服，防冲施工人员在进行解危卸压作业时必须穿戴防冲服。

在具有冲击危险的采掘工作面均设有压风自救装置，压风自救系统在冲击地压灾害发生后可为被困人员提供必需的空气和养料，为搜救工作提供充足时间，可有效降低冲击地压导致人员伤亡的几率。

第五节　研究成果

一、研究论文

为发挥防冲技术对煤矿安全生产的支撑和保障作用，古城煤矿防治冲击地压专业技术人员潜心于理论研究与技术实践，总结积累实际工作中的新技术、新工艺、新研究、新成果。通过创新实践，形成一批前沿技术创新成果，先后完成科技攻关项目20余项、重点项目6项，实现技术成果的转化（见表5-7-2）。

表5-7-2　　2004～2018年古城煤矿防冲研究成果统计表

序号	论文题目	作者	时间
1	《古城煤矿条带开采坚硬煤层冲击地压防治研究》	解信德　王忠密　王桂利	2004年
2	《深部沿空综放工作面动力灾害防治研究》	王桂利	2009年
3	《大采深煤层冲击地压原因分析及防治研究》	魏兴民　王振伟 魏茂生　赵仁宝	2011年
4	《煤矿深部开采冲击地压机理与防治技术研究》	魏兴民　王振伟 魏茂生　赵仁宝	2011年
5	《采煤工作面冲击地压防治》	张利芝　卢绪涛　马瑞峰	2013年
6	《强冲击厚煤层超深井冲击地压防治实用技术》	伦庆忠	2017年

二、专著简介

矿井开采和地质条件主要特点是千米深井、巨厚坚硬岩层、强冲击厚煤层、构造复杂、开采强度大，这些特点决定了古城煤矿的冲击地压类型复杂、冲击强度大，导致冲击地压防治难度大。在长期的防冲实践中，摸索出一套行之有效的防冲技术体系。

2017年，以副矿长、总工程师伦庆忠为首的生产技术管理团队，系统总结古城煤矿10多年的冲击地压防治经验，出版著作《强冲击厚煤层超深井冲击地压防治实用技术》，提出“三低四强”的冲击地压防治理念，即“低扰动、低应力、低密度”的“三低防冲理论体系”和“强卸压、强支护、强监测、强监督”的“四强防冲治理体系”，并总结出一整套完善、实用的冲击地压防治卸压体系，揭示强冲击厚煤层超深井冲击地压卸压规律，完善强冲击厚煤层超深井冲击地压防治体系，为煤矿冲击地压防治提供一套切实可行、行之有效的综合治理技术。2017年12月，获得临矿集团科技成果特等奖，并获专利多项。

三、专题研究

（一）动态与静态多参数冲击地压预警技术研究

2016年10月，古城煤矿承接临矿集团“十三五”重点科技攻关项目“动态与静态多参数冲击地压预警技术研究”。12月，申请山东能源集团有限公司科技创新项目，成立临沂矿业集团冲击地压研究室研究小组，项目负责人为古城煤矿副矿长、总工程师伦庆忠。

针对古城煤矿冲击地压类型多样、机理复杂的特点，为解决区域化、高分辨率、多参量时空耦合监测预警的难题，依托国家级重大科研课题，依据冲击地压灾害的动静载叠加诱发机理，攻克冲击地压危险动静载区域监测等多项关键技术，取得多项创新性成果。研究总体在物理层次上包括矿端监测中心各监测系统的数据标准化集成与上传中心、综合监测中心的数据存储与综合预警平台以及架构在云平台上的客户端监测预警结果的Web平台。研究对象主要包括：古城煤矿冲击地压危险的应力场冲击载体区域识别研究、古城煤矿冲击地压危险的冲击载体时序演化规律研究和古城煤矿冲击地压风险判识及综合监控预警平台建设。针对古城煤矿研发的冲击地压风险智能辨识技术、震动波CT技术、冲击变形能时空预警指标和多参量综合预警技术，可实现在工作面空间尺度上的冲击载体区域识别和时间尺度上的冲击危险性时序化跟踪监测。依此为基础，借助物联网和云计算技术，建设包含网络、数据库、软件、服务等内容的冲击地压危险时空综合预警平台。

（二）千米深井坚硬顶板工作面初次来压期间的冲击地压综合治理技术

2015年，古城煤矿经过十几年连续高强度的开采，采场布置集中、大采深、强冲击、厚煤层。在矿井向深部要资源而冲击地压是威胁矿井安全生产的主要隐患的背景下，开展“千米深井坚硬顶板工作面初次来压期间的冲击地压综合治理技术”等系列科技项目研究。

该项目以系统化、针对性、实用性、可靠性为原则，确定以“爆破切顶、多次覆盖卸压、强化超前支护、加强实时监控”为核心的综合防治方案。利用爆破切顶减小初采初放期间顶板能量释放实现初次来压、周期来压步距的缩小，防止初采、初放、周期来压期间的大能量释放造成的破坏性冲击的出现。多次覆盖式卸压达到防止应力在初次覆盖式卸压后再次积聚的目的，防止由于应力再次积聚诱发的冲击灾害的发生。改造超前支护，通过将超前支护改造为单元式防冲支架，增强了巷道抵御冲击的能力，巷道回缩显著减少，杜绝由于采面周边大能量释放造成的超前支护破坏。监测监控系统实现对巷道周边应力的实时监控，防止由于隐性应力增加形成的冲击灾害的发生。该项目的试验成功，为煤矿冲击地压防治提供一套切实可行、行之有效的治理方案。

2017 年 12 月，获得中国能源化学地质工会全国委员会颁发的“2016 年度全国能源化学地质系统优秀职工技术创新成果一等奖”。

（三）深部沿空综放工作面动力灾害防治研究

2009 年，古城煤矿联合北京科技大学对古城煤矿深部 2103 工作面沿空掘进、回采等冲击地压防治，开展深部沿空综放工作面动力灾害防治研究。经过 1 年的研究实践，通过对工作面回采过程中的监测数据及理论分析，得出诱发型、自发型和应力恢复型 3 种动力灾害发生机理，冲击危险源分别为高位坚硬砾岩、采动静应力及构造应力、采动应力。运用课题组自主研发的冲击地压在线监测系统，实时监测工作面前方的应力变化情况，并结合微地震监测、钻屑法监测，形成一套临场监测预报和区域监测预警体系。

基于冲击机理和监测结果，采取针对性的强卸压、强支护和监测措施，实现诱发型冲击的有效防治、自发型冲击的应力有效转移、应力恢复型冲击的及时 2 次卸压，降低动力灾害发生。建立一套动力灾害治理技术及动力灾害防治的管理体系，有效保证受冲击威胁工作面的安全开采。

2011 年 9 月，冲击地压在线监测系统的联合开发与应用项目，获得“临矿集团科技进步二等奖”。12 月，通过中国煤炭工业协会的项目鉴定。2013 年 10 月，获得“临矿集团科技进步一等奖”，2015 年 1 月，获得“国家安全生产监督管理总局第六届安全生产科技成果二等奖”。

第六节 大学生创业团队

2010 年 8 月，古城煤矿成立防治冲击地压大学生创新团队，成员 43 人，其中，大学本科及以上学历 13 人，工程师 1 人，助理工程师 7 人，平均年龄 26 岁。负责矿井冲击地压防治工作，从矿山压力的监测、冲击危险区域的划定，到防治措施的编制以及组织现场钻孔卸压解危。

2010 年，为有效预测预警 2103 工作面的冲击地压，在工作面安装、调试、挪移、维护监测监控设备，在冲击危险区域打卸压孔、注水卸压。历时近 3 年，确保 2103

工作面安全推进 1510 米，产煤 200 多万吨，产值 10 多亿元。

2011 年 7 月，转入三水平开采。为实现三水平大采深、高地压条件下的安全开采，避免发生破坏性冲击地压事故，攻克矿井面临的主要技术难题，古城煤矿成立三水平防治冲击地压技术攻关课题组。大学生创新团队承担部分攻关项目，制订相应的技术攻关计划，在优化巷道布局、合理安排采掘顺序、回采工作面两顺槽调研应用超前支架、转变卸压方式、提高卸压质量、尝试煤体注水等方面下功夫，全面提高矿井冲击地压防治水平，推动重大灾害防控能力稳步提升。

团队中有 5 名女成员，负责微震监测和数据分析，对井下微震监测数据和冲击地压应力在线监测系统云图的变化实行 24 小时实时监测，为冲击危险的预测预警提供第一手资料。

2012 年 10 月 6 日，3207 皮带顺槽反打迎头掘进期间发生底煤冲击，大学生创新团队重点对底煤卸压工艺进行专题攻关。在井下多处丢底煤段，采取爆破卸压和钻孔卸压两种工艺进行对比试验。通过对矿井原有 300 型架柱支撑式钻机进行改进，向底部煤体钻孔，钻机下俯角约 60 度。经过多次试验表明，该钻进形式钻进速度快、挪移方便、卸压效果非常好。经过改进后的断底卸压与爆破卸压相比，300 型架柱支撑式钻机具有钻进深度大、螺旋钻杆便于吐粉、施工后钻孔空间大，便于底煤能量释放。没有装药、爆破等工序，提高工作效率和安全系数。断底卸压孔施工完后再进行注水，进一步湿润煤体，改变煤的物理力学性质，降低冲击倾向性，降低底煤冲出式冲击地压的发生几率，安全效益显著。

2012 年 6 月，防冲大学生创新团队与北京科技大学合作，在 3202 皮带顺槽掘进巷道进行掘进工作面冲击地压实时监测预警系统的联合开发和应用。在一个多月时间里，完成监测点布设、井下光纤敷设、井下分站的安设以及 AP 基站的布置等多项任务，经过反复多次调试与改进，3202 掘进巷道冲击地压预警系统顺利安装完成并运行成功，实现井上和井下可以同步实时显示监测数据和危险区预警，为井下安全提供保障，并且为同类矿井防治掘进巷道冲击地压提供必要的借鉴。

2013 年，-1030 米水平全面开采。为实现大采深、高地压条件下的安全开采，避免发生破坏性冲击地压事故，制定 4 个研究课题和技术攻关计划：断底卸压工艺改进；破坏性冲击地压事件与微震监测数据的统计分析；掘进巷道冲击地压无线监测预警系统的安装、应用及改进；尝试煤体注水，增强卸压效果。

创新团队撰写的《冲击地压在线监测系统在千米深井强冲击沿空工作面的应用》获得“山东省煤炭科学技术奖三等奖”；王永光“冲击地压在线监测系统接线工艺改进”获临矿集团“第三届青工创新工作法”命名表彰。科技创新小改小革共获得矿级二等奖 5 项、三等奖 2 次；其中，“手持式气动钻机支腿的设计与改进”已在全国同类型矿井卸压钻具上推广应用。先后在省级刊物发表论文多篇，“深部沿空综放工作面动力灾害防治技术研究”科研项目，于 2011 年 12 月通过中国煤炭工业协会鉴定，鉴定结论为国际先进水平。

中共古城煤矿党委书记、矿长张传毅（左三）授旗（2010 年 8 月摄）

第七节　冲击地压事故

2004 年 11 月至 2018 年 12 月，共发生冲击地压 13 次。其中，2009 年 2 月 28 日，2103 工作面冲击地压事故，造成 1 人死亡、5 人受伤，摧垮巷道 260 米，冲击能量 1.28 × 107J（约合里氏震级 2.8 级）。

2004 ～ 2018 年古城煤矿冲击地压情况见表 5–7–3。

表 5–6–3　　　2004 ～ 2018 年古城煤矿冲击地压统计表

序号	发生时间	发生地点	破坏情况
1	2004 年 11 月 25 日 10 时	2106 轨道顺槽距工作面 4 ～ 30 米范围内	共有 17 根支柱折断，其中距工作面 4 ～ 23 米范围内工作面侧有 15 根支柱折断，另一侧有 2 根支柱折断；扬起大量煤尘，顶板、煤帮变形。
2	2005 年 1 月 10 日 21 时 40 分	2106 轨道顺槽距工作面 4 ～ 38 米范围内	共有 57 根支柱折断，其中工作面侧有 29 根支柱受压折断，中间排有 17 根折断，煤柱侧 9 根支柱折断，下端头 2 根支柱折断，扬起大量煤尘，顶板有下沉，两帮有移近量推进度 310 米处最大煤帮移近量 1.1 米，工作面液压支架 28 ～ 60 架安全阀开启，第 45 ～ 55 架下沉 0.2 米左右。

续表

序号	发生时间	发生地点	破坏情况
3	2005年2月10日4时20分	2106轨道顺槽距工作面10～20米范围内	共有14根支柱折断，其中工作面侧有9根支柱受压折断，中间排有4根折断，煤柱侧1根支柱折断。
4	2005年9月1日2时	2107工作面轨道顺槽超前工作面10米位置处	440～450米超前支护段2根支柱压弯变形，另有3根支柱轻微弯曲。
5	2008年2月28日22时38分，（微震能量为8.9×105J）	2103皮带顺槽（反打）迎头	巷道顶部下沉达1.4米，两帮最大拥出量0.6米，综掘机二运被掀掉道，余18米预透的2103皮带联络巷内也有明显冲击显现，皮带联络巷迎头煤体片帮达1.0米，片落煤体将注水管掩埋，综掘机下移0.3米。
7	2010年6月6日20点10分（微震能量为1.3×104J）	–850北第三乘人车道（2201轨道与皮带之间）	1辆矿车掉道，位移；地沟盖板掀起3块。
8	2011年10月27日17点44分（微震能量为3.15×105J）	3203皮带顺槽推进度20～52米区段	冲击地压发生时煤炮声响大，风流逆转达5分钟，扬尘对面不见人。冲击显现处在破碎机及以上6米范围内，底板最大鼓起量约1.2米，巷道顶板下沉0.5米左右，有32棵支柱歪倒，2棵支柱活柱压弯，皮带机尾向工作面侧位移约0.7米。 工作面受冲击影响，多处架前漏顶、片帮，71～73号架上最高漏顶高度达2米，架后原切眼顶板大面积下沉并压到支架上。
9	2012年10月6日11点23分（微震能量为2.55×104J）	3207皮带顺槽反打，中部联络巷以上约70米	冲击地压发生时煤炮声响大；放炮员姜瑞振在巷道中部，瞬间被底煤冲击力掀倒，歪至迎头左侧，致使上嘴唇左侧划伤；迎头片帮、底煤鼓起，顶帮无异常。
10	2014年6月11日9点18分（微震能量为2.84×104J）	–1030米北翼皮带巷3312给煤机以北煤巷段60m范围	冲击造成2辆空车掀翻，顶板喷浆层部分开裂掉落，无人员受伤。冒顶致使人员不能通行，皮带损坏无法运转。
11	2014年10月31日16点42分（微震能量为1.22×105J）	–1030米北大巷三水平北翼避难硐室南门	冲击造成2辆空车掀翻，顶板喷浆层部分开裂掉落，无人员受伤。
12	2015年8月30日22点00分	–1030米北大巷、北皮带两巷北端	巷道出现底鼓变形，顶部喷层局部开裂（15米范围内巷道顶板下沉0.3米，底板鼓起0.2米，两帮移近0.4米），伴随有煤炮声。
13	2015年11月1日7:10分（微震能量7.96×104J）	3106轨道顺槽测量G12点前25米至G13点约15米范围	巷道底板鼓起0.5米，皮带托辊掉落5组，两帮及顶板无明显变化。

第六篇

经营管理

1999年3月，成立山东古城煤炭开发有限责任公司，按照现代企业管理模式经营管理古城矿井。2001年1月，矿井移交试生产管理，组建“六部一室三公司”管理机构。坚持以经济效益为中心，以科技进步为依托，积极引进新技术、新工艺、新装备，打造复杂条件下用人少、效率高、系统优、产出多、效益好的安全高效矿井。2001～2018年，累计生产原煤3500余万吨，实现销售收入218.99亿元，实现利润111.26亿元，人均收入突破10万元。

面对多变的煤炭市场，古城煤矿牢牢把握“安全高效、稳产高效”的发展基调，持续推进“成本、煤质”两大战略，坚持“以收定支、量入为出”的资金管理原则，从严管理、从紧控制。压缩招待费、会议费、差旅费、办公费等非生产性支出，强化成本分析和考核，定期召开经济活动分析会。合理控制物资储备和资金占用。实行预算预警制度，对预算与成本指标实行单独考核奖惩。制定《关于加强煤质管理的办法》，从生产设计、工作面、运输干线、配仓装运各个环节抓煤质，在采煤工作面，实行24小时有专人检查煤质，达到一班一取样、每日一通报、每月一考核，确保源头煤质热量值不低于5000大卡/千克。以保持改革举措、管理理念、发展思路为引领，以成本跑赢市场、产品占有市场份额、人力资源优化配置为导向，构建“一体化、价值链、内部市场化”的闭环管理，推行倒逼机制，强化目标考核，突出抓好安全生产、资源挖潜、降本增效、提质创效、改革创新等工作，发挥铁路专用线优势，增加精煤洗选量，打造煤电一体化，成立液压支架区域维修中心和专业化技术服务公司，实现支护材料自产和外销等多元化效益增长极，始终保持持续、稳定、健康的发展态势。

第一章　财务管理

第一节　机构沿革

1992 年 8 月 26 日，曲阜矿井筹建处设经济管理科，负责财务工作，设科长 1 人、财务人员 2 人。

1993 年 10 月 25 日，成立经济科，撤销经济管理科。

1995 年 4 月 23 日，成立财务科，筹建处分管副主任兼任科长，设副科长 1 人、财务人员 3 人。撤销经济科。

2001 年 2 月 16 日，组建财务管理部，经营副矿长兼任财务管理部部长，设副部长 1 人。财务人员 8 人，撤销筹建处财务科。

2003 年 7 月 3 日，成立财务审计科，设科长 1 人、财务人员 8 人，撤销财务管理部。

2006 年 8 月 8 日，成立财务科，设科长 1 人、副科长 1 人、财务人员 12 人。撤销财务审计科。

2007 年 3 月 31 日，设副总会计师 1 人。

2015 年 7 月 30 日，成立经济管理部，分管副矿长兼任部长，财务科隶属于经济管理部，设副部长（正科级）1 人；是年 9 月 2 日，设副科长 1 人。

2017 年 8 月 29 日，财务科设招标办公室，设副主任 1 人。

截至 2018 年年末，财务科有财务人员 11 人。

第二节　资产管理

一、基建投资

古城矿井基本建设总投资 6.5 亿元，由临沂矿务局向国家开发银行贷款（分软贷款、硬贷款），兖州矿务局、枣庄矿务局为贷款提供担保。1992 ～ 2000 年，完成总投资 55472 万元，其中，建筑安装工程投资 30024 万元，设备投资 8127 万元，待摊投资 17200 万元，其他投资 121 万元。1999 年，交付使用固定资产 3611 万元。

2001 年 1 月 1 日，矿井移交试生产管理，由基本建设转入煤炭生产，在建工程投入正常安全生产。

截至 2018 年年末，古城煤矿资产总额为 111966.74 万元，负债 72567.49 万元，所有者权益为 39399.24 万元。2001 ～ 2018 年古城煤矿财务状况见表 6-1-1。

表 6–1–1

2001 ～ 2018 年古城煤矿财务状况

单位：万元

年度	流动资产	固定资产	在建工程	无形资产等	资产合计	流动负债	非流动负债	负债合计	实收资本	所有者权益
2001	4060.49	50174.06	58.70	–	54716.63	437.88	4786.78	52246.59	5193.74	2470.04
2002	9595.16	38993.19	2313.85	4371.07	55273.27	10152.03	43810.00	53962.03	–	1311.24
2003	14601.47	37787.35	606.97	4574.95	57570.74	12844.39	37310.00	50154.39	–	7416.35
2004	7805.55	42092.40	2107.56	4855.42	57116.13	11435.04	37486.80	48921.84	–	8194.28
2005	10691.13	35875.84	236.30	3605.53	55808.80	13524.00	25475.31	38999.31	–	16809.49
2006	16711.73	34839.11	237.44	3351.81	54902.65	9976.81	14991.47	24968.27		29934.38
2007	14524.16	33817.60	3594.52	3112.51	55048.79	7065.73	6721.22	13786.95	–	–
2008	36006.44	36792.19	9.00	7550.15	80473.94	20965.68	8355.39	29321.07	10000.00	51152.88
2009	27606.45	43022.35	254.41	32265.47	103554.13	36960.90	541.12	37502.03	10000.00	66052.11
2010	34997.73	34445.68	180.57	30582.00	106132.12	36273.20	411.77	36684.97	10000.00	106132.12
2011	40838.24	31957.10	4104.40	28081.43	113306.21	35834.20	1207.87	37042.07	10000.00	76264.14
2012	26404.02	38611.00	1007.91	25856.22	101891.90	22981.75	1080.71	24062.47	10000.00	77829.43
2013	16976.18	37457.85	2138.93	22900.02	89399.49	13129.36	398.37	13527.73	10000.00	75871.76
2014	13444.43	39435.20	156.65	19434.92	78641.29	11421.84	91.41	11513.25	10000.00	67128.03
2015	14975.13	35358.32	550.55	15527.12	71624.46	7404.02	48.37	7452.39	10000.00	64172.07
2016	67857.15	38223.93	62.52	12809.31	122991.60	89668.48	9.17	89677.65	10000.00	33313.95
2017	90822.67	41192.71	108.47	10687.61	147526.77	116795.75	8.91	116804.66	10000.00	30722.10
2018	53164.24	45663.24	1069.84	7580.64	111966.74	72567.49	—	72567.49	10000.00	39399.24

二、固定资产

（一）固定资产的管理

采取矿、工区（科室）二级管理、一级核算的管理模式。

机电副矿长负责固定资产的调度协调，对各工区（科室）固定资产管理工作进行督促和指导。

各工区（科室）负责本单位固定资产的使用和日常维护、盘亏盘盈、报废清理鉴定等工作，编制更新改造和维修计划。

财务科负责固定资产购置、调拨、清理报废等核实，设专人管理固定资产，建立卡片、台账、分类编号，组织有关部门每年对固定资产进行 1 ～ 2 次清查盘点，保证账、卡、物三相符。

（二）固定资产标准及分类

1. 固定资产标准

2004 年，执行临沂矿务局财务处制定的固定资产分类目录及折旧年限规定。未列入固定资产目录的生产资料，符合固定资产标准的，作为固定资产管理，上报矿务局备案。

2013 年，执行山东能源集团制定的固定资产分类目录及折旧年限规定。

2. 固定资产是指同时具有下列特征的有形资产

（1）为生产商品、提供劳务、出租或经营管理而持有的。

（2）2004 年，执行《临沂矿务局财务会计制度实施办法》，属于生产用主要设备，单位价值 2000 元以上，使用寿命 1 年以上的；非生产用设备，单位价值在 2000 元以上，使用寿命 2 年以上的，均作为固定资产管理核算。2009 年 1 月，执行《临沂矿业集团会计核算实施办法》，将单位价值调整至 5000 元以上。2013 年，执行《山东能源集团会计核算办法》，将单位价值调整为 3000 元以上。2017 年 7 月，执行《山东能源集团关于对部分会计政策调整的通知》（山东能源财字〔2017〕25 号），将单位价值调整为 5000 元以上。2001 ～ 2018 年古城煤矿固定资产情况见表 6–1–2。

（3）使用寿命超过一个会计年度的。

3. 凡下列各项资产，不论使用年限长短、价值大小，均不列为固定资产

（1）煤炭生产专用的 12 种小型设备，即风镐、风钻、矿灯、7.5 千瓦及以下的电动机和水泵、10 千伏安及以下的变压器、200 安及以下的低压防爆开关、局扇、矿车（包括平板车、坑木台车）、自救器、综合保护器及瓦斯检定器。

（2）煤炭施工单位专用的 17 种小型设备，即 7.5 千瓦及以下的电动机、10 千伏安及以下的变压器、200 安及以下的低压防爆开关、5.5 千瓦及以下的水泵、手动链式起重机、3 吨及以下的电动葫芦、4 千瓦及以下的小绞车、4 千瓦及以下的砂轮机、4 千瓦及以下的圆锯机、电钻、风钻、风镐、台钻、200 吨及以下的千斤顶、1 吨及以下的矿车、平板车、风动潜水泵。

（3）施工过程中形成的临时性简易房。

（4）煤炭生产单位形成的井巷建筑。

（5）主体设备更换的部分配件，虽达到固定资产标准，仍作为配件，与主体设备共同作为固定资产管理。

4. 分类

按经济用途和使用情况分为以下 6 大类：

（1）生产经营用固定资产，主要包括房屋、构筑物、通用设备、专用设备、交通运输设备、电气设备、电子产品及通信设备、仪器仪表及计量器具、文体、家具、医疗设备及其他。

（2）非生产经营用固定资产，主要包括职工宿舍、食堂、浴室、招待所、医疗室、运输工具、广播电视设备、文体、生活及其他用具等。

（3）租出固定资产，指在经营租赁方式下出租给外单位使用的固定资产，出租的房屋不在本范围内。

（4）未使用固定资产，指尚未投入生产的固定资产、停止使用和暂时脱离生产过程的固定资产。

（5）不需用固定资产，指不适合企业需要等待调配处理的固定资产。

（6）融资租入固定资产，指以融资租赁方式租入的固定资产，在租赁期内，应视同自有固定资产进行管理。

（三）固定资产折旧方法

1. 计价方法

固定资产按取得时的实际成本计价，经过法定资产评估的固定资产按经过确认的重置成本计价。

2. 折旧方法

采用平均年限法计提折旧，预留残值率为 3%，实行分类折旧。

月折旧额 =〔原值 ×（1- 预计净残值率）〕÷ 预计使用寿命（年）÷ 12。

表 6-1-2　　2001 ～ 2018 年古城煤矿固定资产情况

单位：万元

年度	年末余额			本年增加额	本年减少额
	原值	折旧	净值		
2001	52324.25	2150.19	50174.06	51831.74	3613.86
2002	100542.13	4114.28	96427.85	103599.01	7155.80
2003	148760.02	6078.37	142681.64	155366.27	10697.75
2004	196977.90	8042.47	188935.44	207133.53	14239.70
2005	245195.79	10006.56	235189.23	258900.80	17781.65
2006	293413.67	11970.65	281443.02	310668.06	21323.60

续表

年度	年末余额			本年增加额	本年减少额
	原值	折旧	净值		
2007	341631.56	13934.74	327696.82	362435.32	24865.55
2008	389849.44	15898.83	373950.61	414202.59	28407.49
2009	438067.33	17862.93	420204.40	465969.85	31949.44
2010	486285.21	19827.02	466458.20	517737.11	35491.39
2011	534503.10	21791.11	512711.99	569504.38	39033.34
2012	582720.99	23755.20	558965.78	621271.64	42575.29
2013	630938.87	25719.29	605219.58	673038.90	46117.23
2014	679156.76	27683.39	651473.37	724806.17	49659.18
2015	727374.64	29647.48	697727.16	776573.43	53201.13
2016	775592.53	31611.57	743980.96	828340.69	56743.08
2017	823810.41	33575.66	790234.75	880107.96	60285.03
2018	872028.30	35539.75	836488.54	931875.22	63826.97

第三节　资金管理

根据临矿集团文件规定，统一资金管理。2007～2010 年，流动资金由临矿集团集中管理。2010～2018 年，由山东能源集团财务公司集中管理。2012～2018 年，专项资金依据报批的专项资金计划执行。

一、流动资金

（一）资金管理

2009 年 9 月，根据临矿集团推行网上银行结算和收支两条线管理要求，古城煤矿严格控制支付比例，加大银行承兑汇票付款力度，严控资金预付和超额支出。

（二）承兑汇票管理

财务科配置保险柜，专门保管银行承兑汇票，设 2 人管理票据；设专人负责登记备查簿；保管人员每天核对票据，做到账实相符，对于到期的银行承兑汇票及时送存银行托收；实行票据盘点和稽查制度，确保票据安全；财务科科长负责按时组织对银行承兑汇票的盘点，每月不低于 1 次，确保账面余额与实际库存相符。

2018 年，银企直连账户开通电票功能，所有电子承兑汇票业务通过电子账户签收、背书。

（三）资金限额支付管理

执行“三重一大”决策制度，凡是 10 万元及以上的生产性支出、5 万元及以上的非生产性支出，必须履行“三重一大”重大事项审批，由矿领导班子集体决策，形成书面纪要，财务科方可办理。

资金支付的工作流程为：经办人填写费用报销汇总单→部门负责人签字→财务审核盖章→部门分管领导签字→财务负责人签字→预算审批→分管经营领导签字→单位负责人签字。

2017 年 7 月，古城煤矿开始上线财务共享，审批流程由线下审批改为线上审批。

资金支付全部线上审批，由临矿集团统一管理结算。

资金支付的审批流程为：成员单位业务部门提出申请→业务部门负责人审批→预算部门审核→财务部门负责人审核→分管领导审批→分管财务领导审批→总经理审批→主要负责人审批→临矿集团稽核→临矿集团复核→进入付款结算。

二、专项资金

古城煤矿提取的专用资金主要有维简费、安全生产费、采煤塌陷地综合治理费、环境治理保证金、工会经费、职工教育经费、党建活动经费、职工福利费等，各专项基金严格按规定适用范围编制计划，按规定标准提取，在成本中列支，专款专用 2001 ～ 2018 年古城煤矿专项资金情况见表 6–1–3。

（一）安全费用

2004 ～ 2007 年，根据《关于印发〈煤炭生产安全费用提取和使用管理办法〉〈关于规范煤矿维简费管理问题的若干规定〉的通知》（财建〔2004〕119 号）、《关于下达煤炭生产安全费用提取标准的通知》（临局财函〔2004〕66 号）规定，以原煤实际产量为基数，按 8 元 / 吨从成本中提取。2008 ～ 2012 年，根据《关于调整煤炭生产安全费用提取标准加强煤炭生产安全费用使用管理与监督的通知》（财建〔2005〕168 号）、《关于提高煤炭生产安全费用提取标准的通知》（临矿财字〔2008〕92 号），按 30 元 / 吨计提。2013 ～ 2018 年，根据《关于印发〈企业安全生产费用提取和使用管理办法〉的通知》（财企〔2012〕16 号）和《山东能源集团有限公司关于印发〈山东能源集团安全费用管理办法〉的通知》（山东能源发〔2017〕42 号），按 15 元 / 吨计提；2018 年 7 月，调整为按 30 元 / 吨计提；其中按 15 元 / 吨专项用于冲击地压防治。

安全费用的使用范围主要有：矿井主要通风设备的更新改造支出、完善和改造矿井瓦斯监测系统与抽放系统支出、改造矿井综合防治煤与瓦斯突出支出、完善和改造矿井防灭火支出、完善和改造矿井防治水支出；完善和改造矿井机电设备的安全防护设备设施支出、完善和改造矿井供配电系统的安全防护设备设施支出、完善和改造矿井运输（提升）系统的安全防护设备设施支出、完善和改造矿井综合防尘系统支出、其他与煤矿安全生产直接相关的支出。

（二）维简费用

2001 ～ 2005 年，根据财政部、国家发展和改革委员会、国家煤矿安全监察局《关于印发〈煤炭生产安全费用提取和使用管理办法〉〈关于规范煤矿维简费管理问题的若干规定〉的通知》（财建〔2004〕119 号），按原煤实际产量 13 元 / 吨，从成本中提取。2007 ～ 2018 年，根据山东煤矿安全监察局的规定，按 8.5 元 / 吨计提。

维简费用的使用范围主要有：矿井开拓延伸的工程、矿井技术的改造、煤矿固定资产的更新、改造和固定资产零星的购置、矿区生产的补充勘探、综合利用和“三废”治理的支出、大型煤矿一次性搬迁民房和采动范围的搬迁补偿、矿井新技术的推广、小型煤矿的改造联合工程。

表 6-1-3　　2001 ～ 2018 年古城煤矿专项资金情况表

单位：万元

年份	安全费		维简费	
	提取	使用	提取	使用
2001	—	—	686.38	546.32
2002	—	—	347.40	289.15
2003	—	—	1837.36	1854.20
2004	1276.80	9876.22	2011.10	1958.11
2005	679.26	1960.00	2073.50	2860.00
2006	16086.31	13722.46	17881.16	14615.70
2007	5616.80	5426.56	5654.67	4581.78
2008	10642.32	15184.26	3420.09	4504.59
2009	11161.87	20018.22	11.61	0.00
2010	6594.90	4915.49	5617.52	5611.59
2011	9316.92	3626.25	7840.58	7879.98
2012	9460.84	8042.77	7747.29	7894.50
2013	4650.02	8283.91	2635.01	958.81
2014	3713.97	11143.81	2104.58	3418.46
2015	3295.26	6957.67	1867.31	1058.28
2016	2697.30	5144.95	1528.47	1548.62
2017	2658.00	2631.39	1506.20	2508.88
2018	2412.19	2547.59	1366.91	697.32

（三）折旧费用

2001～2018年，按平均年限法计提固定资产折旧。

固定资产的年折旧额＝（固定资产原值－预计净值）÷固定资产使用年限

计提折旧的固定资产包括房屋和建筑物、机器设备、仪器仪表、运输工具、工具器具，季节性停用和大修理停用的固定资产以及融资租入和以经营租赁方式租出的固定资产。

（四）职工教育经费

2001年，根据《企业会计制度》规定，职工教育经费按单位职工工资总额的1.5%提取。2007年开始，按工资总额的2.5%标准提取。

职工教育经费用于职工岗位培训、职业技术等级培训、高技能人才培训、专业技术人员继续教育、特种作业人员培训、职工外送培训的经费支出、职工参加的职业技能鉴定、职业资格认证等经费支出、教学设备与设施的购置、职工岗位自学成才奖励费用、职工教育培训管理费用以及有关职工教育的其他开支。

（五）工会经费

2001年，按照《企业会计制度》，工会经费按工资总额2%的标准提取。

（六）职工福利费

2001～2006年，职工福利费按工资总额14%的标准提取。2007年起，职工福利费不再计提，按实际发生数列支。

职工福利费主要用于：一是职工医药费、生活困难补助、职工及其供养直系亲属的死亡待遇；二是职工浴室、洗衣房等集体福利设施支出；三是上下班交通补贴、计划生育补助等方面的福利开支。

第四节　成本费用

一、成本核算

2001年，根据《临沂矿务局财务会计制度实施办法》，产品成本的核算采用制造成本法，计入产品成本的费用包括与生产经营最直接和最密切相关的直接材料、直接工资以及其他直接支出和制造费用，将管理费用、财务费用和销售（营业）费用计入当期损益。2001～2018年古城煤矿单位成本情况见表6-1-4。

（一）生产成本核算对象

根据煤炭生产特点和经营管理工作的需要，煤炭产品成本核算分为原选煤成本和洗煤成本。依据原选煤生产和洗煤生产两大环节，对原选煤、洗煤产品2个对象的界限及范围进行划分。

1. 原选煤生产成本

原煤生产成本由基本生产成本和制造费用2大部分组成。矿井井下生产过程至井口分流以及原选煤销售发运或流入洗煤系统为止为原选煤生产环节，分为直接生产环节和间接生产环节。直接生产环节包括掘进、支护、回采、运输、通风、排水、井巷维修、提升、地面运输、矿灯充电、注浆、回填等。

2. 洗煤生产成本

洗煤生产成本由基本生产成本费用和制造费用两大部分组成。原选煤流入洗煤生产系统至产品销售发运止为洗煤生产环节，分为直接生产环节和间接生产环节。直接生产环节包括运输系统和洗煤生产车间。间接生产环节是指厂部车间和为之服务的相关车间。

（二）辅助生产成本核算对象

辅助生产是指矿内部为基本生产和有关部门提供工业性劳务的生产车间。其成本核算对象应以不同劳务为核算对象。辅助生产成本由辅助生产成本费用和制造费用两大部分组成。

（三）期间费用核算对象

期间费用为企业的日常费用，分为营业费用、财务费用和销售费用。遵照权责发生制原则，于发生时根据费用性质确认为当期损益。

表 6-1-4　　2001 ～ 2018 年古城煤矿单位成本统计表

单位：元 / 吨

年度	原煤产量（吨）	单位成本	年度	原煤产量（吨）	单位成本
2001	80.75	146.44	2010	219.78	231.61
2002	137.59	150.46	2011	219.85	268.85
2003	216.16	92.92	2012	219.86	251.45
2004	236.6	119.93	2013	219.68	249.5
2005	216	129.86	2014	214.66	256.68
2006	216	126.4	2015	219.68	223.86
2007	219.18	168.79	2016	179.82	262.76
2008	219.18	233.72	2017	177.2	368.73
2009	219.82	230.21	2018	160.8	451.76

二、成本项目

生产经营过程中实际消耗的各种原材料、辅助材料、备品配件、外购半成品、燃料、动力、包装物、低值易耗品和运输、装卸、整理费用；固定资产的折旧、维简费、安全费、设备租赁费、维修费、递延资产摊销费；按国家会计制度规定列入成本的职工工资、工资附加费、材料节约奖、技术改进和合理化建议奖；直接用于原煤生产的外购和自制的燃料和动力；进行科学研究、技术开发和新产品试制所发生的不构成固定资产的费用，购置样品样机和一般仪器的费用；财产和运输保险费、税金、合同公证费、咨询费、技术使用费以及应列入成本的排污费；流动资金贷款利息、金融机构手续费；销售商品发生的运输费、包装费、广告费和销售机构管理费；办公费、差旅费、会议费、劳动保护用品费、取暖费、高温费、消防费、检验费、仓库经费、商标注册费、展览费等管理费及其他支出。

三、核算方法和核算程序

（一）核算方法

根据《山东能源集团会计核算办法》以及煤炭行业生产的特点和成本管理的要求，结合古城煤矿实际情况，选用品种法即以煤炭产品品种为成本核算对象的成本核算方法。

（二）核算程序

1. 按成本项目和成本开支范围所规定的内容正确核算列支。

2. 设置成本费用明细账。

3. 按成本核算对象正确归集、分配成本费用，如归集、分配产品生产过程中所耗用的材料、电费、职工工资及工资附加费、固定资产折旧费、井巷维简费等。

4. 结转成本费用，计算出产品的生产成本。

四、核算原则和基本要求

（一）原则

成本、费用核算必须遵守会计核算的客观性原则、可比性原则、相关性原则、一贯性原则、及时性原则、清晰性原则、配比性原则、权责发生制原则、谨慎性原则、实际成本原则、划分收益性支出与资本性支出的原则、重要性原则等。

（二）基本要求

1. 加强成本、费用核算，做到管、算结合，算为管用。必须从管理要求出发，采取既合理又简单的办法，正确分配和归集成本、费用，及时编制成本、费用报表。

2. 正确确定本期成本、费用和下期成本费用的界限；正确确定在产品成本和产成品成本的界限，月末应核实在产品或库存产品的数量，按规定的成本计算方法正确计算在产品或库存产品的成本；正确确定各种产品的界限，凡能直接计入有关产品的各项直接成本都直接计入，由几种产品共同负担的成本、费用，则根据合理的分配标准，在各种产品之间正确分配。

3. 做好成本、费用核算有关的各项基础工作。建立健全各种原始记录，实行定额管理；定期制定和修订内部计划价格；严格计量验收和物资收发领退制度，加强成本和费用的核算。

4. 根据不同产品的生产工艺过程和生产组织以及管理要求，采用相应的成本核算方法，正确计算产品成本和工业性劳务成本。

五、分析与考核

成本费用的分析以成本费用核算提供的数据为主，结合有关计划、定额统计和技术资料，应用一定的方法对影响成本、费用升降的各种因素进行科学地分析，以便查明成本、费用变动的原因，提出节支降耗措施，挖掘内部潜力，提高经济效益。

（一）成本费用分析方法

成本费用分析方法主要有指标对比法、因素分析法、连环代替法、构成比率分析法、成本动态分析法、定额成本分析法等。古城煤矿根据自己的生产经营特点，选用指标对比法和因素分析法对煤炭产品成本进行分析。

（二）成本费用分析内容

1. 原选煤成本费用分析要采用因素分析法与本单位计划指标和上年同期指标对比的方法进行分析，既要对单位成本进行分析，又要对总成本进行分析。

从各项经济指标完成情况对成本费用影响的角度分析之后就会发现，各项技术经济指标完成的好坏都会直接或间接地影响产品成本的高低。结合产量变化、掘进率变化、采煤方法变化、劳动生产率高低等技术经济指标，对产品成本进行技术经济分析，以提高成本费用分析工作质量，使其更好地发挥促进经济效益提高的积极作用。

从各费用要素支出变化对成本费用影响的角度分析之后就会发现，两者是交叉影响的，又是互为补充的。从两方面结合起来进行分析，可以找出技术经济方面的原因，便于采取技术经济的各项措施、促进降低成本费用、提高经济效益；从费用要素角度进行分析，重点分析材料费用变动和制造费用变化情况，分析各项支出是否合理、有无浪费现象。

2. 洗煤成本费用分析除参照原煤成本费用分析的具体内容外，还要重点分析洗精煤回收率变化、综合回收率变化、入洗原料煤数量和结构变化、入洗原料煤单价变化和加工费变化 5 个环节。

（三）成本费用的考核内容

根据成本费用责任制分工，对成本费用计划执行情况进行严格的考核，评定分管指标和工作完成情况，根据完成程度给以相应奖罚。

1. 成本费用考核基本要求。定期对成本费用责任制的分级、分工、分人的工作绩效进行严格、公正考核，奖罚分明。使所负的经济责任和所得的经济利益相适应，有效促使各个环节和每个职工忠于职守、相互协调地完成降低成本费用的任务。

2. 成本考核每月进行 1 次。由考核小组逐条逐项地审查报表和有关考核指标的实际完成数据；由领导组织有关人员，对考核的结果进行复查核实，并根据考核结果确定奖罚。

六、成本管控措施

1. 加强劳动组织，提高人均工效，降低人工成本。配备精干力量，组建专业化“三机”维修和安撤队伍，装备专业化工具，提高效率；优化队伍结构，精简岗位，配优配强关键岗位，推行“一岗多能”工作模式，突出工序用时和效率对标，打造更加专业化、高效率的职工队伍，降低人工成本。

2. 强化材料管理，促进节支降耗和控制成本。定期修订材料计划和制度。年初对材料消耗定额实行全面预算计划管理，其中在采煤工区材料消耗定额管理部分，针对实际情况对一些定额作适当调整，鼓励工区修旧利废，注重设备保养维护，提高设备使用周期，以降低材料消耗。

3. 加强运营费用管理，严控非生产性支出。加强招待费、差旅费、办公费、会议费等“四项费用”的管控，加强流程的管理，严控非必要的商旅活动，控制不必要支出；减少零星维修支出，能自修的不外委，无特殊需要一律不得新购办公设备。

第五节　利润税金

一、利润

2001 年，矿井试生产。由于受生产和销售成本增大等原因的影响，2000～2001 年，累计亏损 2268.35 万元。2002 年开始，煤炭生产逐步正常，开始营利，且呈直线上升趋势。其中，2011 年实现年利润 13 亿元，达到最高。2001～2018 年古城煤矿经营状况见表 6–1–5。

二、税金

（一）企业所得税

2001～2007 年，执行 1993 年颁布的《中华人民共和国企业所得税暂行条例》，适用税率 33%。

2008～2018 年，执行 2007 年颁布的《中华人民共和国企业所得税法》及实施条例，适用税率 25%。

（二）增值税

2001～2008 年，执行财政部、国家税务总局《关于调整金属矿、非金属矿采选产品增值税税率的通知》（〔1994〕财税字 22 号），适用税率为 13%。

2009～2018 年 4 月，执行财政部、国家税务总局《关于金属矿、非金属矿采选产品增值税税率的通知》（财税〔2008〕171 号），适用税率为 17%。

2018 年 5～12 月，执行财政部、税务总局《关于调整增值税税率的通知》（财税〔2018〕32 号），适用税率为 16%。

（三）营业税

以出售材料、房屋收入为计税依据，税率为 5%。自 2016 年 5 月 1 日起由缴纳营业税改为增值税。铁路专用线收入按 11% 缴纳增值税。自 2018 年 5 月 1 日起增值税税率由 17% 调整为 16%，铁路专用线收入增值税 11% 调整为 10%。

表 6-1-5 2001 ～ 2018 年古城煤矿经营状况

单位：万元

项目名称	营业收入	营业成本	税金及附加	销售费用	管理费用	财务费用	利润总额	所得税	净利润
2001	97.77	62.20	10.51	0.85	81.48	272.00	−330.03	–	−330.03
2002	8354.67	3230.88	163.76	30.26	98.47	653.51	3211.27	–	3211.27
2003	43442.25	14412.70	327.17	4224.70	2250.69	20966.30	43442.25	–	43442.25
2004	87910.38	21088.13	1583.47	383.47	6450.05	2030.69	55948.09	–	55948.09
2005	91412.38	23427.40	1954.19	193.15	6281.91	1549.90	57520.44	–	57520.44
2006	93071.42	24248.97	2054.83	203.35	4743.82	1191.09	60262.27	–	60262.27
2007	114346.80	33639.69	2318.89	233.67	7106.47	766.15	70275.58	–	70275.58
2008	176576.53	42931.02	3144.69	242.43	12841.99	433.78	116462.63	25824.77	90637.86
2009	156522.49	51255.65	3507.40	258.54	8120.60	90.55	93369.65	23455.86	69913.79
2010	203140.78	62629.45	4188.58	408.65	15353.81	−99.66	120492.07	29859.41	90632.66
2011	247820.06	116659.81	5224.61	574.96	18380.99	−136.96	130679.04	33095.73	97583.30
2012	202466.20	98365.01	4648.40	949.52	21077.93	−118.93	104478.20	27838.48	76639.72
2013	157017.22	87250.46	3565.62	559.06	17482.69	−54.32	71610.20	16729.09	54881.11
2014	117692.81	71853.64	3170.87	537.89	13739.49	350.18	46243.16	12298.36	33944.80
2015	94453.80	76529.54	4858.36	503.05	10022.24	193.03	18360.36	4771.57	13588.79
2016	105704.82	74002.49	5788.25	547.48	11502.43	928.62	32179.77	8325.06	23854.71
2017	138916.65	96095.17	7517.02	542.77	10995.89	3127.52	42839.94	12162.42	30677.53
2018	151043.46	108026.48	8146.98	562.21	13423.30	3229.13	45633.83	11585.18	34048.64
合计	2189990.49	1005708.70	62173.61	10956.02	179954.25	35372.58	1112678.72	205945.93	906732.78

（四）资源税

2004年，根据《中华人民共和国资源税暂行条例》，资源税为吨煤1.8元。

2005年1～4月，资源税为吨煤2.4元。

2005年5月至2014年11月，执行财政部、国家税务总局《关于调整山东省煤炭资源税税额标准的通知》（财税〔2005〕86号），资源税为吨煤3.6元。

2014年12月至2018年，执行财政部、国家税务总局《关于实施煤炭资源税改革的通知》（财税〔2014〕72号），煤炭资源税实行从价定率计征，以应税煤炭销售额为计税依据。执行山东省财政厅、山东省地方税务局《关于印发〈山东省煤炭资源税从价计征实施办法〉的通知》（鲁财税〔2014〕43号），适用税率为4%。执行《关于确定济宁市洗选煤折算率的通知》（济财税〔2014〕30号），洗煤折算率85%。

（五）城建税

以增值税、营业税为计税依据，税率7%。2016年5月1日起，计税依据为增值税。

（六）教育费附加

以增值税、营业税为计税依据，税率为3%，地方教育费附加部分以增值税、营业税为计税依据，税率为2%。2016年5月1日起，计税依据为增值税。

（七）房产税

2010年，财政部、国家税务规定将地价计入房产原值征收房产税。房产税依照房产原值一次减除10%～30%后的余值计算缴纳。矿按照固定资产（房屋）原值扣除30%后余值以净乘以1.2%计提缴纳。

（八）土地使用税

2001～2006年，执行1988年颁布的《中华人民共和国城镇土地使用税暂行条例》，以应税土地面积为计税依据，税额标准为1.6元/平方米。

2007年至2014年6月，执行山东省人民政府《关于调整城镇土地使用税税额标准的通知》（鲁政字〔2007〕172号），税额标准为3.2元/平方米。

2014年7月至2018年，执行山东省人民政府《关于调整城镇土地使用税税额标准的通知》（鲁政字〔2014〕153号），税额标准为8元/平方米。

（九）环保税

环保税是煤炭堆存、装卸按照以下排污系数确定排放量：煤炭装卸煤粉尘排污系数，即3.53～6.41千克/装卸吨煤；煤炭堆存煤粉尘排污系数，即1.48～2.02千克/（吨煤·每年）。古城煤矿按照80%进行核减，按照20%进行每千克1.2元标准征收。

（十）水资源税

以实际取用水量，一般取用水按1.5元/吨计提缴纳，疏干水直接外排按2元/立方米计提缴纳，疏干回收利用排水按1.0元/吨计提缴纳。

（十一）个人所得税

执行1980年颁布实施的《中华人民共和国个人所得税法》。2001～2005年，起征点为 800 元。

2006 年至 2008 年 2 月，实行九级超额累进税率，起征点为 1600 元。

2008 年 3 月至 2011 年 8 月，实行九级超额累进税率，起征点为 2000 元。

2011 年 9 月至 2018 年 9 月，实行七级超额累进税率，起征点为 3500 元。

2018 年 10 月，实行七级超额累进税率，起征点为 5000 元。

综上，对 2001 ～ 2018 年古城煤矿税款缴纳情况进行统计，详见表 6–1–6。

表 6–1–6　　2001～2018 年古城煤矿税款缴纳明细表

单位：万元

年度	增值税	企业所得税	营业税	城建税	资源税	房产税	土地使用税	其他税金	纳税合计
2001	95.60	—	0.01	6.69	5.22	—	—	2.30	109.82
2002	353.62	—	0.03	24.76	10.07	—	—	10.61	399.09
2003	5355.41	—	21.26	354.67	266.58	55.03	97.19	227.08	6377.22
2004	9611.74	58.54	27.44	676.13	527.91	50.80	69.99	654.81	11677.36
2005	10988.80	0.00	1.16	769.22	748.87	38.96	71.89	0.22	12619.12
2006	10935.59	0.00	5.36	763.75	900.85	36.15	217.34	1452.69	14311.73
2007	12390.56	3.23	869.76	893.88	41.54	214.99	0.36	0.00	14414.31
2008	20083.05	21613.21	15.96	1597.43	829.23	38.69	218.35	2758.84	47154.75
2009	23418.43	25936.41	19.48	1502.20	1040.71	60.05	255.56	5057.91	57290.76
2010	28509.91	29323.06	49.86	1770.50	794.94	77.30	246.53	6890.41	67662.51
2011	33489.22	33651.42	58.58	2524.98	1022.55	68.31	246.62	7008.65	78070.32
2012	30714.86	34995.11	64.58	2154.56	964.78	88.56	245.26	5293.66	75464.81
2013	20035.03	20022.89	302.39	1695.36	1031.21	96.83	648.20	5373.51	50181.16
2014	14696.66	11878.75	19.68	758.41	912.41	105.51	290.51	3121.43	32319.93
2015	11730.64	4318.34	–224.81	912.39	3532.90	146.23	300.26	1303.12	22580.14
2016	12558.76	5625.68	6.05	772.55	3583.74	128.25	513.95	787.86	24598.74
2017	16538.14	10096.58	0.00	1157.67	4814.06	130.76	466.84	1031.35	35402.81
2018	18127.60	11784.92	0.00	1268.93	7702.82	130.75	462.55	1114.67	41612.77

第六节　财务信息化

一、信息化发展

2003年1月1日，财务核算使用DOS状态下的账务处理系统，具备应收账款管理、应付账款管理和提供编制现金流量表等功能，实现单元性、整体性、系统性。

2009年1月1日，启用浪潮集团开发的GS财务操作系统。该系统简单易懂、可操作性强、数据处理高度实时，具有规范化的总体设计和系统分析，可以提高会计结算效率、降低管理成本。

2013年1月1日，启用SAP财务操作系统。该系统对于企业的构架以及财务控制管理方面考虑得十分细致，整体逻辑结构也十分严谨，能更好地进行事前控制，实现集成化、标准化、全面化。

2017年10月1日，启用浪潮集团开发的财务共享系统。该系统集中处理简单繁琐的任务，解放会计人员时间，降低企业人力成本，提高会计结算效率；同时，对日常经营行为进行集中监督，降低以往分散核算时的监督成本。

二、管理制度

（一）硬件管理制度

1. 定期对计算机运行的外部条件（如电源、UPS、温度、磁场等）进行测定，保证机器正常运转。

2. 利用系统杀毒软件对机器的完好情况进行诊断维护，及时处理发现的问题。经常用最新版本的解病毒盘，对机器硬盘进行检测，发现病毒及时杀除。为防止病毒侵蚀，应在计算机内安装解病毒卡。

3. 在系统运行过程中，出现硬件故障，由系统维护员及时进行故障分析，短时间内维修处理完毕。无法自行处理的故障，及时报上级协助解决或送维修部门。

4. 对计算机和其他设备进行定期检测和故障维修处理时，按规定填写检查记录和维修记录。

（二）软件管理制度

1. 财务电脑所有系统软件和程序软件，由本单位财务负责人指定专人统一管理，不经批准不准外借和拷贝。

2. 外来软件未经负责人许可不得上机运行，也不得将电脑软件随意带出或转给他人。

3. 管理人员对软件进行分类、编号管理，定期对软件或有关数据的保存情况及完好性进行检验。

4. 对正在使用的会计核算软件进行修改或对其他通用软件进行升级时，要经矿领导同意、办公室备案，杜绝擅自修改，引起对软件系统的破坏。

5. 当使用软件出现故障时，由系统维护员进行处理，禁止进行库操作，避免文件被破坏和数据丢失，保证会计数据的完整性。

6. 对一些特殊需要保密的软件进行严格的专项管理，杜绝非指定人员擅自使用或对操作人员实行权限控制，防止软件事故的发生。

（三）电算化会计档案管理制度

1. 电算化会计档案，包括存储在计算机硬盘及备份机器上的会计数据会计数据是指记账凭证、会计账簿、会计报表（包括报表格式和计算公式）等数据。

2. 微机室设档案专柜，由专人负责，档案柜要防磁、防火、防潮、防尘。

3. 曾经使用过的程序软件和有关数据做好备份，存档管理。

4. 对账务处理系统形成的数据文件做双备份，存放在 2 个不同的防磁、防潮、非高温的地方。

5. 正在使用的程序软件和其数据文件要做到及时备份，保持最新版本。

6. 对于自行开发软件的全套文档资料及会计软件程序，视同会计档案保管，保管期截至该软件停止使用或有重大更改之后 5 年。

7. 电算室中各类资料（书籍、报刊、其他有用资料），均要做好记录。除需保密的以外，可摆放在微机室书架上，供上机人员查询使用，防止电算化会计档案丢失。

第二章　人力资源管理

第一节　机构职责

一、机构沿革

1992 年 8 月 26 日，筹建处成立经济管理科，设科长 1 人，负责劳动工资工作。

1993 年 10 月 25 日，成立经济科，撤销经济管理科。

1995 年 4 月 23 日，成立计划预算科，负责计划预算和劳动工资工作。筹建处分管副主任兼任科长，设副科长 1 人，撤销经济管理科。

2001 年 2 月 16 日，成立古城煤矿劳动工资保险部，分管副矿长兼任部长，设副部长 2 人，撤销古城矿井筹建处计划预算科。

2003 年 8 月 2 日，成立劳资社保科，设科长 1 人。撤销劳动工资保险部。

2006 年 3 月 2 日，设副科长 1 人。

2008 年 8 月 22 日，设副科长 1 人。

2013 年 3 月 26 日，设副科长 1 人。

2014 年 1 月，成立内部市场化办公室，隶属劳资社保科管理，劳资社保科科长兼任办公室主任，设副主任 1 人。

2015 年 7 月 30 日，成立经济管理部，分管副矿长兼任部长，劳资社保科隶属经济管理部，设副部长（正科级）1 人。

截至 2018 年末，劳资社保科共有 18 人，其中劳资社保科 8 人、市场办 10 人。

二、岗位职责

1. 科长职责：负责本科室各项工作的督促及监督，协调其他部门做好全矿经营管理；根据政策制定工资、奖金的有关规定及对工资分配办法进行调整和补充；负责职工的调配工作；负责做好工资总额的全面预算、全员业绩考核、内部市场化等工作。

2. 统计人员职责：负责计算职工工资，各类人员工资、奖金、津贴的支付情况及各类人员增减变动情况的统计工作，绩效考核及机关考勤工作。

3. 档案管理人员职责：负责职工档案管理，劳动合同签订、续签、解除，职工停薪留职及自主创业办理。

4. 社保管理人员职责：负责职工五险一金的缴纳及每年上缴基数调整工作。

5. 劳保管理员职责：负责编制劳保用品计划，按时发放各种劳保用品；做好职工健康查体和年度安全评估工作。

6. 定额管理员职责：负责制定劳动定额、定编、定员标准，每月对井下零星工程进行核实与验收。

7. 核算管理员职责：负责月度各工区工资核算，班清班结管理系统维护，下井班中餐核算、职工每月餐补核算，伤、病丧、产、事各种假期的统计与待遇执行，职工技能培训和考核工作，人力资源系统信息维护，退休人员及遗属待遇发放。

第二节 劳动管理

一、劳动组织

（一）人员结构

古城煤矿劳动用工有固定在册职工和劳务输入人员两种形式。固定在册职工由临矿集团内部单位、技校毕业学生及外部单位调入、招聘的大中专院校毕业生、安置复转军人等。劳务输入人员由劳务机构提供，从事井下工作，双方签订劳动合同。2007年4月，与兖州市华星、阳光2个物业公司签订物业合同，提供职工食堂、宿舍、洗衣房、矿区环境卫生、绿化、维修等用工。

1998～2018年，劳务输入到矿总人数为865人。其中，恒昌公司147人，兴元公司137人，临沂华建工程公司348人，光力士公司214人，王楼矿井筹建处13人，田庄煤矿1人，邱集煤矿1人，马坊煤矿1人，矿务局技校1人，沂州府公司1人，亚龙公司1人。随着用工制度的规范，逐步清理调整劳务输入机构和人员。截至2018年年末，有劳务派遣人员518人（临沂华建公司职工212人，淄博众华公司195人，济宁隆昌公司111人）、后勤物业公司人员115人（兖州区华星物业服务有限公司85人，兖州区阳光物业服务有限公司30人）。

截至2018年年末，全矿在册总人数2258人，其中男职工2008人，女职工250人。

职工总人数2891人（包括劳务派遣518人、物业公司115人），中层管理人员159人，占比5.5%；工程技术人员71人，占比2.5%；采掘一线881人，占比31%；井下辅助地面810人，占比28%；地面人员518人，占比18%；非煤人员273人，占比9.4%；其他人员98人，占比3.3%；服务人员81人，占比2.8%）。

2018年，古城煤矿组成专业施工队伍，向内蒙古上海庙矿业公司劳务输出130人。

（二）组织结构

1992年8月26日，临沂矿务局组建曲阜矿井筹建处，配工作人员9人。

1993年10月25日，曲阜矿井筹建处更名为“古城矿井筹建处”。机构设置为古城矿井筹建处党政办公室、工程技术科、经济科、供销科、生活服务公司、临沂矿务局公安处驻古城矿井公安科。

1997年9月26日，矿务局将岐山煤矿划归筹建处管理，移交人员286人，成立古城煤矿金利包装制品厂，撤销岐山煤矿建制。10月1日，古城矿井筹建处设金利包装制品厂办公室、财劳科、销售科、保卫科。2004年12月14日，撤销金利包装制品厂建制。

1998 年 8 月 20 日，筹建处设立采煤工区、机电运输工区。

2000 年 3 月 9 日，成立采煤一工区、采煤二工区、机电工区、运输工区。撤销采煤工区、机电运输工区。

2000 年末，筹建处有职工 858 人，其中临沂矿务局工程公司、临沂矿务局恒河实业公司等单位劳务输入 299 人。

2001 年 1 月 1 日，古城矿井移交试生产。2 月 16 日，组建 6 部 1 室 3 公司、4 个生产工区、3 个辅助工区，即党群工作部、劳动工资保险部、财务管理部、生产技术部、机电运输部、武装保卫部、行政办公室、煤炭运销公司、后勤服务公司、物资供应公司、采煤一工区、采煤二工区、采煤三工区、掘进工区、机电工区、运输工区、通风工区。3 月，为解决矿投产后劳动力不足的问题，临沂矿务局以劳务输入的形式将五寺庄煤矿、塘崖煤矿、汤庄煤矿、褚墩煤矿、株柏煤矿、草埠煤矿一部分职工输入到古城煤矿，共计 895 人。7 月 22 日，成立综掘工区、机修车间，形成矿、工区、队、班组四级生产管理模式。各工区设区长、书记 1 名，副区长 4 名，队长、班组长因工区编制不同所设的人员数量也相应不同。采煤一工区、采煤二工区、采煤三工区、掘进工区、综掘工区负责煤炭生产和掘进施工。机电工区下设机修组、电修组和系统运行组，主要负责本工区机电设备维修与维护和矿井地面井下压、排、提、供大系统的正常运转以及井下各变、配电所养护和安全运行。运输工区下设大小班维修小组、井下运搬队、井下皮带运输小组、井下皮带清理小组，主要负责井下提升运输系统的维修清理运行工作。通风工区下设局部通风、通风设施、综合防尘、瓦斯检测和维修电工及数据监控小组，主要负责矿井供风和通风设施维护以及检查检测监测各个采掘工作面项气体情况的工作。机修车间下设井下安装队、车床、维修与加工、电气设备维修组，主要负责矿井采煤工作面配套设备安、撤以及全矿矿车大修、器件加工、井下电器设备的大修保养。全矿原煤生产岗位工实行“三八”工作制。

2001 年 8 月 10 日，成立安全技术培训中心，设专职教师 1 人，兼职教师 5 人，负责职工全员、特殊工种、转岗职工培训。

2003 年 4 月 12 日，成立综合利用电厂，定员 109 人。设锅炉输煤车间、汽机化水车间、电气热工车间、维修电工组，实行四值三运转制。

2004 年 12 月 6 日，临沂矿务局研究决定，成立“临沂矿务局古城煤矿安全技术培训中心”，隶属矿务局，委托古城煤矿管理。古城煤矿矿长兼任安全技术培训中心主任，设副主任（副处级）2 名。设办公室、教务科、学管科三个部门，共有教职工 23 人。

2005 年 11 月 16 日，成立选煤厂。设置动筛车间、主洗车间、尾煤泥水处理车间、机电维修车间，在册职工 122 人。实行“三八”工作制。

2011 年 10 月 11 日，临矿集团决定，原委托古城煤矿管理的“临沂矿业集团有限责任公司古城煤矿安全技术培训中心”改为委托山东煤炭技师学院管理。教职工人事关系仍在古城煤矿。

2013年，掘进二工区分成巷修工区和掘进二工区。

2016年初，巷修工区与掘进二工区合并为巷修工区。9月，外聘济宁隆昌公司负责部分井下巷修工程施工，并成立巷修三工区，下设两个队，共75人；后期增设3个巷修队，人员为122人。

2015年1月2日，淄博众华公司首批劳务派遣到矿人员157人；23日，增加23人。

2015年2月，成立力新支护材料厂；2016年4月，注册为古城煤矿内资分公司。

2015年3月30日，成立防冲工区。

2016年1月20日，古城小区移交给田庄煤矿管理。

2017年6月，巷修工区改名为掘进二工区。8月，成立皮带工区，人员由运搬工区分离。

2017年8月29日，成立外事协调办公室，设主任1人，办事员1人。

2018年1月1日、3月4日，分别劳务输出上海庙矿业公司53人、50人；3月，终止与临沂华建公司、济宁隆昌公司井下巷修工程外包合同；同月，新增济宁隆昌公司劳务派遣人员122人。9月21日，根据工作需要，报请临矿集团批准，成立煤管科、选煤厂、充填工区，煤管科定员52人，选煤厂定员112人，充填工区定员61人；撤销煤炭营销公司机构设置。

2018年10月5日，成立科创中心，设副主任2人，工作人员2人。11月25日，劳务输出内蒙古上海庙矿业公司91人。12月25日，劳务输出内蒙古上海庙矿业公司71人。

截至2018年年末，古城煤矿设生产技术科、调度室、机电运输科、安全监察处、地质测量科、通防科、防治冲击地压办公室、科创中心、行政办公室、党群工作部、财务科、劳资社保科、预算科、总务科、卫生所、武装保卫科、煤炭管理科、外事协调办公室等18个科室；设采煤一工区、采煤二工区、充填工区、掘进一工区、掘进二工区、掘进三工区、防冲工区、机电工区、机修工区、运搬工区、皮带工区、通防工区、综合利用电厂、选煤厂、力新支护材料公司等15个采掘、辅助区队及地面厂点。1992～2018年古城煤矿工人数情况见表6-2-1。

表6-2-1　　1992～2018年古城煤矿职工人数一览表

年度	职工人数	年度	职工人数
1992	26	2006	2383
1993	24	2007	2402
1994	36	2008	2696
1995	56	2009	2611

续表

年度	职工人数	年度	职工人数
1996	85	2010	2657
1997	328	2011	2683
1998	641	2012	2713
1999	845	2013	2726
2000	899	2014	2684
2001	1475	2015	2660
2002	1405	2016	2459
2003	1313	2017	2350
2004	1464	2018	2258
2005	1670	—	—

组织专业队伍参加内蒙古矿区建设（2013 年 1 月摄）

二、劳动调配

2001 年，按照国家有关规定，规范职工调配工作。劳动调配遵循以下原则：劳动组织严格做到一线满员、二线定岗、三线定编，压缩非生产人员。对新招聘人员和新分配大学毕业生、技校毕业生，按专业先到井下采掘工区，女学生到辅助工区进行实习锻炼。工人调动必须有矿劳资部门严格的调配手续，各单位接到通知后必须通知个人按照指定的日期调出和调入。不服从调动者自通知之日起停发一切工资和福利待遇。需要临时借调人员，必须有矿长批准，确定借调时间，由矿劳资社保科办理借调手续。老弱病残职工改变工种，必须出具相关的医学证明诊断，经矿劳动鉴定委员会鉴定。

职工调动工作须符合2个基本条件：（1）劳动力缺乏，需要人员调动的；（2）因本人身体有伤病提出申请，经医院诊断证明，矿劳动鉴定委员会鉴定不适合井下工作的。有以下情况人员不予以调动工作：（1）新分配的技校生、招聘的从事井下一线工作的工人；（2）有旷班记录、挑工种、不安心现任本职工作的；（3）伤病职工医疗没有终结的、女职工产假未到期的；（4）开除矿籍、留矿察看以及受处分人员尚未撤销处分的。

所有人员调配，必须经矿长办公会研究决定。

三、劳动纪律

（一）考勤制度

1996年8月8日，古城矿井筹建处下发《关于实行集中考勤办法的通知》。按此规定，筹建处所有人员（含借用人员）人手一册考勤本，每日上班前交本，下班后取本，因公出差不能在处考勤者，应于返还次日，报分管领导批准给予补勤；实行三班制的工作岗位（变电所、锅炉房、火药库），以值班交接记录为准。1998年，在井口设有考勤室，计划预算科设3名专职考勤员，负责对生产、辅助工区人员的考勤管理；上班时必须先将个人的考勤本交到井口考勤室，由考勤员逐一考勤审核盖章，不准代交、代领，下班后取考勤本。机关科室人员上午上班交考勤本，下午下班领取考勤本，不准代交或代领。2003年，取消考勤室，由各单位自行负责。2007年，机关考勤使用汉王考勤机指纹考勤、人脸考勤，机关科室考勤由劳资社保科统一管理。2017年8月1日，机关科室开始使用“钉钉考勤”，职工上下班使用手机打卡考勤。

（二）假期

1. 事假。1998年，采掘、辅助工区职工请假3天以内，由区长签批请假条。科室工作人员有事向本科科长请假。区队级、科级干部向矿长或分管矿长请假。2003年，采掘、辅助工区职工请假3天以内，由所在工区区长签批请假条；请假3～7天，必须由分管矿领导签批假条；请假8天以上必须由矿长签批假条。

2. 病假。职工有病不能上班时，由矿卫生所诊断后写出病假条。在家或外地的须持所在乡镇以上医院的诊断证明，回矿后到卫生所申请病假条。

3. 公休。工区（厂）根据各自的实际情况让职工必须按排号轮休，每月休7个，不得借班、攒班、补班。机关人员实行大月休6个班，小月休5个班。

4. 婚假。达到国家法定结婚年龄结婚的可享受婚假3天。

5. 产假。计划内生育的女职工，法定产假为98天。根据山东省相关规定，增加产假60天，即158天。其中，产前假为15天；难产的增加假期15天；给予男方护理假7天；女职工在哺乳期内哺乳未满1周岁婴儿的，在每天劳动时间内给予1小时的哺乳时间。

6. 丧假。按照国家劳动总局、财政部〔1980〕劳总薪字29号和〔1980〕财企字41号文规定，职工的直系亲属（父母、配偶和子女）死亡时，可享受3天丧假。

7. 年休假。在册职工连续工作满 1 年及以上的，享受带薪年休假。累计工作满 1 年不满 10 年的，年休假 5 天；累计工作满 10 年不满 20 年的，年休假 10 天；累计工作满 20 年的，年休假 15 天。国家规定节假日、休息日不计入年休假的假期。

有下列情形之一的，不享受当年的年休假：职工请事假累计 20 天以上，且单位按照规定不扣工资的；累计工作满 1 年不满 10 年的职工，请病假累计 2 个月以上的；累计工作满 10 年不满 20 年的职工，请病假累计 3 个月以上的；累计工作满 20 年以上的职工，请病假 4 个月以上的；旷工人员；职工因工负伤，离开工作岗位累计 6 个月以上的；职工脱产学习 6 个月及以上的。

（三）劳动合同

2001 年，矿井投入试生产后，根据国务院国发〔1982〕59 号《企业职工奖惩条例》和《劳动合同法》的相关规定，对旷工、不服从指挥、违反安全生产责任制和岗位责任制等管理制度的职工，根据其情节严重程度，分别给予处分，如警告、降级、撤职、留用察看行政处分和一定的经济处罚等。2003 年，根据安全管理工作需要，对在井下打盹睡觉的职工、地面和机关工作人员工作时间干私活、私自外出等违反劳动纪律，或在工作中因玩忽职守造成重大事故者严肃追究责任，直至解除劳动合同。

第三节　工资管理

一、工资构成

工资构成主要包括岗位工资、绩效工资、奖金和津贴、补贴。绩效工资分为安全绩效工资、效率绩效工资、效益绩效工资、部门绩效工资、个人业务绩效工资。

二、工资调整

1999 年 12 月，根据临沂矿务局《关于调整职工岗位、技能工资标准实施意见》，对 1999 年 6 月 30 日在册的且执行现行岗位、技能工资标准的全员合同制职工进行工资调整，将现行的岗位、技能工资标准对应套入山东省劳动和社会保障厅出台的新的企业岗位技能工资标准。

2004 年 3 月，对 2004 年 3 月 31 日在职（包括劳务人员）的全员劳动合同制职工，根据现任岗位工种（或职务）、工作年限和任职年限，对应的套入现行的山东省企业岗位、技能工资参考标准。纳入职工个人档案，作为档案工资管理。

2001 ～ 2018 年古城煤矿职工工资收入情况见表 6-2-2。

三、住房补贴

2004 年 1 月，根据临沂矿务局《关于对在职职工实行住房补贴的通知》要求，对 2004 年 3 月 31 日在册的全员劳动合同制职工实行住房补贴，计算住房补贴的工资基数为 2004 年新调整的岗位、技能工资加工龄津贴之和，按照临沂市规定的 25% 比例标准执行。住房补贴按月随工资发放。实行住房补贴后，原规定的 13 元建房互助金不再执行。

2005 年 6 月，住房补贴比例标准由 25% 提高到 35%。

四、工资、奖金分配

表 6-2-2　　2001 ～ 2018 年古城煤矿职工工资收入情况一览表

年度	工资总额（万元）	人均工资（元）	年度	工资总额（万元）	人均工资（元）
2001	1547	10491	2010	19190	73921
2002	2324	16541	2011	23609	88956
2003	2440	18791	2012	24049	89769
2004	3327	26880	2013	22833	84396
2005	5200	35877	2014	22211	82968
2006	7327	38370	2015	22659	79116
2007	9840	39917	2016	23200	89162
2008	12079	47931	2017	23900	94496
2009	13404	50599	2018	24200	103359

1992 年 8 月，实行岗位、技能工资加各种津贴的分配方式，根据任务完成情况计发工资和奖金。

2001 年，采掘工区按照各单位作业地点，实行固定的工资单价，直接与产量和进尺挂钩，按照吨煤、延米完成情况提取工资总额，按照工资总额实行切块管理、分段挂钩，超产加奖。采煤工区根据采场实际情况，实行固定的吨煤单价。采场不变，单价不变，超计划部分加价 30%。完不成计划的按实际完成情况结算。掘进工区根据掘进迎头实际情况，制定固定的延米单价，如岩性、运输条件发生变化，经领导同意用 1.1 ～ 1.3 的修正系数上调延米单价。超计划部分加价 50%，月度完不成计划的按实际完成情况计算工资。辅助工区进行定编定员，按照定员人数承包工资总额，能够量化的根据其定编人数确定工资总额，与计划数相除得出单价，再乘以实际数计算发放工资。管理人员工资根据采掘完成计划情况计发：采掘完成计划，正职、副职按本工区平均工资的 1.5 倍、1.3 倍发放；采掘完不成计划，正职、副职按本工区平均工资发放，欠计划 20% 的只发生活费。职工工资发放时，对于能包岗的实行包岗工资，其他的执行计件工资。机修工区全部实行计件工资制，对设备维修、安装确定计件单价，以实际维修设备量和安装工程量计算工资总额。

机关人员工资打破原岗位技能工资制，根据全矿的安全生产状况确定月度奖金，超计划部分按照岗位工资同比例进行奖励。实行新的岗位工资，副总工程师 800 元，正科级（含主持工作的副科级）750 元，副科级 650 元，管理人员 450 元。当月全矿实现利润，给予月度奖励，副总工程师 160 元，正科级 120 元，副科级 100 元，科员 80 元。工人岗中 2 ～ 4 岗 80 元，5 ～ 8 岗 100 元。执行工龄补贴，按每年 1 元计。中秋节和春节，发放节日补助金。

2002 年，工资分配在 2001 年的基础上进行了逐步完善，采掘工区超计划加价部分，由原来的 30% 调整到 20%，对完不成计划的单价下调 10%。辅助工区奖金由原来实行的固定奖变成全矿采掘超额工资的 70%，工人岗中 2 ～ 4 岗按全矿采掘超额工资的 50% 计发，5 ～ 6 岗按全矿采掘超额工资的 70% 计发，井下安监员按全矿采掘超额工资的 100% 计发。辅助工区副职原来按本工区平均工资的 1.3 倍降低到 1.2 倍，其他工资分配政策与 2001 年相同。

2003 年，为平衡工资分配，对班组长骨干工资分配进行规范，规定不准突破本班组平均工资的 1.4 倍，并规定工区机电修人员可根据本人业务技术水平进行 1.0 ～ 1.2 倍的调整。同年，为了保证职工出勤率，确保安全生产工作正常有序地进行，增加职工收入，在春节和农忙（主要是麦收）季节实行保勤奖，在春节和农忙季节期间达到矿规定出勤数的享受保勤奖。其他工资分配政策与 2002 年相同。

2004 年，对工资分配进行较大调整，全矿根据安全生产情况和效益状况进行季度嘉奖，标准为每季度末嘉奖职工本人一个月的岗位工资。同年 9 月，取消职称补贴，并对岗位工资进行调整。科级（含主持工作的副科级）1100 元，副科级 900 元，管理人员 700 元，工人岗 2 ～ 4 岗 600 元，5 岗 700 元，6 岗 750 元，跟班安监员 900 元。对岗位工资进行调整，将其分成基础工资、效益工资，构成相应各占 60% 和 40%。同时，对矿龄津贴也进行调整，工龄 1 ～ 10 年的每年 2 元，工龄 11 ～ 20 年的每年 3 元，21 年以上的每年 5 元。采煤、掘进工区分别对超计划部分加价进行细化调整，同时实行固定的台阶奖励，主要用于奖励业务骨干。工区管理人员正职月度工资不能突破全区平均工资的 1.8 倍，副职按正职的 80% 执行。其他工资分配政策与 2003 年相同。

2005 年，为调动职工积极性，岗位工资在 2004 年基础上提高 100 元和 50 元，科级（含主持工作的副科级）1200 元，副科级 1000 元，管理人员 800 元，工人岗 2 ～ 4 岗 650 元，5 岗 700 元，6 岗 800 元，8 岗 1000 元，跟班安监员 1000 元。又将岗位工资分成基础工资、效益工资且各占 60% 和 40%。矿龄津贴标准按照职工个人参加工作时间计算，具体标准为：每年 1 元。工区管理人员正职月度工资不能突破全区平均工资的 1.8 倍，副职按正职的 80% 执行，书记按正职 90% 执行。同年 4 月开始，实行全员安全风险金制度，根据职务和工种交纳安全风险金，月度实现安全生产，按所交纳安全风险金同等数额每月随工资发放。同年下半年，为调动广大职工学技术、学业务的积极性，全矿组织生产、辅助、地面单位各岗位工种开展技术比武活动，经评选有 458 名职工被评为岗位技术能手。其他工资分配政策与 2004 年相同。

2006 年 1 月起，实行岗位技术补贴制度，每人每月补贴 200 元。同年，为完善工资结构，加大安全在工资分配结构中的比重，从工区结算工资总额中划出 40% 作为安全工资，安全工资直接与工伤、违章及安全考试成绩挂钩，根据安全生产情况发放安全工资，最高奖励不超过安全工资的 30%，最多处罚直至扣完安全工资。机关及所属地面服务人员，从岗位工资和当月奖金中划出 40% 作为安全工资，直接与全矿安全生产情况挂钩，最高奖励不超过安全工资的50%，最多处罚直至扣完安全工资。全员安全风险金返还改为季度发放。年底实现安全生产，两倍返还安全风险金；发生事故则扣罚安全风险金。2006年年底，古城煤矿作出规定，对连续2年被评为岗位技术能手的职工，每人每月在200元的基础增加100元。

2007年，岗位工资在2006年基础上提高100～300元，科级（含主持工作的副科级）1500元，副科级1200元，管理人员900元。

2008年，岗位工资调整为副总工程师2100元，科级（含主持工作的副科级）1800元，副科级1500元，管理人员1200元。

2010年，岗位工资进行调整，副总3200元，科级（含主持工作的副科级）2800元，副科级2300元，管理人员1800元。

2011年，岗位工资进行调整，副总3400元，科级（含主持工作的副科级）3000元，副科级2500元，管理人员2000元。

2013年，岗位工资进行调整，副总3600元，科级3200元，副科级2700元，管理人员2200元。地面2～4岗1900元，地面5岗2050元，井下5岗2200元，井下6岗2300元，井下7岗2500元，井下8岗3100元。

2015年，岗位工资进行调整，副总4300元，科级3900元，不主持工作科级3700元，副科级3400元，管理人员2200元。

2018年，岗位工资进行调整，副总4600元，科级4200元，不主持工作科级4000元，副科级3700元，管理人员2500元。地面2～4岗2200元，地面5岗2350元，井下6岗2600元，井下7岗2900元，井下8岗3400元。

五、假期工资

1. 事假。根据规定，事假期间不发工资。

2. 病假。因病停工医疗累计未超过180天的，其病假工资按本人岗位工资的70%发放；累计超过180天的，其病假工资按本人岗位工资的60%发放，但病假工资最低不得低于当地最低工资标准的80%。

3. 年休假。执行按临矿集团临矿劳字〔2008〕54号《临沂矿业集团职工带薪年休假的管理办法》和临矿集团〔2008〕179号《临沂矿业集团职工带薪年休假管理补充规定的通知》。职工休年休假期间基本工资照发，年休假工资＝现行岗位工资 ÷21.75× 休假天数；未休年休假的发加班工资，未休假天数工资＝现行岗位工资 ÷21.75×300%× 未休假天数。

4. 婚假。职工达到法定年龄结婚的可享受婚假3天，基本工资照发。

5. 产假。执行《临沂矿务局女职工劳动保护实施细则》《山东省人口与计划生育条例》有关规定，基本工资照发。

6. 护理假工资。家属生育1胎并属于晚育的，男方享受7天护理假。

7. 丧假。职工直系亲属死亡可享受3天丧假，基本工资照发。

六、工伤假工资

职工因公负伤按照《工伤保险条例》的规定执行。停工留薪期内，工资发放标准按本人岗位工资支付；停工留薪期满后根据本人受伤情况，仍不能上班的，另行确立工资标准，但支付标准最低不得低于当地最低工资。

七、法定节假日加班工资

法定节假日加班工资，以工资基数 ÷21.75（班）× 法定节假日出勤天数 ×300% 计发；日常加班工资，以工资基数 ÷21.75（班）× 月度加班天数（实际出勤天数 -21 天）×200% 计发。

加班工资计算基数，以职工上月应发工资减去加班工资后数额作为基数。

八、津贴、补贴

1. 井下津贴。1998 年，矿井进入井下施工阶段，实行井下津贴，采掘工每工 3 元，井下辅助工每工 1.5 元，井下安监员、瓦检员每工 2.2 元。2008 ～ 2018 年，调整为采掘工 30 元 / 个，井下辅助工 20 元 / 个，机关人员 10 元 / 个。

2. 夜班津贴（大小）。1998 年，实行夜班津贴，夜班 1.2 元，中班和井上值班人员 1 元。2008 ～ 2018 年，调整为采掘工 10 元 / 个，井下辅助工 8 元 / 个，机关人员 6 元 / 个。

3. 班中餐津贴。2000 年 8 月 6 日，开始执行班中餐制度。以食品的形式发放，由食堂加工制作，主要有肉饼、包子、火腿肠、香肠、鸭蛋、牛奶、面包、各种饮料等，有专人直接送至井下各工作面。

2001 年，按照班中餐标准，加工制作大包子、肉饼等食品，每班由专人送到井下各工作地点发放给职工。后取消专人送餐，由职工本人班前领取班中餐，自行带到井下。

2003 年 3 月，撤销班中餐组，直接将班中餐补贴充值到职工就餐卡中，在食堂设立班中餐出售窗口，由职工自行购买物品带入井下。班中餐津贴以现金形式存入饭卡，标准为：采掘工每工 3 元，辅助工每工 2 元。

2005 年，调整为采掘工每工 5 元，辅助工每工 3 元，职工自己购买班中餐。

2008 年，调整班中餐津贴，采掘工 10 元 / 人，井下辅助工 6 元 / 人。

2009 年，矿决定，给予班中餐优惠 20% 的补助，即：将 1 元钱的食品，按 0.8 元出售给职工（仅限下井职工），0.2 元的差价由矿补贴给食堂。

2009 年 5 月，在洗浴中心一层设班中餐销售窗口，由职工一食堂和二食堂同时为职工提供班中餐，为职工提供更多选择。

4. 矿龄津贴（年功津贴）。按照职工参加工作时间计算，开始实行每年 1 元。2003 年 1 月，改为分段计算，具体标准是：1 ～ 10 年的每年 2 元，11 ～ 20 年的每年 3 元，21 年以上的每年 5 元。2004 年 9 月，改为每年 1 元。

2018 年，对工龄补贴进行调整，工龄补贴根据职工参加工作的年限分段计算，按档次提增。具体标准为：1 ～ 10 年的 6 元 / 年，11 ～ 20 年的 8 元 / 年，21 ～ 30 年的 10 元 / 年，31 年及以上的 12 元 / 年。

5. 取暖津贴。每年 12 月至次年 2 月，共 3 个月，每月 8 元，共 24 元，已享有煤贴的职工不再享受取暖津贴。

2017年对取暖费进行调整，每年发放1700元。不计入个人工资总额。

6. 防暑降温费。2004年，开始实行防暑降温费。凡从事室外和高空作业人员，在6～9月每人每月发放6元，非高温作业人员每人每月发放3元。

2006年，根据临矿集团《关于调整企业职工夏季防暑降温费标准的通知》，调整防暑降温费，每人每月120元、80元。

2015年8月1日，根据山东省人社厅、山东省财政厅等5部门下发的《关于调整企业职工防暑降温费标准的通知》（鲁人社发〔2015〕45号）的规定，上调防暑降温费，从事室外作业和高温作业人员每人每月200元，非高温作业人员每人每月140元。全年按6月、7月、8月、9月共4个月计发，列入福利支出，不计入个人工资总额。

7. 交通费津贴。1989年7月，临沂矿务局开始实行交通费补贴，每人每月5元，后调整到每人每月10元。2013年6月，取消该津贴。

8. 洗理费津贴。1981年9月1日，实行洗理费津贴，男职工每人每月1.6元，女职工每人每月2.4元。1992年2月，男职工每人每月7元，女职工每人每月8元。后男职工每人每月15元，女职工每人每月17元。2013年6月，取消该津贴。

9. 书刊费津贴。1984年11月，在职正式干部每人每月4元。1989年6月，改为每人每月5元，后调整为每人每月15元。2013年6月，取消该津贴。

10. 班组长补贴。1979年，临沂矿务局恢复班组长津贴，古城煤矿执行工资系数考核制。

九、劳动定额

2001年，古城煤矿根据临沂矿务局、新汶矿务局劳动定额，拟定古城煤矿井下劳动定额。

2004年，聘请外部定额专家，制定矿劳动定额。

2009年，临矿集团劳资处对综放工作面、综掘工作面机械化程度、劳动效率进行分析，进一步修订完善临矿集团劳动定额标准。

2014年，临矿集团对劳动定额进行修订细化。矿根据标准，制定完善矿劳动定额标准。同时，对工作物等级进行实施，采掘工280元/工、井下辅助工220元/工、地面工130元/工。

2015～2018年，矿综采、综掘工作面严格根据《煤矿安全规程》《作业规程》《煤矿工人技术操作规程》的标准要求组织施工，工程质量达到标准要求，实现安全生产；根据不同的现场施工实际条件，按照岗位、职责人员的合理配置。2018年古城煤矿回采矿量、掘进进尺及定额完成情况见表6-2-3。

矿井下分为三个水平，分别为-505米水平、-850米水平、-1030米水平。开采煤层为3煤，煤厚8.5米，综放工作面，条带开采，2个采煤工区。根据不同水平、机械化程度、定编定员制定原煤单价。月度采煤、掘进根据实际产量、进尺×单价+验收考核情况+零星工程费用提取单位工资总额。三类人员工资比例严格根据临矿集团工资指导文件要求1∶1.6～2.0∶2.3进行控制。

表 6-2-3　2018 年古城煤矿回采量、掘进进尺及定额完成情况统计表

工区	队别	在册人员				实际出勤工数		实际产量（吨）	定额					定额完成			
									折工							完成比数	
		合计	管理	工人	合计	管理	生产直接工		合计	直接工	辅助工	直接定额（吨/工）	综合定额（吨/工）	直接定额（吨/工）	综合定额（吨/工）	直接工效	综合工效
采一工区		124	7	117	33737	1972	31765	649000	31765	20090	11675	20.43	19.24	32.3	20.43	158%	106%
采二工区		117	7	110	32056	1974	30082	959000	30082	20415	9667	31.88	29.92	46.98	31.88	147%	107%

工区	队别	在册人员				实际出勤工数		实际进尺（米）	定额					定额完成			
									折工							完成比数	
		合计	管理	工人	合计	管理	生产直接工		合计	直接工	辅助工	直接定额（米/工）	综合定额（米/工）	直接定额（米/工）	综合定额（米/工）	直接工效	综合工效
掘一工区	1 队			62			15686	1023.5	15886	10423	5463	0.055	0.064	0.098	0.064	150.50%	101.30%
	2 队	183	7	56	46528	2000	14168	987.9	14468	9948	4520	0.07	0.068	0.099	0.068	142.40%	100.70%
	3 队			58			14674	1106.7	15274	10174	5100	0.075	0.073	0.109	0.072	144.20%	98.70%
掘一工区合计：		183	7	176	46528	2000	44528	3118.1	45628	30545	15083	0.07	0.068	0.102	0.068	145.70%	100.20%

续表

掘二工区	1 队			50			12750	642.5	12550	7342	5208	0.05	0.048	0.088	0.051	173.70%	106.00%
	2 队	156	6	45	39911	1661	11475	598.3	11675	6466	5209	0.052	0.05	0.093	0.051	177.50%	103.00%
	3 队			55			14025	711.6	14325	9115	5210	0.051	0.049	0.078	0.05	1153.90%	101.80%
掘二工区合计：		156	6	150	39911	1661	38250	1952.4	38550	22923	15627	0.051	0.049	0.086	0.051	168.30%	1103.60%
综掘工区	1 队			45			11295	689.8	11695	7390	3765	0.06	0.058	0.09	0.06	142.40%	102.30%
	2 队	142	7	46	35878	1993	11546	732.6	12246	8097	3849	0.06	0.06	0.09	0.06	142.60%	99.70%
	3 队			44			11044	802.6	11244	7763	3681	0.07	0.069	0.1	0.07	142.30%	104.110%
综掘工区合计：		142	7	135	35878	1993	33885	2225	35185	23790	11295	0.07	0.064	0.09	0.06	142.40%	98.20%
掘进工区合计		481	20	461	122317	5654	116663	7295.5	119363	77258	42005	0.067	0.064	0.096	0.065	1142.40%	100.70%

2014年1月27日，根据临矿集团临矿预字〔2013年〕103号文件要求，制定推进全面市场化管理方案。成立定额管理办公室和内部市场化管理办公室，组建专职结算队伍，划分采煤、掘进、辅助3个小组分片结算。配备5名专职定额员，每个工区指定1名兼职核算员，负责所有工程工前定价、价格计算等定额工作。制定《内部市场化管理实施办法》《内部市场化运行结算管理办法》《内部市场化考核管理办法》《内部市场化计量管理办法》等管理制度等20余项。开发《全面预算内部市场化信息》软件。形成三级市场结算体系，一级市场结算由内部市场化结算中心负责结算，二级市场结算由工区对班组每日结算，月底全工区统一结算，三级市场结算由班组对班组成员按班进行结算。2014年6月，基本实现一级市场月清月结，二级市场日清日结，三级市场班清班结。

2016年1月16日，根据临矿集团临矿财发〔2016〕31号《临沂矿业集团全面市场化运行管理规范》文件要求，完善内部市场化班清班结管理体系。3～9月，参照《煤炭建设井巷工程辅助基础定额（2007基价）》《临矿集团统一劳动定额标准（煤炭板块2014年）》定额体系和矿井历史定额数据，定额测算组对全矿分水平、地点、专业、岗位进行劳动定额测算，主要包括人工、材料、电费、加工维修、管理费等，经过现场写实测算修正、反复试套，形成三级市场价格体系。7月10日，制定《内部市场化管理系统建设方案实施意见》，编制《古城煤矿班清班结系统功能设计书》《终端查询功能设计说明书》，设计材料管理、职工查询、数据分析等14个应用模块，委托济南正大同信软件有限公司开发内部市场化班清班结系统。9月25日，采掘一线、辅助单位的职工工资全部由系统自动进行结算，每天生成职工的实际收入，实现三级市场结算管理。一级市场由市场办根据月度工作量、单项工程及工程质量、文明施工、安全生产考核等方面对工区进行结算，实现月清月结；二级市场结算由工区单位根据每班实际完成工作量情况对本班组进行结算，实现日清日结；三级市场结算是班组对个人的结算，市场办核算员审核二级市场工作量和工序计分工作，确认无误后根据报送原始记录单据对上班组人员现场评分得分，进行三级市场个人收入结算，实现班清班结。9月，在工区办公楼1层安装1套内部市场化班清班结查询系统，建立定额单价和工序单价数据库，可通过数据平台查询劳动定额标准（见图6-2-1）。

2017年1～6月，累计修正完善井下劳动定额1217项，地面车间加工维修定额843项。在系统平台台账上建立修正系数，将工程质量、安全考核等定额外的考核要素采取旬验收、旬更正的结算方式，根据旬验收考核结果在班清班结结算中进行系数修正，使职工收入与考核验收情况实时挂钩，使当月结算准确度由原来的80%左右提升到95%以上。

2018年1月，制定动态管理、数据共享、对接准确的“3D驱动”劳动定额工作法，达到定额跟踪调查、跟踪服务和信息反馈及时，实现公平公正、公开透明，使劳动定额标准能够真实反映现场作业人员的工作量。

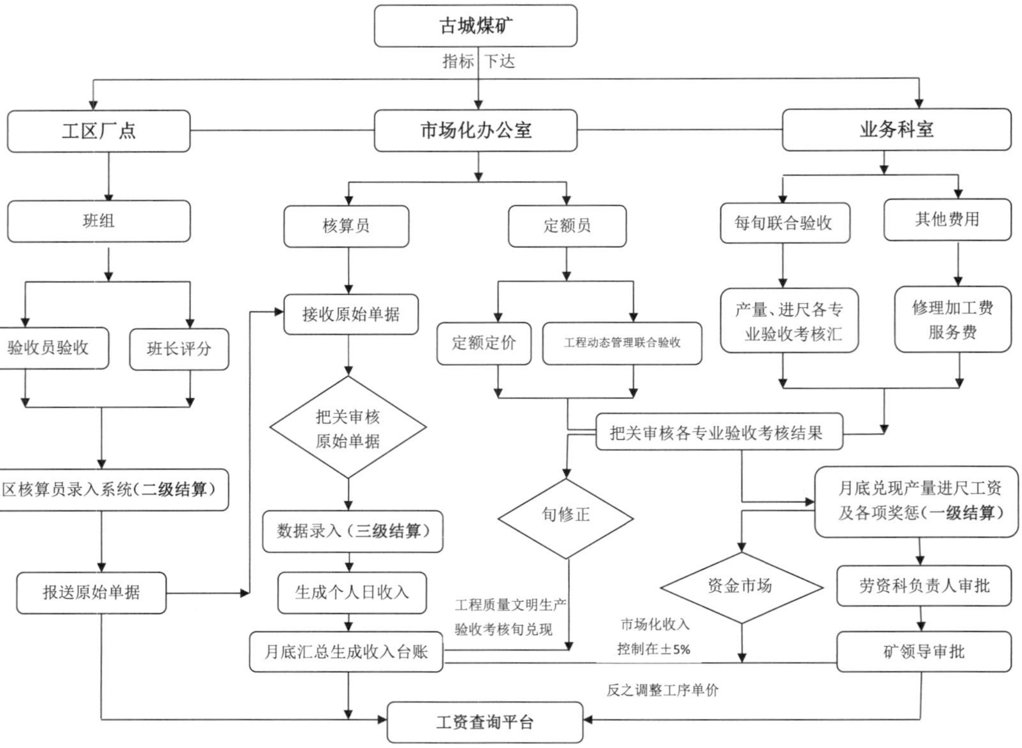

图 6-2-1　古城煤矿市场化班清班结核算流程

第四节　劳动保护

矿建井初期，劳动防护用品仅发放工作服、矿靴、安全帽等。劳动防护用品全部由各施工单位发放给职工。

2001 年，古城煤矿执行《山东省职工个人劳动防护用品发放、使用、管理办法》《山东省职工个人劳动防护用品发放标准》，建立劳动防护用品发放制度。劳动防护用品发放标准是：采掘工每 10 个月 1 身工作服、1 双胶靴，每年 2 双线袜、4 条毛巾、6 副手套、4 个防尘口罩、1 包滤纸，每月 4 块肥皂，4 年 1 件棉袄。井下辅助工一年半 1 身工作服、1 双胶靴，每年 2 双线袜、2 条毛巾、6 副手套、4 个防尘口罩、1 包滤纸，每月 3 块肥皂，5 年 1 件棉袄，矿灯带、安全帽随坏随换。在井筒、大巷、泵房、电机车等寒冷地方工作的工人发棉裤、棉手套，棉裤 5 年 1 件，棉手套 1 年 1 副。井下有淋雨的工作面发放雨衣，随用随领。地面、井下等有噪音工作地点超过规定值的地方工作人员配发耳塞，随坏随换，以旧换新；接触煤尘地方工作的工作人员配发防尘口罩、滤纸，防尘口罩 1 季度 1 个，滤纸 1 月 1 包；地面电焊工每 2 年 1 双防护皮鞋。在地面、井下带电地方工作的工人发绝缘手套、绝缘鞋、绝缘胶靴，每年 1 副绝缘手套，每 1 年半 1 双绝缘鞋、绝缘胶靴。医务人员发隔离衣、隔离口罩，隔离衣每

2年1身，隔离口罩每年6个，其他都根据工种需要发放。

劳保福利发放实行卡片登记制，实行1人1卡，凭卡发放，卡片列工种、品名、数量、领取日期等项目。

2003年2月，为解决职工洗衣难问题，购进洗衣机和烘干机，统一为职工洗涤、缝补工作服，为使职工工作服既要着装整体化又要符合安全生产需要，给职工重新更换2套工作服，根据采掘、辅助、地面、安全、洗煤厂、电厂专业不同，用不同颜色编号进行区分，便于清洗。

2005年7月，淘汰井下多年使用的硫酸灯，全部更换为锂电和镍镉电充灯。

2009年，根据国家安全生产监督管理总局2008年11月19日发布、2009年1月1日实施的《煤矿职业安全卫生个体防护用品配备标准》（AQ1051-2008）的要求发放劳动防护用品，采掘工每6个月1双防砸胶靴、3双线袜、6条毛巾、6副手套、1个防尘口罩、1包滤纸、24块肥皂，每年2套工作服、2条裤子、2条矿灯带、2套秋衣秋裤、1套绒衣裤，每2年1件棉袄标准。井下辅助工每6个月1双防砸胶靴、3双线袜、3条毛巾、3副手套、1个防尘口罩、1包滤纸、18块肥皂，每年2套工作服、2条矿灯带、2套秋衣秋裤、1套绒衣裤，每3年1件棉袄标准。井下电工每6个月1双绝缘胶靴、3双线袜、3条毛巾、3副手套、1副绝缘手套、1个防尘口罩、1包滤纸、18块肥皂，每年2套工作服、2套秋衣秋裤、1套绒衣裤，每3年1件棉袄。井下工作服有大、中、小3个型号，上衣、下衣均绣反光条和职工的吊篮编号。矿灯带、安全帽及帽衬随坏随换。

在井筒、大巷、泵房、电机车等寒冷地方工作的工人发棉裤、棉手套，棉裤5年1件，棉手套1年1副。

接触煤尘地方工作的工作人员配发防尘口罩、滤纸，每6个月防尘口罩1个、滤纸1包，每3年1件棉袄；地面电焊工每6个月2副电焊手套，每年1双防护胶鞋，每2年1副电焊眼镜，每3年1件棉袄。在地面带电地方工作的工人每年1副绝缘手套、1双绝缘鞋，每6个月1副绝缘手套，每年1双绝缘鞋。

2016年，根据国家安全监管总局办公厅2015年12月29日《关于印发用人单位劳动防护用品管理规范的通知》（安监总厅安健〔2015〕124号）重新修改劳动防护用品管理制度。3月20日，下发《古城煤矿关于加强劳动防护用品发放管理工作的通知》（古煤字〔2016〕97号），包含14个附件的劳动防护用品管理制度：古城煤矿劳动防护用品专项经费管理制度、古城煤矿职工劳动防护用品更换、报废管理制度、古城煤矿劳保福利发放员岗位责任制、古城煤矿仓库防火安全管理规则、古城煤矿劳动防护用品发放制度、古城煤矿劳动防护用品洗涤管理制度、古城煤矿劳动防护用品计划管理制度、古城煤矿物资发放制度、古城煤矿仓库保管员岗位责任制、古城煤矿物资保管制度、古城煤矿职工劳动防护用品使用制度、古城煤矿劳动防护用品采购管理制度、古城煤矿自救器管理制度、古城煤矿物资入库验收制度。采掘工每6个月6双线袜、120片滤纸，井下辅助工每6个月发放1个耳塞，井下工作服和棉衣均有大、中、小3个型号，工作服的上衣、下衣和棉衣均绣反光条和职工的吊篮编号。

2017年，皮带工区井下维修工每6个月发放1副防切割手套。浮沉工、电焊工、气焊、气割工每6个月发放6个滤毒盒，每年发放1个防毒口罩。支护材料厂锚固剂制造工每6个月发放16个滤毒盒、1个防毒口罩。临矿集团工会为采掘一线职工每年发放2件短袖体恤衫和2条牛仔裤。机电工区地面男工发放棉安全帽。选煤厂车间职工发放工矿靴。

2018年，济宁隆昌劳务派遣有限公司的劳务派遣工、淄博众华人力资源有限公司的劳务派遣工和山东煤炭技师学院的实习生纳入古城煤矿人员统一管理，配备相应的劳动防护用品。根据国家安全监管总局办公厅《关于修改用人单位劳动防护用品管理规范的通知》（安监总厅安健〔2018〕3号）重新修改劳动防护用品管理制度，10月31日，下发《古城煤矿关于加强劳动防护用品发放管理工作的通知》（古煤字〔2018〕211号）和《古城煤矿劳动防护用品管理制度》（古煤字〔2018〕212号）。职工工作服换成薄款，井下职工防尘口罩由3M牌改成日本重松牌，采掘工每6个月发放1个防尘口罩、4个滤盒；其他井下职工每年发1个防尘口罩、4个滤盒。采掘工每6个月发放1个防冲击眼镜、6瓶洗发露、6块香皂，每2年发放1条护腰、1副护腿。井下辅助工每6个月发放3瓶洗发露、3块香皂。井下炸药发放工每2年发放1个化学护目镜。井下和井上运搬、运料工，每2年1副护腿。支护材料厂管理人员每6个月发放1瓶洗发露、1块香皂。炮泥工、编网制造工、托辊制造工、锚杆制造工、锚固剂制造工、钻杆制造工每6个月发放2瓶洗发露、2块香皂。浮沉、采样工每2年发放1副防冲击眼镜。选煤厂管理人员每6个月发放2瓶洗发露、2块香皂。选煤厂跳汰选煤工、真空泵工、煤泥泵工、皮带司机、挖煤泥工、滚轴筛工、破碎机司机、洗煤机工、浮选机工、压滤司机、司炉工、浮沉、采样工、推煤司机、烘干司机、拣选工每6个月发放3瓶洗发露、3块香皂。机电工区、机修工区地面工人每6个月发放3瓶洗发露、3块香皂。井下充电工每6个月发放2副耐酸碱手套，每2年发放1条耐酸碱围裙。机修工区地面职工、机电工区地面男职工、选煤厂车间职工、热电厂地面维修工每年发放1双6千伏防穿刺电绝缘鞋。所有职工发放蓝色和黑色各一件短袖体恤衫。安监处安检员及管理人员的红色安全监察帽换成玻璃钢材质的，生产技术科副总、机电运输科副总、地质测量科副总、防治冲击地压办公室副总、通防科副总换成玻璃钢材质的红色安全监察帽，机关科室其他下井人员换成红色安全帽。选煤厂车间职工发放蓝色棉安全帽，机修厂地面露天职工发放黑色棉安全帽。

第五节　社会保障

一、劳动保险

1999年1月，古城煤矿制定《关于职工工伤与职业病致残程度鉴定工作的实施办法》，成立鉴定委员会。鉴定委员会由分管领导、计划预算科、办公室、卫生所、安监处负责人组成，下设办公室，办公室设在计划预算科，计划预算科科长兼任主任。主要职责是贯彻执行上级有关政策，负责伤病残职工的初步劳动能力鉴定。

（一）职业病

矽肺病患者脱产休养的，按 1963 年国务院〔1963〕国经周字第 100 号文执行。停止工作长期休养的以及患二、三期矽肺病和患一期矽肺病而代偿机能属于乙、丙两类或合并肺结核的职工死亡时，比照工亡待遇办理。1973 年，矿务局〔1973〕第 117 号文件规定，患矽肺病脱产休养的职工符合退休条件的，本人申请退休，可以办理退休，其待遇不低于本人基本工资的 60%。一期矽肺死亡后，其待遇比照病亡处理。二期矽肺死亡后，其待遇比照工亡待遇进行办理。

1997 ～ 2018 年，古城煤矿共查出初期矽肺人员 32 人，其中一期矽肺 29 人，二期矽肺 3 人（均为原岐山煤矿职工）。

（二）工伤

根据《中国人民共和国劳动保险条例》规定，职工因工负伤，在矿指定医院治疗，其全部诊疗费、药费、住院费、膳费及路费均由矿负担，在医疗期间工资及其他待遇不变。治疗终结后，尚不能恢复工作能力继续治疗者，6 个月以后，可按每月发给本人基本工资的 60% 为生活补助费，直至恢复工作或确定残废及死亡。

（三）残废

职工因工残废部分丧失劳动能力者，按其残废后工资减少的数额付给残废补助费：工资减少 11% ～ 20% 者，残废补助费为残废前本人工资 10%；工资减少 21% ～ 30% 者，残废补助费为残废前本人工资 20%；减少 30% 以上者，一律补助本人残废前工资的 30%。伤残后，需人扶助者，发给本人残废前工资的 60% 生活补助费。部分恢复劳动能力者，经矿研究，根据实际情况给予适当安排工作。根据 1966 年（煤经劳便字第 063 号）规定，残废程度没有改变，由于工作进步或技术提高而增加工资，其伤残补助不应减少或取消。对工伤治疗终结后完全失去劳动能力、饮食起居需人扶助者，其因工残废抚恤费，根据 1986 年 9 月制定的〔1986〕鲁民宇第 151 号文件执行。

（四）职工因工死亡

1992 年 8 月，成立筹建处后，执行临煤劳字〔1991〕第 22 号文件规定，企业职工因病或因工死亡之后，其供养直系亲属，除按鲁劳险字〔1988〕第 397 号文件规定享受定期生活补助外，仍可按《劳动保险条例》及其实施细则规定的条件和标准，领取一次性救济费，数额为本人 6 ～ 12 个月的基本工资。领取金额根据其供养直系亲属人数的不同确定：供养 1 名直系亲属者，领取标准为 6 个月；供养 2 名直系亲属者，领取标准为 9 个月；供养 3 名及以上直系亲属者，领取标准为 12 个月。无论职工因工或非因工死亡，均按 400 元的标准发放其丧葬补助费。

1993 年 10 月 1 日，执行鲁劳发〔1993〕343 号文件规定，职工因工死亡，按全省上年度月平均工资，对职工供养的直系亲属一次性发放 20 个月的抚恤金；非因工死亡的一次性发放 10 个月的救济费。国内革命战争、抗日战争、解放战争时期的非农业户口的困难补助金额分别为75元、73元、70元，农业户口的分别为60元、58元、55元；中华人民共和国成立后非农业户口为65元，农业户口为50元。

1996年，根据国家劳部发〔1996〕266文件规定，配偶每月按本省上年度职工月平均工资的40%发给，其他供养亲属每人每月按30%发给，孤寡老人或者孤儿每人每月在上述标准的基础上加发10%，丧葬费按统筹地市上年职工月平均工资6个月发给，一次性工亡补助金按统筹地市上年职工月平均工资48～60个月发给。

1997年10月1日，执行鲁劳发〔1997〕430号文件规定，企业职工（含离退休人员）因病或非因工死亡后，其供养直系亲属居住在县（市）城镇的，每人每月补助80元；居住在乡镇农村的，每人每月补助70元；解放战争时期参加革命工作的，其供养亲属再增加10元。

1997年和2003年，依据1997年鲁劳发430号文件《关于调整企业职工因病或非因工死亡后遗属补助标准的通知》和2003年6月30日鲁劳社下发34号文件要求，以直系亲属居住的户口所在地为准进行调整。矿遗属所在地调整标准为170元。中华人民共和国成立前参加工作的职工遗属2人调整标准在上述标准上提高20%。企业职工非因工死亡丧葬补助费，其丧葬补助费均按400元发给。1990年改按500元发给。2003年临局劳函〔2003〕130号文件转发鲁劳社〔2003〕53号文件，调整企业职工丧葬补助费标准1000元。一次性救济费按上年度社会平均工资10个月计发。

2005年6月20日，临局劳函〔2005〕70号文对工亡遗属抚恤金进行调整，调整标准为：以2004年全省职工年平均工资13097元为基数进行调整，调整比例按《工伤保险条例》第三十七条的规定执行。

2018年10月，遗属发放标准调整为每月480元。

截至2018年末，矿有156名病亡职工的直系亲属享受抚恤待遇。

（五）职工因病或非工伤死亡

职工因病或非因工死亡（包括退休后死亡），亲属有1人者，按死者工资的25%计发生活费；2人者，按工资的40%计发；3人及3人以上者按工资的50%计发；直至失去供养条件为止。

（六）离休待遇

1997～2017年，古城煤矿3名离休干部，均按有关规定，落实相关待遇。

2004年5月20日，临局劳函〔2004〕50号文件转发鲁煤人教便字〔2004〕67号文件，对离休人员待遇以正厅级、副厅级、正处级、副处级、科级及其以下级别进行调整，分别为60、50、40、30元。

2005年12月18日，临局劳字〔2005〕230号文件，将住房补贴比例从25%调整到35%。

2006年12月8日，根据临矿劳字〔2006〕72号文件要求，为离休人员发放了一次性取暖补助费，处级900元，科级750元，科员650元。

矿按国家和临矿集团文件规定，及时调整离休干部的政治、生活等各项待遇，确保离休干部安度晚年。

（七）退休待遇

执行1978年6月2日，根据国务院下发《关于工人退休、退职的暂行办法》（国发〔1978〕104号）规定，符合下列条件之一的，应该退休：

1. 男职工年满60周岁，女职工年满50周岁，连续工龄满10年的。

2. 从事井下、高空、高温、特别繁重体力劳动或者其他有害身体健康的工作，男职工年满55周岁，女职工年满45周岁，连续工龄满10年的。

3. 男职工年满55周岁，女职工年满45周岁，连续工龄满10年的，由医院证明，并经劳动鉴定委员会确认，完全丧失劳动能力的。

1999年9月8日，鲁劳社发82号文件调整养老金，企业退休人员养老金的调整标准为：固定部分每人每月40元，浮动部分按本人月养老金的7%进行调整。

鲁劳社〔2002〕13号文件规定，对退休、退职人员按2000年12月本人当月基本养老金的7%调整，其中本次增加额低于50元的按50元增加。鲁劳社〔2002〕50号文件规定本次调整范围由普遍调整、适当提高两部分组成。其中，普调部分均按2001年12月本人当月养老金的5.5%计算，增加额低于30元的按30元增加。适当提高部分，1949年1月至9月30日工作的每人每月提高40元，两部分相加低于80元的按80元增加；1949年1月1日至9月30日参加工作的、享受当地人民政府薪金制待遇的每人每月80元，两部分相加低于120元的按120元增加（古城煤矿无此类型人员）；1953年12月工作的每人每月提高40元，两部分相加提高低于80元的按80元增加；军转干部每人每月提高35元，两部分相加提高低于75元的按75元增加（古城煤矿1人）。

2005年1月21日，鲁劳社下发〔2004〕51号文件，即调整企业退休养老金的通知，调整范围为2003年12月31日前，按规定办理退休的（不含建国前老工人）。调整标准分普遍调整、在普遍调整上再适当调整。古城煤矿属省管企业，退休人员养老金普调标准为33.5元，2003年12月退休的人员本人养老金提高3.6%。适当提高部分标准：1953年12月31日参加工作的退休人员每人每月提高25元，1993年9月30日前退休的（不含1953年底参加工作的）每人每月提高15元，1999年7月1日至12月3日之间退休的每人每月再提高15元。本次调整养老金如达不到320元的，调整增加到320元。

2006年9月3日，鲁劳社下发46号文《关于调整2005年、2006年退休人员基本养老保险金的通知》，2005年调整范围为2004年12月31日前已按规定办理退休的人员，2006年调整范围为2005年1月31日前已按规定办理退休的人员。2005年调整水平和方式是：第一部分每人每月按统筹省直管企业的调整系数乘以40元计算增加。调整系数根据2004年当地企业在岗职工平均工资水平、养老金替代率和养老保险基金支撑能力等因素来定；第二部分按2004年12月本人养老金的3.1%计算增加。2006年调整水平和方式是：第一部分每人每月按统筹省直管企业的调整系数乘以70元计算增加。调整系数根据2005年当地企业在岗职工平均工资水平、养老金替代率和养老保险基金支撑能力等因素来定；第二部分按2005年12月本人养老金的5.8%计算增加。在上述调整基础上，再适当提高下列人员的养老金：（1）有高级职称科技人员，每人每月提高60元；（2）1953年12月31日前参加工作的每人每月提高40元；（3）1993年9月30日前退休的人员（不含1953年12月31日参加工作人员），每人每月提高20元；（4）2005年12月31日前，年满70岁不满75周岁、年满75岁不满80周岁、年满80周岁以上的退休人员每人每月分别提高30元、45元、60元。

根据鲁政发〔2006〕92号文件，确定基本养老金计发办法为“老人”老办法、“新人”新办法。2006年1月1日起，至2010年12月31止，实行5年过渡期。1997年12月31日前参加工作的缴费年限累计满10年而不满15的人员，在计发办法改革5年过渡期内，仍可按照鲁政发〔1997〕109号文件有关规定，按月发给基本养老金。

2005年12月18日，根据临局劳字〔2005〕231号文精神，将退休人员住房补贴比例由25%调整到35%。至2018年，无政策变化。

4. 因工致残，由医院证明，并经劳动鉴定委员会确认，完全丧失劳动能力的，分两种情况：（1）符合相关规定，抗日战争时期参加革命工作的，按本人标准工资的90%发放退休金；解放战争时期参加工作的，按本人标准工资的80%发放退休金；中华人民共和国成立后参加革命工作，连续工龄满20年的按本人标准工资的75%发放，连续工龄满15年不满20年的按本人标准工资的70%发放，连续工龄满10年不满15年的按本人标准工资的60%发放，退休费低于25元的按25元发放。（2）按照相关规定，饮食起居需要人扶助的，按本人标准工资的90%发放，还可以根据实际情况发放一定数额的护理费，其标准一般不得超过一个普通工人的工资。饮食起居不需要人扶助的，按本人标准工资的80%发放；退休费低于35元的，按35元发放。同时具备两项以上的退休条件，按高标准发放。不具备退休条件，由医院证明，并经劳动鉴定委员会确认，完全丧失劳动能力的工人，应该退职。退职后，按月发给相当于本人标准工资40%的生活费，低于20元的按20元发放。

截至2018年年末，古城煤矿有退休人员439人（包括原岐山煤矿）。无中华人民共和国成立前老工人。

5. 内部离岗。2014年6月15日，古城煤矿印发《古城煤矿机关及后勤辅助人员内部离岗的意见》，非特殊工种的男工人年满55周岁，特殊工种的男工人年满52周岁，非特殊工种的女工人年满47周岁，特殊工种的女工人年满42周岁，经本人申请，古城煤矿批准后，可自愿办理内退。工人确因身体原因无法从事工作的，经本人申请，矿核实批准后，可提前1年办理内退，提前办理内退的；在未达到内退年龄月份前不发放内退工资，单位承担其间的社会保险（不含住房公积金）。截至2018年年末，有33名职工内部离岗。

二、养老保险

1995年1月1日，执行养老保险制度。按鲁煤财字〔1995〕第224号文规定，对煤炭行业职工基本养老保险实行行业统筹，即单位和个人分别按规定比例缴纳基本养老保险金，并建立职工基本养老保险个人账户，个人账户记账额包含个人按规定比例缴纳的全部养老保险金和单位按一定比例从基金中计入两部分，1995 年度分别为 2% 和 10%，其上、下限为全省煤炭行业平均工资的 60% 和 200%。职工退休实行基本养老金计发办法。

1996 年 1 月 1 日，执行鲁煤管劳〔1996〕229 号文件规定，账户额以职工本人 1995 年度月平均工资作为缴费基数，个人缴费比例为 3.5%，单位基金计入比例为 8.5%。

1998 年 1 月 1 日起，执行鲁政办〔1998〕114 号文件规定，职工基本养老保险由原来的行业统筹纳入山东省省级统筹。

1999 年 1 月 1 日起，执行鲁政发〔1998〕114 号文件规定，账户额以职工本人 1998 年度月平均工资作为缴费基数，养老保险个人账户调整为本人上年度月平均工资的 11%，个人缴费比例为 5%，单位基金划入比例为 6%；同时，规定职工个人缴费以后每两年提高 1 个百分点，最终达到 8%。

2006 年 1 月 1 日，基本养老保险个人缴费比例由 11% 调整为 8%，由个人缴费形成，单位不再划入。同时，由原来的缴费年限满 15 年的人员退休后基础养老金按职工平均工资的 20% 计发，改为以在岗职工平均工资和本人指数化平均缴费工资的平均值为基数，缴费每满一年发给 1%，上不封顶；个人账户养老金由原来按个人账户储存额除以 120 计发，改为按个人账户储存额除以规定的计发月数执行。计发月数根据人口预期寿命、本人退休年龄、利率等因素，作出统一确定。

2007 年，账户额以职工本人 2006 年度月平均工资作为缴费基数，个人缴费比例为 8%，单位基金计入比例为 19%，第二次调整为 18%。

2010 年 9 月，单位缴费比例由 20% 下调为 19%。

2011 ～ 2018 年，以职工本人上一年度月平均工资作为缴费基数，个人缴费比例为 8%，单位缴费比例为 18%。

至 2018 年，古城煤矿省统筹职工养老保险金在省社保中心缴纳，地方统筹职工养老保险金分别在临沂人社局、兖州人社局缴纳。

三、医疗保险

1993 年，执行临沂矿务局〔1993〕第 15 号文《关于进一步推行劳保医疗制度改革的意见》文件的相关规定，职工医疗费根据职工工龄按月发给个人，标准为工龄不满 10 年的每人每月 5 元，工龄满 10 年不满 20 年的每人每月 10 元，工龄满 20 年及以上者每人每月 20 元。职工直系供养亲属不再享受报销半费待遇。

1995 年 5 月 1 日，执行临煤办字〔1995〕第 88 号文件规定，享受劳保医疗待遇的范围按《劳动保险条例》等有关文件规定执行，按规定个人自付一定比例。

1997 年，按照《临沂矿务局医疗保险试行方案》《临沂矿务局医疗保险实施细则》（临局发〔1997〕241 号）规定，医疗保险范围为在职职工、离休、退休、退职人员。医疗保险统筹基金的来源是：单位按在职职工工资总额的 6% 提取，个人按其工资总额的 1% 缴纳；离退休（职）按离退休（职）工资总额的 9% 提取；矿务局提取总额的 15% 作为统筹调剂金。同时建立个人医疗账户，地面职工男 45 周岁、女

40周岁以下，按工资总额的2.5%划入个人医疗账户；地面职工男45周岁、女40周岁、井下职工40周岁及以上，按工资总额的3.5%划入个人医疗账户，退休或退职职工按工资总额的4.5%划入个人医疗账户。在职职工因病所需费用先从个人账户中支付，用完个人账户后，个人负担比例为上一年度工资额的3%。对于3%以上部分，费用在5000元以内的，个人负担15%，统筹基金负担85%；5000元以上至10000元的，个人负担10%，统筹基金负担90%；10000元以上的，个人负担6%，单位负担14%，局统筹调剂金负担80%。退休或退职职工负担比例减半。

2000年1月1日，按照临局社保字〔2000〕72号文件《关于转发〈临沂市城镇职工基本医疗保险暂行规定〉的通知》精神，对基金的筹集、账户的建立使用、大额医疗救助基金等进行调整。关于基金的筹集，单位按参保人员工资的8%缴纳，个人按2%缴纳，退休个人不缴费。关于基金和个人账户的建立与使用，个人缴费全额计入个人账户；单位所缴费用，45周岁及以下职工按1.5%计入，45周岁以上的职工按2%计入，退休职工按4.5%计入，剩余的作为统筹基金，由医疗保险经办机构统一管理和支付。设立起付标准和年度统筹基金最高支付限额，一、二、三级医院起付标准分别为500元、600元、700元，二次起付为300元、400元、500元，三次住院不再设立起付标准；最高支付限额为30000元。在起付标准以上的住院费用，分段报销，住院费用在5000元及以内的个人负担25%，5000～10000元的个人负担住院费用的20%，10000元以上至30000元的个人负担15%；退休人员个人负担减半。大额医疗救助基金按每人每月5元的标准缴纳，住院费用在3万元以上至10万元的，住院的在职职工负担10%，救助金支付90%；住院的退休职工负担5%，救助金支付95%。住院费用在10万元以上的，个人负担20%，单位负担30%，救助金支付50%；退休职工个人负担10%，单位负担30%，救助金支付60%。离休人员实行单独缴费单独管理。

2007年1月1日，全局参加了临沂市医疗保险。基本医疗保险费用由单位和职工个人共同负担。单位以参保在职职工上年度缴费工资为基数，按8%的比例缴费；个人按上年度本人缴费工资的2%负担；退休人员不缴费。

单位和个人缴纳的基本医疗保险费形成基本医疗保险基金，用于建立基本医疗保险统筹基金和个人账户。分年龄按不同比例计入个人账户，即45周岁及以下按1.5%计入，45周岁以上按2%计入，退休人员个人账户以本人上年度养老金为基数，按4.5%从单位提取的基本医疗费中划入。2011年4月，45周岁及以下按3.3%计入，45周岁以上按3.7%计入，退休人员个人账户以本人上年度养老金为基数，按4%从单位提取的基本医疗费中划入。

参保人员最低累计缴费年限标准是：男缴费满30年，女缴费满25年。

在职职工及退休人员因病住院，药费报销的标准设有支付起付标准和年度最高支付限额。一、二、三级医院的起付标准分别为400元、600元、800元，第二次住院的起付标准分别为200元、300元、400元，同年度内第3次住院不再设起付标准。统筹基金支付的年度最高支付限额为50000元。住院医疗费用在起付标准以上，按分段累进制报销。5000 元以内（含 5000 元），个人负担比例在一、二、三级医疗机构分别为 15%、20%、25%；5000 元以上不足 10000 元（含 10000 元）的，个人负担比例在一、二、三级医疗机构分别为 10%、15%、20%；10000 ～ 20000 元（含 20000 元）的，个人负担 15%；20000 ～ 50000 元的，个人负担 10%，其余部分由统筹基金负担。

门诊慢性病补助起付标准 600 元。

1993 ～ 2006 年，临矿集团（矿务局）实行内部统筹。

2007 年 1 月 1 日，医疗保险纳入临沂市劳动局管理，失业、工伤、医疗、生育，四险合一，统一征缴，统一管理。

截至 2018 年末，古城煤矿职工医疗保险分别在临沂市医保局和兖州区医保局两个机构参保。

四、生育保险

2008 年 7 月 1 日，为职工参加生育保险。生育保险待遇主要包括生育津贴、生育医疗待遇 2 项。用人单位按照国家规定缴纳生育保险费，职工不缴纳生育保险费。

古城煤矿按照职工缴费基数的 1% 缴纳生育保险费。

截至 2018 年末，古城煤矿共有 358 人享受生育保险待遇。

五、工伤保险

1992 年，贯彻执行《中华人民共和国劳动保险条例》。

1996 年 10 月 1 日，执行劳动部颁发的《企业职工工伤保险试行办法》。2004 年 1 月 1 日，执行《临沂市贯彻〈工伤保险条例〉的试行办法》，每月按全部职工工资总额的 2% 缴纳工伤保险费，参加临沂市市级统筹。

2005 年 11 月 1 日，为职工参加工伤保险。工伤保险不同于养老保险等险种，劳动者不缴纳保险费，全部费用由用人单位负担，即工伤保险的投保人为用人单位。

根据《劳动保险条例》规定，职工因工负伤后，应在劳动部门指定医院治疗，并及时与劳动部门联系说明情况。职工在医疗期间工资照发，其他待遇不变。劳动部门工伤认定，医疗期满后，个人提出申请，进行工伤鉴定。鉴定完毕后，其治疗费、药费、住院费均报劳动部门进行审核报销。因工致残的，经劳动部门对致残部位鉴定。根据鉴定结果按规定支付伤残补助金。根据《工伤保险条例》第三十五条的有关规定，职工因工致残被鉴定为一级至四级伤残的，保留劳动关系，退出工作岗位，享受以下待遇：

（1）从工伤保险基金按伤残等级支付一次性伤残补助金，标准为：一级伤残为 24 个月的本人工资，二级伤残为 22 个月的本人工资，三级伤残为 20 个月的本人工资，四级伤残为 18 个月的本人工资。

（2）从工伤保险基金按月支付伤残津贴，标准为：一级伤残为本人工资的 90%，二级伤残为本人工资的 85%，三级伤残为本人工资的 80%，四级伤残为本人工资的 75%。伤残津贴实际金额低于当地最低工资标准的，由工伤保险基金补足差额。

（3）工伤职工达到退休年龄并办理退休手续后，停发伤残津贴，享受基本养老保险待遇。基本养老保险待遇低于伤残津贴的，由工伤保险基金补足差额。

（4）职工因工致残被鉴定为一级至四级伤残的，由用人单位和职工个人以伤残津贴为基数，缴纳基本医疗保险费。被鉴定为五级、六级伤残的，从工伤保险基金按伤残等级支付一次性伤残补助金，标准为：五级伤残为14个月的本人工资，六级伤残为12个月的本人工资，七级伤残为12个月的本人工资，八级伤残为10个月的本人工资，九级伤残为8个月的本人工资，十级伤残为6个月的本人工资。

2010年12月20日，新修订的《工伤保险条例》规定：职工因工致残被鉴定为一级至四级伤残的，保留劳动关系，退出工作岗位，享受以下待遇：

（1）从工伤保险基金按伤残等级支付一次性伤残补助金，标准为：一级伤残为27个月的本人工资，二级伤残为25个月的本人工资，三级伤残为23个月的本人工资，四级伤残为21个月的本人工资。

（2）从工伤保险基金按月支付伤残津贴，标准为：一级伤残为本人工资的90%，二级伤残为本人工资的85%，三级伤残为本人工资的80%，四级伤残为本人工资的75%。伤残津贴实际金额低于当地最低工资标准的，由工伤保险基金补足差额。

（3）工伤职工达到退休年龄并办理退休手续后，停发伤残津贴，按照国家有关规定享受基本养老保险待遇。基本养老保险待遇低于伤残津贴的，由工伤保险基金补足差额。

职工因工致残被鉴定为一级至四级伤残的，由用人单位和职工个人以伤残津贴为基数，缴纳基本医疗保险费。

职工因工致残被鉴定为五级、六级伤残的，享受以下待遇：

（1）从工伤保险基金按伤残等级支付一次性伤残补助金，标准为：五级伤残为18个月的本人工资，六级伤残为16个月的本人工资。

（2）保留与用人单位的劳动关系，由用人单位安排适当工作。难以安排工作的，由用人单位按月发给伤残津贴，标准为：五级伤残为本人工资的70%，六级伤残为本人工资的60%，并由用人单位按照规定为其缴纳应缴纳的各项社会保险费。伤残津贴实际金额低于当地最低工资标准的，由用人单位补足差额。

经工伤职工本人提出，该职工可以与用人单位解除或者终止劳动关系，由工伤保险基金支付一次性工伤医疗补助金，由用人单位支付一次性伤残就业补助金。一次性工伤医疗补助金和一次性伤残就业补助金的具体标准由省、自治区、直辖市人民政府规定。

职工因工致残被鉴定为七级至十级伤残的，享受以下待遇：

（1）从工伤保险基金按伤残等级支付一次性伤残补助金，标准为：七级伤残为13个月的本人工资，八级伤残为11个月的本人工资，九级伤残为9个月的本人工资，十级伤残为7个月的本人工资。

（2）劳动、聘用合同期满终止，或者职工本人提出解除劳动、聘用合同的，由工伤保险基金支付一次性工伤医疗补助金，由用人单位支付一次性伤残就业补助金。一次性工伤医疗补助金和一次性伤残就业补助金的具体标准由省、自治区、直辖市人民政府规定。

六、失业保险

1993 年，执行《山东省职工待业保险基金管理使用暂行办法》，按全部职工标准工资总额的 1% 缴纳待业保险基金，待业保险基金交临沂市劳动保险事业管理处。

2000 年 1 月起，执行鲁劳社发〔1999〕158 号文件规定，失业保险费单位按上年度职工月平均工资的 2% 提取，城镇职工个人由单位按本人上年度月平均工资额的 1% 代其申报缴纳。失业人员所在单位和本人按规定累计缴费时间满 1 年不足 5 年的，领取失业保险金的期限最长为 12 个月；累计缴费时间满 5 年不足 10 年的，领取失业保险金的期限最长为 18 个月；累计缴费时间满 10 年以上的，领取失业保险金的期限最长为 24 个月。失业保险金的标准，低于当地最低工资标准，高于城市居民最低生活保障标准，由省政府确定。失业人员在领取失业保险金期间患病就医的，可以按照规定向社会保险经办机构申请领取医疗补助金。失业人员在领取失业保险金期间死亡的，参照当地对在职职工的规定，对其家属一次性发给丧葬补助费和抚恤金。

2003 年 7 月 1 日，为职工参加失业保险。失业人员在满足以下三个条件后，方可享受失业保险待遇：一是非因本人意愿中断就业；二是已办理失业登记，并有求职要求；三是按照规定参加失业保险，所在单位和本人已按照规定履行缴费义务满 1 年。待遇内容主要涉及 4 个方面：（1）按月领取的失业保险金，即失业保险经办机构按照规定支付给符合条件的失业人员的基本生活费用。（2）领取失业保险金期间的医疗补助金，即支付给失业人员领取失业保险金期间发生的医疗费用的补助。（3）失业人员在领取失业保险金期间死亡的丧葬补助金和供养其配偶直系亲属的抚恤金。（4）为失业人员在领取失业保险金期间开展职业培训、介绍的机构或接受职业培训、介绍的本人给予补偿，帮助其再就业。单位按工资总额的 2% 缴纳，职工按照本人工资的 1% 缴纳。

2006 年 11 月至 2012 年 10 月，失业保险费单位按上年度职工月平均工资的 2% 提取，城镇职工个人由单位按本人上年度月平均工资额的 1% 代其申报缴纳。

2012 年 11 月至 2017 年 3 月，失业保险费单位按上年度职工月平均工资的 1% 提取，城镇职工个人由单位按本人上年度月平均工资额的 0.5% 代其申报缴纳。

2017 年 4 月至 2018 年，失业保险费单位按上年度职工月平均工资的 0.7% 提取，城镇职工个人由单位按本人上年度月平均工资额的 0.3% 代其申报缴纳。

2006 年 11 月，在兖州区开户缴纳失业保险，与临沂市执行同样的缴费标准。

七、住房公积金

1995 年 7 月 1 日，筹建处建立住房公积金统筹账户缴纳，分个人缴纳和单位缴纳两部分；按月定额缴纳，月缴额 20 元，其中职工个人每月扣缴 10 元，单位缴纳 10 元。

1996 年，月缴额提高到 40 元，个人、单位各缴纳 20 元。

1997 ～ 2000 年，月缴额提高到 50 元，个人、单位各缴纳 25 元。

2001 年，月缴额降低到 10 元，个人、单位各缴纳 5 元。

2002 年，恢复到 1997 年标准，月缴纳额 50 元，个人、单位各缴纳 25 元。

2006 年 7 月，缴纳标准改为：以上一年度职工平均工资为缴纳基数，按照 20%（个人10%、单位10%）的比例在缴纳规定的上下限范围内缴纳，最低数为246元（其中个人123元、单位123元），最高数为1230元（其中个人615元、单位615元）。

2007年8月，在原比例基础上调整月缴纳上下限，最低数246元（其中个人123元、单位123元），最高数1344元（其中个人672元、单位672元）。

2008年，在临沂市罗庄区公积金中心开设账户，职工公积金开始转交至公积金中心，并将1995年以来古城煤矿统筹账户公积金余额一次性转入公积金中心。6月，调整基数，最低数为310元（其中个人155元，单位155元），最高数1546元（其中个人773元，单位773元）。

2009年6月，调整后最低数为358元（其中个人179元、单位179元），最高数为1786元（其中个人893元，单位893元）。

2010年6月，调整后最低数为398元（其中个人199元、单位199元），最高数1994元（其中个人997元，单位997元）。

2011年6月，调整后最低数为440元（其中个人220元，单位220元），最高数为2198元（其中个人1099元，单位1099元）。

2012年6月，调整后最低数为488元（其中个人244元，单位244元），最高数为2440元（其中个人1220元，单位1220元）。

2013年6月，调整后最低数为536元（其中个人268元，单位268元），最高数为2682元（其中个人1341元，单位1341元）。

2014年9月，调整后最低数为582元（其中个人291元，单位291元），最高数为2708元（其中个人1354元，单位1354元）。

2015年8月，调整后最低数仍为582元（其中个人291元，单位291元），最高数改为2958元（其中个人1479元，单位1479元）。

2016年10月，调整后最低数仍为582元（其中个人291元，单位291元），最高数改为3378元（其中个人1689元，单位1689元）。

2017年7月，调整后将缴纳比例提高至24%，（其中个人缴纳12%，单位缴纳12%），最低数仍为582元（其中个人291元，单位291元），最高数改为3602元（其中个人1801元，单位1801元）；9月重新调整将最高数改为3602.16元（其中个人1801.08元，单位1801.08元）。

2018年7月，调整后最低数改为415.2元（其中个人207.6元，单位207.6元），最高数改为3806.4元（其中个人1903.2元，单位1903.2元）。

缴纳地为临沂市罗庄区公积金管理中心。

第六节　技能鉴定

2004年，根据临沂矿务局职业技能鉴定站职工职业技能培训计划，对技师4个工种、高级工19个工种、中级工20个工种、初级工2个工种实施鉴定。

1. 采煤专业技能鉴定涉及采煤工、采煤机司机、综采放顶煤工、液压支架工、综采设备安装（回撤）工，计 4 个工种。

2. 掘进专业技能鉴定涉及巷道掘砌工、综掘机司机、掘进放炮员，计 3 个工种。

3. 通防专业技能鉴定涉及矿井通风工、瓦斯检查工，计 2 个工种。

4. 运搬专业技能鉴定涉及轨道工、煤矿搬运工、输送机操作工、电机车司机，计 4 个工种。

5. 机电专业技能鉴定涉及采掘电钳工、液压支架维修工、矿井维修电工、矿井维修钳工、矿井机械安装工、矿井电器安装工，计 6 个工种。

技能大赛（2017 年 8 月摄）

2005 年，鉴定采煤专业、掘进专业、通防专业、运搬专业、机电专业技师、高级工、初级工，其中有巷道掘砌工、综掘机司机、掘进放炮员、采煤工、采煤机司机、综采放顶煤工、液压支架工、综采设备安装（回撤）工、矿井通风工、瓦斯检查工、轨道工、煤矿搬运工、输送机操作工、电机车司机、采掘电钳工、液压支架维修工、矿井维修电工、矿井维修钳工、矿井机械安装工、矿井电器安装工 93 人。

2006 年，鉴定采煤专业、掘进专业、机电专业技师、高级技师，其中有采煤工、矿井维修电工、采掘电钳工、巷道掘砌工 22 人。

2004 ～ 2009 年，全矿共鉴定初级工 98 人、高级工 149 人、技师 16 人、高级技师 6 人。

2010 年，鉴定采煤专业、掘进专业、机电专业、通防专业、测量专业 108 人。涉及采煤工、巷道掘砌工、煤矿机械安装工、煤矿电气安装工、主提升机操作工、矿井维修电工、采掘电钳工、矿井维修钳工、矿井通风工、矿井测尘工、矿山测量工等工种，共鉴定高级技师 13 人、技师 26 人、高级工 69 人。

2011 年，鉴定安全专业、采煤专业、测量专业、机电专业、掘进专业、煤质专业、通防专业、运输专业 321 人。涉及安全检查工（员）、采煤工、矿山测量工、采掘电钳工、电机车司机、绞车操作工、矿井泵工、矿井维修电工、矿井维修钳工、拥罐工、煤矿机械安装工、煤矿电气安装工、主提升机操作工、巷道掘砌工、综掘机司机、煤质化验工、矿井通风工、矿井测尘工、矿井测风工、瓦斯检查工、输送机操作工、钢缆皮带操作工等工种，共鉴定技师 41 人、高级工 124 人、中级工 84 人、初级工 72 人。

2012 年，鉴定安全专业、采煤专业、机电专业、掘进专业、煤质专业、通防专业、运输专业 157 人。涉及安全检查工（员）、采煤工、安全仪器监测工、把钩工、采掘电钳工、绞车操作工、矿灯管理工、矿井泵工、矿井维修电工、矿井维修钳工、煤矿机械安装工、污水处理工、主提升机操作工、巷道掘砌工、综掘机司机、煤质化验工、火工品检验工、矿井测风工、矿井通风工、矿井轨道工、输送机操作工等工种，共鉴定高级工 148 人、中级工 9 人。

2013 年，鉴定安全专业、机电专业、采煤专业、通防专业、运输专业、测量专业、煤质专业、掘进专业 103 人。涉及安全检查员、矿井维修电工、矿井维修钳工、采掘电钳工、煤矿机械安装工、电机车司机、矿井泵工、采煤工、矿井测尘工、矿井通风工、矿井轨道工、矿山测量工、输送机司机、水煤浆制备工、巷道掘砌工、信号把钩工等工种，共鉴定高级技师 15 人、技师 33 人、高级工 55 人。

2014 年，鉴定机电专业、掘进专业、煤质专业、通防专业 25 人。涉及采掘电钳工、钢缆皮带操作工、矿井维修电工、煤矿电气安装工、巷道掘砌工、煤质化验工、矿井通风工、矿山救护工等工种，共鉴定高级技师 12 人、技师 10 人、高级工 3 人。

2015 年，鉴定采煤专业、机电专业、掘进专业 88 人。涉及采煤工、矿井维修电工、矿井维修钳工、采掘电钳工、巷道掘砌工等工种，共鉴定高级技师 8 人、技师 9 人、高级工 71 人。

2016 年，鉴定采煤专业、采煤专业、测量专业、机电专业、掘进专业、通防专业 33 人。涉及采煤工、采煤机司机、矿山地质工、电器安装工、井下电钳工、矿井维修电工、矿井维修钳工、巷道掘砌工、安全仪器监测工、测尘工、测风工等工种，共鉴定高级技师 6 人、技师 19 人、高级工 8 人。

2017 年，鉴定安全专业、采煤专业、机电专业、掘进专业、煤质专业、通防专业、选煤专业 125 人。涉及安全检查工、采煤工、采掘电钳工、机械安装工、井下电钳工、矿井泵工、矿井电钳工、矿井维修电工、矿井维修钳工、掘进机司机、巷道掘进工、采制样、煤质化验工、安全仪器监测工、测风工、火工品检验工、矿井通风工、矿山救护工、浮选工、跳汰洗煤工、洗煤工、压滤工等工种，共鉴定高级技师 8 人、技师 39 人、高级工 78 人。

2018 年，通过新型学徒制鉴定机电专业 25 人。涉及机修钳工、维修电工等工种，共鉴定高级工 25 人。

第三章　预算与审计

第一节　预算管理

一、机构

（一）预算管理委员会

2008 年 7 月，根据临矿集团统一安排，古城煤矿成立预算管理委员会。由古城煤矿领导班子成员及行政办公室、党群工作部、财务、预算、劳资社保、生产、安全、调度、通防、地测、机电、总务、煤质管理、选煤厂、电厂、武装保卫、卫生所等部门负责人组成，矿长任预算管理委员会主任，经营副矿长任副主任，办公室设在预算科，预算科科长任办公室主任，预算科为全面预算管理办事机构。

（二）预算审计科

2008 年 7 月 29 日，成立预算审计科，分管副矿长兼任科长，设副科长 1 人、副科级审计员 1 人、管理人员 1 人。负责全面预算管理、审计、企业管理和合同管理。

2011 年 5 月，审计业务并入纪检监察，预算审计科更名预算科，在册 4 人。

2018 年末，在册 5 人。

二、职责

（一）全面预算管理委员会主要职责

启动企业全面预算管理工作，审议预算方案和预算调整方案；将年度预算和调整方案提交矿预算管理委员会审议，并报经党委会批准；按照集团公司下达的预算目标，对矿属各个单位进行目标分析；协调解决预算编制、执行过程中的矛盾和问题，规范、指导各单位线上预算上报审批工作，协助解决各单位线上预算执行中遇到的问题；定期检查和分析预算执行情况，督促各单位完成党委会批准的预算方案；当企业内外环境发生重大变化时，及时提出预算调整意见，并报经集团公司批准；审查企业年度预算执行情况，制定考核方法，负责年度预算执行情况考核工作。

（二）预算审计科（全面预算管理、合同管理办公室）职责

拟定全面预算管理制和考核办法；按照年度经营计划和预算目标，负责组织全面预算方案的编制、审核、汇总工作；指导、督促矿属各单位按年度、月度正确编制预算，规范、指导各单位线上预算上报审批工作，协助解决各单位线上预算执行中遇到的问题；负责管理日常事务，跟踪、监督预算的执行情况；汇总、分析矿属各单位预算执行结果，提出审核意见、改进措施和建议，定期向预算管理委员会报告预算执行情况；组织矿属各单位进行预算执行情况考评，分析和考核内部各单位

预算完成情况；编制年度预算执行情况分析报告并提交预算管理委员会审查。

三、编制期、执行期及内容

1. 年度预算的编制期为临矿集团下达经营考核指标后的20天内，执行期为每年的1月1日至12月31日。

2. 月度预算的编制期为每月20日，上报临矿集团时间为每月26日，执行期为每月的1日至月末。

3. 矿全面预算编制的内容包括业务预算、资本预算、资金预算、财务预算四个方面。

（1）业务预算主要包括生产预算、销售预算、材料采购预算、人工成本预算、制造费用预算、生产成本预算、销售成本预算、存货预算、期间费用预算等。通过业务预算，促进收入增长，降本增效，提高管理水平，保证目标利润的实现。

（2）资本预算主要包括固定资产投资预算、无形资产及其他长期资产投资预算、投资预算、投资收益预算等。

（3）资金预算主要包括与业务预算和资本预算相关联的日常资金收支预算和筹资预算。资金预算应保证企业在预算期内实现资金收支平衡。

（4）财务预算主要以资产负债预算表、利润及利润分配预算表、现金流量预算表等形式反映。

四、部门预算编制项目

各部门可根据不同的预算项目，合理选择固定预算、弹性预算、零基预算、概率预算等方法编制预算，按照“上下结合、分级编制、逐级汇总”的程序进行，达成以月度预算控制年度预算。

1. 财务科按照产销平衡的原则编制煤炭产品销售收入预算，并以此为基础编制各项税费支出预算；计提折旧费、维简费、安全费、地面塌陷补偿费、无形资产摊销、税金及附加、财务费等费用。编制由携程结算全矿差旅费、贷款费用、办公费、培训费等。

2. 预算科负责本单位全面预算方案线上、线下的编制、上报、控制、分析工作；负责将本单位预算指标层层分解、落实到各环节和各岗位；负责按授权程序严格执行各项预算；及时分析预算执行差异原因，研究解决预算编制、执行中存在的问题；根据本单位生产经营变化情况，在预算编制过程中提出预算调整建议。

3. 劳资社保科依据劳动定额、岗位工资标准和人员增减变动，编制各工区、电厂、洗煤厂、煤管科等单位工资（劳务人员工资）预算；按照集团公司规定编制社保、劳保、福利经费预算。

4. 生产技术科按照生产作业计划，编制年度、月度设备、材料采购及设备维修费等预算。

5. 安监处按照年度计划，编制全员职工安全培训、特殊工种、班组长、管理人员等安全培训费用及安全宣传印刷费用等预算。

6. 调度室编制全矿井通信设备及网络维护、管理人员通讯费用预算，包括管理人员话费报销、办公宽带上网及软件费用、地面及井下对内对外通讯产生的各项设备和服务费用。

7. 通防科编制矿井“一通三防”管理工作产生的费用。

8. 地测科编制矿井地质测量及防治水工作产生的费用。

9. 机电科根据设备负荷和运转时间、涌水量和排水系统布置情况、原煤用电单耗和节电目标等指标，按照生产过程用电、洗煤用电、生活用电、机关用电、煤管科用电等编制电量电费支出预算；根据设备待维修编制维修预算支出；按照生产计划编制大型材料支出预算；依据历史水平和实际情况编制设备租赁费、排污费预算；根据生产接续和系统改造等编制矿井安装工程预算。

10. 总务科根据年度绿化计划编制工厂绿化费预算、办公费支出、地面房屋建筑物和构筑物等维修预算、物业费、蒸汽费、食堂食品采购、超市营业等预算。

11. 行政办公室编制业务招待费预算、差旅费预算、职务消费预算、办公车辆购置、车辆保险费、高速路费、车辆维修费、培训费、报刊费、招待所用品采购预算。

12. 党群工作部编制工会、党建及科室内各项费用支出预算。工会方面，包括职工疗养费、老干部健康查体费、困难补助、金秋助学、文体活动、健身器材采购、各类慰问金。党建方面，包括学习资料、宣传牌板制作、印刷品、图书、党员培训及活动、电视台设备更新和维修等方面的费用。

13. 武装保卫科编制警卫器械装备、门禁系统、停车场系统、消防器材、通信设备、专用车辆的维修维护、制服和爆炸物品采购等预算。

14. 卫生所编制医疗器械、药品采购（含发给职工的夏季防暑降温药品）预算，以及工伤医疗、职工健康查体费预算。

15. 物管中心编制专项资金支出预算，并根据材料消耗预算和固定资产投入预算编制物资采购预算。

16. 外协办公室根据地面塌陷程度、面积、补偿标准，负责编制塌陷补偿支出预算和铁路专用线道口看护费预算。

17. 科技科按照科技项目计划编制技术开发费预算、专利申请费预算，包括设备、原材料、技术服务费、审计费以及参加科技类相关培训、出差费用等预算费用的编制。

18. 煤管科按照产销平衡的原则编制煤炭产品销量预算、煤炭产品销售费用预算、设备维修费预算、煤炭价格预算、铁路专用线收支预算。对维修费较大的要详细列明设备名称及维修金额。包括装载机、自卸车维修和化验室仪器设备的日常维修维护保养，以及因新增环保事宜增加的相关费用支出及日常汽车衡维修维护等。

19. 铁路运输编制因铁路发运产生的收入和各项代维费、通信费、服务费、代管费等，以及轨道衡检定、检测、维修维护费等。

20. 电厂编制火力发电、供热、供应蒸汽收入、电厂经营各项支出，包括煤款、各项材料费用支出、设备维修费用支出以及人工、税费、折旧、维简、安全等费用。

21. 选煤厂编制洗煤及副产品产量计划、有关洗煤技术指标，包括各种洗煤的产量、回收率、洗煤产品比例、洗煤加工费、设备维修费等。

22. 支护材料公司预算包括矿用支护材料的生产和销售收入、支护厂经营各项支出、各项材料费用支出、设备维修费用支出以及人工、税费、折旧、维简等费用。

五、考核办法

1. 预算考核实行计分制，满分100分。按照周、月、年三级考核，月度兑现。其中，预算编制，满分10分；财经财纪考核，满分10分；预算分析报告，满分10分；成本费用、资金支出，满分70分。

对于此项考核，电厂增加月度收入考核，生产科增加月度商品煤产量考核，选煤厂增加月度洗精煤产量考核，煤管科增加月度商品煤销量以及铁路发运量考核。

2. 考核。考核总分100分，其中月度考核、年度综合考评各占50分，于次年1月份进行考核兑现。

3. 考核结果。分为4个档次，即：95分及以上为优秀，85～95分为良好，75～85分为及格，75分以下为不及格。

4. 奖惩政策主要体现在以下几个方面：

（1）月度考核优秀单位，负责人加计工作业绩考核分1分。

（2）根据所报金额进行奖励：金额在100万元以下（含100万元）的，奖励单位负责人200元、预算员100元；金额在100万～1000万元（含1000万元）的，奖励单位负责人400元、预算员200元；金额在1000万元以上的，奖励单位负责人600元、预算员300元。

（3）月度考核为及格的单位，扣负责人工作业绩考核分0.5分，按第二条相应档次数额的50%罚负责人和预算员。

（4）月度考核为不及格的单位，扣负责人工作业绩考核分1分，按第二条相应档次数额罚单位负责人和预算员。

（5）对于月度考核为良好的单位，不奖不罚。

（6）在临矿集团年度考核中受到奖励的，古城煤矿根据奖励标准对相关人员进行双倍奖励。

第二节　合同管理

一、机构

1992年8月，筹建处设1名副主任分管合同管理工作，经济管理科设专职合同管理员负责各类合同的起草和签订。一般施工、采购等合同，由筹建处负责签订。工程规模或采购量较大、金额较高的合同，由临沂矿务局组织签订。

2001年1月，合同管理由财务科兼管。合同的签订由各部门组织财务、专业技术部门参加调研和合同洽谈，具体情况向分管矿长、矿长汇报且同意后签订。煤炭销售合同由矿务局负责签订。

2008年7月，合同管理由预算审计科负责。同时设立矿合同管理委员会，党委书记、矿长任主任，经营副矿长任副主任，领导班子其他成员及各单位负责人为成员。在预算科设办公室，设 1 名专职合同管理员，参与各类招、议标工作，审核合同主体资格资质的合法性、完备性；负责合同档案管理工作。

2009 年，实行合同会签制度。

2016 年，成立外委办公室，隶属财务科管理，负责组织各类合同的调研考察、洽谈和签订工作，实行集中汇报、集体决策、合同会签制度。外委办公室在周一矿长办公会上向矿领导班子汇报。

2019 年 12 月 13 日，成立企业管理科，负责合同签订和合同档案管理。

二、职责

贯彻执行国家法律、法规，建立健全并组织落实合同管理制度；合同管理第一责任人，承办合同立项、谈判、起草、签订、履行及纠纷处理，协助解决执行中遇到的问题；参与外委项目合同签订前的招、议标工作，审查合同主体资格资质的合法性、完备性；负责公司合同专用章的保管和使用；组织业务人员培训；负责合同档案、信息管理；负责合同编号、统计、登记台账工作。

三、管理办法

《古城煤矿合同管理办法》共 7 章：第一章总则、第二章合同相关部门及其职责、第三章合同的审查与订立、第四章合同的履行、第五章合同纠纷的处理、第六章合同台账、档案管理、第七章检查与奖惩。

（一）组织机构

成立合同管理委员会，由矿领导班子成员及各单位、各部门负责人组成，党委书记、矿长任合同管理委员会主任，生产副矿长任合同管理委员会副主任，委员会下设办公室，办公室设在企管科，企管科科长任办公室主任，企管科为合同管理办事机构。

（二）监督管理

矿纪委、监察、审计、法务部门是合同的监督部门，负责对合同的订立、履行是否符合国家法律法规、临矿集团有关规定等进行监督。

法律顾问负责具体审核与相对方签订的合同，并指导合同承办部门解决合同履行中遇到的相关问题。

（三）合同管理

1. 订立合同。按照同价比质、同质比价、择优选择的原则，通过谈判或招标、竞价等方式确定合同价格或价款。除即时交割（款货两讫）的简单小额经济业务外，一律采用书面形式订立合同，临矿集团另有文件规定的除外。订立合同须履行合同审批程序。采用招标采购方式确定合同对方当事人的，按中标结果执行。采用非招标采购方式确定合同对方当事人的，按成交审批结果执行。

2. 合同起草。根据临矿集团下发统一合同文本起草合同。没有统一文本的工程、勘察、设计、监理等应采用国家、行业示范文本，或经双方协商可自制合同文本。与安全生产密切相关或技术性较强的合同项目，应约定安全技术措施或另行签订技术协议，作为合同附件。

3. 合同审查。法律顾问初审的资料是合同立项相关文件，其中通过招投标（议价）形成的合同文本，应提供招投标（议价）有关资料；合同草案及所附明细、清单、附件，合同草案主要条款内容必须确定；合同相对方主体资质文件及《合同相对方资信调查表》；代理签订合同的，应提供真实、有效的法定代表人（或负责人）签署的授权委托书、代理人身份证明；涉及合同签订的其他资料。

4. 承办部门。捐赠、融资、担保、理财等由财务部门承办；设立合资合作公司及其法人治理结构组成的，由组织人事部门承办；工程建设、技术条款，由工程、技术部门承办；信息化建设，由信息管理部门承办；技术合作，由技术部门承办；其他业务，由相关职能部门对所涉及的相关条款承办；重大合同和标的额在 1000 万元及以上的合同，上报临矿集团审查。

5. 合同签订。完成法务审批后，在正式合同文本规定的盖章处加盖印章，并加盖骑缝章。

6. 合同履约。合同履行过程中，有确切证据表明合同对方经营情况严重恶化，或转移资产、抽逃资金以逃避债务，或丧失商业信誉，或有丧失履行债务能力的其他情形的，可依法或依合同约定中止履行并及时通知对方。

7. 合同变更、解除。对于单份合同变更与签证超出合同总额 10% 及以上的，应按原合同审批程序履行手续，签订书面变更协议。因实际情况需要变更或解除的，报古城煤矿合同管理委员会批准，以书面形式通知合同相对方，说明变更或解除合同的原因和要求对方答复的期限。合同相对方要求变更、解除合同或提出履行异议的，应及时在法定或约定的期限内书面答复对方。因变更或解除合同而使矿利益遭受损失的，除法律允许或合同约定免责的以外，均应要求对方承担相应的责任。

8. 合同纠纷的处理。合同承办部门负责合同纠纷的处理，企业法律顾问、合同主管部门等部门配合。协商达成一致意见，应依合同签订程序签订书面协议；不能达成一致时，应在法律规定的时效期限内，按合同约定选择仲裁或诉讼方式解决纠纷。

关于争议解决方式，原则上应约定由我方所在地人民法院管辖或向我方所在地仲裁机构申请仲裁。

截至 2018 年末，古城煤矿严格执行《合同管理办法》，在签订和履行合同过程中，未发生合同纠纷或其他问题。

第三节　证照管理

一、机构

1992 ～ 2000 年，矿井筹建时期，根据不同性质的证照，分别由办公室、计划预算科（经济科）、工程技术科办理。

2001 年至 2008 年 7 月，财务科办理。

2008年7月至2018年12月，预算科办理。

二、主要证照

营业执照包括古城煤矿、综合利用电厂、力新支护材料厂。按照规定及时办理营业执照的申领、变更、年检。

第四节　审计管理

一、机构

1995年4月23日，设专职审计员，隶属财务科管理。

2001年2月16日，组建财务管理部，负责审计工作。

2002年3月，设专职审计员，隶属财务管理部管理。

2003年7月3日，成立财务审计科，副科长兼审计员。撤销财务管理部。

2004年8月，财务审计科科长兼审计员。

2006年8月，成立财务科，科长兼审计员。撤销财务审计科。

2008年7月29日，成立预算审计科。

2011年5月5日，成立审计科，与纪委监察科合署办公，设专职审计员（副科级）。

2013年2月26日，设审计科科长，纪委副书记兼任。

2017年6月，成立审计科，设副科长1人。

2018年11月9日，审计科设科长1人。

2018年末，审计科在册1人。

二、工作职责

1. 内控审计，对全矿内部控制制度的执行情况进行审计监督，对其有效性、合理性、经济性进行评价。

2. 财务审计，对矿属有关部门的经济活动及相关财务收支的真实性、合法性、效益性进行审计监督，防错纠弊，并提出审计意见。

3. 工程审计，包括外包的矿建工程、土建工程、安装工程、装饰装修工程、维修工程等。

4. 合同审计，对工程建设合同、物资采购合同、产品销售合同、设备维修合同、承包租赁合同等履行审计监督。

5. 考核审计，包括矿制定的各类经营考核、目标考核、管理人员调整离任考核审计。

6. 专项审计，根据矿领导安排或某一项单独的经济活动进行专项审计。

三、审计程序

根据《古城煤矿内部审计管理暂行办法》，内部审计机构制定工作计划和确定审计项目，报矿长批准。成立内部审计小组，确定审计内容、时间、方式；向被审计单位下发审计通知；实施审计。

四、审计范围

1. 领导人离任审计。

2. 年度财务报告审计。

3. 各考核单位经营考核审计。

4. 工程结算审计（矿井生产期间的新建、改建、扩建、装修等）。

5. 合同管理审计。

6. 设备、材料等采购审计。

7. 职工食堂、经营网点的经营情况。

8. 领导安排的专项审计。

五、审计工作

1995 年 4 月，筹建处设立内部审计岗位，建立健全规章制度，工作规范开展。8 月，配合临沂矿务局审计处，开展基本建设工程项目审计，为矿井开工建设做准备。

1996 年 3 月，国家审计署颁发《关于内部审计工作的规定》，组织财务、审计人员学习。12 月，对工程投资、财务管理、食堂经营情况进行全面审计，出具内部审计报告。

1997 年，重点审计工程类、采购类招标项目 13 个。

1998 年 4 月 17 ～ 22 日，配合临沂矿务局审计处，对古城矿井煤炭销售管理内部控制制度执行情况进行审计，形成《关于对古城矿井煤炭销售管理内部控制制度的审计报告》，提出 8 个方面的整改要求。5 月，落实省纪委、组织部、监察厅、人事厅、审计厅联合下发的《关于实行领导干部离任审计制度的通知》精神，部门配合矿务局审计处，对离任领导干部实施审计 1 例，筹建处对调整的 3 名中层管理人员实行离任审计。

1999 年 10 月至 2000 年 4 月，落实煤炭工业部印发的《煤炭企事业单位固定资产投资项目审计实施办法》文件精神，对筹建处组织实施的工程项目、施工管理、招标工作、设计、监理、施工单位的资质、建设单位内控制度进行内部审计。

2000 年 5 月，落实临沂矿务局印发《关于搞好 2000 年执法效能监察工作的意见》，根据古城矿井的工作实际，开展对大型设备、大宗物资采购情况进行执法监察。建立和完善招标制度，禁止暗箱操作，增加采购工作的透明度。要求凡是依法应该招标的项目，都必须招标。11 月，配合临沂矿务局委托的中介审计机构，对古城矿井工程投资、工程结算审计。

1995 ～ 2000 年，对基本建设财务报告进行审计，出具审计报告一同上报。对食堂经营状况、供应科财务内部管理、“三条线”核算以及金利包装制品厂经营情况、仓库管理进行全面审计，形成审计报告向领导汇报。

2001 年，古城矿井移交试生产，重点开展内部审计和专项审计。

（一）内部审计

1. 财务审计。按国家颁布的会计准则进行，对原始凭证、财务核算、会计报表审计，正确反映财务状况和经营状况。

2. 内部控制制度审计。对财务、劳资、供应、煤炭销售煤质管理等重点岗位内部控制制度执行情况进行审计。

3. 工程结算审计。按照不经审计不得开工、先审计后结算原则，对新建、改扩建、装饰装修零星维修工程进行审计。

4. 合同审计。对各类工程施工、物资采购、设备维修、劳务合同进行审计。

5. 经营责任考核审计。2016 年，古城煤矿实行经营责任考核，对 15 个经营小组每月进行考核审计。审计项目为：生产组的商品煤产量、发热量、材料费等，节能环保组每月电费考核，煤炭营销公司外购煤创效、洗精煤、材料费考核，电厂利润、成本指标完成情况，支护材料厂利润、材料考核，安监处安全罚款考核、返还分配，卫生所利润指标，小车班修理费考核，总务科零星工程、物业费、干洗店费用、水资源费用、低值易耗品考核，一食堂、二食堂利润指标，西菜地利润指标，武装保卫科收交治安罚款和扣罚职工不文明行为奖金，信息中心副科级以上人员电话费考核，科技科科研经费使用情况。在考核中如发现存在的问题，须出具整改通知书并督促限期整改。

（二）专项审计

1. 领导离任审计。配合临矿集团（矿务局），完成历任矿长刘成录、王洪忠、刘厚福、陈家忠、张传毅、管清向、鲁守明离任审计。

2. 工会经费审计。从 2016 年开始，每月对工会经费的提取、上交和财务收支情况、工会财产物资以及各项费用管理和使用情况进行审计。

3. 四项费用审计。2018 年 6 月 20 日至 7 月 20 日，对山东东山古城煤矿有限公司 2018 年上半年四项费用支出情况进行审计。

4. 工资及奖金审计。编制工资的基础资料，包括完成的原煤产量、掘进进尺等及执行的定额标准。工资发放后，各单位公示工资的基础资料、工资单职工签字等；单项奖金的发放，执行临矿集团、矿批准的标准和奖励范围。

第四章　行政事务

第一节　机构沿革

一、机构设置

1992年8月26日，成立筹建处办公室。设主任1人、公务员1人。负责文件起草、会议组织、外事联络等事务。

1993年10月25日，成立党政办公室，撤销办公室。

2001年2月16日，成立古城煤矿办公室，设主任1人。5月24日，设办公室副主任1人（主持工作）。

2003年4月，设置党政办公室，设主任1人，撤销办公室。

2008年11月至2018年12月，撤销党政办公室，设置为办公室，设主任1人、副主任2～3人，主管管理、专员管理、见习管理各1人。

截至2018年年末，办公室共有18人，其中主任1人、副主任2人、专员管理2人、档案员1人、文秘人员2人、招待所1人、小车班驾驶员9人。

二、管理职责

1. 岗位。包括办公室、档案室、招待所、小车班。

2. 职责。负责上情下达、对外接待、车辆管理、法律事务、文字起草及收发、机要通讯、档案管理、公共事务。

第二节　文秘管理

一、机构人员

1992年8月至2000年12月，文秘工作由办公室负责，未设专职秘书。

2001年1月至2018年12月，办公室设1～2名秘书。

二、文秘工作

1. 公文处理。古城煤矿按照《国家行政机关公文处理办法》和临矿集团有关规定，修订下发《公文处理办法》，按照签收、登记、分文、分办、批办、承办、催办、查办、拟呈、审核、签发、用印、传递、立卷、归档、销毁的程序严格办理，确保公文及时、准确、安全、保密。

主要文种有决议、决定、意见、通知、通报、报告、请示、批复、函、纪要。

2. 收文管理。1992 ～ 2018 年，临矿集团（矿务局）、地方各级人民政府、主管部门等一切外来文件，均由办公室负责接收，文秘人员按收文日期、发文机关、文号、文件标题、收文编号、份数等登记。填写《处理文件标签》，送办公室主任或副主任填写拟办意见，呈报党委书记、矿长批示。按照批示要求送分管领导、部门传阅。分管领导签发指示或意见，交相关部门落实，部门负责人将落实情况签在文件标签上，并签字备案。转发文件按要求范围转发。一系列工作流程完成后，办公室收回、保存。于次年 1 月份集中移交矿档案室存档。

2017 年 10 月，临矿集团利用协同办公系统，下发、上传文件、公文，办公室机要人员负责电子公文的接收、上传。

3. 发文管理。矿党委、行政印发的文件，由党群工作部（党委办公室）、办公室拟稿，部分专业性文件，由专业部门拟稿，报办公室统一审核。填写发文稿纸，包括主办单位、会办单位、拟稿人、主办部门负责人、公文版头、公文标题、主题词、发报单位等，上报分管领导审批后，报党委书记、矿长签批。办公室或者党群工作部（党委办公室）编号印刷、下发。程序为起草、审核、签发、复核、登记、印刷。上报临矿集团的文件，通过协同办公系统报送。

所收公文原件和所发公文底稿及原件，均须于次年 1 月份移交档案室存档。

4. 相关要求。通过 OA 系统发文时，一文一上传，不能两个或多个文件同时上传；在文件上传前可通过 QQ、邮箱等方式将文件发给办公室修改，再上传 OA 系统完成发文程序。word 文件的名称应与文件内容中的标题保持一致。如印发实施方案、实施意见或转发上级文件，一般应以附件的形式进行下发。上报临矿集团的请示、报告等上行文，要在正文后注明联系人和方式。

三、公文格式

1. 公文标题。公文标题由发文机关名称、事由和文种组成，应当准确、扼要地概括公文的主要内容。公文标题中除法规、规章名称加书名号外，一般不用标点符号；如果是在矿内部公布的文件，也可以省去发文机关。

2. 发文字号。发文字号由发文机关代字、年份和发文顺序号组成。党委公文代字为“古煤发”，行政公文代字为“古煤字”，工会公文代字为“古煤会字”，团委公文代字为“古煤团字”，联合行文时只标注主办机关的发文字号。

发文字号编排在发文机关标志下空 2 行的位置，使用 3 号仿宋 GB2312 字体，居中布置。年份、发文顺序号用阿拉伯数字；年份用全称 4 位，用六角括号括入；发文顺序号不编虚位，一律不加第字。以行政公文为例，正确写法为：古煤字〔2017〕1 号。

3. 发文机关。党委发文为“中共临沂矿业集团公司古城煤矿委员会”，不应简化为“古城煤矿党委”或“中共古城煤矿委员会”；行政发文为“山东东山古城煤矿有限公司”，不应简化为“古城煤矿”；工会发文为“临沂矿业集团公司古城煤矿工会委员会”，不应简化为“古城煤矿工会”。

4. 文件版面。公文排版要美观大方，可通过调整字距、行距、页脚使得公文美观大方。行距一般选择单倍行距，或将固定值选择为 27 ～ 30 磅；字符间距为标准，或紧缩不超过0.5磅。可根据版面需要进行适当调整。

5.标点符号。计量单位使用汉字，不使用英文缩写。二级标题的数字后不加顿号。三级标题的数字后应为点号。书名号之间一般不加顿号。公文中所有标点应使用全角符号。

6.附件。正文后的附件名称，应当和附件中的名称相一致，附件名称不加书名号。

7.成文日期。成文日期位于发文机关的下一行，在发文机关的下方的中间位置，用阿拉伯数字将年、月、日标全，年份应标全称，月、日不编虚位。

四、印章管理

本着“专人管理，审批用章，依规使用”原则，加强印章管理。

1.刻制。科室（部门）印章的刻制须由使用部门提出申请，分管领导审批签字，矿领导班子研究同意，矿办公室统一刻制。行政章、合同章、财务专用章到公安机关指定的机构刻制并在公安机关备案。中共古城煤矿党委、行政章由临矿集团刻制、公布启用或变更。

2.启用。矿下发启用通知，附印模、启用日期等。

3.管理。中共古城煤矿党委印章由党群工作部保管，行政章、企业法人名章由办公室双人保管，业务专用章由业务部门按规定管理。

4.使用。（1）对外使用矿党委、行政印章，必须履行审批程序，部门填写审批单，部门负责人签字后报分管领导签字。重大事项须报主要领导签批。（2）办公室设台账登记。（3）需要离矿使用印章，办公室安排专人保管。（4）不得在空白纸张上盖印章。（5）科室印章不得对外。

5.停用。矿下发文件公布废止停用，将印章按程序移交办公室入档封存。

第三节　接待工作

一、会务接待

会务接待体现的是整体素质和水平，必须周到兼顾、热情得体、注重礼仪，参加接待的人员要严格遵守会议纪律。

会前，根据会议通知的准确时间和人员，编制《会议接待指南》，介绍接待单位地理位置、交通线路（高速出口、铁路、机场接待安排等）、会议室具体位置、会议议程、座次安排、住宿房间号、会议期间当地的天气情况等。根据会议性质、主题，制定方案，包括会场布置、悬挂（投影）的会标、欢迎词等。按出席会议人数，摆放会议资料（文件、笔记本、碳素笔）。所有资料要前后左右对齐。制定宣传报道预案，准备好人员和摄影、摄像器材。会间，组织好有关服务和会议记录工作。会后，编发会议纪要或形成的议案，编辑宣传报道文字和图片，经领导审核后发表或报上级机关。

二、就餐接待

根据中央八项规定精神和中共临矿集团党委、纪委要求，制定《古城煤矿公务接待管理办法》，坚持“有利公务、务实节俭、严格标准、简化礼仪、高效透明”的原则，从严控制接待范围，规范接待审批程序，严格执行接待标准，由办公室统一安排。业务招待一律安排在矿招待餐厅，标准为每人每餐30元，不提供香烟和酒水，不上高档菜肴。内部检查指导、考察、调研、学习交流、内部会议接待一律安排自助餐，标准为每人每餐不超过30元，不准上香烟和酒水，严禁自己人请自己人。外事接待严格按规定的标准执行，不提供红酒、高档酒或土特产，不上香烟。严格控制陪餐人数。

三、住宿接待

凡是来矿参加会议、工作检查人员、客户，由办公室统一安排在矿招待所住宿。因招待所接待能力所限，一次性住宿人员集中，不能满足住宿需要时，经矿领导和住宿人员同意，到临矿集团安培中心学员公寓住宿，或者外部平价酒店普通单间或标准间住宿。退休的老干部、老职工来矿住宿，优先安排。厂家技术人员由总务科安排在职工宿舍专设的接待房间。

第四节　保密工作

一、机构设置

1999年4月1日，成立筹建处保密工作委员会，设正、副主任各1人，分别由筹建处主任、副主任兼任。下设办公室，筹建处办公室主任兼任保密委员会办公室主任，成员由办公室、工程科、财务科、计划预算科等部门共8人组成。

2010年9月17日，调整保密管理委员会。保密管理委员会在矿党委领导下，主管全矿保密工作。主任由总工程师兼任，副主任由生产科、地测科、通防科、办公室负责人兼任，委员为相关科室负责人。

2017年3月3日，调整管理机构，保密工作由党委办公室负责。

二、保密责任制

1. 执行《保密法》及中央、上级关于保密工作管理制度。

2. 矿党委与科室负责人签订年度保密协议，纳入年度责任考核。

3. 对秘密文件的收发、分送、传递、借阅、移交、销毁等环节都应履行登记签字手续。

4. 公开报道和在相关网站发布的信息，必须经矿党委办公室审核。

5. 发生或发现泄密事件，应立即报告矿保密工作领导小组进行处置。

6. 保密守则：

（1）不该说的机密，绝对不说。

（2）不该问的机密，绝对不问。

（3）不该的看机密，绝对不看。

（4）不该记录的机密，绝对不记录。

（5）不在非保密本上记录机密。

（6）不在私人通信中涉及机密。

（7）不在公共场所和家属、子女、亲友面前谈论机密。

（8）不在不利于保密的地方存放机密文件、资料。

（9）不在普通电话、明码电报、普通邮局传达机密事项。

（10）不携带机密材料游览、参观、探亲、访友和出入公共场所。

三、涉秘范围

1. 涉及党和国家机密以及按规定不能公开的文件。

2. 重要的党委会议、矿长办公会议、重要专业会议等会议印发的文件、材料，以及领导讲话书面材料等。

3. 各类合同、图纸和技术档案、财务档案、地质档案、科级档案等。

4. 文秘人员、档案管理员、打字员、财务管理人员、电脑网络机房管理人员、技术人员。

四、涉密文档管理

涉密文档的保管、传阅、借阅由党委办公室负责。不准在档案室会客，不准将文件带出文档室，阅后及时上橱上锁。档案室、打字室及存放重要资料的科室办公室的门窗、橱柜一定要坚固、完好，符合防火、防盗、防霉烂的要求，做到人走断电、闭水、清除火种、锁门、关窗。

五、档案鉴定、销毁

1. 鉴定档案保存价值、保管期限的标准以及销毁档案的程序，按照国家有关规定执行。

2. 鉴定、销毁档案，每 5 年集中进行 1 次鉴定、销毁。

3. 销毁档案必须经单位领导初审后，填写《档案销毁清册》报档案行政管理部门批准后，派专人鉴销，并写出专题报告，由档案室存档。

4. 严禁擅自销毁档案。

六、工作开展

按照《保密法》有关规定，制定《古城煤矿保密工作制度》《古城煤矿档案保密管理制度》《办公系统计算机及资料安全保密制度》等。规范领导干部和涉密工作人员保密行为，做到机构、责任、措施、人员四到位。保密管理委员会与各科室签订《岗位保密责任告知书》。所有公文分别由党委办公室、矿办公室负责，使用 OA 系统收发和传阅，购买企业版 360 杀毒软件，做到专人专管、专机专用、定期杀毒、及时备份。严禁将企业涉秘信息上传百度等搜索平台，或通过朋友圈、微博等方式进行发布。按集团公司要求，每年进行一次自查，接受临矿集团组织的检查。

截至 2018 年年末，古城煤矿未发生泄密事件。

第五节　档案管理

一、机构沿革

1992 年 8 月至 1995 年 2 月，工程类、技术类、文字类档案资料的收集、整理、保管工作由各科室指定 1 名兼职档案员负责，未设专职档案员。

1995 年 2 月 17 日，成立档案管理领导小组，筹建处分管副主任任组长，总工程师任副组长，其他领导成员、工程科长、办公室主任、专职档案管理员为成员，设立档案室，隶属办公室管理，办公室主任兼任档案室主任，设专职档案员 1 名、兼职档案员 4 名。

1999 年 4 月 1 日，兼职档案员增加至 7 名。

2001 年 1 月，古城矿井移交试生产管理。古城煤矿调整档案管理领导小组，矿长任组长，领导班子其他成员为副组长，各科室负责人为成员并设 1 名兼职档案员，档案室及专职档案员隶属于行政办公室管理。办公室主任兼任档案室主任，总工程师协助矿长管理档案工作。

截至 2018 年年末，矿档案室有专职档案员 1 名、兼职档案员 19 名，其中本科学历 7 名、专科学历 10 名、中专学历 2 名。

二、工作职责

1. 严格执行《中华人民共和国档案法》，落实集团公司档案管理的有关规定。

2. 专兼职档案管理员要有高度的事业心、责任心，加强档案的防灾（水灾、火灾）、防盗（盗窃、丢失）等责任事故的管理，确保各类档案资料的安全。

3. 专职档案员按照规范要求和工作流程收集、整理、组卷、归档工作。兼职档案员积极配合。

4. 对归档的资料进行细致的整理、登记，按规范进行编目、排列、检索等工作。

5. 严格履行交接手续，档案室收到归档的资料，要和交档人员办理交接手续。借出、借阅的档案资料，要履行审批手续。涉密资料，必须报主要领导批准。

三、管理制度

1995 年，制定《档案管理标准》《档案管理制度》《档案保管制度》等多项制度，涉及文件收集、整理和档案分类、编号、归档、调卷等档案管理的全过程。健全实物、资料、声像等各种档案门类，建立全宗目录、文号索引目录、分类目录、专题目录和各类索引并进行系统排列。完善档案室工作标准、岗位责任制等，对档案管理工作的目标、任务、责任、权限作出了具体规定。

四、归档时间与要求

1. 每年 6 月上旬，移交上年度归档材料。财务档案保管 1 年后向档案室移交。外购设备仪器或引进项目的文件材料、说明书、合格证等在开箱验收或接收后，于 15 日内移交；工作面图纸资料在完成回撤后，整理齐全交档案室。

2. 所有移交进矿档案室的资料必须为原件，除图纸外，其他纸质档案必须同时提供文本格式的 PDF 电子版档案。

3. 归档文件材料要完整、准确、系统，文件书写载体耐久保存，符合档案长久保管的要求。

4. 矿井重大事件、重大自然灾害、重大事故的音像、图像资料，编辑、制作完毕后必须及时归档，归档的音像、图像档案必须完整、真实、有效。音像档案在归档入库时应进行读取检查、外观检查，确保可以正常使用。

5. 档案的整理，按照党政、行政、财务、生产、经营等类别归档整理。

6. 归档文件移交时要填写移交清单，双方签字备查。

五、归档范围及分类

归档范围主要涉及上级机关及本单位文件、会议纪要、技术资料、勘察报告、图纸、施工组织和措施、各类合同协议、检查验收资料、工程监理报告、重要文件的原稿（手写）、各类影录资料、奖杯证书、财务档案等。

在分类方面，设一级类目 12 个，用英文字母标识，即：党群类—A，行政类—B，经营类—C，生产技术类—D，地质勘测类—E，基本建设类—F，科学技术研究类—G，设备仪器类—H，产品类—J，会计类—K，职工管理类—L，特殊载体类—M。档案二级类目采用双位制阿拉伯数字标识，即从 11 开始，以后用 12、13……99 等表示，至 99 结束。

六、档案保管

1. 建立档案的收进、移出、利用、销毁等统计台账，确保档案齐全、完整、安全。定期全面检查，发现问题要及时采取补救措施，并报告分管领导。

2. 归档的文件材料如有遗漏，应及时补充归档，将补充归档材料填补至相应的案卷或另行组卷，将其排在对应年度案卷目录的最末位。

3. 档案室要保证通风、干燥，所有窗户必须安设防盗网，配备必要的防潮、防霉、防蛀、防火、防磁、通风等设施。

4. 执行档案保密管理规定，杜绝违反保密规定的借阅行为。

5. 保管期限。档案资料保管期限分别为 10 年、30 年、永久；财务档案方面，财务月度、半年报表保管期限为 10 年，财务凭证保管期限为 30 年，年度财务报告保管期限为永久。

七、档案借阅

由借阅单位分管领导签批，办公室（档案室）主任签字，财务类档案必须经财务科长同意；地质类资料必须经矿总工程师同意。借阅时间不得超过一个月，如需续借应由借阅人再次填写申请表。借阅人不得随意转借他人，复制调换，涂改、污损、乱涂乱画等。外单位人员不得借阅。

八、档案销毁

档案管理领导小组同时兼作档案鉴定小组，负责对到期档案的鉴定销毁工作。对于需要销毁的档案，详细登记并报请主管负责人审查批准，方可销毁，严禁个人擅自销毁。财务档案按照财务管理规定的年限销毁时，履行报批程序。

九、奖惩办法

1. 任何部门和个人私自保存、占有、销毁应归档的材料，发现 1 次扣发责任人奖金 500 元。

2. 所借档案有损坏或丢失，部门兼职档案员必须写出书面原因，视其情节责任人进行处理，并扣发奖金 200 ～ 500 元。

3. 各部门对所管辖使用的归档资料要及时归档。领导小组按照归档要求，每年进行 1 次检查验收，对达到标准的，给予档案管理小组成员每人奖励 3000 元，专兼职档案员每人 2000 元；对不按时、不按要求归档或归档材料不齐全的，取消奖励，并追究科室负责人、兼职档案员的责任。

十、荣誉

1.2004 年 12 月，古城煤矿档案室被山东省煤炭工业局评为“省一级档案室”。

2.2004 年，编研的《深部地压下软岩破碎巷道符合支护技术》《大采深条件下综采放顶煤技术的应用》等档案利用成果，在省档案局组织的档案信息资源成果评比中，分别荣获二等奖和三等奖。

3.2018 年 12 月，被山东省档案局授予省级“先进档案室”称号。

十一、资源利用及存档数量

2005 年 6 月，为《古城煤矿事故案例汇编》的编写提供资料。2006 年，为《全宗介绍》《古城煤矿组织沿革》《大事记》《文号索引（1992 ～ 2018 年）》《产品介绍》《古城煤矿志》的编纂提供档案资料，发挥档案资源的重要作用。

截至 2018 年末，档案室共保存各类案卷 8038 卷、底图 32 张、实物 382 件，声像档案 3 盒。

十二、库房管理

1995 年 7 月，位于宿舍区的 1 号职工宿舍楼竣工，将三层西侧的 5 个房间进行防火防盗措施改造，设为档案室库房和办公室，购置标准铁制档案橱 6 个，每个房间配备灭火器。

2000 年 9 月，将位于工业广场的联合福利室（现办公楼）二层西侧的充灯维修值班室进行安全措施加固，改造为档案室库房和办公室，总面积约 50 平方米，将档案室从 1 号宿舍楼整体搬入。

2004 年 10 月，将档案室设在办公楼三层东头北侧的 2 个房间，面积约 80 平方米。其中，1 间作永久档案室，安装 10 列密集架，配备灭火器 10 支；1 间作办公和荣誉陈列室。

2006 年，购置档案柜 12 个、防磁柜 1 台、空调机 1 台以及电脑、打印机、复印机等设备。

2012 年，购买灭菌机、温湿度仪除湿机等仪器设备。

2018 年 4 月，将档案室的办公和陈列室调整到办公楼 3 层中间位置，档案室库房未动。

2018年9月，购买2台扫描仪。对电脑、防护设备、档案盒等进行升级。

2018年，作为临矿集团档案管理试点单位，古城煤矿与北京量子伟业公司合作开展档案数字化系统建设。是年9月，该系统正式运行。

山东省煤炭工业局组织档案验收（2012年11月摄）

第六节　法律事务

一、管理机制

1999年8月29日，筹建处根据《临沂矿务局法律事务工作暂行规定》的要求，聘计划预算科副科长单井林为古城矿井筹建处法律顾问。

2001年1月至2008年7月，古城煤矿法律事务由办公室兼管。

2008年8月至2017年6月，法律事务由预算审计科负责，科长为法律事务工作联络员。2017年7月，设立法务管理岗位，聘任具有法律职业资格人员为专职法律顾问，与纪委监察合署办公，同纪委、监察、审计形成“四位一体”监督管理模式。

古城煤矿法律事务联络员、法律顾问，负责办理一般的事项。重大或者复杂的法律事务，均委托临矿集团（矿务局）法律事务处办理，古城煤矿协助。

二、主要职责

1. 严格遵守《宪法》和相关的法律法规，及时准确地为矿井安全生产、经营管理等提供法律、法规、政策等方面的支撑，实现对法律风险的防控。依法办理诉讼、仲裁、复议、听证、公证、鉴证等诉讼或非诉讼事务。

2. 加强合同管理，依法审核全矿对内对外签订的各类合同，坚决维护企业利益。

3. 对“三重一大”决策事项风险超前防范。

4. 开展职工普法教育，加强法律风险防控，强化全体职工法律意识，不定期举办企业法律风险防控、合同管理、预防职务犯罪等法律知识讲座。

5. 加强档案管理，对诉讼案件按年度整理成册存档保存。

三、制度建设

1. 根据国资委《企业国有资产监督管理暂行条例》和临矿集团《合同管理办法》的要求，制定《古城煤矿合同管理办法》《合同管理考核办法》《合同管理监督管理办法（试行）》。规范合同签订程序和要求，对合同承办部门予以考核，明确管理责任。

2. 规范物资采购、设备维修、工程建设、技术服务、加工承揽、委托、劳务、保密协议等 13 个类别的合同示范文本，规避合同文本中的法律风险。

3. 制定法律顾问审查签字制度。未经签字的合同、协议，不得提交矿长办公会。

2018 年 2 月 2 日，临矿集团法律事务工作会在古城煤矿召开

四、法律讲座

2013 年，参加临矿集团举办的法制教育培训班。

2015 年，根据临矿集团统一安排，在职工中开展法制教育学习，举办 3 期法制教育专题讲座，2200 余人参加。

2016 年，开展法制教育进区队活动，组织工区、电厂、选煤厂在安全文化走廊举办法制教育黑板报比赛。

2018 年 2 月 2 日，临矿集团法律事务工作月度例会暨法律风险防范联动机制建设启动会在古城煤矿召开。根据会议要求，法律顾问分别向职能科室、工区发出问卷调查，要求科长、副科长、工区区长、党支部书记必须本人亲自填写问卷，职工作答比例达到 10% 以上。自 3 月份开始，建立法律风险排查分类记账表，包括风险信息的详细描述、类型、来源，涉及的部门、管理业务活动、法律法规，以及业务流程、采取措施和提出建议。同时，明确法律风险分工：办公室负责行政管理；机电科负责资产管理、知识产权；预算科负责合同、协议及其履行；财务科负责债务债权、财务税收、财产保险；法务事务负责诉讼仲裁；劳资社保科负责人事劳资；物管中心负责物资采购；总务科负责食品安全、新建、扩建工程、技改项目；生产科负责安全生产；外委办负责表招投标；支护材料公司、电厂、营销公司按照经营管理现状，自行排查存在的法律风险以及预防措施及建议。

2018 年，在办公楼三楼视频会议室举办 2 期企业法律风险防控讲座，各科室负责人、重点科室全体工作人员 160 余人参加。

每周召开 1 次法律风险防控会议，调度职能部门法律风险排查分类记账表完成情况。

五、合同管理

2017 年 9 ～ 12 月，审核合同 212 份，合同总金额为 5757.82 万元 ，纠正不规范、不严谨条款的条款 320 余条，共出具法律意见书 11 份。通过规范合同条款，间接避免损失 575 万元。2018 年，审核合同 545 份，合同总金额为 42230.31 万元。纠正不规范的条款 380 余条。出具 14 份合同审核法律意见书，制定合同范本 9 个，完善 3 项管理制度。通过规范合同条款，间接避免经济损失 200 万余元。

2017 年 10 ～ 12 月，在俱乐部举办 2 期合同法律法规知识培训，机关各科室负责人、合同管理员 100 余人次参加培训。

六、诉讼办理

2001 ～ 2018 年，古城煤矿自行办理主要诉讼纠纷案件 6 起。

2002 年 5 ～ 9 月，兖州矿业集团某机械制造公司向兖州市新兖镇人民法庭起诉古城煤矿使用的滚轮罐耳（俗称“提升机跑轮”）侵权案，古城煤矿胜诉。

2018 年，办理 5 起诉讼，分别为：山东雅胜电站工程技术有限公司起诉被告济宁亿金物资有限责任公司、被告山东东山古城煤矿综合利用电厂建设工程施工合同纠纷案，原临沂矿务局岐山煤矿与平邑县岐山镇梅家沟的土地等纠纷案，孔某义起诉兖州华星物业管理有限责任公司、山东东山古城煤矿有限公司提供劳务致害纠纷案，刘某诉山东东山古城煤矿有限公司劳动纠纷再审案，古城煤矿职工违反《古城煤矿职工行为准则》所产生的纠纷案。

第七节　车辆管理

一、管理机构

公务车辆和驾驶员由办公室管理。

1992 年 8 月，办公室主任负责小车班管理。

2006 年 2 月，小车班设班长 1 名。

2013 年，聘小车班班长为副科级管理人员。

2018 年末，有班长 1 人，驾驶员 9 人。

二、管理制度

（一）车辆配备

矿井按照规定配备公务用车，轿车购车价格 18 万元以内（不含购置税），排气量 1.8 升（含 1.8 升）以下；商务车购车价格均在 38 万元以内（不含购置税），排气量 3.0 升（含 3.0 升）以下。主要负责人配备公务用车 1 辆，领导班子其他成员不配备公务用车。不发放公务交通补贴。2018 年古城煤矿在用公务车辆情况见表 6-4-2。

表 6-4-2　　2018 年古城煤矿在用公务车辆一览表

序号	车型	数量	备注
1	帕萨特	6	5 座
2	奥德赛	1	7 座
3	别克 GL8	2	7 座
4	凯路威	2	7 座
5	丰田海狮	1	13 座
6	丰田柯斯达	1	20 座
合计		13	

（二）调度管理

用车部门提前填写《公务用车申请单》，经分管领导签字批准。办公室通知小车班班长派车，乘车人凭用车申请单乘车，到兖州、济宁市区办理公务，集中派车，到兖州每天 2 次，早晨 9:00 出发，下午 2:30 出发；到济宁市区每天 1 次，早晨 8:30 出发，其他时间不再单独派车。到临矿集团出差，由办公室发放乘车凭单，乘坐临矿集团通勤车。节假日实行公车封存制度，留 1 辆车值班，其他车辆一律封停。

（三）使用规定

1. 乘车人应按照规定的事由使用公车，不得随意更改线路和地点；如特殊情况需更改，应先报告办公室并经批准。任何人不得乘车夹带办私事。

2. 不得以时间紧为由要求驾驶员疲劳驾驶、超速驾驶或做出其他违法、违章驾驶的行为。

3. 不得安排计划外人员乘车，严禁超员。

（四）安全管理

1. 队长是车辆安全管理的第一责任人，必须保持车辆完好，消除安全隐患，确保行车安全。

2. 驾驶员要遵守道路交通安全法规，不得发生酒后驾驶、疲劳驾驶或其他违章驾驶行为。

3. 遇到雾、雪、暴雨等恶劣天气时，不得安排公务车辆外出。

（五）驾驶员管理

保持车容车貌整洁，干净无异味、无杂物，行驶时严禁饮食、吸烟、闲谈、打手机等。驾驶员出车期间手机必须 24 小时开机，遇突发状况时，应及时汇报办公室。返回后填写相关记录。不得将车辆转借他人，或交由乘车人驾驶。

（六）车辆维修保养

1. 处于质保期的新车可到 4S 店保养维修，超出质保期车辆到指定汽修厂维修保养。

2. 日常维修和保养，报办公室批准。大型的维修和保养，报主要负责人批准。

3. 建立台账，记录保养维修的日期、项目、服务厂家和费用（包括修理费、保险费、燃油费、过路费等）。

4. 经办人员应在维修现场进行监督，严防质劣价高的配件上车。

（七）考核

1. 油考核，定点加油，1 车 1 卡。每月的最后 1 天由办公室、监察科按车辆里程表，核算当月油耗和里程补助。不同车型、不同季节实行不同考核标准，1 月一考核，节奖超罚。古城煤矿公车油耗情况见表 6–4–3。

2. 执行行车补助政策，标准为轿车 0.1 元 / 公里，商务车 0.13 元 / 公里，中巴车、大巴车 0.15 元 / 公里。

表 6–4–3　古城煤矿公车油耗表

车型	百公里耗油（公升）		备注
	11～4 月	5～10 月	
奥迪	13.0	15.0	
奥德赛	12.0	14.5	
桑塔纳	11.0	13.0	
金杯面包	13.0	15.0	
依维柯	15.0	17.0	
帕萨特	12.0	14.0	
别克 GL8	15.0	17.0	
凯路威	15.0	17.0	
丰田海狮	17.0	19.0	
丰田柯斯达	20.0	23.0	

第八节　工农关系

一、机构、职责

（一）机构设置

1992 年 8 月，协调处理工农关系工作由筹建处办公室兼管。

2001 年 1 月，协调处理工农关系工作由古城煤矿后勤服务公司负责。

2003 年 8 月，变更为总务科，撤销后勤服务公司。

2012 年 7 月，总务科设 1 名副科长，专职负责协调处理工农关系工作。

2017 年 8 月 29 日，成立外事协调办公室，设主任（正科级）1 人、主任助理 1 人。党委副书记分管。

截至 2018 年年末，外事协调办公室有主任 1 人、主任助理 1 人。

（二）主要职责

贯彻执行国家有关的法律法规和一系列政策规定，保持和地方相关机构良好的工作关系。坚持原则、实事求是、准确把握政策，为矿井安全发展、稳定发展创造良好的外部环境。做好有关土地塌陷补偿、房屋及建筑物斑裂补偿等工作。深入现场，掌握第一手资料，抓住主要矛盾，制定应对措施，及时化解各类矛盾。认真执行保密和档案管理规定，及时整理各类原始资料并移交存档。认真学习国家新颁布的有关规定、政策，不断提高政策水平和业务能力，适应新形势下的外事协调工作，为维护矿区稳定做出积极贡献。

二、用地审批

1.1992 年 12 月 18 日，山东省土地管理局以〔1992〕鲁土征字第 492 号文件批复，同意征用兖州市土地 284545 平方米。12 月 30 日，兖州市人民政府颁发建设用地批准书（〔1992〕土字第 35 号），批准用地面积为 284545 平方米（剩余的 83493 平方米列入 1993 年用地计划）。

2.1994 年 3 月 15 日，山东省土地管理局以〔1994〕鲁土征字第 22 号文件，批复 1992 年用地计划指标，征用土地 83493 平方米。20 日，兖州市人民政府颁发建设用地批准书（〔1994〕土字第 1 号）。批准用地面积为 83493 平方米。

山东省土地管理局于 1992 年和 1994 年分 2 次批准古城矿井建设用地 368029.66 平方米（折合 552.05 亩），兖州市人民政府颁发建设用地批准书，满足矿井设计要求。

3. 新建项目用地（设计外用地），因每次征用的土地较少，符合有关政策，由兖州市国土资源局审批，报上级主管部门备案。

三、用地管理

（一）土地征用

1992 年 4 月，国家能源投资公司根据武汉煤炭设计研究院提供的曲阜矿井设计规划，批准曲阜矿井（含选煤厂）设计占地 304663 平方米。

1994年1月25日，国家能源投资公司以煤投设〔1994〕001号文《关于古城（曲阜）矿井增加设计占地请示的批复》，同意武汉煤炭设计研究院的调整设计，同意增加占地面积63586平方米，用于解决因古城矿井工业广场、居住区靠近327国道，按规定应保留的交通安全间隔用地的问题，用于解决兖州市城市规划和绿化要求用地以及按设计征用土地后所形成的无法耕种的边角地等问题。

国家能源投资公司批准古城（曲阜）矿井设计内总用地面积为368029平方米。主要用于矿区工业广场、单身宿舍区（含电厂）、家属居住区、选煤厂、矸石山场地、排矸道路。其中征用城郊乡古城村土地107312平方米、琉璃厂村土地31146平方米、豆腐店村土地88105平方米、付家楼村土地43026平方米，谷村乡五圣堂村土地39552平方米，兖州镇兴隆居委会菜地33866平方米、北关村土地25019平方米。

（二）土地购置

1993年，征用铁路专用线用地49312平方米。

1994年8月31日，筹建处与兖州市土地矿产管理局签订征地协议，征用土地906平方米（谷村乡政府546平方米、城郊乡政府360平方米），用于兖州市红庙变电所至古城矿井变电所供电线路占地（线路全长3.5千米，建有铁塔20座），征地费用20万元、设施补偿费6万元，合计26万元。

2003年5月26日，完成矿大门西侧的兖州市供销社、新兖镇琉璃厂村5328平方米土地的出让，用于矿区绿化。8月6日，完成陈村31119平方米土地的出让，用于选煤厂储煤场地。11月，完成新兖镇琉璃厂村集体建设用地3018平方米出让手续。11月10日，山东东山矿业有限责任公司批准，古城煤矿购买山东省鲁南地质工程勘察院（山东地质矿产勘查开发局第三水文队）基地所属资产：土地46215平方米、地面建筑物22423平方米及其他相关资产。

2008年11月，完成工业广场内排矸公路以北、安培中心以南土地的征地手续，面积为8610平方米，建成职工拓展训练中心。混凝土搅拌站及机修车间（拓展中心）用地19933平方米。矿区南至327国道扩大绿化面积5439平方米，运煤通道5493平方米。

（三）土地租赁

2005年，按设计要求征用的矸石山场地，不能满足存放矸石的实际需求，但已无法再征购土地，于是经与酒仙桥办事处古城村委会协商，以租赁临时用地的方式取得矸石山用地，租赁费为每亩每年2000元。2005年，租赁临时用地4378平方米；2006年，租赁临时用地5853平方米；2007年，租赁临时用地6666平方米；2009年，租赁临时用地6666平方米；2011年，租赁临时用地6666平方米。截至2018年年末，已累计租赁用地30229平方米。

2011年9月30日，古城煤矿与酒仙桥办事处付家楼村委会签订土地租赁协议，租赁位于矿西邻的104425平方米土地用于建新配煤中心，租赁费为每亩每年2000元。

（四）土地出租

2006年8月26日，根据临矿集团的安排，古城煤矿与山东煤矿济南煤机厂签订土地租赁协议，将安培中心北侧土地租赁给山东煤矿济南煤机厂，作为新组建的兖州煤机厂的办公和生产车间用地。租赁土地面积 24799 平方米，租赁费每年 13 万元，租赁期 46 年。

截至 2018 年末，古城煤矿占地总面积 530861 平方米（包括租赁给兖州煤机厂），租赁土地面积 134654 平方米（见表 6-4-4）。

四、土地补偿

1993 年根据征地协议，筹建处向兖州市土地局支付土地补偿费 2111.6840 万元。包括土地补偿费、安置补助费、青苗补偿费、地面附属设施补偿费、新菜地开发基金、资源综合利用发展基金、土地管理费、耕地占用税和其他费用。

表 6-4-4　　　　2018 年末古城煤矿用地一览表

序号	证载名称	宗地证号	宗地性质	证载面积（平方米）	位置	折亩
1	工业广场宿舍区、电厂	兖国用〔2003〕第 1907 号	出让	227671.00	酒仙桥街道办事处古城村、琉璃厂村、豆腐店村	341.51
2	铁路专用线	兖国用〔2003〕第 1908 号	出让	49312.84	酒仙桥街道办事处陈村、付家楼村	73.97
3	排矸公路及矸石山场地	兖国用〔2003〕第 1909 号	出让	36153.50	酒仙桥街道办事处古城村	54.23
5	327 国道绿化用地	兖国用〔2005〕第 2183 号	出让	3018.00	酒仙桥街道办事处	4.52
6	选煤厂扩建	兖国用〔2007〕第 2300 号	出让	31119.00	酒仙桥街道办事处陈村	46.67
	安培中心（原水文三队）	兖国用〔2004〕第 0456 号	出让	46215.00	酒仙桥街道办事处古城村	69.32
7	生活区	兖国用〔2003〕第 1910 号	出让	84678.00	谷村镇五圣堂村、兖州镇兴隆居委会、北关村	127.01
8	搅拌站及拓展中心	兖国用〔2010〕第 2533 号	出让	19935.00	酒仙桥街道办事处古城村、陈村	29.90
9	运煤通道	兖国用〔2012〕第 2860 号	出让	5494.60	酒仙桥街道办事处付家楼村以南，327 国道以北	8.24
	古城小区绿化、交通安全间距	已征用、未统计	出让	13759.86	327 国道以南，育才路以东，古城小区东院墙以外、以南	20.64
合计						779.63

五、土地出让

2002年，临沂矿务局古城煤矿变更为山东东山矿业有限责任公司。根据《中华人民共和国土地管理法》《山东省实施〈土地管理法〉办法》及有关土地法律文件规定，10月23日，兖州市国土资源局与矿签订收回土地协议书，收回土地393075平方米。11月20日，兖州市国土资源局与山东东山矿业有限责任公司签订国有土地使用权出让合同，出让土地393075平方米，年限从2002年11月至2052年11月。完成山东东山矿业有限责任公司建设用地的法律手续。古城煤矿国有土地地使用权出让情况见表6–4–5。

表6–4–5　古城煤矿国有土地使用权出让情况一览表

编号	面积（平方米）	用途	位置	单价（元/平方米）	总价（万元）	出让时间
2002017	83925	住宅	谷村镇五圣堂村南	44.32	371.96	2002.11.20
2002018	227671	工业广场	古城村、陈村南	40.72	927.07	2002.11.20
2002019	36153	矸石山及场外公路	古城村北，场外排矸公路	19.69	71.19	2002.11.20
2002020	45326	铁路专用线	陈村、付家楼	19.69	89.24	2002.11.20
合计	393075	—	—	—	1459.46	—

六、土地使用证移交

2005年11月24日，古城煤矿将7本国有土地使用证移交给矿务局总务处。

1. 兖国用〔2003〕字第1907号国有土地使用证。
2. 兖国用〔2003〕字第1908号国有土地使用证。
3. 兖国用〔2003〕字第1909号国有土地使用证。
4. 兖国用〔2003〕字第1910号国有土地使用证。
5. 兖国用〔2004〕字第0456号国有土地使用证。
6. 兖国用〔2005〕字第2168号国有土地使用证。
7. 兖国用〔2005〕字第2183号国有土地使用证。

七、土地塌陷、房屋斑裂赔偿

2001年10月至2003年1月，位于陈家村和古城村之下的12采区回采完毕，回采采用条带开采。因1201工作面煤层走向发生变化，工作面拐弯，造成陈家村和古城村的部分房屋、附属物及土地发生斑裂变形。经专家鉴定，与井下煤炭的开采有一定关系。古城煤矿会同兖州市压煤村庄搬迁办公室、古城村委会、陈村村委会，按照山东省人民政府颁发的文件规定，对土地、房屋的损坏程度进行实测实量。

2003 年 6 月 18 日，依据鲁政发〔1999〕24 号、鲁政搬〔2000〕16 号、鲁价费〔1999〕314 号等文件的有关规定，古城煤矿与兖州市国土资源局签订《房屋斑裂及附着物受损补充协议书》，对陈村范围内斑裂房屋及受损附着物进行经济补偿。陈村达到补充标准的斑裂房屋、建筑物共计 17170.12 平方米，补偿总金额为 617071.6 元。集体公共设施（包括水泥路面、机井、地下管道等）补偿 330000 元，补偿总费用合计 947071.6 元。

2004 年 9 月 24 日，依据鲁政发〔1999〕24 号、鲁政搬〔2000〕16 号、鲁价费〔1999〕314 等文件的有关规定，签订关于矿采煤影响古城村房屋斑裂及附着物受损补偿的协议。经兖州市国土资源局、山东东山矿业有限公司古城煤矿、兖州市人民政府压煤村庄搬迁办公室、新兖镇人民政府、古城村村委会有关人员共同对斑裂房屋进行实地勘察丈量，达成补偿协议。古城村达到补充标准的斑裂房屋共计 10628.76 平方米，连同附属建筑物等核定补偿总金额 371880.1 元。集体公共设施（包括水泥路面、机井、地下管道等）补偿 267800 元，补偿总费用合计 639680.1 元。

2006 年 2 月至 2008 年 11 月，斑裂房屋的数量有所增加，程度有所加重，集体公共设施均有受损，经兖州市压煤村庄搬迁办公室、临矿集团压煤搬迁办公室、新兖镇政府及陈家村和古城村村委会多次协商，签订补偿协议。陈家村达到补充标准的斑裂房屋 253 户，面积 52117.51 平方米，核定补偿总金额 216.35 万元；古城村达到补充标准的斑裂房屋 264 户，总面积 45542.99 平方米，核定补偿总金额 124.92 万元。陈家村集体公共设施补充总金额 86 万元，古城村集体公共设施补充总金额 103 万元。

截至 2018 年年末，古城煤矿支付曲阜市公路局、时庄街道办事处及所属马家村等 9 个村、兖州区酒仙桥街道办事处所属河头村等 2 个村，土地塌陷补偿、环境治理恢复等总费用为 2483.38 万元，地质环境保护等费用 348 万元。

综上，2003 ～ 2018 年古城煤矿土地坍塌补偿情况见表 6-4-6。

表 6-4-6　　2003 ～ 2018 年古城煤矿土地塌陷补偿情况

单位：万元

序号	年度	补偿金额	补偿内容	补偿村庄
1	2003	94.70	斑裂房屋、附着物和公共设施	兖州市新兖镇陈家村
2	2004	63.96	斑裂房屋、附着物和公共设施	兖州市新兖镇古城村
3	2008	523.60	斑裂房屋、附着物和公共设施	兖州市酒仙桥街道办事处、陈家村、古城村
4	2009	13.00	公共设施、农作物受损、抗旱帮扶	兖州市酒仙桥街道办事处、河头村
5	2012	106.00	327 国道曲阜市西段路面、村庄农田浇灌系统、青苗补偿	兖州市酒仙桥街道办事处河头村、古城村，曲阜市公路局、马家村、伊家村、新田村

续表

序号	年度	补偿金额	补偿内容	补偿村庄
6	2013	79.00	村庄农田浇灌系统、青苗补偿、地面公共设施	兖州区酒仙桥街道办事处、河头村、田家村、古城村、曲阜市马家村、伊家村、新田村
7	2014	182.00	327国道曲阜市西段路面、村庄农田浇灌系统、青苗补偿、地面公共设施	曲阜市公路局、马家村、伊家村、新田村、黄家村、古柳树村、大柳村、孟家林村、小孔家村、兖州酒仙桥街道办事处、河头村、田家村、古城村、陈家村、付家楼村
8	2015	311.00	327国道曲阜市西段路面、村庄农田浇灌系统、青苗补偿、地面公共设施	曲阜市公路局、时庄街道办事处、马家村、伊家村、新田村、黄家村、古柳树村、大柳村、孟家林村、小孔家村、兖州区酒仙桥街道办事处、河头村、田家村、古城村、陈家村、付家楼村
9	2016	271.00	村庄农田浇灌系统、青苗补偿、地面公共设施	曲阜市时庄街道办事处、马家村、伊家村、新田村、黄家村、古柳树村、大柳村、孟家林村、小孔家村、兖州酒仙桥街道办事处河头村、田家村、古城村、陈家村、付家楼村
10	2017	391.00	327国道曲阜市西段路面、村庄农田浇灌系统、青苗补偿、地面公共设施	曲阜市公路局、时庄街道办事处、马家村、伊家村、新田村、黄家村、古柳树村、大柳村、孟家林村、小孔家村、兖州区酒仙桥街道办事处河头村、田家村、古城村、陈家村、付家楼村
11	2018	448.12	村庄农田浇灌系统、青苗补偿、地面公共设施、支付危房外租租金	曲阜市时庄街道办事处、马家村、伊家村、新田村、黄家村、古柳树村、大柳村、孟家林村、小孔家村、八里铺村、兖州酒仙桥街道办事处、河头村、田家村、古城村、陈家村、付家楼村
12	合计	2483.38		

第五章　物资管理

第一节　机构沿革

1993 年 10 月 25 日，古城矿井筹建处设供销科，设科长 1 人。

1995 年 4 月 23 日，供销科设副科长 1 人。

1995 年 10 月 1 日，成立临沂矿务局物资供应公司古城物资经销部，聘副经理 1 人。

1997 年 10 月 2 日，成立供应科，撤销供销科，筹建处分管副主任兼任科长，设副科长 1 人主持工作。

2001 年 2 月 16 日，古城煤矿成立物资供应公司，设经理（科级）1 人、副经理 1 人，撤销供应科。

2003 年 3 月 30 日，设副经理（正科级）1 人。

2003 年 4 月 12 日，成立物资供应科，设科长 1 人，撤销物资供应公司。

2004 年 5 月 1 日，设副科长 1 人。

2007 年 3 月 30 日，临矿集团成立济宁亿金物资有限公司，对所属矿井的物资进行集中采购，供应科业务和人员划归济宁亿金物资有限公司管理。矿上只负责地材及危化类材料的采购。成立材料小组，隶属生产科管理，设材料小组组长 1 人，撤销物资供应科。

2008 年 11 月 14 日，成立材料管理办公室，设材料管理办公室主任 1 人，生产科长兼任；设材料管理办公室副主任（副科级）1 人。

2010 年 4 月 3 日，设材料管理办公室副主任（主任科员）1 人。

2012 年 7 月，材料小组和设备小组合并成立物管中心，设物管中心副主任（主持工作）1 人，隶属生产科管理。负责向亿金公司申报采购计划、到货验收等业务，以及沙、石料、木材、油脂等自购物资采购、外委维修及材料消耗考核、合同签订等管理工作。

2013 年 3 月 26 日，设物管中心主任（副科级）1 人、主任科员 2 人。

截至 2018 年年末，在册人数 11 人，其中主任 1 人、副主任 1 人、技术员 1 人、科员 1 人、系统操作员 2 人、油脂管理 1 人、井下材料管理 4 人。

第二节　物资采购

一、管理模式

1995年10月1日，按照临沂矿务局物资集中采购的管理规定，临沂矿务局物资供应公司在筹建处设立古城物资经销部，对筹建处的物资采购实行集中统一管理。

2001年1月，经亿金公司（原矿务局物资供应公司）批准，矿井所用地材、木材、油脂、火工品、支护材料（一部分为矿自己加工）及少量零星材料、配件等由古城煤矿自行采购。

2002年至2007年3月，执行《临沂矿务局物资供应管理规定》，对自购物资实行比质比价比信誉采购，采取先局内后局外、先系统内后系统外的政策，选择供应商，签订采购合同，采购材料主要为各类燃油、油脂、各种标号的水泥、清水沙、石子石硝、木材（以柳木为主）、加工支护材料用的钢材等。

2007年4月至2011年，生产科牵头组织财务预算、纪委审计及专业部门组成物资采购小组，对自购物资进行价格、质量等调研，组织招标考察等工作，签订供应商，签订合同。

2012年，根据山东能源集团供应物流贸易管理规定，部分物资由山东能源集团采购。

2013～2018年，古城煤矿的物资采购工作形成上级主管部门集中采购和矿自行采购2个采购机制，自购物资的采购模式未变。

二、采购权限

1.山能国贸集采物资。山能国贸第一批、第二批大宗物资集中采购清单目录之内的物资，由山能国贸集中采购。

2.物商集团亿金公司集采物资。亿金公司集中采购目录之内的物资，由亿金公司集中采购。

3.古城煤矿自采物资：地材类（水泥、沙、石硝、石子、矸土）、木材、油脂（汽油、柴油、润滑油）、火工品（炸药、雷管）、支护材料（锚杆、锚索、锚固剂、金属网等）、氧气乙炔及各类危险化学物品，以及影响安全生产急需的物资（事后补办相关手续）。

三、采购计划

山能国贸和亿金公司集中采购的物资，每月由物管中心统一组织会审，经领导小组同意后，集中在SAP系统中上报采购。自采物资，由使用单位提出申请，经领导小组审查签批同意方可采购。

物管中心负责对亿金公司、临矿集团、山东能源集团采购计划的落实，根据合同、协议约定的到货时间，及时调度催办，确保材料、设备按时到矿，满足生产需要。

四、采购方式

因自行采购的物资种类较少、品种单一或者属管制行业（火工品），一般采用招标、比质比价、定点谈判、询价等采购方式，找准最佳采购价格，确保物资质优价廉。

招标程序，使用单位向物管中心提交批准的采购计划；物管中心组织财务科（2016 年 2 月成立外委办公室，隶属财务科管理）、预算科、审计科，开展市场调研并形成报告上报领导班子；矿长办公会研究批准后，视情况选择采购方式，组织采购。

有长期稳定合作关系的供应商，采取比质比价确定采购意向。只能从唯一供应商处采购的，或供应商为唯一专门代理，无其他合适替代的，采取定点谈判方式。属于标准规格且价格弹性不大的，市场价格比较透明的，可以采用询价方式采购。

第三节　物资管理

一、计划管理

物资采购计划包括安全维简折旧计划、月度材料计划。安全维简折旧计划必须根据临矿集团批复的计划项目提报，月度计划依据作业计划和库存情况上报。物管中心根据全矿物资存储情况，统筹安排，合理调配，修旧利废，避免资金占压。

每月 15 日前，各单位根据月度生产作业计划编制材料计划，以电子版报物管中心，计划中必须注明规格型号（没有规格型号的配件应注明其图号）、物料编码、数量、单价及金额，并与亿金公司 SAP 系统相符，应急类材料还要注明到货日期。严格控制临时材料计划。每月采掘工区只准报送 2 次临时计划，辅助工区及各科室每月只准报送 1 次临时计划，超出规定时间提报临时材料计划的每次罚单位主要负责人、分管材料副区长及材料员各 100 元 / 次。每月 15 日，物管中心组织有关部门对材料计划集中汇总审核，报矿长审批签字后由亿金公司采购。设备及配件、三项费用中大型设备及改造项目报机电科，上报集团公司审查批准后由亿金公司采购。

二、验收管理

验收人员要现场开箱、打包，亲自过目验收；做好验收磅码记录和量方记录；要按照技术标准验收，各类产品必须具备有效的“生产许可证”“产品合格证”，矿用产品必须具备有效的“煤安标志”，防爆产品要有“防爆合格证”等，否则不予验收。

亿金公司采购的物资到矿后，供应站、矿物管中心及使用单位共同验收。设备、电器由设备管理办公室参加，主要验收设备的技术参数、质量、随机配件、图纸资料等。

大型、重要设备，由物管中心组织机电科、财务科、档案室、使用单位联合验收。

木材的验收安排木工参加，把好质量关，按规范共同检尺。地材、油脂等需要计量验收的材料，由矿地磅计量为准，作为入库依据。特种材料需要化验检测的，验收小组化验检测，确认合格方可验收。

所有到货材料必须持有送货通知单，物管中心领导签批后由保管员和验收人员进行“复式验收”方可入库。保管员和验收员要严格按照制度执行，认真做到“二核对”，即：核对材料品名、规格、型号、出厂合格证是否与收料凭证（装箱单、数量和图纸等技术资料）相符；核对单据凭证是否齐全，填写有无差错。入库执行“五不收”制度，即：单据凭证与实物不符者不收，质量不符标准者不收，破损数量超过控制规定者不收，单据凭证不齐全者不收，无计划采购未经领导批准不收。

验收入库要及时，验收完毕做好记录；存放做到“四号定位”“五、十摆放”。存在问题的物资由验收小组写出报告通知物管中心，退回供应单位。

三、发放调拨

使用单位按提报的计划到物管中心打印领料单，物管中心对照计划，核查无误后办理手续，凭单到亿金公司供应站领取。领取 2 个月内不使用的（特殊备用设备及配件除外），由物管中心和设备办调拨给其他单位使用。井下周转性材料、设备调拨由物管中心设备办办理。各种工具实行以旧换新。2010 年 4 月 29 日，成立材料管理考核小组，制定《古城煤矿材料管理考核办法》，确定了采煤、掘进、辅助工区相应的材料消耗定额和考核标准，采煤工区平均采高按 2.4 米计算，定额为 1.8 元 / 吨；掘进工区支护材料按掘进进尺及设计措施定额核算，其他材料按上年度的标准平均下降 20%；机电、运输等辅助工区按月包干使用，定额在上年度的基础上平均下降 20%。实行月度考核，季度兑现，以实际结算为准，按节超额的 100% 奖罚。季度完成消耗指标，对领导小组及有关人员给予 1000 ～ 2000 元的奖励。2016 年，调整考核办法，实行材料费总承包，以生产工区、生产业务科室为承包单位，负责人为承包人，每名承包人交纳风险金 4 万元，节奖超罚。

四、回收与复用

采煤工作面安装完成后，由物管中心、设备办参与交接，建立台账，确定各类材料的回收率。其中，单轨吊梁、吊座、40T 链子、连接环、钢轨、风水管、各类管线、小型电器、快速接头、安全设施、地滚轮、金属长梁、电缆钩、道木、道夹板、鱼尾螺栓、锚杆盘回收率要达到 100%，管橛、道钉回收率达到 90%，锚杆回收率达到 30%。如有特殊情况（顶板破碎），由工区向生产科提出申请，共同到现场给予验收并出具证明，不进行回收交库。

实行有偿收购，风水管卡、锚索盘 20 元 / 个，夹板、锚杆盘 10 元 / 个，木轨枕 5 元 / 块，锚杆帽 3 元 / 个，锚杆盘 1 元 / 个，废铁 1 元 / 千克，道钉 0.2 元 / 个。未明确价格但有回收价值的另行定价，由物管中心负责兑现考核。

五、废旧物资处理

物管中心提出书面申请，经分管矿长审阅报矿长办公会研究批准后，生产科组织废旧物资处理小组（机电科、财务科、预算科、审计科、保卫科）进行价格调研、招标、公开拍卖，竞价高的为中标方。经领导办公会研究批准后，与中标方签订合同。由物管中心、设备办、保卫科负责装车、过磅等现场监督工作。

第四节　外委维修

一、维修范围

机电设备、采掘设备、装载机、车辆等。

二、外委程序

各单位使用的机电设备需要外委维修时，向机电科提出书面申请，采掘设备、装载机、车辆需要外委维修时，使用单位向生产科物管中心提出书面申请。机电科或物管中心组织有关人员进行检测鉴定，确认需要外委维修时，检测鉴定单位和人员签字形成外委维修报告，报分管领导审阅后，提交矿长办公会研究批准，完成外委维修审批程序。

三、维修管理

根据领导办公会研究批准的外委维修项目，由外委办牵头组织物管中心或机电科、预算科、审计科、使用单位，联系生产厂家或考察承修单位，进行招议标。确定维修项目和价格后，上报矿长办公会研究批准，签订外委维修合同。对重要的维修或时间过长的项目，维修期间不定时到现场了解维修进度、查看使用的配件，确保维修质量。维修好的设备回矿后，外委办组织上述职能部门，按照合同约定维修项目联合验收，现场开机检测试验。若出现质量问题或未满足合同要求，存在漏项、缺项，要求维修单位履行合同；影响生产或安全的，进行索赔。

第五节　仓储管理

一、仓库位置

根据矿井设计，在矿区的西南部建设 1 处面积 8300 平方米的仓储场地。场地南部建有 2 排库房，建筑面积约 800 平方米，1997 年 3 月开工，同年 10 月竣工。设劳保、配件、金属、五金工具、低值易耗库。场地北部建有 1 排材料棚，储存电缆等物资。场地东南角建有标准的汽油、柴油库，各配 2 个容积为 10 吨的汽油罐、柴油罐，及 1 处油脂（桶装）库房。设木材库房和应急物资储备库，储存抗洪抢险、消防、救灾物资。

2007 年 3 月，库房交给亿金公司使用。

2009 年，在副井口东北角新建 1 处库房（亦称“井口超市”），建筑面积 360 平方米，储存井下常用材料、备品备件。在副井口以北约 150 米处，建有水泥、沙、石子、石硝库棚，是智能搅拌站的配套设施。

在主井塔南侧集中为 14 个工区设有小仓库。电厂、选煤厂均在本厂区建有仓库。各工区在地面建有仓库，井下设置材料储存地点。地面使用的材料必须在工区仓库分类、整齐、妥善存放，小型材料必须上台上架。井下材料场应设在干燥处，垫高底层，避免浸水，按定置化要求集中摆放在巷道的同一侧，悬挂材料管理牌版，牌版的高度一致，规格、型号、名称与实物相符。

2015年，利用仓库部分场地建成钢结构的支护材料车间和机械修理车间，改建木材和应急物资储备库。

二、仓库管理

1.严格物资保管和保养，做到按品种、规格、体积、重量等特征，合理安排区位，物资码放整齐、平稳，分类清楚，做好防火、防盗、防潮、防漏、防虫工作，保持清洁；建立库存物资台账、总账、明细账，每月进行一次仓库盘点，做到账、卡、物相符。

2.油脂库配专职保管员，按规定操作程序收油、加油，确保消防安全。

三、物资保管

根据物资性能和质量要求，采取科学合理的养护方法，达到不锈、不潮、不冻、不腐、不霉、不变、不坏、不漏、不爆、不蛀等要求，对原有包装损坏、渗露、锈蚀、受潮、沾污要进行修复加固、擦试锈迹、干燥处理、除污或更换新包装等，确保所物资储存完好。

第六节　材料考核

一、费用指标

根据年度原煤生产计划，制定全矿全年材料费用指标，包含维修费及安全、维简中的所有配件及材料费。2010年4月29日，成立材料管理考核小组，制定《古城煤矿材料管理考核办法》，确定采煤、掘进、辅助工区相应的材料消耗定额和考核标准，采煤工区平均采高按2.4米计算，定额为1.8元/吨；掘进工区支护材料按掘进进尺及设计措施定额核算，其他材料按上年度的标准平均下降20%；机电、运输等辅助工区按月包干使用，定额在上年度的基础上平均下降20%。实行月度考核，季度兑现，以实际结算为准，按节超额的100%奖罚。季度完成消耗指标，对领导小组及有关人员给予1000～2000元的奖励。2016年，调整考核办法，实行材料费总承包，生产工区、生产业务科室为承包单位，负责人为承包人，每名承包人交纳风险金4万元，节奖超罚。

二、考核小组

矿长任组长，其他领导班子成员为副组长，各单位负责人、分管材料和机电的副区长为成员。物管中心主任兼任办公室主任，负责材料考核。

三、考核单位

各工区、电厂、选煤厂。

四、定额及范围

（一）定额

材料消耗定额，一年度一调整，按不同采煤工作面、掘进迎头制定相应材料消耗定额。

（二）考核范围

1. 采煤方面主要包括机电设备配件及维修费、各类生产工具、各类小型材料（包含巷道维护等材料）、各类油脂。

2. 掘进、综掘、巷修、开拓方面主要包括支护类材料、设备的维护费用、生产工具类费用、铺道（单轨吊梁）用料、其他类材料。

3. 辅助单位：

（1）防冲工区。按月度打卸压孔的米数定额，材料费用 3 元 / 米，以月底市场办实际验收数量为依据。主要包括各类钻机配件、钻杆、钻头、切割机、电焊机、砂轮机、锨、镐、锤、大剪、手拉葫芦、钢锯、机电修工具、氧气、乙炔、高压胶管、接头、直通、U 形卡、密封圈、法兰盘、铁丝、4 平方毫米以下的电缆、聚氯乙烯管、水泥锚固剂、炮泥、锚索机、钻杆、套管、钻头等材料消耗。

（2）机电工区。材料费用按月包干使用（含 2 个污水处理站用料），不包括矿安排的技术改造项目材料费。各种中型以上配件必须有机电科鉴定结论，因维修不到位造成的损坏按原价考核。

（3）运输工区。按月包干使用（主皮带带面由矿承担），不包括新安装工程和矿安排的技术改造项目发生的费用。各种中型以上配件必须有机电科鉴定结论，因管理维修不到位造成的损坏按原价考核。

（4）通防工区。按月包干使用，包括安全费用中的所有材料、通防工具、通防设施用料、风筒、喷头、密闭墙的后期处理用料、各类钢编胶管、接头、直通、U 形卡、密封圈、加工的风门、各类钢材、注水工具及用料、常用工具及一切消耗材料。

（5）机修工区。一是按月包干使用，包括地面维修加工车间所用的设备配件、钢材及一切工器具、各类消耗性材料；二是井下安装、回撤工作面时消耗的材料、工作面设备维修配件及材料。使用单轨吊时，每月每部单轨吊按 0.8 万元的材料费定额，考核常用易损件。

五、考核与奖罚

材料考核以实际结算为准，支护类材料节余不奖，超出按 100% 罚；其他类材料节余部分按 100% 奖励，超出部分按 100% 罚款。其中，奖罚数额的 20% 由工区管理人员承担；年底对节约材料突出的单位和个人，给予一定奖励。

第六章　煤炭运销

第一节　机构沿革

一、机构设置

1997 年 10 月 2 日，古城矿井开始生产工程煤，经临沂矿务局批准，成立古城矿井筹建处销售科，设科长、副科长各 1 人。

2001 年 2 月 16 日，成立矿煤炭运销公司，设经理、副经理、工作人员各 1 人，撤销古城矿井筹建处销售科。

2003 年 8 月 19 日，成立矿铁路运输分公司，隶属矿煤炭运销公司管理，设副经理 1 人、科员 2 人。

2004 年 12 月 14 日，成立煤炭管理科，设科长 1 人、副科长 3 人、科员 6 人，撤销煤炭运销公司。

2011 年 5 月 5 日，成立煤炭管理科党支部，设党支部书记 1 人、委员 2 人。

2014 年 1 月，煤炭管理科党支部并入机关党支部。

2016 年 1 月，经临矿集团批准，将选煤厂和煤炭管理科合并成立古城煤矿煤炭营销公司，设经理（正科级）1 人、副经理 5 人，撤销选煤厂和煤炭管理科机构设置。

2018 年 9 月，成立煤炭管理科，设科长 1 人、副科长 3 人（包括临矿集团煤质处挂职 1 人），撤销煤炭营销公司。

截至 2018 年末，在册职工 66 人。

二、工作职责

负责煤炭市场调研、分析，准确把握煤炭销售市场动态；负责煤炭销售运输管理，配合集团公司运销处、兖州货运站、地方交管部门，搞好销售运输工作；加强煤炭煤质管理和化验工作，对采掘工作面及运输巷等矸石、杂物的分放、分装、分运进行监督检查，对井上下煤流运输系统毛煤、原煤质量进行监督和检查，抽检毛煤含杂率；对毛煤、商品煤、井下煤层煤样的采样、制样进行煤质检验并出具煤质检验报告；建立健全煤质管理台账工作，搞好煤质监督检查考核工作。

第二节　煤质管理

一、管理制度

1997 年 10 月，井下实行煤矸分打、分装、分运制度，地面组织 6 名职工家属进行煤矸拣选，确保煤炭质量。

2000 年 6 月 10 日，筹建处下发《关于加强煤炭质量管理的通知》，建立煤炭产品质量管理体系，成立管理小组。筹建处主任任组长，分管领导任副组长，班子其他成员及工程技术科、机电科、财务科、计划预算科、相关工区和施工单位负责人为成员。要求发热量大于 5300 大卡 / 千克；含矸率低于 10%，全水分不超过 8%。毛煤含矸率超过 10%，扣减采煤工区当班产量的 50%；含矸率达到 20% 以上，不计当班产量。煤巷喷浆巷道喷浆回弹物、矸石与煤混装，每车罚款 50 元。

2002 年 4 月 1 日，古城煤矿下发《关于加强煤炭产品质量管理的通知》，成立以矿长为组长的煤炭产品质量管理小组，各采掘工区成立煤质管理小组。设专人负责放顶煤，最大限度地控制矸石进入流煤系统中，严禁大块矸石上皮带；过断层时，煤岩要分打、分装、分运，防止一切杂物进入运煤系统；料车装煤前必须清车，严禁用有余料杂物的矿车直接装煤；各采煤工作面、各皮带运输场所要管好洒尘设施，根据煤炭干湿程度和煤尘大小决定是否洒水，并在停机时关闭洒尘设施，防止毛煤水分超限。家属工在手选皮带拣选矸石，在煤场进行块煤拣选。确保煤炭产品发热量大于 5500 大卡 / 千克，灰分不超过 18%，全水不超过 8%。对煤质专管员、工区安监员以 5500 大卡 / 千克为标准，每升降 100 大卡对其分别奖罚 50 元。

2009 年 4 月 1 日，古城煤矿制定《关于合理开采煤炭资源提高煤质及回采率的管理规定》，确定仰采为 84%、俯采为 85% 的月回采率考核指标，每低 1 个百分点，对工区罚款 2000 元，对区长罚款 200 元，其他管理人员罚款 150 元；每超 1 个百分点，对工区奖励 2000 元，对区长奖励 200 元，其他管理人员奖励 150 元，但工作面回采率不得高于 93%，工作面日回采率考核指标为 84% ～ 125%（含水分、灰分）。

2011 年，以临矿集团煤质化验结果为准，商品煤发热量严格控制在 5000 ～ 5200 大卡之间，低于 5000 大卡或高于 5300 大卡，按每批次对煤管科科长罚款 200 元，对副科长罚款 150 元，对其他人员罚款 100 元。月度内无副产品出现，以月度全部销量和外来煤数量按每吨 0.88 元进行工资结算，并加奖 5000 元。

2014 年 2 月，落实临矿集团煤炭质量管理和考核办法，洗精煤月平均水分控制在 8% ～ 9% 范围内，平均灰分控制在 8% ～ 9% 范围内。

2018 年，根据《临矿集团煤炭质量管理考核办法》，制定《古城煤矿煤场管理规定》《古城煤矿毛煤含杂率考核办法》，确保毛煤含杂率控制在临矿集团考核指标（70 千克 / 万吨）要求的范围以内。生产技术科、地测科负责井下采掘迎头及后路扩修等各地点的毛煤含杂率督察考核工作。生产技术科组织每月不少于 6 次、每次不少于4人的采煤工作面督查，不定时不定点抽检毛煤含杂率情况，每次抽检时间不低于1.5小时，对从皮带、刮板运输机和矿车等设备中抽检出的杂物，按毛煤含杂率50千克/万吨进行考核，超标准对责任工区负责人扣发奖金200元。煤管科负责地面手选皮带的毛煤含杂率督查考核工作。每天随机在手选皮带进行抽查1小时，抽查时捡出的杂物经分析后，落实责任人，按200元/千克进行处罚；不能确定责任单位的由管理考核督查小组成员按300元/千克承担。

煤质化验（2018年11月摄）

二、煤炭加工

1997～2000年，筹建期间生产的工程煤主要靠人工拣出部分大块矸石和块煤。

2001年1月，原煤产量逐步提高，利用原煤仓和块煤仓及分级筛楼，采用电动筛加工工艺，原煤出井后经皮带栈桥到电动筛选机筛选。直径50毫米以下的漏下为商品原煤，经皮带到储存仓。50毫米以上的经皮带走廊，经人工手选大块矸石后进入块煤仓；因其中还存有少量小块矸石，专门在煤场组织人员进行手工细拣，经拣选后成为混块。

2006年3月，选煤厂启用，停止人工拣选。

2011年5月，浮选车间投入运行，对煤泥进行精选。

2013年12月，煤泥干燥车间投产运行，年干燥煤泥25万吨。

三、煤质化验

（一）化验设备

1998年10月，煤质化验室投入使用，购置200×75双棍破碎机1台、鄂式破碎机1台、密封式破碎机1台、101A-2型干燥箱2台、XL-1箱式高温电阻炉3台、SX2箱式电阻炉1台、热量仪1台、电子天平称1台以及其他化验用具、药品、用品等。

2006年10月，搬入新建化验室，新购密封锤式破碎机2台、DT1000A电子天平 1 台、AB204-L 电子天平 1 台、SE-8S Ⅱ电子测硫仪两套、SE-AC 自动量热仪 2 台。

截至 2018 年末，有化验设备 28 台件。（见表 6-6-1）

表 6-6-1　　2018 年古城煤矿煤质化验设备一览表

单位：台

设备名称	型号	数量
自动量热议	5EAC/PL	1
自动量热议	5EAC/PL	1
天平秤	CPA1245	1
天平秤	AB204-L	1
电脑测硫仪	5E-8SII	1
电脑测硫仪	5E-8SII	1
箱式电阻炉	KER-4-10	1
箱式电阻炉	KER-4-10	1
干燥箱	101-2EBP	1
干燥箱	101-2EBP	1
干燥箱	101-IEB	1
卧式量热议	GCX-24-35	1
卧式量热议	YX-ERIA9510	1
卧式量热议	YX-ERIA9510	1
智能马弗炉	5E-MF6200	1
智能马弗炉	KER-I	1
智能马弗炉	5E-MF6000	1
锤式破碎机	KEPR-250×360	1
密封式破碎机	YX-250×360B	1
密封式破碎机	YX-180×150B	1
对辊式破碎机	5E-DC250×75	1
对辊式破碎机	YX-200×75	1
快速压紧粉碎机	KER-F300A	1
密封式粉碎机	YX-1/100A	1

续表

设备名称	型号	数量
密封式粉碎机	YX-2/100A	1
电脑	联想	2
打印机	DPK8300E+	1
合计	28	

（二）化验项目

全水分、水分、灰分、挥发分、全硫、高低位发热量等。

（三）采样制样

按规定程序进行采样，要有代表性，保证当天进行化验。在地面场地和发运的车辆上取样，或在井下采煤工作面和皮带上取样，实行天天采集、天天化验，备足样品，化验结果于次日16时前分别报送有关领导和部门。2005年1月，由于商品煤统一由矿务局运销公司销售，采样制样由矿务局中心化验室负责，同古城煤矿化验人员共同采样制样，分别进行化验。2006年4月，选煤厂运行，采样和化验工作及时跟进，做到随时发煤、随时采样，及时上报化验结果。2014年11月，临矿集团煤质处驻矿取样员撤销，商品煤销售采样、制样、化验等工作由矿采制化人员负责。因工作量加大，采制化人员增加到6名、化验员4名，对化验设备进行配置升级。2001～2018年古城煤矿商品煤化验结果见表6-6-2。

表6-6-2　2001～2018年古城煤矿商品煤化验结果

单位：%

年度	全水分	水分	灰分	挥发分	全硫	发热量	低位热量
2001	8.10	3.02	22.58	39.36	0.48	5988	5418
2002	8.12	3.19	21.23	39.18	0.48	6012	5426
2003	7.56	2.10	20.31	39.49	0.51	6093	5550
2004	8.20	2.08	18.95	39.00	0.61	6272	5601
2005	7.30	3.24	22.52	39.36	0.41	5846	5341
2006	7.90	3.25	23.87	39.24	0.46	5847	5316
2007～2012	临矿集团运销公司管理	–	–	–	–	–	–
2008	–	–	–	–	–	–	–
2009	–	–	–	–	–	–	–

续表

年度	全水分	水分	灰分	挥发分	全硫	发热量	低位热量
2010	–	–	–	–	–	–	–
2011	–	–	–	–	–	–	–
2012	–	–	–	–	–	–	–
2013	7.90	2.29	25.75	39.93	0.45	5693	5115
2014	7.10	2.29	29.40	40.54	0.45	5382	4865
2015	7.70	2.56	29.64	40.72	0.45	5350	4815
2016	8.90	2.93	30.28	40.91	0.52	5234	4652
2017	7.60	2.19	30.65	40.38	0.46	5280	4736
2018	7.90	2.93	26.18	39.39	0.50	5266	4686

第三节　煤炭销售

一、工程煤销售

1997 年 9 月 23 日，临沂矿务局印发《古城矿井工程煤销售管理暂行办法》，规定工程煤统一由矿务局运销公司负责管理和销售。筹建处按 25 元 / 吨提成，施工单位按 15 元 / 吨提成，运销公司按净收入的 5% 提成，其余全额交临沂矿务局。

2000 年，矿务局运销公司和古城矿井筹建处签订《临沂矿务局古城煤炭包销协议》。

二、销售计划

1997 ～ 2000 年，工程煤产量低，客户随到随买，无销售计划。

2001 年 1 月，根据临沂矿务局的要求，按客户用量大小，安排销售计划，签订年度购煤合同，根据产量排定各户的销售量，确保信誉。

2002 年 4 月 10 日，铁路专用线开通运营，铁路用户和用量占年产量的一半以上，按铁路、地销各占 50% 的比例安排销售计划。

三、销售价格

1997 ～ 2000 年，工程煤产量和质量不稳定，未进行市场开发，销售价格参照兖州地区其他煤矿的价格。根据煤质，与客户协商定价，一般为 40 ～ 80 元 / 吨。2001 ～ 2004 年，矿成立价格管理小组，煤炭销售公司积极进行价格市场调研。煤炭市场价格处于上涨趋势。2001 年，原煤价格约 100 元 / 吨；至 2004 年，约 210 元 / 吨；2005 ～ 2018 年，煤炭销售价格由临矿集团（矿务局）煤炭运销公司制定。

四、衡器管理

2000年10月，在煤场安装电子地磅2台，其中，1台称重100吨，1台称重50吨。2002年2月，在铁路专用线安装2台称重120吨的电子轨道衡。2003年3月，由于高吨位运输车辆增多，经向兖州市技术监督局申请，将称重100吨地磅改造为称重120吨地磅。2006年11月，拆除50吨称重地磅，安装1台称重120吨的地磅。

铁路装车仓（2011年7月摄）

五、运输方式

1997年，矿煤炭运输有公路运输、水路运输，公路和水路运输由兖州区交通局负责办理。2002年4月10日，铁路专用线投入运营，提供铁路运输。

古城煤矿一直无专门运输车队，地销用户部分有自备车辆，部分委托他人承运。

六、产品流向

1997年10月，生产的工程煤产量较少，除部分自用外，均销售给兖州当地客户。2001年1月试生产后，原煤主要销往济宁热电公司、兖州热电厂、兖州太阳纸业、兖州兴鑫公司、山东鲁南水泥厂、临沂红日化肥厂、临沂矿务局电厂、莱城电厂、沂源电厂等。

2002年4月，铁路专用线运营之后，原煤销往江苏东方电力、上海电力公司、福建振华公司、浙江天马公司、福建邵武福煤公司等。

2006年3月，选煤厂开始选煤，原煤销售量减少，增加洗精煤、煤泥、洗混煤等产品的销售。主要客户有山东博兴胜利科技有限公司、山东潍焦集团公司、潍坊华奥焦化公司、青岛钢铁集团兖州国际焦化公司、山东铁雄能源公司、山东恒坤、邯郸峰泰公司等。

第四节　改建工程

2011 年，古城煤矿煤炭地销量增大，运煤汽车增多，储煤、装煤、车辆停放等问题突出。古城煤矿计划改建汽车运输通道，改变原来运煤车辆进出煤场的方式。租赁矿西侧的土地，新建一座立交桥和一条路面更宽、长度更长的运煤通道，方便停放车辆。将地磅房由煤场南侧挪到北侧，增加储煤场地，总投资 2826 万元。6 月 10 日，向临矿集团提出改建汽运通道申请。10 月 21 日，批准申请。

一、煤管科办公楼

位于储煤场北侧、铁路专用线东侧，南北走向，长 49 米、宽 7 米，建筑面积 680 平方米，二层砖混结构。2012 年 1 月 5 日开工，5 月 30 日竣工。

二、运煤通道及配套工程

道路为三车道，宽 12 米，长 1360 米，共 1632 平方米，砖砌围墙 1180 米，排水沟 2820 米，路沿石 2820 米，路灯照明 120 盏，洗车池 1 座，值班室及大门 1 处。2012 年 2 月 7 日开工，6 月 15 日竣工。

三、地磅房

位于煤管科办公楼东侧，南北走向，长 19.08 米，宽 5.84 米，建筑面积 222.85 平方米，二层框架结构。2011 年 12 月 5 日开工，2012 年 5 月 31 日竣工，三项工程均由临沂兴宇工程设计有限公司设计，兖州市兖北建筑安装有限公司施工。

古城煤矿地磅室（2018 年 9 月摄）

四、立交桥

运煤通道穿越铁路立交桥，位于储煤场北侧与运煤通道连接处，在铁路专用线之下。框架桥中轴线与铁路专用线正交，长度 27.2 米，净宽 14 米，通行净高 4.2 米，主体采为 C40 钢筋混凝土结构。2012 年 3 月 16 日开工，8 月 9 日竣工，10 月 12 日，通过联合验收。中铁工程设计咨询集团有限公司济南设计院设计，山东济铁工程建设集团有限公司施工。

第七章　铁路专用线

第一节　设计与接轨

1990 年 10 月 10 日，临沂矿务局向济南铁路局提出铁路专用线在津沪线兖州北站或白家店站接轨的申请。

1991 年 10 月 10 日，中国统配煤矿总公司下发《关于曲阜矿井选煤厂设计工作安排的补充通知》（中煤总基经便字〔1991〕第 152 号），指定选煤厂的设计工作含矿井铁路专用线由江苏设计院承担。

1992 年 9 月 20 日，临沂矿务局向江苏设计院发出《关于委托编制“曲阜矿井铁路专用线初步设计文件”的函》（临煤基字〔1992〕第 233 号），要求编制曲阜矿井铁路专用线初步设计文件，装车站的工作量及投资划归选煤厂，接轨点由兖石铁路北环线的张家村车站接入。接轨站的设计由济南铁路局勘察设计院承担，江苏设计院负责配合和技术咨询，外运量按年 90 万吨设计。

1993 年 5 月 25 日，国家能源投资公司下发《关于曲阜矿井铁路专用线初步设计的批复》（〔1993〕第 306 号），同意在兖石铁路（北环）张家村站西端（兖石铁路里程 DK320+000）接轨。运营管理模式为行车作业委托铁路部门管理，养护维修由煤矿组织管理。

1994 年 8 月 24 日，济南铁路局经专家论证，同意在兖州北站改扩建工程中考虑矿井专用铁路进出线。确定接轨点在京沪线上的兖州北站。同时，临沂矿务局和江苏工业设计院征得济南铁路分局、济南路局、兖州北站的同意，委托铁道部第三勘察设计院编制《古城（曲阜）矿井铁路专用线在京沪线兖州北站接轨的可行性研究报告》。经山东煤炭工业管理局批准，古城矿井铁路专用线的设计工作由江苏设计院变更为铁道部第三勘察设计院。

1990 年 5 月，临沂矿务局与济南设计院签订曲阜矿井可行性研究报告（含铁路专用线初步设计）。10 月 10 日，根据济南设计院的初步设计，临沂矿务局向济南铁路局提交专用线在京沪线兖州北站或白家店站接轨的申请。

1991 年 10 月 10 日，中国统配煤矿总公司下发《关于曲阜矿井选煤厂设计工作安排的补充通知》，提出原总公司下发的〔1991〕中煤总基经便字第 120 号《关于临沂矿务局曲阜矿井洗煤厂设计工作安排的通知》中，其选煤厂的设计工作含矿井铁路专用线，由江苏设计院承担。11 月 20 日，临沂矿务局委托江苏设计院进行曲阜矿井铁路专用线的设计，签订工程勘测设计合同书。

1992 年 1 月 22 ～ 23 日，山东煤管局组织临沂矿务局、济南设计院、武汉设计院，在江苏设计院对铁路专用线设计有关问题进行研究，同意运营方式为路营、接轨点由兖石线（北环）张家村站接入，工程范围自接轨点至矿井装车站。

1992 年 9 月 20 日，临沂矿务局依据中国统配煤矿总公司山东公司和国家能源投资公司煤炭技术开发部的预审意见，向江苏设计院发出《关于委托编制“曲阜矿井铁路专用线初步设计文件”的函》，委托江苏设计院编制专用线初步设计。设计内容主要包括：装车站工程量；接轨点由兖石铁路北环线的张家村车站接入，工程范围为接轨点至矿井选煤厂装车站；接轨点的设计由济南铁路局勘测设计院承担，江苏设计院负责配合和技术咨询；线路等级按工业企业准轨铁路Ⅱ级设计；专用线的运营方式暂按由济南铁路局济南分局代管方式，最终以达成的技术协议为准；专用线工程投资控制在 4000 万元左右；煤的流量及用户由兖石线经石臼港下海向南供华东地区，年外运量按 90 万吨设计。

1993 年 4 月 26 ～ 27 日，国家能源投资公司组织有关单位，在北京对江苏设计院编制的《曲阜矿井铁路专用线初步设计》进行了审查。5 月 25 日，国家能源投资公司下发《关于曲阜矿井铁路专用线初步设计的批复》（能投煤技〔1993〕第 306 号）。同意铁路专用线在兖石铁路（北环）张家村站西端（兖石线里程 Dk320+00）接轨；同意设计推荐的运营管理方式，行车作业委托铁路部门管理，养路维修由煤矿组织管理；线路走向基本同意设计推荐的第 1 方案，在测水河河堤边缘通过的局部线路应尽量避开河堤或采取相应措施，确保河堤和专用线安全；曲阜矿井铁路专用线初设总投费由 4088.3 万元核减为 3172.88 万元。

1994 年 4 月 24 日，矿务局会同江苏设计院在征得兖州北站、济南铁路分局、济南路局等有关部门的同意下，委托铁道部第三勘察设计院编制《古城（曲阜）矿井铁路专用线在京沪线兖州北站接轨的可行性研究报告》。8 月 24 日，临沂矿务局向山东煤管局提交《关于修改古城（曲阜）矿井铁路专用线接轨点位置的报告》，提出在兖州北站改扩建中一并考虑矿井专用铁路进出线，确定古城（曲阜）矿井铁路专用线接轨点改在京沪线上的兖州北站；同日，临沂矿务局向山东煤管局提交可行性研究报告，古城（曲阜）矿井铁路专用线初步设计选在兖石北环线张家村站接轨，路径走线长度 13.2 千米，概算总投资 3170 万元。山东煤管局同意该报告。

1997 年 12 月 24 日，筹建处委托铁道部第三勘察设计院编制古城矿井铁路专用线及铁路接轨站可行性研究报告。

1999 年 4 月 8 日，筹建处与铁道部第三勘察设计院签订《古城矿井铁路专用线兖州北站接轨工程建设工程设计合同》，设计总费用为 126.9 万元。经双方协商，按 110 万元结算本项工程的勘测设计费。9 月 10 ～ 13 日，铁道部工程设计院鉴定中心、运输局在济南对临沂矿务局古城矿井铁路专用线在兖州北站接轨工程初步设计进行审查，通过接轨方案。12 月 24 日，山东煤管局会同济南铁路局、矿务局等有关单位对《古城矿井铁路专用线初步设计》进行审查。同月，山东省计划委员会以鲁计投资字〔1999〕20号文批准铁道部第三勘察设计院编制的《关于兖州北站临沂矿务局古城矿井专用线接轨及相关工程初步设计》。

2000年1月20日，山东煤炭工业管理局批准该设计。经过铁道部工程设计鉴定中心和山东煤炭工业管理局审查、山东省计划委员会批准，专用线初步设计获得通过。古城矿井铁路专用线至附近车站里程见表6-7-1。

表6-7-1　　古城矿井铁路专用线至附近车站里程表

车站名称	济南	徐州	济宁	青岛	泰安	石臼港	菏泽
里程（公）	156	161	32	549	71	316	139

根据古城煤矿年运量为90万吨的实际情况，选择由国铁DF5型内燃调车机取送车，牵引定数与新菏日线近期改建后的标准4000吨相同，到发线有效长度按整列牵引50辆计。

（1）线路等级：工业企业准轨Ⅱ级。

（2）正线数目：单线。

（3）限制坡度：4‰。

（4）最小曲线半径：400米。

（5）牵引种类：初期内燃机车DF5型，远期内燃机车DF8型。

（6）牵引定数：初期4000吨，远期5000吨。

（7）到发线有效长度：初期770米，远期950米。

（8）闭塞方式：电话闭塞，行车按调车办理。

（9）路基宽度：古城站不设牵出线，利用正线调车作业，区间直线路基宽度为6.5米，线路东侧为3.5米、西侧为3米。曲线路基外侧加宽值为：曲线半径400米加宽0.3米，曲线半径500米加宽0.1米。路堤边坡坡度为1 ∶ 1.5。

（10）专用线全长2291.28米。

第二节　技术协议

2000年4月16日，古城矿井筹建处与济南铁路局签订《关于在兖州北站接轨修建古城矿井铁路专用线的技术协议》。

一、运量及流向运量

根据矿井生产能力为年产量为90万吨，铁路专用线外运量按发送煤90万吨安排。主要经兖日铁路向东运至日照港口，再由海运南下华东、华南或出口；少量流向经京沪线南下。

二、根据铁道部批复意见请确定接轨站建设方案

同意古城矿井铁路专用线在兖州北站上行场1道军供到发线北端1133号道岔处

接轨，1133 号单开道岔改为交分道岔，增设安全线，上行到发Ⅴ场增设到发线 1 条，上行调车场增设 2 条调车线及调速设备，同时辅以相关的通信、信号、电力等配套工程。专用线引入兖州北站相关工程的范围，包括专用线 1131 号道岔前 25 米调车信号机处至车站接轨处及因专用线引入引起的上述车站改造工程。该专用线引入车站相关工程与荷泽至日照段增建第二线兖州北站改造工程同步施工，由兖州北站改造工程的施工队伍按铁道部鉴站〔1999〕69 号文件批准的概算总额包干。

三、专用线方案

矿井专用线与国铁兖州北站在 DK0+102.06 处分界，单线，设计终点为 DK2+393.34，全长约 2.29 千米，为工业企业Ⅱ级铁路。

四、装车站方案

矿井铁路装车站设计为横列式，到发线按贯通式布置，设到发线 2 条，装车线 2 条、材料线 1 条。到发线有效长度为 850 米，并予留 1050 米的条件，在两条装车线中间设 1 条渡线。装车站应考虑远期矿井自备机车调运的条件。装车站按非联锁道岔设置，在装车线分别设置静态轨道衡，其选型、建设应与铁路工程相统一，并符合铁道部有关规定。

五、运营管理方式

运营管理方式为委托国铁代管，货物交接在矿井装车站办理。

六、作业性质与方式

专用线与接轨站之间的取送作业属调车性质，作业方式比照行车办理。

七、技术标准和安全措施

1. 铁路专用线按工业企业准轨Ⅱ级建设，正线单线，限制坡度 4‰，曲线半径困难地段不小于 400 米，到发线有效长度为 850 米。

2. 专用线在 KO+252 米处和 KO629 米处各设有 1 处有人看管平交道口。专用线通车后，付家楼村和陈村村民为方便到田地劳动，又各自趟出一条跨专用线的小道；为确保安全，古城煤矿和两个村的村委会签订协议，每年的麦、秋两季，由村里安排专人 24 小时看守，古城煤矿支付费用。

3. 矿井装车站与兖州北站之间应建有沟通行车、货运及列检作业必要的通信设施。

4. 专用线内调车、装卸、列检作业地点平整，配有充足的照明设施，以确保作业安全。

5. 专用线房屋建筑及结构物必须符合铁路建筑界线和安全防火要求。

6. 铁路有关人员在专用线内进行调车、取送及列检作业应严格遵守有关规定，专用线按设计文件要求配备必要的生产和生活设施并提供方便条件。

7. 专用线开通使用前，路矿双方应按规定签订安全运输协议并据以执行。

8. 矿井装车站的装车设施能够保证整列车在 2 小时内装完，铁路车辆在专用线内停留时间在运输协议中确定。

八、产权与投资划分

专用线引入车站相关工程形成的资产，产权可无偿交付济南铁路局使用。专用线建成后，其产权属临矿务局，接轨站与专用线界线划分定在 DKO+102.02 点上。

九、其他

矿井专用线管理及养护维修等，可与济南铁路分局办理委托。

第三节　土地征用

一、征地

2000 年 4 月 7 日，筹建处向兖州市人民政府申请征地 49313 平方米；20 日，兖州市人民政府批准征地申请，筹建处与兖州市土地矿产管理局签订征地协议书，古城矿井因修建铁路专用线征用土地 49313 平方米，其中新兖镇豆腐店村土地 3987 平方米、陈家村土地 23666 平方米、付家楼村土地 18400 平方米、谷村镇高庙村土地 3260 平方米。12 月 22 日，兖州市城乡建设委员会颁发《建设用地规划许可证》（编号〔2000〕年 21 号），确认用地面积为 49313 平方米。

二、补偿

（一）征地补偿

征地费按每亩 5.3 万元补偿，支付征地费 392.04 万元，造成的边角地 17180 平方米，补偿 45.525 万元，征地范围内涉及的地面附着物补偿（包括树木、坟墓、机井、农用灌溉涵管、电线杆、砖瓦房等）28.42 万元，征地管理费每亩 0.2 万元，合计 14.79 万元。总计 48.08 万元。

（二）其他补偿

2000 年 7 月 28 日，为清理专用线施工现场存放的矸石，筹建处与兖州市新兖镇豆腐店村委会签订排矸协议，双方商定排矸综合单价为每立方米 6.5 元（包括装、运、卸及修路、围墙拆除、交通事故处理等费用），存放的矸石量 53786.73 立方米，合同总价 349613.75 元。该排矸量为自然地表以上部分，地表以下的矸石排运量双方另行协商。

2000 年 10 月 20 日，因铁路专用线施工，需改迁兖州有线电视台所属的有线电视线路，山东古城煤炭开发有限责任公司与兖州有线电视台签订补偿协议，一次性支付赔偿费用 7.5 万元。

2001 年 7 月 5 日，古城矿井筹建处（新驿矿井筹建处的公章）与兖州市公安局新兖镇派出所古城警务区签订协议，支付警务人员工作协调、线路巡逻等费用 10560 元。

原有沙坑回填方面，支付陈家村沙坑回填费用 5 万元。

迁坟补偿费方面，支付琉璃厂村迁坟补偿费 6150 元。

第四节　工程施工

一、施工

（一）专用线施工

1999 年 4 月 27 日，筹建处与铁道部第三勘察设计院签订《关于古城矿井铁路专用线施工意向书》。2000 年 4 月 29 日，签订建设工程总承包合同。工程承包范围自京沪铁路兖州北站军供到发线（上行场 1 道）北端原 1133 号单开单岔接轨，在其隔开安全线道岔基本轨接缝外 25 米钢轨接缝处为本次工程承包的起点。铁路专用线全长 2291.28 米。在其范围内的线路、路基、桥涵、轨道、通信、信号、电力、生产房屋、站场建筑设备（不含围墙、给排水工程）、施工汽车运输便道与临时供电线路及过渡工程皆为施工对象。6 月 1 日开工。2001 年 7 月 4 日，双方签订补充协议：依据设计单位提供的施工图和铁道部现行预算定额确定的工程造价，下浮 12% 作为工程总承包价。

2000 年 11 月 18 日，与济南铁路局建设项目管理中心签订《菏日线增二线古城煤矿专用线引入兖州北站相关工程委托建设合同》，包括专用线 1131 号道岔前 25 米调车信号机处至车站接轨处及因专用线引入引起的车站改造工程（含通信、信号、电力、机械、房建、给排水及用地和拆迁），上行到发场（V 场）增设到发线 1 条，上行调车场改造工程中的两条调车线。工程概算总额为 1950 万元。

2000 年 12 月 5 日，与济南路通铁路科技开发有限责任公司签订《古城矿井铁路专用线轨道衡工程建设施工总承包合同》。承包方式为包工包料，合同价款为 98.96 万元。

（二）土建工程

1. 产品装车仓。为钢筋混凝土，由 3 个内径为 15 米的连体筒仓构成，总容量为 3×3100 吨，建筑体积 22426 立方米，建筑面积 2504 平方米，高度 42.3 米。2000 年 10 月 16 日开工，2001 年 8 月 15 日竣工，合同价款 469 万元。临沂华建工程公司施工。

2. 地磅房。砖混结构 2 层，共 2 处，分设在三股和四股的煤仓底，总建筑面积 69.52 平方米。2000 年 3 月 6 日开工，7 月 30 日竣工。兖北建安公司施工。

3. 围墙及排水沟。工程结构为砖砌墙、毛石基础。兖北建安公司施工水沟围墙全长 281 米，临沂矿务局工程公司施工围墙长 858 米。2000 年 5 月 1 日开工，9 月 10 日竣工。

二、工程监督

专用线工程质量监督由煤炭工业部曲阜矿区质量监督站、济南铁路局工程质量监督站实施监督。

1999 年 12 月 24 日，与山东济铁工程建设监理有限责任公司签订《工程建设监理合同》。

三、验收移交

2001年9月29日，临沂矿务局、济南铁路分局共同成立古城矿井铁路专用线站后工程验收移交领导小组。临沂矿务局副局长潘元庭任组长，临沂矿务局副局长、古城煤矿矿长刘成录任副组长，王秀明、马友义、李守举、张庆友、周启昆、吴士其为成员。下设综合、电力、房建、围墙及给排水4个验收小组。

同年10月27日，由建设、监理、设计及古城煤矿等单位有关人员参加，联合对铁三院工程承包公司古城项目部、兖州市兖北建安公司及临沂矿务局工程公司施工的古城铁路专用线站后工程进行验收，具体包括：货运办公室，综合工区，运转室，1号、2号、3号扳道房，围墙水沟及室外给排水工程。经现场实测实量、观感检查及内业资料检查，验收小组认为站后工程除排水泵房未建围墙工程外，其他工程已按设计及合同内容完成，货运办公室、综合工区、运转室被评为优良工程，其他为合格工程。同意将存在问题于2001年10月29日前整改完成，进行竣工移交。

2001年11月7日，古城矿井铁路专用线站后工程验收移交领导小组对电力工程进行验收。电力工程已按设计要求完成工程量，工程质量评定为优良工程，工程质量保修期为1年。双方协商，从11月8日起将该工程由施工单位移交给古城煤矿。

2002年4月10日，临沂矿务局在古城煤矿举行通车仪式，铁路专用线正式运营。

第五节　运行管理

一、管理机构

专用线由矿煤管科管理，设1名副科长负责与兖州北站的业务联系，包括用车计划以及调车、发运、关系协调等工作。

2018年末，铁路专用线在册人数22人，其中装车工、维修工、平车工、定检员、司磅员共12名，调度员2名，道口道岔看护人员8名。

二、管理制度

（一）调度员工作职责

（1）调度员值班时间为24小时，必须24小时和古城煤矿及兖州北站总台保持通信状态，值班期间不允许离岗。

（2）调度员在接到北站调度送车计划后，负责向专用线各道口、道岔通知送车计划顺序；在确认各岗位已工作就序后，向北站调度汇报准备完毕，可以送车。

（3）调车机开过来时，负责向值班队长汇报来车数量，并通知值班队长和装车人员。

（4）调车完毕后，调车机离矿前通知道口打开大门、放杆；确认安全后，通知北站调车机离矿。

（5）装车完毕后，值班队长向调度员通知装车完毕。调度员向北站站调、四调、五调、车号部门汇报已装完，并向铁路部门汇报装车顺序。北站来挂重车时，向调度室人员下达计划，调度员接通知后向各道口、道岔传达计划，确认各项工作完毕后方可向北站各部门用电话汇报，可以来挂车。

（6）调度员在调车过程中，负责查看、确认线路有无妨碍物。如因设备故障不能装车时，及时通知兖州北站调度。不得延误调车作业。

（7）装车完毕后，负责向北站下行列检所电话汇报来矿车数，挂走时间及 3、4 股两头第一位车号，并将汇报的时间登记台账备查；并负责向矿务局运销公司驻矿人员汇报，询问是否还有计划，依据情况向北站要求再给配空车。

古城煤矿铁路专用线（2018 年 5 月摄）

（二）调度值班员岗位细则

（1）配合北站调车作业人员的工作。

（2）熟知站内一切行车设备，并随时注意使用情况，如遇设备发生异状或变化时，应及时通知有关人员并采取安全措施。

（3）接发车时，必须站在距钢轨头部外侧 2 米以外的安全地点。

（4）注意接车前的调车进路确认，严格执行对进行装车、卸车作业线路的防护检查制度。

（5）保持线路畅通，冬季要及时清除冰雪，采取防滑措施。

（6）严禁扒乘机车、车辆，以车代步。

（7）及时准确记录好北站下达的取送车计划，并准确、及时传达到矿铁路专用线道口、道岔各岗位。

（8）北站取送车时，迅速安排各道口开门，确保各道口、道岔线路安全畅通。

（9）按规定交接班，严禁班中空岗、脱岗。

（10）做好各种值班记录。

（三）道口大门管理规定

（1）专用线1号道口大门在调车机作业时，应关闭大门，不允许外人进入。

（2）调车机来矿取送车时，立即将大门敞开，及时通知矿铁路调度值班员。

（3）如出现大门无法敞开等情况时，要迅速向北站信号楼及北站调度汇报，请求暂缓取送车，并通知矿铁路值班负责人处理。

（4）古城专用线1号道口工作人员在制止外部人员强行进入北站线路内无效的，应及时通知矿铁路调度值班人员，由调度值班人员及时向兖州北站派出所汇报。

三、发运量

2015年，铁路运量减少明显，主要原因是运费增加，特别是往南方的远途运输价格倒挂，导致客户减少，而铁路运输以省内为主。2002～2018年铁路运量详见表6–7–3。

表6–7–3　　2002～2018年铁路运量统计表

单位：万吨

年度	合计	年度	合计
2002	32.07	2011	118.74
2003	54.63	2012	129.16
2004	68.27	2013	90.71
2005	84.75	2014	72.39
2006	93.65	2015	50.65
2007	138.12	2016	43.02
2008	132.94	2017	35.44
2009	126.28	2018	40.42
2010	115.89		

古城煤矿志

（1992～2018）

（下卷）

《古城煤矿志》编纂委员会　编

山东大学出版社
·济南·

目　录

下　卷

第七篇 党群工作

古城煤矿党委围绕安全生产、经济效益两大任务，牢牢把握改革、发展和稳定大局，积极探索新形势下加强和改进党建思想政治工作的新方法和新途径，加强思想建设、作风建设、组织建设。充分发挥党委政治核心作用、党支部战斗堡垒作用、党员先锋模范作用，积极开展党的先进性教育、党的群众路线教育和“两学一做”学习教育活动，认真学习“三个代表”重要思想、科学发展观和习近平新时代中国特色社会主义思想，开展以“学习型党委、学习型党支部、学习型党小组、学习型党员”为内容的学习型党组织创建活动，依靠党建聚人心、促发展。构建拒腐防变长效机制，提高党员干部的廉洁自律意识。坚持党管干部原则，建立公平竞争的选人用人机制，为矿井科学、稳定、高效发展，从容应对市场危机提供强有力支撑。

实施“活力幸福”矿区建设，开展爱老敬老和困难帮扶、金秋助学活动；坚持矿务公开，实行民主管理，维护职工权益；举办丰富多彩、喜闻乐见的文体活动，增强凝聚力；创造性地开展群众工作和共青团工作，奠定安全和谐发展基础；至 2018 年年末，古城煤矿有党员 395 名、党支部 15 个，有职工 2258 名、车间工会 14 个、团支部 14 个。

古城煤矿先后获得“山东省文明单位”“山东省煤炭系统劳动关系和谐企业”“全国煤炭工业行业级安全高效矿井”“全国文明煤矿”“全国模范职工之家”“国家级安全文化建设示范企业”“全国能源化学系统工人先锋号”等荣誉称号。

第一章　党建工作

第一节　组织机构

一、党组织

1993 年 10 月 22 日，中共临沂矿务局委员会批准，建立中共古城矿井筹建处党支部。

1997 年 10 月 10 日，成立中共古城矿井筹建处总支委员会；撤销中共古城矿井筹建处党支部委员会。撤销中共岐山煤矿委员会，将党员管理移交给古城煤矿筹建处党总支。12 月 10 日，筹建处党总支成立机关党支部、金利包装制品厂党支部。

1998 年 5 月 15 日，成立中共古城矿井筹建处委员会，撤销古城矿井筹建处党总支。

2001 年 3 月 6 日，成立中共古城煤矿委员会，撤销中共古城矿井筹建处委员会。

1993 ～ 2018 年古城煤矿党委（总支、支部）主要领导成员任职如表 7-1-1 所示。

表 7-1-1　1993 ～ 2018 年古城煤矿党委（总支、支部）主要领导成员任职表

任职时间	书记	副书记	委员	备注
1993.10 ～ 1996.11	潘元庭	王家德	曲焕庆、李祥金、徐宏远	党支部
1996.11 ～ 1997.01	潘元庭	王家德	曲焕庆、李祥金、刘恩功、周启昆	
1997.01 ～ 1998.05	潘元庭	王家德	刘恩功 、李祥金、周启昆、曲焕庆、崔守芬	党总支
1998.05 ～ 2000.11	崔守芬	王家德	刘恩功、李祥金 、周启昆、曲焕庆	党委
2000.11 ～ 2001.02	崔守芬	王家德	李祥金、周启昆、解信德、吴士其、赵喜庆	
2001.03 ～ 2002.11	刘成录	张传毅	聂瑞明、吴士其、解信德	
2002.11 ～ 2003.09	王洪忠	张传毅	王立才、吴士其、解信德	
2003.09 ～ 2004.07	孟繁勤	张传毅	王洪忠、焦士荣、吴士其	
2004.07 ～ 2006.02	孟繁勤		刘厚福、焦士荣、吴士其	
2006.02 ～ 2008.08	刘厚福	何祥成	焦士荣、赵喜庆、王存策	

续表

任职时间	书记	副书记	委员	备注
2008.08～2010.03	陈家忠	何祥成	管清向、赵喜庆、王存策	
2010.03～2010.11	陈家忠	李　泉	管清向、赵喜庆、王存策	
2010.11～2013.04	张传毅	李　泉	李连华、赵喜庆、王存策	
2013.04～2013.07	管清向	李　泉	魏兴民、赵喜庆、王存策	
2013.07～2015.12	管清向	贾安强	魏兴民、赵喜庆、王存策	
2013.02～2014.02	管清向	贾安强	魏兴民、赵喜庆、高清水	
2015.12～2017.03	鲁守明	贾安强	魏兴民、安明成、王统海	
2017.03～2018.05	鲁守明	贾安强	魏兴民、安明成、李宗珠	
2018.05～2018.08	鲁守明	贾安强	魏兴民、安明成、李宗珠、董忠科	
2018.08～	伦庆忠	贾安强	诸葛祥华、安明成、李宗珠、董忠科	

二、职能部门

1992 年 8 月 26 日，成立曲阜矿井筹建处办公室，设 1 人兼职负责党建工作。

1993 年 10 月 25 日，成立古城矿井筹建处党政办公室。

2001 年 2 月 16 日，成立古城煤矿党群工作部，党委副书记兼任部长，设副部长 1 人、工作人员 4 人，内设党务、组干、工会、团委、宣传等机构。

2003 年 4 月 12 日，成立组宣科，内设组织科、干部科、宣传科、职工教育科，撤销党群工作部。

2004 年 5 月 1 日，成立政工科；成立监察科，隶属政工科管理，撤销组宣科。

2006 年 8 月 8 日，成立党群工作部，撤销政工科。

2018 年 6 月 1 日，成立党委办公室，党群工作部副部长、组织科科长兼党委办公室主任。

2018 年年末，党群工作部有工作人员 17 人，其中副总政工师、党群工作部副部长 1 人（兼任党委办公室主任、组织科科长、工会副主席、机关党支部书记、维稳办公室主任），党委办公室副主任 1 人，纪委副书记 1 人（兼任监察科科长），团委书记 1 人（兼任监察科副科长），团委干事 1 人，组织科副科长 1 人，宣传科科长 1 人（兼任电视台台长），宣传科副科长 1 人，计划生育办公室主任 1 人（兼任女工部部长），审计科副科长 1 人，宣传干事 3 人，工会干事 3 人，法务人员 1 人。

2001 ～ 2020 年古城煤矿党群工作部主要领导成员任职如表 7-1-2 所示。

表 7-1-2 2001 ～ 2020 年古城煤矿党群工作部主要领导成员任职表

任职时间	部长	副部长
2001.01 ～ 2004.06	张传毅	尹作海
2006.03 ～ 2010.02	何祥成	尹作海
2010.02 ～ 2013.06	李 泉	尹作海
2013.06 ～ 2014.06	贾安强	尹作海
2014.06 ～ 2018.05	贾安强	张传法
2018.05 ～ 2020.04	贾安强	范立斌
2020.04 ～	董忠科	孟庆科

第二节 党员代表大会

2016 年 8 月 13 日上午，中共古城煤矿委员会根据《中国共产党章程》《中国共产党基层组织选举工作暂行条例》《临沂矿业集团有限责任公司党委各基层党组织换届选举工作实施方案》规定，在职工俱乐部召开中国共产党临沂矿业集团公司古城煤矿第一次代表大会，会期半天，中共临矿集团党委组织部部长何祥成到会指导。应出席会议代表 56 名，2 名代表因事请假，实到代表 54 名。其中各级领导干部代表占 36%，专业技术人员代表占 38%，先模人物代表占 42%，一线职工占 27% 左右，妇女代表占 5% 左右。

党委书记鲁守明作党委工作报告《继往开来，携手奋进，为矿井改革发展提供坚强政治保障》。党委副书记、纪委书记、贾安强作纪委工作报告《突出监督重点，严肃执纪问责，为矿井发展构建风清气正大环境》。

经代表充分酝酿讨论，采取无记名投票的方式，差额选举产生中共临沂矿业集团公司古城煤矿第一届委员会，选举王统海、安明成、贾安强、鲁守明、魏兴民（姓氏笔画为序）为委员；第一届委员会举行第一次会议，选举鲁守明为书记、贾安强为副书记。差额选举产生中共临沂矿业集团公司古城煤矿第一届纪律检查委员会，选举王传峰、刘振青（女）、张传法、李洪光、贾安强为纪律检查委员会委员，第一届委员会第一次会议选举贾安强为纪委书记。选举王东京、王桂利、石道勇、冯贻雷、张圣国、李乐成、李星坤、陈男（女）、郑州、贾安强、殷涛、梁福恒、鲁守明、谢洪路、薛彦波为出席中国共产党临沂矿业集团有限责任公司第一次代表大会代表。会议通过《关于党委工作报告的决议》《关于纪委工作报告的决议》《关于党费收缴和使用情况报告的决议》。

2017 年 12 月 23 日上午，中国共产党临沂矿业集团公司古城煤矿第一届代表大会第二次会议在办公楼三楼视频会议室召开，56名代表出席会议，大会通过党委书记鲁守明作的《党委工作报告》，以及党委副书记贾安强作的《纪委工作报告》《关于坚持党的领导加强党的建设的实施意见（草案）》《党建活动经费使用管理办法（草案）》《关于深入学习宣传贯彻党的十九大精神的决议（草案）》。

2019年1月5日，中国共产党临沂矿业集团公司古城煤矿第一届代表大会第三次会议在办公楼三楼视频会议室召开，56名代表出席会议，大会通过党委书记伦庆忠作的《党委工作报告》，党委副书记、纪委书记贾安强作的《纪委工作报告》。

古城煤矿第一届党员代表大会（2016年8月摄）

第三节　党委工作制度

一、党委会制度

中共古城煤矿党委根据《中国共产党章程》《中央关于在深化国有企业改革中坚持党的领导加强党的建设的若干意见》《临矿集团党委常委会议事规则》，制定执行《古城煤矿党委会议事规则》。发挥领导作用，把方向、管大局、保落实，依照规则讨论决定企业重大事项。党委会研究讨论是矿井决策重大问题的前置程序。党委会“三重一大”（重大决策、重要人事任免、重大项目安排和大额度资金运作）事项，经党委会事先研究讨论，形成组织意见，再按照党组织意见履行法定程序。“三重一大”事项提交会议研究前，涉及职工切身利益的重大事项，应当听取工会意见；生产和工程建设项目，必须事先听取临矿集团主管部门的意见。严禁领导干部个人决定、运作插手、干预重大工程、重大招标等；后备干部和先进优秀模范推荐等评选事项，应严格按照有关规定履行程序。对未经党委会研究讨论的“三重一大”事项，原则上不提交审议、决策。党委会议一般每月召开 1 次，必要时随时召开。会议由党委书记召集和主持。党委书记不能参加时，委托副书记召集和主持。党委办公室主任列席党委会会议，其他列席人员由会议主持人根据会议内容确定。

二、组织生活制度

党委班子成员过好双重组织生活，既要以普通党员身份主动参加所在党支部的组织生活，还要参加党委民主生活会。党委民主生活会每年召开 1 次，必要时随时召开。会前按照规定程序精心做好各项准备工作，紧密联系思想和工作实际，深入查找、整改领导班子和党员领导人员存在的问题和不足，积极开展批评与自我批评，深刻剖析思想根源，研究制定整改措施。

三、学习制度

中共古城煤矿党委理论学习中心组由领导班子成员组成。根据学习需要，可适当吸收有关人员参加。各成员将集体学习研讨作为学习的重要形式，围绕学习主题交流学习体会，确保每月不少于 1 次集体学习研讨。抓好个人自学，做好学习笔记，结合分管专业撰写学习心得。搞好专题调研，把理论学习与专题调研结合起来，深入基层区队、一线班组，扎实开展调查研究，撰写不少于 1 篇调研报告或者理论文章。深入基层讲党课、作报告，讲清党的执政方略和重大举措，推动党委各项决策部署贯彻落实，每年不少于 1 次。每年组织 1 次读书会，集体学习研讨不少于 1 天，将撰写的调研报告或者理论文章在读书会上进行交流发言。积极参加学习讲坛、读书会、报告会、现场教学等学习活动，努力成为建设学习型党组织和学习型领导班子的精心组织者、积极促进者、自觉实践者。

四、党建例会制度

2003 年 10 月，中共古城煤矿党委实行政工（党建）例会制度，规定每月的 26 日下午召开，由党委书记主持；2006 年 3 月，调整为党委副书记主持；2011 年，调整为每月下旬召开。参加人员为各党支部书记或者副书记、党群、纪委监察等党务工作人员、办公室、劳资科、总务科、保卫科、外协办公室等部门负责人。传达学习临矿集团等上级党组织和矿党委文件、会议精神，各党支部汇报本单位职工思想动态，就工资分配、工区管理、机关服务等提出的意见和建议，党群部通报月度党建工作考核情况，各部门汇报上次会议安排工作和职工相关诉求的落实情况。主持人安排下月工作重点，作总结性讲话。党委办公室负责整理会议纪要，发给参会人员并存档。

五、党建工作联系点制度

领导班子成员按照党建联系点制度要求和分工，深入党建联系点党支部，创建各具特色的品牌党支部，解决工作中的难题。每年结合实际撰写党建调研报告不少于 1 篇，为基层党员讲党课不少于 1 次，要面对面和职工交流。

临矿集团党委考核古城煤矿领导班子（2016年3月摄）

第四节　基层组织

一、党支部建设

1997年12月10日，成立机关党支部、金利包装制品厂党支部。2004年12月14日，撤销金利包装制品厂党支部。

1998年8月26日，成立采煤工区党支部、机电运输工区党支部。

2000年3月9日，成立采煤一工区党支部、采煤二工区党支部、运输工区党支部、机电工区党支部，撤销采煤工区党支部、机电运输工区党支部。

2001年2月16日，成立采煤三工区党支部、掘进工区党支部、通防工区党支部。

2001年7月22日，成立综掘工区党支部。

2002年2月23日，成立机修安装车间党支部。

2003年8月2日，成立矸石热电厂党支部。

2004年5月1日，成立开拓工区党支部。

2005年3月2日，成立安全技术培训中心党支部。2011年10月11日，安全技术培训中心移交给山东煤炭技师学院。

2006年3月28日，成立选煤厂党支部。

2007年3月31日，成立掘进一工区党支部、掘进二工区党支部，撤销掘进工区党支部。

2011年5月5日，成立煤炭管理科党支部。

2012年7月2日，成立巷修工区党支部。

2015年3月30日，成立防冲工区党支部。

2016年5月8日，成立煤炭营销公司党支部，撤销煤炭管理科党支部。

2017年8月3日，成立皮带工区党支部。

2018 年 9 月 10 日，成立充填工区党支部，撤销采煤三工区党支部。

2018 年 12 月 6 日，成立机关第一党支部、机关第二党支部，撤销机关党支部。

截至 2018 年年末，中共古城煤矿党委下设采煤一工区、采煤二工区、充填工区、掘进一工区、掘进二工区、掘进三工区、机电工区、运搬工区、通防工区、防冲工区、机修工区、煤炭营销公司、电厂、机关第一党支部、机关第二党支部 15 个党支部；党员 395 名。

二、基层党支部工作

1998 年 8 月，在各支部开展“四学、两树、一争先”活动。组织党员学理论、学法规、学党章、学业务技术知识；树爱岗敬业、乐于奉献的形象，树廉洁高效、求真务实的形象；争当全能型党员。以高标准、高质量、高速度建设现代化矿井为己任，确保矿井按期建成，发挥效益。

1999 年 3 月，各党支部开展争创文明区队（车间）、文明班组、文明科室、文明家庭、文明职工活动，各党支部认真组织、严格评选。

2000 年，为实现临沂矿务局三年扭亏工作目标，尽快发挥矿井投资效益，开展矿井建设会战、主井井塔会战、原煤生产决战活动。中共采煤工区党支部、中共机运工区党支部在 11021 工作面密切配合，克服人员少、装备差等不利因素，完成 10 万吨原煤生产任务。

2001 年 8 月，落实临沂矿务局开展的“管理创水平、效益上台阶”竞赛活动，开展“创水平突击月”活动。中共采煤一工区党支部张凤南班，以 966 吨的成绩实现班产创水平目标。中共采煤三工区党支部全月计划产煤 13000 吨，实际产煤 15003 吨，完成计划的 115%。中共掘一工区党支部计划进尺 340 米，实际完成 408 米，超计划 68 米，完成计划的 120%。全年完成原煤 84.4 万吨、进尺 12000 米、利润 2000 万元。

2002 年，为实现一年达产、二年翻半番、三年翻一番的目标，3 个采煤工区党支部开展原煤生产创水平上台阶竞赛活动。中共采煤一工区党支部在 1202 工作面创出月产 6700 吨的纪录；中共机修车间党支部精心组织 11041、11051、1201、1202、1203、1205 等 12 个工作面的安撤。

2003 年，中共采煤二工区党支部发挥党员的模范带头作用，在 2105 工作面完成百万吨生产计划，创建全局第一个百万吨工作面。

2006 年，开展争创精品掘进工程竞赛活动。掘进、开拓两个党支部在各施工地点成立党小组，精心研究爆破参数，不断改进施工工艺，掘进工区施工的 13 采区皮带下山及联络巷、开拓工区施工的 –840 米水平北翼第二条皮带巷、–850 米水平北翼轨道巷，获得“临矿集团精品工程”称号。

2008 年，开展“党员责任区、示范岗”“五好党员和五好党支部”“四好领导班子”创建等活动，充分发挥党员干部的示范辐射作用。推进党建示范点建设，注重增强基层党建工作的示范性、方向性，做到党员身边无违章、党员身边无事故，为推进矿井持续安全高效生产提供动力支持。

2011 年，开展“一个支部一个堡垒”主题实践活动。加强班子建设，定期举办支部书记培训班，完善党员教育管理、发展党员工作程序工作；加强思想建设，坚持每月1次政工（党建）例会制度，专题研究党建工作；加强作风建设，重点治理制度建设、安全管理、工作考核、工资分配等问题。加强制度建设，建立党支部联系点和联络员例会制度，各党支部建立党员活动室，购买《创先争优活动规程方法与案例启示》等学习资料，做到党员活动有阵地、学习有场所；加强阵地建设，利用电视台等内部宣传载体，宣传创先争优活动中各支部的先进经验。加强廉政建设，中共古城煤矿党委与各党支部签订《党风廉政建设目标责任书》，开展党员干部廉洁自律承诺和廉政宣誓活动，推进党风廉政建设。

2012年，开展“党建工作示范点”“党员责任区”创建活动。全矿设置56个党员责任区、128个党员示范岗。11个生产工区党支部293名党员写下责任保证书，将标有“共产党员”字样的党徽图案钉在安全帽两侧，时刻提醒自己党员身份，接受职工监督。通过创建活动，全矿形成“一个班子一个龙头”“一个支部一个堡垒”“一名党员一面旗帜”的党建工作新格局。2012年，古城煤矿进入“山东能源集团十大矿井”行列；实现销售收入21亿元，位列山东能源集团第6位；上缴利润11.2亿元，位列山东能源集团第4位，人均利润、人均工效、人均产值均处于山东能源集团领先水平。

2014年，开展以“学习型党委、学习型党支部、学习型党小组、学习型党员”为内容的学习型党组织创建活动，把保障矿井安全生产作为党组织和党员的具体实践。党支部领导班子实行“一岗双责”责任制，班子成员分工挂点联系班组，落实“三包”责任，即包工作协调指导、包跟踪解决问题、包按时完成任务，以实际行动促进学习型党支部建设。

2017～2018年，开展“十星党支部”创建活动，从组织建设、作风形象、廉政建设、党员管理、人才培养、党务公开、群团工作、职工教育、工作业绩、党建资料10个方面进行量化考核。全年星数少于30颗或出现考核星数低于5颗的支部，取消年度评选“先进党支部”及支部书记、副书记评先进优的资格。各党支部围绕“十星党支部”创建，探索新形势下党支部工作的新思路、新方法、新途径，强化党建基础、凝聚基层合力。

举办党支部书记培训班（2017年6月摄）

2018 年，按照学习型、文化型、自主管理型、创新型、人本绩效型、精细化型、第五级支部模式建设“七种模式”，打造过硬党支部，全面提高各支部的管理水平和支部书记的管理能力。相关支部确立具有本支部特色的党建品牌名称、标识、核心价值观。

中共古城煤矿采煤一工区党支部以“人本绩效型支部建设”为主题，创建“党建 5+”党建品牌，即党建 + 理论学习、党建 + 队伍建设、党建 + 安全生产、党建 + 标准意识、党建 + 提质降耗。核心价值观为“嵌入中心，全面提升”。

中共古城煤矿采煤二工区党支部以“精细化型党支部”为主题，创建“同心圆”党建品牌，即打造以党支部为圆心，以党员为半径，生产一线和职工 360 度全覆盖的同心圆。核心价值观为“凝心聚力，奋发图强”。

中共古城煤矿充填工区党支部以“创新型党支部”为主题，创建“创客之家”党建品牌，即党建创客、技术创客、装备创客 3 个小组。核心价值观为“集众人之智，推动绿色开采”。

中共古城煤矿掘进一工区党支部以“文化型党支部”为主题，创建“文化心工场”党建品牌，即向心文化定目标，凝心文化筑堡垒，热心文化聚动力，净心文化促廉洁。核心价值观为“打造四心工程，党建引领生产”。

中共古城煤矿掘进三工区党支部以“文化型党支部”为主题，创建“党员呼唤炮火”党建品牌，即由“虚拟委员”到“班组指导员”再到“呼唤炮火”的三步走党建模式。核心价值观为“多角色体验，深层次发力”。

中共古城煤矿防冲工区党支部以“精细化型党支部”为主题，创建“360 先锋”党建品牌，即点、线、面 3 个层面，抓标准意识、抓薄弱人物、抓理论学习、抓创新创造、抓劳动监督、抓安全生产 6 个抓手，服务群众零距离。核心价值观为“零距离服务，零事故发生”。

中共古城煤矿机电工区党支部以“学习型党支部”为主题，创建“乌金蓝领”党建品牌，即“不忘初心、牢记使命，任何时候都不能忘记作为一名共产党员的担当；适应矿井智能智慧化建设的需要，培养复合型高技能人才”两部分。核心价值观为“建设过硬党支部，培育乌金蓝领”。

中共古城煤矿运输工区党支部以“自主管理型党支部”为主题，创建“24 小时党员服务站”党建品牌，即坚持“以党建促生产”的服务理念。核心价值观为“全天候运输，心贴心服务”。

中共古城煤矿通防工区党支部以“精细化型党支部”为主题，创建“阳光党员”党建品牌，即“万物生长靠太阳，支部建强靠党员”。核心价值观为“我是党员我带头，我是党员我奉献”。

中共古城煤矿机修工区党支部以“创新型党支部”为主题，创建“精工匠心”党建品牌，即以党建工作与工匠精神相融合。核心价值观为“初心引领匠心，用心才会创新”。

中共古城煤矿电厂党支部以“文化型党支部”为主题，创建“红色快递”党建品牌，即以“文化型”党支部建设，延伸党建“红色快递”。核心价值观为“责任、透明、服务、分享”。

中共煤炭营销公司党支部以“创新型党支部”为主题，创建“金火苗”党建品牌，即“发挥特色优势、培育党建品牌、服务科学发展”。核心价值观为“燃烧红色激情，体现岗位价值”。

三、工作制度

（一）组织生活会

各党支部每半年召开1次组织生活会，以交流思想、总结经验教训、开展批评和自我批评等为中心内容，提高党支部凝聚力、向心力，增强党性观念和服务意识。

（二）“学习日”制度

坚持“每周党员学习日”制度，时刻以党的科学理论武装党员干部头脑。“学习日”必须用于党支部的学习活动，做到支部有记录、党员有笔记，建立理论学习的长效机制。各党支部党员学习日要根据各自实际固定下来，通过观看视频、专题讨论等形式，以集中学习、个人自学等方式，使广大党员干部持续增强对“党章、准则、条例”的理解，保持政治上的清醒和坚定，提升思想境界和道德修养；掌握科学文化知识，不断提高知识水平和工作技能，练好抓党建工作的基本功，增强为矿井服务的本领。

（三）打造过硬党小组

实施党小组＋班组“双核”工程，将党小组建在班组上，保证每个班组都由责任心强、素质高的党员作为骨干力量，确保党建工作融入日常，实现党小组与生产小组工作重心的交叉融合，把党支部建设的触角延伸到每个采煤工作面、掘进迎头。

（四）党员“双评议”

全面推行党内评议党员和群众评议党员“双评议”制度，评议内容包括党性观念、业务技能、工作作风、工作业绩、道德品行、遵纪守法及作用发挥、履行义务情况。党员评议每年开展1次，对评议出的优秀党员给予表彰和奖励，将其作为推荐评优树模、提拔使用的重要依据。

四、“三会一课”

“三会一课”即支部大会、支部委员会、党小组会、党课。支部大会至少每月召开1次党员大会，设党小组的党支部至少每季度召开1次党员大会，传达党的路线方针政策和上级党组织的决定，审议通过支部年度工作计划和党员目标管理内容，研究发展新党员及推荐和选举党代表等。支部委员会每月召开1次，根据上级党组织的精神，研究制定支部工作计划、研究发展党员、党员教育、群团组织等工作。党小组会每月召开1～2次，组织学习上级有关文件精神，研究如何贯彻支部决议，研究入党积极分子教育、考察等事宜。党课每季度至少组织1次，全体党员参加或组织入党积极分子参加，以中国特色社会主义理论体系、党章和习近平总书记系列重要讲话等为主要学习内容。

中共临矿集团党委副书记、总经理张圣国到中共古城煤矿机电工区党支部上党课
（2016 年 6 月摄）

第五节　党员队伍

一、来源、发展

党员的主要来源为本单位职工和临矿集团（临沂矿务局）及所属各单位转入、分配来的学生、复转军人、外部调入人员等。截至 2018 年年末，古城煤矿共有党员 395 名，占职工总人数的 17.93%。

1992 ～ 2018 年古城煤矿党员如表 7-1-3 所示。

表 7-1-3　　1992 ～ 2018 年古城煤矿党员统计表

年度	党员总数		
	合计	男	女
1992	13	13	0
1993	13	13	0
1994	18	17	1
1995	18	17	1
1996	19	18	1
1997	113	109	4
1998	156	150	6
1999	170	164	6

续表

年度	党员总数		
	合计	男	女
2000	180	173	7
2001	297	287	10
2002	319	308	11
2003	344	331	13
2004	286	273	13
2005	298	282	16
2006	317	301	16
2007	324	306	18
2008	339	321	18
2009	343	324	19
2010	351	332	19
2011	346	325	21
2012	376	353	23
2013	373	350	23
2014	390	367	23
2015	387	363	24
2016	384	360	24
2017	392	367	25
2018	395	370	25

二、党员状况

1992年年末，曲阜矿井筹建处有党员13名，占职工总人数的50%。其中35岁及以下党员6名，36～45岁党员4名，46岁以上党员3名，最大年龄为52岁；大学学历党员2名，专科学历党员4名，中专学历党员2名，高中及中技学历党员4名，初中以下学历党员1名；管理人员12名，工勤岗位1名，均为男党员。

1992～2018年，古城矿井根据《中国共产党章程》规定，培养发展党员334名。

截至2018年年末，古城煤矿有党员395名，其中女党员25名（未退休），退休党员63名（包括女党员3名）。

2018年年末古城煤矿党员状况如表7-1-4。

表 7-1-4　　2018 年年末古城煤矿党员状况一览表

类别	名称	人数	占比（%）
性别	男	370	93.67
	女	25	6.33
岗位	工勤技能人员	204	51.64
	管理技术人员	128	32.40
	退休人员	63	15.96
年龄	35 岁及以下	109	27.60
	36 ～ 40 岁	81	20.50
	41 ～ 45 岁	49	12.40
	46 ～ 50 岁	46	11.64
	51 ～ 55 岁	44	11.13
	56 ～ 60 岁	11	2.81
	61 岁及以上	55	13.92
文化程度（在岗 332 人）	研究生	1	0.30
	大学本科	78	23.49
	大学专科	73	21.98
	中专	24	7.22
	高中、中技	133	40.06
	初中及以下	23	6.97

党员学习（2016 年 6 月摄）

三、党员教育

1992年，组织党员学习党的十四大文件精神。

1993年，以党支部为单位，组织举办“学习建设有中国特色的社会主义理论”和“社会主义市场经济”党员学习培训班，全矿13名党员参加学习培训。

1994年9月28日，中共古城矿井筹建处党支部建立处领导班子中心学习组，组织党员每周集中学习1次，学习党的十四大有关文件和筹建处印发的《关于加强思想作风建设的若干规定》，举办“社会主义市场经济”培训班。

1996年，参加由中共山东省委宣传部举办的学习建设有中国特色社会主义理论和党章知识竞赛活动，开展“一名党员一面旗”活动。

1997年，开展“纪念建党76周年、迎香港回归”系列活动，学习党的十五大报告和社会主义市场经济理论知识、经济法律法规知识。

1998年5月，举办两期党风廉政建设培训班，有85名党员干部参加培训。8月，组织党员学理论、学法规、学党章、学业务技术知识。

1999年，上半年重点抓了党风廉政建设、党的建设、全心全意依靠工人阶级三个主题的学习，下半年组织党员分6个专题学习中央“三讲”教育办公室编印的《领导干部“三讲”教育读本》《中共中央关于国有企业改革与发展若干重大问题的决议》。举办党员脱产培训班3期，培训170人。

2000年，开展以“唱响主旋律、打好主动仗”为主题的形势任务教育。上半年完成“三讲”教育专题学习，下半年学习江泽民总书记“三个代表”重要思想以及思想政治工作、世贸知识“三本书”。

2003年，开展“解放思想、干事创业、加快发展”的学习教育和文明区队、文明班组、文明硐室、文明岗点、文明职工“五争创”活动，每个党员都作出了郑重诚信承诺。组织党员开展“热爱生命，关注安全”大讨论，344名党员主动开展结对子安全帮教、安全谈心等活动。

2004年，开展1周1个专题、1月1次考试、1季度1次评比“三个一”党员教育活动。组织党员学习《条例》，举办2期党支部书记培训班、4期党员培训班，有216名党员参加集中培训。

2005年，建立矿领导班子周三中心学习、科室周一科务会、工区周五政治学习制度，开展“保持清醒头脑、保持创业激情、开展二次创业”主题教育和“为民、务实、清廉”教育活动，6月，中共古城煤矿纪委组织全体党员收看4集文献电视纪录片《陈云与党风廉政建设》，并要求观看人员写出心得体会，使党员干部受到深刻的党风廉政建设教育。

2006年，组织党员学习《党章》，有260名党员参加局纪委组织的学习考试。

2009年，开展深入学习实践科学发展观活动，组织部分党员到新矿集团孙村煤矿参观学习。

2010年，开展创先争优、争做二次创业先锋活动，以“创四强、争四优、固堡垒、促发展”为主题，教育党员把承担临矿集团二次创业的重任作为责无旁贷的使命，发挥“党员为群众带头”作用，扎实开展创先争优活动。

2013年，组织党员落实中央八项规定精神，按照“照镜子、正衣冠、洗洗澡、治治病”的总要求，整顿形式主义、官僚主义、享乐主义和奢靡之风“四风”问题。

2015年6月，中共古城煤矿党委举行“三严三实”专题教育活动启动仪式，党委书记、矿长管清向为全矿党员干部讲了一次党课，利用周五政治学习时间，开展正反两面典型教育，利用手机版党课在线等发送“三严三实”相关内容，使党员干部可以随时随地接受“三严三实”教育。

2016年5月至2017年6月，组织各党支部书记、副书记、机关副科级以上的党员管理人员200余人，召开学党章党规、学系列讲话、做合格党员“两学一做”学习教育动员会，组织在岗党员手抄党章，重温入党誓词等活动，做到以“行”促“知”，以“知”促“行”。

2017年，参加“灯塔—党建在线”党的十九大精神学习竞赛活动。全体党员通过在线学习、竞赛答题，以赛促学、以学促做。对政工人员、支部书记进行集中培训，组织党务人员先后到党建工作示范单位枣矿集团柴里煤矿、淄矿集团唐口煤矿对标学习党务知识。

2018年，举办第一届党支部书记论坛。组织全矿200余名党员干部分批次到华东革命烈士陵园、沂蒙革命纪念馆开展“缅怀革命先烈、重温入党誓词”红色教育活动，观看电影《党员登记表》，使广大党员接受党性再洗礼。组织30余名专职党务工作人员到新矿集团新巨龙公司、淄矿集团唐口煤矿、枣矿集团付村煤矿观摩学习党建工作，下半年到无锡红豆集团交流学习。

四、党员培训

中共古城煤矿党委对全体党员干部重点进行中国特色社会主义理论、“三个代表”重要思想、践行社会主义核心价值体系、《中国共产党章程》、习近平系列讲话等内容的培训。党员干部每年参加教育培训时间一般不少于32学时。

举行党员干部“两部党内法规考试”（2017年3月摄）

五、党员关系转接

1992年8月至2013年4月，中共古城煤矿党委按照中共临矿集团（临沂矿务局）党委规定，临矿集团内部单位调动的党员，其党员关系由矿党委开具证明，中共临矿集团（临沂矿务局）党委组织部办理转接手续。转入或转出临矿集团（临沂矿务局）的由组织部办理。2013年5月至2018年5月，根据中共临矿集团党委组织部文件要求，转接党员组织关系原则上要由党员本人携带党员组织关系介绍信、身份证到指定部门办理。2018年6月，关于临矿集团内外部党员关系，省内实现“灯塔－党建在线”系统接转。

1992年8月，按照中共临沂矿务局党委组织部规定，筹建处13名党员关系由临沂矿务局工程处党委转入筹建处党支部。1997年10月，由中共岐山煤矿党委转入中共筹建处党支部86名党员关系。1998～2018年，由各类院校、单位、复转军人等外部单位转入党员71名，临矿集团（临沂矿务局）所属各单位【包括临矿集团（临沂矿务局）机关、临沂矿务局工程公司（临沂华建工程公司）、五寺庄煤矿、莒县煤矿、汤庄煤矿、株柏煤矿等】转入182名党员关系。

第六节　重要活动

一、评先树优

1995～2018年，古城矿井党组织历年都开展“评先树优”活动，作为加强党支部建设和鼓励广大党员发挥先锋模范作用的激励机制。每年“七一”期间，举行隆重的表彰仪式，对评选出的先进党支部颁发奖状（牌），对优秀共产党员、优秀党务工作者披红戴花，颁发荣誉证书和一定的物质奖励。共表彰先进党支部82个（次），表彰优秀共产党员739人（次），表彰优秀党务工作者24人（次）。

二、党的先进性教育

2005年1月30日，中共古城煤矿党委制定《古城煤矿党委保持共产党员先进性教育活动实施方案》，活动自1月中旬开始，至5月底基本结束，分四个阶段进行。第一阶段，调查摸底，制定方案，培训骨干，召开全矿动员大会（2月上旬）。第二阶段，思想发动，学习培训（2月中旬至3月20日）。第三阶段，党性分析，民主评议（3月21日至4月30日）。第四阶段，整改提高（5月1日至5月31日）。

是年2月16日，召开古城煤矿保持共产党员先进性教育活动动员大会，传达学习中共临沂矿务局党委保持共产党员先进性教育活动动员大会精神，党委书记孟繁勤代表党委作动员讲话，临沂矿务局督导组组长兰春忠到会并讲话。

总的要求是：坚持高标准、高质量、高水平、严要求，确保教育活动的质量；力争做到要求上严于“正常教育”，标准上高于“正常教育”，质量上好于“正常教育”，总体效果上超越“正常教育”；教育面确保100%，党员一个不漏、一个不少、一个也不能走过场；实现上级、党员、群众三个满意。全矿276名党员、14名入党积极分子参加活动。党委委员以普通党员的身份参加所在党支部的教育活动，接受党员群众的评议监督。按照集中人员、集中精力、集中时间、统一领导、统一组织、统一安排、统一要求，坚持自学和集中学相结合，通读原文和重点辅导相结合，讨论和交流相结合，理论和实践相结合；抓好自学、辅导、交流、考试四个环节；重点学习十六大报告和新党章；抓好班子和各级管理干部学习为关键。党性分析、民主评议阶段，党委及班子成员发放征求意见表165份，各党支部发放征求意见表381份，召开座谈会21次，党员谈心1787人次，其中同职工群众代表谈心811人次，参加人员280多人次，征求意见和建议21条。开展“帮弱、帮贫、帮孤、帮学”主题实践活动，全矿党员共捐款29090元。矿级领导干部开展了“一帮一、结穷亲”帮扶活动，每人帮助1户困难家庭，8名矿领导共捐款29700元。

活动期间，中共古城煤矿党委按时向临沂矿务局先进性教育活动领导小组汇报阶段工作。各党支部学习时间不少于40课时，撰写学习心得体会矿级党员干部15000字以上、科级党员干部10000字以上、一般党员8000字以上、生产一线党员5000字以上、其他党员3000字以上。

三、学习实践科学发展观活动

按照中共临矿集团党委统一部署，古城煤矿为中共临矿集团党委书记、董事长李义文学习实践科学发展观活动联系点。2009年3月14日，中共古城煤矿党委制定《古城煤矿开展深入学习实践科学发展观活动实施方案》，成立活动领导小组，在党群工作部设立办公室，具体负责学习实践活动的组织、宣传、指导、检查等工作，明确领导班子成员联系点分工。3月20日，制定《深入学习实践科学发展观考核办法》，对14个党支部实行百分制量化考核。活动分3个阶段：

第一阶段为学习调研阶段（3月至5月中旬），主要是统筹抓好学习培训、深入调研、思想讨论等工作。3月19日，召开全矿动员大会，党委书记、矿长陈家忠作动员讲话，中共临矿集团纪委副书记、检查指导组组长李守举到会并讲话；形成了“五个一”学习活动格局，即矿电视台每周一期学习活动专栏，《古煤信报》每期一个学习活动专版，领导小组每旬编印一期学习活动《简报》，在办公楼前更换10个专题宣传栏且形成学习活动一个面，在矿工业广场设立8个专题牌版且形成学习活动一条街。全矿党员统一配发学习、活动配档表和学习资料，统一印制《学习实践科学发展观学习记录本》。围绕“奋战五年、二次创业、打造临矿百年基业”和“构建平安和谐古城煤矿”主题实践活动，采取多种方式进行调研。管理人员每人撰写1篇调研报告，321名党员各写一篇心得体会，在平邑县城和古城小区家属院建立2个离退休老党员干部学习点，活动领导小组派专人送去学习资料和学习记录本，并辅导他们学习有关文件，党员参学率、覆盖率达到100%。

第二阶段为分析检查阶段（5月下旬至6月底），召开专题民主生活会和组织生活会，结合临矿集团开展的“奋战五年、二次创业、打造临矿百年基业”活动，形成领导班子分析检查报告，组织群众评议。副科级以上管理人员撰写学习总结和学习体会。

第三阶段为整改落实阶段（7月上旬至8月底）。7月23日，召开中共古城煤矿党委扩大会议，制定整改落实方案，接受党员群众监督，集中解决突出问题，建立健全保障和促进科学发展的体制机制。8月27日，向党员群众通报有关情况，组织开展满意度测评，召开总结会议。

四、创先争优活动

2010年7月15日，中共古城煤矿党委制定《古城煤矿关于深入开展创先争优，争做二次创业先锋活动的实施意见》《古城煤矿创先争优活动考核办法》。中共古城煤矿党委成立创先争优、争做二次创业先锋活动领导小组。

党委书记、矿长任组长，领导班子其他成员为副组长，党群工作部、办公室负责人及各党支部书记（副书记）为成员。领导小组在党群工作部设办公室，党群工作部副部长兼任办公室主任。成立活动督导组，成员由党群工作部、办公室有关人员组成，具体负责活动的开展、协调、督促检查、具体考核等工作。

创先争优活动以“创四强、争四优、固堡垒、促发展”为主题，开展“一个支部一个战斗堡垒”主题实践活动。加强班子建设、思想建设、作风建设、制度建设、阵地建设，各党支部建立党员活动室，购买《创先争优活动规程方法与案例启示》《创先争优活动读本》《学习型党支部建设》等图书600余册，做到党员活动有阵地、党员学习有场所，全矿党员共写决心书293份。积极开展“安全星级单位”创建和“党员带头”等活动，将创先争优主题延伸为“支部创先进、党员争优秀、职工提素质、全员得实惠、企业促发展”，将活动载体贯穿于矿井安全生产和党建思想政治工作的全过程。

第一环节为长远谋划、全面启动（2010年7月30日以前）。7月26日召开专题动员大会，传达临矿集团文件精神，搞好宣传发动。第二环节为统一思想、公开承诺（2010年7～9月）。各党支部通过与党员个人谈话、召开座谈会、发放征求意见表等形式，广泛征求党员群众意见；各党支部和党员对照“五个好”“五带头”“四种意识”的具体要求，形成《党员参与活动承诺书》。第三环节为扎实推进、认真讲评（2010年10月至2011年4月）。按照组织讲评、领导点评方式，每月组织1次，把讲评工作贯穿于活动始终。第四环节为务求实效、总结表彰（2011年5～6月）。中共古城煤矿党委对照“创先争优”活动的标准和要求，对各党支部的工作进行全面考核，在7月召开的表彰会上，对评选的先进党支部和优秀共产党员进行表彰。

五、对标先进，承诺践诺

2011年1月至2012年7月，按照中共临矿集团党委要求，中共古城煤矿党委在各党支部和全体党员中开展“对标先进，承诺践诺”活动。成立以党委书记、矿长为组长的“对标先进，承诺践诺”活动领导小组和领导小组办公室，设置活动宣传组和指导检查组，制定学习、考勤、补课、通报等工作制度，建立矿班子成员联系点和矿党员学习活动室，组建由14人组成的联络员队伍，印发《关于在各级党组织、全体党员中开展党内“对标先进，承诺践诺”活动的通知》《2011年为职工办10件实事的承诺》等系列文件，矿行政部门及时拨付活动经费，为活动有序开展提供保障。中共古城煤矿党委承诺每年为职工办10件实事，各党支部为职工办5～6件实事，党员承诺办1件实事。

2011 年，中共古城煤矿党委承诺 10 件实事：（1）按需要投入安全资金，提高现代化矿井装备水平。（2）按照临矿集团规定，职工收入在 2010 年基础上再提高 10%。（3）装修职工公寓，改善职工居住条件。（4）举办青年职工集体婚礼，倡导文明新风，树立时代矿工新形象。（5）举办青年“玫瑰之约”联谊会，解决单身青年职工恋爱家庭问题。（6）开展特困职工和金秋助学活动，保证困难职工生活和子女上学。（7）激励职工学习深造，解决学习费用。（8）抓好安全技术培训工作，提升职工整体素质。（9）建设管理、技术双通道，解决技术队伍发展瓶颈问题。（10）关注班组长成长，纳入干部管理范畴，实现责、权、利有机统一。

2012 年 4 ～ 6 月，各党支部和党员对活动开展情况进行自我评价，矿党委对各党支部和党员进行考评，职工群众对党组织和党员对标践诺情况进行民评。6 月 30 日，中共古城煤矿党委对 3 个标杆党支部、3 个标杆党建工作示范点、3 名标杆党务工作者、50 名标杆共产党员进行表彰奖励。

2012 年 7 月 14 日，中共临矿集团党委授予中共古城煤矿党委“标杆基层党组织”称号，授予综掘工区党支部“标杆党支部”称号，授予矿党委副书记、纪委书记、工会主席李泉“标杆党务工作者”，授予魏兴民、李连华、能昌迎、沈廷远、阚士远、李秀军 6 名党员“标杆共产党员”称号。

六、党的群众路线教育

2013 年 7 月 29 日，根据山东省国资委《关于省管企业深入开展党的群众路线教育实践活动实施方案》要求和中共临矿集团党委党的群众路线教育实践活动动员大会精神，印发《古城煤矿深入开展党的群众路线教育实践活动实施方案》。以贯彻落实中央八项规定精神为切入点，贯穿“照镜子、正衣冠、洗洗澡、治治病”的总要求，把集中解决形式主义、官僚主义、享乐主义和奢靡之风“四风”问题作为活动的主要任务。活动分 4 个阶段，7 月 21 ～ 31 日为宣传发动阶段；8 月 1 日至 9 月 30 日为学习教育阶段；10 月 1 日至 11 月 30 日为查摆问题阶段；12 月 1 日至 12 月 31 日为整改落实阶段。

召开群众路线实践活动动员大会（2013 年 8 月摄）

活动期间，中共古城煤矿党委编印下发学习资料950多册，制作教育实践活动宣传展板26个，编发活动简报16期，出专题黑板报2期、专刊1期、报纸5期。建立党员领导干部党的群众路线教育实践活动联系点，6名矿级党员领导干部深入15个联系点开展调研；组织召开中层管理人员座谈会3次、党员骨干座谈会3次、班组长座谈会2次，座谈干部职工328人，征求意见建议12条。开展群众意见征集活动，机关党员干部人均走访基层工区和群众10人以上。

党委向15个党支部和110名职工代表发放领导班子征求意见表216份，向全矿党员和部分职工代表发放党风廉政建设意见征求表312份，收集意见建议35条。在全矿党员干部中开展以反对“四风”为重点的“四个多”活动（多照镜子知言行、多自省正衣冠明得失、多剖析洗洗澡去灰尘、多举措治治病保实效），共征集到意见建议47条，经过分类、整理、合并，将其归纳梳理为11条。共召开座谈会60余场次，面对面谈心交流170余人。

投资5万元在职工二食堂安装2台大功率空调，改善职工的就餐环境。投资330万元，安装TS-400型局部降温装置，解决3202工作面地温高的问题，使工作面温度比原来降低3.5度，有效改善了职工工作环境和条件。联系兖州第十五中等学校，解决32名职工子女入学问题，解决职工的后顾之忧。举办“党的群众路线教育实践活动”征文比赛，出版教育实践活动专刊。学习《论群众路线——重要论述摘编》《党的群众路线教育实践活动学习文件选编》《厉行节俭 反对浪费——重要论述摘编》等资料，观看山东省党的群众路线教育活动办公室发放的专题片《力量》、山东能源集团录制的纪实型历史纪录片《路》，刻制光盘并分发到15个支部组织观看学习，累计1200人次观看，撰写观后感296篇。矿领导班子成员集体观看习近平总书记指导中共河北省委常委班子专题民主生活会视频资料以及相关新闻报道。

同年12月2日下午，中共古城煤矿党委召开专题民主生活会，以整风精神开展批评和自我批评，查摆解决“四风”问题。中共临矿集团党委书记、董事长张希诚，中共临矿集团党委党的群众路线教育实践活动第二督导组组长李守举，督导组成员王素梅、高志勇出席指导。

2014年1月15日，中共古城煤矿党委召开古城煤矿党的群众路线教育实践活动总结会议，党的群众路线教育实践活动结束。

七、“三严三实”专题教育

中共古城煤矿党委“三严三实”专题教育自2015年6月20日开始，分为专题党课、专题学习研讨、专题民主生活会、整改落实和立规执纪4个关键动作和步骤。矿领导班子、全矿管理人员及全体党员参加，活动不分批次、不划阶段、不设环节。制定《古城煤矿党委开展“三严三实”专题教育实施方案》，成立由党委书记、矿长任组长，党委副书记、纪委书记、工会主席任副组长，领导班子其他成员为成员的领导小组。6月30日，举行“三严三实”专题教育活动启动仪式，党委书记、矿长为全矿党员干部讲了一次党课。7月10日，其他矿领导班子成员为分管部门讲党课。为领导班子、党支部、机关科室配备《习近平谈治国理政》等“三严三实”专题教育图书 300 余本，利用手机版党课在线等发送“三严三实”相关内容。按照中共山东省国资委党委《关于落实全省“三严三实”专题教育工作座谈会严格要求的通知》和中共临矿集团党委要求，中共古城煤矿党委对专题教育实施方案进行对照式再学习、再梳理、再排查，查摆出班子问题 3 条、个人问题 17 条。建立《领导班子“三严三实”专题教育问题查摆整改台账》《领导班子成员“三严三实”专题教育问题查摆整改台账》，对查摆出的问题全部登记上表进行整改。

召开“三严三实”专题教育启动仪式（2015 年 7 月摄）

八、“两学一做”学习教育

2016 年 5 月 20 日，中共古城煤矿党委组织各党支部书记、副书记、机关副科级以上的党员管理人员 300 余人，召开“两学一做”（学党章党规、学系列讲话、做合格党员）学习教育动员会，贯彻习近平总书记重要指示和中共中央、中共山东省委、中共山东能源集团党委、中共临矿集团党委“两学一做”学习教育会议精神。制定“两学一做”学习教育任务清单，全年共安排活动 20 项。按照“两学一做”学习教育任务清单，开展“手抄党章学习笔记展评”、“两学一做”知识竞赛、“微党课”比赛、“唱响主旋律・赞歌颂党恩”歌唱比赛、重温入党誓词等活动。

“两学一做”手抄党章展评（2016 年 6 月摄）

2017年6月10日，中共古城煤矿党委下发《关于推进“两学一做”学习教育常态化制度化的意见》；6月26日，召开座谈会，要求全矿党员要自觉把学习教育与矿井中心工作紧密结合起来，围绕工作部署和“纪念建党96周年”系列活动，组织开展学习、走访、慰问、帮扶、红色教育等系列主题活动，通过扎实有效的“两学一做”学习教育，为矿井改革发展提供强有力的政治保证、思想保证和组织保证。

第七节 党费管理

一、党费收缴

2000年4月，临沂矿务局公布缴纳党费计算依据，改变收入中固定部分（基本工资）和浮动部分（各类津贴、奖金），实行年薪制的人员按月平均收入计算。缴纳比例为：每月收入在400元（含400元）以下者，缴纳月工资收入的0.5%；每月收入在600～800元（含800元）者，缴纳月工资收入的1.5%；每月收入在800元以上（税后）至1500元（含1500元）者，缴纳月工资收入的2%；每月收入在1500元以上（税后）者，缴纳月工资收入的3%。

2006年1月，按照中共中央组织部印发的《关于中国共产党党费收缴、使用和管理的规定的通知》精神和中共临沂矿务局党委组织部关于规范党费收缴标准的通知要求，对党员缴纳党费的数额进行统一要求：正处级100元/月；副处级80元/月；工区正科级25元/月，工区副科级20元/月；机关正科级20元/月，机关副科级15元/月；机关科员和生产工区职工12元/月；辅助工区职工10元/月；机关地面职工8元/月。

2016年，中共中央组织部《关于在“两学一做”学习教育中开展党费收缴工作专项检查的通知》下发后，中共临矿集团党委召开党费收缴专项整治工作会议，中共古城煤矿党委按照集团公司党委要求，开展自查自纠，285名党员按照规定标准补交党费110余万元。

根据党章及中共临矿集团党委规定，中共古城煤矿党委要求党员按月足额缴纳党费，党群部和基层支部设专人负责收管党费。严格履行收缴手续，做到党员缴纳党费有登记，基层党组织上缴党费有记录。党员持《党费证》，收费人员在《党费证》上签名。中共古城煤矿党委及各党支部均按月填写党费收缴登记册，每季度向临矿集团党委缴纳一次。

二、党费使用

中共古城煤矿党委严格执行中共中央组织部的规定，党费主要用于党员教育和培训，订购党员学习资料，购买电教设备，表彰先进党组织、优秀党员、优秀党务工作者，补助和慰问困难患病党员等，基本做到专款专用，开支合理，审批严格，手续完备，账目清楚。

三、特殊党费

1998年，组织抗洪赈灾捐助活动，156名党员向灾区人民捐款。

2005年，开展党的先进性教育，全矿党员共捐款29090元。8名矿级领导干部开展“一帮一、结穷亲”帮扶活动，每人帮助一户困难家庭，共捐献29700元。2008年5月16日，中共古城煤矿党委开展“心系灾区人民，缴纳特殊党费”活动，279名党员当日缴纳“特殊党费”43800元。

从2005年开始，中共古城煤矿党委每年组织一次“缴纳特殊党费”活动。

特殊党费捐款现场（2017年7月摄）

第八节　党建创新

2015～2018年，古城煤矿坚持姓党是“定盘星”、民心是“正能量”、变革是“新动能”，通过精准“把脉”，实时把握职工的“感情脉搏”“思想节拍”“迫切需求”，在以“发展是硬道理，挣钱是真本事，党建是大动力”理念的引领下，倾力构建“活力·幸福”家园、“十星党支部”建设、“七种模式”支部建设。

一、“活力·幸福”家园

党的十八大以来，全面加强党的建设是新形势下我们党作出的战略决策，保持党与职工群众的血肉联系是党的执政基础。十九大提出，党的初心就是为人民谋幸福。古城煤矿全力打造“活力·幸福”六大品牌，就是把党的关心、关爱传递给职工，全心全意为职工谋幸福。

（一）做法及创新点

1. 下沉到底，激活生命线，打造“活力基因”品牌。把党的领导和党的建设全面嵌入企业生产经营、改革发展的全过程，使“党建大动力”的战略引领作用得到发挥，使具有沂蒙精神的“活力·幸福”红色文化力转化为创新突破、突围转型的强劲发展力，使员工的获得感、归属感、安全感不断增强，提升员工的思想境界、幸福指数、活力因子，增强企业的核心竞争力。

2. 高度融合，保持先进性，打造“智慧党建”品牌。引入“党小组建在班组上”党建模式，建立精力保障、经费保障、活动保障、时间保障、工作保障和考核激励保障“六大机制”，将党小组建设与班组安全管理、高效生产紧密结合。优化党小组组合，调整充实党员骨干的作业班次，确保每个班组中都有2名以上党员。设立“党员示范岗”和“党员责任区”，让党员亮出身份，承诺践诺评诺。开展“党员安全员”“党员身边无事故”“立足岗位创新创造创效作贡献”等系列主题实践活动。开展“千人安全”签字、安全文艺下区队、技术沙龙、组建创新团队等活动，提升创新驱动能力。坚持“关起门学习”，举办党务工作人员专题培训班，提高理论水平和业务素质。坚持“走出去对标取经”，先后到枣矿集团柴里煤矿、淄矿集团塘口煤矿等党建工作示范单位，对标学习党务知识。坚持相互交流传经验，组织开展“支部工作法”评选展示、支部书记述职征文活动，将党建工作转化为服务发展动力。

3. 以人为本，保有创新性，打造“工匠精神”品牌。坚持党管干部、党管人才战略，实施“三通道十二台阶”员工职业生涯攀登计划，对13个专业、30多个岗位实行公开竞聘选拔。参加地市级和国家级技能大赛、“优秀班组长论坛”、青工技能大赛，培养优秀青年技能人才。推出“最美青工”“最美女工”“最美班组”等“最美系列”品牌，树立最美价值“导向标”。成立卢立波、王桂利、付欣、李新坤劳模创新工作室和伦庆忠高技能人才创新工作室，逐步打造专心、专注、专业的古城煤矿“工匠精神”，逐级形成完善的平台、课题、责任人、创效、奖励“五位一体”的全员创新增效工作体系，以“创新+”放大古城煤矿全系统价值创造的潜能。

4. 文化自信，保障领先性，打造“阳光幸福”品牌。先后启动以“两保、两促、两聚、两提”为中心，以实现“六个提升”、创建“六大品牌”为重点的20多项特色鲜明的主题活动，与临矿集团“实新”文化对接融合，重新定位企业使命、企业精神、企业核心价值观等核心要素，形成全新的“阳光幸福文化”。“阳光文化”包括安全文化、定置文化、信息文化、创新文化、学习文化、廉洁文化6个子文化；“幸福文化”包括服务文化、聚才文化、温暖文化、感恩文化、快乐文化、和谐文化6个子文化。

5. 全面从严，保证纯洁性，打造“廉洁国企”品牌。全面从严治党，挺纪在前，构筑“不敢腐、不能腐、不想腐”防线。制定科室、工区的《十承诺》《十不准》，实行纪检监察人员包挂生产工区制，和职工谈心交朋友，及时受理职工举报的区队瞒报工伤、套取工资以及科室与区队之间搞利益输送等不良行为。完善《招标管理监督办法》，加强对外经营业务的管理，做到常提醒、常谈话、常监督。定期召开专题廉政教育座谈会，营造风清气正、海晏河清的政治生态。针对春节、中秋等关键节假日，对科室区队管理人员进行廉政提醒谈话，签订《廉政承诺书》，观看警示教育片，做到防微杜渐、警钟长鸣。

6. 贴心温暖，服务全方位，打造“德育职工”品牌。成立党群服务中心，践行“有困难找党群服务中心”承诺。启动“书香计划”，建立“职工书吧”，满足职工阅读需求。开展“六必谈、六必访”活动，建立党群工作人员联系点包保制度，准确掌握职工群众思想动态。建立困难职工动态帮扶机制，确立职工大病、家属长病、工亡职工家属、家庭遭受重大变故、子女上学五大类救助对象，确保职工有困难能得到及时帮扶救助。

（二）主要成效

根据每年建设重点，设立活动配当表，明确责任分工。每年都开展30余项特色鲜明的主题系列活动，培养广大干部职工高度认同的“安全形势好，有安全感；生产经营好，有认同感；发展成效好，有安稳感；人才队伍培养好，有成就感；企业文化建设好，有愉悦感；履行社会责任好，有自豪感；党组织自身建设好，有信任感”等8种感觉，形成“安全形势、干部队伍、工资增长、和谐状态、外部环境、形象塑造、幸福感知、精神导向、人际关系、家庭幸福稳定”等10个稳定的格局，为临矿集团培养输送大批优秀人才，为实现“四个领先”、创建“四富临矿”作出贡献。

二、“十星党支部”建设

2016年，习近平总书记在加强国有企业党的建设会议上指出，坚持党的领导、加强党的建设，是我国国有企业的光荣传统，是国有企业的“根”和“魂”。

中共古城煤矿党委为全面加强基层党的建设，更好地发挥全矿15个党支部的战斗堡垒作用和党员的先锋模范作用，按照中共临矿集团党委要求，开展“十星党支部”党建创新工作。

（一）具体做法

1. 制定标准。印发《古城煤矿“十星党支部”考核标准》，将组织建设、作风形象、廉政建设、党员管理、人才培养、党务公开、群团工作、职工教育、工作业绩、党建资料10个方面作为“十颗星”，让支部党建工作有抓手、有目标、有方向。

2. 严格考核。按“月度考核、季度评比、年度验收”考核要求，每月从10个方面考核，排出名次，于每年7月举行“支部授星”仪式。

3. 经济激励。从2017年7月开始，实行考核成绩与薪酬挂钩政策，按照30%的权重将党建考核结果与支部书记、副书记和单位班子的薪酬挂钩，按月兑现。

（二）主要内容

1. 政治建设。支部班子贯彻落实习近平新时代中国特色社会主义思想和十九大精神，有坚定的理想信念，牢固树立政治意识、大局意识、核心意识、看齐意识，自觉对照党章要求，不忘初心，牢记使命，对党忠诚老实，坚决维护党中央权威，严格落实中共古城煤矿党委各项决策部署，思想上与上级党委始终保持高度一致。

2. 组织建设。支部坚持“三会一课”制度，每季度召开1次党员大会，每月召开1次支部委员会议，每月召开1至2次党小组会，每季度上1次党课；每年开展1次民主评议党员工作，开展党性分析，对党员进行评议，确定评议等次。稳妥慎重处置不合格党员；每半年召开1次党员组织生活会，遇有重要情况及时召开；建立“党员活动日”制度，每月至少安排1次党日活动，活动时间要相对固定并做好记录；每月第2周周二由支部开展“主题党日”活动，要求支部全员参与、主题鲜明、活动务实、仪式感强，活动要做好记录；各支部要有专门的党员活动室，做到“十有十上墙”；要有统一的牌匾标示并悬挂摆放；要有统一的宣传阵地，设立党建宣传栏、电子邮箱、宣传报道通讯员，有党建宣传稿件；要有统一的档案资料，达到“四个四”要求：“四个计划”（年度党建工作计划、发展党员工作计划、党员教育培训计划、党风廉政建设计划）、“四个名册”（职工花名册、党员花名册、入党积极分子花名册、入党申请人花名册）、“四个记录”（“三会一课”、组织生活会、谈心谈话、廉政教育）、“四个档案”（党费收缴、党组织活动、模范事迹、影像音频）。

3. 廉政建设。严格落实党风廉政建设责任制，支部班子和党员带头执行《中共中央政治局贯彻落实中央八项规定实施细则》、临矿集团“十项规定”和“六个管住”“六项纪律”“禁酒令”要求以及矿各项廉洁规定；学习《廉洁文化手册》等，定期开展廉政教育，自觉参加中共古城煤矿党委和上级组织的各类廉政学习教育活动，做好相关记录，并保存影像资料；在选人用人、评先树优等方面严格标准，杜绝各种不正之风；工区班子成员要管好身边人、身边事，杜绝瞒报工伤、套取工资等腐败现象发生。

4. 思想建设。制定职工年度学习计划，重点学习十九大精神、习近平新时代中国特色社会主义思想和“创新型临矿”战略布局，用新时代、新思想、新理论武装头脑、指导实践、推动工作；坚持开展职工社会公德、职业道德、家庭美德、个人品德教育，提升职工综合素质；持续深入开展“六必谈、六必访”，与职工群众充分交流沟通，做好职工思想政治工作。

5. 作风形象。带头执行中共中央和上级党委的路线、方针、政策，做到精诚团结、勤政务实、敢于担当、奋发有为，党员干部平常工作要“看出来”、关键时刻要“站出来”、危难关头要“豁出来”，坚持理论创新、管理创新、制度创新，敢做勇于创新的弄潮儿，敢当一流成绩的创造者；坚持群众路线，深入联系职工群众，了解群众所思所想，为职工群众办好事、办实事、办难事，自觉树立良好形象；坚持问题导向，经常查摆自身在工作作风上的问题，杜绝小成即满、原地踏步、故步自封，始终保持“箭在弦上”、永不懈怠的奋斗姿态。

6. 党员管理。严格按照临矿集团党建标准化要求，注重党员发展、学习教育，加强党员管理，充分发挥党员先锋模范作用。严格党员发展程序，重视在生产经营一线和青年职工中发展党员，把生产经营骨干培养成党员，把党员培养成生产经营骨干；突出党性教育，加强法治教育、警示教育，支部党员每年集中学习培训时间一般不少于 40 学时。支部书记和班子成员每年集中学习培训时间不少于 56 学时，至少参加 1 次集中培训；党员要自觉按时足额缴纳党费，每月公布 1 次收缴情况；对党员组织关系进行排查，组织关系实现网上转接；严格按照标准规范填写党员证，组织生活要填写清楚、明朗；开展党员奉献积分制管理，突出优秀党员，选树党员标杆。建立健全党内关怀机制，经常谈心谈话、走访慰问，开展关怀帮扶活动，把党的关怀关爱送到困难党员心坎上。

7. 群团工作。围绕中心、服务大局，构建群监会、青安岗、协管会三支群众安全监督管理体系，形成问题检查、筛选、反馈、整改、复查的闭环式管理模式；组织职工开展劳动竞赛、金点子、“五小创新”等活动，激发职工内在潜力；维护职工合法利益，做到多劳多得、公平公正，坚持区务公开制度，将职工关注的工资奖金、评先树优等焦点问题及时公开公示；及时排查困难职工，帮助职工解决实际困难；积极参加矿举办的各类文体活动，营造矿区和谐氛围；开展青年文明号创建、“五星支部”竞赛和“朗读者”沙龙等活动，坚持“三会两制一课”制度，做好基础团务档案资料管理和活动阵地建设。

8. 人才塑造。结合实际制定人才培养计划，有针对、有步骤地培养各类专业技术人才；加强大学生的教育、培养和管理，注重管理、党建、经营等人才培养锻炼，使其健康成长成才；开展职工“师带徒”活动，并定期考核；加强职工技能对标，组织参加职工技术比武或上级有关部门组织的职业技能大赛，注重选拔青工优秀人才；通过劳模工作室、技能大赛工作室等，培养一批业务突出的技能人才队伍；同时，加强职工艺术团文艺人才的挑选、锤炼，造就一支艺术精湛、多才多艺的文艺队伍。

9. 信访稳定。按照《古城煤矿信访稳定目标责任书》要求，严格落实信访稳定工作第一责任人责任，要树立“抓稳定也是抓效益、稳定也是生产力”的理念，畅通职工群众诉求渠道，做好职工思想政治工作，超前排查隐患，及时消除“苗头性”问题，做好职工稳定工作。全力做到“五个确保不发生”，即：确保不发生到临矿集团及以上机关集体上访案件；确保不发生安全、治安等问题引发的影响矿井生产经营秩序的信访案件；确保信访中不发生个人极端事件和公共安全事件；确保不发生规模性聚集和滋事丢丑事件；确保不发生负面舆情影响。

10. 工作业绩。支部班子政治意识强，政治素质高，严格落实矿党委各项决策部署，自觉与上级党委保持高度一致；重视安全管理，实现全年安全生产；合理安排工作计划，完成矿下达的各项目标任务；党建工作有特色、有创新、有亮点，受到矿和上级领导肯定和表扬；大力开展技术创新，技术成果、创新项目进入矿第一方阵；廉洁意识强，牢固树立党规党纪意识，党员职工无违规违纪，没有出现纪委约谈、敬告、处理等现象；职工思想稳定、工作激情饱满、进取意识强，单位上下见贤思齐、人心思进。

（三）特色亮点

1. 创新性。此党建创新是在全面加强党的建设新形势下产生的，具有创新性。

2. 可操作性。通过月考核情况看，与党建工作紧紧相连，接地气，可操作性强。

3. 党建有抓手。制定了相关标准，使基层党建有了工作的方向，便于搞好党建工作。

4. 强化支部书记责任。因直接与经济挂钩，促使支部书记重视党建，抓好党建，激发党建新动能，党建责任心明显增强。

（四）社会效益

中共山东能源集团党委领导和中共临矿集团党委领导对古城煤矿的“十星党支部”建设给予高度评价，认为“十星”考核使基层党建工作与安全生产实现真正意义上的同频共振，30% 的绩效挂钩在临矿集团是第一家，在山东能源集团属首次。

三、七种模式建设

为解决支部简单地以考核为主的传统管理方式，形成“人人参与，人人争创”

的氛围，解决重视制度建设、忽视文化建设，强调物质奖惩、忽视精神激励，重视现场管理、忽视人员素质的培育，重视支部书记专业技能的提升、忽视其管理能力的培养等问题，全面推进标准化过硬党支部建设，经系统学习、归纳分析，提出支部建设的“七种模式”。

1. 以学习为手段，打造“学习型”支部。坚持“工作学习化、学习工作化”的学习方式，从实践中来，到实践中去。本着以实践为师、以思考为师、以同事为师、以分享为师、以标杆为师、以问题为师的原则，真正做到时时事事处处学。

2. 以文化为引领，打造“文化型”支部。文化型支部建设的意义在于塑造出最有利于支部发展的价值观、思维模式、行为逻辑、精神士气、形象面貌等，形成一个强有力的“磁场”，来影响、同化、塑造每一名党员，形成上下一心、团结一致的支部凝聚力。

3. 以自主管理为平台，打造“自主管理型”支部。支部自主管理，让党员真正参与到管理中来，提高积极性和工作热情，转变被动工作的消极心态。

4. 以创新为驱动，打造“创新型”支部。创新是顺应客观规律的需要，是适应环境的需要，是追求卓越的需要，也是职工自我实现的需要。

5. 以人本绩效为载体，打造“人本绩效型”支部。人本绩效型支部建设的核心在于实现绩效过程中对人如何管理，通过激活人的潜能，调整人的思维，鼓舞人的士气，发挥人的特长。

6. 以精细化为抓手，打造“精细化型”支部。精细化管理是一种精益求精、追求完美的文化，是一种科学的管理方法，是一种关注细节、坚持做好每一件小事的强烈意识，是全方位、全员、全过程评价工作成果的管理模式。

7. 以第五级为目标，打造“第五级模式”支部。第五级支部是以上六种模式综合的“终极形态”。其显著标志是最大化地激活人的潜能，是一种尊重人、经营人、激活人的管理模式。它具有凝聚力、行动力、激励力、发展力、驱动力、责任力、协作力、人格力、推动力、精细化、标准化、精神力、文化力、透明化、机制力15项核心特征。

党支部优秀工作法展示（2017年7月摄）

四、获奖情况

古城煤矿《党建引领下的“4+×”技术创新体系》获得中共临矿集团党委 2018 年度党建创新成果奖,《七种模式,让支部建设“活”起来》获提名奖,《“三帮三重”注入党建新活力》《“轮值委员 + 党员政委”焕发支部细胞活力》《支部建设“五微”畅通道》获微创新奖。

《构建实施“四位一体”的协同监督体系》获得临矿集团单位 2018 年度党建政研会优秀政研课题成果二等奖,《党建工作阵地建设研究》获得优秀奖。

2019 年 10 月,中共古城煤矿党委贾安强、范立斌撰写的《“红星党建”让活力幸福矿区插上翅膀》被中国企业文化建设(长沙)峰会组委会评为“企业文化建设优秀成果”。

第二章　干部人事

第一节　干部管理

一、聘任权限

1992 年 8 月 26 日，临沂矿务局组建曲阜矿井筹建处，为临沂矿务局直属正处级单位，任命潘元庭为筹建处主任。1993 年 3 月 15 日，临沂矿务局聘总工程师 1 名；10 月 25 日，临沂矿务局聘主任 1 名、副主任 2 名、总工程师 1 名，组成筹建处领导班子。批准筹建处上报的中层管理人员方案，其中临沂矿务局公安处驻古城矿井公安科科长由临沂矿务局干部处行文聘任。筹建处副处级及以上干部由临沂矿务局统一聘任；副科级及以上干部（包括副总师）由筹建处研究报请临沂矿务局组织干部处批准，筹建处行文聘任。1993 年，干部由任命制改为聘任制。2001 年，干部聘任仍按该权限执行。2005 年以后，科级（包括副总）的聘任报临矿集团（临沂矿务局）批准，副科级由古城煤矿聘任，报临矿集团（临沂矿务局）备案。

二、干部竞聘

2006 年 7 月，对部分岗位实行公开选拔竞聘，鼓励人才的合理流动和有效配置，建立人才平等竞争、优胜劣汰的激励机制。

（一）领导小组

成立以党委书记、矿长任组长，其他班子成员任副组长的领导小组，在党群工作部设立办公室。

（二）竞聘原则

坚持年轻化、知识化、专业化、重实绩、德才兼备、任人唯贤和公正、公平、公开、择优的原则。

（三）竞聘条件

1. 科区级竞聘条件：在副科级岗位工作 2 年以上，具备相关专业知识和管理经验。

2. 副科区级竞聘条件：在所竞聘专业的班组长岗位工作 3 年以上、全日制大学本科毕业生在一线工作 2 年以上、在机关对口专业管理岗位工作 2 年以上。

3. 员级岗位竞聘条件：在专业岗位工作 3 年及以上，具备任职资格和大专及以上学历。

（四）竞聘流程

1. 公开报名：由组干部门列出空缺岗位，本着“单位推荐和个人报名”相结合的原则，根据竞聘条件，如实填写《古城煤矿岗位公开竞聘报名表》，并签订《岗位公开竞聘承诺书》。

2. 资格审查：竞聘领导小组办公室按照竞聘条件进行资格审查，并对审查结果进行公示。

3. 公开竞聘：竞聘采用单位推荐、理论考试、演讲答辩、民主评议的方式进行。其中单位推荐占 10%，民主评议占 20%，理论考试占 30%，现场竞聘占 40%。

（五）岗位聘任

单位推荐、理论考试、现场竞聘、民主评议得分按比例计算相加，得分最高者聘任上岗。

2001 ～ 2018 年，古城煤矿有 100 余名科室、工区管理人员被临矿集团（临沂矿务局）选拔履职新岗位，为临矿集团开发建设培养输送大批管理干部。

截至 2018 年年末，古城煤矿共有干部 159 名，其中正矿级 1 人，副矿级 7 人（包括 1 名调研员），副总师 4 人，副科级及以上 123 人，一般干部 24 人。

岗位竞聘演讲（2016 年 3 月摄）

第二节　管理制度

一、干部管理原则

（1）党管干部原则；（2）五湖四海、任人唯贤原则；（3）德才兼备、以德为先原则；（4）注重实绩、群众公认原则；（5）民主、公开、竞争、择优原则；（6）民主集中制原则；（7）依法办事原则。

二、干部选拔任用条件

1. 干部选拔要按照“信念坚定、为民服务、勤勉务实、敢于担当、清正廉洁”的标准，有强烈的革命事业心和政治责任感，有实践经验，有胜任领导工作的组织能力、文化水平和专业知识。

2. 坚持原则，依法办事，清正廉洁，艰苦朴素，勤俭节约，坚持党的群众路线，自觉接受党和群众的批评和监督。

3. 应当具备下列基本资格：

（1）选任见习管理人员的，一般具有1年工龄，专科学历或员级职称；选任专员管理人员的，一般具有3年工龄，任见习管理人员2年以上；选任主管管理人员（科长助理、经理助理）的一般具有5年工龄，任专员管理人员2年以上。本科学历选任专员管理和主管管理人员的分别执行2年、3年工龄和任见习、专员管理人员1年以上；硕士研究生学历选任专员管理人员的1年工龄可直接选任，选任主管管理人员的需2年工龄和任专员管理人员1年以上。

（2）提任副科级管理职务的，一般应当具有7年以上工龄和专科学历及初级职称，本科学历可执行5年工龄，硕士研究生学历可执行3年工龄；从基层班组长中提任工区、车间、科室副科级职务的，应当具有7年以上工龄并且在班组长岗位工作3年以上，在学历和职称上可以不作硬性要求。

（3）提任正科级管理职务的，应当任职副科级2年以上，具有9年以上工龄和专科学历助级及以上职称，本科学历可执行7年工龄，硕士研究生学历可执行5年工龄，并且一般应当具有在2个以上职位任职的经历；从基层副科级提任工区、车间正科级职务的，可以适当降低学历和职称要求。

（4）提任副总（工程）师职务的，必须具有相应中级职称或对应的执业资格，并且担任正科级负责人职位任职2年以上经历。

（5）破格提拔的特别优秀干部，应当德才素质突出、群众公认度高，符合下列条件之一：在关键时刻或者承担急难险重任务中经受住考验、表现突出、作出重大贡献；在条件艰苦、环境复杂、基础差的单位工作实绩突出；在其他岗位上尽职尽责，工作实绩特别显著，为企业作出特殊贡献，拥有重大创新成果。

4. 干部选拔任用程序。

（1）酝酿动议：根据工作需要和领导班子建设实际，提出启动干部选拔任用工作意见；组织部门综合有关方面建议和平时了解掌握的情况，就选拔任用的职位、条件、范围、方式、程序等提出初步建议并向党委主要领导成员报告后，在一定范围内进行酝酿，形成工作方案。

（2）民主推荐：选拔任用领导干部，必须经过民主推荐。

（3）组织考察：

①组织考察组，制定考察工作方案。

②同考察对象呈报单位主要领导成员就考察工作方案沟通情况、征求意见。

③根据考察对象的不同情况，通过适当方式在一定范围内发布干部考察预告。

④采取个别谈话、发放征求意见表、民主测评、实地走访、查阅干部档案和工作资料、同考察对象面谈等方法，广泛深入地了解情况。

⑤综合分析考察情况，与考察对象的一贯表现进行比较、相互印证，全面准确地对考察对象作出评价。

⑥向考察对象呈报单位主要领导成员反馈考察情况，交换意见。

⑦考察组研究提出人选任用建议，向党委报告。

⑧确定考察对象，应当根据工作需要和干部德才条件，将民主推荐与平时考核、年度考核、一贯表现和人岗相适等情况综合考虑，充分酝酿。

（4）讨论决定：党委或党政联席会议讨论决定干部任免事项，必须有 2/3 以上成员到会，并保证与会成员有足够时间听取情况介绍、充分发表意见。与会成员对任免事项，应当发表同意、不同意或者缓议等明确意见。在充分讨论的基础上，采取口头表决、举手表决或者无记名投票等方式进行表决。在提请党委讨论之前，要征求纪检监察部门意见。严格把好人选廉政关。拟提拔的副总（工程）师，需要报临矿集团组织人事部门审批。拟提拔的财务、审计、纪检、组织（人事）部门负责人的，应当按照规定及时向临矿集团人事部门备案。新提拔副科级以上管理人员，需事先向临矿集团组织人事部门汇报，进行资格审查同意后方可聘任。

（5）任前公示：实行领导干部任职前公示制度。公示期不少于 5 个工作日，自发布公示之日算起。

（6）任职：实行聘任制，聘任干部应实行契约化管理，管理干部契约期一般为 3 年，技术干部一般契约期为 2 ～ 3 年。

（7）干部的解聘、辞职、降职、离职、退休等按有关规定执行。

第三节　干部考核

按照《古城煤矿管理人员量化绩效考核办法》，对全体管理人员进行民主测评，以 100 分为基数，采取领导和职工两项测评相结合的办法进行，其中领导测评满分为 40 分，职工测评满分为 60 分。测评机关管理人员时选派 10 名工区管理人员参加。机关按正职、副职、科员 3 个层次测评，工区按采煤、掘进、辅助 3 个专业测评。对各层次、专业测评前 3 名人员，按照本人岗位工资标准的 15% 按月奖励 6 个月；对测评后 3 名人员，按照本人岗位工资标准的 15% 按月扣发 6 个月。

考核原则：坚持德才兼备、民主集中制以及公开、公正、公平、科学、合理的原则；坚持德、能、勤、绩、廉全面考核，注重实绩的原则。

考核范围：全矿在岗管理干部。

考核内容：德、能、勤、绩、廉五个方面。“德”，指管理人员的政治素质，即管理人员贯彻执行矿上的工作部署和上级的指示决议、遵章守纪、坚持原则、实事求是、团结协作等思想政治素质状况。“能”，指工作能力、业务素质，即管理人员的组织、领导、协调、工作方法、工作能力、管理水平。“勤”，即工作态度、事业心、责任感、敬业精神、工作主动性、遵守劳动纪律情况等。“绩”，即工作成绩、工作效率等，指完成工作任务的数量、质量和效率。“廉”，即廉洁奉公、廉洁自律。

具体考核时，将以上 5 个方面的内容分解到现实表现和工作实绩进行考核，综合反映考核对象在德、能、勤、绩、廉诸方面的表现。共有 17 名考核成绩优秀人员得到提拔重用，有 9 名管理人员因考核不合格被降级使用及淘汰下岗。

2017 ～ 2018 年，完善《古城煤矿管理人员量化绩效考核办法》，按照 360 度全方位考核的原则，对考核标准进行量化加分和减分，实行“271 考核模式”，即以科室为单位，每月评出 2 名最差人员进行处罚，评出 1 名最优人员进行奖励。其间，调整选拔 113 名管理人员。

第四节　干部结构

古城煤矿管理干部由临矿集团（临沂矿务局）聘任、古城煤矿聘任、分配入矿的大中专毕业生构成。

1992 年年末，筹建处配有管理干部 16 人，其中正处级 1 人，副科级及以上 4 人，一般干部（转干、聘干、大中专学生）11 人；工程师 2 人，经济师 1 人；助理工程师 2 人，助理政工师 1 人。

截至 2018 年年末，古城煤矿管理干部 159 人，其中正矿级 1 人，副矿级 7 人（包括 1 名副矿级调研员），副总师 4 人，副科级及以上 87 名，一般干部 60 人。正高级职称 2 人，教授级高级政工师 1 人，高级工程师 7 人，高级政工师 6 人，副高级职称 12 人，中级职称 184 人，初级职称 118 人。

2001 ～ 2018 年古城煤矿管理干部结构如表 7-2-1 所示。

表 7-2-1　　2001 ～ 2018 年古城煤矿管理干部结构统计表

年度	合计	职级					学历					年龄					
		副局级	正矿	副矿	副科及以上	一般管理	研究生	本科	专科	中专	高中及以下	35 岁及以下	36 ～ 40 岁	41 ～ 45 岁	46 ～ 50 岁	51 ～ 54 岁	55 岁及以上
2001	78	1	—	9	32	36		22	31	17	8	28	21	19	7	3	0
2002	86		1	9	39	37		24	36	17	9	32	15	29	7	3	
2003	127		2	9	68	48		30	55	22	20	44	31	37	10	5	
2004	151		2	11	89	49		27	58	25	41	47	36	53	12	3	
2005	157		2	11	93	51		31	62	22	42	57	42	43	12	3	
2006	163		2	12	102	47		33	67	25	38	49	41	51	15	4	3
2007	172		2	12	97	61		35	77	29	31	58	53	45	11	2	3
2008	176		2	12	106	56		40	72	30	34	62	40	56	9	4	5
2009	186		1	11	117	57		37	76	26	47	67	34	63	12	10	0
2010	192		1	11	115	65		37	82	28	43	77	25	40	3	13	0
2011	179		1	7	122	49		33	86	19	41	67	20	41	38	9	4
2012	184		1	7	120	56		34	84	17	41	67	19	39	37	10	4
2013	179		1	7	131	40		26	77	45	30	37	26	35	52	25	3
2014	158		1	7	130	20		25	67	36	30	35	24	29	45	22	3
2015	158		1	7	130	20	1	25	67	36	30	35	24	29	45	22	3
2016	119		1	7	39	72	1	34	53	7	24	39	21	14	34	10	1
2017	149		1	6	78	64	2	49	64	6	29	46	37	22	32	12	0
2018	159		1	7	91	60	1	57	64	6	32	46	50	20	27	16	0

第五节　专技管理

一、专业技术职称评定

1992～2018年，按照临矿集团（临沂矿务局）文件要求，由国家统一分配、临矿集团招聘的全日制院校毕业生（包括对口单招大学生），见习期满，符合职称评定条件，由矿组织人事部门按照德、能、勤、绩、廉进行综合考核合格后，申报确认相应专业技术职称。1994年，会计、审计等专业实行国家统一考试。2017年，经济、卫生、计算机软件等专业实行国家统一职称考试制度，经过考试取得相应职称，根据岗位需要予以评聘。

技能职务聘任（2018年9月摄）

二、三通道十二台阶

2017年6月，临矿集团印发《关于深化“三通道十二台阶”人才攀登工程的实施意见》。2018年10月1日，古城煤矿结合实际制定并执行“三通道十二台阶”人才攀登工程的实施意见。

（一）职务设置

1. 管理序列职务：见习管理、专员管理、主管管理、副科级、科级、副总级。

2. 技术序列职务：见习（技术）员、（技术）员、主管（技术）员、助理（工程）师、（工程）师、主管（工程）师、高级（工程）师。

3. 技能序列职务：初级工、中级工、高级工、技师、主管技师、资深技师、高级技师。

（二）管理权限划分

1. 管理序列职务：科级及以下管理人员按编制总量规定设置，报集团公司组织人事处备案。

2. 技术序列职务：初级、中级技术职务由矿自行管理，报集团公司备案；高级技术职务由集团公司组织人事处统一管理。

3. 技能序列职务：在不超出控制总量规定的前提下初级、中级技术职务由矿自行管理，报集团公司人力资源处备案；资深技能职务由集团公司人力资源处统一管理。

（三）管理、技术、技能序列和其他聘任薪酬规定

1. 管理序列薪酬以矿工资管理规定为准。具体分为见习管理、专员管理、主管管理、副科级、科级、副总级六级，其中主管管理享受副科级 90% 的薪酬，见习管理享受专员管理 90% 的薪酬，其他职务待遇不变。

2. 技术序列职务原则上执行相对应管理序列职务的薪酬。见习（技术）员与见习管理对应，（技术）员与专员管理对应，主管（技术）员享受专员管理的 1.2 倍薪酬，助理（工程、政工、会计、经济）师与主管管理对应，（工程）师与副科级对应或享受科级 90% 的薪酬，主管（工程）师与科级对应或享受副总级 90% 的薪酬。高级（工程）师及以上由矿推荐并报临矿集团批复同意，薪酬以临矿集团规定为准。

3. 技能序列采取岗位薪酬制。被聘高级工、中级工、初级工的待遇分别按照计件工资的 10%、5%、3% 进行上调，机关的初级工与见习管理对应，中级工与专员管理对应，高级工与主管（技术）员对应；技师享受副科级 90% 的薪酬，主管技师享受科级 90% 的薪酬，资深技师对应科级或享受副总级 90% 的薪酬。高级技师及以上由矿党委推荐并报临矿集团批复同意，薪酬以临矿集团规定为准。未被聘任的按照 80% 的比例择优执行补贴。每月标准为初级工 100 元、中级工 150 元、高级工 200 元、技师 400 元、主管技师 500 元、资深技师 600 元。

（四）职称补贴

具有专业技术任职资格（含执业资格）的按照不高于矿具有专业技术任职资格人数 80% 的比例享受初级、中级、副高级、正高级职称补贴，每月分别为 200 元、400 元、800 元、1000 元，不再区分管理、技术、工人岗位的限制，享受职称补贴的不得重复享受职工技能补贴。

（五）资格条件

从事管理岗位应不少于 3 年，经考察方可晋升副科级；从事副科级岗位应不少于 2 年，经考察方可晋升科级岗位；科级岗位应不少于 2 年，报临矿集团批准方可晋升副总师级岗位。特别优秀者且是矿井急需人才，须经矿党委集中研究通过后，报临矿集团批复同意，方可破格晋升。技术、技能序列职务资格条件对应管理序列执行。晋级提拔必须履行考察程序。

2018 年，通过落实“三通道十二台阶”人才攀登工程计划，管理序列职务选拔调整 81 人次；技术序列职务聘任 73 人；技能序列职务聘任 17 人，其中聘主管技师 1 人，技师 4 人，高级工 12 人。

截至 2018 年年末，古城煤矿具有技能职业资格人员 652 人，其中高级技师 32 人，技师 115 人，高级工 505 人。

古城煤矿 2001 ～ 2018 年专业技术人员如表 7-2-2 所示。

表 7-2-2　　古城煤矿 2001 ～ 2018 年专业技术人员统计表

年度	正高级职称	副高级职称	中级职称	初级职称	工程专业	经济专业	会计专业	政工专业	统计专业	审计专业	卫生专业	其他专业	男	女	共计
2001		4	17	47	53	6	3	4	0	0	2	0	64	4	68
2002		4	12	75	57	9	3	4	0	0	2	0	87	4	91
2003		4	15	94	72	7	5	7	0	0	3	0	106	7	113
2004		3	14	121	96	6	7	7	1	1	3	0	127	11	138
2005		5	19	143	113	10	9	6	1	1	3	0	151	16	167
2006		7	20	156	123	10	9	8	1	1	4	0	159	24	183
2007		6	23	178	144	8	11	10	1	1	3	0	176	31	207
2008		7	17	187	147	8	13	12	1	1	5	0	172	39	211
2009		9	26	159	134	11	19	16	0	0	0	14	148	46	194
2010		9	53	148	139	17	19	18	0	0	0	17	154	56	210
2011		6	27	189	160	16	15	18	1	1	7	4	169	53	222
2012		5	20	103	164	16	16	18	1	0	7	4	175	51	226
2013		9	52	240	241	16	13	21	1	2	5	2	242	59	301
2014		11	30	96	240	16	15	21	1	—	6	2	242	59	301
2015		11	30	96	240	16	15	21	1	—	6	2	242	59	301
2016	1	9	40	219	220	12	11	19	2	—	5	—	214	55	269
2017	1	10	56	237	235	16	8	8	—	2	8	7	236	68	304
2018	2	12	96	202	245	13	7	33	—	3	9	2	243	69	312

第六节　离退休管理

一、离休

1997 年年末，古城煤矿有 3 名由岐山煤矿转入的离休干部。至 2017 年年末，均已病故。

二、退休

2018 年年末，古城煤矿有退休干部 47 名。

三、管理

按照临矿集团老干部管理有关规定，落实老干部政治待遇和生活待遇，为离退休老干部发放节日补贴。召开重大会议邀请老干部代表列席参加。每年组织 1 次老干部座谈会，汇报矿井工作情况及发展规划，征求意见。每年的春节、中秋节、重阳节等重大节假日，矿领导带队走访慰问。及时探望因伤、病或特殊情况造成生活困难的家庭，发放一定数额的慰问金，帮助解决实际困难。为老干部建立健康档案，积极配合临矿集团老干部处组织的每年 1 次健康查体，做好住宿、就餐等接待工作，对租车来矿的老干部报销租车费，保障住房补贴等有关费用按时足额发放，工会组织为老干部活动提供充足的经费。

邀请退休老干部参观矿调度指挥中心（2010 年 1 月 4 日摄）

第七节　内部离岗

一、规定

2014 年 6 月 15 日，古城煤矿印发《古城煤矿机关及后期辅助人员内部离岗的意见》。文件规定，管理人员距国家法定退休年龄 3 周年以内的，即男管理人员年满 57 周岁，女年满 52 周岁，统一办理离岗手续，退出现职离岗。自离岗次月起，执行科室同类级别岗位职能工资的 80%，安全风险抵押金的 50%。其他待遇标准，随在岗人员进行相应调整。

2015 年 7 月 30 日，经矿职工代表团长联席会议表决通过，印发《古城煤矿聘任协理员和内部离岗的意见》。科级及以下管理技术人员距国家法定退休年龄 5 周年以内的，即男管理人员、技术人员年满 55 周岁，女管理人员、技术人员年满 50 周岁，担任协理员；符合特殊工种提前退休条件的管理人员和技术人员，按相应法定提前退休年龄提前 3 年担任协理员；副总师符合特殊工种提前退休条件的可按相应退休年龄提前 2 年担任协理员。

男职工距国家法定退休年龄 1 周年以内的，即年满 54 周岁，办理离岗手续。年满 52 周岁至年满 54 周岁，身体有病，本人提出申请，经矿调整岗位后不能胜任工作的；年满 50 周岁至年满 52 周岁，本人提出申请，经鉴定丧失劳动能力的人员，矿研究后统一办理离岗手续，退出现职离岗。

女职工距国家法定退休年龄 3 周年以内的，即年满 47 周岁，办理离岗手续；如年满 45 周岁至年满 47 周岁，本人可以申请办理离岗手续；年满 43 周岁至年满 45 周岁的职工，因身体健康原因或经鉴定丧失劳动能力的，矿研究后可以办理离岗手续，退出现职离岗。

以上人员年龄条件均以本人档案记载或山东省人力资源和社会保障厅认可的年龄为准。

符合离岗条件办理离岗手续后，自离岗次月起，执行科室同类级别岗位职能工资的 80%、安全风险抵押金的 50%。其待遇标准随在岗人员进行相应调整。离岗人员按规定缴纳各类社会保险，并计算连续工龄。自离岗次月起至法定退休年龄前，社会保险个人缴费部分仍按离岗年度个人缴费指数确定。其中，离岗年度达到缴费上限的，以后缴费年度仍按上限缴纳，月平均工资低于当地社平工资 60% 的，按 60% 计算缴费工资基数；待达到退休年龄时，再按国家有关规定办理退休手续。

二、执行

根据矿实际情况，执行工资标准为：2014 ～ 2016 年，科级按每人每月 5000 元发放工资，副科级按每人每月 4000 元发放；2017 年，调整为科级每人每月 6000 元，副科级每人每月 5000 元（均包括扣除项）。

2014 ～ 2018 年，按照临矿集团规定，有 4 名副矿级领导聘为调研员，工资待遇执行临矿集团规定。按照矿规定，有 43 名管理人员聘为协理员（包括安培中心 1 人）。

截至 2018 年年末，内退人员共 18 人。其中副矿级调研员 2 人，协理员 16 人。

第三章　宣传工作

第一节　组织机构

1992 年 8 月，筹建处设办公室，负责宣传工作。未购置照相、录像设备，重大会议、活动的图片拍摄，委托兖州大成照相馆。

1994 年 8 月，成立通讯宣传报道领导小组。

2000 年 1 月，在办公室设专职宣传干事 1 人，成立广播室，配备照相、录像设备。

2001 年，古城煤矿成立党群工作部，党群部副部长兼任宣传科科长，设宣传干事 1 人，兼职通讯员 6 名。

2004 年 10 月 1 日，设宣传科副科长 1 人。12 月 14 日，成立电视台。宣传科副科长兼任台长，采编播人员 3 人，兼职通讯员 11 名。

2006 年 8 月 8 日，聘任宣传科科长兼任电视台台长。

截至 2018 年年末，有新闻宣传人员 4 人，其中科长 1 人、工作人员 3 人，兼职通讯员 22 名。

第二节　宣传教育

1994 年 8 月，成立筹建处通讯宣传报道领导小组，中共古城矿井筹建处党支部副书记任组长、办公室主任任副组长，办公室、工程预算、财务、保卫等管理人员为成员，形成以办公室为中心的信息传递网络，建立信息报道制度，制定信息报道奖惩办法，创建《古城矿井建设信息》《古城矿井建设管理月报》等，及时向临沂矿务局报送稿件。

1998 年，深入开展党的“十五大”精神学习宣传活动，中共古城矿井筹建处党委下发《关于在全处深入学习政治理论的通知》，围绕实现临沂矿务局“九五”解困规划，重点宣传现代企业制度以及股份制、股份合作制等方面的内容，按照“多角度、多层次、全方位”的要求，发挥广播、简报、宣传栏等阵地作用，对筹建处重大改革举措、重点工作、重大事件和先进典型经验进行及时报道。

1999 年，正值建国 50 周年大庆、澳门回归祖国、迎接新千年及成立山东古城煤炭开发有限责任公司四大新闻事件，从宣传教育上引导职工爱党爱国爱矿井，树立“企业靠我发展，我靠企业生存”观念，对中层管理人员进行脱产培训；开展讲学习、讲政治、讲正气“三讲”教育活动和以创建文明区队、文明班组、文明科室、文明家庭、文明职工为主要内容的“五个创建”活动。

2000 年，以矿井改革改制、移交试生产管理、矿井建设期实现安全无事故为宣传重点，把握职工对改革改制的关切，助力矿井建设全面推进。

2001 年，正值党建 80 周年，组织了党的基本知识竞赛、征文演讲、党员奉献月、党员奉献季等形式多样的献礼活动。

2002 年，中共古城煤矿党委对宣传思想工作进行重新定位，强调突出一条主线，围绕一个中心，把握三个重点，发挥三个作用，提出“理清思路、统一规划、切块开展、分步推进”的工作思路，开展党支部“创先争优”活动，使党组织适应建立现代企业制度的要求。设立龙虎榜、竞赛台，采用送喜报、披红戴花等形式，大张旗鼓地宣传生产上台阶、创水平的先进班组、模范个人。

2003 年，围绕“创建百万吨综采工作面和 5000 米综掘单进头，实现产量翻一番”目标，狠抓学习宣传和教育引导工作，加强企业文化建设，形成“创新、发展、卓越、诚信、文明、安康”的企业精神。

2004 年，开展崇尚科学、倡导文明新风宣传教育活动，积极推进安全文化建设，把每周一、周五分别确定为安全活动、政治学习日，围绕创建“五个一”工程，以地面安全文化长廊、区队文化宣传街和井下 −505 米水平大巷宣传站为宣传阵地，重点宣传企业文化、安全文化、区队文化、亲情文化和廉政文化。

2005 年，开展保持共产党员先进性教育活动。创建《保持共产党员先进性教育活动简报》，印发 20 余期；在电视上开辟专题栏目，《古煤信报》设置专栏；各党支部建立党支部先进性教育学习园地，定期出黑板报，组织党员分别到孔繁森纪念馆、西柏坡等革命传统教育基地重温入党誓词。

2006 年，以“创新、超越、安康、和谐”的企业文化为古城煤矿注入新活力。4 月，在全矿实施全员军事化训练，打造一支思想过硬、作风过硬、业务过硬、高素质的职工队伍。5 月，开展“八荣八耻”宣传教育。7 月 5 日，聘请中国矿业大学高亚龙教授集中进行为期 5 天的全员企业文化培训，讲授《古煤文化与管理模式的创新与实践》《精细化管理》《新闻写作与采编》等内容。

2007 年，古城煤矿党委把学习宣传贯彻党的十七大精神作为党员教育的重点。4 月，发扬军训精神，举办第三次全员军事训练活动。4 月 17 日，组织全体党员对党章进行系统学习。5 月 6 日，举办党员培训班，组织全体党员中层干部 60 余人观看影片《牛玉儒》。对受选表彰的先进党支部、优秀党员以及 2006 年度“感动临矿十大新闻人物”和 2007 年度“感动临矿一线职工”进行广泛的宣传，激发职工拼搏进取、爱岗敬业的精神。

2008 年 1 月 24 日，古城煤矿被中煤政研会授予全国煤炭系统“文明煤矿”荣誉称号。10 月 10 日，举办以“感恩敬业，共建和谐”为主题的青年演讲比赛。

2009 年 4 月 3 日，启动古城煤矿青年读书工程。分期分批组织 2000 多名职工实行全封闭式“打造卓越团队”脱产培训，聘请专家授课，教育引导职工感恩企业、奉献社会。“五一”劳动节为8对青工举办集体婚礼，引导青工喜事新办、崇尚节俭的文明风尚；开展“燃烧创业激情、青春成长成才”演讲比赛，创建工人先锋号、青年文明号等活动。8月，聘请曲阜师范大学专家教授举办为期1个月的管理人员哲学理论研修班，每周组织管理人员观看一次专家讲座，转变管理人员思维方式。利用临矿集团电视台、网站和矿电视台等内部媒体做好宣传，《古煤信报》每月出版1期，电视台每周播报2期矿区新闻；与兖州电视台联合开办《煤矿风采》栏目，提升了矿井的社会影响力。12月31日，由山东省煤炭工业局、山东省煤矿工会和煤矿文化体育协会联合主办的《煤海放歌——山东省煤炭行业纪念改革开放30周年巡回文艺演出》在矿演出，为职工、家属奉献文化大餐。

2009年，先后在临矿集团内部媒体刊登新闻稿件232篇，在国家级、省级、市级等各类报纸、刊物及网站上发表新闻稿件115篇，有效提高了矿井知名度和美誉度。

2010年5月18日，中共山东省委常委、副省长王军民在山东省煤炭工业局、山东煤矿安全监察局、中共济宁市委市政府、中共兖州市委市政府、临矿集团领导的陪同下，到古城煤矿检查指导工作，古城煤矿进行重点宣传报道。

根据《临矿集团实·新文化建设管理考核规定》，成立企业文化建设领导小组，研究制定企业文化建设总体目标、总体规划及管理考核办法，利用各种媒体，大力宣传临矿集团实·新文化。组织开展“安康杯”竞赛和创建“工人先锋号”、星级职工评比、女职工素质达标等竞赛活动。组织“玉树地震捐款”和“慈心一日捐”活动，增强职工的社会责任感。开展青工拓展训练、优秀青工评选、集体婚礼和“玫瑰之约”联谊活动，举办“燃烧创业激情、青春成长成才”“学礼仪·讲文明·爱家园”演讲比赛和“安全在我心中”等征文活动。

2011年，开展数字化矿山、劳动技能、安全知识、企业文化、拓展训练等教育培训，职工培训率达到100%。开展“青年读书角”“师带徒”“技术比武”等选树典型活动，全面提升员工的安全意识和操作技能。积极推进青工成长成才工程，选送优秀青年技工到大专院校脱产深造，有7名优秀青工考取中国矿业大学，108名青工参加山东科技大学函授学习，提升职工文化水平。在全矿组织开展“感恩·奉献”主题系列教育活动，制定下发《关于开展“感恩·奉献”系列教育活动的实施意见》，通过精心组织，上下联动，各项活动得到扎实有序开展，取得预期效果。先后开展“文明礼貌月”、“文明上网我先行”签字承诺、“感恩父母，向父母汇款”活动。下半年，在全矿范围内开展“以创先争优为主线，全员提升素质，打造卓越团队”系列教育活动，下发“八个一”系列教育活动（即：开展一次“职工思想状况调查”活动，开展一次全矿管理人员“业绩考核”工作，开展一次“全员整体利益”教育活动，开展一次青工“法制教育”活动，开展一次“付出才有收获”的青工成长成才大讨论活动，开展一次“古煤在我心中”文艺创作活动，开展一次“党群工作人员外出学习培训”活动，开展一次“职工家属理解、支持、爱护矿工”活动）实施意见。通过系列教育活动的开展，将创先争优活动由党内不断向群众延伸，教育引导职工树立大局意识，激发工作的激情与活力，增强吃苦耐劳、荣辱与共、团结拼搏的意识，打造一支高境界、高素质、高效能的卓越团队，实现全员提素质、全矿一盘棋、工作提效率、安全有保证、企业促发展的良好局面。

2011年1月12日，古城煤矿举办庆祝建矿10周年大型文艺晚会。1月，古城煤矿获得“2010年度省级文明单位”荣誉称号。11月19日，临矿集团在矿召开庆祝临矿集团煤炭产量超过1000万吨、销售收入达到118亿元即“千万百亿”庆典仪式，实现由求生存到求发展壮大的伟大转变。“千万百亿”是一座丰碑，凝聚着临矿人的智慧、心血和汗水，展现着临矿人的勇气、胆略和气魄。中共山东能源集团党委副书记、董事长、总经理卜昌森出席并讲话；中共山东能源集团党委委员、工会主席宿洪涛，调研员李义文，临矿集团领导班子成员、董事会、监事会、部分退休老领导等260余人参加庆典仪式。同年，古城煤矿凭借原煤产量、销售收入、实现利润三项指标优势，跨入“山东能源十大生产矿井”行列。

2012年，深入开展创先争优活动和全面推进党内“对标先进，承诺践诺”活动。古城煤矿按照临矿集团党委提出的“五级五步”和创先争优活动“组织创先进，党员争优秀，群众得实惠”总体要求部署，实现山东能源文化、临矿文化和古煤特色文化完美对接、融合、推进和发展。围绕“阳光临矿”工程建设，努力打造“阳光古城”，形成党建思想政治工作生动、活泼、有力的工作主线，突出“争做阳光人，做好阳光事，体现阳光情”三大主体目标，做好“阳光心态、阳光生活、阳光工作、阳光管理、阳光采购、阳光用人、阳光诉求、阳光关怀、阳光帮扶”九项板块建设，营造更加阳光、公正、幸福、和谐，高度团结、和谐友爱、廉洁公正的矿井发展软环境，形成时时、事事、人人、处处充满阳光的良好局面，推动矿区物质文明与精神文明协调发展，促进矿井实现科学跨越。

“千万百亿”庆典（2011年11月摄）

2013年，中共古城煤矿党委对全矿教育实践活动的开展进行专题研究，召开动员大会，成立教育实践活动领导小组和督导组。制定《党的群众路线教育实践活动实施方案》，自觉按照“照镜子、正衣冠、洗洗澡、治治病”的总要求，树立群众观点，改进工作作风，不断增强责任感和使命感。组织开展“进区队、赴一线、到班组”群众路线实践活动，先后组织77名机关、后勤工作人员到采掘一线参加劳动，深刻体验井下一线职工的辛劳，增强服务意识。针对夏季职工二食堂温度高的问题，投资5万元，安装2台大功率空调，改善职工的就餐环境。投资330万元，在3202工作面安装了局部降温装置，改善职工工作条件。矿党委印发《关于深化“阳光矿山”建设，全力构建古城煤矿“阳光文化”的实施意见》，提出创建矿井阳光文化的口号，组织开展观看《感恩》视频讲座、“感恩父母·点亮真情”摄影比赛、“感恩·责任·担当”主题演讲报告会等特色主题教育活动，发挥文化对职工的熏陶和教育作用。开展学习型领导班子、学习型党支部（科室）、学习型党小组、学习型干部、学习型党员创建活动，逐步建立起提高党员素质的长效机制，形成多模式、广覆盖的学习型党组织创建格局。“五四”期间，对涌现出的“十大青年文化传播者”“十大青年文艺骨干”“十大孝老爱亲标兵”等50名优秀青工进行表彰奖励。

2011年2月，由9名女职工组成的机电工区主井提升组被中华全国总工会授予“全国五一巾帼标兵岗”荣誉称号，成为山东省煤炭系统2010年度唯一获此殊荣的集体。2014年4月1日，临矿集团“三优、三提、三降”活动现场会在矿召开。为加强思想政治工作，增强员工队伍凝聚力和战斗力，创新职工教育模式，定期开展职工“微讲堂”活动。

2015年1月，启动“活力幸福”矿区创建工程，提出“本质安全、智慧党建、矿山工匠、活力幸福、阳光国企、德育职工”等六大品牌建设。围绕和谐稳定大局，开展形势任务教育，引导职工顺应形势，凝聚度危求进正能量，推进学习型、服务型、创新型、和谐型党组织建设，发挥“古城微讲堂”作用，切实增强创建活动的针对性和实效性。以“三严三实”专题教育活动为抓手，进一步提升党组织和党员干部的公信力。1月12日，山东能源集团电视台台长、骨干通讯员会议在矿召开，山东能源集团及其6家权属企业电视台台长、骨干通讯员等35人参加会议。3月，评选出“最美女工”5名。5月，评选出“最美青工”3名。6月30日，在职工俱乐部举行“三严三实”专题教育启动仪式，党委书记、矿长管清向主讲“三严三实”专题党课，古城煤矿300多名党员、干部、职工参加启动仪式。

2016年，按照临矿集团“六大攻坚战”目标要求，以“四自”精神为引领，以“内稳外拓”为基调，对内稳安全、稳生产、稳效益，对外拓资源、拓市场、拓形象。具体实施“1234”工程：守住一个底线，坚持双轮驱动，挖掘三大潜力，强化“技术支撑、队伍保障、党建引领、作风转变”四个保障。实施以“小发明、小革新、小窍门、小建议”为内容的群众性创新活动，拓展“数字化矿山”系统功能，推进互联网平台与矿井的深度融合，借助大数据技术加强对矿井数据信息的集成管理和冲击地压等重大隐患监测数据的采集、分析管理，推动技术进步、效率提升。加强人才队伍建设，坚持面向基层、面向一线培养锻炼人才，加强在职大学生和班组长的培养，严格执行大学生、班组长定期考评、定期轮岗、末位淘汰制度，通过业务测评、民主评议和多层次座谈的方式择优选拔，积极开展“岗位大练兵、技术大比武”活动，从中挖掘技术骨干，为矿井可持续发展提供人才保障。发挥思想政治工作的优势，加强政治理论教育和形势任务教育，通过开展“六必访、六必谈”等活动，动态掌握职工思想状况，调动广大干部职工的积极性，确保职工队伍持续健康稳定。5月20日，古城煤矿微信公众平台订阅号正式开通。6月21日，临矿集团在古城煤矿首次开启新型师带徒教学模式。12月14日，举办首届科技创新成果颁奖典礼，对2015～2016年度评选出的22项科技创新成果进行公开展示和隆重表彰，授予“科技创新优秀成果奖”荣誉称号；对7项科技成果、6项实用新型专利以及先进单位、优秀工作者、创新工作室和职业技能竞赛获奖者进行表彰。

2017年，中共古城煤矿党委坚持“以人为本、正面引导、注重实效、全面发展”的原则，牢牢掌握职工思想教育的领导权和话语权，准确把握舆论方向，实现职工队伍的整体稳定和素质提升。制定《关于加强职工思想教育的实施意见》，从理想信念、法律法规、安全生产、文明道德等方面，系统性地开展职工思想教育；开展“感恩情怀·工匠精神·法规意识”和“深化改革怎么看，面对改革怎么办，参与改革怎么干”思想教育宣讲活动，引导职工积极投身“四富临矿”建设。10月23日，首届青工技能大赛开赛。12月8日，党群服务中心职工24小时书吧正式运行。全年发送《微信新闻》120期、《手机报》12期，在国内各级报刊、网站累计发表新闻稿件260篇，集中宣传展示矿井改革发展成果，提高古城煤矿美誉度，起到良好的引领作用。

2018年，以深入学习宣传贯彻习近平新时代中国特色社会主义思想为主线，强化舆论宣传，开展“八个一”活动，迅速掀起学习山东能源集团第一次党代会精神热潮。发挥宣传部门协同优势，坚持把笔触、镜头对准改革发展和生产经营主战场，抓牢正能量舆论导向，着力提升宣传质量，统一思想，凝魂聚力，引领发展。整合内外部宣教资源，加强体制、机制、平台和品牌建设，借助党建共享平台，打造“一单位一品牌”理论宣教矩阵。组织开展“中国梦”主题和特色宣讲活动，充分发挥理论宣教基地的重要作用。加强舆情收集、分析、研判，净化网络空间，维护古城煤矿良好形象。以“新时代、新征程、新作为”为主题，引导干部职工动态认清发展形势，积聚各方面的合力、动力、活力，持续激发干事创业、创新创效的干劲。组织纪念改革开放40周年系列活动，唱响共产党好、社会主义好、改革开放好的时代主旋律；举办“十个一”活动，宣传和展示深化改革的好经验、好做法及取得的辉煌成就，坚定改革发展、转型升级定力，助推改革转型升级各项举措落地。4月24日，古城煤矿荣获“全国煤炭工业文明煤矿”荣誉称号。5月12日，临矿集团“临矿情·劳动美”巡回慰问演出走进古城煤矿，1200余名干部职工家属共同观看演出。11月4日，在西安举行的2018中国企业文化建设峰会上，古城煤矿荣获“2018年度企业文化建设先进单位”称号。

2003～2018年，中共古城煤矿党委于每年“七一”建党节期间，组织各党支部开展红歌比赛，歌颂中国共产党的丰功伟绩。

第三节　精神文明建设

1999年，中共济宁市委、市政府授予古城矿井“安全文明单位”荣誉称号，矿井以此为契机，于2001年成立以党委书记、矿长为组长的精神文明建设领导小组，在党群工作部设立办公室。根据党委统一安排，扎实负责地开展工作，各党支部在创建活动中发挥战斗堡垒作用，工青妇等群团组织发挥桥梁作用和纽带作用，积极配合创建工作。2001年，古城煤矿获得“兖州市文明单位”荣誉称号。

2002～2007年，完善制度建设，制定例会制度和报告制度。领导小组例会每年不少于2次，研究方案，听取汇报。各单位每季度向领导小组书面报告。创建工作列入年度工作目标考核，创建办公室不定期进行检查考核，重奖重罚，确保创建活动有序深入开展。2008年，分别获得山东省“文明单位”和“全国煤炭系统文明煤矿”荣誉称号。

2010年10月8日，古城煤矿党委召开创建精神文明单位总结大会，落实党的十六大提出的三个文明建设工作方针。围绕构建和谐文明单位，全面提高干部职工的思想道德素质和科学文化素质，丰富全体职工健康向上的文化生活，实现“六好”，即：领导班子坚强，勤政廉洁好；重视队伍建设，思想作风好；工作成绩突出，完成任务好；创建活动有序，综合治理好；环境整洁优美，卫生面貌好；创建机制完善，工作制度好。在“爱家园、讲文明、树形象、促和谐”主题教育活动中，对评选出的10名文明礼仪形象大使进行隆重表彰，通过选树典型，增强职工文明礼仪意识。11月，通过济宁市文明委对申报创建省级文明单位的检查验收。同年，获得“山东省文明单位”荣誉称号。

2011～2018年，中共古城煤矿党委始终把文明单位建设作为一项长期重要工作常抓不懈，根据《山东省文明单位建设管理条例（修订稿）》《济宁市文明单位管理办法》《济宁市创建文明单位考核细则》等有关要求，秉承“明德立新，包容超越”的核心价值观，围绕“安全与生产、经营与效益、发展与稳定”三个主题，把“保增长、重民生、促发展、树形象”作为精神文明建设工作的着力点。将工资收入与文明建设考核结果挂钩，奖罚兑现。以“创建学习型组织，争做知识型职工”活动为载体，实施职工素质建设工程。投资创建电子阅览室，配置电脑58台，为14个车间工会配备微机、投影仪，为职工提供学习知识平台。健全全员安全培训制度，使职工培训率、持证上岗率始终达到100%。聘请知名培训专家，开办“西点执行力”“创建学习型组织”“打造卓越团队”等全员脱产培训班，组织全体管理人员参加哲学理论研修班，提升整体素质。创新开展“古城微讲堂”主题实践活动，每季度组织2次“微讲堂”授课，以业务工作体会、技术创新分析等为话题。加强职工思想道德建设，开展“道德讲堂”建设活动，落实《公民道德建设实施纲要》，开展亲情交流、感恩教育、责任担当等10多项阳光文化系列活动，突出“争做阳光人，做好阳光事，体现阳光情”三大主体目标，增强职工的归属感和主人翁责任感。制定《文明单位创建活动实施方案》和规范化管理系列制度，下发文明区队、文明职工、文明家庭和文明礼仪示范点考核标准，坚持月检查、季考核制度，使创建活动走上规范化、制度化轨道。同时，制订完善《职工行为规范管理规定》，人手一份组织学习。每季度组织一次青工法制教育，邀请当地司法机关来矿上法制教育课，增强职工的法制意识，形成良好的道德风尚。开展以“感恩·奉献”为主题的首届青工文艺创作大赛、征文、演讲比赛等活动，引导青工崇尚文明之风，有效地提升青工思想道德素养，增强青工情感观念和感恩奉献意识，激起全矿青工扎根矿山、热爱矿山、奉献矿山的劳动热情，促进矿区精神文明建设。

2009～2018年，古城煤矿实现安全生产。综合效益、党建工作等实现跨越式发展，职工幸福指数不断提高，矿区更加和谐稳定。先后荣获“全国文明煤矿”“全国模范职工之家”“国家级安全文化示范企业”、山东煤炭系统“双文明”单位、“山东省管企业文明单位”“山东省安全生产双基建设先进单位”“山东法制维权示范单位”“山东省文明单位”“济宁市兖州区文明单位”等荣誉称号。

第四节　新闻宣传

一、内部宣传

（一）黑板报

1993年，在筹建处办公室前，设一处木制可移动黑板报，用于宣传时政新闻、工程管理、临沂矿务局及上级会议精神、筹建处工作方针等。1995～1999年，筹建处办公室搬到宿舍楼，黑板报增加到4块，分别放在2栋宿舍楼前，宣传安全生产、工程质量、企业改制、工资改革等。2004年，在工区办公楼西侧，建成一处黑板报宣传墙，长约45米，总面积约670平方米，平均分到各工区。电厂、选煤厂在办公场所及车间设置黑板报，进行时事政治、政策规定、党风建设、安全知识、专业技术等方面的宣传教育。党群工作部适时组织黑板报评比。

（二）广播

2000年，设置古城煤矿广播站，在办公楼顶东侧安放一个高音喇叭，配1名广播员，每天早6点30分转播中央人民广播电台新闻和报纸摘要节目，中午、下午按时播放矿区新闻和歌曲。2009年，在工业广场、宿舍区安设69个地埋式广播喇叭，取消高音喇叭。

（三）有线电视

2004年，为宿舍配电视机，让广大职工观看每天的矿区新闻。

2004年12月14日，成立古城煤矿电视台。开办《矿区新闻》《黄金剧场》《精品放送》《红色经典》《轻松一刻》《文艺荟萃》《安全访谈》《我要安全》《精彩瞬间》《广而告之》等栏目。

（四）报刊

2002 年 11 月，创办《古煤通讯》，设《情况交流》《工作动态》《简讯》《报刊集锦》《职工漫谈》等栏目。2004 年 7 月 1 日，《古煤信报》创刊，矿长兼任编辑委员会主任，党委书记兼任主编。共设置 4 个版面：一版包括《要闻动态》《新闻综述》《标题新闻》等栏目，二版包括《企业风采》《信息快递》《经验交流》等栏目，三版包括《一线风采》《班组天地》《人物访谈》等栏目，副刊包括文艺、书法、摄影、生活、文摘等。每月 1 期，每月 1 ～ 5 日出版。2010 年 7 月 1 日，《古煤文苑》创刊。

（五）宣传牌板

2005 年，在办公楼前的久久平安广场东西两侧，设有 6 组 12 块不锈钢灯光宣传栏，总面积约 76 平方米。在矿区主干道一侧、工区办公楼前的“佳苑”广场的东、西、南三面及副井口、主井塔周边设有不锈钢宣传牌 46 块，总面积约 166 平方米。在安全文化长廊设宣传牌板 16 块，总面积约 36 平方米。电厂、选煤厂、卫生所、停车场设有宣传牌 30 余块，总面积 120 余平方米。在井下副井底等候室、–505 至三水平架空乘人装置通道悬挂年度劳模照片简介、企业文化、安全文化等宣传牌板 160 余块。

2011 年 8 月，实施矿区有线电视数字化整体转换。

二、外部宣传

古城煤矿依托微信公众平台，建立微信订阅号，涵盖企业文化、新闻动态、安全生产、党的建设等内容，力求做到内容全覆盖、资讯全包含，成为企业新媒体工作的主流阵地。

2001 ～ 2018 年，制作《王军民副省长视察古城煤矿》《盛世腾飞》《行稳致远 · 大道同行》等 20 多种宣传画册。录制《古煤华章》《行稳致远》《赢在未来》《“四自一线”密织安全网》《冲向价值高地——第四届班组长论坛专题》《让绿色开采撑起“金山银山”新高度》《草根“智多星”——记古城煤矿机电工区绞车电修队队长严祥军》等 150 多部专题片。其中，《走科技创新之路，创安全高效矿井》获得第三届中国煤矿艺术节二等奖。累计在省级及以上媒体发表新闻稿件 2100 余篇，在临矿集团网站、电视台发表新闻稿件 4000 余篇。

三、考核

中共古城煤矿党委成立新闻宣传领导小组，制定考核办法。

（一）目标：内外媒体采用新闻宣传稿件 300 篇是古城煤矿在新闻宣传方面的目标

1. 内部宣传：山东能源、临矿集团内部刊物、网站全年采用宣传稿件 100 篇。

2. 电视新闻：山东能源、临矿集团、地方电视台采用电视新闻稿件 100 篇。

3. 对外宣传：全国地市级以上报纸、杂志、网站采用宣传稿件 100 篇。

4. 每个党支部每月向党群工作部报送《古煤信报》新闻稿件 2 篇，报送《古煤文苑》文学稿件 2 篇、电视新闻稿件 2 篇、广播宣传稿件 2 篇，每季度任务 24 篇。

每月出黑板报 1 期，全年 12 期。

（二）奖励标准

1. 被古城煤矿《古煤信报》采用 1 篇奖励 30 元，《古煤文苑》采用 1 篇奖励 40 元。

2. 被临矿集团《工会简讯》《纪检监察简报》等内部刊物采用 1 篇稿件奖励 50 元。

3. 被地市级报纸、杂志采用 1 篇奖励 100 元，省级采用 1 篇奖励 200 元，国家级采用 1 篇奖励 300 元，500 字以上奖励 100 元。被《人民日报》采用 1 篇加奖 300 元。

4. 被山东能源、临矿集团、地市级广播电台、电视台采用 1 篇奖励 10 元，被省级采用 1 篇奖励 200 元，被国家级采用 1 篇奖励 300 元，被中央电视台采用 1 篇加奖 200 元。

5. 被山东能源集团、临矿集团公司以上网站采用 1 篇奖励 10 元。

6. 在发表的 1 篇文章中，文字和图片按 1 篇文章的标准进行奖励。

7. 同一篇稿件在多家报刊、网站上发表，按同级别的 50% 奖励。文章作者多人时按照平均计算，非本矿人员不予兑现奖励。

8. 凡上报获奖典型事迹材料按同级别标准进行奖励。

9. 凡国家级刊物或面向全国发行的按国家级奖励。

（三）奖惩办法

1. 领导小组成员完成规定的任务指标，每半年考核兑现一次。超额完成的稿件，按上述奖励标准执行。

2. 各党支部宣传小组完成宣传任务，且内容、质量符合宣传要求，每半年考核兑现一次。全年完成宣传目标，给予一次性嘉奖。

第四章　纪检监察

第一节　组织机构

一、机构沿革

1993 年 10 月 2 日，成立中共古城矿井筹建处党支部，党支部副书记负责纪检监察工作。

1997 年 10 月 10 日，中共古城矿井筹建处党总支副书记兼任纪检员。

1998 年 5 月 15 日，中共古城矿井筹建处党委副书记兼任纪委书记。

2001 年 3 月 6 日，中共古城煤矿党委副书记兼任纪委书记。

2004 年 5 月 1 日，成立监察科，设科长、副科长各 1 人，与党群工作部合署办公。

2007 年 6 月 29 日，古城煤矿设纪委副书记岗位，任命纪委副书记 1 人（正科级）。

2016 年 8 月 13 日，中国共产党古城煤矿委员会第一次会议选举产生古城煤矿纪律检查委员会书记、副书记、委员，党委副书记兼任纪委书记，设副书记 1 人，委员 3 人。

2017 年 4 月 22 日，经矿党委研究，决定将审计、法务工作纳入纪检监察管理，构建纪委、监察、审计、法务“四位一体”监管模式。

2018 年年末，古城煤矿纪委设书记 1 人，副书记、监察科长、审计科长 1 人（兼任），监察科副科长 1 人、审计科副科长 1 人、法务工作人员 1 人。

1993 ～ 2018 年古城矿井纪律检查委员主要领导如表 7-4-1 所示。

表 7-4-1　　1993 ～ 2018 年古城矿井纪律检查委员主要领导任职表

任职时间	书记	副书记	纪检员	委员
1993.10 ～ 1998.04	–	–	王家德	–
1998.05 ～ 2001.03	王家德	–	–	–
2001.03 ～ 2004.03	张传毅	–	–	–
2006.02 ～ 2007.06	何祥成	–	–	–
2007.06 ～ 2009.06	何祥成	马凤国	–	–
2009.06 ～ 2010.11	何祥成	李洪光	–	–

续表

任职时间	书记	副书记	纪检员	委员
2010.12 ～ 2013.08	李泉	李洪光	–	–
2017.08 ～ 2018.05	贾安强	李洪光	–	张传法、王传峰、刘振青
2018.05 ～ 2018.10	董忠科	李洪光	–	范立斌、张会良、刘振青
2018.10 ～	董忠科	王斌	–	范立斌、张会良、刘振青

二、工作职责

1. 在临矿集团（临沂矿务局）纪委、中共古城煤矿党委的领导下，履行监督职责。坚决维护党纪、严格执纪监督、积极教育预防、严肃责任追究。

2. 制定党风廉政建设工作计划和纪检监察工作意见。

3. 围绕党风廉政建设和反腐倡廉工作中心，建立健全工作机制，完善监督和考核办法，规范行为。

4. 组织各党支部、科室签订年度《党风廉政建设目标责任书》，中层管理人员、重点岗位工作人员签订廉洁从业承诺书。对新提拔、调岗的管理人员，重点岗位工作人员，进行上岗前廉洁提醒谈话。

5. 及时受理和查处各类违纪案件举报，严格按照工作程序办理案件。对重大复杂的案件要及时向矿党委和临矿集团纪委报告。

6. 负责对“三重一大”工作制度执行情况进行监督检查。

7. 组织党员领导干部和管理人员学习党规党纪，接受廉政警示教育。

三、监察科工作职责

1. 在临矿集团（临沂矿务局）纪委监察部和中共古城煤矿党委、纪委的领导下开展工作。

2. 制定年度工作计划，开展效能监察。对重点建设项目、设备、材料等各类物资的采购、设备设施维修、废旧物资处置等经营活动进行效能监察。

3. 对政务公开、区务公开、管理人员履职行为等情况进行监督监察。

4. 认真办理管理人员、职工中出现的违规违纪的调查，提出处理意见。受理职工的举报、控告、申诉工作等。

第二节　廉政建设

一、廉洁风险防控

1994 年 7 月 12 日，针对基本建设的工程管理、质量管理、投资管理、采购管理等工作领域可能发生的不廉洁行为，筹建处印发《古城矿井筹建人员廉洁勤政守则》以下简称《守则》），对筹建处工作人员提出13个方面廉洁要求：（1）模范执行党纪国法，带头执行本处的各种规章制度。（2）以矿井建设为中心，加强思想政治工作。（3）严禁在公务活动中接受行贿礼金、有价证券、贵重礼品，违者按严重违纪处理。（4）禁止用公款大吃大喝、挥霍浪费。（5）严禁以各种名目变相公费旅游。（6）不准以任何形式在矿井建设中谋私。（7）不准参与走私贩私活动。（8）不准用公款参与高消费的娱乐活动。（9）不准参与赌博和封建迷信活动。（10）不准违反住房制度改革的规定，不准利用职权或工作之便为自己子女、亲友购买住房提供优惠条件，不准用公款超标准为个人装修住房。（11）不准利用本人及家庭成员婚丧嫁娶以及工作调动、过生日、迁新居等机会大操大办，更不准动用公款公物操办和借机敛财。（12）不准利用职权或工作之便利用公车办私事。（13）不准拖欠公款，不准用公款为个人及亲友从事营利活动。《守则》的实施为工作人员画出红线，做到警钟长鸣。

1998年7月1日，成立反腐败斗争领导小组，党委书记任组长，纪委书记任副组长，财务、审计、办公室、金利包装制品厂等部门负责人为成员。印发《关于完善部门反腐倡廉工作责任制的通知》，要求坚持“党委统一领导、党政齐抓共管、纪委组织协调、部门各负其责、依靠群众的支持和参与”的领导体制和工作运行机制，明确筹建处领导班子和班子成员、各科室（部门）负责人对党风廉政建设应负的责任。8月30日，印发《关于贯彻个人重大事项报告、业务招待费报告、礼品登记、收入申报四项制度实施意见》，加强对个人事项的监管。

2010年7月，印发《关于开展“小金库”专项治理工作的实施意见》，明确“小金库”治理范围和内容及表现形式，成立领导小组，公布临矿集团纪委、古城煤矿纪委的举报电话和电子邮箱。

2011年9月，制定《古城煤矿廉洁风险防控工作实施方案》《古城煤矿廉洁风险防控考核办法》等一系列文件，对全矿16个机关科室、10个基层工区、2个经营厂点的管理人员和岗位进行风险点排查，全矿共确定1511个风险点，风险排查覆盖面达到100%。制定《古城煤矿“三重一大”决策制度实施办法》，要求凡涉及企业重大事项决策、重要人事任免、重大项目安排和大额度资金运作事项必须由矿领导班子集体作出决定，规范“三重一大”的决策事项、决策程序、决策行为、防范决策风险。制定《古城煤矿内部审计制度》，对电厂、选煤厂、总务科、食堂、卫生所、安培中心的财务收支、经营状况、资产管理等经营活动的真实性、合法性进行审计，提出审计意见35条。

2013年，开展“厉行勤俭节约、反对铺张浪费”专项行动，制定《古城煤矿关于加强公务用车管理的规定》《古城煤矿关于加强业务招待费管理的通知》《古城煤矿关于进一步加强差旅费控制考核的通知》《古城煤矿关于加强办公经费管理的通知》《古城煤矿财务报销管理办法》，对差旅费实行限额控制、量化考核。

2014年4月，制定《古城煤矿废旧物资管理办法》，规范废旧物资处理流程，防止弄虚作假、以次充好、以多充少、损公肥私等违纪行为的发生。

2015年，落实转职能、转方式、转作风“三转”工作方针，实现由参与到监督的转变，做到不越位、不缺位、不错位。

2018年5月30日，制定《古城煤矿区队、科室“微腐败”专项整治活动实施方案》。《实施方案》重点治理12种“微腐败”行为：（1）跑官要官，买岗卖岗，在队、班、组长任免和岗位调整中以权谋私。（2）加分带钱，截留克扣职工工资奖金，套取资金，私设“小金库”。（3）搞小圈子、小团体，在发放奖金、福利、补助及岗位安排等方面优亲厚友、照顾人情，不能做到公平、公正、公开。（4）以过节、婚丧喜庆等名义请客送礼、收送礼品礼金，乱发过节费、过节礼品。（5）违反主要八项规定精神，经常吃吃喝喝，存有奢靡之风。（6）借职工入党、职称评定、调整岗位、请假之机，故意刁难或吃拿卡要。（7）违反劳动考勤和请销假制度，多报出勤，违规领取、套取工资和下井补助。违规私自使用临时工。（8）乱收费、乱罚款，收费罚款不开收据，不及时上交财务，坐收坐支。（9）在煤炭运销、煤炭发运、煤场管理中内外勾结，关联交易。（10）人、财、物、工程管理等部门岗位人员收受各种形式的贿赂，搞利益输送。（11）违反职业道德，吃回扣、收红包，违规兼职取酬。（12）作风霸道、管理粗暴、言语粗俗，不尊重职工群众，安排职工为个人干私活。通过“微腐败”专项治理，全面净化政治生态环境，维护职工利益，保护干部成长。

古城煤矿廉政会议（2017年6月摄）

二、廉洁自律

1995年5月，落实中央关于国有企业领导干部廉洁自律规定和临沂矿务局的有关要求，制定“五个不准”：（1）不准领取兼职职务工资。（2）不准个人私自办企业。（3）不准多占住房。（4）不准购买进口豪华小汽车。（5）不准用公款宴请亲友，反对拜金主义、享乐主义和极端个人主义。增强领导干部廉洁自律的意识。

1995年9月，临沂矿务局印发《关于在中秋节期间严禁用公款向领导干部和机关部门送礼的通知》，筹建处认真贯彻落实。每年的元旦、春节、中秋节等重大节假日，党委、纪委根据不同时期的工作重点，制定加强党风廉政建设的管理制度、监督措施和相关文件，使党员领导干部充分认识反腐倡廉的重要性，从思想上增强廉洁自律的自觉性。

1996 年春节，印发《关于廉洁勤政 过一个文明祥和新年春节的通知》，要求党员干部进一步加强廉政建设，坚决刹住用公款请客送礼之风。

2001 年 1 月，古城煤矿党委重申领导干部要严格执行“廉洁自律十三个不准”，把党风廉政建设工作做到实处，对领导干部严格管理、严格监督、严格处理。

2002 年 4 月，制定《关于严禁领导干部驾驶公车的规定》，严禁领导干部驾驶公车，防治公车私用或私车公养。

2007 年，制定节假日廉政建设“五不准”：（1）不准接受管理和服务对象的礼品、礼金、有价证券。（2）不准接受与本人行使职权有关系的单位和个人提供的各种奖励和赞助。（3）不准参与赌博和封建迷信活动。（4）不准单位之间相互宴请拜年。（5）不准讲排场、比阔气、奢侈挥霍浪费。

2012 年以后，每逢重大节假日，古城煤矿纪委与重点岗位工作人员、全体副科级以上管理人员签订《廉洁自律承诺书》，承诺廉洁过节、文明过节。纪委设立举报电话，在食堂和宿舍楼设立举报箱、电子邮箱，受理职工群众的举报。

2018 年 1 月 1 日，中共古城煤矿党委、纪委向全体党员发出《致全矿党员干部一封信》，强化节日期间的党风廉政建设。

2014 ～ 2018 年，每年的元旦、春节、劳动节、端午节、国庆节、中秋节，纪检监察组织党群部、办公室、劳资科、保卫科、总务科对公车私用、公款吃喝、公款送礼、公款旅游、乱发奖金和实物等问题进行明察暗访，确保各项规定落实到位。

第三节　反腐倡廉

1994 年 2 月，中共古城矿井筹建处党支部组织党员学习新颁布的《中国共产党纪律检查机关控告申诉工作条例》，使每个党员清楚行使党员的权利，维护党员的利益。5 月，开展党章知识“竞答活动月”活动，组织全矿党员、共青团干部和入党积极分子参加竞答活动。

1995 年 7 月，在党员干部中开展“学条规、守纪律、做表率”教育活动，并举办了 1 期管人、管财、管物、管工程人员学习班。

1996 年 11 月 18 ～ 29 日，举办 2 期党员干部培训班。全处 22 名党员干部学习十四届六中全会文件，观看反腐倡廉录像片。

1997 年 6 月 16 ～ 27 日，举办 2 期学习班，学习内容主要是江泽民总书记在中纪委第八次全会上的讲话、《中国共产党党员领导干部廉洁从政若干准则（试行）》、中纪委录制的反腐倡廉教育纪录片《长天惊雷》。

1998 年 10 月 6 ～ 16 日，举办 2 期法规法纪脱产培训班，有 49 名党员和管理人员参加培训学习。

1999年2月，组织党员干部观看《中国共产党纪律处分条例（试行）》电视系列片。

2000年11月，组织31名副科级以上党员管理人员学习中国共产党纪律处分条例等党规党纪知识，观看警示教育片《枕边风》《胡长清案件警示录》，进行廉洁自律知识考试。

2003年7月，在党员干部中开展"艰苦奋斗、廉洁从政"教育活动，提高新形势下拒腐防变的能力。

2004年2月，学习、宣传、贯彻《中国共产党党内监督条例（试行）》《中国共产党纪律处分条例》。

2006年4月24日，开展"勤政廉政、科学发展"教育活动，把教育活动与学习贯彻《党章》结合起来，与开展社会主义荣辱观、构建惩治和预防腐败体系结合起来，使勤政廉政、科学发展成为党员领导干部的行为准则。

2007年，开展"廉政自省日"和"算好清廉七笔账，树立正确权力观"专题教育活动。

2008年7月，开展"艰苦奋斗、勤廉创业，为打造临矿百年基业建功立业"主题教育活动，树立忧患意识、大局意识，克服小富即安、小富即满的思想。

2009年4月，开展以"自我约束、接受监督"为主要内容的廉洁教育，做到"慎独、慎欲、慎微、慎初"。9月，开展"反腐倡廉教育月"活动，中共古城煤矿党委成立活动办公室，班子成员到分管的支部上一次党课，纪委牵头组织、宣传部门发动和观看《贪之害——贪权贪财贪色警示录》等反腐倡廉教育片，营造了廉荣贪耻、弘扬良好作风的浓厚氛围。

2013年，开展"三问、三思、三省"廉洁教育大讨论活动，让每个党员领导干部、重点岗位工作人员树立起"廉洁是最大的政治、廉洁是最大的关心、廉洁是最大的幸福"的理念。

2015年，在佳苑广场东侧建成廉洁文化宣传一条街，利用文字配漫画的方式向党员领导干部进行廉洁宣传；在电视台增设廉洁文化专栏，在机关和工区办公楼悬挂廉政格言牌板。组织党员管理人员观看《作风建设永远在路上》等警示教育和红色教育片。

2016年7月，组织纪检监察人员学习习近平总书记在建党95周年大会上的重要讲话精神，提高认识，提高党性，努力做到忠诚、干净、担当。10月，组织各党支部书记（副书记）、机关管理人员观看《鉴史问廉》《焦裕禄》《永远在路上》等警示教育片。

2017年1月，组织全体党员学习党规党纪知识，选拔优秀选手参加临矿集团纪委举办的党规党纪知识竞赛，取得第三名的好成绩。开展"良好家风传承"演讲和征文活动。3月17日，组织286名党员干部学习临矿集团《廉洁文化手册》，并进行考试。6月13～16日，组织全体党员学习《中国共产党廉洁自律准则》《中国共产党纪律处分条例》，组织327名党员进行考试，及格率达到100%。8月11日，参加临矿集团纪委组织的廉洁警示教育活动，在邹城监狱听取3名服刑人员剖析自己的犯罪历程，在王楼煤矿参加济宁市人民检察院专家报告。

2018年6月28日，古城煤矿纪委组织重点岗位、新提拔管理人员38人到邹城监狱接受廉洁警示“黑色”教育。

党委书记与科室负责人签订主体责任书（2018年3月摄）

第四节　风险防控

1994年4月，中共古城矿井筹建处党支部根据临沂矿务局纪委、组织部、监察处转发的临沂地区四委（部、局）《关于严禁党员干部参与赌博、结拜把兄弟、婚丧嫁娶大操大办的通知》精神，对党员干部进行摸底调查，要求党员干部必须和施工单位保持一定的距离，防止以赌博或大操大办的方式变相受贿，借机敛财。

1997年1月，筹建处落实临沂矿务局文件精神，严禁工作日午间饮酒，工程验收不准接受宴请。

1999年2月，为明确党政班子成员、各部门负责人、各岗位责任人对党风廉政建设工作应负的责任，制定《党风廉政建设责任制考核办法》，实行百分制考核，按政治理论、勤奋工作、廉洁公正、办事民主、改革创新、为职工服务6个方面进行考核，每半年进行1次考核。对综合考核低于75分的领导干部提出廉政警告；再次考核仍低于75分的，建议降级使用。建立《党风廉政考核登记卡》，根据考核结果填写《党风廉政考核登记卡》，存入干部党员廉政档案。

2000年11月，按照要求，对聘用在岗的副科级以上管理人员建立廉政档案，存档内容包括廉政谈话教育记录、廉洁勤政保证书、个人述职报告、廉洁自律民主测评表、廉洁考核结果、执行个人收入申报等四项制度情况、个人奖惩情况、住房情况等有关资料。

2003年5月，落实临沂矿务局纪委转发的中共山东省委《关于加强对做好非典型肺炎防治工作监督检查的通知》的文件精神，成立领导机构和办事机构，严格落实防控措施，矿区未发生非典型肺炎。

2005 年 1 月，临沂矿务局对领导干部及管理人员配偶、子女及亲属的廉洁自律情况作出规定，矿按照规定调整涉及的相关岗位。对办公用品、物资供应的渠道进行清理、理顺、整顿、整改。

2010 年 5 月，在各党支部实行廉政宣誓制度，通过廉政宣誓活动，创造“风正、气顺、人和”的和谐氛围，激发全矿党员干部和管理人员的荣誉感、使命感、责任感，增加廉洁自律意识。

2012 年 5 月，将反腐倡廉的相关文件规定、廉洁故事、腐败案例进行编辑，印刷《反腐倡廉》手册供党员领导干部学习。举办以反腐倡廉为主题的书画、摄影展，推荐 3 幅作品报送临矿集团参赛。按照《临矿集团重点领域（重要业务）廉洁风险防控暂行办法》规定，完善内部控制，规范业务流程，实施全过程监管。落实《临矿集团四级“三重一大”决策事项廉洁风险防控暂行办法》，建立决策制度、评价制度、纠错误机制，明确决策范围、事项、权限界定。

2013 年 12 月，坚持“抓早抓小”的原则，开展小食堂、小澡堂、小费用、小轿车、小金库“五小问题”的整治，采取“六个一”工作措施：组织一场廉政报告会，作出一个严肃承诺，制定一个严格规定，做好一个廉政提醒，做到一个严禁，开展一次财务检查。印发《关于进一步加强内部食堂公务接待管理的通知》，明确招待范围和标准。

2014 年，食堂采购实行“双岗采购”管理，加强对价格、质量等方面的监督。

2015 年，临矿集团纪委印发“禁酒令”，古城煤矿纪委将“禁酒令”牌板悬挂在接待餐厅的每个房间和招待所醒目的位置，纪检监察人员不定时地到接待餐厅检查。10 月，按照临矿集团《关于实行对新提拔任用干部上岗廉政谈话教育制度的意见》要求，对新调整、提拔任用干部进行岗位廉政谈话教育，谈话记录存入个人廉政档案。正科级、副总师由纪委书记主持，纪委副书记参加谈话；重点岗位管理人员及副科级人员由纪委副书记主持。到 2018 年年底，累计谈话 600 余人次。

2016 年 1 月，在 14 个党支部中各配备 1 名专职纪检员和 1 名廉政信息员，制定《专职纪检员工作职责》。3 月，为打造一支“精干、高效、务实、廉洁”的机关管理队伍，在机关开展《作风整顿清单》整改活动，成立作风整顿领导小组，成立以党委书记、矿长任组长，班子成员任副组长，各部门负责人为成员的领导小组，下设由党群部、纪检监察、劳资人事、保卫科、办公室组成的作风整顿联合监督检查办公室，全面负责作风整顿的组织协调、监督检查等工作。作风整顿从劳动纪律、工作态度、工作质量、学习创新、团结协作、廉洁自律 6 个方面进行。8 月，实行纪检监察人员包挂工区制度，包挂人员参加工区的班前会或安全活动日，了解工区在工资分配等方面存在的问题或者职工最关心关注的问题。10 月，制定工区、科室管理人员必须遵守的廉洁自律《十承诺》，悬挂在各办公室显著位置，便于职工监督。利用廉洁文化一条街宣传栏举办廉洁文化漫画展，寓教于乐。

2017 年 1 月，组织全体党员学习党规党纪知识和《党员必须牢记的 100 条党规党纪》学习手册，参加临矿集团纪委举办的党规党纪知识竞赛。10月，签订《遵守“六项纪律”承诺书》。11月，落实临矿集团纪委《关于认真学习宣传贯彻党的十九大精神的决定》文件精神，纪检干部要坚持以习近平新时代中国特色社会主义思想为指导，牢记党的宗旨，自觉做共产主义远大理想和中国特色社会主义共同理想的坚定信仰者和忠诚实践者。

2017～2018年，在国庆节和中秋节到来之际，召开2次以“廉洁共建、幸福美满”为主题的廉洁文化进家庭座谈会，组织60名“四管”人员、重点工区负责人家属召开座谈会，签订《廉洁自律、和谐共建承诺书》，用亲情筑牢廉洁防控线。

2018年1月，实行纪检监察工作例会和监督联席会制度，每月召开1次。7月，组织开展“阳光幸福杯”廉洁文化作品展，有120余人参加，共征集良好家风故事等文学作品以及摄影、书法、绘画、漫画、篆刻、剪纸等廉洁文化作品200余件，90余幅作品获奖。

2018年4月，贯彻落实山东能源集团纪委《关于开展重点领域整治专项行动的通知》精神，围绕享乐主义、奢靡之风、形式主义、官僚主义突出问题，“小官弄权”“小官贪腐”和“微腐败”问题，党员领导干部涉黑涉恶腐败问题及其他领域突出问题开展专项整治。11月，落实临矿集团《关于重申严格执行“三重一大”决策制度，严禁领导干部插手重大工程、重大采购等问题的通知》文件精神，纪委书记组织财务、审计、总务科、生产科、机电科等有关人员学习文件，对工作开展作出全面安排。

2017～2018年，落实“一岗双责”责任制，党委书记和各党支部书记签订《党风廉政建设主体责任书》，党委副书记、纪委书记和党支部副书记签订《党风廉政建设监督责任书》，矿领导班子其他成员和分管部门责任人签订《机关科室党风廉政建设责任书》，实现一级对一级负责的工作目标。

第五节　监督检查

一、纪律检查

1995年9月，按照关于对副处级以上领导干部试行重大事项报告制度的规定，筹建处纪检组对6名副处级以上领导干部应该报告的事项（个人收入、在经济活动中收受的礼品、子女婚嫁、就业等）进行检查，并建立档案。

1997年6月，临沂矿务局开展“政策法规年”活动，筹建处纪委组织办公室、工程科、计划预算部门重点对矿井的计划执行、投资安排、工程管理、合同管理有关政策执行落实情况进行监督检查。7月，对个人借欠公款进行清理，并将清理工作与反腐倡廉结合起来，坚决查处违法违纪案件。

1998年4月，对领导干部住宅公务电话、移动电话进行清理检查，填报《公务电话清理登记表》《移动电话清理登记表》。

2001年4月，对照党员干部廉洁自律工作“十三个不准”的规定，以党支部为单位，每个党员进行逐一检查，确保时时处处做到自重、自警、自省、自励。

2006年3月，按照临沂矿务局纪委《关于严禁基层单位擅自兴办经营公司或经济实体等问题的紧急通知》要求开展自查，筹建处不存在办经济实体的问题。8月，按照山东省国资委治理商业贿赂领导小组文件要求，成立治理商业贿赂工作领导小组，开展不正当交易行为自查自纠工作。

2009年1月，开展工程建设领域突出问题排查工作，按照文件要求的范围和标准，对建设项目是否存在未批先建、未公开招标、决策失误造成损失等问题进行了排查。

2010年，根据《中国共产党党员领导干部廉洁从政的若干准则》和《省管企业领导人员廉洁自律若干规定的实施办法》和国有企业“七个不准”的规定，重点治理领导干部违反规定收受现金、有价证券，为特定关系人谋取不正当利益等违规违纪行为。加强对设备物资的采购、工程建设、招标和公务接待、公务用车、干部选拔任用等工作的监督检查。

2012年2月，开展内部控制制度执行情况检查，对制度建设、流程建设、全面风险管理体系进行自查自纠。

2017年5月，中共古城煤矿党委整合监督管理资源，将审计、法律事务纳入纪检监察管理，创新构建纪委、监察、审计、法务“四位一体”监督体系。7月，建立党风廉政建设工作联席会议制度，会议由纪委书记主持，党群部、劳资科、财务科等部门负责人以及纪委全体人员参加。7月10日，组织各单位合同管理员、招标办公室有关人员，以《经济法》《合同法》为重点，举办首期法律知识培训班。

2018年8月，贯彻落实省纪委《关于开展违规配备使用公车 滥发津贴补贴 违规公款吃喝 违规收送礼品礼金专项治理的工作方案》文件精神，组织相关职能部门分别开展自查自纠。

二、专项检查

2001年5月，开展对领导干部收现金、有价证券和支付凭证进行集中清理检查。

2010年4月，开展“小金库”专项治理清查活动。根据《古城煤矿关于开展“小金库”专项治理工作的通知》《古城煤矿关于开展“小金库”专项治理工作实施意见》，通过自查自纠，清理“小金库”1200元。12月，完成各类合同的专项检查，检查合同339份、总金额约6250万元。

2013年6月，按照临矿集团纪委的统一部署，在纪检监察系统开展会员卡清退检查，古城煤矿纪检监察人员没有持会员卡行为。

2014年，按照山东能源集团纪委、临矿集团纪委工作部署，开展执行中央“八项规定”、能源集团“十二个严禁”和临矿集团“十条规定”专项检查。

2015年6月，对党员领导干部操办“升学宴”进行专项检查。凡是准备操办“升学宴”的，一律到纪委备案，备案内容包括时间、酒店、招待人数、范围、标准等。招待人数、范围、标准必须符合有关规定，杜绝攀比和浪费。

2016年2月，配合临矿集团纪委，清退2015年年底违规发放的各类奖金。4月，落实临矿集团“六个管住”要求，并全面对照整改。9月，按照临矿集团要求，对领导班子成员办公室进行整改，清理与工作无关的摆设，缩减办公室面积。

2017年8月，对“三重一大”的选人用人、财务管理、工程建设管理制度落实情况进行专项监督检查。选人用人方面，严格履行《临矿集团干部选拔任用管理办法》规定的程序，实行公开竞聘；凡符合条件人员，先参加矿考评小组组织的笔试，按成绩按比例录取参加专业答辩；对拟确定的人选按程序上报临矿集团审批，经批准后按规定时间公示，公示通过后行文聘用。财务管理方面，各项资金的使用须提交矿领导班子会集体研究，参加研究的班子成员要签字确认。工程管理方面，所有工程均实行招标、议标。

2018年2月，制定《古城煤矿党员干部纪律作风集中整顿活动实施方案》。根据实施方案，纪检监察组织劳资、保卫、信息中心有关人员对各科室、工区管理人员学习记录、出勤情况、办公电脑使用、环境卫生督导检查，共督导检查11次，暗访7次，发现问题9条，有7名管理人员作出书面检讨，纪委进行诫勉谈话，诫勉谈话记录入个人廉政档案。

2018年5月30日，制定《古城煤矿区队、科室“微腐败”专项整治活动实施方案》《古城煤矿“微腐败”专项整治活动配档表》，成立以党委书记任组长，党委副书记、纪委书记任副组长的领导小组，下设督查一组、督查二组、专项治理办公室。在全矿开展“微腐败”专项治理“十个一”活动：召开一次专题组织生活会，开展一次职工代表谈心谈话活动，进行一次问卷调查，组织一次新任职人员廉政约谈，开展一次“四项费用”专项审计，召开一次廉政共建座谈会，组织一次警示教育活动，建立一个问题清单及整改台账，撰写一份自查自纠报告，签订一份廉洁公开承诺。两个督导组和专项治理办公室不定期、不定时到科室、工区、班组进行专项督查，共进行4次检查，印发4期《通报》，与165名干部职工谈心谈话，对22名新任职人员进行廉政谈话。12月，按照山东能源集团纪委的要求，古城煤矿纪委开展执纪审查安全工作自查自纠活动，总结案件查办中的经验教训和工作措施，确保执纪审查工作安全。

组织党员干部观看警示教育片（2018年4月摄）

三、效能监察

2006年，成立效能监察领导小组，党委书记、矿长任组长，党委副书记、纪委书记任副组长，纪检监察、财务审计、劳资、生产等职能部门负责人为成员。制定《效能监察工作实施办法》，建立调查研究、立项审批、组织实施、整改落实等工作流程，重点在物资管理、物资采购、废旧物资处理、工程建设、薪酬管理等领域。效能监察工作由监察科组织实施。

2009年，对食堂物资管理实施效能监察，历时10天，理顺食堂核算和库存物资的管理，制定《古城煤矿职工食堂物资管理办法》等。

2011年，将办公用品的采购作为效能监察项目实施效能监察，2年抽查7个月份采购、发放情况，要求主管部门履行采购审批手续，建立发放台账，规范工作程序。

2013年、2014年对废铁处置实施效能监察，配合物资管理部门进行价格调研，公平合理地确定出售价格。共进行9次废铁处置、14次价格调研，确保处理价格公平合理。

2015年，开展工程施工效能监察。对工程招标、合同签订、工程质量、隐蔽工程和工程量的变更进行监察。监察过程中，查阅原材料合格证、实测实量开挖的工程量，核实工程量变更依据等，确保各环节符合工程管理规范。

2016～2017年，开展薪酬监察。走访工区管理人员30余人次，职工150余人次，了解工区在计分评分、奖金核算、工资分配等存在的问题，打击截留、克扣职工工资或代工资的违纪违法行为。受理、落实2条问题线索，对1名责任人进行行政处理，对6名责任人进行经济处罚。

2018年，重点对外购煤、钢材、水泥3个采购项目开展效能监察，监察项目总金额6000余万元。出具整改通知书3份，排查整改问题7条，推进物资采购工作规范化、程序化管理。制定《古城煤矿物资采购管理监督办法》，成立由纪委监察、审计、法务、财务、预算、机电、调度、生产、煤炭营销公司等部门组成的工作小组。

效能监察启动会（2018年3月摄）

第六节　案件办理

古城煤矿纪委监察严格按照信访举报及线索处置、谈话函询、初步核实、立案审查、案件审理等工作程序，办理党员领导干部、管理人员违反党规党纪、法规法纪、矿规矿纪的案件。

2007～2018年，古城煤矿受理群众来信23封，均进行核实和答复，落实临矿集团转批6封；查处各类案件6起，涉及违反党规党纪、工作纪律、安全管理、工资管理、财务管理等；给予党内处分18人、行政处理3人、岗位调整10人、降职2人、解聘职务3人，违反工作纪律，给予诫勉谈话、经济处罚4人，作风整顿10人。

2008年2月26日，山东省国资委委员会授予古城煤矿纪委“省管企业纪检监察工作先进集体”称号。

第五章　工　会

第一节　组织机构

一、机构沿革

1992 年 8 月至 1994 年 5 月，筹建处未设立工会组织，筹建人员的工会组织关系在临沂矿务局工程处。

1994 年 6 月 14 日，临沂矿区工会批准，成立古城矿井筹建处工会委员会。

2001 年 3 月 6 日，中共临沂矿务局委员会批准，成立古城煤矿工会委员会。

1994 ～ 2020 年古城矿井工会主席、副主席任职如表 7–5–1 所示。

表 7–5–1　　1994 ～ 2020 年古城矿井工会主席、副主席任职表

主　席	副主席	任职时间
王家德	—	1994.06 ～ 2001.03
张传毅	尹作海	2001.03 ～ 2004.07
—	尹作海	2004.08 ～ 2006.01
何祥成	尹作海	2006.02 ～ 2010.03
李泉	尹作海	2010.03 ～ 2013.07
贾安强	尹作海	2013.07 ～ 2014.06
贾安强	张传法	2014.06 ～ 2018.05
贾安强	范立斌	2018.08 ～ 2020.05
董忠科	孟庆科	2020.05 ～

二、车间工会

1998 年 3 月 10 日，筹建处工会成立机关车间工会，设主席 1 人、委员 3 人；成立金利包装制品厂车间工会，设主席 1 人、委员 2 人。

2001 年 5 月 1 日，调整机关车间工会，设主席 1 人、委员 2 人。成立采煤一工区车间工会、采煤二工区车间工会、采煤三工区车间工会、掘进工区车间工会、运输工区车间工会、机电车间工会、通防车间工会，均设主席 1 人、委员 2 人。

2001 年 7 月 22 日，成立综掘工区车间工会，设主席 1 人、委员 2 人。

2002 年 2 月 23 日，成立机修安装车间工会，设主席 1 人、委员 2 人。

2003 年 10 月 16 日，成立热电厂车间工会，设主席 1 人、委员 2 人。

2006 年 3 月 28 日，成立选煤厂车间工会，设主席 1 人、委员 2 人。

2006 年 3 月 30 日，成立开拓工区车间工会、安培中心车间工会，均设主席 1 人、委员 2 人。

截至 2018 年年末，古城煤矿工会设工会主席 1 人、副主席 1 人、女工委员会主任 1 人、计划生育办公室主任 1 人、专职工会人员 3 人。下辖 14 个车间工会，75 个工会小组，有工会会员 2203 人。设工会经费审查委员会、女职工委员会、群众安全监督检查委员会、女工家属协管委员会、职工文体协会等组织。

古城煤矿办理工会主席法人资格证，定期召开职代会、工代会，按时换届，依法独立开展工作。

第二节　民主管理

一、职工代表大会

2002 年 1 月 18 日，在办公楼三楼大会议室召开古城煤矿第一届职工代表大会第一次会议，会期 1 天。会议应到正式代表 95 人，实到正式代表 92 人，请假 3 人，征集提案 79 条。临沂矿区工会主席赵学仁到会指导。

党委书记、矿长刘成录作《抢抓机遇、迎接挑战，为建设一流的现代化矿井而努力奋斗》的行政工作报告。会议听取审议并通过《行政工作报告》《财务工作报告》《招待费使用情况报告》《提案工作报告》《第一届工会委员会和工会经费审查委员会选举办法》。

古城煤矿召开“双代会”（2002 年 1 月 18 日摄）

会议选举产生大会主席团、秘书长、副秘书长；差额选举产生由15人组成的古城煤矿工会第一届委员会。选举张传毅为第一届工会委员会主席，尹作海为第一届工会委员会副主席候选人；选举产生由5人组成的第一届工会经费审查委员会，尹作海为工会经费审查委员会主任；选举结果上报中共临沂矿务局党委、临沂矿区工会。

1月31日，中共临沂矿务局工会委员会、临沂矿区工会同意选举结果，张传毅任矿第一届工会委员会主席，矿区工会同意工会副主席和工会经费审查委员会主任及组成人员。

2004年2月26日，在职工俱乐部召开第一届职工代表大会第二次代表会议，会期半天。会议应到正式代表91名，实到正式代表91名，补选代表19人。

党委书记、矿长王洪忠作《加快发展、争创一流，努力建设高产高效现代化矿井》的行政工作报告。

会议听取审议通过《行政工作报告》《安全工作报告》《财务预决算报告》《业务招待费和福利基金使用情况报告》《集体合同履行情况报告》《提案落实和征集情况报告》《厂务公开情况报告》《工资分配方案》《古城煤矿2004年度工资集体协商协议》，并民主评议测评矿领导班子和领导干部。

2006年2月28日，古城煤矿工会在办公楼三楼会议室举行一届三次全委（扩大）会，应到委员15人，实到委员15人，采用无记名投票方式选举何祥成为第一届工会委员会主席。3月6日，矿区工会批复同意；3月8日，中共临沂矿务局工会委员会批复同意。

2006年4月8日，在职工俱乐部召开第一届职工代表大会第四次会议，会期半天。应到正式代表91名，实到正式代表86名，因事请假5名；共征集提案40条，立案10条。

党委书记、矿长刘厚福作《抢抓新机遇、再鼓新干劲，为构建和谐平安矿区而努力奋斗》的行政工作报告。

会议听取审议通过《行政工作报告》《安全工作报告》《财务预决算报告》《业务招待费和福利基金使用情况的报告》《厂务公开情况的报告》《集体合同履行情况的报告》《提案落实和征集情况的报告》《古城煤矿2006年度集体合同》《古城煤矿2006年度工资集体协商协议》《矿领导班子及成员作述职报告》，并民主评议测评矿领导班子和领导干部。

2010年3月27日，召开第二届四次全委（扩大）会，应到委员15人，实到委员15人，经过无记名投票，选举李泉为古城煤矿第二届工会委员会主席。4月26日，临沂矿业集团有限公司委员会、临矿集团工会批复同意李泉任古城矿工会第二届委员会主席。同日，在职工俱乐部召开第二届职工代表大会第四次会议，会期半天。到会职工代表103名，征集提案共21件。

党委书记、矿长陈家忠作《和谐务实、同心奋进，为促进我矿科学发展、持续发展而努力奋斗》的行政工作报告。

会议听取审议通过《行政工作报告》《安全工作报告》《财务预决算报告》《业务招待费和福利基金使用情况的报告》《厂务公开情况的报告》《集体合同履行情况的报告》《提案落实和征集情况的报告》，并民主评议测评矿领导班子和领导干部。

2012 年 1 月 5 日，古城煤矿在职工俱乐部召开第二届职工代表大会第六次会议，会期半天。到会职工代表 103 名，征集提案 24 件。

受党委书记、矿长张传毅委托，副矿长李连华作《齐心协力，乘胜前进，为开创持续安全高效发展新局面而努力奋斗》的行政工作报告。

会议听取审议通过《行政工作报告》《安全工作报告》《财务预决算报告》《业务招待费和福利费使用情况的报告》《厂务公开情况的报告》《集体合同履行情况的报告》《提案落实和征集情况的报告》《2012 年工资集体协商协议》《2012 年度内部工资分配方案》，并民主评议矿领导班子和领导干部。

2013 年 8 月 10 日，召开第二届第六次全委（扩大）会，应到委员 15 人，实到委员 15 人，经过无记名投票，选举贾安强为古城煤矿第二届工会委员会主席。8 月 22 日，临沂矿业集团有限公司委员会、临矿集团工会批复同意。

2014 年 1 月 8 日，古城煤矿在职工俱乐部召开第三届职工代表大会第一次会议，会期半天。到会职工代表 105 名，征集提案 17 件。

党委书记、矿长管清向作《稳中求进、稳中有为，努力开创新形势下安全高效发展新局面》的行政工作报告。

会议听取审议通过《行政工作报告》《安全工作报告》《财务预决算报告》《业务招待费和福利费使用情况的报告》《厂务公开情况的报告》《集体合同履行情况的报告》《提案落实和征集情况的报告》《2014 年工资集体协商协议》《2014 年度内部工资分配办法调整的说明》《民主评议矿领导班子及矿领导干部的说明》《古城煤矿女职工特殊权益保护专项集体协议》，并民主评议矿领导班子和领导干部。

2018 年 1 月 24 日，在职工俱乐部召开第三届职工代表大会第五次会议，会期半天。到会职工代表应到 94 名，共征集提案 31 件。

党委书记、矿长鲁守明作《立足新时代，把握新机遇，以新旧动能转换推动矿井全面转型升级》的行政工作报告。

会议听取审议通过《行政工作报告》《安全工作报告》《关于 2017 年度财务决算和 2018 年度财务收支预算安排的报告》《关于 2017 年度业务招待费和职工福利费使用情况的报告》《关于 2017 年度厂务公开情况的报告》《关于三届四次职代会提案落实和三届五次职代会提案征集情况的报告》《关于 2017 年度集体合同履行情况的报告》《2018 年工资集体协商协议》《2018 年工资分配办法》《2018 年度内部工资分配办法调整的说明》《女职工特殊权益保护专项集体协议》《古城煤矿职工行为规范管理规定》《民主评议矿领导班子及领导干部的说明》，并民主评议矿领导班子和领导干部。

2019 年 1 月 23 日，在职工俱乐部召开第三届职工代表大会第六次会议，会期半天。到会职工代表 89 名，征集提案 53 件。

党委书记、矿长伦庆忠作《顺应新形势、展现新作为，为推动矿井可持续、高质量发展而努力奋斗》的行政工作报告。

会议听取审议通过《行政工作报告》《安全工作报告》《关于2018年度财务决算和2019年度财务收支预算安排的报告》《关于2018年度业务招待费和职工福利费使用情况的报告》《关于2018年度厂务公开情况的报告》《矿领导班子及成员作2018年度述职述责报告》《关于2018年度集体合同履行情况的报告》《关于三届五次职代会提案落实和三届六次职代会提案征集情况的报告》《2019年工资集体协商协议》《2019年工资分配办法》《女职工特殊权益保护专项集体协议》，并民主评议矿领导班子和领导干部。

2001～2019年，职代会闭会期间，认真履行职责，先后多次召开职工代表团团长会议，就企业改革改制、安全管理、经营考核、工资改革、福利待遇、劳动保护、劳动合同解除等重大决策召开专题会议，征求职工意见，维护职工权益。中共古城煤矿党委、行政领导积极接纳职代会意见建议，先后投资300余万元，建成1处钢结构食堂、2栋宿舍楼、17套探亲房，总建筑面积6300余平方米，方便职工吃饭，解决住宿拥挤问题；在食堂就餐大厅和宿舍房间安装空调和电视机，创造舒适的生活环境；调整职工澡堂、更衣室布局，进行高标准装修，增加服务功能，安装智能吊篮，淘汰更衣柜；新建拓展中心、塑胶运动场、篮球场、羽毛球场、文体中心，扩建轿车停车场等，累计投资约1000万元。针对井下工作面、掘进迎头高温和往返工作面路途远问题，安装制冷设备和架空乘人装置，改善工作环境。

二、工会会员代表大会

（一）第一届工会会员代表大会

2002年1月18日，古城煤矿在办公楼三楼大会议室召开第一届职工代表大会暨第一届工会会员代表大会，会期一天。出席会议的应到正式代表95名，因事因病请假3名，实到正式代表92名，征集提案79条。

（二）第一届工会会员代表大会第二次会议

2018年1月24日，古城煤矿在职工俱乐部召开第一届工会会员第二次代表大会，会期半天。出席本次大会代表94名，征集提案31件，立案10件。

三、厂务公开

2001年10月，制定《古城煤矿矿务公开实施细则》，贯彻落实矿务公开制度，在职工食堂门口设立矿务公开栏，各工区在工区办公楼前设立区务公开栏。2007年，电厂、安培中心、选煤厂在各自办公区域设厂务公开栏，按规定将需要公开的矿务、区务实行事前、事中、事后全过程公开，接受职工监督。

通过职代会、工代会，接受代表对《行政工作报告》《财务工作报告》《安全工作报告》《工资集体协商协议执行情况报告》《职工代表提案征集和落实情况报告》等重大问题的审议和监督。

设立每月15日为矿长接待日，公布矿长信箱，倾听职工建议，广泛征求广大职工意见。

（一）组织领导

成立厂务公开领导小组，党委书记、矿长任组长，领导班子其他成员为副组长，各部门负责人、各支部书记或副书记为成员。领导小组下设厂务公开办公室，党群部副部长任办公室主任，设1名办事员。

（二）公开内容

1. 矿务公开内容：矿井生产经营重大决策公开。包括矿井发展目标和长远规划、改革方案、财务预算、重大投资、大额度资金使用、工程招投标、大宗物资采购、业务招待费使用情况等；涉及职工切身利益问题公开；职工工资、奖金分配、保险福利待遇、劳动保护措施、职工培训计划、职称评定、奖惩晋级、劳动用工、岗位聘任、集体合同签订等；民主评议领导干部和干部任免公开；职工代表大会民主评议的标准、程序、结果和干部任用条件、程序、任免结果等；领导干部廉洁自律情况公开；干部工资奖励收入、考核情况及执行廉洁自律规定的其他情况；其他需要公开的内容等。

2. 区务公开内容：区队、班组工资、奖金分配政策、方案情况；职工出勤，职工当班得分、奖罚、月收入等；评先树优；会费及其他费用缴纳；工会救济款发放范围、标准、人员情况；其他需要公开的内容。

（三）公开形式

涉及企业重大决策问题、职工切身利益问题、民主评议领导人员、业务招待费使用情况等，均在职代会上报告，经职代会审议、审查同意或审议决定。设置定点公开栏，对职工关心的内容及时在公开栏中张榜公布；召开党、政、工联席会议或职代会联席会议进行情况通报。涉及日常工作的决策问题，由单位负责人向会议通报，征询意见；通过矿内部广播、电视、《古煤信报》、公开信、告示和会议、文件等形式进行公开；通过矿内部网站，对需要公开的常规性工作内容实行24小时滚动公开。

（四）公开程序

1. 预先审核。由矿厂务公开领导小组负责组织对公开事项的预先审核，并研究确定。

2. 实施公开。按不同的内容采取相应的形式进行公开。

3. 征询意见。公开后，及时收集职工群众的反馈。对职工群众提出的意见和建议，能够采纳的要积极采纳，不能采纳的要作出必要的说明和解释；对职工群众反映强烈、大多数职工不赞成的事项，予以纠正或延期执行。

4. 情况反馈。对于职工群众提出的异议，厂务公开领导小组要认真进行研究，慎重对待，并以适当的方式方法予以反馈。

截至2018年年末，先后制定《全心全意依靠职工办企业的规定》《职工代表大会条例实施细则》《招待费向职代会汇报制度》《年度考核民主评议领导干部实施办法》等多项民主监督制度。职工群众对厂务公开民主管理情况满意率达到100%。

第三节　职工之家

一、职工俱乐部

为控制基本建设投资，矿井筹建之初取消了原设计中的职工俱乐部等部分非生产性建设项目。

2003年3月，根据实际情况，将办公楼一层东侧的职工更衣室改造成职工俱乐部。东西走向，室内总面积约730平方米；主席台设在东侧，面积156平方米。安装486个固定式折叠椅，配有灯光、音响和设备控制室。

2007年10月，对俱乐部进行改造，将折叠椅更换为木制软包装学习折叠椅，将中间过道以西的地面抬高，形成高低差，地面铺设大理石，更换吸音棉。

2018年3月，安装主席台背景屏幕，更换各种照明、音响设备，调整控制室的位置，拆除前半区的座椅，更换为可组合的会议桌和会议椅，配66张会议桌、132把会议椅；保留后半区的216个固定座椅。前半区地面铺设木地板，可作为乒乓球训练和比赛场地。改造后的室内面积为586平方米，共有座位348个。

2003～2018年，临矿集团"千万百亿"庆典大会、慰问演出、乒乓球比赛，古城煤矿的各类表彰会、党代会、职代会、文艺晚会等大型会议及活动，管理人员每周五的政治学习、观看廉政教育影片、各类演讲比赛、知识竞赛、安全警示教育会，均在职工俱乐部举办。同时，这里还兼作电影放映厅。2018年2月13日19时，在俱乐部举行电影放映厅首映式。

2019年11月15日，中国煤炭工业协会、煤炭工业文献委在职工俱乐部召开煤炭企业修志工作座谈会。

临矿集团工会主席曹庆伦为职工服务站揭牌（2017年3月摄）

二、职工文体中心

2009 年 10 月 18 日启用职工文体中心，位于调度指挥中心 1 层，建筑面积 576 平方米。内设电子阅览室、健身房、台球室、乒乓球室、图书阅览室、24 小时书吧、棋牌室、书画创作展览室。

电子阅览室：室内面积 132 平方米，配有 1 台“博斯特”电脑（主机）和 56 台电脑，配有可视摄像头和耳机，方便职工业余时间上网学习或娱乐。

图书阅览室：室内面积 91 平方米，提供各类煤矿专业技术书籍、文学名著、杂志等，存书 7000 余册。

棋牌室：室内面积 76 平方米，配有棋牌桌 6 张，每张桌子配 6 把高背椅子，配备中国象棋、军棋、围棋、跳棋、扑克牌等。

健身房：2017 年 5 月，根据职工需求，将电子阅览室改造为健身房，配有跑步机等各类健身器材 21 套 36 件。

24 小时书吧：2017 年 12 月 6 日，在保留原阅读功能的基础上，增配“华为”平板电脑 6 台、投影仪 1 套、音乐播放器 1 台，改为 24 小时全天开放的读书吧。

乒乓球室、棋牌室、图书阅览室兼作职工书画、摄影作品展览室和女工才艺展览室。

职工健身房（2018 年 4 月摄）

三、体育场所

（一）篮球场

1994 年 5 月，在筹建处临时办公地建成 1 处简易的篮球场地，水泥地面，废旧材料焊制成篮球架，供筹建处和施工单位职工活动使用。1999 年 9 月，办公楼前地面硬化后，在办公楼偏西侧利用硬化的场地当作篮球场，安设钢化玻璃球板篮球架。2010 年 3 月，在文体中心北侧建成 1 处标准灯光塑胶篮球场，安设配有倒计时器的篮球架，在球场的四个角架设照明灯，供夜晚活动用。在球场东侧安设 1 块大型电子屏幕，球场西侧设有 4 排 308 个塑料座位的看台。10 月，在选煤厂办公楼东侧，为选煤厂职工建立1个篮球场。

（二）羽毛球场

在塑胶篮球场的西半部设有2个标准的羽毛球比赛场地，供职工锻炼和比赛用。

（三）乒乓球、台球室

1996年4月，筹建处将1号宿舍楼三楼的中厅改造为乒乓球室。1998年6月，将乒乓球室搬至联合福利楼一层东侧，并增设台球桌1张。2009年10月，在文体中心设乒乓球室、台球室，室内面积93平方米，在塑胶篮球场东侧空中走廊下面摆放3张台球桌。

（四）拓展训练中心

2010年4月10日拓展训练中心建成使用，位于工区办公楼以北、安培中心以南，占地面积18739平方米，配有5条塑胶跑道和20余套训练设施。

职工台球比赛（2010年10月摄）

第四节　班组建设

古城煤矿始终将班组建设作为矿井强基固本的一项基础性工作和长期的系统工程，以创建学习型、技能型、创新型、安全型、和谐型“五型”班组为核心，围绕构建“责任目标、责任量化、责任实施、责任考核、责任完善”五大体系，强化班组责任意识，实现工程质量、文明生产动态达标，班组管理不断创新。

截至2018年年末，古城煤矿所属采煤、掘进、辅助工区，电厂、选煤厂、支护材料厂，共有140余个班组、190余名班组长。

一、班组创建

1.“三无”班组创建。以无安全事故、无“三违”、无不合格工程为考核标准，每月一评选，每季度一表彰，为月度实现“三无”的班组披红戴花上光荣榜，班组成员每人嘉奖 800 元，集体吃荣誉餐 1 个月。

2.“五好”班组创建。以“团队建设好，责任落实好，学习技术好，安全质量好，任务完成好”为标准，加强班组整体团队建设，创建学习型班组，打造本质安全型班组。实行月度考核、季度奖励办法，季度被评为“五好”班组，班组成员每人奖励 800 元。

3. 班组思想教育活动创建。每月召开民主管理会，每季度一次合理化建议征集活动，让班组成员谈问题、提建议，全员参与管理，在班组中形成“班兴我荣、班衰我耻、业绩共创、成果共享”的氛围。班组长针对职工思想和生活状况，坚持开展走访慰问、帮扶职工献爱心活动。

4. 自主创新。把班组作为技术创新的“试验田”，培养“创新型”班组和“明星型”职工。组织开展“日读千字、周写一文、月看一书、季攻一门、年学一技”等内容的学习读书岗位成才活动。鼓励班组开展小发明、小革新、小窍门、小改造、小设计等竞赛和科研攻关等活动。根据不同情况和需要成立以传授岗位技能和经验为主的责任型学习小组、以技术交流为主的研究型学习小组、以解决单位管理和创新瓶颈为主的任务攻关型学习小组。

2016 ～ 2018 年，完成各类科研成果 199 项，包括临矿集团科技大会一等奖 3 项、二等奖 7 项、山东省煤炭行业科技奖 2 项。其中，《大采深条带开采放顶煤工作面过断层技术研究与应用》成果，解决了大采深条件下综采面过断层的难题。《冲击地压在线监测系统在千米深井强冲击沿空工作面的应用》解决了冲击地压监测、预报和防治难题。

二、班组长队伍建设

1. 建立班组长聘任制度。按照规范的程序，由基层班组民主推荐，提出拟任人选，党支部书记全面考察，班组成员投票选举，选举结果报矿组织部门备案管理。

2. 建立班组长培训制度。班组长上岗前，必须经过安全培训，获得班组长安全生产资格证后方可上岗。在岗培训主要采取师带徒、案例分析、经验交流会等形式，重点加强班组长岗位技能培训。

3. 建立监督制度。采取班组评估、青岗巡查、群监员监督的办法，对班组长进行监督。

4. 建立考核淘汰制度。制订《班组长岗位考核标准》，实行月度考核、季度测评、半年总评，奖优罚劣，对连续两个季度考评不合格的，免去班组长职务。

2010 ～ 2018 年，先后有 4 名班组长获得山东省“金牌班组长”荣誉称号。

第五节　先模评选

一、评选原则

矿级先模人物的评选基本原则为：坚持自上而下、上下结合、反复遴选推荐的原则；坚持公开、公平、公正的原则；坚持发扬民主、群众公认的原则；坚持面向基层、面向一线，具有广泛代表性原则。

二、评选条件

2001～2018年，根据时代的发展和形势的变化，各类先模人物（优秀共产党员、劳动模范、先进工作者等）评选条件不断调整与修订。2016年，国家调整计划生育政策之后，先模评选时取消计划生育限制条件。矿级以上先模人物的评选执行上级评选条件。

（一）优秀共产党员

1. 认真履行党章规定的党员义务，模范践行国有企业“四优”共产党员的基本要求。

2. 政治素质优。加强政治学习，坚定理想信念，增强党员意识，执行党的决定，遵守党的纪律。

3. 岗位技能优。积极学习市场经济、现代科技、经营管理、法律法规等知识，刻苦钻研业务，熟练掌握岗位技能，不断提高能力素质，成为促进企业科学发展的骨干力量。

4. 工作业绩优。爱岗敬业，勤奋工作，勇挑重担，带领群众攻坚克难，创造一流业绩，成为生产经营能手、创新创业的模范、提高效益的标兵。

5. 群众评价优。践行“三严三实”要求，立足本职，甘于奉献，廉洁从业，在党的群众路线教育实践活动和服务型党组织建设中牢记党的宗旨，密切联系服务群众，听取和反映职工群众意见，帮助解决实际困难。

（二）劳动模范

1. 坚持党的基本路线，模范遵守国家的法律法规，具有较高的政治素质和思想觉悟。热爱本职工作、团结同志、爱岗敬业、廉洁奉公、甘于奉献、处处起模范带头作用。

2. 在完成本职工作和经营任务中，能够恪尽职守，吃苦耐劳，职责履行到位，起到关键作用，业绩特别突出，无违纪、违章现象，在本单位为出类拔萃的代表。

3. 积极进取，勤奋学习，努力钻研本职业务，具备良好的业务素质，在安全生产、经营管理、降本增效中，创先争优、勇于创新、勇于担当，在本岗位上取得群众公认的突出成绩，为矿井转型发展、顺势而为作出了突出贡献。

4. 坚持安全第一生产方针，按章作业，无严重“三违”，无轻伤以上事故，敢于制止一切违章现象，实现安全生产。

5. 具有良好的思想品德、职业道德、家庭美德和社会公德，模范遵守矿各项规章制度和劳动纪律，圆满完成所担负的各项工作任务，在“活力幸福”矿区创建工作中成绩显著。

6. 无违法违纪行为，无严重违反矿规矿纪行为，无违反计划生育政策现象。

（三）先进工作者

参照劳动模范的标准和要求，在本单位、本部门工作中成绩突出，起到先进带头作用。年度内无严重“三违”行为，无事故责任，无违法违纪行为，无严重违反矿规矿纪行为。

三、评选范围

1. 本年度在册职工。

2. 全年出勤天数在 230 天以上。

四、评选比例

1. 劳动模范，均按采掘工区在册职工的 1.2%，辅助工区（厂）在册职工的 0.8% 进行评选。

2. 先进工作者，按照采掘工区在册职工的 7%，辅助工区和地面厂点在册职工的 6%，机关科室在册职工的 5% 进行评选。按照比例计算后，不足 1 个的一律按 1 个计算。

五、评选方法

1. 劳动模范、先进工作者由各单位按照评比条件和分配名额进行评选。机关劳动模范、安全标兵由各科室按照评比条件进行推荐。

2. 各单位按照名额分配表进行推荐评选，名额不准突破；劳动模范在一线职工中的比例不低于 60%。

六、评选要求

按照自下而上、优中选优的原则，真正把事迹突出、工作过硬、群众认可，为矿井安全生产、标准化管理、降本增效作出突出贡献的职工评选出来，严禁搞不正之风，对违反规定者将严肃处理。

各单位评选结果，要经班子研究、本单位公示后再上报。

七、表彰奖励

（一）矿级先模

1994 ～ 2018 年，古城煤矿党委于每年“七一”前后召开优秀党员表彰大会，表彰矿级优秀共产党员 736 人次。一般在每年年初召开表彰大会，累计表彰劳动模范 591 人次、先进工作者 3187 人次。奖金发放标准从 50 ～ 5000 元不等。

（二）上级先模

1995 ～ 2018 年，向临矿集团推荐表彰优秀共产党员 74 人次，党务工作者 13 人次，劳动模范 139 人次；市（区）级推荐表彰 26 人次，省部级推荐表彰 40 人次，国家推荐表彰 12 人次。

第六节　技能竞赛

为弘扬劳模精神、打造劳模品牌、充分发挥劳动模范和高技能人才示范引领作用，古城煤矿工会创建劳模创新工作室、高技能人才创新工作室，发动职工开展“金点子”征集、“五小”（小革新、小发明、小节约、小建议、小品牌）职工技能大赛等，扎实推进群众性科技创新活动。其中技能大师工作室已拥有高级工程师、工程师，国家级、省级、市级技术能手，高级技师等专业骨干成员20名，为矿井高质量发展提供强大的人才支撑和智力支持。

技能大赛启动仪式（2018年6月摄）

一、劳模创新工作室

（一）成立

2012年3月10日，成立卢立波（掘进一工区区长）、李星坤（通防工区区长）劳模创新工作室。

2014年3月18日，成立付欣（机电工区区长）劳模创新工作室。

2014年10月5日，成立王桂利（副总工程师兼防冲办公室主任）劳模创新工作室。

截至2018年年末，古城煤矿有4个劳模工作室。

（二）成果

1. 卢立波劳模创新工作室注重把发明创造、技术革新、技能比武、劳动竞赛等活动有机结合，先后完成综掘机油温水冷散热装置、液压挡煤板、综掘机截割部护板、液压钻车驱动锚索张拉机具、伸缩式前探梁、单轨吊风动加压泵、液压油桶压缩装置、单轴螺旋混凝土搅拌上料机等各类小改小革技术创新30余项，其中多项获得临矿集团科学技术进步奖，解决多项电机技术难题和电路故障，为矿井排除各类疑难杂症，创造直接经济效益上千万元。

2. 李星坤劳模创新工作室是解决“一通三防”技术问题的创新团队。在通风系统改造过程中，研发柔性风门构筑方式，减小地应力对风门墙体影响，提高了使用寿命。参与深水平高阻矿井通风系统优化及通防保障技术研究，确定了通风系统优化改造实施方案，解决了矿在深水平开采通风系统不稳定的问题。参与《古城煤矿地温梯度测定及规律研究》等课题研究，查明古城煤矿地温特征及影响因素，分析高温成因，查出热源，采取针对性措施进行有效治理。2018 年，提出《深部矿井综放采空区自燃危险区域判定技术研究》课题，为防灭火提供更好的技术保障。针对沿空送巷防火治理，对采空区防火采用均压灭火，节省防火材料，提高防火效果。对采空区密闭进行改造，使其在高应力条件下坚固可靠。2016 年 12 月，对液态二氧化碳防灭火系统进行完善，提高井下防火能力。2017 年 1 月，对集中制冷系统在古城煤矿的应用可行性进行前期调研。

3. 付欣劳模创新工作室的主要任务是培养更多优秀的机电专业人才，创新技术，完成更多精尖的机电科研项目，交流技术，提升机电队伍的整体科技素质。机电科、机电工区及相关专业人员为成员。在副井绞车钢丝绳更换中，提出采用“新旧绳联合板卡同时放绳”的换绳方案，仅用 12 小时将新旧钢丝绳一次交替更换完成，比以前缩短用时 10 小时、节约费用 30 万元，填补临矿集团塔式多绳摩擦轮绞车独立完成换绳技术的空白。

4. 王桂利劳模创新工作室由生产科、防冲办、防冲工区等相关工区 15 名人员组成。2015 年，推行《千米深井坚硬顶板工作面强冲击地压综合防治技术》研究工作，列入 2015 年第三批省技术创新项目计划，通过省经信委组织的新产品新技术鉴定验收。通过实际应用，3207 等综放工作面实现初次及周期来压期间的安全生产，为矿井延伸、大采深工作面初采初放提供技术支持。2016 年，开展膏体充填项目，通过吸收先进充填经验，形成古城煤矿充填方案，提高矿井服务年限和资源利用率。通过研讨论证，采用膏体充填方法对 -850 米水平以上的煤柱进行开采，在保证年产量不降的前提下采用两个综放工作面配一个充填工作面或一个综放工作面配两个充填工作面，可以增加矿井的服务年限。撰写的《深部沿空综放工作面动力灾害防治技术研究》荣获 2012 年度中国煤炭工业科学技术奖二等奖、山东省煤炭科学技术二等奖、第六届安全生产科技成果奖二等奖，先后有 10 多篇论文在省级及以上刊物上发表。

二、高技能人才创新工作室

（一）柳俊仓高技能人才创新工作室

2015 年 1 月 13 日，该工作室由山东能源集团批准成立，主要任务是承担临矿集团冲击地压防治攻关任务。围绕古城煤矿、王楼煤矿存在的冲击地压技术难题展开攻关，在防冲领域培养一批创新和实践能力强、综合素质高的工程技术人才。重点攻克的难题有：（1）实施爆破切顶，化解初采冲击。在 3208 面开采前即对 3 号煤层老顶实施深孔爆破切顶，从开切眼到两顺槽超前 130 米见方范围内，对老顶砂岩层进行切顶爆破，缩短老顶垮落步距，降低冲击能量。（2）试用单元支架，增强抗冲击能力。使用 ZQ4000/20.6/45 型防冲单元支架进行超前支护，效果良好。（3）创新设计“丛柱”

超前支护，一体四柱，支护强度大幅提高。（4）实施“双危”限行，确保现场安全。制定回采面危险区域、危险时段的“双危”限行制度，工作面割煤、移架及停止移架30分钟内，两顺槽距面150米范围内所有人员禁入，控制受冲击威胁区域作业人员的数量。

（二）伦庆忠高技能人才创新工作室

2015年3月该工作室由山东能源集团批准成立。该工作室的主要研究项目有：（1）“千米深井坚硬顶板工作面强冲击地压综合治理技术”项目。该项目通过采取爆破切顶、多次覆盖式卸压、改进超前支护、调整监测监控等手段解决工作面初采期间顶板大面积悬顶不垮落、超前支护薄弱易伤人、两顺槽应力反复集中、监测监控不到位等问题。该项目被列入省技术创新计划，通过省经信委组织的新产品新技术鉴定验收，抵免企业所得税约125万元，获得煤矿安全改造政府国债资助资金386万元。（2）“强冲击厚煤层超深井条带开采防冲研究”项目。针对古城煤矿1000米采深、冲击地压严重和“三下”开采方式，研究确定条带开采的工艺，提出新条件下的冲击地压综合防治方案，确立“强冲击厚煤层超深井条带开采防冲研究”项目。该项目的实现可以确保超深井条件下的强冲击厚煤层工作面安全回采，提高煤炭的资源回收率，保护职工的生命安全，创造较大的社会效益。（3）“一种组合式单体液压支柱”研制与应用。该项目有效解决大采深条件下工作面回采期间支护薄弱、抵抗冲击能力低的问题，并申请专利。（4）钻杆回收器的研制与应用。该装置操作方便，能够快速方便地将卡在钻孔内的钻杆捞出，避免钻杆长时间卡在钻孔内而无法拔出导致的损失。（5）单元式超前支架的改进与应用。对原有单体支柱进行改进，研制出适合古城煤矿实际的单元式超前支架。新改进的单元式超前支架支护强度大、抗冲击能力强、受冲击不易破坏，具有广泛的推广应用价值。

中共临矿集团党委副书记、总经理张圣国为伦庆忠高技能人才创新工作室揭牌（2017年1月摄）

三、“金点子”评选

2014 年，印发《关于开展建言献策“金点子”征集活动的通知》，由各车间工会组织，按采掘类、机运类、通防类、党建类、后勤类 5 个类别征集，共收到各类原创“金点子”50 余项，最终评选出有推广利用价值的“金点子”27 项。按专业分别落实责任人进行推广应用，对“金点子”的应用效果、创效情况进行考核，根据降本创效情况给予相应的命名及物质奖励。

具体获奖情况如表 7–5–2 至表 7–5–5 所示。

表 7–5–2　　2014 年金点子获奖统计表

奖项	名称	获奖人员
优秀金点子	副井自动罐帘门	严洪涛
优秀金点子	纤维混凝土锚喷网壳支护技术	王振伟、尹成鑫
金点子	回金筛	赵士雷
金点子	立式液压压力机	任旭涛
金点子	锚索挽花器	王东京
金点子	单轨吊承载小车	殷涛
金点子	端头顶板支护	王振伟
好点子	双“滚”齐上	贾坤仟
好点子	锚杆预紧器	谢洪路

表 7–5–3　　2016 年金点子获奖统计表

奖项	名称	获奖人员
十佳金点子	主井钢丝绳除水装置	钟昂
优秀金点子	单轨吊大倾角运输驱动方式改造	殷涛
优秀金点子	煤泥泵活塞检修新工艺	冯运通、庞振亮、翟波
优秀金点子	锅炉煤泥入口冷却装置改造	庞振亮、翟波
金点子	旋风分离器改造	石道勇、翟波、张攀堂
金点子	皮带拖拽器	钱仲泉
金点子	单轨吊新型散热器改造	钱仲泉
金点子	矸石皮带分矸器制作与应用	严科强
金点子	通过“六必谈、六必访”确保职工队伍稳定	张传法、孟庆科

表 7-5-4　　2018 年金点子获奖统计表

奖项	名称	获奖人员
十佳金点子	综掘机水冷电机水电闭锁	张勇
金点子	热成像仪在电器预防检查中的使用	常勇
金点子	主井来煤皮带升级改造	常勇
金点子	伸缩式前探梁	刘栋
金点子	气动皮带钉扣机	张勇

表 7-5-5　　2018 年“五小”成果获奖统计表

奖项	名称	获奖人员
一等奖	分体式液压钻车研发在皮带顺槽卸压的应用	王东京
二等奖	自动化输送带冲裁生产设备模具	胡乃川
二等奖	新型风筒冲刷装置研究与应用	李星坤
二等奖	单轨吊降温系统的应用	李广军
三等奖	综掘机截割部移动护板	卢立波
三等奖	气动电焊机的应用	王学欣
三等奖	机械手在支架回撤中的应用	赵燕军
三等奖	综掘机二运液压档煤板	李怀朋
三等奖	弹性托辊缓冲胶圈压入装置	胡乃川

四、劳动竞赛、技能大赛

（一）劳动竞赛

1997～2004 年，为按时完成矿井建设任务，发挥新建矿井的优势，矿井相继开展劳动竞赛活动，取得了显著效果。

1997 年是矿井建设的关键时期，筹建处于 4 月 1 日在各参建单位之间开展劳动竞赛，成立主井 / 副井系统、地面生产系统、生产生活辅助工程、环保工程、思想政治工作 5 个会战小组。各单位围绕早日建成古城煤矿工作大局，抓工程质量，抓施工速度，按时完成施工计划，为如期建成古城煤矿奠定基础。

1998 年 10 月，根据临沂矿务局指示，开展优质、降耗、促销、增效，人均节约 100 元的竞赛活动，各参建单位积极参与，落实措施，实现工作目标，推进建设速度。

1999 年，临沂矿务局提出实现三年扭亏，要求古城矿井 10 月 1 日前必须具备试生产条件。筹建处先后组织生产系统建设会战、主井井筒装备会战、原煤生产决战。在生产系统建设会战中，工程技术人员跟班包片，领导成员分三班轮流下井，现场办公，每旬召开 1 次平衡会议，协调各方面工作。经过会战，矿井轨道、回风、皮带三条下山分别施工到 –660 米、–720 米、–700 米水平，达到预定工期目标。主井井筒装备 6 月完成部分安装任务。9 月 15 日，11021 工作面具备生产条件。12 月底，工程煤完成考核指标。

2000 年 2 月，由于 11021 面自然发火，掘进进尺受到影响，欠计划 717 米。矿于 5 月份组织开展掘进“上纲要、创水平”劳动竞赛活动，共安排 8 个掘进头，计划进尺 912 米，实行岩米单价、材料费用包干、月底考核制度。各施工单位围绕加快 11041 两顺槽和 11031 下分层两顺槽的施工进度，不断加强劳动组织协调，采取得力措施，确保掘进劳动竞赛活动扎实有效。经过掘进会战，全矿 8 个掘进头超额完成掘进进尺计划，实现了活动目标。

2001 年 1 月，矿井移交试生产管理，临沂矿务局开展“管理创水平、效益上台阶”竞赛活动。矿决定开展“八月份创水平突击月”活动，各工区落实责任，采取超常措施，创出较好成绩。2001 年，全年完成原煤 84.4 万吨，进尺 12000 米，利润创 2000 万，完成临沂矿务局下达的各项指标。

2002 年，临沂矿务局给古城煤矿下达原煤生产计划为 118 万吨，原煤产量 1 年达产、2 年翻半番、3 年翻一番的奋斗目标。为此，古城煤矿组织开展原煤生产“创水平上台阶”竞赛活动，采煤工区克服大倾角、大采深、多构造等不利因素影响，使原煤产量均保持在 10 万吨 / 月以上。掘进工区 5 个掘进队开展了“创水平、上纲要”活动，全年共完成掘进进尺 17992 米，完成计划的 150%。机修车间精心组织 11041、11051、1201、1202、1203、1205 等 12 个工作面的安撤，创出安撤工作面最快最好成绩。全年实现原煤生产 145 万吨，超计划 27 万吨，完成计划的 123%，完成翻半番的目标和全年工作目标。

2003 年，按照建设高产高效现代化矿井要求，提出将 2105 工作面打造成“百万吨工作面”的生产计划，由采煤二工区组织实施。3 月 2 日，召开创建百万吨工作面动员大会，要求采煤二工区坚持正规循环作业，均衡组织生产。3 月 17 日，2105 工作面产煤 4118 吨，首次突破 4000 吨大关；3 月 23 日，又创出产煤 4653 吨的新纪录。主井绞车提升钩数也达到了日提 690 多钩的最高纪录。5 月，为确保矿井接续稳定，古城煤矿开展了“掘进创水平、创建年单进 5000 米”活动，提出二季度进尺完成 3000 米的奋斗目标。当月，综掘工区完成掘进进尺 555 米，全矿二季度完成进尺 3072 米，顺利实现二季度进尺 3000 米、创建年单进 5000 米的目标。

2004 年 4 月，开展“矿井质量标准化会战暨创建闪光点工程”活动。要求各采掘工作面、车场、峒室、巷道、通防设施、设备达到行业甲级标准。各掘进工区狠抓文明生产，积极创建“闪光点工程”，矿井工程质量实现动态达标，在 7 月 5 日全局检查验收中，掘进工区三队施工 13 采区 –590 米皮带巷获得临沂矿务局一级精品工程，–840 米北翼第二条皮带巷获得临沂矿务局二级精品工程。10 月，综掘工区开展“创建年单进 5000 米快速综掘队”活动，当月完成月单进尺 723 米。5 月，开展安全生产“双基”建设达标竞赛活动，通过近6个月的掘进会战，矿井掘进工程质量和文明生产、设备面貌有新的提高，掘进进度创出新的水平。

（二）技能大赛

矿高度重视技能型人才培养工作，大力实施“人才兴企、人才强企”战略，搭建人才培养平台，创新技能人才培养、选拔方式，加强技能人才队伍建设。

2005年10月1日至11月20日，组织采煤、掘进、机电、运输、通风岗位技术比武、练兵暨评选岗位技术能手活动。共有1500多名岗位工参加，参赛率达到100%。经考评组综合评定，有458人被矿评选为岗位技术能手，每月给予技术津贴200元，期限为1年。

2006年10月16日至12月20日，开展岗位技术比武暨评选岗位技术能手活动，新增电厂、选煤厂岗位工种。共有237名岗位人员被评选为“岗位技术能手”，每月给予技术津贴200元。2005年度岗位技术能手如再次被评选，每月技术津贴调整为300元。

2007年6月22日，组织3名青年技术骨干参加山东省第二届特殊工种安全技能大赛，常勇获得电工组A组三等奖。

2009年，张龙飞参加“兖矿杯”第三届全国煤炭行业技能竞赛，获得“优秀选手”称号。

2010年，在临沂市第三届煤炭系统“劳动之星”暨临矿集团首届职业技能竞赛中，宋伯江获得采煤机司机专业组第一名，何玉亭、杨示功获得第二名；吴建孝获得综掘机司机专业组第二名，顾全伟获得第三名；王全国获得矿井维修钳工专业组第三名；张晓东获得瓦斯检查工专业组第二名。

2011年，张龙飞获得“兖矿杯”省管煤炭企业职工技能竞赛矿井维修电工专业组第八名。

2012年，在临沂市第五届煤炭系统“劳动之星”暨临矿集团第二届职业技能竞赛中，孙明德获得综掘机司机专业一等奖，吴建孝、刘绪帅获得综掘机司机专业二等奖，李怀朋获得采掘电钳工专业二等奖，张禄洲获得矿井维修电工专业二等奖，赵永超获得采煤机司机三等奖，臧宗良获得采掘电钳工三等奖，李俊瑞、左世晓获得矿山测量工三等奖，武光玉获得矿井维修电工三等奖。

2014年，在临沂市第七届煤炭系统“劳动之星”暨临矿集团第三届职业技能竞赛中，焦永奇获得综掘机司机专业二等奖，柳延波获得安全仪器监测工专业一等奖，刘衍梁、邱业禹获得安全仪器监测工专业二等奖，唐乃涛获得矿山救护工专业二等奖。

2015年，在第六届“冀中能源杯”全国煤炭行业职业技能竞赛中，张庆忠参加综采维修电工专业竞赛，陈恩东参加液压支架工专业竞赛，均获得临矿集团一等奖。

2016年，在临沂市第九届煤炭系统“劳动之星”暨临矿集团第四届职业技能竞赛中，刘衍梁获得安全仪器监测工专业一等奖，邱业禹、袁振获得安全仪器监测工专业二等奖，许峰、宋健获得采制样工专业二等奖，唐乃涛获得矿山救护工专业三等奖，朱峰获得矿井维修电工专业三等奖。

2017 年，矿选派 9 名职工代表临矿集团参加第七届“同煤杯”全国煤炭行业职业技能竞赛，获得山东能源集团权属单位团体第一名的好成绩，团队受到临矿集团 30 万元奖励。柳延波：安全仪器监测工专业全国第 22 名，山东能源集团第 2 名；刘衍梁：安全仪器监测工专业全国第 26 名，山东能源集团第 3 名；邱业禹：安全仪器监测工专业全国第 35 名，山东能源集团第 4 名；陈恩东：液压支架工专业全国第 48 名，山东能源集团第 7 名；邵虎：液压支架工专业全国第 80 名，山东能源集团第 13 名；张庆波：液压支架工专业全国第 118 名，山东能源集团第 18 名；张龙飞：综采维修电工专业全国第 28 名，山东能源集团第 3 名；严祥军：综采维修电工专业全国第 32 名，山东能源集团第 5 名；林春晓：综采维修电工专业全国第 52 名，山东能源集团第 7 名。

2018 年，严祥军代表济宁市参加山东省“技能兴鲁”职业技能大赛暨第二届全国智能制造应用技术技能大赛山东省选拔赛，获得“职工组—切削加工智能制造单元生产与管控赛项”三等奖。10 月，代表山东省参加第二届全国智能制造应用技术技能大赛，获得“切削加工智能制造单元生产与管控项目（职工组）”二等奖。

2018 年 8 月，在临沂市第十一届煤炭系统“劳动之星”暨临矿集团第五届职业技能竞赛中，李积华获得洗选设备维修工专业一等奖，奖励 10000 元、补贴 800 元 / 月；苏海斌获得洗选设备维修工专业二等奖，奖励 5000 元、补贴 600 元 / 月；程立群获得综掘机司机专业一等奖，奖励 10000 元、补贴 800 元 / 月；朱森获得经济民警专业二等奖，奖励 5000 元、补贴 600 元 / 月；孟园、冯明杰、孙亚东、孟帅均获得经济民警专业三等奖，奖励 3000 元、补贴 400 元 / 月；雷战山获得大数据操作员专业二等奖，奖励 5000 元、补贴 600 元 / 月；王庆获得大数据操作员专业三等奖，奖励 3000 元、补贴 400 元 / 月；杨涛获得电气维修工（PLC 编程）专业二等奖，奖励 5000 元、补贴 600 元 / 月；王岩、张明贺、赵萌萌均获得电气维修工（PLC 编程）专业三等奖，奖励 3000 元、补贴 400 元 / 月；訾光涛获得矿井测风工专业三等奖，奖励 3000 元、补贴 400 元 / 月。月度补贴执行时间均为 2018 年 10 月至 2020 年 9 月。

2018 年，矿组织职业技能大赛，共 10 大专业、48 个工种，总计 861 名职工参与，占职工总数的 71.2%。竞赛成绩排名前 20% 的 171 名职工被纳入技能人才库，成绩记入个人技能档案，作为评先树优、聘任的重要依据，大赛奖金合计 57.7 万元。

（三）拔尖人才

2017 ～ 2018 年，古城煤矿组织综采、综掘、炮掘、通风、钻探、安监、救护、铲车司机、选煤、劳动定额员等 10 个工种（专业），参加临矿集团组织技术比武，有 45 人进入临矿集团技能操作型拔尖人才库。具体情况如表 7–5–6 所示。

表 7–5–6　2017 ～ 2018 年入选临矿集团技能操作型拔尖人才库人员名单

序号	单位	姓名	竞赛专业、工种	奖项
1	采一工区	刘彦存	采掘、地质专业—综采	一等奖

续表

序号	单位	姓名	竞赛专业、工种	奖项
2	采一工区	徐山山	采掘、地质专业—综采	一等奖
3	采一工区	张颜	采掘、地质专业—综采	一等奖
4	采二工区	盛乃富	采掘、地质专业—综采	一等奖
5	采二工区	宋小劲	采掘、地质专业—综采	一等奖
6	采二工区	王立伟	采掘、地质专业—综采	一等奖
7	采二工区	赵永超	采掘、地质专业—综采	一等奖
8	采三工区	姜守桂	采掘、地质专业—综采	一等奖
9	采三工区	杨显功	采掘、地质专业—综采	一等奖
10	采三工区	于伟	采掘、地质专业—综采	一等奖
11	采三工区	岳华	采掘、地质专业—综采	一等奖
12	采三工区	张现利	采掘、地质专业—综采	一等奖
13	掘一工区	程立群	采掘、地质专业—综掘	一等奖
14	掘一工区	高坤坤	采掘、地质专业—炮掘	一等奖
15	掘一工区	李伦涛	采掘、地质专业—综掘	一等奖
16	掘一工区	李腾	采掘、地质专业—综掘	一等奖
17	掘一工区	刘鹏	采掘、地质专业—综掘	一等奖
18	掘一工区	刘正利	采掘、地质专业—综掘	一等奖
19	掘一工区	邢亚会	采掘、地质专业—综掘	一等奖
20	掘一工区	杨晓光	采掘、地质专业—炮掘	一等奖
21	掘一工区	张辉	采掘、地质专业—综掘	一等奖
22	掘二工区	邵超	采掘、地质专业—综掘	一等奖
23	掘三工区	刘士帅	采掘、地质专业—综掘	一等奖
24	掘三工区	王格	采掘、地质专业—综掘	一等奖
25	掘三工区	杨传强	采掘、地质专业—综掘	一等奖
26	掘三工区	翟建垒	采掘、地质专业—综掘	一等奖
27	机修工区	胡延武	采掘、地质专业—钻探	一等奖

续表

序号	单位	姓名	竞赛专业、工种	奖项
28	煤管科	王海江	煤质洗选专业—铲车司机	一等奖
29	煤管科	丁张	煤质洗选专业—铲车司机	一等奖
30	选煤厂	马世宗	煤质洗选专业—选煤维修工	一等奖
31	选煤厂	苗树鲁	煤质洗选专业—选煤巡检工	一等奖
32	选煤厂	陈红星	煤质洗选专业—跳汰机司机	一等奖
33	选煤厂	胡东超	煤质洗选专业—跳汰机司机	一等奖
34	选煤厂	沈永会	煤质洗选专业—选煤维修工	一等奖
35	选煤厂	徐永刚	煤质洗选专业—选煤维修工	一等奖
36	安监处	王安振	安监、矿山救护专业—安监员	一等奖
37	安监处	贾恒俊	安监、矿山救护专业—安监员	一等奖
38	安监处	张廷秘	安监、矿山救护专业—安监员	一等奖
39	通防工区	唐乃涛	安监、矿山救护专业—矿山救护队员	一等奖
40	通防工区	柳延波	通防专业安全监测工	一等奖
41	通防工区	刘衍梁	通防专业安全监测工	一等奖
42	通防工区	邱业禹	通防专业安全监测工	一等奖
43	通防工区	古春强	通防专业瓦斯检查工	一等奖
44	通防工区	史志军	通防专业通风工	一等奖
45	通防工区	张花礼	通防专业通风工	一等奖

五、荣誉、奖励

2012 年，张龙飞获得“兖州市首席技师”称号。

2014 年，卢立波获得全国煤炭系统行业“技能大师”称号。

2015 年，孙明德获得“济宁市首席技师”称号；常勇、张禄洲、王世良荣获全国煤炭系统行业“技能大师”称号；卢立波工作室和张禄洲工作室荣获全国煤炭系统行业“技能大师工作室”称号。

2016 年，孙明德获得全国煤炭系统行业“技能大师”称号。

2017 年，孙明德工作室被济宁市人社局认定为济宁市技能大师工作室，并拨款 5 万元作为工作室活动经费；鲁守明获得“2017 年济宁市产业技能拔尖人才”称号，每年发放 20000 元津贴，连续发放 3 年；常勇、郭加法、王世良、张禄洲获得“2017 年济宁市产业急需中青年技师”荣誉称号，每年发放 10000 元津贴，连续发放 2 年；严祥军获得“济宁市技术能手”称号，发放 5000 元津贴。

2018 年，张禄洲获得“齐鲁首席技师”称号；张龙飞获得全国煤炭系统行业“技能大师”称号；伦庆忠获得“2018 年济宁市产业技能拔尖人才”称号，每年发放 20000 元津贴，连续发放 3 年；赵燕军、张龙飞、徐国祥获得“2018 年济宁市产业急需中青年技师”称号，每年发放 10000 元津贴，连续发放 2 年；程立群获得 2018 年度“临沂市技术能手”和临沂市“2018 年劳动之星”称号。

第七节　群监组织

一、群监会

（一）组织机构

2001 年 7 月 1 日，矿工会成立群众安全监督检查委员会，矿工会主席任主任，工会副主席任副主任，生产专业科室、工区有关人员为成员。下设分会，各分会设 1 名主任、2 名委员、3 ～ 6 名群监员。

截至 2018 年年末，古城煤矿工会群监会下设采煤、掘进、机电、运输、通防、机修、机关、安全等 14 个群监分会，设分会主任 14 人，群监员 56 人。

（二）工作职责

1. 向职工群众宣传党和国家的安全生产规章制度，监督检查安全措施的贯彻执行情况。

2. 监督或参与各项劳动保护法令规定、条例和规程的执行情况，广泛深入地开展群众性安全监督检查活动，保障职工的安全健康。

3. 发现违章指挥、强令工人冒险作业，生产过程中有明显重大事故隐患危及职工生命或造成国家财产损失时，有权代表职工向现场指挥人员提出停产解决的建议，组织职工停止作业，撤离危险现场。

4. 参加制定并审查劳动保护计划和措施的执行情况，发现问题，提出意见，限期整改。

5. 会同女工委员会做好女工家属安全协管工作，督促和参与执行国家有关保护女职工合法权益的规定。

（三）例会制度

1. 会议时间。群众安全办公会每月召开 1 次，群监例会每季度召开 1 次。

2. 参会人员。群众安全办公会参会人员为群监会全体成员。群监例会参会人员为群监会全体成员和群监员。

3. 会议程序。会议由群监会主任主持。首先由工会群监干事对一月（季度）来群众安全监督工作情况进行总结，提出存在的问题和不足，安排部署下月群监工作计划。各车间工会主席汇报本车间工会群众安全监督工作的开展情况，讨论分析存在问题的原因及解决办法，交流工作经验，提出下月（季度）工作重点。群监会主任对会议进行总结，对下步工作重点进行安排。

（四）考核

2014 年 1 月 10 日，印发《古城煤矿工会关于开展区际群监工作竞赛的通知》，制定考核办法，对群监员发放补贴，采掘分会群监员每月填写“群监员下井汇报卡”21 次，每人每班补贴 10 元；辅助分会群监员每月填写“群监员下井汇报卡”15 次，每人每班补贴 8 元。未完成考核指标的，每少 1 次扣罚 10 元。年度实现安全生产，平均得分 95 分以上的群监分会，对前三名进行奖励。每月开展 1 次安全大检查，召开 1 次群监工作例会，每季度对群监员进行 1 次培训。

（五）培训

群监会制定培训方案和具体培训计划，重点学习《古城煤矿工会群众安全监督检查工作条例》《古城煤矿安全奖惩条例》《煤矿特殊工种岗位操作程序》《青年安全监督岗实施细则》《煤炭法》《煤矿安全规程》等相关教材，观看安全教育录像片、安全教育展室，进行安全实验。

2001 ～ 2018 年，累计组织培训班 20 余期，600 余人次参加。

女工安全活动（2017 年摄）

（六）群监工作

2001 ～ 2018 年，群监会每月组织 1 次对井下采煤工作面、掘进头、主运输巷道等工作环境的隐患排查和设备安全检查，对查出的问题按规定上表登记，提出工作建议，监督整改，消除不安全因素。群监员按要求填写“群监员下井汇报卡”，对“三违”人员开展帮教活动。根据临矿集团工会和矿工会安排，开展“安康杯”竞赛和安全宣传，在各群监分会之间开展区际群监工作竞赛活动。每月召开 1 次群众安全办公会，每季度召开1次群监例会。

（七）井口接待站

古城煤矿群监员井口接待站由5人组成，由1名正科级干部任站长，另有专职接待员4人，群监小组14个，群监员72名，覆盖全矿各生产和辅助单位的班组。接待站实行挂牌上岗，建立矿井生产分布牌板、矿井安全工作重点公示牌板等牌板；建立站长和接待员的岗位责任制和各项管理制度；接待员执行“当班考勤记录不详不走，当班群监员汇报记录不详不走，隐患处理不彻底不走”的“三不走”交接班制度。站长每月下井10次，接待员下井6次。每旬召开1次工作例会，每周组织1次学习会，坚持每周一题、每月一课的安全生产学习制度。

2018年1月2日，成立古城煤矿工会劳动保护监督检查委员会，下发《关于成立劳动保护监督检查委员会的通知》，并开展相关工作。

二、协管会

（一）组织机构

2007年5月5日，成立女工家属协管会（以下简称“协管会”），设主任1人，女工委员会主任兼任，委员7人，设5个协管分会。

截至2018年年末，协管会下设6个协管分会，协管员18名。

（二）协管会主任工作职责

1. 抓好协管会、协管分会、协管小组的组织建设及协管员队伍建设，制订有关规章制度及工作计划，对协管工作实行目标管理。协管会每季度召开一次协管例会，每月召开一次协管工作经验交流会。

2. 掌握本单位一线职工和家属状况，定期向各协管分会和协管员通报安全生产情况，下达协管工作任务。

3. 向广大职工和家属宣传党和国家的安全生产方针、政策，宣传本单位有关安全生产的规定、措施，对家属进行安全常识教育，不断提高她们的安全意识，增强其参与安全管理工作的自觉性。

4. 组织签订“安全责任书”“安全公约”“安全互保合同”，开展“井口送温暖献爱心”“争当安全好矿嫂、好后勤”等形式多样的协管安全活动。

5. 与生产区队建立联系制度，及时了解掌握一线职工遵章守纪情况，定期对“三违人员”排查登记。对严重“三违”人员实行跟踪帮教，落实专人帮教，直到改正为止。

6. 定期对协管员进行安全业务知识培训，不断提高其业务能力和工作水平。

7. 定期对协管工作进行检查、考核、总结，对作出突出成绩的先进单位和优秀个人予以表彰奖励。

8. 对妨碍、阻挠协管工作，对协管员进行打击报复的行为进行批评教育，做好协管员的坚强后盾。

（三）协管员工作职责

1. 努力学习、宣传党和国家安全生产方针，了解和掌握煤矿安全生产的基本常识及本单位的安全情况，不断提高工作能力和水平。

2. 积极参加协管会组织的活动，认真完成协管工作任务，定期走访职工家庭，发动家属和子女做好一线职工的保勤、保安全工作。

3. 及时做好“安全意识薄弱人员”的安全帮教工作和“三违”人员的思想转化工作。

4. 教育职工家属主动承担家务，及时化解家庭矛盾，创造舒适和谐的家庭生活环境，保证职工不带任何思想包袱和负担上岗，实现安全生产。

家属协管会开展“传递安全情，幸福你我他”夫妻承诺活动（2011 年 6 月摄）

（四）协管工作

2008 年 11 月，举办“每日一题安全知识有奖竞猜”活动，现场进行歌曲表演等，通过寓教于乐的形式让职工学习安全知识。

2010 年 5 月，组织 6 名少先队员在副井口开展劳动节慰问活动。少先队员李婉清朗诵《致矿工叔叔的一封信》，表达对矿工叔叔按章作业、平安回家的殷切期望。同年夏，到井口为职工送矿泉水、绿茶、冰茶等解暑降温食品。

2012 年开始，每年的 7 ～ 8 月开展“井口送清凉、亲情嘱安全”活动，为职工赠送西瓜、绿豆汤等降温解渴食品。

2013 年 3 月 26 日，开展百名矿工家属嘱安全活动，家属代表向职工宣读《安全嘱托书》。

2005 ～ 2018 年，每年的元旦、元宵节、端午节、中秋节等节日期间，协管会组织各分会到井口为上下班的职工送水饺、汤圆、粽子、月饼、鸡蛋、苹果、面包等食品。配合女工委员会和安监处、区队，组织开展“三违人员亲情帮教会”，对“重点人”“重点户”“三违”人员进行帮教转化工作。每年签订《安全责任书》《夫妻安全公约》《父（母）子安全公约》。

第八节　文体活动

一、文体协会

2017 年 2 月 28 日，古城煤矿成立文体活动领导小组和文体协会，工会主席任组长，工会副主席任副组长，党群部有关人员为成员。各协会设会长、副会长、秘书长、理事若干人。会长负责全面工作，副会长协助会长开展日常工作，秘书长负责具体工作。文体协会下设篮球、乒乓球、羽毛球、中国象棋、书画、摄影分会。

二、体育活动

（一）篮球比赛

1994 ～ 2018 年，古城煤矿始终保持男子篮球队的建制。

1994 年开始，邀请参加矿井建设的施工单位、矿区周边的山东省水文三队、济南铁路局兖州机务段、兖州北站、兖州市公安局城郊派出所等单位来筹建处进行友谊比赛，并受邀到对方处进行比赛。

1998 年 10 月，筹建处举办国庆节篮球比赛，新汶矿务局工程公司、临沂矿务局工程公司等施工组队参加。

2001 年，篮球队的建设、训练、比赛更加规范；2005 年 10 月 1 ～ 4 日，古城煤矿组织 12 支篮球队开展比赛，电厂篮球队获得冠军，采煤二工区篮球队获得亚军，机关篮球队获得季军。

2006 年 10 月 10 ～ 19 日，男子篮球队参加临矿集团举办的职工体育年篮球比赛，获得第三名。

2007 年 5 月 16、18 日，邀请兖州市公安局机关和铁路北站派出所篮球队进行两场比赛。10 月 10 ～ 11 日，男子篮球队参加临矿集团工会和莱芜煤机厂主办的临沂矿业集团“煤机杯”职工篮球邀请赛。

2009 年，设立篮球总教练、裁判员、领队、队长，按时组织训练，竞技水平不断提高。10 月，举办“古煤杯”篮球比赛，邀请兖州煤机厂参加，共有 12 支篮球队，经过 3 天的比赛，机关队、选煤厂队、电厂队分获第一名、第二名、第三名。

2010 年 8 月 31 日，临矿集团职工篮球选拔赛在古城煤矿和莱芜煤机厂两个分赛区同时进行，9 月 3 日在古城煤矿进行决赛，古城煤矿男子篮球队获得冠军。

10 月 26 日，将“古煤杯”更名为“金秋杯”，并举办“金秋杯”职工篮球联赛。来自采掘、辅助、地面的 14 支篮球队采用抽签方式分成 4 个组，每组的前两名进入下一轮比赛。选煤厂队、机电工区队、机关队分获第一名、第二名、第三名。

2013 年 4 月 29 日至 5 月 2 日，古城煤矿组织庆五一篮球赛。有 14 支代表队参加，机关队、运输工区队、选煤厂队分获第一名、第二名、第三名。

2014 年 5 月，古城煤矿和新驿煤矿组成临矿集团篮球队在湖西监狱煤矿进行友谊比赛。

2017 年 1 月，将篮球比赛更名为“野狼杯”，并举办“野狼杯”篮球赛，煤炭营销公司获得冠军。

2018 年 5 月，男子篮球队参加兖州区总工会、区直机关工委、体育运动中心组织的“庆五一”职工篮球比赛。

职工篮球赛（2012 年 5 月摄）

“野狼杯”篮球赛冠军队领取奖品（2017 年 1 月摄）

（二）乒乓球比赛

1998 年 5 月，为庆祝五一国际劳动节，举办“庆五一”乒乓球比赛，邀请新汶矿务局工程公司、临沂矿务局工程公司等施工单位参加。

2004 年 5 月，电厂职工石道勇代表矿参加兖州供电公司举办的电力系统职工乒乓球比赛，获得男子组第 7 名。

2006 年 10 月 10 ～ 19 日，参加临矿集团举办的职工体育年乒乓球比赛。

2008年11月6～7日，参加临矿集团工会、团委联合举办的首届职工乒乓球比赛。

2014年4月19～21日，参加临矿集团工会在王楼煤矿组举办的临矿集团第三届职工乒乓球比赛。

2015年4月，参加临矿集团工会在王楼煤矿举办的临矿集团第四届职工乒乓球比赛，女子代表队获得女子团体第二名，男子代表队获得男子团体第六名。

2017年4月，参加临矿集团工会举办的庆五一文体系列活动，古城煤矿女子乒乓球代表队获得女子团体第一名，李忠玲获得女子单打第一名。

在第五届职工乒乓球比赛中，古城煤矿女子代表队获得女子团体第二名，李忠玲获得女子单打第三名。

2018年5月，承办并参加临矿集团举办的第七届职工乒乓球比赛，古城煤矿分别获得男子组团体第三名，女子团体第三名；房思洋获男子单打亚军，李忠玲获女子单打第三名。5月，通防科职工李星坤代表古城煤矿参加兖州区总工会、区直机关工委、体育运动中心组织的“庆五一”职工乒乓球比赛，获得男子组个人第五名。

乒乓球比赛（2018年7月摄）

（三）羽毛球比赛

2005年10月1日，举办庆祝国庆羽毛球比赛。男子参赛职工43名，女子参赛职工21名。运输工区尤作柱获得男子单打冠军，安培中心宋蕾获得女子单打冠军。

2017年6月，举办“活力幸福·羽你共享”羽毛球比赛，共有53名选手参加男子团体、女子团体、男子单打、女子单打的比赛。煤炭营销公司、保卫科、电厂分别获得男子团体一、二、三等奖，电厂、机电工区、机关分别获得女子团体一、二、三等奖。钊阳、邢成、卢化路分别获得男子单打第一名、第二名、第三名；樊艳慧、魏茂运、邵先秀获得女子单打第一名、第二名、第三名。

（四）中国象棋比赛

2001年，田俊峰代表古城煤矿参加兖州市举办的中国象棋比赛，获得冠军。2002年12月30日，古城煤矿工会和团委联合举办了第一届中国象棋比赛，古城煤矿机关等9个单位邀请临沂矿务局救护队、新区建设指挥部共40名选手参加了比赛。

（五）其他运动项目

2012 年 5 月，古城煤矿代表临沂市总工会，参加在菏泽市举办的山东省第六届职工运动会排舞比赛，获得团体二等奖。

2014 年 6 月 12 日，女子拔河队参加“山东能源拔河比赛”。

（六）综合项目

2001 ～ 2018 年，元旦、春节、劳动节、国庆节等重大节假日组织开展内容丰富的综合性体育活动。个人项目包括自行车慢车比赛、托乒乓球跑步和踩气球、趣味五子棋、跳绳、俯卧撑、引体向上、蹲跳等。集体项目有够级、拔河等比赛；游戏活动有“齐心协力”“牵手”“手足情深”等。

（七）职工运动会

2010 年 9 月 29 日至 10 月 1 日，举办首届秋季职工运动会，有 14 支代表队 223 名运动员参加。竞赛项目包括：男子、女子 100 米、200 米、400 米、800 米、1500 米跑，4 × 400 米接力跑。

2012 年 10 月 1 日，举办第二届秋季职工运动会，有 13 支代表队 142 名运动员参加。竞赛项目包括：男子、女子 100 米、200 米、400 米、800 米、1500 米跑，4 × 400 米接力跑（男子），男女 100 米跳绳跑等。

2013 年 10 月 1 日，举办第三届秋季职工运动会，共有 13 支代表队参加，男子有 127 人次、女子有 48 人次参加。竞赛项目包括：男子、女子 100 米、200 米、400 米、800 米、1500 米跑，4 × 400 米接力跑（男子）。

2014 年 3 月，古城煤矿被中国煤矿体协授予“全民健身先进单位”，工会主席贾安强被授予“全民健身先进个人”称号。

职工运动会（2012 年 5 月摄）

三、文艺活动

（一）临矿集团组织

2009 年 3 月，参加临矿集团组织的“女职工才艺作品展”。温岭创作的十字绣

《陶》、赵雪飞创作的剪纸《十二生肖》获得一等奖；袁园创作的摄影作品《亲情嘱托》、徐秀华和高琳琳合作的扎花《富贵平安》、丁瑞创作的硬笔书法作品获得二等奖。

2010年3月12日，由淮北市豫剧团主创的大型现代豫剧《和谐矿山》在古城煤矿职工俱乐部演出，临矿集团董事、工会主席雷其春，临矿集团政工处、古城煤矿、新驿煤矿、田庄煤矿、王楼煤矿、军城煤矿、兖州煤机厂等单位干部职工共同观看演出。

2012年6月14日，临矿集团组织的巡回演出走进古城煤矿，围绕《临矿的昨天、今天和明天》这条主线，展示临矿集团二次创业的宏伟蓝图。

2013年6月25日，临矿集团工会组织9名职工演员到井口慰问演出，送给下井矿工印有“祝您平安”字样的毛巾500条和水壶500个。

2018年5月12日晚，临矿集团工会在古城煤矿久久平安广场举办“中国梦·临矿情”大型慰问演出晚会。古城煤矿与兖州蜚声文化传媒有限公司合作，第一次通过微信公众号进行实时转播。

临矿集团巡回慰问演出（2018年5月摄）

（二）自办晚会

1995年5月1日，筹建处在会议室举办首届“庆五一”卡拉0K大奖赛文艺晚会，职工及家属参加。公安科科长尚金铎以一曲《小白杨》夺得第一名。

1998年4月30日，筹建处在新建成的联合福利楼二楼举办“庆五一”文艺晚会，邀请各施工单位参加表演，节目有现代京剧清唱、流行歌曲、快板等。

2003年，在久久平安广场举办迎新春焰火晚会。

2006年9月30日，古城煤矿工会与兖州九一医院联合举办丰富多彩的文艺晚会。

2008年10月7日，与邱集煤矿联合举办以“和谐·奋进·欢乐”为主题的“金秋之声”文艺联欢晚会。中共古城煤矿党委书记、矿长陈家忠，邱集煤矿党委书记、矿长郭修杰及职工家属一起观看演出。

2010年1月1日，与兖州市豫剧团联合举办戏曲联欢晚会。

2011年1月12日，举办庆祝矿井投产十周年歌舞晚会，节目包括舞蹈、魔术、口技、模仿秀等，1000余名职工及家属观看演出。2月17日，举办元宵节焰火晚会。

2012年10月1日，在职工俱乐部举办职工自创小品汇报表演暨颁奖晚会。来自采掘、辅助7个单位的职工演员参加了演出，小品题材来自矿山，富有当代矿工特色。采煤二工区创作的小品《阳光汇款》获得一等奖，掘二工区创作的小品《师徒情谊》、巷修工区创作的小品《相亲》获得二等奖。

2013年1月1日，在职工俱乐部举办卡拉OK大奖赛，有13支曲目参加比赛。煤管科职工王瑞的《等待》、机电工区职工朱雅琪的《高原不寂寞》获得一等奖。晚会的主要节目有：舞蹈、歌曲、“三句半”、小品、说唱、相声、二胡演奏、诗朗诵、情景剧、魔术、杂技、武术、团体操、格斗表演等。

2001—2018年，古城煤矿每年的元旦、春节、劳动节、国庆节期间，举办形式不一、规模不等的文艺晚会。

职工自编自演小品（2012年9月摄）

（三）书画、摄影展

1998年4月，筹建处工会组织开展首届“庆五一、迎五四”职工书画展活动，筹建处及施工单位的书画爱好者20余人创作书画作品60余幅，在联合福利楼（办公楼）二楼北侧走廊内展出。

2004年10月，工会组织开展了书法（含硬笔书法）、绘画、漫画展活动，有30余名职工参加，创作各类作品100余幅。

2005年9月，与兖州市民盟在职工俱乐部联合举办书画展，邀请兖州市书画大师现场挥毫，创作作品66幅，让职工感受中国书画的魅力。

2010年10月6日，举办首届“爱家园、促和谐”摄影比赛，收到参展作品200余幅，较好地反映了古城煤矿的矿容矿貌和职工的风采。

2014年10月，举办第六届“古煤杯”书法、美术、摄影展。书法展包括硬笔书法。美术包括国画、油画、水粉画、装饰画、版画、漫画。摄影包括黑白、彩色。

各设一等奖、二等奖、三等奖、纪念奖 4 个等次。

2016 年 4 月，参加临矿集团组织的书画摄影展，李星坤拍摄的“平邑县石膏矿救援系列”摄影作品获得二等奖。

2017 年 7 月、2018 年 7 月，举办两次以党风廉政建设为主题的书画展。

兖州市书协在古城煤矿举办联谊会（2010 年 5 月摄）

（四）女工才艺展

2014 ～ 2018 年，古城煤矿工会组织女职工和职工家属举办以“展我才艺、靓我风采”等为主题的女工手艺作品比赛活动。参赛作品有十字绣、刺绣、剪纸、绣鞋垫子、编织类共 127 件，设一等奖 5 名、二等奖 8 名、三等奖 15 名、鼓励奖若干。

（五）交谊舞培训

2003 年 11 月，举办为期 15 天的交谊舞培训班，教授华尔兹、水兵、探戈、恰恰舞等舞蹈，每晚在矿大门口东侧的广场举行，全矿管理人员和舞蹈爱好者近 200 人参加培训。

（六）亲子交流会

2013 年 11 月 21 日，古城煤矿工会召开“父子、母子亲情交流会”。邀请 10 个家庭的父母与子女面对面交流感情。每个子女为父母准备一份礼物，组织文艺人员朗诵诗歌《感谢父母》，演唱歌曲《父亲》等。

第九节　女工工作

一、组织机构

1992 年 8 月至 2001 年 1 月，矿井筹建时期，筹建处女职工较少，管理机构尚不健全，未设立女工委员会。

2002年3月，成立古城煤矿女工委员会，设主任1人，委员3人。下设机关、机电、机修3个女工分会，有女职工113人。

2007年5月，调整女工委员会，设女工委员会主任1人、委员16人。下设机关、机电工区、机修工区、选煤厂、电厂5个女工分会，有女职工241人。

截至2018年年末，女工委员会仍设5个女工分会，20个女工小组，有女职工246人。

二、女工活动

古城煤矿女工委员会紧紧围绕中心工作，大力实施“素质提升、建功立业、权益维护、安全协管”工作，着力打造出一支爱岗敬业、甘于奉献、积极进取、勇于创新的“矿山巾帼队伍”。

2001年5月，制定下发《关于开展“女职工素质自我达标”活动的意见》，成立活动小组和“女职工素质自我达标”活动标准，活动的开展提高了女职工的自身素质和业务技能。在全矿职工家属中开展“十嘱咐”活动，筑起第二道安全防线。6月，组织98名职工家属到井下一线体验生活；10月，组织各岗位女工参加“决战四季度安全无事故”活动。

2003年，女工委员会积极配合“百日安全决战”活动，向生产一线的1235名职工发出“安全一封信”，叮嘱职工高高兴兴上班，平平安安回家。

2004年，印发《古城煤矿女职工劳动保护实施细则》。

2005年，组织女工开展岗位技术比武练兵暨评选岗位技术能手活动，有10名女工被命名为岗位技术能手称号，每月给予技术津贴200元。组织开展签订《夫妻安全公约》活动，共签订《夫妻安全公约》952份。

2006年，组织123名女工开展“五比五赛”劳动活动。7月，组织52名职工家属，到井下一线开展了“走千米井下、送一丝清凉”为主题的体验活动，为一线职工送安全嘱托。

2007年，开展“微笑窗口”服务活动，在机电工区充灯房进行启动仪式。

2009年5月，组织15对夫妻开展“夫妻亲情交流会”活动。9月，开展“四大”系列活动：一是开展“走千米井下、知一线艰辛、立足岗位、爱岗敬业”活动。组织16名女职工到井下2109工作面，为职工送上牛奶、面包、苹果和火腿肠。二是在家属中开展“走千米井下，知亲人艰辛，当好贤内助，吹好枕边风”活动。三是在女大学生中开展“体验一线艰辛，立足矿山，奉献矿山”活动，组织8名女大学生到采煤工作面，现场体验井下工作环境与地面工作环境的差异。四是在干部家属中开展“走千米井下，心系职工，关注安全”活动，通过现场体验，增强她们“心系职工、关注安全、关注和谐发展”的意识。在四季度安全决战活动中，组织女工到10个生产单位，将1500余份安全倡议书送到职工手中，积极配合安全决战活动。

2010年6月，开展“情系安全、爱我古城”安全活动；9月，举办以感恩父母为主题的“父子母子亲情交流会”。

2011年5月，组织机关女工到工区开展“班前五分钟亲情伴我行”活动。

获奖的最美女工（2016 年 3 月摄）

2012 年，开展《读书让女人更美丽》的倡议活动；3 月，举办以“展示女工风采、争做阳光女性”为主题的女职工手工才艺作品大赛，共收到各类参赛作品 358 件。3 月 5 日，古城煤矿工会女工委员会邀请济南南丁妇科肿瘤筛查中心赵淑芹教授讲解妇科常见病的诊断、预防和治疗。6 月，组织女子演讲小分队，到各工区开展以“生命至上、安全发展”为主题的安全宣讲活动。2013 年 4 月，为全面提高女职工队伍的整体素质，以“创建学习型组织，争做知识型女性”为目标，成立女职工培训学校，举办财务知识培训班，有 15 人参加培训。

2014 年 5 月，举办“提升女性形象、塑造新时代女性”为主题的培训班，参加人员 102 人；6 月，以关爱职工生命、守护职工幸福为出发点，开展夏季“关爱送一线”系列活动；8 月，开展以“展我才艺、靓我风采”为主题的女工手工才艺作品比赛，有 105 名女工参加活动，收到作品 221 件。

2015 年 2 月，在职工家属中开展“百日安全生产无事故”等活动，有 117 名职工家属参加活动；4 月，举办“关爱女性健康”知识讲座和健康义诊活动，先后有 211 名女工、家属参加活动。

2016 年，开展岗位小课堂活动，实行“一岗一学、一岗一练”；开展以“孝老爱亲·你我同行”为主题的“三个一”活动；组织职工子女到井口开展“小手牵大手、安全跟着亲情走”活动。

2017 年 3 月，举办以“健康一个女人、幸福一个家庭、和谐一个社会”为主题的健康知识讲座，提升女工健康意识，切实关爱女工身体；5 月，开通女工微信群；7 月，成立井口夏日清凉驿站。

2018 年，为推进“女职工素质提升工程”和“女职工建功立业工程”，分别举办以“智慧女性·书香古城”为主题的读书交流会，教育、引导、帮助女工争当“有为、有位、有威、有味”四有女工；举办以“传承美德、弘扬孝道”为主题的“我教父母用手机”活动；在一线职工家属中开展“我接亲人上井来”主题活动。

三、专项活动

1. 开展“五个一”活动。以“敬业、奉献、提高”为主题，开展“读一本好书、接受一次文化技术培训、精通一门业务技术、参加一次高层次学历教育、提一条有价值的合理化建议”为内容的“五个一”活动，女工参与率达到100%，有效提升女工业务素质。

2. 开展女职工岗位建功立业活动。（1）以选煤厂女大学生杨红艳、王丽芳为带头人的大学生团队，在煤泥浮选课题攻关中，攻克极细颗粒煤的浮选难题，每年多回收精煤10万吨，年增效益约5000万元，选煤厂浮选车间被临矿集团工会授予“女职工建功立业示范岗”称号。（2）主井提升组9名女工司机创出连续14年安全提升无事故的纪录，先后被中华全国总工会授予“全国五一巾帼标兵岗”，被山东省国资委授予“青年文明号”称号；提升机司机杨继英被临矿集团工会授予“女职工建功立业标兵”称号。

3. 开展“争做阳光人”“做好阳光事”“体现阳光情”三项活动。先后组织开展《阳光心态》征文、卡拉OK大赛、自创自演小品等女工喜闻乐见文娱活动，使女工切身融入团队中，达到凝聚人心、增强才干的目的。

4. 组织开展维护女工权益活动。古城煤矿与工会签订《古城煤矿女职工特殊权益保护专项集体协议》《古城煤矿女职工权益保护专项合同》，纳入年度考核内容，合同签订、续签和履约率分别达到100%；组织学习《女职工劳动保护特别规定》，通过黑板报、宣传栏、矿网站、自动化办公网络平台等多种有效载体广泛宣传相关权益规定，发放女职工劳动保护知识问卷，宣传手册做到人手一册，增强了女工学法、懂法、用法的意识。坚持每年为全矿女工进行1次免费妇科体检，建立《女职工健康档案》，保障了女工的身心健康。定期邀请专业妇科医师来矿为女工开办专题知识讲座，为女工讲授各类女性心理及生理保健知识，有效增强了女工的健康意识。建立女职工档案和单亲女工、困难女工帮扶档案，及时解决女工实际困难。

5. 节日活动。2001～2018年，每年的“三八”妇女节期间，举办内容、形式不同的文体活动，丰富女职工的文化生活。

6. 孝心活动。组织开展为父母写感谢信、汇孝心款、打亲情电话等活动，引导职工用真情回报父母，报答父母养育之恩，弘扬了中华民族传统美德。

7. 评选活动。每年“三八”妇女节期间，组织开展评选表彰“三八”红旗手、“最美女工”“最美家庭”“女职工建功立业标兵”“阳光和谐家庭”“安全好矿嫂”等活动，提升女工的自豪感、荣誉感和归属感。

快乐的“三八节”（2016 年 3 月摄）

8. 荣誉旅游。组织获得荣誉的女职工到平邑县沂蒙山国家地质公园、莒南县天马岛旅游区、泰安东平湖湿地公园、济宁小北湖景区、枣庄石榴园等景区观光旅游。

9. 慰问活动。从 2001 年开始，历年的元旦、春节、元宵节、妇女节、劳动节、端午节、国庆节、中秋节、安全生产月或在高温、极寒等极端天气，女工委员会到井口或班组组织开展慰问活动。

井口慰问活动（2017 年 7 月摄）

截至 2018 年年末，古城煤矿有 3 名女工获得高级职称，18 名女工获得中级职称，123 名女工取得相应学历，40 名女工享受技能人员补贴，11 名女工被聘任为副科级及以上管理人员，11 名女工通过临矿集团专业考试进入临矿集团人才库。

第十节　关怀帮扶

一、困难帮扶

1994 年，成立筹建处工会组织，每年春节对生活困难的职工给予一定的救济帮扶，对发生意外情况造成生活困难的职工进行不定期的救济帮扶。2006 年 3 月 1 日，成立困难职工帮扶中心和领导小组，本着“面向职工、救急济困、快捷服务”的原则，规范帮扶救助工作。

1. 资金来源：行政拨付。按照全矿在册职工每人 50 元的标准和按自用经费 10% 的标准，一次性投入困难职工帮扶中心，帮扶中心资金在工会设立专户，专款专用。

2. 帮扶范围：生活困难的在职、离退休、工伤残职工，工病亡遗属，子女考入大学的职工。

3. 帮扶标准：家庭遭遇意外灾害，致使生活难以为继的职工家庭，一次性给予 500 ～ 2000 元的救助；工伤残人员和工亡遗属子女应届毕业考入大学本科、专科、中专、技校的职工子女，给予 1000 ～ 4000 元的一次性资助；职工及直系亲属患恶性肿瘤、尿毒症、白血病、器官移植等重大疾病致使家庭生活特别困难的一次性给予 2000 ～ 5000 元的救助；其他方面的特殊救助视情节轻重酌情救助。集团公司级以上的劳动模范和单亲职工家庭生活困难的，一次性给予 500 ～ 2000 元的资助；应届毕业考入大学的特困职工子女，给予 1000 ～ 2000 元的一次性资助。

2001 ～ 2018 年各级工会对古城煤矿职工帮扶救助情况如表 7-5-7 所示。

表 7-5-7　2001 ～ 2018 年各级工会对古城煤矿职工帮扶救助情况统计表

年度	省总工会		省煤矿工会		临沂市工会		临矿集团工会		古城煤矿工会	
	人数	金额（元）	人数	金额（元）	人数	金额（元）	人数	金额（元）	人数	金额（元）
2001							5	5000	72	38500
2002							4	4000	86	42000
2003							3	3000	83	43000
2004							4	4000	97	51000
2005							8	8000	93	52500
2006							7	7000	114	54000
2007			2	2000			5	5000	107	55000
2008							5	7000	121	64800

续表

年度	省总工会		省煤矿工会		临沂市工会		临矿集团工会		古城煤矿工会	
	人数	金额（元）	人数	金额（元）	人数	金额（元）	人数	金额（元）	人数	金额（元）
2009			1	2000			3	3000	147	95100
2010							5	6000	125	65200
2011							11	11000	166	142600
2012							9	9000	134	71000
2013							12	12000	205	139800
2014							10	10000	153	124000
2015			1	3000			10	20000	129	116000
2016							13	16000	113	103000
2017	2	6000			1	3000	5	5000	127	111000
2018							5	7000	120	124000
合计	2	6000	4	7000	1	3000	124	142000	2192	1492500

2001～2018年，山东省总工会帮扶救助2人，发放救助金6000元；山东省煤矿工会帮扶救助4人，发放救助金7000元；临沂市总工会帮扶救助1人，发放救助金3000元；临矿集团工会帮扶救助124人，发放救助金142000元；古城煤矿帮扶救助2192人，发放救助金1492500元。

二、职工慰问

2018年4月26日，依据《中华人民共和国工会法》，修订完善《古城煤矿职工慰问工作办法（试行）》，慰问范围为矿在册职工伤病、婚丧、生育、法定节日、退休等。慰问品金额或慰问金标准为看望伤病住院人员一次不超过500元。丧葬慰问金，在册职工本人去世，给予直系亲属丧葬慰问金不超过3000元；在册职工直系亲属去世，给予职工丧葬慰问金不超过2000元。生育慰问每次不超过1000元。生日慰问金额不超过300元。退休及内部离岗慰问，发放纪念品，金额不超过2000元。在册职工个人每年慰问品总额不得超过1600元。

（一）生日慰问

2009年开始，古城煤矿工会按月为过生日的职工赠送一份蛋糕，由职工食堂加工制作；一张贺卡、一份礼品（包括玻璃水杯、床上用品、餐具、车载饰品、电风扇等，每年一调整）。

2009～2018年古城煤矿发放慰问礼品如表7-5-8所示。

表 7-5-8　　2009 ～ 2018 年古城煤矿发放慰问礼品一览表

年度	人次
2009	2830
2010	2809
2011	2809
2012	2836
2013	2726
2014	2684
2015	2660
2016	2459
2017	2350
2018	2203
合计	26366

（二）生育慰问

2001 ～ 2018 年，古城煤矿工会为 200 余名生育职工发放营养品、童车婴幼儿用品。

（三）退休、内部离岗慰问

2017 年开始，对退休、离岗职工，实施“四个一”荣休活动：开一次座谈会、赠送一块纪念银牌（价值 2000 元，铸有山东能源集团徽章图案和“光荣退休”四个字）、举办一次送行宴、派一辆车送回家，让职工有一种荣誉感、归属感。

截至 2018 年年末，按“四个一”标准，慰问退休、离岗职工 108 人。

三、金秋助学

2005 ～ 2008 年，山东省煤矿工会、临矿集团工会、古城煤矿工会为当年考入各类院校的困难职工子女发放助学金，确保每一名困难职工子女都能上得起大学。职工可凭大学录取通知书，持车间工会证明，向矿工会申报，工会按规定标准和每个家庭的实际情况发放助学金。

2005 ～ 2018 年金秋助学情况如表 7-5-9 所示。

表 7-5-9　　2005 ～ 2018 年金秋助学统计表

年度	省煤矿工会		临矿集团工会		古城煤矿工会	
	人数	金额（元）	人数	金额（元）	人数	金额（元）
2005			2	4000	3	4000

续表

年度	省煤矿工会		临矿集团工会		古城煤矿工会	
	人数	金额（元）	人数	金额（元）	人数	金额（元）
2006			2	4000	4	4000
2007			2	6000	4	6000
2008			1	3000	4	3800
2009			3	9000	13	11000
2010			3	9000	11	7200
2011			3	6000	26	14500
2012			4	12000	30	15000
2013			6	18000	15	7500
2014			5	16000	28	14000
2015			8	25000	32	18500
2016	1	2000	4	11000	33	19000
2017			5	18000	22	13500
2018	1	2000	3	12000	26	17500
合计	2	4000	51	153000	251	155200

2009～2018年，除为有困难的家庭发放助学金外，还为每名考入大学的职工子女发放一定的助学金，赠送1个行李箱。截至2018年年底，山东省煤矿工会累计为2名困难职工子女发放助学金4000元，临矿集团工会累计为51名困难职工子女发放助学金153000元，古城煤矿工会累计为251名大学生发放困难救助金、助学金155200元。

四、捐赠

2005年，中共古城煤矿党委在开展保持共产党员先进性活动中，开展“帮弱、帮贫、帮孤、帮学”党性实践活动。3月8日，组织全矿251名党员和14名入党积极分子举行献爱心捐款活动，捐款58790元。

2007年8月，组织全矿职工为新矿集团华源矿业公司遇难矿工家属捐款。

2008年5月16日，开展慈心一日捐活动，向四川汶川地震灾区捐款151940元。5月21日，中共古城煤矿党委开展“心系灾区人民，缴纳特殊党费”活动，279名党员缴纳“特殊党费”43800元，以实际行动支援四川地震灾区。27日，古城煤矿向济宁市慈善总会捐赠人民币100万元。5月29日，团委组织开展“特殊团费援四川灾区”活动，组织714名团员捐款14280元。12月18日，古城煤矿启动“送温暖、献爱心”为灾区捐款捐物活动，全矿共捐款72080元，捐棉衣、棉被等物品300多件。

2010年5月13日，古城煤矿举行“奉献爱心，情系玉树”捐款活动，全矿干部职工向玉树地震灾区捐款229350元。

2013年6月17日，中共古城煤矿党委以“奉献一片爱心，构建和谐社会”为主题举办“慈善一日捐”活动，共计捐款136000元。

2017年，向沂水县、兰陵县的老党员和困难家庭捐赠液晶电视机350台，图书、文学杂志（书刊）3260余册。

2001—2018年，每年都举行“慈心一日捐”（爱心一日捐、慈善一日捐）活动，广大干部职工积极为社会、为他人奉献爱心。

慈善一日捐（2010年6月摄）

五、爱心超市

2018年4月9日，古城煤矿成立爱心帮扶超市，建立长效困难帮扶机制。帮扶范围为古城煤矿在职职工、低保户、工亡遗属、困难残疾职工、因重大疾病丧失劳动能力的特殊人群、遭遇重大变故导致生活困难职工。爱心超市位于食堂大厅东侧，室内面积32平方米，物资由工会购买，包括大米、面粉、花生油、牛奶等生活物资和用品。家庭生活困难职工可根据有关的帮扶政策，由本人申请，车间工会审核，工会调查核实后，每户每月到党群服务中心领取一张价值200元的“爱心券”，到爱心超市领取需要的生活物资、用品。

第十一节　职工疗养

一、组织实施

为维护和保障职工合法权益，调动职工积极性，增强企业凝聚力，自2004年开始，根据临矿集团工会（临沂矿区工会）统一安排，坚持“严格组织、统一管理、综合平衡、先模优先、侧重一线”的原则，古城煤矿工会组织实施职工疗养工作。

二、组织形式

1. 康复疗养：主要对象是患有职业病、腰腿痛、皮肤病及煤矿常见病和其他疾病康复治疗阶段的干部职工。2002 年，规定时间一般为每期 2 个月，2015 年调整为每期 20 天。费用 2000 元以下，特殊病员经单位同意，费用不超过 2500 元。一般安排在山东煤炭泰山疗养院、山东煤炭临沂温泉疗养院。

2. 短期健康疗养：主要对象是在井下从事无害作业超 5 年以上的从业人员，时间一般为 7 ～ 10 天。

3. 荣誉疗养：主要对象是对企业发展作出贡献的各类业务骨干和先模人物。时间一般为 6 ～ 10 天。

4. 疗养期间的各项待遇：按正常出勤计算，工资照常发放，报销一次往返路费。康复疗养的由所在单位发给生活补助费，每天不低于 10 元。

三、工作开展

1. 康复疗养：根据临矿集团（临沂矿务局）工会计划安排，2002 ～ 2018 年，组织 931 名职工分别赴泰安、青岛、临沂、北戴河、桂林等煤矿工人疗养院进行康复疗养。

2. 荣誉疗养：根据不同季节，安排不同的疗养地点。主要有台湾、海南、福建、广西、贵州、陕西、黑龙江、吉林、辽宁、山东省内等地，交通工具一般为飞机、高铁、动车、火车、豪华客车。2005 ～ 2018 年，古城煤矿共安排荣誉疗养 1800 余人次。

第十二节　职工持股会

一、募股

2002 年，临沂矿务局实施改革改制；9 月，矿区工会根据《公司法》和《山东省职工持股会管理试行办法》规定，制定职工持股会章程，开始募股。矿成立职工持股会，组织职工参加募股。在册职工 551 人，参加募股人员 445 人，募股金额为 271.4 万元，有 106 人放弃募股。2009 年完成退股，其间购股人员有增减变化。

二、分红

2002 年，按税后 8% 比例分红。

2003 年，年度分红 3 次，累计分红比例为税后 46%。

2004 年，年度分红 3 次，累计分红比例为税后 33%。

2005 年 2 月，进行增资扩股调整，持股职工享有原持股金 40% 的配送股，年度分红 5 次，累计分红比例为税后 103.79%。

2006 年，对持股人分 2 次配送 30% 股金，3 次现金分红，累计分红比例为税后 35%。

2007 年，对持股人配送 20% 股金，3 次现金分红，累计分红比例为税后 36%。

2008 年 1 月 25 日，按税前 11% 分红。2008 年 3 月 10 日，按税后 30% 分红。

2008 年 3 月 20 日，根据《关于东山公司 2008 年 3 月购股标准等问题的通知》，古城煤矿原未持股、劳务输入、职务调整等人员按购股标准购买东山公司股金。

2008 年 7 月，按税后 88% 分红，其中 18% 现金分红，70% 配送股。11 月，按税后 20% 进行分红。

2009 年 3 月，按税后 12% 分红；7 月，按税后 24% 分红；10 月，按税后 12% 分红。

2010 年 1 月，按税后 12% 分红。

三、退股

2009 年 12 月，按每股 1.31 元退出，古城煤矿职工不再持有股份。

第十三节　工会经费

一、经费来源

根据《中华人民共和国工会法》和临矿集团工会的有关规定，工会经费来源是按照职工工资总额的 2% 提取和工会会员个人缴纳，按工会经费的 40% 上缴临矿集团工会。

二、经费收缴

提取部分由矿财务科每月按规定足额提取，个人缴纳部分以车间工会为单位，每年缴纳 1 次。

三、经费核算

1992 年 8 月至 2000 年 12 月，工会经费由筹建处财务科核算；2001 ～ 2011 年，古城煤矿工会设财务会计，独立核算工会经费；2012 ～ 2018 年，纳入矿财务统一核算。

四、经费使用

为加强工会经费的管理，制定《古城煤矿工会经费管理办法》，明确工会经费支出范围，规范标准和程序，便于各车间工会执行。工会设专职财务人员管理经费。

1. 支出范围：职工活动支出（文体活动、节日井口慰问、夏季送清凉活动）、维权支出（困难救济、丧葬补助费、看望病人、看望伤员、走访慰问）、业务支出和其他支出。

2. 支出要求：工会经费必须在规定的范围内严格开支，经过以下步骤：有举办活动的文件、通知；有工会部门负责人和工会主席签批的提报申请；金额在3万元以下支出必须进行市场调研，金额在3万元以上的支出由外委办组织招标。

2001～2018年古城煤矿工会经费收支如表7-5-10所示。

表7-5-10　　2001～2018年古城煤矿工会经费收支统计表

单位：元

年度	经费收入		经费支出
	工资提取	个人缴纳会费	-
2001	869721.53	-	547213.63
2002	884260.48	-	624971.51
2003	9021543.82	-	695138.24
2004	9277543.21	-	772451.46
2005	930635.73	60220	906483.57
2006	935428.32	66540	941950.00
2007	1368162.05	67200	820720.02
2008	1664330.08	69140	1657536.22
2009	2593973.74	71050	1805180.00
2010	3662406.27	73340	2114136.00
2011	4542542.11	76800	4937101.00
2012	4675523.69	77520	5885126.66
2013	4566647.18	78600	3413994.30
2014	4442105.28	76950	2033438.80
2015	4531783.79	76560	5213756.19
2016	4639064.00	80650	5148049.32
2017	4770335.84	68535	5487596.09
2018	4800000.00	66480	6475672.51
合计	68176007.12	1009585	49480515.52

第十四节　虚拟社区

2017 年 3 月，为推动“活力幸福”矿区创建活动提档升级，营造更加和谐稳定的矿区环境，开展“虚拟社区”建设。

一、机构设置

成立“虚拟社区”管理领导小组，党委书记、矿长任组长，党委副书记、纪委书记、工会主席任副组长，各单位、科室负责人为成员，社区办公室设在党群部，成立安全生产组、劳动保障组、思想稳定组、信访稳定组、治安防控组、计生管理组、劳资社保组、外协纠纷组、法律事务组、交通安全组、网络信息组、党风廉政组、青工帮教组、帮贫扶困组、职工保险组等 15 个小组。

二、管理体系

将全矿职工按住址划分为 10 个“虚拟社区”，每个“虚拟社区”设主任 1 名和片长若干名，负责本社区的整体工作，各“虚拟社区”根据所在地管辖部门，聘请 1～2 名当地辖区公安民警、计划生育工作人员担任辅导员，协助解决处理各类问题。

三、“虚拟社区”划分

根据职工居住地，划分 9 个虚拟社区：育才社区，居住职工 260 人；安培社区，居住职工 527 人；丽都社区，居住职工 50 人；琉璃厂社区，居住职工 48 人；明珠社区，居住职工 40 人；铁路社区，居住职工 96 人；古城村社区，居住职工 86 人；陈村社区，居住职工 36 人；紫金城社区，居住职工 60 人。设 1 名社区主任，2 至 4 名片长。

四、主要工作

1. 舆情管理。做好热点焦点及敏感信息的监控等，重要信息及时汇报。

2. 便民代办。如户口迁移、居住证申领，计生关系转接，车辆年审、保险办理，住房公积金、供暖补贴、话费代缴等做到方便、快捷、便民。

3. 咨询接访。开展心理咨询、法律咨询、信访接待、公安民警接访等。

4. 治安防范。各社区出现问题后及时联系驻地公安机关，最大限度确保职工、家属的合法利益不受侵害。

5. 区队走访。适时参与班前班后会，有针对性地协助区队管理。

6. 安全协管。做好消防、涉爆等安全管理。

7. 困难救助。建立困难职工档案，及时协调相关专业组进行救助。

8. 职工维权。根据情况分类协调安全、劳资、信访、法律、纪检等相关专业组，依法依规帮助职工进行维权。

9. 矛盾调解。对排查发现的矛盾纠纷及时进行干预，将问题化解在萌芽状态。

10. 普法宣传。利用虚拟社区简报、虚拟社区电子管理系统、社区 QQ 群、微信群等宣传载体向职工宣传法律知识。

11. 物品收发。设立“失物招领台”，及时为丢失、捡获物品提供对接。设立“职工物品收发点”，对邮寄包裹、转送物品进行代收保管，方便职工领取。

12. 应急处置。组织人员赶往事发地点进行救援和处置或及时协调专业救援队伍，保护企业和职工生命财产安全。

13. 社区活动。组织社区各类文体活动，丰富职工文化生活。

义务为职工测量血压（2017 年 4 月摄）

第十五节　党群服务中心

一、机构设立

2018 年 8 月，中共古城煤矿党委改进联系服务群众工作，构建新型党群服务体系。设立党群服务中心，利用虚拟社区服务模式，打造“一站式”服务平台，解决和满足不同职工的不同需求，更好地促进党建工作、改善干群关系，打通服务职工“最后一公里”。

二、服务网格

机关党员干部每人包保 1 个联系点，搭建服务职工网格，即以全矿为单位建立总网格，以支部为单位建立大网格，以班组为单位建立工作片网格，实现无缝隙、全覆盖。

三、服务保障

制定《服务中心工作规范》《服务中心管理项目》等制度，配齐办公桌椅、资料柜、饮水机等服务设施，购置图书刊物、各种文体用具（篮球、乒乓球、羽毛球、跳绳、中国象棋、围棋、扑克等）、血压测量仪。组建服务团队，根据职工需求，不断丰富完善服务中心功能配置。

四、服务方式与内容

建立党群服务分站，每个支部作为一个分站点，通过微信青年交流群、QQ 干部交流群、职工交流群以及服务邮箱、热线电话等渠道收集职工诉求，将民生需求、办事流程在“线上”发布，让职工群众不出家门就能办理。

五、取得成效

截至 2018 年年末，为职工解决各类诉求 90 余项，职工满意率达到 90% 以上，让职工看到了古城煤矿党委为群众办实事、解难事的诚心，提高了职工对党员干部的满意度。

第六章　共青团

第一节　机构沿革

一、机构

1994 年 5 月 13 日，经临沂矿务局团委批准，成立共青团临沂矿务局古城矿井筹建处支部委员会，设团支部书记 1 人、委员 2 人。

1998 年 4 月 13 日，成立共青团筹建处总支委员会，设团总支书记 1 人、委员 5 人。

2002 年 2 月 22 日，成立共青团古城煤矿委员会，设团委副书记 1 人（副科级），下设采煤一工区、采煤二工区、综掘工区、掘进工区、机电工区、机修工区、运输工区、通风工区、机关 9 个团支部，团员 537 人。

2003 年 10 月 6 日，成立电厂团支部委员会。

2004 年 11 月，成立开拓工区团支部。

2005 年 4 月 9 日，成立安全培训中心团支部。

2007 年 2 月 26 日，成立选煤厂团支部。

2018 年 11 月 8 日，成立充填工区团支部。

截至 2018 年年末，古城煤矿团委设副书记 1 人，下设采煤一工区、采煤二工区、掘一工区、掘二工区、掘三工区、防冲工区、机电工区、充填工区、机修工区、通防工区、运搬工区、电厂、选煤厂、机关 14 个团支部；兼职团干部 42 人，有团员 43 人。

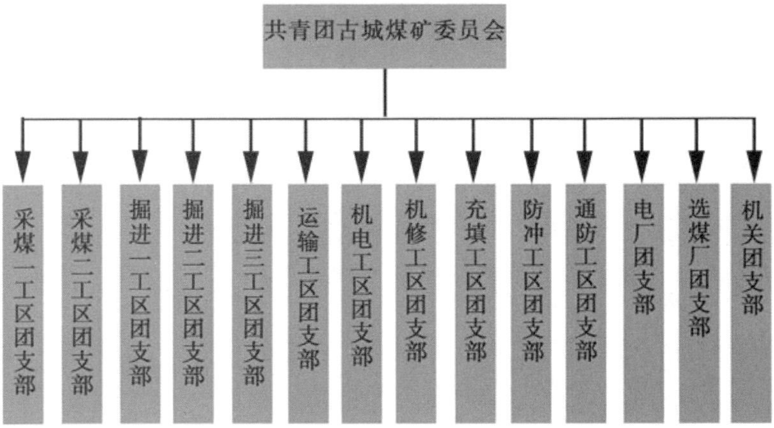

古城煤矿团委组织结构图（2018 年 12 月）

二、职责

1. 在矿党委领导下，开展共青团工作。

2. 组织团员青年贯彻执行国家安全生产法律、法规以及古城煤矿安全管理制度。

3. 负责基层团支部、青年安全监督岗管理工作。

4. 负责共青团员、青年职工思想政治教育工作。

5. 抓好以理想信念教育为核心的青年思想政治工作。

6. 组织基层团组织和广大团员青年开展安全生产竞赛活动，定期组织监督岗进行安全检查。

第二节　团代会

2017 年 8 月 16 日，在职工俱乐部召开共青团古城煤矿委员会第一次代表大会。大会共有正式代表 60 名，临矿集团团委副书记菅光超出席会议，中共古城煤矿党委副书记、纪委书记、工会主席贾安强到会并讲话。

大会代表合影（2017 年 8 月摄）

会议选举产生大会主席团和秘书长。大会主席团由田晓东、刘振青、张士其、肖金杰、陈晨、邵宏轩、徐晓强、郭士伟、赵云凤、梁帅、鲁通玲 11 人组成。选举刘振青为秘书长。

刘振青代表古城煤矿团委作《乘势奋进、奋发有为，为古城煤矿持续健康发展提供强大青春力量》的报告，讨论通过共青团临沂矿业集团公司古城煤矿第一次代表大会有关决定；差额选举产生共青团古城煤矿第一届委员会，选举刘振青、鲁通玲、张士其、陈晨、肖金杰为委员。共青团古城煤矿第一届委员会召开第一次会议，选举刘振青为共青团古城煤矿第一届委员会书记。

第三节 主题活动

紧紧围绕临矿集团团委和中共古城煤矿党委工作部署，以服务大局、服务青年为宗旨，以思想教育、素质提升、品牌塑造、文化培育、组织建设为工作抓手，做好“创新团队”“青工创新”两大品牌，坚持“抓重点、强服务、办实事、创品牌、促发展”的工作理念，做好党的助手和后备军，为古城矿井安全稳定发展作出积极贡献。

一、青年教育

2003～2011年，先后有132名青年职工考入中国矿业大学、山东科技大学等高校进行学习。2003～2018年，有363名青工参加山东科技大学的函授学习。

2005年12月，对团员信息进行网络管理，每年定期更新共青团信息网络管理系统。2017年，利用智慧团建系统完成团委及14个团支部的组织信息。2018年，智慧团建补充所有团干部、团员信息。

组织团员青年开展“新时代雷锋精神大讨论”活动（2018年3月摄）

二、公益活动

1994年5月，筹建处团支部组织团员青年开展“缴纳特别团费，建立希望工程助学基金”活动；2007年1月18日，组织开展缴纳特殊团费活动，遵照自愿原则，团员、团干部缴纳特殊团费以10元为底，上不封顶，主要用于团的公益活动、特困青工救助等。2008年5月，举行“献临矿爱心、援四川灾区”特殊团费缴纳活动，共缴纳特殊团费14000余元，全部捐给四川灾区。2018年12月，成立“青益筹”宣传发动小组，纷纷利用QQ群、微信群、座谈会等不同方式进行广泛发动，组织394名青工参与“青春扶贫益暖齐鲁”线上捐款活动，共捐款8124.6元，帮助困难青少年温暖过冬。

三、青年文明建设

2001 年 6 月 12 日，古城煤矿团委印发《关于组织团员青年开展纪念中国共产党建立八十周年向党的生日献礼活动的通知》，全矿团员青年踊跃参加。

矿团委分别于 2006 年、2008 年、2010 年、2011 年、2012 年、2013 年的五一劳动节（或五四青年节），在矿久久平安广场举办以“崇文明、倡节俭，建美好家园”“相约奥运 · 情定一生”“相约古城 · 情定一生”等为主题的 6 届青年集体婚礼活动，共有 60 对新人参加，充分展示了古城煤矿团员青年创新、文明、个性化发展的精神风貌。

第六届集体婚礼现场（2013 年 5 月摄）

2014 年，结合建团 90 周年，开展国情教育，弘扬爱国主义精神，增强团员青年的民族自豪感和自信心。举办 2 场报告会，每季度组织 1 次座谈会，教育广大青年坚定永远跟党走，高举中国特色社会主义伟大旗帜的理想信念，扎实推进“感恩 · 奉献”主题实践教育活动，引导团员青年自觉践行道德规范，培养感激父母、感激他人、感激企业、感激社会的情感，培养社会责任感和不断进取、勇于奉献的精神。6 月，组织“第三届玫瑰之约”青工联谊活动，帮助未婚青年解决婚恋问题。

2015 年，开展拜师学技、导师带徒活动，为 17 名新入职的学生选配导师。开展评选“十大杰出青年”活动，并进行表彰奖励，促进青年人才脱颖而出。

2016 年 3 月，组织青年志愿者 90 余人次，开展学雷锋活动，清扫办公楼、宿舍区、食堂等公共场所环境卫生，到老职工家中洗衣服、打扫卫生等。以“小发明、小改造、小革新、小设计、小建议”为内容，在青工中开展“最具价值”创新项目评选，全年共评出“最具价值”创新项目 14 项，给予表彰奖励。

2017 年 4 月 5 日，开展“清明祭英烈，共铸中华魂”主题网络活动。

2018 年 5 月，组织开展“两提三化”主题活动，组织团员青年、团干部学习《团十八大团章修正案学习读本》《习近平总书记同团中央新一届领导班子成员集体谈话精神和共青团十八大精神应知应会要点》等。8 月，古城煤矿团委首次为 82 名适龄团员举行“初心永向党·离团不离心”离团仪式，并向每人赠送一个价值 200 元的运动背包作为纪念。

2001 ～ 2018 年，累计评选出“最美青工”54 名、“青年技术能手”180 名、“优秀大学生”180 名、“优秀团干部”108 名、“优秀团支部”108 个、“优秀团员”180 名。

举办适龄团员离团仪式并合影（2018 年 8 月摄）

第四节　青年志愿者

一、组织建设

2016 年 3 月，古城煤矿团委成立古城煤矿青年志愿者服务团队。

2018 年年末，共有青年志愿者 150 余名，队长 1 名。

二、主要职责

参与义务植树、环境保护、公共卫生、节能环保、维护公共设施、便民服务；关爱贫困家庭、资助弱势群体、慰问孤寡老人；矿举办各类文体活动的赛场会场布置、道路指引、卫生清理；党群服务中心轮岗值班、设备清洁、职工服务等。

三、主要活动

2018 年 3 月，在全国第 55 个“学雷锋纪念日”、第 19 个中国青年志愿者服务日到来之际，古城煤矿团委组织开展了学雷锋志愿服务活动。3 月 5 日，古城煤矿团委组织志愿者到古城小区开展“孝老爱亲”活动。3 月 6 日，古城煤矿团委组织青年志愿者开展“回收利用、修旧利废”活动，分区域集中对井下运输上来的废旧物资、杂物、矿车底部煤炭进行集中清理、归类、回收再利用。向广大干部职工发放环保倡议书500余份，引领环保和节约意识。根据矿区绿化安排，开展义务植树，在生态园区栽植樱桃、苹果等瓜园树木1000余棵。11月，多次组织志愿者到废旧设备存放地，帮助机修工区整理设备、分类摆放，覆盖绿色防尘网等，累计义务劳动21小时。

古城煤矿志愿者栽植树木（2017年3月摄）

2019年11月，古城煤矿承办中国煤炭工业协会煤炭工业文献委在矿召开的全国煤炭企业修志座谈会，古城煤矿团委组织志愿者66人，参与会议的各项准备，包括会议签到、礼仪引导、参观解说以及会议结束后的用餐服务、会场清理、返程服务等工作。

第五节 团费管理

古城煤矿团委严格按照团中央《关于中国共产主义青年团团费收缴、使用和管理的规定》和临矿集团团委相关规定，按团费总数的40%上缴临矿集团团委，60%留用。

团费使用坚持“统筹安排、量入为出、收支平衡”的原则，开支主要项目为：购买团旗、团徽等团务用品；团代会等会议筹备费用；订阅、购买团员教育的报刊，培训团员、团干部，表彰先进基层团组织、优秀共青团员和优秀共青团干部，补助生活困难的团员；补助遭受严重自然灾害的团员和修缮因灾受损的基层团组织设施；基层团组织开展活动等。

团委的活动经费由矿行政部门提供。

第六节　青年安全监督岗

一、机构人员

2001年6月15日，古城煤矿团委成立青年安全监督总岗和各青年安全监督分岗。设总岗长1名，设8个青年安全分岗，分岗长8名，青岗员25名。

截至2018年年末，古城煤矿青年安全监督岗设12个青安分岗，分岗长12名，青岗员58名。

青年安全监督岗行动动员会（2018年4月摄）

二、工作职责

青年安全监督岗配合矿井安监部门，协助区队、生产班组宣传贯彻党的安全生产方针；立足本职岗位，利用集中执法和分散执法相结合的形式，监督检查现场生产中的不安全因素；制止违章指挥和违章作业；及时反映和查处生产中的事故隐患。结合青年特点，采用多种宣传形式，宣传贯彻《煤炭法》《矿山安全法》及临矿集团、古城煤矿安全生产管理制度，普及安全知识，教育青工按章作业、遵守劳动纪律；主动提出合理化建议，总结推广青年安全监督岗工作先进经验。

三、主要活动

2001～2014年，以“安全生产，青年当先”为主题，开展“青年安全生产示范岗”“青年安全监督岗”“共青团手指口述示范岗”创建活动，累计上岗1400余人次，查出隐患843条，提合理化建议430条。

2016年，结合安全生产月活动，古城煤矿团委联合安全监察处举办安全知识竞赛活动，在青年职工中开展安全建议征集活动，共征集建议33条。

2017年6月14日，开展青安岗集中行动，查出隐患问题15条，全部进行现场整改。

2018年6月，古城煤矿团委围绕“生命至上，安全发展”安全生产月活动主题，以夏季消防安全为重点，组织召开“青安岗在行动”动员会，对50名青安岗员进行分工；开展“井上、井下安全大检查”活动，分别到机修车间、洗煤厂、井下中央变电所及主副井绞车房等地点，严格按照安全规程要求对生产设备运行、现场管理、灭火器材、人员劳保用品穿戴等情况进行安全检查，对排查出的隐患问题及时向当班负责人提出整改意见并督促整改落实。

第七节　主要荣誉

2001～2018年，古城煤矿团委紧紧围绕党的中心开展工作，坚定不移跟党走，发挥生力军和突击队的作用。坚持“党建带团建”，深入推进团建标准化工作。以党的建设带动团的思想、组织和作风建设，不断提升团建工作水平。大力推进五四红旗团委、团支部创建力度，不断强化示范团支部、青年示范岗的创建工作。矿团委和基层团支部书记多次获得共青团山东省委、共青团山东省国资委委员会、共青团临沂市委的表彰奖励。

2001～2018年古城煤矿共青团集体荣誉、个人荣誉如表7-6-1和表7-6-2所示。

表7-6-1　　2001～2018年古城煤矿共青团集体荣誉一览表

年度	获奖单位	荣誉称号	授奖单位
2001	古城煤矿青年安全监督总岗	先进总岗	共青团临沂矿务局委员会
2001	采煤一工区团支部	先进团支部	共青团临沂矿务局委员会
2004	采煤一工区团支部	青年文明号	共青团山东省委、 共青团山东省国资委
2005	古城煤矿团委	青年文明号	共青团山东省国资委
2006	综掘工区团支部	青年文明号	共青团山东省委、 共青团山东省国资委
2007	机电工区团支部	五四红旗团支部	共青团临沂市委员会
2008	采煤一工区青年采煤队	全国青年安全 生产示范岗	共青团中央、 共青团国家安全监管总局
2009	采煤二工区团支部	青年文明号	共青团山东省委、 共青团山东省国资委
2010	古城煤矿团委	山东省省管企业 五四红旗团委	共青团山东省国资委
2010	采煤一工区团支部	青年文明号	共青团山东省委、 共青团山东省国资委

续表

年度	获奖单位	荣誉称号	授奖单位
2010	古城煤矿团委	临沂市五四红旗团支部（总支）	共青团临沂市委员会
2010	古城煤矿团委	第三届青工创新工作法评审命名活动优秀组织奖	共青团临沂矿业集团有限公司委员会
2011	古城煤矿团委	青年文明号	共青团山东省国资委
2011	采煤一工区团支部	青年文明号	共青团山东省委、共青团山东省国资委
2011	综掘工区团支部	青年文明号	共青团山东省国资委
2012	古城煤矿团委	山东省省管企业五四红旗团委	共青团山东省国资委
2012	综掘工区团支部	五四红旗团支部	共青团山东能源集团有限公司委员会
2012	古城煤矿团委	第四届青工创新工作法评审命名活动优秀组织奖	共青团临沂矿业集团有限公司委员会
2012	古城煤矿团委	先进团委	共青团临沂矿业集团有限公司委员会
2013	古城煤矿团委	五四红旗团委	共青团山东能源集团有限公司委员会
2013	古城煤矿团委	五四红旗团委	共青团临沂矿业集团有限公司委员会
2013	掘进二工区团支部	五四红旗团支部	共青团临沂矿业集团有限公司委员会
2014	古城煤矿团委	五四红旗团委	共青团山东能源集团委员会
2015	古城煤矿团委	五四红旗团委	共青团山东省国资委
2017	古城煤矿团委	五四红旗团委	共青团临沂矿业集团公司委员会、共青团兖州区委员会
2017	防冲工区青年安全监督分岗	十佳青安岗	共青团山东能源集团委员会
2017	掘进三工区团支部	五四红旗团支部	共青团临沂市委员会
2018	掘进三工区安全监督岗	十佳青安岗	共青团山东能源集团委员会

表 7-6-2　　　　　古城煤矿共青团个人荣誉一览表

年度	姓名	荣誉称号	颁发单位
2014	张勇	优秀青年岗位能手	共青团临沂市委员会
2015	孟庆凯	青年五四奖章	共青团山东能源集团委员会
2015	孟庆科	优秀团干部	共青团山东省国资委委员会
2016	田晓东	优秀共青团干部	共青团山东能源集团委员会
2016	孟庆科	优秀团干部	共青团临沂市委员会
2016	赵云风	优秀团干部	共青团山东能源集团委员会
2017	王大海	优秀共青团员	共青团山东能源集团委员会
2017	尹成鑫	青年五四奖章	共青团山东能源集团委员会
2017	菅光耀	优秀共青团员	共青团山东能源集团委员会

第七章　企业文化

第一节　企业文化建设

古城煤矿始终坚持以文化为引领，以建设“管理一流、效益一流、队伍一流、形象一流”的现代化矿井为目标，立足自身实际，扎扎实实推进企业文化建设，职工素质、企业形象等明显提升，经济效益稳步提高，企业核心竞争力不断增强。

1996 ～ 2000 年是矿井的建设阶段，也是企业文化起步阶段。凭借着艰苦奋斗、拼搏实干的优良品质，广大职工积极投身矿井建设，参建人员共同的愿景是加快矿井建设，解决生存问题。

2001 ～ 2007 年是矿井投产后迅速发展壮大阶段，也是企业文化培育阶段。以往国有企业管理的老模式不适应新时代发展的要求，为此，古城煤矿积极探索和提炼具有古煤特色的企业文化，总结提炼出独具特色的“创新、超越、安康、和谐”的企业精神、“GB15”宝葫芦企业管理模式和“1236”安全文化理念；印制《文化手册》，对职工进行理念渗透和教育，用文化引领人、塑造人、约束人、感染人，通过共同的价值认同和追求，形成强大的向心力和凝聚力，创造出令人瞩目的“古煤速度”。

2008 ～ 2010 年是矿井实现跨越式发展，创造辉煌业绩的攀峰阶段，也是企业文化的升华发展阶段。这个时期，古城煤矿产能得到充分释放，员工收入连年递增，企业活力不断彰显。在“GB15”宝葫芦企业文化的基础上，融入济宁儒家文化和临矿集团的“实・新”文化，树立“人为本、实为基、新为贵、效为先”的核心价值观，增强“打造创新型低碳化百年临矿”的愿景认同，理顺经营、管理、安全、成本、人才、廉洁、环保等七大企业文化理念，为矿井加快发展、创造新业绩、取得新辉煌提供强劲的文化驱动力。

2011 ～ 2018 年是矿井突破发展制约瓶颈、各项指标均创历史最好水平、取得新辉煌的超越阶段，也是古城煤矿“活力幸福”企业文化与山东能源“超越”文化对接融合阶段。全体员工增强作为山东能源集团一员的身份感、认同感和归属感，“明德立新、包容超越”的企业核心价值观深入人心，矿井呈现出人心思上、干事创业的良好氛围。

企业文化发展提升团队座谈会（2017 年 9 月摄）

第二节　文化体系

一、企业标识

1. 内涵：人为本、安为贵、诚为魂。

2. 颜色：构图有黑色和红色两种颜色，两个色调结合起来，既形成强烈的对比，又给人协调统一的感觉。黑色代表煤炭企业的特色，具有庄重、挚诚、厚积薄发的意味；红色象征了热情、豪放、奉献，体现出煤炭企业的特色。

3. 构图：标识的基本结构从汉字“古”和“安”抽象而来，“古”代表古城煤矿的地名，“安”是整个古城煤矿文化的核心理念；整个图形体现庄重与豪放、动与静的和谐统一。

4. 动：线条富有动感——像一个奔跑的人，代表古城煤矿企业不断超越、挑战自我，象征企业以人为本、安为贵、诚为魂的核心价值观。

5. 静：整个图形构成一个正在注视的眼睛造型，代表警示和关注；交叉的“臂膀”体现古城人互助互爱、团结奋进的团队精神。

6. 字母含义：GCCM 是英文 Gucheng Coal Mine 的缩写，具有时代感和国际感，显示古城煤矿国内一流、行业领先的企业愿景。

古城煤矿标志

二、GB15 创新管理模式

GB15 管理模式构图主要由绿色、黄色、红色 3 种色调组成，3 种色彩鲜艳明快、和谐统一。

绿色是一种非常美丽、优雅的颜色，它生机勃勃，象征着生命、希望，具有生长的意象，寓意古城煤矿以人为本，尊重生命、关爱健康的理念；绿色也标志着安全、环保以及环境的清新、和谐、优雅。

黄色色彩灿烂，象征着财富、成功和智慧，黄色也和成熟的宝葫芦颜色相一致，寓意成熟和收获。

红色是一种热烈的色彩，象征活力、积极、热诚，体现能源行业的特色，红色常用来作为警戒色，与煤炭企业预警文化的要求相契合。

GB15 古城煤矿宝葫芦创新管理模式，是汉语拼音“GuBao”和阿拉伯数字“15”组合的缩写，分别表示“古”“宝”“15”。整个图案像个球形，GB15 由 1 个核心、5 个支点构成一个有机的系统。该系统形成 1 个宝葫芦形，被称为古城煤矿宝葫芦创新管理模式，简称“GB15 模式”。该模式组成：一个核心，即“安”字，这是古煤文化管理的核心内涵。“安”字处于宝葫芦中心位置，代表凝聚、管理、导向、协调、超越的理念。五大支点，即古煤文化、精细管理、教练团队、标杆互动、自我超越。

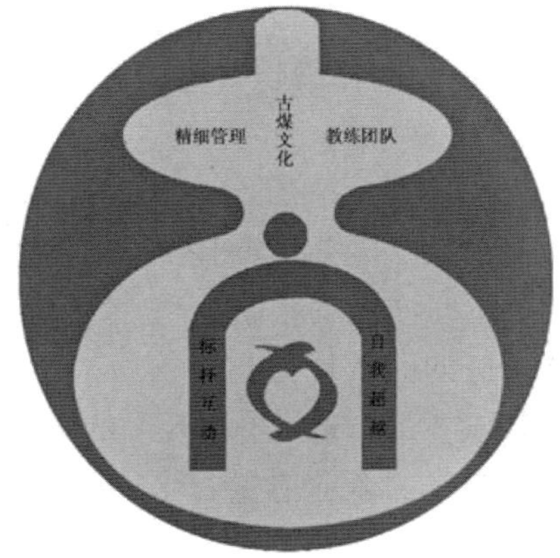

GB15 管理模式图

古煤文化是在长期的生产经营实践和煤炭事业发展过程中所创造和形成的具有特色的企业文化，古煤文化的核心理念是“安”字，“安”是古煤企业安全生产的指导思想，是古煤企业永续发展的不竭动力，是古煤企业创建和谐社会的不懈追求。

精细管理是确立严抓细管的管理思想，制定科学严谨的管理制度，开展规范严密的管理实践，经过坚持不懈，持续改进，长期努力，使企业内的人、物、系统、制度逐步实现和谐统一，努力追求管理无缺陷，效益最大化。

教练团队是21世纪最重要的管理技术，目的是帮助人们在团队及个人职业生涯中与他人建立紧密联系。这种新型的团队模式是“教”和“练”相结合的模式，以教练技巧反映对方心态，使对方洞悉自己，认清自身所处状况和真实目标，从而及时调整自我，以最佳状态创造最好成果。

标杆互动，标杆是在某些活动、功能和流程等绩效上，仔细找出“最佳表现”“典范实务”或“出类拔萃”的顶尖企业，研究其有如此绩效的原因，并将自己的绩效表现与这些企业相比较，以便迎头赶上；互动是指在管理过程中，管理者通过优秀的管理思想去影响、激励员工，使管理者与管理对象之间相互影响、相互作用，彼此发生积极的改变过程。

自我超越是突破极限的自我修炼和自我实现。主动设定自我超越目标的人，能够认清自身真正的愿望，并为实现此愿望不断扩展其能力。

三、“阳光幸福”文化

“阳光幸福”文化是在与山东能源集团“超越”文化和临矿集团“实·新”文化高度对接融合的基础上，对古城煤矿特有的“快乐文化”“阳光文化”“活力·幸福”文化的总结、提炼、升华，特色鲜明、实效尽显、活力充沛，体现了企业和员工价值观的高度和谐统一。

（一）文化内涵

在对接融合“明德立新，包容超越”的企业核心价值观过程中，古城煤矿坚持继承之中有创新，共性之中有个性，确保理论之下是实践，理想之下是现实，不仅汲取了山东能源“超越文化”的精髓，还吸取了临矿集团“实·新”文化的精华，引入“阳光幸福”概念，重塑文化体系，形成以“争做阳光幸福人”“做好阳光幸福事”“体现阳光幸福情”三大价值观为核心的“阳光幸福”文化模式，让员工入眼、入脑、入心，认知、认可、认同，形成独具特色的“阳光幸福”文化，引领矿井多元化发展新格局，营造出用“阳光幸福”文化引导人、塑造人、规范人、凝聚人、激励人、感召人的良好氛围。

（二）文化精髓

1. 企业价值观

（1）企业使命：开采价值、绿色发展。

（2）核心价值观：安全、高效、创新、完美。

（3）企业精神：严谨、精益、创新、共赢。

2. 基本理念

（1）安全理念：尊重生命，安全为天；科技创安，无人致远；零隐患零事故零“三违”生产。

（2）环保理念：绿色开采，生态发展。

（3）人才理念：德才并重，智造价值。

（4）创新理念：求真务实，创新不止。

（5）发展理念：稳中求进，走在前列。

（6）管理理念：精益求精，创优领先。

（7）廉洁理念：干干净净，清正廉洁。

3. 宣传口号

实新活力，幸福超越。

4. 企业愿景

打造全国一流企业，创造行业一流业绩。

5. 员工行为守则

（1）真爱创先，敬业尽责。

（2）诚信至上，杜绝三违。

（3）感恩互助，务实高效。

（4）恪守法纪，雷厉风行。

（5）大道至简，崇尚节约。

（三）文化内容

1. 阳光文化

（1）内涵

①明德修身，争做阳光人。坚持“发展依靠员工，发展为了员工”，把“以人为本”作为各项工作的重点，强化全员素质提升工程建设，倡树阳光心态、倡导阳光生活、倡领阳光工作。

②风清气正，做好阳光事。坚持“一切效益为了企业，一切利益为了员工”，主张为企业和员工办实事、办好事，引领员工用心做事，并不断具化阳光管理、强化阳光采购、实化阳光用人。

③济世爱人，体现阳光情。坚持“用真心换取真情，用真情谱写真爱”，始终心系职工冷暖，情系职工工作、生活，及时听取民意，体察民情，着重围绕“情”反映阳光诉求、体现阳光关怀、深化阳光帮扶，全力解决员工群众关心的热点难点问题，及时为其排忧解难。

（2）组成

①安全文化：继续完善安全教育文化体系，力争在措施、方式、方法上实现新突破，让职工在浓厚的安全氛围中自觉做到安全生产。

②定置文化：全面落实质量标准定置化管理，在采掘等生产辅助单位、厂点实行定置化管理，重点在质量管理、工效提升、降低成本上做文章，在规范设备、规

范行为、规范制度上下功夫，以此推动矿井质量标准化实现全面提升。

③信息文化：加强大数据、互联网等系统在矿井各项工作中的应用，重点加强成本分析系统、工资查询系统、办公自动化系统模块的拓展和提升，助推矿井改革发展。

④创新文化：通过技术创新、管理创新、科技创新、党建创新等活动，建立健全创新机制，提升矿井科技含量和文化品位，提高工作效率，大力营造“创新有为、创新有誉”的氛围，引领职工自觉投入到技术创新的洪流中去。

⑤学习文化：大力倡导学习进步、进取提升的理念，做到自我学习、自我进步、自我提升，创建新形势下学习型企业。

⑥廉洁文化：加强党风廉政建设，通过廉洁风险防控和刚性问责，教育党员干部牢记党的使命和党纪国法的底线，自觉遵守廉洁规定。加强廉政宣传、廉洁警示教育，倡导两袖清风、清正廉洁，引导党员干部自觉做到一身正气、公平干净。

2. 幸福文化

（1）内涵

党群服务中心全方位开展形式多样的服务活动，给职工提供便利服务，满足员工需求，为矿井持续发展创造稳定环境；重视人才培育，创新培育模式，采取开放、包容、公开的方式，广揽专业人才，打造矿山精英队伍；积极开展各种形式的帮扶活动，及时慰问困难员工，把企业温暖送到员工心坎上；采取多种形式教育员工树立感恩意识，深刻理解感恩内涵，自觉做到感恩父母、感恩家庭、感恩企业；倡导“快乐工作”理念，培育阳光向上、豁达开朗的心态，让员工感到工作是一种快乐；以阳光、正直、向善、向好的方式面向人和事，以共为、共利、共赢、共享的心态处理好人际关系，共同营造一种稳定和谐、健康向上的良好矿区环境。

（2）组成

①聚力文化：通过服务员工，传递企业关爱，增强企业凝聚力和向心力，提升企业形象和影响力。在井下，大力改善一线作业环境，创造更加便利的生产条件；在地面，加强“两堂一舍”等民生工程建设，提升员工幸福指数。

②聚才文化：设立人才“三通道”，采取最美系列评选、班组论坛开办、师带徒、岗位竞聘、微讲堂开设、技术比武等形式，开展各种形式的学习、交流、练兵、提升活动，努力让更多员工快速成长成才，力争培育出更多的栋梁之材，为企业持续发展储备人才力量。

③温暖文化：积极开展各种形式的员工帮扶、慰问活动，重点做好困难员工救助、节日慰问、井口送祝福等活动，把企业的关爱传递到员工身上，让员工切实感到企业时时刻刻都在关怀自己、爱护自己，营造浓厚的温暖文化。

④感恩文化：大力倡导感恩意识，采取座谈会、专题讲座、观看视频等形式，教育员工感恩父母、感恩企业、感恩同事，并能付诸实际行动，让员工在感恩过程中提升自己、升华自己，让感恩文化落地生根、开花结果。

⑤快乐文化：提倡快乐工作法，通过各种教育引导，让员工从思想上行动上认

识到，干工作同样也是一种快乐，付出和收获同样能带来快乐。同时积极开展丰富多彩的文体活动，在矿区营造“快乐学习、快乐生活、快乐工作”的浓厚氛围。

⑥和谐文化：科室与科室、工区与工区、工区与科室之间倡导团结协作、携手奋进、共为共赢；员工之间倡导和睦相处、传递友情、共同发展，在矿区创造一种和谐相处、互敬互爱、携手奋进的融洽氛围。

古城煤矿先后获得山东省管企业“思想政治工作优秀企业”、“山东省文明单位”、国家级“安全文化建设示范企业”、全国“模范职工之家”“煤炭工业先进煤矿”“全国煤炭系统文明煤矿”“2018 年度企业文化建设先进单位”等荣誉称号。

第八章　信访维稳

第一节　机构与职责

一、机构

1994年，筹建处成立信访维稳工作领导小组，党支部书记、筹建处主任任组长，党支部副书记任副组长，办公室、保卫科、施工单位负责人为成员，领导小组下设信访办公室，办公室设在党政办公室，办公室主任兼任信访办公室主任。

1998年，调整信访维稳领导小组，中共古城矿井筹建处党委书记任组长，党委副书记任副组长，保卫科、采煤工区党支部书记、机修工区区长、金利包装制品厂留守处主任任成员。

2001年，古城煤矿成立信访维稳领导小组，党委书记、矿长任组长，党委副书记、纪委书记、工会主席任副组长，办公室、党群工作部、劳资科、财务科、办公室负责人为成员。领导小组下设办公室，办公室设在党群工作部，党群工作部副部长兼任办公室主任，形成长效管理机构和工作机制。

2016年，调整信访维稳领导小组，党委书记、矿长任组长，领导班子其他成员为副组长，机关及工区各部门负责人为成员，领导小组下设办公室，办公室设在党群工作部，党群工作部副部长兼任办公室主任。

二、职责

1. 按照国家法律、法规和上级关于信访稳定工作的意见，制定矿井信访稳定工作管理制度和工作规划。

2. 负责接待群众来访，为信访人提供有关法律、法规、政策咨询。

3. 受理、交办、转送信访人提出的信访事项，承办上级信访部门和临矿集团交办的信访事项。

4. 参与信访事项的调查和处理，分析信访稳定工作情况。

5. 负责做好敏感时期信访事项的排查、处理及重要信访事项的综合汇报。

第二节　管理制度

1999年4月，印发《关于进一步加强纪检信访举报工作的通知》，要求领导重视、机构健全、完善制度、发挥职能作用。

2001年，印发《古城煤矿信访工作领导接访日制度》，实行矿领导班子轮岗接访制度。

2003年2月，制定《古城煤矿信访工作目标管理责任制》，明确信访工作目标、任务，落实到每个责任部门。

2004年9月，印发《关于进一步加强矿区稳定集中处理信访突出问题 预防群体事件的通知》，主要内容：（1）抓住重点，深入排查。（2）立足基层，解决问题。（3）坚持制度，落实责任。（4）加强宣传，深化教育。（5）加强沟通，掌控全局。

2005年3月，修订《信访工作应急预案》。4月，印发《领导干部定期接待职工群众来访等三项制度》。11月，建立《信访稳定风险评估制度》，信访稳定风险评估要坚持“以人为本、科学发展、依法办事”三项原则，采取定期评估和专项评估两种评估方式，对评估事项的合法性、合理性、可行性、安全性进行评估。风险评估的程序为：确定评估项目、制定评估方案、组织开展评估、审批与备案、落实工作措施。同时对评估范围进行细化和分工。

2006年1月，印发《关于切实做好当前维稳工作的通知》，要求提高思想认识，明确工作目标，立即开展一次全面深入系统的排查，采取过硬措施，扎实做好防范工作，严格信息报送制度。

2007年6月，印发《关于做好省第九次党代会期间安全工作和信访稳定的紧急通知》，要求进一步提高对做好省第九次党代会期间安全工作和信访稳定工作极端重要性的认识。9月，印发《关于做好当前和国庆节、党的十七大期间维护稳定工作的通知》。

2014年2月，印发《网络舆情管理制度》，正确引导社会舆论，拓宽网络民意表达和诉求渠道，重视和解决职工反映的热点难点问题。

2017年，制定《古城煤矿信访稳定工作意见》，以深入推进信访稳定工作改革为主线，以维护矿井稳定、促进改革发展为核心，以创建“三无”（无到省进京越级上访，无大规模集体上访，无因信访问题引发的极端恶性事件和舆论负面炒作）单位为抓手，突出信访案件规范化办理、群体性事件预防处置、信访工作联席会议制度全面落实三个重点，着力降总量、减存量、控非访、提质量，不断提高信访稳定工作水平。

第三节　信访工作

一、工作目标

具体工作目标为：向职工宣传新法规、新政策覆盖率达到98%以上，重大决策信访稳定风险评估率达到100%，矛盾纠纷排查覆盖率达到100%，重大信访信息上报率达到100%，实现信访总量与上年度相比下降10%；初信初访一次性办结率达到80%，重信重访率控制在年度信访总量的20%以内，上级及临矿集团交办信访事项按期办结率达到 100%，一般信访问题查处率达到 100%，重点疑难信访案件化解率达到 85% 以上，上级及临矿集团交办的重复上访户和未结服信访老户敏感时期稳控率达到 100%；确保不发生中央和省级国家机关正式通报追究的上访及丢丑滋事事件；确保不发生到临矿集团上访事件；确保不发生大规模到省进京集体上访事件；确保不发生影响企业生产经营秩序的重大群体性信访事件；确保不发生有影响的非正常上访特别是极端恶性事件；确保不发生因信访案件处置不当引发的重大治安案件和刑事案件。

二、工作措施

1. 加强矛盾纠纷化解平台建设，形成“信、访、网、电”、代访工作站、信访咨询点等多位一体的诉求表达格局和化解机制，发挥好区队、班组的屏障作用，及时把矛盾纠纷消化在基层和萌芽阶段，真正做到关口前移、重心下移、服务职工。

2. 开展信访矛盾排查化解工作，形成矿、工区、班组三级排查机制，矿每月 1 次，各工区、地面厂点每周 1 次，各班组每天 1 次开展好不稳定问题排查活动。健全完善重大紧急信访信息预警预报和现场处置机制，对重大集体上访必须第一时间上报矿和临矿集团信访办公室。

3. 强化指导督查，对符合条件的信访事项，及时依法按程序办理，采取公开听证、会商评议等方式，作出依法、客观、公正的答复意见。

4. 加强信访稳定风险预警防控，对有极端行为倾向、可能形成大规模聚集的，落实应急处置工作要求，及时、妥善处置。

5. 加强信访干部纪律作风建设，注重调查研究，坚持问题导向，强化责任担当。

三、矿区维稳

1994 年，筹建处成立信访维稳工作领导小组，将各施工单位的信访工作纳入筹建处统一管理，预防因工程施工引发的地企矛盾。1999 年前后，古城矿井投资不到位，各施工单位职工工资拖欠严重，矿区处于不稳定状态。信访小组及时为职工讲形势、做工作、树立信心、克服困难，通过积极有效的思想工作，安抚职工不满情绪，没有出现上访等行为，维护了矿区稳定。

2001 年，古城煤矿党委把信访稳定工作作为压倒一切的政治任务来抓，加强源头防范和治理。严格落实领导干部接访下访和阅批群众来信制度，推动工作规范化、常态化，提升解决重大复杂信访问题的效能。进一步完善联合接访工作机制，巩固“大信访”工作格局，加强联合会商、联调联办，实现一站式接待、一条龙办理、一揽子解决。

2003 ～ 2009 年，矿区出现地面斑裂，被影响的村庄向古城煤矿反映，部分村民有过激行为，古城煤矿立即委托权威机构进行鉴定，积极配合地方政府开展煤炭开采工艺科普和政策宣讲，按照国家规定标准合理赔偿，没有发生村民集体上访、越级上访。

2005 ～ 2015 年，妥善处理 3 起意外伤害事故。

自 2001 年，古城煤矿未发生集体上访、越级上访事件。

四、内部管理

落实“主要领导负总责、分管领导具体负责、其他领导一岗双责”的信访工作领导责任制，做到一级抓一级、一级对一级负责，坚持“分级负责、分层受理、归口办理”“谁主管、谁负责，谁受理、谁办理”原则，将信访工作纳入工区和科室的综合目标考核。提高信访事项的办理效率，严格规范信访工作行为，提高信访事项的办理效率和质量，确保群众的利益诉求得到及时有效处理。充分利用“六必谈、六必访”工作法，深入基层，掌握群众所需所想，对存在困难的职工及时进行帮助，将矛盾化解在萌芽状态。抓好重点稳控，特别是加大“两会”、节日期间的信访排查工作，对存在困难、问题的薄弱环节进行重点排查摸底，加强信访形势分析，完善应急工作预案，确保重大信访问题早发现、早接入、早化解。严格值班制度，确保信息畅通。是合理诉求的及时进行解决，从根本上消解上访源头。特别是通过开展“活力幸福”矿区创建，从根源上化解各类矛盾，实现无集体上访、无越级上访，上访事件、信访案件逐年减少，为企业改革发展、逆势突围创造了和谐稳定的环境。

第四节　信访受理

一、受理范围

信访办公室是受理职工信访诉求的职能部门，本单位职工或其他组织可通过人民来信、电话、电子邮箱、走访等形式，反映问题，提出有关建议、意见或投诉事项。

二、工作流程

信访办公室是办理信访工作的枢纽，负责信访事项的受理、汇报、承办或转办及答复。根据领导小组的批示，需转交相关部门办理的，信访办公室负责协调、催办。信访办公室对信访事项的调查落实情况及作出答复的内容，及时向信访领导小组汇报。

主要工作流程：（1）建立台账、规范登记；（2）上报领导小组；（3）调查落实；（4）形成报告、答复；（5）整理归档。

第八篇

科技环保

古城煤矿实行“科技兴矿”战略，对采煤、支护、机运、通防、地质等制约矿井安全生产的薄弱环节进行全方位课题研究、科技攻关，引进、应用、推广新技术、新方法、新工艺，科技创新水平全面提高，资源、装备、技术等优势得到充分发挥。2001 年，针对自然发火问题，组织科技攻关，形成束管色谱微机监测、注氮、注浆系统，通过合理分配风量，减少采空区漏风，防止浮煤自燃。研究综放工作面撤面防火技术，围绕降低“隔离带”自燃倾向性方法，解决采空区防火的局限性。探索具有古城煤矿特色的综采放顶煤技术，提出采用条带式一次采全高方法进行煤炭开采，成效显著。探索形成在大采高、大采深、“三下”条件下条带式开采的新技术。先后在《山东煤炭科技》《煤炭科学技术》等刊物上发表学术论文 1000 余篇；其中《深部沿空综放工作面动力灾害防治技术研究》获得中国煤炭工业科学技术奖二等奖，《古城矿井首采煤方法的选择》获得全国社会科学理论实践成果奖二等奖，《条带放顶煤开采技术在建（构）筑物下的应用》《古城煤矿应用综合防灭火技术防止煤层自燃发火》分别荣获山东科学技术进步奖二、三等奖，有多项 QC 质量管理成果被评为省级优秀 QC 成果。获得国家“科技进步双十佳矿井”、山东省“科技兴矿优秀矿井”“一通三防安全科技示范矿井”等荣誉称号。2004 年，矿井首次发生冲击地压，建立以电磁辐射仪监测、辅助采用钻屑法进行冲击危险性监测和爆破卸压为主的冲击地压防治体系。2009 年，总结“强卸压、强支护”的防冲理念。2017 年，成功实施以顶帮强支、强护、底板让压、围岩体卸压、注浆支护为主线的“强 + 弱 + 让”三位一体综合围岩控制技术，形成具有古城煤矿特色的技术创新之路。

积极推进“绿色矿山”建设，着力打造环境友好型、资源节约型矿井，围绕低碳化、清洁型建设目标，发挥煤炭资源和区位资源优势，大力发展循环经济，将采场、洗煤厂、热电厂的治污、减排、增效措施有效衔接，加大基础设施建设投入，加强制度化、规范化、精细化管理，形成了“资源—产品—再生资源”的循环经济发展模式，实现了矿区经济发展和环境保护双赢。

古城煤矿先后被授予“全国煤炭工业科技进步‘双十佳’矿井”“全国煤炭工业高产高效矿井”“全国煤炭环境保护优秀单位”“全国煤炭工业节能减排先进单位”等荣誉称号。

第一章　科技管理

第一节　机构沿革

一、机构沿革

1993 年 10 月 25 日，筹建处设工程技术科，负责矿井科技工作。

2001 年 2 月 26 日，成立矿生产技术部，负责古城煤矿科技工作。

2005 年 3 月 1 日，成立科学技术委员会，下设办公室；办公室设在生产科，生产科科长任办公室主任，具体负责科技管理工作。

2014 年，科技管理工作转入防冲击地压办公室，设专人负责。

2017 年 3 月，成立科技科，机电副总工程师兼科技科科长，设副科长 1 人、管理员 1 人。成立以党委书记、矿长为组长，总工程师为副组长，其他矿领导、副总工程师、工区区长、科室负责人为成员的科技管理领导小组。

2018 年 10 月，成立科创中心，设副主任 2 人（主持工作 1 人）。

二、职责

1. 按照集团公司科技管理要求，负责编制矿井科技发展规划、年度计划和科技计划项目的立项、实施、监管、验收等工作。

2. 负责申请集团公司级科技计划、科技成果和奖励，负责本单位科技工作考核。

3. 组织小改小革项目征集、评审及知识产权管理工作。

4. 组织实施科技成果应用转化工作。

5. 定期组织工程技术人员进行技术培训，引进专家、学者来矿讲学。

6. 负责安全改造项目、国债资金项目申报、备案、材料整理。

7. 负责“微讲堂”计划的制定、组织和开展。

第二节　管理办法

一、组织领导

成立矿科技管理领导小组，矿长任组长，总工程师任副组长，其他矿领导、副总及各采掘辅助工区、科室负责人任成员，领导小组下设科技管理科。

二、主要职责

1. 负责矿井科技计划的制定、项目实施、评议验收、奖励申报、经费使用、成果推广、科技统计、档案管理；负责五小创新、小改小革项目授奖和等级评定。

2. 负责组织促进技术开发、转让、信息服务活动，将科技成果尽快转化为生产力。

3. 负责管理科技优惠政策、资金补助、研究开发费用加计扣除等，以及专利申报和知识产权保护。

4. 负责科技人才培养及人才队伍建设，组织召开科技大会。

三、奖励办法

1. 奖励范围：国家科学技术奖励委员会核准的国家最高科学技术奖、国家自然科学奖、国家科学技术进步奖和国家技术发明奖，省人民政府、省煤炭工业局、国家（省）煤炭协会科技奖励委员会核准的自然科学奖和科技进步奖，山东能源集团、临矿集团评审的科技创新成果奖。

2. 奖励标准：科技成果奖励级别有国家级、省部级、能源集团级、临矿集团级、其他。（1）国家级科技成果，一等奖每项奖励 50000 元，二等奖每项奖励 30000 元，三等奖每项奖励 20000 元。（2）省部级科技成果，一等奖每项奖励 20000 元，二等奖每项奖励 10000 元，三等奖每项奖励 6000 元。（3）能源集团级科技成果，一等奖每项奖励 10000 元，二等奖每项奖励 5000 元，三等奖每项奖励 3000 元。（4）集团级科技成果，一等奖每项奖励 5000 元，二等奖每项奖励 3000 元，三等奖每项奖励 2000 元。（5）临矿集团组织的“青工创新工作法”被评比命名的，每项奖励 2000 元；上级文件与本奖励标准有重复的，按最高标准执行，不重复奖励。

四、增收节支奖励办法

1. 设立增收节支奖励，激励广大技术人员积极利用国家各项扶持优惠政策，争取上级扶持资金，获得税收减免。

2. 奖励范围：积极利用国家各项扶持、优惠政策，申请并获得国债资金资助、专用设备企业所得税抵免、研发费用加计扣除、出口创汇所得税减免、煤炭资源税减免等政策扶持和税收优惠的科技项目。

3. 奖励标准：按项目取得直接效益（成本）价值的 0.5% ～ 2% 进行奖励。奖励实行谁参与谁受益的原则。

4. 增收节支项目实施结束后，项目实施单位应及时将增收节支项目证明材料报矿科技管理领导小组进行审核登记，然后获得相应奖励。

五、发明专利奖励办法

1. 获得专利授权后，矿首先给予发明人或设计人一次性奖励。获得国外发明专利的，一次性每项奖励 10 万元。获得国家发明专利的，一次性每项奖励 2 万至 5 万元。获得实用新型或外观设计专利的，一次性每项奖励 3000 元。

2. 加发奖金：创利 500 万元以上的，授予专利金奖，每项加奖 20 万元；创利 200 万元以上、500 万元（含）以下的，授予优秀专利奖，每项加奖 10 万元。

六、小改小革奖励办法

1. 小改小革成果奖设一等奖、二等奖、三等奖、优秀奖；一等奖每项奖励 3000 元，二等奖每项奖励 2000 元，三等奖每项奖励 1000 元，优秀奖每项奖励 500 元。对于技术含量高、特别优秀的项目，经科技管理小组研究可以评特等奖，特等奖每项奖励 5000 元，特等奖根据申报情况也可以空缺。

2. 在国家级刊物发表论文，每篇奖励 1500 元，其中一级期刊 1500 元，二级期刊 1000 元；在省级刊物发表论文，每篇奖励 800 元（与其他单位合作发表论文奖励减半）。

第三节　科技计划

2015 年，制定年度科技计划，先后申报国家安全监管总局、山东省经济和信息化委员会等部委、山东能源集团及临矿集团层级的科技创新项目。同年，列入山东省经信委科技计划 1 项——《千米深井坚硬顶板工作面强冲击地压综合防治技术》；列入临矿集团科技计划 5 项——《千米深井坚硬顶板工作面强冲击地压综合防治技术》《基于 3G 通信技术的移动安全管理系统研究与应用》《复杂成分矿井水处理工艺研究与应用》《35kV 变电所 6kV 高压柜改造》《软岩巷道锚杆锚索预应力全长锚固成套技术的研究》。

2016 年，列入中国煤炭工业协会科学技术研究指导性计划 3 项——《强冲击厚煤层超深井条带开采冲击地压综合治理》《千米深井坚硬顶板工作面强冲击地压综合防治技术研究与应用》《千米深井地温梯度测定及其规律研究》；列入省经信委科技计划 1 项——《强冲击厚煤层超深井条带开采冲击地压综合治理》；列入临矿集团科技计划 4 项——《千米深井地温梯度测定及其规律研究》《热水网水加热器的研究与应用》《煤层软化抑尘剂的研究与应用》《超深井强冲击厚煤层条带开采防冲技术研究》。

2017 年，列入中国煤炭协会计划 5 项——《动态与静态多参数冲击地压预警技术》《矿井深部三维地震及数据处理再分析技术研究》《煤矿流变巷道围岩加固成套技术研究与应用》《深井煤层自然发火多源信息融合预警研究与应用》《煤矿厚煤层强冲击地压综合防治技术研究》；列入省经信委计划 1 项——《千米深井大采深、高应力矿井高效巷修技术》；列入山东能源集团科技计划 3 项——《动态与静态多参数冲击地压预警技术》《煤矿厚煤层强冲击地压综合防治技术研究》《煤矿流变巷道围岩加固成套技术研究与应用》；列入临矿集团科技计划 23 项，其中“十三五”重点研发项目 1 项，临矿集团监管项目 11 项，单位自管项目 11 项。

2018 年，列入国家煤矿安全监察局安全生产重特大事故防治关键技术科技项目 4 项——《大直径深孔爆破防冲卸压技术研究》《安全检测报警仪智能管理系统研究与应用》《大采深、厚煤层、高应力、强冲击矿井支护技术研究》《古城煤矿冲击地压风险判识及综合监控预警平台建设研究》；列入中国煤炭工业协会 2018 年度科学技术研究指导性计划 1 项——《“三下”煤层原生矸石充填开采技术研究与应用》；列入山东省技术创新项目计划 2 项——《深井“强＋弱＋卸”综合支护技术研究与应用》

《深部高应力强冲击煤层钻孔卸压与支护动态响应机制》；列入山东能源集团科技计划1项——《大直径深孔爆破防冲卸压技术研究》；列入临矿集团科技计划6项，延续2017年科技项目1项。

2014～2018年古城煤矿科技项目如表8-1-1所示。

表8-1-1　　2014～2018年古城煤矿科技项目明细表

序号	项目名称	起止时间	承担单位	负责人
1	基于3G通信技术的移动安全管理系统研究与应用	2014.05～2015.06	调度室	秦晓强
2	大采深高强液压支架轻型化设计研究	2014.03～2015.06	机电科	阚士远
3	千米深井地温梯度测定及规律研究	2014.06～2016.05	通防科	李星坤
4	强冲击厚煤层底煤卸压工艺研究	2014.08～2015.06	防冲办	王桂利
5	35kV变电所6kV高压柜改造	2014.02～2015.06	机电科	阚士远
6	复杂成分矿井水处理工艺研究与应用	2015.01～2015.08	机电科	阚士远
7	软岩巷道锚杆锚索预应力全长锚固成套技术的研究	2015.01～2015.12	生产科	王振伟
8	热力网水加热器的研究与应用	2015.09～2016.10	生产科	石道勇
9	煤层软化抑尘剂的研究与应用	2016.01～2016.12	防冲办	王桂利
10	强冲击厚煤层超深井条带开采防冲研究	2016.01～2017.06	防冲办	王桂利
11	基于自动化平台的设备日常检修信息的建立	2016.08～2017.12	调度室	王统海
12	古城煤矿大数据支撑辅助管理系统的开发与应用	2016.09～2017.12	劳资科	吴平平
13	动态与静态多参数冲击地压预警技术研究	2016.11～2018.12	防冲办	伦庆忠
14	矿井深部三维地震及数据处理再分析技术研究与应用	2016.11～2017.12	地测科	李俊瑞
15	厚煤层千米深井防冲卸压回采新工艺的研究	2017.01～2017.12	机电科	伦庆忠
16	“三下”煤层原生矸石充填开采的应用与创新	2017.01～2017.12	生产科	王桂利
17	煤矿流变巷道围岩加固成套技术研究与应用	2017.01～2017.12	生产科	王桂利
18	煤矿厚煤层强冲击地压综合防治技术研究	2017.01～2017.12	古城煤矿	王东京
19	千米深井远距离通风降阻方法综合研究与应用	2017.01～2017.12	通防科	李星坤

续表

序号	项目名称	起止时间	承担单位	负责人
20	大采深综放工作面三机配套优化设计	2017.01～2017.12	机电科	田洪波
21	大倾角皮带永磁同步驱动装置研究与应用	2017.01～2017.05	机电科	田洪波
22	供电系统智能控制系统研究与应用	2017.01～2017.12	机电科	张龙洋
23	压风机远程自动监控系统优化设计	2017.01～2017.05	机电科	张龙洋
24	基于大数据的生产调度优化方案研究	2017.01～2017.12	调度室	杨成友
25	循环流化床锅炉减温器技术改造	2017.01～2017.10	热电厂	石道勇
26	矿井一站式运输系统研究与应用	2017.03～2017.12	机电科	赵燕军
27	乳化液地面自动配液系统简介	2017.03～2017.10	机电科	张龙洋
28	副井辅助运输系统自动化的研究应用	2017.03～2017.12	机电科	张龙飞
29	大采深强冲击矿井卸压用高强螺旋钻杆设计及应用	2017.03～2017.09	支护材料厂	胡乃川
30	矿用锚杆锚索缓冲减压皮托盘及设备的设计和推广	2017.04～2017.10	支护材料厂	胡乃川
31	千米深井大采深、高应力矿井高效巷修技术	2017.03～2017.12	生产科	周海军
32	综采工作面安全快速回撤工艺	2017.04～2017.10	机修厂	赵燕军
33	深井煤层自然发火多源信息融合预警研究与应用	2017.04～2017.10	通防科	李星坤
34	“三下”煤层原生矸石充填开采技术研究与应用	2017.03～2018.12	生产科	王桂利
35	一站式辅助运输系统的研究与应用	2017.12～2018.02	机电科	赵燕军
36	跨转载机尾整体式端头支架的研究与应用	2017.12～2018.12	生产科	王桂利
37	矿井节能降耗综合利用项目研究	2017.10～2018.12	机电科	赵燕军
38	防冲爆破柔性封孔技术研究与应用	2018.01～2018.12	防冲办	王东京
39	膏体充填开采条带煤柱技术研究与应用	2018.12～2020.12	生产科	王桂利
40	综采工作面智能化研究与应用	2018.12～2020.12	机电科	张禄洲
41	远距离自动化卸压钻机技术与装备研究开发	2018.06～2019.12	机电科	张禄洲
42	深部矿井综放采空区自燃危险区域判定技术研究	2018.12～2019.12	通防科	李星坤

续表

序号	项目名称	起止时间	承担单位	负责人
43	Wi-Fi 技术下多系统融合在煤矿安全生产过程管控中的研究	2018.09～2019.12	调度室	齐爱山
44	建筑物下煤柱膏体充填置换开采覆岩与地表移动规律	2018.12～2021.12	生产科	王桂利
45	多功能遥控清车机研发与应用	2018.12～2019.12	机电科	张禄洲

第四节　科技大会

2005 年 4 月 16 日，矿首届科技表彰大会在职工俱乐部隆重召开，对 2004 年度评选出的 35 项优秀科技成果进行表彰奖励。

2007 年 4 月 3 日，矿召开第二次科技表彰大会，党委书记、矿长刘厚福作《唱响“科技兴安”主旋律 打造本质安全型现代化矿井》的工作报告，对获得奖励的 4 个科研项目、17 篇科技论文、59 项科技小改小革和优秀科技工作者进行表彰。

2009 年 4 月 15 日，矿召开科技工作会议，对 38 项科技项目进行评比，评出特等奖 1 项，一等奖 1 项，二等奖 6 项，三等奖 14 项，鼓励奖 15 项。

2016 年 12 月 14 日，矿召开科技表彰大会，党委书记、矿长鲁守明作《加强科技创新，实施管理创效，为打造“精致古城”提供双轮驱动》讲话，总工程师伦庆忠作《实施科技兴矿，推进科技创新，全面实现矿井跨越式发展》工作报告，对 2015～2016 年度涌现出的 22 项科技创新优秀成果进行表彰奖励，通报表扬在集团公司第四届科技大会上受表彰的 8 项科技成果、8 项专利、5 个劳模创新工作室、7 名优秀科技工作者、9 个金点子、7 名职业技能竞赛获奖选手。

第五节　科研经费

一、费用支出

成立以矿长为组长的科研经费管理领导小组，财务科建立专用账户管理。

2015～2018 年，累计支出科研经费 17494.99 万元，约占销售收入的 3%。其中，2015 年支出 3097.69 万元，2016 年支出 3171.3 万元，2017 年支出 6277.93 万元，2018 年支出 4948.07 万元。

二、税收减免

2015～2018 年度，向山东省经信委申报技术创新项目，获得国家抵扣税金

1763.64 万元。

2018 年，获批为山东省企业研究开发财政补助资金补助企业，获得补助资金 268 万元。古城煤矿税收减免情况如表 8-1-2 所示。

表 8-1-2　　古城煤矿税收减免统计表

年度	项目名称	抵扣税金（万元）
2015	千米深井坚硬顶板工作面强冲击地压综合治理技术	125.13
2016	强冲击厚煤层超深井条带开采防冲研究	265.00
2017	煤矿厚煤层强冲击地压综合防治技术研究	600.60
	矿井深部三维地震及数据处理再分析技术研究与应用	
	煤矿流变巷道围岩加固成套技术研究与应用	
	深井煤层自然发火多源信息融合预警研究与应用	
	大采深、高应力、强冲击矿井高效巷修技术研究与应用	
2018	“三下”煤层原生矸石充填开采技术研究与应用	772.91
	防冲爆破柔性封孔技术研究与应用	
	深井“强 + 弱 + 卸”综合支护技术	
	深部高应力强冲击煤层钻孔卸压与支护动态响应机制	
合计		1763.64

第六节　科创中心

一、运营概况

2018 年 10 月，成立科创中心，办公区位于工业广场西部，面积约 560 平方米，配置自动咖啡机、电脑、打印机等设备设施。设党建创新工作室、劳模创新工作室、技能大师创新工作室、青年创客工作室、创意交易平台、成果孵化平台“四室二平台”，有 30 个创新团队。实施采煤、掘进、通防、机运、地面、洗选、防冲、综合等专业交互联动、专业协同、联合攻关和分别活动的“4+ × ”运作模式。在平台初步运行阶段，吸引 300 多名创新人才参与，汇集创意提案、发布创意需求 62 条，承接临矿集团及其以上立项科技项目 8 项。

科创中心面向全体职工开放，广大职工均可以作为创客，通过举办科技沙龙、微讲堂、培训、比武等活动促进创客之间交流和圈子的建立，促进创客之间互帮互助、相互启发、资源共享，通过“聚合”产生“聚变”效应，孵化与矿井业务相关的技术成果。以蜂巢聚力“集小智慧，成大事业”之精神，为创意提供丰富的营养，让创新变得更加专业、更有价值。

截至2018年年末，完成各类创新、创造项目138项，直接、间接创造经济效益6500余万元。

二、运营方式

科创中心作为第一级组织，采取交互联动、专业协同、联合攻关和分别活动的“4+×”运作模式。发挥统筹规划、组织协调、督促检查、总结分析作用，重点开展创新立项征集、创新成果检查、创新成果展示等活动。

青年创客工作室内景（2018年9月摄）

1. 征集：每年进行1次创新立项征集。年初进行项目立项申报，各创新小组结合专业实际，填报《古城煤矿创客研究成果申报表》，创客中心负责审查、汇总，明确各项目实施时间和项目负责人。

2. 破解：技术难题实施有偿破解。科创中心在全矿范围内公开征集各类技术难题，明码标价，创客根据实际情况认领攻关，项目可个人认领，也可由创客组成攻关小组认领，签订攻关合同。

3. 甄别：创新项目立项征集完成后，上报总工程师组织各专业对征集的创新项目进行甄别，对于好的创新项目要提供资金、材料、设备支持。

4. 奖励：对创客创新成果进行等级及效果评定，根据文件即时奖励。

5. 展示：每年组织1次创新成果展示会，编辑出版《赢在微创新》杂志，供各单位学习。

技术人员讨论、认领技术难题（2018 年 4 月摄）

三、活动方式

1. 微讲堂：每周组织 1 次，创客中心主任、副主任为评委，现场点评，各创客小组轮流讲课，自主确定课题内容。

2. 创客分享：每月组织 1 次创客分享，座谈交流创客经验。

3. 创客发布：每季度开展 1 次创客发布，由总工程师牵头，团委具体负责组织，创客中心主任、副主任为评委，对创客小组上报的创新项目进行现场点评和评选。

4. 创新成果展示：每年组织创客成果汇编，展示创客成果。

微讲堂进现场（2018 年 11 月摄）

四、推广应用

（一）实施项目化研究

坚持以重大灾害治理为中心，密切跟踪行业内外、国内外重大科研攻关成果，加强先进理论和措施的学习、引进和研究。对冲击地压、自然发火、深部支护等关键环节实现动态把握、严格治理，提高矿井的安全保障能力。

（二）技术难题破解

截至2018年年末，运用科创中心平台，举行有偿破解技术难题发布会，一次性发布21项技术难题，涉及采掘、机电、冲击地压防治等多个专业，并重金悬赏100万元；已签订破解合同21项，破解电动单轨吊、双臂锚杆钻车等难题5项，为矿井创造效益2000余万元。

1. 电动单轨吊项目

2018年，矿井下辅助运输系统采用柴油单轨吊，具有适应性强、运输能力大的特点，但价格昂贵。随着采掘进一步延伸，运输线路增加，柴油单轨吊机车仅满足采区内的材料周转任务，迎头100米距离的物料运输仍采用人工搬运，职工劳动强度大。柴油单轨吊机车能耗高，燃烧的尾气对井下环境污染较严重，且需风量较大。为减少职工劳动强度，节约能耗，提高劳动效率，研制既节能、轻便，又能保证足够运载量的辅助运输设备是亟须解决的技术难题。科创中心将此难题纳入有偿破解难题清单。机电科领取难题后，开展电动单轨吊机车研发，已制作完成，并进行了现场试验。该型电动单轨吊按照新型、高效、节能等高标准要求，利用已建设完成的单轨吊运输系统，采用1台75千瓦的矿用防爆电机为动力源，对柴油单轨吊进行改造升级；将电气控制+无线遥控+单轨吊原液压驱动相结合，利用工业化的无线数传模块，将电气控制箱（包含电动机启停控制、保护装置和PLC主控器等相关电气元件）、信号接收器与电磁阀结合起来，通过手持遥控器实现机车行走功能和起吊装置控制，可在信号200米范围内操作单轨吊加速、减速、停车、开车、起吊，并实现信号中断机车自动停车，有效地防止信号失灵机车失控事故，具有准确可靠的一键急停功能，同时具备手动控制功能，为矿井辅助运输安全提供重要的技术支撑。该型电动单轨吊体积仅为柴油单轨吊的1/3，具有轻便、快捷、环保、噪音小、易操作等优点，起吊重量达10吨以上，可直接将各种设备和物料送至迎头或工作面。电动单轨吊相比柴油单轨吊结构简单，且电动机技术成熟，液压及电气系统简单，可靠性大大增加，每年可节约维修费用18万元，节约电费87万元。电动单轨吊的研制成功，形成大巷轨道机车运输、采区柴油单轨吊、工作面电动单轨吊的一站式运输系统，降低了职工劳动强度，提高了运输效率。

电动单轨吊（2018 年 10 月摄）

2. 双臂锚杆钻车项目

2018 年，矿掘进工作面支护一直使用气动锚杆钻机钻孔，人工安钎、退钎作业，效率低，职工劳动强度大，还存有噪声、粉尘等危害。目前国内也有成套钻机，但设备体积较大，不利于现场操作，价格均在 200 万元以上。为提高施工效率，由科创中心牵头，将该项目列入“有偿破解难题”清单，悬赏 10 万元。难题发布后，机电、生产业务科室与掘进二工区组成联合攻关团队，与矿签订合同，研发适用矿井现场条件的液压锚杆钻机，已加工完成，并进行了现场试验。该款自移式双臂液压锚杆钻机，使用报废的卸压钻车用履带式行走部作为底盘，在底盘加装回转底座及锚杆钻机系统。锚杆钻机系统由两套左右对称的机械臂和两部液压锚杆钻机构成。每套系统均能独立工作，可实现顶锚和帮锚的全机械化钻孔作业。现场实践证明，液压锚杆钻机最大施工高度可达 4.4 米，推进行程为 2.4 米，钻机推进器可以直接贴帮钻进打眼，人员操作不需要登高作业，钻杆安装后即可慢速旋转实现钻进作业，安全性得到提高。实现自动拆卸钻杆，节约支护时间，减少劳动强度，每班可减少支护工 1 人，施工速度是气动锚杆钻机的 2 倍以上，工效提高 100%。该钻机体积小，伸缩比大，操作稳定、施工灵活，左右钻臂可同时操作，更适合矿井实际，提高了掘进机械化水平。

双臂锚杆钻车（2018 年 4 月摄）

（三）五小攻关

2017 ～ 2018 年，开展小改小革“五小攻关”和全矿技术比武、技术练兵活动，如风动焊机、自动钢梯焊接装置、分体式液压钻车等一大批既实用又简单的技术革新项目在生产中得到应用，多个项目已申报专利。

截至 2018 年年末，申报“科技创新、小改小革”项目 273 项，评选出一等奖 5 项、二等奖 36 项、三等奖 177 项、鼓励奖 138 项，发放奖金 33.5 万元。

第七节　科技成果

一、成果转化

（一）矿山四维灾害预警与应急指挥系统

古城煤矿研发具有完全自主知识产权的煤矿预警四维地理信息平台，建立精细地质构造、瓦斯地质、水文地质、应力地质、地温分布、矿压分布等模型，结合各种实时监测数据和生产数据，利用现代数学、力学方法开展自动异常叠置分析和动态参数估计，再根据各种灾害发生的条件和规律，结合软件分析结果，进行岩体变形、煤与瓦斯突出、冲击地压、煤层自燃和各种安全隐患超前预测预报，有效解决三维时态地理信息系统构建技术难点，实现井上下所有对象的透明管理和可视化调度指挥。

项目研发了岩性演化、冲击倾向性、应力分布、开挖影响范围等解析方法和软件，融合了微震、应力、瓦斯、束管、水文等动态监测数据，并对信息进行数据分析，建立矿山灾害预警时空构架。利用现代图形学、地质学、灾害预警技术、软件技术和互联网技术，建立矿山四维动态地理信息系统平台，与三维物联网监测监控系统、灾害事故仿真系统、危险源辨识和灾害预警系统汇接，形成煤矿安全数据中心，实现矿井生产三维模型的动态演化、属性数据和实时监测监控的可视化透明管理。

建立一套基于四维地理信息系统、物联网技术和 SOA 架构的全数字化应急指挥系统。对于突发的灾害事故，系统自动匹配、调整，并启动相应的数字应急预案，自动生成可编辑的指挥命令，通过四维地理信息技术平台的技术分析支持，结合三维物联网感知技术、双向通信技术、导航和定位技术等实现各个部门、机构的快速联动、协同救灾，实现了矿井远程协同指挥，提高了应急指挥的敏捷化、智能化决策水平。

2016 年 6 月，矿山四维灾害预警与应急指挥系统获得山东省煤炭工业科学技术奖一等奖。

（二）煤矿纤维混凝土锚喷网壳支护研究与应用

主要技术原理是在喷射的混凝土中掺入聚丙烯纤维，利用分散的聚丙烯纤维丝来增强混凝土强度，提高混凝土的抗剪切能力。加强的聚丙烯纤维混凝土和金属网共同形成纤维混凝土锚喷网壳，将围岩应力均匀分散到单根锚杆上，使锚杆承压均匀，缩小了巷道应力集中区，有效提高了锚喷巷道的稳定性，锚喷巷道开裂喷层迅速减少。聚丙烯混凝土降低了喷浆回弹率（回弹率降低 6.5%），减少材料浪费，取得较好的经济效益。巷道返修周期由 5～6 月延长到 10 个月以上，具有较高的经济和社会效益，该研究成果可在同类工作条件下的掘进工作面推广使用。

2013 年 6 月，《煤矿纤维混凝土锚喷网壳支护研究与应用》获得山东省煤炭科学技术二等奖。

（三）预应力全长锚固锚杆锚索支护技术

针对现有锚杆锚索施工工艺，开发了一种对现有施工工艺干扰小、施工简单、成本低廉的预应力锚杆锚索成套施工技术；在普通 525 硅酸盐水泥中掺入一定量的 ECC 纤维、硅粉和各类水泥添加剂，成功配置出具有较高拟态瞬时稳定性能的水泥浆液。当静止不受压力时浆液具有假性凝固状态，能够挂在注浆孔中不掉落；当受到压力时，浆液能够瞬时恢复较高的流通性，使用注浆管输送时阻力基本忽略不计。同时浆液凝固后要有比较低的收缩率和比较高的抗压、抗剪、抗劈裂强度。同时针对钻孔小、流量注浆移动频繁等特点，发明并制作了便携式风动锚杆锚索注浆泵。该注浆泵体积小，长、宽、高分别为 500 毫米、150 毫米、450 毫米，重量减少 21.5 千克，排量 39.6～16632 毫升 / 每分钟，适合预应力全长锚固注浆作业，同时兼具结构简单、造价低、适应性强、方便大规模推广等优点。

2015 年 12 月，《预应力全长锚固锚杆锚索支护技术》获得全国煤矿支护技术创新成果二等奖。

（四）深部沿空综放工作面动力灾害防治技术研究

课题组采用覆岩空间结构理论，通过对综放工作面实际情况以及地质资料的深入研究分析，提出了综放工作面冲击地压危害的防治措施。

1. 通过对工作面回采过程中的监测数据以及理论分析，得出诱发型、自发型和应力恢复型三种动力灾害发生机理，冲击危险源分别为高位坚硬砾岩、采动静应力及构造应力、采动应力。

2. 运用课题组自主研发的冲击地压在线监测系统，实时监测工作面前方的应力变化情况，并结合微地震监测、钻屑法监测，形成一套临场监测预报和区域监测预警体系。

3. 基于冲击机理和监测结果，采取强卸压、强支护、强监测措施，实现诱发型冲击“有震无灾”、自发型冲击的应力有效转移、应力恢复性冲击及时二次卸压的目标，最大限度地降低动力灾害发生。

4. 提出一套动力灾害治理技术及动力灾害防治管理体系，编制冲击危险工作面安全管理措施，制定防止冲击地压和异常矿压显现伤人措施以及应急预案，有效保证受冲击威胁的工作面实现安全开采。

2012 年 12 月，《深部沿空综放工作面动力灾害防治技术研究》获得中国煤炭工业科学技术奖二等奖。

（五）古城煤矿智能供电系统

古城煤矿井下供电系统复杂，最远供电距离已达 8000 米，越级跳闸及漏电拒动、误动等情况时有发生。

研究采用数字化变电站技术、智能电网技术、光纤通信技术、新型激励式自适应单相接地故障判别技术，实现煤矿高低压供电系统防控预警、监测、监控、保护、故障分析、故障定位、故障闭锁、能源管控、设备管理、移动办公、安全系统应急联动、快速恢复供电等一系列智能化功能，彻底解决煤矿井下高低压供电系统无人值守、越级跳闸、漏电选择性动作问题和自动故障定位保护问题，进而提高矿井供电的安全性和稳定性。

1. 创新点、先进性。该技术具有电网系统故障自动定位功能，与视频系统联动切换、自动聚焦故障位置功能，多网数据融合、应急联动功能，移动办公、云维护及远程专家辅助诊断功能。

2. 推广前景。古城煤矿在 35kV 变电所、–505 米、–850 米、–1030 米三个水平变电所及各采区变电所成功应用该技术，有效解决矿井供电系统的监控监测、井下越级跳闸问题，证明了该技术在技术和经济上的可行性。

2018 年 12 月，古城煤矿智能供电系统项目获得山东煤炭工业科学技术奖一等奖。

二、新旧动能转换

2017 年，矿获得临矿集团新旧动能转换奖共 5 项，其中《古城煤矿班清班结薪酬核算大数据辅助管理平台建设》获临矿集团新旧动能转换阶段性重大创新成果奖；《放顶煤工作面后部刮板输送机》《大采深强冲击矿井卸压用高强螺旋钻杆设计及应用》获临矿集团新旧动能转换阶段性重大创新成果提名奖；《古城煤矿厚煤层强冲击地压防治实用技术体系》获新旧动能转换阶段性创新成果重大奖；《大采深、高应力、强冲击矿井高效巷修成套技术研究与应用》获新旧动能转换阶段性创新成果提名奖。

2018 年，获山东能源集团科技创新成果奖 1 项，项目为《矿井三维地震及数据处理再分析技术研究与应用》；获临矿集团新旧动能转创新成果奖 14 项，其中独立完成项目 11 项，分别是《古城五线安全文化孵化模型》《大倾角俯采综放工作面扩量提效技术》《“强 + 弱 + 让”三位一体综合围岩控制技术》《古城煤矿智能化供电系统》《双臂锚杆钻机在全岩巷道中的应用》《远距离遥控电动单轨吊研究与应用》《“选、育、用、留”四种模式打通技能人才成长通道》《循环流化床锅炉系统超低排放技术研究与应用》《多水平矿井复杂生产系统优化工程》《综采工作面快速安装与回撤工艺》《冲击地压风险判识及综合监测预警平台建设》；合并项目3项，分别是《智能煤矿安全生产共享大数据平台关键技术研究与应用》《智能化设备管理共享平台建设》《工作面液压系统水质油质纯净技术及远距离自动集中供配液系统的应用》。

（一）冲击地压风险判识及综合监测预警平台

1. 技术背景

随着开采深度快速增加，冲击地压灾害日趋严重，成为煤矿最严重的灾害之一。研发冲击地压监测预警技术，抢占该领域核心技术制高点，既是国家重大科技需求，也将为我国矿山安全生产提供重要保障。

2. 研究内容

矿冲击地压危险的应力场冲击载体区域识别研究、矿冲击地压危险的冲击载体时序演化规律研究和矿冲击地压风险判识及综合监控预警平台建设。

矿研发的冲击地压风险智能辨识技术、震动波CT技术、冲击变形能时空预警指标和多参量综合预警技术，可实现在工作面空间尺度上的冲击载体区域识别和时间尺度上的冲击危险性时序化跟踪监测。依此为基础，借助物联网和云计算技术，建设包含网络、数据库、软件、服务等内容的冲击地压危险时空综合预警平台。

3. 解决的问题

在冲击危险的空间预警上，定期获取采掘区域范围内冲击载体的区域分布信息。在冲击危险的时序预警上，建立以冲击变形能指标为主、微震多指标为辅的冲击地压时空监测预警方法与技术。通过微震被动CT技术和冲击变形能指标，结合应力在线监测结果和防治卸压工作，建立古城煤矿应力场冲击载体区域识别与时序演化监测的综合预警平台，实现“一张图”管理。

4. 应用效果

本项目研发冲击地压远程在线综合监测预警平台，发明双源震动波一体化反演预警技术，建立煤岩冲击危险“应力场—震动场”的多参量预测与时空监测预警体系，实现冲击危险分析预测与实时监测预警相结合、从区域到局部逐级筛查的聚焦式预警；构建冲击地压灾害的微震远程监控云服务平台。通过预警平台，多次对回采工作面、掘进巷道及后路进行主动与被动CT反演，为有针对性地采取冲击地压治理措施提供科学依据，现场应用效果良好，综合预测准确率达85%以上，实现我国冲击地压时空预警关键技术的跨越式发展，引领我国冲击地压监测预警技术进步。

5. 成果水平

项目研究成果核心内容“煤矿冲击地压震动波CT预测原理与技术”，经宋振骐院士等组成的鉴定委员会认定，达到国际领先水平。

（二）一套完善的矸石充填工艺系统

1. 研究背景

古城煤矿采煤专业人员深入现场、精心研究、大胆创新，实现关键性技术突破，成功研制一套完善的矸石充填工艺系统。

2. 创新成果

（1）创建采空区风动力辅助充填工艺：气力输送是以压缩空气为动力，将输送物沿管路输送到目的区域，达到输送要求的方式，也称“压气输送”。利用涡流旋浮技术，使大粒径、高密度物料在低压气流中保持“旋浮”状态，以此降低最低输送流速，提高输送距离。同时，在管壁周围形成一层气流缓冲区，减少大粒径物料与管壁的碰撞和摩擦，降低输送压损和能耗。

（2）设计并制造双向两用皮带运输系统：鉴于工作面运输系统复杂的情况，在工作面联络巷安设一条皮带，上行运矸、下行运煤，实现双向同步运输，工作面充矸和推采仍可平行作业，可减少设备和岗位工种的投入，简化运输系统，提高劳动效率。

（3）设计并改造护顶式自移皮带机尾：该设备实现机尾与端头支架的有机结合，以高压乳化液为动力，可实现自移，避免稳车拉移机尾的烦琐操作，减少缩皮带的频次。

（4）架后充填工艺的改造升级：自主设计吊挂可伸缩皮带以代替后部刮板输送机并进行架后充填皮带落矸工艺研究。井下充填矸石遇水化泥，易粘附在皮带上不宜清除。实践表明，先利用液压缸将工作面侧皮带抬高，让矸石自然卸落，后采用气动犁式卸料器将皮带上的矸石刮至采空区，在架后每架皮带带面上方 20 厘米处安设一组风炮，利用压风将未刮落的矸石及粘泥吹入老空区，保证皮带的高效利用与清洁。

3. 应用效果

该项目实施后，原生矸石充填率由最初的 60% 提高到 95%，充填矸石密实度提高 1.23 倍，较好地保护了地面建筑，使其受开采损坏在 I 级轻微损坏范围内。该技术达到国内原生矸石充填的先进水平，实现了煤炭资源的“绿色开采”，促进了我国煤矿井下充填开采技术的发展，对保障煤矿安全高效生产具有重大推动作用。

（三）跨转载机机尾整体式端头液压支架

1. 创新点

（1）取代原端头单体支柱配合“一字”铰接顶梁支护及关门柱支护，同时端头支架的前移灵活、省时、方便，降低职工劳动强度和安全风险；减少端头支护工数量，降低成本，提高效益；增大端头护顶面积，提高端头支护强度，保护前后刮板输送机机头及转载机机尾，起到更好的护顶作用。

（2）底座为封底式刚性龙门型结构，实现支架跨转载机，确保运煤空间。

（3）支架尾梁不仅对后部刮板输送机机头及转载机尾具有保护作用，同时具有切顶、放煤、挡矸的作用。

（4）可对端头三角区的顶煤进行回收，提高工作面资源回收率。

（5）端头放煤以减少采空区丢煤量，使巷道顶板冒落以减少端头封堵工作量，减少自然发火概率。

2. 技术参数

跨转载机整体式端头支架前梁、顶梁、尾梁与工作面支架形式类似，底座为刚性龙门型结构。左右座箱之间上部用箱形横梁刚性连接在一起，呈龙门状。转载机穿过龙门铺设在巷道底板上，尾梁对后部刮板输送机机头及转载机机尾具有保护作用，同时具有切顶、放煤、挡矸的作用。

3. 解决的难题

（1）解决工作面下端头支护难题，每天可替代端头工 3 人。

（2）解决部分综放工作面资源回收率低的难题，实现端头放顶煤。

（3）跨转载机整体式端头支架不仅可以提高综放工作面的机械化程度，还可以取代人工作业，在提供强有力的支护强度的同时降低安全隐患，有效地保障人与设备的安全。

4. 应用领域

适用于工作面下端头，解决工作面下出口的支护与维修困难，保障安全生产。

（四）智能化掘进机远程操控系统的研究与应用

1. 研究背景

智能化掘进机远程操控系统的研究与应用项目属于煤矿采掘工作面生产系统领域，由古城煤矿独立完成。

2. 主要研究内容

主要从机械系统、液压系统、电气系统、远程视频系统等方面入手，通过无线遥控、视频图像与数据相结合，实现对掘进机及其配套设备 200 米范围内远程遥控；基于深度学习模式的物体检测视觉跟踪监测系统，实现掘进机定位截割智能化控制；在掘进机截割部后方加装一套湿式振弦除尘风机，采用长压短抽混合通风除尘系统原理，选用湿式纤维栅除尘器，使湿式抽尘系统和自移式涡流控尘系统有机结合，达到减尘、降尘、控尘的目的；引进矿用液压锚杆钻车，实现对巷道顶板、侧帮锚杆及锚索支护的快速机械化作业。

智能化远程控制无人综掘工作面（2018 年 10 月摄）

3. 创新成果

（1）完成掘进机各系统升级改造，实现200米内掘进机远程可视化遥控操作。

（2）基于深度学习模式的物体检测视觉跟踪监测系统，实现掘进机定位截割智能化控制。

（3）利用湿式振弦除尘风机，改善作业环境，实现工作面减尘、降尘、控尘。

（4）减少当前安全生产系统性风险，实现掘进工作面远距离操控。

4. 应用效果

古城煤矿智能化掘进机远程操控系统应用于三水平南翼回风工作面，实现掘进工作面200米范围内的远程操控，提高了掘进作业安全程度，降低了工作面作业人员劳动强度，工效显著提高。自实现综掘机远程操控至今，综掘机远程智能操控运行安全可靠。

5. 项目创效情况

该技术减人增效，单班职工减少3人，掘进效率提高20%，年节约人工成本120万元，年创效300万元。

三、获奖项目

2001～2018年，有21项科技项目获奖，助推矿井科技工作持续、稳定、健康发展，推动“科技兴矿”战略，实现“科技降本”目标。

1.2002年12月，《大采高、大采深、“三下”条件下条带式开采实现矿井高产高效技术》获临沂矿务局科技进步奖特等奖。《综采工作面过断层技术》获临沂矿务局科技进步奖一等奖。《古城煤矿大采深条件下巷道支护研究》获临沂矿务局科技进步奖二等奖。

2.2003年7月，《条带放顶煤开采技术在建（构）筑物下的应用》获山东省煤炭工业科技进步奖二等奖。同月，《应用综合防灭火技术防止煤层自然发火》获山东省煤炭工业科技进步奖三等奖。

3.2005年7月，《深部动压硐室群加固技术的应用》获山东省煤炭协会科学技术奖一等奖；11月，获山东省科学技术进步奖三等奖。7月，《大采深条带式综合放顶煤“支架—围岩”关系研究》获山东省煤炭协会科学技术奖二等奖；11月，获山东省科学技术进步奖二等奖。

4.2006年7月，《核子称重装置在定量装载系统中的研究》项目获得山东省煤炭科学技术奖三等奖。

5.2008年1月，《综采放顶煤采空区自燃机理及预报研究》项目获得中国煤炭工业科学技术奖三等奖。11月，《JKM2.8×4-Ⅲ型提升机主轴轴承更换工艺》项目获得山东省科学技术奖三等奖。

6.2009年11月，《条带开采条件下三带观测与研究》项目获得山东省科学技术奖三等奖。

7.2011年6月，《冲击地压在线监测系统在千米深井强冲击沿空工作面的应用》项目获得山东煤炭科学技术奖三等奖。8月，《大采深条带开采放顶煤工作面过断层技术研究与应用》项目获得山东省科学技术奖三等奖。

8.2012 年 6 月，《深部沿空综放工作面动力灾害防治技术研究》获得山东省煤炭科学技术奖二等奖，12 月获得中国煤炭工业协会科学技术奖二等奖。

9.2013 年 6 月，《煤矿纤维混凝土锚喷网壳支护研究与应用》获得山东省煤炭科学技术奖二等奖，10 月获得山东省企业技术创新优秀成果奖一等奖。12 月，《三水平翻矸系统的改造》项目获山东能源集团技术降本增效优秀奖。

10.2014 年 11 月，《Φ4500 浮选柱在难浮煤中的研究与应用》项目获得山东省企业技术创新奖二等奖，《煤泥远距离输送技术研究与应用》项目获得山东省企业技术创新奖三等奖。

11.2015 年 11 月，《副井闸控全自动运行技术》项目获得山东省企业技术创新优秀成果奖二等奖。

12.2015 年 12 月，《预应力全长锚固锚杆锚索支护技术》项目获得中国煤炭工业协会科学技术奖二等奖。

13.2016 年 6 月，《矿山四维灾害预警与应急指挥系统》项目获得山东省煤炭工业科学技术奖一等奖。

14.2017 年 12 月，《千米深井坚硬顶板工作面强冲击地压综合防治技术》获得全国能源化学地质系统优秀职工技术创新成果奖一等奖，《软岩巷道锚杆锚索预应力全长锚固成套技术开发与研究》项目获得全国能源化学地质系统优秀职工技术创新成果奖二等奖。

第二章　知识产权

第一节　专利管理

古城煤矿对知识产权遵循统一管理、分工协作、规范有序的原则。科技科负责本矿知识产权的管理工作,各单位科技负责人具体负责各自业务范围内知识产权工作。

一、主要职责

1. 制定知识产权管理规定，协调知识产权管理工作，指导、监督、检查知识产权管理工作；审核各科室和工区的专利申请。

2. 负责知识产权的申请等对外工作。

3. 参与签订或审核涉及本专业知识产权内容的各类合同、协议。

4. 依法办理对职务发明的发明人、设计人和其他职务知识产权的创造者的奖励、支付报酬等相关手续。

5. 组织宣传和学习有关知识产权的法律知识并交流经验。支持和组织职工的发明创造活动，并为其提供知识产权法律知识咨询。

6. 建立知识产权管理档案。

二、权益管理

1. 执行古城煤矿工作任务所完成的智力劳动成果；履行本岗位职责所完成的智力劳动成果；完成的智力劳动成果属于本矿工作范围；退休、停薪留职、辞职或调离的员工在离职一年内完成的与其在原工作岗位承担的本职工作或分配任务有关的智力劳动成果。

2. 利用古城煤矿名誉、名称或社会地位进行的各种行为；利用本矿的人力及未公开的技术情报资料完成的智力劳动成果；工作时间内完成的智力劳动成果。

3. 凡职务发明创造及其他职务智力劳动成果所形成的知识产权以及古城煤矿委托他方研究、开发、设计、制作等所形成的知识产权，其申请者和所有权利归属方必须是古城煤矿，但有合同或协议并在合同或协议中有约定的除外。

4. 矿知识产权对外转让时，均须根据法律规定签订书面合同，并经科技科审查、签字方能生效。对于古城煤矿研究、开发的职务智力劳动成果，及时办理申请、注册和登记，取得法律保护。

第二节　专利申请

古城煤矿积极申请专利、利用专利，实现专利申报由量到质的转变。2016 ～ 2018 年，古城煤矿累计获得专利授权 41 项，其中，发明专利 3 项，实用新型专利 37 项，软件著作权 1 项。

古城煤矿 2016 ～ 2018 年专利完成情况如表 8-2-1 所示。

表 8-2-1　　古城煤矿 2016 ～ 2018 年专利完成情况统计表

序号	名称	专利类型	专利号	发明人
1	一种螺旋钻杆及其生产方法	发明专利	ZL2016 1 0777448.3	鲁守明　伦庆忠　赵燕军　魏兴民　王统海　胡乃川　王桂利　王东京　付　欣　张欣荣　童培伟　王学欣
2	一种螺旋叶片自动缠绕机	实用新型专利	ZL 2016 2 1005577.2	鲁守明　伦庆忠　赵燕军　魏兴民　王统海　胡乃川　田洪波　邵长波　夏宏根　张龙洋　杨成友　房思洋
3	一种组合式单体液压支柱	实用新型专利	ZL 2016 2 1031165.6	王桂利　王东京　郑晓晨　夏宏根　卢绪涛　赵猛　邵珠娟　胡乃川
4	一种螺旋钻杆	实用新型专利	ZL 2016 2 1005579.2	鲁守明　伦庆忠　赵燕军　魏兴民　王统海　胡乃川　王桂利　王东京　付　欣　张欣荣　童培伟　王学欣
5	一种煤矿钻杆回收装置	实用新型专利	ZL 2016 2 1351934.0	伦庆忠　王东京　邵长波　马瑞峰
6	一种台式自动电机绕组切线装置	实用新型专利	ZL 2017 2 0245860.0	鲁守明　赵燕军　魏兴民　管宜峰　房思洋　胡乃川　宋德宝　李健建　尹成鑫
7	一种平行对夹式皮带机清扫器	实用新型专利	ZL 2017 2 0244801.1	王统海　赵燕军　胡乃川　房思洋　田洪波　任旭涛　王学欣　管宜峰　童培伟
8	一种滚筒圆弧式皮带机清扫器	实用新型专利	ZL 2017 2 0245147.6	鲁守明　王统海　赵燕军　管宜峰　胡乃川　王学欣　田洪波　童培伟
9	矿用锚杆锚索缓冲减压皮托盘	实用新型专利	ZL 2017 2 0927006.2	鲁守明　童培伟　于善昌　李乐成　种　震　刘宝省　周广欣　孟凡永　吕祥斌　郇　飞　刘长斌　王庆伟　范立武　刘文东

续表

序号	名称	专利类型	专利号	发明人
10	自动化输送带冲裁生产设备模具	实用新型专利	ZL 2017 2 0927007.7	魏兴民 胡乃川 尹成鑫 童培伟 于善昌 李乐成 王桂利 彭 飞 王东京 房思洋 赵厚玲 郇 飞
11	用于巷道钻机的底盘装置	实用新型专利	ZL 2017 2 0968229.3	鲁守明 伦庆忠 王东京 郑晓晨 李宗凯 赵 猛
12	用于煤矿巷道的回转盘调平装置	实用新型专利	ZL 2017 2 0968227.4	伦庆忠 王东京 郑晓晨 李宗凯 赵 猛 马瑞峰
13	煤矿用钻机快速装卸机构	实用新型专利	ZL 2017 2 0968226.X	伦庆忠 王东京 郑晓晨 李宗凯 赵 猛 马瑞峰
14	真空接触器线圈保护电路	实用新型专利	ZL 2018 2 1040541.7	张龙飞 尹成鑫 卢立波 武光玉 朱高峰 郝王刚 李兴欣 徐安全 张孝坡
15	弹性托辊缓冲胶圈压入装置	实用新型专利	ZL 2018 2 1019324.X	胡乃川 安明成 谢洪路 翟玉见 刘宝省 汤浩兴 杨 肖 周广欣 郇 飞 姜海涛 程立群 李伦涛 徐佳佳 徐安全 张孝坡
16	废旧钢丝绳破捻装置使用该装置破捻的方法	发明专利	ZL 2017 1 0149430.3	鲁守明 赵燕军 伦庆忠 魏兴民 管宜峰 胡乃川 卜祥锋 宋德宝 李健建 王乐军
17	自动化输送带冲裁生产设备	发明专利	ZL 2017 1 0627994.3	伦庆忠 赵燕军 胡乃川 房思洋 尹成鑫 赵厚玲
18	金属网编织用的成捆冷拔丝的放置装置	实用新型专利	ZL 2018 2 1993252.9	胡乃川 王桂利 诸葛祥华 汤浩兴 严洪涛 刘宝省 杨 肖 于 良 赵 猛 谢洪路
19	金属网用的冷拔丝缠丝工序放丝导向装置	实用新型专利	ZL 2018 2 1993587.0	王桂利 诸葛祥华 胡乃川 汤浩兴 严洪涛 刘宝省 杨 肖 于 良 赵 猛 谢洪路
20	一种煤矿用锚索小料回收收集装置	实用新型专利	ZL 2018 2 1783276.1	王桂利 尹成鑫 李宗凯 肖金杰 周升范 赵厚玲 朱学龙 张付强 王蒙蒙
21	矿用风筒冲刷装置	实用新型专利	ZL 2018 2 2013555.6	訾光涛 李星坤 林 增 仇士川 吴昌峰 张红军 朱夏南 卢立波 冯 永
22	矿用自动焊接机组合焊接行走平台	实用新型专利	ZL 2018 2 2032437.X	伦庆忠 赵燕军 管宜峰 田福龙 房思洋 姜福兵 张禄洲 王学欣 李广军 齐吉强 孙晓东

续表

序号	名称	专利类型	专利号	发明人
23	矿车拾道器	实用新型专利	ZL 2018 2 1998982.8	伦庆忠　张龙飞　尹成鑫　陈　鑫　郝王刚　张洪祥　王卫国　崔伟喜　高凡庚
24	龙门式液压清洗机	实用新型专利	ZL 2018 2 2050331.2	张龙飞　王桂利　郝王刚　杨局伟　鞠宗华　严科强　刘　昂　刘成柏　赵延文
25	矿井新型风门防撞装置	实用新型专利	ZL 2018 2 2024716.1	林　增　菅光涛　李星坤　仇士川　尹成鑫　吴昌峰　朱夏南　赵厚玲　齐爱山
26	一种煤矿用掘进工作面移动式防尘装置	实用新型专利	ZL 2018 2 2013566.4	张红军　李星坤
27	主井筒传感器支架和煤矿井下运输绞车系统	实用新型专利	ZL 2018 2 1999902.0	张龙飞　朱高峰　尹成鑫　朱　峰　张志强　严祥军　李兴欣　孙荣花　栾清瑞
28	支护钢梯自动焊接机可伸缩气动固定装置	实用新型专利	ZL 2018 2 2033954.9	伦庆忠　赵燕军　管宜峰　田福龙　房思洋　姜福兵　张禄洲　王学欣　李广军　齐吉强　孙晓东
29	焊接机工件固定装置和支护钢梯自动焊接机	实用新型专利	ZL 2018 2 2050597.7	田福龙　孙晓东　葛均超　姜福兵　管宜峰　田红波　吕祥彬　郑朝生　种　震　赵萌萌
30	自动焊接机自动翻转平台	实用新型专利	ZL 2018 2 2035247.3	李宗珠　田福龙　张禄洲　吕祥彬　李广军　郝王刚　齐吉强　张振环　赵萌萌　郑文婧
31	双回路开关漏电连锁装置	实用新型专利	ZL 2018 2 2041947.3	李乐成　张龙飞　武光玉　杨局伟　朱高峰　李兴欣　樊明吉　陈海军　王蒙蒙
32	一种煤矿用气动座式切割机	实用新型专利	ZL 2018 2 2048433.0	伦庆忠　王东京　段培溪　郑　州　尹成鑫
33	钢梯自动盘圆装置	实用新型专利	ZL 2017 2 0243938.5	魏兴民　赵燕军　李健建　夏文营　尹成鑫　王志凯　任旭涛　胡乃川　宋德宝　杨　肖　管宜峰　赵厚玲
34	传感器升降架装置和检测系统	实用新型专利	ZL 2018 2 198579.5	伦庆忠　林　增　李星坤　柳延波　仇士川　吴昌峰　张红军　刘衍梁　卢立波　张孝坡

续表

序号	名称	专利类型	专利号	发明人
35	煤矿井下超宽车辆检测报警装置	实用新型专利	ZL 2018 2 2032415.3	李乐成　张龙飞　鞠宗华　张龙洋　惠　海　钟　昂　刘长田　李洪磊　王平平　冯　永
36	一种煤矿钢绞线快速解锁器	实用新型专利	ZL 2018 2 1783282.7	赵燕军　田洪波　田福龙　郑朝生　吕祥彬　赵厚玲　马友夫　褚　凯　颜培杰　王　波
37	古城煤矿安全管理“五线”系统 V1.0	软件著作权	软著登字 4471722 号	李乐成　谢洪路　范长征
38	侧翻式油桶上料装置	实用新型专利	ZL 2018 2 2013541.4	胡乃川　诸葛祥华　王东京
39	金属网编织机冷拔丝防弹装置	实用新型专利	ZL 2018 2 2049313.2	诸葛祥华　胡乃川　赵　健　翟玉见　王　格　徐晓强　房思洋　王平平　徐安全
40	组合焊接装置和矿用自动焊接机	实用新型专利	ZL 2018 2 2033116.1	伦庆忠　李宗珠　赵燕军　田红波　郑朝生　张振环　马万秀　种　震　邵宏轩　郑文婧　齐爱山
41	煤矸石气幕矩阵填充装置	实用新型专利	ZL 2018 2 1993257.1	赵燕军　田洪波　吕祥彬　马万秀　郑朝生　厉彦欣　郑文婧　张振环　王　波　栾清瑞

第三章　环境保护

第一节　机构沿革

1993 年 10 月 25 日，成立古城矿井筹建处工程技术科，负责矿井筹建期间节能环保工作。

1999 年 10 月 11 日，成立古城矿井环保领导小组，筹建处主任任组长，3 位副主任任副组长，各部门有关人员为成员；领导小组下设办公室，办公室设在工程科；设专职环保工作人员 1 名。

2001 年 2 月 26 日，成立机电运输部，内设节能环保机构，设专职环保工作人员 1 名。

2003 年 4 月 12 日，成立节能环保小组。

2008 年 9 月 1 日，调整节能环保工作人员。

2013 年 3 月 26 日，成立节能环保办公室，设主任 1 人（副科级）。

2017 年 9 月 17 日，节能环保办公室设主任 1 人（正科级）。

截至 2018 年年末，古城煤矿设环境保护领导小组，有成员 20 人，领导小组办公室主任 1 人。具体情况如图 8-3-1 所示。

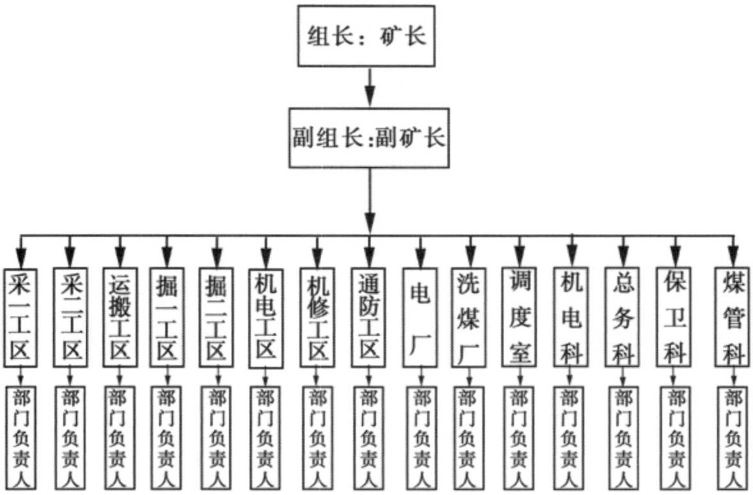

图 8-3-1　古城煤矿节能环保领导小组机构图

第二节　环保工作

围绕“资源节约型、环境友好型”矿山建设目标，执行建设工程项目与环保内容同时设计、同时施工、同时投入使用的“三同时”制度，发挥矿井资源和区位优势，落实采场、洗煤厂、热电厂的治污、减排、增效措施，加大基础设施建设投入，强化制度化、规范化、精细化管理，形成“资源—产品—再生资源”的循环经济发展模式。机电科为环保设备设施维护、人员管理、环境治理的责任部门。

一、污水处理设施

（一）矿井水处理站

矿井水处理站自1998年4月开始运行，位于主井塔西北200米处，占地1500平方米，设计能力200立方米/小时，建设有容积为2000立方米调节沉淀池1座，处理能力200立方米/小时机械加速澄清池2座，有效容积400立方米清水池1座，有效容积150立方米污泥浓缩池1座。处理工艺为物理化学混凝沉淀，处理流程为：初级沉淀→混凝反应→蜂窝斜管沉淀→消毒，机械加速澄清池直径9.8米，沉淀过滤面积为100平方米，处理水质达到COD（化学需氧量）不大于100毫克/升，处理中水达标排放。设岗位工5人。

（二）生活水处理站

生活水处理站于1997年12月建设，1998年6月投入使用。位于宿舍区东南角300米处，占地400余平方米，设计处理能力15吨/小时，采用地埋式结构，A2O处理工艺（厌氧－好氧活性污泥法），污水处理构筑物为机械格栅、调节沉淀池、厌氧消化池、好氧消化池、沉淀池、清水池及次氯酸钠发生器消毒装置。其中，厌氧好氧构筑物采用悬挂塑料填料培养微生物，好氧处理构筑物采用风机供氧，沉淀池过滤面积40平方米，处理水质达到COD不大于100毫克/升，处理中水达标后排放。设岗位工4人。

2000年12月，济宁市环保局受山东省环保局委托，会同济宁市环境监测站、兖州市环保局对古城煤矿年产90万吨矿井环保设施进行验收。12日，通过验收。

利用处理后的水喷洒草坪（2009 年 5 月摄）

二、改造工程

1.2006 年和 2011 年，总投资 985 万元，对矿井水处理设施进行两次技术升级改造，处理能力达到 5000 立方米 / 天。矿井水由井下经提升泵进入澄清池，泵前投加混凝剂，泵后投加絮凝剂，经混凝反应，处理后水质 COD 不大于 30 毫克 / 升，再消毒后自流入清水池，供给选煤厂、地面生产系统、井下消防洒水、冲洗用水和绿化用水，剩余部分排至泗河，在外排泵处设置有 COD 在线监测系统，保证处理水符合《地表水环境水质标准》四类排放标准。

2.2006 年，投资 334 万元对生活水处理设施进行升级改造和扩建，采用钢砼结构的澄清池和滤池相结合的工艺来净化处理生活污水，处理能力达到 2400 立方米 / 天；实际产生污水约 800 立方米 / 天，低于设计处理量。污水净化处理采用二级接触氧化工艺。处理后的生活污水达到《地表水环境水质标准》四类排放标准，由恒压供水系统加压供给电厂洗车池、辅助生产设施、绿化等用水，不外排。

2017 年 4 月 28 日，投资 428 万元对生活污水处理站进行改造。由江苏融汇环境工程有限公司负责改造实施，对曝气生物滤池进行更新改造，安装 MBR 膜生物反应器，提高中水水质，扩大中水使用范围。

3.2011 年 8 月，矿井水处理系统改造项目经临矿集团企管处组织招标，投资 870 万元，由山东嘉豪环保工程公司进行项目实施，同月开工，2013 年 10 月竣工。改造工程主要是为消除机械化开采过程中乳化液废水对污水处理的影响，提高处理水水质，确保环境保护任务目标的完成和矿水污染治理工作水平的提高。改造期间，保证水处理构筑物的替换、替代及管线优化改进。在矿井水处理站原址建设调节水池、复式双向循环曝气池、溺水分离器、清水池等水处理构筑物及自动化控制室，主要技术任务为消减水污染物排放总量的 30%，即排放水污染物 COD 浓度低于 20 毫克 / 升。

2011 年 10 月至 2012 年 3 月，对水处理系统进行第一次替换：对污泥浓缩池进行结构改进，同时拆除调节水池北池、机械加速澄清池东池，设计给排水管线及动力控制，以建设复式双向循环曝气池。

2012 年 3 ～ 11 月，对水处理系统进行第二次转换：对新建复式双向循环曝气池进行结构改进，敷设虹吸排泥系统及布水装置，形成容积为 2000 立方米的平流式沉淀池，满足日常水处理工艺要求；同时，拆除调节沉淀池南池、机械加速澄清池西池，以建设容积为 1360 立方米的调节沉淀池、高效泥水分离器及风机水泵房。

2012 年 11 月至 2013 年 3 月，对水处理系统进行第三次替换：调节水池安装行车式刮吸泥机，接入高效泥水分离器，以建设清水池机外排泵房，同时恢复复式双向循环曝气池结构。

2013 年 3 ～ 10 月，对水处理系统进行最终转换，将复式双向循环曝气池并入建设完成的各水处理构筑物，实现整个矿井水改造项目的完成。矿井水改造工程完成至今，经水污染自动在线监测系统监测，水污染物 COD 浓度为 16 毫克 / 升，实现矿井水改造项目技术任务目标，保证机械化矿井生产过程中高浓度悬浮物、复杂成分矿井废水的处理水质，提高中水回用使用率。

污水处理设备（2015 年 4 月摄）

三、烟气污染治理

2010 年 9 月，投资 540 万元，对电厂 3 台锅炉的烟气脱硫系统进行改造，将炉内脱硫改造为炉外氨法湿式脱硫，新建脱硫装置 2 座及配套设施。该工程由江苏镇江金锐环保设备有限公司负责施工。

2016 年 7 月，根据《关于加快推进燃煤机组（锅炉）超低排放的指导意见》（鲁环发〔2015〕98 号）要求，电厂对尾部烟气处理装置进行超低排放改造，严格按照要求执行规定，主要大气污染物烟尘、二氧化硫、氮氧化物排放浓度在基准氧含量 6% 条件下，分别不高于烟尘 5 毫克 / 立方米、二氧化硫 35 毫克 / 立方米、氮氧化物 50 毫克 / 立方米。改造项目投资 1830 万元，由山东蓝博环保设备有限公司实施。脱硫除尘部分采用石灰石–石膏脱硫、湿电除尘一体化技术，需将原有的脱硫塔及附属设备拆除，新建 2 台脱硫湿电除尘一体塔及附属设备（其中，2×35 吨 / 时锅炉共用 1 个吸收塔，75 吨 / 时锅炉用 1 个吸收塔），2 台吸收塔均采用直排烟囱；脱硝改造采用 SNCR 和低氮燃烧组合、尾部烟气臭氧氧化脱硝工艺技术。同年 12 月 20 日完成，30 日通过济宁市兖州区环境保护局验收。

2017 年 9 月，投资 247 万元，对除尘系统进行改造，将原来的高压静电除尘器的后两电场改造为布袋除尘。改造实施完成后，除尘效果达到 99.99% 以上，烟尘指标降至 30 毫克 / 立方米。改造项目由浙江天洁环境科技股份有限公司施工，2018 年 6 月 21 日通过临矿集团环保验收。

四、固体废弃物治理

2016 年 4 月，投资 40 万元对矸石临时储存场地（矸石山）采取防尘网全覆盖和喷水等措施，累计使用防尘网 40000 平方米，安装喷头 60 个，敷设供水管道 900 余米。在场地内侧，安装车辆冲刷装置 1 套，冲刷运矸车辆。硬化地面 400 平方米、运矸道路 200 平方米，对排矸道路用洒水车循环洒水，夏季 7 ～ 9 次 / 天，冬季 4 ～ 6 次 / 天，消除二次扬尘污染。周界外颗粒物浓度最大点符合《大气污染物综合排放标准》（GB16297–1996）的要求，成为兖州区环境治理样板工程。

2018 年 4 月，为彻底解决矸石临时储存场地的环保问题，投入 448 万元，整体搬移储存矸石 20 万立方米，全部用于泗河防堤改造和加固工程。矸石山搬移后，投资 17.53 万元对土地复垦绿化。

清理后的矸石山占地被绿化（2019 年 7 月摄）

五、储煤场封闭工程

2018 年 6 月 1 日，为消除煤场扬尘污染，投资 1483.2 万元，开工建设 3 个封闭煤场，同年 10 月 31 日竣工。

1 号精煤棚建筑面积 3150 平方米，包含拱形钢网架加底部砼挡墙（5 米高），最高点 28 米，工程造价 895 万元，由山东中煤建设工程有限公司承建。

2号煤泥棚建筑面积4875平方米，采用大跨度钢网架结构形式，檐高16.9米，工程造价为457.7万元，由兴润建设集团有限公司承建。

3号洗矸棚建筑面积80平方米，包括门式钢架加底部钢筋砼挡墙（3米高），檐高11米，工程造价为130.5万元，由徐州鹏程钢结构有限公司承建。

煤场封闭工程由临沂兴宇工程设计有限责任公司设计，山东鲁南地质工程勘察院勘探，济宁华兴监理咨询中心负责监理。

第三节　节能减排

一、管理体系

2001年，古城矿井移交试生产，将节能减排工作纳入年度重点工作考核内容。成立节能减排领导小组，全面负责矿井的节能减排工作。矿长任组长，领导班子其他成员为副组长，各科室、工区主要负责人、节能管理人员为成员。节能减排领导小组下设节能环保办公室，办公室设在机电运输科，设主任1人。主要负责用电、用水、用汽、用油的节能检查，并将其纳入机电验收进行奖罚兑现，对各单位、科室用能情况进行考核。各单位设立节能工作联络员，具体负责本单位节能工作，向节能环保办公室报送各类能源计量表码原始数据和报表。

先后制定《节能目标责任考核办法》《关于印发矿井用能管理办法的规定》《关于成立节能减排工作领导小组的通知》，完善《单位产品能耗定额和限额》《能耗定额管理制度》《关于印发能源计量管理办法》等管理文件，将年度节能目标分解落实到各单位、车间、班组。

实行定期召开节能工作例会制度，及时通报全矿节能工作进展情况，研究解决存在的突出问题。加强重点用能设备管理，定期检查、核定用能设备的使用负荷率，及时调整、调度用能设备的运行时间，努力减少用电浪费，做到用能效率最大化。

（一）用电管理

实行用电电费承包管理，根据各工区产量、功能，各科室业务范围，科学制定电费承包考核指标。主要措施有：

1. 地面淘汰白炽灯，改为节能LED灯。井下使用的隔爆兼本安型荧光灯逐步改为节能LED灯。

2. 办公室、宿舍区用电做到人走灯灭，关闭空调、饮水机、电视、电脑等用电设备。公共场所或不需要长时间亮灯的地方，由总务科负责安装声、光控照明开关。

3. 单身职工宿舍、办公场所内，禁止使用热水器、电饭锅、电磁炉、电热壶等大功率电器，发现后没收其用电器。

4. 中央空调只能在规定时间内使用，每违反一次对责任单位罚款1000元。执行标准为：夏季室内温度不得低于26度，冬季室内温度不得高于22度。

5. 外供用户（含施工单位）用电，必须签订用电协议，缴纳2000元安全保证金。

6. 加强 35 千伏变电所无功补偿管理，保证全矿功率因数不低于 0.90。

7. 生产用电坚持“避峰填谷”制度，对于矿井大型用电设备如采煤机、转载机、皮带机、压风机、扇风机、主提升机、排水泵等，各责任单位要加强负荷调度，避峰填谷。

（二）用水管理

实行用水总量控制与定额管理，对各单位下达节水计划指标。主要措施有：

1. 按照定时间、定任务、定目标、定人员“四定”原则管理用水，杜绝跑、冒、滴、漏，降低溢流水量。

2. 充分利用废水、雨水。降低地下水的新取水量。

（三）用油、用气管理

1. 办公用车以实际行车的百公里耗油量为考核依据，设备用油脂按技术参数要求进行考核。

2. 用气管理按照矿规定，杜绝跑、冒、滴、漏。

二、用能情况

原煤生产综合电耗 17.07 千瓦时 / 吨，其中洗煤电耗 3.93 千瓦时 / 吨，原煤生产能耗 5.20 千克标准煤 / 吨，年原煤生产能耗 5.10 千克标准煤 / 吨，单位原煤产值能耗 0.14 吨标准煤 / 万元。

生活污水、矿井水处理后，中水水质经济宁市环保局监测达到井上下生产用水要求后，可广泛用于井下防尘用水、洗煤厂选煤用水、矿区防尘绿化用水、公寓冲厕用水等。地面安装无尘化自动洒水系统，每天消耗矿井处理水 120 立方米。每年节约新鲜用水 4.38 万立方米；公寓楼厕所冲刷用水每年可节约新鲜用水 2.64 万立方米，按水费 2.865 元 / 立方米计，每年节约水资源费约 20.11 万元。地面安装无尘化自动洒尘系统，可减少冲刷人员 14 名，年节省人工费约 40 余万元。

为解决洗矸和煤泥造成的环境污染，实现资源综合利用，建成总装机容量为 24 兆瓦的现代化综合利用电厂，年消耗洗矸 16 万吨、煤泥 8.5 万吨、中煤 4 万吨，每年减少洗矸储运费、占地费、环保费等费用 348 万元。

实施热电联产、余热利用技术，投资 850 万元，建设兖州城区集中供热工程，供热主管网 6 千米，年供热量 56 万吉焦，增加经济效益 246 万元。

投资 4000 多万元，对洗煤厂进行改扩建，使原煤入洗能力由 90 万吨 / 年提高到现在的 180 万吨 / 年，实现煤炭的全部洗选。对煤泥水系统进行改造，将洗煤厂煤泥直接用于电厂发电，降低发电成本，形成“煤炭—洗煤厂—煤泥—电厂—发电—矿井—煤炭”的循环产业链。

实施煤矸石、矿井水、粉煤灰“三零”排放和余热、余汽、余温“三余”利用的生态绿化工程，加大煤炭资源回收率考核等，年增加经济效益近 1 亿元，实现经济效益、社会效益和生态效益互促共赢。

三、技术改造及效果

根据国家节能减排政策要求，推广先进适用的节能减排工艺和技术装备。矿用各种大型耗能设备均采用电机调速技术，节电率达到16%以上，采用低损耗新型变压器，优化变压器的运行方式，应用高效电机及变频调速技术以提高用电效率；采用动态无功补偿技术，提高系统功率因数。2008年，对主井提升系统、副井上下操车及信号系统与地面轨道翻矸系统进行改造，提高主副井的提升能力。2009年，对地面供电全面改造，现在重要场所已经全部实现双回路供电，提高供电安全可靠性。

2004年5月，在全省率先安装锅炉烟气连续监测装置，实现在线监测。投资470万元对电厂二氧化硫改造，对电厂锅炉烟气采用除尘效率在99.7%以上的高压静电除尘设备及脱硫新技术，实现达标排放，减少空气污染。2007年，投资449万元对矿井水、生活污水设备、设施进行全面更新改造。

2010～2018年，累计完成节能环保项目计划共计120余项，投资约2亿元。主要完成-505米水平大巷电瓶车改造、35千伏变电所低压电容柜改造、中水综合利用改造。淘汰老式落后分体式开关，安装性能优良、技术先进的新式组合开关，采区皮带运输系统中安装变频调速装置，年节约电量约17万度。35千伏变电所进行自动化控制改造：安装节电机、主排水泵及皮带软起变频改造，扇风机变频及自动化改造，压风机自动化改造，安装中央空调二期工程及污水站变频改造，对工作面串车供电系统安装就地自动无功补偿装置，全年节约电量为65万度。对井下照明、公共场所用电进行规范，猴车（架空乘人装置）道、皮带巷、运输巷等照明灯间距全部改为30米，比原来减少2/3。优化通风系统、轨道运输系统，保障矿井轨道运输，减少通风损失，全年节约电量62万度。机修车间使用直流电焊机，年节约电量1.3万度。地面公共场所用电采取安装定时器、声光感应控制等措施以降低耗电量，年节约电量约49万度。洗煤厂对粗煤泥分选项目进行改造，提高精煤产出率，增加经济效益32万元。电厂改进锅炉快速升温并炉工艺，年节标准煤72吨。加大对锅炉排污水回收与利用、排污水热量回收利用，共节约标准煤180吨；对机组冷却补水系统进行改造，年节省水费65.7万元，节约厂用电量43.56万度。

临矿集团到矿检查节能减排工作（2013年1月7日摄）

第四节　绿色矿山建设

一、建设背景

2015年，矿根据山东省关于绿色矿山建设的相关标准和要求，参照《山东省煤矿绿色矿山建设规范（征求意见稿）》《山东省绿色矿山建设管理办法（征求意见稿）》的要求，委托北京嘉宇圣铭矿山技术研究院编制《绿色矿山建设实施方案》，启动绿色矿山建设工程。

二、建设范围

绿色矿山建设主要包括矿区环境、基本条件、矿区布置、生产工艺、绿色治理及资源利用、综合利用、生态环境等。

三、建设情况

1. 矿井水处理。矿井水主要来自井下含水层，正常涌水量为1890立方米/天。矿井水由井下经提升泵进入澄清池，泵前投加混凝剂，泵后投加絮凝剂，经混凝反应，处理后水质COD不大于30毫克/升；再消毒后自流入清水池，供给选煤厂、地面生产系统、井下消防洒水、冲洗用水和绿化用水，剩余部分排至泗河，在外排泵处设置有COD在线监测系统，保证处理水符合排放标准。

2. 生活污水处理。生活污水处理站位于电厂东南角，采用钢砼结构的澄清池和滤池相结合的工艺来净化处理矿井水，处理后的生活污水达到《污水综合排放标准》（GB8978-1996）一级标准，由恒压供水系统加压供给电厂洗车池、辅助生产设施、绿化等用水，不外排。

3. 噪声治理。主井、副井绞车房分别设有隔声值班操作间，室内声级控制在70分贝以下；扇风机设备选用配带消音设备产品，扩散塔内布置吸声板，值班室单独隔离布置，采用隔声门窗；压风机进风口加装阻抗复合式消声器，机房内设置隔声值班间，其室内噪声控制在70分贝以下；对振动筛、破碎机等噪声较大的设备采用隔声屏和利用土建结构隔声的措施控制噪声；噪声较大的块煤溜槽采用表面敷设阻尼结构方法进行降噪。

4. 大气污染物治理。主要的排放源有电厂锅炉排放的烟尘、二氧化硫、氮氧化物和食堂废气。对电厂锅炉排放的烟尘、二氧化硫、氮氧化物，进行烟气超低排放改造，脱硫工艺采用湿式石灰石－石膏法；脱硝工艺采用低氮燃烧改造+SNCR脱硝工艺+后部臭氧还原法；除尘在原有电袋复合除尘的基础上增加湿式静电除尘工艺。拆除原脱硫系统氨法脱硫塔，新建2台脱硫塔，1备1用，在脱硫塔顶部加装湿电除尘、烟囱直排。食堂基准灶头数为4个，对应机头总功率为6.68×108焦耳/小时，对应排气罩灶面总投影面积为4.4平方米，属于中型炉灶。油烟排放最大浓度为0.32毫克/标准立方米，烟气净化设施去除率为88.96%，符合饮食业油烟排放标准。

5. 矸石山治理。2017 年 4 月投入 448 万元，对矸石山进行整体搬移工程，工程历时 5 个月，又投资 17 万元对土地进行复垦和绿化。

6. 煤泥治理。为确保煤泥在洗煤厂、电厂堆放及运输途中的污染防治效果，投资 575 余万元，建设一条长度为 1050 米的煤泥输送管道，实现煤泥清洁利用。

7. 生活垃圾处置。与兖州区环卫局签订协议，由环卫局集中处理生活垃圾。古城煤矿固体废弃物妥善处置率为 100%。

8. 综合防尘。在采煤工作面，将采煤机刀头处安装水雾喷射装置；在掘进工作面，巷道内设有多道全断面喷雾装置；在输送机转载点设置喷雾洒水喷头；地面煤炭输送系统为全封闭栈桥，贮存为封闭筒仓及钢结构棚仓，均可抑制在采、掘、运过程中形成的扬尘。在副井口以北的生产区域，储煤场地设有 16 个自动喷水装置，敷设管路 1600 余米，定时喷水降尘。购置 3 辆洒水车为办公、生活区及排矸道路洒水清洁。

9. 车辆污染治理。建成 5 处自动洗车场，清洗出入车辆，其中运煤通道 3 处，排矸仓出口、电厂南大门里侧、矸石山场地各 1 处。

10. 矿区绿化。对办公区、生活区、生产区等场所进行全覆盖绿化，种植各类绿植品种 60 余种、树木花卉等 4000 余株，可绿化面积 45000 平方米，绿化率和绿化面积达到 100%，绿化覆盖率为 12.4%，矿井绿化工程累计投入 900 余万元。

四、综合利用

1. 煤泥利用。选煤厂产生的煤泥全部用作电厂的燃料。

2. 矸石利用。井下产生的矸石不含有毒有害成分，进行拣选筛分后，黑矸石粉末燃烧热量可达 2000 大卡以上，供自备电厂使用；白矸石用于路基施工和泗河大堤加固。2015 年，实施置换绿色开采技术，建成原生矸石充填系统，实现矸石零升井，全部用于井下采空区充填。

3. 洗矸利用。洗矸与原煤配比后作为电厂燃料，降低发电成本。

4. 炉渣、炉灰利用。电厂锅炉产生的炉渣、炉灰，作为水泥厂的熟料和建筑用空心砖的制作原材料。

5. 余热利用。安装离心式空压机及余热利用系统，将余热供给职工澡堂，减少或降低冷却水的消耗量、设备的功率和排污排水的污染，降低维护成本，年节约资金累计 404 万元。

矿山主要矿产资源开发利用情况如表 8–3–1 所示。

表 8–3–1　　矿山主要矿产资源开发利用指标汇总表

项目	2015 年	2016 年	2017 年	2018 年
采区回采率（%）	85.55	88.20	88.83	89.36
原煤入选率（%）	90.48	81.79	83.68	87.32
矸石综合利用率（%）	80.00	95.00	96.00	98.00

续表

项目	2015 年	2016 年	2017 年	2018 年
固体废弃物妥善处置率（%）	100.00	100.00	100.00	100.00
矿井水综合利用率（%）	85.50	90.00	95.00	97.00
选煤厂废水综合利用率（%）	100.00	100.00	100.00	100.00
矿井水妥善处置率（%）	100.00	100.00	100.00	100.00
生活污水妥善处置率（%）	100.00	100.00	100.00	100.00

五、生态环境建设

（一）落实“三同时”制度

按照《山东能源集团有限公司环境保护管理制度》及临矿集团环保工作要求，结合《环境保护法》《水污染防治法》《大气污染防治法》《环境保护税法》和《节约能源法》等法律法规具体规定，全面推进资源节约型和环境友好型矿山建设。通过加强系统化、规范化、精细化管理，打造“低碳化、清洁型”矿井，全面推进“资源节约型、环境友好型”双型矿山建设，加快矿井绿色矿山建设步伐，实施新旧动能转换，实现“出煤不见煤、矸石不升井、污水不外排、垃圾不落地”绿色矿山建设目标。

（二）矿山地质环境治理和土地复垦

2010 年 3 月，委托山东省地质环境监测总站编制《矿山地质环境保护与治理恢复方案》。治理工作主要包括：塌陷区土地整理工程、塌陷区房屋损坏修补工程、植被绿化工程、闭坑处置、地质环境监测等。结合矿山实际情况，将治理恢复工程项目分为三期，按照地质环境保护与治理恢复工程与主体工程“三同时”的原则进行安排。

第一阶段（2010 ～ 2015 年），主要治理对象为往年开采已经形成的采空区和近几年将要开采的区域。主要治理措施：对老的塌陷区进行土地平整，部分恢复土地功能；工业广场、道路两侧主要采取植物绿化措施；对地表水、地下水、地表变形布设监测点进行监测。

第二阶段（2016 ～ 2021 年），对塌陷深度不大的塌陷区随时进行土地平整、矸石充填造地复耕农田，以恢复土地功能；对已进行绿化的工业广场、村庄、道路等根据实际情况进行维护；对已布设的地表水、地下水、地表变形监测点继续进行监测。

第三阶段（2022 ～ 2027 年），为矿山服务年限后期、矿山闭坑前后。主要治理措施包括：对塌陷土地进行全面整理，按照塌陷土地类型和土地功能分类进行整理，达到全面恢复和改良土地、改善矿山周围环境的目的；对已布设的地表水、地下水、地表变形监测点继续进行监测。封闭井口，整治工业占地，恢复土地资源。

扎实开展土地复垦工作，严格执行《土地复垦技术标准（试行）》（UDC –

TD），严格落实土地复垦责任。2017 年 4 月 10 日，与山东省鲁南地质工程勘察院签订《矿山地质环境保护与土地复垦方案》合同。2018 年 9 月 12 日，自然资源部土地整治中心组织专家对《矿山地质环境保护与土地复垦方案》进行评审并通过审查。

截至 2018 年年末，古城煤矿根据《矿山地质环境保护与恢复治理方案》，累计投资 2831.61 万元，完成相应工作；矿井通过绿色矿山第三方评估，进入国家级绿色矿山遴选名单。

矿区夜色（2010 年 11 月摄）

第九篇

非煤产业

古城煤矿按照“依托煤、延伸煤、超越煤”的发展思路，大力发展循环经济，延伸产业链条，拓展新的经济增长点。为把能源就地转化，投资建设了总装机容量24兆瓦的综合利用电厂，全部燃用矿井煤泥、煤矸石等低热值燃料，被山东省经信委认定为资源综合利用电厂，年发电量1.7亿度，向兖州东部城区供热面积达100余万平方米。2003～2018年，累计实现利润2.79亿元。

为有效挖掘降本潜力，建成支护材料生产车间，主要生产锚杆、锚索、锚固剂、金属网、皮带托辊、螺旋钻杆等产品。通过自行生产支护材料，实现支护材料自给，年可节约支护成本约850万元。

非煤产业的发展，增强了矿井抗各类市场风险的能力。

第一章　综合利用电厂

第一节　机构沿革

一、组织机构

2001年6月19日，成立古城煤矿热电厂筹建处，矿长兼任筹建处主任，设副处级副主任1人。

2002年9月9日，成立热电厂筹建处工程技术科、设备安装科。

2003年4月12日，成立管理机构，副矿长兼任电厂厂长，设副厂长2人；设办公室、生产技术科。6月14日，成立古城煤矿热电厂2×6兆瓦发电机组启动验收委员会和试运指挥部。

2003年8月2日，成立中共古城煤矿热电厂支部委员会，设书记1人、副书记1人、党支部委员3人，有党员33人。10月6日，成立电厂团支部，设书记1人，团支部委员2人。

2003年9月2日，成立山东东山矿业有限责任公司古城煤矿综合利用电厂，设法人代表，为山东东山矿业有限责任公司分支结构。

2006年3月30日，成立矿电厂车间工会委员会，设车间工会主席1人、委员2人。

2010年1月28日，成立山东东山古城煤矿有限公司综合利用电厂。

2010年2月1日，经临矿集团批准，设立山东东山古城煤矿有限公司综合利用电厂分公司，经营范围主要为火力发电、供热等。

电厂的财务核算、人事管理、后勤管理由古城煤矿统一管理，按照编制要求，全厂管理及生产运行人员定员为149人。

截至2018年年末，在册人数为155人。

古城煤矿综合电厂位于工业广场东南部，占地面积31000平方米。总投资1.1亿元人民币，为古城煤矿自筹资金。

二、运行方式

2003年4月12日，成立运行机构，设锅炉输煤车间、电气热工车间、汽机化水3个车间，配3名车间主任；设甲、乙、丙、丁4个生产运行值，配4名运行值长，采用“四值三运转”的生产运行方式。2010年，调整运行机构，成立运行部、检修部、生产技术部、环保办公室，撤销锅炉输煤车间、汽机水化车间、电气热工车间。

临沂矿务局副局长孙廷华（右三）到电厂慰问（2004 年春节摄）

第二节　机组建设

一、建设概况

机组于 2001 年 6 月 19 日开始筹建，机组规模为 3 炉 3 机，总装机容量 24 兆瓦。分一期工程（1 号、2 号机组）和二期工程（3 号机组）。8 月 13 日，以鲁经贸投字〔2001〕730 号文件批准古城煤矿 2 套 6 兆瓦煤泥矸石热电厂项目；8 月 30 日，向济宁电业局申请电厂发电机组并网运行。12 月 21 日，山东省经济贸易委员会批准《可行性研究报告》（鲁经贸投字〔2001〕1212 号）。

2002 年 4 月 19 日，取得规划许可证。8 月 16 日，取得工程施工许可证。

2003 年 5 月 14 日，山东电力集团批准机组接入系统方案。6 月 10 日，通过环保验收。7 月 1 日，1 号、2 号机组并网发电。9 月 23 日，山东省物价局和山东电力集团公司批准上网电价。12 月 21 日，被山东省经贸委、山东省国家税务局、山东省地方税务局认定为“资源综合利用电厂”。

2004 年 7 月 8 日，临沂矿务局批准电厂二期扩建工程初步设计。

2007 年 1 月 16 日，济宁市卫生局同意综合利用电厂职业病防护设施投入使用。

2009 年 7 月 20 日，山东省经济和信息化委员会认定古城煤矿综合利用电厂为国家鼓励的（煤泥、煤矸石）资源综合利用电厂。

2016 年 12 月 5 日，被济宁市经济和信息化委员会、济宁市人民政府节约能源办公室授予“资源综合利用示范企业”荣誉称号；27 日，被山东省人民政府授予“全省资源综合利用先进单位”荣誉称号。

电气控制室（2003 年 7 月摄）

二、热电工程

（一）一期工程

2002 年 9 月 3 日，古城电厂一期 2×6 兆瓦煤泥矸石热电工程（1 号、2 号机组）开工建设。该工程由煤炭工业部济南设计研究院负责工程设计，设计能力 2×6 兆瓦，机组年发电量 7.8×107 千瓦时，年供热量 1.8×105 吉焦，总投资 5449 万元。

锅炉选用 2 台由济南锅炉集团公司生产的型号为 YG-35/3.82-M13 煤泥矸石混烧中温中压循环流化床锅炉，发电机选配 2 台山东济南发电设备厂生产的型号为 QFW-7-2 汽轮发电机和 2 台青岛捷能汽轮机股份有限公司生产的型号为 C6-3.43/0.981 抽凝式汽轮机，以及热力、燃料输送、电除尘、出渣、化学水处理、供水、电气、热工控制等设备系统。同时，配套建设电气接入系统和热力网配套工程。土建工程由临沂华建工程有限公司负责施工。设备安装由兖矿集团新陆安装公司和南京苏源下关电力实业总公司负责。工程质量监督由煤炭工业部曲阜矿区工程质量监督站、检测站负责。由徐州兴达建设监理咨询有限公司监理。

2003 年 6 月 14 日，成立矿热电厂 2×6 兆瓦发电机组启动试运行组织机构，由电厂机组设计、施工、设备制造、安装调试等单位组成，明确工作职责。

2003 年 7 月 1 日，1 号、2 号机组并网发电。其中 1 号机组作为矿自备机组，自发自用，多余电量上网；2 号机组作为地方公用机组进行管理，所发电量全部上网销售。所用燃料为煤矸石和洗中煤按 9 ∶ 1 比例进行配比掺烧，年消耗煤矸石约 1 万吨。同年，向矿实施供热，取代矿燃煤锅炉，实现环保节能。

（二）二期工程

2004 年 7 月 8 日，临沂矿务局批准电厂二期扩建工程初步设计；8 月 16 日，电厂二期 12 兆瓦煤泥矸石热电工程（3 号机组）开工建设。该工程由山东工业设计院有限责任公司负责设计，机组设计装机容量15兆瓦，机组年发电量7.8×107千瓦时，供热量1.8×105吉焦，总投资5505万元。

锅炉选用1台由泰山集团泰安锅炉厂生产的型号为TG–75/3.82–M3煤泥矸石混烧中温中压循环流化床锅炉，发电机选配1台由青岛捷能汽轮机股份有限公司生产的型号为C12–3.43/0.981抽凝式汽轮机和1台由山东济南发电设备厂生产的型号为QF–15–2发电机，以及电气、热工控制、电除尘、除渣、水处理等设备系统。同时配套建设了电气接入系统、热力网配套工程。土建工程由临沂华建工程有限公司施工。设备安装由临沂市安装公司施工。工程质量监督由煤炭工业部曲阜矿区工程质量监督站、检测站负责。聊城市天柱建设监理咨询有限公司进行监理。

2004年冬季，开始向兖州城区供热，实现热电联产。机组运行排放的炉灰、渣全部销往水泥厂作为混合原料利用，实现资源综合利用。

2005年9月2日，3号机组并网发电。该机组作为地方公用机组进行管理，所发电量全部上网销售。3号机组所用燃料为煤泥和煤矸石按9 ∶ 1比例进行配比，年消耗煤泥约8.5万吨。

（三）辅助工程

2004年9月，根据兖州市政府要求，向兖州城区东南部实施城市集中供热，矿投资860万元，敷设集中供热主蒸汽管道4.8千米，供热面积达120万平方米，实现热电联产。

2006年2月，古城煤矿投资280万元，建成与3号锅炉配套的煤泥输送系统。

2012年10月，由选煤厂至电厂煤泥远距离管道输送系统建成，管道全长1030米，总投资575万元。

第三节　技术改造

一、锅炉SNCR脱硝系统

2016年8月，拆除氨法脱硫塔，新建2台脱硫塔，其中2×35吨/时锅炉共用1台，1×75吨/时锅炉自用1台。在脱硫塔顶部加装湿电除尘、烟囱直排，在3台锅炉内部进行低氮燃烧改造、SNCR装设。12月31日，项目建设完成。

二、循环水尖峰加热器系统

2016年10月，矿电厂分别与江苏盐阜电站阀门辅机制造有限公司、山东国舜压力容器有限公司签订购买协议，安装循环水供热尖峰加热器系统，提高对市区供热能力。在冬季最冷时期或者机组出现异常、供热循环水温度达不到要求时，利用从锅炉引来的新蒸汽直接加热供热循环水，保证有效水温。

三、电袋复合除尘器改造

2017年5月，对内部滤袋、袋笼的更换及布局进行优化，提高了除尘器的效率，对外壳检测、修补降低了漏风系数，改造后的电袋复合除尘器出口烟尘排放浓度已稳定达到 8 毫克 / 立方米以下。

四、锅炉减温水改造

2017 年 11 月，将 1 号、2 号锅炉减温器改为喷水式减温器。改造完成后，锅炉蒸汽温度调整稳定，变化幅度减小，安全运行稳定性得以提高。

五、尖峰加热器用汽改造

2016 年，尖峰加热器用汽来自主蒸汽母管（450 度、3.82 兆帕），进入尖峰加热器之前需要减温减压达到温度 300 度、1.0 兆帕左右。经组织技术人员分析，汽轮机的一级抽汽压力完全能够满足尖峰加热器的需要。通过一级抽汽的分汽缸预留接口引出一条直径 250 毫米的一级抽汽、蒸汽管道，因此一级抽汽、蒸汽需要接入减温减压器后直接进入尖峰加热器使用。在使用一级抽汽作为尖峰加热供汽时，关闭减温减压器进出口电动门，可切断锅炉新蒸汽，也可关闭一级抽供汽。

六、阻垢缓腐药剂在循环水系统中的应用

2016 ～ 2017 年，通过调研，同类型火电已经淘汰循环水抑制结垢的传统方式，改为循环水阻垢缓腐药剂，使汽耗率下降 0.2 克 / 千瓦时，每天多发电 11262 千瓦时，进一步提高了经济效益。

第四节　并网方式

根据机组设计和接入系统方案，1 号、2 号发电机组出口电压为 6.3 千伏，分别以电抗器—线路接线方式通过 6 千伏电缆接入矿 35 千伏变电站 6 千伏Ⅰ、Ⅱ段母线，经古城煤矿 35 千伏变电站 2 台 8000 千伏安主变升压至 35 千伏古红Ⅰ、Ⅱ线后并入 110 千伏兖州红庙变电站 35 千伏系统。3 号发电机组通过 1 台 25000 千伏变压器接入古城煤矿变电站 35 千伏母线，35 千伏古城Ⅰ线并入 110 千伏兖州红庙变电站 35 千伏系统。解、并列点设在 3 号发电机出口开关，2 号、3 号发电机 6 千伏系统分段开关处、升压变压器 6 千伏开关处。并列开关设有准同期装置。机组的供电和 3 台发电机组均由济宁供电公司电力调度中心统一调度。机组发电量考核计量点分别设在 1 号、2 号、3 号发电机出口，安装有无功电能表。上网电量的计量点均设在济宁供电公司红庙变电站古城Ⅰ、Ⅱ线开关侧。发电流程见图 9–1–1。

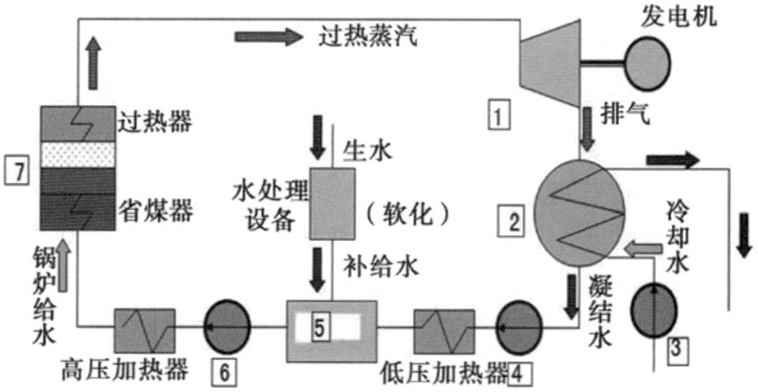

图 9-1-1　发电流程图

第五节　安全管理

一、安全管理制度

1. 认真贯彻执行党和国家的安全生产方针政策、法律、法规规定，集团公司、古城煤矿等上级的文件精神。

2. 坚持安全生产“五同时”原则，建立健全安全生产责任制、安全技术规程、重大安全技术措施，并严格检查、考核、落实。

3. 实行安全办公会制度，每月召开一次安全办公会议，研究解决安全生产中的重大问题和安全措施。

4. 不定期组织开展安全隐患排查及安全大检查活动，督促、检查安全生产工作，及时消除生产安全事故隐患。对本厂不能解决的重大隐患，及时向上级有关部门提出报告。

5. 制定并实施生产安全事故应急救援预案。及时、如实报告生产安全事故，有效组织事故救援工作。按照事故“四不放过”原则，对重大事故进行调查分析。

6. 健全安全生产管理机构，充实专职安全技术管理人员。

二、运行管理制度

1. 坚持“安全第一”的生产方针，确保锅炉、汽轮机、电气、化水等各岗位安全、经济运行。

2. 运行值长是运行期间的总负责人，全体运行人员必须服从值长的管理，必须执行厂、矿、电力系统等上级的生产和安全命令和指示。

3. 严格执行各项规章制度，遵守劳动纪律，不擅离工作岗位，不做与工作无关的事情。

4. 认真执行“两票三制”，搞好巡回检查，严格交接班，按时正确填写运行记录，保持各种记录齐全准确。

5. 密切协作，互通信息，电话联系时要互通姓名，复述对方讲话要点以免误解，要做到“勤检查、勤联系、勤分析、勤调整”。

6. 做好事故预想和防范措施。

7. 严格执行操作票和双人监护制度。

8. 值班人员离岗一个月及以上，重新值班时，应先熟悉设备。新入厂职工值班前，应经过专业培训，考试合格并经厂领导批准后方可值班。

9. 运行人员必须做到“三熟”（熟悉设备系统，熟悉操作和事故处理，熟悉本岗位的规程制度）、“三能”（能分析运行状况，能及时发现故障，能掌握一般的检修技能）。

综上，古城煤矿综合利用电厂生产工艺流程、燃料输送路线、接线、安全防护网络分别见图 9-1-2、图 9-1-3、图 9-1-4、图 9-1-5 所示。

管理人员巡检（2016 年 8 月摄）

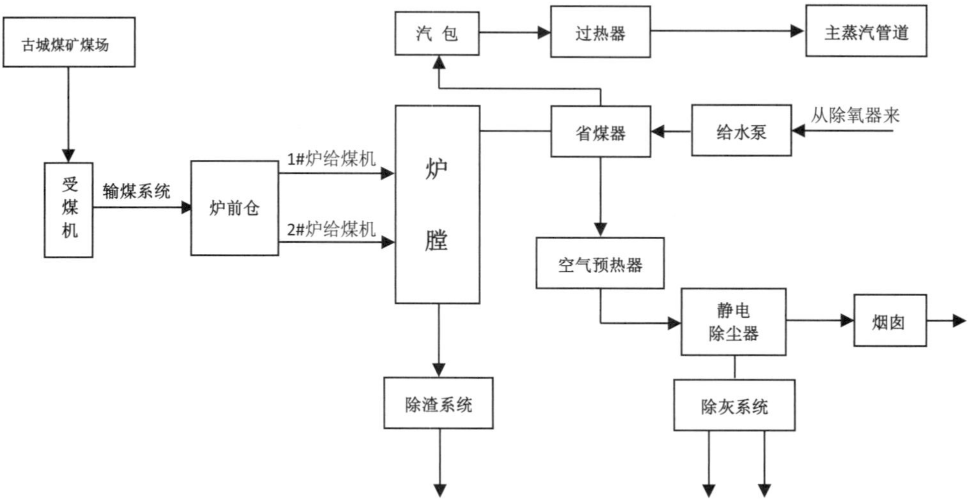

图 9-1-2　古城煤矿综合利用电厂生产工艺流程简图

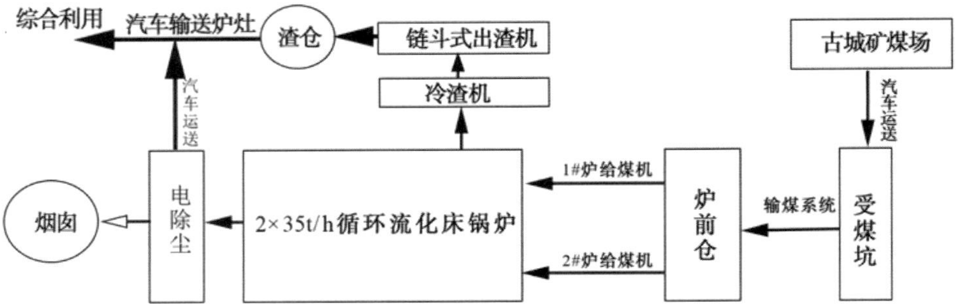

图 9-1-3　古城煤矿综合利用电厂燃料输送路线示意图

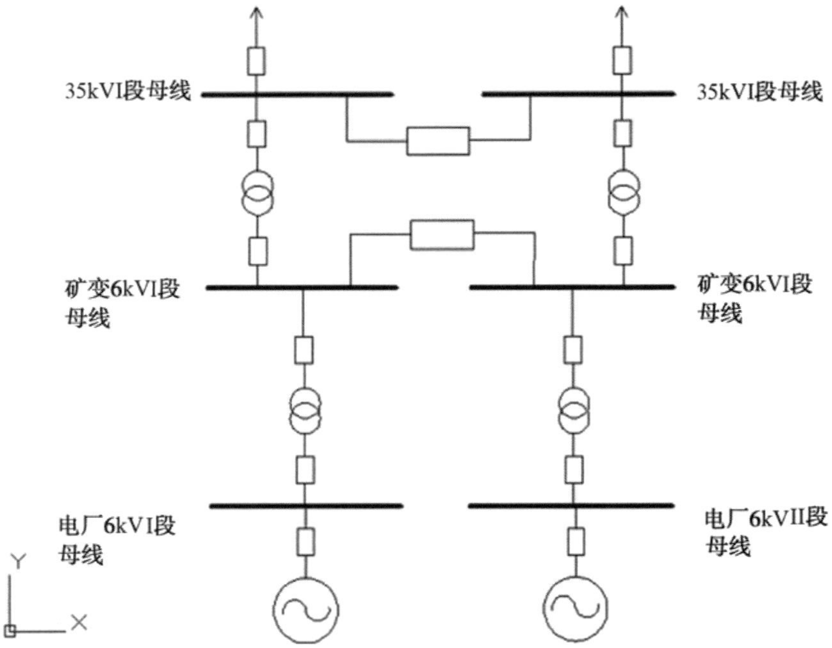

图 9-1-4　古城煤矿综合利用电厂接线图

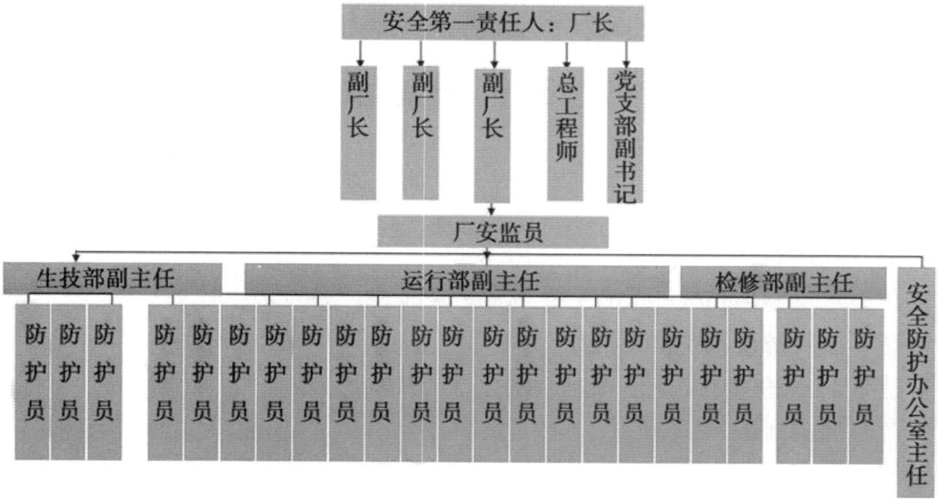

图 9-1-5　古城煤矿综合利用电厂安全防护网络图

第六节　经　营

一、价格

1. 燃料价格。电厂所用混煤（中煤）、煤泥、矸石、洗矸全部购于古城煤矿，执行市场价格，月清月结。

2. 售电价格。矿自用电价 0.6324 元 / 千瓦时；2 号、3 号机组上网电价 0.3829 元 / 千瓦时。1 号机组上网电价 0.3949 元 / 千瓦时。

3. 供热价格。向兖州城区供热执行兖州市物价局核定的价格，一年一调整。2018 年，价格为 24.2 元 / 吉焦。

向矿供汽执行 2 个合同价格。2018 年，生产系统用热 190 元 / 吨，生活系统用热 130 元 / 吨。

二、生产指标

1. 发电量。2003 年 7 月至 2018 年 12 月，累计发电 248893.06 万千瓦时。

2. 厂用电率。2018 年，厂用电率为 17.43%。

3. 平均利用小时。2018 年，平均利用 6701 小时。

4. 供电煤耗。2018 年，平均供电煤耗 349.56 克 / 千瓦时。

5. 供热量。2003 年 7 月至 2018 年 12 月，累计供热量 371.37 万吨。

6. 利润。2003 年 7 月至 2018 年 12 月，累计实现利润 2.79 亿元。

第七节　设施设备

一、主要设备

（一）锅炉

1. 35 吨 / 时锅炉

锅炉型号：YG–35/3.82–M13 循环流化床锅炉。

制造厂家：济南锅炉集团有限公司。

制造日期：2002 年 11 月。

投产日期：2003 年 7 月。

2. 75 吨 / 时锅炉

锅炉型号： TG–75 /3.82–M3 循环流化床锅炉。

制造厂家：泰山集团股份有限公司。

制造日期：2005 年 4 月。

投产日期：2005 年 8 月。

（二）汽轮机

1. 6MW 汽轮机

型号：C6–3.43/0.981 系单缸、中温中压、冲动、单抽凝汽式汽轮机。

制造厂家：青岛捷能汽轮机股份有限公司。

额定功率：6 兆瓦。

经济功率：6 兆瓦。

2. 12MW 汽轮机

型号：C12–3.43/0.981。。

产品代号：D55。

功率：额定功率 12 兆瓦，经济功率 12 兆瓦，最大功率 15 兆瓦。

（三）发电机

具体参数如表 9–1–1 和表 9–1–2 所示。

表 9–1–1　　　　　　1 号、2 号发电机技术规范表

序号	技术参数	单位	技术数据
1	型号		QFW–7–2
2	额定功率	MW	7
3	额定容量	MVA	8.75
4	额定转速	r/min	3000

续表

序号	技术参数	单位	技术数据
5	额定电压	V	6300
6	额定电流	A	802
7	功率因数		0.8（滞后）
8	额定频率	Hz	50
9	额定效率	%	97.4
10	额定励磁电压	V	120
11	额定励磁电流	A	257.7
12	定子接法		Y
13	相数	相	3
14	冷却方式		空气风冷
15	定子温升限度	℃	80
16	转子温升限度	℃	90
17	临界转速	r/min	1350
18	转子重量	t	5.9
19	定子重量	t	11.6
20	出厂日期		2003 年 3 月
21	生产厂家		山东济南发电设备厂

表 9-1-2　　3 号发电机技术规范表

序号	技术参数	单位	技术数据
1	型号		QF（N）-15-2
2	额定功率	MW	15
3	额定容量	MVA	18.75
4	额定转速	r/min	3000
5	额定电压	V	6300
6	额定电流	A	1718

续表

序号	技术参数	单位	技术数据
7	功率因数		0.8（滞后）
8	额定频率	Hz	50
9	额定效率	%	97.4
10	额定励磁电压 / 空载励磁电压	V	198/52
11	额定励磁电流 / 空载励磁电流	A	253/94
12	定子接法		Y
13	相数	相	3
14	冷却方式		空气风冷
15	定子温升限度	℃	80
16	转子温升限度	℃	110
17	临界转速	r/min	1350
18	转子重量	t	9.8
19	定子重量	t	21.7
20	出厂日期		2005 年 3 月
21	生产厂家		山东济南发电设备厂

（四）变压器

具体参数如表 9–1–3 所示。

表 9–1–3　　3 号主变技术参数表

序号	项目	单位	技术数据
1	型号		SF10 – 25000/35
2	额定容量	KVA	25000
3	接线组别		Y/Nd11
4	额定电压	V	35000 ± 2 × 2.5/6.3
5	高压侧电流	A	412.7
6	低压侧电流	A	2291.1
7	阻抗电压	%	8.9

续表

序号	项目	单位	技术数据
8	频率	Hz	50
9	相数	相	3
10	冷却方式		ONAN

（五）水泵

具体参数如表 9–1–4 至表 9–1–5 所示。

表 9–1–4　　1 号、2 号汽轮机给水泵及电动机规范表

名称项目	主要特性		
	电动给水泵	循环水泵	凝结水泵
型式	卧式	卧式	卧式
型号	DG46–50 × 12	350S–26A	4N6
数量（台）	3	4	4
流量（m^3/h）	46	850—1100	30
扬程（m）	600	25—20	64
功率（kW）	132	110	22
效率（%）	63	78	63
电压（V）	380	380	380
转速（r/min）	2900	1450	2900
入口温度（℃）	105	常温	–
介质	除氧水	清水	凝结水
电机型号	Y31M–1–2	Y315S–4	Y180M–2
水泵厂家	日照水泵厂	日照水泵厂	日照水泵厂
电机厂家	山东防爆电机厂	山东防爆电机厂	山东防爆电机厂

表 9-1-5　　3 号汽轮机给水泵及电动机规范表

名称	主要技术特性			
	锅炉给水泵	循环泵	凝结泵	射水泵
型式	卧式	卧式	卧式	卧式
水泵型号	DG85-67×9	KQSN400-M19/352	6N6	KQW/C150/370
数量（台）	2	2	2	2
流量（m^3/h）	85	1700-2200	90	160
扬程（m）	603	22	66	40
功率（kW）	250	160	37	37
电流（A）	30	297	69.8	70.4
电压（v）	6000	380	380	380
转速（r/min）	2950	1480	2940	1480
入口温度（℃）	102	常温	-	42
工作介质	除氧水	清水	凝结水	清水
电机型号	Y3552-2	Y315S-4	Y200L2-2	Y225S-4
电机厂家	佳木斯电机股份有限公司	无锡华达电机有限公司		
水泵厂家	日照同泰泵业有限公司	上海凯泉泵业（集团）有限公司		

（六）输煤皮带

1. 输煤系统设备

具体参数如表 9-1-6 至表 9-1-8 所示。

表 9-1-6　　1 号深槽带式输送机技术参数表

电动机	型号 / 功率	Y180-4/22kW	胶带 CC-56	宽度	800 毫米
	电流 / 电压	42.9A/380V		层数	5
	转速	1480r/min		上胶厚	4.5 毫米
输送机	输送量	100t/h		下胶厚	1.5 毫米

续表

输送机	带速	1.6m/s	胶带 CC-56	接头方式	硫化
	机长	94.847m	减速机	型号	DCY224-31.5
	倾角	25°		减速比	31.5

表 9-1-7　　2 号带式输送机技术参数表

电动机	型号 / 功率	Y180-4/22kW	胶带 CC-56	宽度	650 毫米
	电流 / 电压	42.9A/380V		层数	5
	转速	1470r/min		上胶厚	4.5 毫米
输送机	输送量	100t/h		下胶厚	1.5 毫米
	带速	1.6m/s		接头方式	硫化
	机长	103.614m	减速机	型号	ZQ65-31.5-VI-Z
	倾角	15°		减速比	31.5

表 9-1-8　　3 号带式输送机技术参数表

电动滚筒	型号 / 功率	TDY75 /4kW	胶带	宽度	800 毫米
	电流 / 电压	8.8A/380V		层数	4
输送机	转速	1.6m/s		接头方式	穿条连接
	输送量	100 t/h			
	倾角	0°			

2. 煤泥系统

具体参数如表 9-1-9 至表 9-1-10 所示。

表 9-1-9　　厂内煤泥输送系统设备规范技术参数表

序号	设备名称	规格型号	主要参数	数量	备注
1	1 # 铸石刮板机	ZJG-600	输送量：268t/h 电机型号：Y180M-4 出厂长度：19 m 减速机比：63/53 刮板链速度：0.5m/s	1 台	兖矿集团大陆机械有限公司

续表

序号	设备名称	规格型号	主要参数	数量	备注
2	2 # 铸石刮板机	B/600	输送量：61.38t/h 出厂长度 :11.03m 电机功率：11kW	1 台	兖矿集团大陆机械有限公司
3	煤泥搓和机	CHJ-30	处理能力：$30m^3$ /h 功率：30kW	3 台	北京中矿制造
4	1 # 搅拌缓冲仓	FLC10HB Ⅱ	有效容积：$10m^3$ 功率：12kW	1 台	带液压滑架破拱装置
5	2 # 搅拌缓冲仓	FLC20HBII	有效容积：$20m^3$ 功率：16kW	1 台	带液压滑架破拱装置
6	检修闸板阀	ZF10 Ⅱ		1 套	液压驱动阀板电镀防腐
7	预压螺旋	LG10 Ⅱ	输送量：0-$10m^3$ /h 功率：3kW	3 台	变频调速，螺旋齿型叶片
8	煤泥泵	MBS10/18 Ⅱ	输送量：$10m^3$ /h 功率：90kW 出口压力：18MPa	3 台	主泵及主液压件：德国力士乐原装进口件
9	管路分流器	HFL125	通径：Φ125	1 套	北京中矿制造
10	管路高压换向阀	HFL125	压力：18MPa 通径：Φ125	4 套	北京中矿制造
11	多功能给料器	GLQ125LY Ⅱ	通径：Φ125	2 套	液压驱动

表 9-1-10　　远程煤泥输送系统设备规范表

序号	设备名称	规格型号	主要参数	数量	备注
1	铸石刮板机	ZJG-800	输送量：140t/h 电机型号：Y225S-4 出厂长度：24.5m 电机转数 1460r/min 刮板链速度：0.76m/s	1 台	曲阜永安煤机有限公司
2	膏体制备机	ZJL60	处理量：$60m^3$ /h 电机功率：2 × 22kW 主轴转速：35r/min	1 台	兖矿集团大陆机械有限公司
3	缓冲仓	ZCF60D-02	额定容积：$60m^3$ 搅拌轴功率：7.5kW × 4	1 台	带液压滑架破拱装置

续表

序号	设备名称	规格型号	主要参数	数量	备注
4	直线振动（矿用）筛	MZS1013-1S	功率：1.1×2kW 电压：3 相 380V	1 台	清除煤泥中大块
5	闸板阀	ZJB65/250	额定压力：16Mpa 行程：530mm	1 套	液压驱动 阀板电镀防腐
6	正压给料机	ZYQ30B	输送量：$30m^3/h$ 驱动功率：7.5kW	3 台	变频调速，双螺旋齿型叶片
7	煤泥泵	A4VG180EPO/32+A1028DR/31	输送量：$30m^3/h$ 功率：200kW 理论出口压力：16MPa	3 台	主泵及主液压件：德国力士乐原装进口件
8	洗涤室润滑泵	XYB-M	主给油量：0.6ML/行程 贮油桶容积：4L 最高压力：30MP	2 台	为泵送系统提供润滑
9	分配器	ZPB250	压力：16MPa 通径：Φ250	4 套	北京中矿制造

（七）脱硫系统

具体参数如表 9-1-11 和表 9-1-12 所示。

表 9-1-11　　吸收塔参数表

序号		
1	型号	LBTL - 10
2	制造厂家	山东蓝博环保设备有限公司
3	制造日期	2016 年 8 月
4	投产日期	2016 年 11 月

表 9-1-12　　设计参数、规格表

参数	单位	1 号、2 号电除尘	3 号电除尘	备注
电除尘器型号		GD35- Ⅲ	GD65- Ⅲ	
处理烟气量	m^3/h	96000	210000	
处理烟气温度	℃	＜ 150（瞬时 165）	＜ 150（瞬时 165）	
工作压力	Pa	-6000	-6000	

续表

参数	单位	1号、2号电除尘	3号电除尘	备注
出口烟气粉尘浓度	mg /m^3	≤ 40	≤ 40	
有效截面积	m^2	35	65.6	
电场数 / 室数	个	3/1	3/1	
积尘极		管式	管式	
除尘效率	%	99.7	99.7	
电晕线		鱼骨线	鱼骨线	
阻力损失	Pa	200	200	
同极间距	mm	400	400	
总装机容量	KVA	101.5	191.7	

二、主要设施建筑面积

具体参数如表 9–1–13 所示。

表 9–1–13　　主要设施建筑面积统计表

序号	建筑设施	南北（m）	东西（m）	面积（m^2）	高度（m）
1	主厂房	65	28	1820	
2	主控室	16	13	180	
3	凉水塔				60
4	化水车间	45	18	810	
5	储煤棚				10
6	2 号皮带		140		
7	烟囱				80
8	高压室（包括办公楼）	50	18	900	

第八节　环保工作

2016 年，投资 2100 余万元，完成锅炉超低排放改造。环保处理设施主要有锅炉 SNCR 脱硝系统、电袋复合除尘器、石灰石－石膏脱硫系统、臭氧氧化还原脱硝系统、湿电除尘器等 5 套废气处理装置。12 月 30 日，通过兖州区环保局验收。

超低排放系统脱硫除尘部分采用石灰石－石膏脱硫、湿电除尘一体化技术；脱硝改造采用低氮燃烧 +SNCR+ 尾部烟气臭氧氧化脱硝工艺技术。超低排放系统建成以来，锅炉烟气排放达到了环保超低排放要求，其中二氧化硫排放量减少 365.45 吨 / 年、氮氧化物排放量减少 351.65 吨 / 年。采用煤泥远距离输送系统，用管道将煤泥由矿选煤厂直接输送至锅炉内燃烧，无中间运输环节，解决运输过程的扬尘问题。厂区道路安装自动洒水装置，每天定时自动喷洒，避免产生扬尘。储煤场采用抑尘网全覆盖，消除煤场污染。安装 1 套自动洗车装置，对进出运输车辆进行自动冲洗。

2018 年 4 月，设立环保办公室，配专职环保人员 2 人，负责日常环保管理工作，制定环境保护管理制度、环境检测管理制度等相关环境保护制度。环保办公室每天对各废气处理系统的排放口进行检查，由第三方机构定期对废气排放指标进行比对检测。主要污染物防治工艺流程如图 9-1-6 所示。

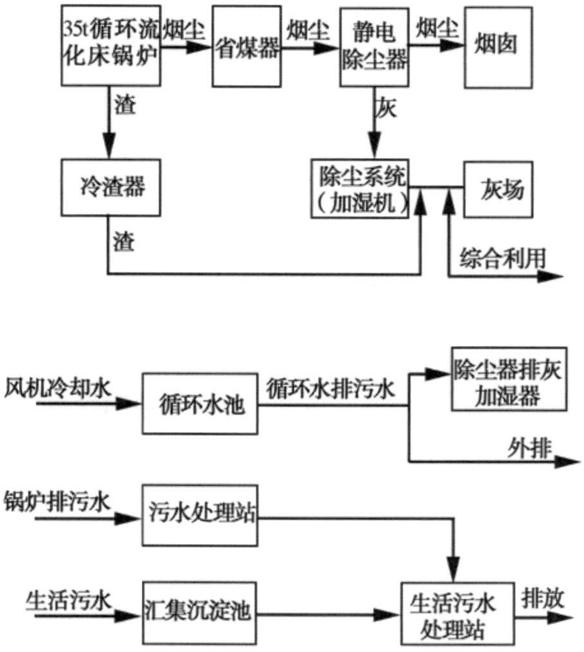

图 9-1-6　主要污染物防治工艺流程图

第九节　应急预案

根据《中华人民共和国安全生产法》《中华人民共和国电力法》《中华人民共和国职业病防治法》《中华人民共和国特种设备安全法》等法律法规，编制《综合利用电厂应急预案》。

一、专项应急预案

主要包括：《火灾事故专项应急预案》《职业卫生事故专项应急预案》《重大危险源（特种设备）事故专项应急预案》《起重机械事故专项应急预案》《压力容器爆炸事故专项应急预案》《压力管道事故专项应急预案》《锅炉爆炸事故专项应急预案》《人身伤亡事故专项应急预案》《酸、碱、氨水泄漏事故专项应急预案》等。

二、生产安全事故现场处置方案

主要涉及触电、高空坠落、高温中暑、机械伤害、淹溺、灼烫、中毒窒息等意外情况。

三、应急资源概况

内部应急力量为电厂运行人员、检修人员、生产安全管理人员、行政管理人员、古城煤矿保卫人员、医护人员等。

外部应急力量为兖州区驻地的公安、消防、武警、医疗部门、设备制造厂家及其技术服务人员等。

四、危险分析

1. 主要人身伤亡事故风险如下：

（1）物体打击：高空作业时，因上、下交叉作业安全措施不当，安全设施不全面，个人防护用品使用不当，造成人身伤害。

（2）机械伤害：因机械异常运行或使用不当，造成人身伤害。

（3）起重伤害：起重机械在运行或起吊过程中造成人身伤害。

（4）触电：电气设备的倒闸操作、检修过程中，电动工器具的使用不当造成人身伤害。

（5）火灾：电气设备、油系统、输煤系统、办公场所发生火灾和在火灾扑救过程中，烧、摔、砸、炸、窒息、中毒、高温、辐射等原因导致的人身伤害。

（6）灼烫：蒸汽、水等高温烫伤，酸、碱等化学物品及焊接作业等造成人员灼伤引起的人身伤害。

（7）爆炸：煤粉、可燃气体等易燃、易爆物质爆燃（炸），或锅炉等压力容器爆炸造成人身伤亡。

（8）中毒：酸、碱、氨等有毒化学药品引起急性中毒及用餐、饮水等引起急性中毒，导致人身伤亡。

2. 主要设备事故风险如下：

（1）锅炉方面：①炉膛爆炸；②压力容器和承压热力管道爆破；③锅炉受热面

腐蚀或烧损；④输煤系统爆炸。

（2）汽机方面：①汽轮机大轴弯曲；②汽轮机叶片折断或通流部分损坏；③汽轮机发生水击；④汽轮机润滑油系统着火；⑤汽轮发电机组烧损轴瓦。

（3）电气方面：①发电机绝缘损坏；②变压器爆炸或绕组绝缘损坏；③电压互感器、电流互感器、避雷器爆炸；④输电线路、电抗器、组合电器、断路器等主要电气设备大面积损坏。

3. 受自然灾害、人为破坏等非内部生产因素的影响，包括地震、洪水、暴风雪、雷电等自然灾害。

4. 升压站电气设备、输电线路故障跳闸，造成电力供应中断。

5. 主厂房、水源地、电除尘、输煤皮带等设备不能正常运行，锅炉供水、供煤、排灰困难，造成机组被迫停运事故。

6. 涉外突发事件和群体性事件、传染病疫情、群体不明性疾病、食品安全和职业危害等。

五、应急组织体系

成立生产安全突发事件应急指挥部，矿长、党委书记任总指挥；电厂厂长为副总指挥；矿领导班子其他成员、矿办公室、党群工作部、调度室、机电科、武装保卫科、总务科、机电工区、卫生所部门负责人及有关人员，电厂管理人员及各部门负责人为成员。应急指挥部下设办公室和责任小组。办公室设在电厂生产技术部，责任小组包括综合协调组、抢险救援组、稳定生产组、安全保卫组、后勤保障组、医疗救护组、善后处理组、事故调查组。人员由相关部门和矿有关部门及地方政府部门有关人员等组成。各部门按照职责分工，负责制定和组织实施相关专项应急预案，承担应急指挥部办公室的相关职责。督促落实指挥部有关决定，指导协调做好相关突发事件的预防、应急处置和调查处理等工作。

第二章 支护材料

古城煤矿力新支护材料分公司为古城煤矿内资分公司，是支护材料专业生产研发企业。截至 2018 年 12 月，有厂房总面积 6000 余平方米，生产设备 60 余台，各类检测仪器 20 多台。公司下设金属锚杆、金属网、树脂锚固剂、螺旋钻杆、金属托辊 5 个加工制造车间和厂部办公室。公司为经理负责制，设经理、副经理各 1 名，经济师 1 名，负责安全、生产、技术、经营管理工作。公司员工共 52 人，矿职工 33 名，劳务派遣人员 19 名，其中中级技术职称人员 3 名，初级技术职称人员 3 名。公司产品为树脂锚杆、金属经纬网、树脂锚固剂、防冲卸压高强螺旋钻杆、金属托辊等系列产品，年收入 3000 余万元。

第一节 机构沿革

2001 年 2 月，古城煤矿筹建支护材料厂，后勤服务公司经理兼任负责人。设负责日常管理及技术人员 1 人。

2001 年 8 月，建立金属网车间。11 月，建立锚杆车间。

2002 年 2 月，建立锚固剂车间。

2003 年 4 月，撤销后勤服务公司，成立总务科，总务科科长为支护材料厂责任人。

2006 年年底，按照国家规范企业用工制度和临矿集团要求，撤销支护材料厂，生产设备无偿划归临矿集团兖州煤机公司。

2015 年 2 月，重建支护材料厂。4 月，建立锚杆车间；6 月，建立锚固剂车间；9 月，建立金属网车间。

2016 年 1 月，建立托辊车间。

2016 年 1 月，成立力新支护材料厂，不再隶属总务科管理，机电副总工程师兼任厂长；设主管 1 人，财务人员 1 人。4 月，山东东山古城煤矿有限公司注册成立力新支护材料分公司，成为矿内资分公司，机电副总工程师兼公司经理。9 月，建立螺旋钻杆车间。

2018 年 10 月，新建锚固剂自动化生产线验收投产。

2015 ～ 2018 年负责人情况如表 9-2-1 所示。

表 9-2-1　　2015 ～ 2018 年负责人一览表

时间	负责人	说明
2015 年 12 月	胡乃川	隶属总务科主管管理
2016 年 12 月	赵燕军	副总师兼分公司经理
2017 年 12 月	胡乃川	主管管理
2018 年 12 月	胡乃川	经理

第二节　生产规模

力新支护材料分公司的发展分为 2 个阶段。2001 ～ 2006 年为初创发展期，2015 ～ 2018 年为重建壮大期。2015 ～ 2018 年人员情况如表 9-2-2 所示。

表 9-2-2　　2015 ～ 2018 年人员统计表

时间	在册人数	说明
2015 年 12 月	55 人	其中，职工 4 人，劳务派遣工 51 人
2016 年 12 月	65 人	其中，职工 42 人，劳务派遣工 23 人
2017 年 12 月	60 人	其中，职工 36 人，劳务派遣工 24 人
2018 年 12 月	55 人	其中，职工 36 人，劳务派遣工 19 人

2001 年 2 月，成立支护材料厂，设备维修由后勤服务公司负责，60 余名操作人员为矿职工家属或子女。

2001 年 11 月至 2002 年 2 月，支护材料厂基本形成。产品包含直径 3.8 毫米、各种规格的防锈网，直径 18 毫米、20 毫米的左旋无纵肋锚杆，直径 23 毫米、25 毫米的系列锚固剂，产能满足矿井生产需求。职工工资为计件工资。受当时条件限制，本着节约建厂的理念，厂房全部利用已有房屋，零星分布在矿区各处。金属网车间、锚杆车间设置在办公楼西南侧原施工工区办公室平房内和机修工区院内，锚固剂车间则设置在矿南院墙外，金属网生产为原材料简单加工，完全靠手工制作。

2004 年，将支护材料加工车间搬迁至安培中心原水文队的生产车间，购置盘式拔丝机 1 套、钢筋调直机 2 台，增加钢筋网产品的生产。锚杆生产设备为滕州产轧圆机 1 台，青岛星辰滚丝机 1 台，单纯生产左旋无纵肋锚杆杆体。

2006 ～ 2014 年，撤销支护材料厂。

2015 年 2 月，通过市场调研、设备考察、招收工人，支护材料厂进入筹建阶段。3 ～ 9 月，锚杆车间、锚固剂车间、金属网车间相继建立，车间成立当月即组织生产左旋无纵肋锚杆，增加150毫米 ×150毫米 ×10型锚杆盘生产，形成锚杆成套生产的能力，改变过去单纯生产锚杆杆体的状况。锚固剂车间建设一条半自动树脂锚固剂生产线，自主生产树脂锚固剂，年产量达到60万支。金属网车间可生产液压编网机、机械编网机、拔丝机、剪板机、调直机、对焊机等，实现金属网机械化编织生产、裁切。金属网的规格型号可根据支护实际条件的要求随时调节、更改，网孔细密，网页平滑、整洁，整体质量提高。2016年，形成JW1200系列金属网15万页的生产能力，满足矿井安全生产。

2016年1月，托辊车间建立，形成生产能力。设备包括自动锯床、自动倒角切断机床、自动车孔机床、托辊压装机床、托辊轴承压装机床、托辊双枪环缝自动焊接机、托辊轴铣端面钻中心孔专机、托辊轴槽扁双端铣专机、普车及配套设施。生产线局部年产能5万件（套），年产能最高达10万件（套）。托辊采用钢质件组合式结构，由托辊管体、托辊轴、轴承、轴承座、密封件等主要件经过一系列的装配组合而成。采用内外迷宫双密封，具有良好的防尘防水性能，使用寿命大于20000小时。产品涵盖三联托辊组、直托辊、缓冲托辊三类，直径89毫米、108毫米、133毫米、159毫米4种，规格20余型号。截至2018年12月，共生产近10万件（套）。

2016年4月，增加等强右旋全螺纹锚杆杆体生产业务；6月，为解决矿井防冲卸压难题，公司研究高强螺旋钻杆生产工艺，调研生产设备，与山东威力重工机床有限公司合作，共同设计、研发、改进、生产出高强螺旋钻杆产品。9月，螺旋钻杆研制成功，定型生产。经应用，在矿井防冲卸压孔的施工中取得良好效果。该产品采用单螺旋叶片，经预应力缠绕，全自动焊接而成，流水线作业。MSGLW500无纵肋螺纹钢式系列锚杆，屈服强度达550兆帕，抗拉强度达690兆帕，尾部螺纹承载力270千牛。MSGLD335-22等强螺纹钢式系列锚杆，屈服强度达460兆帕，抗拉强度达620兆帕，尾部螺纹承载力260千牛。所有锚杆技术要求全部高于行业标准。

2016年，形成锚杆（索）、金属网、锚固剂、金属托辊、螺旋钻杆等5种、15系列、100个型号矿用产品的生产规模，年产值3000万元以上，为矿井节约成本1000万元。

锚杆盘冲压机（2018 年 10 月摄）

2017 年 2 月，YWH21-1000T 液压冲床、皮盘模具、伺服送料系统研制成功，新增钢丝绳芯锚索缓冲皮盘生产产品。6 月，增加 200 毫米 ×200 毫米 ×10 毫米型号锚杆盘生产。

2018 年 4 月，公司进行新建锚固剂自动化生产线论证；10 月，建成投产。生产线由 MG-I 锚固剂双组分自动定量灌装生产线及石粉自动储输系统构成，年生产能力达 300 万支。该自动化生产线从原材料到产成品工艺过程均实行 PLC 计算机程序控制、触摸屏人机界面操作显示等现代技术手段，自动化程度高，操作简便。

截至 2018 年年末，锚杆车间年生产能力为杆体 25 万根 / 年，锚杆盘 20 万个 / 年，锚索 12 万根 / 年，锚索盘 10 万个 / 年，锚索缓冲皮盘 5 万个 / 年。

支护材料厂设备配置情况如表 9-2-3 至表 9-2-8 所示。

表 9-2-3　　锚杆车间设备配置表

序号	设备名称	型号	参数	状态	出厂日期
1	轧圆机	LWY-C	7.5kW/380V，30r/min	在用	2015.03

续表

序号	设备名称	型号	参数	状态	出厂日期
2	轧圆机	LWY-C	7.5kW/380V， 30r/min	在用	2015.03
3	滚丝机	ZPA28-25	最大滚压力 250KN	在用	2015.05
4	滚丝机	ZPA28-25	最大滚压力 250KN	在用	2015.05
5	液压机	YWW32-400T	行程 400mm，工作压力 25mpa	在用	2015.03
6	截锚杆机	GQ50	3kW	在用	2015.04
7	叉车	CPCD50-AG42	自重 8000kg，额定 5000kg	在用	2015.06

表 9-2-4　　托辊车间设备配置表

序号	设备名称	型号	参数	状态	出厂日期
1	钢管自动切断倒角机床	DX-160	托辊直径 89-159	在用	2015.12
2	钢管双端车孔机床	GGSC-2200W	托辊直径 89-160	在用	2015.12
3	托辊自动焊接机床	HF-2200W	托辊直径 89-159	在用	2015.12
4	托辊自动压装机床	YZJ-2200W	托辊直径 89-159	在用	2015.12
5	自动铣扁机	XB-220	加工直径 20-40mm	在用	2015.12
6	普通车床	CDL6136	6kW/380v	在用	2015
7	自动锯床	GZK4232	3KW/380v	在用	2015
8	自动打孔机	/	2×1.5kW	在用	2015
9	电动单梁起重机	LD10T	10T	在用	/
10	砂轮机	S3S-250	功率 1.1kW，转速 2840r/min	在用	2015

表 9-2-5　　金属网车间设备配置表

序号	设备名称	型号	参数	状态	出厂日期
1	液压编网机	JM-Y-1100	孔径 8cm，丝径 6mm，宽 1100mm	备用	2015.06
2	液压编网机	JM-Y-1100	孔径 8cm，丝径 6mm，宽 1100mm	在用	2015.06
3	液压编网机	JM-Y-1100	孔径 8cm，丝径 6mm，宽 1100mm	在用	2015.06

续表

序号	设备名称	型号	参数	状态	出厂日期
4	机械编网机	JM-1300	孔径 4cm，丝径 4mm，宽 1300mm	在用	2015.07
5	机械编网机	JM-1300	孔径 4cm，丝径 4mm，宽 1300mm	在用	2015.07
6	钢筋调直切断机	GTQ4-12	5.5kW，Φ4-12mm，25-35m/min	在用	2015
7	钢筋调直切断机	GTQ4-12	7.5kW，Φ4-12mm，25-35m/min	在用	2015
8	对焊机	UN-7 A	功率 7.KVA	在用	2015.09
9	对焊机	UN-7	功率 7.KVA	在用	2015.08
10	拔丝机	15kW	丝径 6.5mm	在用	2015.06
11	拔丝机	15kW	丝径 6.5mm	备用	2015.06
12	剪板机	1200	板厚 3.5 ~ 8mm	在用	2015.06
13	剪板机	1200	板厚 3.5 ~ 8mm	在用	2015.06
14	剪板机	1200	板厚 3.5 ~ 8mm	在用	2015.06
15	剪板机	1200	板厚 3.5 ~ 8mm	在用	2015.06
16	剪板机	1200	板厚 3.5 ~ 8mm	备用	2015.06
17	电动单梁起重机	LD5T-20M	5T	在用	2015.08
18	轧尖机	-	6.5mm	在用	-
19	配电柜	XL-21	250A	在用	-

表 9-2-6　　锚固剂车间设备配置表

序号	设备名称	型号	参数	状态	出厂日期
1	锚固剂半自动生产线	HN-15B	-	在用	2015.03
2	膏泥灌装机	XBGZJ-50G	-	在用	-
3	锚固剂自动化生产线	MG-I		在用	2018.09
4	石粉仓	25T×2	/	在用	2018.09

表 9-2-7　　钻杆车间设备配置表

序号	设备名称	型号	参数	状态	出厂日期
1	液压冲床	YWH21-100T	1000KN，行程 200mm，压力 25mpa	在用	2017.02
2	液压机	YW32-1000T	行程 600mm，压力 31.5mpa	在用	2015.11
3	摇臂钻床	Z3050×16	最大钻孔直径 50mm	在用	2016.01
4	摇臂钻床	Z3032×10	最大钻孔直径 32mm	在用	2016.06
5	普通车床	C6140	容量 6.5KVA	在用	2016.06
6	自动焊接机床	WL-HJJ-103	容量 3KVA	在用	2017.06
7	自动缠绕机床	WL-CRJ-102	容量 5.5KVA	在用	2016.06
8	加工中心	VMC-850L	容量 10KVA	在用	2016.06
9	数控机床	CK6140	容量 7KVA	在用	2016.06
10	自动锯床	GZK4232	3kW/380V	在用	2016
11	压装机床	GZP-35	2-35kW	在用	2016.06
12	开方机床	GZP-35	2×2-35kW	在用	2016.06
13	电动单梁起重机	LD5T-20M	5T	在用	2015.12
14	钻杆配电箱	BGD	400A/380V	在用	2016.06
15	液压机配电箱	XL-21	400A	在用	2015.11
16	砂轮机	S3S-250	功率 1.1kW，转速 2840r/min	在用	2015

表 9-2-8　　检测设备配置表

序号	设备名称	型号	参数	状态	出厂日期
1	万能试验机	WEW-1000h	380v，试验力≤ 1000kn	在用	2015.03
2	电热鼓风干燥机	101-OES	1.6kW	在用	2015.07
3	电热恒温干燥箱	DHG202-0	0.5kW	在用	2015.01
4	托辊径向跳动试验台	ZT-518	Φ89-159 托辊	在用	2016.08
5	托辊浸水密封试验台	ZT-512	2.5kW/3780V	在用	2016.08
6	托辊旋转阻力试验台	ZT-511	2kW/380V	在用	2016.08
7	托辊轴向载荷试验台	ZT-513	Φ76-245 AC220V 0-30000N	在用	2016.08

第三节　经营状况

2016 年，支护材料公司实行独立财务核算。2016 ～ 2018 年具体生产状况、经营情况如表 9-2-9 和表 9-2-10 所示。

表 9-2-9　　2016 ～ 2018 年力新支护材料公司生产状况一览表

2016 年		2017 年		2018 年	
产品	数量	产品	数量	产品	数量
钻杆	2312	钻杆	7339	钻杆	7763
托辊	41381	托辊	27260	托辊	23504
金属网	151364	金属网	136247	金属网	115076
锚固剂	767400	锚固剂	607700	锚固剂	516730
锚杆	257901	锚杆	244607	锚杆	201295
托盘	304010	托盘	272407	托盘	212568
皮盘		皮盘	10200	皮盘	7420

表 9-2-10　　2016 ～ 2018 年力新材料支护公司经营状况表

2016 年		2017 年		2018 年	
生产成本（元）	16135526	生产收入（元）	28562000	生产收入（元）	38982651
购入成本（元）	25950416	利润（元）	1491603	利润（元）	534985
节约费用（元）	9814890				

第四节　主要产品

树脂锚杆、锚固剂、金属托辊为矿用安标产品，螺旋钻杆为专利产品，金属网为矿用产品。按照安标产品要求，公司建有检验试验室，试验设备包括万能试验机、干燥机、干燥箱、硬度仪、锥度仪、托辊径向跳动试验台、浸水密封试验台、旋转阻力试验台、轴向载荷试验台等，可检测锚杆、锚固剂、托辊产品各项性能、指标。

1.PS300 毫米 ×300 毫米 ×12 毫米锚索托盘。该产品为锚索部件，与钢绞线、锁具配套使用。原料为 Q345B 锰钢板，规格 300 毫米 ×300 毫米，厚度 12 毫米，经冲型、冲孔、导角等工序后成型。该产品技术性能符合GB/T14370-2000规定，其承载力不小于锚索及附属锁具屈服力标准值的1.3倍。

2.PG200毫米×200毫米×10毫米、PG150毫米×150毫米×10毫米锚杆托盘。该产品为树脂锚杆部件，与阻尼螺母、塑料垫、球垫、锚杆杆体配套使用。原料为Q345B锰钢板，规格200毫米×200毫米，厚度10毫米，经冲压后一次成型。其锚固力不小于配套杆体屈服力标准值的1.3倍。

3.MSGLW500/22、20系列无纵肋螺纹钢树脂锚杆。树脂锚杆是矿井支护主要材料，杆体采用屈服强度不小于500兆帕左旋无纵肋螺纹钢，直径22（20）毫米，杆体等强，全长均有轧制连续螺纹。紧固端经轧圆、滚丝处理，配合快速阻尼螺母、锚杆托盘、预应力垫片，构成成套产品。施工中与树脂锚固剂配套使用，其技术性能符合MSGLW-500规定，具有性能好、强度高、锚固力大、适用范围广等优点，广泛应用于矿井巷道及地下工程围岩（煤）支护。

4.MSGLD335/22、20系列等强度螺纹钢树脂锚杆。杆体采用屈服强度不小于335兆帕的右旋等强螺纹钢，直径分别为20毫米、22毫米，杆体等强，螺纹连续，全长可上螺母，配合锚杆托盘及快速螺母为成套产品。施工中与树脂锚固剂配套使用，其技术性能符合MSGLD-335规定，具有性能好、强度高、锚固力大、适用范围广等优点，广泛应用于矿井巷道及地下工程围岩（煤）支护。

5.ZGL/76（89）×1000高强螺旋钻杆。产品在吸收德国先进生产工艺的基础上，采用单螺旋叶片，经预应力缠绕工艺加工焊接而成。钻杆杆体采用优质铬钼合金钢管，螺旋叶片选用高耐磨T型钢带，连接方为优质铬钼合金钢。钻杆之间采用四方连接，插接时弹簧销自动弹出锁合，配备U型卡防脱销，使钻杆扭矩传递达到最好状态。产品具有强度高、重量轻、连接迅速、拆卸方便、排渣速度快等特点。实际应用中，该钻杆能够承受大钻深带来的扭转应力和弯曲应力，满足在煤层近、中水平长距离钻进要求。可用于探放、水，探、放瓦斯及防冲卸压钻孔的施工，应用性能优异。

6.JWG1100系列钢筋网。原料为直径6.5～235毫米盘圆，经冷拔调直处理，液压经纬编网机编织、掍边处理后成型。宽幅可在1100毫米内调节，长度不限。网孔大小、丝径粗细可以变动。该产品为钢筋编织经纬网，具有较高的抗拉强度，网面平整，坚固不易拉开。主要用于矿井主巷道、岩巷顶板及两帮支护，其主要作用是维护锚杆间的围岩，防止大块松散岩石掉落，也可以用作喷射混凝土的配筋。

7.JW1200系列防锈网。采用直径3.8～195毫米冷拔丝为原料，机械经纬编网机编织，掍边处理后成型。宽幅可在1200毫米内调节，长度不限。网孔大小、丝径粗细可以变动。该产品网面平整、坚固不易拉开，具有抗拉强度高、使用方便等优点。该系列产品主要用于矿井全煤巷道顶板及两帮支护和掘进超前支护，其主要作用是维护锚杆间的煤壁，防止小块松散煤块掉落，也可以用作喷射混凝土的配筋。

8. 直径89毫米、直径108毫米系列三联托辊组。槽型承载托辊组适用带宽800毫米、1000毫米规格带式输送机。辊子互相铰接后悬挂于输送机中间架，组成槽型承载托辊组，支撑输送带承载面，保证物料正常运输。产品技术性能指标（径向圆跳动、轴向窜动、旋转阻力、跌落强度等）符合 MT821-2006 标准。本系列托辊可用在煤尘、淋水、潮湿的环境中，具有防尘、防水、耐腐蚀的特性，环境温度在 -10℃～ +40℃能正常运转，使用寿命达到 6000 小时以上。

9. 直径 89 毫米、直径 108 毫米、直径 159 毫米系列直托辊。回程托辊，适用带宽 800 毫米、1000 毫米、1200 毫米规格带式输送机。采用单体式两侧铣扁加工后槽孔安装，承担底部回程胶带运转。产品技术性能指标（径向圆跳动、轴向窜动、旋转阻力、跌落强度等）符合 MT821-2006 标准。多道迷宫式密封轴承，密封性良好，运转平稳、可靠。实际应用中具有通用性和互换性特点，拆卸方便，易于更换，可维护性强。本系列托辊可用在煤尘、淋水、潮湿的环境中，具有防尘、防水、耐腐蚀的特性，环境温度在 -10℃～ +40℃能正常运转，使用寿命达到 6000 小时以上。

10. 直径 108 毫米系列缓冲托辊。带宽 800 毫米、1000 毫米规格带式输送机受料点使用，可缓冲物料冲击和保护输送带。其韧性是普通金属的 10 倍以上，寿命为传统托辊的 5 倍，具有阻燃、耐腐蚀、抗静电、自重轻等特点。

11.MSCK、MSK/Φ28、25、23 系列树脂锚固剂。该材料是由不饱和聚酯树脂、固化剂和其他辅料，按一定比例配制而成的黏稠状锚固黏接材料，由聚酯薄膜分割包装呈药卷状。支护过程中，通过混合搅拌产生化学反应，使杆体与被锚固体煤、岩黏结在一起，达到支护效果。该产品具有常温固化快、黏接强度高、初锚力强、锚固力可靠和耐久力好等优良性能，主要技术性能指标（外观、直径长度偏差、树脂胶泥稠度、抗压强度、锚固力、保质期等）符合 MT146.1-2011 标准。根据固化剂混料配比，可分为慢速（M 型）、中速（Z 型）、快速（K 型）、超快速（CK 型）四种型号。产品长度范围在 200 ～ 1500 毫米内任意调定，直径系列为 23 毫米、25 毫米、28 毫米常用规格。

锚固剂生产线（2018 年 4 月摄）

第十篇 后勤保障

古城煤矿坚持以员工为中心，把实现好、维护好、发展好职工利益作为各项工作的出发点和落脚点。千方百计为职工创造温馨、舒适、便捷的生活环境，投资 1000 余万元，新建 1 栋职工宿舍楼、10 套探亲房；将 4 栋宿舍楼进行精装修，安装空调、电视机；改造职工澡堂和更衣室，增设桑拿室；新建洗衣房，职工在矿区即可享受洗衣服务；在宿舍区新建职工食堂，方便就餐；聘用 2 个物业公司提供全方位后勤服务；扩建私家车停车场，总车位达 700 余个，满足职工停车需求；实施绿化、亮化、硬化工程，创建“花园式”矿山。矿井先后被兖州区评为“绿化工作先进单位”“花园式单位”，“两堂一舍”先后被临矿集团评为“三星级职工宿舍”“三星级职工食堂”“三星级职工澡堂”。

古城小区是矿井建设的配套工程，占地 147.85 亩，总建筑面积 125659.34 平方米，绿化面积 32010 平方米，位于古城矿区西部的育才路 2 号，距矿区约 3 千米。有住宅楼 29 栋，其中多层住宅楼（5 层、6 层）25 栋 966 户；高层住宅楼（17 层）3 栋 204 户；住户 1170 户，居住人口 4000 余人。古城小区为兖州区集多层与高层为一体的大型花园式住宅小区。

2018 年 6 月，古城小区完成“三供一业”分离移交工作，隶属济宁市兖州区鼓楼街道办事处红西社区管理。

第一章　后勤服务

第一节　职工食堂

一、概况

1992年8月至1998年5月，设临时食堂。1998年6月开始，先后建设职工一食堂、安培中心学员食堂、职工二食堂。2011年10月11日，将安培中心学员食堂移交给山东煤炭技师学院。

2018年年末，有职工一食堂、职工二食堂。

（一）临时食堂

1992年8月16日，筹建处第一批9名筹建人员租赁兖州县人民政府第一招待所，作为办公和生活的临时场所。筹建人员的就餐、对外接待依托招待所，未设食堂。11月，筹建人员达到26人，部分人员在紧邻矿区的山东省第三水文队和古城村租房居住和办公，在古城村租赁1座有3间正房、2间东配房的民宅，建起临时食堂，配管理人员1人，炊事员4人。

1993年7月1日，筹建人员全部搬到施工现场，利用矿区东边的7间施工房改建了1座简易食堂，设操作间、仓库、餐厅，配管理人员1人、采购员1人、炊事员4人。

1995年5月，筹建处机关搬到已竣工的职工宿舍1号楼办公，食堂搬迁到1号宿舍楼前的施工房内，总面积约130平方米。

（二）职工一食堂

职工一食堂于1996年11月26日开工，1998年6月4日竣工并启用。建筑面积1730平方米，建筑体积3680立方米，建筑结构为框架结构，部分为网架结构、钢筋砼基础。设操作间、第1餐厅、第2餐厅、接待餐厅。第1餐厅建筑面积700平方米，砼柱钢网架结构，能容纳300人同时就餐；第2餐厅分上下2层，一层为宴会大厅，二层设8个标准间，各房间配有功放机、音响系统；在第1餐厅西侧设大、小2个独立餐厅，总面积177平方米；在餐厅东侧设茶炉房1间。职工一食堂由临沂矿务局工程公司施工，江苏兴达建设监理咨询公司监理，质量认证为优良等级，评为优良品工程。

1999年6月26日，在食堂东侧开工建砖混结构平房1排，12月23日竣工。建筑面积246平方米，为食堂办公室、财务室、炊事人员更衣室、仓库、冷藏室等。

（三）安培中心学员食堂

2004年，将收购的鲁南地质勘察院食堂改造为安培中心学员食堂。建筑面积

544平方米，可容纳200余人同时就餐。

（四）职工二食堂

职工二食堂于2010年3月21日开工，6月1日竣工启用。属钢结构，建筑面积800余平方米。餐厅可摆放39套连体餐桌，供78人就餐，设6个单间，可同时接待130人就餐。大厅东面为操作间、餐具清洗间、茶水间、卫生间；北面设1间仓库、食堂办公室；南面为水饺、面条售卖点和购物超市。

2018年年末，古城煤矿2个职工食堂共有管理人员8人，其中食堂管理员4人、财务人员3人、仓库保管员1人；兖州华星物业公司派遣炊事服务人员85人（一食堂65人、二食堂20人）。

新建二食堂启用（2010年6月摄）

二、食堂管理

（一）经营管理

1.职工一食堂

1992年11月至1993年9月，办公室设专人管理。

1993年10月25日，由生活服务公司管理。

1998年8月，设负责人1人、财会人员3人、仓库保管员1人、采购员1人、炊服人员35人，每日就餐人数达1600余人；实行独立核算。

2001年3月，一食堂由职工承包经营。11月20日，成立生活管理委员会，对食堂的饭菜质量、价格、食品和环境卫生等进行检查监督。

2002年1月，个人承包合同到期，重新归矿方管理。

2003年3月10日，成立职工食堂司务处。7月，一食堂由临沂矿务局后勤服务中心承包，承包单位保留3名财务人员，其他人员解散，雇用社会服务人员。

2005年9月，承包期满，临沂矿务局后勤服务中心撤出，古城煤矿负责管理，解聘原社会服务人员，配6名管理人员和35名炊服人员。

2007年4月25日，古城煤矿与兖州华星物业公司签订《物业管理合同》，食堂炊事员、服务员由物业公司派遣，古城煤矿支付劳务费、管理费。

2. 安培中心学员食堂

安培中心负责管理，设管理人员 1 人、仓库保管员 1 人。财务核算专设 1 名会计负责。每月由古城煤矿财务、审计、总务等监督部门进行盘库，达到账账、账物相符。

2011 年 10 月 11 日，临矿集团委托山东煤炭技师学院管理安培中心，学员食堂移交给技师学院。

3. 职工二食堂

2010 年 6 月，建成二食堂，配备管理人员 2 名，兖州华星物业公司劳务派遣炊服人员 27 名。

2008 ～ 2018 年，古城煤矿生活管理委员会每月组织职工代表对食堂进行打分考核，决定食堂管理人员的收入。每个季度或者物价不稳定时，组织考察市场。食堂饭菜价格的调整都必须报生活管理委员会批准。

（二）核算管理

1992 年 11 月至 1998 年 7 月，财务科设 1 名专职人员负责食堂核算。

1998 年 8 月，一食堂配主管会计、成本会计、现金出纳会计和采购员、仓库保管员，实行独立核算。矿每月对食堂进行盘库，对经营、核算情况进行监管。

2010 年 6 月，二食堂的财务核算、物资采购均由一食堂统一管理。

2016 年 1 月开始，对一食堂、二食堂实行经营责任目标考核。明确经营责任人，责任人缴纳 2 万元经营风险金，并自负盈亏。矿成立经营考核小组，对食堂每月的经营情况进行考核、兑现奖罚。

（三）班中餐

2000 年 8 月 6 日，开始执行班中餐制度，由食堂加工，主要有肉饼、包子、火腿肠、香肠、咸鸭蛋、煮鸡蛋、牛奶、面包、各种饮料等，安排专人直接送到井下各工作面。

2003 年 3 月，将发放班中餐改为发放就餐补贴，为职工餐卡充值，在食堂设班中餐出售窗口，职工自行购买。

2008 年 11 月，给予下井职工班中餐 20% 的优惠，差价由矿补贴给食堂。

（四）食品卫生防治

贯彻《中华人民共和国食品卫生法》，坚持食品卫生“五四制”，定期对职工食堂食品卫生进行监督检查和不定时对饭菜质量进行抽查，加强对食堂卫生监督管理，实行严格的食品存放、隔离，餐具清洗、消毒，个人卫生等制度。炊事人员上岗前必须到兖州卫生防疫部门进行健康查体，健康合格后方可录用。在岗人员每年进行 1 次健康查体。杜绝有职业禁忌症者从事饮食服务行业，确保食品卫生安全。食堂卫生实现炊具、案板、炉灶清洁，门窗玻璃无灰尘，地面无垃圾。

（五）饭菜种类

主食有馒头、肉包、素包、糖包、馅饼、烤饼、花卷、煎包、手工水饺、米饭、煎饼等 20 余种。

早餐有临沂糁汤、豆腐、豆腐脑、大小米粥、玉米粥、八宝粥、馄饨、面条、鸡蛋汤、油条、油饼、粽子、鸡蛋、油煎鸡蛋等，菜类有炒菜、炖菜、熟食、炸货、凉拌菜等30余种。

（六）炊具

2018年年末，两个食堂配有蒸锅、蒸车、消毒柜、和面机、馒头机、自动水饺机、自动豆浆机、糕点制作设备等炊事机械160余台（件）。

三、食堂改造

（一）职工一食堂

2005年3月，将位于食堂北侧的门卫室改造为小卖部，为职工提供香烟、白酒、啤酒、饮料、餐具、日用品等商品。9月，职工一食堂进行全面改造。拆除炭火灶，更换为煤气炉；更换原有的厨具、餐具、食品加工设备；就餐大厅更换50套高档连体餐桌椅，配有6台5匹空调和2台34寸背投电视机。12月，在食堂就餐大厅北门东侧搭建1间简易的小屋，将小卖部搬入。

2006年12月，在就餐大厅东墙外侧扩建2间平房，总面积约30平方米，加工手工水饺和月饼、生日蛋糕等糕点，出售窗口设在就餐大厅。

2008年5月，利用原有仓库新建1间冷藏库，面积12平方米。

2009年12月，食堂各区域均安装中央空调和电视机，改善就餐和办公环境。

2011年1月，将餐厅的2台34寸背投电视机更换为液晶电视，并增加到4台，配大功率音箱。

2017年12月，在餐厅设置不锈钢售货柜台，更换窗户玻璃，扩大面积，增加功能。设置电磁炉、微波炉加热设备供职工使用；现场加工面条、水饺、馄饨；调整配电柜，重新敷设电缆，确保用电安全。

2018年，投资15余万元，更换蒸车、气锅、全自动超声波洗碗机，购置全自动智能化古法石磨豆浆机。

（二）接待餐厅

2004年12月，在食堂东南角扩建一间接待餐厅，面积77平方米。

2009年，对接待餐厅一层、二层进行改造。一层拆除南面的旋转门，更换为对开的感应门；拆除原有的玻璃隔断和吧台。二层拆除原有的8个房间（南北相对各有4个房间），北侧装修4个房间，南侧为走廊。

2012年，进行第二次改造。一层更换吊灯，封堵北墙的传菜窗口，西侧增加一间更衣室。将二层的4个房间改为3个标准间和一个小房间，拆除西侧的人行楼梯，安装电梯1部。

2016年，将一层西的2间独立餐厅打通，改造为自助餐厅，面积138平方米。

2018年4月，拆除蛋糕房、水饺房，改建为工会的爱心超市。

（三）二食堂

2017年11月，二食堂餐厅、操作间等场地安装中央空调。

（四）安培中心学员食堂

2009～2011年，先后在食堂门口两侧各建1间小餐厅，装修1间接待餐厅，扩大接待能力，将食堂内外墙刷涂料，更换炊事设备等。

丰富的套餐（2017 年 7 月摄）

第二节　职工澡堂

一、建设及改造

1997 年 4 月，联合福利楼建成。男澡堂、女澡堂、外宾澡堂 3 个澡堂、更衣室投入使用。

1. 男澡堂及更衣室。男澡堂位于联合福利楼北区建筑的一层，室内面积 470 平方米，有脚踏式淋浴头 100 余个、洗澡池 6 个。男更衣室 2 个，其中一层 1 个，室内面积 210 平方米；二层 1 个，室内面积 630 平方米。两个更衣室总面积 840 平方米，配有 4 门或 6 门铁制更衣柜 500 余个。

2008 年 10 月，对男澡堂和更衣室进行改造，浴室更换淋浴头并安装玻璃隔断，6 个浴池重新贴瓷板，安装 6 面镜子、洗手盆、石座凳；增设卫生间和面积约 16 平方米的桑拿房，改造给排水系统、照明系统，更换吊顶；更衣室地面铺设大理石，墙裙贴墨绿色大理石，墙面贴铝塑板，安设木制条椅，更新吊顶及照明设施，安装中央空调；将机关办公楼二层原调度室改造为更衣室，室内面积 130 平方米。三处更衣室总面积为 970 平方米。

2. 女澡堂及更衣室。女澡堂位于联合福利楼北区建筑的二层东侧，北侧是浴室、南侧是更衣室，室内总面积约 50 平方米。浴室配 40 个淋浴头，更衣室配 4 开门或 6 开门铁制更衣柜 20 余个。2009 年，搬至机关办公楼一层。2017 年，再次进行改造，安设红外线感应式淋浴、防滑垫等设施。

3. 外宾澡堂及更衣室。外宾澡堂位于联合福利楼北区建筑的一层走廊东侧，北侧是浴室、南侧是更衣室，室内总面积约 90 平方米。浴室配 1 个浴池、2 个浴缸、

12个淋浴头，更衣室配双开门铁质更衣橱9个。2004年，搬到走廊以西，设接待室、更衣室、洗浴间。2009年，对外宾澡堂及更衣室进行改造，浴室改造为大小2个浴池，安装14个淋浴头，设桑拿房和卫生间各1间。更衣室增设2个单人更衣室。2017年12月，扩建更衣室，更换更衣柜26组。改造扩建后，接待室室内面积为48平方米、更衣室面积为136平方米、浴室面积为126平方米。

4. 安培中心澡堂。安培中心澡堂位于学员公寓北侧，为原鲁南地质勘察院职工澡堂，男学员澡堂设1个浴池、20个淋浴头。女学员澡堂设15个淋浴头。2007年进行改造，更换给排水系统、照明系统、供暖系统等设备设施。2010年4月，因施工5号宿舍楼，安培中心学员澡堂拆除。

5.2010年，将选煤厂办公楼一层东侧改造为女澡堂及更衣室，室内面积77平方米，设有26个淋浴头，更衣室配25个铁质4开门更衣柜。

职工更衣室（2009年2月摄）

二、吊篮、更衣柜

2009年，淘汰铁质更衣柜，在3个更衣室安装吊篮2200个。2016年12月，对吊篮进行智能化改造，使用蓝牙卡控制升降。

2011～2018年，因人员增加，临时性增加安设铁质4开门更衣橱40个。

三、休闲大厅

将南北建筑东部空闲地带封闭，形成休闲大厅，室内面积约290平方米，大厅中心位置安设1个高2.5米、直径2.15米的鱼缸，南北两侧各建1条楼梯进入二层的更衣室，楼梯间设有休闲座椅和按摩器。依西墙壁建1座微型假山，安装供水系统。

四、便利店

便利店设在休闲大厅二层平台，提供各种饮料、日用品等。

澡堂、更衣室改造工程投入使用后，更名为职工洗浴中心。

2018年年末，职工洗浴中心有服务人员42人。

职工洗浴中心（2010 年 5 月摄）

第三节　职工宿舍

一、宿舍建设

职工宿舍 1 号楼为砖混结构，钢筋砼条形基础，双面 6 层（局部 7 层）楼房，建筑面积 2986.66 平方米，工程总价款约 180 万元，1993 年 12 月 11 日开工，1995 年 5 月 26 日竣工，由兖州市第四建筑工程公司施工。

职工宿舍 2 号楼为砖混结构，钢筋砼条形基础，双面 6 层（局部 7 层）楼房，建筑面积 2986.66 平方米，工程总价款约 180 万元，1993 年 12 月 11 日开工，1995 年 5 月 12 日竣工，由临沂矿务局工程公司施工。

职工宿舍 3 号楼为砖混结构，钢筋砼条形基础，双面 6 层楼房，建筑面积 3212.16 平方米，工程总价款约 142.76 万元，1999 年 5 月 8 日开工，2000 年 3 月 10 日竣工，由兖州市建筑安装工程总公司施工。

职工宿舍 4 号楼与 3 号楼设计完全相同，位于 3 号楼的西侧，两栋楼呈对称状。2002 年 5 月 26 日开工，2003 年 4 月 30 日竣工，由兖州第一建筑安装公司施工。

职工宿舍 5 号楼位于矿安全技术培训中心院内，砖混结构，钢筋砼基础，双面 5 层，西部有 69 个房间，东部设 10 套探亲房（1 ～ 5 层），建筑面积为 2997.2 平方米，投资 150 余万元。2010 年 4 月 26 日开工，9 月 22 日竣工，由临沂华建工程有限责任公司施工。

在建设职工宿舍 5 号楼时，将东部 1 ～ 5 层的房间设计为 10 套探亲房；2015 年，将职工宿舍 4 号楼 5 层改造为 7 套探亲房。目前共有探亲房 17 套。

截至 2018 年年末，古城煤矿共有职工宿舍楼 5 栋，其中宿舍区内的 1 ～ 4 号楼为 6 层（局部 7 层），安培中心院内 5 号宿舍楼为 5 层，均为砖混结构双面楼。总建筑面积约 15380 平方米，房间 566 间，每个房间安排 3 ～ 4 名职工，可入住职工 2000 余人。

二、宿舍管理

（一）用电管理

2009年7月7日，古城煤矿各房间配备统一照明灯具，供电线路严禁随意改动，严禁使用大功率电器。每个房间每年用电定额620度（其中夏季380度、另外三个季度每个季度80度），按节超电费（0.6元/度）的50%进行奖罚，并按房间落实到个人。每季度末由机电科节能办、总务科对每个房间进行抄表、汇总、张榜公示，次月在个人工资中兑现奖罚。

（二）空调使用

每年的6月10日至9月10日为空调开放日，空调制冷温度不得低于26度。

（三）住房管理

严禁在房间内聚众赌博、酗酒闹事、打架斗殴、大声喧哗；不准在楼房内墙壁上乱贴、乱画、乱写。爱护公共设施、文明礼貌、相互尊重；严禁乱接电线及使用其他电器；严禁将易燃、易爆、易腐等危险物品带入房间；讲究卫生，保持室内整洁。

（四）分配原则

采掘生产单位为一个单元，辅助单位为一个单元，机关和女工为一个单元，按班次分配楼层；女工集中在独立楼层。房间定员为3～4人，中层管理人员为1～2人。

（五）日常管理

2007年4月，古城煤矿聘用兖州华星物业公司24名工作人员。按照公寓化标准管理，负责楼层和房间的卫生清理及提供热水、拆洗被褥等服务。2010年，增加物业人员，为宿舍5号楼提供相同服务。

（六）租房补助

2009年7月7日，古城煤矿下发《关于宿舍楼管理和外租房补助的规定》，凡不在职工宿舍楼（含安培公寓楼）居住的在册职工享受租房补贴。补助标准：租住矿公用出租房每人每月补助50元，其他人员每人每月补助100元，按月考核发放。职工当月无故旷班或出勤达不到矿规定要求的，不享受当月补助。

三、宿舍改造

2004年，为每个房间配备有线电视。2018年，年轻职工占90%以上，职工提出拆除电视机的诉求，拆除的电视机通过临矿集团扶贫办转赠给兰陵县、沂水县扶贫点。

2007年，在1～4号宿舍楼每个房间安装单体壁挂式空调机。2009年，对开放的阳台进行封闭。2010年，5号宿舍楼建成后安装中央空调机。2011年，对1～4号宿舍楼实施整体改造，将木质房门更换为钢木室内门，室内及楼道走廊铺地板砖和墙裙，定制统一的木床，增加储物功能，改造消防管道和卫生间设施。增加走廊和楼梯间的应急照明灯和安全出口指示灯。

2018年，宿舍区实现无线网络全覆盖。

第四节　洗衣中心

一、洗衣房

1998 年，洗衣房建成，位于联合福利楼北区一楼东侧，配 2 台洗衣机，烘干设备为矿自制，工作人员 4 人。

2008 年，增加 2 台鸿尔牌多功能洗衣机，总面积 200 平方米（洗衣间、工作间）；工作人员 6 人，为物业公司劳务人员。在 1 楼洗衣房顶部设 1 处开口，安装 1 部小型提升机，方便向 2 楼更衣室输送换洗的工作服。

2018 年年末，有洗衣机、烘干机各 3 台。

二、干洗店

干洗店于 2010 年 8 月 27 日投入使用，临矿集团董事、工会主席雷其春和古城煤矿党委书记、矿长陈家忠共同为职工干洗店揭牌。干洗店位于职工宿舍区西侧，是集消毒、水洗、干洗、甩干、熨烫、缝补等多功能为一体的综合性职工干洗店。设有消毒间、干洗间、水洗间、衣物发放间等独立单元，总面积 160 平方米，配有洗涤容量 12 千克、15 千克的干洗、水洗设备，工作人员 5 人。

第五节　水电暖

一、供水

1993 年 6 月 15 日，经兖州市水利局批准，筹建处在位于工业广场西南处开挖一口自备水源井，井深 120 余米，提供永久供水。11 月 6 日，筹建处与兖州市自来水公司签订合同，确定古城矿井使用的自来水由兖州市自来水公司 11 号井群联络管接入，自来水公司负责实施改造工程，供水管道工程量为 1160 米，投资 17.39 万元，管道产权属于筹建处。11 月 30 日，供水工程竣工，矿井形成永久双水源供水系统。

1996 年 4 月，在宿舍区利用原土地上的灌溉井，安装无塔供水设备 1 套，为宿舍楼供水。2001 年 6 月停用，设备拆除。

1997 年 12 月 16 日，开工建设供水塔，1998 年 5 月 16 日竣工投入使用。水塔位于工业广场自备水源井的东侧，为 150 立方米钢筋混凝土倒锥壳水塔，塔高 35 米，合同价款 23.82 万元，由临沂矿务局工程公司施工。

2000 年 12 月，矿井对供水系统进行技术改造，使用山东矿业学院工业自动化研究所开发的“深水井供水自动化控制系统”，实现供水自动化控制。该系统操作简便、灵敏度高、运转稳定。

2003 年 8 月 6 日，兖州市水利局向古城煤矿颁发取水许可证，批准可取地下水量为 96000 立方米 / 年。

2012年10月，利用矿井水资源建成纯净水厂，安装1条瓶装水净化灌装生产线。水厂隶属总务科管理，配有4名工作人员；生产车间分上下两层，上层为水处理、灌装车间，下层为储存间，面积约270平方米。

二、供电

（一）地面变电所

建有35千伏变电所1座。其中35千伏电源开关、6千伏配电开关柜、6千伏/0.4千伏变压器室和0.4千伏低压配电室均采用室内布置；35千伏、6千伏和0.4千伏供电系统均采用单母线分段接线方式供电。变电所内35千伏配电室安装11台JYN1–35型高压开关柜，设2路35千伏馈出，为所内2台主变压器供电；室外安装2台S9–8000/35型电力变压器，1台工作，1台备用，作为全矿井主变压器，为变电所内6千伏高压配电设备供电。6千伏高压配电室安装38台KYN28A–12型6千伏高压开关柜；各高压开关柜均装设RCS–9611CS型微机保护装置，实现速断、过流、过负荷、单相接地等保护功能。变电所集中控制屏设置RS9000型微机继电保护装置，实现速断、过流、过负荷、单相接地等保护功能，同时实现远程集控。

6千伏高压配电室共有28路馈出，其中下井电源6路，主扇风机房、配电变、电容器、电厂联络线、主井提升机、副井提升机、压风机房各两回路，单身区变电所、铁路、消弧、选煤厂、老锅炉房、机修厂、煤机厂、箱变各一回路。变电所内6/0.4千伏变压器室安装2台800kVA S9–800型油浸式电力变压器，为0.4千伏低压配电室供电。0.4千伏低压配电室安装9台KYDZ–1型低压配电柜，担负地面生产系统、污水处理站、办公调度楼、食堂等负荷的供电。该变电所采用微机综合自动化监测监控保护装置，实现对35千伏和6千伏高压开关柜的保护和远程控制。为提高功率因数，地面变电所6千伏两段母线分别设置1台SVG动态无功补偿装置，每台最大补偿容量3000千乏。

（二）地面其他配电室和配电点

工业场地设有主井提升机6千伏配电点、副井提升机6千伏配电点、地面主通风机6千伏配电点、地面空气压缩机房6千伏配电点、老锅炉房6千伏配电点、单身区6千伏变电所，共6个配电点完成对各自区域用电设备的供电。

1. 主井提升机6千伏配电点双回路电源引自地面35千伏变电所6千伏不同母线段，采用MYJV22–3×95平方毫米型矿用电力电缆引入，单回路供电距离均为230米；配电点内安装4台KYN28A–12型6千伏高压开关柜，为主井JKM–2.8×4–Ⅲ型提升机整流变压器供电。

2. 副井提升机6千伏配电点双回路电源引自地面35千伏变电所6千伏不同母线段，采用MYJV22–3×95平方毫米型矿用电力电缆引入，单回路供电距离均为260米；配电点内安装4台KYN28A–12型6千伏高压开关柜，为副井JKMD–3.5×4（Ⅰ）E型提升机整流变压器供电。

3. 地面通风机6千伏配电点双回路电源引自地面35千伏变电所6千伏不同母线

段，采用 MYJV22-3×95 平方毫米型矿用电力电缆引入，单回路供电距离为 160 米；所内安装 10 台 KYN28A-12 型 6 千伏开关柜，同时安装 2 台 HIVERT-YK 型高压变频器，为 2 台主通风机供电。

4. 地面空气压缩机房 6 千伏配电点双回路电源引自地面 35 千伏变电所 6 千伏不同母线段，一回路采用 MYJV22-3×95 平方毫米型矿用电力电缆引入，一回路采用 MYJV22-3×35 平方毫米型矿用电力电缆引入，单回路供电距离均为 300 米；房内安装 6 台开关柜，其中 4 台 GG-1ZF 型 6 千伏开关柜为 3 台螺杆式空气压缩机供电，2 台 KYN28A-12 型开关柜，为 1 台离心式空气压缩机供电。

5. 锅炉房 6 千伏配电点电源引自地面 35 千伏变电所 6 千伏母线侧，采用一回路 MYJV22-3×35 平方毫米型供电电缆引入，供电距离 260 米；安装 1 台 S9-630/6/0.4 变压器、3 台 KYDZ-1 型 380 伏配电柜，为压风机房、机厂车间、污水站、维修车间等用电负荷供电。

6. 宿舍区 6 千伏变电所电源引自地面 35 千伏变电所 6 千伏母线侧，采用 MYJV22-3×95 平方毫米型供电电缆引入，单回路供电距离 720 米；所内安装 3 台 KYGC-Z 型 6 千伏高压开关柜、2 台 S9-630/6.3 型变压器和 7 台 KYDZ-1 型 380 伏配电柜，为宿舍区、中央空调、生活污水相关用电负荷供电。

地面办公楼、主井井口、副井信号室、食堂、机修厂、水源井、地面原煤生产系统等位置设置 380 伏配电点，为各地点低压设备供电。

地面生活、办公供、用电设备的维修维护由总务科负责，生产系统的供、用电管理由机电科和机电工区负责。

三、供暖

1999 年 6 月，矿井供暖系统建成。工广锅炉房配 3 台 4 吨锅炉，供暖期 3 台锅炉全部运行；非供暖期 1 台运行，2 台备用。初期为食堂、澡堂、洗衣房等供暖；当年冬季，对机关办公楼、宿舍楼、餐厅、招待所、澡堂、更衣室等办公及生活区域，以及副井井口等生产系统实施供暖。

2003 年 7 月 1 日，古城煤矿自备电厂并网发电并形成供暖能力，矿区供暖由电厂锅炉承担，供暖范围扩大到选煤厂、铁路、安培中心、兖州煤机厂等。

2007 年，工业广场锅炉、烟囱等设备设施拆除。

第六节　福利设施

一、人行天桥

2005 年 12 月，为方便职工上下班，建设一座连接工业广场与职工宿舍区的横跨矿民公路的钢结构人行天桥，桥面总长 26.5 米、宽 2.5 米、高 6.2 米。2006 年 1 月 1 日，人行天桥投入使用。

二、健身公园

公园位于古城煤矿南门外东西两侧，面积约3000平方米，设有健身器材和露天舞台。2011年，因扩建久久平安广场，占用公园部分面积。

三、停车场

（一）自行车棚

1995年8月20日，在宿舍区1号宿舍楼前西南侧建成1处南北走向带有防雨棚的简易自行车棚，钢木结构，使用面积99.31平方米。在车棚南建有值班室1间，砖混结构，面积11.37平方米。由兖州市北关建筑公司施工。

1998年4月，筹建处机关搬到联合福利楼办公，在联合福利楼东侧建设1处南北走向简易的自行车棚，钢架结构，面积158.4平方米。

2002年下半年，因4号职工宿舍楼施工，将职工宿舍1号楼前西侧的自行车棚拆除。

2004年6月，将联合福利楼东侧自行车棚拆除，改造为绿化带，同时，在矿南门外西侧建成东西走向简易自行车棚，部分搭建遮雨棚，面积600余平方米。

2008年下半年，根据规划，对原自行车停车场进行改扩建，面积扩大至2600平方米，采用钢架结构、彩钢瓦封顶。

2011年10月，对自行车停车场进行膜结构改造。车棚设计为双挑6排，顶棚总面积为2750平方米，采用比利时生产的型号为B7119拉膜，颜色为天蓝色。地面铺大理石，面积约2800平方米，由山东美达钢幕工程有限公司设计并施工，济宁市兴业建设监理有限公司监理，合同价款120万元。2011年11月1日开工，12月30日竣工。

（二）轿车停车场

2009年3月，在矿南门外西侧建成露天停车场。地面铺“8字”水泥方砖，设绿化带，面积约3000平方米。

2010年进行扩建，面积增加到5000多平方米。

2011年，实施轻钢网架膜结构改造。7月16日开工，9月10日竣工，每个车位拉膜顶棚长6米、宽3米，拉膜采用上海生产的米乐FR900膜材料，膜布颜色为白色，钢构件为轻钢网架。2013年3月，扩建停车场，增加144个停车位。

2011年，在电厂凉水塔北侧建有13个车位的单排停车场；2016年，因扩建供暖设备车间，该停车场全部拆移至安培中心5号宿舍楼后，继续使用。

2016年4月，在自行车停放区划出32个停车位，总停车位430个。

2017年6月，将拓展中心、安培中心办公楼前后改造为露天停车场，增加车位215个。

2018年年末，古城煤矿设有停车场3处、总停车位645个；职工拥有私家车1600余辆。

四、理发室

1995年6月，将宿舍区内的自行车棚值班室改为职工理发室，面积12平方米，筹建处 1 名职工家属经营。

1999 年 3 月，将理发室搬迁至联合福利室（办公楼）1 楼西侧，使用面积约 80 平方米。

2000 年 10 月，将该处设为武装保卫科办公室，理发室搬迁至矿民路南头东侧经营。

2010 年，在职工洗浴中心一层设理发室，使用面积约 15 平方米。通过招标，确定一名职工家属经营，签订合同，每月向矿缴纳承包费。

2013 年，结束承包，承包人撤出，理发室停业。

五、行人走廊

走廊全长 69 米，宽 3.3 米，总高度约 8 米，离地面 4 米，内部净高 2.8 米。2008 年 11 月开工建设，2009 年 1 月投入使用。行人走廊采用钢结构，两侧为玻璃幕墙，配窗帘，地面铺大理石。走廊位于工区办公楼和联合福利室之间，南北走向，自工区办公楼二层连接联合福利室二层更衣室，方便职工往返于工区和更衣室及出入副井口上下班。走廊内安装 3 台大功率空调机，保持冬暖夏凉。建成后，在走廊设置宣传牌板，亦称“文化长廊”或“安全文化长廊”。

文化长廊（2010 年 1 月摄）

六、纯净水厂

2011 年 8 月，古城煤矿投资 870 余万元，进行矿井水处理工程改造和直饮水处理工程，建设 1 座纯净水厂。2013 年 2 月，投入使用。直饮水工程处理能力为 5 吨 / 小时，为办公区、生产区及宿舍区 30 余台热水器供水。安装一条瓶装水净化灌装生产线，瓶装水用于会议接待，职工下井携带。在食堂等矿区内多个地方设直饮点，供职工上班期间饮用，也可灌装回家后饮用。山东嘉豪环保工程有限公司设计、承建；隶属总务科管理，配工作人员 2 名，生产车间分上下两层，建筑面积 270 平方米。

纯净水生产系统（2018 年 7 月摄）

七、车辆保险

2016 年 5 月 13 日，中国人民财产保险股份有限公司济宁市分公司古城煤矿服务处揭牌营业，为职工提供车辆保险、车辆年审及事故理赔等服务。服务处隶属总务科管理，配 2 名工作人员，工作人员的工资按营业额计取。办公地点设在矿招待餐厅以南，古城煤矿无偿提供平房 2 间，面积约 40 平方米。办公用品由保险公司提供，主要有专用电脑 1 台、打印机 1 台、文件柜等。

2016 ～ 2018 年古城煤矿车辆保险营业额如表 10-1-1 所示。

表 10-1-1　　2016 ～ 2018 年古城煤矿车辆保险营业额统计表

年度	营业额（元）
2016	925858
2017	1569840
2018	1610553
合计	4106251

优惠政策和赠送的礼品由分公司制定，一般为车用保温壶、专用工具、塑料收纳箱、电饭锅、电烤箱、床上用品等。

截至 2018 年年末，累计办理车辆保险 1493 车次。

车辆保险服务处开业（2016 年 5 月摄）

第七节　矿区美化

一、绿化

1997 年 3 月，筹建处通过发动职工植树的方式绿化矿区，购置法桐和龙爪槐。在排矸路矿区段两侧栽种法桐，在矿大门口至 327 国道和办公楼前东西路两侧栽种龙爪槐、冬青，由机关科室轮流负责浇水、除草等。

1999 年 11 月 11 日，矿区排矸公路通车，古城煤矿投资 61860 元在古城村段道路两侧种植紫叶李 500 棵、冬青 680 棵，在村内 2 个拐弯处建设绿地公园，栽种各类花草，美化道路环境；后期由古城村委会负责管理。

2001 年，委托兖州市豆腐店村专业绿化队伍对矿区进行科学合理的绿化，在办公楼前东西道路补种樱花树，在主井塔、35 千瓦变电所周边种植石楠球等。

2003 年，出资 200 万元配合兖州市政府实施 327 国道绿化改造工程。

2004 年 8 月 31 日，与兖州市国土资源局、琉璃厂村签订征用矿大门西侧 3017.84 平方米土地（包括建筑物）的征地协议，支付购地款 943061.31 元。除其中部分建成自行车棚外，其余 2142 平方米土地建成园林式公园，供职工休闲娱乐。

2005 年，在招待所院内种植牡丹花、竹子等，面积达 200 余平方米。同年，对久久平安广场“盛世腾飞”主题雕塑四周进行绿化，在东南侧种植 1 棵“泰山迎客松”。2010 年 3 月，委托枣庄市园林绿化公司对矿区绿化进行重新设计布置，重点对招待所南侧和东侧、佳苑广场、宿舍区、电厂、选煤厂、安培中心等区域进行重新规划设计，并种植大量的山楂树、石榴树、苹果树等。

矿区一角（2018 年 11 月摄）

2011 年，古城煤矿正门向南扩至 327 国道，在新大门以内两侧各栽种胸径 30 厘米的银杏树 12 棵、树冠 3 米的桂花树 2 棵，另有广玉兰、连翘等树木。

在国庆节、中秋节等节日期间，在久久平安广场摆放花卉造型，并在工区办公楼等场所摆放各种花卉，烘托欢乐祥和的节日气氛。

截至 2018 年年底，古城煤矿累计投资 900 余万元，种植各类树木 4000 余棵，包括红杉树、银杏树、苹果树、桂花树等树木以及各类花卉、绿植 60 余种，可绿化面积和实际绿化面积达到 44506 平方米，绿化面积覆盖率达 100%，占矿区总面积的 12.2%。

休闲广场一角（2007 年 8 月摄）

二、亮化

1998 年 12 月 11 日，位于办公楼前的程控彩灯喷泉完成调试，喷泉外侧呈圆形，喷泉四周为一块正方形绿化地。喷泉的造型为外圆内方，外圆直径 12.56 米，内设

4层渐次缩小的正方形平台，顶部安装供水系统，自上而下形成瀑布，周围及平台共安装154个彩灯、48个照明灯、176个喷嘴。

2004年11月，对喷泉进行改造，拆除原有的平台，保留供水和照明系统。

2005年1月，在喷泉中间安设大型“龙”形不锈钢雕塑，在喷泉外四角安装4个射灯照向巨龙雕塑，喷泉内安设16组彩灯。

2006年7月，古矿实施矿区亮化工程，大门外道路两侧安设8棵配有“8叉九火中华灯”，办公楼前东西道路两侧安设景观灯14盏，对办公楼以平面方式安装彩色发光管；2017年，更换为LED灯管，楼前安装4组射灯照向办公楼，衬托办公楼夜色。

2009年，在副井口北侧的生产区广场中间安设1盏高约20米的广场照明灯，顶部有12组卤素灯组成；在轿车停车场安设2盏高20米的广场照明灯；在安培中心院内安设景观灯26组。

2010年，位于机关办公楼和工区办公楼之间的佳苑广场建成，在广场四周安设景观灯7组，佳苑雕塑周围安设蓝色射灯2组，喷泉内安设8组彩灯。

2010年，主井塔实施亮化装饰，在塔顶的东、西、南三侧安装高3米可滚动、可变化图案的发光屏幕，屏幕总面积129平方米。

2011年，久久平安广场扩建完成，在12棵银杏树周围安设16盏地灯。

2012年，在招待所院内建一处喷泉景观，池内安设彩灯16组。宿舍区、天桥、矿民道路等安设照明灯240余盏。

每年春节，在工广绿化带、银杏树、樱花树、龙爪槐等树木上披挂彩灯，形成火树银花不夜天的景色。

三、硬化

1997年3月12日，矿民公路开始施工，9月16日竣工。自327国道至古城村北矸石山为C30混凝土结构，厚210毫米，路面长1993米，面积14611平方米。

2008年，对安培中心院内道路和自行车棚重新硬化，总面积约150平方米。

2010年，对拓展训练中心进行改造，外围为塑胶跑道，里侧铺设水泥砖，总面积约600平方米。

2009年，打通35千伏变电所前的南北道路，抬高变电所院内标高，硬化道路和变电所周围场地，拓宽矿内排矸道路，总面积约11000平方米。

2011年，将久久平安广场铺设花岗石地面，总面积约9880平方米。将大门以外至327国道路段铺设沥青，面积2450平方米。在矿民道路的两侧铺设水泥砖，面积1200平方米。

2015年，对2处储煤场、煤管科办公区地面进行硬化。

截至2018年年末，古城煤矿工业广场硬化总面积约56000平方米。

四、景观

（一）“盛世腾飞”主题雕塑

该雕塑位于办公楼前久久平安广场，2005年1月6日落成。采用中华民族传统的龙图腾形象，代表企业精神的升华和综合实力的壮大，意在彰显企业创新发展的龙头骨干地位，寓示国家繁荣昌盛、事业卓越腾飞。巨龙高 9.9 米，不锈钢材质；雕塑利用原灯光喷泉进行改造，面积约 360 平方米；周围区域内圆外方，四周设汉白玉护栏，中心设灯光喷泉，东、西、南、北四个角各安装 1 盏射灯。

（二）六角阁亭

六角阁亭位于宿舍区 1 号楼与 2 号楼之间，2005 年建成，面积约 12 平方米，高约 6 米。亭内摆放 1 组石桌石凳，石桌上刻有象棋盘，供职工下象棋娱乐。阁亭的北面是一座微型假山和一条人工排水渠，从东、南、西三面绕过阁亭，东西两侧建有微型桥，方便行人通过。

（三）佳苑广场

广场位于机关办公楼与工区办公楼之间，2010 年建成。面积约 1560 平方米，种植银杏树等多种花木，安设休闲椅供职工休息。在广场东南角建有一处圆形喷泉和石雕，泉池直径 5 米，石雕高 4.6 米，由 2 块 80 厘米 ×40 厘米柱状花岗岩石组成，南北两面上部刻有“佳苑”两个魏碑鎏金大字。

（四）葡萄园休闲区

休闲区位于宿舍区大门入口处路北、4 号宿舍楼前，面积 200 平方米。葡萄架为混凝土立柱和横梁搭建，高约 3 米，种植 30 余棵葡萄树，葡萄架下摆放 7 组圆形石质的桌凳（1 张桌子、4 个凳子），桌面上刻有象棋盘，供职工下象棋或者打扑克。2015 年夏天，在此处举办首届“消夏扑克比赛”。

（五）洗浴中心巨形鱼缸

该鱼缸位于洗浴中心一层大厅，2010 年 5 月 1 日建成。鱼缸净高 2.5 米、直径 2.15 米，养有鹦鹉鱼 66 条；鱼缸的西面是依墙而建的人工瀑布墙。

（六）日月同辉浮雕壁画

壁画位于生产区的智能控制中心西侧，正对矿东大门。壁画南北长 15.6 米、高 6.6 米，正面为一对矿山儿女手捧日月浮雕，命名为“日月同辉”，采用济宁市嘉祥县石材。以“日月同辉”为主题，寓意深远，并赋予了时代内涵，彰显企业敢为人先的创业精神和超越自我的发展理念，寓示临矿人执着追求，讴歌古煤人敢上九天揽月的豪迈气魄。手抱钻机的矿工形象，并点缀祥和物——连理枝，展现了当代矿工团结奋进、开采光明、奉献温暖的高尚情怀和对“和谐、安康、创新、超越”企业精神的无限向往，谱写着古城煤矿人壮丽的精神诗史。

第八节　工程施工

2001 年 1 月，矿井由基本建设转入试生产，地面各类新建、扩建、维修、改造、装饰装修等等工程的施工、质量、安全等管理均由总务科（后勤服务公司）负责。2001 ～ 2018 年，配 1 ～ 2 名预算员负责工程管理。

古城煤矿分别于 2002 年、2007 年、2011 年、2018 年，根据临矿集团（临沂矿务局）

和国家有关规定，制定《古城煤矿工程建设管理办法》，成立领导小组，矿长任组长，各分管副矿长为副组长，总务科、财务科、预算科、纪委及工程涉及单位的负责人为成员。

一、工程管理

1. 项目管理。对列入矿井成本内支出计划的 50 万元以上地面辅助生产系统，以及 10 万元以上非生产性支出，上报临矿集团审批。

2. 招标管理。单项合同估价在 100 万元以上的，勘察、设计、监理等与工程建设有关的服务、单项合同在 30 万元以上的，项目总投资额在 1000 万元以上的工程，由临矿集团招标。施工单项合同估价在 100 万元以下 10 万元以上的，勘察、设计、监理等与工程建设有关的服务、单项合同在 30 万元以下的，采用推荐邀请招标的方式进行，选出不少于 3 家符合相应资格条件的施工单位。

3. 价格管理。对于单项合同估价在 10 万元以下 5000 元以上的工程，由总务科组织相关成员编制工程预算书，或根据工程实际情况，选定两家符合资质条件的施工单位进行比质比价。对于估价在 5000 元以下的，总务科根据现场实际情况，安排有关施工单位进行维修。对于修缮项目多且每项修缮工程量较小的零星工程，由总务科组织相关成员对兖州区周边材料市场价格进行调研，与施工单位进行议价。

4. 施工管理。具体包括施工规模、定位放线、材质、工期、质量、安全等。各类材料的规格型号、品牌、质量应与合同要求相符，有相应的检验合格证书。对于隐蔽工程的验收、签证或变更，必须有 2 人以上参加，其中 1 名为现场管理人员，1 名为矿属单位负责人，只对发生的工程量进行认可，不得签证价格。

5. 验收管理。按照《临矿集团单位工程竣工验收程序》规定，工程管理小组联合验收，对合格工程出具验收会签单。对工程验收存在的质量问题，验收小组会签时提出返工或整改意见，并在规定整改时间内组织复验。

6. 结算管理。所有结算根据工前定价执行，不得超出临矿集团文件规定。单项、单位工程根据有关现行定额执行，人工工日单价执行临矿集团规定，以市场单价计取的工程按总价加所缴税金或综合含税价结算。5000 元以下的零星工程根据现场实际验收的工、料、机结算。对于工程结算金额超过招标金额 10%（不含 10%）的，应根据实际情况写出书面说明或由设计单位出具设计变更图纸，经施工现场负责人、工程涉及部门负责人、工程主管部门负责人签字确认后，报领导批准后签订补充协议。所有初审后的结算书报临矿集团主管部门复审。

7. 工程款管理。土建、安装工程付款比例不得超过进度的 70%。工程竣工结算经临矿集团主管部门审核后，支付比例不得超过审定价款的 90%，经造价咨询机构审核后，支付比例不得超过审定价款的 95%，按规定留足质保金。

8. 处惩管理。施工过程中给矿造成损失的，除按期整改修复外，视情节给予一次性罚款 100 ～ 3000 元。未执行隐蔽工程规定的给予 500 ～ 2000 元的罚款，并按规定进行技术处理。偷工减料处以工程合同价款 2% ～ 4% 的罚款，由此造成的损失由施工单位赔偿。出现质量事故，施工单位隐瞒不报、谎报或延期报告的，视情节罚款 1000 ～ 10000 元。

二、主要工程

1. 新建工程。具体包括 4 号宿舍楼、5 号宿舍楼、工区办公楼、仓库值班室、安培中心阶梯教室及实验室、调度指挥中心（文体中心）、选煤厂办公楼、煤管科办公楼、职工二食堂、干洗店、井口超市、拓展中心、小车车库、运煤通道、科创中心（支架维修车间）、支护材料厂、智能搅拌站、储煤场抑尘墙、矿井水处理、南大门及值班室、人行天桥、人行走廊等。

2. 扩建工程。具体包括食堂、沿街房、机电工区办公楼加层（2009 年拆除）、职工洗浴中心、招待所、工区办公楼、机修车间西接、选煤厂烘干、浮选车间、储煤仓、储煤场、自行车棚、私家车停车场、久久平安广场、职工休闲广场等。

3. 装饰装修工程。办公楼、工区办公楼于 2004 年、2010 年进行两次装修；另外还包括职工澡堂、4 栋宿舍楼、更衣室、自动化控制中心、主井井塔、副井井口房、招待所、卫生所、科创中心、职工俱乐部等。

4. 改造工程。具体包括久久平安广场“盛世腾飞”主题雕塑、安培中心（原山东省第三水文队）、副井口原煤运输系统、运矸系统、污水处理系统、供电供水系统、供暖线路、职工文体娱乐场所改造等。

5. 拆除工程。具体包括久久平安广场的灯光喷泉、供水塔、锅炉烟囱、煤质化验室、锚网厂、锚固剂加工车间、坑木加工房、南大门及门卫室、小车班车库、西大门运煤通道、地磅室等。

第九节　办公用品管理

1992—2000 年，办公用品的采购、保管、发放由生活服务公司统一管理，未制定具体考核标准，总体控制使用。2001 年 1 月至 2018 年 12 月，由总务科（后勤服务公司）负责，制定考核管理办法，管理方式由自行采购变为供应商直供。2016 年，部分办公用品开始实行网络采购。

一、采购原则

坚持“货比三家，质优价廉”的原则，按照批准的计划采购，不得随意增加采购品种和数量，未列入计划的一律不准采购；总务科设专人专库管理。

二、费用核定

根据科室职能、工区人员数量，核定费用标准，并先后进行多次调整。2018 年年末，各科室、区队中，最低为 150 元 / 月，最高为 640 元 / 月。

三、供应商确认

采取公开招标的办法，每年一招标一确认，矿招标办公室等部门组织考察。从质量、价格、服务、资质、信誉等方面综合考核并确定供应商，签订供应合同。满足招标要求的，可以续签年度合同。

四、采购程序

1. 申请：提交办公用品计划申请，报分管领导审批。

2. 采购：总务科汇总，报主要领导批准后，将购货清单发给供应商，实施采购。对于大宗或特殊办公用品，招标小组及时进行市场价格调研。

3. 验收：总务科安排2人联合验收，根据清单所列名称、规格、数量、单价、金额、质量等核实无误后，在送货单上签字确认。

4. 发放：安排专人发放，确保质量合格，数量名称等相统一。

5. 领用：各单位根据申请计划，经清点核实无误后，在办公用品领用登记簿上签字确认。

6. 管理：总务科要设专人管理办公用品，建立好办公用品入库、出库台账。

7. 监督：财务、审计、预算、招标办公室等部门，对办公用品的采购计划执行，价格的调研考察，所购办公用品的质量、验收、发放、库存等情况进行不定期的监督检查。

五、网购

部分办公用品实行网上采购。

六、价格确认

由供应商报价，考察市场价，参照网购价，协商定价。常规办公用品的价格一季度一考察。对特殊或异型或新增办公用品的价格，由总务科申报，招标办组织有关部门进行市场调研，确定采购价格，一购一价一议。

七、考核

总务科对各单位领用情况进行公示。采购计划不得超出考核指标，不得从次月中冲减，否则，超出部分由单位负责人承担。

第二章　古城小区

第一节　概　况

古城小区按设计要求称为家属宿舍区，是古城矿井建设的配套工程。2001 年，开发建设时变更名称为古城小区，位于古城矿区以西约 3 千米，327 国道以南，兖州区育才路 2 号。小区北至 327 国道，南至铁北西街路，东至明珠花园小区和丽都小区，西至育才路（育才路以西是兖州实验高中和兖州技校）。小区地形为南北长、东西窄，呈长方形，北部偏宽南部相对较窄。楼房呈南北走向布置，中间靠南约三分之二处，由东向西依次建有 3 排楼房，靠北为 2 排，最北处是 1 排 3 栋小高层；小区内建有一条自北向南呈“人”字形的主干道；分别在西院墙的南部和北部开设 2 个西大门，以北部的大门为主，南部的大门作为消防通道。2016 年，因地方政府建设沿街小商铺，将南部大门封堵。

古城小区勘察单位为武汉中汉岩土工程技术开发公司、山东大嘉工程勘察有限公司，设计单位分别为武汉煤炭设计研究院、临沂兴宇工程设计有限公司、兖州市建筑设计院，施工单位分别为兖州市建筑装饰工程公司、兖州市谷村建筑安装工程有限公司、兖州大一建设总公司、兖州市永华建筑安装工程有限公司、兖州市建筑总公司、兖州市兖北建筑安装有限工程公司、兖州市方矩建筑工程有限公司、兖州市佳兴建筑安装工程有限公司、临沂华建工程有限责任公司、山东兴唐源建设工程有限公司、山东圣大建设集团公司，监理单位分别为江苏兴达建设监理咨询公司、济宁明正工程监理有限公司、济宁市兴业建设监理有限责任公司、兖州市华兴工程建设监理中心。

开发建设时间为 1993 年 12 月至 2011 年 9 月。

1992 年 12 月 10 日，划拨古城矿井家属居住区土地总面积 98568.7 平方米。2002 年 10 月 23 日，古城小区完成土地出让，金额为 371.96 万元，土地权属人为山东东山矿业有限责任公司。

2018 年 6 月，完成“三供一业”分离移交工作，古城小区隶属于兖州区鼓楼街道办事处红西社区管理。

截至 2018 年年末，古城小区（见图 10-2-1）建有住宅楼 29 栋，其中多层（5 层、6 层）25 栋 966 户，小高层（17 层）3 栋 204 户；物业公司办公楼 1 栋，3 层砖混结构，总建筑面积 125659.34 平方米。共有住户 1170 户（古城煤矿职工 262 户、临矿集团西部矿区职工 665 户、社会居民 243 户），居住人口达 4000 余人。绿化面积 32010 平方米，成为兖州区集多层与高层为一体的大型花园式住宅小区。

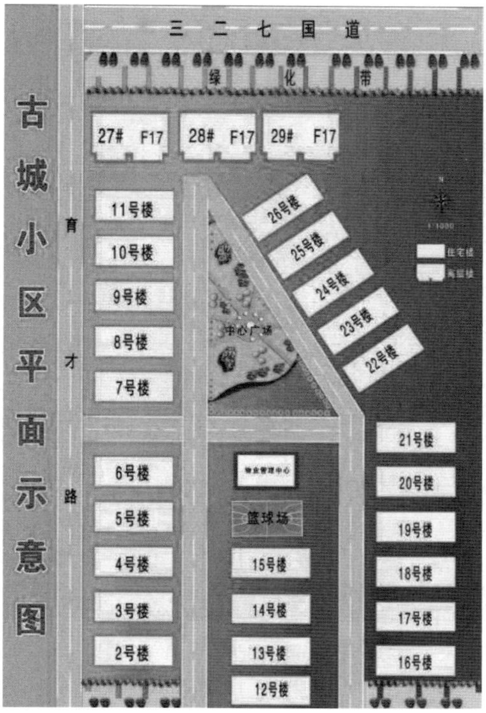

图 10-2-1　古城小区平面示意图

第二节　小区建设

一、基础设施

（一）配套工程

小区围墙建筑结构为砖砌结构，毛石基础，全长 1308.68 米；大门为铁栅门；门卫室为砖混结构，建筑面积为 50 平方米。1993 年 12 月 12 日开工，1994 年 6 月 20 日竣工；由兖州市北关建筑工程公司施工。

（二）供水、供电工程

1993 年 12 月，分别与兖州市自来水公司签订永久供水协议，与兖州市供电局签订永久供电协议，永久供水、供电系统建设完成。

（三）供气工程

根据天然气专供要求，在小区内中部靠近西院墙处建一座煤气加压站，1996 年 4 月竣工。1996 年 8 月 15 日，筹建处与兖州市煤气公司签订煤气安装协议，缴纳煤气安装费用 21.87 万元，将煤气输送至 1 号住宅楼各户；1996 年 11 月，实施集中供气。

（四）道路工程

小区内主要道路长 242 米、宽 6 米，工程量为 1456 平方米。1997 年 11 月 28 日开工，1998 年 3 月 16 日竣工；兖州市北关建筑工程公司施工。

古城小区（2008 年 3 月摄）

二、住宅楼建设

1993 年 12 月至 1996 年 6 月，建成 1 号住宅楼，筹建处组织施工。

2001 年 11 月至 2002 年 5 月，建成 2 号、3 号住宅楼，古城煤矿组织施工。

2004 年 7 月至 2005 年 5 月，建成 4 号、5 号、12 号、13 号、14 号、15 号住宅楼，山东东山矿业有限责任公司房地产开发公司组织施工。

2005 年 5 月至 2006 年 5 月，建成 6 号、7 号、8 号、9 号、10 号住宅楼，山东东山矿业有限责任公司房地产开发公司组织施工。

2006 年 5 ～ 12 月，建成 16 号、17 号、18 号、19 号、21 号、22 号住宅楼，山东东山矿业有限责任公司房地产开发公司组织施工。

2009 年 4 月至 2011 年 9 月，建成 11 号、23 号、24 号、25 号、26 号、27 号、28 号、29 号住宅楼，由兖州东山房地产开发公司开发建设。

古城小区住宅楼建设情况如表 10-2-1 所示。

表 10-2-1　　古城小区住宅楼建设情况表

序号	幢号	用途	结构	层数	建筑面积（平方米）
1	2	住宅	砖混结构	5	2974.60
2	3	住宅	砖混结构	5	3700.80
3	4	住宅	砖混结构	6	5043.36
4	5	住宅	砖混结构	6	3071.76

续表

序号	幢号	用途	结构	层数	建筑面积（平方米）
5	6	住宅	砖混结构	6	4241.40
6	7	住宅	砖混结构	6	4241.40
7	8	住宅	砖混结构	6	4432.08
8	9	住宅	砖混结构	6	5637.18
9	10	住宅	砖混结构	6	4567.92
10	12	住宅	砖混结构	5	3196.50
11	13	住宅	砖混结构	6	3835.80
12	14	住宅	砖混结构	6	3835.80
13	15	住宅	砖混结构	6	3835.80
14	20	住宅	砖混结构	6	2651.52
15	11	住宅	砖混结构	6	4165.20
16	16	住宅	砖混结构	5	5582.80
17	17	住宅	砖混结构	6	4594.08
18	18	住宅	砖混结构	6	4753.68
19	19	住宅	砖混结构	6	4199.28
20	21	住宅	砖混结构	6	3976.68
21	22	住宅	砖混结构	6	3258.18
22	23	住宅	砖混结构	6	4478.40
23	24	住宅	砖混结构	6	4505.04
24	25	住宅	砖混结构	6	4349.52
25	26	住宅	砖混结构	6	4293.24
26	27	住宅	钢筋混凝土	17	7412.44
27	28	住宅	钢筋混凝土	17	7412.44
28	29	住宅	钢筋混凝土	17	7412.44
合计					125659.34

第三节　分配与销售

1993～2003年，1～3号住宅楼由古城矿井建设、出售（租）、管理。

一、1号住宅楼

1993年12月26日开工，1996年6月8日竣工，是筹建处在古城小区建设的第1栋住宅楼。后期小区建成后为便于统一管理，调整编号为住宅20号楼。该楼位于小区东排偏中，建筑结构为钢筋混凝土条形基础、砖混结构、6层楼房，每层设4个单元8户，全楼48户。由于处在国家房改的过渡和调整期，一部分出售，一部分出租。每户建筑面积为52.79平方米，总建筑面积为2533.92平方米，工程投资合同价为130万元，由兖州市北关建筑工程公司施工；1996年6月14日，质监站认定工程质量等级认证达到合格等级，评为合格工程。

1994年5月28日，筹建处制定出售和出租规定，筹建处双职工和家属已农转非的带眷单职工可以购买，也可以租赁。参加矿井建设的临沂矿务局内部单位的带眷单职工，可以租房。一～4层楼房出售，出售价格执行临沂矿务局政策。5～6层及出售剩余的楼房出租。

出售平均价格为245元/平方米。出售楼层分配采用打分法，包括：①工龄：工龄一年1分。②职务：副处级以上按15分，副科级以上10分。③职称：具有高级职称的得12分；具有本科或者中级职称的得10分；具有大专学历或者初级职称的得8分；具有中专学历或者员级职称的得5分；同时具有学历和职称的，取分数高的一项。④其他：双职工的得10分，一方在筹建处的得5分；独生子女得5分；局级以上劳模得5分。优惠政策有：①在1994年6月30日前一次交清购房款的优惠20%。②工龄每满1年优惠0.5%，累计不能超过20%。房租租金暂按每月每平方米1.05元收取。1996年4月30日，按每月每平方米1.04元收取，交保证金500元。

因20号住宅楼是在原国有划拨土地上建造的，在建设时未办理相关建设、规划审批手续，导致无法办理房产证。2017年11月，为完成“三供一业”分离移交工作，按照《山东省省属企业资产转让管理办法》的要求，古城煤矿制定处置方案，委托社会中介机构对该住宅楼进行综合评估，以不低于评估值的价格在山东产权交易中心公开挂牌出售，在山东能源集团审核备案。2018年11月21日，临矿集团批准处置方案，完成15户住宅楼的出售工作。具体情况如表10-2-2所示。

表10-2-2　　古城小区出售价格表

楼层	价格（元/平方米）
1层	265

续表

楼层	价格（元 / 平方米）
2 层	260
3 层	253
4 层	248
5 层	233
6 层	213
储藏室	240

二、2 号住宅楼

建筑结构为砖混结构，钢筋砼条形基础，一层设计为储藏室，共 5 层 3 个单元，每个单元 10 户。设计为一个大户型对应一个小户型；大户型出售建筑面积 114 平方米，小户型出售建筑面积 83 平方米。2001 年 11 月 30 日开工，2002 年 8 月 6 日竣工，由兖州市建筑工程总公司施工。

三、3 号住宅楼

建筑结构为砖混结构，钢筋砼条形基础，一层设计为储藏室，共 5 层 4 个单元，每个单元 10 户。每户出售面积为 89 平方米。2001 年 11 月 30 日开工，2002 年 8 月 6 日竣工。

根据国家政策和临沂矿务局文件规定，对竣工的 2 号楼、3 号楼执行临沂矿务局《关于下达一九九七年度房改价格标准的通知》（临局房改〔1997〕189 号）的规定，出售价格为建筑面积每平方米 502 元，租金标准按使用面积计算，每平方米 2.1 元。按楼层核定价格，按职位等附加条件选择楼层。实行市场价格后，取消附加条件，任意选购，不再实行分配方式。

四、市场化售楼

2004 年，根据临沂矿务局安排，山东东山房地产开发公司负责古城小区住宅楼开发建设、楼房销售、小区管理。临沂矿务局所属西部各单位制定本单位职工购房政策。

2004—2009 年，先后 3 次实施市场化售楼，第 1 次执行临沂矿务局规定，后 2 次由古城煤矿自行制定规定。

1.4 ～ 5 号住宅楼出售办法

2004 年 12 月，临沂矿务局印发《古城小区住宅楼出售办法》（临局办字〔2004〕186 号），对 4 ～ 15 号住宅楼出售范围和价格等作出规定。

（1）范围

①临沂矿务局新区建设指挥部、新区各单位（包括古城煤矿、新驿煤矿、田庄

煤矿、王楼矿井筹建处、煤炭运销公司）未购房的在册职工。②上述范围内退休职工和职工遗属，且仍在新区居住的未购房户。③上述范围内在新区按成本价分房仍需购房的。④局属其他单位职工需在古城小区购房的。

（2）选房及优惠政策

①所售住宅楼楼层及房号挑选共分三个批次依次挑选，第一批次挑选为符合出售范围第 1、2 款者，第二批次挑选为符合出售范围第 3 款者，第三批次挑选为符合出售范围第 4 款者。②一次交清全部购房款者优惠购房款的 1.5%，本次未能购买者，可申请购买下一期住宅楼，提前一次交清全部购房款者优惠 3%。③车库、阁楼一起购买。④本次出售的住宅楼以集资建房的形式向当地管理部门办理房屋产权证书。

（3）价格

本次出售均价为 1050 元 / 平方米。

各楼层售价如表 10-2-3 所示。

表 10-2-3　各楼层售价表

层数	售价
1 层	1050 元 / 平方米
2 层	1050 元 / 平方米 +1050 × 10%=1155 元 / 平方米
3 层	1050 元 / 平方米 +1050 × 10%=1155 元 / 平方米
4 层	1050 元 / 平方米 +1050 × 3%=1081.5 元 / 平方米
5 层	1050 元 / 平方米 –1050 × 8%=966 元 / 平方米
6 层	1050 元 / 平方米 –1050 × 13%=913.5 元 / 平方米

（4）附属设施费用

①车库售价：780 元 / 平方米；②储藏室售价：400 元 / 平方米；③阁楼售价：400 元 / 平方米；④供暖增容费：1500 元 / 户；⑤煤气增容费：2200 元 / 户；⑥办理房产证手续费：56 元 / 平方米（以实际缴纳为准）。

2.16 ～ 22 号住宅楼出售办法

2007 年 4 月 12 日，古城煤矿制定 16 ～ 22 号住宅楼出售办法。

（1）范围

①截至 2007 年 4 月 10 日，古城煤矿在册职工（包括劳务输入职工）。

②上述范围内的离退休干部、退休职工和职工家属。

③双职工优先购买。

（2）选房及评分标准

采用综合计分法，按职工的职务、职称、工龄、岗位性质（工种）、住房需求的缓急程度和困难程度等方面的情况进行综合评分，以分数的高低，作为确定购房名额先后顺序的依据。古城煤矿住房出售领导小组按照公开、公平、公正的原则，由高分到低分按名次选择楼房。

①职务得分：矿处级领导分值 50 分；正科级分值 30 分；副科级分值 25 分；科员分值 15 分；采掘工分值 15 分；辅助工分值 10 分；地面工分值 5 分。

②职称得分：高级职称分值 30 分；中级职称分值 25 分；初级职称分值 10 分；高级技师分值 25 分；助级职称 20 分；技师分值 15 分。职务分和职称分取最高项计，不重复计分。

③职务加分: 2001 年 1 月 1 日，在古城煤矿担任副科级以上职务（含工区副区长、副书记、技术员）累计超过 3 年加 10 分; 采掘工区队长、班长加 10 分; 辅助工区队长、班长加 8 分；主任科员按副科级计分。均以文件为准。

④荣誉加分：2001 年 1 月 1 日，以获得的各类荣誉为准，所有荣誉称号以最高级别计分，不重复计算。获国家级“劳动模范”“优秀共产党员”“先进工作者（标兵）”等荣誉称号者加 30 分。获省部级“劳动模范”“优秀共产党员”“先进工作者（标兵）”等荣誉称号者加 25 分。获地市级“劳动模范”“优秀共产党员”“先进工作者（标兵）”等荣誉称号者加 20 分。获临矿集团“劳动模范”“优秀共产党员”“先进工作者（标兵）”等荣誉称号者加 15 分。获古城煤矿“功勋模范”称号者加 10 分。获古城煤矿“劳动模范”“优秀共产党员”“先进工作者（标兵）”“安全标兵”“安全诚信员工”等荣誉称号者加 5 分。

⑤工龄得分：按每年计 2 分。

⑥其他：夫妻双方均在古城煤矿工作计 30 分，夫妻一方在临矿集团其他单位工作的计 10 分，非临矿集团内部职工的不计分。因违反矿规矿纪被处分者扣 20 分。

（3）出售均价

本次出售平均价格为 1500 元 / 平方米。

出售均价具体价格如表 10-2-4 所示。

表 10-2-4　　古城小区出售价格表

楼层	价格（元 / 平方米）
1 层	1500
2 层	1650
3 层	1620
4 层	1545
5 层	1380
6 层	1305

（4）附属设施价格及费用

①车库 1600 元 / 平方米；②储藏室 600 元 / 平方米；③阁楼 400 元 / 平方米；

④暖气增容费26元/平方米；⑤煤气增容费3000元/户；⑥水增容费15元/平方米；⑦物业维修基金：按房价款的3%；⑧房产证办理费：暂按58元/平方米收取。

3.29号楼68套小高层住房出售办法

2009年11月20日，古城煤矿制定29号楼68套小高层住房出售办法。

（1）范围：2009年10月31日，在册职工（包括临沂华建公司劳务输入职工），未在临矿集团内部、古城小区、田庄小区购买住房者。

（2）选房及评分标准，执行2007年规定。

（3）每户缴纳保证金2万元。

（4）相关要求：①凡在临矿集团内部、古城小区、田庄小区已购买住房的，不允许再次购买，因特殊情况必须在古城小区购买住房的，要对原住房做退房处理，并向矿做书面保证。②凡以本矿职工名义申请住房而转卖他人的，罚没保证金，给予调整岗位或者调离至其他单位，劳务输入人员退回原单位。

（5）本次出售平均价格为2800元/平方米。

（6）附属设施价格及费用，执行2007年规定。

具体价格如表10-2-5所示。

表10-2-5　　古城小区出售价格表

楼层	价格（元/平方米）	楼层	价格（元/平方米）
1层	2630	10层	2840
2层	2630	11层	2870
3层	2630	12层	2900
4层	2660	13层	2930
5层	2690	14层	2960
6层	2720	15层	2990
7层	2750	16层	3020
8层	2780	17层	2800
9层	2810		

第四节　小区管理

1996年6月至2004年2月，筹建处和古城煤矿管理。

2004年2月至2012年3月，临矿集团（临沂矿务局）房地产开发公司开发建设和管理小区。

2012 年 4 月至 2016 年 1 月，古城煤矿管理小区。

2016 年 2 月至 2018 年 5 月，临矿集团田庄煤矿管理小区。

2018 年 6 月，古城小区“三供一业”及社会职能移交给济宁市兖州区鼓楼街道办事处红花社区管理。

一、古城煤矿管理

2004 年以前，只有 3 栋住宅楼，管理范围较小，按照国家标准收取水费、电费，以户为单位收取卫生费，组织部分职工家属清理楼梯和环境卫生。不定期清理垃圾池及化粪池，雨季来临之前清理排水沟。

2011 年 12 月 14 日，为落实临矿集团关于古城小区管理职能移交的安排，成立古城小区物业管理中心，由总务科 1 名副科长兼任物业管理中心主任，配 1 名管理人员，为移交管理做准备。2012 年 3 月，山东东山房地产开发公司将古城小区管理工作移交给古城煤矿，设管理人员 2 人，外聘临时用工 20 余人，从事保安、保洁、绿化、维修等管理工作，实施“美化、亮化、绿化”等工程，先后投入治理资金 443 万元，其中停车位改造 164 万元，墙壁粉刷、路面维修及亮化工程 130 万元，热力管网改造 85 万元，楼宇门安装 32 万元，健身广场改造 21 万元，其余零星维修施工 11 万元，将古城小区建成集多层与高层为一体的大型花园式住宅小区。

2014 年 3 月 20 日，古城煤矿根据《物业管理条例》及有关法律、法规，印发《关于加强古城小区物业管理工作的通知》，明确以下管理要求：

1. 物业管理范围为物业费用管理、收支预算管理、节能降耗管理、设施设备管理、环境卫生管理、治安消防管理、绿化美化管理、车辆交通管理以及其他公共管理。

2. 收费标准。①水费按季度收取，收费标准执行兖州区自来水公司规定的居民用水价格（2.6 元 / 立方米）。②电费实行随用随收，收费标准执行兖州供电公司规定的居民电价（0.56 元 / 度），商业用电（门头房、宽带网络等）电价为 0.95 元 / 度。③取暖费由物业管理中心代收，收费标准执行兖州区规定的居民取暖费（16 元 / 平方米，按建筑面积计算）。④物业费按季度收取，收费标准为多层楼每户 20 元 / 月、高层楼每户 80 元 / 月；住宅 20 号楼租赁费管理，按季度收取，收费标准分别为 5 ～ 6 层每户 200 元 / 月，1 ～ 2 层每户 240 元 / 月。

3. 设备、设施管理。①加强小区水电暖等计量器具的管理，及时维护、校验，确保计量器具安全、准确。②加强对公共照明、消防、电梯、水（暖）泵房、供水、供电、供暖、供煤气系统、门禁管理系统、电子巡更系统、监控报警系统、楼宇对讲系统、健身器材等的管理，确保设备灵敏可靠，运行正常。③加强公共建筑的管理：主要包括楼房（外墙、楼顶、楼道）、道路、排水管（沟）及盖板、排污系统、停车位等。

4. 环境卫生管理。①严禁乱搭、乱建、乱拆、乱贴。②因管理不到位，造成小区环境卫生脏、乱、差，追究物业管理人员和有关人员的责任，并给予经济处罚。

5. 绿化美化管理。①科学规划，合理绿化，分类养护，及时修剪，达到绿化整齐，环境优美的效果。②设置醒目的提示牌，严禁采摘花朵、践踏草坪、损坏树木。

6. 治安管理。①严格出入小区人员和车辆的管理，外来人员、车辆必须登记并联系接待人员进行核实。②严禁堆放易燃、易爆、剧毒、放射性物品，排放有毒、有害物质或者超过规定标准的噪声等。③严禁聚众赌博、利用迷信活动。④严禁小商小贩进入。⑤安保人员实行24小时巡逻、打卡制度。

7. 消防管理。①坚持“预防为主、防治结合”的原则，认真执行《古城小区消防安全管理制度》，定期进行消防演练，定期检查消防设施，按时更换灭火器内的药粉。②时刻保持消防通道的畅通。

8. 车辆管理。①古城小区业主的车辆，凭电子卡出入。②小区内按规定限速行驶。③按划定的停车位有序停放。

9. 装修管理。①业主选购的装修材料必须符合消防规定。②室内装修不得拆除承重结构，不得改变原设计结构。③不得侵占公共面积，损坏供水管道等公共设施。

10. 其他公共管理，包括卫生保洁、生活设施的安装和维修、维护、更换以及供水、供电、供气、供暖、通信、照明、宽带网络、有线电视、电子监控网络的安装、调试、维修、养护、更新等。

二、集团公司房地产开发公司管理

2004年2月至2012年3月，古城小区交由山东东山房地产开发公司开发和管理。其间，因小区处在开发建设的施工期，除正常的各类收费管理，绿化等其他管理工作逐步完善和规范。

三、田庄煤矿管理

2016年1月19日，古城小区移交给田庄煤矿管理。古城煤矿支付给田庄煤矿补助费共220万元，分3年进行补助，第1年80万元，第2年75万元，第3年65万元，用于解决古城煤矿在古城小区管理过程中的遗留问题，包括设施设备的维修、养护工作。任何一方不得私自解除协议，单方面解除协议要承担相应的违约责任，造成经济损失的，违约方给予对方双倍经济赔偿。移交后古城小区的所有物业职能与古城煤矿无关。

2017年12月，根据“三供一业”移交要求，将古城小区物业管理职能移交地方。

截至2018年6月，古城小区配有停车位351个，健身活动场所6处、面积900余平方米，健身器材40余件（套），绿化面积约16900万平方米，高杆照明灯55盏，庭院灯90盏。

古城小区移交田庄煤矿管理仪式（2016 年 1 月摄）

第五节　小区移交

一、移交背景

根据《国务院办公厅关于转发国务院国资委、财政部关于国有企业职工家属区“三供一业”分离移交工作指导意见的通知》（国办发〔2016〕45 号），国务院、国资委、民政部、财政部、住房城乡建设部《关于国有企业办市政、社区管理等职能分离移交的指导意见》（国资发改革〔2017〕85 号），临沂矿业集团有限公司《关于印发临矿集团职工家属区“三供一业”分离移交工作实施方案的通知》（临矿总发〔2017〕102 号）等文件精神，2017 年 5 月，古城煤矿开始实施古城小区的供水、供电、供暖、物业管理（以下简称“三供一业”）的分离移交工作。

二、实施方案

2017 年 5 月 28 日，古城煤矿制定《古城小区“三供一业”分离移交工作实施方案》，成立“三供一业”分离移交小组；矿长任组长，领导班子其他成员为副组长，财务科、劳资社保科、总务科、党群工作部、保卫科等部门负责人为成员；领导小组下设办公室，办公室设在总务科，总务科负责人兼任办公室主任，具体负责移交工作的协调和落实。小组又下设几个小组，责任分工为：

财务组负责政策研究、资产移交、评估、备案、资金争取、资金管理，账务处理及前期垫付资金筹备、产权变更，协调各级政府财政及集团公司财务、费用测算、债权债务确认，组织工程施工设计规划、招投标、工程施工改造预算、竣工验收、工程审计、工程监理、资料整理等工作。

后勤综合组由总务科、劳资社保科有关人员组成，负责政策研究、“三供一业”分离移交方案制定与实施，清盘点资产、人员、运营模式现状、数据收集、人员分流安置；全面协调地方政府及接收单位的关系，做好统筹协调、安排及督导工作；协调上下级关系，积极与集团公司总务处等部门对接，做好配合工作；负责材料整理、汇总上报工作；负责审批程序，组织工程施工设计规划、招投标，合同起草、签订，工程施工改造、竣工验收、工程审计、材料整理及风险管理、上报审批等工作。

宣传维稳组由党群工作部、武装保卫科有关人员组成，负责做好宣传维稳和保卫工作，广泛宣传上级政策，做好正面引导工作，取得职工群众的理解与支持，杜绝上访事件，确保矿区形势和谐稳定。

三、合同签订

1.2017 年 6 月 6 日，与兖州区鼓楼街道办事处签订《国有企业“三供一业”物业管理分离移交框架协议》。

2.2017 年 9 月 30 日，与济宁市兖州区自来水有限公司、山东通惠市政工程有限公司三方签订《兖州区古城小区供水分离移交协议》，供水改造费用为 541.3 万元，设计费 20 万元，总费用 561.3 万元。

3.2017 年 11 月 20 日，与国网山东省电力公司济宁供电公司签订《古城小区供电分离移交协议》，改造移交居民用电 966 户，非居民用电 5 户，物业、门卫室、路灯等公共设施用电，总费用 846 万元。

4.2017 年 10 月 8 日，与济宁市兖州区热力公司、济宁市兖州区恒通热力有限公司三方签订《兖州区古城小区供暖分离移交协议》，改造费用 398.2 万元。

5.2017 年 12 月 18 日，古城小区供电改造工程由山东省建设工程招标中心有限公司进行招标，中标单位为山东济宁圣地电业集团有限公司，中标金额为 884.81 万元。

6. 根据国务院文件规定，接收物业管理的单位必须是国有企业。2017 年 7—8 月，古城煤矿和鼓楼街道办事处对国有性质的物业公司进行考察，组织古城小区各楼楼长采用无记名投票的方式，确定古城小区的物业管理移交给济宁市华鲁物业服务有限公司。

7.2018 年 2 月 15 日，古城小区物业土建、维修改造（含配套工程、绿化工程）公司由临矿集团工程招标管理办公室组织招标，中标单位为山东方矩建筑安装有限公司。3 月 14 日，与山东方矩建筑安装有限公司签订《古城小区物业维修改造合同》，合同价款 565.57 万元。

8.2017 年 7 月 20 日，与山东东方监理咨询有限公司签订《建设工程监理合同》，对古城小区所有“三供一业”维修改造施工进行工程监理。监理方派 2 名现场监理人员，监理费按每人每月 8000 元计取，至所有维修改造工程竣工验收。

四、移交

2017 年 11 月 17 日，古城煤矿向济宁市兖州区人民政府提交《关于职工家属区（古城小区）社区管理职能移交政府的申请》。经兖州区政府批准，古城小区的供水资产和管理由济宁市兖州区自来水有限公司接收，古城小区的供电资产和管理由山东省电力公司济宁供电公司接收，古城小区的供暖资产和管理由济宁市兖州区热力公司接收，古城小区的物业管理由济宁市华鲁物业服务有限公司接收。

2017年12月26日，古城煤矿与济宁市兖州区鼓楼街道办事处签订《古城小区“三供一业”物业分离移交协议》《济宁市兖州区古城小区社区管理职能分离移交协议》，古城小区的党建工作、计划生育、综合治理、民生保障等社会职能移交给济宁市兖州区鼓楼街道办事处。古城小区“三供一业”物业分离移交和古城小区社区管理职能分离移交工作完成。

第三章　医疗卫生

第一节　机构与职责

一、机构沿革

1992 年 8 月至 1994 年 4 月，古城矿井筹建处职工较少，未设卫生所，一般病症患者在兖州市当地医院或在原单位临沂矿务局工程处卫生所就医。

1994 年 4 月 24 日，经临沂矿务局卫生处批准，临沂矿务局工程处卫生所驻古城矿井门诊部正式在筹建处挂牌接诊，履行职工医疗、工伤救治、卫生防疫等工作职责。门诊部位于矿区东南角，利用一排南北走向的临时施工房改造而成，占用房屋 4 间，设门诊室、药房、注射室、值班室，配置较简易的设备，配备医生 1 名、护士 2 名、药剂师 1 名，24 小时值班。

1995 年 5 月 26 日，职工宿舍 1 号楼交付使用，将一层西侧的 10 个房间改造为门诊部，设有门诊、药房、注射、治疗、小手术室、值班收款室、观察室等。6 月 16 日，门诊部搬入。

1997 年 9 月，原临沂矿务局岐山煤矿（位于临沂市平邑县岐山镇）建制撤销，成立金利包装制品厂，划归筹建处管理；将卫生所作为筹建处的医疗机构保留，所长及医务人员留任，办公地点仍然在原岐山煤矿，为老矿区和包装厂职工、家属提供医疗服务。

2001 年 5 月 12 日，聘卫生所所长 1 人。26 日，临沂矿务局工程公司卫生所驻古城矿井门诊部撤出。6 月 1 日，金利包装制品厂搬迁到古城煤矿。6 月 6 日，成立古城煤矿卫生所，配所长 1 人、主治医师 1 人、医师 1 人 、主管护师 1 人、护士 3 人。8 月 20 日，卫生所被临沂矿务局认定为局内医疗保险定点医疗机构。

2004 年 6 月，将购买的山东省鲁南地质工程勘察院办公楼一层改造为卫生所；10 月 1 日，由 1 号宿舍搬入。

截至 2018 年年末，卫生所设所长 1 人，配有医护人员 8 人；其中，本科 5 人、专科 3 人、中专 1 人。有中级职称 3 人、初级职称 6 人。

二、工作职责

1. 负责矿区职工、家属医疗保健、卫生防疫、传染病防治、食品卫生及职业卫生、职业病危害防治工作、矿山医疗救护、事故救援。

2. 制定救护计划和措施，不定期组织演练，时刻保持备战状态。

3. 做好接诊治疗、工伤、急诊急救工作和职工病伤假管理。

4. 做好传染病管理、消毒、隔离及上报工作。向职工宣传慢性病、季节性疾病、职业病、工伤的自我救治等防治常识。

5. 配合有关部门，组织好职业健康和老干部查体。

6. 落实好《公共卫生应急预案》《医疗事故应急预案》《工伤事故应急预案》。

三、合作机构

为解决矿区职工、家属就医和工伤人员的救治问题，1994 年，筹建处将中国人民解放军第九十一医院确定为定点医疗机构。2001 年，与中国人民解放军第九十一医院、济宁医学院附属医院、兖州市人民医院、临沂矿务局医院（罗庄区中心医院）签订职工就医和紧急救援协议，确保职工、家属及工伤人员得到及时有效的救治。

第二节　医疗工作

一、常规治疗

门诊处配有听诊器、血压计、体温计等辅助检查工具，药房储备药品 300 余种，可为职工进行上呼吸道感染、腹泻、湿疹等常规疾病的治疗；对高血压、关节炎等慢性病进行预防性治疗；对轻微的跌撞伤进行清创缝合手术；对突发病或者重伤者进行第一时间的救治，为转诊赢得时间和机会。

二、小区门诊

2002 年 10 月 1 日，卫生所在古城小区设立的门诊部开始营业。利用小区内简易的 5 间施工房，设门诊、药房、注射室、值班室，配医师 1 名、护士 2 名。2003 年 3 月 31 日，因住宅楼施工，拆除施工房，门诊部撤销。

2012 年 3 月，卫生所将物业办公楼一层西侧的 4 个房间改造为门诊、药房、注射室等，医护人员按月轮流值班。2015 年 12 月 1 日，受相关政策的限制，门诊部撤销。

三、高温预防

2016 年，古城煤矿进入三水平开采，采掘工作面温度较高，特别是夏季，高温热害更加突出。卫生所在井下设立 2 处急救站，在各个工作地点配备急救箱 29 个，配备速效救心丸、云南白药胶囊（粉）、三七粉、口服补液盐、藿香正气胶囊（液）等药品 20 余种，不定期补充和更新药品。

2004 ～ 2018 年，每年夏季，为职工发放防暑降温药品，品种逐年丰富，主要有仁丹、风油精、花露水、藿香正气水、口服补液盐等。

2018 年，为防暑降温，建立急救站和购置药品、担架器械等，累计投入资金 300 余万元。

截至 2018 年年末，为防暑降温，建立急救站和购置药品、担架器械等，累计投入资金 600 余万元。

医务人员在井口发放防暑降暑药品（2018 年 7 月摄）

四、职业健康查体

2003 年，古城煤矿委托临沂矿务局职工医院对职工进行职业健康查体。检查项目有：血压、身高体重、血常规、尿常规、肝功 + 乙肝五项、肾功能、胸部高千伏摄片、全自动分析心电图、肺功能、彩超、血脂三项、听力、内科等。

2003 ～ 2018 年，健康查体 30000 余人次，检查率达到 100%；委托临沂矿务局医院、兖州市人民医院进行职工上岗前、在岗期间、离岗时、应急职业健康查体；委托兖州区卫生防疫站对食堂从业人员进行卫生健康查体。

五、老干部查体

1997 ～ 2002 年，组织离退休老干部到临沂矿务局医院查体。2003 ～ 2018 年，临沂矿务局医院到古城煤矿为老干部查体，时间安排和检查项目由临矿集团老干部处决定，古城煤矿党群部和卫生所配合。1997 ～ 2008 年，健康查体 800 余人次。

六、义诊

2005 年开始，每年春季或秋季，组织医护人员在矿区和古城小区为职工家属、社区居民开展义诊，量血压，解答患者疑问，介绍常见病、老年病、慢性病、职业病的预防治疗和突发疾病的自救、抢救动作要领，发放医疗知识宣传册。

七、医疗救护

2001 年，古城煤矿改装 1 辆“依维柯”车作为救护用车；在卫生所和副井口、副井底 –505 米大巷救护室配备担架、急救药品、氧气袋等，医护人员 24 小时备勤。无论井下或地面，遇有危重病、工伤等情况，第一时间到达现场实施急救。制定医疗救护预案，每年参加矿组织的撤人演习，医护人员进行现场急救模拟演练；利用安全活动日，到各工区、电厂、选煤厂向职工传授有关的自救、互救知识，提高急救能力；与协作医疗机构保持良好沟通，确保提供快速、高效、精准的救治。

截至 2018 年年末，参加救护 20 余次。

第三节　医疗费管理

1994 年 1 月 1 日，筹建处实行定点医疗制度，原则上在工程公司卫生所及驻古城矿井门诊部、临沂矿务局医院、中国人民解放军第九十一医院就诊，需要外出治疗的，由卫生所同意后到指定医院就诊。享受半价的职工家属治病需筹建处医疗管理小组同意后在驻地就医。1992 年 8 月至 2001 年 5 月，职工医药费的报销由工程公司卫生所负责办理。

1995 年 8 月 28 日，筹建处成立医药费管理小组，经营副主任任组长，党支部副书记任副组长，财务等有关人员为成员；制定《古城矿井筹建处医药费管理办法》，要求医药费报销须经医生签证、筹建处医药管理小组审查，财务科对医疗费用开支建台账，分户记卡，明细到人，张榜公布，接受监督。

1996 年 6 月 28 日，实行以不超出按规定计提的医疗费总额为前提，采取按实际划分不同年龄段，职工个人年度费用额封顶的办法，具体为：35 周岁以下，年度限额 300 元；31 ～ 40 周岁，年度限额 400 元；41 ～ 50 周岁，年度限额 500 元；51 周岁以上，年度限额 600 元。对于职工家属（含多位直系亲属），医疗费报销限额按职工限额的 50% 办理。需住院治疗的重病患者，由医疗费管理领导小组研究解决方案，报筹建处主要领导批准后执行。

2001 年 5 月，古城煤矿卫生所成立以后，终止与工程公司卫生所的报销业务。由矿卫生所履行医疗管理的全部职能、职责，办理职工医药费等费用的报销手续。职工的就医治疗和医药费的报销等相关事宜严格执行临沂矿务局的有关规定。

第四节　卫生防疫

一、“非典”防治

2003 年年初，全国非典型性肺炎流行，古城煤矿成立以党委书记、矿长为组长的防治“非典”工作领导小组，以卫生所业务骨干为主的治疗小组，下设 13 个“非典”防治小组，全体医护人员被分配到各小组，充分发挥专业作用；建立疫情监测点 16 个，设兼职监督人员 26 人，实行 24 小时值班。严格控制人员出入矿区，对进入矿区的人员、车辆、物资设备进行严格的消毒，对各办公楼、宿舍楼、各工作场所、职工食堂等公共场所喷洒消毒药物。

二、流感防治

2009 年，全国发生甲型 H1N1 流感，古城煤矿成立疫情防控领导小组，配备专兼职人员 30 余人。制定疫情防控方案，对公共场所喷洒消毒药物，向职工宣传防治知识。开展免疫接种工作，为职工提供注射流感和乙肝疫苗服务。为每个工区配发血压计，常规的内服、外用药品及卫生防暑防疫用品。

由于措施得力，两次全国性的疫情均得到有效控制，古城矿区未发生疫情病例。

三、“四害”防治

针对矿区特别是生活区存在的蚊、蝇、鼠、蟑“四害”问题开展专项治理，向职工宣传传染病的防治、鼠疫的防治常识，教育职工重视饮食卫生和食品安全，树立防疫意识。为职工发放清凉油等防疫药品。在食堂、宿舍区投放灭鼠药，利用民间配方，根除宿舍的蟑螂危害。对生活区、宿舍区等重点场所适时喷洒消毒液、除草剂等，消除“四害”生存环境。

第五节　职业病防治

一、机构

2002 年 5 月 1 日，《中华人民共和国职业病防治法》正式颁布实施。同年，古城煤矿成立职业病危害防治工作领导小组，党委书记、矿长任组长，领导班子其他成员任副组长，各科室负责人为成员；在卫生所设立领导小组办公室，卫生所所长兼任办公室主任，配备专兼职职业卫生工作人员 12 人，完善职业健康监护管理工作体系。

2013 年，成立职业卫生科，与卫生所合署办公，卫生所所长兼任科长，安监处、劳资科 2 名副科长兼任职业卫生科副科长，配备专业人员 2 人，兼职职业卫生工作人员 16 人。

二、制度建设

根据《安全生产法》《职业病防治法》《山东煤矿作业场所职业卫生监察办法》等法律、法规、规章，编写《古城煤矿作业场所职业卫生工作防治计划和实施方案》《古城煤矿职业病危害应急救援预案》《矿井综合防尘管理制度》《焊接与切割职业卫生管理制度》《职业卫生培训制度》等十几种管理制度和措施。根据《企业安全生产标准化基本规范》（GB/T33000-2016）、《企业安全生产责任体系五落实五到位规定》（安监总办〔2015〕27 号）、《安全风险分级管控和隐患排查治理实施细则》《煤矿安全生产标准化基本要求》的要求，2018 年，修订完善《古城煤矿安全生产与职业病危害防治责任制》，分别制定“矿领导安全生产与职业病危害防治责任制”“科室安全生产与职业病危害防治责任制”“井下生产单位安全生产与职业病危害防治责任制”“井下辅助单位安全生产与职业病危害防治责任制”四大部分，建立健全从主要负责人到一线从业人员的安全生产责任、责任范围和考核标准。

三、工作开展

（一）粉尘防治

建立完善的防尘系统，工业广场设有蓄水量 250 立方米蓄水池，副井井筒内设有直径 150 毫米的供水管，-505 米水平大巷、轨道下山及 -850 米、-1030 米水平大巷内设有直径108毫米的供水管，–505米水平设有大于200立方米的静压蓄水池，为矿井各采掘工作面及各运输巷道提供防尘用水。

掘进工作面后方设有封闭全断面的水幕，掘进机内设有内外喷雾，炮掘工作面设有放炮喷雾，放炮耙矸前先洒水降尘，耙装机设有耙装自动喷雾，采用湿式打眼，使用水炮泥放炮；回采工作面进、回风顺槽各设有两道封闭全断面的净化水幕；采煤机设有喷雾装置，架前设有光感喷雾，尾梁设有自动喷雾装置，各转载点都设有喷雾，煤机设有负压降尘系统；为减少采煤机、掘进机割煤时的煤尘，回采工作面进行超前注水，每隔20米打深40米的深水钻孔，利用注水泵向煤层注水；采、掘工作面工作人员全部配备防尘口罩。

（二）噪声防治

主提通风机、压风机和局部通风机的设备都选用符合作业规程规定的低噪声设备。压风机房、提风机房工作人员必须配戴耳塞，机房司机必须在有隔音的房间进行操作，机房司机工作地点的噪声不得超过85分贝。

（三）有毒有害气体防治

设有专职瓦检员，每班两次对井下各工作地点的有毒有害气体进行检测，加强各工作地点的通风，定期对已封闭场所的密闭情况进行检查，检测密闭场所内的气体情况。各采掘工作面设束管与井上监控室连接，井上可直接进行监测，且各采掘工作面都设有甲烷监测报警仪。管理人员、班组长、机电维修人员、放炮员下井时必须携带便携式瓦检仪；矿灯使用锂电池充电，充灯房矿设有专门的排气扇，加强对充灯房的通风，降低空气中粉尘浓度，防止人员吸入体内。

（四）放射性物质防治

每台核子秤都设有隔层，悬挂警示牌，作业人员必须穿防护服、配备剂量笔进行工作。

（五）高温防治

各采掘工作面设有温度传感器，与井上监控室联接，通过计算机监测，加强各采、掘工作的风量管理，降低温度，使采掘工作面的温度不超过26度，机电硐室的温度不超过30度。当采掘工作面温度超过30度，机电硐室温度超过34度时，停止作业。

（六）职业健康查体

工人每年进行一次职业健康检查，对接触粉尘、噪声、有毒有害物质的一线职工进行有针对性的检查。具体为：在岗接触粉尘作业工人，岩石掘进工种每年拍片检查1次；混合工种每2年拍片检查1次；纯采煤工种每2年拍片检查1次。对接触毒物、放射线的人员每年检查1次；1期尘肺患者每年复查1次。针对疑似尘肺患者：岩石掘进工种每年拍片复查1次、混合工种每2年拍片复查1次、纯采煤工种每2年拍片复查1次。每个职工的职业健康查体实行建档管理。

（七）生产性毒物、有害物理因素防治

针对三硝基甲苯作业点，每月测定1次。针对铅、苯、汞及其他有毒物质，每3个月测定1次，已达到职业卫生标准的可6个月测定1次。噪声、放射线及其他物理因素每年至少测定1次。

（八）矿区水源和供水工程

保证矿区用水的水质经化验符合国家卫生标准。

（九）宣传与教育培训

每年年初召开专题会议，对职业病防治工作作出规划，制定职业病防治计划，组织全员职工进行学习，提高工人对职业病危害的认识和主动防范意识。利用广播、电视、矿报、条幅、宣传栏等途径广泛宣传，使职工养成自觉预防职业病的习惯。

（十）矿长与职工签订《加强职业卫生和职业病防治工作承诺书》

截至2018年年末，古城煤矿先后投入职业卫生防护设施建设资金6200余万元，组织职业病健康查体30000余人次，签订承诺书30000余份。

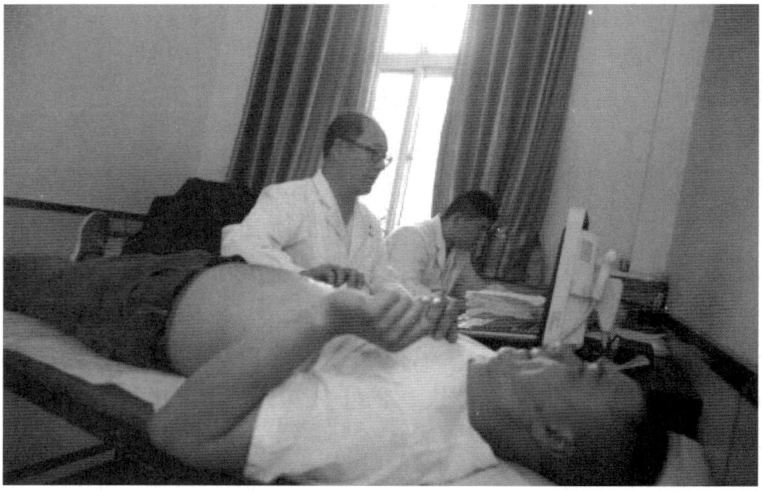

职业健康查体（2018年5月摄）

第六节　医疗设施

2004年，将原山东省鲁南地质工程勘察院办公楼一层改造为卫生所，总面积约1100平方米，有36个房间，设有门诊、药房、配药室、注射室、治疗室、抢救室、手术室、透视摄片室、化验室、B超室、心电图室、理疗室、收款室等。设病房2间、病床6张。

2015年，投资200余万元，更换全部门窗、顶棚、水电暖设施，安装拖挂式空调，室内及走廊铺设医用地胶，粉刷走廊及墙裙带，病房、注射室安装自动呼叫系统，各房间配液晶电视机。布局更加合理，功能区分更加完善，为广大职工创造良好的医疗环境。

2017年，投资40万元，购买一批医疗器械和理疗设备，用于职工健康理疗。

具体情况如表10-3-1所示。

表 10-3-1　　卫生所医疗设备一览表

设备名称	规格型号	数量	使用地点
医用冷藏柜	YC-200	1	化验室
离心机	BC-320C	1	化验室
紫外线灯	康怡	4	病房、化验室
血液分析仪	优利特	1	化验室
尿液分析仪	URIT180	1	化验室
全自动生化分析仪	URIT8026	1	化验室
心电图机	ECG-1220	1	心电图室
B 超机	EMP-600	1	B 超室
X 光机	500MA	1	摄片室
中频治疗仪	FK988-A	1	理疗室
电磁波治疗仪	CQ-BS6	5	理疗室
TDP 治疗仪	HLH-2	2	理疗室
颈椎牵引器	LXZ-100	1	理疗室
微波治疗仪	TJSM-92B	1	理疗室
全自动血压计	欧姆龙 9020	1	理疗室
呼叫系统	一拖二十	1	病房
熏蒸仪	LXZ-200S	1	理疗室

第七节　计划生育

一、机构沿革

1995 年 8 月 28 日，成立筹建处计划生育领导小组，筹建处主任兼任组长，党支部副书记兼任副组长，成员 5 人，兼职管理员 1 人。

1997 年 10 月 1 日，调整计划生育领导小组，筹建处主任兼任组长，3 个参加施工单位的负责人为副组长，成员 9 人，兼职管理员 1 人。

1998 年 9 月 25 日，成立计划生育办公室，分管副主任兼任办公室主任。

2000 年 4 月 1 日，调整计划生育领导小组，筹建处主任兼任组长，党委书记等 3 人为副组长，成员 11 人；领导小组下设办公室，分管副主任兼任办公室主任；设兼职、专职监管员各1名。

2001年5月14日，成立古城煤矿计划生育办公室，党委副书记、纪委书记、工会主席兼任计划生育办公室主任，设立计划生育专职管理员1人。

2002年2月22日，计划生育办公室设副主任1人，隶属于党群工作部。

2012年7月2日，计划生育办公室设主任1人。

截至2018年年末，计划生育办公室设主任1名，兼职管理人员15名。

二、职责及目标

（一）职责

1. 宣传、落实《人口与计划生育法》等法律法规，执行临矿集团（临沂矿务局）文件规定，完成考核指标。

2. 制定矿计划生育管理制度和工作措施，确保工作目标的实现。

3. 宣传普及计划生育政策、晚婚晚育政策、优生优育常识。

4. 兑现独生子女享有的各项奖励政策。

5. 定期组织育龄妇女健康查体。

6. 加强流动人口的计划生育管理。

7. 配合属地政府，做好计划生育信访接待及处理工作。

（二）目标

人口出生率控制在10%以内；计划生育率达到100%；女性初婚晚婚率达到95%；晚育率达到100%；避孕节育措施落实率达到100%；人口与计划生育统计合格率达到100%；已婚育龄妇女管理（包括流动人口育龄妇女）发证率、审验率和建档率均达到100%；独生子女报名领证率达到100%，流入人口计划生育率达到100%；出生婴儿性别比控制在规定范围内。

三、计划生育管理

2001年7月10日，古城煤矿制定《关于计划生育有关假期等待遇的规定》，主要内容包括：

（一）假期

1. 婚假。按照《婚姻法》规定，男女双方达到法定结婚年龄的享受婚假3天；男年满25周岁，女年满23周岁结婚的为晚婚，除法定假期外，增加2周（有一方达不到晚婚年龄的，双方均不能享受增加的婚假）。

2. 产假。计划内生育的，产假为90天；剖宫产的增加假期15天。达到晚婚年龄计划内生育第一个孩子的，除法定假期外，再增加2个月。

3. 节育手术休息时间。放环，休息2天；取环，休息1天；男扎，休息7天；女扎，休息21天；人工流产，休息14天；人工流产且放环，休息16天；中期怀孕引产（中期怀孕引产是指胎儿异常、孕妇患病，如继续怀孕则会影响孕妇健康甚至危及生命，即符合计划生育政策规定、医学需要的情况）30天；中期怀孕引产且女扎，休息40天；产后女扎，除产假外，另加14天。

以上增加的婚假、产假和休息时间均视为出勤，工资照发，不影响年终评比。

（二）医药费报销

1. 报销范围仅限于职工计划内生育费；同时，按政策落实男扎、女扎、放环、流产、引产以及已婚妇女进站检查、孕情跟踪的费用。

2. 计划内生育费实行限额。正常分娩不超过 600 元，剖宫产等 600 元以外的医药费用，由医疗保险解决；其他费用按国家收费标准报销，超出标准的部分均由个人负担。

3. 除进站检查、孕情跟踪到所在地方乡镇计生委外，其他费用必须属本局定点医疗机构发生的方可报销。

4. 上述费用经单位计划生育部门审查签字后，由单位财务部门从福利费中支付。

（三）独生子女待遇

1. 独生子女费自领证之日起至 14 周岁止，每人每月 10 元，夫妻双方各享受 50%。按月发放，不得拖欠。

2. 独生子女在临沂矿务局各学校上学，升学时加 10 分录取。

3. 独生子女在本局定点医疗就医免收挂号费。

4. 独生子女的父母退休后加发 5% 退休金（退休金为 100% 的不加发）。

四、计划生育工作

2000 年 6 月 3 日，筹建处下发《关于对金利包装制品厂区特殊人群进行集中清理活动的通知》，自 6 月 5 ～ 20 日，集中清理户口在岐山镇挂户岐山煤矿的有关人员，基本掌握厂区流动人口、“空挂户口”“布袋户口”等特殊人群的情况。

2001 年，古城煤矿调整充实计划生育监管网络，在全矿设立 13 个监管区，每个监管区设立 1 名监管员，实行计划生育风险抵押制度考核。按季考核，季度内完成目标责任考核的按抵押金 30% 奖励。完不成任务的，扣除全部风险抵押金，次季度按原标准重新缴纳风险抵押金。

2002 年 4 月 21 日，古城煤矿印发《关于开展宣传学习〈中华人民共和国人口与计划生育法〉活动的通知》，重点学习《中华人民共和国人口与计划生育法》《计划生育技术服务管理条例》《流动人口计划生育管理办法》等法规。计划生育办公室组织网络监管员，以新婚夫妇为宣传和服务的重点对象，利用黑板报等载体进行计划生育相关知识宣传，或登门开展服务。

2007 年 2 月 26 日，落实计划生育“一法三规”和《山东省计划生育条例》，在工区、厂设立 14 人监管区，聘任 14 名监管员，各单位负责人为网络负责人，落实工作目标。实行风险抵押金制度，网络负责人缴纳 1000 元的风险抵押金，计划生育监管员缴纳 500 元的风险抵押金。每半年考核一次，完成考核目标，返还 50% 的风险抵押金；未完成考核指标，扣除全部风险抵押金。

2011 年，建立已婚育龄妇女档案，按时组织查体和婚育知识学习，完善独生子女登记、独生子女奖励审批等工作流程。对新婚夫妇实施建档跟踪管理，并形成长效机制，确保人口出生率、计划生育率、晚婚晚育率、避孕节育措施落实率等达到控制目标。

2016～2018年，国家实行全面放开二孩政策。面对新形势新政策，中共古城煤矿党委及时调整工作策略，变管控为服务，成立党委书记、矿长任组长的计划生育工作领导小组，积极宣传落实新政策，规定在每月1次的政工例会上专题汇报；管理部门及时向领导小组汇报责任落实情况，制定一系列优惠措施，鼓励一对夫妻生育两个子女。

计划生育办公室每年组织育龄女工到兖州市妇幼保健院、人民医院进行专项查体。

五、婚育情况

1992～2000年，筹建处女性初婚晚婚率、计划生育率、晚育率、节育措施落实率、独生子女领证报名率均达到100%，女性初婚14人，均达到晚婚年龄；生育4人，其中1胎3人、2胎1人，均按规定办理生育证，无计划外生育。育龄妇女25人，全部采取避孕节育措施，独生子女37人。

2001～2018年，全矿育龄妇女最多达到271人，初（再）婚307人，生育293人；均达到晚婚年龄，办理生育证和独生子女证。女性晚婚率、计划生育率、晚育率、独生子女报名率、《流动人口婚育证明》发证率、验率、建档率均达到100%。全部采取避孕节育措施。流动人口管理被纳入新兖镇、酒仙桥街道办事处计生委管理，无漏管现象发生。

2017年，国家实施新的计划生育政策，加之煤炭行业特殊生育政策，至2018年年末，职工婚育均符合政策。

2001～2018年婚育情况如表10-3-2所示。

表10-3-2　2001～2018年古城煤矿职工婚育统计表

单位：人

年度	育龄妇女	初（再）婚	出生	备注
2001	78	13	6	
2002	103	26	9	
2003	134	23	15	
2004	189	27	22	
2005	228	19	32	
2006	210	17	15	
2007	214	12	19	
2008	223	20	18	
2009	241	14	14	
2010	232	17	16	
2011	247	22	11	

续表

年度	育龄妇女	初（再）婚	出生	备注
2012	253	17	21	
2013	261	14	10	
2014	263	16	18	
2015	235	13	14	
2016	247	10	13	
2017	263	13	18	
2018	271	15	21	
合计		307	293	

六、独生子女费

执行国家规定，按时发放独生子女费，标准为每人每月 5 元。独生子女父母享受的政策待遇执行临矿集团规定，古城煤矿组织申报和发放。

第八节　原岐山煤矿卫生所

1997 年 9 月，岐山煤矿建制撤销，卫生室作为筹建处医疗机构保留，人员留任。有医务人员 8 人，其中主治医师 1 人、医师 2 人、医士 1 人、主管护师 1 人、护士 1 人、药剂人员 1 人、所长 1 人。平房 20 间，面积 380 平方米，设门诊、药房、注射室、治疗室、抢救室、手术室、透视摄片室、化验室等；配置简易手术台 1 张、30 毫安 X 光机 1 台、显微镜 1 架。有病房 3 间，病床 15 张。承担着金利包装制品厂社区及东、南 2 个家属院的医疗卫生、计划免疫、传染病防治、卫生防疫等工作。

第四章　治安保卫

第一节　机构与职责

一、机构

1992 年 11 月 10 日，曲阜矿井筹建处设保卫小组，由 1 名保卫干事和 2 名经济民警组成，隶属办公室管理。

1993 年 5 月 1 日，临沂矿务局批准，成立临沂矿务局公安处驻古城矿井公安科，隶属临沂矿务局公安处，临沂矿务局干部处聘 1 名在编公安干警为科长，配 2 名干事、4 名经济民警。

2001 年 2 月 16 日，古城煤矿成立武装保卫部，设部长 1 名，撤销临沂矿务局公安处驻古城矿井公安科，原科长调回临沂矿务局公安处。

2003 年 4 月 12 日，成立武装保卫科，撤销武装保卫部。

2015 年 7 月 30 日，古城煤矿设后勤管理部，保卫科隶属后勤管理部，设副部长兼科长 1 名。

截至 2018 年年末，在册人数 58 人，其中科长 1 名、副科长 2 名、见习管理 1 名。

二、队伍

1997 年 5 月，经临沂矿务局批准，组建经济民警队，设队长 1 名、副队长 1 名、队员 15 名，负责矿区内部治安保卫工作。

2001 年 1 月，根据上级统一安排，经济民警改制为山东护卫。古城煤矿成立护卫队，武装保卫部部长兼队长，设班长 3 人、护卫队员 18 人，分 2 个巡逻组。

2002 年 10 月，山东东山矿业有限责任公司成立后，山东护卫亦称“东山护卫”。

截至 2018 年年末，有护卫队员 52 名。

三、职责

负责维护治安秩序、消防、安全管理、普法教育等工作；负责矿区办公、生产、生活区的治安巡逻；加强主井、副井及绞车房、35 千伏变电所、仓库、财务科等重点场所和部门的监测管控；负责出矿物资的证物检验、核对工作；监督协调通防工区火工品管理，防止爆炸、火灾事故的发生。

护卫队员护送国旗（2017 年 10 月摄）

第二节　内部管理

一、制度建设

1994 年 3 月，制定《临沂矿务局古城矿区治安保卫工作暂行办法》。2005 年 1 月，制定《古城煤矿职工行为规范管理规定》《古城煤矿煤场管理制度》。2007 年 2 月，制定《停车场出入管理办法》。2008 年 2 月，制定《保卫科内部管理规定》，完善《警卫工作保密制度》。2010 年，下发《古城煤矿关于加强物资出入管理工作的通知》，规范物资出入程序，落实物资出入管理责任，防止矿用物资流失。同年 6 月，制定《关于建立古城煤矿突发事件应急处置联动联防机制实施方案》。2012 年 1 月，修订《古城煤矿职工行为规范管理规定》《古城煤矿煤场管理制度》《停车场出入管理办法》《古城煤矿关于加强物资出入管理》。2014 年，制定《古城煤矿治安综合治理奖励办法》。2017 年，修订《古城煤矿职工行为规范管理规定》《古城煤矿煤场管理制度》。2018 年，制定《安培中心停车场管理规定》。

二、户籍管理

1996 ～ 2000 年年末，全矿共管理暂住人口 800 余人。

2001 年，保卫科配合兖州市公安局，建立暂住人口档案，设专人管理。

2002 年，配合公安机关为职工办理以下证明和手续：身份证、居住证证明，立户、分户申请证明，新生儿出生落户手续证明，职工个人信息变更申请，户口注销证明，就业落户、人才落户、职工子女就学落户等证明，军人专业和复员安置落户手续。

2006 年，建立暂住人口管理档案，每月同劳资科对人员变动情况进行核对。

2008年，为全矿1200余名暂住人口办理暂住证。

2012年10月1日，国家取消《暂住证》，实行《居住证》。保卫科根据规定，为职工提供《居住证》的申请和注销服务。

2013年，为全矿1600余名职工办理居住证。

2015年12月，启用“山东省流动人口服务管理信息系统”，通过互联网为职工办理居住证注册。

2017年，开展虚拟社区建设。保卫科及时跟进，将职工按居住区域划分成8个社区，配备社区区长和片长，模拟社区功能进行管理。

截至2018年年末，在临沂市罗庄区沈泉庄派出所管理的集体户为513人，在兖州区酒仙桥派出所管理的集体户为68人，其他为家庭户。

三、人员出入管理

1998年5月，实行佩戴出入证制度，出入证载明姓名、性别、单位名称、编号、照片。

2002年，实行来客登记制度，来访人员持有效证件填写《会客单》，经门卫联系同意会客后方可进入；会客结束，接待人员应在《会客单》上签字，出门时交门卫查验、放行。

2010年，安装门禁系统，职工1人1卡，凭卡出入。

2013年3月，更换门禁系统，在原来的IC卡基础上升级为ID卡，全矿分2次更换3500张ID卡。

2016年，凡来矿客户必须由业务部门人员到门卫室接待。物业人员、临时施工人员必须持总务科证明到保卫科建档领卡，刷卡出入。杜绝无关人员进入矿区。

四、物资出入管理

2004年，外出维修物资实行维修卡制度，登记出矿时间、数量、型号、经办人等，实现闭合管理。

2013年，规范物资外出维修、处理、退货程序。外出物资负责人开具出门证时必须填写清楚规格、型号、数量。保卫科建立物资外出维修台账。

2015年，执行物资出入现场监督制度，纠察队员在现场确定数量、型号并拍照存档。保卫科签字盖章后门岗核实无误方可放行。

2017年，规范物资外出维修、处理、退货及废旧物资处理工作程序，制定考核制度。

五、监控管理

2002年，武装保卫部成立监控指挥中心，在办公室增设监控室；由16块液晶显示屏组成模拟监控系统，通过回放监控发现线索，提高破案率。

2011年，升级改造监控大屏，更换110个网络摄像头，实现矿区基本覆盖。

2017年，利用技术防控，建设矿区“天网”系统。增加高清摄像头36个，更换全新高清大屏及光缆信号传输；属于保卫科权限的监控部位有127处，监控范围扩展到工区、宿舍区和重要路段；监控室24小时有值班人员监视监控。

六、法制宣传

1992～1996年，古城煤矿筹建期间，为搞好矿区治安保卫工作，深入开展法制宣传教育活动，聘请兖州法制科专家进行讲解，增强职工法制意识，全年共计培训2次，参加法制教育计500余人。

1997～2000年，为创造良好的治安环境，每半年组织1次法制学习讲座，聘请兖州市政法机关专业人员授课，学习宪法的地位和作用、民事法律知识和刑事法律制度。参加法制教育计3000余人次。

2001～2018年，每年制定普法工作计划，利用集中学习、职工自学、上法制课、发放法制读物、播放宣传片等形式，系统学习《中华人民共和国宪法》《中华人民共和国刑事诉讼法》《中华人民共和国劳动合同法》《中华人民共和国煤炭法》《中华人民共和国治安管理处罚法》《中华人民共和国矿山安全法》《中华人民共和国道路交通安全法》《信访条例》《中华人民共和国消防法》等。参加人员达13000余人次。

第三节　治安管理

一、治安工作

1994年3月，矿井地面工程建设逐步展开，施工人员增多，成分复杂。为维护矿区治安，筹建处根据国家法律法规有关规定，印发《临沂矿务局古城矿区治安保卫工作暂行办法》（以下简称《办法》）。《办法》共19条，有效维护了矿井正常的施工和生活秩序，保障国家财产和职工人身安全。同年12月，成立古城矿井筹建处治安保卫工作委员会；筹建处副主任任主任，党支部副书记、分管副主任、总工程师及临沂矿务局工程公司副经理、五寺庄煤矿总工程师任副主任，工程科、公安科等部门负责人为成员；委员会下设办公室，办公室设在公安科，公安科科长兼任办公室主任。

1995年10月5日，成立临沂矿务局古城矿区治安综合治理领导小组，筹建处主任任组长，参加矿井建设的各施工单位负责人为成员，公安科负责协调各方工作，加快矿井建设速度。

1997年6月，根据临沂矿务局统一部署，加强香港回归和党的十五大召开期间矿区安全保卫工作，组织开展彻底清理矿区无合法证件、无固定住所、无固定生活来源的“三无”人员，严格矿用爆炸物品的管理，绝不让一管炸药、一发雷管流入社会。12月，印发《临沂矿务局古城矿区治安管理秩序处罚（试行）规定》。

1998年8月，制定《古城矿井消防管理办法》，对火灾预防和扑救、组织监督、查处和奖惩进行规范。成立古城矿井消防工作领导小组，筹建处分管副主任任组长，公安科、采煤工区等有关科室、工区及施工单位负责人为成员，开展消防和治爆工作。

1992～2000年筹建时期，矿区治安保卫工作委员会、综合治理领导小组、公安科配合公安机关妥善处理多起外部干扰工程施工的治安案件和内部违规违纪案件。

2001年，古城矿井转入试生产管理，成立武装保卫部，建立健全矿区治安、经济民警管理制度等20多项管理制度，规范治安工作。开展全员法制宣传教育，增强职工法制观念，为矿井安全生产和稳定发展创造良好的治安环境。

2002年，电厂筹建之初，在电厂建立警卫室，选派2名护卫队员负责电厂的治安保卫工作。

2003年3月，护卫队配2辆两轮警用摩托车，加大巡逻密度。9月，外聘兖州市保安服务公司8名保安人员，对矿区南大门、西门（仓库门）、排矸门、宿舍门、电厂门、铁路专用线道口、安培中心、古城小区等门卫岗点实行昼夜24小时不间断治安巡逻。

2004年5～12月，扩大巡逻范围至古城小区，每天夜间22～24时在矿至古城小区路段的铁路桥下值班蹲守，打击不法分子的抢劫犯罪行为，确保职工上下班安全。投资10余万元安装古城煤矿治安数字化监控系统，对矿区治安情况进行全天候动态监控，实现报警联网。

2005年，印发《古城煤矿职工行为规范管理规定》。

2006年2月16日，古城煤矿成立创建“平安矿区”领导管理小组，党委书记、矿长任组长，其他班子成员为副组长，保卫科、党群部、办公室、各工区、电厂、选煤厂党支部书记或副书记为成员；领导小组下设办公室，办公室设在保卫科，保卫科科长兼任办公室主任。

2007年，成立“矿区110”中心，配备1辆巡逻警车，按照“110”工作模式，为职工排忧解难。12月15日，济宁市人大、政法委和兖州市政法委在古城煤矿召开座谈会，对“矿区110”工作给予充分肯定。

2008～2010年，煤炭发运成为工作重点。为维护煤场管理秩序，保障煤炭发运工作有序进行，制定《古城煤矿煤场管理规定》，重点加强煤场管理，配合临矿集团运销公司24小时备勤，随时办理车辆出入手续，维持发运秩序，为煤炭及时外运提供保障。

2011年11月，临矿集团实现“千万百亿”庆典仪式在矿举行，古城煤矿组织多次消防检查、治安隐患排查、重点人物摸排、来宾车辆停放、会场治安、参观路线警卫值守等工作进行精心准备、演练，为大会顺利召开提供有力保障。

2013年3月，将门禁系统由IC卡升级为ID卡，更换ID卡3500张。5月，在停车场安装车位引导系统450余套，实现车辆出入自动开启，防止社会车辆进入，确保职工车辆安全。

2015年，举办2期法制教育专题讲座，2200余人参加。

2016年，组织开展治安保卫规范化建设年和“大排查、大查处、大检查、大调研”活动。同年10月，组织护卫队员开展矿区周边环境整治、警企联手保平安、排查化解矛盾纠纷“百日活动”等专项整治活动。

2016～2018年，组织集中统一行动16次，查出违反职工行为规范事件361起，排查调解治安纠纷 26 起，成功化解苗头性群体性事件 12 起，妥善处置事件 10 起，处理影响煤场发运事件 3 起。

2018 年 8 月，根据济宁市公安局兖州分局扫黑除恶活动安排，在全矿范围内进行宣传，协助公安机关开展活动。

治安巡逻（2001 年 1 月摄）

二、主要案件

2002 年 10 月 16 ～ 17 日，古城煤矿协商兖州市有关部门、古城村委会，拟对在矿区道路两侧乱搭乱建的小吃部、小商铺进行清理，引发冲突，少数店主冲击古城煤矿东大门，并演变成古城村村民和极少数社会不法分子聚众闹事，造成 5 名维持秩序的经济民警被打伤。

2007 年 6 ～ 7 月，在兑付地面塌陷赔偿时，陈村个别村民所提要求超出国家政策标准，拒不听从兖州市政府、村委会的劝告，多次聚众围堵古城煤矿南大门。

截至 2018 年年末，古城煤矿共发生刑事案件 2 起，打击盗窃、赌博等违法行为 618 起，调解 27 起，维护了社会和矿区稳定。

具体情况如表 10-4-1 所示。

表 10-4-1　　2001 ～ 2018 年古城煤矿治安综合治理统计表

年度	内部查处				移交公安机关立案查处				
	偷盗	赌博	打架	调解纠纷	行政拘留	治安罚款	治安警告	调解处理	刑事案件
2001	11	6	5	3	0	0	0	1	0
2002	12	5	6	2	0	0	0	0	0
2003	10	5	4	3	0	0	0	0	0

续表

年度	内部查处				移交公安机关立案查处				
	偷盗	赌博	打架	调解纠纷	行政拘留	治安罚款	治安警告	调解处理	刑事案件
2004	13	6	5	2	0	0	0	0	0
2005	10	5	4	1	0	0	0	0	0
2006	9	4	5	0	0	0	0	0	0
2007	18	6	5	0	0	0	0	0	0
2008	16	4	6	2	0	0	0	0	1
2009	12	5	6	1	0	0	0	0	0
2010	17	5	6	0	0	0	0	0	0
2011	18	6	5	1	0	0	0	0	0
2012	19	4	5	1	0	0	0	0	1
2013	21	5	4	2	0	0	0	0	0
2014	19	6	4	1	0	0	0	0	0
2015	17	4	2	1	0	0	0	0	0
2016	48	20	12	0	0	0	0	8	0
2017	31	23	17	0	0	0	0	12	0
2018	23	28	26	0	0	0	0	6	0
合计	324	147	127	20	0	0	0	27	2

第四节　消防管理

一、机构

1998年6月，成立筹建处消防工作领导小组，筹建处主任兼任领导小组组长，筹建处分管副主任、参加矿井建设的临沂矿务局工程公司副经理、临沂矿务局五寺庄煤矿总工程师任副组长，筹建处金利包装制品厂厂长、公安科、工程科、计划预算科、食堂负责人为成员，领导小组下设办公室，公安科长兼任办公室主任，全面负责矿井消防工作。

2001～2018年，始终保留古城煤矿消防工作领导小组领导机构，历任党委书记、矿长任组长，分管副矿长任副组长，各工区、电厂、选煤厂及科室负责人为成员，领导小组下设办公室，办公室设在武装保卫科，保卫科科长兼任办公室主任。

2008～2018年，武装保卫科设立兼职消防救护队，设队长1人，兼职队员10人。

二、职责

根据《中华人民共和国消防法》《山东省消防条例》及临矿集团相关规定，贯彻“预防为主、防消结合”的工作方针，坚持“谁主管、谁负责”的原则，严格实施依法监督检查，开展防火宣传教育和各项工作措施的落实，定期开展消防隐患和消防设施设备大检查。加强仓库、木场、加油站、化验室、档案室等要害场所，以及楼房、车辆等易燃易爆和重点防火单位管理。

举行消防演练（2015年11月摄）

三、工作开展

贯彻落实“预防为主、防消结合”的消防工作方针，坚持“谁主管、谁负责”的原则，严格实施依法监督检查，狠抓防火宣传教育和各项防范措施的落实，健全完善各级防火组织，扎实开展消防工作。

1996年，主井、副井相继开工建设，施工单位和人员增加，生产、办公及居住场所消防设施不完善，消防工作由各施工单位自行管理。

1998年6月，成立古城矿井消防工作领导小组，领导小组由筹建处副主任、临沂矿务局工程公司副经理、临沂矿务局五寺庄煤矿总工程师、新汶矿务局工程公司项目经理、金利包装制品厂厂长以及公安科、工程科、计划预算科、食堂负责人组成；领导小组下设办公室，公安科科长兼任办公室主任，全面负责矿井消防工作，制定《古城矿井消防管理办法》。每月进行1次消防安全大检查，对存在的消防隐患根据规定处罚。

1999 年 7 月，通过消防知识宣传栏、知识竞赛、消防演练等多种形式，提高全体员工的消防安全意识。对新员工进行岗前消防培训，新员工考试合格后方可上岗。

2000 年，筹建处分管领导分别与各工区、单位负责人签订《防火安全责任书》，书面明确双方消防责任，为做好消防工作奠定基础。

2001～2018 年，继续实行签订责任书制度，每年矿长分别与各单位负责人签订《防火安全责任书》，明确双方的消防责任，确保消防责任的落实；2007～2018 年，古城煤矿与济宁市兖州消防大队签订《消防安全目标责任书》，牢固树立消防安全意识。

2001 年，古城煤矿调整消防办工作领导小组，矿长任组长，分管副矿长任副组长，各工区区长、科室负责人为成员，办公室设在武装保卫部。在全矿安装消防栓 143 处、配消防水带 5000 余米，装备灭火器 800 余具，在 120 余处重要场所设有沙池等灭火工具。

2003 年 5 月，邀请兖州消防大队专业人员在职工俱乐部举办第一期全员消防培训班，487 人参加。9 月，组织工区、机关及仓库、档案室等消防管理重点岗位人员 100 余人，在古城煤矿北门进行现场灭火演习。

2005 年，在职工宿舍楼和生产厂房及人群密集场所，全部安装消防应急灯，配有安全出口、疏散标记。

2008 年 3 月，保卫科成立兼职消防救护队，设队长 1 人，兼职队员 10 人。制定消防应急预案和消防检查制度，每月定期组织一次消防大检查，并上表建档，定期维修、更换损坏或过期的消防器材。

2002～2018 年，古城煤矿组织全员消防培训，累计 26000 余人次。在每年 11.9 消防日和重大节日期间，组织现场灭火演习 33 次，约 3900 余人参加。

四、消防装备

截至 2018 年年末，武装保卫科配备消防头盔、消防手套、防护服、防护靴等 3 套。全矿共安装消防栓 120 处，配灭火器 826 个，其中干粉灭火器 700 余个、二氧化碳灭火器 100 个、水基灭火器 26 个，消防水带 5000 余米，在 120 余处重要场所设有沙池等灭火工具。

具体情况如表 10-4-2 所示。

表 10-4-2　2010～2018 年古城煤矿更换消防器材发生的费用统计表

年度	维修干粉灭火器数量（具）	维修二氧化碳灭火器数量（具）	新增干粉灭火器数量（具）	新增二氧化碳灭火器数量（具）	新增加消防带长度（米）	全年总费用（万元）
2010	400	60	100	20	300	5.2
2011	500	80	120	10	500	6.2
2012	620	90	130	20	600	6.8

续表

年度	维修干粉灭火器数量（具）	维修二氧化碳灭火器数量（具）	新增干粉灭火器数量（具）	新增二氧化碳灭火器数量（具）	新增加消防带长度（米）	全年总费用（万元）
2013	750	110	110	10	600	7.2
2014	860	120	120	10	600	7.9
2015	980	130	130	12	700	8.3
2016	1110	142	130	10	600	8.9
2017	1240	152	150	16	600	9.5
2018	1390	168	120	10	1000	11.2

举办消防培训（2017 年 6 月）

第五节　火工品管理

一、机构

1996 年 7 月，成立古城矿井火工品管理领导小组，筹建处分管副主任任组长，筹建处总工程师、临沂矿务局工程公司副总经理、临沂矿务局五寺庄煤矿总工程师为副组长，筹建处工程科、公安科、供销科负责人为成员，领导小组下设办公室，办公室设在公安科，公安科科长兼任办公室主任。设库管员 3 人，隶属供应科管理，火工品库警卫 3 人，隶属公安科管理。1998 年 8 月 5 日，调整古城矿井火工品管理领导小组，将通防科科长，采煤工区、掘进工区区长列为领导小组成员。之后根据实际情况，多次作出调整。

二、职责

1. 矿长：爆炸物品和井下爆破管理第一责任者，对爆炸物品和井下爆破管理负全面责任。

2. 安全管理负责人：全面负责爆炸物品和井下爆破安全管理，每周核对一次爆炸物品流向登记制度落实情况，签字确认，存档备查。

3. 技术负责人：抓好爆炸物品和井下爆破管理工作，组织领导爆破作业技术工作，组织制定爆破作业安全管理制度和操作规程，组织爆破作业人员安全教育、法制教育和岗位技术培训，主持制定爆破作业设计施工方案、安全评估报告，对爆炸物品和井下爆破管理负技术责任。

4. 放炮员：主要负责保管所领取的爆炸物品；按照爆破作业规程，进行装药、联网、起爆等爆破作业；爆破后检查工作面，发现盲炮或其他安全隐患及时报告。在工区跟班管理人员的指导配合下，处理盲炮或其他安全隐患；爆破作业结束后，将剩余的爆炸物品清退回库。

5. 工区管理人员：主要负责监督爆破员按照操作规程作业，纠正违章作业，检查爆破作业现场安全管理情况，及时发现、处理、报告安全隐患。

6. 工区跟班管理人员：主要负责监督爆破员按照操作规程作业，纠正违章作业，检查爆破作业现场安全管理情况，及时发现、处理、报告安全隐患。

7. 安监员：主要负责监督爆破员按照操作规程作业，纠正违章作业，检查爆破作业现场安全管理情况，及时发现、处理、报告安全隐患。

8. 保管井下炸药库库管员：主要负责验收、保管、发放、回收爆炸物品，如实记载收存、发放爆炸物品的品种、数量、编号及领取人员的姓名。及时发现并报告变质或过期的爆炸物品；每日核实一次收、发、库存数量，登记爆炸物品管理台账，统计各工区的领取、使用、退回情况，按规定时间交保卫科存档备查。

9. 生产科：井下现场爆破作业技术指导单位，负责爆炸物品新产品新技术的推广应用，负责下达爆炸物品消耗指标，负责每月对各单位爆炸物品消耗情况进行考核，通报各爆炸物品定额消耗完成情况和井下爆破作业情况，分析原因并对出现的问题及时采取整改措施，组织爆破事故分析。

10. 通防科：爆炸物品和井下爆破管理主管单位，负责每月进行 1 次爆炸物品和井下爆破管理质量标准化自检工作。

11. 通防工区：爆炸物品业务管理单位，根据劳资科市场办制定的爆炸物品消耗定额计划，编制爆炸物品供应计划报保卫科；负责井下爆炸物品押运、入库、发放、清退和回收管理工作；负责井下爆炸材料库日常资料的汇集、整理、归档和保存工作。负责废旧电雷管的回收工作；负责记录整理、收集爆炸物品生产厂家相关资料并做好资料存档工作；完成爆炸物品管理日常考核工作；参与爆炸物品和爆破事故的分析。

12. 安监处：负责爆炸物品及井下爆破作业安全监督检查；负责组织对全体爆破员、保管员、押运员、安全员进行安全教育和对口培训工作，配合保卫科完成每月不少于 2 次的检查核实，特别对职工更衣柜、宿舍进行动态检查。

13. 保卫科：负责爆炸物品审批、购买、爆破员培训和相关证件办理、审验工作，及时更新爆破作业人员（包括爆破工程技术人员、爆破员、保管员、押运员、安全员）信息和持证情况，并通报通防科和通防工区，如实记录、核对、保存本单位爆炸物品流向、流量和经手人身份信息，负责爆炸物品的地面保卫、丢失追查工作；负责与公安部门的业务往来协调；负责核查爆破作业人员的违法违纪情况，严格爆破作业人员资格审查；牵头组织安监处、总务科对职工澡堂更衣柜进行动态检查工作，且每月不少于 2 次，防止私藏爆炸物品现象发生，并做好检查记录；严格落实爆炸物品储存库人防、技防、物防措施，执行双人双锁 24 小时专人值守、每班不少于 2 人、每小时至少巡视 1 次制度；保卫科负责人每周至少抽查 1 次治安防范措施落实情况，签字确认，存档备查，参与爆炸物品和爆破事故的分析。

兖州市民用爆破器材安全管理工作会在古城煤矿召开（2004 年 4 月摄）

三、设施

1996 年 7 月，地面炸药库、雷管库建成并投入使用，砖混结构，面积 45 平方米，位于矿区西北角，分设于 2 个库房，保持安全距离。

1998 年 3 月 14 日，井下爆破材料库施工，1999 年 10 月 8 日竣工。井下爆破材料库位于 –502.3 米水平，全长 315.2 米，设计库房炸药容量 1200 千克，雷管壁槽和炸药壁槽均有 4 个，净宽 × 墙高 × 厚度分别为 1050 毫米 ×1310 毫米 ×

（50+200）毫米，2450毫米 ×1510毫米 ×（50+250）毫米，铺设白松木地板、木道轨，回进风通道各安装岩粉棚12棚，全巷喷白水泥，喷砼C20、砌碹C30、铺底C10。进风通道、回风通道的支护形式为挂网锚喷；雷管、库房及通道的一次支护为喷射砼，二次支护为砌碹；回风斜巷支护形式为喷射砼。根据硐室设计储存量，炸药日储量大于3000千克、雷管大于30000发。据此，向公安机关申请核定日储存量。

四、人员

1999年12月30日，经过严格政审，选配5名有专业资格证的库房管理人员管理火工品，在兖州市公安局备案。

五、许可证

1999年6月30日，经兖州市公安局验收合格，济宁市公安局核发《爆破作业单位许可证》（非营业性，编号3708001300034），复审有效期至2022年6月29日。

原地面火工品仓库（2020年4月摄）

六、管理

（一）火工品管控

2000年5月20日，筹建处印发《关于对爆炸物品管理秩序进行整理整顿的通知》，决定对矿区内爆炸物品管理和使用进行一次集中治理整顿。按照严防、严管、严查原则，严禁非放炮人员进行放炮作业，严禁将爆破物品带入更衣箱、宿舍。制定科学的消耗总额，做到不空库、不空段、不超库容量，及时登记爆炸物品的入库、领用、消耗、退库台账，做到账实相符，确保爆炸物品的安全。

2009年5月，制定《古城煤矿火工品管控制度》，规范爆破器材管理，加强爆炸物品和井下爆破管理及过程控制。

（二）火工品运输、井下库房管理

火工品入井必须使用专用矿车运输。库管员在炸药、雷管拆箱时，必须在库房外进行。库房储存按照《火工品管理十项制度》严禁超库，做到日清、旬结，账、卡、物三相符。针对火工品发放、清退，库管员要严格执行交接手续，不准代领、代退或代签字。对失效过期炸药、电雷管，定期申请销毁或返回生产厂家。因公需要进入井下爆炸物品库房，必须持武装保卫科开具的出入证明，并填写入库登记记录。

（三）爆炸物品丢失处罚办法

1. 在爆炸物品运输、储存、发放、使用、清退等工作流程中发生爆炸物品被盗、丢失或因违章操作引发的安全问题，扣罚责任人 500 ～ 2000 元的奖金，并予以辞退。

2. 放炮员领取的爆炸物品，不准乱放或转交他人，不得私自销毁、扔弃或私自携带上井，否则对责任人扣罚 500 ～ 2000 元的奖金。

3. 发生爆炸物品丢失事故，责任单位须立即报告武装保卫科并组织有关部门对事故进行分析。

4. 发生以上责任事故，情节严重或造成严重后果的依法追究刑事责任。

1999 ～ 2018 年，古城煤矿火工品购买申请、库房管理监督，由武装保卫科负责；库房及人员管理、火工品收发管理等由通防工区负责。

截至 2018 年年末，古城煤矿持有资格证人员 76 人，其中爆破工程技术人员 1 人、安全员 7 人、保管员 5 人、放炮员（爆破员）63 人；未发生涉爆物品责任事故。

检查吊篮（2017 年 7 月摄）

第六节　应急处置

为增强处置突发事件的能力，防控非法侵入事件发生，确保矿区治安形势稳定，根据国家法律、法规相关规定，结合矿区实际，建立突发事件应急处置队伍联动联防机制。

一、机构

党委书记、矿长任总指挥，党委副书记任副总指挥，保卫科科长为前场指挥，各单位负责人、支部书记（副书记）及保卫科护卫队队员为成员。

二、职责分工

（一）信息联络组

保卫科管理人员及护卫队队员通信工具（对讲机、手机）保持畅通，根据现场情况及时联系。

（二）协调取证组

负责现场协调劝解、现场取证，及时向矿办公室、调度室和公安机关反馈信息。

（三）专职护卫队

执行指挥部下达的各项命令，疏散人员，指挥车辆，拦截冲击门卫人员，具体指挥由保卫科管理人员及各队长负责。

（四）救援保障梯队

办公室、卫生所、总务科、调度室共同协作，负责保障医疗、饮食、通信等。联防队员分为四个梯队。第1梯队：由保卫科、煤场人员、备勤人员组成，5分钟内必须到达预定位置，在岗人员的对讲机、手机必须保持畅通。第2梯队：由保卫科夜班人员组成，15分钟内必须到达预定位置，夜班人员手机必须24小时保持畅通。第3梯队：由电厂、选煤厂、机修工区有关人员组成；每个单位处突人员不少于20人，由各单位负责人或支部书记（副书记）负责，15分钟内必须到达预定位置。第4梯队：由采一工区、采二工区、掘一工区、掘二工区、掘三工区、机电工区、运输工区、皮带工区、通防工区有关人员组成；每个单位处突人员不少于10人，由各单位负责人或支部书记（副书记）负责，20分钟内必须到达预定位置。

三、群体事件等级划分及处置程序

Ⅰ级：指10人以下的聚集事件；影响矿区秩序时，由第1、2梯队处置，保卫科科长负责现场指挥。

Ⅱ级：指10以上30人以下的聚集事件；当破坏矿区设施，扰乱矿区治安秩序时，由第1、2、3梯队和保障梯队处置，并向公安机关报警，由副总指挥负责现场指挥。

Ⅲ级：指30人以上的聚集事件；影响矿区安全生产，造成经济损失时，由1–4梯队和保障梯队处置，向公安机关报警，并报告区政府，由总指挥负责现场指挥。

四、处置方案

（一）门卫预警

有不法人员企图冲进矿区寻衅滋事，门卫第一时间予以阻止，并立即拨打保卫科、调度室电话，或用对讲机向保卫科汇报。

（二）启动预案

指挥部接到突发事件报告后，迅速启动应急预案，根据事件等级实施联动联防。

（三）实施拦截

门卫人员立即关闭大门，如不法人员强行冲击大门，在协调劝解组劝说无效的情况下，专职护卫队要第一时间布置防御队形，并使用消防水枪、灭火器等对不法人员进行阻拦，将其压制在大门以外。

（四）电话报警

指挥部在第一时间向矿领导报告，根据情况向当地公安机关报警。

（五）应急疏导

指挥部根据现场情况设立警戒范围和疏导线路，对过往人员、车辆进行改道疏导，防止事件扩大。

第七节 民兵组织

一、编制

2001年2月26日，古城煤矿设立武装保卫部，设部长1人，负责矿民兵武装建设。

2007年，按照《兵役法》有关规定，组织适龄青年报名参军，有1人光荣入伍。

2008年5月，兖州市武装部批准正式成立古城煤矿武装部，设部长1人，建立公路护路分队，有民兵39人，纳入兖州市民兵拉练单位。

2009年10月，以复转军人为主，成立基干民兵应急连，民兵52人。

2013年5月21日，成立古城煤矿武装部。部长由武装保卫科科长兼任。

2013年7月，重新编制组建3个民兵连、1个基干民兵连，高标准建立“三室一库”（办公室、资料室、值班室、战备器材库）。

2014年3～5月，济宁市兖州区人民武装部组织对古城煤矿武装部和民兵建设进行检查和考核。

2015年，调整民兵整组，在编基干民兵81人，编制为兖州区民兵连应急排45人，公路、铁路护路分队36人。

2016年，在编基干民兵67人，编制为兖州区民兵连应急排28人，公路、铁路护路分队39人。

2017年，在编基干民兵56人，编制为兖州区民兵连应急排28人，公路、铁路护路分队28人。

2018年，编制兖州区武装部防空分队和地空导弹连30人，分别参加兖州区武装部组织的民兵点验、民兵拉练、专业对口训练。

二、装备

2013年，投入专项资金10万余元，高标准建立“三室一库”，配置4间办公室，总面积60平方米，作为武装部办公室、资料室、值班室和战备器材库；配置办公桌椅、文件橱柜、电话、电脑、打印机及全国、山东省、兖州市地图。战备器材库配有40套基干民兵装备，装具配有背包、迷彩服、雨衣、挎包、水壶、手电筒等；防暴器材配有头盔、盾牌、防暴棍等；通信器材配有对讲机、电话等；防汛器材配有救生衣、铁锹、镐等；消防器材配有各类灭火器材、水带等。

全面加强民兵组织建设，从人力、物力、财力上给予充分保障。强化军事化训练，加强应急力量建设，提高专业化、规范化水平，把民兵队伍建成一支“召之即来、来之能战、战之能胜”的坚强队伍，维护矿区和社会稳定。

接受地方武装部考核（2014 年 4 月摄）

第十一篇

人物与荣誉

人 物

人物传略：收录1992～2020年古城矿井已故领导生平。

领导简介：收录1992～2020年古城矿井副处（矿）级及以上干部的简介，按任职时间排列。

人物名录：收录1992～2020年市级及以上人大代表、政协委员；1992～2018年，各专业技术人员、技能人员、管理机构与人员、党支部书记（副书记）及工区（厂、公司）管理人员。

荣 誉

集体荣誉，收录1992～2018年，国家、省（局）、市、区级，山东能源集团、临矿集团（临沂矿务局）授予古城矿井的集体荣誉，以及古城矿井表彰的先进单位。

个人荣誉，收录1992～2018年，国家、省（局）、市、区级，山东能源集团、临矿集团（临沂矿务局）授予的个人荣誉，以及古城矿井表彰的先进个人。

第一章　人　物

第一节　人物传略

孟繁勤（1949～2006年），男，汉族，1949年12月17日出生，山东茌平县人。高中文化，1966年1月10日加入中国共产党，高级工程师。

1969年3月，到沈阳军区1357部队服役，任文书、班长。1975年3月退伍，任山东省茌平县博平磷肥厂会计。1977年10月至1997年8月，任马坊煤矿仓库、财务科会计、行政办公室副主任、纪委副书记、工会副主席、办公室主任、副矿长。1997年8月，任马坊煤矿党委书记、矿长。2000年3月，任邱集煤矿党委书记、矿长。2003年9月，任临沂矿务局古城煤矿党委书记。

李祥金（1950～2009年），男，汉族，1950年出生，山东沂南县人。1985年6月加入中国共产党，大专学历，经济师。

1969年12月，到临沂矿务局五寺庄煤矿参加工作。1985～1988年，在北京煤炭管理干部学院脱产学习。1991年10月，任临沂矿务局工程处施工科科长。1992年8月，任临沂矿务局曲阜矿井筹建处经济科科长。1993年10月25日，任古城矿井筹建处副主任。2001年4月，调临沂矿务局新驿矿井筹建处任职。

曲焕庆（1942～2016年），男，汉族，1942年出生，山东蓬莱市人，出生地为黑龙江省勃利县。1974年7月1日，加入中国共产党。1968年11月，毕业于阜新矿业学院，大学文化水平，矿建高级工程师。

1968年12月，到四川省川煤三处担任技术员。1972年11月，任度口矿务局沿江煤矿技术员、副科长。1981年10月，任华云山矿务局录水煤矿科长。1986年4月，任华云山矿务局录水煤矿矿长（副矿级）。1987年9月，任临沂矿务局工程处副处长。1993年3月，任临沂矿务局曲阜矿井筹建处总工程师。1998年5月，任临沂矿务局古城矿井筹建处副处级调研员。2004年退休。

崔守芬（1945～2020年），男，汉族，1945年9月29日出生，山东淄博市淄川区人。1984年8月加入中国共产党，中专学历，采煤工程师。

1968年7月毕业于山东煤矿学校。9月，到临沂矿务局草埠煤矿参加工作。1968～1983年，历任生产科技术员、副科长、科长。1983年4月至1985年9月，任临沂矿务局岐山煤矿副矿长。1985年9月至1997年9月，任临沂矿务局岐山煤矿党委书记、矿长。1997年9月至1998年5月，任临沂矿务局古城煤矿筹建处金利包装制品厂厂长（正处级）。1998年5月至2001年3月，任临沂矿务局古城矿井筹建处党委书记。2001年3月，任临沂矿务局古城煤矿正处级调研员。2005年10月1日，退休。

第二节　领导简介

潘元庭，男，汉族，1946年2月出生，江苏连云港市人。1985年10月加入中国共产党，1970年7月毕业于山东矿业学院，大学文化水平，高级工程师。

1970年8月，到临沂矿务局册山煤矿参加工作，任技术员。1974年8月，任临沂矿务局基本建设处工程师。1986年3月，任临沂矿务局设计室副主任。1989年3月，任临沂矿务局建井工程处处长。1989年10月，任临沂矿务局建井工程处处长兼设计室主任。1992年8月，任临沂矿务局曲阜矿井筹建处主任兼工程处处长。1993年2月，任临沂矿务局副局长。1993年10月，任临沂矿务局副局长兼古城矿井筹建处党支部书记、主任。2001年，任临沂矿务局党委常委、副局长。

徐宏远，男，汉族，1942年7月出生，山东莒南县人。1963年3月，加入中国共产党。1958年9月，参加工作。1961年4月，毕业于黑龙江双鸭山煤炭工业学校，大专学历，经济师。

1958年8月至1959年4月，任黑龙江省合江农垦局856农场三分场文化教员。1959年4月至1961年4月，在黑龙江双鸭山煤炭工业学校工业与民用建筑专业学习。1961年4～8月，任黑龙江省双鸭山矿务局宝山煤矿见习技术员。1961年8月至1964年10月，任中国人民解放军工程兵一二九团三营七连一排排长。1964年10月至1969年10月，任沈阳军区工程兵政治部干部处干事。1969年10月至1975年10月，任中国人民解放军总参谋部二部驻沈阳工作站谍报参谋。1975年10月至1978年8月，任中共临沂矿务局机厂七二一工人大学党支部书记、副校长。1978年8月至1980年11月，任中共山东煤矿临沂技工学校党支部副书记、团委书记。1980年12月至1983年3月，任山东煤炭教育学院基建处主任。1983年3月至1993年10月，任临沂矿务局基建处副处长、处长（1986年9月至1990年8月，在中国矿业大学北京研究生部技术经济学专业函授学习）。1993年10月至1996年8月，任临沂矿务局古城矿井筹建处副主任（正处级）。1996年9月，调临沂矿务局任职。

王家德，男，汉族，1945年8月20日出生，山东沂南县人。1976年11月加入中国共产党，1970年11月参加工作，政工师。

1970年11月至1973年11月，到山东7115工程大队。1973年11月至1977年12月，到临沂矿务局工程队。1977年12月至1992年8月，先后到临沂矿务局褚墩建井处、工程处，分别任办公室副主任、主任。1992年8月，任临沂矿务局曲阜矿井筹建处办公室主任。1993年10月，任中共临沂矿务局古城矿井筹建处党支部副书记（副处级）。1994年6月，任临沂矿务局古城矿井筹建处工会主席。1997年10月，任中共临沂矿务局古城筹建处党总支副书记。1998年5月，任临沂矿务局古城矿井筹建处纪委书记、工会主席。2001年3月，任临沂矿务局古城煤矿副处级调研员。2006年8月退休。

周启昆，男，汉族，1958年8月出生，江苏沛县人。1982年1月加入中国共产党，1976年8月参加工作，高级工程师。

1976年8月，临沂县茶山公社东哨大队下乡。1977年12月，到临沂矿务局五寺庄煤矿。1978年12月，到临沂矿务局总厂汽车队。1980年5月，任临沂矿务局保卫科干事。1983年9月，到临沂教育学院上学。1985年7月，任临沂矿务局总厂宣传科干事。1986年10月，任临沂矿务局水泥厂办公室主任。1989年1月，任临沂矿务局水泥厂副厂长。1990年12月，任临沂矿务局基本建设处科员。1993年10月，任临沂矿务局古城矿井筹建处供销科科长。1994年10月4日，任临沂矿务局古城矿井筹建处副主任。2001年4月，调临沂矿务局新驿矿井筹建处任职。

刘恩功，男，汉族，1962年11月出生，山东沂南县人。1988年7月加入中国共产党，1986年7月参加工作，本科学历，工学学士，高级工程师。

1986年7月，毕业于山东矿业学院，到临沂矿务局五寺庄煤矿参加工作，任技术员、生产科副科长、科长。1991年12月，任临沂矿务局生产技术处副处长。1996年9月，任临沂矿务局古城矿井筹建处副主任（正处级）。1998年5月，任中共古城矿井筹建处党委委员，主任。2000年12月，调临沂矿务局任职。

宋兰武，男，汉族，1950年2月出生，山东莒县人。1973年9月加入中国共产党，1969年3月参加工作。

1969年3月，成为临沂矿务局岐山煤矿采煤一队工人。1971年1月，在陆军42军124师高炮营服役。1975年4月，任临沂矿务局岐山煤矿器材科副科长、科长。1992年9月，任临沂矿务局岐山煤矿供销科科长。1993年4月，任临沂矿务局岐山煤矿副矿长。1997年10月，任临沂矿务局古城煤矿筹建处金利包装制品厂副厂长兼供销科科长（副处级）。

解信德，男，汉族，1958年2月出生，山东莒南县人。1988年12月加入中国共产党，大学学历，高级工程师。

1978年2月至1982年1月，就读于山东矿业学院采煤专业。1982年1月，到临沂矿务局技校参加工作，任教师。1990年8月，任临沂矿务局汤庄煤矿工程师。1991年12月，任临沂矿务局企业管理处工程师。1995年12月，任临沂矿务局生产处主任工程师。1998年5月，任临沂矿务局古城矿井筹建处副主任。2001年1月至2003年7月，任临沂矿务局古城煤矿总工程师。2003年7月，调临沂矿务局王楼矿井筹建处任职。

赵喜庆，男，汉族，1962年10月出生，山东莒县人。1988年7月加入中国共产党，1979年12月参加工作，大学学历，高级工程师。

1979年12月至1980年10月，在临沂矿务局草埠煤矿当掘进工。1980年10月至1982年9月，任临沂矿务局桥头煤矿工会业余教师。1982年9月至1985年8月，到山东广播电视大学机电专业脱产学习。1985年8月至1987年1月，任临沂矿务局汤庄煤矿机电技术员。1987年1月至1988年8月，任临沂矿务局汤庄煤矿机电科副科长。1988年8月至1992年4月，任临沂矿务局汤庄煤矿机电科科长。1992年4月至1993年2月，任临沂矿务局汤庄煤矿副总工程师兼机电科长。1993年2月至1996年4月，任临沂矿务局汤庄煤矿副总工程师兼机运科科长。1996年4月至1997年2月，任临沂矿务局汤庄煤矿副总工程师兼型煤厂厂长。1997年2月至1998年5月，任临沂矿务局多种经营部主任科员。1998年5月至2001年3月，任临沂矿务局古城矿井筹建处副主任。2001年3月至2015年12月，任中共临矿集团（临沂矿务局）古城煤矿党委委员、副矿长。2015年12月，调临矿集团菏泽煤电公司任职。

吴士其，男，汉族，1961年10月出生，山东宁阳县人。1999年1月加入中国共产党，1983年7月参加工作，大专学历，会计师。

1981年9月至1983年7月，到秦皇岛煤炭财经学校财会专业学习。1983年7月至1984年1月，任临沂矿务局大芦湖煤矿财务科会计。1984年1月，任临沂矿务局褚墩煤矿生产筹备处（财务科）主管会计（1989年9月至1992年11月，参加山东广播电视大学财会专业学习，取得专科学历）。1992年9月，任临沂矿务局财务处成本管理科副科长。1994年12月，任临沂矿务局财务处副主任会计师。1996年9月，任临沂矿务局财务处主任会计师。1998年5月，任临沂矿务局古城矿井筹建处总会计师。2001年3月，任中共临沂矿务局古城煤矿党委委员、副矿长。2005年7月，调临沂矿务局任职。

夏宇君，男，汉族，1965年3月出生，吉林省农安县人。1998年5月加入中国共产党，大学本科学历，工程技术应用研究员。

1984年9月至1988年7月，就读于阜新矿院矿建专业，取得大学本科学历。

1988年8月，入职临沂矿务局建井工程处，任工程科科员、副科长。1992年8月，任临沂矿务局曲阜矿井筹建处工程技术科副科长、科长、副总工程师。1998年5月，任临沂矿务局古城矿井筹建处总工程师。2001年4月，调临沂矿务局新驿矿井筹建处任职。

宋有耀，男，汉族，1948年2月出生，山东费县人。1976年8月加入中国共产党，1973年8月参加工作。

1980～1986年，任中共临沂矿务局建井工程处工区党支部书记、副区长。1987～1988年，任中共临沂矿务局建井工程处工区党总支书记。1989～1991年，任临沂矿务局建井工程处副处长。1993～1998年，任中共临沂矿务局工程公司党委委员、副经理。1998年10月至2000年，任临沂矿务局古城矿区筹建处安全监察处处长。2001～2006年，任临沂矿务局古城煤矿安全监察处处长。2006年2月至2008年2月，任临矿集团（临沂矿务局）古城煤矿副处级调研员。2008年2月退休。

刘成录，男，汉族，1961年6月出生，山东莱芜市人。1982年7月参加工作，1986年8月加入中国共产党，本科学历、高级工商管理硕士学位，高级工程师。

1982年7月，到临沂矿务局草埠煤矿参加工作，任采煤技术员。1986年6月，任草埠煤矿生产技术科科长。1986年12月，任临沂矿务局草埠煤矿副矿长。1990年12月，任中共临沂矿务局草埠煤矿党委委员、副矿长。1992年6月，任中共临沂矿务局草埠煤矿党委委员、矿长。1994年11月，任临沂矿务局安全监察局副局长。1996年2月，任中共临沂矿务局株柏煤矿党委委员、矿长。1997年7月，任临沂矿务局安全监察局局长。2000年11月，任临沂矿务局安全监察局局长兼山东古城煤炭开发有限责任公司总经理、中共古城矿井筹建处党委书记、主任。2001年3月，任中共临沂矿务局古城煤矿党委书记、矿长。2002年11月，调临沂矿务局任职。

张传毅，男，汉族，1964年8月出生，山东莒县人。1992年9月加入中国共产党，1984年8月参加工作，硕士研究生学历，高级工程师、教授级高级政工师。

1984年8月，入职临沂矿务局建井工程处，任掘进工区技术员。1989年2月，任中共临沂矿务局建井工程处团委副书记。1989年10月，任临沂矿务局建井工程处安全监察处副处长。1992年12月，任临沂矿务局株柏煤矿安全监察处副处长。1993年2月，到临沂矿务局曲阜矿井筹建处工程技术科。1993年10月，任临沂矿务局古城矿井筹建处党政办公室主任。2001年3月，任中共临沂矿务局古城煤矿党委副书记、纪委书记、工会主席。2004年7月，任临沂矿务局新区指挥部总支委员会委员、房地产开发公司总经理。2006年2月，任临沂矿区工会副主席兼工会文体部部长。2007年5月，任临沂矿区工会副主席。2009年1月，任中共临矿集团新驿煤矿党委书记、矿长。2010年11月，任中共临矿集团古城煤矿党委书记、矿长、古城安培中心主任。2013年4月，调内蒙古上海庙矿业公司任职。

聂瑞明，男，汉族，1962年7月出生，山东沂南县人。1986年6月加入中国共产党，1982年8月参加工作，本科学历，工程师。

1982年8月，毕业于北京煤矿学校矿井地质与勘探专业。1982年8月，任临沂矿务局五寺庄煤矿生产科见习技术员、技术员。1985年3月，任山东省煤炭科学研究所学习矿井地质。1985年5月，任临沂矿务局五寺庄煤矿地测科技术员。1988年4月，任临沂矿务局五寺庄煤矿地测科助理工程师兼机关团支部书记。1990年8月，任中共临沂矿务局五寺庄煤矿党总支委员、一工区副区长、助理工程师。1992年2月，任中共临沂矿务局五寺庄煤矿党总支委员、二工区区长、助理工程师。1993年9月，到北京煤炭干部管理学院学习。1994年4月，任临沂矿务局五寺庄煤矿生产科科长。1994年6月，任临沂矿务局五寺庄煤矿党委委员、副矿长、工程师。2001年3月，任中共临沂矿务局古城煤矿党委委员、副矿长。2001年9月，调临沂矿务局五寺庄煤矿任职。

王存策，男，汉族，1955 年 2 月出生，山东临沂市罗庄区人。1987 年 7 月加入中国共产党，1972 年 12 月参加工作，大学学历，机电高级工程师。

1972 年 12 月，到临沂矿务局电气试验室工作。1975 年 9 月，到山东矿业学院学习。1978 年 9 月，到临沂矿务局五寺庄煤矿机电科。1983 年 3 月，任临沂矿务局机电处科长。1988 年 3 月，任临沂矿务局发电厂副厂长。1993 年 3 月，任临沂矿务局热电厂厂长。2001 年 6 月，任临沂矿务局古城煤矿电厂筹建处副主任（副处级）。2003 年 2 月，任临沂矿务局古城煤矿副矿长兼热电厂厂长。2008 年 11 月，任中共临矿集团古城煤矿党委委员、副矿长、电厂厂长。2013 年 7 月，任临矿集团古城煤矿副处级调研员。2015 年，退休。

王立才，男，汉族，1968 年 2 月出生，山东平邑县人。1993 年 6 月加入中国共产党，1990 年 7 月参加工作，美国莱特州立大学商学院工商管理硕士，工程技术应用研究员，高级工程师。

1986 年 9 月至 1990 年 7 月，到山东矿业学院学习。2005 年 12 月至 2006 年 12 月，到美国莱特州立大学攻读 MBA，取得商学院工商管理硕士；2006 年 2 月至 2007 年 1 月，在美国莱特州立大学商学院函授学习。1990 年 7 月，入职临沂矿务局五寺庄煤矿，任技术员、副区长。1994 年 1 月，任临沂矿务局平邑银星石膏矿副矿长。1997 年 10 月，任临沂矿务局工程处古城指挥部六工区工程师。1998 年 7 月，任临沂矿务局古城矿井筹建处工程科副科长。2001 年 2 月，任临沂矿务局古城煤矿采煤二工区区长。2001 年 8 月，任中共临沂矿务局古城煤矿党委委员、副矿长。2003 年 8 月，调临沂矿务局邱集煤矿任职。

王洪忠，男，汉族，1960 年 1 月出生，山东临沭县人。1986 年 8 月加入中国共产党，1982 年 7 月参加工作，1997 年 6 月毕业于山东干部函授大学经济管理专业，高级经济师。

1980 年 9 月至 1982 年 7 月，在山东煤校地下采煤专业学习。同年 7 月，任临沂矿务局五寺庄煤矿生产二工区技术员。1984 年 2 月，任临沂矿务局五寺庄煤矿工程师、办公室技术员。1986 年 11 月，任临沂矿务局五寺庄煤矿生产二工区副区长。1990 年 2 月，任临沂矿务局五寺庄煤矿生产一工区区长。1992 年 5 月，任临沂矿务局五寺庄煤矿生产科科长。1992 年 10 月，任临沂矿务局株柏煤矿副矿长。1994 年 10 月，任中共临沂矿务局株柏煤矿党委委员、副矿长。1997 年 7 月，任中共临沂矿务局株柏煤矿党委委员、矿长。2001 年 5 月，任中共临沂矿务局株柏煤矿党委书记、矿长。2002 年 11 月，任中共临沂矿务局古城煤矿党委书记、矿长。2003 年 9 月至 2005 年 7 月，任中共临沂矿务局古城煤矿党委委员、矿长。2005 年 7 月，调临沂矿务局任职。

柳俊仓，男，汉族，1956年6月出生，山东莒县人。1982年1月毕业于山东矿业学院采矿工程专业，同年参加工作，本科学历，高级工程师。

1978年3月至1982年1月，在山东矿院地下采煤专业学习。1982年1月至1982年10月，任临沂矿务局草埠煤矿生产科技术员。1982年10月至1984年8月，任临沂矿务局技校教师。1984年8月至1993年7月，任临沂矿务局设计室工程师。1993年7月至2000年3月，任临沂矿务局工程公司副总工程师。2000年3月至2001年1月，任临沂矿务局古城矿井筹建处副总工程师。2001年1月至2003年7月，任临沂矿务局古城煤矿副总工程师。2003年7月，任临沂矿务局古城煤矿总工程师。2013年7月，任临沂矿务局古城煤矿高级资深工程师。2015年1月任调研员。2016年，退休。

焦士荣，男，汉族，1960年8月出生，山东临沂市罗庄区人。1980年12月参加工作，1983年2月加入中国共产党，助理工程师。

1980年12月，入职临沂矿务局五寺庄矿采煤一工区。1987年6月，任中共临沂矿务局五寺庄矿采煤一工区支部书记。1988年9月，任临沂矿务局五寺庄矿采煤四工区副区长。1988年12月，任中共临沂矿务局五寺庄矿采煤一工区党支部书记。1992年9月，任中共临沂矿务局五寺庄矿通防工区党支部书记。1993年11月，任中共临沂矿务局五寺庄矿采煤一工区党支部书记。1995年6月，任临沂矿务局五寺庄矿采煤二工区区长。1997年10月，任中共临沂矿务局古城矿井筹建处掘进工区党支部书记、区长。1999年7月，任中共临沂矿务局古城矿井筹建处采煤工区支部书记。2001年7月，任临沂矿务局古城煤矿采煤二工区区长。2003年8月，任临沂矿务局古城煤矿副矿长。2007年1月，调临矿集团新驿煤矿任职。

韩耀民，男，汉族，1956年7月出生，山东临沂是罗庄区人。1977年8月加入中国共产党，1972年12月参加工作，大专学历，高级工程师。

1972年12月，任临沂矿务局五寺庄建井指挥部团委干事。1975年8月，到山东矿业学院机电系学习。1978年8月，任临沂矿务局机电厂技术员、团委书记、党委副书记。1984年11月，任临沂矿区工会副主席。1992年4月，任中共临沂矿务局塘崖煤矿党委书记。1993年4月，任临沂矿务局汤庄煤矿矿长。2002年6月，任中共临沂矿务局发电厂党总支书记、工会主席。2004年11月，任临沂矿务局古城煤矿安培中心副主任（主持工作）。2008年8月，调临矿集团泰安煤机公司任职。

庄树武，男，汉族，1957年8月出生，江苏赣榆县人。1975年12月参加工作，1977年8月加入中国共产党，大专学历，政工师。

1975年12月至1977年10月，到临沂矿务局大芦湖煤矿工作。1977年10月至1979年2月，任临沂矿务局办公室文书。1979年2月至1982年7月，到山东广播电视大学机械专业学习。1982年8月至1989年4月，任临沂矿务局办公室秘书。1989年4月至1993年4月，任临沂矿务局多种经营总公司办公室主任。1993年4月至2001年6月，任中共临沂矿务局劳动服务公司党支部副书记、副经理。2001年6月至2002年8月，任中共临沂矿务局服务公司党支部书记、工会主席。2002年8月至2004年12月待岗。2004年12月至2011年10月，任古城煤矿安培中心副主任。

刘厚福，男，汉族，1962年11月出生，山东沂水县人。1983年8月参加工作，1992年12月加入中国共产党，专科学历，高级政工师、工程师。

1983年7月，任临沂矿务局草埠煤矿生产科技术员。1989年7月，任临沂矿务局草埠煤矿总工办技术员。1990年4月，任临沂矿务局草埠煤矿总工程师办公室副主任。1992年2月，任临沂矿务局草埠煤矿副总工程师。1993年11月，任临沂矿务局草埠煤矿总工程师。1995年1月，任临沂矿务局草埠煤矿副矿长。1995年5月，任中共临沂矿务局草埠煤矿党委委员、副矿长。2001年6月，任中共临沂矿务局草埠煤矿党委书记兼纪委书记、工会主席。2001年11月，任临沂矿务局新区建设指挥部指挥兼新驿矿井筹建处主任。2004年5月，任中共临沂矿务局新驿煤矿党委书记、矿长。2005年7月，任临沂矿务局古城煤矿矿长。2005年8月，任中共临沂矿务局古城煤矿党委委员、矿长、安培中心主任。2006年2月，任中共临沂矿务局古城煤矿党委书记、矿长、安培中心主任。2008年8月，调内蒙古上海庙矿业公司任职。

李钊，男，汉族，1966年11月出生，山东临沂是河东区人。1987年7月参加工作，1999年12月加入中国共产党，大学本科学历，会计师。

1984年9月至1987年7月，就读于中国煤炭经济学院管理信息专业，同年7月，入职临沂矿务局五寺庄煤矿财务科当见习会计。1990年5月，任临沂矿务局财务处会计。1995年1月，任临沂矿务局财务处综合科、成本科科长。1998年10月，任临沂矿务局株柏煤矿总会计师。2001年6月，任临沂矿务局株柏煤矿副矿长。2003年2月，任中共临沂矿务局株柏煤矿党委委员、副矿长。2005年7月，任临沂矿务局古城煤矿总会计师。2006年2月，任中共临沂矿务局古城煤矿党委委员、副矿长。2012年3月，调山东玻纤复合材料有限公司任职。

何祥成，男，汉族，1968年3月出生，山东莒县人。1987年8月参加工作，1991年6月加入中国共产党，大学本科学历，工程硕士学位，教授级高级政工师，高级经济师。

1987年7月，毕业于临沂矿务局技工学校机电维修专业。1987年8月，到临沂矿务局五寺庄煤矿参加工作。1991年10月，任临沂矿务局建井工程处掘进五队文书。1992年12月，任临沂矿务局株柏煤矿调度室调度员。1997年4月，任临沂矿务局株柏煤矿一工区技术员。1998年4月，任临沂矿务局株柏煤矿组宣科科员。1998年11月，任临沂矿务局株柏煤矿党政办公室秘书。1999年1月，任临沂矿务局株柏煤矿监察科副科长。2001年1月，任临沂矿务局株柏煤矿党政办公室主任。2003年4月，任临沂矿务局古城煤矿党政办公室主任。2006年2月，任中共临沂矿务局古城煤矿党委副书记、纪委书记、工会主席。2008年9月，任中共临矿集团古城煤矿党委副书记、纪委书记、工会主席、安培中心副主任。2010年3月，调临矿集团任职。

陈维水，男，汉族，1961年12月出生，山东省淄博市博山区人。1990年6月加入中国共产党，1980年12月参加工作，大学本科学历，工程师。

1980年12月至1987年4月，到淄博矿务局双沟煤矿重点掘进队当掘进工。1987年4月至1994年4月，任淄博矿务局双沟煤矿八一队副队长。1994年4月，任中共淄博矿务局双沟煤矿八一队党支部书记。1994年6月，任中共淄博矿务局双沟煤矿八一队党支部书记、队长。1995年8月，任中共淄博矿务局双沟煤矿党支部书记（1995年5月至1996年10月，到淄博矿务局职工中等专业学校企业管理专业学习）。1997年9月，任淄博矿务局双沟煤矿重点队队长（1997年9月至2000年7月在山东科技大学经济管理专业学习，获函授大专学历）。2002年3月，任淄博宇峰实业有限责任公司安监处副处长。2003年7月，到淄博矿务局夏庄煤矿。2004年1月，到山东珑山实业有限公司。2004年12月，任临沂矿务局田庄煤矿副总工程师。2006年2月，任临沂矿务局古城煤矿副矿长、安监处处长（2008年9月至2010年12月，在山东省委党校经济管理专业学校，获函授大学本科学历；2010年4月至2012年3月，在山东科技大学采矿工程专业学习，获函授大学本科学历）。2017年12月，任临矿集团古城煤矿副处级调研员。

苏学明，男，汉族，1960年8月出生，山东临朐县人。1981年1月参加工作，1992年7月加入中国共产党，大学学历，中学高级教师。

1978年11月至1980年12月，到山东煤矿教师进修学院学习。1981年1月至1984年8月，任临沂矿务局中学教师。1984年8月至1986年5月，任临沂矿务局教培部英语教研员。1986年5月至1987年7月，任临沂矿务局中学教师。1987年7月至1990年4月，任临沂矿务局教培部英语教研员。1990 年 4 月至 1993 年 2 月，任临沂矿务局教培部普教科副科长。1993 年 2 月至 1995 年 11 月，任临沂矿务局教培部普教科科长。1995 年 11 月至 1996 年 2 月，任临沂矿务局教培部副部长（副处级）。1996 年 2 月至 2001 年 6 月，任临沂矿务局中学校长（正处级）。2001 年 6 月至 2005 年 12 月，任中共临沂矿务局技校党委书记、纪委书记、工会主席（正处级）。2005 年 12 月至 2006 年 2 月，任临沂矿务局纪委正处级纪检员。2006 年 2 月至 2011 年 10 月，任古城煤矿安全技术培训中心副主任。

管清向，男，汉族，1964 年 11 月出生，山东日照市人。1984 年 8 月参加工作，1991 年 5 月加入中国共产党，在职研究生学历，工程硕士，高级工程师，高级政工师。

1984 年 8 月，到临沂矿务局草埠煤矿参加工作，先后任工区技术员、区长。1998 年 11 月至 2001 年 2 月，任临沂矿务局古城矿井筹建处安监处采掘通防科科长。2001 年 2 月至 2001 年 8 月，任临沂矿务局古城煤矿生产技术部副部长（正科级）。2001 年 8 月至 2003 年 7 月，任临沂矿务局古城煤矿采煤一工区区长。2003 年 7 月至 2003 年 10 月，任临沂矿务局古城煤矿生产科副科长。2003 年 10 月至 2004 年 4 月，任临沂矿务局草埠实业公司副总经理。2004 年 4 月至 2006 年 2 月，任临沂矿务局新驿煤矿副矿长。2006 年 2 月至 2007 年 1 月，任临矿集团（临沂矿务局）田庄煤矿副矿长。2007 年 1 月至 2010 年 11 月，任中共临矿集团古城煤矿党委委员、副矿长。2010 年 11 月至 2013 年 4 月，任中共临矿集团新驿煤矿党委书记、矿长。2013 年 4 月至 2015 年 12 月，任中共临矿集团古城煤矿党委书记、矿长。2015 年 12 月，调临矿集团菏泽煤电公司任职。

陈家忠，男，汉族，1961 年 9 月出生，山东东阿县人。1982 年 7 月参加工作，1987 年 7 月加入中国共产党，硕士研究生学历，工程硕士学位，高级工程师、高级政工师。

1982 年 7 月，到兖州矿务局北宿煤矿参加工作，任掘进四区技术员。1983 年 9 月，任兖州矿务局北宿煤矿教育科教师。1984 年 10 月，任兖州矿务局北宿煤矿技术员。1987 年 1 月，任兖州矿务局北宿煤矿掘进四区区长。1996 年 7 月，任兖州矿务局北宿煤矿调度室副总工程师。2000 年 1 月，任兖州矿务局北宿煤矿安全监察处处长。2004 年 11 月，临任沂矿务局王楼矿井筹建处副主任。2005 年 8 月，任临沂矿务局邱集煤矿副矿长。2006 年 2 月，任临沂矿务局邱集煤矿党委书记、矿长。2008 年 8 月至 2010 年 11 月，任中共临矿集团古城煤矿党委书记、矿长、安培中心主任。2010 年 11 月，调内蒙古上海庙矿业公司任职。

李泉，男，汉族，1968年2月生，山东临沂市兰山区人。1992年7月参加工作，1994年6月加入中国共产党，大学文化水平，工程硕士学位，教授级高级政工师。

1988年9月至1992年7月，到中国矿业大学思想政治教育专业学习。1992年7月至1993年4月，到临沂矿务局汤庄煤矿采掘队。1993年4月至1994年4月，到临沂矿务局汤庄煤矿机电科。1994年4月至1994年10月，到临沂矿务局汤庄煤矿节能办公室。1994年10月至1996年10月，任临沂矿务局汤庄煤矿党委办公室副主任、团委副书记。1996年10月至2001年12月，任临沂矿务局政治工作部主任科员。2001年12月至2010年3月，任临矿集团（临沂矿务局）行政办公室副主任。2010年3月至2013年7月，任中共临矿集团古城煤矿党委副书记、纪委书记、工会主席、安培中心副主任。2013年7月，调山东煤炭技师学院任职。

李连华，男，汉族，1965年6月出生，山东临沂市河东区人。1983年8月参加工作，1993年7月加入中国共产党，大学文化水平。

1983年8月至1987年9月，到临沂矿务局五寺庄煤矿参加工作。1987年9月至1990年7月，到阜新职工大学脱产学习。1990年7月至1998年5月，到临沂矿务局五寺庄煤矿总工办。1998年5月至2010年11月，任临矿集团（临沂矿务局）古城煤矿工区副区长、区长、生产科科长、副总工程师。2010年11月至2013年4月，任中共临矿集团古城煤矿党委委员、副矿长。2013年4月，调临矿集团新驿煤矿任职。

高清水，男，汉族，1966年8月出生，山东陵县人。1990年7月参加工作，1996年12月加入中国共产党，本科学历，会计师。

1987年9月至1990年7月，到黑龙江矿业学院企业管理（财务会计）专业学习。1990年7月至1995年7月，任山东省邱集煤矿财务科科员。1995年7月至2000年5月，任邱集煤矿财务科副科长。2000年5月至2003年3月，任邱集煤矿副总会计师。2003年3月至2007年8月，任山东省发改委科源公司财务部经理兼办公室主任。2007年8月至2008年3月，任临矿集团王楼煤矿二号井筹建处财务科科长。2008年3月至2009年6月，任临矿集团古城煤矿财务科科长。2009年6月至2012年3月，任临矿集团古城煤矿副总会计师、财务科长。2012年3月至2014年2月，任临矿集团古城煤矿副矿长。2014年2月，调临矿集团邱集煤矿任职。

魏兴民，男，汉族，1965 年 11 月出生，山东临沂市兰山区人。1984 年 8 月参加工作，2009 年 6 月加入中国共产党，高级工程师。

1982 年 10 月至 1984 年 7 月，在临沂矿务局技工学校井下采掘专业学习。1984 年 8 月至 1998 年 9 月，到临沂矿务局五寺庄煤矿。1998 年 9 月至 2004 年 5 月，先后在临沂矿务局株柏煤矿、临沂矿务局古城煤矿从事井下运搬工作。2004 年 5 月至 2004 年 10 月，任临沂矿务局古城煤矿掘一工区副区长、技术员。2004 年至 2006 年 3 月，任临沂矿务局古城煤矿生产科副科长。2006 年 3 月至 2008 年 4 月，任临矿集团（临沂矿务局）古城煤矿地测科副科长。2008 年 4 月至 2010 年 11 月，任临矿集团古城煤矿生产科副科长。2010 年 11 月至 2011 年 5 月，任临矿集团古城煤矿生产科科长。2011 年 5 月至 2013 年 4 月，任临矿集团古城煤矿副总工程师、生产科科长。2013 年 4 月至 2018 年 7 月，任中共临矿集团古城煤矿党委委员、副矿长。2018 年 7 月，调临矿集团菏泽煤电公司任职。

贾安强，男，汉族，1978 年 7 月出生，山东莒县人。1996 年 12 月加入中国共产党，1997 年 11 月参加工作，教授级高级政工师。

1997 年 8 月，毕业于临沂矿务局技工学校。1997 年 7 月至 1998 年 9 月，任临沂矿务局恒河公司办公室办事员。1998 年 9 月至 2001 年 8 月，到中国矿业大学（北京校区）脱产学习现代攻关与文秘专业。2001 年 8～12 月，任临沂矿务局鲁星塘瓷有限责任公司团总支副书记（副科级）。2001 年 12 月至 2010 年 11 月，任临矿集团（临沂矿务局）政工处宣传、团委干事（正科级）（2005 年 3 月至 2008 年 1 月，在山东科技大学法学专业学习，获函授大学本科专业）。2010 年 11 月至 2011 年 7 月，任临矿集团团委副书记。2011 年 7 月至 2011 年 10 月，任临矿集团团委副书记、政工处副处长、机关工会主席。2012 年 9 月至 2013 年 7 月，任临矿集团团委副书记、政工处副处长、机关工会主席、机关党委委员。2013 年 7 月至 2018 年 5 月，任中共临矿集团古城煤矿党委副书记、纪委书记、工会主席。2018 年 5 月，任中共临矿集团古城煤矿党委副书记、工会主席。2020 年 5 月，调山东煤炭技师学院任职。

安明成，男，汉族，1968 年 5 月出生，山东胶南市人。1990 年 7 月参加工作，2004 年 12 月加入中国共产党，研究生学历，工程硕士，会计师。

1988 年 7 月至 1990 年 7 月，到秦皇岛煤炭工业管理学校煤炭工业企业计划统计专业学习。1990 年 7 月至 1997 年 10 月，任临沂矿务局五寺庄煤矿统计员。1997 年 10 月至 2000 年 2 月，任临沂矿务局工程公司财务科会计。2000 年 2 月至 2003 年 4 月，任临沂矿务局株柏煤矿财务科会计。2003 年 4 月至 2004 年 7 月，任临沂矿务局株柏煤矿财务科副科长。2004 年 7 月至 2006 年 2 月，任临沂矿务局邱集煤矿副总会计师、财务科科长。2006 年 2 月至 2013 年 10 月，任临矿集团（临沂矿务局）邱集煤矿副矿长。2013 年 10 月至 2014 年 2 月，任临矿集团邱集煤矿副矿长，永明煤矿筹建处、四咀煤矿筹建处副主任。2014 年 2 月，任中共临矿集团古城煤矿党委委员、副矿长。2020 年 4 月，任临矿集团古城煤矿副处级调研员。

伦庆忠，男，汉族，1967 年 1 月出生，山东寿光市人。1991 年 7 月参加工作，1996 年 6 月加入中国共产党，大学文化水平，高级工程师。

1991 年 6 月，毕业于山东矿业学院地质系煤田地质勘查专业。1991 年 7 月至 1999 年 4 月，任潍坊市五井煤矿技术员、助理工程师、生产科副科长。1999 年 5 月至 2006 年 6 月，任山东省田庄煤矿技术主管、技术科副科长、地测科副科长。2006 年 7 月至 2008 年 2 月，任临矿集团（临沂矿务局）田庄煤矿副总工程师兼生产技术科科长。2008 年 3 月至 2015 年 1 月，任临矿集团新驿煤矿总工程师。2015 年 1 月，任临矿集团古城煤矿副矿长、总工程师。2018 年 8 月，任中共临矿集团古城煤矿党委书记、矿长。

鲁守明，男，汉族，1970 年 6 月出生，山东沂南县人。1990 年 10 月参加工作，1995 年 6 月加入中国共产党，本科学历，工程硕士，高级工程师。

1990 年 10 月至 1992 年 9 月，到临沂矿务局建井工程处机电队。1992 年 9 月至 1995 年 7 月，到郑州煤田职工地质学院学习。1995 年 7 月至 1997 年 4 月，任临沂矿务局株柏煤矿生产科技术员。1997 年 4 月至 1998 年 6 月，任临沂矿务局株柏煤矿三工区副区长。1998 年 6 月至 2003 年 1 月，任临沂矿务局株柏煤矿三工区区长。2003 年 1 月至 2003 年 10 月，任临沂矿务局株柏煤矿二工区区长。2003 年 10 月至 2005 年 7 月，任临沂矿务局株柏煤矿安全监察处处长。2005 年 7 月至 2006 年 2 月，任临沂矿务局田庄煤矿副矿长、安全监察处处长。2006 年 2 月至 2012 年 5 月，任中共临矿集团（临沂矿务局）田庄煤矿党委委员、副矿长。2012 年 5 月至 2015 年 12 月，任中共临矿集团田庄煤矿党委书记、矿长。2015 年 12 月，任中共临矿集团古城煤矿党委书记、矿长。2017 年 3 月，任中共临矿集团党委委员。2018 年 8 月，调临矿集团任职。

王统海，男，汉族，1969 年 12 月出生，山东临沭县人。1990 年 10 月参加工作，1996 年 7 月加入中国共产党，大专学历，工程师。

1990 年 10 月，到临沂矿务局汤庄煤矿参加工作，先后任机电工区队长、副区长。2000 年 8 月，任临沂矿务局古城矿井筹建处副区长、副科长、区长、科长、机电副总工程师。2010 年 6 月，任内蒙古上海庙矿业公司榆树井煤矿副矿长。2015 年 12 月，任中共临矿集团古城煤矿党委委员、副矿长。2017 年 3 月，调临矿集团任职。

李宗珠，男，汉族，1970 年 3 月出生，山东临沂市兰山区人。1993 年 9 月参加工作，2004 年 7 月加入中国共产党，机电高级工程师。

1989 年 9 月，就读于山东矿业学院电气工程系工业电气自动化专业。1993 年 9 月，到临沂矿务局机械厂参加工作。1996 年 12 月，任临沂矿务局古城矿井筹建处机电科科员。2001 年 3 月，任临沂矿务局古城煤矿机电工区副区长兼技术员。2002 年 2 月，任临沂矿务局古城煤矿机电科副科长。2003 年 4 月，任临沂矿务局古城煤矿机电科科长。2006 年 3 月，任临沂矿务局古城煤矿机电副总工程师、机电科科长。2007 年 3 月，任临矿集团古城煤矿机电副总工程师、机电工区区长。2007 年 10 月，任上海庙矿业公司榆树井矿井筹建处副主任。2010 年 7 月，任中共上海庙矿业公司榆树井煤矿党委委员、副矿长。2011 年 6 月，任中共上海庙矿业公司新上海一号矿井筹建处党总支委员、副主任。2015 年 1 月，任上海庙矿业公司新上海一号矿井筹建处副主任。2016 年 9 月，任上海庙矿业公司新上海一号矿井筹建处党总支委员、副主任。2017 年 3 月，任中共临矿集团古城煤矿党委委员、副矿长。

翁洪周，男，汉族，1966 年 8 月出生，山东沂南人。1989 年 4 月参加工作，1996 年 7 月加入中国共产党，工程师。

1989 年 3 月，到临沂矿务局五寺庄煤矿参加工作。1998 年 7 月，到临沂矿务局古城矿井筹建处采煤工区。2002 年 5 月，任临沂矿务局古城煤矿采煤二工区副区长。2003 年 9 月，任临沂矿务局古城煤矿采煤二工区区长。2005 年 9 月，任中共临沂矿务局古城煤矿采煤二工区党支部书记、区长。2008 年 4 月，任中共临矿集团王楼煤矿采煤二工区党支部书记、区长。2009 年 6 月，任中共临矿集团王楼煤矿采煤一工区党支部书记、区长。2010 年 11 月，任上海庙矿业公司榆树井煤矿综采一工区区长。2010 年 12 月，任中共上海庙矿业公司榆树井煤矿综采一工区党支部书记、区长。2011 年 3 月，任上海庙矿业公司榆树井煤矿采煤副总工程师，中共综采一工区党支部书记、区长。2011 年 4 月，任中共上海庙矿业公司榆树井煤矿党委委员、副矿长。2015 年 1 月，任中共上海庙矿业公司新上海一号矿井筹建处党总支委员、副主任、安全总监。2017 年 12 月 18 日，任临矿集团古城煤矿副矿长、安全总监。2018 年 9 月，调临矿集团菏泽煤电公司任职。

诸葛祥华，男，汉族，1975年10月出生，山东临沂市河东区人。1997年8月参加工作，2007年12月加入中国共产党，大学学历，高级工程师。

1997年8月，到临沂矿务局古城矿井筹建处工程科参加工作，1998年7月，任临沂矿务局古城矿井筹建处采煤工区见习技术员。2000年2月至2007年4月，任临矿集团（临沂矿务局）古城煤矿安监处信息员、调度室调度员、生产科技术员、生产科副科级科员、采煤三工区副区长、技术员、采煤一工区副区长。2007年4月，任临矿集团王楼矿井筹建处工程科科员。2007年7月，任临矿集团王楼煤矿生产科副科长。2008年2月，任临矿集团王楼煤矿安监处采掘室主任、主任工程师。2009年6月，任中共临矿集团王楼煤矿采煤二工区支部书记、区长。2009年10月，任临矿集团王楼煤矿安监处副处长。2010年9月，任临矿集团王楼煤矿安全副总工程师、安监处副处长。2012年9月，临任矿集团王楼煤矿生产科生产副总、科长。2013年7月，任临矿集团王楼煤矿副矿长、安监处长。2017年7月，任中共临矿集团王楼煤矿党委委员、副矿长。2018年8月，任中共临矿集团古城煤矿党委委员、副矿长。2019年3月，调临矿集团菏泽煤电公司任职。

王桂利，男，汉族，1979年11月出生，山东沂南县人。1998年8月参加工作，2001年11月加入中国共产党，大学学历，高级工程师。

1994年9月至1998年7月，到泰安煤炭工业学校地下采煤专业学习。1998年8月至2001年2月，入职临沂矿务局草埠煤矿当技术员。2001年2月至2004年5月，任临沂矿务局古城煤矿采煤三工区副区长、技术员。2004年5月至2006年3月，任临沂矿务局古城煤矿采煤二工区技术员。2006年3月至2007年3月，任临矿集团（临沂矿务局）古城煤矿采二工区副区长、技术员。2007年3月至2008年4月，任临矿集团古城煤矿生产科主任科员。2008年4月至2009年6月，任临矿集团古城煤矿生产科副科长。2009年6月至2010年8月，任临矿集团古城煤矿防冲办主任。2010年8月至2015年7月，任临矿集团古城煤矿防冲副总工程师、防冲办主任。2015年7月至2016年3月，任临矿集团古城煤矿防冲副总工程师兼生产管理部副部长。2016年3月，任临矿集团古城煤矿生产副总工程师、生产技术部副部长、生产科科长。2018年7月，任临矿集团古城煤矿总工程师。2019年9月，调临矿集团任职。

董忠科，男，汉族，1975年12月出生，汉族，山东郓城县人。1996年6月加入中国共产党，1996年7月参加工作，大专学历，政工师。

1996年7月至2001年3月，到山东鲁能燃料集团公司综合部工作。2001年3月至2001年5月，任山东鲁能燃料集团公司综合部副主管。2001年5月至2005年1月，到山东鲁能矿业集团公司综合部。2005年1月至2005年12月，到山东鲁能发展集团综合部。

2005年12月至2010年5月，到山东鲁能集团政治工作部鲁能报。2010年5月至2010年10月，任山东鲁能集团政治工作部鲁能报副主管。2010年10月至2011年2月，到山东鲁能菏泽煤电公司政治工作部。2011年2月至2012年2月，任山东鲁能菏泽煤电公司政治工作部副主任。2012年2月至2014年2月，任山东鲁能菏泽煤电公司综合部副主任。2014年2月至2015年7月，任山东鲁能菏泽煤电公司综合部副主任（主持工作）。2015年7月至2015年12月，任山东鲁能菏泽煤电公司综合部主任。2015年12月至2017年5月，任临矿集团菏泽煤电公司综合部主任。2017年5月至2017年7月，任中共临矿集团菏泽煤电公司综合部主任、党群工作部党委办公室主任、综合物管党支部书记。2017年7月，任中共临矿集团菏泽煤电公司党群工作部党委办公室主任、综合物管党支部书记。2017年7月，任临矿集团古城煤矿纪委副书记。2018年5月，任中共临矿集团古城煤矿党委委员、纪委书记。2020年5月，任中共临矿集团古城煤矿党委副书记、纪委书记、工会主席。

李乐成，男，汉族，1978年10月出生，山东莒县人。1999年12月参加工作，2008年6月加入中国共产党，大学学历，工程师。

1996年9月至1999年8月，到临沂矿务局技工学校机电维修专业学习。1999年12月至2003年1月，任临沂矿务局古城煤矿机电工区井下机修电工。2003年1月至2006年8月，任临矿集团（临沂矿务局）古城煤矿机电科井下设备检查员。2006年8月至2008年4月，任临矿集团古城煤矿安监处机运室主任（副科级）。2008年4月至2012年5月，任临矿集团古城煤矿安监处副处长（正科级）。2012年5月至2017年12月，任临矿集团古城煤矿安全副总工程师、安监处副处长。2017年12月至2018年9月，任临矿集团株柏煤矿副矿长、安全总监。2018年9月10日，任临矿集团古城煤矿副矿长、安全总监。2019年5月，调临矿集团任职。

徐国华，男，汉族，1981年2月出生，山东济宁市兖州区人。2003年8月参加工作，2005年12月加入中国共产党，大学学历，高级工程师。

2003年8月，到临沂矿务局新驿矿井筹建处参加工作。2004年8月，任临沂矿务局新驿煤矿生产技术科科员。2005年4月，任临沂矿务局新驿煤矿综采一工区技术员。2007年6月，任临矿集团新驿煤矿综采一工区副区长。2008年4月，任中共临矿集团新驿煤矿综采三工区党支部副书记。2009年5月，任临矿集团新驿煤矿综采二工区区长。10月，任临矿集团新驿煤矿生产科科长。2010年5月，任临矿集团新驿煤矿采掘副总工程师、生产科科长。2011年7月，任临矿集团新驿煤矿采煤副总工程师、生产科科长。2013年7月，任临矿集团新驿煤矿采煤副总工程师、安监处主任工程师。2015年10月，任临矿集团新驿煤矿安全副总工程师、安全管理部副部长。2017年1月，任新驿煤矿采掘副总工程师、生产指挥部副部长、调度室主任。2018年9月，任中共临矿集团王楼煤矿党委委员、副矿长。2019年3月，任中共临矿集团古城煤矿党委委员、副矿长。

李允生，男，汉族，1975年2月出生，山东枣庄市薛城区人。1994年7月参加工作，2000年6月加入中国共产党，大学学历，工程师。

1994年7月至2002年4月，任临沂矿务局矿建六工区技术员。2002年4月至2003年8月，任临沂华建工程有限责任公司六公司经理。2003年8月至2006年3月，任临沂华建工程有限责任公司副总工程师、六〇三项目部经理。2007年10月至2009年7月，任临沂华建工程有限责任公司总经理助理、新上海庙一号井矿建项目部经理。2009年7月至2012年5月，任临沂华建工程有限责任公司副总工程师。2012年5月至2013年12月，任临矿集团田庄煤矿托管里彦煤矿掘进副总工程师。2013年12月至2014年1月，任临矿集团田庄煤矿调度室掘进副总工程师。2014年1月至2017年1月，任临矿集团田庄煤矿托管武所屯通防副总工程师。2017年1月，任临矿集团田庄煤矿托管武所屯煤矿通防副总工程师、通防（科）工区科长、区长。2019年5月7日，任临矿集团古城煤矿副矿长、安全总监。

刘辉，男，汉族，1987年1月出生，山东鱼台县人。2012年7月参加工作，2014年6月23日加入中国共产党，硕士研究生学历，工学硕士学位。

2013年12月，任临矿集团王楼煤矿团委副书记、采煤一工区大学生采煤队团支部书记。2014年9月至2015年1月，任临矿集团王楼煤矿采煤一工区副区长、大学生采煤队队长。2015年1月至2015年6月，任临矿集团王楼煤矿采煤二工区副区长。2015年6月至2015年9月，任临矿集团王楼煤矿采煤一工区副区长。2015年9月至2016年3月，任临矿集团王楼煤矿综采一工区副区长、党支部副书记、大学生采煤队队长。2016年3月至2016年8月，任中共临矿集团王楼煤矿掘进一工区党支部书记（正科级）。2016年8月至2017年7月，任中共临矿集团王楼煤矿掘进一工区党支部委员、区长。2017年7月至2017年8月，任王楼煤矿掘进一工区区长。2017年8月至2018年5月，任临矿集团王楼煤矿安全监察处副处长。2018年5月至2018年7月，任临矿集团王楼煤矿生产技术部科长。2018年7月至2018年8月，任临矿集团王楼煤矿生产技术部生产副总工程师。2018年8月至2019年5月，任临矿集团陕西永明煤矿总工程师（副总师级）。2019年5月至2019年9月，任临矿集团陕西永明煤矿总工程师。2019年9月，任临矿集团古城煤矿总工程师。

张铁刚，男，汉族，1984年1月出生，山东新泰市人。2005年6月加入中国共产党，2007年12月参加工作，大学学历，经济学学士学位。

2007年12月至2008年3月，任聊城昊升投资担保有限公司投资部科员。2008年12月至2015年12月，任山东鲁能税务主管。2015年12月至2016年7月，任山东鲁能菏泽煤电开发有限公司财务审计部主任助理。2016年8月至2019年9月，任临矿集团财务部资金管理中心副主任、融资创新科科长。2019年3月至2020年3月，任临矿集团财务部资金管理中心副主任。2020年3月，任临矿集团古城煤矿副矿长。2020年4月，任中共古城煤矿党委委员、副矿长。

第三节　人物名录

一、人大代表

具体名单如表11-1-1所示。

表11-1-1　人大代表

姓名	性别	届次	人代会
张传毅	男	第十七届	济宁市兖州市第十七届人大代表
管清向	男	第十七届	济宁市兖州区第十七届人大代表
张勇	男	第十八届	济宁市兖州区第十八届人大代表

二、政协委员

具体名单如表11-1-2所示。

表11-1-2　政协委员

姓名	性别	届次	政协委员
柳俊仓	男	第十一届	济宁市兖州市第十一届政协委员
柳俊仓	男	第十二届	济宁市兖州区第十二届政协委员
郑晓晨	男	第十三届	济宁市兖州区第十三届政协委员

三、专业技术人员名录

（一）工程技术系列

1. 工程技术应用研究员

鲁守明　伦庆忠

2. 高级工程师

诸葛祥华　李宗珠　李乐成　张龙洋　田红波　王桂利　魏茂运（女）

3. 工程师

陈　艳　殷　涛　杨成友　张禄洲　李俊瑞　朱学龙　金　鹏　徐国祥　营光涛
卢续涛　郑晓晨　马瑞峰　林　增　张欣荣　管玉旗　尹成鑫　曾宪社　王东京
张　勇　辛　鑫　杨红艳　艾敬国　郭勤富　李福吉　李宗凯　赵厚玲　马宪文
张慎和　任旭涛　李明明　冯运通　张红军　马友夫　曹洪林　张付强　赵　猛
周海军　吴昌峰　张庆香　沈永会　赵云凤　段培溪　王开田　杨局伟　郝王刚
孙东花　翟　波　马　强　左静丽　种　震　胡乃川　房思洋　栾清瑞　郑　州
范立武　朱海涛　王庆伟　周升范　韩　笑　刘文东　王蒙蒙　孔凡华　王学欣
卢立波　陈立军　王　波　陈　晨　周广欣　高凡举　李星坤　谢洪路　张龙飞
白云启　卞纪亮　汪　驾　姜美坤　盛乃富　孟庆凯　程广胜　刘宝省　尹娟娟
彭相凯　刘宗凯　王庆伟　于　伟　廖洪洲　刘国辉　高荣磊　张　晨　程立群
徐佳佳　郭加法　刘永光　岳夫强　卞山红　李飞祥　陈亮亮　魏庆征　黄伟广
季　风　刘士帅　王　明　徐　虎　刘长斌　冯贻雷　朱　森　李　帅　张明亮
王庆华　严庆陈　于　良　姜守桂　李九光　王　帅　韩亮亮　王守强　李伦涛
李　腾　黄高峰　郑美加　杨晓光　汤国华　吴　翔　王新刚　胡延武　付　欣
丁修斌　韩营营　刘　慈　吴　琳　高　帅　赵萌萌　高　超　刘龙飞　张田田
何同星　尹　朋　李　冰　严爱华　邵宏轩　贾慧娟　杜伟敏　林明恒　刘建国
娄明远　王世良　王平平　孔祥振　叶飞飞　汤浩兴　杜丙坤　张攀堂　陈红星
孟　亮　贾坤仟　彭　飞　舒敬贵　魏　勇

4. 助理工程师

夏宏根　王建宝　钟延会　邵长波　孙　将　张信义　孙　健　张洪玉　任庆栋
王迎春　王进行　齐爱山　曹　丽　马万秀　范天营　郑文婧　刘　翠　王兴媛
张　岩　程俊红　钱仲泉　巨邦存　满开锋　贾继亮　吕祥彬　郑朝生　巩　杰
刘迎丽　王春晓　陈　霞　李兴欣　张振环　陈　男　吴艳霞　赵雪飞　张彩平
张道军　李　健　张建国　赵昌强　刘世浩　韩得强　张孝坡　李　鑫　朱孔勇
李明远　郑　波　郇　飞　姜　静　仇士川　秦兴海　肖金杰

5. 技术员

冯　永　田志维　杨贵前　汤国祥　刘保科　冯　磊　赵学涛　吴传启　代夫平
刘恩尚　史荣德　严洪涛　李茂金　卢化路　徐晓强　齐吉强　田夫龙　王立伟
王洪阳　平　原　杨　肖　崔维龙　储东超　樊艳慧

（二）思想政治系列（政工系列）

1. 教授级高级政工师

贾安强

2. 高级政工师

陈宜勇　崔丽苹　张传法　刘振青　范立斌

3. 政工师

马丽萍 白 玉 孟庆科 丁 悦 董忠科 童培伟 刘 青

4. 助理政工师

王敦峰 蒋荣宝 董 惠 刘建萍 孟 超 王纪宇 陈 晓 鲁通玲 袁 园 国 明 李忠玲 李洪光 马洋洋 丁 春 刘 鹏 张建国 周家华

5. 政工员

王绪党 梁 帅 秦玉文

（三）经济系列

1. 经济师：唐 丽 吴平平

2. 建筑经济师：马庆芬

3. 经济人力资源师：焦晓艳

4. 中级经济师：王 鑫 张荣兴

5. 助理经济师：夏慧心 张 鑫 陈修香 陈万卷 马风国

6. 经济员：李 丽 张信林 邢 成

（四）会计系列

1. 会计师：安明成 高玉芳

2. 助理会计师：颜培杰 孟雪镭 叶飞飞 张荣兴

3. 会计员：时玉梅 赵 颖 李 娟

（五）审计系列

1. 审计师：马庆萍

2. 审计员：朱高峰

（六）卫生系列

1. 主治医师：陈祥和

2. 医师：范晓文

3 主管护师：高 燕 李 蕾

4. 护师：李尉玲

5. 医药士：马 军

6. 乡村医生：谢涛泽

7. 检验士：李宗波

8. 药剂士：杨淑华

（七）注册安全工程师

田红波 李明明 范长征 张现利 王学欣 李星坤 张明亮 娄明远

（八）法律职业资格

李 萍 解 红

（九）历任副总师

1994 年 5 月 30 日，巨结实、夏宇君、严维国为副总工程师。

1998 年 4 月 2 日，孔宪立为副总工程师。

2000 年 3 月 9 日，柳俊仓为副总工程师。

2001 年 9 月 6 日，王兴存、桓希传、高佩宝为副总工程师。

2003 年 4 月 12 日，穆新红为副总工程师。

2003 年 8 月 2 日，陈淑科为副总工程师。

2004 年 5 月 1 日，彭立正为副总工程师。

2004 年 10 月 1 日，张善选为安全副总工程师。

2006 年 3 月 28 日，陈广印为采掘副总工程师，彭立正为通防副总工程师，李宗珠为机运副总工程师。

2007 年 3 月 31 日，郑士东为副总会计师。

2008 年 4 月 28 日，李连华、王统海为副总工程师。

2009 年 6 月 27 日，周生国为通防副总工程师，李雪峰为地测防治水副总工程师，高清水为副总会计师。

2010 年 8 月 31 日，王桂利为防冲副总工程师。

2011 年 5 月 24 日，魏兴民为副总工程师。

2012 年 5 月 23 日，阚士远为机电副总工程师。

2012 年 5 月 23 日，李乐成为安全副总工程师。

2015 年 7 月 20 日，张连国为生产副总工程师。

2015 年 12 月 28 日，王振伟为掘进副总工程师，李星坤为通防副总工程师。

2016 年 2 月 19 日，赵燕军、王誉钦为副总工程师。

2016 年 3 月 14 日，王桂利为生产副总工程师。

2017 年 3 月 13 日，王东京为防冲副总工程师，王传锋为副总会计师。

2017 年 7 月 5 日，张传法为副总政工师。

2017 年 7 月 24 日，董忠科为副总政工师。

2017 年 11 月 18 日，李俊瑞为防治水副总工程师。

2018 年 9 月 20 日，王东京为生产副总工程师，张欣荣为防冲副总工程师，范立斌为副总政工师。

四、技能人员职业资格名录

（一）高级技师

孟凡永　严洪涛　张禄洲　齐吉强　王学欣　陈海军　李星坤　刁宣彬　郭加法
卢立波　朱高峰　惠　海　武光玉　张龙飞　邢殿强　李明明　贾坤仟　高小军
郭士伟　钱仲泉　李　春　徐国祥　潘青龙　张明亮　解效军　刘建国　朱　峰
刘耐文　姜成蛟　程广胜　马思明　王世良

（二）主管技师

孙明德

（三）技师

刘　鹏　李忠山　吴平平　舒敬贵　谢洪路　冯　永　孟范刚　史公强　英成峰
郑加富　付　望　白云启　李俊瑞　焦永奇　郇　飞　鲁小红　张兆美　杨显功

李兆银　历宝强　张庆忠　孙树立　颜廷梁　孔凡川　赵永超　张庆波　孔　伟
顾全伟　朱宁革　张明贺　李怀朋　乔元超　田晓东　焦方顺　吴建孝　周海军
孙明德　刘耐飞　李桂芝　时亚东　高凡更　张志强　房海昌　樊明吉　钟　昂
严科强　史超群　严祥军　赵延文　李　涛　鞠宗华　鲍衍山　张晓洪　刘成佰
马友宝　王全国　张　涛　孔凡君　张　雷　刘　伟　宋海霞　徐　超　高荣磊
姚桂堂　张文娇　何玉德　宋德宝　皮孝东　孙　磊　魏晓东　陈维生　魏传涛
刘成峰　连　奖　尤作柱　胡志明　杨书杰　马学华　张会林　王明永　宋作山
郭道伟　唐乃涛　张花礼　王　振　王登峰　邢芝义　陈　广　邱业禹　张会忠
史荣鹏　柳延波　高庆波　王秀娟　李庆祥　钱仲行　刘　娜　李　炜　苗树鲁
沈永会　吴长胜　魏　勇　汤国廷　李　超　于从星　危自成　付　欣　庞振亮
汤浩兴　张　乐　史荣德　张相领　李积华　程立群　严祥军　柳延波

（四）高级工

赵永超　张花礼　古春强　唐乃涛　张兆美　丁　张　沈永会　张长华　刘　磊
姜　波　张　颜　王安振

五、管理机构与人员变动目录

（一）办公室

1. 管理机构变革

1992 年 8 月 26 日至 1993 年 10 月 25 日，设置为筹建处办公室。

1993 年 10 月 25 日至 2001 年 2 月 16 日，设置为筹建处党政办公室，撤销办公室。

2001 年 2 月 16 日至 2003 年 4 月 12 日，设置为古城煤矿办公室，撤销筹建处党政办公室。

2003 年 4 月 12 日至 2008 年 11 月 14 日，设置为古城煤矿党政办公室，撤销办公室。

2008 年 11 月 14 日至 2018 年 12 月 31 日，设置为古城煤矿办公室，撤销党政办公室。

2. 管理人员变动

1992 年 8 月，王家德任办公室主任。

1993 年 10 月 25 日，张传毅任党政办公室主任。

1995 年 6 月 9 日，张传毅任党政办公室主任。

2001 年 2 月 16 日，张传毅为行政办公室主任，单景林为行政办公室副主任。

2001 年 5 月 24 日，李洪光为行政办公室副主任。

2002 年 2 月 22 日，李洪光为行政办公室主任，贾俊东为副主任。

2003 年 4 月 12 日，何祥成任党政办公室主任，贾俊东为小车队队长（副科级）。

2003 年 6 月 7 日，王保珠任党政办公室副主任。

2004 年 12 月 14 日，孙运海为党政办公室副主任（副科级）。

2006 年 3 月 2 日，张世海为党政办公室主任。

2006 年 8 月 8 日，张世海为办公室主任，王保珠、孙运海为办公室副主任。

2008 年 11 月 14 日，王保珠为办公室主任。

2009 年 2 月 27 日，刘祥亮、段修国为办公室主任科员。

2009 年 6 月 27 日，刘祥亮为办公室副主任。

2010 年 12 月 6 日，曹硕为办公室副主任。

2010 年 12 月 23 日，许崇新为办公室秘书（主任科员）。

2012 年 9 月 24 日，李安平为办公室副主任（主持工作），童培伟、孟庆科为办公室主任科员。

2013 年 2 月 26 日，李安平为办公室主任，童培伟为副主任，王敦峰为主任科员。

2014 年 6 月 26 日，许崇新为办公室副主任。

2015 年 11 月 29 日，房思洋为办公室科员。

2016 年 1 月 1 日，阚士远为办公室主任。

2016 年 1 月 19 日，童培伟为办公室副主任（副科级、主持工作），张宝斌为副主任。

2016 年 7 月 28 日，童培伟为办公室主任（正科级）。

2017 年 3 月 7 日，孟庆科为办公室副主任（副科级）。

2017 年 3 月 31 日，李延波为办公室主管管理（副科级）。

2017 年 8 月 29 日，李延波为办公室专员管理。

2018 年 12 月 16 日，刘宝省为办公室见习管理。

（二）党群工作部

1. 管理机构变革

2001 年 2 月 16 日，成立党群工作部（包括党务、组织宣传、工会、团委、计划生育）。

2003 年 4 月 12 日，成立组宣科，内设组织科、干部科、宣传科、职工教育，撤销党群工作部。

2004 年 5 月 1 日，成立政工科，撤销组宣科。

2004 年 5 月 1 日，成立监察科。

2004 年 12 月 14 日，成立电视台。

2006 年 8 月 8 日，成立党群工作部，撤销政工科。

2007 年 6 月 29 日，设纪委副书记岗位。

2010 年 4 月 3 日，成立“双基”建设办公室。

2018 年 6 月 1 日，成立古城煤矿党委办公室。

2. 管理人员变动

2001 年 2 月 16 日，尹作海任党群工作部副部长。

2003 年 4 月 12 日，尹作海为组宣科科长。

2006 年 8 月 8 日，何祥成任党群工作部部长（兼）。

2014 年 6 月 26 日，张传法任党群工作部副部长兼组织科科长、工会副主席。

2015 年 11 月 29 日，崔丽苹为党群工作部女工委员会主任（兼），陈晓为党群工作部科员。

2017 年 8 月 29 日，刘鹏为党群工作部专员管理。

2018 年 5 月 21 日，临矿集团党委宣传部范立斌到古城煤矿任职。

2018 年 6 月 1 日，范立斌为党群工作部副部长兼党委办公室主任、组织科科长、机关党支部书记。

2018 年 12 月 26 日，郑美加、解红为党群工作部见习管理。

3. 工会

2002 年 1 月 31 日，尹作海任副主席、经费审查委员会主任。

2004 年 5 月 1 日，李秀军任工会劳保干事（副科级）。

2014 年 6 月 26 日，张传法任工会副主席。

2018 年 6 月 20 日，范立斌任工会副主席。

4. 组织科

2014 年 6 月 26 日，张传法任组织科科长（兼）。

2018 年 6 月 1 日，范立斌为组织科科长（兼）。

2018 年 12 月 8 日，陈晓为组织科副科长。

5. 宣传科

2004 年 10 月 1 日，蒋荣宝任政工科、宣传科副科长。

2006 年 8 月 8 日，陈宜勇任党群部宣传科科长。

6. 电视台

2004 年 12 月 14 日，陈宜勇任电视台台长（正科级）。

7. 双基建设办公室

2010 年 4 月 3 日，尹作海为双基建设办公室主任（兼），张传法为副主任。

8. 共青团

1994 年 5 月 13 日，建立共青团古城矿井筹建处团支部。单景林任团支部书记，薛俊峰、马庆萍为支部成员。

1996 年 4 月 29 日，黄晓任团支部副书记，王崇欣、孔庆成为支部委员。

1998 年 4 月 13 日，成立共青团古城矿井筹建处总支委员会。张传毅任团总支书记，王崇欣、陈广印、朱金锋、李兆勇、冯维娟为成员。

2002 年 2 月 22 日，陈宜勇任团委副书记（副科级）。

2004 年 5 月 1 日，陈宜勇任团委书记（正科级），刘振青任团委副书记（副科级）。

2006 年 8 月 8 日，刘振青为团委副书记（副科级）。

2014 年 6 月 26 日，孟庆科任团委副书记。

2012 年 7 月至 2017 年 8 月，历任团委干事为宋建伟、国明、鲁通玲。

2017 年 8 月 3 日，刘振青为团委书记（正科级）

9. 计划生育

1995 年 8 月 28 日，成立筹建处计划生育领导小组。主任潘元庭任组长，副书记王家德为副组长，庄子娟为兼职管理员。

1998 年 9 月 25 日，成立筹建处计划生育办公室。副主任李祥金兼任办公室主任，王保珠兼任管理员。

2000 年 4 月 1 日，调整计划生育领导小组，主任刘恩功任组长，领导班子成员崔守芬、李祥金、王家德为副组长，各部门负责人为成员。领导小组下设办公室，李祥金兼任办公室主任，王保珠、陈祥和为管理员、专职监管员。

2002 年 2 月 22 日，古城煤矿成立计划生育办公室，崔丽苹为副主任（副科级）。

2012 年 7 月 2 日，崔丽苹为计划生育办公室主任（正科级）。

10. 纪委

2007 年 6 月 29 日，马凤国为纪委副书记。

2009 年 6 月 27 日，李洪光为纪委副书记。

2017 年 7 月 16 日，董忠科为纪委副书记。

2018 年 12 月 15 日，王斌为纪委副书记。

11. 监察科

2004 年 5 月 1 日，尹作海为监察科科长（兼），孙金玲为副科长。

2004 年 10 月 1 日，李秀军为监察科副科长。

2011 年 5 月 6 日，李洪光为监察科科长（兼）。

2012 年 7 月 2 日，刘振清为监察科副科长。

2018 年 12 月 16 日，王斌为监察科科长（兼）。

12. 审计科

1995 年 4 月 23 日，筹建处设审计岗位，李洪光为审计员（副科级）。隶属财务科。

2001 年 2 月 16 日，成立财务管理部，专职审计员空缺。

2002 年 3 月 9 日，郑士东为专职审计员（副科级）。

2003 年 7 月 3 日，成立财务审计科，副科长郑士东兼任审计员。

2004 年 8 月 16 日，郑士东为财务审计科科长，并兼任审计员。

2008 年 7 月 29 日，张荣兴为财务科审计员（副科级）。

2011 年 5 月 5 日，成立审计科，张荣兴为审计科审计员（副科级）。与纪委监察合署办公。

2013 年 3 月 26 日，李洪光为审计科科长（兼）。

2017 年 5 月 23 日，高玉芳为审计科副科长。

2018 年 11 月 9 日，高玉芳为审计科科长。

13. 法律事务

1999 年 8 月 29 日，筹建处计划预算科负责法律事务，副科长单井林为法律顾问。

2001 年 1 月，古城煤矿办公室负责法律事务，未设法律顾问。

2008 年 7 月，预算审计科负责法律事务，未设法律顾问。

2017 年 5 月，纪委监察科负责法律事务。23 日，解红为法律顾问。

（三）财务科

1. 管理机构变革

1992 年 8 月 26 日，筹建处成立经济管理科，财务管理隶属经济管理科。

1993 年 10 月 25 日，成立经济科，撤销经济管理科。

1995 年 4 月 23 日，成立财务科，撤销经济科。
2001 年 2 月 26 日，成立财务管理部，撤销财务科。
2003 年 7 月 3 日，成立财务审计科，撤销财务管理部。
2006 年 8 月，成立财务科，撤销财务审计科。
2015 年 7 月 30 日，成立经济管理部。财务科隶属经济管理部。

2. 管理人员变动

1992 年 8 月 26 日，李祥金任经济管理科科长。
1993 年 10 月 25 日，李祥金为经济科科长（兼）。
1995 年 4 月 23 日，庄子娟为副科长。
1998 年 3 月 12 日，张月文为财务科副科长（正科级）。
2001 年 2 月 16 日，吴士其为财务管理部部长（兼），庄子娟为副部长。
2003 年 7 月 3 日，王宝国为财务审计科科长，郑士东为副科长。
2004 年 8 月 29 日，郑士东为财务审计科科长，孙金玲为副科长。
2006 年 8 月 8 日，郑士东为财务科科长，马庆萍为副科长。
2007 年 3 月 31 日，郑士东为副总会计师兼财务科科长。
2008 年 3 月 18 日，高清水为财务科科长。
2008 年 7 月 29 日，高伟为财务科副科长，张荣兴为审计员（副科级）。
2009 年 6 月 27 日，高清水为副总会计师。
2012 年 7 月 2 日，高伟为财务科科长，唐丽为副科长。
2013 年 3 月 26 日，高玉芳为财务科副科长。
2015 年 11 月 29 日，刘好鹏为经济管理部科员。
2016 年 1 月 19 日，王传峰为经济管理部副部长（正科级）。
2016 年 9 月 2 日，刘新宇为经济管理部副科长。
2017 年 8 月 29 日，马庆芬为财务科招标办副主任（副科级）。
2017 年 10 月 12 日，张会良为财务科科长。
2018 年 12 月 8 日，时玉梅为财务科副科长。

（四）劳动工资保险部、劳资社保科

1. 管理机构变革

1992 年 8 月 26 日，成立筹建处经济管理科。劳资社保隶属经济管理科。
1993 年 10 月 25 日，成立经济科，撤销经济管理科。
1995 年 4 月 23 日，成立计划预算科，撤销经济科。
2001 年 2 月 16 日，成立劳动工资保险部，撤销古城矿井筹建处计划预算科。
2003 年 8 月 2 日，成立古城煤矿劳资社保科，撤销劳动工资保险部。
2014 年 1 月，成立内部市场化办公室，隶属劳资社保科。
2015 年 7 月，成立经济管理部。劳资社保科隶属经济管理部。

2. 管理人员变动

1992 年 8 月，李祥金任经济管理科科长。

1993 年 10 月 25 日，李祥金为经济科科长（兼）。
1995 年 4 月 23 日，单景林为计划预算科副科长，万秀国为副科长。
1998 年 3 月 12 日，李守先为计划预算科副科长（正科级）。
2001 年 2 月 16 日，张世海为劳动工资保险部副部长。
2002 年 2 月 22 日，张世海为劳动工资保险部部长。
2006 年 3 月 2 日，王德富为劳资社保科副科长。
2008 年 8 月 22 日，杨忠勇为劳资社保科副科长。
2008 年 11 月 14 日，王德福为劳资社保科科长。
2012 年 7 月 2 日，吴平平、沈鹏飞为劳资社保科主任科员。
2013 年 3 月 26 日，吴平平为劳资社保科副科长。
2014 年 1 月，孟凡永为市场化办公室主任。
2015 年 7 月 30 日，成立经营管理部，劳资社保科隶属经营管理部。
2016 年 8 月 15 日，吴平平为劳资科科长。
2017 年 8 月 29 日，孟凡永为劳资科副科长（副科级）。

（五）预算科

1. 管理机构变革

2008 年 7 月，成立预算审计科。
2012 年 3 月，成立预算科，撤销预算审计科。
2015 年 7 月 30 日，成立经济管理部，预算科隶属经济管理部。

2. 管理人员变动

2008 年 7 月 29 日，李钊任预算科科长（兼），马庆萍为副科长。
2009 年 6 月 27 日，马庆萍为预算审计科副科长（正科级）。
2012 年 7 月 2 日，马庆萍为预算科科长。

（六）生产技术科

1. 管理机构变革

1992 年 8 月 26 日，筹建处成立工程管理科。
1993 年 10 月 25 日，成立工程技术科（以下简称工程科），撤销工程管理科。
2000 年 3 月 9 日，成立生产技术科（以下简称生产科），撤销工程技术科。
2001 年 2 月 26 日，成立生产部，撤销生产科。
2003 年 4 月 12 日，成立生产技术科，撤销生产部。
2008 年 11 月 14 日，成立材料管理办公室，隶属生产科管理。
2012 年 4 月，原材料管理办公室调整为物管中心。
2015 年 7 月 30 日，成立生产管理部，生产科隶属生产管理部。

2. 管理人员变动

1992 年 8 月，曲焕庆为工程科科长，夏宇君为副科长。
1993 年 10 月 25 日，夏宇君为科长。
1995 年 4 月 23 日，王思国为科长，桓希传、朱绍岗为副科长。

1998 年 7 月，王立才为副科长。

2000 年 3 月 9 日，孔宪立为生产科调度主任，王传民为副科长。

2001 年 2 月 26 日，解信德为生产部部长（兼），王思国为副部长（正科级），管清向为副部长（正科级），王传民为副部长。

2001 年 5 月 24 日，聂瑞明为生产部部长（兼）。

2001 年 9 月 6 日，王兴存为副总工程师兼生产部部长。

2002 年 2 月 22 日，陈广印为生产部副部长，管清向为生产部调度室副主任。

2003 年 3 月 10 日，钟宇辉为生产部副部长。

2003 年 4 月 12 日，王兴存为生产科科长（兼），钟宇辉、陈广印为副科长，王传民、武善元为主任工程师（副科级）。

2003 年 7 月 3 日，陈广印为生产科科长，管清向为副科长。

2004 年 5 月 1 日，李雪峰、周生国为生产科副科长。

2004 年 10 月 1 日，魏兴民为生产科副科长。

2004 年 10 月 19 日，诸葛祥华、董勤凯、王振伟、王乐义、李俊瑞为生产科副科级科员。

2006 年 3 月 28 日，陈广印为采掘副总工程师兼生产科科长，钟宇辉、王中密、陈乃和为副科长，王振伟为副科级科员。

2006 年 8 月 8 日，陈广印为副总工程师兼生产科科长，钟宇辉为副科长（正科级），王中密、陈乃和为副科长。

2007 年 3 月 31 日，李连华为生产科科长，王桂利、诸葛祥华为主任科员。

2008 年 4 月 28 日，李连华为副总工程师兼生产科科长，魏兴民、王桂利、王振伟为副科长，魏茂生为主任工程师（副科级）。

2008 年 11 月，李连华为材料管理办公室主任（兼），张明奎为副主任。

2009 年 1 月 5 日，孙善强为生产科副科长（主持工作）。

2009 年 6 月 27 日，刘卫峰为生产科副科长。

2010 年 4 月 3 日，郇飞为材料管理办公室副主任（主任科员）。

2010 年 11 月 23 日，魏兴民为生产科科长。

2012 年 4 月，王涛为物管中心主任。

2012 年 7 月 2 日，梁副恒为生产科副科长（正科级），王振伟为副科长（正科级），张欣荣为主任工程师（正科级），王涛为物管中心主任（副科级），马友夫、李宗凯为主任科员。

2013 年 2 月 26 日，王开田为物管中心主任（副科级），颜培杰、李志选为主任科员。

2013 年 4 月 22 日，张连国为生产科科长。

2014 年 6 月 26 日，张欣荣为生产科副科长（正科级）。

2015 年 11 月 29 日，钱扬帆、舒敬贵为科员。

2016 年 3 月 14 日，王桂利为生产副总工程师兼生产技术部副部长、生产科科长。

2016 年 5 月 5 日，张凤南为生产技术部生产科掘进室主任（正科级），马宪文为主管技术员。

2016年7月28日，王开田为生产科工程师。

2017年3月7日，张文娇为生产技术部副科级管理人员。

2017年8月29日，尹成鑫为生产科副科长，舒敬贵为专员管理。

2017年9月17日，葛现国为生产科副科长。

2017年9月17日，朱学龙为生产科副科长。

2017年12月12日，王栋为生产科见习技术员。

2018年5月12日，李宗凯为生产科副科长。

2018年8月30日，王东京为生产科科长。

2018年8月30日，张付强为生产科副科长。

2018年9月20日，王东京为生产副总工程师。

2018年10月21日，营光涛为生产科主管技术员。

2018年10月27日，梁副恒为生产科副科长（正科级）。

2018年10月27日，严洪涛为生产科副科长。

（七）科技科、科创中心

管理机构及人员变革如下：

2017年3月7日，成立科技科。赵燕军为科长（兼），尹成鑫为副科长。

2018年10月5日，成立科创中心。尹成鑫为副主任（副科级，主持工作），马凤国为副主任（正科级）。10月27日，马丽萍为科创中心主管政工员。

（八）调度室

1. 管理机构变革

1996年5月2日，设调度室机构，隶属筹建处工程科。

2001至2006年3月，隶属古城煤矿生产科。

2006年3月28日，成立古城煤矿调度室。

2015年7月30日，成立生产管理部。调度室隶属生产管理部。

2. 管理人员变动

1996年5月2日，夏宇君为调度室主任（兼），桓希传为副主任（兼）。

2000年3月9日，孔宪立为生产科调度室主任（正科级）。

2003年2月22日，管清向为生产技术部调度室副主任（副科级）。

2003年8月2日，王朝贵为生产科调度室副主任（副科级）。

2004年10月1日，王朝贵为生产科调度室主任（正科级）。

2006年3月28日，王朝贵为调度室主任（正科级），张明奎为副主任。

2008年8月22日，秦晓强为调度室副主任。

2010年4月3日，林明恒为调度室调度员（主任科员）。

2014年6月26日，马友夫为调度室主管科员。

2016年4月4日，杨成友为生产技术部副部长、调度室主任（正科级）。

2017年8月29日，雷占山为调度室副主任（副科级）。

2017年9月17日，张欣荣为调度室主任（正科级），齐爱山为副主任（副科级），王庆为专员管理。

2018年8月20日，齐爱山为调度室副主任（副科级、主持工作）。

2018年9月10日，马友夫为调度室副科级管理人员（副科级）。

2018年9月17日，王庆为调度室主管管理。

2010年11月17日，成立信息自动化控制室，隶属调度室。秦晓强为主任（正科级），齐爱山为副主任（主任科员）。

（九）安全监察处（以下简称安监处）

1. 管理机构变革

1998年10月4日，成立临沂矿务局安全监察局驻古城矿井筹建处安监处。

2001年2月26日，成立临沂矿务局安全监察局驻古城煤矿安监处。

2. 管理人员变动

1998年10月4日，临沂矿务局聘宋有耀为安监处处长（副处级）。

1998年11月14日，文士高为安监处主任工程师（正科级），管清向为采掘通防科科长。

1999年6月9日，张俊宝为机电运输科科长。

2001年5月24日，张善选为采掘通防科副科长，朱孔绪为信息办公室副主任。

2001年9月6日，魏宝利为采掘通防科科长。

2001年11月3日，庄佑军为主任工程师。

2002年5月5日，林相亮为专职安监员（副科级）。

2003年2月22日，林相亮为主任工程师（正科级），文士高为安全监察员（副科级）。

2003年8月2日，王明增为机运科副科长、机电小分队队长。

2004年3月15日，张传法为副处长（正科级），刘文华为主任工程师，陈乃合为采掘通防科科长，王明增为机电运输科科长，范长征为信息办公室副主任，刘宝开、李乐成为科员。

2004年5月1日，林相亮为副处长、主任工程师（正科级），陈乃合为采通科科长，王明增为机运科科长。

2006年1月1日，寻明传为职工安全诚信档案管理办公室主任（正科级）。

2006年3月28日，张传法为副处长（正科级），张善选为主任工程师（正科级），寻明传为诚信档案管理办公室主任（正科级），刘本库为采掘室主任（副科级），葛现栋为机运室主任，邵世亮为副科级科员。

2006年8月8日，张善选为副处长，邵世亮为主任工程师（副科级）。

2006年8月31日，李乐成为机运室主任（副科级）。

2007年4月18日，张传法为采掘室主任（副科级）。

2008年4月28日，李乐成为副处长（正科级）。

2010年4月3日，张明奎为采掘室主任（副科级）。

2013 年 3 月 26 日，卞继亮为机运室主任（正科级），陈立军为主任科员。

2013 年 3 月 26 日，范长征为信息办公室主任（正科级）。

2014 年 6 月 26 日，邵世亮为诚信办公室主任。

2014 年 6 月 26 日，辛全玉为采掘室主任。

2014 年 6 月 26 日，张明奎为通防室主任（副科级）。

2015 年 11 月 29 日，廖洪洲为科员。

2016 年 5 月 5 日，徐文增、周东云、陈怀颂为副科级安监员。

2017 年 7 月 24 日，卞纪亮为古城煤矿“双防”办公室主任（正科级）。

2017 年 8 月 29 日，程广胜为采掘室主任（副科级）。

2017 年 8 月 29 日，娄明远为主任工程师（副科级）。

2017 年 9 月 17 日，刘恩尚为培训室副主任（副科级）。

2017 年 9 月 17 日，陈立军为通防室副主任（副科级）。

2017 年 9 月 17 日，崔维龙为机运室副主任（副科级）。

2017 年 12 月 12 日，卢立波为副处长。

2018 年 5 月 12 日，谢洪路为副处长。

2018 年 9 月 21 日，冯勇为主管管理。

2018 年 10 月 27 日，代夫平为采掘室副主任（副科级），张晨为主管管理。

2018 年 10 月 27 日，金鹏为“双防”办公室副主任（副科级）。

（十）安全技术培训中心（以下简称安培中心）

1. 管理机构变革

2001 年 8 月 10 日，成立古城煤矿安培中心，隶属安监处。

2004 年 12 月 6 日，成立临沂矿务局古城煤矿安全技术培训中心，隶属矿务局，委托古城煤矿管理。

2007 年 4 月 26 日，成立安培中心采掘通防教研室、机电运输教研室。

2011 年 10 月 11 日，临矿集团决定，变更委托，委托山东煤炭技师学院对安培中心进行管理。

2. 管理人员变动

2001 年 8 月 10 日，宋有耀为古城煤矿安培中心主任（兼），尹作海、文士高为副主任（兼），寻明传为专职教师。

2004 年 12 月 6 日，王洪忠为安培中心主任（兼），韩跃民、庄树武为安培中心副主任（副处级）。

2004 年 12 月 6 日，韩跃民为安培中心办公室主任（兼），韩广勤为副主任，寻明传为教务科科长，李新德为学员管理科科长，庄树武为总务科科长（兼）。

2005 年 3 月 2 日，韩跃民任安培中心党支部书记，寻明传、陈祥和为党支部委员。

2006 年 2 月 17 日，韩跃民为安培中心副主任（主持工作），苏学明、庄树武为副主任。

2006 年 8 月 8 日，韩跃民任中共古城煤矿安培中心党支部书记，苏学明、庄树武为党支部委员。

2007 年 4 月 26 日，成立安培中心采掘通防教研室、机电运输教研室。班彦玺为采掘通防教研室副主任（副科级），侯绪进为机电运输教研室副主任（副科级）。

2007 年 4 月 26 日，韩广勤为安培中心办公室主任（正科级）。

2008 年 8 月 19 日，陈家忠为安培中心主任（兼），何祥成为安培中心副主任（兼）。

2009 年 6 月 27 日，何祥成任安培中心党支部书记（兼）。

2010 年 3 月 4 日，李泉为安培中心副主任（兼）。

2010 年 11 月 21 日，张传毅为安培中心主任（兼）。

2011 年 10 月 11 日，临矿集团变更委托，安培中心委托山东煤炭技师学院进行管理。解聘张传毅的安培中心主任职务、李泉的安培中心副主任职务。

（十一）地测科

1. 管理机构变革

1992 年 8 月至 1996 年 5 月，古城矿井地面测量工作由矿务局组织局属各矿有关测量人员进行，筹建处配合。1996 年 5 月至 2000 年 12 月，筹建处工程技术科设专业人员负责地测工作。

2001 年 1 月至 2006 年 3 月，古城煤矿测量工作隶属生产技术科管理。

2006 年 3 月 28 日，成立地测科。

2015 年 7 月 30 日，成立生产管理部。地测科隶属生产管理部。

2. 管理人员变动

2006 年 3 月 28 日，李雪峰为地测科科长，魏兴民为副科长，王乐义、李俊瑞为副科级科员。

2006 年 8 月 8 日，李雪峰为地测科科长，魏兴民为副科长。

2008 年 4 月 28 日，李俊瑞为地测科副科长。

2009 年 6 月 27 日，柴洪志为地测科副科长。

2009 年 6 月 29 日，李雪峰为地测防治水副总工程师。

2010 年 8 月 31 日，左世晓为地测科主任科员。

2012 年 7 月 2 日，林明恒为地测科主任科员。

2013 年 3 月 26 日，白云启为地测科主任科员。

2014 年 6 月 26 日，李俊瑞为地测科副科长（正科级）。

2016 年 3 月 14 日，李俊瑞为生产技术部副部长、地测科科长。

2017 年 8 月 29 日，李宗凯为地测科副科长。

2017 年 9 月 17 日，林明恒为地测科副科长。

2018 年 5 月 12 日，白云启为地测科副科长。

（十二）机电科

1. 管理机构变革

2000 年 3 月之前，机电管理工作隶属工程技术科。

2000 年 3 月，成立机电运输科。

2001 年 2 月 26 日，设机电运输部，撤销机电运输科。

2003 年 4 月 12 日，成立机电科，撤销机电运输部。

2008 年 11 月 14 日，成立设备管理办公室，隶属机电科。

2015 年 7 月 30 日，成立机电运输部，机电科隶属于机电运输部。

2. 管理人员变动

1995 年 4 月 23 日，桓希传为工程技术科副科长，分管机电工作。

2000 年 3 月 9 日，桓希传为机电运输科科长，陈淑科为副科科长。

2001 年 2 月 26 日，赵喜庆为机电运输部部长（兼），桓希传为副部长（正科级）。

2001 年 9 月 6 日，桓希传为副总工程师、机电运输部部长。

2002 年 2 月 22 日，李宗珠为机电运输部副部长。

2002 年 7 月 6 日，王统海为机电运输部副部长。

2003 年 4 月 12 日，李宗珠为机电科科长。

2004 年 10 月 1 日，阚士远为机电科副科长。

2004 年 10 月 19 日，田福海为机电科副科级科员

2006 年 3 月 28 日，李宗珠为机运副总工程师、机电科科长，阚士远为副科长。

2007 年 3 月 31 日，王统海为机电科科长，李明明为机电科主任科员。

2008 年 9 月 17 日，田福海为机电科副科长。

2008 年 11 月 14 日，王统海为设备管理办公室主任（兼），蒿士梓为副主任。

2010 年 4 月 29 日，阚士远、田福海为机电科副科长。

2010 年 8 月 31 日，张龙洋为机电科主任科员。

2011 年 7 月 8 日，阚士远为机电科科长。

2011 年 7 月 8 日，殷涛为机电科副科长。

2012 年 7 月 2 日，蒿士梓为机电科副科长。

2013 年 1 月 1 日，阚士远为古城煤矿能源管理负责人（兼）。

2013 年 2 月 26 日，范天营为机电科主任科员。

2013 年 3 月 26 日，张龙洋为机电科副科长，王学欣为机电科节能办公室主任（副科级）。

2014 年 5 月 30 日，蒿士梓为设备管理办公室主任（兼），陈亚华为专职设备管理员。

2015 年 11 月 29 日，魏晓东为机电管理部科员。

2016 年 1 月 19 日，付欣为机电管理部副部长（正科级）。

2016 年 1 月 19 日，田洪波为机电管理部副科长。

2017 年 8 月 29 日，赵燕军为机电副总工程师、机电科科长。

2017 年 9 月 17 日，王学欣为节能环保办公室主任（正科级）。

2018 年 10 月 19 日，张禄洲为机电科科长。

2018 年 10 月 27 日，郝王刚为机电科工程师（副科级）。

2018 年 11 月 9 日，田洪波为机电科主管工程师。

（十三）防治冲击地压办公室、防冲队

1. 管理机构变革

2008 年 4 月 9 日，成立防治冲击地压办公室（以下简称防冲办公室）。

2012 年 7 月 19 日，成立防冲队，隶属防冲办公室。

2015 年 7 月 30 日，成立生产管理部。防冲办公室隶属生产管理部。

2. 管理人员变动

2008 年 4 月 9 日，王桂利为防冲办公室主任（副科级）。

2008 年 4 月 28 日，陈乃合为防冲办公室副主任（副科级）。

2009 年 6 月 27 日，王桂利为防冲办公室主任（正科级）。

2010 年 8 月 31 日，王桂利为防冲副总工程师。

2010 年 8 月 31 日，夏宏根为主任科员。

2012 年 7 月 19 日，郑晓晨为防冲队队长（兼），王永光、孔祥振、马瑞峰为副队长。

2013 年 2 月 26 日，刘士浩为防冲办公室主任科员。

2016 年 4 月 4 日，夏洪根为生产技术部防冲办公室副主任（副科级、主持防冲办工作）。

2016 年 5 月 5 日，王东京为生产技术部副部长、防冲办公室主任（正科级）。

2017 年 3 月 7 日，郑晓晨为防冲办公室副主任（副科级）。

2018 年 8 月 30 日，张欣荣为防冲办公室主任。

2018 年 9 月 10 日，赵猛为防冲办公室副主任（副科级）。

2018 年 9 月 20 日，张欣荣为防冲副总工程师。

2018 年 11 月 6 日，郑晓晨为防冲办公室主任（副科级）。

（十四）通防科

1. 管理机构变革

2000 年 3 月 9 日，成立通防科（工区）。

2006 年 3 月 28 日，成立通防科。

2015 年 7 月 30 日，成立生产管理部，隶属生产管理部。

2. 管理人员变动

2000 年 3 月 9 日，周生国为副科（区）长。

2006 年 3 月 28 日，彭立正为通防副总工程师兼通防科科长，周生国为副科长。

2006 年 8 月 8 日，周生国为通防科科长。

2009 年 6 月 27 日，李星坤为副科长（兼）。

2009 年 6 月 27 日，曾宪社为通防科副科长。

2010 年 8 月 31 日，王郡章为通防科副科长。

2016 年 5 月 5 日，朱学龙为生产技术部通防科副科长。

2014 年 6 月 26 日，陈亮亮为通防科主管科员。

2017 年 9 月 17 日，林增为通防科副科长。

2018 年 10 月 27 日，吴昌峰为通防科副科长、救护队队长（副科级）。

（十五）总务科

1. 管理机构变革

1993 年 10 月，筹建处成立生活劳动服务公司。

2001 年 2 月 26 日，古城煤矿成立后勤服务公司。撤销生活劳动服务公司。

2003 年 3 月 10 日，成立职工食堂司务处。

2003 年 8 月 2 日，成立总务科。撤销后勤服务公司。

2004 年 5 月 1 日，成立房产开发办公室，隶属总务科。

2006 年 2 月 17 日，撤销房产开发办公室。

2011 年 12 月 14 日，成立古城小区物业管理中心，隶属总务科。

2015 年 7 月 30 日，成立后勤管理部，总务科隶属后勤管理部。

2. 管理人员变动

1993 年 10 月 25 日，刘成安为经理。

1997 年 10 月 2 日，寻明传为副经理（副科级）。

1998 年 3 月 24 日，周启昆为经理（兼），寻明传为职工食堂经理（副科级）。

2000 年 3 月 9 日，刘德杰为副经理。

2001 年 2 月 16 日，刘德杰、薛其成为副经理。

2002 年 2 月 22 日，薛其成为经理，张友升为副经理。

2003 年 3 月 10 日，张友升为食堂司务处主任（副科级）。

2003 年 8 月 2 号，薛其成为总务科科长，曹恩现为总务科副科长。

2004 年 3 月，袁勇为总务科副科长。

2004 年 5 月 1 日，袁勇为房产开发办公室主任（正科级）。

2004 年 10 月 1 日，李洪余为总务科副科长。

2004 年 12 月 14 日，曹恩献为总务科科长。

2006 年 8 月 8 日，李洪光为总务科科长，曹恩献为副科长。

2008 年 3 月 2 日，王绪党为总务科副科长。

2009 年 6 月 27 日，耿安义为总务科科长。

2010 年 4 月 3 日，张友升为总务科副科长（主管食堂），刘祥亮为一食堂管理员（兼），李安平为二食堂管理员（科员）。

2011 年 12 月 14 日，李安平为物业管理中心主任（副科级）。

2012 年 7 月 2 日，李安平为总务科副科长（主持工作）。

2012 年 7 月 2 日，郇飞为总务科副科长。

2012 年 9 月 24 日，张友升任总务科副科长。

2013 年 2 月 26 日，张友升为总务科科长。

2013 年 10 月 12 日，郭波为总务科副科长（正科级）。

2013 年 12 月 20 日，万秀国为总务科副科长。

2014 年 8 月 30 日，唐丽为总务科经济师。

2015 年 3 月 30 日，于善昌为总务科主管科员。

2015 年 7 月 30 日，童培伟为后勤管理部副科长（总务科副科长）。

2015 年 11 月 29 日，童培伟为后勤管理部副部长（正科级）。

2016 年 1 月 19 日，郭加法为后勤管理部副部长（正科级）。

2016 年 4 月 4 日，于善昌为后勤管理部总务科副科长（主持工作）。

2017 年 3 月 7 日，彭飞为总务科副科长（主持工作）。

2017 年 8 月 29 日，邱浩为总务科科长助理。

（十六）外事协调办公室

1. 管理机构变革

2001 年 1 月至 2017 年 7 月，外事协调工作由总务科负责。

2012 年 7 月，总务科设 1 名副科长，专职负责外事工作。

2017 年 8 月 29 日，成立外事协调办公室。

2. 管理人员变动

2012 年 7 月，郇飞为总务科副科长，专职负责外事工作。

2017 年 8 月 29 日，成立外事协调办公室。郇飞为主任，姜海涛为主任助理。

（十七）武装保卫科、武装部

1. 管理机构变革

1992 年 8 月，筹建处成立经济民警队，隶属办公室。

1993 年 12 月 28 日，临沂矿务局干部处批准，设临沂矿务局公安处驻古城矿区公安科。撤销经济民警队。

2001 年 2 月 26 日，设古城煤矿武装保卫部。撤销临沂矿务局公安处驻古城矿井公安科。

2003 年 4 月，设武装保卫科，撤销武装保卫部。

2013 年 5 月 21 日，成立古城煤矿武装部。

2015 年 7 月 30 日，成立后勤管理部，保卫科隶属后勤管理部。

2. 管理人员变动

1992 年 11 月，张平为经济民警队负责人。

1993 年 12 月 28 日，尚金铎为临沂矿务局公安处驻古城矿井公安科科长。

2001 年 2 月 26 日，李中涛为武装保卫部部长。

2003 年 8 月 2 日，王绪党为武装保卫科副科长。

2004 年 5 月 1 日，王绪党为武装保卫科科长。

2007 年 3 月 31 日，史俊乾为武装保卫科副科长。

2007 年 10 月 28 日，赵士雷为武装保卫科副科长。

2008 年 11 月 14 日，赵士雷为武装保卫科科长。

2013 年 2 月 26 日，孙领为武装保卫科主任科员。

2013 年 12 月 20 日，路兴峰为武装保卫科科长。

2014 年 6 月 26 日，刘青为武装保卫科主管科员。

2016 年 3 月 14 日，郭波为后勤管理部副部长、保卫科科长。

2016年10月28日，谢洪路为武装保卫科科长。

2017年8月29日，刘青为武装保卫科副科长，袁宁为武装保卫科专员管理。

2018年5月12日，焦永奇为武装保卫科科长，袁宁为武装保卫科副科长。

2013年5月至2018年12月，武装部部长由武装保卫科科长兼任。

（十八）煤炭管理科

1. 管理机构变革

1997年10月2日，成立筹建处销售科。

2001年2月16日，成立古城煤矿运销公司。撤销筹建处销售科。

2003年8月19日，成立铁路运输分公司，隶属煤炭运销公司。

2004年12月14日，成立煤炭管理科。撤销运销公司。

2016年1月19日，成立煤炭营销公司，撤销煤炭管理科。

2018年9月10日，成立煤炭管理科。撤销煤炭营销公司。

2. 管理人员变动

1997年10月2日，刘成安为销售科科长，隋宝民为副科长。

2001年2月16日，徐贵启为运销公司经理，李洪光为副经理。

2001年5月24日，张儒连为运销公司副经理。

2003年8月19日，徐贵启为铁路运输分公司经理（兼）。

2004年8月29日，王宝国为煤炭运销公司经理。

2004年12月14日，王宝国为煤炭管理科科长，史俊乾为副科长。

2005年1月，付奉忠为煤炭管理科科长。

2006年3月2日，崔凯为煤炭管理科副科长。

2006年8月8日，李洪余为煤炭管理科副科长。

2008年4月28日，张苏洋为煤炭管理科科长。

2008年11月14日，路兴峰为煤炭管理科副科长。

2009年6月27日，葛联民为煤炭管理科副科长。

2012年7月2日，李秀军为煤炭管理科科长，张荣兴为副科长。

2012年9月24日，曹硕为煤炭管理科副科长。

2013年12月20日，赵士雷为煤炭管理科科长。

2016年1月19日，王誉钦为副总工程师、煤炭营销公司经理，刘建国、张荣兴、葛联民、王庆华、杨红艳为副经理（副科级）。

2016年3月14日，郭加法为煤炭营销公司经理（正科级）。

2017年8月19日，辛鑫为煤炭营销公司副经理（副科级），陈修涛为专员管理。

2018年5月2日，根据临矿集团安排，临矿集团煤质处高海涛为古城煤矿煤炭营销公司副经理（正科级待遇）。

2018年9月10日，郭加法为煤管科科长，张荣兴、葛联民为副科长，赵清超、王坤玲、陈修涛为专员管理。

（十九）配煤中心筹建办公室

1. 管理机构变革

2012 年 7 月 2 日，成立配煤中心筹建办公室。

2013 年 12 月 20 日，撤销配煤中心筹建办公室。

2. 管理人员变革

2012 年 7 月 2 日，路兴峰为配煤中心筹建办公室主任（正科级），万秀国为副主任（副科级）。

（二十）物管中心

1. 管理机构变革

1993 年 10 月 25 日，筹建处成立供销科。

1995 年 10 月 1 日，临沂矿务局物资供应公司设古城物资经销部。

1997 年 10 月 2 日，成立供应科。撤销供销科。

2001 年 2 月 16 日，古城煤矿成立供应公司。

2003 年 4 月 12 日，成立供应科。撤销供应公司。

2008 年 11 月 14 日，成立材料管理办公室，隶属生产技术科。撤销供应科。

2012 年 7 月，材料小组和设备小组合并成立物管中心。

2. 管理人员变动

1993 年 10 月 25 日，周启坤为科长。

1995 年 4 月 23 日，李广慈为副科长。

1995 年 10 月 1 日，李广慈为临沂矿务局物资供应公司古城物资经销部副经理。

1997 年 10 月 2 日，李广慈为副科长（主持工作）。

2001 年 2 月 16 日，穆新红为经理，李广慈为副经理。

2003 年 3 月 30 日，秦玉明为副经理（正科级）。

2003 年 4 月 12 日，秦玉明为科长。

2004 年 5 月 1 日，张明奎为副科长。

2008 年 11 月 14 日，李连华为材料管理办公室主任（兼），张明奎为副主任（副科级）。

2010 年 4 月 3 日，郇飞为材料管理办公室副主任（主任科员）。

2012 年 7 月 2 日，王涛为物管办公室主任（副科级）。

2013 年 2 月 26 日，王开田为物管中心主任（副科级），颜培杰、李志选为主任科员。

（二十一）综合利用电厂

1. 管理机构变革

2001 年 6 月 19 日，成立古城煤矿热电厂筹建处。

2003 年 4 月 12 日，成立古城煤矿矸石热电厂。

2003 年 9 月 2 日，成立古城煤矿综合利用电厂。

2. 管理人员变动

2001 年 6 月 19 日，刘成录为筹建处主任（兼），王存策为副主任（副处级）。

2003年4月12日，王存策为厂长（兼），李洪光、张学奎为副厂长（正科级），杨义刚为副总工程师（正科级）。

2003年5月17日，吕凤新为生产技术科副科长兼气机水化车间主任（副科级），顾夫刚为锅炉输煤车间主任，何现红为电气热工车间主任。

2004年5月1日，穆新红为副厂长（正科级）。

2006年8月8日，张传法为生产技术科副科长。

2007年3月31日，石道勇为生产技术科副科长，岳夫强为科员。

2008年4月28日，郭波为副厂长、办公室主任（正科级）。

2010年3月24日，穆新红为副总工程师、副厂长。

2010年8月31日，石道勇为副厂长。

2013年2月26日，岳夫强为主任科员。

2013年7月15日，王存策为古城煤矿副处级调研员。

2013年7月15日，穆新红为厂长。

2013年10月12日，庞振亮为副厂长（副科级），顾夫刚、张攀堂为主任科员。

2014年6月26日，岳夫强为副厂长（副科级），艾敬国为主管科员。

2015年7月30日，石道勇为厂长（正科级），张攀堂为电厂副厂长（副科级）。

2015年11月29日，冯运通为维修部副主任（副科级），孙连军为电厂科员。

2017年8月29日，艾敬国为副厂长（副科级）。

2017年8月29日，孙连军为办公室副主任（副科级）。

2017年9月17日，杨成友为厂长（正科级）。

2018年10月5日，付欣任中共古城煤矿电厂党支部书记、厂长。

2018年12月8日，冯运通任中共古城煤矿电厂党支部副书记。

（二十二）选煤厂

1. 管理机构变革

2005年11月16日，成立选煤厂。

2016年3月14日，成立煤炭营销公司，撤销选煤厂。

2018年9月10日，成立选煤厂，撤销煤炭营销公司。

2. 管理人员变动

2005年11月16日，陈淑科为选煤厂厂长，李宝新为副厂长。

2006年3月28日，成立选煤厂党支部，王明增任书记，陈淑科、李宝新任党支部委员。

2006年3月28日，刘建国、郭加法为副厂长，李中山为技术员。

2006年8月8日，侯军娜为科员。

2007年1月，韩庆国为技术员。

2007年3月31日，张传法为副厂长。

2007年4月18日，刘建国为副厂长。

2008年4月28日，能昌迎、付奉忠为副厂长。

2008 年 4 月 28 日，陈淑科任党支部书记；能昌迎任副书记。

2008 年 9 月，王庆华为副厂长，

2010 年 3 月 24 日，陈淑科为副总工程师、选煤厂厂长。

2012 年 7 月 2 日，杨红艳、郭加法为副厂长；刘延东为主任科员。

2014 年 6 月 26 日，程广胜任党支部副书记。

2015 年 6 月，郭加法为厂长。

2015 年 7 月 31 日，郭波任党支部书记（正科级）。

2016 年 1 月 19 日，王誉钦为经理。

2016 年 3 月 14 日，郭加法为经理（正科级）。

2017 年 3 月，魏勇为副经理，刘永光、严爱华为技术员。

2017 年 7 月，辛鑫为副经理。

2018 年 9 月 10 日，刘建国为选煤厂厂长（正科级），王庆华、杨红艳、魏勇、辛鑫为副厂长，刘永光、严爱华为技术员。

（二十三）卫生所

1. 管理机构变革

1997 年 9 月 26 日，保留原岐山煤矿卫生所。

2001 年 6 月 6 日，成立古城煤矿卫生所。

2015 年 7 月 30 日，成立后勤管理部，卫生所隶属后勤管理部。

2. 管理人员变动

1997 年 10 月 1 日，陈祥和为卫生所所长（正科级）。

2001 年 5 月 12 日，陈祥和为卫生所所长（副科级）。

2006 年 8 月 8 日，陈祥和为卫生所所长（正科级）。

（二十四）职业卫生科

2010 年 8 月 11 日，成立职业卫生科。陈祥和为职业卫生科科长（兼），杨忠勇、卞纪亮为副科长（兼）。

2015 年 7 月 30 日，成立后勤管理部。职业卫生科隶属后勤管理部。

（二十五）支护材料公司

1. 管理机构变革

2001 年 2 月，成立锚网厂，隶属总务科。生产工人为职工家属。

2006 年 12 月，国家规范企业用工制度，临矿集团决定撤销锚网厂。

2007 年 3 月，生产设备被无偿划拨给临矿集团兖州煤机公司。

2015 年 2 月，古城煤矿重建支护材料厂。

2016 年 1 月 19 日，注册成立“力新支护材料公司”，实行独立核算。

2016 年 4 月，力新支护材料公司注册为古城煤矿内资分公司——山东东山古城煤矿有限公司力新支护材料分公司。

2019 年 8 月，移交给临矿集团田庄煤矿。

2. 管理人员变动

2001 年 2 月，薛其成为负责人，李安平为技术负责人。

2003 年 4 月，曹恩现为负责人，李安平为技术负责人。

2004 年 2 月，胡乃川为技术负责人。

2006 年 8 月，李洪光为负责人，胡乃川为技术负责人。

2015 年 2 月，张友生为负责人，胡乃川为技术负责人。

2015 年 11 月 29 日，胡乃川为后勤管理部主管管理。

2016 年 1 月 19 日，赵燕军为力新支护材料公司经理（兼），胡乃川为主管管理，唐丽为经济师。

2017 年 3 月 7 日，胡乃川为分公司负责人，汤浩兴为副经理。

2018 年 8 月 30 日，严洪涛为副经理。

2018 年 11 月 9 日，胡乃川为副经理（副科级、主持工作）。

（二十六）金利包装制品厂

1. 管理机构变革

1997 年 9 月 26 日，成立临沂矿务局古城煤矿金利包装制品厂。设办公室、生产技术科、财劳科、供销科、保卫科、卫生所。

2001 年 12 月 1 日，成立古城煤矿金利包装制品厂留守处。

2004 年 12 月 14 日，撤销金利包装制品厂留守处。

2. 管理人员变动

1997 年 9 月 26 日，崔守芬为金利包装制品厂厂长（保留正处级）。

1997 年 10 月 1 日，宋兰武为金利包装制品厂副厂长（保留副处级），张月文为副厂长（正科级）；郭加成为办公室主任，尹作海为副主任；李兆民为生产技术科科长，葛现栋为副科长；张月文为财劳科科长（兼），李守先为副科长（正科级）；宋兰武为供销科科长（兼）；尹国华为保卫科副科长；陈祥和为卫生所所长（正科级）。原岐山煤矿科级、副科级仍在管理岗位的，暂保留原级别。

1998 年 3 月 12 日，李兆民为金利包装制品厂副厂长（正科级）。撤销金利包装制品厂财劳科。

1998 年 6 月 5 日，宋兰武为金利包装制品厂厂长，李兆民为副厂长（正科级）。

2001 年 12 月 1 日，郭加成为古城煤矿金利包装制品厂留守处主任（正科级）。

2004 年 12 月 14 日，解聘郭加成的古城煤矿金利包装制品厂留守处主任职务。

六、党支部书记、副书记名录

1997 年 12 月，中共古城矿井筹建处党委为加强党的建设和党员管理，成立机关党支部、金利包装制品厂党支部。1998 年 8 月至 2000 年 3 月，成立采煤工区党支部、机电工区党支部，采煤一工区党支部、采煤二工区党支部，编制为党支部书记兼工区区长。2001 年 2 月，山东古城煤炭开发有限责任公司成立 3 个采煤工区党支部，掘进、机电、运输、通防 4 个辅助工区党支部，编制为党支部书记兼副区长。

截至 2018 年年末，中共古城煤矿党委下设 15 个党支部，一般为书记、区长一人兼，党员数量较多的工区设专职副书记。

1992 ～ 2018 年中共古城矿井基层党支部书记、副书记名录如表 11–1–3 所示。

表 11–1–3　1992 ～ 2018 年中共古城矿井基层党支部书记、副书记名录

党支部名称	历任书记	副书记	成立时间
机关党支部	张传毅（兼）　尹作海（兼） 张传法（兼）　范立斌（兼）	何祥成　蒋荣宝	1997 年 12 月 10 日
机关第一党支部	谢洪路（兼）	–	2018 年 12 月 16 日
机关第二党支部	范立斌（兼）	–	2018 年 12 月 16 日
金利厂党支部	宋兰武	–	1997 年 12 月 10 日
采煤工区党支部	焦士荣	–	1998 年 8 月 26 日
机电运输工区党支部	付奉忠　刘成安	–	1998 年 8 月 26 日
采一工区党支部	王兴存　李传军　王庆东 张海涛　孙善强	伊永伦　刘廷高 朱中文　王守强 张良先　姬传忠	2000 年 3 月 9 日
采煤二工区党支部	焦士荣　肖庆华　翁洪周 刘文华　宋春团　刘廷高 梁副恒	伊永伦　解直江 姬传忠　孟庆凯 段培溪	2000 年 3 月 9 日
采煤三工区党支部	林相亮　李传军　解直江 宋春团　刘本库　刘文华 刘廷高	刘本库　盛乃秀 孟庆凯　密其香 段培溪	2001 年 2 月 16 日
掘进工区党支部	汤彦兴　陈乃合　张传法 张苏洋　卢立波	汤彦兴　葛现国	2001 年 2 月 16 日
掘进一工区党支部	辛全玉　卢立波	程广胜　卢立波 吴建孝　谢洪路	2006 年 8 月 8 日
掘进二工区党支部	耿安义　张凤南　张　勇	程广胜　张凤南 蒿士栋　陈怀颂 张　勇　王　斌 徐得方	2006 年 8 月 8 日
掘进三工区党支部	吴建孝	焦永奇　周海军	2015 年 8 月
机电工区党支部	寻明传　吴俊林　张俊宝 王明增　王统海　李宗珠 付　欣　常　勇　赵燕军 张龙飞	能昌迎　时伯玺 侯培明　常　勇 张禄洲　杨局伟	2000 年 3 月 9 日

续表

党支部名称	历任书记	副书记	成立时间
运输工区党支部	刘成安　陈淑科　付奉忠 穆新红　王艾新　王庆东 钱仲泉	葛现栋　张新文 殷　涛	2000 年 3 月 9 日
通防工区党支部	周生国　上官相环 李星坤　张明亮　杨成友	周生国　张明亮	2001 年 2 月 16 日
综掘工区党支部	刘恩法　张苏洋　张连国 陈广印　邵长波　吴建孝	陈怀颂　崔洪欣 程广胜　梁希利	2001 年 7 月 22 日
机修工区党支部	吴俊林　王沛智　王明增 赵加宾　付　欣　李健	王开田　马士国 刘恩尚	2002 年 2 月 23 日
综合利用电厂党支部	王存策　马凤国	冯运通	2003 年 8 月 2 日
开拓工区党支部	耿安义	张文东	2004 年 5 月 1 日
安全技术培训中心党支部	韩跃民		2011 年 10 月移交中共技师学院党委
选煤厂党支部	王明增　陈淑科　郭　波	能昌迎　程广胜	2006 年 3 月 28 日
煤炭管理科党支部	李秀军		2011 年 5 月 5 日
巷修工区党支部	王东京　张欣荣	焦金泉　葛现国 谢洪路	2012 年 7 月 2 日
防冲工区党支部	辛全玉　邵长波　张欣荣	孙　将	2015 年 3 月 30 日
皮带工区党支部	殷　涛	徐国祥	2017 年 8 月 3 日
充填工区党支部	张慎和	段培溪	2017 年 9 月 16 日
煤炭营销公司党支部	郭加法	张荣兴	2016 年 4 月

七、工区（厂公司）管理人员名录

1997 年 9 月，矿务局撤销岐山煤矿，成立临沂矿务局古城煤矿金利包装制品厂，隶属古城矿井筹建处管理。1998 年 8 月 20 日，古城矿井筹建处为加快矿井建设速度，适应煤炭生产与管理的需要，成立采煤、机电运输 2 个工区，设区长、副区长。1998 年 8 月至 2000 年 3 月，成立采煤一工区、采煤二工区、运输工区、机电工区，撤销采煤工区、机电运输工区。2001 年 2 月，山东古城煤炭开发有限责任公司分别成立 3 个采煤工区和掘进、机电、运输、通防 4 个辅助工区，编制为区长 1 人，支部书记兼副区长 1 人，副区长 3 人（1 人兼技术员、1 人兼车间工会主席）。2002 ～ 2018 年，古城煤矿相继成立综掘工区、机修工区（车间）、综合利用电厂、安培中心、选煤厂、开拓工区、支护材料公司等。

截至2018年年末，古城煤矿所属生产辅助工区有14个，另外还有电厂、选煤厂、支护材料公司。

1992～2018年古城矿井工区（厂　公司）管理人员名录如表11-1-4所示。

表11-1-4　　1992～2018年古城矿井工区（厂　公司）管理人员名录

单位	区长（厂长、经理）	副区长（副厂长、副经理）	成立时间
采煤工区	王兴存	张慎和	1998年8月26日
机电运输工区	付奉忠	付奉忠　赵加宾　王沛智	1998年8月26日
金利包装制品厂	崔守芬（兼） 宋兰武（保留副处级）	张月文　李兆民	1997年9月
采煤一工区	王兴存　王立才　管清向 庄又军　张海涛　孙善强 李连华　朱中文　梁副恒	来永福　解直江　张慎和 王统海　高建平　王永吉 奚玉明　王庆东　孙善强 汤彦兴　解直江　赵士雷 刘文华　蒿士梓　郑晓晨 诸葛祥华　密其香　张爱杰 伊永伦　姬传忠　何玉军 张欣荣　赵长玉　张良先 张庆国　朱中文　贾坤仟 王长河　廖洪洲　盛大宝	2000年3月9日
采煤二工区	王立才　焦士荣　翁洪周 梁副恒　刘文华	宋春团　焦士荣　薛玉友 王庆东　刘文华　彭立正 翁洪周　张海涛　侯培明 何晓青　伊永伦　王艾新 夏洪友　王桂利　解直江 密其香　丁慎峰　张文娇 聂宗庆　李福吉　张付强 张庆忠　刘士浩　张慎和 宋春杰	2000年3月9日
采煤三工区	李传军　宋春团　张良先 刘廷高	林相亮　郑晓晨　丁信一 王桂利　王玉强　孙善强 梁副恒　孙运照　王忠密 刘本库　解直江　王立庆 范立强　诸葛祥华　孙涛 张文娇　张晓蒙　曾宪社 孟庆凯　孔凡彪　刘保科 张庆波　姬传忠	2001年2月16日
掘进工区	魏宝利　文士高　陈乃合 张苏洋　卢立波	汤彦兴　李连华　钟宇辉 陈伯玉　李连华　刘光武 吴树林　张传法　王传民 张凤南　辛全玉　李俊春 张爱杰　邵先存	2001年2月16日

续表

单位	区长（厂长、经理）	副区长（副厂长、副经理）	成立时间
掘进一工区	张苏洋　辛全玉　卢立波	辛全玉　张凤南　吴树林 郑晓晨　焦金泉　刘恩尚 张善选　李　珂　谢洪路 代夫平　朱学龙　吴建孝 徐文增　刘传文　李怀朋 刘兰松　徐得方　周东云 程立群	2006年8月8日
掘进二工区	李连华　肖俊生　张凤南 张　勇	张文东　于瑞军　蒿士栋 董勤凯　程广胜　王振伟 王东京　周东云　王　斌 代夫平　杜　超　邵先存	2006年8月8日
掘进三工区	吴建孝	邵长波　邵先存　张相领 刘耐飞　孙明德　杨国勇	2015年8月
机电工区	吴俊林　王明增　王统海 李宗珠　付　欣　常　勇 赵燕军　张龙飞	王沛智　王崇新　吴俊林 李宗珠　薛玉友　能昌迎 时伯玺　付　欣　孙　涛 侯培明　常　勇　严洪涛 杨局伟　张龙飞　吴海静 常　勇　陈亚华　鞠宗华 武光玉　朱　峰	2000年3月9日
运输工区	付奉忠　王庆东　钱钟泉	葛现栋　赵加宾　陈淑科 熊可义　刘安才　倪圣功 王艾新　孙文川　钱仲泉 张新文　郭道伟　阚士远 徐国祥　张开录　贾坤仟 田洪波　范天营　高荣磊 连　奖　宋德宝　张瑞平 李　春　魏晓东	2000年3月9日
通防工区	高佩宝　上官相环 李星坤　张明亮	周生国　王永宝　童培国 上官相环　李星坤　于腾汉 张明亮　张红军　王郡章 宋　玮　杨成友　姜成蛟 吴昌峰　徐文增　史荣德 柳延波	2001年2月16日
综掘工区	童培国　张苏洋　钟宇辉 张连国　陈广印　卢立波 邵长波	刘恩法　陈伯玉　张苏洋 高建平　张连国　刘光武 辛全玉　侯尤军　肖俊生 崔洪欣　密士廷　胡彦峰 邵长波　王东京　张长远 梁希利　刘兰松　杨晓刚 沈廷远　焦金泉　周海军 吴建孝　杨国勇　焦永奇 孙明德	2001年7月22日

续表

单位	区长（厂长、经理）	副区长（副厂长、副经理）	成立时间
机修车间	张俊宝　王沛智　赵加宾 赵燕军　殷　涛　付　欣 李　健	王沛智　侯培明　王开田 马士国　刘明星　刘安才 蒿士梓　能昌迎　汤浩兴 管宜峰　姚桂堂　李健健 宋德宝　刘恩尚　李明明 高荣磊　戚宾业　王向阳	2003 年 8 月 2 日
开拓工区	李连华	于瑞军　张文东　董勤凯 蒿士栋	2004 年 5 月 1 日
巷修工区	王东京　张欣荣	史俊文　任庆栋　张　勇 葛现国　张天坤　韩　笑 王世良　孙　健	2012 年 7 月 30 日
防冲工区	辛全玉　邵长波　王东京 张欣荣　李宗凯	郑晓晨　王永光　孔祥堂 马瑞峰　刘士浩　兰庆田 孔祥振　夏宏根　孙　将 孔祥振　李宗凯　朱中文	2012 年 7 月 19 日，成立防冲队。2015 年 3 月 30 日成立防冲工区
皮带工区	殷　涛	郭道伟　李福吉　连　奖 尤作柱	2017 年 8 月 3 日
充填工区	朱中文　段培溪	宋春杰　段培溪　张慎和 聂宗庆	2017 年 10 月 16 日，成立充填队。2018 年 9 月 10 日，成立充填工区
综合利用热电厂	王存策（兼）　李洪光 张学奎　杨义刚　穆新红 郭　波　马凤国　石道勇 杨成友　付　欣	吕凤新　顾夫刚　何现红 张传法　石道勇　岳夫强 庞振亮　张攀堂　艾敬国 冯运通　孙连军	2001 年 6 月
选煤厂	陈淑科　郭加法　刘建国	李宝新　刘建国　郭加法 张传法　能昌迎　付奉忠 王庆华　杨红艳　刘延东 魏　勇　辛　鑫	2006 年 3 月
煤炭营销公司	王誉钦　郭加法	张荣兴　葛联民　刘建国 杨红艳　王庆华	2016 年 4 月
支护材料（锚网厂）	薛其成　曹恩现　李洪光 张友生　赵燕军　胡乃川	李安平　胡乃川　唐　丽 汤浩兴　严洪涛	2001 年 3 月

第二章 荣 誉

第一节 集体荣誉

集体荣誉具体情况如表 11-2-1 至表 11-2-4 所示。

表 11-2-1 国家、部（行业）级先进集体

获奖年度	荣誉称号	颁奖机关
2003	2003 年度煤炭工业科技进步双十佳矿井	煤炭工业技术委员会
2003	全国煤炭工业行业级高产高效矿井	中国煤炭工业协会
2004	全国工业重点行业效益十佳矿井	国家统计局、中国信息报社、经济日报、中国煤炭报、中国行业企业信息发布中心
2004	全国煤炭环境保护优秀单位	中国煤炭工业协会、中国煤炭加工利用协会
2004	科技进步十佳矿井	煤炭工业技术委员会
2004	全国煤炭工业行业级高产高效矿井	中国煤炭工业协会
2006	2006 年度煤炭工业一级安全高效矿井	中国煤炭工业协会
2006	全国煤炭工业行业级安全高效矿井	中国煤炭工业协会
2007	全国煤炭工业行业一级安全高效矿井	中国煤炭工业协会
2007	2007 年度国家行业一级安全高效矿井	中国煤炭工业协会
2008	2008 年度行业二级安全高效矿井	中国煤炭工业协会
2008	全国煤炭系统文明煤矿	中国煤炭职工思想政治工作研究会
2008	全国青年安全生产示范岗	共青团中央、国家安全生产监督管理总局
2008	全国煤炭工业行业一级安全高效矿井	中国煤炭工业协会
2008	节能减排先进单位	中国煤炭工业协会、中国煤炭加工利用协会

续表

获奖年度	荣誉称号	颁奖机关
2008	全国煤炭系统群众安全先进单位	中国煤炭工业协会
2009	全国煤炭工业行业一级安全高效矿井	中国煤炭工业协会
2009	煤炭工业节能减排先进单位	中国煤炭工业协会、中国煤炭加工利用协会
2010	全国模范职工之家	中华全国总工会
2010	调度指挥中心工程煤炭行业优质工程	中国煤炭建设协会、煤炭工业建设工程质量监督总站
2011	主井提升组“全国五一巾帼标兵岗”	中华全国总工会
2011	2010～2011 年度煤炭工业安全高效矿井	中国煤炭工业协会
2011	国家级安全质量标准化煤矿	国家安全生产监督管理总局、国家煤矿安全监察局
2012	2010～2011 年度行业特级安全高效矿井	中国煤炭工业协会
2012	2010～2012 年度行业特级安全高效矿井	中国煤炭工业协会
2012	全国煤炭工业特级安全高效矿井	中国煤炭工业协会
2012	《深部沿空综放工作面动力灾害防治技术研究》获得中国煤炭工业科学技术奖二等奖	中国煤炭工业协会、中国煤炭学会
2012	实现安全生产 1000 天以上矿井	国家安全生产监督管理总局、国家煤矿安全监察局
2012	国家级安全质量标准化煤矿	国家安全生产监督管理总局、国家煤矿安全监察局
2012	全国安全文化建设示范企业	国家安全生产监督管理总局
2012	2011～2012 年度优质高效选煤厂	中国煤炭加工利用协会
2013	2012～2013 年度煤炭工业先进煤矿	中国煤炭工业协会
2013	2012～2013 年度特级安全高效矿井	中国煤炭工业协会
2014	全国能源化工系统工人先锋号	中国能源化学工会全国委员会
2015	煤炭工业先进煤矿	中国煤炭工业协会
2015	全国连续安全生产 1000 天以上井工煤矿	国家安全生产监督管理总局、国家煤矿安全监察局
2015	全国煤炭工业行业级高产高效矿井	中国煤炭工业协会

续表

获奖年度	荣誉称号	颁奖机关
2016	煤炭工业先进煤矿	中国煤炭工业协会
2017	“同煤杯”第七届全国煤炭行业职业技能竞赛优秀组织奖	中国煤炭行业协会
2018	全国煤炭工业 2016～2017 年度文明煤矿	中国煤炭职工思想政治工作研究会
2018	企业文化建设先进单位	中国企业文化建设峰会组委会

表 11-2-2　省级、能源集团先进集体

获奖年度	荣誉称号	颁奖机关
2002	全省煤矿“创优杯”竞赛优胜单位	山东省煤炭工业局、山东省煤炭工业局工会
2003	2000～2002 年度全省煤炭工业先进单位	山东省煤炭工业局
2003	2000～2003 年度山东省煤炭工业先进单位	山东省煤炭工业局
2003	2001～2003 年度全省煤矿先进矿（处）群监会	山东省煤矿工会
2004	2003 年度“重优杯”竞赛优胜单位	山东省煤矿工会
2004	山东省科技兴煤优秀矿井	山东省煤炭工业局
2004	一级档案室	山东省档案局
2004	2003 年度“创优杯”竞赛优胜单位	山东省煤矿工会
2005	省管企业先进基层党组织	中共山东省国资委委员会
2005	“一通三防”安全科技示范矿井	山东煤矿安全监察局
2005	安全质量标准化二级矿井	山东省煤炭工业局
2005	全省煤矿工会保障工作先进单位	山东省煤矿工会
2005	先进女职工委员会	山东煤矿工会
2005	青年文明号	山东省国资委团委
2005	全省煤炭系统先进女职工集体	山东省煤矿工会
2005	山东省企业管理现代化创新成果三等奖	山东省企业管理现代化创新成果评审委员会
2005	行业级安全高效矿井	山东省煤炭行业协会
2006	安全质量标准化一级矿井	山东省煤炭工业局

续表

获奖年度	荣誉称号	颁奖机关
2006	“双基”建设先进单位	山东省煤炭工业局
2006	“一通三防”安全示范矿井	山东煤矿安全监察局
2006	煤矿安全程度评估 A 级矿井	山东煤矿安全监察局
2006	山东省第二届（2006 年度）全省“十佳选煤厂”	山东省煤炭运销协会
2006	梁希利班获得 2006 年度全省煤炭行业优秀质量管理（QC）信得过班组	山东省煤炭行业协会
2006	防治水安全示范矿井	山东煤矿安全监察局
2006	2006 年度全省煤矿矿（处）际女工家属协管安全竞赛优胜单位	山东省煤矿工会
2007	全省煤炭工业科技创新优秀矿井	山东省煤炭工业局
2007	山东省国有企业创建“四好”领导班子先进集体	中共山东省委组织部、山东省国资委党委
2007	省管企业信访稳定工作先进单位	山东省人民政府国有资产监督管理委员会
2007	2006 ～ 2007 年度山东省煤炭思想政治工作优秀企业	山东省煤炭思想政治工作研究会
2007	省管企业先进基层党组织	中共山东省国资委委员会
2007	“一通三防”安全示范矿井	山东煤矿安全监察局
2007	2005 ～ 2007 年度全省煤炭系统群众安全工作先进单位	山东省煤矿工会
2007	群监会工作优胜单位	山东省煤矿工会
2007	全省煤炭行业十佳煤矿	山东省煤炭行业协会
2007	2007 年度全省煤矿矿（处）际女工家属协管工作竞赛荣获优胜单位第五名	山东省煤矿工会
2008	山东省煤炭企业思想政治工作优秀企业	山东省煤炭职工思想政治工作研究会
2008	防治水安全示范矿井	山东煤矿安全监察局
2008	2006 ～ 2007 连续二年煤矿安全程度评估 A 级矿井	山东煤矿安全监察局

续表

获奖年度	荣誉称号	颁奖机关
2008	先进煤矿安全培训机构	山东煤矿安全监察局鲁西分局
2008	全省十佳选煤厂	山东省煤炭运销协会
2008	安全生产“双基”建设先进单位	山东省煤炭工业局
2008	安全质量标准化一级矿井	山东省煤炭工业局
2008	防治水安全示范矿井	山东煤矿安全监察局
2008	省管企业纪检监察工作先进集体	中共山东省国资委委员会
2008	全省煤炭系统先进女职工集体	山东省煤矿工会
2008	全省煤矿职工疗养工作先进单位	山东省煤矿工会
2008	山东省煤炭企业思想政治工作优秀企业	山东省煤炭企业思想政治工作委员会
2008	文明单位	山东省企业精神文明建设委员会
2008	劳动关系和谐企业	山东省煤矿工会
2008	“一通三防”安全示范矿井	山东煤矿安全监察局
2008	青年文明号	共青团山东省委
2008	职工代表大会优秀星单位	山东省总工会
2008	先进工会女职工委员会	山东能源集团有限公司工会
2008	煤矿安全培训先进单位	山东煤矿安全监察局
2009	煤矿安全程度评估A级矿井	山东煤矿安全监察局
2009	安全质量标准化二级矿井	山东省煤炭工业局
2009	十佳矿井	山东省煤炭行业协会
2009	古城煤矿调度指挥中心被评为山东省煤炭工业优质工程	山东省煤炭工业局
2009	企业技术创新奖	山东省企业技术创新促进会
2009	赵雷班组获得全省煤炭系统“金牌班组”	山东省煤炭工业局
2009	吴建友班组获得全省煤炭系统“优秀班组”	山东省煤炭工业局
2009	全省十佳煤质管理先进矿	山东省煤炭运销协会

续表

获奖年度	荣誉称号	颁奖机关
2010	安全程度评估 2A 级矿井	山东煤矿安全监察局
2010	全省十佳煤质管理先进矿	山东省煤炭运销协会
2010	山东省省管企业五四红旗团委	共青团山东省国资委团委
2010	山东省职业卫生示范企业	山东省卫生厅、山东省安全生产监督管理局、山东省总工会、山东省人力资源和社会保障厅、山东煤矿安全监察局
2010	安全质量标准化一级矿井	山东省煤炭工业局
2010	煤矿瓦斯治理示范矿井	山东省煤炭工业局
2010	安全生产“双基”建设先进单位	山东省煤炭工业局
2010	省级文明单位	山东省精神文明建设委员会
2010	青年先锋号	山东省国资委
2010	全省煤矿安全宣传工作先进单位	山东煤矿安全监察局
2010	山东省煤炭优秀职工思想政治工作研究会	山东省煤炭职工思想政治工作研究会
2011	先进基层党组织	中共山东省国资委委员会
2011	2010 ～ 2011 年度省管企业思想政治工作优秀企业	中共山东省国资委委员会
2011	山东创业先锋功勋集体	山东富民强省典范品牌推评宣传组委会、联合日报社、中国名牌名家网、山东英模网、山东优秀企业家网
2011	全省煤矿安全宣传工作先进单位	山东煤矿安全监察局
2011	青年文明号	共青团山东省国资委
2011	煤矿职工疗养先进单位	山东省煤炭工业局
2011	省管企业五四红旗团支部	共青团山东省国资委
2011	齐鲁创业先锋党组织	中共山东省国资委委员会
2011	员工参与管理先进企业	山东省企业创新评优办公室
2011	山东省煤炭行业先进集体	山东省煤炭行业协会

续表

获奖年度	荣誉称号	颁奖机关
2011	山东煤矿安全文化建设示范企业	山东煤矿安全监察局
2011	安全程度评估连续 3 年 A 级矿井	山东煤矿安全监察局
2011	采煤二工区一班“全省煤炭金牌班组”	山东省煤炭工业局
2011	掘进二工区为“全省煤炭金牌班组”	山东省煤炭工业局
2011	调度质量标准化一级调度室（矿井）	山东省煤炭工业局
2012	安全质量标准化一级矿井	山东省煤炭工业局
2012	2012 年度安全生产“双基”建设省级先进单位	山东省煤炭工业局
2012	山东省省管企业齐鲁创业先进基层党组织	中共山东省国资委委员会
2012	全省煤矿系统工会办公室工作先进单位	山东省煤矿工会
2012	先进单位	山东能源集团有限公司
2012	山东法制维权示范单位	山东省廉政与法制文化建设典范宣传办公室、山东富民强省典范品牌推评宣传组委会、山东工人报社、中国廉政法制报道、中国名家名牌网
2012	山东省煤矿瓦斯综合治理体系建设达标矿井	山东省煤炭工业局
2012	山东省第六届职工运动会体育道德风尚奖	山东省职工体委会
2012	山东省第六届职工运动会排舞比赛团体二等奖	山东省第六届职工运动会组委会
2012	山东最具竞争力知名品牌	山东富民强省典范品牌推评宣传组委会
2012	山东省省管企业五四红旗团支部	共青团山东省国资委团委
2012	2012 年度省级煤矿安全生产诚信建设示范矿井	山东煤矿安全监察局
2012	煤矿安全与职业卫生评估连续 4 年 A 级矿井	山东煤矿安全监察局
2012	全省煤炭系统统计工作先进集体	山东省煤炭工业局
2012	全省煤矿调度质量标准化一级安全生产调度指挥中心	山东省煤炭工业局
2012	“安康杯”职工安全健康知识竞赛第二名	山东能源集团

续表

获奖年度	荣誉称号	颁奖机关
2013	山东最具竞争力知名品牌	山东富民强省典范品牌推评宣传组委会、山东经济文化强省建设模范宣传办公室、山东省廉政与法制文化建设典范宣传办公室、山东名家名牌网、中国廉政法制报道、山东英模网
2013	安全质量标准化一级矿井	山东省煤炭工业局
2013	“双基”省级先进单位	山东省煤炭工业局
2013	先进基层党组织	中共山东省国资委委员会
2013	先进单位	山东能源集团
2013	五四红旗团支部	共青团山东能源集团有限公司委员会
2013	科技创新先进单位	山东能源集团
2013	五四红旗团支部	共青团山东能源集团委员会
2014	先进单位	山东能源集团
2014	模范职工之家	山东能源集团有限公司工会
2014	先进基层党组织	中共山东能源集团委员会
2014	山东煤矿安全生产诚信建设示范矿井	山东煤矿安全监察局
2014	模范职工之家	山东能源集团有限公司工会
2014	五四红旗团委	共青团山东能源集团委员会
2014	优秀党建思想政治工作研究会	山东省省管企业党建思想政治工作研究会
2014	2009～2013年度山东省煤炭系统文化工作先进单位	山东省煤矿工会
2014	煤矿安全与职业卫生评估A级矿井	山东煤矿安全监察局
2014	“双基”建设省级先进单位	山东省煤炭工业局
2015	先进单位	山东能源集团
2015	煤矿安全与职业卫生评估7A级矿井	山东煤矿安全监察局
2015	山东省职业危害防治示范煤矿	山东煤矿安全监察局

续表

获奖年度	荣誉称号	颁奖机关
2015	省管企业五四红旗团支部	共青团山东省国资委团委
2015	省管企业先进基层党组织	中共山东省国资委委员会
2015	文化工作先进单位	山东省煤矿工会
2015	工会女职工培训示范学校	山东省煤矿工会
2015	安全质量标准化一级矿井	山东省煤炭工业局
2016	工人先锋号	山东省煤矿工会
2016	山东省煤矿职工职业道德建设先进单位	山东省煤矿工会
2016	山东省煤炭系统群众安全生产工作先进单位	山东省煤矿工会
2016	优秀科技创新团队	山东能源集团
2016	资源综合利用先进单位	山东省人民政府
2016	群监工作先进单位	山东能源集团公司工会
2016	山东能源第二届“金点子”征集活动优秀组织单位	山东能源集团公司工会
2017	先进单位	山东能源集团有限公司
2017	先进基层党组织	中共山东能源集团有限公司委员会
2017	先进单位	山东能源集团
2017	模范职工之家	山东能源集团工会
2017	群监工作先进单位	山东能源集团工会
2017	山东省“安康杯”竞赛先进单位	山东省总工会
2017	五四红旗团支部	共青团山东能源集团有限公司委员会
2017	模范职工之家	山东能源集团有限公司工会
2018	信访维稳工作先进单位	中共山东能源集团委员会 山东能源集团有限公司
2018	山东省煤炭系统工会工作先进单位	山东省总工会
2018	安全生产先进集体	山东能源集团有限公司
2018	模范职工之家	山东能源集团有限公司工会

续表

获奖年度	荣誉称号	颁奖机关
2018	信访维稳工作先进单位	山东能源集团有限公司
2018	先进工会女工委员会	山东能源集团有限公司工会
2018	十佳青安岗	山东能源集团有限公司、山东能源集团有限公司工会
2018	十佳协管会	山东能源集团有限公司、山东能源集团有限公司工会
2018	女职工工作先进单位	山东省煤矿工会

表 11-2-3　市（区）级先进集体

获奖年度	荣誉称号	颁奖机关
1996	社会治安综合治理先进单位	中共兖州市委、兖州市政府
1999	安全文明单位	中共济宁市委、济宁市政府
1999	兖州市第七届中国象棋比赛团体第三名	组委会
2000	兖州市第十届民间艺术展贡献奖	兖州市人民政府
2000	济宁市绿化先进单位	济宁市绿化委员会
2000	1999 ～ 2000 年环境目标责任制二等奖	兖州市人民政府
2001	2001 年度经济发展功勋企业	中共兖州市委、兖州市人民政府
2002	2002 年度经济发展十大功勋企业	中共兖州市委、兖州市人民政府
2002	计划生育先进单位	中共罗庄办事处委员会、罗庄办事处
2003	环保优秀企业	兖州市环保局
2003	济宁市国税局 A 级纳税信誉纳税人	济宁市税务局
2003	经济发展特殊贡献二等奖	中共兖州市委、兖州市人民政府
2003	诚信纳税先进单位	兖州市地税局
2003	振兴沂蒙劳动奖状	临沂市总工会
2004	全市水土保持生态建设先进单位	兖州市人民政府
2004	A 级纳税信用单位	济宁市国税局、地税局
2005	振兴沂蒙劳动奖状	临沂市总工会

续表

获奖年度	荣誉称号	颁奖机关
2005	2004 年度电力安全管理先进单位	济宁经贸委、济宁供电公司
2005	尊师重教先进单位	中共兖州市委、兖州市政府
2005	全市学习型组织标兵单位	临沂市总工会
2006	2005 年度经济发展贡献一等奖	中共兖州市委、兖州市人民政府
2006	兖州市安全生产工作先进单位	中共兖州市委、兖州市人民政府
2006	2006 年度计划生育工作先进单位	中共罗庄区委、罗庄区人民政府
2006	市容环境卫生整治先进单位	兖州市人民政府
2006	临沂市五四红旗团支部（总支）	共青团临沂市委
2008	经济发展一等奖	中共兖州市委、兖州市人民政府
2008	2007 年度消防工作先进单位	济宁市安全生产委员会
2008	计生工作先进单位	中共罗庄区委员会、罗庄区人民政府
2008	振兴沂蒙劳动奖状	临沂市总工会
2008	职业病防治工作先进集体	济宁卫生局
2009	2008 年度消防平安创新工作先进单位	兖州安全委员会
2009	2008 年度经济发展一等奖	中共兖州市委、兖州市政府
2009	安全生产先进企业	济宁市人民政府
2009	文明单位	中共兖州市委、兖州市政府
2010	2009 年度经济发展贡献奖特等奖	中共兖州市委、兖州市政府
2010	2009 年度安全生产工作先进企业	兖州市人民政府
2010	临沂市五四红旗团支部（总支）	共青团临沂市委
2010	第三届临沂市“劳动之星”职业技能竞赛团体一等奖	临沂市组织部、临沂市总工会等
2010	2008～2010 年度 A 级纳税信用单位	济宁市国税局、济宁市地税局
2010	2010 年度经济发展贡献奖	中共兖州市委、兖州市政府
2010	市级优秀职工书屋示范点	临沂市总工会
2010	振兴沂蒙劳动奖状	临沂市总工会

续表

获奖年度	荣誉称号	颁奖机关
2011	2010 年度单位内部治安保卫工作集体三等功	济宁市公安局
2011	武装保卫科 2010 年度内保工作先进单位	临沂市公安局河西分局
2011	济宁市城区 2010 年冬季供热工作先进单位	济宁市人民政府
2012	2011 年度纳税先进单位	兖州市地方税务局
2012	2012 年度经济特别贡献奖特等奖	中共兖州市委、兖州市政府
2012	2011 年度社会治安综合治理基层基础工作先进单位	中共兖州市委、兖州市政府
2012	2012 年度安全生产先进企业	兖州市政府
2012	全市厂务公开民主管理先进单位	临沂市厂务公开管理小组
2012	先进基层党组织	临沂市市直机关委员会
2012	临沂市第五届劳动之星团体二等奖	中共临沂市委组织部
2012	临沂市第五届劳动之星优秀组织奖	中共临沂市委组织部
2013	2012 年度经济发展贡献奖	中共兖州市委、兖州市政府
2013	2012 年度计划生育属地管理先进单位	中共罗庄区委
2013	新闻报道工作贡献奖	中共兖州区委宣传部
2014	2013 年度支持地方发展突出贡献奖	中共兖州区委、兖州区政府
2014	2013 年度安全生产先进企业	中共济宁市兖州区委
2014	工人先锋号	临沂市总工会
2014	优秀职工书屋示范点	临沂市总工会
2014	2013 年度先进民兵连	中共济宁市兖州区委
2014	工人先锋号	临沂市总工会
2014	优秀职工书屋示范点	临沂市总工会
2014	第七届“劳动之星”技能竞赛团体二等奖	中共临沂市委组织部
2014	2013 年度节能优秀企业	济宁市兖州区人民政府
2015	2014 年度经济发展贡献奖特等奖	中共济宁市兖州区委、兖州区人民政府

续表

获奖年度	荣誉称号	颁奖机关
2016	突出贡献奖	中共济宁市委
2016	临沂市第九届“劳动之星”职业技能竞赛团体一等奖	中共临沂市委组织部
2017	2016 年度经济发展特殊贡献企业	中共济宁市兖州区委、区人民政府
2017	2016 年度全市煤炭行业大气污染防治工作先进单位	济宁市煤炭局
2017	2016 年度安全生产先进企业	济宁市兖州区安全生产委员会
2018	济宁市资源综合利用十佳示范矿井	济宁市经济和信息化委员会
2018	2017 年度安全生产先进企业	兖州区安全生产委员会
2018	全区生态环保先进企业	济宁市兖州区人民政府

表 11-2-4　　临矿集团（临沂矿务局）先进集体

获奖年度	荣誉称号	颁奖机关
1996	计划生育先进单位	临沂矿务局
1998	扭亏增盈先进单位	临沂矿务局
1999	减亏增盈先进单位	临沂矿务局
2000	先进基层党组织	中共临沂矿务局委员会
2001	先进单位	临沂矿务局
2001	安全生产先进单位	临沂矿务局、临沂矿区工会
2001	先进青年安全监督总岗	共青团临沂矿务局委员会
2001	多种经营先进集体	临沂矿务局
2002	先进单位	临沂矿务局
2002	安全知识竞赛优秀组织奖	临沂矿务局
2003	先进单位	临沂矿务局临沂矿区工会
2004	先进基层党组织	中共临沂矿务局委员会
2005	先进基层党组织	中共临沂矿务局委员会
2005	安全生产工作先进单位	临沂矿务局临沂矿区工会

续表

获奖年度	荣誉称号	颁奖机关
2006	先进基层党组织	中共临沂矿业集团委员会
2007	先进单位	临沂矿业集团有限公司、临矿集团有限公司工会
2008	先进单位	临沂矿业集团有限公司、临矿集团有限公司工会
2008	女工家属协管工作先进集体	临矿集团工会
2008	模范职工之家	临矿集团工会
2008	女职工工作先进集体	临矿集团工会
2008	科技创新先进单位	临矿集团
2009	工会工作创新成果奖	临矿集团工会
2009	节能减排先进单位	临矿集团
2010	创建“四好”领导班子先进集体	中共临矿集团有限责任公司委员会
2010	首届临矿集团职业技能竞赛优秀组织奖	临矿集团工会
2010	第三届青工创新工作法评审命名活动优秀组织奖	临矿集团团委
2011	第一届“临矿杯”青工摄影活动优秀组织奖	临矿集团工会
2012	先进集体	临矿集团工会
2012	先进团委	临矿集团团委
2012	第四届青工创新工作法证实命名活动优秀组织奖	临矿集团团委
2012	模范职工之家	临矿集团工会
2012	先进群监会	临矿集团工会
2012	先进协管会	临矿集团工会
2012	先进团支部	共青团临沂矿业集团委员会团委
2012	标杆基层党组织	中共临矿集团有限公司委员会
2013	先进单位	临矿集团
2013	先进协管会	临矿集团工会
2013	模范职工之家	临矿集团工会

续表

获奖年度	荣誉称号	颁奖机关
2013	先进群监会	临矿集团工会
2013	五四红旗团委	共青团临沂矿业集团有限公司委员会
2013	先进基层党组织	中共临矿集团有限公司委员会
2013	优秀大学生青工创新团队	临矿集团
2014	模范职工之家	临矿集团工会
2014	女职工工作先进集体	临矿集团工会
2014	先进基层党组织	临矿集团
2015	先进单位	临矿集团
2015	第四届职工乒乓球比赛女子团体第二名	临矿集团工会
2015	第四届职工乒乓球比赛男子团体第六名	临矿集团工会
2015	山东能源临矿集团职工“四新”教育演讲比赛优秀组织奖	临矿集团公司工会
2015	山东能源临矿集团首届职工文艺展演第三名	临矿集团公司工会
2015	先进基层党组织	中共临矿集团有限责任公司委员会
2015	服务型党支部建设示范点	中共临矿集团有限责任公司委员会
2016	先进单位	临矿集团
2016	女职工工作先进集体	临矿集团工会
2017	先进单位	临矿集团
2017	模范职工之家	临矿集团工会
2017	临矿集团第三届职工文艺展演优秀组织奖	临矿集团工会
2017	“四好”领导班子	中共临矿集团有限责任公司委员会
2018	2017 年度先进单位	临矿集团
2018	五四红旗团委	共青团临矿矿业集团有限责任公司团委

第二节　个人荣誉

个人荣誉具体情况如表 11-2-5 至表 11-2-12 所示。

表 11-2-5　　　　　　　　　　国家级

姓名	性别	部门	荣誉称号	颁奖机关	获奖年度
翁洪周	男	采煤二工区	优秀采煤队长	中国能源化学工会、中国煤炭工业协会	2004
崔丽苹	女	工会	全国煤炭系统优秀协管员	中国能源化学工会全国委员会	2006
翁洪周	男	采煤二工区	全国煤炭工业劳动模范	中国煤炭工业协会	2007
刘厚福	男		全国煤炭工业“双十佳矿长”	中国煤炭工业协会	2007
刘厚福	男	办公室	全国煤炭工业“优秀矿长”	中国煤炭工业协会、中国煤炭工业技术委员会	2008
代夫平	男	掘进工区	全国煤炭系统优秀群监员	中国煤炭工业协会	2008
张步欣	男	采煤工区	全国煤炭系统优秀群监员	中国煤炭工业协会	2008
许崇新	男	工会	全国煤炭系统优秀劳动保护干部	中国煤炭工业协会	2008
孙善强	男	采煤一工区	全国煤炭工业百名优秀青年矿工	《中国煤炭工业》传媒联盟、《中国煤炭工业》杂志社	2011
张传毅	男	办公室	2010 ～ 2011 年度全国煤炭工业“双十佳矿长”	中国煤炭工业协会	2011
张传毅	男	办公室	全国优秀矿长	中国煤炭工业协会	2012
管清向	男	办公室	2012 ～ 2013 年度煤炭工业“双十佳矿长”	中国煤炭工业协会	2014
张禄洲	男	机电工区	煤炭行业技能大师	中国煤炭工业协会	2015
孙明德	男	掘进工区	煤炭行业技能大师	中国煤炭工业协会	2016
李涛	男	采煤二工区	全国煤炭工业劳动模范	人力资源社会保障部、中国煤炭工业协会	2018
张龙飞	男	机电工区	煤炭行业技能大师	中国煤炭工业协会	2018

表 11-2-6　　省　级

姓名	性别	部门	荣誉称号	颁奖机关	获奖年度
王立才	男	办公室	山东省"富民兴鲁"劳动奖章	山东省总工会	2002
赵喜庆	男	办公室	劳动模范	山东省煤炭工业局	2003
姬传忠	男	采煤一工区	劳动模范	山东省煤炭工业局	2003
陈广印	男	掘进一工区	2003 年度 QC 优秀质量管理工作者	山东省煤炭行业协会	2003
王洪忠	男	办公室	山东省"富民兴鲁"劳动奖章	山东省总工会	2004
陈广印	男	生产技术科	全省煤炭工业"科技兴煤"优秀工作者	山东省煤炭工业局	2004
宋有耀	男	办公室	全省煤炭系统安全生产先进个人（三等功）	山东省人事厅、山东省煤炭工业局	2004
刘厚福	男	办公室	全省煤炭系统安全生产先进个人	山东省人事厅、山东省煤炭工业局	2005
刘厚福	男	办公室	第七届（2006 年度）全省煤炭行业十佳矿长	山东省煤炭行业协会	2006
陈广印	男	生产技术科	2006 年度全省煤炭行业优秀质量管理（QC）工作者	山东省煤炭行业协会	2006
王永宝	男	通防工区	2006 年度全省煤炭行业优秀质量管理（QC）工作者	山东省煤炭行业协会	2006
焦士荣	男	办公室	2006 年度全省煤炭行业优秀质量管理（QC）工作者	山东省煤炭行业协会	2006
张可修	男	采煤工区	山东省煤炭系统优秀群监员	山东省煤矿工会	2007
班彦玺	男	安培中心	煤矿安全培训先进个人	山东煤矿安全监察局	2008
韩广勤	男	安培中心	煤矿安全培训优秀教师	山东煤矿安全监察局鲁西分局	2008
侯绪进	男	安培中心	煤矿安全培训优秀教师	山东煤矿安全监察局鲁西分局	2008
陈淑科	男	选煤厂	全省十佳选煤厂厂长	山东省煤炭运销协会	2008

续表

姓名	性别	部门	荣誉称号	颁奖机关	获奖年度
孙善强	男	采煤一工区	山东省煤炭行业双十佳采煤队（区）长	山东省煤炭行业协会	2008
陈家忠	男	办公室	建国六十周年最具影响力的山东优秀企业家	山东省“建国六十周年”宣传组委会	2009
王德富	男	劳资科	省直管企业养老保险工作先进个人	山东省人社厅	2009
赵雷	男	采煤一工区	2009 年度山东省煤炭工业系统金牌班组长	山东省煤炭工业局	2010
张传毅	男	办公室	山东创业先锋功勋人物	山东省总工会	2011
李泉	男	办公室	推进员工参与管理先进个人	山东省企业创新评优办公室和山东省企业经营管理学会	2011
陈宜勇	男	党群工作部	山东煤矿安全监察局网站优秀撰稿人	山东煤矿安全监察局	2011
陈宜勇	男	党群工作部	2011 年度山东省企业报刊优秀记者	山东省企业联合会、山东省企业家协会、山东省工业经济联合会	2011
贾章才	男	采煤一工区	金牌班组长	山东省煤炭工业局	2011
张连国	男	掘进三工区	山东省煤炭行业双十佳掘进队（区）长	山东省煤炭工业局	2011
张传毅	男	办公室	全省煤矿安全生产先进个人	山东省煤炭工业局	2012
张传毅	男	办公室	优秀矿长	山东煤矿安全监察局	2012
张传毅	男	办公室	山东省富民兴鲁劳动奖章	山东省总工会	2012
张传毅	男	办公室	劳动模范	中共山东能源集团有限公司委员会、山东能源集团有限公司	2012
李泉	男	办公室	2010 ～ 2011 年度山东省煤炭职工思想政治工作研究会优秀干部	山东省煤炭职工思想政治工作研究会	2012
王朝贵	男	调度室	全省煤炭系统统计工作先进个人	山东省煤炭工业局	2012

续表

姓名	性别	部门	荣誉称号	颁奖机关	获奖年度
尹作海	男	党群部	优秀劳动保护干部	山东省煤矿工会	2012
张传法	男	党群部	十佳群监员	山东省煤矿工会	2012
田晓东	男	掘进工区	优秀群监员	山东省煤矿工会	2012
郭士伟	男	运输工区	优秀群监员	山东省煤矿工会	2012
庄肃敏	男	采煤工区	优秀群监员	山东省煤矿工会	2012
廖洪洲	男	安监处	优秀群监员	山东省煤矿工会	2012
赵德花	女	职工家属	优秀协管员	山东省煤矿工会	2012
吴玉莲	女	职工家属	优秀协管员	山东省煤矿工会	2012
管清向	男	办公室	山东富民强省品牌与创新发展领军人物	山东富民强省典范品牌推评组委会	2013
管清向	男	办公室	劳动模范	中共山东能源集团有限公司委员会、山东能源集团有限公司	2014
管清向	男	办公室	优秀矿长	山东煤矿安全监察局	2015
王丽芳	女	选煤厂	第三届山东省省管企业道德模范孝老爱亲模范	山东省省管企业文明委	2015
孟庆科	男	党群工作部	山东省省管企业优秀团干部	山东省国资委团委	2015
鲁守明	男	办公室	安全生产优秀矿长	山东煤矿安全监察局	2016
李涛	男	采煤二工区	劳动模范	中共山东能源集团有限公司委员会、山东能源集团有限公司	2017
田洪波	男	机电科	劳动模范	中共山东能源集团有限公司委员会、山东能源集团有限公司	2018
张禄洲	男	机电科	齐鲁首席技师	山东省人民政府	2018

表 11-2-7　　济宁市及兖州区级

姓名	性别	部门	荣誉称号	颁奖机关	获奖年度
刘成录	男	办公室	2001 年度经济社会发展优秀企业家	中共兖州市委、兖州市人民政府	2001

续表

姓名	性别	部门	荣誉称号	颁奖机关	获奖年度
李中涛 朱金峰 魏广民 孟凡伟 张永春 乔元超 刘庆永 姜海涛	男	保卫科	经济文化保卫系统先进个人	兖州市公安局	2001
王洪忠	男	办公室	优秀企业家	中共兖州市委、兖州市人民政府	2003
王绪党	男	保卫科	个人三等功	济宁市公安局	2005
陈祥和	男	卫生所	全市职业病防治工作先进个人	济宁市卫生局	2008
陈祥和	男	卫生所	职业卫生防治工作先进个人	兖州市	2009
陈维水	男	安监处	安全生产工作先进个人	兖州市	2010
唐丽	女	财务科	纳税工作优秀办税员	兖州市	2011
孙华先	男	保卫科	兖州市第三届道德模范——助人为乐	兖州市	2012
高小军	男	运输工区	兖州市第三届道德模范——孝老爱亲模范	兖州市	2012
张兆刚	男	保卫科	兖州市第三届道德模范提名奖——见义勇为	兖州市	2012
李秀军	男	煤管科	兖州市第三届道德模范提名奖—诚实守信	兖州市	2012
孙善强	男	采一工区	兖州市第三届道德模范提名奖—敬业奉献	兖州市	2012
管清向	男	办公室	优秀企业家	中共济宁市兖州区委、兖州区人民政府	2014
鲁守明	男	办公室	优秀企业家	中共济宁市兖州区委、兖州区人民政府	2015
孙明德	男	掘一工区	济宁市第六届济宁首席技师	济宁市人民政府	2015
鲁守明	男	办公室	优秀企业家	中共济宁市兖州区委、兖州区人民政府	2016

表 11-2-8　　临矿集团（临沂矿务局）劳动模范统计表

姓名	获奖年度
王思国	1995
夏宇君	1996
夏宇君	1997
解信德 王崇欣	1998
解信德 付奉忠 田标 翁洪周	1999
翁洪周 解信德 付奉忠 王兴存 王思国	2000
翁洪周 赵士雷 王立才	2001
翁洪周 宋春团 范宗洪	2002
翁洪周 陈广印 赵喜庆	2003
翁洪周 王艾新 张学奎	2004
焦士荣 翁洪周 李连华 何祥成	2005
赵喜庆 李连华 王统海	2006
管清向 肖俊生 王庆东 陈广印 尹作海	2007
翁洪周 葛现栋 林相亮 孙善强 肖俊生 姚焕东 王庆东 张学奎 李连华 管清向	2008
赵喜庆 王统海 梁副恒 杨小刚 王庆东 谢洪路 魏勇 付奉忠 梁希利 范宗红	2009
赵喜庆 王统海 王桂利 孙善强 王东京 李加坤 宋春团 张凤南 李雪峰 陈淑科 付欣	2010
张传毅 陈维水 葛秀金 辛全玉 葛现国 张连国 赵加彬 魏兴民 高清水 何玉军	2011
张传毅 柳俊仓 陈淑科 孙善强 张连国 赵加宾 钱仲泉 魏兴民 张学奎 贾章才 张玉兆 吴海静	2012
王东京 张连国 赵加宾 梁副恒 孙明德 穆新红 徐德方	2013
柳俊仓 张良先 卢立波 焦永奇 付欣 陈淑科 李雪峰	2014
柳俊仓 张良先 卢立波 焦永奇 付欣 陈淑科 李雪峰 柳延波	2015
魏兴民 孔祥振 李涛 连奖 卢立波 王坤林 周广波	2016
伦庆忠 王桂利 张良先 吴建孝 付欣 张龙飞 张扬扬 朱淄博 付殿奎	2017
田洪波 李宗凯 王东京 冯珂珂 谢洪路 胡海涛 殷涛 刘廷高 李明明 范立斌	2018

表 11-2-9　临矿集团（临沂矿务局）优秀共产党员、优秀党务工作者

优秀共产党员	优秀党员干部 / 党务工作者	获奖年度
能昌迎 王思国 焦士荣 任树才	刘恩功	1999
赵喜庆 刘明星 杨仁珂 翁洪周 来永福		2000
来永福 葛现栋 张连国 王沛智		2001
张传毅 翁洪周 李星坤		2002
焦士荣 刘恩法 王存策		2003
秦玉明 何祥成 王庆东		2004
翁洪周 陈淑科 陈广印	何祥成	2005
尹作海 王庆东 梁副恒	何祥成	2006
尹作海 孙善强 刘建喜	何祥成	2007
赵喜庆 尹作海 李连华	何祥成	2008
管清向 李连华 能昌迎	何祥成	2009
尹作海 能昌迎 张连国 程广胜	李　泉	2010
尹作海 能昌迎 张连国 程广胜	李　泉	2011
赵喜庆 贾安强 张凤南 赵加宾 尹作海		2012
魏兴民 付　欣 张连国 梁副恒	贾安强	2013
陈维水 李雪峰 王东京 穆新红	贾安强	2014
李乐成 王桂利 梁副恒 王东京	贾安强	2015
李俊瑞 宋春杰 程立群 王均福	贾安强	2016
王桂利 王东京 梁副恒 刘　鹏	陈宜勇	2017
张庆忠 孙　健 梁副恒 吴平平		2018

表 11-2-12　古城矿井优秀共产党员劳动模范

优秀共产党员	劳动模范	获奖年度
王思国 张传毅 李广慈	王思国	1995
王思国 刘成安 严维国	夏宇君 张传毅	1996
王思国 刘成安 张传毅	夏宇君 张传毅 张洪学 李兆民 葛现栋 葛现国	1997

续表

优秀共产党员	劳动模范	获奖年度
王思国 桓希传 李兆民 寻明传 胡加勇 能昌迎 葛现栋 葛现国	翁洪周 李玉亮 孙夫军 王崇欣 葛现栋 张洪学 张传毅 解信德	1998
胡加勇 桓希传 单井林 能昌迎 葛振良 来永福 肖庆华 任树才 李安平 刘成安 任树才 林化忠 王加龙 刘成安 钟汝德 来永福 解直江 焦士荣 王思国 王立才 胡加勇 解信德 王立平 能昌迎 庄子娟（女）	田　标 翁洪周 英成峰 肖庆华 付奉忠 李玉亮 扈玉芳 马兴明 葛现栋 周生国 桓希传 张传毅 解信德	1999
来永福 翁洪周 杨仁珂 刘明星 赵喜庆 钟汝德 王祥会 葛现栋 孙文川 周生国 张俊宝 葛振良 庄子娟（女）	王兴存 汤友锦 朱树民 翁洪周 密其香 范宝夫 吴俊林 马兴明 严洪涛 杨仁珂 钱仲泉 付奉忠 周生国 解信德 王思国 张传毅	2000
来永福 刘延东 翁洪周 范宗洪 林相亮 高长河 曹学柱 张连国 陈乃河 刘见喜 张效宪 王沛智 李　涛 葛现栋 郭　富 王厚民 周生国 边玉海 王会才 宋兰武 尹作海 李洪光 王思国 桓希传 刘德杰 胡加勇	孙善强 密其香 丁慎峰 刘兰松 崔洪欣 熊可义 李广军 王沛智 杨振乾 朱孔绪 李西新 陈广印	2001
来永福 范宗红 翁洪周 田俊利 梁副恒 钟宇辉 李进文 张苏洋 张连国 张俊宝 付　欣 付奉忠 王厚民 张景荣 张文娇 李星坤 张　文 尹作海 张士海 陈祥和 徐贵启 王传民 孙　涛 庄又军 尹国华 庄子娟（女）	赵士雷 聂宗庆 刘立厂 崔洪欣 王秀启 付　欣 熊可义 张秀忠 杨振乾 尹作海 陈广印 曹立强	2002
范宗红 张慎和 刘恩法 张庆新 焦士荣 田俊利 付　欣 解直江 张文娇 张可修 张秀刚 张学奎 边玉海 陈伯堂 郭　富 孙富军 王存策 葛联民 孙　涛 张善选 董勤凯 上官相环 王保珠（女）	**功勋劳模：** 宋春团 王统海 翁洪周 陈广印 付奉忠 卢立波 徐贵启 王沛智 李宗珠 张学奎 **劳动模范：** 张纪法 侯友军 李秀军 常　勇 马兴明 李星坤 张　文 段有海 庞文华 赵喜庆 林相亮	2003
英成峰 贾昌伟 伊永伦 田俊利 朱忠欣 梁副恒 刘彦东 崔洪欣 宋青合 吴树林 张凤南 张文东 左金光 张丙才 徐化芬 王厚民 葛现栋 张文娇 吴清红 张学奎 于腾汉 秦玉明 陈广印 张世海 王绪党 何祥成 程广胜	何祥成 张海涛 翁洪周 宋春团 李连华 卢立波 耿安义 王艾新 王统海 李星坤 马兴明 尹作海 陈广印 李宗珠 张学奎 王宗伦 张步新 密其香 夏洪友 王纪田 华　利 刘立厂 刘廷高 英玉国 刘兰松 邵长波 平学德 张文东 杨国荣 焦金泉 蒿士栋 段有海 刘顺严 张新文 刘建国 严洪涛 李长存 邢　成 张秀忠 张俊江	2004

续表

优秀共产党员	劳动模范	获奖年度
宋有耀 王庆东 英成峰 侯培明 田俊利 张庆国 丁慎峰 刘本库 宋清合 崔洪欣 张文才 刘德才 辛全玉 李光华 李　涛 付　欣 陈伯堂 葛现栋 王开田 张文娇 贾孝彪 张学奎 顾夫刚 寻明传 陈广印 尹作海 何祥成 张传法 秦玉明 王绪党 付奉忠 曹恩现 刘建喜 董勤凯 张世海 王沛智 钟宇辉 上官相环 崔丽苹（女） 孙荣花（女）	张海涛 翁洪周 宋春团 李连华 钟宇辉 耿安义 王统海 王沛智 李星坤 陈广印 密其香 王宗伦 唐成伟 华　利 王纪田 刘廷高 蒿士栋 胡金宝 焦金全 李广华 邵先存 陈怀颂 卢立波 平学德 彭景成 魏延东 刘德才 巩富军 杨国荣 张新闻 张开录 李广军 郝玉强 马兴明 刘建玺 张学奎 刘建国 郑士东 何祥成 焦士荣	2005
刘文华 朱中文 张庆国 宋振和 翁洪周 解直江 徐玉栋 辛全玉 杜兰运 崔洪欣 陈怀颂 于瑞军 薛面宝 付　欣 孙　涛 董建廷 孙文川 陈伯堂 刘安才 张文娇 王会才 韩跃民 张学奎 郭　波 陈淑科 张世海 付奉忠 李宗珠 陈广印 上官相环	孙善强 翁洪周 宋春团 张苏洋 李连华 张连国 王统海 王沛智 王庆东 李星坤 陈淑科 张学奎 韩跃民 赵喜庆 陈广印 李宗珠 田录太 赵　雷 唐成伟 史仍方 张廷礼 盛乃秀 刘立厂 张凤南 宫伟平 胡金宝 马瑞国 周东云 刘保廷 薛面宝 杨国荣 卢立波 陈怀颂 梁希利 李秀军 时伯玺 刘本存 李广军 马兴明 刘顺严 张开录 李长存 刘延东 庞振亮 郑士东 尹作海 张世海 张善选	2006
朱中文 孙善强 密其香 英成峰 唐文海 刘本库 梁副恒 辛全玉 杜兰运 刘德才 刘宝廷 耿安义 朱付廷 陈怀颂 崔洪欣 梁希利 付　欣 董建廷 桑瑞红 王庆东 李成增 张　文 刘安才 马士国 王明增 韩跃民 穆新红 郭　波 赵喜庆 张明奎 付奉忠 薛彦波 尹作海 段修国 李俊瑞 上官相环	孙善强 翁洪周 宋春团 张苏洋 肖俊生 张连国 王沛智 付　欣 李星坤 王庆东 陈淑科 韩耀民 张学奎 李连华 王统海 郑士东 蒿士梓 古春峰 韦希柱 管清向 邵明武 盛乃秀 周　元 宫伟平 胡金宝 孟凡永 周东云 刘宝廷 杨国荣 姚焕东 梁希利 张长远 陈广印 马兴明 张秀忠 马思明 常　勇 董建廷 李长存 刘顺严 杨仁珂 郭加法 刘延东 庞振亮 尹作海 李雪峰	2007
何玉军 孙善强 宋春团 英成峰 王守宝 刘本库 张庆忠 张凤南 焦金泉 杜兰运 耿安义 朱付廷 刘宝廷 于瑞军 刘建喜 崔洪欣 陈怀颂 薛面宝 时伯玺 侯培明 宋振合 刘安才 马士国 孙文川 钱仲泉 陈常杰 穆新红 郭　波 李宝新 韩跃民 尹作海 张世海 李连华 王统海 李洪光 李俊瑞 张苏洋 上官相环 崔丽苹（女）	孙善强 韦希柱 周　元 宫伟平 胡金宝 肖俊生 周东云 杨国勇 姚焕东 王庆东 马兴明 付　欣 张龙飞 李长存 郭加法 张学奎 韩广勤 管清向 王统海 尹作海 李连华	2008

续表

优秀共产党员	劳动模范	获奖年度
刘廷高 何玉军 刘文华 密其香 张庆波 刘本库 张凤南 陈相志 杜兰运 耿安义 于瑞军 刘建玺 张　伟 陈怀颂 崔洪欣 薛面宝 姜成蛟 孙文川 赵加宾 时伯玺 侯培明 李　涛 王开田 马士国 能昌迎 李宝新 李广合 穆新红 郭　波 顾夫刚 苏学明 李连华 尹作海 赵喜庆 高清水 王统海 路兴峰 李俊瑞 王保珠（女） 上官相环	孙善强 赵　雷 梁副恒 韦希柱 宋春团 周　元 张凤南 谢洪路 于瑞军 王　斌 程广胜 吴建孝 刘旭帅 杨小刚 付　欣 张禄洲 鞠宗华 王庆东 贾坤仟 王沛智 张俊江 李星坤 王坤林 张学奎 陈淑科 魏　勇 庄树武 赵喜庆 李连华 王统海 尹作海	2009
刘廷高 庄肃国 密其香 伊永伦 聂宗庆 刘本库 盛乃秀 辛全玉 陈相志 蒿士栋 陈乃合 葛现国 左金光 张连国 崔洪欣 侯培明 李　涛 王明增 马士国 王庆东 钱仲泉 张开录 张明亮 李广红 王均福 郭　波 顾夫刚 岳夫强 能昌迎 刘建国 韩广勤 管清向 李连华 尹作海 王统海 耿安义 高清水 李洪光 李俊瑞 王保珠（女）	孙善强 赵　雷 邵明武 宋春团 周　元 张凤南 谢洪路 王东京 葛现国 魏全中 吴建友 薛面宝 付　欣 吴海静 赵家宾 张彦峰 贾坤仟 李兴坤 王坤林 陈淑科 魏　勇 张学奎 邵泽溪 赵喜庆 王统海 王桂利 李雪峰 尹作海 王保珠 李安平	2010
刘廷高 何玉军 赵　雷 密其香 韦希柱 张庆波 刘本库 张庆忠 程广胜 陈相志 张凤南 葛现国 左金光 刘宝廷 邵长波 刘庆堂 邵先存 严洪涛 李　涛 吴清红 马士国 盛汉义 李成增 刘顺严 庞伟华 张明亮 王庆瑞 姜成蛟 马凤国 顾夫刚 岳夫强 能昌迎 陈维山 李广和 韩广勤 路兴峰 魏兴民 王统海 李雪峰 高清水 张传法 耿安义 周生国 王桂利 王保珠（女）	古春峰 何玉军 葛秀金 王长河 周　元 王立庆 代夫平 郝宗峰 辛全玉 王东京 魏全忠 葛现国 孙　杨 吴建孝 张连国 刘耐飞 赵加宾 钱仲泉 尤作柱 王坤林 付　欣 惠　海 陈淑科 魏　勇 张学奎 魏兴民 尹作海 王桂利 高清水 耿安义 陈维水	2011
刘廷高 庄肃敏 田录太 密其香 张庆波 韦希柱 刘本库 王允双 张步新 程广胜 谢洪路 陈祥志 张凤南 葛现国 张　伟 于瑞军 刘学勇 邵长波 沈廷远 刘庆堂 侯培明 严洪涛 吴清红 李成增 杨仁珂 张新文 张明亮 陈常杰 史志军 王开田 付本正 马士国 能昌迎 王秀亮 王正飞 苗树鲁 郭　波 孙连军 马凤国 石道勇 李秀军 张传法 魏兴民 李雪峰 阚士远 王桂利 李安平 王朝贵 李乐成 李连华	刘廷高 张良先 刘文华 邵明武 密其香 宋春团 盛大宝 辛全玉 徐得方 郝宗峰 张凤南 王　斌 管彦学 卢立波 吴建孝 刘耐飞 李祥冲 王东京 葛现国 付　欣 邢殿强 张彦峰 毛　伟 葛瑞团 李星坤 魏　勇 刘建国 穆新红 李秀军 尹作海 李雪峰 阚士远 王桂利 柳俊仓 陈淑科 孙善强 张连国 赵加宾 钱仲泉 魏兴民 张学奎 贾章才 张玉兆 吴海静	2012

续表

优秀共产党员	劳动模范	获奖年度
刘廷高　姬传中　宋春杰　张廷礼　伊永伦 王全国　张庆忠　吴兆贞　刘恩尚　陈相志 张凤南　蒿士栋　张　伟　程广胜　崔洪欣 邵先存　任庆东　韩　笑　侯培明　严洪涛 谢兆勇　赵加宾　谢更仓　张新文　李成增 杨仁珂　郭士伟　张明亮　王军福　能昌迎 杨红艳　王正飞　王庆华　郭　波　孙连军 岳夫强　李秀军　赵喜庆　张传法　李安平 张连国　阚士远　李雪峰　王桂利　王朝贵 李乐成　赵士雷　郇　飞　马庆萍（女） 崔丽苹（女）	孙善强　古春峰　李　涛　王长河　宋春团 盛大宝　辛全玉　李怀朋　王　斌　张凤南 管彦学　邵长波　刘耐飞　焦永奇　王　格 孟庆旭　付德珂　付　欣　武光玉　王　超 钱仲泉　马正路　李星坤　魏　勇　陈淑科 张学奎　陈维水　尹作海　李雪峰　阚士远 李安平	2013
刘廷高　朱中文　何玉军　张良先　梁副恒 伊永伦　密其香　王全国　吴兆征　王立庆 孟庆凯　谢洪路　吴建孝　魏超强　付贵波 王　斌　刘彦平　刘学勇　程广胜　崔洪欣 盛国升　葛现国　韩　笑　张禄洲　侯培明 吴海静　李成增　郭道伟　张新文　赵加宾 谢更仓　张明亮　王立平　马凤国　庞振亮 岳夫强　王正飞　王庆华　刘　磊　能昌迎 赵喜庆　尹作海　李安平　阚士远　李雪峰 王德富　李乐成　赵士雷　王桂利　王朝贵	孙善强　刘彦存　梁副恒　邵明武　王长河 张玉兆　宋春团　徐得方　李怀朋　张凤南 刘　旺　邵长波　张相领　孙明德　张禄洲 惠　海　赵加宾　李星坤　钱仲泉　毛　伟 王东京　郭家法　魏　勇　穆新红　李安平 张传法　张连国　阚士远　赵喜庆	2014
田录太　宋春杰　马　永　张良先　密其香 王纪田　王　超　韦希柱　郑　州　张步新 王立庆　张天坤　朱学龙　陈相志　程立群 蒿士栋　左金光　王秀军　刘庆堂　崔洪欣 盛国升　何同星　葛现国　冯贻雷　李成增 张新文　张明亮　王坤林　常　勇　谢兆勇 葛忠坤　管宜峰　程广胜　刘　磊　付军利 岳夫强　杨贵前　吴海静　庄肃敏　李永吉 李安平　阚士远　李乐成　王桂利　李俊瑞 周生国　王朝贵　王德富　赵士雷	周　永　李　涛　张玉兆　徐得方　孙建设 黄运刚　王敬航　刘　旺　孙明德　张相领 戚洪欣　惠　海　王　朋　王坤林　尤作柱 毛　伟　王东京　邵长波　刘建国　魏　勇 庞振亮　张连国　张传法　高　伟　李俊瑞 赵士雷	2015
姬传忠　郑　州　刘廷高　张廷礼　王全国 张庆忠　张步新　宫伟平　刘正利　乔元超 焦永奇　盛国升　孙　健　韩　笑　管彦学 张　伟　孙　将　惠　海　谢兆勇　汤浩兴 赵萌萌　史志军　王均福　李成增　杨仁珂 殷　涛　于从星　孙连军　白　冰　葛联民 苗树鲁　李俊瑞　李星坤　李洪光　付　欣 王传峰　郭　波　卞纪亮　张凤南	董瑞欣　密其香　黄运刚　顾全伟　张欣荣 冯贻雷　刘　旺　苗玉峰　吴建孝　鞠宗华 武光玉　钱仲泉　潘青龙　邢芝义　库同强 胡乃川　王大海　魏　勇　张荣兴　张攀堂 石道勇　王桂利　王东京　童培伟　王传锋 张传法　付　欣	2016

续表

优秀共产党员	劳动模范	获奖年度
王长河 密其香 王守强 李伦涛 王　斌 李宗凯 李　健 李广红 付贵波 李成增 卞光建 李高贤 周　宇 张步欣 王全国 乔元超 刘　旺 杨国永 颜　宵 惠　海 史志军 李健健 毛　伟 李　鑫 刘峰涛 刘正利 邵泽溪 雷战山 国　明 田洪波 龚　永 孟凡永 贾恒艳（女）	梁副恒 孙树立 吕玉江 李怀朋 黄来财 张凤南 李贾宁 孙明德 张相领 王大海 惠　海 朱　峰 钱仲泉 潘青龙 高庆波 王向阳 杨贵前 王庆华 马世宗 胡乃川 李俊瑞 童培伟 张传法 彭　飞 吴平平 赵燕军 马庆萍（女）	2017
段培溪 盛大宝 张慎和 密其香 张步欣 金　鹏 周广波 孙　健 李伦涛 陈相志 代夫平 宋道刚 张　伟 周海军 颜　宵 杨国勇 杨局伟 李兴欣 刘昌华 贾坤仟 毛　伟 何同星 李明明 付贵波 殷　涛 李成增 付军利 刘　慈 严爱华 赵清超 童培伟 李俊瑞 谢洪路 李广军 雷战山 焦永奇 孙荣花（女）	于香蛟 邵　虎 王长河 段培溪 卢立波 顾全伟 孟宪东 王世良 张　涛 李　峰 刘耐飞 王　格 张洪祥 王　凯 王坤林 王　朋 于春升 尤作柱 冯运通 魏　勇 张会良 焦永奇 林　增 尹成鑫 齐爱山	2018

表 11-2-11　“感动临矿”获奖人员、获提名奖人员

姓名	性别	届时职务	表彰时间	奖项名称
翁洪周	男	采煤二工区区长、党支部书记	2006	感动临矿十大新闻人物
刘志梅	女	职工家属	2006	感动临矿十大新闻人物
英玉国	男	采煤二工区采煤工	2006	感动临矿十大新闻人物（提名奖）
王允双	男	采煤三工区组长	2007	感动临矿一线职工
孙兰云	女	机电工区主井提升机司机	2007	感动临矿一线职工
王统海	男	副总工程师兼机电科科长	2008	感动临矿科技创新人物（提名奖）
李连华	男	副总工程师兼生产技术科科长	2008	感动临矿科技创新人物（提名奖）
王振伟	男	生产技术科副科长	2008	感动临矿科技创新人物（提名奖）
刘卫峰	男	生产技术科副科长	2009	感动临矿优秀大学毕业生
张欣荣	男	采煤一工区副区长兼主管技术员	2009	感动临矿优秀大学毕业生（提名奖）
赵祥芬	女	家属协管会采煤协管分会主任	2010	感动临矿好矿嫂
陈淑科	男	副总工程师选煤厂厂长	2012	感动临矿十大优秀技校毕业生

续表

姓名	性别	届时职务	表彰时间	奖项名称
张凤南	男	掘进二工区区长	2013	感动临矿十大管理提升新闻人物
柳俊仓技术研发优秀团队			2014	感动临矿改革突围转型优秀团队
杨继英安全生产优秀团队			2014	感动临矿改革突围转型优秀团队（提名奖）
李雪峰	男	副总工程师、生产管理部副部长、地测科科长	2015	感动临矿十大科区长
王振伟	男	古城煤矿主管工程师	2015	感动临矿十大科区长（提名奖）
赵海涛	男	选煤厂跳汰机司机班班长	2016	感动临矿十大工匠
李春	男	机修工区班长	2016	感动临矿十大工匠（提名奖）
赵燕军	男	机电副总工程师、机电科科长	2017	感动临矿"两化一大"十大能手
王东京	男	副总工程师、生产技术科科长	2018	感动临矿"十大临矿奋斗者"
刘廷高	男	采煤一工区党支部书记、区长	2018	感动临矿"十大临矿奋斗者"
伦庆忠 贾安强 诸葛祥华 李宗珠	男		2018	中层领导人员"临矿奋斗者"

表 11-2-12　　古城矿井先进个人

获奖年度	先进个人
1994	王思国 桓希传 李洪光 孔庆成 朱金峰 李学山 牛广珍 贾俊东 冯淑敏（女）张艳芹（女）
1995	王思国 巨结实 严维国 桓希传 尚金铎 张友升 李学山 孔庆成 单井林 李洪光 宋德成 张传毅 王宝珠（女）
1996	桓希传 季朝国 王崇欣 赵加宾 巨结实 夏宇君 单井林 黄　晓 张友升 牛广珍 刘成安 孔庆成 刘贤臻 尚金铎 王仕运 张传毅 王宝珠（女） 贺可娟（女）

续表

获奖年度	先进个人
1997	张传毅 夏宇君 巨结实 桓希传 李广慈 刘成安 单井林 庄子娟（女） 赵加宾 李中正 谷天俊 邢佃强 王崇欣 阚世远 张元虎 张洪学 张友升 孟凡兵 朱金峰 刘贤臻 钊 阳 刘昌华 高俊涛 李兆勇 孙 涛 冯维娟（女） 王保珠（女） 万如泉 刘现亮 能昌迎 葛振良 李兆民 葛现栋 李广军 郭加成 尹作海 王立平 李守先 葛联民 葛现更 葛现国 尹国华 陈祥和 郭志省 张庆国 丁现友 郭志礼 刘丕中 菅长安 郭海深 路兴峰
1998	叶顺东 朱忠心 周广营 孙善强 刘 纯 田 标 翁洪周 沈玉强 夏洪友 解直江 孙秀金 孙广申 管兆民 杨仁珂 高文红 段有海 尹夫德 魏有军 王加远 王东柱 张 丽（女） 巩玉梅（女） 刘 青（女） 程学兰（女） 高建秋 苏宝德 严洪涛 张元虎 孙连军 刘 伟 李玉亮 孙夫军 付奉忠 胡顺杰 刘德杰 徐从胜 王恒杰 李西新 刘庆永 刘其鹏 刘 涛 张洪学 刘兴军 张友升 汤国庭 王立伟 牛广珍 盛汉义 严松德 陈广印 李宗珠 林 源 周生国 吕凤新 王传民 宋德成 范长征 巩玉郭 菅长安 刘宝开
1999	周广营 汤友锦 朱中新 沈玉强 朱中文 于德明 朱佃学 王祥会 王纪柱 夏洪友 来永富 伊永伦 刘纯海 王东勤 吴兆征 英成峰 肖庆华 田 标 翁洪周 扈玉芳 王加祥 尹夫德 张敬龙 厉彦顺 顾树国 张开路 曹纪银 魏景夫 刘振夫 李春华 沈有文 袁兆彬 孙善永 刘庆合 李新国 王崇欣 蒿士梓 刘建国 张秀忠 严洪涛 冉祥峰 郝玉强 刘 伟 李俊生 陈围军 马祥志 张传扬 郭 富 李广军 马兴明 李玉亮 葛现栋 付奉忠 张善选 刘宝开 崔临沂 刘德杰 郭士伟 牛广珍 刘贤臻 张学军 胡乃川 刘兴君 王传国 汪东安 刘丕申 陈广印 李俊瑞 林 源 邱清祥 乔元水 顾 飞 张兆刚 郭志兴 孙文爱（女） 王立平 严德君（女） 成 娟（女） 唐 丽（女）
2000	田 标 刘纯海 娄合义 朱佃学 聂宗庆 赵士雷 何玉德 梅秀堂 周中建 李 波 周成庆 徐明庭 于德明 吴绍峰 吴敬明 邵明伍 刘宝军 朱中欣 周广营 王全国 田 俊 孙文川 王统海 刘明星 张元虎 苏宝德 段友海 常 勇 范长德 王沛智 王厚民 魏友军 杜从建 乔元水 孙华东 贾坤仟 刘成哲 马光亮 韩 东 刘学忠 魏友蒙 陈伯堂 边玉海 王会才 王立平 刘现臻 刘本库 李宗珠 葛瑞团 汪东安 姜兴增 王传国 李俊瑞 陈广印 诸葛祥华 朱传安 辛全玉 陈祥恭 顾 飞 孙华先 谢莉莉（女） 李永芳（女） 马丽萍（女） 尹其娟（女） 严德君（女） 扈玉芳（女） 梁 芳（女）
2001	周中健 于丛星 田 标 汤友锦 赵士雷 梅秀堂 孙善强 范宝夫 沈玉强 张庆国 韩 东 翁洪周 李长军 密其香 梁副恒 曹学柱 桑运营 刘立厂 王立庆 丁信一 丁慎峰 卢立波 房建山 王秀启 张自明 侯尤军 李秀军 刘兰松 刘瑞平 孙学迎 张秀刚 蒿士栋 刘元东 张凤南 徐永光 崔洪欣 郭志省 邵明会 许方友 郭加法 张新文 谢兆勇 丁建平 钱仲泉 杜从健 杨仁珂 孙富军 段有海 陈伯堂 郭 富 葛现栋 熊可义 吴兆征 鲍衍山 尹其娟（女） 赵艳文 栗夫连 时伯玺 李广军 张文娇 史俊文 蒿士梓 马兴明 王沛智 张 文 季朝俊 刘春福 杨振乾 王立才 张友升 李安平 徐贵启 张怀富 葛联民 刘现臻 李西新 李兆超 崔丽苹（女） 陈广印 孙 涛 顾 飞 兰庆武 朱孔绪 朱传安 刘明星

续表

获奖年度	先进个人
2002	周中建　刘国伟　田　标　梅秀堂　葛现瑞　常　勇　范宗洪　翁洪周　何晓青　王祥会　范立强　崔永江　宋春团　刘廷高　王立庆　丁慎峰　张步新　赵　雷　刘延东　文士高　陈乃合　王俊胜　沈廷远　孙久伟　张秀刚　张可修　徐永光　李秀军　陈伯宇　卢立波　肖俊江　张自明　刘兰松　侯尤军　张连国　时伯玺　丁兆刚　何玉强　李广军　鲍衍山　邹为现　葛现栋　郝忠国　郭　富　钱仲泉　李明志　段有海　连德路　王清涛　黄建朋　王胜田　刘成哲　于建军　李玉亮　贾坤仟　庞文华　马新明　马友宝　梅秀海　荆玉友　王永宝　李长存　陈海军　兰庆武　宋克玉　王忠密　王兴存　朱孔绪　王善凯　张永春　姜海涛　李西新　马庆萍（女）　陈宜勇　牛广珍　何玉德　孙文川　葛联民　张怀富　张晓东　陈祥和　訾长安　高俊涛　孙　涛　杨成友　杨国胜
2003	梅秀堂　刘国伟　来永福　奚玉明　葛现瑞　李奎富　张庆国　刘存海　田俊利　崔永江　王祥会　王纪田　范立强　韩　东　王庆东　丁慎峰　英玉国　刘立厂　张步新　张廷礼　贾昌伟　孙善强　张秀刚　徐景德　宫伟平　孙久伟　常纪成　张可修　宋青合　许方营　陈元银　刘兰松　杨秀利　陈怀颂　刘乃文　刘建国　付　欣　严洪涛　黄树良　刘　伟　孙洪丽（女）　时伯玺　梅秀海　蒿士梓　张传利　庄肃国　荆玉友　张秀忠　陈长杰　王会才　王庆瑞　贾孝标　杨贵乾　何现红（女）　张攀堂　邢　成　秦玉金　李玉亮　杨仁珂　王崇明　刘顺岩　葛振良　胡建富　黄　卿　王盛田　张会军　刘本库　张新文　葛现青　吴海静　倪圣功　魏友军　刘文彬　赵加宾　杨忠勇　巩玉梅（女）　姜海涛　李志选　王洪昌　李安平　王瑞斌　李洪余　杜秋芝（女）　何玉德　郭加法　赵加刚　寻明传　曾广彬　马开永　李秀军　董勤凯　诸葛祥华　李俊瑞　田福海　宋克玉　杨国胜
2004	孙善强　钱仲泉　宋春杰　何玉军　刘纯海　王立庆　王祥会　侯培明　苗德刚　邵明伍　王爱奎　宋振和　崔永江　范立强　唐成伟　张庭礼　朱中文　丁慎峰　李兆海　张庆忠　王玉强　张继法　陈怀颂　梁希利　俞凌群　牟进波　刘宝廷　王京利　胡金宝　邵先存　袁登金　李玉亮　王圣田　刘本存　杨仁珂　徐化胜　周海华　庞文华　贾坤仟　王清涛　葛振良　刘佩峰　徐化芬　张立芝　熊可义　葛现栋　陈佰堂　郝玉强　马思明　李广军　刘　伟　黄树良　刘耐文　常　勇　陈长杰　王会才　何恩亮　刘付伟　张传利　管宜峰　荆玉友　梅秀海　刘志升　刘相来　牛世宗　李忠山　汤国祥　杨红艳（女）　张龙洋　郭　波　高俊涛　董勤凯　诸葛祥华　王乐义　吴绍辉　曾广彬　英　俊　马开永　寻明传　阚士远　沈朋飞　张世海　李兆超　李秀军　王保珠（女）　王晓雷　秦玉明　孙文川　桑运喜　魏　永　刘洪军　陈修涛　宋　建　李安平　郭　晓　危春祥　岳　辉　刘志富

续表

获奖年度	先进个人
2005	王立庆 英成峰 王祥会 田录太 何玉军 孙善强 钱仲泉 宋春杰 张廷礼 侯培明 宋振合 崔永江 李兆永 夏洪友 王爱奎 惠　平 张庆忠 李兆海 王允双 曹洪林 盛乃秀 邵明伍 解直江 孙学迎 高春雷 李兆廷 张守团 于承伟 杨国明 高西功 刘传东 杨文高 闵凡玉 张瑞平 张苏洋 孙敬平 肖俊生 姚焕东 王世良 梁西利 刘兰松 宋元兴 杨国永 司玉存 颜丙利 张　伟 葛现国 付德珂 张祥付 杨国启 刘国亮 文士岭 路光海 孙万营 魏汉祥 刘　明 李兆喜 陈士席 张文东 杨仁珂 陈佰堂 刘佩峰 贾坤仟 魏其学 葛振良 刘顺严 何新青 周阳光 李玉亮 刘本存 魏景夫 李昌儒 刘耐文 马思明 刘恩尚 黄　卿 鲍衍山 李　涛 严洪涛 时佰玺 陈怀永 王爱明 张俊江 梅秀海 陈庆刚 张秀忠 张明亮 陈长杰 王立平 苏德本 李长存 王丛军 庞振亮 尹成鑫 赵学涛 杨贵乾 邹文华 周广波 郭加法 韩　东 赵加刚 虢立山 刘红军 陈淑科 诸葛祥华 董勤凯 李俊瑞 吴绍辉 王朝贵 李宗珠 张绿洲 张世海 王德富 曹恩现 胡乃川 王洪昌 王绪党 李志选 秦玉明 王晓雷 付奉忠 朱学法 赵清超 罗顺增 崔维兵 张传法 李乐成 马开永 钟如德 唐丽（女） 班彦玺 郭　晓 郇　飞 尹作海 王保珠（女） 周爱红
2006	丁慎峰 朱忠文 英成峰 王宗伦 顾广峰 何玉军 宋春杰 贾章才 密其香 孙兆刚 邵珠业 任夫东 英玉国 王全国 李兆永 唐文海 周广营 苗德刚 陈恩东 惠　平 盛大坤 苏洪礼 贾纪成 高长海 张善宝 陈凡亭 于德明 邵明武 巩玉民 吴晋东 刘相平 盛大宝 苏新峰 王允双 张步欣 路广幸 郑文金 李兆海 刘廷高 杨　永 朱孔阳 付贵波 孙学迎 袁堂金 李振友 于承伟 王立江 王俊胜 刘传东 马新林 高西稳 张丙才 马纪明 王俊侠 葛成波 马灯亲 刘庆亮 王俊信 刘志训 郑晓晨 张士杰 张文东 高怀军 汪运军 潘洪国 郭正华 孙　领 葛现国 杜卓金 马广军 周义栋 马新良 李长学 司玉磊 訾长永 杨崇峰 孙万营 吴洪增 刘　明 王秀军 张满余 陈世清 马新恩 邵长波 司玉存 郝宗国 贾俊信 杨国勇 姚焕东 杨国柱 宋青合 孙久伟 颜丙利 古庆德 史公强 王世良 张长远 平学德 刘传文 宋元兴 牟进波 陈现伟 诸葛福利 朱庆宝 刘淑文 刘学忠 张学攀 王　峰 马思明 李佰华 张卫东 王墩锋 徐化芬 刘恩尚 高建武 朱高峰 李　涛 黄树良 侯培明 常　勇 李中正 荆玉友 张传利 管宜峰 王爱朋 张秀中 钱士奎 刘贞强 王代松 刘志富 王学欣 刘佩峰 庞维华 李成增 杨仁珂 陈佰堂 王厚民 樊有振 胡建富 张志瑜 王明光 郭士伟 刘　伟 崔宝明 邢芝义 李广红 边玉海 王立平 李庆祥 解效军 庞尊华 危春祥 赵加刚 沈水会 虢立山 付殿奎 韩庆国 魏　勇 胡采文 吴长胜 樊友力 邵泽溪 孙连军 王士武 王　允 陈　晨 邢　成 张　洋 牛世宗 冯运通 班彦玺 李安平 杨国胜 杨晓刚 郇　飞 田　标 盛国升 王善开 王朝贵 秦玉明 李洪光 王绪党 王德福 平彦庆 赵　杰 朱学法 郭　涵 史俊乾 何祥国 李明明 卞纪亮 曹立强 于　宏 林明恒 王瑞彬 姜海涛 袁　圆（女） 宋　蕾（女）

续表

获奖年度	先进个人
2007	姬传忠 朱中文 王宗伦 赵　磊 田路太 顾广峰 宋春杰 何玉军 刘　勇 王　伟 贾章才 王全国 李兆海 王长河 张文娇 张廷礼 英成峰 宋佰江 巩玉民 王守宝 刘彦存 沈玉强 路光幸 任思成 徐金明 盛大宝 曹印秋 吴兆贞 王立庆 谢更仓 刘传广 杨　永 孙敬平 朱孔阳 李振友 谢洪路 李长岭 张瑞平 张士杰 王洪波 高春雷 刘传东 杨文高 葛成波 任永波 李　春 常纪成 赵华堂 魏茂生 彭京城 魏全中 周　杰 季昌鹏 付德珂 周义栋 杜卓金 周国强 张学敏 马新良 王永亮 张满余 管彦学 陈士清 王振业 蒋荣来 张廷义 李长义 危春祥 张守利 杨国柱 郝宗国 郭加科 杨德亮 贾俊信 杨国立 刘传文 牟进波 孔庆仁 李开全 刘淑文 朱庆宝 顾全伟 袁堂金 史公强 司玉存 刘乃飞 焦永奇 张祥付 张纪法 杨崇峰 张俊江 王学欣 王　超 沈玉华 陈庆刚 兰启廷 付本政 陈怀永 吴海静 宋振合 亓相彬 杨贵军 戚洪欣 王　峰 张诚涛 高佃忠 王保健 孙兰云（女） 黄树良 张洪江 朱高峰 崔维龙 李　涛 王均福 张会中 史荣鹏 李庆祥 刘贤臻 邢芝义 徐化朋 陈佰堂 张开路 姜瑞成 郭道伟 刘佩峰 庞维华 赵家宾 樊有振 刘红启 贾坤仟 赵加刚 常　征 赵天网 吴长胜 胡采文 王庆华 李广合 付殿奎 王秀亮 杨红艳（女） 魏　勇 史金升 张文义 郭　晓 宋　蕾（女） 赵雪飞（女） 于鹤云 孟凡华 孙连泉 王丁波 赵文武 艾敬国 贾继亮 曾宪社 李乐成 徐文金 宋春迎 薛彦波 李开芳 李俊瑞 田洪波 马友夫 宋　玮 李修峰 张兆刚 陈修涛 许　峰 桑运喜 张军晖 郇　飞 王佃生 袁　园（女） 王洪昌 李安平 张荣兴
2008	古春峰 张良先 赵　雷 田路太 宋春杰 顾广峰 田士华 朱中文 孙兆刚 邵珠叶 刘彦存 邵明武 宋伯江 盛大坤 吴玉强 王全国 王长河 李兆海 于香津 吕玉江 李　涛 路光兴 张玉兆 黄宝国 张庆忠 王允双 谢更仓 吴兆贞 焦金泉 刘传广 杨　永 孙敬平 李长岭 李振友 王洪波 高西稳 宋道刚 任永波 杨文高 张瑞平 邵先存 张　迎 谢洪路 杨国明 孟凡永 张文东 陈运富 周　杰 付德珂 高怀军 杨国启 焦永兵 杜卓金 张学敏 管彦学 王秀军 陈世清 蒋荣来 李长义 马培中 张廷义 彭京城 张　伟 刘建喜 孙　杨 臧如玉 贾俊信 张守利 吴洪增 杨国柱 王保冬 杨秀利 马开永 顾全伟 史公强 苗玉峰 薛面宝 刘乃飞 刘彦华 张纪法 沈自宁 张可修 于泽干 杨崇峰 魏广民 刘顺严 刘佩峰 庞维华 李成增 贾坤仟 孙富军 陈佰堂 杨仁珂 张开路 荆玉友 李健健 张秀忠 梅秀海 付本政 陈庆刚 张龙超 杨纪英（女） 葛中华（女） 英成华 蒋兴安 崔　伟 管兆民 王　锋 孔伟光 李怀永 张洪江 严洪涛 鲍衍山 马思明 李　涛 黄树良 史荣鹏 姜成娇 王会才 王坤林 王立平 沈友武 张红学 樊有利 李广和 尚绪安 吴常胜 胡采文 贾安涛 苗树鲁 史金生 沈友会 魏　永 刘建国 石道勇 于鹤云 孔德富 袁青欣 赵文武 程　磊 冯运通 班彦玺 高玉艳（女） 陈亮亮 左世晓 杨晓栋 殷　涛 徐国祥 张洪军 于　伟 张庆香（女） 王善开 刘其鹏 叶树梓 刘　洋 孙　凯 高亚妮（女） 袁　园（女） 王敦峰 杨国胜 李安平 付跃武 赵中北 赵　宾 刘　坤 朱学法 王坤玲（女）

续表

获奖年度	先进个人
2009	顾广峰 田士华 王宗伦 朱中文 田路太 孙兆刚 刘彦存 邵　虎 胡海涛 周　勇 王全国 张庆波 吴玉强 陈恩东 宋伯江 于香津 王　军 李广军 刁道海 张庆忠 李成福 孙高超 赵永超 张玉兆 张　杰 孙敬平 李怀朋 李宗凯 冯　珂 杨　永 杨茂营 田晓东 张相东 张相领 胡美四 张守团 杨文高 张善宣 何玉文 彭京城 左金光 宋春华 魏全中 葛现国 刘建玺 高怀军 张　伟 王胜坤 郑高生 周义栋 白玉双 王秀军 管彦学 陈世清 罗广云 陈运富 张廷密 马新良 董玉新 孙　杨 张继法 李二东 孙明德 张现省 刘文斌 刘淑文 谢显标 李厚财 史公强 杨广东 邵先存 臧如玉 秦世杰 杨继英（女） 黄崇妮（女） 魏景福 英成华 蒋兴安 崔　伟 王　峰 李怀勇 严洪涛 冉祥峰 刘乃文 黄树良 吴青宏 刘丕峰 连　奖 尤作柱 李成增 薛福明 潘青龙 胡志明 杨仁珂 陈佰堂 张开路 庞维华 王清涛 梅秀海 陈庆刚 姚桂堂 王　超 宋明堂 荆玉友 张龙超 姜成蛟 王立平 王均福 王会才 陈长杰 解效军 赵学涛 李宗波 邢　成 朱淄博 郑体现 巨邦存 邵泽溪 岳夫强 尹　朋 陈庆益 樊有利 李恒夫 王兴媛（女） 徐　麟 李永灿 张同同 陈维山 周　洋 郑夫美（女） 韩广勤 班彦玺 王敦峰 许崇欣 孟金楼 高亚妮（女） 谢莉莉（女） 蒋庆伟 王　阁 王学欣 魏茂运（女） 孙文爱（女） 刘文彬 王永光 叶树梓 田　标 张洪青 张友生 姜海涛 陈修涛 赵清超 刘　坤 朱学法 曾宪社 张兆刚 秦玉文
2010	辛全玉 邵长波 梁富恒 高清水 王庆东 耿安义 韩广勤 孙兆刚 刘彦存 胡海涛 顾广峰 田世华 任夫东 孙振德 齐元强 庄肃敏 王长河 王全国 张庆波 盛大坤 宋佰江 李　涛 于香津 吕玉江 庞树松 聂宗庆 刁道海 张庆忠 吴兆贞 刘　义 盛大宝 孙高超 仲崇会 张玉兆 马瑞国 李怀朋 孟宪东 刘传东 孙敬平 张　杰 王世国 杨茂营 张守团 付贵波 庞传龙 宋道刚 彭京城 张　伟 王振业 周义栋 陈运富 刘　旺 杨国启 白玉双 杨国明 刘玉伟 种来成 路广胜 宋春华 周　杰 司玉国 马新良 杨国洪 孙　杨 张继法 董玉新 梁　正 张现省 秦士杰 杨广东 刘淑文 李厚财 时庆波 谢显标 邵先存 任永波 杨　永 冯珂珂 焦方顺 史公强 臧如玉 刘文宾 武玉明 刘庆堂 刘成柏 谢兆勇 杨继英（女） 孙红丽（女） 武光玉 张诚涛 崔　伟 冉祥峰 蒋兴安 英成华 刘宗合 王　峰 李怀永 鲍衍山 梅秀海 王向阳 兰启廷 李健健 马兴明 王代松 付本正 刘丕峰 潘青龙 尤作柱 李成增 马正路 杨仁珂 张开路 王维超 刘顺严 葛瑞团 郭士伟 刘红启 李明明 郭宝胜 王立平 柳延波 李庆祥 陈长杰 于鹤云 赵学涛 李高贤 刑　成 于洪江 付军利 陈丙浩 艾敬国 周　洋 潘耀波 李先鹏 虢立山 吴长胜 李广合 尚绪安 苗树鲁 丁　旭 李恒夫 汤卫先 刘国晓 胡彩文 李忠山 李飞翔 马瑞峰 任庆东 杨淑华 刘　昶 尹成鑫 张　永 种　震 邵士亮 田　标 曹德礼 杜彦军 宋春迎 任传杰 姜海涛 张传法 孙　领 张兆刚 王纪宇（女） 何祥国 桑运喜 郭志刚 王坤玲（女） 张洪锋 侯军娜（女） 丁　悦 孟庆科 陈修香（女） 李　娟（女） 孟金楼

续表

获奖年度	先进个人
2011	朱中文 姬传忠 王宗伦 张欣荣 田世华 顾广锋 胡海涛 刘彦存 王 伟 吴玉强 韦希柱 李 涛 戚宾业 王全国 张庆波 庞树松 李广军 张玉兆 韩建伟 盛大宝 刘 义 吴兆贞 仲崇会 张庆忠 黄宝国 李宗凯 杨国荣 孟宪东 张瑞平 刘传伟 吴洪增 沈 磊 杨茂营 王繁彪 庞传龙 罗长青 杨 阳 付贵波 张 杰 刘 旺 周义栋 陈士清 罗广云 杨国启 马新良 刘玉伟 陆广胜 文士岭 葛中坤 邢殿涛 司玉国 刘卫东 刘国亮 王振业 彭京城 张 伟 左秉军 李祥冲 董玉新 梁 正 李二东 张现省 邱恒光 杨广东 马绪广 李成申 刘淑文 谢显标 邵先存 杨 勇 冯珂珂 时庆波 焦方顺 史公强 武玉明 李 春 刘衍华 臧如玉 李健健 梅秀海 侯远让 王向阳 盛汉义 臧宗良 王建铁 杨仁珂 毛 伟 许芳友 葛瑞团 魏广民 庞伟华 马正路 刘顺严 刘 栋 徐国祥 攀友振 谢 勇 储庆恩 姜成蛟 柳延波 崔宝明 何恩洪 王均福 刘成柏 高凡庚 李雯雯（女） 张艳艳（女） 谢兆刚 刘庆永 王 峰 李 辉 李怀勇 吕贤红（女） 鲍衍山 朱 峰 戚洪欣 吴长胜 苗树鲁 胡采文 李恒夫 于春生 汤国庭 樊友力 王云霞（女） 庄新华 周 洋 丁 旭 刘国晓 汤卫先 贾龙仟 袁青欣 马腾光 董佳鑫 闫贞军 樊艳慧（女） 孟凡华 翟 波 王学欣 颜培杰 田 标 张洪青 宋春迎 陈立军 李俊瑞 赵仁宝 曹洪林 齐爱山 李飞祥 林 增 夏 阳 夏慧心（女） 孟凡勇 张 聪（女） 许崇新 宋建伟 曹恩献 姜海涛 张兆刚 赵 帅 史俊乾 马 军 李洪余 许 峰 朱学法 刘 坤 王宝珠（女） 邵士亮 阚士远 周生国 王朝贵 马庆萍（女） 王德福 陈祥合 张传法 赵士雷 路兴峰 李洪光
2012	田世华 姬传忠 朱忠文 刘彦存 顾广峰 任夫东 李 峰 齐元强 王宗伦 吴俊强 王全国 张庆波 盛大坤 李 涛 李广军 庞树松 韦希柱 赵永超 李进晓 张庆忠 刘 义 黄保国 吴兆贞 韩建伟 王立庆 宫伟平 田晓东 孟宪东 罗长青 王繁彪 孙建社 曹新鹏 杨茂营 王 格 邢 帅 杨 阳 付贵波 孙敬平 杜 超 徐山山 文士岭 张 涛 王振业 刘国亮 陈运富 葛中坤 蒿士栋 张学敏 蒋荣来 左秉军 孙 杨 邱恒光 董玉新 梁 正 张现省 张秋房 杨广东 刘淑文 李厚财 李成申 李二东 邵先存 黄运刚 时庆波 冯珂珂 焦方顺 史公强 季现文 郑玉东 马绪广 张相领 刘成柏 朱 峰 高凡庚 李 涛 赵延文 王 峰 张成涛 李怀勇 谢兆刚 张艳娟（女） 朱高峰 赵兴明 陈景鹏 王建铁 王向阳 王中山 宋明堂 臧宗良 管宜峰 王代松 魏广民 潘青龙 尤作柱 李成增 刘 栋 杨仁珂 樊有振 侯杰兴 庞新利 吴学伟 郭士伟 潘述兵 刘炳辉 周 辉 马正路 郭宝胜 柳延波 吴昌峰 杨国彬 王登峰 李 峰 龚 永 刘 明 宋道刚 孟庆旭 邢殿涛 种来成 王永亮 危自成 陈 阳 李主发 徐华东 张攀堂 朱淄博 冯运通 刘峰涛 陈丙浩 周 洋 郑士浩 付殿奎 汤卫先 刘国晓 吴长胜 辛 鑫 虢立山 王云霞（女） 胡彩文 苗树鲁 卞广建 尚绪安 孙胜田 国 明 贾继亮 李飞翔 李俊瑞 张 鑫 周生国 张 聪（女） 田福海 李 明 杨淑华 葛联民 张怀富 许 峰 王永光 赵厚玲（女） 李志选 舒静贵 马庆芬（女） 王 镇 吴 震 张兆刚 王纪宇（女） 田 标 曹德礼 王善开 宋春迎 陈立军 李安平 马庆萍（女） 高 伟 张友生 赵士雷 王朝贵 王德福 邵世亮 葛中华（女）

续表

获奖年度	先进个人
2013	田世华 顾广峰 齐元强 李 峰 任夫东 王宗伦 田录太 王 伟 张洋洋 盛大坤 王全国 丁香蛟 吴玉强 戚宾业 韦希柱 王 军 崔俊葛 曹传体 李进晓 张鑫基 赵永超 仲崇会 刘 义 李成富 王立庆 史公强 孟宪东 郑玉东 罗顺永 杨崇峰 董玉新 袁 宁 董 波 田晓东 崇维成 关海光 鹿海群 葛盼盼 陈相志 杜 超 刘 旺 文士岭 杜卓金 王振业 刘国亮 颜 兵 刘宝廷 邵先存 张学敏 蒋荣来 刘学勇 古庆昌 苗玉峰 郝宗峰 鲁统达 郭艳宾 李玉申 陈国飞 焦方顺 刘传伟 刘 松 杨 永 孔 杰 罗长青 马绪广 李成申 时庆波 邵 超 朱 状 武玉明 宋道刚 朱 森 邢殿涛 孔令松 韩 笑 马士远 李 杰 李 峰 张 伟 金 旺 孙树立 常 勇 刘成柏 鲍衍山 朱 峰 严科强 高凡庚 张诚涛 陈为鑫 李 敏（女） 皮金荣（女） 惠琳娜（女） 刘玉梅（女） 刘本存 王纪柱 汤浩兴 王乐军 何玉德 王向阳 李雨祥 臧宗良 常久龙 杨仁珂 吴学伟 庞新利 姜召红 刘炳辉 史现超 吴兆庆 潘青龙 刘 栋 樊友振 张新文 李军峰 李明明 郭士伟 张红军 王坤林 王军福 郭宝胜 古春强 樊有力 宋海霞（女） 陈庆益 平艳征 郭加法 李 岩 汤 卫 李广河 尚绪安 汤国廷 刘国晓 丁 旭 周 洋 郑世浩 赵海龙 吴传启 董雷 赵文武 杨贵乾 孟凡华 孔 磊 巨邦存 叶飞飞（女） 蒲先湖 刘好鹏 夏慧心（女） 吴 琳（女） 李飞祥 王开田 管玉旗 林明恒 陈 艳（女） 孔祥振 邵 然 王学欣 王郡章 田 标 孟范刚 宋春迎 曹德礼 廖洪洲 史俊乾 张兴朋 王纪宇（女） 王 震 马庆芬（女） 马 军 张荣兴 顾 飞 朱学法 陈丙浩
2014	张扬扬 邵 虎 田录太 田世华 李 峰 齐元强 张夫龙 汤方青 朱中文 何玉军 王宗伦 吴玉强 盛大坤 张庆波 王全国 尚明洋 马红跃 朱崇光 戚宾业 曹洪林 崔俊葛 赵永超 张田祥 李兆岩 刁道海 陈恩东 孔凡川 张庆忠 仲崇会 曹传体 张文娇 杨崇峰 董玉新 张 辉 罗顺永 黄来财 崇维成 杨晓光 李彦隆 关海光 孟宪东 史公强 鹿海群 葛盼盼 焦永占 刘学勇 杜 超 颜 兵 徐山山 訾长永 陈士清 王振业 焦永兵 王敬航 高 峰 刘传伟 杨传强 张秋房 马绪广 刘洪礼 陈国飞 焦方顺 郭艳宾 古庆昌 巩富军 李玉申 平学德 邵 超 王 格 朱 状 杨 永 张 晨 刘 松 刘成佰 钟 昂 吴青旺 鲍衍山 谢兆勇 张良冉 葛云荣 王纪柱 严德军 王 峰 陈景鹏 郭 霞 王乐军 何玉德 李雨祥 肖长征 孔 鹏 王 朋 谢更仓 杨成友 邢芝义 李庆祥 刘宜涛 王钧福 杨仁珂 吴学伟 尤作柱 魏广民 葛瑞团 马正路 谢 勇 樊有振 贾坤仟 徐国祥 郭士伟 孙 磊 张 涛 李 峰 韩 笑 马士远 冯贻雷 孔令松 宋道刚 葛现国 杨红艳（女） 刘延东 刘敬涛 高 涛 赵海涛 付殿奎 苗树鲁 陈红星 李广和 汤卫先 汤国廷 丁 旭 孙胜田 邵泽溪 冯 磊 高凡举 王 晓 孙东花（女） 桑龙龙 王世武 朱淄博 郭勤富 童培伟 鲁通玲（女） 翟乃菊（女） 夏慧心（女） 沈鹏飞 刘文彬 白云启 林 增 钱扬帆 王洪阳 蒿士梓 杨淑华 王 镇 于善昌 王纪宇（女） 盛积存 赵道兵 葛联民 史世学 许 峰 卢绪涛 王永光 张俊志 李广民 孟范刚 宋春迎 闫光富 邵世亮

续表

获奖年度	先进个人
2015	张扬扬　邵　虎　周广波　田世华　李　峰　刘彦存　于香津　王连增　宋　飞　郭庆彬　王银行　朱崇光　王全国　王士文　于香蛟　王纪田　韦希柱　张信义　贾章才　刁道海　孔凡川　张庆忠　仲崇会　王　超　孔德伟　张　辉　张现省　崇维成　李彦隆　王守才　关海光　马忠法　乔元超　刘淑文　袁　宁　张明贺　孟宪东　史公强　葛盼盼　焦永占　杜　超　徐山山　颜　兵　李成申　杨广东　焦永兵　张　伟　卢广超　陈士清　杨　永　刘　松　李董亮　马绪广　翟建垒　王　格　时庆波　王加国　陈国飞　卞文安　郭彦波　杨传强　杨国名　冯贻雷　朱利兵　罗广云　朱　森　仇治洋　付德珂　张城涛　严科强　吴青旺　钟　昂　严祥军　严庆利　张洪祥　邵先秀（女）李顺娟（女）李　云（女）房海昌　孔　飞　张春来　谢兆刚　王乐军　马慧洲　高荣磊　王明永　孔　鹏　王忠山　谢更仓　高庆波　陈　广　柳延波　邢芝义　陈长杰　杨仁珂　庞新利　魏广民　吴兆庆　李成增　马正路　谢　勇　刘　栋　樊有振　孙　磊　常久龙　刘成峰　李军峰　朱玉邦　孔德付　王　冲　董　波　刘世浩　付殿奎　胡东超　刘　虎　朱敏敏　吴长胜　魏士川　房晓燕（女）卞广建　姜美军　刘敬涛　苏洪礼　李　炜　吴传启　王文波　毛桂龙　牛士宗　张　洋　郑体显　刘文涛　郭勤富　王世武　朱淄博　杨　蕾　李常成　刘　勇　邵珠业　张彦峰　房思洋　蒋荣宝　郑　涛　刘成建　吴平平　舒敬贵　刁寒彬　王郡章　栾清瑞　张龙洋　夏宏根　冯　永　刘丕申　梁　帅　陈长飞　孙兰云（女）赵清超　陈修涛　朱学法　王　镇　翟玉见
2016	汤方青　张扬杨　李　振　郑　州　田世华　李　峰　宋春杰　张夫龙　刘廷高　王全国　王士文　历宝强　于香蛟　刘士田　岳　华　李兆岩　孔凡川　刁道海　张同同　仲崇会　张庆忠　张步欣　尹成鑫　孟宪东　乔元超　史公强　刘淑文　朱庆佳　严庆陈　刘士伟　马忠法　孙　杨　王繁彪　刘政利　黄来财　张　涛　张　勇　卢广超　杜　超　刘　磊　邵　超　张　伟　李成申　高　楠　司兵兵　韩建明　朱利兵　焦永占　杨　永　王松成　时庆波　刘　松　翟建垒　马绪广　焦方顺　吕昌勇　武玉明　马建忠　李董亮　王加国　郝王刚　钟　昂　朱高峰　邢殿强　张洪祥　黄　卿　鲍衍山　刘成柏　孔　飞　王庆国　惠林娜（女）杨仁珂　毛　伟　吴学伟　史现超　尤作柱　魏广民　马正路　孙　栋　吴兆庆　王友东　常久龙　胡志明　郭士伟　姜成蛟　苏德本　许家常　孔　飞　李　行　苏　涛　付清法　王向阳　陈士杰　任夫东　齐　蕊　张　雷　田承明　赵　舰　潘腾飞　翟玉见　张洪玉　许筱筱　韩德强　齐高伟　郑晓晨　尚绪安　丁　旭　陈红星　蒋明海　许　峰　朱学法　王海江　史金升　时华东　赵海涛　韩　勇　史世学　刘志升　朱淄博　巨邦存　姚荣坤　杨贵前　李高贤　秦　鹏　付军利　贾龙仟　赵文武　孙燕辰　王敦峰　丁　悦　张　聪（女）马庆芬（女）夏慧新（女）于善昌　贾继亮　桑瑞红　丁学好　邱　浩　满开锋　王纪宇（女）马继明　张　础　李　跃　赵中北　张龙洋　王学欣　张付强　于　良　张道军　赵厚玲（女）李宗波　田　标　宋春迎　孟范刚　平彦庆　冯　永　李雯雯（女）

续表

获奖年度	先进个人
2017	管玉旗 刘彦存 田录太 张夫龙 于香津 王付强 李　振 孔凡川 曹印秋 钟崇会 张信义 刁道海 盛乃富 李成富 曹洪林 岳　华 付修贤 于香蛟 崔永超 郭庆彬 朱崇光 郭　政 朱庆佳 孙建设 严庆陈 董玉新 王守才 黄腾腾 周正正 张广祥 颜洪青 孙敬平 李成申 付　善 邵　超 韩建明 戚立江 朱利兵 李　辉 司兵兵 孔令松 刘学勇 李长岭 王松成 刘　松 张明朋 程连祥 王加国 朱绪明 崔　强 郑玉东 武玉明 焦方顺 刘恒通 齐高伟 古庆春 严科强 刘成柏 鲍衍山 邢殿强 钟　昂 朱高峰 黄　卿 崔维喜 孔　飞 宋红雨 杨仁珂 吴学伟 史现超 孙　磊 司广波 刘　栋 范天营 石　岩 王全国 李成增 魏广民 尤作柱 李军峰 马学华 徐国祥 李庆祥 许家常 张会忠 杨国斌 库同强 徐　辉 马慧洲 陈士杰 付清法 刘　伟 陈　锋 刘新华 杨成友 马腾光 陈　阳 王　晓 于鹤云 冯　磊 闫贞军 危自成 翟　波 李化凯 孔德福 桑运喜 郭　涵 庄新华 苗树鲁 张子栋 姜美坤 王　建 程　浩 李　刚 孙胜田 徐永刚 翟玉见 杨　续 赵　舰 唐　丽（女） 朱学龙 肖金杰 卢化路 刘文彬 李飞翔 赵　猛 王学欣 林　增 张建国 李恒夫 孟　帅 王　晓 王　镇 贾继亮 满开锋 邱　浩 郇　飞 范晓文(女) 杜伟敏(女) 李　明 秦兴海 刘　鹏 李洪光 密士军 冯　永 徐文金 孟范刚 张洪青 孟庆科 惠琳娜（女） 王坤玲（女） 马　慧（女）
2018	李　涛 姬传忠 吕玉江 杨显功 宋柏江 王书飞 王士文 厉宝强 石　磊 姜启明 朱礼捷 刘　冲 刘凌浩 杨　州 于　良 周　永 田世华 汤方青 张扬扬 徐山山 李　峰 周广据 董瑞欣 陈承涛 时均亭 朱海涛 白玉峰 张相东 乔元超 刘　鹏 王世国 古庆明 朱宁革 沈廷远 赵训磊 汤国政 张　辉 刘　磊 闵庆良 张明朋 姜　波 刘传广 刘臣强 孙启明 刘　丰 孟凡伟 李　靖 于秋刚 卞志强 王敬航 赵振华 孙令银 朱存廷 焦永兵 贾恒俊 罗广云 王永亮 焦永占 季廷凯 郭庆腾 李学振 高　楠 傅清伟 杨国福 孙　超 李董亮 邱恒光 刘世帅 马腾飞 马建忠 郭彦波 陈国飞 朱　超 周长良 陈　鑫 王卫国 刘长田 高凡庚 邵先秀 赵延文 陈景鹏 张志强 严庆利 孟　亮 张　伟 刘炳辉 庞新利 姜召洪 刘　勇 张　晓 陈　广 张花礼 邢芝义 刘宜涛 何玉德 苏　涛 任旭涛 张　雷 张文娇 李　行 刘传伟 付贵波 孔样振 王剑广 王　冲 郭道伟 刘成峰 连　奖 胡志明 杨　涛 常久龙 李　宁 张学敏 吴长胜 卞广建 徐庆玉 朱敏敏 伊林亮 韩　勇 李　炜 王世武 郭勤富 巨帮存 叶伟广 王　帅 秦　朋 郑体显 于从星 曹恩发 王　阁 祝　恒 张付强 马　强 郑朝生 吴昌峰 雷战山 张洪玉 陈丙浩 郑美加 陈万卷 刘衍华 谢涛泽 张　础 李永强 于海龙 随则圣 宋　健 樊友力 王绪党 张修金 孙相山 于洪江 王　波 董新城 王兴奋 梁新余 李自锦 乌一柱 赵春丽（女） 赵春丽（女） 张　岩（女）

附录

一、岐山煤矿简介

岐山煤矿位于山东省平邑县岐山镇，岐山煤矿因东邻岐山庄而得名，处在平邑、泗水、新泰三县交界地，东距沂蒙山20千米，南距平邑县城15千米，徐（州）淮（海）公路穿过矿区，327国道、岚（山）兖（州）铁路从矿区南部通过，交通条件便利。

岐山井田位于早期的费县泰安煤田的南部（其北部是放城井田），长约3千米，宽约1千米，面积3平方千米。地面边界：西北起于峡玕，东南至平邑县钢铁厂，西南到岐山庄村西，东北以梅家沟村沙河为界。断层的切割，把井田分成南、中、北三个块段。岐山煤矿生产井处于中部块段，又称武岩一号井田。井田边界：南以F9断层与岐山至北仲村井田相隔，北以F3断层与武岩庄二号井田断开，西至煤层露头，东到F10断层，走向1.4千米，倾斜宽0.99千米，面积1.39平方千米。

该井田含煤共7层，11、13、15层煤可采。其中11层煤厚度0.7～1.8米，平均厚度1.0米，含夹石0.5～0.1米；13层煤厚度0.7～1.2米，平均厚度0.8米，煤层中含夹石0.1～0.2米；15层煤厚度0.5～0.7米，下距徐灰8～15米，属受水威胁煤层，常因透水而停采。煤质牌号均为气煤。探明地质储量214.9万吨，工业储量163.6万吨，可采储量137.6万吨，年产量5万吨。

岐山煤田开采历史悠久。明朝年间，仲里（现平邑县仲村镇）人刘汉文在窑王山（峡开西山）脚下开窑挖煤，获取厚财。在窑王山筑“窑神庙”一座，并刻“一本四十七利”的石牌一块。

1782年（清乾隆四十七年），民间集资在窑王山脚下开凿一煤窑。1905年（清光绪三十年），魏永宪集资在武岩庄井田开凿两井。1924年，泗水县贺庄王惠如从曹州（现菏泽曹县）招人，在武岩庄西南角开两眼小井。1936年，博山窑商李景增在岐山庄东建“李家号子窑”（又称岐山庄煤矿），开采中遇古空较多，积水难排，生产亏本，于1937年停办。随后，李景增之子李少义与禹村煤矿的包工头李光忠、杨琢志集资，恢复岐山庄煤矿，办起了“份子窑”。

1939年年初，八路军一一五师“东进支队”为发动群众，增加抗日力量，解决兵工厂燃料问题，牵骡子入股办窑。1942年，岐山庄煤矿成立第一个党支部，王恒彬任支部书记。1943年，建立岐山庄煤矿工会委员会，王宣仁任会长。同年，李少义带部分人在窑王山开挖一小煤窑，生产的煤主要供应了鲁中军区艾山兵工厂。

1945年8月日本投降后，鲁中工商局派亓放、于应式分别担任岐山庄煤矿工矿科科长、器材股股长。任继峰任党支部书记，与李少义、李振候、杨琢志等资方搞劳资合作。1946年年初，清理私人股份后，煤矿全部归公营，鲁中工商局派高琨任经理。1947年2月，煤矿停采，工人撤离，大部分去禹村、孙村煤矿，少部分去洪山煤矿。1948年5月，岐山庄煤矿恢复生产，隶属山东矿务局新汶矿区办事处管理。1949年10月，委派李树芳任中共岐山煤矿党支部书记。1950年4月，井下透水，矿井报废，人员全部调往孙村煤矿。

1957年，平邑县李家庄乡和北仲村乡恢复建设。1958年9月20日，转为平邑县办煤矿，平邑县委派郑传祥、陈传达接管，矿总部设在武岩庄，当时有竖井12个，工人680名。“大跃进”高潮中，岐山矿区共建3处煤矿（岐山庄煤矿、武岩庄煤矿、峡玕煤矿），计90个小井，人员最多时达10024人。设2个党委、1个总支、24个党支部。1959年4月，三矿合并成立平邑县岐山煤矿，高清合任党委书记，张永孝任矿长。下设岐山庄、武岩庄、峡玕3个产煤区，后对原井口进行筛选，保留7个立井、2个斜井、2个平峒、工人3724人。

1963年6月1日，平邑县岐山煤矿移交给临沂专区矿务局，1964年6月1日合并于临沂矿务局。

1958年9月至1959年12月，山东省煤炭工业局一二二勘探队在岐山矿区进行钻探普查，提出《仲村至放城简易地质报告》。1964年6月和1969年3月，临沂矿务局地质队两次对岐山井田进行补充勘探，共打钻孔50个，钻探进尺15000米。

1959年12月，平邑县办煤矿依据山东省煤炭工业局一二二勘探队提供的资料，委托山东省煤炭设计院，结合岐山煤矿的生产水平，对四、五号井做了简易改建的初步设计，设计能力年产原煤6万吨。1961年1月开始施工，年底基本完成。由于井田煤层不规律，地质条件复杂，1962年仅产原煤2.06万吨。根据实际生产水平，1963年调整为年产原煤3万吨。1967年临沂矿务局批准岐山煤矿对五号井改造，1968年形成以五号井为主井的提升系统。井口标高+216.5米，井底标高+127.6米，井深88.9米；以后又改造开拓布局，1975年8月1日开始施工一路反石门下山，同年10月开拓西风井，1976年竣工投产，1978年产煤78666吨，创历史最好水平。1980年1月20日，–20米水平主下山开始施工，延深至–125米水平，至1996年为主要生产水平。

由于矿井资源枯竭，1986年6月，临沂矿务局报请山东省煤炭工业管理局批准注销生产能力，1987年矿井开始回收。

1988年，岐山煤矿实行集团承包经营和矿长负责制，调整充实矿领导班子，强化行政指挥权，紧紧围绕矿井的安全生产、煤炭产量和节亏增盈目标，扎扎实实地开展各项工作。1988—1996年，共完成产量21.99万吨。

自1983年，岐山煤矿认真贯彻党的安全生产方针，严格落实不安全不生产的原则，全面加强安全管理，1988年10月18日实现安全生产2000天，1991年7月15日实现安全生产3000天。临沂矿务局先后在岐山煤矿举行庆祝大会，山东省煤炭工业管理局副局长穆志宏、杨松等领导以及临沂矿务局局长崔宝德、党委书记赵荣思等局领导出席了大会。

1958～1996年，累计产煤148.61万吨。其中，1978年度生产原煤78666吨，创历史最高水平；实现连续安全生产13周年。

1997年9月底，全矿占地总面积123876平方米，其中：地面生产系统建筑面积115016平方米，职工宿舍5552平方米，家属宿舍1699平方米，办公室、医院、食堂等其他建筑 1609 平方米。全矿共有职工 286 人，下设办公室、生产科、安全监察处、通风防尘科、财务科、工资科、器材供应科、机电科 8 个科室和采煤、掘进、通风、运搬、机电 5 个区队。干部 28 人，其中矿级干部 5 人，科级干部 10 人，一般干部 13 人。

1997 年 9 月 27 日，经临沂矿务局研究决定，岐山煤矿合并到临沂矿务局古城矿井筹建处，更名为临沂矿务局古城煤矿筹建处金利包装制品厂。撤销临沂矿务局岐山煤矿建制。

2001 年 12 月 1 日，因金利包装制品厂产品滞销，严重亏损，经古城煤矿研究决定，设立古城煤矿金利包装制品厂留守处，将金利包装制品厂人员陆续安排到古城煤矿工作。撤销金利包装制品厂。

2004 年 11 月 3 日，经矿务局批准，古城煤矿将原岐山煤矿房产证、土地使用证移交给平邑县仲村镇政府。

2004 年 12 月 14 日，撤销古城煤矿金利包装制品厂留守处。

二、重要文件

中国统配煤矿总公司文件

(90)中煤总计字第147号

关于同意将曲阜井田划归临沂矿务局开发的批复

中国统配煤矿总公司山东公司：

你公司(90)鲁煤管计字第 168号文《关于申请将曲阜矿井划归临沂矿务局开发并纳入“八五”建设计划的报告》收悉。经研究，批复如下：

1、临沂矿区开发历史悠久，煤炭资源已近枯竭。矿务局现有6对矿井，设计能力123万吨/年，随着老井相继报废，产量将逐年下降，人员急待安排。鉴于本矿区内无可供接续的后备资源，为解决矿井接续问题，同意将曲阜井田划归临沂矿务局开发建设。

2、曲阜井田范围由以下坐标点连线组成

点 号	坐标值(X)	坐标值(Y)
Y1	3944950	20492425
Y2	3940750	20491550
Y3	3933850	20494075
Y40	3929825	20494800
Y39	3931475	20493800
Y38	3935150	20486000
Y37	3938625	20482625
Y33	3940400	20482900
Y34	3940650	20485650
Y35	3942175	20487650
Y36	3943300	20490300

临沂矿务局可根据以上划定范围申请办理采矿登记。由于井田开发建设单位的变更，总公司(89)中煤总计字第215号文《关于曲阜井田划归兖州矿务局统一开发的批复》同时作废。

3、曲阜井田的精查地质报告已经批准，已具备建设所需的地质资料，同意你公司意见，可进行矿井的预可行性研究报告的编制。

一九九〇年四月三日

抄　报：能源部、地矿部。

抄　送：国家能源投资公司、山东地矿局、兖州矿务局、临沂矿务局。

本公司：生产局、基建局、计划局(5)、办公厅(6)、存档(2)，共印20份。

(一)

山东省煤炭工业管理局文件

鲁煤管干[1992]743号

关于组建临沂矿务局曲阜矿井筹建处的批复

临沂矿务局：

你局临沂干字(92)第253号文收悉。根据国家能源投资公司能投煤技[1992]68号文《关于曲阜矿井初步设计的批复》，经研究，同意组建临沂矿务局曲阜矿井筹建处，并希望本着“精减、效能”的原则和深化改革的精神，设立必要的办事机构，配备精干的工作人员，保证筹建工作的顺利进行。

此复。

一九九二年[illegible]月二十二日

主题词：机构　批复

本局：局长、副局长、副总工程师，局机关有关处室。

存档(2)，共印21份。

打字员：李少波　　　　校对：任中亮

临沂矿务局文件

临煤干字（92）第212号

关于组建临沂矿务局曲阜矿井筹建处的通知

各矿、厂、公司、工程处、医院、教培部：

为建设曲阜矿井，根据国家能源投资公司能源煤技（1992）68号文和山东省鲁煤管干（1992）743号文批复，组建临沂矿务局曲阜矿井筹建处。

并刻制《临沂矿务局曲阜矿井筹建处》印章一枚，即日启用。

特此通知

一九九二年八月二十六日

抄：济宁市政府、兖州县政府、临沂地区行署、经委、计委、建行

临沂矿务局办公室　　一九九二年九月四日印发

共印七十五份

7

临沂矿务局文件

临煤干字（93）第269号

关于将山东临沂矿务局曲阜矿井更名为临沂矿务局古城矿井的通知

各有关单位：

根据地方政府的意见，经研究并报请上级有关领导机关同意，确定从即日起将曲阜矿井更名为古城矿井。

特此通知

一九九三年十月二十五日

报送：国家计委、煤炭工业部、国家能源投资公司建设总行、山东省计委、经委、建委、建行、环保局，国家审计署特派员驻山东办事处、山东煤炭工业管理局

抄送：济宁市政府、兖州市政府、曲阜市政府、武汉煤矿设计研究院、江苏煤矿设计院、兖州煤矿设计研究院

临沂矿务局办公室　　一九九三年十一月四日印发

共印二十份

2

山东省煤炭工业局文件

鲁煤规发[2001] 21号

关于临沂矿务局古城矿井试生产并移交生产管理的批复

临沂矿务局：

你局《关于古城矿井移交生产管理的请示》（临局规字[2000]267号）收悉。经研究，批复如下：

古城矿井自1996年5月1日开工至2000年12月底，已完成投资53657.19万元，占全部投资的81.86%；完成井巷工程14780.6米，占设计的97.26%；完成土建工程30583平方米，占设计的100%；完成安装工程46项，占设计的80.35%，矿井各主要生产系统和生活福利设施全部建成，安全、环保、消防设施基本建成并通过有关部门的试生产验收。省煤炭工业局于2001年1月10日至11日对矿井进行了综合验收，认为，古城矿井设计合理，建设速度为临沂矿务局建井史上最好水平，工程质量好，矿井提升、运输、通风、排水、供电、首采区设备、地面原煤生产等系统已按设计全部建成，安全、环保、消防等设施比较齐全，试生产准备工作充分，组织机构和规章制度基本健全，经联合试运转，各主要生产系统运转正常，具备了试生产的条件。同意古城矿井投入试生产并移交生产管理，试生产日期为2000年12月31日。同时提出如下意见：

一、抓紧对省局验收组和各专业组查出问题的整改落实。古城煤矿对查出的问题要逐条研究，制定措施，落实到人，限期整改，矿务局负责对整改情况进行复查。以达到矿井正常生产的标准和条件；

二、矿井移交生产管理后，要正确处理好安全与生产、安全与基建、安全与效益的关系，尤其要加强对矿井“一通三防”和水害防治等重大安全技术工作的管理及相应系统装备完善配套，提高矿井抗灾能力，坚决杜绝重大事故的发生，确保安全生产。

三、加快未完成工程建设，2001 年 1 月底完善监测监控系统，防灭火设备尽快配备齐全，上半年完成地面永久注浆站；

四、矿井移交生产管理后，要按质量标准化、现代化和高产高效矿井的标准要求，制定规划，加强管理，狠抓落实，尽快达标。

山东省煤炭工业局

二〇〇一年一月十九日

主题词：煤炭　生产　管理　批复

本局：局长，副局长，总工程师。

山东省煤炭工业局办公室　　　2001 年 1 月 19 日印发

印 21 份

临沂矿务局文件

临煤发（93）第334号

关于建立临沂矿务局古城矿井建设管理委员会及崔宝德等同志任职的通知

局属各单位：

经研究决定建立临沂矿务局古城矿井建设管理委员会。

主任：崔宝德

副主任：潘元庭　漆光壁

成员：卿垂友　李效言　刘顺侠　秦　明　孙友钧　公懋强　张汉卿　徐宏远
　　　陈　猛

一九九三年十二月三十日

山东煤炭工业管理局文件

鲁煤管办〔1999〕53号

关于组建“山东古城煤炭开发有限责任公司”的批复

临沂矿务局：

你局《关于组建山东古城煤炭开发有限责任公司》（临局办〔1999〕35号）收悉。为建立矿井投资责任约束机制，提高投资效益，加快矿井建设，经研究，同意撤销“临沂矿务局古城矿井筹建处”，组建“山东古城煤炭开发有限责任公司”。公司实行项目法人责任制，为独立享有民事权利、承担民事责任的企业法人。

公司注册资本3660万元人民币。其中，临沂矿务局出资3600万元，临沂矿务局工程公司、临沂矿务局物资供应公司、临沂矿务局煤炭运销公司三个法人单位出资60万元人民币。公司组织机构由股东会、执行董事、监事组成。崔宝德为执行董事。

一九九九年三月十日

山东省人民政府国有资产监督管理委员会文件

鲁国资企改函2007〔80〕号

关于同意设立山东东山古城煤矿有限公司等事项的批复

临沂矿业集团有限公司：

《关于设立山东东山古城煤矿有限公司、山东东山新驿煤矿有限公司、山东东山王楼煤矿有限公司的请示》（临矿发〔2007〕198号）收悉，根据《企业国有资产监督管理暂行条例》的有关规定，经研究，批复如下：

一、同意你公司控股企业山东东山矿业有限责任公司出资设立山东东山古城煤矿有限公司、山东东山新驿煤矿有限公司、山东东山王楼煤矿有限公司。

二、要按照法律法规要求履行规定程序，办理好所出资公司的设立工作，并依照现代企业制度的要求，建立规范的法人治理结构，加快企业发展，确保国有资产保值增值。

三、请按有关规定办理国有产权和工商登记等事宜。

二〇〇七年十一月十六日

山东东山古城煤矿有限公司章程

目　录

第一章　总　则

第一条　为规范山东东山古城煤矿有限公司（以下简称公司）的组织和行为，维护公司、股东和其他利益相关方的合法权益，根据《中华人民共和国公司法》（以下简称《公司法》）、《中华人民共和国企业国有资产法》（以下简称《企业国有资产法》）、《中国共产党章程》（以下简称《党章》）和其他有关规定，制定本章程。

第二条　公司是山东东山矿业有限责任公司出资设立的一人有限责任公司（法人独资）。

第三条　公司在山东省工商行政管理局注册登记，取得营业执照。

第四条　公司名称：山东东山古城煤矿有限公司。

公司住所：济宁市兖州市新兖镇古城村。

第五条　公司经营期限：长期。

第六条　执行董事是公司法定代表人。经企业登记机关核准登记取得法定代表人资格。

第七条　公司自法人营业执照签发之日起取得法人资格，有独立的法人财产，享有法人财产权。

公司以其全部资产对公司的债务承担责任。股东以其认缴的出资额为限对公司承担责任。

第八条　公司从事经营活动，应当遵守法律法规和国家、省有关国资监管制度，遵守社会公德、商业道德，加强经营管理，提高经济效益，接受政府及其有关部门、机构依法实施的管理和监督，接受社会公众的监督，承担社会责任，对出资人负责。

第九条　本章程自生效之日起，即成为规范公司的组织与行为、公司与股东权利义务关系的具有法律约束力的文件，以及对公司、股东、董事、监事、高级管理人员具有法律约束力的文件。

第二章　经营范围和注册资本

第十条　公司经营范围为：煤炭开采、销售；发电；铁路专用线货物运输；供热（限分支机构经营）。（以上项目有效期限以许可证为准）煤炭洗选；房屋租赁，矿山机械、建筑材料销售；企业管理、劳务和矿业技术咨询服务；工矿工程建筑；设备租赁；矿用支护材料的生产、销售。（依法须经批准的项目，经相关部门批准后方可开展

经营活动）

上述经营范围以经公司登记机关核准并记载于企业法人营业执照上的经营范围为准。

第十一条 公司注册资本为人民币1亿元。山东东山矿业有限责任公司出资1亿元，占注册资本的100％，出资方式是货币。出资时间：公司成立前一次性缴纳1亿元。

第三章 股东的职权

第十二条 公司不设股东会，由山东东山矿业有限责任公司依法对公司履行股东会职权和其他法定职权。

第十三条 股东对公司依法享有资产收益、参与重大决策和选择管理者等权利。

第十四条 股东依照《公司法》《企业国有资产法》等法律法规对公司行使下列职权：

（一）决定公司的经营方针、发展战略规划。

（二）决定公司的主营业务、年度投资计划、经营目标方案、工资总额预算。

（三）决定公司除发行中长期债券外的融资方案、年度融资计划、计划外融资、转让重大财产以及年度预算范围内的对外捐赠或赞助，对公司发行债券、关联交易、为他人提供担保作出决议。

（四）委派和更换执行董事、监事，对其进行年度和任期考核，根据考核结果决定其报酬及奖惩事项。

（五）按照有关规定，行使对公司高级管理人员职务的管理权。决定聘任或者解聘公司总经理；决定聘任或者解聘副总经理等高级管理人员，总经理可向股东提出高级管理人员人选；负责对以上人员进行业绩考核并决定其报酬和奖惩事项。

（六）审议批准执行董事的报告。

（七）审议批准监事的报告。

（八）审议批准公司的年度财务预算方案、决算方案。

（九）审议批准公司的利润分配方案和弥补亏损方案。

（十）审议批准公司以产业经营为目的的投资、股权经营为目的的重大投资、计划外投资项目。

（十一）对公司增加或者减少注册资本、合并、分立、产权公开转让、改制、解散、申请破产或者变更公司形式作出决议。

（十二）制定和修改公司章程。

（十三）根据需要聘请会计师事务所，对公司重要经济活动和重大财务事项进行审计。

（十四）审议法律法规规定应当由股东决定的其他事项。

第四章　执行董事、监事、总经理及其他高级管理人员

第十五条　公司不设董事会，设执行董事一人，由公司股东聘任或解聘。执行董事任期每届三年，任期届满经股东决定，可以委派连任。

执行董事任期届满未及时改派前，原执行董事仍应当依照法律、行政法规和公司章程的规定，履行执行董事职务。

第十六条　执行董事对股东负责，行使下列职权：

（一）向股东报告工作。

（二）执行股东的决定。

（三）决定公司的经营计划和投资方案。

（四）制订公司的年度财务预算方案、决算方案。

（五）制订公司的利润分配方案和弥补亏损方案。

（六）制订公司增加或者减少注册资本以及发行公司债券的方案。

（七）制订公司合并、分立、解散或变更公司形式的方案。

（八）决定公司内部管理机构的设置，决定公司分支机构的设立和撤销。

（九）制定公司的基本管理制度。

（十）管理公司财务等重大信息公开事项。

（十一）建立与股东、监事重大事项沟通制度，如实提供有关情况和报告。

（十二）决定法律法规、本章程规定及股东授权的其他事项。

第十七条　公司设监事一名，由股东聘任或解聘。监事任期每届为三年，任期届满，可以连聘连任。

监事任期届满未及时改派前，原监事仍应当依照法律、行政法规和公司章程的规定，履行监事职务。

公司执行董事、高级管理人员不得兼任公司监事。

第十八条　监事对股东负责，行使下列职权：

（一）监督检查公司贯彻执行法律法规、国有资产监督管理规定和股东单位制度的落实情况，公司章程执行情况，公司内部控制体系、风险防范体系及预算管理体系的建立和运行情况。

（二）监督检查公司重大决策行为，重点关注决策事项调研论证的充分性、决策要件的完备性、决策主体的合规性、决策程序的规范性，审议执行董事工作报告并提出书面意见。

（三）监督检查公司重大经营管理活动，重点关注经营管理行为的合法性、妥当性。

（四）检查公司财务，主要检查财务状况、资产质量和经营效益，重点关注财务

管理制度执行、财务预算编制及执行、大额资金运作、执行董事和高级管理人员职务消费等情况，对财务报告等财务会计资料的真实性、合法性和完整性承担监督责任。

（五）监督检查执行董事、高级管理人员履行职责情况，对其工作业绩进行评价，并提出奖惩、任免建议。

（六）发现公司重大决策、重大投融资、重要资产处置、大额资金运作等事项存在的较大风险，情况紧急时可要求执行董事或高级管理人员立即暂停该行为，并同时向股东报告。

（七）发现公司经营情况异常，可以进行调查；必要时可要求公司总会计师、纪检监察和内部审计等机构的人员参与，可以聘请会计师事务所、律师事务所等专业机构协助其工作，费用由公司承担。

（八）发现执行董事、高级管理人员存在违反法律法规、公司章程或国资监管有关规定的行为，损害公司利益或国有资产权益时，应要求其予以纠正，情节严重且拒不改正的，可向股东提出罢免建议。

（九）监督检查财务决算审计过程，并对会计师事务所审计工作质量作出评价。

（十）提议股东、执行董事对有关事项作出决定。

（十一）向股东提出提案、报告工作，提出意见和建议。

（十二）法律法规、本章程及股东授予的其他职权。

监事可以列席总经理办公会并对会议决议事项提出质询或者建议。

第十九条 执行董事、高级管理人员应当如实向监事提供有关情况和资料，不得妨碍监事行使职权。

监事执行公司职务时违反法律法规和本章程的规定，给公司造成损失的，应当承担赔偿责任。

第二十条 公司设总经理一名、副总经理若干名，总会计师一名，总工程师一名。

公司总经理、副总经理、总会计师、总工程师为公司高级管理人员。

公司总经理原则上由执行董事兼任。总经理任期一般不超过3年，连聘可以连任。

第二十一条 总经理对股东和执行董事负责，行使下列职权：

（一）主持公司的生产经营管理工作，组织实施股东决定。

（二）组织实施公司年度经营计划、投资方案和财务预算。

（三）拟定公司内部管理机构设置方案，提交执行董事批准。

（四）根据执行董事安排，组织制订公司的发展战略规划。

（五）根据执行董事安排，组织制订公司的经营计划、投资方案、投资项目。

（六）拟定公司的基本管理制度。

（七）制定公司的具体规章。

（八）按照有关规定，向股东提名聘任或者解聘公司副总经理、财务负责人，由股东聘任或解聘。

（九）决定聘任或者解聘除应由股东决定聘任或者解聘以外的负责管理人员。

（十）本章程或执行董事授予的其他职权。

第二十二条　总经理决定聘任或者解聘除应由股东决定聘任或者解聘以外的负责管理人员时，应当事先听取公司党支部的意见。公司党支部对总经理或经理层提名的人员进行认真酝酿并提出意见建议，或者向总经理推荐人选。

第二十三条　总经理等高级管理人员行使职权时，不得变更执行董事决定或超越职权范围。

第二十四条　总经理应当制订总经理工作细则，报执行董事批准后实施。

第二十五条　总经理对公司和执行董事负有忠实、勤勉义务，应当维护出资人和公司利益，认真履行职责，落实执行董事要求，接受执行董事的监督和指导，完成年度、任期业绩考核目标和公司经营计划，做好安全生产和环境保护等工作。

第二十六条　总经理办公会议由总经理召集和主持，副总经理等高级管理人员参加，研究公司日常生产经营工作。总经理不能履行职务时，可委托一名副总经理召集和主持。

总经理办公会议应当有会议记录。议题经充分讨论后，应形成会议纪要，经总经理签署后执行。

第二十七条　总会计师依法履行财务管理、财务监督职责，对股东和执行董事负责。

总会计师的选拔、聘任、委派（推荐）、培训、考核和奖惩等管理工作由股东负责。

第二十八条　总会计师按照法律法规、本章程以及股东有关规定履职行权。

第二十九条　高级管理人员执行公司职务时违反法律法规和本章程的规定，给公司造成损失的，应当承担赔偿责任。

第五章　执行董事、监事、高级管理人员的资格、义务和法律责任

第三十条　公司的执行董事、监事、高级管理人员，应当具备下列条件：

（一）有良好的品行。

（二）有符合职位要求的专业知识和工作能力。

（三）有能够正常履行职责的身体条件。

（四）法律法规规定的其他条件。

第三十一条　有下列情形之一的，不得担任执行董事、监事、高级管理人员：

（一）无民事行为能力或者限制民事行为能力。

（二）因贪污、贿赂、侵占财产、挪用财产或者破坏社会主义市场经济秩序，被判处刑罚，执行期满未逾五年，或者因犯罪被剥夺政治权利，执行期满未逾五年。

（三）担任破产清算的公司、企业的董事或者厂长、经理，对该公司、企业的破产负有个人责任的，自该公司、企业破产清算完结之日起未逾三年。

（四）担任因违法被吊销营业执照、责令关闭的公司、企业的法定代表人，并

负有个人责任的，自该公司、企业被吊销营业执照之日起未逾三年。

（五）个人所负数额较大的债务到期未清偿。

违反前款规定委派执行董事、监事或者聘任高级管理人员的，该委派或者聘任无效。执行董事、监事、高级管理人员在任职期间出现本条情形的，依照有关规定和程序予以免职、解聘。

第三十二条　执行董事、监事和高级管理人员对公司负有忠实、勤勉义务，不得有侵害国有资产出资人权益的行为。

执行董事、监事和高级管理人员对公司的保密义务，应至相关信息被依法公开披露为止。

第三十三条　未经公司股东决定，执行董事、监事、高级管理人员等关联方不得与公司进行交易。关联方不得利用与公司及其所出资企业之间的交易谋取私利，损害公司利益。

本章程所称关联方，是指公司的执行董事、监事、高级管理人员及其近亲属，以及这些人员所有或者实际控制的企业。

第三十四条　未经批准，公司的执行董事、监事、高级管理人员不得在其他经济组织兼职。经批准兼职的，不得擅自领取兼职报酬。

第三十五条　按照有关规定，公司执行董事、监事、高级管理人员实行任职回避、公务回避及报告说明制度。

第三十六条　执行董事、监事、高级管理人员有下列行为之一，造成国有资产损失的，依法承担赔偿责任；涉嫌犯罪的，依法移交司法机关追究刑事责任：

（一）利用职权收受贿赂或者取得其他非法收入和不当利益的。

（二）侵占、挪用公司资产的。

（三）在企业改制、财产转让等过程中，违反法律法规和公平交易规则，将公司财产低价转让、低价折股的。

（四）违反法律法规和本章程规定与本公司进行交易的。

（五）不如实向资产评估机构、会计师事务所提供有关情况和资料，或者与资产评估机构、会计师事务所串通出具虚假资产评估报告、审计报告的。

（六）未经股东同意，利用职务便利为自己或者他人谋取属于公司的商业机会，自营或者为他人经营与公司同类业务的。

（七）接受他人与公司交易的佣金归为己有的。

（八）擅自披露公司秘密的。

（九）违反法律法规和本章程规定的决策程序，决定公司重大事项的。

（十）有其他违反法律法规和本章程规定执行职务行为的。

执行董事、监事、高级管理人员违反前款规定所得的收入，依法予以追缴或者归公司所有。造成国有资产重大损失的，依照有关规定和程序予以免职、解聘。

第三十七条　为依法追究执行董事、监事、高级管理人员的赔偿责任，股东可以依法向人民法院提起诉讼。

第六章 党的组织与党建工作

第三十八条 公司根据《中国共产党章程》规定，设立中国共产党的组织，建立党的工作机构，配备党务工作人员，党组织机构配置、人员编制纳入公司管理机构和编制，党组织工作经费纳入公司预算，从公司管理费中列支。党组织在公司发挥领导核心和政治核心作用。

第三十九条 公司设立中共山东东山古城煤矿有限公司委员会（以下简称“公司党委”）和中共山东东山古城煤矿有限公司纪律检查委员会（以下简称“公司纪委”）。公司党委按照《中国共产党基层组织选举工作暂行条例》有关规定定期进行换届选举。党委书记、副书记和纪委书记、副书记人选按照《党章》有关规定选举并报上级党组织批复产生。

党委书记及其他党委成员、纪委书记及其他纪委成员的任免按照有关规定执行。

第四十条 公司健全完善相关规章制度，明确公司党委与股东、执行董事、监事和经理层的职责边界，将公司党委的机构设置、职责分工、人员配置、工作任务、经费保障纳入管理体制、管理制度和工作规范，建立各司其职、各负其责、协调运转、有效制衡的公司治理机制。

第四十一条 公司党委议事决策应当坚持集体领导、民主集中、个别酝酿、会议决定，重大事项应当充分协商，实行科学决策、民主决策、依法决策。公司党委研究讨论是执行董事、经理层决策重大问题的前置程序，重大生产经营管理事项必须先由公司党委研究讨论后，然后再由执行董事或经理层做出决定。

第四十二条 公司党委行使下列职权：

（一）坚持全面从严治党，依据党章和其他党内法规开展工作。

（二）保证监督党和国家的方针、政策在公司的贯彻执行，坚决落实省委、省政府关于推进国有企业改革发展稳定的相关部署和要求。

（三）支持经理层依法行使职权。

（四）研究部署公司党的建设工作，加强党组织的自身建设。

（五）落实党管干部原则和党管人才原则，建立完善适应现代企业制度要求和市场竞争需要的选人用人机制。

（六）贯彻落实党中央关于企业重大生产经营管理事项的前置程序要求，先行讨论研究公司改革发展、生产经营、干部人事和分配以及涉及职工切身利益等重大事项，再由经理层做出决定。

（七）加强对公司领导人员的监督，统筹内部监督资源，认真履行监督职能，建立健全权力运行监督机制。

（八）全心全意依靠职工群众，领导企业思想政治工作和工会、共青团等群团组织，支持职工代表大会开展工作。

（九）研究其他应由公司党委决定的事项。

第四十三条 对下列事项，必须先经公司党委讨论研究：

（一）企业贯彻执行党的路线方针政策、国家法律法规和上级重要决定的重大措施。

（二）企业改革发展重大事项。包括企业发展战略和中长期发展规划，企业改制、资产重组、产权转让以及大额投资等，重要改革方案和重要管理制度的制定、修改，企业的合并、分立、变更、解散，下属企业的设立和撤销等。

（三）企业生产经营重大事项。包括生产经营方针和年度计划，年度财务预决算，超预算资金的调动和使用，对大额捐赠和赞助，重要设备和技术引进，采购大宗物资和购买服务，安全生产、维护稳定等方面的重要措施。

（四）企业干部人事、分配重大事项。包括公司管理人员的选拔任用、教育培训、考核奖惩、专业技术职务聘任及企业后备领导人员的确定，内部机构设置、调整和人员编制，工资体系调整和奖金分配方案。

（五）涉及职工切身利益重大事项。包括收入分配方案、劳动保护、福利卫生及其他涉及职工切身利益的重大事项。

（六）其他应当由公司党委研究讨论或决定的重大问题。

第四十四条 公司党委议事一般以党委会议的形式进行。党委会议议题由党委书记提出，或者由党委副书记、其他党委成员提出建议、党委书记综合考虑后确定。遇到重大突发事件和紧急情况，来不及召开党委会议的，党委书记、党委副书记或者党委成员可临时处置，事后应当及时向党委会议报告。

第四十五条 党委会议应当有半数以上党委成员到会方可召开，讨论决定特别重大问题和干部任免事项必须有三分之二以上的成员到会。党组成员因故不能参加会议的应当在会前请假，其意见可以通过书面形式表达。议题涉及的分管党委成员应当到会。

党委会议由党委书记主持，书记不能参加会议时，可委托副书记或者其他党委成员召集主持。

第四十六条 党委会议研究决定事项，应在充分讨论的基础上，按照少数服从多数的原则，采取举手表决或者无记名投票等方式进行表决，以党委会应到会成员半数同意形成决定。未到会党委成员的书面意见不得计入票数。会议研究决定多个事项的，应当逐项进行表决。对意见分歧较大或者有重大问题不清楚的，应该暂缓表决。

第四十七条 公司应当为党组织的活动提供必要条件，保障党组织的工作经费。

第七章 法定代表人

第四十八条 公司法定代表人在法律法规以及本章程规定的职权范围内行使法定代表人职权、履行义务。

法定代表人行使职权时，不得侵犯公司法人治理机构根据法律法规和本章程享有的权利。

第四十九条 法定代表人行使以下职权：

（一）签署公司债券及其他有价证券。

（二）代表公司与职工签订劳动合同。

（三）代表公司与其他主体签署有关合同和协议。

（四）签署对外的有关公司业务和财务等法律文件。

（五）履行法律法规规定的应由公司法定代表人履行的职责。

第五十条 公司法定代表人可以授权其他人员在一段时间内，代为行使某项特定的法定代表人职权，但最长授权期限不能超过一年。授权均应采用书面形式。法律法规规定必须由法定代表人行使的职责，不得委托他人代行。

第五十一条 当公司法定代表人无法履行全部或部分职责时，应书面委托总经理或其他人履行。

公司法定代表人在九十日内无法履行全部职责，且未委托其他人员行使职权，股东可以作出决定指定其他高级管理人员临时行使法定代表人职权。法定代表人恢复履行职责时，该临时行使权立即终止。

第八章 财务会计和审计

第五十二条 公司应当依照法律法规和国家有关部门的规定，建立健全财务、会计制度，设置会计账簿，进行会计核算；依照法律法规以及本章程的规定向股东提供真实、完整的财务、会计信息。除法定的会计账簿外，不得另立会计账簿。对公司资产，不得以任何个人名义开立账户存储。

第五十三条 公司会计年度采用公历日历年制，即公历每年一月一日起至十二月三十一日止为一个会计年度。

公司采取人民币为记账本位币，账目用中文书写。

第五十四条 公司应当在每一个会计年度终了后九十日内，依照法律法规和国家有关部门的规定制作财务会计报告，并在规定的期限内向股东报送。

年度财务会计报告应当经执行董事审批通过，并经会计师事务所审计。

第五十五条 公司应当依照法律法规、本章程和股东有关的规定分配利润。

公司分配当年税后利润时，应当提取利润的百分之十列入公司法定公积金。公司法定公积金累计额为公司注册资本的百分之五十以上的，可不再提取。

公司的法定公积金不足以弥补以前年度亏损的，在依照前款规定提取法定公积金之前，应当先用当年利润弥补亏损。

公司在弥补亏损、提取法定公积金后，经股东同意，可以从税后利润中提取任意公积金。

第五十六条 公司的公积金用于弥补公司的亏损、扩大公司生产经营或者转为增加公司资本。但是，资本公积金不得用于弥补公司的亏损。

法定公积金转为资本时，所留存的该项公积金不得少于转增前公司注册资本的百分之二十五。

第五十七条 公司应当依照法律法规和国家有关部门的规定编制年度财务预算方案，并在每一个会计年度开始后三十日内向股东报送。

公司年度财务预算方案应当经执行董事审批通过，并根据股东决定情况进行调整；公司财务预算需要进行中期调整时，调整方案应经执行董事审核通过，并报股东审议。

第五十八条 公司执行董事、监事、高级管理人员等履职时必需的支出纳入公司年度财务预算，据实计入相关费用，由公司承担。

第五十九条 公司应当建立内部审计机构，完善内部审计制度，配备审计人员，按照国家和有关部门的规定，对公司及其出资企业的财务收支和经济活动等进行内部审计监督。

第六十条 公司聘用、解聘承办公司年度审计业务的会计师事务所，根据股东的授权，由执行董事决定。

第六十一条 公司应当向聘用的会计师事务所提供真实、完整的会计凭证、会计账簿、财务会计报告及其他会计资料，不得拒绝、隐匿、谎报。

第九章 工会组织、民主管理和劳动管理

第六十二条 公司职工依照《中华人民共和国工会法》组织工会，开展工会活动，维护职工的合法权益。

公司应当为工会提供必要的活动条件。

第六十三条 公司依照法律法规的规定，通过职工大会、职工代表大会、厂务公开等形式，实行民主管理。

公司的合并、分立、改制、解散、申请破产等重大事项，公司研究决定经营方

面的重大问题、制定重要的规章制度时，应当听取公司工会和职工的意见建议。

公司改制涉及重新安置职工的，应当制定职工安置方案，并经职工大会或者职工代表大会审议通过。

第六十四条 公司依照《中华人民共和国劳动合同法》与职工签订劳动合同。公司履行、变更、解除、终止与职工签订的劳动合同，必须遵守法律法规。

公司根据法律法规的规定，结合公司实际，制定劳动用工、收入分配、人事管理等规章制度。

第六十五条 公司积极保护职工的合法权益，依法参加社会保险，加强劳动保护，实现安全生产。公司采用多种形式，加强职工的职业教育和岗位培训，提高职工素质。

第十章 公司的合并、分立、增减注册资本、股权转让、解散和清算

第一节 合并或者分立

第六十六条 公司依法分立或者与其他企业合并，由股东决定，必要时报上级部门批准。

第六十七条 公司合并，应当由合并各方签订合并协议，并编制资产负债表及财产清单。公司应当自作出合并决定之日起十日内通知债权人，并于三十日内在报纸上公告。债权人自接到通知书之日起三十日内，未接到通知书的自公告之日起四十五日内，可以要求公司清偿债务或者提供相应的担保。

第六十八条 公司分立，其财产作相应的分割。

公司分立，应当编制资产负债表及财产清单。公司应当自作出分立决定之日起十日内通知债权人，并于三十日内在报纸上公告。

第六十九条 公司合并或者分立，登记事项发生变更的，应当依法向公司登记机关办理变更登记；设立新公司的，应当依法办理公司设立登记；公司解散的，应当依法办理公司注销登记。

第二节 增加或者减少注册资本

第七十条 公司增加或者减少注册资本，由股东决定。公司减少注册资本，应当编制资产负债表及财产清单，自作出减少注册资本决定之日起十日内通知债权人，并于三十日内在报纸上公告。

债权人自接到通知书之日起三十日内，未接到通知书的自公告之日起四十五日内，有权要求公司清偿债务或者提供相应的担保。

第七十一条 公司增加或者减少注册资本，应当依法向公司登记机关办理变更登记。

第三节　解散和清算

第七十二条　公司因下列原因解散：

（一）股东依法决定解散。

（二）因公司合并或者分立需要解散。

（三）依法被吊销营业执照、责令关闭或者被撤销。

（四）人民法院依照《公司法》第一百八十二条的规定予以解散。

第七十三条　公司因本章程第六十六条第一、三、四项规定而解散的，应当在解散事由出现之日起十五日内成立清算组，依法进行清算。清算组由股东组成。逾期不成立清算组进行清算的，债权人可以申请人民法院指定有关人员组成清算组进行清算。

第七十四条　清算组在清算期间行使下列职权：

（一）清理公司财产，分别编制资产负债表和财产清单。

（二）通知、公告债权人。

（三）处理与清算有关的公司未了结的业务。

（四）清缴所欠税款以及清算过程中产生的税款。

（五）清理债权、债务。

（六）处理公司清偿债务后的剩余财产。

（七）代表公司参与民事诉讼活动。

第七十五条　清算组应当自成立之日起十日内通知债权人，并于六十日内在报纸上公告。债权人应当在接到通知书之日起三十日内，未接到通知书的自公告之日起四十五日内，向清算组申报其债权。债权人申报其债权，应说明债权的有关事项，并提供证明资料，清算组应当对债权进行登记。

第七十六条　清算组在清理公司财产、编制资产负债表和财产清单后，应当制定清算方案，并报股东或人民法院确认。

清算期间，公司不得开展与清算无关的经营活动。

第七十七条　公司财产在分别支付清算费用、职工的工资、社会保险费用和法定补偿金，缴纳所欠税款，清偿公司债务后的剩余财产，按照股东的出资比例进行分配。

第七十八条　清算组在清理公司财产、编制资产负债表和财产清单后，发现公司财产不足清偿债务的，应当依法向人民法院申请宣告破产。

第七十九条　公司清算结束后，清算组应当制作清算报告，报股东或人民法院确认，并报送公司登记机关，申请注销公司登记，公告公司终止。

第十一章 章程的修改

第八十条 有下列情形之一时，应当修改公司章程：

（一）章程规定的事项与修改后的法律法规相抵触。

（二）公司的有关实际情况发生重大变化，与章程记载不一致。

（三）股东决定修改章程。

（四）发生其他应当修改章程的情形。

第八十一条 本章程由股东修改，公司的执行董事、监事可以向股东提出修改公司章程的意见和建议。

第八十二条 本章程修改涉及公司登记事项的，由公司执行董事或执行董事授权的其他人员依法办理登记。

第十二章 附 则

第八十三条 本章程的解释权属于股东。

第八十四条 本章程一式三份，股东留存一份，公司留存一份，并报公司登记机关一份。

第八十五条 本章程未尽事宜，按照法律法规规定执行。

第八十六条 本章程自股东签署之日起生效。

关于开展“十星党支部”创建活动的通知

古煤发〔2017〕2号

各党支部：

为进一步提升矿井党建工作科学化、规范化水平，充分调动党支部争先创优的积极性和主动性，营造比学赶超、竞争共进的氛围，不断增强党组织的凝聚力、战斗力和创造力，真正体现“围绕中心，服务大局，拓宽领域，强化功能”的工作要求，全面服务和推动矿井改革发展，经矿党委研究，决定在全矿各党支部中开展“十星党支部”创建活动，现将活动具体要求通知如下。

一、指导思想

以邓小平理论、“三个代表”重要思想和科学发展观为指导，深入学习贯彻习近平总书记系列重要讲话精神，全面深入贯彻党的十八届六中全会精神，认真落实党要管党、从严治党的要求，不断强化党建基础、创新载体，完善机制，落实责任，切实夯实基层党建工作基础，提升党建工作对矿井改革发展的保障力。

二、创建目标

通过开展“十星党支部”创建活动，着力打造一个好的支部领导班子，锻炼一支好的党员职工队伍，构建一种好的竞争提升机制，营造一个好的发展创业环境，全力推进基层党组织活力有新增强，党内基层民主建设有新进步，基层党建工作保障机制有新进展，进一步全面提升矿井党建和思想政治工作的规范化、科学化、品牌化、特色化水平，不断增强党组织的凝聚力、战斗力和创造力，为矿井在改革发展中取得大转变、大发展和大跨越提供思想保障、智力支持和精神动力。通过创建活动的开展，到2017年年底全矿“十星党支部”达到60%以上。

三、创建内容

（一）组织建设

坚持好“三会一课”制度，定期召开支部党员大会、支部委员会、党小组会，按时上好党课；坚持民主生活会和组织生活会制度，每年召开一次支部班子民主生活会，每季度召开一次组织生活会；坚持民主集中制，确保民主决策，杜绝“一言堂”；持续加强支部班子建设，确保班子凝聚力、向心力不断增强。

（二）作风形象

带头执行党中央和上级党委的路线、方针、政策，严守党的纪律和规矩特别是政治纪律和政治规矩，理想信念坚定；支部班子团结协作、勤政务实、敢于担当，在矿井改革发展中起到引领和表率作用；坚持群众路线，深入联系群众，了解群众所思所想，为群众解难题、办实事；工作作风扎实，执行力强，责任落实到位；自觉树立良好形象，杜绝各类损害党员干部形象的行为。

（三）廉政建设

严格落实党风廉政建设责任制；带头执行中央八项规定、集团公司“十项规定”和“六个管住”要求以及矿各项廉洁规定；定期开展廉政学习和廉政教育，自觉参加上级组织的各类廉政学习教育活动；严格开展内部监督，在选人用人、评先树优等方面严格标准，杜绝各种不正之风；工区班子成员要管好身边人、身边事，预防各类腐败现象发生。

（四）党员管理

制定年度党员发展工作计划，建立入党积极分子档案，严格按照程序发展党员，严把党员“入口关”，确保发展一个成熟一个；确保各班组都有一定数量的党员，促进党员发挥先锋模范作用；开展多种形式的党员教育，不断提升党员政治素质、文化素质和道德水平；建立完整的党员档案，按规定足额收纳和上缴党费。

（五）人才培养

要结合实际制定人才培养计划，有针对、有步骤地培养各类专业技术人才；注重加强大学生的教育、培养和管理，有意识地锻炼培养，使其健康成长成才；对新职工要按规定签订师徒合同，并定期考核；有计划地开展岗位对标、岗位交流等活动，并通过创建劳模工作室、技能大赛工作室等，培养一批业务突出的技能人才队伍；注重在青年中选拔和培养人才，确保人才储备充足；积极参加上级组织开展的劳动竞赛、技术比武等活动。

（六）党务公开

严格落实党务公开制度，对支部班子自身建设、党建工作年度计划及年度目标完成、党员发展、党费收缴、党风廉政建设、干部考察任用、违纪党员处理等情况进行公开公示。推进区务公开，对职工群众关注的工资奖金、评先树优、职工帮扶等进行公开，接受群众监督。

（七）群团工作

加强对群团工作的指导，按要求配齐工作人员，并积极参加各类活动；大力开展群众安全工作，配齐群监员，并开展隐患排查，健全完善制度、规范资料管理；坚持开展青年安全监督活动，积极参加矿团委开展的“五小”创新、“青年突击队”等活动；及时收取和上交工会费、团费；积极组织职工参加上级举办的各类文体活动。

（八）职工教育

强化职工思想引导，通过开展形势任务教育等手段，牢牢把握职工思想，引导职工认清目标任务、投身改革发展；坚持开展“六必谈、六必访”工作，与职工群众充分交流沟通，及时掌握职工思想动态；制定职工学习计划，定期组织职工开展业务技术、科学文化、法律法规等方面的学习，逐步提升职工综合素质；做好困难职工的动态管理，及时向矿反映职工的困难、诉求和思想状况，将矛盾化解在萌芽状态，杜绝职工违法违纪和各类信访事件发生，实现职工队伍思想稳定。

（九）工作业绩

完成党建和思想政治工作目标，完成矿井下达的生产任务，全年实现安全生产；支部班子战斗力、执行力强，能够按时完成各项工作任务；开展多种形式的节支增收活动，降本增效效果明显；在矿井改革发展中敢于挑大梁、担大任，敢于创新，敢于探索，示范引领作用突出；及时总结先进的工作经验、工作亮点，做好宣传推广工作。

（十）党建资料

支部党建工作资料做到科学分类、规范管理，工作制度、工作计划、工作总结、活动记录等内容真实、齐全、书写工整；资料能够妥善保存、有序摆放、美观大方；有专人负责资料的收集、整理、鉴别和归档。

四、组织领导

为加强对“十星党支部”创建活动的领导，矿党委成立“十星党支部”创建领导小组：

组长：鲁守明。

副组长：贾安强、魏兴民、王统海、安明成、陈维水、伦庆忠。

成员：办公室、党群部、纪委监察、劳资科、保卫科、安监处部门负责人以及各党支部书记、副书记。

领导小组办公室设在党群工作部，具体负责创建活动的组织、指导、考核工作，及时发现、解决创建工作中存在的问题，总结推广创建活动中涌现出的各类先进典型，增强活动效果。各单位也要成立相应的领导机构，做到高度重视、精心组织、周密部署，抓出实效。

五、考核评比及管理

1. 由创建领导小组办公室按季度对 10 项创建内容进行考核评比，每项创建内容满分为 10 分，每项得分在 8 分以上（含 8 分）的可以授星，达不到 8 分的不予授星。

2. 年终考核时，对各支部所得星数进行累加，并按照星数多少进行排名。全年星数少于 30 颗或出现考核星数低于 5 颗的支部，取消年度评选“先进党支部”及支部书记、副书记评先进优的资格。

3. 每年评选出一定数量的“十星党支部”进行表彰。

4. 对“十星党支部”实行动态管理，统一制作并悬挂星级标识牌，根据每次考核情况进行授星或摘星，提高或降低星级，并在党委和支部两级公开亮相。

5. 创建活动实行一票否决制，凡出现重伤以上人身事故、发生腐败案件、出现群体性上访事件的单位或机关科室，取消其党支部“十星党支部”的评选资格。

六、工作要求

（一）统一思想，提高认识

开展“十星党支部”创建活动，是新形势下加强基层组织建设，充分发挥基层党组织战斗堡垒作用和党员先锋模范作用的一项重要措施，也是不断提高基层党建工作水平的需要。各党支部一定要从提高党的执政能力和加强党的先进性建设的高度，充分认识开展这项工作的重要性和必要性。

（二）强化责任，落实任务

落实党建工作责任制，明确支部书记抓党建的职责，各党支部书记是“星级党支部”创建活动的第一责任人，要对本支部创建工作负总责，要把创建工作与各项中心工作同部署、同检查、同考核，用发展的实际效果检验创建工作的成效；创建领导小组要加强对各支部的指导和考核，做到工作责任上细化、目标要求上量化，督查有力度、考核有标准、奖惩有办法，确保形成统一领导、密切配合的创建工作格局。

（三）培育典型，示范带动

创建领导小组办公室要进一步加大典型培育、总结、推广力度，选择若干基础比较好、成绩比较突出的党支部作为示范点，充分发挥典型的示范引领和辐射带动作用，以点带面，推动各基层党支部“十星党支部”创建工作顺利开展，提高全局系统党建工作整体水平。

（四）大力宣传，全面推进

充分发挥电视、网站、微信、手机报等宣传平台的作用，采取基层党员群众喜闻乐见的方式，大力宣传“十星党支部”创建工作的内容和方法；要按照边创建边总结边提高的原则，强化舆论引导，加大对创建工作中涌现出来先进典型、先进经验的挖掘、宣传和报道，广泛宣传“星级党支部”创建活动的好典型、好做法，营造浓厚的比学赶超、对标先进的良好氛围，推动创建工作不断深入发展，建立基层党建工作常抓常新的长效机制。

中共临沂矿业集团古城煤矿委员会

2017 年 1 月 1 日

中国煤炭工业协会煤炭工业文献委

感谢信

山东能源集团、临矿集团及古城煤矿：

11月15日，煤炭工业文献委召开煤炭企业修志工作座谈会，委托山东能源集团承办。山东能源集团、临矿集团党政领导高度重视，安排古城煤矿具体承办。

本次会议共有来自全国51家单位的85名代表参会。会议筹备时间短、内容多，参会人员规格高，报到时间、接站地点分散，生活习惯差异大，会议的组织筹备和保障工作难度大。古城煤矿党委以勇于担当的精神和高度负责的态度，按照煤炭工业文献委的要求，精心组织、合理安排。全体会务人员不辞辛苦、细致周到，接待服务、食宿安排、会务保障等方面都做到了组织有序、保障有力，以精严细实的工作作风和斗志昂扬的精神面貌，高质量地完成了本次会议的服务保障工作，受到了中国煤炭工业协会党委书记梁嘉琨、副会长解宏绪和参会代表的肯定与高度评价。

古城煤矿发扬了国有企业的责任担当和优秀品格，展示了双十佳企业的管理水平。在此向你们的付出表示感谢，同时祝山东能源集团、临矿集团及古城煤矿的发展再上新台阶。

中国煤炭工业协会煤炭业文献委

2019年11月20日

临矿集团党委

表扬信

古城煤矿党委：

11 月 15 日，煤炭工业文献委、《中国煤炭工业志》和省级《煤炭工业志》编办负责人、煤炭企业修志分管领导和编办代表共 85 人在你单位成功召开了全国煤炭企业修志工作座谈会。与会代表对会务接待、住宿安排、会场布置、材料准备、志愿服务等工作给予了高度评价和广泛赞誉，煤炭工业文献委和山东能源参会领导对你单位热情、细致、周到的服务和顾全大局、勇于担当、执行力强的敬业精神专门致以诚挚感谢，并向能源集团党委书记、董事长作了专题汇报。此次会议，为山东能源和临矿集团树立了良好的公众形象，向全国煤炭战线展示了古城煤矿的靓丽名片，极大地提高了企业的知名度和美誉度。

会议的成功召开，是您单位领导思想重视、高度负责，会务人员不辞劳苦、精心筹备的结果。为此，集团公司党委对你单位和全体会务人员提出表扬，并希望你们继续发扬优良作风，努力工作，再接再厉，争取更大的成绩。

中共临沂矿业集团党委

2019 年 11 月 18 日

三、领导讲话

崔宝德同志在临沂矿务局古城煤矿试生产暨移交生产管理大会上的讲话

（2001年1月12日）

各位领导、各位来宾、同志们：

在刚刚跨入新世纪的喜庆时刻，我们欢聚一堂，隆重召开临沂矿务局古城煤矿移交生产管理会议，这是我们临沂矿区发展史上一件振奋人心的大喜事。几天来，经过省局检查验收团对各个生产系统的全面检查验收，确认古城煤矿已经具备移交生产管理的条件，并正式移交生产。以此为标志，古城矿井基本建设胜利结束，从而跨入了一个崭新的发展阶段，也为我局的可持续发展战略增添了新的活力。

古城煤矿移交生产管理，是山东煤炭工业局、山东煤矿安全监察局正确领导和大力支持的结果；是古城矿井建设者们心系全局，自我加压，打破常规，顽强拼搏的结果；是在市场经济条件下建设新矿井的一次成功实践。

借此机会，我代表全局广大干部职工，向给予我们正确领导和大力支持的省局领导，表示衷心的感谢！向承担和参与古城矿井设计、建设、施工、监理、接产各项任务的有关单位和广大干部职工，表示亲切的慰问和热烈的祝贺。

古城煤矿是我们按照新机制、新模式建设的新矿井，也是我们在兖州新区建设移交生产管理的第一对新矿井。古城煤矿自1996年5月开工建设，第26个月第一个工作面产煤，历经4年多的拼搏奋斗，建成矿井，并正式移交生产管理，从而完成了由基建到生产的转变，实现了投资省、建设快、工期短的奋斗目标。4年多来的日日夜夜，既有艰辛的付出，更有收获的喜悦。历史将会永远铭记这一令人难忘的时刻。在这激动人心的难忘时刻，我们不会忘记为了使临沂矿务局能够尽快摆脱困境，走上振兴之路的各级领导对我们建设古城矿井给予的大力支持和帮助，在古城矿井立项审批、整体规划、收购土地、工农关系协调等方面不仅为我们排忧解难，而且在古城矿井建设中，省局领导多次抽出时间，深入建设工地，深入井下一线，现场办公，出主意，想办法，作决策，指导工作，帮助我们解决了矿井建设中的一道道难题，确保了矿井建设的顺利进行，为古城矿井按期移交生产管理奠定了坚实基础。

此时此刻，我们不会忘记奋战在古城矿井建设工地上的广大干部职工。在异地他乡、在异常艰苦的条件下，广大建设者们为把古城矿井早日建成，发扬煤矿工人特别能战斗、特别能忍受的光荣传统，面对工期短、任务重、建设资金不能按时到位的巨大压力，不负重托，不辱使命，克服了一个又一个困难，创出了一个又一个佳绩，实现了优质、快速、高效的目标。广大建设者们用汗水浇铸的这一丰碑，将时刻鼓舞着全局广大干部职工发奋图强，为早日实现我局的振兴和发展而努力奋斗。同样，我们不会忘记临沂老区的广大干部职工和离退休老同志，在古城矿井整个建设中，倾其全力，尽其所能，关心和支持新区建设，表现出全局广大干部职工识大体、顾大局的良好精神风貌，充分展示了临沂矿务局的强大凝聚力和尽快脱贫致富的强烈愿望。移交生产管理只是万里长征迈出的第一步。虽然这次经省局检查验收，古城矿井具备了移交生产管理的条件，但还存在着一些问题和不足，我们一定要按照省局检查验收团通报的情况和提出的要求，落实责任，认真加以整改。省局领导对古城矿井建设，一直十分关心和重视，今天又在百忙之中抽出时间参加会议，特别是韩总到会并作了重要讲话，我们要很好地领会贯彻，不辜负上级领导对我们临沂局的关怀和殷切希望。

各位领导、同志们，建设好一个古城矿井，已经作为光荣的一页铭刻在临沂矿区的发展史上，历史和后人永远不会忘记大家为之付出的智慧、劳动和奉献。现在，管好古城矿井的新的更加艰巨的任务，已经义不容辞地落到了我们的肩上，我们决不辜负时代的重托、上级的希望和群众的信任，一定要团结带领广大职工，围绕振兴发展临沂矿区的总体目标，扎实做好古城矿井移交生产管理后的各项工作，完成自己的光荣使命。下面，我就古城矿井移交生产管理后的工作，讲以下几点：

一是要树立争取一流、创一流的雄心壮志，解放思想，敢于突破，建设高产高效矿井。古城矿井移交生产管理后，今年要力争实现达产 90 万吨的目标，任务艰巨。必须强化措施，分解目标，奋力拼搏，坚定不移地完成。特别是要高度重视采场接续问题，落实责任目标，加快掘进速度，确保采掘接续。对此，要尽快适应由基建转向生产管理的需要，不断探索完善生产经营管理模式，通过改革劳动组织和生产方式，实现效率最大化。要积极推行“三改一加强”的综合配套措施，以建立现代企业制度为目标，以改革为根本发展动力，探索符合市场经济规律的领导和管理体制，努力提高企业经营管理的总体水平。

二是要以市场为导向，大力强化企业基础管理。要将经营目标细化量化到各级职能部门、区队、班组和个人，引入市场化的经营机制，建立起有效的内部市场链，使市场的压力真正传递到每个人员的身上。要抓好财务管理，突出落实经济责任制，建立健全各项规章制度，要树立用户至上，质量第一的思想，强化煤质管理，争创古城优质名牌产品，实现经济效益最大化。

三是要依靠科技进步，着力技术创新。古城矿井是临沂矿区新区接续的第一对矿井，对全局的生存和发展有重要的作用。因此，矿井移交生产管理后，要始终跟踪先进技术水平，瞄准一流目标，广泛采用新技术、新工艺、新装备，以提高单产单进水平为突破口，尽快组织综采、综掘工作面，努力向高产高效现代化矿井迈进、

四是要大为实施“煤与非煤”并举的发展战略。矿井自移交生产开始，就要将

非煤发展摆到重要地位，充分发挥自身优势，大力发展非煤产业，积极、慎重、高效地开发技术含量高、市场附加值高的新的非煤产业，实现滚动发展和迅速扩张，把古城矿井建设成产业规模大、经济实力强、发展后劲足的经济实体。

五是抓好质量安全，为生产经营创造良好的工作环境。要认认真真贯彻落实好全国煤矿安全监察工作会议精神和《煤矿安全监察条例》，要正确处理好安全生产与经济效益的关系，在思想上真正牢固树立安全第一的思想，加大工作力度，不断健全完善质量安全管理的各项规章制度，切实形成质量安全包保体系。由于古城矿井地质构造和水文地质复杂、断层多、倾角大，因此，要认真研究确保大倾角下安全采煤的技术工艺，要针对煤层自燃发火期短的实际，重点是抓好防灭火管理，切实做到超前预测，超前预防，确保安全工作万无一失。要强化工程质量管理，扎扎实实搞好质量标准化建设。要强化职工的安全培训，搞好对职工的警示教育，切实做到培训不合格不上岗，特殊工种人员不持证不上岗，以提高全员的质量意识和安全意识，增强全员搞好质量安全的自觉性和主动性，确保安全生产。

六是要坚持两手抓两手都要硬，积极创建文明煤矿，要不断加强思想政治工作，大力抓好精神文明建设和企业文化建设，创建文明矿井，夺取两个文明建设的双丰收。要以人为本，充分挖掘人力资本和人力资源两个方面的潜力，立足于管理创新、机制创新、销售创新、分配创新、技术创新、产品创新、制度创新，不断突破自我，超越自我，始终保持着永不满足、创新发展的态势。

要着力培育市场经济形势下的企业文化，形成具有古城特色的企业精神，增强企业的向心力和凝聚力。要继续保持和发扬艰苦奋斗，顽强拼搏，只争朝夕的那么一种精神，那么一种斗志，那么一种拼劲，向创一流业绩、建一流矿井、树一流形象的目标奋进。

在此，也希望全局广大干部职工要以古城矿井移交生产管理为动力，虚心向古城建设者们学习，以他们为榜样，在各自的工作岗位上，不畏艰难，奋力拼搏，为临沂矿区的发展和振兴做出积极贡献。我相信，只要全局上下不断解放思想，转变观念，调整思路，打破常规，敢想敢干，咬定目标，奋力拼搏，就一定能够实现我们振兴发展的目标，临沂矿务局的明天一定会更加美好！

最后，祝大家身体健康，工作顺利，节日愉快，全家幸福！

谢谢大家！

在山东能源临矿集团“千万百亿”庆典仪式上的致辞

山东能源集团董事长　卜昌森

（2011 年 11 月 19 日）

尊敬的各位老领导、老同志，临沂矿区的同志们、朋友们：

今天，我们齐聚一堂，共同庆祝临矿集团“千万百亿”目标圆满实现。这是临沂矿区发展史上具有里程碑意义的一件大事、喜事，对于正在全力冲击世界 500 强、打造卓越能源企业的山东能源集团来讲，也是一件盛事，一份沉甸甸的厚礼。在此，我谨代表山东能源集团，代表 23 万职工、13 万离退休人员、近百万职工家属，向临矿集团“千万百亿”目标的实现致以热烈的祝贺！向多年来为企业改革发展付出辛勤劳动、做出突出贡献的各位老领导、老同志，向矿区的广大干部职工家属表示亲切的慰问！

临沂矿区是一家有着优良革命传统的红色企业，在抗日战争的烽火硝烟中诞生，1960 年建局，至今已经走过 60 多年的发展历程。六十年风雨兼程，六十年沧桑巨变。临沂矿区地处北起唐山、入渤海、在寿光登陆，过五莲、郯城，到庐山的全球大断裂带，构造复杂、煤层薄，自然灾害威胁严重。在这种复杂的地质条件下，一代又一代沂蒙矿工发扬煤炭人特别能吃苦、特别能战斗的精神，为共和国的建设做出了突出贡献。特别是进入新世纪以来，面对企业改革发展的严峻形势，临沂矿区的广大干部职工自强不息、艰苦奋斗，以“世上没有救世主，脱贫解困靠自己”的非凡胆略，推动企业在低谷中崛起，在困境中突围，走上了跨越发展的康庄大道。短短 10 年时间，煤炭产量由不足百万到突破千万，职工生活由艰难困苦走向富裕安康，矿区面貌、职工精神风貌焕然一新，实现了企业由小变大、由穷变富、由老变新的历史性转变。

同志们，“千万百亿”是一座丰碑，它凝聚了临矿人的智慧、心血和汗水；“千万百亿”是一个标志，它展现了临矿人的勇气、胆略和气魄。你们以“在不可能中创造可能，在可能中办成大事”的实际行动，历史地改变了自己，更生动诠释了山东能源集团的“超越”文化。你们改革发展的突出业绩充分证明：资源有限，创新无限；事在人为，成事在干。临矿集团跨越发展的历程，是山东能源集团权属六家企业近年来改革发展的缩影。正是有了大家在艰辛创业中积累的物质财富和精神财富，今天的山东能源集团才有了冲击世界 500 强的底气和追求，才能在打造卓越能源企业的道路上走得踏实而稳健。在此，我提议在座的各位：向历届老领导、离退休老同志，向矿区的广大干部职工家属，再一次表示诚挚的感谢和崇高的敬意！

山东能源集团的组建，是省委、省政府为保障我省能源安全、推动煤炭企业又好又快发展做出的重大战略部署。源于历届老领导、老同志打下的好基础，集团公司初步形成了以煤炭生产为基础，装备制造、煤化工、医疗健康等多个产业协同发展的产业格局，成为我省资产规模最大、职工人数最多、效益最好的省管企业。2010年，实现原煤产量7905万吨，销售收入1060亿元，利润139亿元，位列2011中国企业500强第75位，效益200佳第41位。今年以来，集团公司发展形势持续向好，预计全年实现原煤产量突破1亿吨，销售收入1500亿元，利润总额180亿元，有望进入世界500强。面向未来，山东能源集团将围绕建设国际化、现代化大型能源集团的目标，积极发展能源、现代服务、装备制造、煤化工四大产业板块，全面实施大能源、大资源、大合作、大协同、大运营战略，努力打造资本运营、海外开发、新型能源三大亮点，力争“十二五”末实现主要经济指标翻番，煤炭产量超过2亿吨，销售收入2700亿元，利润270亿元，打造成为国内一流、国际知名的卓越能源企业。

同志们，朋友们，在集团战略统领下，六家企业宛如六条腾飞的巨龙，将会迸发出无坚不摧的巨大力量。发展大潮，浩浩荡荡。我相信，有着光荣传统的临矿集团广大干部职工，一定能以“千万百亿”为新起点，满怀豪情，再接再厉，朝着更高、更远的目标奋勇前进，为山东能源集团的跨越发展做出新的更大的贡献！

最后，祝愿临矿的事业红红火火、蒸蒸日上！祝愿临矿的干部职工万事如意、幸福安康！谢谢大家！

在集团公司“千万百亿”庆典仪式上的讲话

董事长、党委书记　刘成录

（2011 年 11 月 19 日）

尊敬的各位领导、朋友们、同志们：

今天是值得临沂矿区广大干部职工热烈庆祝的日子，“千万百亿”跨越目标顺利实现了！在这见证历史、共庆辉煌的美好时刻，我代表临矿集团向始终关心支持临矿改革发展事业的山东能源集团领导和各位老领导、离退休老同志表示最崇高的敬意！向给予企业精心指导和帮助的各位董事、监事、财务总监，社会各界人士，以及职工家属同志们表示衷心的感谢！向长期战斗在各条战线，勤恳工作、无私奉献的矿工兄弟们表示亲切的慰问！

煤炭产量过千万、销售收入过百亿，是临矿历届领导班子和几代临矿人孜孜以求的共同梦想和夙愿。为了这个梦想和夙愿，从新中国成立前的竹园煤矿至今，我们风雨兼程 60 余载，共同经历了市场经济的严峻考验，脱贫解困的艰难抉择，改革改制的有益探索，现代企业制度的创新实践，科技强企的振兴之路，一代又一代人的拼搏，一代又一代人的奉献，历经沧桑、玉汝于成，终于实现了由求生存到求发展求壮大的伟大转变。为了这个梦想和夙愿，我们大力实施“走出去”战略，从临沂老区到济宁新区，实现了求生存的跨越；从山东境内到省外内蒙古，再到甘肃、陕西，临矿人创业的足迹踏遍了四省十余个地市，业务范围从煤炭拓展到煤机、玻纤、铁矿、物流等多个领域，发展成为一家拥有 9 对煤矿、1 对铁矿、1 对在建煤矿、2 对技改煤矿以及 14 个非煤单位，后备矿产资源储量 36 亿吨的大型煤炭企业集团，实现了求发展的跨越。回顾临矿的发展历史，是历届班子、历任领导、几代临矿人的智慧、心血和汗水，铸就了今天的辉煌业绩；是几万干部职工艰苦创业、克难制胜的拼搏和奉献，谱写了今天的壮丽诗篇，临矿人永远不会忘记这份沉甸甸的恩情！

临矿历经沧桑、快速崛起的生动实践深刻地告诉我们：要实现百年梦想，必须始终保持创业的激情、改革的锐气和强烈的发展欲望，这是企业发展的内驱动力。正是这样一股创业激情，鼓舞着一代又一代临矿人披荆斩棘、奋勇前行，化无数梦想为现实。要实现百年梦想，必须始终坚持解放思想、转换机制、敢为人先，这是企业发展的活力源泉。正是这样一种创新精神，才使临矿从低谷中崛起，由小变大、由弱变强、由穷变富，在波澜壮阔的伟大实践中铸就辉煌。要实现百年梦想，必须始终坚持稳中求进、好中求快、效益优先，这是企业发展的重要保障。正是这样一种发展特色，才使临矿在夹缝中求得生存和发展，创造了资产质量好、经济效益优、人均效率高的比较优势。要实现百年梦想，必须始终坚持发展依靠职工，发展为了职工，发展成果与职工共享，这是企业发展的根本出发点和落脚点。正是这样一种人本理念，才使一代又一代临矿人始终与企业不离不弃、共同发展，形成了“发展是硬道理，挣钱是真本事”的共识。

“千万百亿”是临矿为山东能源集团冲击世界500强献上的一份厚礼，更是临矿发展史上意义深远的里程碑，标志着临矿的发展规模迈上了一个新的台阶。对此，我们满怀自豪和喜悦。在今天举杯同庆的美好时刻，我们也要清醒地认识到，“百年临矿”目标的实现任重而道远，临矿在规模、实力、竞争力等方面无论是与国内大型煤炭企业相比，还是与能源集团兄弟单位相比，都存在较大差距。多经风雨志弥坚，关山初度路犹长。按照临矿集团“十二五”期间“三步走”的发展战略规划:2011年，实现“双一”目标，煤炭产量突破千万吨，销售收入突破百亿元；2013年，实现“倍增”目标，在2011年基础上，煤炭产量、销售收入增长一倍；2015年，实现“再倍增”目标，煤炭产量突破3000万吨，铁矿石产量达到1000万吨，销售收入突破300亿元。今天，“千万百亿”奋斗目标的实现，仅仅是迈出了实现“十二五”规划、打造“百年临矿”的第一步，更是我们临矿人创造又一个历史辉煌的新起点，摆在我们面前的是条充满艰辛，也充满光明和希望的道路。山东能源集团的战略发展要求，鞭策着我们；“百年临矿”的宏伟目标，激励着我们；“十二五”的艰巨任务，催逼着我们；历届领导班子创造的成功经验，鼓舞着我们。我们有责任、有义务、有能力、更有信心立足新的发展起点，放飞临矿人的希望和梦想，凝聚临矿人的智慧和力量，激发临矿人的活力和潜能，把所有的希望、所有的奉献、所有的激情都凝聚到打造“百年临矿”的伟大实践中来。我们相信，面对新的机遇和挑战，百折不挠、勤劳智慧的临矿人一定能够谱写出更加可歌可泣的壮丽诗篇！

最后，衷心祝愿各位领导、广大干部职工及家属同志们身体健康、阖家欢乐、万事如意。

谢谢大家！

继往开来携手奋进
为矿井改革发展提供坚强政治保障
——在中国共产党临沂矿业集团公司古城煤矿第一次代表大会上的报告

党委书记 鲁守明

（2016 年 8 月 13 日）

各位代表：

现在我代表古城煤矿党委向大会作工作报告，请予审查。

一、2006 年以来工作回顾

2006 年以来，古城煤矿党委在集团公司党委的正确领导下，认真贯彻落实党的一系列方针政策，特别是十八大以来，围绕中心，着眼全局，不断加强党的组织、思想、作风、制度建设，充分发挥党委的政治核心作用，强班子带队伍，严管理促提升，建制度育人才，为矿井安全发展、逆势发展、健康发展提供了不竭的源动力，助推了矿井安全稳产高效，累计完成原煤产量 2190 万吨，实现利润 84 亿元，上缴利税 38 亿元。特别是近三年来，矿党委认真落实集团公司党委总体发展战略部署，发挥主体责任优势，带领广大干部职工凝心聚力，攻坚克难，致力降本增效，改革突围，实现利润 14.8 亿元，创出了煤炭市场“寒冬”期新奇迹。多年来，古城煤矿党委先后被省国资委党委、能源集团党委和集团公司党委等授予“先进基层党组织”荣誉称号。

（一）加强班子建设，落实主体责任

多年来，党委班子坚持学习与实践相结合，完善党委中心组学习内容和学习形式，重点学习党的系列方针政策、上级党委文件指示精神，用党的理论武装头脑，牢牢把握政治方向，保持决策的正确性和科学性。通过组织开展党的先进性教育、创先争优、党的群众路线教育实践、“三严三实”专题教育等活动，持续提升了党委班子的自身素质、群众意识和求真务实精神；近年来，通过开展“高境界、树正气、暖人心、走在前”和“现在想、马上办、办漂亮、见回音”主题实践活动，有力地增强了班子党性素养，提升了精神境界，增强了驾驭全局的能力。

（二）强化基层组织建设，提升支部战斗力

矿党委高度重视基层支部组织建设，在组建支部班子时，挑选党性强、业绩优、作风硬的优秀党员进班子，持续保持了班子具有较强的战斗力。坚持“三会一课”制度，坚持融入日常、抓在经常，把解决问题贯穿学习教育始终。严把入党第一道关口，确保发展党员的质量，建矿以来共发展党员 180 名。通过扎实有效的组织建设，支部战斗力、执行力不断增强。在矿井释放产量的关键时期，采煤二工区党支部创出了首个单产单进百万吨工作面，成为省内煤矿行业一面采煤旗帜。掘进二工区党支部成功打造了一支5000米快速综掘队，为矿井接续提供了可靠保障。最近又相继开展了学习型、服务型、创新型、和谐型“四型党支部”创建工作，有力地提升了党支部的战斗力、服务力、学习力。机电工区党支部开展的“乌金蓝领”党建项目，为矿井和集团公司培育出了大量的人才，有力保障了矿井机电专业人才接续。

（三）狠抓思想作风建设，提高党员综合素质

矿党委特别注重思想作风建设，在党员中开展各种思想教育和大讨论活动，凝聚思想，提升素质。为应对严峻的行业形势，矿党委以“活力幸福”矿区创建为总抓手，先后开展“四新教育”、“市场残酷性、矿井竞争力、职工幸福感”思想大讨论和“改革在身边”等形势任务教育活动，通过讲形势、讲改革、讲任务、讲目标，使党员干部认清了煤炭市场形势，自觉积极投身改革，适应改革发展，助推了矿井各项改革措施的顺利实施。今年来，深入开展了“两学一做”学习教育，通过重温入党誓词、“手抄党章”、讲微党课、支部书记培训等形式，有效增强了广大党员干部的党性观念、规矩意识、纪律意识、底线意识；通过开展党员“戴党徽、亮身份、树形象”、《准则》和《条例》考试、工作作风整顿等活动，叫响了党员称号，擦亮了党徽，唤醒了共产党员一心向党的激情和斗志。

（四）发挥党员先锋作用，选树一线党员标杆

矿党委开展了党员进班组、把党小组建到班组等工作，将党员全部充实到班组中，通过发挥党员先锋模范作用，增强了班组战斗力；开展“党员示范岗”创建活动，将党员打造成工作标杆。每年隆重表彰一批为安全生产、经营管理做出突出贡献的优秀共产党员，让他们披红戴花，展示党员风采。10年来，累计表彰优秀共产党员400多人次，起到了很好的示范带动作用。

（五）开展党风廉政教育，营造清正廉洁氛围

矿党委始终坚持把党风廉政建设作为重中之重。党委书记与班子成员、支部书记签订年度《党风廉政建设目标责任书》，落实廉政责任；建立完善了廉洁风险防控体系，对重点人员实行重点监控。同时利用微信、手机报、“党课在线”、政治学习等多种平台和途径，开展廉政教育，起到了防微杜渐的作用。同时严格刚性处罚，2015年以来，按照上级规定，先后对9名党员干部进行了纪律处分和连带追责，起到了警示与震慑的作用，在矿区营造了清正廉洁的浓厚氛围。

（六）培育矿山精英人才，助力矿井持续发展

矿党委始终把人才培养放在重要位置，造就了一批专业精英人才和技术骨干，对矿井持续发展注入了不竭动力。通过近年来的不断探索，逐步形成了理论考试、演讲答辩、民主评议的人才公开竞聘选拔模式。10年多来，先后有60名德才兼备的优秀人才通过竞聘走上了管理岗位和技术岗位。今年，矿党委拿出6个管理岗位，在全矿范围内公开竞聘上岗，有效拓展了选人空间，避免了暗箱操作，使一批优秀管理人才脱颖而出。同时针对矿井需求，通过开展各种形式的技术比武、技术创新、技术讨论会、专业讨论会等形式，让广大职工积极参与，锤炼技术，提升技能。自

建矿以来，通过平台锤炼，不但满足了矿井自身需求，而且还积极对外输出专业技术人才，投入到兄弟单位的建设中。多年来，累计输出专业技术人才 200 多名，为临矿集团发展壮大做出了积极贡献。

（七）心系职工群众，提升幸福指数，构建文明和谐家园

矿党委坚持把“关爱职工、服务群众”作为工作重点，不断凝聚职工合力，构建起了“和谐、稳定、幸福、祥和”的新家园。通过数年来的不断完善，建立了标准化的“两堂一舍”，实行公寓化管理、标准化服务，为职工群众创造了舒适的生活环境。积极改善井下生产作业环境，先后投资近 2000 万元，安设了 7 部架空乘人装置和 6 部制冷风机。通过开展安全警示、安全文艺下区队、安全帮教等安全教育活动，不断增强职工安全意识，保障职工最大利益。持续开展节日慰问、夏季送清凉、金秋助学、困难帮扶等活动，让职工感受到了矿山大家庭的温暖。特别是煤炭市场“寒冬”以来，矿党委努力践行工资不降、待遇不减的承诺，职工人均住房面积不断增加，私家车数量达到 1600 余辆，提高了职工幸福指数。

二、存在问题

一是基层服务意识、品牌意识有待进一步强化。经过持续开展“四型”党支部创建，支部服务意识有所提升，但服务仅限要求、强调的，没有达到全方位服务，支部党建品牌意识不够，没有开创性开展工作，没有形成品牌。二是党建创新意识、对标意识有待进一步加强。在过去，矿党委在党建工作上做了一定的探索和创新，也逐步形成了具有古城特色的新格局。但对标先进单位还存在一定距离，需要结合实际，探索党建工作的新方法、新途径，逐步推出新形势下党建工作新亮点、新特色。三是个别党员宗旨意识、奉献精神有所弱化，群众意识淡薄，深入群众不够；党员的先锋模范作用发挥不明显；有些党员重业务、轻学习，对党的理论知识学习不够深入、不够系统。

三、今后四年的工作任务

未来四年是集团公司改革突围的重要时期，也是古城煤矿寻求改革突破的关键时期。新一届党委要以党的十八大、十八大五中全会精神和习近平重要讲话为指针，按照集团公司党委要求，以服务“安全高效、稳产高效”、服务“成本、煤质”两大战略为中心，以持续深入推进“活力幸福”矿区创建为总抓手，强化党建基础，创新服务方法，改进服务途径，着力打造新形势下党建新品牌，为古城煤矿逆势发展、逆境奋进、持续担当骨干力量凝聚合力提供保障。具体做好以下 4 个方面：

（一）发挥核心优势，凝聚企业发展力

一是要持续加强班子建设，更好地引领企业发展。党委中心组坚持持续学习，特别是加强对党的十八大五中全会精神、习近平重要讲话和能源集团、集团公司党委文件的学习，深刻领会上级文件精神实质，持续提升班子素质，精准掌握上级党委政策，牢牢把握政治方向，更好地服务企业发展。二是打造富有战斗力的坚强支部。全矿 14 个党支部是党委工作的前沿阵地，要重点加强支部建设，要在增强“硬件”、强化“软件”上做文章，进一步健全完善服务型党支部创建考核标准，加大指导、

考核力度，促进支部党建工作制度化、科学化。要加强支部书记理论知识培训，学习党建知识，提高政治引领力，真正打造新形势下富有战斗力的坚强支部、品牌支部，力争在集团公司内树起党建样板。三是深入开展“两学一做”学习教育。按照《古城煤矿“两学一做”学习教育实施方案》，认真总结前段学习教育经验做法，继续深入开展好学习教育，重点做好专题讨论、合格党员评议、组织开好党委民主生活会、支部组织生活会。同时引导全矿党员在“做”上下功夫，充分发挥示范带动作用，自觉做到争先锋、做表率、当标杆，为党旗增光添彩。

（二）强化对标管理，增强抗风险能力

一是要对标先进继续深化内部改革。要对标同类先进矿井，对标先进企业的管理方式、管理模式，结合矿井实际，科学消化吸收，在人均工效、人均利润、人均价值、人均创新成果等方面全面超越对标单位。继续深化内部改革，做到科学有序、稳步推进，力争在内部管理机构、管理制度、人力资源应用、市场化运作等方面，实现改革发展新突破。二是延长产业链条，谋求持续发展。要把谋求持续发展作为工作重点，形成原煤、发电、支护材料、洗配煤等多元化发展新格局。采取释放浅部煤开采等措施，持续开展充填开采，延长矿井服务年限。以 13 个专业攻坚团队为依托，拓展产业链条，寻求专业化到产业化的新突破，培育新形势下新的经济增长点，做强做大产业链条，力争形成新的产业支撑。三是打造精干高效的管理队伍。要通过“四型”党支部建设，继续加大支部书记和中层管理人员的培训力度，努力提升党建工作水平和业务管理技能。要继续弘扬矿区正能量，广树标杆，加大优秀党员、劳模先进等典型人物的宣传力度，营造健康向上、奋发有为的良好氛围。

（三）塑造专业精英，提升核心竞争力

一是探索人才培育新模式。要在现有人才培养方式的基础上，探索新形势下人才培养新模式。要逐步完善管理人员竞聘上岗制度，力求更加科学、实用、高效。同时要做好延伸扩展工作，今后逐步面向班组长、工区管理人员、专业技术员、机关一般管理人员，通过竞聘方式的成功运作，真正形成具有古城特色“能上能下”的人才公开选拔新模式。二是打造核心价值员工队伍。要结合集团公司“3531”工程竞赛活动，持续完善核心员工、价值员工的塑造、评选和提升平台，建立全方位“待遇留人、制度留人、感情留人”体系，让更多的人才留在矿山。要不断增强党组织人才活力，积极把优秀的青年技术骨干作为党员发展对象，进行重点培养，为党组织注入更多的新鲜血液。三是要持续强化基层执行力建设。要在前期工作作风整顿的基础上，在全矿范围内深入开展“四提”活动，通过健全强化制度措施，引导党员干部全方位提升，达到提能、提质、提速、提效，构建一支业务能力强、专业知识过硬、德才兼备、精干高效的党员干部队伍，更好服务于矿井长远发展。

（四）落实两个责任，培育矿区正向力

一是做好形势任务教育。要做好宏观上的形势研判，把握正确发展方向，认真履行党委主体责任，创新性地加强形势任务教育，引导党员干部职工从思想上、行动上跟上矿井改革发展需要，适应当前新的煤炭市场形势。要注重了解职工思想动态，掌握职工思想苗头，超前采取应对措施，做好职工思想工作，将矛盾化解在基层，消灭在萌芽状态，为矿井逆势发展创造良好条件。二是构建廉洁古城。要坚持把维护党章、严肃党纪作为党风廉政建设的首要任务，坚持党委会集体讨论决策制度，进一步规范领导班子决策行为，把执纪问责作为履行廉政责任的有效手段，提高科学决策、民主决策水平。健全惩治和预防腐败体系，构建“不敢腐、不能腐、不想腐”的约束机制。三是创建“活力幸福”矿区。要总结好近两年开展“活力幸福”矿区创建的成功经验，将创建活动持续深入地开展下去。要围绕创建目标，有计划有步骤地开展好“六大工程”。要通过“活力幸福”矿区创建，不断激活矿区内在活力，提升职工幸福指数。

各位代表、同志们，我们正站在新的历史起点上，新的时代赋予了我们新的任务和使命。未来的路艰难而曲折，但前途光明而美好。全矿各级党组织和全体党员要坚定信念、凝心聚力、奋发有为、砥砺奋进，为书写古城煤矿更加美好的明天而努力奋斗！

顺应新形势展现新作为
为推动矿井可持续、高质量发展而努力奋斗
——在2018年度工作总结表彰大会上的讲话

党委书记、矿长　伦庆忠

（2019年1月23日）

同志们：

今天，我们隆重召开2018年度工作总结表彰大会。本次会议的主要目的是，全面总结回顾2018年各项工作，表彰一年来在矿井改革发展中涌现出的先进集体和先进个人，深刻分析发展形势，安排部署今年工作，动员广大干部职工面对新形势、应对新挑战、抢抓新机遇、落实新举措，进一步坚定信心、逆势担当、奋发作为，为继续保持矿井安全生产、稳定和谐的良好局面努力奋斗。

刚才，与有关单位签订了2019年度《安全生产目标责任书》《党风廉政建设责任书》《信访稳定目标责任书》等5个责任书，希望相关单位能够对照目标认真加以落实。大会还对2018年度先进集体和先进个人进行了隆重表彰，在此，我代表矿党委、行政，向受到表彰的集体和个人表示热烈的祝贺！希望你们珍惜荣誉、再接再厉，为古城煤矿的发展再立新功，同时也希望全矿广大干部职工也要以获奖单位和个人为榜样，爱岗敬业、扎实工作，为古城煤矿的发展继续贡献智慧和力量。

根据领导班子研究的意见，下面，我主要讲以下三个方面。

一、2018年工作总结与回顾

刚刚过去的2018年，是古城煤矿发展当中具有重要意义的一年，全矿上下按照集团公司党委和矿党委各项工作部署，以新旧动能转换为工作总抓手，全面加强制度建设和人员管理，大力开展系统优化、装备升级和自动化改造，克服了地质条件复杂、资源日益减少、成本持续攀升、安全管控难度增加、行业监管日益趋紧等诸多制约因素，矿井各项工作稳步推进，保持了安全稳定、健康和谐的发展态势，较好地完成了集团公司下达的各项经营指标。

1.收入：全年完成销售收入16.56亿元，其中商品煤收入14.96亿元，电厂收入1.06亿元，支护材料厂收入3898.27万元，其他收入1.66亿元。

2.利润：全年完成利润总额4.85亿元，人均利润18.61万元；其中煤炭利润4.54亿元，电厂利润3069万元，支护材料厂利润53万元。

3.成本：全年商品煤完全成本427元/吨，比计划指标383元/吨高44元/吨；电力完全成本0.275元/度。

4.售价：全年累计商品煤平均售价621.34元/吨，其中精煤882.32元/吨，混

煤 441.32 元 / 吨，洗混 397.91 元 / 吨，煤泥 330.12 元 / 吨。

5. 职工薪酬：全年人均工资达到 11.04 万元，增幅 5.2%；其中采掘岗 14.68 万元，辅助岗 10.33 万元，地面岗 6.53 万元，增幅 7.4%；三类人员工资分配比例为 1 ∶ 1.58 ∶ 2.25。

总结 2018 年矿井整体工作，主要呈现以下几方面的亮点：

（一）安全基础不断夯实

一是强化主要灾害治理。继续完善“强卸压、强支护、强监测、强监督”的“四强”防冲体系，突出卸压在防冲工作当中的主导作用。应用分体式大扭矩液压钻车，将孔径由 110 毫米增加至 150 毫米，卸压施工效率和效果显著提升。完成了“动态与静态多参数冲击地压预警平台”建设，矿井冲击预警准确率显著提升；加强卸压施工现场监督检查，全年杜绝了卸压孔造假行为，防冲工作整体安全平稳。完善防灭火监测及治理措施，通过安装大流量注氮设备、推广使用新型封堵材料等手段，使封堵效果提高 30% 以上。重点加强后路老空区、老旧巷道、工作面推采及回撤期间的煤层自然发火治理，有效增强了防灭火综合管控能力。二是加强安全基础管理。开展“三违”大数据分析和百人违章率评比，深度分析安全管理的薄弱单位、薄弱地点、薄弱环节；通过薄弱人物“点对点”帮教、推行岗位工种“十不准”操作准则、全员安全大讨论、事故警示教育等活动，有效规范了职工操作行为，提升了全员安全素质。大力开展双重预防体系建设，进一步完善了五级隐患排查治理体系，并根据现场实际及时调整风险管控措施，实现了风险隐患源头治理。三是提升质量标准化水平。每月召开一次质量标准化现场会，并对井上下各地点质量标准化情况进行评比，在每天调度会上进行通报，并实行每周一对比、每月一考核，有力增强了基层区队和广大职工的质量意识，提升了矿井质量标准化整体水平。通过扎实有效的安全管理，矿井本质安全水平进一步提升，顺利通过了国家一级安全生产标准化矿井验收和特级安全高效矿井验收。

（二）生产效能显著提高

一是装备水平大幅提升。全面推广应用 EBZ230 型综掘机、挖掘式装载机、凿岩台车、ZF12000kN 液压支架、单元支架等先进装备，自主改造应用了跨转载机端头支架，采掘人均工效大幅提升。打造全岩巷道快速作业线，通过凿岩台车远程打孔、挖掘式装载机连续排矸，实现了全机械化作业，掘进速度由每月 55 米提高到 98 米。二是生产系统全面优化。运输系统全面推广使用永磁电机，目前已投入使用 16 台，完成主运输皮带自动化改造，在主井安装了全国第一部定量装载皮带永磁电机驱动装置，矿井提升运输系统更加安全高效。完成了主井底 4 号、5 号储煤仓建设，使井下仓储能力达到 17000 吨。完成了遥控电动单轨吊改造，解决了掘进迎头短距离物料运输难题。在主进风巷安装了长距离高速猴车，配备了舒适型座椅，职工上下井时间缩短了一小时。完成了供电系统改造一期工程，井上下 11 个变电所实现了无人值守，同时还开发了专用 App（应用程序），可通过手机完成供电系统的在线控制、故障诊断以及视频监控。通过开展自动化改造，全矿累计减少“4D 岗位”人员 180

名。加强通风系统改造，完成了地面风硐并联改造工程，主进风巷按期实现全线贯通，井下风量增加 1000 立方米 / 秒以上；对 –1030 南翼皮带巷、31 采区皮带下山等变形严重巷道进行扩修，矿井通风状况有了显著改善。三是生产工艺持续优化。不断优化全断面注浆工艺，总结出一套“大采深、高应力、强冲击矿井高效巷修技术”，使巷道扩修周期延长 6 个月，每年可减少巷修资金投入 1200 万元；探索深部巷修施工工艺，形成了“侧卸式装岩机 + 巷道修复机 + 综掘机”的巷修作业新模式，巷修工效较传统方式提高了 3 倍。

（三）经营管理水平显著增强

一是实施多元创效。加强对国家财税、劳资、科技奖励等政策的研究运用，全年累计实现财务创效 8838 万元。抢抓煤炭市场有利时机，加大外购煤配销力度，全年共外购煤炭 3.8 万吨，增加利润 966 万元。完成了粗煤泥回收系统改造，将煤泥热值降低到了 3500 大卡以下，每年可新增经济效益 450 万元。抓住精煤市场回暖机遇，加大原煤入洗量，精煤洗出量创近 5 年新高，实现了效益最大化。二是大力开展修旧利废。以回采工作面和巷修地点为重点，进一步加大废旧材料回收管理，并实行定价回收，有效调动了职工回收材料的积极性。按照“能修复绝不报废，能复用绝不买新，能自修绝不外委”的原则，加大机电设备修复利用力度，全年修复利用旧设备价值达 4000 余万元。三是煤质管控成效显著。提高采场布置技术水平，从设计源头上规避断层；加大回采率考核管理，应用多轮循环放顶煤工艺，最大程度上少放矸石多放煤；加强煤质管理过程控制，建立煤质责任追究机制，每天对原煤质量进行抽查、分析、通报，并倒查责任单位，有效控制了杂物混入煤流，毛煤含杂率显著降低。

（四）人才队伍建设扎实推进

一是加强技能人才培养。坚持在竞赛中培养和选拔人才，组织开展了全员职业技能大赛，共 48 个工种、861 名职工参与到竞赛中来，171 名优秀选手受到表彰，奖励金额达 57.6 万元，参赛工种、参赛人数、奖励幅度均创建矿以来历史最高纪录。每周举办一次“微讲堂”，由各专业“技术大拿”结合工作实际现场授课，有效提升了技能水平。探索新型学徒制模式，首批培养的 30 名新型学徒已成为各自岗位的技术骨干。二是畅通人才发展渠道。在全集团率先打通了“三通道十二台阶”，大力推行员工职业发展“攀登工程”，开辟了技能人才和后备干部两个“人才池”，为临矿集团和古城煤矿发展储备了大量优秀人才；对首批 17 名技能型人才进行了主管技师、技师、高级工等岗位的公开聘任，打通了技能型人才事业晋升通道。建立优秀技能型人才数据库，并制作了技能人才结构图，实现了矿井技能人才的集中管理、精准使用。三是全面推进班组建设。积极搭建班组管理学习、交流平台，举办了第三届“优秀班组长论坛”；严格班组长的选拔、任用，切实增强班组长的业务素质和安全管理能力，打造了一支素质过硬的班组长队伍；探索推行班组内部的师带徒和技术比武，有效提升了班组整体业务水平。

（五）绿色矿山建设稳步实施

一是大力开展原生矸石充填开采。在 –505 水平开展矸石充填开采，全年累计消化原生矸石 4.6 万吨，开采煤炭 2.5 万吨，新增经济效益 600 余万元；在 1210 充填工作面安装了风动力辅助充填系统，将两端头充填率提高了 20% 以上；创新充填工作面生产工艺，采用吊挂皮带替代刮板运输机，有效提高了充填效率。二是积极开展环境治理。完成了矸石山的整体搬迁，并对土地进行复垦，每年可减少环保税、土地租赁费等支出 170 余万元。完成了清水污水分流工程，并对生活污水处理设施进行改造，每年可减少排水量 70 多万方、节约排水电费 200 多万元；完成了封闭式煤场工程建设，有效缓解了环保因素对矿井生产经营的影响。三是节能减排成效明显。加大节能新技术、新装备推广应用力度，投入使用防爆高压无功补偿装置，投资 1000 万元对皮带机进行改造，采用永磁电机变频控制技术，可节能 15%—30% 左右；大力开展矿区亮化工程，将地面公共照明及井下照明全部更换为 LED 节能灯。通过以上措施，每年可累计节约电量 400 万度左右，减少电费支出 252 万元。

（六）科技创新活力加速释放

一是积极搭建创新平台。成立了科创中心，将青年创客工作室、劳模创新工作室、技能大师工作室、党建创新工作室以及创意交易平台、成果孵化平台集于一体，搭建起“四室两平台”的科技创新平台，目前已成为矿井科技创新和人才培养的重要阵地。二是大力倡导全员创新。针对矿井安全生产技术难题，开展破解方案悬赏征集，并设立 100 万元奖金，充分调动了广大职工创新创效的积极性，激发了全矿上下的创新活力。定期开展“小改小革”评选，全年共完成创新项目 255 项，发放奖金 20 余万元。三是推进科技成果转化。针对冲击地压、快速掘进、深部支护等重大课题开展自主攻关，并取得了丰硕成果，真正将技术转化为生产力。一年来，以“四强”为核心的冲击地压防治体系更加成熟；差异化支护工艺和“强 + 弱 + 让”三位一体综合围岩控制技术，每年可减少巷道扩修长度达 30%，节省支护及巷修费用 1000 余万元；全矿申报发明专利 10 项、实用新型专利 20 项。通过推动科技成果转化应用，全年节支创效累计达 5300 余万元。

（七）党建大动力作用持续凸显

矿党委认真贯彻落实党的十九大精神，以持续深化“活力幸福”矿区创建为总抓手，努力夯实基层、基础、基本功，为矿井改革发展注入了强大的政治驱动力和保障力。一是切实发挥党委核心作用。重新修订了《党委会议事规则》，明确将党委会作为“三重一大”事项决策的前置程序，真正发挥了党委议大事、谋全局、管方向的作用。坚持每月组织党委理论中心组学习会，党委中心组成员通过学理论、提境界，增强了履职尽责能力。层层签订《党建工作目标责任书》《党风廉政建设责任书》，确保党建工作责任层层落实。二是夯实基层党组织建设。组织党员学习了新修订的《党章》《中国共产党纪律处分条例》，引导党员牢固树立“四个意识”，争做合格党员；认真开展《中国共产党支部工作条例》宣贯学习，全面对照《条例》开展整改，提升基层支部规范化、标准化水平。加强“十星党支部”考核，有力助推了“七种模式”特色化支部建设，促进了矿井党建工作标准化和基层党建个性化同步提升。三是提升党群服务保障水平。对职工食堂、澡堂进行升级改造，职工生活环境更加舒适；在退休职工中开展了“四个一”活动，增强了职工的荣誉感；成立了“爱心超市”，为困难职工定期发放生活必需品，持续开展夏送清凉、冬送温暖、金秋助学等形式多样的帮扶慰问活动，累计发放救助金和物品价值20余万元。

（八）党风廉政建设深入推进

一是严肃执纪问责。紧盯“四风”问题新形式、新动向，持之以恒抓好中央“八项规定”精神落实。开展“微腐败”专项治理活动，针对各类侵害职工群众切身利益的问题进行了专项监督监察，严肃查处不作为、慢作为、乱作为以及违规违纪等行为，全年共组织督查检查和明察暗访16次，对9名党员管理人员进行了党纪政纪处分和诫勉谈话，持续保持了正风肃纪的高压态势。二是创新监督方式。发挥“四位一体”监督体系优势，突出监督关口、法律关口前移，加大监督审计和法律审核力度，全年对15个单位进行了经营责任考核审计，对外购煤炭、钢材、水泥等3个项目开展效能监察，从源头上遏制了腐败发生。三是培育廉政文化。将“红色教育”与“黑色警示”相结合，组织全矿党员干部到沂蒙革命纪念馆、里彦监狱等地进行正反两面实地教育，进一步强化了广大党员干部不想腐的思想意识。通过广泛开展廉政文化作品征集、家属座谈会等形式，在全矿上下营造了浓厚的廉政氛围。

二、当前面临的形势和问题

（一）当前面临的形势

2018年，是煤炭行业安全生产面临严峻挑战的一年，特别是下半年以来，省内外连续发生多起影响较大的安全事故，使各级监察部门对煤炭企业的安全监管更加严格，同时也对煤矿的生产管理提出了一系列新要求。目前，我们正处于煤炭行业形势和矿井发展方式发生深刻变化的时间节点上，这就倒逼着我们必须改变传统的生产方式和发展模式，坚持依法依规，严格按照核定生产能力组织生产，这既是行业安全形势的现实需要，也是矿井资源赋存现状的必然要求。

今后，我们要面临减产减利、保发展更要保生存等一系列问题。面对大变局下的发展形势和艰巨的工作任务，全矿上下要做好打攻坚战、打持久战的心理准备，进一步解放思想、拓宽思路、创新方法、改进路径，以滚石上山、爬坡过坎的决心和意志，主动化解当前行业大变局、大变革之下的重重挑战，探索出一条更可持续、更高质量的发展之路。

（二）当前存在的主要问题

当前，矿井面临的问题主要有以下几方面：

一是安全管理仍有不足。部分工程技术人员对煤炭行业法律法规、上级文件要求没有学深学透，对规定理解不到位、不准确，在迎接上级安全检查中十分被动，暴露出很多管理上的问题，甚至有些问题屡次出现。部分职工安全意识不强，行为违章和零打碎敲事故时有发生，2018年共查处行为违章46人次，发生轻伤事故34起，安全管理仍然任重道远。

二是受冲击地压威胁。古城煤矿井田面积小，采场布置较为集中，造成应力集中区域较多，各采掘工作面之间相互扰动；诱发冲击地压力源类型多，冲击危险性预警临界指标难以确定；同时，对老旧巷道的冲击地压监测缺乏有效手段。

三是成本控制压力大。今年按照核定生产能力组织生产，产量下降将导致吨煤成本大幅攀升，成本控制难度明显增大。同时，按照各级监管部门对煤炭企业作出的新要求，矿井在防冲、防灭火、深部支部、装备升级、绿色矿山建设等方面都要继续加大投入，进一步增加了成本。

四是辅助运输效率低。矿井井下运输距离远、环节多，材料供应的“一站式”运输模式和 8 小时高效运输圈尚未真正建立；受现场条件影响，绳式单轨吊尚不具备安装条件；主进风巷超远距离斜巷物料提升运输目前还没有成熟的技术和设备，制约了矿井运输效率的提升。

五是巷道扩修施工量大。受高地应力及采动应力影响，–1030 南北翼皮带巷、31 采区轨道、皮带下山、31 采区集中轨道等主要巷道变形量大，影响各大系统正常运行。截至目前，全矿待修巷道达 4500 米。

以上就是当前矿井面临的突出问题，全矿上下要坚持问题导向，正视差距不足，着力加以解决。

三、2019 年工作思路和具体措施

今年工作的总体思路是：牢固树立“过紧日子”思想，突出抓好“安全生产、提质创效、节支降本、效率提升、经营管理”五大重点工作，加快实施新旧动能转换重大工程，努力推进矿井由产量效益型向质量效益型转变；以“活力幸福”矿区创建为党建工作总抓手，充分发挥党建大动力作用，凝聚新时期矿井改革发展的强大合力，奋力开创古城煤矿安全、高质、高效发展的新局面。

（一）2019 年主要奋斗目标

1. 产量：按核定能力生产。

2. 收入：全年完成收入 11.2 亿元，其中煤炭收入 9.82 亿元，电厂收入 1.04 亿元，支护厂收入 0.34 亿元。

3. 利润：全年完成利润 2.6 亿元。

4. 成本：全年完成单位商品煤成本 525 元 / 吨。

5. 安全：实现安全生产。

（二）2019 年采取的主要工作措施

1. 夯实安全基础，提升安全管控能力

一是持续完善防冲体系。继续以“强卸压、强支护”为重点，加强加长锚固和全长注浆支护工艺研究，提高支护强度，增强巷道的抗冲击能力；升级卸压施工装备水平，装备大扭矩履带式防冲全液压坑道钻机，与中国矿大合作研发 23500 牛 · 米远程控制卸压钻车，进一步提升卸压施工效率和效果。二是增强科室业务保安能力。充分发挥业务科室职能，加强对科室负责人的考核管理，全面提升科室的“服务、指导、监督、考核”能力，常态化开展查大系统、除大隐患工作，开展日常化的隐患排查和风险辨识；要完善事故分析机制，对各类安全、生产事故要分析到科室责任，从技术层面、管理层面追究责任，传递安全压力，提高科室对现场的服务意识、指导意识；要重点加强机电设备管理制度的跟踪落实，努力减少机械事故发生。三是加强现场安全管理。将班组建设、安监员队伍建设作为加强现场保安的有效抓手，不断提高班组长和安监员业务素质。全面加强班组和班组长队伍建设，要将班组长纳入干部管理范畴，严格班组长选拔、培训和考核；继续深入开展班组内部培训、技术比武、事故案例教育等活动，不断提升职工操作水平和安全意识，杜绝现场不规范行为；在班组推行“白国周班组管理法”，不断提升班组长管理水平。加大优秀安监员选树力度，并实行末位淘汰制度，不断优化安监员队伍结构，提高安监员的监督能力；结合矿井实际，探索总结出一套切实有效的“安监员工作法”，为安监员现场管理制定标准，提高现场保安效果。要通过以上扎实有效的安全管理，进一步降低事故发生率，最大程度上减少安全事故造成的浪费。

2. 坚持煤质战略，提升精益开采能力

一是加强煤质源头控制。坚持“以质提效”，加快 31 采区矸石仓、煤仓的维修，实现 31 采区煤矸分装分运；在 –590 手选系统的基础上，加快 TDS 智能干选系统建设，将矸石抛入井下并进行回填处理，减少主井矸石提升量；再安装 2 台强力除铁器，进一步减少铁器杂物。通过多项煤质管控措施，力争使原煤发热量维持在 5300 大卡以上，实现煤质效益最大化。二是提高煤炭资源回收率。针对矿井可采资源日益减少的现状，全面提升回采管理水平，最大限度提高资源回收率。在工作面布置上，通过采取加大走向长度、贴近断层布置等方式，尽量降低因设计造成的储量损失。继续完善工作面放顶煤工艺，做到精收细采，确保煤炭资源“颗粒归仓”。三是重点推进膏体充填开采。将膏体充填作为矿井年度重点工程，力争在今年年底正式投入运营，全面置换传统方式不能开采的条带煤柱，资源回收率达 90% 以上，可增加矿井可采资源储量 400 万吨，延长矿井服务年限 3 年。预计运行一年即可置换煤炭资源 35 万吨，增加经济效益 3500 万元。

3. 严抓节支降耗，提升内涵发展能力

一是抓好技术降本。牢固树立“技术上的节约是最大的节约”的理念，在各项工程设计前，都要组织有关专业、科室和人员进行集体研究论证，对地质、设备、顶板、施工方案等进行综合分析、对照比较，采取最经济、最可靠的施工方案，算好技术降本经济账。二是杜绝各种浪费。制定更加严格的考核措施，将全年材料费按照专业进行细化分解，从源头上把好材料使用关。大力开展设备材料的修旧利废，安装跨铁路专用行吊，在大西北料场集中开展设备维修，减少设备采购支出。加强设备运行管理，生产提升系统集中运人、运煤，避免因设备空转造成浪费。全矿上下要杜绝各种形式的浪费，克服花钱大手大脚的现象，大力营造厉行节约、精打细算的良好氛围。三是提高劳动工效。合理安排生产作业计划，科学谋划采场生产布局，避免产生无效工程、回头工程和工作面频繁搬家；要杜绝人力资源浪费，基层区队要组织富余人员主动找活干、要活干，引导职工从“领工资”向“挣工资”转变，杜绝出现窝工和人员闲置现象，以更加科学合理的劳动定额管理，充分挖掘人力资源价值潜力。

4. 提高生产效率，提升高效发展能力

以“高效采煤、快速掘进、精干辅助、精准运输”为目标，以“4D 归零”为抓手，加快推进工艺革新和技术改造，实现矿井安全高效运行。一是提高采掘工效。全面提升掘进装备水平，推广应用推链式喷浆机、挖掘式装载机和多功能巷道修复机、锚杆钻车等先进装备，全面淘汰耙装机，研发应用自移式双臂液压锚杆钻机，降低职工劳动强度，提高掘进支护效率。探索实施智能化采煤工作面建设，与厂家合作开展电液控等技术研究，以安全高效的采煤生产作业模式，顺应当前安全生产的新要求。二是优化提升运输。进一步优化运输结构，继续对电动单轨吊进行改造，并在各掘进迎头推广使用；对柴油单轨吊进行遥控改造，减少单轨吊操作人员，提高单轨吊使用的安全系数和运输效率；加快变形巷道的扩修进度，为绳式单轨吊安装创造条件，实现由地面至井下工作面物料的“一站式”运输，最大限度减少运输环节。开展三水平皮带运输系统自动化改造，今年主运皮带全部实现无人值守；恢复完善 31 采区运人系统，将猴车延伸至各采掘头面 500 米内，减少职工步行体力消耗，打造“高效运人圈”。三是完善生产系统。开展电力监控系统二期工程和 35KV 变电所、主井电控系统改造，进一步提高供电系统运行可靠性；在井下安装无线 Wi-Fi 系统，实现井下变电所、主要巷道及各采掘作业地点的无线网络全覆盖。在主进风巷实施直排水项目建设，使矿井排水系统更加简捷高效。加快智能通风系统和三水平南翼回风巷施工，并对 31 采区皮带下山进行扩修，进一步改善井下通风状况。引进矿车清挖机和水仓清挖机，提升辅助运输和排水系统的运行效率，减轻职工劳动强度。

5. 加强经营管理，提升增收创效能力

一是加强政策创效。加强对财税政策的研究利用，全年力争实现税收优惠 600 万元；积极申报国家安全改造资金补助，通风系统改造项目预计可获得国家补助 1386 万元；充分利用《支持实体经济高质量发展 45 条意见》等各类政策优惠，申请发明专利补助、利用技改减免政策为企业创收，做到应享尽享，实现政策创效最大化。二是加大外购煤配销。积极调研陕西、山西等地煤炭，结合矿井实际赋存条件和煤炭热值，找准外来煤与古城煤灰分、硫分等指标契合点，统筹规划、科学掺配、合理存储，实现自产煤炭与外来煤炭的优势互补，力争全年实现外购煤配销 36 万吨。同时，推进智能化煤场建设，实现装车自动管理，提高发运效率，预计每班可减少岗位工 6 人。三是挖掘效益增长点。加快推进 1×75 吨 / 小时锅炉项目实施，项目完成后每年可增加发电量 3500 万度，增加供热面积 20 万平方米，增加利润约 800 万元。加大锚固剂外部市场开拓力度，力争每年实现利润 75 万元。开展离心式压风机及余热利用改造，热能回收效率可达到 80% 以上，预计每年节约电费 200 余万元。

6. 突出党建引领，提升服务保障能力

一是加强基层党组织建设。严格按照集团公司党委“十化标准”要求，全面加强党建标准化建设；牢固树立党的建设面向基层党支部的导向，充分发挥基层党支部的战斗堡垒作用，不断创新基层党建载体、提升党建品牌、打造过硬党支部，实现特色化党支部建设再提升。适时组织党务工作人员外出对标学习，通过对标学习、取长补短，推进党建工作再有新突破、再上新水平。二是提高职工幸福指数。依托已改造完成的生产系统，对劳动组织进行科学合理安排，探索实行两班制生产模式，切实把以人为本的理念落到实处，让广大一线职工体面劳动、幸福生活。认真对待职工合理诉求，对职工反映的问题及时落实、及时反馈；依托困难职工帮扶救助工作站，加大帮扶工作力度，为困难职工解除后顾之忧。提高后勤服务能力，加强“两堂一舍”管理，不断提升服务水平和服务质量。三是培养领军技能人才。加强领军型技术人才、技能人才的选拔、培养和宣传力度，充分发挥领军人物的示范带动作用，并通过技能比武等形式，在全矿营造浓厚的技能提升氛围，形成以点带面的引领作用，促进全员技能水平的整体提升，为矿井今后发展提供人才支撑。

7. 强化正风肃纪，提升拒腐防变能力

一是严格监督执纪问责。开展“微腐败”治理“回头看”活动，深入整治隐性的不正之风和“微腐败”问题，为矿井营造风清气正的改革发展环境；持之以恒严抓纪律作风整顿，严格落实中央“八项规定”精神，紧盯关键节点、关键人物，坚决查处和纠正“四风”问题。二是提升监督监察水平。全面加强纪检监察队伍建设，定期组织纪检人员开展党规党纪、案件审理方面的学习，切实增强纪检人员履职能力，满足新常态下的党风廉政建设履职要求，努力造就一支忠诚、干净、担当的纪检监察队伍。三是大力营造廉政氛围。持续组织开展形式多样的廉政学习、廉政宣传、警示教育等活动，通过典型案例以案说纪、以案说法，警示广大干部时刻筑牢思想防线；以“四廉”文化建设为载体，开展常态化的廉政法规宣讲，着力增强广大党员干部的拒腐防变能力。

同志们，春节临近，岁末年初，各项工作任务重、头绪多、时间紧，希望全矿上下要清醒警觉、合理安排、统筹兼顾，切实将精力和重心放在工作上，思想上不放松、精神上不懈怠、行动上不迟疑，把好安全关、稳定关、作风关，确保矿井安全生产、有序经营、和谐稳定、风清气正，为全年各项工作开展开好头、起好步，为推进矿井可持续、高质量发展，为实现建设“智能智慧临矿”年度目标再做新贡献。

最后，祝全体职工、同志们新春愉快、身体健康、家庭幸福、万事如意！

四、所处地城市概况

济宁市

济宁位于鲁西南腹地，地处黄淮海平原与鲁中南山地交接地带，属暖温带季风气候。东邻临沂地区，西与菏泽接壤，南面是枣庄市和江苏省徐州市，北面与泰安市交界，西北角隔黄河与聊城市相望。最北端是梁山县小路口镇邹桥村，为北纬35° 57′；最南端是微山县高楼乡，为北纬34° 26′；最东端是泗水县泉林镇，为东经117° 36′；最西端是梁山县黑虎庙乡高堂村，为东经115° 52′，南北长167千米，东西宽158千米，面积1.1万平方千米，人口808.19万人。

济宁市下辖任城区、兖州区2个市辖区，微山县、鱼台县、金乡县、嘉祥县、汶上县、泗水县、梁山县7个县，曲阜市、邹城市2个代管县级市，人民政府驻任城区；同时并设有济宁高新区、太白湖新区、济宁经济技术开发区和商贸物流园区等功能区。除汉族外，还有38个少数民族，人口约为5万人。其中回族最多，达4.2万人。此外，还有满族、布依族、壮族、朝鲜族、蒙古族、彝族、苗族、白族、黎族、藏族、土家族、俄罗斯族、畲族、瑶族、侗族、纳西族、仡佬族、哈尼族、维吾尔族、傣族、哈萨克族、傈僳族、佤族、拉祜族、水族、土族、达斡尔族、仫佬族、羌族、布朗族、锡伯族、普米族、怒族、鄂温克族、德昂族、独龙族、鄂伦春族等。少数民族分布在济宁市12个县市区的90多个乡镇、180多个村庄。总的分布特点是“大分散、小集中”，约一半聚居在城镇街道和交通沿线。市中区最多，仅回民就有1.68万人；兖州区次之，回民有6000多人；邹城市有回民5000多人；鱼台县有回民2000多人；济宁市有回民聚居村35个。

济宁地区交通优势明显，铁路方面有南北方向的京沪铁路、京九铁路、京沪高铁；东西方向的新兖石铁路、枣曹铁路。公路方面有南北方向的京台高速、济徐高速和220、104、105国道；东西方向的日东高速和327国道、菏鱼高速（在建）。航空方面有济宁曲阜机场，位于济宁市区西南20千米处的嘉祥县纸坊镇。

济宁地区历史文化悠久，是东夷文化、华夏文明、儒家文化、水浒文化、运河文化的重要发祥地之一，远古时期的“三皇五帝”在此留下活动踪迹，华夏民族始祖黄帝、少昊、少康帝均出生于济宁。春秋战国时期，五大圣人——孔子、孟子、颜子、曾子、子思都诞生在这里。李白、杜甫等文人墨客都在济宁留有足迹。境内还有古济宁八景：铁塔清梵、太白晚眺、墨华泉碧、凤台夕照、灌冢晴烟、南池荷净、西苇渔歌、获麟晚渡。元明清时期，京杭大运河促进了济宁商品经济的繁荣，使济宁成为京杭大运河沿岸重要的工商业城市。

孔孟文化，以孔子诞生地曲阜和孟子诞生地邹城为主，被称为中国书法艺术宝库的孔庙、“天下第一家”的孔府、世界上最大的家族墓地孔林被列入世界历史文化遗产。邹城代表景点有孟府、孟庙、孟林、孟母林。

济宁市人文旅游资源丰富，曲阜孔庙、孔府及孔林和境内的京杭大运河被联合国教科文组织列入世界遗产名录，另外还有孟庙、孟府、水泊梁山、微山湖、宝相寺、峄山、少昊陵等19处全国重点文物保护单位以及4座国家森林公园；拥有曲阜师范大学、济宁医学院等高校以及世界儒学研究与交流中心孔子研究院。

济宁矿产资源丰富，已发现和探明储量的矿产有70多种。以煤为主，其次为石灰石、石膏、重晶石、稀土、磷矿、铁矿石、铜、铅等。济宁市含煤面积4826平方千米，占济宁市总面积的45%，估计储量1500米以上的为178亿吨，主要分布于兖州、曲阜、邹城、微山等地。经勘探预测，济宁市煤储量260亿吨，占山东省的50%，为全国重点开发的八大煤炭基地之一。主要含煤地层都在10层以上，可采厚度10米左右。稀土矿位于微山县塘湖乡郗山，已探明大小矿脉60余条，地质储量1275万吨；铁矿分布于汶上县李官集和泗水县北山；铜矿分布在泗水县境内北孙徐和小富庄；铅矿分布于汶上县毛村。

2018年9月，济宁入选2018城市文旅新引力排行榜，排名第44位。

2018年10月11日，济宁入选2018中国文化竞争力十佳城市排行榜，排名第8名。

2018年10月15日，济宁市荣获2018年国家森林城市称号。

截至2018年年底，济宁市户籍总人口890.7万人，全市地区生产总值4930.58亿元。

兖州区

兖州区是济宁市辖区，位于东经116°49′、北纬35°33′，北邻宁阳，西靠汶上，南、西分别与邹城、任城接壤，东隔泗河，与孔子故里曲阜毗邻。全境最北端到最南端直线距离36千米，最东端至最西端直线距离26.5千米，呈不规则长方形，总面积651平方千米，耕地60万亩，人口60万，辖10镇、2个街道办事处，492个行政村，30个居民委员会。

交通便利。有“九省通衢，齐鲁咽喉”之称，自古就是“兵家必争之地，商贾云集之埠”。京沪铁路纵贯南北，新石铁路横跨东西，是鲁西南最大的物资集散地和客运中转站。公路四通八达，327国道、日菏高速等数十条公路干线穿境而过，市内公路总长630余千米，公路密度是全国平均水平的3倍。

资源丰富。铁矿已探明储量10亿吨；煤田储量200多亿吨，年开采量2000多万吨，是国家重要煤炭基地。地下水储量约20亿立方米，是山东省三大丰水区中唯一尚未大量开采的地区。

历史悠久。公元前21世纪，夏禹划天下为九州，兖州为其一。在4000余年的历史变迁中，兖州相继为郡、州、府所在地，是一方政治、经济、文化、军事中心。1949年1月，滋阳县隶属山东省鲁中南行政公署尼山专员公署。1950年5月，滋阳县改属山东省滕县专员公署。1953年7月，滋阳县改属山东省济宁专员公署。1958年11月11日，滋阳、曲阜合并称曲阜县，县机关仍驻滋阳县城。1962年1月10日，曲、滋两县按原行政区域分治，滋阳县改为兖州县，治所未变。1983年8月，济宁地区改为济宁市，兖州县隶属济宁市。1992年9月19日，撤销兖州县，设立兖州市（县级），山东省直辖，济宁市代管。2013年11月29日，撤销兖州市，设立济宁市兖州区，以原兖州市行政区域为兖州区行政区域。

2018年，鲁南高铁兖州段正式开工；济宁新机场获国务院和中央军委批复立项；完成省市下达的12家驻兖国有企业职工家属区18651户“三供一业”分离移交任务；城区绿化覆盖率达到42.7%，全区林木覆盖率达到30.1%，通过“国家森林城市”验收；连续三次被评为“山东省文化强省建设先进区”，地区生产总值达到606亿元，综合实力跃居“全国百强区”第64位。

酒仙桥街道办事处

酒仙桥街道办事处成立于2008年6月，位于兖州城区东部，东邻曲阜市，西接兖州市鼓楼街道办事处，南至泗河北堤，北接大安镇。京沪铁路纵贯南北，327国道横跨东西，泗河九州大桥直通曲阜市高铁站，兖州火车站坐落在辖区内，地理位置优越，辖区总面积15.17平方千米。

2018年，辖13个自然村，13个村民委员会；有13667户，38488人。粮食可种面积9165亩；蔬菜可种面积1555亩；造林合格面积2100亩。财政总收入30908万元，农民人均纯收入17765元。有中学1处，小学1处，在校学生共960人，适龄儿童入学率100%；幼儿园3所，在园幼儿492人。有医院3处。工业企业涉及机械制造、食品加工、造纸、再生资源加工。有服务企业近100家，小商品批发市场1家，摊位和经营户约1500个。

景区有兴隆文化园（东区）、泗河金口坝、清莲阁、酒仙桥、大禹博物馆等。

酒仙桥街道办事处被评为“济宁市创建国家卫生城市工作先进集体”“济宁市文明单位”“济宁市科普工作先进街道”。

五、《古城煤矿志（1992～2018）》撰写及资料提供人员名单

单位	人员	撰写章节
办公室	童培伟 孟庆科 刘宝省 马丽萍（女） 孟超（女） 黄辉（女）	概述 大事记 行政管理 档案管理 荣誉证书 档案资料提供
地测科	李俊瑞 林明恒 韩德强 赵昌强 马强 魏茂运（女） 张孝坡	地质与勘探
生产科	王东京 尹成鑫 张付强 王进行 周升范	矿井建设 煤炭生产
机电科	赵燕军 张禄洲 郑朝生 张振环 马万秀（女） 田洪波 王学欣 郝王刚 种震 张宪理	机电管理 提升运输 环境保护 绿色矿山
安监处通防科	谢洪路 李星坤 林明恒 范长征 林增 吴昌峰 卢绪涛 刘文东 张洪玉	煤矿安全
调度室	齐爱山 雷占山 李飞祥 白瑞亮	生产调度 信息化管理
选煤厂	刘建国 杨红艳（女）	煤炭洗选
电厂、支护材料厂	杨成友 付欣 张攀堂 庞振亮 艾敬国 孙连军 郭勤富 刘慈 邢成 胡乃川 汤浩兴 杨萧	非煤产业
营销公司（煤管科）	郭加法 张荣兴 赵清超 王坤玲（女）	煤炭运销
物管中心（企管科）	王开田 王洪阳	物资管理
财务科	张会良 时玉梅（女） 陈万卷 王鑫（女） 杜伟敏（女）	财务管理
预算科	马庆萍（女） 夏慧心（女） 白玉（女）	预算与审计
劳资科	吴平平 孟凡永 马宪文 张鑫 陈修香（女） 尹娟娟（女）	人力资源管理
科创中心	尹成鑫 马凤国	科技环保
审计法务	高玉芳（女） 解红（女）	审计法务
保卫科	焦永奇 刘青（女） 张建国	治安保卫
外协办公室	郇飞	工农关系
总务科	彭飞 吴秀秀（女） 满开峰 徐钊 贾继亮	后勤保障
卫生所	陈祥和 李宗波	医疗卫生 计划生育
党群工作部	尹作海 张传法 范立斌 孟庆科 王斌 蒋荣宝 陈宜勇 刘鹏 郑美加 丁悦 崔丽苹（女） 刘振青（女）鲁通玲（女）陈晓（女）丁春（女）	党群工作
党群部	陈宜勇 李秀军 袁圆（女） 丁悦 刘中振	照片提供

后　记

《古城煤矿志（1992～2018）》是一部记录古城煤矿发展的志书，客观、全面、真实地反映了矿井从筹建到发展繁荣的各个时期的历史，涉及管理体制、矿井建设、煤炭生产、安全管理、党的工作等各个方面。在临矿集团史志办公室的精心指导下，在古城煤矿历任领导的关心支持下，数易其稿，终于完成。经临矿集团志书审核领导小组审查批准，现付梓印刷出版。

本志书的编纂共分两轮。第一轮分别于2007年5月和2013年4月，组织编写《古城煤矿志（1992～2006）》初稿，但未能成书；2018年9月，启动第二轮编纂工作。

《古城煤矿志（1992～2018）》前冠序、凡例、概述、大事记；中设管理体制等11篇45章248节；后殿附录、后记。

本次志书的编纂工作，大致分五个阶段。第一阶段为前期准备阶段。2018年9月12日，古城煤矿党委召开编纂启动大会，成立编委会，设立办公室和编写小组，制定编写方案，为顺利完成编纂工作奠定基础。第二阶段为资料收集阶段。各专业按要求收集、完善资料，至2018年年底完成。第三阶段为汇总完善阶段。对已有的资料按编纂要求进行考证、取舍、补充，增加应纳而未纳的事项，至2020年9月结束。期间，编纂人员查档案400余卷，记录10000多份原始资料，走访40多位亲历者，与各专业人员座谈、交流、求证90余人次。第四阶段为初稿编纂阶段。编纂人员本着实事求是、科学严谨、精益求精的态度，与专业人员反复商榷、推敲、核定，于2021年3月完成初稿。第五阶段为审核修改阶段。2021年3月18日，临矿集团组织专家终审，3月29日，通过终审，4月上旬按照专家审核意见完成修改。

《古城煤矿志（1992～2018）》在编纂过程中，得到临矿集团史志办公室领导、专家的支持和帮助，临矿集团党委组织部、办公室等部门为本志书提供宝贵的历史资料。矿党委书记、矿长伦庆忠为本志书作序，全体领导班子成员对史志编纂工作进行统筹指导，提出许多建设性意见。各部门负责人、受访人、撰写人和档案室管理人员给予了热情支持和帮助。该书的编纂出版，是集体智慧的结晶，是全体参与人员共同努力的结果。在此，向所有关心、支持和参与编纂的各级领导、单位和个人表示衷心的感谢。由于本志书所记载的内容时间跨度长，部分历史资料不齐全，参加人员时有调整，加之编者水平有限，书中难免有疏漏、谬误、失当之处，敬请领导、读者批评指正。

编　者

2021年4月16日